수능까지 연결되는

초등

디딤돌 독해력

디딤돌

초등부터 시작하고
수능까지 연결하라

수능까지 연결되는
초등

디딤돌
독해력

디딤돌

독해는 초등부터
시작해야 합니다

'독해는 고학년이 되면 잘할 수 있겠지.' 라고 막연하게 생각하고 계신가요?

하지만 학년이 높아져도 글 읽기를 어려워하는 학생들이 많이 있습니다.

글을 '제대로' 읽어보려는 노력 없이 독해력을 저절로 기를 수는 없습니다. 단순히 눈으로 활자를 읽어내는 것이 아니라, 읽은 내용을 토대로 **적극적으로 사고하는** **'독해'를 하려면 초등생 때부터 체계적이며 반복된 훈련이 필요**합니다.

독해력은 단기간에 기를 수 없기에,
일찍 시작해서 차곡차곡 쌓아야 합니다!

모든 공부의 기본과 기초는 독해입니다.

교과서의 내용은 물론 인터넷, 신문 등 일상에서 접하는 지식과 정보가 대부분 글로 이루어져 있기 때문입니다.

기본적으로 독해력이 튼튼하게 뒷받침된 학생은 학교 공부도 잘합니다.

사고력이 커지며 스스로 생각하는 힘을 키우는

초등생이 독해 공부를 시작하기 딱 좋은 시기입니다.

독해를 일찍 공부한 학생
- 국어뿐 아니라, 다른 교과 내용도 수월하게 이해함.
- 정보를 읽고 받아들이는 힘이 생겨 자기주도적 학습 능력이 향상됨.
- 의사소통 능력이 향상됨.
→ 꾸준하고 의도적인 노력을 통해 독해력을 길러야 합니다.

독해는 수능까지
연결되어야 합니다

이제 초등생인데 수능이라니요. 제목만 보고 당황하셨지요?

하지만 이 책에서 '수능'을 언급한 것은 초등학생 때부터 수능 시험을 대비하자는 의미가 아닙니다.

뜬구름을 잡는 것처럼 무작정 많이 읽는 비효율적인 공부가 아니라, **'학교 시험'과 '수능'이라는 목표를 향해 제대로 첫 발자국을 내딛자**는 의미입니다.

초등에서 고등까지,
독해의 기본 원리는 같습니다!

일반적으로 국어 학습 내용은 나선형으로 심화된다고 이야기합니다. 학습 내용이 이전 학년의 것을 기본으로 점차적으로 어려워지고, 많아지고, 깊어지기 때문입니다. 그 중에서도 특히 '독해'는 초등에서 고등까지 핵심 개념이 같으며, 지문과 어휘 수준의 난도가 올라갈 뿐입니다. 따라서 이 책은 초등 독해의 첫 시작점을 정확히 내딛어 궁극적으로 수능까지 도달할 수 있도록 구성하였습니다.

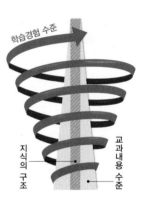

예를 들어, 수능에 자주 출제되는 '중심 화제 파악'이라는 독해 원리를 살펴볼까요?

우리 책에서는 학년별로 해당 독해 원리를 차근차근 심화하며 궁극적으로는 수능까지 개념이 이어지도록 목차를 설계하였습니다.

1학년	6주	글에 어울리는 제목을 붙여요		
2학년	6주	글의 중심 생각을 찾아요		
3학년	4주	중심 문장을 찾아요	→	**수능**
4학년	8주	글의 주제를 파악해요		중심 화제 파악
5학년	1주	글쓴이가 말하고자 하는 생각을 파악해요		
6학년	5주	글쓴이의 관점이나 의도를 파악해요		

독해 공부는 속도가 아니라 방향이 중요합니다.

학교 시험을 잘 보고, **수능까지 연결되는 진짜 독해 공부**를 시작해 보세요.

학습 계획표

『디딤돌 독해력 5』중 week 1, 2를 수록하였습니다.
1주 5day 학습을 경험해 보세요!

WEEK **1**

글쓴이가 말하고자 하는
생각을 파악해요

춥지 않니?

북극곰은 열려 있는 창문으로 찬바람이 들어오자 펭귄에게 "얘, 너무 춥지 않니?"라고 말했어요. 펭귄은 북극곰의 말에 "응, 바람이 많이 부네."라고 대답했지요. 이 상황을 보고 이상한 점을 느꼈나요?

북극곰이 추워서 오들오들 떨고 있네요. 북극곰이 펭귄에게 정말 하고 싶었던 말은 아마도 '창문이 열려서 추우니까 좀 닫아 주겠니?'였을 거예요.

모든 글에는 **글쓴이가 말하고자 하는 생각**이 담겨 있는데, 이것을 **주제**라고 합니다. 글쓴이의 생각은 글에 직접 드러나는 경우도 있고, 위 그림처럼 그렇지 않은 경우도 많습니다. 글쓴이의 생각을 파악하려면 제목과 글에서 사용한 표현을 살펴보거나 글쓴이가 **글을 쓴 의도나 목적**을 생각해 보아야 합니다. 자, 그럼 이제 글을 읽고 글쓴이가 말하고자 하는 생각을 파악해 볼까요?

재상 정홍순 이야기

조선 정조 때 유명한 재상이었던 정홍순에게 혼례를 앞둔 딸이 하나 있었다. 딸의 혼삿날이 다가오자 부인은 혼사 준비에 쓸 비용이 무척 걱정이 되었다. 그러나 정홍순은 딸의 혼사에는 아무런 관심이 없는 듯 태평하기만 하였다. 혼사가 겨우 보름 앞으로 다가왔을 때 정홍순이 부인에게 혼수 비용에 대해 물었다. 부인은 정홍순이 딸의 혼사에 관심이 없었던 것에 야속한 마음이 들었지만 조용히 대답했다.

"혼수를 마련하려면 팔백 냥은 있어야 해요. 그뿐인 줄 아세요? 그날 잔치를 하려면 사백 냥 정도는 더 있어야 해요."

정홍순은 고개를 끄덕이더니 날짜에 맞추어 준비하겠노라고 약속하였다. 그런데 혼사 전날이 되도록 주문해 놓겠다던 혼수와 잔치에 쓸 물건이 하나도 들어오지 않았다. 답답해진 부인이 묻자 정홍순은 허허 웃으며 말했다.

㉠"내 분명히 일러두었는데도 물건과 음식을 보내지 않는 것을 보니 아마도 재상인 내게 돈을 받기가 곤란해서 그런가 봅니다. 그렇다고 소인배들과 큰소리로 싸울 수도 없는 노릇이니 그냥 집에 있는 것들로 적당히 치릅시다."

이렇게 딸의 혼례는 끝이 났다. 그러나 사위는 여간 섭섭한 것이 아니었다. 그래서 혼례를 치르고 몇 년이 지나도록 처가에 발길을 뚝 끊어 버렸다.

몇 년이 지난 어느 날, 정홍순은 딸과 사위를 불러 자신을 따라오라며 앞장섰다. 사위는 불만이 가득한 얼굴로 장인의 뒤를 따랐다. 정홍순은 한참을 가더니 커다란 기와집 앞에서 걸음을 멈추어 섰다.

"내 지난날 너희 혼례에 쓸 비용을 물으니 무려 천이백 냥이나 들겠다고 하더구나. 하루 즐겁자고 그 많은 돈을 쓰느니 차라리 혼례는 간소하게 치르고 그 비용을 따로 이용하는 것이 낫겠다고 생각했다. 그래서 그 돈을 불려서 이 집을 짓고 또 얼마간의 땅을 사 두었으니 이만하면 너희가 평생 살아가는 데 부족하지는 않을 게다."

비로소 장인의 마음을 알게 된 사위는 큰절을 올리지 않을 수 없었다.

● 혼사
혼인에 관한 일.

● 야속한
무정한 행동이나 그런 행동을 한 사람이 섭섭하게 여겨져 언짢은.

● 소인배
마음 씀씀이가 좁고 간사한 사람들이나 그 무리.

● 간소하게
간략하고 소박하게.

1 다음은 이 글을 읽고 주원이가 한 말입니다. 주원이에 대한 설명으로 알맞은 것은 무엇인가요? (   )

> **주원:** 이 글을 읽고 난 뒤, 아빠의 구두가 많이 낡은 것을 보고 매달 조금씩 용돈을 모아서 새 구두를 사 드렸던 일이 떠올랐어.

① 인물의 마음 변화를 파악하였다.
② 글을 읽고 얻은 교훈을 정리하였다.
③ 글의 내용과 비슷한 경험을 떠올렸다.
④ 글을 읽고 뒤에 이어질 내용을 예측하였다.
⑤ 시간의 흐름에 따라 글의 내용을 정리하였다.

2 이 글 전체로 보아 ㉠에 대해 바르게 말한 것의 기호를 쓰세요.

> ㉮ 조선 시대의 재상이었으면 돈이 없는 것도 아니었을 텐데 혼례를 간소하게 치르자고 하는 것으로 보아, 정홍순은 무척 검소한 것 같다.
> ㉯ 혼례 당일까지 물건과 음식이 도착하지 않는 이유가 재상에게 돈을 받기가 곤란해서라고 말한 것으로 보아, 정홍순은 공짜로 혼례를 치르기를 원했던 것 같다.

(   )

3 이 글의 주제와 관련이 있는 인물의 행동으로 가장 알맞은 것은 무엇인가요?

(   )

① 정홍순이 혼수 비용에 대해 부인에게 물었다.
② 사위는 혼례가 끝난 뒤 처가에 발길을 끊었다.
③ 부인은 혼사 준비에 쓸 비용을 무척 걱정하였다.
④ 몇 년이 지난 어느 날 정홍순이 딸과 사위를 불렀다.
⑤ 정홍순은 혼례를 간소하게 치르고 그 비용으로 집과 땅을 사 두었다.

4 이 글의 내용으로 보아, 정홍순이 중요하게 생각하는 것은 무엇인가요? (　　　)

① 개인의 이익
② 가족의 건강
③ 이웃 간의 정
④ 합리적인 소비
⑤ 다른 사람에게 인정받는 삶

글쓴이의 생각 파악 하기

5 이 글의 주제로 알맞은 것의 기호를 쓰세요. (　　　)

수능에서는

글의 주제를 묻는 문제가 나와. 저학년에서 글의 중심 생각이나 글의 제목을 묻는 문제가 이렇게 연결되는 거야.

> ㉠ 결과보다는 과정이 더 중요하다.
> ㉡ 불필요한 낭비보다는 앞날을 대비하는 것이 낫다.
> ㉢ 스스로 노력하지 않고 남의 것을 얻으려고 해서는 안 된다.

[─] 한줄요약 **6** 빈칸에 알맞은 말을 찾아 이 글의 핵심 내용을 한 문장으로 요약하세요.

> 낭비　　교훈　　혼례

정홍순이 딸의 [　　]에 쓸 물건과 음식을 살 비용으로 기와집과 땅을 마련한 것을 통해 [　　]를 하기보다 앞날을 대비하자는 [　　]을 주고 있다.

• 낱말이 한자로는 어떻게 쓰이는지 살펴보고, 예문을 참고해 빈칸을 채워 보세요.

① 太平
클 [ㅐ]
평평할 [평]

삼촌은 어떤 일이 일어나도 [ㅐ][평]한 마음을 가졌다.

② 不滿
아닐 [불]
찰 [ㅁ]

동생은 [불][ㅁ]에 찬 표정으로 입을 삐죽거리며 말했다.

③ 簡素
간략할 [간]
본디 [ㅅ]

복잡한 절차를 [간][ㅅ]하게 바꾸었다.

• 낱말의 뜻을 참고하여, 다음 문장의 빈칸에 들어갈 알맞은 낱말을 완성하세요.

④ 예상보다 오만 원 정도 [비][ㅗ]이 더 들었다.
어떤 일을 하는 데 드는 돈.

⑤ 부탁을 거절한 친구에게 [ㅑ][ㄴ]한 마음이 들었다.
무정한 행동이나 그런 행동을 한 사람이 섭섭하게 여겨져 언짢음.

⑥ 방금 전까지 있었던 가방이 사라지다니 알다가도 모를 [ㅗ][릇]이었다.
일의 상황 또는 형편.

⑦ 이 시험에서 백점을 맞기란 [ㅇ][ㅗ] 어려운 일이 아니다.
그 상태가 보통으로 보아 넘길 만한 것임을 나타내는 말.

우리나라의 쌀 소비

우리나라의 쌀 소비량이 급격히 줄고 있습니다. 앞으로는 쌀 소비량이 점점 더 줄어들어 매해 수십만 톤(t)이 과잉 생산될 것이라는 전망도 나왔습니다.

통계청이 최근 발표한 자료에 따르면 2018년 우리나라의 1인당 연간 쌀 소비량은 61kg으로, 최고치를 기록했던 1970년의 136.4kg에 비해 절반 이하로 떨어졌다고 합니다. 우리 국민 한 사람이 하루에 쌀밥 한 공기 반도 먹지 않는 셈입니다. 우리나라의 연간 1인당 쌀 소비량은 1980년부터 하락하기 시작하여 2000년대 들어와서는 100kg 이하로 떨어졌습니다. 이에 식품 회사들이 쌀을 이용한 다양한 음식을 만들고 있지만 여전히 쌀 소비량은 점점 줄어드는 추세입니다.

한국농촌경제연구원의 분석에 따르면 쌀 소비량이 감소하는 가장 큰 원인으로 아침 쌀 소비량 감소를 들었습니다. 점심, 저녁의 쌀 소비량 감소율은 3%대에 그쳤지만, 아침 쌀 소비량 감소율은 6.4%에 이르는 것으로 나타났기 때문입니다. 이는 사람들이 아침밥을 거르거나 아예 밥 대신 다른 음식을 먹으면서 쌀 소비량이 급격히 줄어든 것으로 보입니다. 밀 소비량의 증가도 쌀 소비량 감소의 원인입니다. 밀로 만든 빵, 국수, 피자, 쿠키와 같은 음식의 소비량이 증가하면서 쌀의 소비가 자연히 줄어들게 된 것입니다. 사정이 이렇다 보니 농민들의 근심도 점점 커지고 있습니다.

전문가들은 앞으로도 연평균 10만~28만 톤의 쌀이 과잉 생산될 것이라고 경고하며, 경제적 어려움에 처해 있는 우리 농민들을 위해서 아침밥 먹기 운동과 같은 쌀 소비량을 늘리는 방안을 마련해야 한다고 지적하였습니다. '밥'이라고 하면 곧바로 '쌀'을 떠올릴 만큼 쌀은 우리의 오랜 주식입니다. 쌀 소비량을 늘릴 수 있도록 국민은 물론 농업 관련 단체, 정부의 노력이 필요한 때입니다.

● 과잉
예정하거나 필요한 수량보다 많아 남음.

● 전망
앞날을 헤아려 내다봄. 또는 내다보이는 장래의 상황.

● 추세
어떤 현상이 일정한 방향으로 나아가는 경향.

1 이 글에서 제기한 문제가 무엇인지 빈칸에 알맞은 말을 차례대로 쓰세요.

☐ 소비량의 ☐☐

2 이 글에서 제기한 문제가 일어나게 된 원인은 무엇인가요? ( )

① 밀 소비량의 감소
② 경제 성장률의 하락
③ 아침 쌀 소비량의 감소
④ 농민들의 경제적 어려움 증가
⑤ 쌀을 이용한 가공 음식의 증가

3 이 글에 덧붙일 자료로 알맞은 것을 보기 에서 두 가지 고르세요.

> 보기
>
> ㉮ 각 시도별 식품 회사의 수를 비교한 지도
> ㉯ 연도별 1인당 쌀 소비량을 보여 주는 도표
> ㉰ 국내산 쌀과 미국산 쌀의 가격을 비교한 그래프
> ㉱ 쌀밥을 먹으며 대화를 나누는 가족의 모습을 담은 사진

(,)

4 이 글을 통해 글을 쓴 기자가 전하려는 중심 내용은 무엇인가요? (　　　)

① 쌀 생산량을 늘리자.

② 쌀 소비량을 늘리자.

③ 아침을 거르지 말자.

④ 균형 잡힌 식사를 하자.

⑤ 쌀을 이용한 다양한 음식을 개발하자.

5 이 글의 **표제**로 삼기에 알맞은 것을 모두 고르세요. (　　　,　　　)

수능에서는
저학년에서 단순히 글의
제목을 물어보는 것과는
달리, 기사문의 형식을
활용해 **표제**와 **부제**를
고르는 문제가 나와. 표
제는 기사문의 큰 제목
이야.

① 우려되는 쌀 소비량

② 혼밥족 덕분에 쌀 소비 늘어

③ 쌀 소비량 50년 만에 반 토막

④ 쌀 가공식품 시장 성장세 뚜렷

⑤ ○○시, 어려운 이웃 위해 사랑의 쌀 기증

⊟ 한줄요약

6 빈칸에 알맞은 말을 찾아 이 글의 핵심 내용을 한 문장으로 요약하세요.

밀	쌀	아침

　　　　 쌀 소비량 감소와 　　 소비량 증가로 인해 우리나라의 쌀 소비량이

감소하고 있으므로 　　 소비량을 늘리기 위해 노력하자.

● 낱말이 한자로는 어떻게 쓰이는지 살펴보고, 예문을 참고해 빈칸을 채워 보세요.

❶

消費

사라질 ㅗ

쓸 ㅂ

건강에 대한 관심이 높아지면서 채소 ㅗㅂ 가 늘어났다.

❷

趨勢

달아날 추

형세 ㅖ

인구가 계속 감소되는 추ㅖ 이다.

❸

增加

더할 증

더할 ㄱ

자동차의 증ㄱ 로 인해 대기 오염이 심각해지고 있다.

● 낱말의 뜻을 참고하여, 다음 문장의 빈칸에 들어갈 알맞은 낱말을 완성하세요.

❹ 스마트폰 사용자가 급ㄱ히 늘었다.

변화의 움직임 따위가 급하고 격렬하게.

❺ 당분간 추운 날씨가 계속될 ㅈㅏ 이다.

앞날을 헤아려 내다봄. 또는 내다보이는 장래의 상황.

❻ 요즘에는 영양 과ㅇ 과 운동 부족으로 인해 비만인 아이들이 많다.

예정하거나 필요한 수량보다 많이 남음.

❼ 관계자들이 모여 이재민 발생 문제에 대한 해결 ㅂㅏ 을 논의하였다.

일을 처리하거나 해결하여 나갈 방법이나 계획.

조선 왕조 의궤

㉠조선 왕조 의궤는 조선 시대의 왕실 의례를 다음 세대의 사람들이 참고할 수 있도록 글과 그림으로 기록한 책이다. 조선 왕조 의궤는 내용이 자세하게 기록되어 있어 국가의 중요한 일에 대한 종합 보고서라 할 수 있다.

㉡조선 왕조 의궤는 기록된 행사의 성격에 따라 왕실의 행사에 관한 의궤, 나라의 행사에 관한 의궤, 건축물에 관한 의궤가 있다. 왕실의 행사와 관련된 의궤는 조선이 건국된 직후부터 만들어졌으며, 왕의 출생이나 세자 책봉, 왕실 구성원의 결혼식, 장례식 등의 진행 과정이 기록되어 있다. 나라의 행사와 관련된 의궤에는 돌아가신 왕의 제사를 지내는 일, 외국의 사신을 맞이하는 일 등이 기록되어 있다. ㉢건축물에 관한 의궤에는 성곽이나 궁궐을 짓거나 수리하는 내용이 자세하게 기록되어 있다.

㉣조선 왕조 의궤는 역사적 자료로서 가치가 높다. 조선 왕조 의궤는 나라의 행사가 진행되었던 현장에서 직접 그림을 그리고 글로 적었는데, 주로 그림으로 기록하여 시각적으로 잘 이해할 수 있게 하였다.

화성 성역 의궤

따라서 오늘날에도 조선 왕조 의궤를 통해 왕실의 일상은 물론 왕의 즉위식과 같은 왕실 행사와 당시의 건축물을 복원할 수 있다. 그 예로 수원 화성은 임진왜란과 일제 강점기 때 훼손되었지만 '화성 성역 의궤' 덕분에 원래 모습대로 다시 복원되었다. 조선 왕조 의궤는 조선 건국 때부터 조선이 멸망할 때까지 519년이라는 긴 세월에 걸쳐 완성한 기록이다. 비록 조선 초기의 의궤들은 임진왜란 때 불에 타서 없어졌지만 조선 왕조 의궤는 세계 어느 나라에서도 찾아볼 수 없는 우수한 기록 문화이다. 이러한 가치를 인정받아 조선 왕조 의궤는 2007년 6월에 세계 기록 유산으로 등재되었고, 2016년 5월에 국가 문화재로도 지정되었다.

● 책봉
왕세자, 왕세손, 왕후, 비, 빈, 부마 등을 봉작하던 일.

● 사신
임금이나 국가의 명령을 받고 외국에 사절로 가는 신하.

● 복원
원래대로 회복함.

● 등재
일정한 사항을 장부나 대장에 올림.

글쓴이의 생각 파악 하기

수능에서는
글쓴이가 글을 쓴 목적을 의도라고 표현하기도 해. 저학년에서 글쓴이의 생각을 찾는 문제가 글의 목적과 의도를 찾는 문제로 연결돼.

1 글쓴이가 이 글을 쓴 의도로 알맞은 것의 기호를 쓰세요.

> ㉮ 조선 왕조 의궤의 종류와 역사적 가치에 대해 설명한다.
> ㉯ 조선 왕조 의궤의 역사적 가치를 인정하자고 주장한다.
> ㉰ 수원 화성을 원래의 모습대로 다시 건축하게 된 과정을 설명한다.
> ㉱ 우리나라 문화재 보관의 문제점과 그에 대한 해결 방안을 제시한다.

(   )

2 이 글의 내용으로 알맞지 <u>않은</u> 것은 무엇인가요? (   )

① 조선 왕조 의궤는 주로 글과 그림으로 기록하였다.
② 조선 왕조 의궤는 2016년 5월에 세계 기록 유산으로 등재되었다.
③ 왕실의 행사와 관련된 의궤는 조선이 건국된 직후부터 만들어졌다.
④ 조선 왕조 의궤 덕분에 왕실 행사를 오늘날 그대로 재현할 수 있다.
⑤ 수원 화성은 '화성 성역 의궤' 덕분에 원래 모습대로 다시 복원되었다.

3 다음 각 의궤에 기록된 내용으로 알맞은 것을 보기 에서 모두 찾아 기호를 쓰세요.

> **보기**
>
> ㉮ 궁궐을 짓는 일   ㉯ 왕실 구성원의 결혼식
> ㉰ 성곽을 수리하는 내용   ㉱ 왕의 즉위식 진행 과정
> ㉲ 외국의 사신을 맞이하는 일   ㉳ 돌아가신 왕에게 제사를 지내는 일

❶ 왕실의 행사에 관한 의궤: (,   )
❷ 나라의 행사에 관한 의궤: (,   )
❸ 건축물에 관한 의궤: (,   )

4 보기 를 읽고 미루어 짐작할 수 있는 내용으로 알맞은 것은 무엇인가요? (　　　)

> **보기**
> 　조선 왕조 의궤는 조선 시대의 왕실 의례를 다음 세대의 사람들이 참고할 수 있도록 글과 그림으로 기록한 책이다.

① 조선 시대에는 신분 제도가 엄격했음을 알 수 있다.
② 조선 왕조 의궤의 가치는 전 세계적으로 인정받았다.
③ 조선 시대 의궤는 우리 민족만이 가진 독특한 기록 문화유산이다.
④ 우리 조상들은 후손들에게 국가의 주요 행사를 알려 주고 싶었을 것이다.
⑤ 조선 왕조 의궤를 통해 조선 시대 서민의 문화 수준이 높았음을 알 수 있다.

글쓴이의 생각 파악
하기

5 ㉠~㉢ 중, 이 글의 중심 내용을 요약할 때 꼭 필요한 내용이 <u>아닌</u> 것의 기호를 쓰세요.

(　　　　　　　)

 한줄요약

6 빈칸에 알맞은 말을 찾아 이 글의 핵심 내용을 한 문장으로 요약하세요.

> 왕실　　가치　　그림

　조선 왕조 의궤는 조선 시대 왕실이나 국가의 중요한 행사를 글과 [　　]으로 기록한 책으로, [　　]의 행사에 관한 의궤, 나라의 행사에 관한 의궤, 건축물에 관한 의궤가 있으며, 역사적 자료로서 [　　]가 높다.

• 낱말의 뜻을 참고하여 다음 빈칸에 들어갈 알맞은 말을 보기 에서 찾아 쓰세요.

보기

재현   일상   훼손

❶ 매일 반복되는 ☐☐ 에서 벗어나고 싶어서 여행을 떠났다.
　　　　　　날마다 반복되는 생활.

❷ 박물관에는 옛날 사람들의 모습이 그대로 ☐☐ 되어 있었다.
　　　　　　　　　　　다시 나타남. 또는 다시 나타냄.

❸ 무분별한 개발로 인해 산림 ☐☐ 이 심각하다.
　　　　　　　　헐거나 깨뜨려 못 쓰게 만듦.

• 낱말의 뜻을 참고하여, 다음 문장의 빈칸에 들어갈 알맞은 낱말을 완성하세요.

❹ 호화로운 결혼 ☐ㅕ☐ㅖ 때문에 많은 돈을 썼다.
　　행사를 치르는 일정한 법식. 또는 정하여진 방식에 따라 치르는 행사.

❺ 학원이 끝난 ☐ㅈ☐ㅎ 친구와 함께 편의점에 갔다.
　　　　　어떤 일이 있고 난 바로 다음.

❻ 지진으로 무너진 건물을 ☐ㅤ☐ㄱ 하려면 몇 달이 걸린다.
　　　　　　　　　원래대로 회복함.

❼ 석굴암은 세계 문화유산에 ☐ㄷ☐ㅈ 되었다.
　　　　　일정한 사항을 장부나 대장에 올림.

슬로푸드

가 슬로푸드(slow food)는 짧은 시간에 많은 양을 만들어 내는 패스트푸드와 달리 전통적인 발효 가공 등의 방법으로 만들거나 정성스런 과정을 거쳐 만드는 음식을 말합니다. 한때 '느리게 살기'와 관련하여 슬로푸드 운동이 전 세계적으로 관심을 끌었지만, 지금도 많은 현대인들이 패스트푸드를 즐기고 있습니다. 그렇다면 슬로푸드를 먹으면 어떤 점이 좋은지 알아봅시다.

나 첫째, 안전하고 건강한 음식을 먹을 수 있습니다. 패스트푸드가 인위적으로 맛과 색깔을 내고, 향을 더하고, 유통 기한을 늘리기 위해 다양한 형태의 첨가물을 넣는 반면, 슬로푸드는 조미료와 첨가물을 거의 사용하지 않습니다. 또 슬로푸드는 유기농 재료를 사용하여 만드는 경우가 많은데, 유기농 재료는 화학 비료와 농약 등을 사용하지 않고 키웁니다. 따라서 슬로푸드를 먹음으로써 안전하고 몸에 좋은 음식을 먹을 수 있게 되는 것입니다.

다 둘째, 다이어트에 도움이 됩니다. 슬로푸드는 대부분 비타민, 무기질, 섬유질 등 영양소의 균형이 잘 맞고 씹는 시간이 오래 걸리는 음식입니다. 이런 음식들은 포만감을 오래 유지할 수 있게 해 주기 때문에 다이어트를 할 때 슬로푸드를 먹으면 도움이 됩니다.

라 셋째, 각 나라 고유의 음식 문화를 계승할 수 있습니다. 슬로푸드 중에는 각 나라의 전통 음식이 많습니다. 또 전통적인 방식으로 만들어지는 슬로푸드도 많습니다. 따라서 슬로푸드를 먹음으로써 음식 문화의 전통을 이어 나갈 수 있습니다.

마 슬로푸드는 우리의 건강과 음식 문화의 전통을 지켜 주는 훌륭한 음식입니다. 슬로푸드를 먹는 것이 패스트푸드를 먹는 것보다 번거로울 수 있지만, 슬로푸드의 우수성을 생각하며 슬로푸드를 먹기 위해 노력합시다.

● 인위적
자연의 힘이 아닌 사람의 힘으로 이루어지는 것.

● 유기농
화학 비료나 농약을 쓰지 아니하고 유기물을 이용하는 농업 방식.

● 포만감
넘치도록 가득 차 있는 느낌.

● 번거로울
일의 갈피가 어수선하고 복잡한 데가 있을.

1 **가**에 대한 설명으로 알맞은 것의 기호를 쓰세요.

> ㄱ 중심 소재의 의미를 밝히고 있다.
> ㄴ 주장을 뒷받침하는 논거를 제시하였다.
> ㄷ 주장을 요약하고 다시 한 번 강조하였다.

(   )

2 **나**에서 글쓴이의 주장을 뒷받침하는 논거로 알맞은 것을 두 개 고르세요.

(,   )

수능에서는
주장의 타당함을 보여 주는 생각이나 자료에 해당하는 근거를 찾는 문제가 출제돼. 이때 근거를 논거라고 표현하기도 해.

① 슬로푸드 중에는 전통 음식이 많다.
② 슬로푸드는 조미료와 첨가물의 사용을 제한한다.
③ 슬로푸드는 포만감을 오래 유지할 수 있게 해 준다.
④ 슬로푸드 중에는 전통적인 방식으로 만들어지는 것이 많다.
⑤ 슬로푸드를 만들 때 사용하는 유기농 재료는 화학 비료와 농약 등을 사용하지 않고 키운다.

글쓴이의 생각 파악 하기

3 이 글에서 글쓴이가 내세우는 주장은 무엇인가요? (   )

① 슬로푸드를 먹고 다이어트에 성공하자.
② 우리나라의 음식 문화를 세계에 알리자.
③ 패스트푸드의 단점을 해결하여 패스트푸드를 발전시키자.
④ 패스트푸드의 장점을 이용하여 슬로푸드의 단점을 보완하자.
⑤ 우리의 건강과 음식 문화의 전통을 지킬 수 있도록 슬로푸드를 먹자.

4 이 글의 제목으로 가장 알맞은 것의 기호를 쓰세요.

> ㄱ 슬로푸드의 우수성   ㄴ 음식과 건강의 관계
> ㄷ 패스트푸드의 위험성   ㄹ 슬로푸드 운동의 역사

(   )

5 글쓴이의 주장에 반박하는 글을 쓸 때 들어갈 내용으로 알맞지 <u>않은</u> 것의 기호를 쓰세요.

> ㉮ 최근에는 패스트푸드 업계에서도 유기농 쌀로 만든 버거와 같이 건강을 생각한 메뉴를 개발하고 있다.
> ㉯ 대부분의 패스트푸드에는 섬유질이 부족하여 우리 몸 안의 중금속을 배출할 수 없게 되므로 뇌에 산소가 부족해진다.
> ㉰ 패스트푸드는 대부분 대중교통이 편리한 곳에서 저렴한 가격으로 판매하기 때문에 남녀노소 누구나 쉽게 구입해서 먹을 수 있다.

(   )

한줄요약 **6** 빈칸에 알맞은 말을 찾아 이 글의 핵심 내용을 한 문장으로 요약하세요.

> 건강   슬로   전통

패스트푸드를 먹기보다는, 우리의 [   ]과 음식 문화의 [   ]을 지켜 주는 [   ]푸드를 먹자.

● 다음 사다리 타기에 따라 (   ) 안에 들어갈 낱말의 뜻을 [보기] 에서 고르세요.

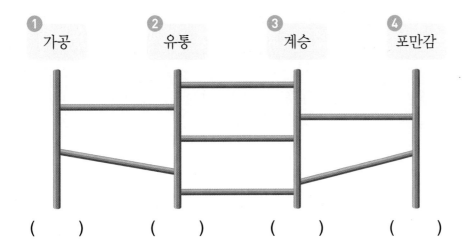

❶ 가공　　❷ 유통　　❸ 계승　　❹ 포만감

(　　)　　(　　)　　(　　)　　(　　)

보기

ㄱ 넘치도록 가득 차 있는 느낌.

ㄴ 조상의 전통이나 문화유산, 업적 따위를 물려받아 이어 나감.

ㄷ 원자재나 반제품을 인공적으로 처리하여 새로운 제품을 만들거나 제품의 질을 높임.

ㄹ 상품 따위가 생산자에서 소비자, 수요자에 도달하기까지 여러 단계에서 교환되고 분배되는 활동.

● 낱말의 뜻을 참고하여, 다음 문장의 빈칸에 들어갈 알맞은 낱말을 완성하세요.

❺ 그 호수는 | ㅇ | ㅓ | 적 |으로 만들어져서 자연스럽지 않다.

　　자연의 힘이 아닌 사람의 힘으로 이루어지는 것.

❻ | 첨 | ㄱ | 물 |을 많이 넣은 식품은 건강에 좋지 않다.

　　식품 따위를 만들 때 보태어 넣는 것.

❼ 전염병이 퍼져 해외여행을 | ㅈ | 한 |하고 있다.

　　일정한 한도를 정하거나 그 한도를 넘지 못하게 막음.

올바른 비판 문화

가 "몸에 좋은 약이 입에 쓰다."라는 말이 있다. 좋은 약은 병을 낮게 하지만 쓴맛 때문에 먹기는 괴롭다. 하지만 입에 쓰다고 약을 주지 않거나 먹지 않으면 병을 고칠 수 없다. 비판도 마찬가지이다. 비판하기를 피하거나 비판을 제대로 듣지 않으면 갈등이 심해지고 문제가 커질 수 있다. 갈등이나 문제를 해결하여 건강한 사회를 만들기 위해서는 올바른 비판 문화를 만들어야 한다.

나 올바른 비판 문화를 형성하기 위해 먼저 비판의 의미를 알아보자. 비판과 비난을 혼동하는 경우가 있는데 비판은 비난과는 엄연히 다르다. 비판은 어떤 행동이나 의견에 대해 이성적으로 판단하여 말하는 것이다. 반면, 비난은 감정만 앞세워서 상대방을 이유 없이 헐뜯는 것이다. 예를 들어, 친구의 글을 읽고 " ⓐ ⑦ ⓐ " 라고 말하는 것은 비판이라고 할 수 있다. 그러나 " ⓐ ⓒ ⓐ "라고 말하는 것은 비난에 가깝다. 비판은 부족한 점을 흠잡는 것이 아니라 상대방에게 도움을 주는 것이어야 한다.

다 ⓒ올바른 비판 문화를 만들어 가기 위해서 해야 할 일이 있다. 첫째, 비판을 할 때는 상대방을 존중하는 마음을 가져야 한다. 둘째, 비판을 할 때는 알맞은 이유를 들어야 한다. 셋째, 비판을 할 때는 문제를 해결할 수 있는 대안을

함께 제시해야 한다. 넷째, 비판을 들을 때에는 자신의 생각과 비교하여 받아들여야 한다. 다섯째, 비판을 들을 때에는 상대방의 말을 경청하고 감사의 뜻을 표현해야 한다.

라 좋은 비판은 개인과 우리 사회를 성숙하고 아름답게 만드는 디딤돌이 될 것이다. 비판의 의미를 잘못 이해하여 바르게 비판하지 못하면 상대방에게 상처를 입히거나 상대방으로부터 상처를 받기 쉽다. 따라서 비판의 의미를 제대로 이해하고 올바른 비판 문화를 만들어 가야 한다.

● 혼동
구별하지 못하고 뒤섞어서 생각함.

● 엄연히
어떠한 사실이나 현상이 부인할 수 없을 만큼 뚜렷함.

● 대안
어떤 일에 대처할 방안.

● 경청
공경하는 마음으로 들음.

1

수능에서는
글의 짜임을 정리하는 법을 배웠던 저학년과 달리 글의 **구조**를 파악하는 문제가 나와. 구조를 잘 파악해야지만 글의 내용도 정확하게 이해할 수 있어.

이 글의 구조를 알맞게 나타낸 것은 무엇인가요? (　　　)

① 가 나 다 라

② 가/나 다 라

③ 가 나/다 라

④ 가 나 다/라

⑤ 가 나/다/라

2

㉠과 ㉡에 각각 들어갈 내용으로 알맞은 것을 찾아 기호를 쓰세요.

> 가 네가 쓴 글이구나.
> 나 너는 글을 참 못 쓰는 것 같아.
> 다 네가 쓴 글을 읽고 무척 감동받았어.
> 라 네 글이 잘 이해되지 않아. 자세한 예를 들어 주면 더 좋을 것 같아.

❶ ㉠: (　　　　　　)
❷ ㉡: (　　　　　　)

3

㉢을 위해 해야 하는 일이 <u>아닌</u> 것은 무엇인가요? (　　　)

① 비판하는 까닭을 들어 비판한다.
② 상대방을 존중하는 마음을 가지고 비판한다.
③ 자신의 생각과 비교하여 비판을 받아들인다.
④ 비판을 하고 대안은 스스로 생각해 보게 한다.
⑤ 비판하는 사람의 말을 경청하고 고마운 마음을 표현한다.

4 이 글의 주제로 가장 알맞은 것은 무엇인가요? ( )

① 개인과 사회의 성숙한 관계
② 비판으로 인한 문제와 해결 방법
③ 비난과 비판의 공통점과 차이점
④ 올바른 비판 문화를 만들어 가기 위한 노력
⑤ 건강한 사회의 의미와 이를 만드는 실천 방법

글쓴이가 말하고자
하는 생각을 파악해요

글쓴이는 자신의 생각을 전하기 위해 글을 씁니다. 저학년에서는 글을 통해 글쓴이가 전하려는 생각이 중심 생각임을 배웠다면, 고학년에서는 글에 담긴 중심 생각을 찾고, 중심 생각에 나타난 글쓴이의 의도까지 파악할 수 있어야 해요.

저학년에서는 글의 중심 생각을 찾아요	→	고학년에서는 글쓴이가 말하고자 하는 생각을 파악해요

---

5 글쓴이의 생각과 같은 생각을 가진 사람은 누구인지 쓰세요.

> **무열:** 나에게 도움이 되는 비판을 받아들이면 내 자신을 좀 더 발전시킬 수 있어.
>
> **태준:** 비난은 이성적으로 판단해서 말하는 거지만, 비판은 이유 없이 헐뜯는 거라고 할 수 있지.
>
> **예서:** 아무리 좋은 비판이라고 해도 듣는 사람의 기분이 상할 수 있기 때문에 사람 사이의 관계가 나빠질 수도 있어.

(   )

 한줄요약

6 빈칸에 알맞은 말을 찾아 이 글의 핵심 내용을 한 문장으로 요약하세요.

갈등	비판	문제

☐☐을 피하거나 제대로 듣지 않으면 ☐☐이 심해지고 ☐☐가 더

커질 수 있으므로 올바른 비판 문화를 만들어 가야 한다.

● 낱말이 한자로는 어떻게 쓰이는지 살펴보고, 예문을 참고해 빈칸을 채워 보세요.

①

混同

섞을   ㅎ
한가지   동

책 제목을 | ㅎ | 동 | 해서 책을 잘못 빌렸다.

②

代案

대신할   대
책상   ㅇ

오늘까지 | 대 | ㅇ | 을 찾아야 한다.

③

傾聽

기울   ㄱ
들을   청

친구들은 선생님의 말씀을 | ㄱ | 청 | 하지 않았다.

● 본문에 쓰인 낱말의 뜻을 칠판에 적어 놓았습니다. 그 뜻을 생각하면서 짧은 글을 지어 보세요.

> [엄연히] 어떠한 사실이나 현상이 부인할 수 없을 만큼 뚜렷함.
> [판단]   사물을 인식하여 논리나 기준 등에 따라 판정을 내림.
> [디딤돌] 어떤 문제를 해결하는 데에 바탕이 되는 것을 비유적으로 이르는 말.

④ 엄연히 ....

⑤ 판단 ....

⑥ 디딤돌 ....

1 WEEK

마무리

글쓴이가 말하고자 하는
생각을 파악하려면?

글의 중심 생각을 찾아요 ▶ 2학년

❶ 중심 생각 뜻 알기

중심 생각이란 글쓴이가 글을 통해 글쓴이가 전하려고 하는 생각입니다.

❷ 글의 중심 생각 찾기 글의 종류에 따라 중심 생각을 파악하는 방법이 달라요.

- 글쓴이의 생각이 드러난 글: 글쓴이가 하고 싶은 말과 그렇게 말한 까닭을 찾아봅니다.
- 이야기 글: 주요 인물의 말과 행동을 살펴보고, 줄거리를 파악합니다.

- 글쓴이가 글을 읽는 사람에게 하고 싶은 말이 곧 중심 생각임.
- 제목에는 글쓴이의 중심 생각이 담기는 경우가 많음.
- 주요 인물의 말과 행동, 중심 낱말, 문단의 중심 내용을 통해 글을 쓴
  목적과 의도를 파악하면 글쓴이의 생각을 파악할 수 있음.

글쓴이가 말하고자 하는 생각을 파악해요 ▶ 5학년

❶ 생각 뜻 알기 관점은 어떤 사물이나 현상을 관찰할 때, 그 사람이 바라보는 태도나 방향을 말합니다.

생각은 아주 넓은 의미를 가지고 있어요. 관점, 의도, 주장, 의견 따위도 모두 생각에 포함됩니다.

❷ 글쓴이의 생각을 파악하는 방법

- 제목과 글에서 사용한 표현, 사진이나 그림을 살펴봅니다.
- 글쓴이가 글을 쓴 의도와 목적을 생각해 봅니다. 관점에 따라 글을 쓴 의도와 목적이 달라져요.
- 글의 내용을 파악하여 글쓴이가 말하려는 생각을 찾아봅니다.

13. 글쓴이가 말하고자 하는 바로 가장 적절한 것은?

① 지수물가는 소비의 기준이 된다.

② 합리적 소비를 통해 지수물가를 낮출 수 있다.

③ 체감물가와 지수물가가

④ 지수물가가 지나치게 높

⑤ 전국의 모든 상점을 지수물가의 조사 대상으로 삼아야 한다.

수능에는 글쓴이가 글을 읽는 사람에게 말하고자 하는 바, 즉 글쓴이의 중심 생각을 묻는 문제가 나와요.

글쓴이가 글을 쓴 까닭이 무엇인지를 생각하라

모든 글에는 글을 쓰는 사람의 입장이나 태도가 담겨 있습니다. 그리고 그 입장이나 태도를 드러내는 것이 관점입니다. 똑같은 대상이나 상황을 두고도 글의 내용이 달라지는 까닭이 여기에 있습니다. 그러므로 글쓴이가 말하고자 하는 생각을 파악하려면 글을 읽을 때 글쓴이가 이 글을 쓴 까닭이 무엇인지부터 생각해야 합니다.

글의 전체 흐름을 파악한다. > 글의 중심 생각이 무엇인지 파악한다. > 글쓴이가 글을 쓴 목적과 의도를 추리한다.

WEEK **2**

여러 가지 설명 방법을
이해해요

코끼리가 어떻게 생겼냐고?

지구에 온 외계인은 태어나서 처음으로 코끼리를 보았어요. 이 외계인은 자기 별로 돌아가 코끼리를 한 번도 본 적이 없는 친구들에게 이 동물을 알려 주려고 해요. 어떻게 설명해야 할까요?

지구에 와서 처음 코끼리를 보고 돌아간 외계인은 자기네 종족들에게 이 코끼리를 어떻게 설명했을까요? 대상을 이해하기 쉽게 설명하려면 **대상의 특성**에 따라 알맞은 설명 방법을 선택해야 해요. 그래야 설명하고자 하는 대상의 특성을 잘 드러낼 수 있어요. 이때 **대상을 설명하는 방법**에는 **정의와 예시, 비교와 대조, 분류와 분석** 등이 있습니다.

글을 쓸 때 자주 나오는 설명 방법에는 어떤 것들이 있는지 알아보고, 글 속에서 어떻게 드러나는지 구체적으로 살펴볼까요?

일본 교과서의 역사 왜곡

가 일본의 역사 교과서는 여전히 한국 관련 역사를 왜곡하여 기록하고 있다. 이 같은 사실은 한국교육개발원이 일본의 역사 교과서에 나타난 한국사 부분을 분석한 보고서에서 확인할 수 있다. ㉠그 내용들을 구체적으로 살펴보면 다음과 같다.

나 이 보고서에 따르면 일본의 모든 역사 교과서가 한국사의 기원을 설명할 때 최초의 국가인 고조선 부분은 제외하고 있어 마치 한국 역사는 처음부터 중국의 지배를 받은 것처럼 썼다.

다 도요토미 히데요시의 영토 욕심 때문에 발생한 임진왜란도 대부분의 일본 교과서에서는 전쟁의 원인을 '중국 명나라 정벌을 위해 조선에 길을 빌린 것'으로 쓰고 있으며, ㉡조선과 명나라의 군인과 백성들을 죽인 후 그들의 귀와 코를 베어 만들었던 귀무덤도 군사들의 영혼을 위로하는 위령탑으로 둔갑시켰다.

라 또 상당수 교과서는 나라 이름인 '조선'을 사용하지 않고 일제 시대 식민지 통치를 합리화하기 위해 만든 용어인 '이씨 조선'이나 '이조'를 그대로 사용하였다. 그리고 ㉢우리나라의 주권을 억지로 빼앗아 간 것을 단지 '병합'으로 표기하였다.

마 강화도 조약, 갑신정변, 동학 농민 운동, 명성황후 시해 사건, 3 · 1 운동 등으로 이어지는 근대 역사에 대해서는 우리 정부와 학계의 노력으로, 일본에 의해 강요된 것과 우리의 저항을 서술하는 부분이 늘어났지만 여전히 고쳐지지 않은 부분도 많았다.

바 그 예를 살펴보면 ㉣안중근이 이토 히로부미를 저격한 사건이 원인이 되어 일본이 우리나라의 경찰권을 빼앗은 것처럼 책임을 돌렸는가 하면, 일본군의 성적 노예로 끌려갔던 위안부들에 대한 범죄 행위와 책임을 밝히지 않은 채 '젊은 여성들이 위안부로 전쟁터에 보내졌다'고 간단히 한 줄로 처리했다. 또한 ㉤삼국, 특히 백제가 일본 문화에 끼친 영향을 줄여 말하고 한국이 마치 문화 전파의 다리 역할만 한 것으로 깎아내렸다.

사 이에 대하여 우리 정부는 계속해서 문제를 지적하고 고칠 것을 요구하고 있지만, 일본은 자신들에게 불리한 역사적 사실을 역사 교과서에서 의도적으로 숨기거나 축소, 왜곡하고 있다. 우리는 일본의 젊은이들이 잘못된 역사의식을 가지지 않도록 이러한 문제에 대해 감시와 항의를 게을리해서는 안 될 것이다.

• **위령탑**
죽은 사람의 영혼을 위로하기 위해 세우는 탑.

• **둔갑**
사물의 본디 형체나 성질이 바뀌거나 가리어짐.

• **합리화**
어떤 잘못을 그럴듯한 이유를 붙여 옳은 것인 양 꾸미는 일.

• **병합**
둘 이상의 단체나 조직, 국가 등을 하나로 합침. 또는 그렇게 만듦.

• **시해**
부모나 임금을 죽임.

• **저격**
몰래 숨어서 특정 목표를 겨냥하여 쏨.

1

이 글의 특징으로 알맞은 것은 무엇인가요? (　　　)

① 글쓴이의 경험을 사실 그대로 전달하고 있다.

② 하나의 대상에 대한 글쓴이의 여러 가지 평가를 나열하고 있다.

③ 객관적인 정보를 글쓴이가 떠오르는 대로 자유롭게 제시하고 있다.

④ 글쓴이의 개인적인 의견보다는 정확한 사실 위주로 정보를 전달하고 있다.

⑤ 사실을 바탕으로 하되 글쓴이가 상상력을 발휘하여 내용을 재구성하고 있다.

2

이 글에서 설명하고 있는 내용과 일치하지 <u>않는</u> 것은 무엇인가요? (　　　)

① 일본의 역사 교과서는 '위안부'에 대한 사실을 축소해서 기록하고 있다.

② '이씨 조선'은 일본이 자신들의 식민지 통치를 합리화하기 위해 만든 용어이다.

③ 일본의 모든 역사 교과서는 한국사의 기원을 설명할 때에 고조선 부분을 제외하고 있다.

④ 임진왜란 때 일본인들은 전쟁에 희생된 군사들의 영혼을 위로하기 위한 목적으로 귀무덤을 만들었다.

⑤ 일본 역사 교과서에는 임진왜란의 원인을 '중국 명나라 정벌을 위해 조선에 길을 빌린 것'으로 제시하고 있다.

3

이 글의 구조를 바르게 나타낸 것은 무엇인가요? (　　　)

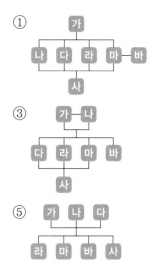

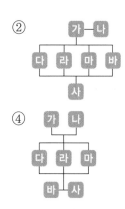

4 ⊙~⑩ 중, 글의 흐름상 적절하지 <u>않은</u> 문장의 기호를 쓰세요.

(   )

여러 가지 설명 방법
이해하기

5 마~바 에서 활용하고 있는 설명 방법을 보기 에서 모두 골라 그 기호를 쓰세요.

> **보기**
>
> **가 정의:** 어떤 단어의 뜻을 명확하게 풀이해서 설명한다.
>
> **나 대조:** 둘 이상의 대상이 가진 차이점을 중심으로 설명한다.
>
> **다 예시:** 대상의 뜻이나 상황을 구체화하기 위해 예를 들어 설명한다.
>
> **라 열거:** 대상과 관련된 여러 가지 예나 사실 등을 죽 늘어놓으며 설명한다.

(,   )

한줄요약

6 빈칸에 알맞은 말을 넣어 이 글의 핵심 내용을 한 문장으로 요약하세요.

왜곡   사실   불리

일본 역사 교과서는 우리나라와 관련된 역사적 [   ] 중에서 자신들에게

[   ]한 것들을 의도적으로 숨기거나 축소하며 [   ]하고 있다.

- 낱말이 한자로는 어떻게 쓰이는지 살펴보고, 예문을 참고해 빈칸을 채워 보세요.

①

併合

아우를 [병]

합할 [ㅎ]

예산이 부족하여서 올해부터 두 부서가 하나로 [병][ㅎ] 되었다.

②

慰靈塔

위로할 [ㅇ]

영혼 [령]

탑 [ㅌ]

이 [ㅇ][령][ㅌ] 은 당시 전쟁에 참전했던 용사들을 위해 세운 것이다.

③

學界

배울 [ㅎ]

경계 [계]

그는 [ㅎ][계] 에서 꽤 인정받는 학자이다.

- 낱말의 뜻을 참고하여, 다음 문장의 빈칸에 들어갈 알맞은 낱말을 완성하세요.

④ 숨어 다니던 그는 결국 적에게 들켜 [ㅈ][격] 당했다.

몰래 숨어서 특정 목표를 겨냥하여 쏨.

⑤ 그것은 너의 잘못을 [ㅎ][리][화] 하기 위한 변명일 뿐이다.

어떤 잘못을 그럴듯한 이유를 붙여 옳은 것인 양 꾸미는 일.

⑥ 일부 사람들이 가짜를 진짜로 [둔][ㄱ] 시켜 시장에서 팔고 있다.

사물의 본디 형체나 성질이 바뀌거나 가리어짐.

⑦ 때로는 본인의 의도와 상관없이 진실이 [왜][ㄱ] 되는 경우가 있다.

사실과 다르게 해석하거나 그릇되게 함.

⑧ 한 나라의 [ㅈ][ㄱ] 을 강제로 **빼앗는** 행위를 그냥 두어서는 안 된다.

국가의 의사를 최종적으로 결정하는 권력.

다국적 기업

가 사람과 마찬가지로 기업에도 국적이 있습니다. 미국에서 생겨나 그곳에서 사업하는 기업은 미국 기업, 한국에서 생겨나 그곳에서 사업하는 기업은 한국 기업이라고 하는 식으로 말입니다. 그렇다면 '다국적 기업'이란 말을 들어 본 적이 있나요? ㉮다국적 기업은 말 그대로 여러 나라의 국적을 가지고 있는 회사를 말합니다.

나 ㉠예를 들어 볼까요? ○○○이라는 회사가 있습니다. 피자를 만들어 파는 이 회사는 원래 미국에서 생겨났습니다. 그런데 물건이 잘 팔리자 외국에도 같은 이름의 가게를 내기 시작했어요. 지금은 100개가 넘는 나라에 3만여 개에 이르는 가게를 내고 장사를 하고 있답니다. 우리나라에도 '한국 ○○○'이라는 이름으로 회사를 세워 사업을 하고 있지요. '한국 ○○○'은 미국에 있는 본사로부터 기술과 상표, 돈, 그 밖에 장사에 필요한 정보를 지원받고, 그 대신에 한국에서 번 돈의 일부를 본사로 보냅니다.

다 이처럼 ㉡한 나라 안에서만 사업을 하는 일반 기업과 다르게, ○○○과 같이 적어도 두 나라 이상에 공장이나 가게를 내고 사업하는 기업이 다국적 기업입니다. 이러한 다국적 기업은 세계적으로 6만여 개에 이릅니다. 컴퓨터, 자동차, 휴대 전화, 음식점, 음료 등 다양한 분야의 다국적 기업이 세계 곳곳에서 활동을 하고 있지요. 세계에서 1,000번째 안에 드는 회사나 은행들은 거의 대부분 다국적 기업이라고 생각하면 됩니다.

라 ㉢다국적 기업이 생기는 이유는 기업마다 이익을 조금이라도 더 많이 얻으려고 하기 때문입니다. 각 나라들은 자기네 기업을 보호하기 위해 외국에서 들어오는 물건에는 비싼 세금을 물리거나 아예 수입을 못 하게 하는 경우가 많아요. 그렇기 때문에 기업들은 아예 그 나라에 공장과 가게를 세워 운영하는 것이 더 유리하다고 생각한 것입니다. 컴퓨터를 만드는 □□□이라는 회사가 비록 미국의 회사라고 하더라도 '한국 □□□'에서 만든 컴퓨터에까지 비싼 세금을 물릴 수는 없는 것 아니겠어요?

마 이와 같은 이유로 전 세계 곳곳에 세워지고 있는 다국적 기업들은 전 세계의 무역을 자유화하는 것을 약속한 '세계 무역 기구(WTO)'의 힘이 커지면서 그 활동이 더욱 활발해지고 있습니다.

● **국적**
국가의 구성원이 되는 자격.

● **본사**
지사에 대하여 주가 되는 회사.

● **물리다**
돈을 물어내게 하다. 손해를 갚게 하다.

1 **이 글에 대한 설명으로 알맞은 것은 무엇인가요? (   )**

① 구체적인 수치를 사용하여 주장을 펼치고 있다.

② 여러 대상의 장점과 단점을 나누어 제시하고 있다.

③ 의문문을 사용하여 읽는 이의 관심을 끌어내고 있다.

④ 전문가의 말을 인용하여 글의 설득력을 높이고 있다.

⑤ 공간의 이동에 따라 대상이 변화되는 과정을 설명하고 있다.

2 **이 글을 통해 알 수 있는 정보가 <u>아닌</u> 것은 무엇인가요? (   )**

수능에서는
글에 담겨 있는 여러 가
지 지식과 사실들을 정
보라고 표현해. 설명하
는 글에서는 글을 통해
확인할 수 있는 정보를
묻는 문제가 자주 출제
돼.

① 다국적 기업의 의미

② 다국적 기업의 문제점

③ 다국적 기업의 사업 분야

④ 다국적 기업의 사업 방식

⑤ 다국적 기업이 만들어지는 이유

여러 가지 설명 방법
이해하기 **3** **다음 중 ㉮와 같은 방법으로 설명하기에 가장 알맞은 것은 무엇인가요? (   )**

① 컴퓨터 바이러스의 뜻

② 연극과 영화의 공통점

③ 임진왜란이 발생한 원인과 결과

④ 미세 먼지의 문제점과 해결 방안

⑤ 바퀴수를 기준으로 나눈 자전거의 종류

4 ㉠~㉢에 활용된 설명 방법을 찾아 선으로 연결하세요.

❶ ㉠ •

❷ ㉡ •

❸ ㉢ •

• ㉮ 어떤 현상이 일어나는 원인과 결과를 설명하는 방법

• ㉯ 대상의 의미나 상황을 잘 이해하도록 예를 들어 설명하는 방법

• ㉰ 둘 이상의 대상이 가진 차이점을 바탕으로 설명하는 방법

5 이 글의 내용을 바르게 이해하지 <u>못한</u> 학생은 누구인가요? (   )

① **민정:** 세계 무역 기구도 다국적 기업의 하나였구나.

② **지아:** 하나의 기업이 여러 개의 국적을 가질 수 있구나.

③ **유빈:** '한국 ○○○'은 미국 본사로부터 사업에 필요한 정보를 얻는 대신 대가를 지불하는구나.

④ **도윤:** '○○○' 가게를 우리나라뿐 아니라 외국에서도 볼 수 있는 이유는 '○○○'이 다국적 기업이기 때문이구나.

⑤ **예지:** 세계에서 1,000번째 안에 드는 회사 대부분이 다국적 기업인 걸 보면 다국적 기업은 규모가 매우 큰가 보구나.

☐ 한줄요약 **6** 빈칸에 알맞은 말을 넣어 이 글의 핵심 내용을 한 문장으로 요약하세요.

기업	이익	국적

다국적 ☐☐ 은 여러 나라의 ☐☐ 을 가지고 있는 회사로, 세계적으로 6만여 개에 이르며, 더 많은 ☐☐ 을 얻기 위해 활발하게 활동하고 있다.

• 본문에 쓰인 낱말의 뜻을 칠판에 적어 놓았습니다. 그 뜻을 생각하면서 짧은 글을 지어 보세요.

> [상표]   상공업자가 자기의 상품임을 일반 구매자에게 보이기 위해 상품에
>   붙이는 표지.
> [국적]   국가의 구성원이 되는 자격.
> [물리다] 돈을 물어내게 하다. 손해를 갚게 하다.

❶ 상표
....

❷ 국적
....

❸ 물리다
....

• 낱말의 뜻을 참고하여, 다음 문장의 빈칸에 들어갈 알맞은 낱말을 완성하세요.

❹ 각 지점은 │ ㅂ │ ㅅ │의 지시를 따라야 하는 부분이 있다.
　　　　지사에 대하여 주가 되는 회사.

❺ 교통이 발달해야 │ ㅁ │ 역 │도 활발하게 이루어질 수 있다.
　　　　나라와 나라 사이에 서로 물품을 팔고 사고 함.

❻ 어떤 │ ㄱ │ 넙 │들은 자신의 이익을 사회에 돌려주기도 한다.
　　영리를 목적으로 생산 · 판매 · 서비스 따위의 경제 활동을 계속적으로 하는 조직체.

❼ 이 사업은 │ 다 │ ㄱ │ ㅈ │으로 이루어지는 거대한 문화 행사이다.
　　여러 나라가 관여하거나 여러 나라의 것이 섞임.

콰키우틀 족의 '포틀래치'

가 ⊙아메리카 인디언 콰키우틀 족에게는 '포틀래치(potlatch)'라는 관습이 있었다. 예를 들자면 이렇다. 한 추장이 있는데, 그는 사람들로부터 가장 위대한 추장이라는 찬사를 받고 싶었다. 그래서 그는 자신의 월등한 지위를 자랑하여 보이기 위해 다른 마을 사람들을 초대하여 포틀래치를 연다. 사람들을 초대해 놓고 추장은 대뜸 이렇게 말한다.

"나는 세상에서 가장 위대한 추장이다. 이제부터 너희들에게 선물을 나눠 줄 텐데, 그 양이 얼마나 되는지 한번 세어 보라. 아마 일생 동안 세어도 다 못 할 것이다."

나 그 거만한 말투에 자존심이 상한 사람들이 그에게 야유를 보내면, 추장의 곁에 서 있던 부하들이 초대된 손님들을 위협한다.

"입 다물어, 이 야만인들아! 조용히 하지 않으면 우뚝 솟은 산맥과 같으신 우리 추장님께서 돈벼락을 내려서 너희들을 파묻어 버릴 것이다."

다 그러고 나서 추장과 그의 부하들은 손님들에게 줄 재물들을 솜씨 좋게 쌓아 올린다. 그들이 거들먹거리며 손님들에게 선물할 많은 귀중품들을 자랑하는 동안, 초대된 사람들은 무뚝뚝한 표정으로 그 광경을 바라본다. 비록 주최 측의 선물이 별게 없다고 조롱하긴 해도, ⓛ관습에 따라 그들은 받은 선물을 모두 싣고 자기 마을로 돌아간다.

라 포틀래치에 초대됐던 이웃 마을 사람들, 특히 추장들은 그 추장에 대해 복수를 다짐한다. 그 복수란 자기들이 받은 선물보다 더 많은 선물을 준비하여 나눠 주는 것이다. 복수를 준비하기 위해서는 몇몇 사람의 힘만으로는 되지 않고 마을 사람들이 모두 힘을 모아야 한다. 그래서 온 마을 사람들이 사냥과 농작물 재배에 열심히 참여하게 되는 것이다.

마 ⓒ위대한 추장이라는 과대망상에 빠져 재물을 뿌려 대는 이 풍습이 이상하게 보이기는 해도, 포틀래치는 그 나름의 가치가 있었다. 존경심을 얻기 위한 경쟁을 통해 마을의 생산 능력이 아주 빠르게 좋아진다. 그보다 중요한 점은 마을 간에 벌어지는 빈부의 차이가 이 어처구니없는 풍습을 통해 해소된다는 것이다.

● **찬사**
칭찬하거나 찬양하는 말이나 글.

● **월등한**
수준이나 실력이 훨씬 뛰어난.

● **조롱**
비웃거나 깔보면서 놀림.

● **과대망상**
사실보다 과장하여 터무니없는 헛된 생각을 하는 증상.

1

수능에서는
설명문이라 하더라도 다양한 짜임을 갖춘 글이 제시되므로 글의 짜임을 정해진 틀에 끼워 맞추지 말고 글을 읽으면서 능동적으로 내용 전개 과정을 살피려고 노력해야 해.

이 글의 내용 전개 과정을 다음과 같이 정리할 때, 관련되는 문단의 기호를 쓰세요.

전개 과정	문단 기호
설명 대상 제시	( )
↓	
특정한 상황 가정	가 , (, ,)
↓	
설명 대상이 미치는 영향	( )

2

이 글의 내용과 일치하지 <u>않는</u> 것은 무엇인가요? ( )

① 콰키우틀 족에게는 마을 간의 선물 경쟁 풍습이 있었다.

② 포틀래치를 여는 목적은 여러 마을 간의 화합을 다지기 위해서였다.

③ 포틀래치를 연 추장은 초대한 손님들에게 수많은 귀중품을 선물하였다.

④ 포틀래치에 초대받은 손님들은 자신들을 초대한 추장의 거만함을 못마땅해하면서도 선물을 받았다.

⑤ 포틀래치에 초대됐던 추장들은 또 다른 포틀래치를 열어 자신들이 받은 것보다 더 많은 선물을 나누어 주었다.

3

이 글을 바탕으로 '포틀래치'의 가치를 다음과 같이 정리할 때, 빈칸에 들어갈 알맞은 낱말을 쓰세요.

> '포틀래치'를 통해서 마을의 　❶　 능력이 커지고, 마을과 마을 사이의 　❷　 차이가 줄어들게 된다.

❶ ( ) ❷ ( )

4 이 글의 내용을 사실과 의견으로 나눌 때, ㉠~㉢ 각각이 해당하는 것을 선으로 연결하세요.

❶ ㉠ •

❷ ㉡ •

❸ ㉢ •

• ㉮ 사실

• ㉯ 의견

여러 가지 설명 방법 이해하기 **5** 이 글에서 '포틀래치'를 설명하기 위해 사용한 방법은 무엇인가요? ( )

① 둘 이상의 대상이 가진 차이점을 제시하였다.
② 둘 이상의 대상이 가진 공통점을 제시하였다.
③ 일정한 기준에 따라 대상의 종류를 나누었다.
④ 대상의 뜻을 사전에서처럼 명확하게 풀이하였다.
⑤ 대상이 무엇인지 구체적으로 알려 주기 위해 예를 들었다.

한줄요약 **6** 빈칸에 알맞은 말을 넣어 이 글의 핵심 내용을 한 문장으로 요약하세요.

관습   재물   가치

추장이 이웃 마을 사람들에게 거만한 태도로 [   ]을 나누어 주는 콰키우틀 족의 '포틀래치'라는 [   ]은 이상하게 보일 수 있으나 그 나름의 [   ]를 지닌다.

● 본문에 쓰인 낱말의 뜻을 칠판에 적어 놓았습니다. 그 뜻을 생각하면서 짧은 글을 지어 보세요.

> [월등하다] 수준이나 실력이 훨씬 뛰어나다.
> [조롱] 비웃거나 깔보면서 놀림.
> [과대망상] 사실보다 과장하여 터무니없는 헛된 생각을 하는 증상.
> [거들먹거리다] 신이 나서 잘난 체하며 자꾸 도도하게 굴다.

❶ 월등하다

❷ 조롱

❸ 과대망상

❹ 거들먹거리다

● 낱말의 뜻을 참고하여, 다음 문장의 빈칸에 들어갈 알맞은 낱말을 완성하세요.

❺ 그 부족의 　ㅊ　ㅈ　은 매우 지혜롭고 현명하다.

　원시 사회에서 생활 공동체를 통솔하고 대표하던 우두머리.

❻ 사람들은 그의 어이없는 행동에 　ㅇ　ㅇ　를 보냈다.

　　남을 빈정거려 놀림. 또는 그런 말이나 몸짓.

❼ 이번 사태는 행사를 　ㅈ　최　한 측에서 책임을 져야 한다.

　　행사나 모임을 주장하고 기획해서 엶.

❽ 오랫동안 　ㅂ　ㅅ　의 칼을 갈았던 원수를 외나무다리에서 만났다.

　　원수를 갚음.

바비 인형

가 세계에서 가장 많이 팔리는 장난감은 무엇일까? 그것은 바로 바비 인형이다. 단일 장난감으로는 그 종류도 매우 다양하여 총 40여 종에 달하며, 이를 만드는 회사에 연간 10억 달러 이상의 수익을 가져다주고 있다. 지금 이 순간에도 바비 인형은 초당 2개꼴로 세계 140여 개국에서 판매되고 있다.

나 ㉠바비 인형은 판매의 측면에서뿐만 아니라 생산의 측면에서도 세계적이다. 이 인형의 제조사는 미국 기업이지만, 실제로 미국 내에서 만들어지는 인형은 단 1개도 없다. ㉡바비 인형은 1959년 최초로 생산될 때부터 미국이 아닌 일본에서 생산되었다. 당시 일본은 제2차 세계 대전의 후유증을 극복하지 못하여 다른 나라보다 노동자 임금이 낮았기 때문이다. ㉢이후 바비 인형의 생산지는 일본의 임금 수준이 높아짐에 따라 임금이 싼 다른 아시아 국가로 이동하였다.

다 그런데 바비 인형의 생산은 '사우디아라비아'에서부터 시작된다고 볼 수 있다. 사우디아라비아에서는 원유로부터 에틸렌을 뽑아내고, '대만'의 석유 회사가 이 에틸렌을 사서 플라스틱 회사에 판매하면, 플라스틱 회사는 이를 원료로 하여 구슬 모양의 폴리염화 비닐 재료를 만든다. 이 재료는 '중국', '인도네시아', '말레이시아'의 공장 중 한 군데로 보내져 '미국'산 기계를 통해 바비 인형의 몸으로 만들어진다. 여기에 '일본'에서 생산된 나일론 머리카락을 심고, '중국'에서 만든 면 옷을 입히면, 드디어 바비 인형이 탄생하는 것이다.

라 이처럼 바비 인형의 생산 과정에는 세계 여러 나라가 관련되어 있다. 사우디아라비아와 대만은 원료를 제공하고, 중국, 인도네시아, 말레이시아와 같은 아시아의 나라들은 노동력을 제공하며, 미국은 기술력을 제공하는 등, 다양한 국가들이 바비 인형 생산에 각기 다른 역할을 맡고 있다.

마 그렇다면 바비 인형의 생산지는 어느 곳일까? 만일 누군가 '차 마시는 바비 인형'을 샀다면, 그 포장 박스에는 생산지가 중국으로 쓰여 있을 것이다. 하지만 앞서 본 바와 같이 인형 제조에 사용된 재료 중, 중국에서 만들어진 것은 거의 없다. 따라서 바비 인형의 경우에 '생산지'는 원료 생산에서 완제품 출시까지의 모든 과정이 한 번에 이루어지는 나라가 아니라, 각국에서 만든 부품을 조립하여 완제품을 출시한 나라를 의미한다.

● 단일
단 하나.

● 후유증
어떤 일을 치르고 난 뒤 생긴 부작용.

● 임금
근로자가 노동의 대가로 받는 보수.

● 원유
땅속에서 뽑아낸, 정제하지 아니한 그대로의 기름.

● 출시
상품이 시중에 나옴. 또는 시중에 내보냄.

1 **이 글에서 알 수 있는 내용이 <u>아닌</u> 것은 무엇인가요? (　　　)**

① 바비 인형의 생산지
② 바비 인형의 판매량
③ 바비 인형의 탄생 과정
④ 바비 인형 생산에 드는 비용
⑤ 바비 인형의 생산에 관련된 국가

2 **이 글의 내용과 일치하지 <u>않는</u> 것은 무엇인가요? (　　　)**

① 바비 인형이 만들어진 최초의 생산지는 일본이다.
② 바비 인형은 세계에서 가장 많이 팔리는 장난감이다.
③ 바비 인형이 완성되기 위해서는 여러 나라의 역할이 필요하다.
④ 바비 인형의 원재료는 사우디아라비아와 대만에서 만들어진다.
⑤ 바비 인형의 생산지는 원료로부터 완제품이 될 때까지의 전 과정이 이루어지는 나라이다.

여러 가지 설명 방법
이해하기

3 **다음과 같은 설명 방법이 활용된 문단의 기호를 쓰세요.**

> • **과정**: 어떤 특정한 목표나 결과를 가져오게 하는 단계를 그 순서에 따라 설명 한다.

(　　　　　　)

여러 가지 설명 방법
이해하기 **4**

수능에서는
다양한 설명 방법들이
글 속에서 어떻게 드러
나는지 찾도록 요구하
는 문제가 많이 나와. 그
러니 다양한 설명 방법
에는 무엇이 있는지부터
알아 둬야겠지?

⑦~ⓒ 중, 다음의 설명 방법이 활용된 것을 찾아 선으로 연결하세요.

❶ **비교**: 대상이 가진 공통점을
제시하는 방법   •

                                              •   ⑦

                                              •   ⓛ

❷ **인과**: 어떤 현상의 원인과
결과를 밝히는 방법   •

                                              •   ⓒ

📄 에서 활용된 설명 방법 한 가지를 보기 에서 찾아 쓰세요.

> **보기**
> • **정의**: 용어의 뜻을 명확하게 풀이하여 설명하는 방법.
> • **인용**: 다른 사람이 한 말이나 글을 가져와 쓰는 방법.
> • **열거**: 대상과 관련된 구체적인 정보들을 죽 늘어놓는 방법.
> • **비유**: 표현하려는 대상을 그와 비슷한 성질을 가진 다른 대상에 빗대어 표
>   현하는 방법.

(   )

🔲 한줄요약 **6**

빈칸에 알맞은 말을 넣어 이 글의 핵심 내용을 한 문장으로 요약하세요.

> 완제품   장난감   생산지

세계적으로 가장 많이 팔리는 [   ][   ][   ]인 바비 인형의 생산 과정에는 여러

나라가 관련되는데, 바비 인형의 포장 박스에 쓰인 [   ][   ][   ]는 [   ][   ][   ]

을 출시한 나라를 의미한다.

● 본문에 쓰인 밑줄 친 낱말의 뜻을 찾아 바르게 연결하세요.

① 연간 10억 달러 이상의 <u>수익</u>을 가져다주고 있다.

㉠ 근로자가 노동의 대가로 받는 보수.

② 노동자 <u>임금</u>이 낮았기 때문이다.

㉡ 어떤 일을 치르고 난 뒤 생긴 부작용.

③ 완제품을 <u>출시</u>한 나라를 의미한다.

㉢ 상품이 시중에 나옴. 또는 시중에 내보냄.

④ 제2차 세계 대전의 <u>후유증</u>을 극복하지 못하여

㉣ 이익을 거두어들임. 또는 그 이익.

● 낱말의 뜻을 참고하여, 다음 문장의 빈칸에 들어갈 알맞은 낱말을 완성하세요.

⑤ 그 가게에서는 10주년 기념 행사로 일부 제품을 할인 [ㅍ][ㅁ] 하고 있다.

상품 따위를 팖.

⑥ 두부는 콩을 [ㅇ][ㄹ] 로 하여 만든 식품이다.

어떤 물건을 만드는 데 들어가는 재료.

⑦ 하나의 물건을 만들기 위해서는 복잡한 [ㄱ][ㅈ] 을 거쳐야 한다.

일이 되어 가는 경로.

⑧ 중동의 [원][ㅇ] 생산에 문제가 생기면 기름값이 많이 오르게 된다.

땅속에서 뽑아낸, 정제하지 아니한 그대로의 기름.

⑨ 우리나라는 다른 나라보다 배를 [제][ㅈ] 하는 기술이 뛰어나다.

공장에서 큰 규모로 물건을 만듦.

⑩ 민호는 저녁이 다 되어서야 장난감 로봇의 [조][ㄹ] 을 다 끝내었다.

여러 부품을 하나의 구조물로 짜 맞춤. 또는 그런 것.

매사냥

가 2010년 11월, 한국, 벨기에, 체코, 프랑스 등 11개국이 공동으로 신청한 매사냥이 유네스코 인류 무형 문화유산에 등재되었다. 이는 동서양을 아우른 공동 등재라는 점에서 의미가 깊다. 하지만 매사냥에 대해 아는 현대인은 그리 많지 않은 듯하다. 지금도 그 명맥을 이어 가고 있는 우리의 전통 문화유산인 매사냥에 대해 알아보자.

나 매사냥은 매를 이용해 꿩, 토끼 같은 야생 동물을 잡는 사냥법이다. 일반적인 사냥에서 동물은 주인의 사냥을 돕는 역할만 하지만, 매사냥에서 매는 주인을 대신해 짐승을 잡는 사냥꾼 역할을 한다. 매사냥의 주인공은 사람이 아니라 매인 것이다.

다 그런데 아무 매나 매사냥의 주인공이 될 수는 없다. 매사냥에 쓰이는 매는 새끼 때부터 사람 손에서 길들여진 것이어야 한다. 매가 사냥을 할 만큼 훈련이 되면 본격적인 매사냥이 시작되는데, 매사냥을 할 때 우선 매사냥꾼은 사방이 잘 보이는 산의 높은 곳으로 매를 들고 올라간다. 준비하고 있던 몰이꾼들이 꿩을 몰면, 매사냥꾼은 날아가는 꿩을 향해 매를 날리며 "매 나간다!"라고 외친다. 그러면 몰이꾼들은 매에 달아 놓은 방울 소리를 따라 신속히 가서 매를 찾는다.

라 이러한 매사냥은 언제, 어디에서 시작되었을까? 기록에 따르면 매사냥은 4,000여 년 전 고대 중앙아시아와 서아시아에서 시작되어 세계로 퍼져 나갔다. 메소포타미아 유적지에서는 매사냥꾼을 새긴 유물이 발견되었고, 마르코 폴로의 『동방견문록』에는 쿠빌라이 황제가 사냥터로 떠날 때 매 500마리를 동원한 기록이 있다.

마 우리나라는 어떠했을까? 우리나라의 경우 매사냥이 어디로부터 전해져 언제부터 시작되었는지에 대한 정확한 기록은 남아 있지 않지만, 고구려 고분 벽화에 남아 있는 매사냥 그림을 통해 이미 삼국 시대부터 매사냥이 이루어졌음을 알 수 있다. 『삼국사기』에는 신라 진평왕이 매사냥에 푹 빠져 신하들이 걱정했다는 기록도 있다. 매사냥은 주로 왕과 귀족들 사이에서 성행했다. 고려 충렬왕은 매사냥을 담당하는 응방이라는 관청을 두었고, 이를 위해 몽골에서 기술자를 데려오기도 했다.

바 지금까지 매사냥의 방법과 역사에 대해 살펴보았다. 매사냥은 많은 정성과 시간을 들여 매를 길들인 후 행해지는 사냥법이다. 이러한 매사냥은 오랫동안 이어져 내려온 우리의 소중한 전통 문화유산이지만, 지금은 소수의 사람들만이 매사냥을 이어가고 있다.

● 등재
일정한 사항을 장부나 대장에 올림.

● 명맥
어떤 일의 지속에 필요한 최소한의 중요한 부분.

● 동원
어떤 목적을 달성하고자 사람을 모으거나 물건, 수단, 방법 따위를 집중함.

● 고분
고대에 만들어진 무덤.

● 성행
매우 성하게 유행함.

1 이 글의 구조를 다음과 같이 정리할 때, 빈칸에 들어갈 문단 기호를 쓰세요.

수능에서는
문단의 내용을 중심으로 글의 구조를 파악하는 문제가 자주 출제돼. 문장이 모여 하나의 중심 생각을 나타내는 덩어리를 문단이라고 해. 문단은 글쓴이의 생각을 효과적으로 전달하기 위한 것으로 문단 사이의 관계를 이해하는 것은 글의 내용을 파악하는 데 도움이 돼.

글의 구조		문단 기호
처음	설명 대상 제시	❶ ( )
중간	매사냥의 방법	❷ (,)
	매사냥의 역사	❸ (,)
끝	요약 및 정리	❹ ( )

2 🈁~🈂의 내용을 참고하여 다음 빈칸에 들어갈 알맞은 말을 쓰세요.

> 매사냥은 매를 이용해 ⎡ ❶ ⎤을 잡는 사냥법으로, 사람 손에 잘 길들여진 매를 산의 높은 곳에서 풀어 주면, 그 매는 꿩을 잡고, 몰이꾼들은 매에 달아 놓은 ⎡ ❷ ⎤ 소리를 따라 간다.

❶ ( )   ❷ ( )

3 '매사냥의 역사'에 대한 설명으로 적절하지 <u>않은</u> 것은 무엇인가요? ( )

① 기록상 매사냥은 4,000여 년 전에 시작되었다.

② 우리나라는 삼국 시대에 매사냥이 처음 시작되었다.

③ 매사냥이 처음 시작된 지역은 고대 중앙아시아와 서아시아이다.

④ 과거 우리나라의 매사냥은 주로 왕과 귀족들 사이에서 성행하였다.

⑤ 매사냥과 관련된 옛 기록은 현재 전해지는 고전 자료에서 찾아볼 수 있다.

보기 는 **나** 에 사용된 내용 전개 방식에 대한 설명입니다. 빈칸에 들어갈 알맞은 설명 방법을 쓰세요.

> **보기**
>
> **나** 에서는 먼저 '매사냥'의 뜻을 정확하게 풀이하는 [**①**] 의 방법이 활용되었고, 그다음 일반적인 사냥과 매사냥의 차이점을 제시하는 [**②**] 의 방법이 활용되었다.

① (   )   **②** (   )

글쓴이가 **다** 를 쓰기 위해 세운 전략으로 적절한 것은 무엇인가요? (   )

① 용어의 뜻을 명확하게 풀이해야겠군.
② 둘 이상의 대상이 가진 공통점을 제시해야겠군.
③ 대상과 관련된 유사한 예들을 죽 늘어놓아야겠군.
④ 대상이 진행되는 단계와 행동을 순서에 따라 설명해야겠군.
⑤ 대상들을 일정한 기준에 따라 나누거나 묶어서 설명해야겠군.

빈칸에 알맞은 말을 넣어 이 글의 핵심 내용을 한 문장으로 요약하세요.

> 아시아   매사냥   사냥법

[   ] 은 매를 이용해 야생 동물을 잡는 [   ] 으로, 4,000여 년 전에 고대 중앙 [   ] 와 서아시아에서 시작되어 세계로 퍼져 나갔으며 우리나라에서도 한때 성행하였다.

• 본문에 쓰인 밑줄 친 낱말의 뜻을 찾아 바르게 연결하세요.

1 동서양을 <u>아우른</u> 공동 등재 •   • **ㄱ** 유물이나 유적이 있는 장소.
라는 점에서

     • **ㄴ** 여럿을 모아 한 덩어리나 한 판이 되
2 <u>몰이꾼</u>들이 꿩을 몰면 •   게 하다.

3 메소포타미아 <u>유적지</u>에서는 •   • **ㄷ** 짐승이나 물고기를 잡으려는 곳으로
몰아넣는 사람.

• 낱말의 뜻을 참고하여, 다음 문장의 빈칸에 들어갈 알맞은 낱말을 완성하세요.

4 이런 디자인이 한때 매우 ⬚ㅅ⬚ ⬚행⬚ 하였다.

　　　　　　 기운이나 세력이 한창 왕성하게 유행함.

5 여기에서 신라 시대의 ⬚고⬚ ⬚ㅂ⬚ 이 발견되었다.

　　　　　　 고대에 만들어진 무덤.

6 이것은 그 역사적 가치를 인정받아 문화재에 ⬚등⬚ ⬚ㅈ⬚ 되었다.

　　　　　　 일정한 사항을 장부나 대장에 올림.

7 그분이 돌아가시면 결국 이 일의 ⬚ㅁ⬚ ⬚맥⬚ 은 끊어지게 될 것이다.

　　　　　　 어떤 일의 지속에 필요한 최소한의 중요한 부분.

8 처음 만난 사람과 대화할 때에는 ⬚ㅎ⬚ ⬚ㄷ⬚ 관심사를 이야기하는 것이 좋다.

　　　　　　 둘 이상의 사람이나 단체가 함께 일을 하거나, 같은 자격으로 관계를 가짐.

9 노래나 춤, 기술과 같이 예로부터 전해 오는 전통 문화재를 ⬚ㅁ⬚ ⬚형⬚ 문화재라고 한다.

　　　　　　 형상이나 형체가 없음.

10 경주의 한 지역에서 신라 시대의 ⬚ㅠ⬚ ⬚ㅁ⬚ 이 발견되었다.

　　　　　　 선대의 인류가 후대에 남긴 물건.

2 WEEK
마무리

글의 설명 방법을
이해하려면?

설명하는 내용을 이해해요 ▶ 2학년

❶ **설명하는 내용을 이해하는 방법 알기**

• 제목을 보고 짐작하기

• 대상의 특징 찾기

• 대상을 설명하는 까닭 생각하기

❷ **대상을 설명하는 다양한 글 살펴보기** 설명하는 글을 읽을 때는 다루는 대상이 무엇인지, 그것의
특징이 무엇인지를 가장 먼저 파악해야 해요.

• 설명하는 글은 '사실을 객관적으로 전달하는 것'을 목적으로 함.

• 설명하는 글에서 활용되는 설명 방법에는 '정의, 예시, 열거, 비교, 대
조, 과정, 인과' 등이 있음.

여러 가지 설명 방법을 이해해요 ▶ 5학년

❶ **설명 대상 파악하기** 설명문에서 글쓴이는 설명 대상의 특징에 따라 여러 가지 설명 방법을 사용해요.

글쓴이가 글을 쓴 목적과 함께 설명하고자 하는 대상을 파악하고 그 특징을 떠올려
봅니다.

❷ **설명 방법 찾기**

글에서 글쓴이가 설명하려는 대상의 특징을 효과적으로 전달하기 위해 여러 가지
설명 방법 중 어떤 것을 선택하여 사용하고 있는지 파악합니다.

37. 윗글의 내용 전개 방식으로 가장 적절한 것은?

① 개체성과 관련된 예를 제시한 후 공생발생설에 대한 다양한 견해를 비교하고 있다.

② 개체에 대한 정의를 제시ᄒ는 과정을 서술하고 있다

수능에는 글에서 대상을 어떻게 설명하고 있는지, 내용 전개 방식을 묻는 문제가 나와요.

③ 개체성의 조건을 제시한 ᄒ 발생설을 중심으로 설명하고 있다.

④ 개체의 유형을 분류한 후 세포의 소기관이 분화되는 과정을 공생발생설을 중심으로 설명하고 있다.

설명 대상의 특징을 살펴라

설명하려는 대상의 특징이 무엇이냐에 따라 활용되는 설명 방법은 달라집니다. 대상과 관련된 말이 어려우면 '정의'의 설명 방법을 활용해야 하고, 대상이 일정한 단계를 거치는 현상이라면 '과정'의 설명 방법을 활용해야 하는 것처럼 말입니다. 이렇게 설명 대상의 특징을 파악하면 그에 따른 효과적인 설명 방법을 생각해 볼 수 있고, 이를 다른 대상에도 적용할 수 있게 됩니다.

글에서 설명하는 대상을 확인한다. > 설명하는 대상의 특징을 파악한다. > 대상의 특징을 잘 알려 줄 수 있는 설명 방법을 생각해 본다.

글쓴이가 말하고자 하는 생각을 파악해요

8~11쪽

1 DAY 재상 정홍순 이야기

1 ③   2 ㉮

3 ⑤   4 ④

5 ㉡   6 혼례, 낭비, 교훈

독해력을 기르는 어휘

❶ 태평   ❷ 불만   ❸ 간소   ❹ 비용

❺ 야속   ❻ 노릇   ❼ 여간

글의 내용과 짜임 다시보기

● **글의 내용**

조선 정조 때 유명한 재상이었던 정홍순에 관한 이야기로, 불필요한 낭비보다는 꼭 필요한 곳에 물질을 사용하는 것이 더 중요하다는 교훈을 일깨워 주고 있습니다.

● **글의 짜임**

> 딸의 혼례가 다가왔는데도 정홍순이 태평하기만 하자 부인은 야속한 마음이 듦.

> 정홍순은 혼례 날짜에 맞추어 잔치에 쓸 물건들을 주문하겠다고 했지만 혼례 당일이 되어도 아무것도 들어오지 않음.

> 딸과 사위는 집에 있는 것으로 혼례를 치렀고 사위는 몹시 섭섭해 처가에 발길을 끊음.

> 몇 년 뒤 정홍순이 딸과 사위를 불러 혼례를 간소하게 치른 대신 그 비용으로 기와집과 땅을 사 두었다고 말했고, 사위는 정홍순에게 큰절을 올림.

---

1 주원이는 글을 읽고 정홍순이 꼭 필요한 곳에 돈을 쓴 것과 비슷한 경험을 떠올렸습니다.

2 ㉠은 정홍순의 검소한 성격을 알 수 있는 말입니다. 따라서 ㉮와 같은 생각이 적절합니다.

> 오답 피하기 ㉯ 혼례 당일까지 물건과 음식이 도착하지 않은 이유는 정홍순이 애초에 혼례에 큰돈을 사용할 생각이 없었기 때문입니다. '재상인 내게 돈을 받기가 곤란해서', '소인배들과 큰소리로 싸울 수도 없는 노릇이니' 등의 말은 자신의 생각대로 하기 위해 우선 둘러 댄 말이라고 볼 수 있지요.

3 정홍순이 혼례를 간소하게 치르고 그 비용으로 기와집과 땅을 사 둔 행동을 통해 이 글의 주제를 짐작할 수 있습니다.

4 정홍순이 딸과 사위에게 한 말을 통해 정홍순이 꼭 필요한 곳에 돈을 쓰는 것을 중요하게 여긴다는 것을 알 수 있습니다. 이와 같은 소비를 '합리적인 소비'라고 말합니다.

5 정홍순이 딸의 혼례에 쓸 돈을 아껴 기와집과 땅을 장만한 것에서 불필요한 낭비보다는 앞날을 대비하는 것이 더 낫다는 것을 알려 주고 있습니다. 이것은 이 글의 주제라고 할 수 있습니다.

6 이 글은 정홍순이 딸의 혼례에 쓸 물건과 음식을 살 비용으로 기와집과 땅을 마련한 이야기를 통해 불필요하게 낭비하기보다는 앞날을 대비하자는 교훈을 주고 있습니다.

2 DAY 우리나라의 쌀 소비

1 쌀, 감소　　　　　**2** ③

3 ⑭, ⑮　　　　　**4** ②

5 ①, ③　　　　　**6** 아침, 밀, 쌀

독해력을 기르는 어휘

❶ 소비　❷ 추세　❸ 증가　❹ 급격히

❺ 전망　❻ 과잉　❼ 방안

글의 내용과 짜임 다시보기

● **글의 내용**

우리나라의 쌀 소비량이 급격히 줄고 있으므로, 쌀 소비량을 늘릴 수 있도록 국민, 농업 관련 단체, 정부의 노력이 필요하다는 내용의 기사문입니다.

● **글의 짜임**

문제 상황	급격히 줄어들고 있는 우리나라의 쌀 소비량

원인	아침 식사를 거르거나 다른 음식으로 대신하고, 밀 소비량이 증가하고 있기 때문임.

해결 방안	쌀 소비량을 늘릴 수 있도록 국민과 농업 관련 단체, 정부의 노력이 필요함.

1 이 글의 첫 문장에서 우리나라의 쌀 소비량이 급격히 줄고 있다는 문제를 제기하고 있습니다.

2 이 글에서 쌀 소비량이 감소하는 원인 중 하나로 아침 쌀 소비량 감소를 들었습니다.

3 이 글은 우리나라 쌀 소비량이 급격히 줄고 있으므로 쌀 소비량을 늘리자는 내용입니다. 따라서 연도별 1인당 쌀 소비량 감소를 보여 주는 도표나 쌀밥을 먹으며 대화를 나누는 가족의 모습을 담은 사진을 덧붙이기에 알맞습니다.

오답피하기 각 시도별 식품 회사의 수를 비교한 지도나 국내산 쌀과 미국산 쌀의 가격을 비교한 그래프는 기사의 내용과 관련이 없는 자료입니다.

4 글쓴이는 이 글의 마지막 문장에서 쌀 소비량을 늘릴 수 있도록 국민, 농업 관련 단체, 정부의 노력이 필요하다고 하였습니다.

5 이 글에서는 쌀 소비량이 줄고 있는 문제 상황, 특히 1970년에 136.4 kg였던 1인당 연간 쌀 소비량이 2018년에 61 kg로 반토막 난 상황을 문제로 인식하여 제시하고 있으므로, 글의 내용에 어울리는 제목으로 알맞은 것은 ①과 ③입니다.

6 이 글은 아침 쌀 소비량 감소와 밀 소비량 증가로 인해 우리나라의 쌀 소비량이 급격히 줄고 있으므로, 쌀 소비량을 늘리기 위해 개인과 단체, 정부가 함께 노력하자는 내용의 기사문입니다.

3 DAY 조선 왕조 의궤

1 ㉮   2 ②

3 ❶ 나, 라 ❷ 마, 바 ❸ 가, 다

4 ④   5 ㉢

6 그림, 왕실, 가치

독해력을 기르는 어휘

❶ 일상   ❷ 재현   ❸ 훼손   ❹ 의례

❺ 직후   ❻ 복원   ❼ 등재

글의 내용과 짜임 다시보기

● **글의 내용**

조선 시대 왕실이나 국가의 중요한 행사를 글과 그림으로 기록한 책인 조선 왕조 의궤의 종류와 역사적 가치에 대해 설명하는 글입니다.

● **글의 짜임**

조선 왕조 의궤는 조선 시대 왕실 의례를 다음 세대의 사람들이 참고할 수 있도록 글과 그림으로 기록한 책임.	조선 왕조 의궤의 뜻
조선 왕조 의궤는 왕실의 행사에 관한 의궤, 나라의 행사에 관한 의궤, 건축물에 관한 의궤 등이 있음.	조선 왕조 의궤의 종류
조선 왕조 의궤는 역사적 자료로서 가치가 높음.	조선 왕조 의궤의 가치

---

1 이 글은 조선 왕조 의궤의 종류와 역사적 가치에 대해 설명하고 있습니다.

2 마지막 문단에 조선 왕조 의궤는 2007년 6월에 세계 기록 유산으로 등재되었다는 내용이 나옵니다. 2016년 5월에는 국가 문화재로 지정되었습니다.

3 왕실의 행사와 관련한 의궤에는 왕의 출생이나 세자 책봉, 왕실 구성원의 결혼식, 장례식 등의 진행 과정이, 나라의 행사와 관련된 의궤에는 돌아가신 왕에게 제사를 지내는 일이나 외국의 사신을 맞이하는 일 등이 기록되어 있습니다. 건축물에 관한 의궤에는 성곽이나 궁궐을 짓거나 수리하는 내용이 기록되어 있습니다.

4 조선 왕조 의궤는 다음 세대의 사람들이 참고할 수 있도록 기록한 책이라는 설명에서 우리 조상들이 후손들에게 국가의 주요 행사에 대해 알려 주고 싶었음을 미루어 짐작할 수 있습니다.

5 설명하는 글에서 중심 생각을 파악하기 위해서는 먼저 문단들의 중심 문장을 찾고, 이를 통해 중심 내용을 파악해야 합니다. ㉠~㉣ 중 문단의 중심 문장에 해당하는 것은 ㉠, ㉡, ㉣입니다. ㉢은 ㉡의 내용 중 일부를 자세히 풀어 쓴 문장입니다.

6 조선 왕조 의궤는 조선 시대 왕실이나 국가의 중요한 행사를 글과 그림으로 기록한 책으로, 기록된 행사의 성격에 따라 왕실의 행사에 관한 의궤, 나라의 행사에 관한 의궤, 건축물에 관한 의궤가 있으며 역사적 자료로서 가치가 높다는 내용의 설명문입니다.

4 DAY 슬로푸드

1 ㉠

2 ②, ⑤

3 ⑤

4 ㉠

5 ㉯

6 건강, 전통, 슬로

독해력을 기르는 어휘

❶ ㉢   ❷ ㉣   ❸ ㉡   ❹ ㉠

❺ 인위적   ❻ 첨가물   ❼ 제한

글의 내용과 짜임 다시보기

● **글의 내용**

슬로푸드를 먹으면 좋은 점을 근거로 들어 슬로푸드에 관심을 갖고 패스트푸드 대신 슬로푸드를 먹자고 주장하는 내용의 논설문입니다.

● **글의 짜임**

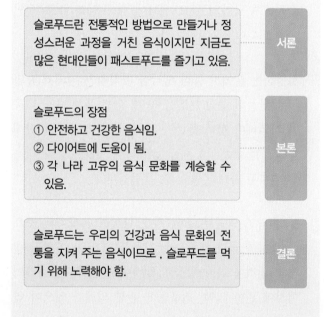

슬로푸드란 전통적인 방법으로 만들거나 정성스러운 과정을 거친 음식이지만 지금도 많은 현대인들이 패스트푸드를 즐기고 있음.	서론
슬로푸드의 장점 ① 안전하고 건강한 음식임. ② 다이어트에 도움이 됨. ③ 각 나라 고유의 음식 문화를 계승할 수 있음.	본론
슬로푸드는 우리의 건강과 음식 문화의 전통을 지켜 주는 음식이므로 , 슬로푸드를 먹기 위해 노력해야 함.	결론

---

1 **㉮**는 도입부로서 글의 도입부에서는 주로 중심 소재를 소개하고 문제를 제기하거나 이야기를 이끌어 나갈 방향을 제시합니다. 이 글에서는 **㉮**에서 중심 소재인 슬로푸드의 의미를 밝히고 슬로푸드에 대해서 앞으로 이야기할 방향을 제시하고 있습니다.

2 **㉯**에서 '슬로푸드는 안전하고 건강한 음식'이라는 글쓴이의 주장을 뒷받침하는 논거로 슬로푸드는 조미료와 첨가물을 거의 사용하지 않는다는 점, 화학 비료와 농약 등을 사용하지 않고 키운 유기농 재료로 만든다는 점을 들었습니다.

   오답피하기 ①, ④ **㉱**에 나오는 내용입니다.
   ③ **㉰**에 나오는 내용입니다.

3 이 글은 슬로푸드의 여러 가지 장점들을 소개하며 슬로푸드를 먹자고 주장하는 글입니다. **㉲**에서 글쓴이의 주장을 확인할 수 있습니다.

4 논설문의 제목은 글쓴이의 주장이 잘 드러나는 것으로 붙여야 합니다. 따라서 이 글의 제목으로 가장 알맞은 것은 **㉠**입니다.

5 **㉮~㉱** 중에서 글쓴이와 반대되는 주장을 뒷받침하기에 알맞지 않은 내용을 골라야 합니다. **㉯**는 패스트푸드의 단점에 대한 내용으로 오히려 글쓴이의 주장을 뒷받침하는 내용으로 적절합니다.

6 오늘날 패스트푸드를 먹는 사람들이 많은데 패스트푸드를 먹는 것보다는 우리의 건강과 음식 문화의 전통을 지켜 주는 슬로푸드를 먹자고 주장하는 글입니다.

5 DAY 올바른 비판 문화

1 ③　　　　　　　2 ❶ 라 ❷ 나
3 ④　　　　　　　4 ④
5 무열　　　　　　6 비판, 갈등, 문제

독해력을 기르는 어휘

❶ 혼동　　❷ 대안　　❸ 경청
❹ 예 감기와 독감은 엄연히 다르다.
❺ 예 누가 더 옳은지 판단을 내리지 못했다.
❻ 예 실패는 인생의 디딤돌이 될 것이다.

글의 내용과 짜임 다시보기

● **글의 내용**

비판의 의미를 이해하고, 올바른 비판 문화를 만들어 가자고 주장하는 내용의 논설문입니다.

● **글의 짜임**

비판하기를 피하거나 비판을 제대로 듣지 않으면 갈등이 심해지고 문제가 커질 수 있으므로, 올바른 비판 문화를 만들어야 함.	서론
비판은 어떤 행동이나 의견에 대해 이성적으로 판단하여 말하는 것임.	본론
올바른 비판 문화를 만들어 가기 위해서 해야 할 일이 있음.	
비판의 의미를 제대로 이해하고 올바른 비판 문화를 만들어 가야 함.	결론

---

1 가는 서론, 나와 다는 본론, 라는 결론에 해당됩니다.

2 가~라 중에서 어떤 행동이나 의견에 대해 이성적으로 판단한 비판의 말에 해당하는 것은 라, 감정만 앞세워서 상대방을 이유 없이 헐뜯는 비난의 말에 해당하는 것은 나입니다.

3 올바른 비판 문화를 만들어 가기 위해서는 비판을 할 때 문제를 해결할 수 있는 대안도 함께 제시해야 한다고 하였습니다.

4 올바른 비판 문화를 만들어 가자는 글쓴이의 주장이 잘 드러난 제목은 '올바른 비판 문화를 만들어 나가기 위한 노력'입니다.

5 글쓴이처럼 좋은 비판은 개인과 사회를 성숙하고 아름답게 만드는 디딤돌이 된다고 생각하는 사람은 '무열'입니다.

오답 피하기 태준: 이 글에서 비난은 감정만 앞세워서 상대방을 이유 없이 헐뜯는 것이고, 비판은 어떤 행동이나 의견에 대해 이성적으로 판단하여 말하는 것이라고 설명하고 있으므로 알맞지 않습니다.

예서: 이 글에서 비판하기를 피하거나 비판을 제대로 듣지 않으면 오히려 갈등이 심해지고 문제가 커 질 수 있다고 말하고 있으므로 알맞지 않습니다.

6 비판을 피하거나 제대로 듣지 않으면 갈등이 심해지고 문제가 더 커질 수 있으므로 올바른 비판 문화를 만들어 가야 한다고 주장하는 글입니다.

32~35쪽

1 DAY 일본 교과서의 역사 왜곡

1 ④   2 ④
3 ①   4 ㉤
5 ㉣, ㉥   6 사실, 불리, 왜곡

독해력을 기르는 어휘

❶ 병합   ❷ 위령탑   ❸ 학계   ❹ 저격
❺ 합리화   ❻ 둔갑   ❼ 왜곡   ❽ 주권

글의 내용과 짜임 다시보기

● 글의 내용

일본이 자신들의 역사 교과서에서 우리나라와 관련된 역사적 사실을 여전히 의도적으로 숨기거나 축소·왜곡하고 있음을 구체적인 사례를 들어 설명하고 있는 글입니다.

● 글의 짜임

여전히 한국 관련 역사를 왜곡하고 있는 일본 역사 교과서	머리말
한국사의 기원을 설명할 때 고조선 부분을 제외하고 있음.	본문
임진왜란의 원인과 귀무덤의 의미도 왜곡하고 있음.	
'이씨 조선', '이조', '병합' 등 왜곡된 용어를 사용하고 있음.	
근대 역사에 관해서도 여전히 고쳐지지 않은 부분이 많았음. → 경찰권을 빼앗은 원인, 위안부에 대한 서술 등이 왜곡되었음.	
일본 역사 교과서에 대한 감시와 항의를 게을리해서는 안 됨.	맺음말

1 이 글은 일본의 역사 교과서가 우리 역사를 여전히 왜곡하고 있다는 사실을 한국교육개발원이 낸 보고서를 바탕으로 설명하고 있습니다. 즉, 글쓴이의 개인적인 의견을 제시하기보다는 정확한 사실을 중심으로 내용을 전달하고 있습니다.

2 귀무덤은 임진왜란 때 일본인들이 조선과 명나라의 군인과 백성들을 죽인 후 그들의 귀와 코를 벤 것들을 모아 만든 것으로, 일본인들의 무자비함과 잔인성을 보여 주는 증거물입니다.

3 이 글은 ㉮에서 설명 대상을 소개하고, ㉯~㉶에서 고조선부터 근대에 이르기까지 일본 역사 교과서가 우리의 역사를 왜곡한 사례를 구체적으로 설명하고 있습니다. 이때 ㉶는 ㉲에 대한 구체적인 예를 들고 있으므로 ㉲에 직접적으로 연결되는 문단입니다. 마지막으로 ㉷는 앞의 내용을 요약하며 정리하고 있습니다.

4 ㉲에서 일본 역사 교과서에는 우리나라의 근대 역사가 여전히 왜곡되어 있다고 설명하였고, ㉶는 이에 대한 구체적인 예를 제시하고 있습니다. 그런데 ㉤은 삼국 시대의 역사에 대한 왜곡 사례이므로 글의 흐름상 적절하지 않은 문장입니다.

5 ㉲에서는 근대의 역사적 사건들을 죽 늘어놓는 '열거'의 방법이, ㉶에서는 일본이 근대 역사를 왜곡한 예를 제시하는 '예시'의 방법이 활용되었습니다.

6 이 글은 일본 역사 교과서에서 우리나라와 관련된 역사적 사실이 왜곡되어 있다는 사실을 보고서의 내용을 중심으로 설명하고 있습니다.

2 DAY 다국적 기업

1 ③   **2** ②

3 ①   **4** ❶ 나 ❷ 다 ❸ 가

5 ①   **6** 기업, 국적, 이익

독해력을 기르는 어휘

❶ 예 이것은 유명한 상표이다.

❷ 예 당신의 국적은 어디입니까?

❸ 예 이것은 그의 잘못이므로 손해 배상은 그에게 물려야 한다.

❹ 본사   ❺ 무역   ❻ 기업   ❼ 다국적

글의 내용과 짜임 다시보기

● **글의 내용**

다국적 기업의 의미와 사업 방식, 그리고 다국적 기업이 생기는 이유에 대해 정의, 예시, 인과, 비교와 대조 등 다양한 방법을 활용하여 설명하고 있는 글입니다.

● **글의 짜임**

다국적 기업이란 여러 국적 나라의 국적을 가지고 있는 회사임.	머리말
다국적 기업의 구체적인 사례로 피자 회사인 ○○○이 있음.	본문
다양한 분야의 다국적 기업은 세계 곳곳에서 활동하고 있음.	
다국적 기업이 생기는 이유는 기업마다 이익을 더 많이 얻으려 하기 때문임.	
세계 무역 기구(WTO)의 힘이 커지면서 다국적 기업의 활동이 더욱 활발해지고 있음.	맺음말

---

1 "그렇다면 '다국적 기업'이란 말을 들어 본 적이 있나요?" 등의 의문문을 활용하여 중심 소재인 '다국적 기업'에 대한 읽는 이의 관심을 이끌어 내고 있습니다.

2 가 에서 다국적 기업의 의미를, 나 에서는 다국적 기업의 사업 방식을, 다 에서는 다국적 기업의 사업 분야를, 라 에서는 다국적 기업이 생기는 이유를 알 수 있습니다. 그러나 다국적 기업의 문제점은 이 글의 어디에도 설명하고 있지 않습니다.

3 ㉮에서 '다국적 기업은 말 그대로 여러 나라의 국적을 가지고 있는 회사를 말합니다.'라며 '다국적 기업'의 뜻을 풀이해서 설명한 '정의'의 방법을 활용하고 있습니다. ①은 뜻을 설명해야 하는 주제이므로, 정의의 방법을 활용하기에 가장 적절합니다.

오답 피하기 ② 공통점이므로 '비교'가 적절합니다.

③ 원인과 결과이므로 '인과'가 적절합니다.

④ 문제점과 해결 방안이므로 '문제–해결'의 방법이 적절합니다.

⑤ 종류를 나누는 것이므로 '분류'의 방법이 적절합니다.

4 ㉠은 다국적 기업의 구체적인 예를(예시), ㉡은 일반 기업과 다국적 기업의 차이점을(대조) 바탕으로 다국적 기업의 특징을 제시하고 있으며, ㉢은 다국적 기업이 생기는 원인을(인과) 밝히고 있습니다.

5 세계 무역 기구는 다국적 기업이 아니라 세계의 기업들이 서로 무역을 할 때 갈등이 생기지 않도록 조정하거나 중재하는 역할을 하는 공적인 성격의 기관입니다.

6 다국적 기업은 여러 나라의 국적을 가진 기업으로, 이들이 존재하는 궁극적인 목적은 결국 최대한 많은 이익을 얻는 것입니다.

3 DAY 콰키우틀 족의 '포틀래치'

1 가 / 나, 다, 라 / 마   2 ②

3 ① 생산 ② 빈부   4 ① 가 ② 가 ③ 나

5 ⑤   6 재물, 관습, 가치

독해력을 기르는 어휘

① 예 그녀의 달리기 실력은 나보다 월등하다.

② 예 사람들은 그 부자의 어리석음을 조롱했다.

③ 예 그는 과대망상에 빠져 스스로를 무척 자랑스러워했다.

④ 예 나는 항상 거들먹거리는 그가 싫었다.

⑤ 추장   ⑥ 야유   ⑦ 주최   ⑧ 복수

글의 내용과 짜임 다시보기

● 글의 내용

콰키우틀 족의 '포틀래치'라는 관습이 무엇이고 어떤 효과가 있었는지 구체적인 상황을 예로 들어 설명하고 있는 글입니다.

● 글의 짜임

콰키우틀 족의 관습인 '포틀래치'	설명 대상 제시
한 추장이 위대한 추장이라는 찬사를 받기 위해 이웃 마을 사람들을 초대하여 포틀래치를 엶. → 추장은 거만한 태도로 이웃 사람들에게 선물을 엄청나게 나눠 줌. → 선물을 받고 돌아간 사람들은 자존심이 상해 복수를 다짐함. → 더 열심히 일을 해 재물을 모아서 포틀래치를 엶.	구체적인 사례
포틀래치를 통해 마을의 생산 능력이 빠르게 증가하고 마을 간의 빈부 차이가 해소됨.	마무리

1 가에서는 설명 대상인 '포틀래치'를 제시한 후, 그것을 쉽게 설명하기 위해 특정한 상황을 가정합니다. 그리고 나~라에서는 가에서 제시한 상황을 구체적으로 설명하며, 마에서는 설명 대상인 포틀래치가 미치는 영향을 밝힙니다.

2 추장이 포틀래치를 여는 목적은 자신의 월등한 지위를 사람들에게 자랑하여 보임으로써 위대한 추장이라는 찬사를 듣고 싶어서입니다. 포틀래치를 여는 과정에서 여러 마을의 빈부 차이가 줄어들기는 하지만 마을 간의 화합을 목적으로 포틀래치를 여는 것은 아닙니다.

3 마에서 포틀래치의 가치에 대한 구체적인 내용이 나옵니다. 포틀래치를 통해 마을의 생산 능력이 높아지고, 마을 간의 빈부 차이도 해소됩니다.

4 ㉠과 ㉡은 포틀래치에 대한 객관적 사실이고, ㉢은 포틀래치에 대한 글쓴이의 주관적인 의견입니다.

5 이 글은 설명 대상을 제시하고 바로 그와 관련된 구체적인 상황을 예로 들고 있습니다. 가~라가 모두 설명 대상에 대한 예를 제시한 부분이므로, 이 글의 대표적인 설명 방법은 '예시'입니다.

오답피하기 ①, ② 설명 대상은 '포틀래치' 하나입니다.
③ '포틀래치'를 보여 주는 구체적인 상황 하나를 예로 들어 제시하고 있을 뿐, 그 종류를 나누지는 않았습니다.
④ '포틀래치'라는 단어의 뜻 자체를 설명하고 있지는 않습니다.

6 이 글은 콰키우틀 족의 추장이 거만한 태도로 이웃 마을 사람들에게 선물을 나누어 주는 '포틀래치'라는 관습은 자칫 이상하게 보일 수 있으나 긍정적인 가치를 지니기도 한다는 것을 설명하고 있습니다.

4 DAY 바비 인형

1 ④ 2 ⑤
3 다 4 ❶ ㄱ ❷ ㄴ, ㄷ
5 열거 6 장난감, 생산지, 완제품

독해력을 기르는 어휘

❶ ㄹ ❷ ㄱ ❸ ㄷ ❹ ㄴ
❺ 판매 ❻ 원료 ❼ 과정 ❽ 원유
❾ 제조 ❿ 조립

글의 내용과 짜임 다시보기

● 글의 내용

바비 인형이 생산되기까지의 과정과 이에 관여하는 여러 나라, 바비 인형의 생산지가 갖는 의미 등을 통하여 판매의 측면에서 세계적인 바비 인형이 생산의 측면에서도 세계적이라는 것을 설명하고 있습니다.

● 글의 짜임

세계에서 가장 많이 팔리는 장난감, 바비 인형	판매의 측면에서 세계적인 바비 인형
최초로 바비 인형을 생산한 나라는 일본이었음.	생산의 측면에서 세계적인 바비 인형
바비 인형의 원료부터 시작하여 완제품이 만들어지기까지의 과정에 여러 나라가 관여됨.	
바비 인형 생산에 관여하는 나라들마다 각기 다른 역할을 함.	
바비 인형의 생산지는 부품을 조립하여 완제품을 출시하는 나라임.	

1 이 글에서는 판매는 물론 생산 측면에서도 세계적인 바비 인형에 대해 설명하고 있습니다. 그러나 바비 인형을 생산하는 데 드는 비용에 대한 설명은 제시되어 있지 않습니다.

오답피하기 ①은 마에, ②는 가에, ③은 다에, ⑤는 다와 라에 제시되어 있습니다.

2 마에서 바비 인형의 생산지는 원료 생산에서부터 완제품 출시까지의 모든 과정이 이루어지는 나라가 아니라 각국에서 만든 부품을 조립하여 완제품을 출시한 나라를 의미한다고 설명하고 있습니다.

3 다에서는 바비 인형의 원재료부터 그것이 인형의 모습을 갖추어 완성되기까지의 과정을 설명하고 있으므로, 목표나 결과를 가져오게 하는 단계를 그 순서에 따라 설명하는 '과정'의 방법이 활용된 것입니다.

4 ㄱ은 판매의 측면에서의 바비 인형과 생산의 측면에서의 바비 인형이 갖는 공통점을 설명하고 있으므로, 두 대상이 갖는 공통점을 설명하는 '비교'의 방법이 활용되었습니다. ㄴ은 바비 인형이 미국이 아닌 일본에서 생산된 까닭을 설명하고 있고, ㄷ은 바비 인형의 생산지가 일본에서 다른 아시아 국가로 이동한 까닭을 설명하고 있으므로 모두 '인과'의 방법이 활용되었습니다.

5 라에서는 바비 인형의 생산 과정에 관련된 세계 여러 나라와 각 나라의 역할을 구체적으로 나열하여 설명하고 있습니다.

6 이 글은 세계에서 가장 많이 팔리는 장난감인 바비 인형의 생산 과정에 여러 나라들이 관련되어 있다는 것을 설명하고 있습니다.

5 DAY 매사냥

1 ❶ 가 ❷ 나, 다 ❸ 라, 마 ❹ 바

2 ❶ 야생 동물 ❷ 방울

3 ②   4 ❶ 정의 ❷ 대조

5 ④   6 매사냥, 사냥법, 아시아

독해력을 기르는 어휘

❶ ㄴ   ❷ ㄷ   ❸ ㄱ   ❹ 성행

❺ 고분   ❻ 등재   ❼ 명맥   ❽ 공동

❾ 무형   ❿ 유물

글의 내용과 짜임 다시보기

● **글의 내용**

매사냥이란 무엇이며, 매사냥을 하는 방법은 어떻게 되는
지, 그리고 서양과 우리나라에서의 매사냥의 역사에 대해
설명하고 있는 글입니다.

● **글의 짜임**

| 우리의 전통 문화유산인 매사냥 | 머리말 |

| 매사냥의 방법
– 매를 이용해 야생 동물을 사냥함.
– 매를 높은 곳으로 데려가서 몰이꾼이
몬 사냥감을 향해 매를 날리면, 몰이꾼
들이 매에 달린 방울 소리를 따라감.

매사냥의 역사
–4,000여 년 전 고대 중앙아시아와 서
아시아에서 시작됨.
– 고구려 고분 벽화와 『삼국사기』에 기록
되어 있음. | 본문 |

| 현재는 소수의 사람들만이 매사냥을 이
어가고 있음. | 맺음말 |

---

1 **가**에서 설명 대상인 매사냥을 제시하고 **나**에서는
매사냥과 매사냥에서 매가 갖는 의미를 설명하였습
니다. **다**에서는 구체적인 매사냥의 방법을 설명하고
있으며 **라**에서는 매사냥이 최초로 시작된 유래를,
마에서는 우리나라에서 행해진 매사냥의 역사를 설
명하고 있습니다. 마지막으로 **바**에서는 앞서 설명한
내용을 요약하며 글을 마무리하고 있습니다.

2 매사냥은 매를 이용해서 야생 동물을 잡는 사냥법으
로, 몰이꾼들이 사냥감을 몬 후 매가 사냥감을 향해
날아가면, 그 매에 미리 달아 놓은 방울 소리를 따라
가서 매가 잡은 야생 동물을 갖는 것입니다.

3 **마**에서 우리나라에서는 매사냥이 언제부터 시작되
었는지는 정확한 기록이 남아 있지 않다고 하였습니
다. 다만, 고구려 고분 벽화에 남아 있는 매사냥 그
림과 『삼국사기』의 기록을 통해 삼국 시대에도 매사
냥을 했다는 것을 확인할 수 있습니다.

오답 피하기 ①과 ③은 **라**를 통해, ④는 **마**를 통해, ⑤는 **라**와
마에 제시된 『동방견문록』, 고구려 고분 벽화, 『삼국사기』 등
의 자료를 통해 알 수 있습니다.

4 단어의 뜻을 정확하게 풀이하는 방법은 '정의'이고,
두 대상의 차이점을 설명하는 방법은 '대조'입니다.

5 **다**에서는 매사냥이 이루어지는 단계별 행동을 순서
대로 설명하고 있습니다. 이는 '과정'의 방법을 활용
한 것입니다.

6 이 글에서는 매를 길들여 야생 동물을 잡도록 하는
사냥법인 매사냥이 고대 중앙아시아와 서아시아에
서 시작되어 세계로 퍼져 나갔다고 설명하고 있습니
다.

1~2학년군 1, 2   3~4학년군 3, 4   5~6학년군 5, 6

독해를 처음 시작한다면, 기초를 튼튼히!

• 초등 교과서 학년별 성취 기준(학습 발달 단계)에 맞춰 구성
• 핵심 독해 원리를 충분히 체화할 수 있도록 1주 5day 학습으로 구성

고학년용

고학년 I   고학년 II   고학년 III   고학년 IV

기초를 다진 후에는, 본격 실전 독해 훈련을!

• 수능 국어 출제 영역에 따른 주제별·수준별 구성
• 다양한 영역의 비문학 제재로만 구성(각 권별 40지문, 총 160지문 수록)

* 『디딤돌 독해력』은 학기 교재처럼 꼭 학년을 맞출 필요는 없고, 수준에 맞춰서 학습할 수 있습니다.

해당 교재(디딤돌 독해력 미리보기)는 『디딤돌 독해력』의 교재 학습 시스템을
확인해 볼 수 있도록 내용 일부를 재구성하여 실었습니다.

D210050

63710

⚠ 주 의
• 책의 날카로운 부분에 다치지 않도록 주의하세요.
• 화기나 습기가 있는 곳에 가까이 두지 마세요.

9 788926 159934
ISBN 978-89-261-5993-4

국어 교과 지문독해력 향상

초등 5·1

디딤돌
통합본

국어

디딤돌 통합본 국어·사회·과학 5-1

펴낸날 [개정판 1쇄] 2024년 1월 1일
펴낸이 이기열 | **펴낸곳** (주)디딤돌 교육
주소 (03972) 서울특별시 마포구 월드컵북로 122 청원선와이즈타워
대표전화 02-3142-9000
구입문의 02-322-8451
내용문의 02-323-5489
팩시밀리 02-322-3737
홈페이지 www.didimdol.co.kr
등록번호 제10-718호
사진 북앤포토

- 정답과 풀이는 "디딤돌 교육 홈페이지〉초등〉정답과 해설"에서
  다운로드 받을 수 있습니다.
- 출간 이후 발견되는 오류는 "디딤돌 교육 홈페이지〉초등〉정오표"를 통해
  알려드리고 있습니다.

국어 교과 지문독해력 향상

초등 5·1

디딤돌 통합본

국어

교과서에 실린 **작품 소개**

단원	교과서	제재 이름	지은이	나온 곳	참고	디딤돌 쪽수
1단원	국어 ㉮	4번 그림 (「소심 대왕의 깊은 고민」)	김현태· 윤태익	『어린이를 위한 시크릿: 꿈을 이루는 일곱 가지 비밀』 – 살림어린이, 2007.		11쪽
2단원	국어 ㉮	「출렁출렁」	박성우	『난 빨강』 – (주)창비, 2010.		24쪽
		「허리 밟기」	정완영	『가랑비 가랑가랑 가랑파 가랑가랑』 – (주)사계절출판사, 2015.		24쪽
		「덕실이가 말을 해요」	김우경	『수일이와 수일이』 – (주)우리교육, 2001.		25~29쪽
		「꽃」	정여민	『마음의 온도는 몇 도일까요?』 – 주니어김영사, 2016.		30쪽
3단원	국어 ㉮	글 ㉮		국립중앙박물관 누리집 (http://www.museum.go.kr)		38쪽
		「직업과 옷 색깔」 (원제목: 「무슨 일을 하는지 보여 주는 옷 색깔」)	박영란·최유성	『색깔 속에 숨은 세상 이야기』 – 아이세움, 2007.		42쪽
5단원	국어 ㉮	어린이 교통사고 시 상태별 현황		도로교통공단 교통사고분석시스템 [TAAS] 누리집 (http://taas.koroad.or.kr)		66쪽
		글 ㉮, 글 ㉯ (원제목: 「인공 지능, 인류의 희망일까 재앙일까?」)	황연성	『생각이 꽃피는 토론 2』 – 이비락, 2018.		68~69쪽
		「학교 안에서 스마트폰 사용이 필요한가」 (원제목: 「학교 안 스마트폰 사용, 법으로 금지해야 할까?」)		천재 학습 백과 누리집 (http://koc.chunjae.co.kr)		73쪽

단원	교과서	제재 이름	지은이	나온 곳	참고	디딤돌 쪽수
6단원	국어 ㉯	「고사리손으로 교통사고 대책 마련 눈길」	김혜진	『무등일보』 – 2016. 11. 28.		85쪽
7단원	국어 ㉯	「돌하르방 어디 감수광」	유홍준	『여행자를 위한 나의 문화유산 답사기 2』 – (주)창비, 2016.		95~97쪽
8단원	국어 ㉯	「자연을 닮은 우리 악기」	청동말굽	『바람 소리 물소리 자연을 닮은 우리 악기』 – (주)문학동네, 2008.		109~112쪽
		해금, 대금, 생황, 징, 박		국립민속박물관 누리집 (http://www.nfm.go.kr)		110~112쪽
		「우리나라의 멸종 위기 동물」 (원제목: 「우리나라의 멸종 위기 생물들」)	백은영	『지켜라! 멸종 위기의 동식물』 – 도서출판 뭉치, 2013.		113~115쪽
9단원	국어 ㉯	「아름다운 비색을 지닌 고려청자」	류재만	『미술교육논총 17』, 「청자의 이해 지도에 관한 연구」 – 2003.		127~130쪽
		청자 상감 운학문 매병		문화재청 누리집 (http://www.cha.go.kr)		128, 130쪽
10단원	국어 ㉯	「잘못 뽑은 반장」 (원제목: 「꿈」)	이은재	『잘못 뽑은 반장』 – 주니어김영사, 2009.		140~144쪽

구성과 특징

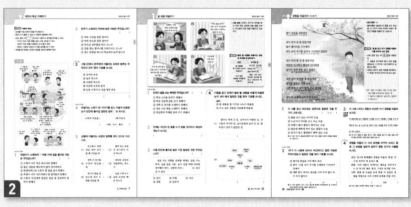

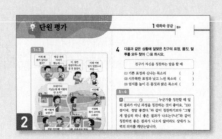

교과개념북 **차례**

1 대화와 공감

1 대화의 특성 이해하기

① 상대를 직접 보면서 말을 주고받습니다.

② 말은 다시 들을 수 없으니 대화에 집중해야 합니다.

③ 표정, 몸짓, 말투에 따라 기분이나 생각을 짐작할 수 있습니다.

└→ 자신이 하고 싶은 말을 실감 나게 나타낼 수 있고, 상대가 하는 말을 이해하는 데 도움이 돼요.

④ 대화를 할 때에는 상대의 마음을 살피며 말해야 합니다.

└→ 칭찬을 하면 듣는 사람의 기분을 좋아지게 하고, 일을 더욱 잘할 수 있게 힘을 주고, 누군가에게 용기를 주고, 올바른 습관을 기르고 능력을 키우는 데도 도움이 돼요.

★★ 2 상대가 잘한 일이나 상대의 장점을 찾아 칭찬하기

① 분명하고 자세하게 칭찬해야 합니다.

② 결과보다는 과정을 칭찬해야 합니다.

③ 평가하지 말고 설명하는 칭찬을 해야 합니다.

④ 가능성을 키워 주는 칭찬을 해야 합니다.

★★ 3 상대를 배려하며 조언하는 방법

① 상대에게 고민을 말하도록 강요하지 않습니다.

② 상대가 고민을 편안하게 말할 수 있도록 잘 듣습니다.

③ 상대에게 도움이 되는 내용을 말합니다.

④ 상대에게 진심이 전해지도록 노력합니다.

예 「정인이의 고민」에서 정인이와 동욱이가 고민을 말하고 듣는 과정

동욱이가 정인이의 얼굴 표정을 보고 걱정거리가 있는지 물어봄.	→	정인이가 고민을 말하고 싶어 하지 않음.	→	동욱이가 정인이에게 고민을 말하라고 재촉함.

→	정인이가 동욱이에게 조심스럽게 고민을 털어놓음.	→	동욱이가 정인이의 고민을 제대로 듣지도 않고 해결 방법을 말함.	→	동욱이가 도움이 되지 않는 해결 방법을 강요해 정인이가 화를 냄.

4 서로 공감하며 대화하기

① 다른 사람의 감정, 의견, 주장 따위에 대해 자신도 그렇다고 느끼는 것을 공감이라고 합니다.

② 대화를 할 때에는 친구의 감정이나 생각에 공감하며 말해야 합니다.

개념 확인하기 정답과 풀이 2쪽

1 대화의 특성을 생각하며 빈칸에 들어갈 알맞은 말을 모두 찾아 ○표 하시오.

> 상대의 마음을 살피며 말하며, (   )에 따라 기분이나 생각을 짐작할 수 있다.

(표정 , 몸짓 , 장소 , 말투)

2 보기 의 칭찬하는 방법에 맞게 칭찬한 친구의 이름을 쓰시오.

> 보기
> 결과보다는 과정을 칭찬해야 한다.

> 은수: 100점이네. 좋겠다.
> 선호: 그렇게 열심히 하니 좋은 결과가 나오는구나!

(   )

3 상대를 배려하며 조언하는 방법으로 알맞지 않은 것에 × 표 하시오.

(1) 상대에게 도움이 되는 내용을 말한다. (   )

(2) 상대가 고민을 털어놓을 수 있도록 재촉하며 분위기를 만든다. (   )

4 다음 빈칸에 알맞은 말을 쓰시오.

> 다른 사람의 감정, 의견, 주장 따위에 대해 자신도 그렇다고 느끼는 것을 (   )(이)라고 한다.

핵심내용 대화의 특성

• 상대를 직접 보면서 말을 주고받는다.
• 말은 다시 들을 수 없으니 대화에 집중해야 한다.
• 표정, 몸짓, ❶ ⬜ ⬜ 에 따라 기분이나 생각을 짐작할 수 있다.
  – 자신이 하고 싶은 말을 실감 나게 나타낼 수 있다.
  – 상대가 하는 말을 이해하는 데 도움이 된다.
  – 말하는 사람의 감정이나 마음 상태를 알 수 있다.
• 대화를 할 때에는 상대의 마음을 살피며 말해야 한다.

1~4

교과서 문제

1 태일이가 소희에게 ㉠처럼 어제 일을 물어본 까닭은 무엇입니까? ( )

① 소희가 너무 작은 목소리로 말해서
② 들은 내용을 메모하지 않아 잊어버려서
③ 딴생각하느라 소희가 한 말을 듣지 못해서
④ 주변이 너무 시끄러워서 잘 알아듣지 못해서
⑤ 소희가 자신에게 있었던 일을 잘 정리하여 말하지 못해서

2 은주가 소희와의 약속에 늦은 까닭은 무엇입니까? ( )

① 약속 시간을 잘못 알아서
② 약속 장소를 잘못 알아서
③ 부모님 심부름을 하고 오느라
④ 길을 찾는 할머니를 도와드리고 오느라
⑤ 청소 당번을 하느라 학교에서 늦게 끝나서

3* 그림 ❸에서 은주에게 어울리는 표정과 말투는 무엇인지 모두 찾아 기호를 쓰시오.

⑦ 진지한 표정
⑭ 높은 목소리
⑭ 조용한 목소리
⑭ 다급한 손짓과 몸짓
⑭ 눈을 크게 뜨고 입을 벌린 표정

( )

교과서 문제

4 태일이는 소희가 한 이야기를 듣고 어떻게 반응했는지 빈칸에 들어갈 알맞은 말에 ○표 하시오.

소희의 마음을 ( )해 주었다.

(이해 , 무시 , 확인)

5 상황에 어울리는 표정과 말투를 찾아 선으로 이으시오.

(1)	친구들이 깜짝 생일 축하 잔치를 해 주었을 때	•	• ①	활짝 웃는 표정과 반가워서 커진 목소리
(2)	전학 간 친구를 우연히 만났을 때	•	• ②	답답한 표정과 억울해하는 목소리
(3)	친구가 물을 쏟았는데 내가 오해를 받았을 때	•	• ③	눈을 크게 뜨고 놀란 표정과 빠른 목소리

칭찬의 힘

1 어린이 여러분, "칭찬은 고래도 춤추게 한다."라는 말을 들어 본 적이 있나
요? 이 말처럼 들을 때마다 항상 기분이 좋아지는 말이 바로 칭찬이에요. 우리
_{칭찬은 고래도 춤추게 한다.}
는 칭찬을 들으면 기분이 좋아질 뿐만 아니라 일을 더욱 잘하려고 노력하기도
해요. 이게 바로 칭찬의 힘이랍니다. 칭찬 한마디는 누군가에게 용기를 주고 자
신을 긍정적으로 바라보게 해요. 또 올바른 습관을 기르고 능력을 키우는 데도
도움이 돼요. 그리고 다른 사람의 긍정적인 모습을 칭찬하는 것은 그 사람과 맺
는 관계를 좋아지게 만들어요. 이렇게 칭찬은 힘이 셉니다. 따라서 칭찬의 힘을
과소평가해서는 안 돼요. 칭찬 한마디는 누군가의 인생을 변화시키는 결정적인
계기가 되기도 한답니다.

〔중심 내용 **1**〕 우리는 칭찬을 들으면 기분이 좋아지고 일을 더욱 잘하려고 노력하는데, 이것이 칭찬의 힘이에요.

2 그러나 우리는 칭찬받기를 좋아하는 것에 비해 누군가를 칭찬하는 일에는
인색한 편이에요. 또 칭찬을 한다고 하지만 칭찬이 힘을 발휘하지 못하는 경우
도 많아요. 그렇다면 어떻게 해야 칭찬이 힘을 발휘할 수 있을까요?

  먼저, <u>분명하고 자세하게 칭찬해야 해요.</u> 누군가를 칭찬할 때 두루뭉술하게
_{칭찬하는 방법 ①}
칭찬하지 말고 칭찬하는 내용이 무엇인지를 자세하게 말하는 것이 좋아요. "우
아, 멋지다!", "정말 대단해!"와 같이 칭찬하기보다는 "다른 사람을 생각해서 양
보하는 모습이 정말 멋지구나!"와 같이 분명하고 자세하게 칭찬해야 해요. 그래
야 상대가 무엇을 잘했는지 알고 칭찬을 받으려고 더 노력하게 된답니다.

• **글의 특징**: 칭찬이 어떤 힘을 가지고
있는지 설명하고, 칭찬이 힘을 발휘하
려면 어떻게 칭찬해야 하는지 말하고
있는 글입니다.

〔핵심내용〕「칭찬의 힘」에서 알 수 있는 칭
찬이 중요한 까닭

• 상대의 기분을 좋아지게 한다.
• 일을 더욱 잘할 수 있게 힘을 준다.
• 누군가에게 ❶ □ □ 를 준다.
• 자신을 긍정적으로 바라보게 한다.
• 올바른 습관을 기르고 능력을 키우는 데
도 도움이 된다.
• 다른 사람과의 관계를 좋아지게 만든다.

과소평가 사실보다 작거나 약하게 평
가함. ⓔ 너 자신을 과소평가하지 마.
인색한 어떤 일을 하는 데 대하여 지나
치게 너그럽지 못한.
두루뭉술하게 말이나 행동 따위가 철
저하거나 분명하지 아니하게.

교과서 문제

1 이 글에서 설명하고 있는 것은 무엇입니까?
                                                    (   )

① 칭찬의 뜻   ② 칭찬의 힘
③ 친구와 친해지는 법   ④ 칭찬해야 하는 상황
⑤ 올바른 습관을 기르는 방법

2 〔서술형〕 누군가에게 칭찬을 들었던 경험을 떠올리고, 그때
어떤 생각이나 느낌이 들었는지 쓰시오.

(1) 칭찬을 들었던 경험: ＿＿＿＿＿＿＿＿

＿＿＿＿＿＿＿＿＿＿＿＿＿＿＿＿

(2) 그때 들었던 생각이나 느낌: ＿＿＿＿＿

＿＿＿＿＿＿＿＿＿＿＿＿＿＿＿＿

3 칭찬이 힘이 센 까닭을 알맞게 말하지 <u>못한</u> 친구의
이름을 쓰시오.

> 규선: 누군가에게 용기를 주기 때문이야.
> 지우: 듣는 사람의 기분을 좋아지게 해서야.
> 민호: 자신을 비판적으로 바라보게 되어 발전의
>   계기를 주기 때문이야.

                                                    (   )

4 다음 상황에서 알맞게 칭찬한 것에 ○표 하시오.

> 친구가 할머니께 자리를 양보하였을 때

(1) "넌 멋진 친구야."   (   )
(2) "힘드신 할머니께 자리를 양보하는 모습이 정
  말 멋지구나!"   (   )

둘째, 결과보다 과정을 칭찬해야 해요. 누군가를 칭찬할 때 일의 결과가 아닌 과정을 칭찬하는 것이 좋아요. "100점이네. 정말 좋겠다."와 같이 칭찬하기보다 "그렇게 열심히 하니 좋은 결과가 나오는구나!"와 같이 칭찬하면 좋은 결과가 나오지 않더라도 상대가 노력의 의미를 깨닫는답니다.
<small>칭찬하는 방법 ②</small>

셋째, 평가하지 말고 설명하는 칭찬을 해야 해요. 누군가를 칭찬할 때에는 평가하기보다 잘한 일이나 행동을 설명하듯이 칭찬하는 것이 좋아요. "넌 정말 착하구나!"와 같이 칭찬하면 착한 아이로 평가받으려고 억지스럽거나 과장된 행동을 할 수도 있어요. 이렇게 칭찬하기보다 "잃어버린 물건을 찾아 주어 친구가 참 고마워하겠다!"와 같이 칭찬하면 상대가 행동의 가치를 이해한답니다.
<small>칭찬하는 방법 ③</small>

마지막으로 가능성을 키워 주는 칭찬을 할 수 있으면 더욱 좋아요. 누군가를 칭찬할 때 지금의 능력보다 잠재 능력을 보고 칭찬할 수 있어요. 현재 겉으로 드러난 결과는 미약하고 부족해 보이더라도 앞으로의 가능성을 보고 "미술에 소질이 많은 것 같아. 앞으로 계속 노력한다면 훌륭한 화가가 될 수 있을 거야."와 같이 칭찬하면 상대가 자신의 재능을 발견하고 꿈을 실현하는 데 큰 도움을 줄 수 있답니다.
<small>칭찬하는 방법 ④</small>

또 어떻게 칭찬하면 좋을까요?

중심 내용 2 칭찬이 힘을 발휘하기 위해서는 분명하고 자세하게, 결과보다 과정을 칭찬해야 하고, 평가하지 말고 설명하는 칭찬과 가능성을 키워 주는 칭찬을 해야 해요.

3 어린이 여러분, 무엇보다 칭찬이 힘을 발휘할 수 있도록 하려면 칭찬하는 말에 마음을 담아야 해요. 달콤한 칭찬의 말이지만 진실된 마음이 없으면 그것은 결코 힘을 발휘할 수 없어요. 진심 어린 칭찬이야말로 힘을 발휘할 수 있는 최고의 칭찬이라는 것을 잊지 마세요.

중심 내용 3 칭찬이 힘을 발휘할 수 있도록 칭찬하는 말에 마음을 담아야 해요.

핵심내용 칭찬이 힘을 발휘하기 위한 칭찬의 방법
- 분명하고 자세하게 칭찬한다.
- 결과보다 ❷ ㄱ ㅈ 을 칭찬한다.
- 평가하지 말고 설명하는 칭찬을 한다.
- 가능성을 키워 주는 칭찬을 한다.

억지스럽거나 억지를 부리거나 억지로 하는 데가 있거나.
잠재(潛 잠길 잠, 在 있을 재) 겉으로 드러나지 않고 속에 잠겨 있거나 숨어 있음. 예 선생님께서 가능성이 잠재되어 있다고 하셨습니다.
미약(微 작을 미, 弱 약할 약)하고 미미하고 약하고.

<small>교과서 문제</small>

5 칭찬이 힘을 발휘하려면 어떻게 해야 한다고 했는지 빈칸에 알맞은 말을 찾아 쓰시오.

- 결과보다 (   )을/를 칭찬한다.
- 평가하지 말고 (   )하는 칭찬을 한다.
- (   )을/를 키워 주는 칭찬을 한다.

6 힘을 발휘할 수 있는 최고의 칭찬은 무엇이라고 하였습니까? (   )
① 과장된 칭찬
② 진심 어린 칭찬
③ 달콤한 말의 칭찬
④ 보상이 따르는 칭찬
⑤ 능력을 치켜세우는 칭찬

7 이 글에 나온 칭찬하는 방법에 맞게 칭찬한 것을 모두 찾아 ○표 하시오.

(1) "100점이네. 정말 좋겠다." (   )
(2) "그렇게 열심히 하니 좋은 결과가 나오는구나!" (   )
(3) "잃어버린 물건을 찾아 주어 친구가 참 고마워하겠다!" (   )

8 다음은 친구의 어떤 점을 떠올려 칭찬거리를 찾은 것인지 알맞게 선으로 이으시오.

(1) 다혜는 글씨를 바르게 쓰려고 해. · · ① 친구가 노력하는 점

(2) 민주가 나에게 물감을 빌려 주었어. · · ② 친구에게 고마운 일

정인이의 고민

동욱: 정인아, 무슨 걱정이 있니?

정인: (다소 힘없는 듯한 목소리로) 아니, 아무 일도 없는데.

동욱: (빈정거리는 말투로) 에이, 얼굴 표정을 보니 고민거리가 있는 것 같은데?

정인: (약간 성가신 듯이) 고민은 무슨 고민? 아무 일 없다니까.

동욱: (궁금해하며) 그러지 말고 말해 봐. 무슨 일인데? 다른 사람한테 절대로 말하지 않을게.

정인: (조심스럽게) 음, 사실은 <u>체육 시간에 뒤 구르기가 잘 안돼. 그래서 모둠끼리 여러 가지 동작을 꾸밀 때 방해가 되는 것 같아.</u>
<small>정인이의 고민거리</small>

동욱: (큰 소리로) 뭐, 네가 뒤 구르기를 못한다고? 그럼 선생님이나 친구들에게 도와 달라고 하면 되지, 뭘 그렇게 걱정해.

정인: (당황하며) 어떻게 그러니?

동욱: 그럼 내가 말해 줄까?

정인: (황급히 큰 소리로) 아냐, 그러지 마! 내가 알아서 할게. 넌 그냥 못 들은 걸로 해.

동욱: 네가 말을 못 하면 내가 말해 줄게.

정인: (화를 내며) 아냐, 내가 알아서 한다고.
<small>동욱이가 도움이 되지 않는 해결 방법을 강요해서 화를 냄.</small>

동욱: (멋쩍어하며) 도와준다는데 왜 화를 내고 그러니?

• 대화의 특징: 동욱이가 고민거리가 있는 정인이에게 고민을 이야기하라고 재촉하고 도움이 되지 않는 해결 방법을 강요하고 있는 내용으로, 상대를 배려하며 조언하는 방법에 대해 생각해 볼 수 있습니다.

핵심내용 「정인이의 고민」에서 동욱이가 말한 해결 방법

정인이의 고민
체육 시간에 뒤 구르기 동작이 잘 안되어서 모둠끼리 여러 가지 동작을 꾸밀 때 방해가 될 것 같아 걱정함.

↓

동욱이가 말한 해결 방법
선생님이나 친구들에게 도와 달라고 말하는 것

: 동욱이는 정인이의 ❸ [ㄱ][ㅁ]을 제대로 듣지도 않고 해결 방법을 말하였음.

빈정거리는 남을 은근히 비웃는 태도로 자꾸 놀리는.
성가신 자꾸 들볶거나 번거롭게 굴어 괴롭고 귀찮은.

---

9 정인이의 고민은 무엇인지 빈칸에 알맞은 말을 쓰시오.

> 체육 시간에 (   ) 동작이 잘 안 되어서 모둠끼리 여러 가지 동작을 꾸밀 때 방해가 될 것 같다.

10* 동욱이가 잘못한 점을 두 가지 고르시오.
(   )

① 정인이에게 고민을 말하라고 재촉했다.
② 고민을 말하지 않는 정인이를 무시했다.
③ 고민을 말하는 정인이를 귀찮게 여겼다.
④ 정인이가 힘들어하는 것을 보고 모른 척했다.
⑤ 정인이의 고민을 제대로 듣지도 않고 해결 방법을 말하였다.

11 정인이의 고민을 듣고 동욱이가 말한 해결 방법은 무엇입니까? (   )

① 연습 시간을 늘리라는 것
② 친구들이 하는 모습을 잘 지켜보라는 것
③ 자신이 동작하는 것을 가르쳐 준다는 것
④ 부끄러움을 벗어나 자신감을 가지라는 것
⑤ 선생님이나 친구들에게 도와 달라고 말하는 것

12 이 대화를 통해 알게 된, 친구에게 조언하는 알맞은 방법을 한 가지만 쓰시오.
<small>서술형</small>

_____

_____

핵심내용 상대를 배려하며 조언하는 방법

- 상대에게 고민을 말하도록 강요하지 않는다.
- 상대가 고민을 편안하게 말할 수 있도록 잘 듣는다.
- 상대에게 도움이 되는 내용을 말한다.
- 상대에게 ❹ ㅈ ㅅ 이 전해지도록 노력한다.

14 마술사가 모모의 고민에 대한 해결 방법을 말하기 전에 모모에게 어떻게 하라고 하였습니까?

( )

① 눈을 감으라고 하였다.
② 함께 웃어 보자고 하였다.
③ 고민을 다시 생각하게 하였다.
④ 자신의 행동을 반성하라고 하였다.
⑤ 속마음을 솔직히 털어놓으라고 하였다.

15 마술사가 〈문제 14번〉의 답처럼 하게 한 까닭을 알맞게 말한 친구의 이름을 쓰시오.

> 서준: 크게 웃는 것을 고민의 해결 방법으로 제시하기 위해서야.
> 설아: 모모의 현재 기분 상태가 어떤지 파악하려고 그렇게 행동하게 한 거야.
> 승재: 기분이 나쁜 상태에서는 다른 사람의 말을 잘 받아들이지 않기 때문에 모모의 기분을 좋아지게 하기 위해서야.

( )

13~17

16 마술사는 모모의 고민을 어떻게 해결해 주었는지 알맞은 것에 ○표 하시오.

(1) 친구들과 함께하는 시간을 자주 가지라고 하였다. ( )
(2) 거울을 자주 보면서 자신의 모습을 점검하라고 하였다. ( )
(3) 남들을 의식하지 말고 자신을 좋아하고 사랑하라고 하였다. ( )

17* 마술사를 통해 알 수 있는, 상대를 배려하며 조언하는 방법으로 알맞지 않은 것은 무엇입니까?

( )

① 도움이 되는 내용을 말한다.
② 진심이 전해지도록 노력한다.
③ 고민을 말하도록 강요하지 않는다.
④ 고민을 편안하게 말할 수 있도록 잘 듣는다.
⑤ 고민에 대한 여러 가지 해결 방법을 생각나는 대로 말한다.

13 모모의 고민은 무엇인지 쓰시오.

( )

우리 반 친절왕

민재: (조심스럽게) 주민아, 너희 아빠께서는 소방관이
　　　시니까 덩치도 크고 운동도 잘하시겠다.
　　　　　　　　　주민이 아빠의 직업

주민: (밝게 웃으며) 우리 아빠? 키는 크신데 운동은 잘
　　　안 하셔. 요즘에 119 구조대로 부서를 옮기시고는
　　　　　　　　　어떤 곳에서 다른 곳으로 움직여 자리를 바꾸시고는
　　　친절왕이 되셨지. 아빠의 친절왕 정신 때문에 우리
　　　는 어딘가 놀러 갈 때 제시간에 도착하지 못하기도
　　　해. 얼마 전에는 영화관에 너무 늦게 들어가서 영화
　　　뒷부분만 본 적도 있어.

민재: (크게 웃으며) 왜?

주민: 길을 잃고 헤매는 할머니를 가시는 곳까지 모셔
　　　다드리느라 그랬지. 우리 아빠께서는 길에서 애들끼
　　　리 싸우는 것을 보면 꼭 가서 말리셔야 하고, 누구든
　　　도움이 필요한 사람이 있으면 꼭 도와주셔야 해. 무
　　　관심은 나쁜 것이라고 하시면서 말이야.

민재: (감탄하며) ㉠우아, 너희 아빠 참 대단하시다.

주민: 대단하다고? 글쎄, 처음에 난 모든 사람이 그런
　　　줄 알았어. 나중에 우리 아빠께서 좀 심하시다는 것
　　　을 알게 됐지.

민재: (궁금하다는 듯이) 그게 싫었니?

주민: 응, 솔직히 우리 아빠께서 나한테만 관심을 가져
　　　주셨으면 하는 마음이 컸어. 남을 돕는다고 뛰어다
　　　니시다가 정작 나랑 할 일을 하시지 못한 적이 꽤 많
　　　았으니까.

민재: ㉡그래, 그럴 수도 있겠다.

주민: 그런데 나중에는 포기했지. 원래 그러시는 것을
　　　내가 어쩌겠어.

민재: 내 생각에는 너도 너희 아빠와 비슷한 것 같은데?
　　　　　　　　　주민이도 친절하다는 것을 알 수 있음.

주민: (놀라며) 내가? 그럼 안 되는데! 나는 아빠를 닮
　　　지 않아야겠다고 생각했거든.

민재: (밝게 웃으며) 내 눈에는 너도 친절왕이야.

주민: (엄살을 떨며) 그럼 정말 안 되는데. 아빠의 바이
　　　러스가 나한테 옮았나?
　　　병 따위가 다른 이에게 전염되거나 다른 이에게서 전염되었나

민재: (궁금한 듯이) 아빠의 바이러스?

주민: 내가 아빠께 친절왕이 옮기고 간 바이러스가 있
　　　다고 그랬거든. 아빠와 같이 사니까 나한테도 옮았
　　　나 봐.

• **대화의 특징**: 민재와 주민이가 친절왕인 주민이 아빠에 대해 나누
　는 이야기로, 서로의 말에 공감하며 이야기를 하고 있습니다.

엄살　아픔이나 괴로움 따위를 거짓으로 꾸미거나 실제보다 보태어서
　　　나타냄. 또는 그런 태도나 말.

바이러스　동물, 식물, 세균 따위의 살아 있는 세포에 의지하여 살아가
　　　고, 세포 안에서만 늘어나는 비세포성 생물.

---

18 주민이 아빠가 어떤 성격을 가진 분인지 알 수 있
　　는 말을 찾아 세 글자로 쓰시오.

（　　　　　　　　　）

19 민재가 ㉠처럼 말한 까닭은 무엇인지 알맞은 것을
　　찾아 기호를 쓰시오.

> ㉮ 덩치가 크고 운동도 잘하시기 때문에
> ㉯ 영화 관람 시간에 늦었는데도 서두르지 않
> 　 으셨기 때문에
> ㉰ 어떤 상황에서도 도움이 필요한 사람이 있
> 　 으면 도와주시는 모습에 감탄했기 때문에

（　　　　　　　　　）

교과서 문제
20 ㉡에는 어떤 마음이 담겨 있습니까?　（　　　　　）

① 기쁜 마음　　　　② 지루한 마음
③ 공감하는 마음　　④ 의심하는 마음
⑤ 귀찮아하는 마음

21* 이 대화를 알맞게 평가한 친구의 이름을 쓰시오.

> 수빈: 서로 하고 싶은 말만 하고 있어.
> 승혜: 서로의 말에 공감하여 대화를 하였어.
> 강준: 주민이의 말에 민재가 반응을 잘 보이지
> 　　　않아 대화가 잘 이어지지 않았어.

（　　　　　　　　　）

가

내가 상을 받아서 기쁘지만 정우도 평소에 연습을 많이 했는데……

상을 못 받아서 아쉬워. 그래도 친한 친구가 상을 받았으니 축하해 줘야겠지.

시현   정우

나

오늘은 유라가 그림을 늦게 그리네. 도와준다고 할까? 평소에 나보다 더 잘하는데 기분 나빠 할까?

좀 도와 달라고 할까? 지난번 미술 시간에 정아에게 스스로 완성해 보라고 했는데……

정아   유라

다

책을 읽고 싶은데 조용히 해 달라고 할까? 쉬는 시간인데 말도 못 하게 한다고 기분 나빠 하면 어떻게 하지? 내가 다른 곳으로 갈까?

명진   윤성   준호

• 그림 가~라의 내용: 친구들의 감정이나 생각을 알아볼 수 있는 그림입니다.

핵심내용 그림 가~다의 상황

그림 가	시현이가 상을 받았지만 상을 받지 못한 정우를 보고 마음껏 기뻐할 수 없는 상황 / 정우는 상을 받지 못해 아쉽지만 상을 받은 시현이를 축하해 주어야 하는 상황
그림 나	❺ ㅁ ㅅ 시간에 정아가 유라를 도와줄까 말까 망설이는 상황 / 유라가 정아에게 도와 달라고 할까 말까 망설이는 상황
그림 다	교실에서 윤성이와 준호가 떠들고 있어서 명진이가 책을 읽는 데 방해가 되지만 쉬는 시간이라서 친구들에게 조용히 해 달라고 말하지 못하는 상황

교과서 문제

22 그림 가에서 정우는 어떤 마음인지 알맞은 것을 두 가지 고르시오. (   )

① 상을 못 받아서 아쉬운 마음
② 상 받은 친구에게 미안한 마음
③ 상을 받은 친구가 의심스러운 마음
④ 상을 받은 것을 자랑하고 싶은 마음
⑤ 상 받은 친구를 축하해 주어야 하는 마음

23 그림 가의 상황에서 정우가 한 말에 시현이는 어떻게 말하는 것이 좋을지 알맞은 것의 기호를 쓰시오.

정우: 시현아, 글쓰기 대회에서 상 받았지? 정말 축하해.
시현: [   ]

㉮ 당연한 결과라고 생각해. 너도 더 노력하렴.
㉯ 정말 고마워. 너도 같이 상을 받았으면 좋았을 텐데……

(   )

24 그림 나의 상황에서 정아와 유라가 나눈 대화입니다. ㉠~㉢ 중 서로의 감정이나 생각에 공감하며 대화하지 못한 부분은 어느 것인지 기호를 쓰시오.

정아: ㉠유라야, 내가 색칠하는 것 좀 도와줄까?
유라: ㉡고마워, 정아야. 밑그림을 그리는 데 시간이 많이 걸렸나 봐.
정아: ㉢전에 나한테 스스로 해 보라고 하더니, 너도 별 수 없구나. 내가 도와줄게.
유라: ㉣고마워. 다음에 네가 도움이 필요할 때 내가 꼭 도와줄게.

(   )

25 그림 다에서 명진이가 어떻게 말하면 친구들이 공감할 수 있을지 생각하여 쓰시오.

서술형

_____

_____

1 다음 뜻에 알맞은 낱말을 보기 에서 찾아 쓰시오.

> 보기
>
> 엄살   잠재   과소평가   바이러스

(1) (   ): 사실보다 작거나 약하게 평가함.

(2) (   ): 겉으로 드러나지 않고 속에 잠겨 있거나 숨어 있음.

(3) (   ): 아픔이나 괴로움 따위를 거짓으로 꾸미거나 실제보다 보태어서 나타냄. 또는 그런 태도나 말.

(4) (   ): 동물, 식물, 세균 따위의 살아 있는 세포에 의지하여 살아가고, 세포 안에서만 늘어나는 비세포성 생물.

2 다음 중 짝 지어진 낱말의 관계가 보기 와 다른 것은 무엇입니까? (   )

> 보기
>
> 소질 – 재주

① 억지 – 떼   ② 공감 – 동감

③ 덩치 – 몸집   ④ 관심 – 무관심

⑤ 조언 – 도움말

3 밑줄 친 낱말의 쓰임이 적절하지 않은 것을 골라 ×표 하시오.

(1) 당신들이 가진 힘은 <u>미약하고</u> 부족하지 않으니 큰 도움이 될 거예요.   (   )

(2) 우리는 칭찬받기를 좋아하는 것에 비해 누군가를 칭찬하는 일에는 <u>인색한</u> 편이에요.   (   )

(3) 누군가를 칭찬할 때 <u>두루뭉술하게</u> 칭찬하지 말고 칭찬하는 내용이 무엇인지를 자세하게 말하는 것이 좋아요.   (   )

4 보기 의 낱말 뜻을 보고, 문장에 어울리는 말을 (   ) 안에서 골라 ○표 하시오.

> 보기
>
> • 잊다: 한번 알았던 것을 기억하지 못하거나 기억해 내지 못하다.
>
> • 잃다: 가졌던 물건이 자신도 모르게 없어져 그것을 갖지 아니하게 되다.

(1) (잊어버린 , 잃어버린) 물건을 찾아 주어 친구가 참 고마워하겠다!

(2) 진심 어린 칭찬이야말로 힘을 발휘할 수 있는 최고의 칭찬이라는 것을 (잊지 , 잃지) 마세요.

5 빈칸에 공통으로 들어갈 말은 무엇입니까?

(   )

> • 고민□□: 속을 태우며 괴로워하게 하는 일.
>   예 표정을 보니 고민□□가 있는 것 같아.
>
> • 이야깃□□: 이야기할 만한 재료나 소재.
>   예 이야깃□□가 떨어지고서야 집에 갔다.

① 거리   ② 다발   ③ 더미

④ 뭉치   ⑤ 사태

6 다음 설명을 읽고, 알맞게 띄어 쓴 것을 골라 ○표 하시오.

> '것', '수', '적', '만큼' 등 문장에서 혼자 쓰이지 못하고 반드시 앞에 꾸며 주는 말이 와야 하는 낱말은 앞말과 띄어 쓴다.

(1) 그럴∨수도∨있겠다.   (   )

(2) 영화∨뒷부분만∨본적도∨있어.   (   )

(3) 원래∨그러시는것을∨내가∨어찌겠어?

(   )

점수

1~3

30분이나 지났는데 왜 이렇게 안 오지?
1 매표소

미안해!
2 은주

왜 이렇게 늦었니?
3 소희

⊙걱정해 줘서 고마워, 소희야!
4 매표소

정말 미안해! 부모님 심부름을 하고 오느라 늦었어.

그래, 다음부터 약속 시간을 잘 지켰으면 좋겠어. 너한테 무슨 일이 생긴 줄 알고 걱정했잖아.

1 그림 **1**~**4**는 어떤 상황입니까? ( )

① 은주가 소희와의 약속에 늦은 상황
② 은주가 약속 장소에 나타나지 않은 상황
③ 소희가 부모님께 혼난 은주를 위로하는 상황
④ 소희와 은주가 방과 후에 같이 집에 가는 상황
⑤ 소희가 약속을 안 지킨 은주 때문에 화난 상황

2 소희는 은주가 한 말을 듣고 어떻게 반응하였는지 알맞은 것에 ○표 하시오.

(1) 은주의 처지를 이해해 주었다. ( )
(2) 아무 일 없다는 듯이 행동하였다. ( )
(3) 약속을 소중히 생각하지 않는다며 은주에게 화를 내었다. ( )

3 ⊙에 어울리는 표정과 말투는 무엇입니까?
( )

① 놀란 표정과 빠른 목소리
② 웃는 표정과 부드러운 목소리
③ 답답한 표정과 조용한 목소리
④ 화난 표정과 크고 시끄러운 목소리
⑤ 슬퍼하는 표정과 작고 낮은 목소리

4 말을 주고받을 때 표정과 말투의 역할로 알맞지 <u>않은</u> 것에 ×표 하시오.

(1) 상대가 하는 말을 이해하는 데 도움이 된다.
( )
(2) 자신이 하고 싶은 말을 실감 나게 나타낼 수 있다.
( )
(3) 말하는 사람과 듣는 사람의 관계를 좋아지게 한다.
( )

5~7

가 어린이 여러분, "칭찬은 고래도 춤추게 한다."라는 말을 들어 본 적이 있나요? 이 말처럼 들을 때마다 항상 기분이 좋아지는 말이 바로 칭찬이에요. 우리는 칭찬을 들으면 기분이 좋아질 뿐만 아니라 일을 더욱 잘하려고 노력하기도 해요.
나 어떻게 해야 칭찬이 힘을 발휘할 수 있을까요?
먼저, 분명하고 자세하게 칭찬해야 해요. 누군가를 칭찬할 때 두루뭉술하게 칭찬하지 말고 칭찬하는 내용이 무엇인지를 자세하게 말하는 것이 좋아요. ⊙"우아, 멋지다!", ⓒ"정말 대단해!"와 같이 칭찬하기보다는 ⓒ"다른 사람을 생각해서 양보하는 모습이 정말 멋지구나!"와 같이 분명하고 자세하게 칭찬해야 해요. 그래야 상대가 무엇을 잘했는지 알고 칭찬을 받으려고 더 노력하게 된답니다.

5 이 글에서 설명하는 것에 맞게 빈칸에 쓰시오.

• ( )의 힘과 칭찬하는 방법

6 칭찬하는 방법을 생각하여 빈칸에 들어갈 알맞은 말을 두 가지 고르시오. ( )

[　　　]하고 [　　　]하게 칭찬한다.

① 조용 ② 과장 ③ 분명
④ 간단 ⑤ 자세

7 ⊙~ⓒ 중 〈문제 **6**번〉의 답과 같은 방법으로 칭찬한 것을 골라 기호를 쓰시오.

( )

가 동욱: (빈정거리는 말투로) 에이, 얼굴 표정을 보니 고민거리가 있는 것 같은데?

정인: (약간 성가신 듯이) 고민은 무슨 고민? 아무 일 없다니까.

동욱: (궁금해하며) 그러지 말고 말해 봐. 무슨 일인데? 다른 사람한테 절대로 말하지 않을게.

정인: (조심스럽게) 음, 사실은 체육 시간에 뒤 구르기가 잘 안돼. 그래서 모둠끼리 여러 가지 동작을 꾸밀 때 방해가 되는 것 같아.

동욱: (큰 소리로) 뭐, 네가 뒤 구르기를 못한다고? 그럼 선생님이나 친구들에게 도와 달라고 하면 되지, 뭘 그렇게 걱정해.

정인: (당황하며) 어떻게 그러니?

나 동욱: 네가 말을 못 하면 내가 말해 줄게.

정인: (화를 내며) 아냐. 내가 알아서 한다고.

동욱: (멋쩍어하며) 도와준다는데 왜 화를 내고 그러니?

8 정인이는 고민을 말하라고 재촉하는 동욱이에게 어떻게 하였습니까? ( )

① 끝까지 고민을 말하지 않았다.
② 조심스럽게 고민을 털어놓았다.
③ 왜 고민을 묻냐면서 화를 내었다.
④ 고민을 말하고 도와 달라고 하였다.
⑤ 선생님께 도와 달라고 하겠다고 말하였다.

9 정인이는 무엇을 못하는 것이 고민입니까? ( )

① 뜀틀   ② 줄넘기   ③ 달리기
④ 뒤 구르기   ⑤ 공 던지기

10 이 대화에서 정인이와 동욱이가 고민을 말하고 듣는 과정을 살펴보고, 동욱이에게 어떤 말을 해 줄 수 있는지 쓰시오.
서술형

_____

_____

11 모모의 고민으로 알맞은 것에 ○표 하시오.

(1) 남들을 하찮게 여기는 것 ( )
(2) 반 친구들과 자주 다투는 것 ( )
(3) 모든 일에 자신 없고 소심하며 망설이는 것
( )

12 마술사가 모모에게 웃어 보라고 한 까닭을 생각하여 빈칸에 알맞은 말을 쓰시오.

모모의 ( )을/를 좋게 만들어 그 상태에서 자신의 말을 잘 받아들이게 하기 위해서이다.

13 마술사가 모모에게 조언할 때 잘한 점을 알맞게 말하지 <u>못한</u> 친구의 이름을 쓰시오.

주희: 모모에게 진심이 전해지도록 말하였어.
유찬: 모모에게 도움이 되는 내용을 말하였어.
규민: 모모가 자신을 존경할 수 있도록 어려운 말을 사용하여 말하였어.

( )

14~15

14 윤서는 어떤 고민을 말하였습니까? ( )

① 짝꿍이 맘에 들지 않는다는 것
② 공부를 잘하는 방법을 알고 싶다는 것
③ 친구에게 어떤 선물을 줄지 모르겠다는 것
④ 다툰 친구와 어떻게 화해할지 모르겠다는 것
⑤ 전학 온 친구와 어떻게 친해질지 모르겠다는 것

15 진우가 윤서에게 어떻게 조언해 주었는지 알맞은 것에 ○표 하시오.

(1) 윤서의 고민을 제대로 듣지도 않고 해결 방법을 제시해 주었다. ( )
(2) 자신의 경험을 바탕으로 하여 진심이 담긴 해결 방법을 제시해 주었다. ( )

16 다음은 무엇을 설명하는 것입니까? ( )

다른 사람의 감정, 의견, 주장 따위에 대해 자신도 그렇다고 느끼는 것이다.

① 공감 ② 대화 ③ 반응
④ 관심 ⑤ 고민

17~18

17 시현이는 어떤 상황에 있습니까? ( )

① 시상을 앞두고 떨리는 상황
② 상을 받지 못해 아쉬워하는 상황
③ 친구와 함께 상을 받아 무척 기쁜 상황
④ 친구의 축하를 받고 기분이 좋아진 상황
⑤ 상을 받았지만 친구 때문에 마음껏 기뻐할 수 없는 상황

18★ 서로의 감정이나 생각에 공감하는 대화가 되도록 빈칸에 알맞은 말을 보기 에서 찾아 기호를 쓰시오.

정우: 글쓰기 대회에서 상 받았지? 정말 축하해.
시현: 고마워. 너도 같이 받았으면 좋았을 텐데…….
정우:

보기
㉮ 다음에는 꼭 너보다 좋은 상을 탈 거야.
㉯ 내가 너보다 더 글을 잘 쓰는데 어떻게 네가 상을 받았는지 모르겠어.
㉰ 괜찮아. 다음에 또 도전하면 되지. 어떻게 하면 글을 잘 쓸 수 있는지 더 배워야겠어.

( )

19 다음 희수의 고민을 해결할 방법을 생각하여 쓰시오.

서술형

희수: 어떻게 하면 컴퓨터 게임을 하는 시간을 줄일 수 있을까?

_____

_____

20 다음 고민을 해결할 방법으로 알맞지 않은 것은 무엇입니까? ( )

요즘 자꾸 늦잠을 자요.

① 잠자는 시간을 하루 7시간으로 줄인다.
② 늦은 시간까지 텔레비전을 보지 않는다.
③ 저녁 9시 30분에 무조건 잠자리에 든다.
④ 아침 7시 30분에 알람을 맞추어 놓고 일어난다.
⑤ 당분간 부모님의 도움을 받아 일찍 일어나는 습관을 기른다.

1

> ㉠ 친구들이 깜짝 생일 축하 잔치를 해 주었을 때
>
> 짝에게 색연필을 빌려 쓰다가 부러뜨려서 미안하다고 할 때
>
> ㉡ 전학 간 친구를 우연히 만났을 때
>
> 우리 모둠이 역할극을 잘해서 친구들에게 칭찬을 받았을 때
>
> ㉢
>
> 옆에 있는 친구가 물을 쏟았는데 내가 한 일로 오해를 받았을 때

1단계
낱말
쓰기

표정 주사위에 써 있는 ㉠의 상황에 어울리는 표정과 말투를 쓴 것입니다. 빈칸에 알맞은 말을 쓰시오. [3점]

- ( )을 크게 뜨고 입을 벌린 놀란 표정으로 말한다.
- ( ) 목소리로 말한다.

2단계
문장
쓰기

㉡의 상황에 어울리는 표정과 말투를 [보기] 처럼 쓰시오. [5점]

> **보기**
>
> 짝에게 색연필을 빌려 쓰다가 부러뜨려서 미안하다고 할 때
> - 진지한 표정으로 마음을 드러낸다.
> - 조용한 목소리로 말한다.

- _____

- _____

3단계
생각
쓰기

표정 주사위에 나와 있는 상황 이외에 ㉢에 들어갈 수 있는 다른 상황 하나를 떠올려 쓰고, 이에 알맞은 표정과 말투를 쓰시오. [6점]

상황	상황에 알맞은 표정과 말투
(1)	(2)

2~3

2

이 대화에서 알게 된, 다른 사람에게 조언하는 방법을 [조건] 에 맞게 한 가지만 쓰시오. [6점]

> **조건**
>
> - 마술사가 모모에게 어떻게 조언해 주었는지 드러나게 쓴다.
> - 상대를 배려하며 조언하는 방법을 쓴다.

_____

_____

3

자신이라면 모모에게 어떤 말을 해 주고 싶은지 쓰시오. [5점]

_____

_____

😊 수행 평가

1 대화와 공감

학습 제재	정인이의 고민	배점	24점
학습 목표	상대를 배려하며 조언할 수 있다.		

● **다음 대화를 읽고, 물음에 답하시오.**

> 동욱: (빈정거리는 말투로) 에이, 얼굴 표정을 보니 고민거리가 있는 것 같은데?
> 정인: (약간 성가신 듯이) 고민은 무슨 고민? 아무 일 없다니까.
> 동욱: (궁금해하며) 그러지 말고 말해 봐. 무슨 일인데? 다른 사람한테 절대로 말하지 않을게.
> 정인: (조심스럽게) 음, 사실은 체육 시간에 뒤 구르기가 잘 안돼. 그래서 모둠끼리 여러 가지 동작을 꾸밀 때 방해가 되는 것 같아.
> 동욱: (큰 소리로) 뭐, 네가 뒤 구르기를 못한다고? 그럼 선생님이나 친구들에게 도와 달라고 하면 되지, 뭘 그렇게 걱정해.
> 정인: (당황하며) 어떻게 그러니?
> 동욱: 그럼 내가 말해 줄까?
> 정인: (황급히 큰 소리로) 아냐, 그러지 마! 내가 알아서 할게. 넌 그냥 못 들은 걸로 해.
> 동욱: 네가 말을 못 하면 내가 말해 줄게.
> 정인: (화를 내며) 아냐. 내가 알아서 한다고.
> 동욱: (멋쩍어하며) 도와준다는데 왜 화를 내고 그러니?

1 정인이와 동욱이가 고민을 말하고 듣는 과정을 정리하여 빈칸에 알맞은 말을 쓰시오. [9점]

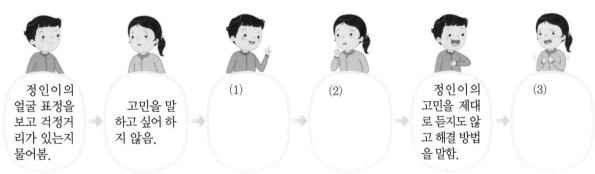

정인이의 얼굴 표정을 보고 걱정거리가 있는지 물어봄. → 고민을 말하고 싶어 하지 않음. → (1) → (2) → 정인이의 고민을 제대로 듣지도 않고 해결 방법을 말함. → (3)

2 동욱이가 조언할 때 잘못한 점을 고려하여 정인이에게 어떻게 조언하면 좋을지 **조건** 에 맞게 쓰시오. [15점]

> **조건**
> • 실제 정인이에게 말하는 것 같은 말투로 쓴다.
> • 정인이를 배려하며 조언한다.

2 작품을 감상해요

1 경험을 떠올리며 작품을 읽을 때 좋은 점

① 내용을 더 쉽게 이해할 수 있습니다.

② 내용을 더 생생하게 느낄 수 있습니다.

③ 인물의 마음을 더 잘 이해할 수 있습니다.

④ 책이나 영상에서 본 것을 떠올리면 더욱 실감 나게 읽을 수 있습니다.

★★ 2 경험을 떠올리며 시 읽기

① 시의 내용을 잘 파악합니다.

② 시의 표현들을 잘 살펴봅니다.

③ 시에서 말하는 이의 경험이 무엇인지 파악합니다.

④ 시에서 말하는 이가 상상하는 것을 짐작해 봅니다.
　자신도 현실에서 이루어질 수 없는 것을 상상한 적이 있는지 떠올려 보아요.

⑤ 자신의 경험과 시에서 말하는 이의 경험을 비교해 봅니다.

예 「출렁출렁」을 읽으며 떠오른 경험 말하기

★★ 3 경험을 떠올리며 이야기 읽기

① 자신이 겪은 일이나 아는 것을 활용해 이야기를 읽습니다.

② 이야기 속 주인공이 겪는 일과 현실 속에서 자신이 겪는 일을 비교하며
　└ 주인공과 자신의 경험을 견주어 보면 인물의 마음을 더 잘 이해할 수 있어요.
이야기를 읽습니다.

③ 이야기에서 가장 인상 깊은 장면을 생각합니다.

④ 이야기에서 자신과 비슷한 경험이 드러난 부분을 찾습니다.

⑤ 자신의 경험을 떠올리며 주인공에게 일어났을 일을 상상해 이어질 내용
을 써 봅니다.

4 경험을 떠올리며 시 쓰기

① 시를 읽고 인상 깊은 부분을 찾습니다.

② 시에서 말하는 이가 어떤 경험을 했는지 살펴봅니다.

③ 시에 나타난 경험과 비슷한 경험을 했는지 이야기해 봅니다.
　시에서 말하는 이가 놓인 상황과 느낌을 자기 경험과 견주어 보아요.

④ 시로 표현하고 싶은 자기 경험을 떠올려 바꾸고 싶은 부분을 찾아 바꾸어
써 봅니다.

개념 확인하기
정답과 풀이 5쪽

1 경험을 떠올리며 작품을 읽을 때 좋은 점에 모두 ○표 하시오.

⑴ 작품을 더 빨리 읽을 수 있다.
　　　　　　(　　　)

⑵ 내용을 더 쉽게 이해할 수 있다.　　　　　　(　　　)

⑶ 인물의 마음을 더 잘 이해할 수 있다.　　　　(　　　)

2 경험을 떠올리며 시를 읽는 방법을 알맞게 말하지 <u>못한</u> 친구의 이름을 쓰시오.

> 현수: 시의 표현들을 잘 살펴봐.
> 주혁: 앞으로 겪게 될 일을 상상해 봐.

(　　　　　　)

3 이야기를 읽을 때 주인공이 겪는 일과 현실 속에서 자신이 겪는 일을 (　　　)하며 읽으면 인물의 마음을 더 잘 이해할 수 있습니다.

4 다음은 시 「꽃」을 읽고 시를 바꾸어 쓰기 위해 무엇을 한 것인지 빈칸에 알맞은 말을 쓰시오.

> 기분이 안 좋은 날 꽃을 보며 기분이 편안해진 적이 있어.

• 시와 관련 있는 자신의 (　　　)을/를 떠올린다.

유관순

- 글의 종류: 전기문
- 글의 특징: 나라를 구하려고 어린 나이에 독립 만세를 부른 유관순의 생애에 대해 쓴 글입니다.

미리 보기

넉넉하진 않지만 화목한 가정에서 자란 유관순은 여자들도 공부해야 한다는 아버지의 뜻에 따라 서울에서 신학문을 배웠습니다. →	이화학당에 입학한 유관순은 방학 동안 고향에 내려가 우리글을 모르는 마을 사람들에게 열심히 우리글을 가르쳤습니다. →	1919년 3월 1일 독립 만세를 부른 유관순은 고향으로 내려와 독립 만세를 부를 준비를 하였고 아우내 장터에서 독립 만세를 앞장서 외쳤습니다. →	유관순은 일본 헌병들에게 붙잡혀 온갖 고문을 당하고 꽃다운 열아홉 나이에 감옥에서 숨을 거두었습니다.

❶ 유관순은 1902년 12월 16일, 충청남도 천안의 작은 마을에서 태어났다. <u>유관순이 태어난 곳</u> 유관순의 아버지는 대를 이어 그 마을에서 살아온 선비 집안의 후손이었다. 유관순의 집은 <u>그리 넉넉하지 못했지만, 늘 웃음소리가 끊이지 않는 화목한 가정이었다.</u> <u>유관순 집의 분위기</u>

어느 날, 아버지께서는 유관순에게 평소 마음에 둔 이야기를 들려주셨다.

"우리나라가 일본의 침략을 받고 시달리는 것은 나라의 힘이 약한 까닭이다. 나라의 힘을 기르려면 서양 문물을 받아들이고 신학문을 배워야 한다."

아버지께서는 엄숙한 표정으로 말씀을 이으셨다.

"여자들도 집안일만 할 것이 아니라 더 배워서 나라의 일꾼이 되어야 한다."

아버지께서는 젊은이들을 잘 가르쳐야 **빼앗긴** 나라를 되찾을 수 있다고 생각해 유관순을 서울로 보내어 신학문을 배우게 하셨다.

중심 내용 ❶ 1902년 12월 화목한 가정에서 태어난 유관순은 아버지의 뜻에 따라 서울에서 신학문을 배웠다.

❷ 1916년에 유관순은 서울 정동에 있는 이화학당에 입학했다. 유관순은 아버지의 가르침을 따라 방학 동안에는 고향에 내려가 우리글을 모르는 마을 사람들에게 열심히 글을 가르쳤다. 그러나 일본은 우리나라 사람들이 우리글을 배우는 것을 싫어했다. <u>우리글에는 우리 민족의 얼이 담겼다고 생각했기 때문이다.</u> <u>일본이 우리나라 사람들이 우리글을 배우는 것을 싫어한 까닭</u>

중심 내용 ❷ 1916년 이화학당에 입학한 유관순은 방학 동안에는 고향에 내려가 우리글을 모르는 마을 사람들에게 열심히 글을 가르쳤다.

후손(後 뒤 후, 孫 손자 손) 자신의 세대에서 여러 세대가 지난 뒤의 자녀를 통틀어 이르는 말.

엄숙한 말이나 태도 따위가 위엄이 있고 정중한. 예 교실로 들어오신 선생님은 엄숙한 표정이었습니다.

---

1 유관순에 대한 설명으로 알맞지 <u>않은</u> 것은 무엇입니까? ( )

① 1902년 12월에 태어났다.
② 충청남도 천안에서 태어났다.
③ 유관순의 집은 부유한 편이었다.
④ 아버지는 선비 집안의 후손이었다.
⑤ 웃음이 끊이지 않는 화목한 가정에서 자랐다.

교과서 문제
2 아버지께서 유관순에게 신학문을 배우라고 말씀하신 까닭은 무엇인지 빈칸에 알맞은 말을 쓰시오.

( )을/를 기르기 위해서

3 1916년, 유관순이 입학한 학교는 어디인지 쓰시오.

( )

4 ★ 유관순이 방학 동안에 한 일은 무엇입니까? ( )

① 고향에 내려가 농사일을 도왔다.
② 집안을 돕기 위해 시장에서 일하였다.
③ 민족의 얼이 담긴 우리글을 배우고 익혔다.
④ 고향에서 마을 사람들에게 우리글을 가르쳤다.
⑤ 집에 내려가지 않고 부족한 공부를 열심히 했다.

3 이 무렵, 우리 겨레는 내 나라, 내 땅에서 마음 놓고 사는 것조차 힘들었다. 그래서 하루하루 고통 속에서 살았으며 모두 독립을 애타게 바랐다. 그리하여 온 겨레가 한마음으로 목청껏 독립을 외쳤다. 1919년 3월 1일, 서울 탑골 공원에서 시작한 독립 만세 운동이 바로 그것이었다.

몹시 답답하거나 안타까워 속이 끓는 듯하게

3월 1일 독립 만세 운동이 벌어진 곳

그날, 유관순도 친구들과 함께 거리로 나갔다. 태극기를 든 남녀노소가 한목소리로 독립 만세를 불렀다. 유관순의 마음도 뜨거워졌다. 유관순은 친구들과 함께 목이 터져라 독립 만세를 불렀다.

여럿이 함께 내는 하나의 목소리

"대한 독립 만세!" / "대한 독립 만세!"

거리에는 태극기를 든 사람들이 거대한 물결처럼 밀려들었다. 태극기의 물결은 온 장안을 뒤덮었다. 일본 헌병들은 닥치는 대로 몽둥이와 칼을 휘두르고 총을 쏘아 댔다. 많은 사람이 쓰러졌으나 만세 소리는 그칠 줄을 몰랐다. 유관순과 친구들이 기숙사로 돌아왔을 때에는 이미 여러 선생님과 친구가 잡혀간 뒤였다.

중심 내용 **3** 1919년 3월 1일, 서울 탑골 공원에서 유관순은 친구들과 함께 독립 만세를 목이 터져라 불렀다.

4 1919년 3월 10일, 일본은 학교를 강제로 닫았다. 그래서 기숙사에 있던 학생들은 뿔뿔이 흩어졌고 유관순도 고향으로 돌아왔다.

고향으로 돌아온 유관순은 독립 만세를 부를 준비를 했다. 유관순은 사촌 언니와 함께 동지들을 모으고, 독립 만세를 부를 계획을 치밀하게 세웠다. 날마다 이 마을 저 마을을 찾아다니며 독립 만세를 부르는 일에 함께 참여할 것을 부탁했다. 하루 종일 돌아다니다가 집에 돌아오면 몸은 말할 수 없이 피곤했다. 그렇지만 잠시 찬물에 발을 담그고, 곧바로 가족과 함께 밤새워 태극기를 만들었다. 보통 사람들로서는 생각할 수 없을 만큼 놀라운 지혜와 용기로 일을 추진했다.

독립 만세를 부르기로 약속한 날이 하루 앞으로 다가왔다. 밤이 되자 유관순은 홰를 가지고 매봉에 올랐다. 홰에 불을 붙여 높이 쳐들자 여기저기 다른 산봉우리에서도 횃불이 올랐다. 그 횃불들은 이튿날 있을 일을 다짐하는 약속이었다.

한데다가 모아 질러 놓은 화톳불을 놓는 데 쓰는 물건

아우내 장터에서의 독립 만세 운동

중심 내용 **4** 고향으로 돌아온 유관순은 독립 만세를 부를 준비를 했고, 마을을 찾아다니며 함께 참여할 것을 부탁했다.

장안(長 길 장, 安 편안할 안) 수도라는 뜻으로, '서울'을 이르는 말.
예 주희의 선행 사실은 장안의 화제가 되었습니다.

추진(推 옮을 추, 進 나아갈 진)했다 목표를 향하여 밀고 나아갔다.
예 우리는 처음 계획대로 일을 추진해 나갔습니다.

5 이 무렵, 우리나라의 상황을 설명한 것으로 알맞지 않은 것은 무엇입니까? ( )

① 하루하루 고통 속에서 살았다.
② 사람들은 모두 독립을 간절히 바랐다.
③ 독립을 원했으나 행동에서 소극적이었다.
④ 남녀노소 모두 태극기를 들고 거리로 나갔다.
⑤ 우리나라 땅에서 마음 놓고 사는 것조차 힘들었다.

6 1919년 3월 1일, 유관순은 무엇을 하였는지 빈칸에 알맞은 말을 쓰시오.

태극기를 들고 친구들과 함께 거리로 나가 목이 터져라 ( )을/를 불렀다.

7 유관순이 고향으로 돌아온 까닭은 무엇인지 알맞은 것에 ○표 하시오.

(1) 일본이 학교를 강제로 닫았기 때문에 ( )
(2) 고향에서 가족들과 함께 시간을 보내고 싶었기 때문에 ( )
(3) 고향에 계신 부모님이 편찮으시다는 연락을 받았기 때문에 ( )

교과서 문제
8 고향으로 돌아온 유관순이 한 일로 알맞지 않은 것은 무엇입니까? ( )

① 사촌 언니와 동지들을 모았다.
② 가족과 함께 밤새워 태극기를 만들었다.
③ 독립 만세를 부를 계획을 치밀하게 세웠다.
④ 독립 만세를 외치는 날에 사용할 홰를 만들었다.
⑤ 마을을 돌아다니며 독립 만세 운동에 함께 참여할 것을 부탁했다.

5 아우내 장터에 아침이 밝았다. 새벽부터 장터에 모여든 사람들은 여느 때보다 몇 곱절이나 되었다. 독립 만세를 부르려고 모인 사람이 대부분이었다.
독립 만세 운동이 일어난 곳 / 배

오후 1시, 유관순은 많은 사람 앞에서 외쳤다.

"여러분, 반만년의 역사를 지닌 우리 겨레가 불행하게도 일본에 나라를 빼앗겼습니다. 이제 나라를 되찾아야 합니다. 지금 전국 방방곡곡에서 모두 일어나 독립을 외치고 있습니다. 여러분, 만세를 부릅시다. 대한 독립 만세를!"
유관순이 독립 만세 운동을 한 까닭

순식간에 독립 만세 소리가 온 천지를 뒤흔들었다. 깜짝 놀라 달려온 일본 헌병들은 총과 칼을 휘두르면서 평화롭게 독립 만세를 부르며 나아가는 사람들을 막았다. 많은 사람이 죽거나 다쳤다.

중심 내용 5 아우내 장터에서 유관순은 많은 사람 앞에서 대한 독립 만세를 외쳤다.

> 유관순이 독립 만세를 부른 부분으로, 글을 읽고 떠오른 경험을 묻는 문제가 자주 출제돼.

방방곡곡(坊 동네 방, 坊 동네 방, 曲 굽을 곡, 曲 굽을 곡) 한 군데도 빠짐이 없는 모든 곳. 예 삼촌은 우리나라 방방곡곡을 다녔습니다.

6 유관순도 일본 헌병들에게 붙잡혀 끌려가고 말았다. 그리고 일본 헌병대에서 온갖 고문을 당한 뒤에 재판을 받았다. 유관순은 재판을 받을 때 조금도 굽히지 않고 당당했다. 유관순은 3년 형을 받고 감옥에 갇혔지만 우리나라가 독립을 해야 한다는 유관순의 신념은 누구도 꺾을 수 없었다.

1920년 9월 28일, 나라를 구하려고 죽음을 무릅쓰고 독립 만세를 부르던 유관순은 열아홉 나이에 감옥에서 숨을 거두고 말았다. 그러나 유관순이 나라를 사랑했던 마음은 지금도 우리 겨레의 가슴속에 남아 나라의 소중함을 일깨워 준다.
죽게 되었다

중심 내용 6 일본 헌병들에게 붙잡힌 유관순은 온갖 고문을 당하고 감옥에서 숨을 거두었지만, 유관순의 나라 사랑의 마음은 우리 겨레 가슴속에 남아 있다.

핵심내용 「유관순」을 읽고 떠오른 자신의 경험 말하기 예
• 예전에 일제 강점기를 다룬 글을 읽은 적이 있어.
• 일제 강점기에 벌어진 일을 다룬 ❶ ㅇ ㅎ 를 본 기억이 났어.
• 가족과 서대문형무소 역사관에 간 것이 생각났어.
• 텔레비전 프로그램에서 본, 우리나라 사람들이 독립 만세를 부르던 장면이 떠올랐어.

고문(拷 칠 고, 問 물을 문) 숨기고 있는 사실을 강제로 알아내기 위하여 육체적, 정신적 고통을 주며 캐어물음.

9 사람들은 아우내 장터에 새벽부터 무엇을 하기 위해 모여들었습니까? ( )

① 유관순을 보기 위해서
② 독립 만세를 부르기 위해서
③ 일본 헌병들의 눈을 피하기 위해서
④ 새로 들어온 물건을 구경하기 위해서
⑤ 나라를 되찾은 기쁨을 함께 느끼기 위해서

10 유관순이 독립 만세 운동을 한 까닭은 무엇인지 알맞은 것을 찾아 기호를 쓰시오.

> ㉮ 아버지께서 하라고 시키신 일이라서
> ㉯ 자신의 용기와 능력을 시험해 보고 싶어서
> ㉰ 우리 겨레가 일본에 빼앗긴 나라를 되찾아야 해서

( )

11 유관순이 재판을 받을 때 조금도 굽히지 않고 당당했던 까닭은 무엇이겠는지 두 가지 고르시오.

( )

① 재판을 여러 번 받아 봤기 때문에
② 나라를 지키려는 마음이 강했기 때문에
③ 옆에 함께할 친구들이 여럿 있었기 때문에
④ 자신이 옳은 일을 했다고 굳게 믿었기 때문에
⑤ 자신이 재판에서 이길 것을 알고 있었기 때문에

12 이 글을 읽고 떠오른 자신의 경험을 쓰시오.

서술형

_____

_____

⑦ 출렁출렁 / ④ 허리 밟기

• ⑦ 박성우 / ④ 정완영

⑦ 이러다 지각하겠다 싶을 때, 있는 힘껏 길을 잡아당기면 출렁출렁, 학교가 우
리 앞으로 온다
　　　지각하면 혼날까 봐 걱정하는 마음

춥고 배고파 죽겠다 싶을 때, 있는 힘껏 길을 잡아당기면 출렁출렁, 저녁을 차
린 우리 집이 버스 정류장 앞으로 온다
　　　집에 빨리 가고 싶은 마음

갑자기 니가 보고 싶을 때, 있는 힘껏 길을 잡아당기면 출렁출렁, 그리운 니가
내게 안겨 온다
　　　그리운 사람이 보고 싶은 마음

④ 할머니 아픈 허리는 왜 밟아야 시원할까요?

아이쿠! 아이쿠! 하면서도 "꼭꼭 밟아라." 하십니다

그래도 나는 겁이 나 자근자근 밟습니다.
　　할머니가 아프실까 걱정하는 마음

• 글의 종류: ⑦ – 시, ④ – 시
• 글의 특징: ⑦ – 간절히 원하는 일을
현실에서 이루어질 수 없는 것이지만
상상해 본 시입니다.
④ – 할머니의 허리를 밟아 드린 경험
을 통해 할머니를 걱정하는 '나'의 마
음이 드러나 있는 시입니다.

④는 우리나라의
전통 시조 형식으로
쓴 시예요.

니 '너'의 방언.
자근자근 자꾸 가볍게 누르거나 밟는
모양. 예 동생이 고사리 같은 손으로 아
빠의 어깨를 자근자근 주물렀습니다.

---

1 시 ⑦, ④ 중 다음에 해당하는 시의 기호를 쓰시오.

> 우리나라의 전통 시조 형식으로 되어 있다.

(　　　　　　)

교과서 문제
2 시 ⑦에서 말하는 이가 겪은 일을 모두 고르시오.

(　　　　　　)

① 춥고 배고팠던 일
② 학교에 지각할 뻔한 일
③ 꼬불꼬불한 길을 걸은 일
④ 학교 근처로 이사했던 일
⑤ 갑자기 친구가 보고 싶었던 일

3 시 ⑦의 다음 표현에서 느껴지는 마음으로 알맞지
않은 것에 ×표 하시오.

> 있는 힘껏 길을 잡아당기면

(1) 지각하는 것이 정말 싫은 마음　　　(　　　)
(2) 누군가를 많이 그리워하는 마음　　　(　　　)
(3) 우리 엄마가 요리를 잘하셨으면 좋겠다고 생각
하는 마음　　　(　　　)

4 시 ⑦의 말하는 이처럼 느낀 경험을 말한 친구의
이름을 쓰시오.

> 선경: 버스 정류장에서 버스가 오지 않아 오래
> 기다린 적이 있어.
> 훈민: 할머니가 보고 싶을 때 할머니 댁이 바로
> 우리 집 앞에 있었으면 했어.

(　　　　　　)

5 시 ④에서 '나'는 무엇을 하고 있습니까? (　　　)

① 할머니와 이야기를 나누고 있다.
② 할머니 허리를 밟아 드리고 있다.
③ 할머니와 함께 잔디를 밟고 있다.
④ 할머니와 시원한 곳에서 쉬고 있다.
⑤ 할머니 병문안을 가서 위로해 드리고 있다.

교과서 문제
6 시 ④에 나타난 '나'의 마음은 어떠한지 빈칸에 알
맞은 말을 쓰시오.

> 할머니의 (　　　　　　)이/가 나았으
> 면 좋겠다.

덕실이가 말을 해요

• 김우경

• **글의 종류:** 이야기
• **글의 특징:** 수일이가 자신이 둘이었으면 좋겠다고 하자, 강아지 덕실이가 말을 하며 그 방법을 가르쳐 주는 이야기입니다.

미리
보기

> 컴퓨터 게임을 좋아하는 수일이는 컴퓨터를 끄면서 게임 속 나라에서 빠져나오자, 방학 동안 학원만 다녔다며 투덜거리며 자신이 하나 더 있었으면 좋겠다고 하였습니다.

→

> 수일이는 자신의 말에 대답하는 덕실이를 보고 깜짝 놀라 엄마께 말씀드렸지만, 자신의 말을 믿지 못하는 엄마 때문에 화가 나고 서운해서 방으로 들어갔습니다.

→

> 덕실이는 자신이 둘이면 좋겠다는 수일이에게 손톱을 깎아서 쥐한테 먹이면 된다고 하였고, 의심하는 수일이에게 한번 해 보라고 하였습니다.

1 "이제 시스템 전원을 꺼져도 됩니다."

수일이는 컴퓨터 모니터에 나온 글을 보며 발로 책상 아래 전기 스위치를 딸깍 껐다. 조금 전에 들어가서 돌아다녔던 컴퓨터 게임 속의 세상이 아직 눈앞에 어른거린다. / '마고 전설'이라는 게임인데, 아주 먼 옛날에 사람들이 나라도 없이 뿔뿔이 흩어져서 살 때, 나쁜 귀신들이 돌아다니며 사람들을 못살게 굴고 막 잡아가서 자기편으로 만든다는 이야기이다. 사람이 귀신한테 붙잡히게 되면 그 사람도 그때부터 귀신이 되어서 또 다른 사람을 해치려고 돌아다니니까, 그대로 가다가는 세상이 온통 귀신 천지가 된다는 좀 터무니없는 줄거리이다.

그래서 게임을 시작하면 뿔뿔이 흩어진 사람들을 모아 마을을 만들고, 논밭을 일구어 곡식을 심고, 공장을 세우고, 산에는 성을 쌓아 군사들을 훈련시켜 귀신들을 물리쳐야 하는데, 그 일이 만만치 않아서 한번 시작하면 시간 가는 줄 모른다. 갖가지 귀신들을 만나 하나씩 쓰러뜨리며 사람들을 구해 내는 일이 손에 땀이 날 만큼 아슬아슬하고 짜릿짜릿하다.

온갖 도술을 부리는 대왕 귀신을 물리쳤을 땐 한편으로 뿌듯하기도 하다. ⓐ게임 속 세상에서는 수일이가 주인이어서 모든 일을 수일이가 정한다. 수일이 생각대로 컴퓨터 속 사람들을 이끌고 다니며 귀신들을 물리치고 새로운 세상을 만들어 간다.

중심내용 **1** 수일이는 컴퓨터 게임 속의 세상에서는 주인이 되어 모든 일을 자신이 정하고 자신의 생각대로 세상을 만들어 간다.

터무니없는 헛되고 황당하며 미덥지 못해 전혀 근거가 없는. 예 민수의 말은 터무니없는 거짓말은 아니었습니다.

도술(道 길 도, 術 꾀 술) 도를 닦아 여러 가지 조화를 부리는 요술이나 술법. 예 홍길동은 도술에 능했습니다.

교과서 문제

7 수일이는 방에서 무엇을 하였는지 빈칸에 알맞은 말을 쓰시오.

( )을/를 하였다.

8 수일이가 하는 게임에 대한 설명으로 알맞지 <u>않은</u> 것은 무엇입니까? ( )

① '마고 전설'이라는 게임이다.
② 현실 세계에서 있을 법한 이야기이다.
③ 군사들을 훈련시켜 귀신들을 물리쳐야 한다.
④ 나쁜 귀신들이 돌아다니며 사람들을 잡아가서 자기편으로 만드는 이야기이다.
⑤ 흩어진 사람들을 모아 마을을 만들고, 논밭을 일구는 등 할 일이 많아 시간 가는 줄 모른다.

9 게임을 하면서 수일이가 어떤 감정을 느끼는지 알맞은 것을 모두 고르시오. ( )

① 무섭다. ② 뿌듯하다.
③ 지루하다. ④ 짜릿짜릿하다.
⑤ 아슬아슬하다.

10* ⓐ에서의 모습으로 알맞은 것을 모두 찾아 기호를 쓰시오.

㉮ 수일이가 주인이다.
㉯ 모든 일을 수일이가 정한다.
㉰ 수일이는 누군가가 시키는 대로 움직인다.

( )

2 그러다가 게임 속 나라에서 빠져나와 컴퓨터를 끄면, ㉠아주 다른 세상이 수일이를 기다리고 있다. 컴퓨터 바깥의 세상은 수일이 마음대로 할 수 없는 세상이다. 주로 수일이가 이끌려 다녀야 하는 세상이다.
_{현실 세계}

"이게 뭐야. 에이, 방학 동안 학원에만 왔다 갔다 했어!"

컴퓨터를 *끄*자마자 맥이 탁 풀리며 짜증부터 났다. 달력을 보니 방학이 일주일도 안 남아 있다. 오늘이 8월 25일이니까 정확하게 6일 남았다.

"엄마 때문이야. 우리 엄마 시키는 대로 다 하려면 내가 둘은 있어야 해."

수일이는 걸상 옆에 앉아 있는 덕실이가 엄마라도 되는 듯이, 덕실이를 곁눈질로 흘겨보며 말했다. 그러고는 영어 학원 가방을 집어서 퍽 소리가 나도록 방바닥에 떨어뜨렸다.

"으으, 진짜 내가 하나 더 있었으면 좋겠어! 그래야 하나는 학원에 가고 하나는 마음껏 놀 수가 있지."
_{수일이가 자신이 하나 더 있었으면 좋겠다고 생각한 까닭}

"정말 네가 둘이었으면 좋겠니?"

"둘이었으면 좋겠어." / "참말이야?"

"그래, 참말이야! 혼자서는 너무 힘들어. 어, 그런데 네가 말을 했니?"
_{덕실이}

수일이는 눈을 커다랗게 뜨고 덕실이를 보았다.

"말이야 벌써부터 했지. 지금껏 네가 못 알아들었을 뿐이야. 나는 말하면 안 되니?"

덕실이가 꼬리를 흔들며 말했다. 아주 잠깐 동안 수일이는 ㉡입이 벌어져서 다물어지지 않았다.

[중심 내용 **2**] 컴퓨터 바깥의 세상으로 돌아온 수일이는 자신이 하나 더 있었으면 좋겠다고 하였고, 덕실이가 말을 해서 깜짝 놀랐다.

3 엄마! 덕실이가 말을 해요!"

수일이가 방에서 뛰쳐나오며 소리쳤다.

"덕실이가 말을 했어요!"

수일이는 방문 앞 나무 층계를 쿵쿵쿵 디디며 마루로 내려와서 엄마를 찾았다.

[핵심내용] 「덕실이가 말을 해요」에서 자신과 비슷한 경험이 드러난 부분 [예]
• 수일이처럼 나와 똑같이 생긴 누군가가 나 대신 내 일을 해 줬으면 좋겠다고 생각한 적이 있어.
• 덕실이가 말을 하는 장면에서 어렸을 때 ❶ [ㄷ][ㅁ]들이 말을 한다고 상상했던 경험이 떠올랐어.

맥(脈 맥 맥) 기운이나 힘. [예] 긴장이 풀리자 맥이 확 빠졌어.
흘겨보며 흘기는 눈으로 보며.

디디며 발을 올려놓고 서거나 발로 내리누르며. [예] 민성이의 방은 너무 지저분해서 발 디딜 곳이 전혀 없습니다.

---

11 이 글에 나오는 인물이 누구누구인지 모두 고르시오. ( )

① 엄마　　② 아빠
③ 수일이　　④ 덕실이
⑤ 수일이의 친구

12★ ㉠에 대한 설명으로 알맞지 <u>않은</u> 것은 무엇입니까? ( )

① 컴퓨터 바깥의 세상이다.
② 터무니없지만 흥미진진한 세상이다.
③ 수일이 마음대로 할 수 없는 곳이다.
④ 수일이가 이끌려 다녀야 하는 곳이다.
⑤ 엄마가 시키는 대로 다 해야 하는 곳이다.

13 수일이가 ㉡처럼 행동한 까닭은 무엇입니까? ( )

① 학원 시간에 늦어서
② 덕실이가 사람처럼 말을 해서
③ 덕실이가 방에 들어와 있어서
④ 덕실이가 꼬리를 흔들며 따라와서
⑤ 엄마를 아무리 불러도 대답하지 않으셔서

14 이 글에서 인상 깊은 장면은 무엇인지 그 까닭과 [서술형] 함께 쓰시오.

(1) 인상 깊은 장면: _____

_____

(2) 그 까닭: _____

_____

수일이 방은 2층으로 오르는 나무 층계 중간쯤에 있는 다락방이다. 2층에는 주인 할머니와 할아버지가 사시는데, 그분들은 바깥 층계를 쓰신다.

아래층에는 방이 모두 세 칸인데, 수일이네가 방 둘과 큰 부엌, 마루를 쓰고 뒷방 하나와 그에 딸린 작은 부엌은 예주라는 대학생 누나가 세 들어 지낸다. 예주 누나는 방학이라 자기 시골집에 가고 없었다.

"엄마, 덕실이가요!"

"얘, 너 또 학원 가기 싫으니까 엉뚱한 소리로 빠져 나가려고 그러지?"

엄마가 안방에서 나오며 말했다. 손에 걸레를 들고 있었다.

"아니에요, 정말로 말을 했어요!"

"개들도 무슨 말인가 하기는 하겠지. 사람이 못 알아들어서 그렇지."

"나하고 말을 했다니까요. 나는 알아들었어요. 덕실이가 나한테, '나는 말하면 안 되니?' 그랬어요."

"얘가 더위를 먹었나? 아, ㉠쓸데없는 소리 그만하고 얼른 학원에나 가. 늦겠다!"

엄마가 눈살을 찌푸리며 말했다. 그리고는 이야기를 더 듣지도 않겠다는 듯이 욕실로 걸레를 빨러 들어가 버렸다. / "알겠어요."

수일이도 이야기를 더 하고 싶지 않았다. ㉡엄마하고 다시는 아무 말도 안 할 거라고 마음을 다져 먹었다. 덕실이가 말만 하는 게 아니라 글까지 쓴다고 해도 이제 더 이상 엄마한테 말하고 싶지 않았다.

덕실이가 방문 앞에 나와 서서 다 보고 있었다.

중심 내용 3 덕실이가 말을 하는 것을 보고 깜짝 놀란 수일이는 엄마에게 말했지만, 엄마는 수일이의 말을 믿지 않았다.

핵심내용 자기 경험을 떠올리며 「덕실이가 말을 해요」를 읽는 방법
• 자신이 겪은 일이나 아는 것을 활용하면서 이야기를 읽는다.
• 작품 속 수일이가 겪는 일과 현실 속에서 자신이 겪는 일을
  ❷ ㅂ ㄱ 하면서 이야기를 읽는다.

딸린 어떤 것에 매이거나 붙어 있는. 예 그 집에는 넓은 마당이 딸려 있습니다.
세 일정한 대가를 지급하기로 하고 남의 물건이나 건물 따위를 빌려 쓰는 일.

눈살 두 눈썹 사이에 잡히는 주름. 예 주미는 말하려는 순간 선생님의 찌푸려진 눈살을 보았습니다.
다져 마음이나 뜻을 굳게 가다듬어. 예 성호는 이번 시험은 열심히 준비하리라고 마음을 다졌습니다.

---

15 다음은 수일이가 사는 집 구조에 관한 설명입니다. 누가 어디에 사는지 생각하며 빈칸에 알맞은 말을 쓰시오.

> • 2층: (   )과/와 할아버지가 사는 곳으로, 바깥 층계를 쓰심.
> • 2층으로 오르는 층계 중간쯤의 (   ): 수일이가 쓰는 방
> • 아래층: 수일이네가 방 둘과 큰 부엌, 마루를 사용함.
> • 아래층 뒷방 하나와 딸린 작은 부엌: 예주라는 대학생 누나가 사용함.

16 엄마가 생각한 ㉠'쓸데없는 소리'는 무엇인지 쓰시오.
(   )

교과서 문제
17 엄마는 왜 덕실이가 말을 한다는 수일이의 말을 믿지 않으셨겠습니까? (   )

① 수일이의 말을 잘못 알아들어서
② 수일이가 학원을 빠져서 화가 나서
③ 평소에 수일이가 거짓말을 많이 해서
④ 수일이가 장난으로 한 말이라고 생각해서
⑤ 덕실이가 말을 하는 것을 이미 알고 있어서

18 ㉡에서 알 수 있는 수일이의 마음으로 알맞은 것을 두 가지 고르시오. (   )

① 엄마가 신기하다.
② 엄마에게 서운하다.
③ 엄마에게 화가 난다.
④ 덕실이에게 미안하다.
⑤ 엄마를 믿을 수가 없다.

4 "들어가자. 엄마하고는 말이 안 통해."

수일이는 덕실이를 데리고 도로 방으로 들어왔다. 눈에서 잠깐 눈물이 나오려고 했다.

"하기는 나도 잘 안 믿어지는데, 엄마가 쉽게 믿겠니? 우리가 서로 말이 통하다니! 컴퓨터 게임 하면서 너랑 나랑 전자파를 너무 많이 받아서 그런가?"

"……."

"아무 말이든 또 해 봐. 덕실아, 너도 내가 하나로는 힘들겠다고 생각하지?"

"조금."

덕실이가 말했다.

"조금이라고? 아침 먹자마자 피아노 학원, 속셈 학원, 바둑 교실, 영어 학원, 검도……. 하루 종일 학원에 왔다 갔다 하기 바쁜데도? 방학인데 놀 시간이 없어!"

"학원 다니는 게 싫어? 나는 좋을 것 같은데."

"너는 한 군데도 안 다니니까 그렇지. <u>컴퓨터 오락도 좀 마음 놓고 하고, 밖에 나가서 아이들하고 공도</u>
<small>수일이가 학원에 가는 대신 하고 싶은 일들</small>

<u>차며 실컷 놀고 싶단 말이야.</u>"

"공 차는 게 좋아? 나는 공을 물어뜯는 게 더 좋더라."

"그러니까 너도 엄마한테 꾸중을 듣지. 아무거나 물어뜯는 버릇 좀 고쳐. 공은 차면서 노는 거야."

"그렇게 공이 차고 싶으면 엄마한테 공 차는 학원에 보내 달라고 하렴."

"그런 학원은 없어."

"안됐구나."

"우, <u>내가 둘이었으면 좋겠어. 누가 나 대신 학원에</u>
<small>수일이의 바람</small>
<u>좀 다녀 줬으면!</u>"

수일이가 걸상 다리를 발로 차며 말했다. 걸상은 아무렇지도 않고 발바닥만 아팠다.

중심 내용 **4** 방으로 들어온 수일이는 덕실이에게 자신이 둘이었으면 좋겠다고 말하였다.

핵심내용 「덕실이가 말을 해요」에서 작품 속 세계와 우리가 사는 현실 세계의 같은 점과 다른 점

같은 점	• 덕실이 같은 강아지를 기름. • 부모님께 잔소리를 듣기도 함.
다른 점	작품 속 세계에서는 강아지가 **③** ㅁ 을 할 수 있지만 현실 세계에서는 강아지와 대화할 수 없음.

검도(劍 칼 검, 道 길 도) 죽도로 상대편을 치거나 찔러서 얻은 점수로 승패를 겨루는 운동 경기. 예 이번 달부터 검도를 배우기로 했습니다.

걸상 걸터앉는 기구. 가로로 길게 생겨 여러 사람이 늘어앉을 수 있는 것과 한 사람이 앉는 의자로 크게 나뉨. 예 예전 교실에서는 나무 책상과 걸상을 사용했습니다.

19 이 글 속 세계와 우리가 사는 현실 세계의 같은 점으로 알맞은 것을 두 가지 고르시오.

( )

① 엄마께 잔소리를 듣는다.
② 집에서 강아지를 기른다.
③ 강아지와 대화를 나눌 수 있다.
④ 자신이 하고 싶은 일만 하고 산다.
⑤ 자신과 똑같은 사람을 하나 더 만들 수 있다.

20 수일이가 원하는 것은 무엇인지 알맞은 것의 기호를 쓰시오.

> ㉮ 자신이 둘이었으면 좋겠다는 것
> ㉯ 방학이 더 길었으면 좋겠다는 것
> ㉰ 덕실이와 계속 대화를 나누면 좋겠다는 것

( )

21 수일이가 학원에 가는 대신, 하고 싶은 것은 무엇인지 두 가지 고르시오. ( )

① 검도를 배우는 것
② 공을 물어뜯으면서 노는 것
③ 컴퓨터 오락을 마음 놓고 하는 것
④ 그동안 모자랐던 잠을 실컷 자는 것
⑤ 밖에 나가서 아이들하고 공을 실컷 차는 것

22★ 이 글과 비슷한 자신의 경험을 말한 친구의 이름을 쓰시오.

> 경수: 가끔씩 정말 학원에 가고 싶지 않아 힘들었던 적이 있어.
> 지원: 학원을 옮겼는데 친한 친구가 그 학원에 있어서 반가워했던 경험이 있어.

( )

5 "정말 네가 둘이었으면 좋겠어?"

"그래!" / "그럼 너를 하나 더 만들면 되지."

"하나 더? 어떻게?"

"말해 주면 나한테도 가끔 공을 물어뜯을 수 있도록 해 주는 거지?"

_{덕실이가 수일이가 둘이 되게 하는 방법을 말해 주는 대가로 요구한 것}

"그래. 못 쓰는 공 너 하나 줄게."

"어떻게 하느냐 하면, 네 손톱을 깎아서 쥐한테 먹이는 거야." / "뭐어?"

"그러면 그 쥐가 너하고 똑같은 모습으로 바뀔지도 몰라." / "그건 옛날이야기일 뿐이야."

"옛날에 있었던 일이니까 지금도 있을 수 있지."

"옛날에 있었던 일이 아니라 옛날이야기래도. 어떤 아이가 손톱을 함부로 버렸는데, 그걸 쥐가 먹고는 사람이 돼 가지고 그 아이를 집에서 쫓아내고…… 그 이야기 말하는 거지?"

> 덕실이가 수일이에게 둘이 되는 방법을 말하는 부분으로, 이어질 내용을 상상하는 문제가 자주 출제돼.

옛날이야기 예전부터 전해져 내려오는 이야기. 예 할머니께서 해 주시는 옛날이야기는 정말 재미있습니다.

"그래도 나 같으면 한번 해 보겠어."

"글쎄, 그게 될까?"

_{쥐한테 내 손톱을 먹인다고 내가 둘이 될까}

"해 보고 안 되면 그만이지 뭐."

"쥐도 없잖아." / "쥐는 어디든 있어."

덕실이가 나직하게 말했다. 쥐가 어디선가 엿듣고 있을지도 모른다는 듯이.

그때 문밖에서 엄마가 소리쳤다.

"수일아, 뭐 하고 있니? 얼른 학원에 안 가?"

"예, 지금 가요!"

수일이는 얼른 학원 가방을 들고 방문을 열고 나왔다. 덕실이도 뒤따라 나왔다.

> **중심 내용 5** 자신이 둘이었으면 좋겠다는 수일이의 말을 듣고, 덕실이는 손톱을 깎아서 쥐한테 먹이는 방법을 말해 주었다.

핵심내용 「덕실이가 말을 해요」를 읽고 이어질 이야기 상상해 쓰기 예

덕실이가 말한 대로 쥐를 찾아서 가짜 수일이를 만드는 데 성공함. → 엄마가 열심히 학원에 다니는 가짜 수일이를 예뻐하심. → 수일이는 가짜 수일이를 만든 것을 후회함.

➡ 사람마다 지식이나 **④** ㄱ ㅎ 이 달라 상상력도 달라지기 때문에 상상한 이야기가 다르게 나타날 수 있음.

나직하게 소리가 꽤 낮게. 예 유라와 승현이는 옆에 있는 사람에게 들리지 않을 정도로 나직하게 이야기를 나누었습니다.

23 덕실이가 가르쳐 준 '수일이를 하나 더 만들 수 있는 방법'은 무엇입니까? (　　)

① 수일이의 손톱을 깎아 입에 물라는 것
② 수일이의 손톱을 깎아서 쥐한테 먹이는 것
③ 수일이의 손톱을 깎아서 지붕 위에 던지는 것
④ 쥐가 보는 앞에서 수일이의 손톱을 깎으라는 것
⑤ 아무도 없는 밤에 수일이의 손톱을 깎으라는 것

24 덕실이가 〈문제 23번〉의 답과 같은 방법을 말해 주었을 때 수일이의 반응은 어떠했는지 빈칸에 알맞은 말을 쓰시오.

> 그건 (　　　　　　)일 뿐이라고 말하며 믿으려 하지 않았다.

25* 다음 보기 의 질문과 관련하여 이어질 이야기를 알맞게 상상한 친구를 모두 찾아 ○표 하시오.

> **보기**
> • 수일이는 가짜 수일이를 만들었을까?
> • 엄마가 가짜 수일이를 본다면 어떻게 생각할까?

(1) 신혜: 덕실이가 말한 대로 했더니 정말 수일이와 똑같은 가짜 수일이가 생겼을 거야. (　　)

(2) 현빈: 가짜 수일이가 모범생처럼 행동하자 엄마는 가짜 수일이를 예뻐하셨을 거야. (　　)

(3) 규리: 이후에도 덕실이는 사람처럼 말을 해서 수일이와 아주 친하게 지냈을 것 같아. (　　)

26 친구들마다 상상한 이야기가 비슷하거나 다르기도 한 까닭은 무엇의 차이 때문인지 알맞은 것을 모두 고르시오. (　　)

① 지식　　② 경험　　③ 사는 곳
④ 상상력　　⑤ 이야기의 줄거리

꽃

• 정여민

꽃이 얼굴을 내밀었다
봄이 되어 꽃이 활짝 핀 것을 표현함.

내가 먼저 본 줄 알았지만

봄이 쫓아가던 길목에서

내가 보아 주기를 날마다 기다리고 있었다
꽃이 먼저 나를 보고 내가 봐 주기를 기다림.

내가 먼저 말 건 줄 알았지만

바람과 인사하고 햇살과 인사하며

날마다 내게 말을 걸고 있었다

내가 먼저 웃어 준 줄 알았지만

떨어질 꽃잎도 지켜 내며

나를 향해 더 많이 활짝 웃고 있었다

내가 더 나중에 보아서 미안하다.
'내가 꽃에게 미안해한 까닭

• 글의 종류: 시
• 글의 특징: 봄날에 핀 꽃을 보고 관심을 더 가지지 못해 미안한 마음이 들었던 경험을 떠올려 쓴 시입니다.

핵심내용 「꽃」을 읽고 자기 경험을 떠올려 시를 바꾸어 쓰는 방법

• 시와 관련 있는 ❶ [ㄱ][ㅎ]을 떠올린다.
  예 새로운 친구에게 용기 내어 말을 걸었는데, 그 친구도 나와 친해지고 싶었다고 했다.
• 시에서 바꾸고 싶은 부분을 찾아본다.
  예 '꽃'을 '친구'로 바꾸어 써 보고 싶다.

길목 어떤 시기에서 다른 시기로 넘어가는 때를 비유적으로 이르는 말.
  예 봄에서 여름으로 넘어가는 길목에 서 있습니다.

---

1 이 시를 읽고 떠오르는 장면으로 알맞은 것을 두 가지 고르시오. ( )

① 꽃을 보고 있는 아이의 모습
② 누군가가 아이를 보고 우는 모습
③ 바람이 불어 꽃잎이 떨어지는 모습
④ 봄날에 예쁘게 피어 있는 꽃들의 모습
⑤ 잔디가 돋고 꽃망울이 맺혀 있는 모습

교과서 문제
2 '내'가 더 나중에 보아서 미안하다고 말한 까닭은 무엇이겠는지 알맞은 것을 찾아 기호를 쓰시오.

㉠ 떨어질 꽃잎을 미리 떼어 내서
㉡ 꽃이 '나'를 보아 주기를 오랫동안 기다리지 못해서
㉢ 예쁜 꽃이 피어도 관심을 가져 주지 않고 보아 주지 않아서

( )

3 이 시에 나타난 경험과 비슷한 자기 경험을 떠올려 쓰시오.
서술형

_____

_____

_____

4* 경험을 떠올려 이 시의 표현을 바꾸어 쓰려고 할 때 그 방법을 알맞게 말하지 못한 친구의 이름을 쓰시오.

경선: 친구와 화해했던 경험을 떠올려 '꽃'을 '친구'로 바꾸어 써 보려고 해.
준명: 시의 내용이 바뀌어도 제목을 바꾸어서는 안 되니깐 제목 '꽃'은 그대로 유지할 거야.
소현: 벚꽃 핀 모습을 보며 한참 서 있었던 경험을 바탕으로 시의 구체적 표현을 바꿀 거야.

( )

낱말의 뜻

1 다음 뜻에 알맞은 낱말을 찾아 선으로 이으시오.

(1) 기운이나 힘. • • ① 맥

(2) 걸터앉는 기구. • • ② 걸상

(3) 한 군데도 빠짐이 없는 모든 곳. • • ③ 장안

(4) 수도라는 뜻으로, '서울'을 이르는 말. • • ④ 방방곡곡

낱말의 활용

2 빈칸에 들어갈 알맞은 낱말을 **보기** 에서 찾아 쓰시오.

보기

딸린　엄숙한　터무니없는

(1) 아버지께서는 (　　　　　) 표정으로 말씀을 이으셨다.

(2) 그대로 가다가는 세상이 온통 귀신 천지가 된다는 좀 (　　　　　) 줄거리이다.

(3) 뒷방 하나와 그에 (　　　　　) 작은 부엌은 예주라는 대학생 누나가 세 들어 지낸다.

맞춤법

3 밑줄 친 낱말이 맞춤법에 맞지 <u>않게</u> 쓰인 것을 두 가지 고르시오. (　　　　　)

① <u>홰</u>에 불을 붙여 높이 쳐들었다.

② 덕실이를 <u>곁눈질</u>로 흘겨보며 말했다.

③ 온 겨레가 한마음으로 <u>목청껏</u> 독립을 외쳤다.

④ 쥐가 어디선가 <u>엿듣고</u> 있을지도 모른다는 듯이.

⑤ 엄마하고 다시는 아무 말도 안 할 거라고 마음을 <u>다저</u> 먹었다.

문장의 호응

4 문장을 더 자연스럽게 하는 낱말을 골라 ○표 하시오.

(1) 태극기의 물결은 온 장안을 (뒤덮었다 , 뒤덮이었다).

(2) 독립 만세 소리가 온 천지를 (뒤흔들었다 , 뒤흔들렸다).

(3) 유관순도 일본 헌병들에게 (붙잡아 , 붙잡혀) 끌려가고 말았다.

관용 표현

5 빈칸에 공통으로 들어갈 말은 무엇입니까? (　　　　　)

• □□을 찌푸리다: 마음에 못마땅한 뜻을 나타내어 양미간을 찡그리다.
　예 형은 □□을 찌푸리며 말했다.

① 눈살　　　　　② 눈썹

③ 눈알　　　　　④ 입술

⑤ 콧등

낱말의 발음

6 다음 설명을 읽고, 밑줄 친 낱말을 바르게 발음한 것을 골라 ○표 하시오.

받침 'ㅁ', 'ㅇ' 뒤에 'ㄹ'이 오면 [ㄴ]으로 발음한다.

(1) 우리나라가 일본의 <u>침략</u>을 받고 시달리는 것은 나라의 힘이 약한 까닭이다.
　→ [침냑 , 침략]

(2) 춥고 배고파 죽겠다 싶을 때, 있는 힘껏 길을 잡아당기면 출렁출렁, 저녁을 차린 우리 집이 버스 <u>정류장</u> 앞으로 온다.
　→ [정뉴장 , 정류장]

1~3

가 아버지께서는 젊은이들을 잘 가르쳐야 빼앗긴 나라를 되찾을 수 있다고 생각해 유관순을 서울로 보내어 신학문을 배우게 하셨다. / 1916년에 유관순은 서울 정동에 있는 이화학당에 입학했다. 유관순은 아버지의 가르침을 따라 방학 동안에는 고향에 내려가 우리글을 모르는 마을 사람들에게 열심히 글을 가르쳤다. 그러나 일본은 우리나라 사람들이 우리글을 배우는 것을 싫어했다. 우리글에는 우리 민족의 얼이 담겼다고 생각했기 때문이다.

나 유관순의 마음도 뜨거워졌다. 유관순은 친구들과 함께 목이 터져라 독립 만세를 불렀다.

1 유관순이 한 일로 알맞은 것을 모두 고르시오.
( )

① 이화학당에 입학했다.
② 일본 사람들에게 우리글을 가르쳤다.
③ 고향에서 마을 사람들에게 글을 가르쳤다.
④ 친구들과 목이 터져라 독립 만세를 불렀다.
⑤ 방학 동안에는 아버지와 함께 책을 만들었다.

2 아버지께서는 나라를 되찾을 수 있는 방법으로 유관순에게 무엇을 배우게 했는지 쓰시오.
( )

3 일본이 우리나라 사람들이 우리글을 배우는 것을 싫어한 까닭에 맞게 빈칸에 알맞은 말을 쓰시오.

• 우리글에는 우리 민족의 ( )이/가 담겼다고 생각해서

4 경험을 떠올려 글을 읽으면 좋은 점이 <u>아닌</u> 것에 ×표 하시오.

(1) 낱말의 뜻을 잘 알 수 있다. ( )
(2) 내용을 더 쉽게 이해할 수 있다. ( )
(3) 내용을 더 생생하게 느낄 수 있다. ( )

5~7

가 아우내 장터에 아침이 밝았다. 새벽부터 장터에 모여든 사람들은 여느 때보다 몇 곱절이나 되었다. 독립 만세를 부르려고 모인 사람이 대부분이었다.

나 순식간에 독립 만세 소리가 온 천지를 뒤흔들었다. 깜짝 놀라 달려온 일본 헌병들은 총과 칼을 휘두르면서 평화롭게 독립 만세를 부르며 나아가는 사람들을 막았다. 많은 사람이 죽거나 다쳤다.

유관순도 일본 헌병들에게 붙잡혀 끌려가고 말았다. 그리고 일본 헌병대에서 온갖 고문을 당한 뒤에 재판을 받았다. ㉠유관순은 재판을 받을 때 조금도 굽히지 않고 당당했다.

5 이 글에서 독립 만세 운동이 일어난 장소는 어디인지 쓰시오.
( )

6 ㉠에서 알 수 있는 유관순의 성격으로 알맞은 것은 무엇입니까? ( )

① 꿋꿋하다. ② 무기력하다.
③ 겁이 많다. ④ 끈기가 없다.
⑤ 의지가 약하다.

7 이 글을 읽고 난 뒤 생각이나 느낌을 알맞게 말하지 <u>못한</u> 친구는 누구인지 쓰시오.

동완: 유관순 열사를 존경하는 마음이 생겼어.
유리: 나라를 지키려는 유관순의 노력에 감동했어.
효연: 자기 목숨이 위태로운 상황에서 몸을 숨긴 것이 지혜롭다고 생각해.
주현: 나라면 그렇게 하지 못했을 텐데 유관순의 나라를 사랑하는 마음이 대단했던 것 같아.

( )

8~10

이러다 지각하겠다 싶을 때, 있는 힘껏 길을 잡아당기면 출렁출렁, 학교가 우리 앞으로 온다

춥고 배고파 죽겠다 싶을 때, 있는 힘껏 길을 잡아당기면 출렁출렁, 저녁을 차린 우리 집이 버스 정류장 앞으로 온다

갑자기 니가 보고 싶을 때, 있는 힘껏 길을 잡아당기면 출렁출렁, 그리운 니가 내게 안겨 온다

8 1연~3연에서 말하는 이가 있는 힘껏 길을 잡아당기는 까닭에 맞게 선으로 이으시오.

(1) | 1연 | •   • ① | 그리운 사람이 보고 싶어서

(2) | 2연 | •   • ② | 집에 빨리 가고 싶어서

(3) | 3연 | •   • ③ | 학교에 빨리 가고 싶어서

9 이 시의 말하는 이가 겪은 일을 생각하여 그때 어떤 생각이나 느낌이 들었을지 말한 것으로 알맞은 것에 모두 ○표 하시오.

(1) 누군가를 몹시 그리워했을 것이다. (   )
(2) 지각할까 봐 조마조마하고 걱정하는 마음이 들었을 것이다. (   )
(3) 저녁을 온 가족이 함께 먹을 수 있어서 행복한 마음이 들었을 것이다. (   )

10 이 시의 말하는 이처럼 간절히 바라던 일이 있었던
서술형 경험을 쓰고 그때 어떤 상상을 했었는지 쓰시오.

_____

_____

11~14

할머니 아픈 허리는 왜 밟아야 시원할까요?
아이쿠! 아이쿠! 하면서도 "꼭꼭 밟아라." 하십니다
그래도 나는 겁이 나 자근자근 밟습니다.

11 어떤 경험을 떠올려 쓴 시인지 알맞은 것에 ○표 하시오.

(1) 할머니와 함께 병원에 간 일 (   )
(2) 할머니의 아픈 허리를 밟아 드린 일 (   )
(3) 할머니가 옛날이야기를 들려주신 일
(   )

12 이 시에서 말하는 이의 마음을 나타내게 낭송하려면 어떤 목소리가 어울리는지 두 가지 고르시오.
(   )

① 궁금한 목소리   ② 화가 난 목소리
③ 신이 난 목소리   ④ 풀이 죽은 목소리
⑤ 조심조심하는 목소리

13 할머니의 마음은 어떠하겠습니까? (   )

① 귀찮을 것이다.
② 병원에 가고 싶을 것이다.
③ 허리가 더 아프게 느껴질 것이다.
④ 그만 밟았으면 하고 생각할 것이다.
⑤ 손주가 밟아 주니까 더 좋을 것이다.

14 이 시에 나오는 경험과 비슷한 경험을 떠올린 친구의 이름을 쓰시오.

현승: 할머니와 공원에 가서 산책을 한 적이 있어.
희주: 동생이 다리에 쥐가 나서 다리를 주물러 주었어.
세정: 엄마가 자기 전에 항상 책을 읽어 주시던 일이 떠올라.

(   )

15~18

가 게임을 시작하면 뿔뿔이 흩어진 사람들을 모아 마을을 만들고, 논밭을 일구어 곡식을 심고, 공장을 세우고, 산에는 성을 쌓아 군사들을 훈련시켜 귀신들을 물리쳐야 하는데, 그 일이 만만치 않아서 한번 시작하면 시간 가는 줄 모른다. 갖가지 귀신들을 만나 하나씩 쓰러뜨리며 사람들을 구해 내는 일이 손에 땀이 날 만큼 아슬아슬하고 짜릿짜릿하다.

나 정말 네가 둘이었으면 좋겠니?"

"둘이었으면 좋겠어." / "참말이야?"

"그래, 참말이야! 혼자서는 너무 힘들어. 어, 그런데 네가 말을 했니?"

수일이는 눈을 커다랗게 뜨고 덕실이를 보았다.

"말이야 벌써부터 했지. 지금껏 네가 못 알아들었을 뿐이야. 나는 말하면 안 되니?"

덕실이가 꼬리를 흔들며 말했다.

다 "어떻게 하느냐 하면, ㉠네 손톱을 깎아서 쥐한테 먹이는 거야." / "뭐어?"

"그러면 그 쥐가 너하고 똑같은 모습으로 바뀔지도 몰라." / "그건 옛날이야기일 뿐이야."

"옛날에 있었던 일이니까 지금도 있을 수 있지."

15 글 **가**와 글 **나**, **다**는 어떻게 구분되는지 알맞게 선으로 이으시오.

(1) [글 **가**] ·

·① 컴퓨터 바깥의 세상

(2) [글 **나**, **다**] ·

·② 컴퓨터 게임 속 세상

16 글 **나**에서 이야기를 나누는 것은 누구누구인지 쓰시오.

(   )

17 ㉠은 무엇에 대한 방법을 말한 것입니까? (   )

① 쥐를 잡는 방법

② 수일이가 둘이 되는 방법

③ 덕실이가 말을 하게 되는 방법

④ 수일이가 게임 속 나라에 들어가는 방법

⑤ 수일이가 옛날이야기를 많이 알게 되는 방법

18
서술형 수일이는 덕실이의 말을 듣고 어떻게 하였을지 이어질 이야기를 상상하여 간단히 쓰시오.

_____

_____

19~20

꽃이 얼굴을 내밀었다

내가 먼저 본 줄 알았지만
봄이 쫓아가던 길목에서
내가 보아 주기를 날마다 기다리고 있었다

내가 먼저 말 건 줄 알았지만
바람과 인사하고 햇살과 인사하며
날마다 내게 말을 걸고 있었다

내가 먼저 웃어 준 줄 알았지만
떨어질 꽃잎도 지켜 내며
나를 향해 더 많이 활짝 웃고 있었다

내가 더 나중에 보아서 미안하다.

19 이 시에서 '나'는 어떤 경험을 했습니까? (   )

① 걸으며 크게 웃어 보았다.

② 떨어지는 꽃잎을 바라보았다.

③ 창밖으로 얼굴을 내밀어 보았다.

④ 꽃을 보고 미안한 마음이 들었다.

⑤ 봄날에 길에서 여러 사람과 인사하였다.

20 이 시에서 말하고자 하는 것은 무엇입니까?

(   )

① 먼저 인사를 하자.

② 내가 먼저 잘못을 사과하자.

③ 무슨 일이 있어도 활짝 웃자.

④ 원하는 것을 이루기 위해 꾸준히 노력하자.

⑤ 지나쳐 온 소중한 것을 다시 한번 생각해 보자.

1

가 오후 1시, 유관순은 많은 사람 앞에서 외쳤다.

"여러분, 반만년의 역사를 지닌 우리 겨레가 불행하게도 일본에 나라를 빼앗겼습니다. 이제 나라를 되찾아야 합니다. 지금 전국 방방곡곡에서 모두 일어나 독립을 외치고 있습니다. 여러분, 만세를 부릅시다. 대한 독립 만세를!"

순식간에 독립 만세 소리가 온 천지를 뒤흔들었다. 깜짝 놀라 달려온 일본 헌병들은 총과 칼을 휘두르면서 평화롭게 독립 만세를 부르며 나아가는 사람들을 막았다.

나 유관순도 일본 헌병들에게 붙잡혀 끌려가고 말았다. 그리고 일본 헌병대에서 온갖 고문을 당한 뒤에 재판을 받았다. 유관순은 재판을 받을 때 조금도 굽히지 않고 당당했다. 유관순은 3년 형을 받고 감옥에 갇혔지만 우리나라가 독립을 해야 한다는 유관순의 신념은 누구도 꺾을 수 없었다.

1920년 9월 28일, 나라를 구하려고 죽음을 무릅쓰고 독립 만세를 부르던 유관순은 열아홉 나이에 감옥에서 숨을 거두고 말았다.

1단계
낱말 쓰기 글 **가** 에서 유관순과 사람들은 무엇을 하였는지 빈칸에 알맞은 말을 쓰시오. [2점]

• (　　　　　　　　)를 불렀다.

2단계
문장 쓰기 유관순이 재판을 받을 때 조금도 굽히지 않고 당당할 수 있었던 까닭은 무엇일지 쓰시오. [4점]

_____

_____

3단계
생각 쓰기 이 글을 읽고 생각하거나 느낀 점을 **조건** 에 맞게 쓰시오. [6점]

> **조건**
> 유관순이 한 일과 관련하여 쓸 것

_____

_____

2~3

이러다 지각하겠다 싶을 때, 있는 힘껏 길을 잡아당기면 출렁출렁, 학교가 우리 앞으로 온다

춥고 배고파 죽겠다 싶을 때, 있는 힘껏 길을 잡아당기면 출렁출렁, 저녁을 차린 우리 집이 버스 정류장 앞으로 온다

갑자기 니가 보고 싶을 때, 있는 힘껏 길을 잡아당기면 출렁출렁, 그리운 니가 내게 안겨 온다

2 이 시에서 말하는 이가 겪은 일은 무엇무엇인지 두 가지를 더 쓰시오. [6점]

> • 학교에 지각하겠다 싶을 때 있는 힘껏 길을 잡아당겨 학교가 말하는 이 앞으로 온다고 상상한 것이다.
>
> • _____
>
> _____
>
> • _____
>
> _____

3 이 시와 비슷한 경험을 떠올려 **보기** 처럼 시의 한 연을 바꾸어 쓰시오. [7점]

> **보기**
> 어릴 적 살던 동네가 그리울 때, 있는 힘껏 길을 잡아당기면 출렁출렁, 추억이 한가득 담긴 어린 시절 동네가 눈앞에 펼쳐진다

_____

2 작품을 감상해요

학습 제재	덕실이가 말을 해요	배점	25점
학습 목표	경험을 떠올리며 이야기를 읽고 이어질 이야기를 상상할 수 있다.		

● 다음 글을 읽고, 물음에 답하시오.

> ㉮ "엄마 때문이야. 우리 엄마 시키는 대로 다 하려면 내가 둘은 있어야 해."
> 수일이는 걸상 옆에 앉아 있는 덕실이가 엄마라도 되는 듯이, 덕실이를 곁눈질로 흘겨보며 말했다. 그러고는 영어 학원 가방을 집어서 퍽 소리가 나도록 방바닥에 떨어뜨렸다.
> "으으, 진짜 ㉠내가 하나 더 있었으면 좋겠어! 그래야 하나는 학원에 가고 하나는 마음껏 놀 수가 있지."
> "정말 네가 둘이었으면 좋겠니?" / "둘이었으면 좋겠어." / "참말이야?"
> "그래, 참말이야! 혼자서는 너무 힘들어. 어, 그런데 네가 말을 했니?"
> 수일이는 눈을 커다랗게 뜨고 덕실이를 보았다.
> ㉯ "정말 네가 둘이었으면 좋겠어?" / "그래!" / "그럼 너를 하나 더 만들면 되지."
> "하나 더? 어떻게?" / "말해 주면 나한테도 가끔 공을 물어뜯을 수 있도록 해 주는 거지?"
> "그래. 못 쓰는 공 너 하나 줄게." / "어떻게 하느냐 하면, 네 손톱을 깎아서 쥐한테 먹이는 거야."
> "뭐어?" / "그러면 그 쥐가 너하고 똑같은 모습으로 바뀔지도 몰라."

1 수일이가 ㉠과 같이 말한 까닭은 무엇이겠는지 쓰시오. [4점]

_____

_____

2 수일이에게 어떤 일이 일어났을지 이어질 이야기를 상상하여 빈칸에 알맞은 내용을 쓰시오. [21점]

> **조건**
> • 보기 처럼 (1)~(3)에 나와 있는 아이의 질문에 대한 답으로 이어질 내용을 쓴다.
> • 보기 와 (1)~(3)의 내용이 서로 이어지도록 이야기를 상상하여 만든다.

3 글을 요약해요

1 설명하는 글의 특징 알기

① 필요한 정보를 얻을 수 있습니다.

② 어떤 일을 할 때 그 일의 차례를 알 수 있습니다.

③ 일의 방법과 규칙을 알 수 있습니다.

★★ 2 여러 가지 설명 방법 알기

비교 · 대조	두 가지 이상의 대상에서 공통점과 차이점을 찾아 설명하는 방법을 말합니다.
열거	설명하려는 대상의 특징을 나열해 설명하는 방법을 말합니다.

예 「세계의 탑」에 어울리는 틀을 골라 내용 정리하기

열거의 방법으로 설명한 글이에요.

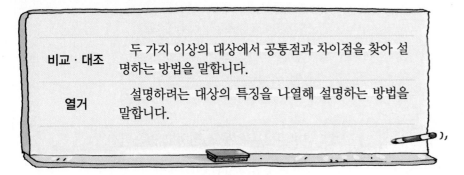

세계의 탑

→ 이탈리아 토스카나주의 피사의 사탑

→ 프랑스 파리의 에펠 탑

→ 중국 상하이의 동방명주 탑

★★ 3 구조를 생각하며 글 요약하기

① 글의 구조를 생각하며 글을 읽습니다.

② 각 문단의 중심 문장을 찾아봅니다.

　　문단의 맨 앞이나 뒤, 중간에 올 수도 있어요.

③ 중요하지 않은 내용은 지우고, 세부 내용은 대표하는 말로 바꾸어 중심 내용을 정리합니다.

④ 글의 구조에 알맞게 틀을 그려 내용을 정리합니다.

4 자료를 찾아 읽고 요약하여 설명하는 글 쓰기

모둠 친구들이 함께 설명할 주제 정하기 → 주제와 관련 있는 자료 함께 찾기 → 자료를 함께 읽고 설명하고 싶은 내용 정하기 → 내용에 알맞은 설명 방법 정하기 → 알맞은 설명 방법으로 내용 정리하기 → 내용과 자료에 따라 설명하는 글 쓰기

확실하지 않은 정보, 추측하는 말, 주장하는 말은 설명하는 글에 어울리지 않아요.

개념 확인하기

정답과 풀이 9쪽

1 다음과 관련 있는 글의 종류를 찾아 ○표 하시오.

> • 필요한 정보를 얻을 수 있다.
> • 일의 방법과 규칙을 알 수 있다.

(주장 , 설명)하는 글

2 다음 빈칸에 알맞은 말을 쓰시오.

> 비교 · 대조는 두 가지 이상의 대상에서 (　　　　)과/와 차이점을 찾아 설명하는 방법이다.

3 글의 내용을 요약하는 방법으로 알맞지 <u>않은</u> 것에 ×표 하시오.

⑴ 중요하지 않은 내용도 정리한다. (　　　)

⑵ 각 문단의 중심 문장을 찾아본다. (　　　)

⑶ 대상을 설명하는 방법이 무엇인지 확인한다. (　　　)

4 모둠 친구들이 함께 자료를 찾아 읽고 요약하여 설명하는 글을 쓸 때, 쓰지 말아야 할 내용을 한 가지만 쓰시오.

(　　　　　　　)

1

서술형

설명하는 글을 읽은 경험을 떠올려 쓰고, 설명하는 글을 읽고 어떤 도움을 받았는지 쓰시오.

설명하는 글을 읽은 경험	(1)
글을 읽고 받은 도움	(2)

2~3

㉠ 을/를 가꾸는 방법

❶ 씨앗을 미지근한 물에 담가 놓는다.

❷ 준비한 그릇에 부드러운 헝겊을 깔고, 불린 씨앗을 서로 겹치지 않게 촘촘히 깔아 준다.

❸ 종이로 덮어 햇빛을 가리고 물기가 마르지 않게 물뿌리개로 물을 뿌려 준다.

❹ 싹이 나오면 종이를 벗겨 그늘에 두고, 수분이 마르지 않도록 물을 준다.

❺ 5~6일이 지나면 새싹 채소를 얻을 수 있다.

2

이 글이 무엇을 설명하는지 생각하여 ㉠에 알맞은 말을 쓰시오.

( )

교과서 문제

3

설명이 더 필요한 부분에 대해 말한 것으로 알맞지 <u>않은</u> 것에 × 표 하시오.

(1) 물을 왜 뿌려야 하는지에 대한 부분이다.

( )

(2) 물뿌리개로 얼마나 자주 물을 뿌려 주어야 하는지에 대한 부분이다. ( )

(3) 씨앗을 미지근한 물에 얼마나 담가 놓아야 하는지에 대한 부분이다. ( )

4~5

국립중앙박물관 이용 안내

▶ 국립중앙박물관은 1월 1일, 설날(당일), 추석(당일)에는 쉽니다.

▶ 6세 이하 어린이는 보호자와 함께해야 합니다.

■ 관람 시간
• 월·화·목·금요일 10:00~18:00
• 수·토요일 10:00~21:00
• 일요일·공휴일 10:00~19:00

■ 관람료: 무료(상설 전시관, 어린이 박물관, 무료 특별 전시)

교과서 문제

4

이 글은 무엇을 설명하고 있습니까? ( )

① 국립중앙박물관의 역사
② 국립중앙박물관의 구조
③ 국립중앙박물관 이용 안내
④ 국립중앙박물관에서 하는 일
⑤ 국립중앙박물관에 가는 방법

5

이 글을 읽고 알게 된 내용으로 알맞은 것을 모두 고르시오. ( )

① 관람료
② 관람 시간
③ 쉬는 날
④ 관람 순서
⑤ 관람 제한 인원 수

6*

설명하는 글을 읽고 새롭게 안 점으로 알맞지 <u>않은</u> 것을 찾아 기호를 쓰시오.

㉮ 필요한 정보를 얻을 수 있다.
㉯ 글쓴이의 주장을 알 수 있다.
㉰ 일의 방법과 규칙을 알 수 있다.
㉱ 어떤 일을 할 때 그 일의 차례를 알 수 있다.

( )

다보탑과 석가탑

- **글의 종류**: 설명하는 글
- **글의 특징**: 다보탑과 석가탑의 공통점과 차이점을 찾아 설명하였습니다.

1 우리나라에는 화강암을 쪼아 만든 석탑이 많습니다. 그 가운데에서 가장 유명한 탑은 다보탑과 석가탑입니다. 다보탑과 석가탑에는 공통점과 차이점이 있습니다.
_{화강암을 쪼아 만든 석탑의 예}

중심 내용 1 다보탑과 석가탑에는 공통점과 차이점이 있습니다.

2 다보탑과 석가탑은 공통점이 있습니다. 두 탑은 모두 통일 신라 시대에 만든 탑으로서 불국사 대웅전 앞뜰에 나란히 서 있습니다. 또 두 탑은 그 가치를 인정받아 국보로 지정되었습니다.

중심 내용 2 다보탑과 석가탑은 공통점이 있습니다.

3 두 탑의 모습은 매우 다릅니다. 다보탑은 장식이 많고 화려합니다. 십자 모양의 받침 주변에 돌계단을 만들고 그 위에 사각·팔각·원 모양의 돌을 쌓아 올렸습니다. 반면 석가탑은 단순하면서도 세련된 멋이 있
_{다보탑의 특징}

습니다. 사각 평면 받침 위에 돌을 삼 층으로 쌓아 올려 매우 균형 있는 모습을 자랑합니다.

중심 내용 3 그러나 두 탑의 모습은 매우 다릅니다.

> 다보탑과 석가탑의 공통점과 차이점을
> 묻는 문제가 자주 출제돼.

4 다보탑과 석가탑은 서로 다른 모습으로 각각 아름답습니다. 두 탑은 우리 조상의 뛰어난 솜씨와 예술성을 보여 줍니다. 그래서 많은 사람에게 관심과 사랑을 받습니다.
_{두 탑이 지닌 가치}

중심 내용 4 다보탑과 석가탑은 서로 다른 모습으로 각각 아름답습니다.

핵심내용 「다보탑과 석가탑」에서 두 탑의 공통점

공통점	• 우리나라 **❶** ㄱ ㅂ 이다. • 통일 신라 시대에 만들었다. • 화강암을 쪼아 만든 석탑이다. • 불국사 대웅전 앞뜰에 서 있다.

쪼아 뾰족한 끝으로 쳐서 찍어.
가치(價 값 가, 値 값 치) 사물이 지니고 있는 쓸모. 예 다이아몬드의 가치가 떨어졌습니다.

국보(國 나라 국, 寶 보배 보) 나라에서 지정하여 법률로 보호하는 문화재. 예 우리나라 국보 1호는 남대문입니다.
반면 뒤에 오는 말이 앞의 내용과 상반됨을 나타내는 말.

교과서 문제

1 이 글은 대상을 어떻게 설명했는지 알맞은 것에 ○표 하시오.

(1) 두 대상의 공통점과 차이점을 중심으로 설명했다. ( )

(2) 글쓴이가 좋아하는 것을 순서대로 설명했다. ( )

2 석가탑의 특징으로 알맞은 것을 모두 고르시오. ( )

① 단순하다.
② 세련된 멋이 있다.
③ 장식이 많고 화려하다.
④ 사각 평면 받침 위에 돌을 삼 층으로 쌓았다.
⑤ 십자 모양의 받침 주변에 돌계단을 만들고 그 위에 사각·팔각·원 모양의 돌을 쌓아 올렸다.

3 다보탑과 석가탑의 공통점이 아닌 것은 무엇입니까? ( )

① 우리나라 국보이다.
② 통일 신라 시대에 만들었다.
③ 지금은 모두 사라지고 없다.
④ 화강암을 쪼아 만든 석탑이다.
⑤ 불국사 대웅전 앞뜰에 서 있다.

4★ 이 글의 내용을 정리하기에 적합한 틀에 ○표 하시오.

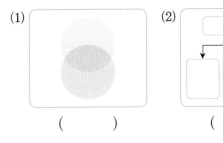

(1) ( )　　　(2) ( )

세계의 탑

- **글의 종류:** 설명하는 글
- **글의 특징:** 피사의 사탑, 에펠 탑, 동방명주 탑을 예로 들어 세계의 탑에 대해 설명하는 글입니다.

1 사람들은 다양한 목적으로 탑을 세웁니다. 종교나 <u>군사 목적으로 탑을 만들 뿐만 아니라 무엇인가를 기념하려고 탑을 짓습니다.</u> 세계 여러 도시에 있는 유명한 탑을 알아봅시다.
사람들이 탑을 세우는 목적

중심 내용 **1** 세계 여러 도시에 있는 유명한 탑을 알아봅시다.

2 이탈리아 토스카나주에는 피사의 사탑이 있습니다. 피사의 사탑은 종교 목적으로 만들어졌습니다. 55미터 높이로 세운 이 탑은 완성한 뒤 조금씩 한쪽으로 기울기 시작해 현재 모습이 되었습니다. 그 아슬아슬한 모습은 눈길을 많이 끕니다.

중심 내용 **2** 이탈리아 토스카나주에는 피사의 사탑이 있습니다.

3 프랑스 파리에는 에펠 탑이 있습니다. 에펠 탑은 1889년에 프랑스 혁명 100주년을 기념해 세웠습니다. 에펠 탑의 높이는 324미터이고, 해마다 세계 여러 나라에서 수백만 관광객이 찾을 만큼 유명합니다. 현재는 파리뿐만 아니라 프랑스 전체를 상징하는 건축물이기도 합니다.

중심 내용 **3** 프랑스 파리에는 에펠 탑이 있습니다.

4 중국 상하이에는 높이가 468미터인 동방명주 탑이 있습니다. 이 탑은 1994년에 <u>방송을 송신하려고 세웠습니다.</u> 동방명주 동방명주 탑을 세운 목적 탑은 높은 기둥을 중심축으로 하여 구슬 세 개를 꿰어 놓은 것 같은 독특한 외형 때문에 '동양의 진주'라고 불립니다.

중심 내용 **4** 중국 상하이에는 동방명주 탑이 있습니다.

동방명주 탑 ▶

> 글에서 설명하려는 대상을 어떻게 설명했는지 묻는 문제가 자주 출제돼.

기념(紀 벼리 기, 念 생각 념) 어떤 뜻깊은 일이나 훌륭한 인물 등을 오래도록 잊지 아니하고 마음에 간직함. ⑩ 여행 기념으로 열쇠고리를 샀습니다.

아슬아슬한 일 따위가 잘 안될까 봐 두려워서 소름이 끼칠 정도로 마음이 약간 위태롭거나 조마조마한.

외형(外 바깥 외, 形 모양 형) 사물의 겉모양.

교과서 문제

5 문단 **1**~**4**의 내용에 알맞은 설명을 찾아 선으로 이으시오.

(1) 문단 **1** •

(2) 문단 **2** •

(3) 문단 **3** •

(4) 문단 **4** •

• ① 설명하려는 대상의 예

• ② 설명하려는 대상

6★ 이 글처럼 설명하려는 대상의 특징을 나열해 설명하는 방법을 무엇이라고 합니까? ( )

① 열거 ② 분석 ③ 분류
④ 비교 ⑤ 대조

7 피사의 사탑에 대한 설명으로 알맞지 <u>않은</u> 것은 무엇입니까? ( )

① 55미터 높이로 세웠다.
② 한쪽으로 기울어져 있다.
③ 방송을 송신하려고 세웠다.
④ 종교 목적으로 만들어졌다.
⑤ 이탈리아 토스카나주에 있다.

8 이 글의 내용을 정리하여 다음 틀을 완성하시오.

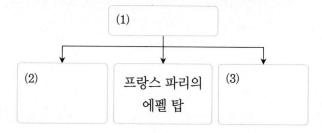

(1)

(2)	프랑스 파리의 에펠 탑	(3)

어류의 여러 기관

가

어류는 아가미가 있는 척추동물입니다. 어류는 물속 환경에 적응할 수 있
도록 다양한 기관이 발달했습니다.
_{어류의 뜻}

어류 피부는 대부분 비늘로 덮여 있습니다. 비늘은 어류 몸을 보호합니다.
비늘은 짠 바닷물이 몸속으로 들어오지 못하게 막아 줍니다. 또 저마다 비늘
무늬가 달라 몸을 쉽게 숨길 수 있게 합니다.
_{어류의 피부 특징}

어류는 아가미로 물속에 녹아 있는 산소를 흡수합니다. 입으로 물을 삼키
고 아가미로 다시 내뱉는 과정에서 산소를 얻습니다.

어류는 몸통에 옆줄이 있습니다. 어류는 옆줄로 물 흐름이나 떨림 같은 환
경 변화를 알아냅니다.

나 어류 피부는 비늘로 덮여 있어
몸을 보호해 주고, 아가미는 물속에
녹아 있는 산소를 흡수한다. 또 어
류는 옆줄로 환경 변화를 알아낸다.

• **글의 특징:** **가** 는 어류의 다양한 기관
에 대해 쓴 글이고, **나** 는 **가** 를 읽고
간단하게 요약한 글입니다.

글 **가** 는 어류의
다양한 기관 중 피부, 아가미,
옆줄을 보기로 들어
설명하였어요.

핵심내용 **글을 요약하면 좋은 점**
• 많은 내용을 공부할 때 도움이 된다.
• 글에서 중요한 부분만을 쉽게 알 수
있다.
• 중요한 내용을 더 쉽게 ❷ ⬚ㄱ ㅇ 할
수 있게 해 준다.

9 다음 빈칸에 알맞은 말을 쓰시오.

어류는 ( )이/가 있는 척추동물
이다.

10 글 **가** 에서 설명한 어류의 각 기관이 하는 역할에
알맞게 선으로 이으시오.

(1) 피부(비늘) • • ① 어류 몸을
보호함.

(2) 아가미 • • ② 환경 변화를
알아냄.

(3) 옆줄 • • ③ 물속에 녹아 있는
산소를 흡수함.

11 글 **나** 에서 요약한 어류의 기관을 모두 찾아 쓰시오.
( )

12 글 **나** 와 같이 글을 읽고 그 내용을 요약하면 좋은
점은 무엇입니까? ( )

① 글을 빨리 읽을 수 있다.
② 글에서 중요한 부분만을 쉽게 알 수 있다.
③ 글에 쓰인 창의적인 표현을 배울 수 있다.
④ 글의 전체 내용을 빠짐없이 기억할 수 있다.
⑤ 글을 읽을 때의 생각과 느낌을 기억할 수 있다.

직업과 옷 색깔

• 박영란 · 최유성

• 글의 종류: 설명하는 글
• 글의 특징: 여러 가지 특징을 나열해 직업과 옷 색깔의 관계를 설명하였습니다.

1 사람은 직업에 따라 고유한 색깔 옷을 입기도 한다. 직업의 특성에 따라 특정 색깔의 옷이 일을 하는 데 도움이 되기 때문이다.

중심 내용 **1** 사람은 직업에 따라 고유한 색깔의 옷을 입기도 한다.

2 의사나 간호사는 보통 흰색 옷을 입는다. 감염에 민감한 환자들이 있는 병원에서는 위생이 매우 중요한 문제이기 때문이다. 흰색 옷은 옷이 더러워졌을 때 이를 쉽게 알아차릴 수 있게 해 준다. 약사나 위생사, 요리사와 같이 청결을 유지해야 하는 일을 하는 사람들도 마찬가지로 흰색 옷을 입는다.

중심 내용 **2** 의사나 간호사는 보통 흰색 옷을 입는다.

3 법관은 검은색 옷을 입는다. 예전 서양에서는 신분에 따라 입을 수 있는 옷 색깔이 정해져 있었지만, 검은색 옷은 누구나 입을 수 있었다. 법관의 검은색 옷은 법 앞에서 모든 사람이 평등하다는 뜻을 나타내며, 다른 것에 물들지 않고 공정하게 재판해야 한다는 의미를 담고 있다.

중심 내용 **3** 법관은 검은색 옷을 입는다.

4 군인은 주변 환경과 상황에 따라 옷 색깔을 달리하여 입는다. 전투를 벌일 때 적군 눈에 쉽게 띄면 안 되기 때문이다. 예전의 화약 무기는 한번 사용하면 연기가 자욱하여 적군과 아군을 구분하기가 힘들었다. 따라서 당시에는 강한 원색의 군복을 입었다. 오늘날에는 기술이 발달하여 군인은 대부분 주변 환경과 구별하기 힘든 색의 옷을 입는다.

중심 내용 **4** 군인은 주변 환경과 상황에 따라 옷 색깔을 달리하여 입는다.

5 사람들은 직업에 따라 입는 옷 색깔이 다양하다. ^{중심 문장} 옷 색깔이 무엇을 뜻하는지 안다면 그 직업을 더 잘 알 수 있다.

중심 내용 **5** 사람들은 직업에 따라 입는 옷 색깔이 다양하다.

민감(敏 민첩할 민, 感 느낄 감)한 자극에 빠르게 반응을 보이거나 쉽게 영향을 받는 데가 있다.
청결(淸 맑을 청, 潔 깨끗할 결) 맑고 깨끗함.

물들지 어떤 환경이나 사상 따위를 닮아 가지.
자욱하여 연기나 안개 따위가 잔뜩 끼어 흐릿하여. 예 안개가 자욱하여 앞이 잘 보이지 않았습니다.

교과서 문제

13 직업에 따라 옷 색깔을 특별히 정해서 입는 까닭은 무엇인지 쓰시오.

( )

14 다음 중 주변 환경과 구별하기 힘든 색의 옷을 입는 직업은 무엇입니까? ( )

① 의사 ② 법관
③ 군인 ④ 간호사
⑤ 환경 미화원

15 이 글은 어떤 설명 방법을 사용했습니까?

( )

① 열거 ② 분석 ③ 분류
④ 비교 ⑤ 대조

16★ 글의 구조를 파악해 이 글의 내용을 요약하는 방법으로 알맞지 않은 것은 무엇입니까? ( )

① 중요하지 않은 내용은 지운다.
② 각 문단의 중심 문장을 찾는다.
③ 세부 내용은 대표하는 말로 바꾼다.
④ 각 문단의 마지막 문장을 모두 모아 정리한다.
⑤ 글의 구조에 알맞은 틀을 그려 내용을 정리한다.

3

• **그림 설명:** 우리 반 친구들에게 자신이 좋아하는 것을 설명하는 글을 쓰기 위해 설명하고 싶은 대상을 떠올린 것입니다.

설명하고 싶은 대상을 정할 때에는 친구들이 관심을 가질 만한 대상을 떠올리고, 잘 알려지지 않은 정보를 주는 것이 좋아요.

17 이와 같이 설명하고 싶은 대상을 정할 때 고려할 점을 모두 찾아 기호를 쓰시오.

> ㉮ 누구나 잘 아는 내용을 설명한다.
> ㉯ 가치 있는 정보를 주는 대상을 설명한다.
> ㉰ 친구들이 관심을 가질 만한 대상을 떠올린다.

(   )

19 ㉡의 내용을 설명하는 글에 알맞은 틀은 무엇인지 ◯표 하시오.

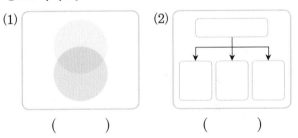

(1) (   )   (2) (   )

18★ 다음은 ㉠의 내용으로 설명하는 글을 쓰기 위해 수집한 내용입니다. 글에 들어갈 내용으로 알맞지 <u>않은</u> 것은 무엇입니까? (   )

① 먹이를 주는 방법
② 잘 기를 수 있는 환경
③ 고양이와 강아지의 성격
④ 사람들이 좋아하는 취미
⑤ 좋아하는 것과 싫어하는 것

교과서 문제
20 설명하는 글을 쓸 때 주의할 점으로 알맞지 <u>않은</u> 것은 무엇입니까? (   )

① 주장하는 말은 사용하지 않는다.
② 추측하는 말은 사용하지 않는다.
③ 읽는 사람이 다 알 만한 정보를 제공한다.
④ 확실하지 않은 정보를 제공해서는 안 된다.
⑤ 읽는 사람이 이해할 수 있는 말을 사용한다.

[1~3] 다음은 모둠이 함께 하나의 주제를 설명하는 글을 쓰는 과정을 나타낸 것입니다. 물음에 답하시오.

> ㉮ 내용에 알맞은 설명 방법 정하기
> ㉯ 주제와 관련 있는 자료 함께 찾기
> ㉰ 모둠 친구들이 함께 설명할 주제 정하기
> ㉱ 알맞은 설명 방법으로 내용 정리하기
> ㉲ 내용과 자료에 따라 설명하는 글 쓰기
> ㉳ 자료를 함께 읽고 설명하고 싶은 내용 정하기

1 어떤 순서로 글을 써야 하는지 순서대로 기호를 쓰시오.

(   )–(   )–(   )–(   )–(   )–㉲

2
서술형 ㉳의 과정에서 설명하고 싶은 주제를 정해 보고, 그렇게 정한 까닭을 쓰시오.

설명할 주제	(1)
정한 까닭	(2)

3★ ㉯의 과정에서 주의할 점으로 알맞지 <u>않은</u> 것은 무엇입니까?   (   )

① 자료의 출처를 확인한다.
② 최근 자료인지 살펴본다.
③ 출처가 없는 자료만 사용한다.
④ 믿을 만한 내용인지 살펴본다.
⑤ 주제와 관련이 있는지 확인한다.

4 다음 주제와 관련해 친구들에게 알리고 싶은 점을 ㉠에 정리하려고 합니다. ㉠에 들어갈 수 <u>없는</u> 것은 무엇입니까?   (   )

> 우리나라의 탑 ——— ㉠

① 우리나라 탑의 종류
② 우리나라 탑의 재료
③ 탑을 잘 그리는 방법
④ 종류에 따른 탑의 특징
⑤ 대표적인 우리나라의 탑

5 '우리나라 탑의 종류'라는 주제로 다음 틀에 맞추어 내용을 간단히 정리하였습니다. 어떤 설명 방법으로 글을 쓰면 좋을지 보기 에서 골라 쓰시오.

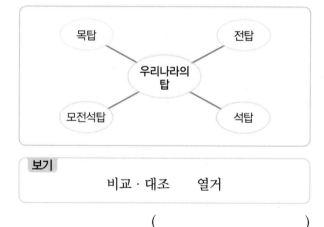

> 보기
>
> 비교 · 대조   열거

(   )

6 대상을 설명하는 글에서 글의 처음에 어떤 내용을 써야 하는지 알맞은 것에 ◯표 하시오.

(1) 설명하려는 대상   (   )
(2) 설명하려는 대상의 예   (   )
(3) 대상 사이의 공통점과 차이점 (   )

낱말의 뜻

1 낱말의 뜻에 알맞은 말을 ( ) 안에서 골라 ○ 표 하시오.

(1) 외형 – 사물의 (속성 , 겉모양).

(2) 가치 – 사물이 지니고 있는 (무게 , 쓸모).

(3) 반면 – 뒤에 오는 말이 앞의 내용과 (유사함 , 상반됨)을 나타내는 말.

(4) 국보 – (나라 , 학교)에서 지정하여 법률로 보호하는 문화재.

맞춤법

2 밑줄 친 낱말을 맞춤법에 맞게 바르게 고쳐 쓰시오.

(1) 불린 씨앗을 서로 겹치지 않게 <u>촘촘이</u> 깔아 준다.

( )

(2) 동방명주 탑은 높은 기둥을 중심축으로 하여 구슬 세 개를 꿰어 <u>노은</u> 것 같은 독특한 외형 때문에 '동양의 진주'라고 불립니다.

( )

둘 이상의 낱말이 합쳐진 말

3 다음 보기 와 같이 두 낱말이 합쳐진 말이 <u>아닌</u> 것은 무엇입니까? ( )

> **보기**
> '앞뜰'은 '집채의 앞에 있는 뜰'이라는 뜻으로, '앞'과 '뜰'이 하나의 낱말로 합쳐진 말이다.

① 물속   ② 옆줄
③ 종이   ④ 돌계단
⑤ 척추동물

뜻을 더하는 말

4 다음 설명을 읽고, 빈칸에 들어갈 말로 알맞지 <u>않</u>은 것을 두 가지 고르시오. ( )

> '–사'는 다른 낱말 뒤에 붙어 '직업'의 뜻을 더해 주는 말이다. 예 [   ] + 사

① 약   ② 간호   ③ 경찰
④ 요리   ⑤ 외교

반대말

5 밑줄 친 말과 뜻이 반대인 낱말을 빈칸에 쓰시오.

(1) 다보탑과 석가탑에는 ( )과 <u>차이점</u>이 있습니다.

(2) 연기가 자욱하여 <u>적군</u>과 ( )을 구분하기가 힘들었다.

낱말의 활용

6 빈칸에 들어갈 말을 알맞게 선으로 이으시오.

(1) 사람들은 무엇인가를 [   ] 탑을 짓는다.   •   • ① 쪼아

(2) 다른 것에 [   ] 않고 공정하게 재판해야 한다.   •   • ② 물들지

(3) 우리나라에는 화강암을 [   ] 만든 석탑이 많다.   •   • ③ 민감한

(4) 감염에 [   ] 환자들이 있는 병원에서는 위생이 중요하다.   •   • ④ 기념하려고

1~2

1 그림 가~라는 어떤 경험을 나타낸 것입니까?
( )

① 숙제를 했던 경험
② 간단히 메모를 한 경험
③ 현장 체험학습을 간 경험
④ 설명하는 글을 읽은 경험
⑤ 여러 사람 앞에서 발표한 경험

2 그림 라의 친구는 설명서를 읽고 어떤 도움을 받았겠습니까? ( )

① 낱말의 뜻을 알게 되었을 것이다.
② 일의 차례를 알 수 있었을 것이다.
③ 유물의 역사를 알게 되었을 것이다.
④ 낱말의 유래를 알게 되었을 것이다.
⑤ 잘 몰랐던 지식을 알게 되었을 것이다.

3★ 설명하는 글을 읽는 방법으로 알맞지 않은 것은 무엇입니까? ( )

① 설명이 정확한지 생각하며 읽는다.
② 글쓴이의 생각을 파악하며 읽는다.
③ 글을 읽는 목적을 생각하며 읽는다.
④ 어떤 것을 설명하는지 생각하며 읽는다.
⑤ 도움이 되는 정보가 있는지 찾아보며 읽는다.

4~6

과일 카드 놀이 방법

❶ 책상 가운데에 종을 놓고 과일 카드를 똑같이 나누어 가진다.
❷ 차례에 맞게 각자 카드를 한 장씩 펼쳐 내려놓는다.
❸ 펼친 카드 가운데에서 같은 과일이 다섯 개가 되면 재빨리 종을 친다.
❹ 먼저 종을 친 사람이 바닥에 모인 카드를 모두 가져간다.
❺ ❷~❹를 되풀이해서 마지막까지 카드를 가지고 있는 사람이 이긴다.

4 이 글은 무엇을 설명하였는지 쓰시오.
( )

5 이 놀이를 하기 위해 필요한 준비물을 두 가지 고르시오. ( )
① 종 ② 말
③ 주사위 ④ 과일 카드
⑤ 과일 다섯 가지

6 다음은 이 놀이에서 카드를 얻는 방법을 정리한 것입니다. 빈칸에 들어갈 알맞은 말을 쓰시오.

> 펼친 카드 가운데에서 같은 과일이 ☐ 개가 되면 재빨리 종을 치고 먼저 종을 친 사람이 바닥에 모인 카드를 모두 가져간다.

( )

7 주변에서 설명하는 글을 찾아 한 가지만 쓰시오.
서술형 ( )

8~10

가 다보탑과 석가탑은 공통점이 있습니다. 두 탑은 모두 통일 신라 시대에 만든 탑으로서 불국사 대웅전 앞뜰에 나란히 서 있습니다. 또 두 탑은 그 가치를 인정받아 국보로 지정되었습니다.

나 다보탑은 장식이 많고 화려합니다. 십자 모양의 받침 주변에 돌계단을 만들고 그 위에 사각·팔각·원 모양의 돌을 쌓아 올렸습니다. 반면 석가탑은 단순하면서도 세련된 멋이 있습니다. 사각 평면 받침 위에 돌을 삼 층으로 쌓아 올려 매우 균형 있는 모습을 자랑합니다.

다보탑과 석가탑은 서로 다른 모습으로 각각 아름답습니다. 두 탑은 우리 조상의 뛰어난 솜씨와 예술성을 보여 줍니다. 그래서 많은 사람에게 관심과 사랑을 받습니다.

8 글 가의 중심 문장으로 알맞은 것에 ○표 하시오.

(1) 다보탑과 석가탑은 공통점이 있습니다.
( )

(2) 두 탑은 그 가치를 인정받아 국보로 지정되었습니다. ( )

(3) 두 탑은 모두 통일 신라 시대에 만든 탑으로서 불국사 대웅전 앞뜰에 나란히 서 있습니다.
( )

9 ★ 이 글의 설명 방법은 무엇입니까? ( )

① 분석   ② 분류
③ 예시   ④ 열거
⑤ 비교 · 대조

10 다보탑과 석가탑의 차이점을 정리하여 한 가지만 쓰시오.
서술형

_____

_____

11~14

사람들은 다양한 목적으로 탑을 세웁니다. 종교나 군사 목적으로 탑을 만들 뿐만 아니라 무엇인가를 기념하려고 탑을 짓습니다. 세계 여러 도시에 있는 유명한 탑을 알아봅시다.

이탈리아 토스카나주에는 피사의 사탑이 있습니다. 피사의 사탑은 종교 목적으로 만들어졌습니다. 55미터 높이로 세운 이 탑은 완성한 뒤 조금씩 한쪽으로 기울기 시작해 현재 모습이 되었습니다. 그 아슬아슬한 모습은 눈길을 많이 끕니다.

프랑스 파리에는 에펠 탑이 있습니다. 에펠 탑은 1889년에 프랑스 혁명 100주년을 기념해 세웠습니다. 에펠 탑의 높이는 324미터이고, 해마다 세계 여러 나라에서 수백만 관광객이 찾을 만큼 유명합니다. 현재는 파리뿐만 아니라 프랑스 전체를 상징하는 건축물이기도 합니다.

중국 상하이에는 높이가 468미터인 동방명주 탑이 있습니다. 이 탑은 1994년에 방송을 송신하려고 세웠습니다.

11 무엇에 대해 쓴 글인지 쓰시오.
( )

12 이 글은 대상을 어떻게 설명했는지 알맞게 말한 것을 찾아 기호를 쓰시오.

> ㉮ 두 대상의 공통점과 차이점을 중심으로 설명했다.
> ㉯ 글쓴이가 좋아하는 것을 순서대로 설명했다.
> ㉰ 설명하려는 대상의 특징을 나열하여 설명했다.

( )

13 이 글에서 설명한 탑 중 방송을 송신하려는 목적으로 세운 탑은 무엇인지 쓰시오.
( )

14 에펠 탑에 대한 설명으로 알맞지 않은 것은 무엇입니까? ( )

① 1889년에 세웠다.
② 프랑스 파리에 있다.
③ 한쪽으로 기울어져 있다.
④ 프랑스 혁명 100주년을 기념해 세웠다.
⑤ 프랑스 전체를 상징하는 건축물이기도 하다.

15 '내가 좋아하는 음식'이라는 주제로 설명하는 글을 쓰기에 알맞은 틀을 찾아 ○표 하시오.

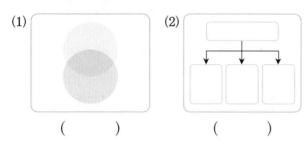

(1) (　　　　) 　　(2) (　　　　)

18* 다음은 이 글의 내용을 요약한 것입니다. ㉠~㉢에 알맞은 말을 쓰시오.

> 어류 　㉠　 은/는 비늘로 덮여 있어 몸을 보호해 주고, 　㉡　 은/는 물속에 녹아 있는 산소를 흡수한다. 또 어류는 　㉢　 (으)로 환경 변화를 알아낸다.

(1) ㉠: (　　　　　　　　)
(2) ㉡: (　　　　　　　　)
(3) ㉢: (　　　　　　　　)

16~18

　어류는 아가미가 있는 척추동물입니다. 어류는 물속 환경에 적응할 수 있도록 다양한 기관이 발달했습니다.
　어류 피부는 대부분 비늘로 덮여 있습니다. 비늘은 어류 몸을 보호합니다. 비늘은 짠 바닷물이 몸속으로 들어오지 못하게 막아 줍니다. 또 저마다 비늘 무늬가 달라 몸을 쉽게 숨길 수 있게 합니다.
　어류는 아가미로 물속에 녹아 있는 산소를 흡수합니다. 입으로 물을 삼키고 아가미로 다시 내뱉는 과정에서 산소를 얻습니다.
　어류는 몸통에 옆줄이 있습니다. 어류는 옆줄로 물 흐름이나 떨림 같은 환경 변화를 알아냅니다.

19 친구들에게 설명하고 싶은 대상을 정할 때 고려할 점을 알맞게 말한 친구의 이름을 쓰시오.

> 민우: 모두가 잘 아는 대상을 설명하는 것이 좋아.
> 민채: 자신이 관심 있는 것 중 친구들도 호기심을 느낄 만한 대상을 설명하는 것이 좋아.

(　　　　　　　　　　)

16 이 글에서 어류란 무엇이라고 설명했습니까?
(　　　　)

① 허파가 없는 척추동물
② 물속에서 사는 척추동물
③ 아가미가 있는 척추동물
④ 지느러미가 있는 척추동물
⑤ 헤엄을 칠 줄 아는 척추동물

20 '우리나라의 문화재'를 모둠 친구들이 함께 설명할 주제로 정했습니다. 그다음 할 일은 무엇입니까?
(　　　　)

① 주제와 관련 있는 자료 찾기
② 내용에 알맞은 설명 방법 정하기
③ 알맞은 설명 방법으로 내용 정리하기
④ 내용과 자료에 따라 설명하는 글 쓰기
⑤ 자료를 읽고 설명하고 싶은 내용 정하기

17 이 글에서 물 흐름이나 떨림을 느끼는 역할을 하는 기관은 무엇이라고 했습니까? (　　　　)

① 비늘 　　　② 옆줄
③ 피부 　　　④ 아가미
⑤ 지느러미

점수

1

가 우리나라에는 화강암을 쪼아 만든 석탑이 많습니다. 그 가운데에서 가장 유명한 탑은 다보탑과 석가탑입니다. 다보탑과 석가탑에는 공통점과 차이점이 있습니다.

나 다보탑과 석가탑은 공통점이 있습니다. 두 탑은 모두 통일 신라 시대에 만든 탑으로서 불국사 대웅전 앞뜰에 나란히 서 있습니다. 또 두 탑은 그 가치를 인정받아 국보로 지정되었습니다.

다 두 탑의 모습은 매우 다릅니다. 다보탑은 장식이 많고 화려합니다. 십자 모양의 받침 주변에 돌계단을 만들고 그 위에 사각·팔각·원 모양의 돌을 쌓아 올렸습니다. 반면 석가탑은 단순하면서도 세련된 멋이 있습니다. 사각 평면 받침 위에 돌을 삼 층으로 쌓아 올려 매우 균형 있는 모습을 자랑합니다.

1 단계
낱말 쓰기
문단 **가**의 중심 문장을 쓴 것입니다. 빈칸에 알맞은 말을 찾아 쓰시오. [2점]

• 다보탑과 (   )에는 공통점과 (   )이 있습니다.

2 단계
문장 쓰기
문단 **나**~**다**의 중심 문장을 찾아 쓰시오. [5점]

문단 **나** (1)

문단 **다** (2)

3 단계
생각 쓰기
다보탑과 석가탑의 공통점을 찾아 두 가지만 쓰시오. [6점]

(1) _____

_____

(2) _____

_____

2~3

어류의 여러 기관

어류는 아가미가 있는 척추동물입니다. 어류는 물속 환경에 적응할 수 있도록 다양한 기관이 발달했습니다.

어류 피부는 대부분 비늘로 덮여 있습니다. 비늘은 어류 몸을 보호합니다. 비늘은 짠 바닷물이 몸속으로 들어오지 못하게 막아 줍니다. 또 저마다 비늘 무늬가 달라 몸을 쉽게 숨길 수 있게 합니다.

어류는 아가미로 물속에 녹아 있는 산소를 흡수합니다. 입으로 물을 삼키고 아가미로 다시 내뱉는 과정에서 산소를 얻습니다.

어류는 몸통에 옆줄이 있습니다. 어류는 옆줄로 물흐름이나 떨림 같은 환경 변화를 알아냅니다.

2 이 글에서 설명한 어류의 특징을 정리하여 한 가지만 쓰시오. [4점]

_____

_____

3 이 글의 내용을 조건에 맞게 정리하여 쓰시오.

[8점]

조건
• 중요하지 않은 내용은 지운다.
• 세부 내용은 대표하는 말로 바꾸어 중심 내용을 정리한다.

어류 피부는 비늘로 덮여 있어 몸을 보호해

준다. _____

_____

3 글을 요약해요

학습 제재	직업과 옷 색깔	배점	30점
학습 목표	글의 구조를 생각하며 글을 요약할 수 있다.		

● 다음 글을 읽고, 물음에 답하시오.

사람은 직업에 따라 고유한 색깔 옷을 입기도 한다. 직업의 특성에 따라 특정 색깔의 옷이 일을 하는 데 도움이 되기 때문이다.

의사나 간호사는 보통 흰색 옷을 입는다. 감염에 민감한 환자들이 있는 병원에서는 위생이 매우 중요한 문제이기 때문이다. 흰색 옷은 옷이 더러워졌을 때 이를 쉽게 알아차릴 수 있게 해 준다. 약사나 위생사, 요리사와 같이 청결을 유지해야 하는 일을 하는 사람들도 마찬가지로 흰색 옷을 입는다.

법관은 검은색 옷을 입는다. 예전 서양에서는 신분에 따라 입을 수 있는 옷 색깔이 정해져 있었지만, 검은색 옷은 누구나 입을 수 있었다. 법관의 검은색 옷은 법 앞에서 모든 사람이 평등하다는 뜻을 나타내며, 다른 것에 물들지 않고 공정하게 재판해야 한다는 의미를 담고 있다.

군인은 주변 환경과 상황에 따라 옷 색깔을 달리하여 입는다. 전투를 벌일 때 적군 눈에 쉽게 띄면 안 되기 때문이다. 예전의 화약 무기는 한번 사용하면 연기가 자욱하여 적군과 아군을 구분하기가 힘들었다. 따라서 당시에는 강한 원색의 군복을 입었다. 오늘날에는 기술이 발달하여 군인은 대부분 주변 환경과 구별하기 힘든 색의 옷을 입는다.

사람들은 직업에 따라 입는 옷 색깔이 다양하다. 옷 색깔이 무엇을 뜻하는지 안다면 그 직업을 더 잘 알 수 있다.

1 이 글에서는 대상을 어떤 방법으로 설명했는지 자세히 쓰시오. [5점]

_____

_____

2 이 글의 내용을 조건 에 맞게 간추려 쓰시오. [25점]

> 조건
> • 각 문단의 중요한 내용이 드러나게 쓴다.
> • 중요하지 않은 내용은 지우고, 세부 내용은 대표하는 말로 바꾸어 중심 내용을 정리한다.

> 사람은 직업에 따라 고유한 색깔 옷을 입는다. _____

> 이처럼 사람들은 직업에 따라 입는 옷 색깔이 다양하다.

1 문장을 구성하는 성분 알기

└ 문장을 구성하는 부분들도 각각의 역할이 있어요.

① 주어는 문장에서 동작이나 상태의 주체가 되는 말입니다.

② 서술어는 문장에서 주어의 움직임, 상태, 성질 따위를 풀이하는 말입니다.

③ 목적어는 문장에서 동작의 대상이 되는 말입니다.

예 주어, 목적어, 서술어가 모두 들어간 문장 만들기

> 할머니께서　텃밭을　가꾸신다.
> 　주어　　　목적어　　서술어

★★ 2 쓸 내용 떠올리기

① 글을 쓰는 상황이나 목적, 읽을 사람, 주제를 정합니다.

└ 글을 쓰는 상황에 따라 주제도 달라질 수 있어요.

② 겪은 일 가운데에서 글로 쓸 내용을 떠올려 봅니다.

－ 쓸 내용을 몇 가지로 나누어 떠올립니다.

－ 쓰고 싶은 내용을 자유롭게 떠올립니다.

예 「도전! 달걀말이」를 읽고 글 쓰는 상황이나 목적, 읽을 사람, 주제 알아보기

글 쓰는 상황이나 목적	학급 신문에 겪은 일을 소개하기 위해서입니다.
읽을 사람	같은 반 친구들과 선생님
주제	스스로 달걀말이를 만든 일

3 떠올린 내용을 조직하고 글로 나타내기

① 시간 흐름과 장소 변화에 따라 일어난 일을 정리합니다.

② 일어난 일과 그 일에 대한 생각이나 느낌을 '처음 － 가운데 － 끝'으로 묶습니다.

└ 일의 흐름에 맞게 생각이나 느낌을 묶는 것을 '다발 짓기'라고 해요.

4 호응 관계가 알맞은 문장 쓰기

① 문장에서 앞에 어떤 말이 오고 짝인 말이 뒤따라오는 것을 호응이라고 합니다.

└ 주어에 호응하는 서술어를 넣거나 서술어에 호응하는 주어를 넣어야 해요.

② 호응이 되지 않으면 문장이 어색해지거나, 전달하려는 뜻이 잘못 전해질 수 있습니다.

예 문장에 쓰인 호응 관계의 종류 살펴보기

내일 도서관에 갈 거야.	➡	시간을 나타내는 말과 서술어의 호응
아버지께 선물을 드렸다.	➡	높임의 대상을 나타내는 말과 서술어의 호응
도둑이 경찰에게 잡혔다.	➡	동작을 당하는 주어와 서술어의 호응

개념 확인하기　정답과 풀이 12쪽

1 문장에서 주어의 움직임, 상태, 성질 따위를 풀이하는 말은 무엇인지 쓰시오.

(　　　　　　　)

2 글로 쓸 내용을 떠올릴 때 가장 먼저 해야 할 일을 찾아 기호를 쓰시오.

> ㉮ 제목 정하기
> ㉯ 자신의 경험 떠올리기
> ㉰ 생각이나 느낌 정리하기
> ㉱ 글 쓰는 상황이나 목적, 읽을 사람 정하기

(　　　　　　　)

3 다음 빈칸에 알맞은 말을 쓰시오.

> 시간 흐름과 장소 변화에 따라 일어난 일을 정리할 수 있다. 흐름에 맞게 생각이나 느낌을 묶는 것을 (　　　　)(이)라고 한다.

4 문장의 호응 관계가 바르지 않으면 어떻게 되는지 알맞은 것에 모두 ○표 하시오.

⑴ 문장의 길이가 짧고 간결해진다.　　　　　　(　　　)

⑵ 문장의 뜻을 이해하기 어려워진다.　　　　(　　　)

⑶ 전달하려는 뜻이 잘못 전해질 수 있다.　　　(　　　)

1 다음 문장의 빈칸에 들어갈 말로 알맞지 <u>않은</u> 것은 무엇입니까? ( )

> 아이가 엄마께 ( ) 드렸다.

① 책을   ② 선물을
③ 음식을   ④ 식탁에
⑤ 가방을

2 다음 문장이 어색한 까닭은 무엇인지 쓰시오.

서술형

> 선수가 잡았다.

_____

_____

교과서 문제

3 다음 그림에 어울리는 문장이 되게 빈칸에 알맞은 말을 쓰시오.

무엇이 ( ) 뜁니다.

4 다음 밑줄 친 말이 '주어'에 속하지 <u>않는</u> 것은 무엇입니까? ( )

① <u>무지개가</u> 아름답다.
② <u>아이가</u> 공을 던진다.
③ <u>동생이</u> 밥을 먹는다.
④ <u>친구를</u> 기다리다 지쳤다.
⑤ <u>할머니께서</u> 텃밭을 가꾸신다.

5* 다음 그림을 보고 서로 관련 있는 문장을 찾아 선으로 이으시오.

(1) 무엇이다 •

(2) 어찌하다 •

(3) 어떠하다 •

• ① 새가 귀엽다.

• ② 이것은 새이다.

• ③ 새가 나뭇가지에 앉았다.

교과서 문제

6 다음 문장에서 생각을 표현할 때 반드시 있어야 하는 부분과 나머지 부분을 구분해 각각 쓰시오.

> 매콤한   떡볶이가   익은
>
> 고추처럼   빨갛다

반드시 있어야 하는 부분	(1)
나머지 부분	(2)

7* 다음 문장을 꼭 있어야 할 부분만 남기고 줄여 쓰시오.

> 잽싸고 빠른 경찰이 검정 옷을 입은 도둑을 잡았다.

( )

• **그림 설명**: 민재가 친구의 부탁을 받고 이번 학급 신문에 실을 글을 쓰려고 지난달에 겪은 일을 떠올리고 있습니다.

핵심내용 **글로 쓸 내용을 떠올리는 방법과 주의할 점 알아보기**

방법	주의할 점
쓸 내용을 몇 가지로 나누어 떠올리기	떠오른 생각을 비슷한 ❶ ㅈ ㅈ 별로 묶어야 함.
쓰고 싶은 내용을 자유롭게 떠올리기	짧은 시간 동안 떠오른 생각을 빠르고 간단하게 적어야 함.

교과서 문제

1 민재가 글을 쓰는 목적은 무엇입니까? ( )

① 학교 소식을 알리기 위해서
② 학급 신문에 글을 싣기 위해서
③ 전학 온 친구를 소개하기 위해서
④ 새로 나온 책을 소개하기 위해서
⑤ 학급회의 주제를 알려 주기 위해서

2 민재는 자신이 쓴 글을 누가 읽을 것이라고 예상하였는지 쓰시오.

( )

3 다음 빈칸에 들어갈 말로 가장 알맞은 것은 무엇입니까? ( )

> 글을 쓰는 상황을 살펴볼 때에는 글을 쓰는 목적, 글을 읽을 사람, 글이 실릴 매체 따위를 생각해야 한다. 상황에 따라 ( )도 달라질 수 있다.

① 길이   ② 주제   ③ 시간
④ 경험   ⑤ 글쓴이

4 다음을 읽고 민재가 글로 쓸 내용을 어떻게 떠올렸는지 보기 에서 알맞은 것을 찾아 기호를 쓰시오.

보기
㉮ 쓸 내용을 몇 가지로 나누어 떠올림.
㉯ 쓰고 싶은 내용을 자유롭게 떠올림.

(1)
> 할머니 댁에 간 일, 강아지가 아팠던 일, 친구들과 야구한 일, 놀이공원에 놀러 간 일, 딸꾹질이 멈추지 않았던 일

( )

(2)

( )

도전! 달걀말이

- 글의 종류: 생활문
- 글의 특징: 삼촌께 배운 방법대로 달걀말이를 만든 일과 그 일에 대한 생각이나 느낌을 쓴 글입니다.

1 나는 달걀말이를 정말 좋아한다. 날마다 달걀말이를 반찬으로 먹어도 투정하지 않을 자신이 있다. 지난 주말에 삼촌 댁에 갔더니 삼촌께서 내가 좋아하는 달걀말이를 해 주셨다. 삼촌은 요리를 정말 잘하시는 것 같다. 달걀말이가 너무 맛있어서 삼촌께 달걀말이를 만드는 방법을 배워 왔다.

[중심 내용 **1**] 삼촌께서 해 주신 달걀말이가 맛있어서 삼촌께 달걀말이를 만드는 방법을 배워 왔다.

> 글쓴이가 달걀말이를 만드는 방법을 배우게 된 까닭을 묻는 문제가 자주 출제돼.

2 먼저 재료로 달걀 여섯 알, 다진 파 한 줌, 소금, 식용유를 준비한다. 그런 다음 달걀을 큰 그릇에 깨뜨려 넣고 다진 파 한 줌과 소금 적당량을 넣어서 골고루 잘 저어 준다. 삼촌께서 이때 달걀을 젓가락으로 싹둑싹둑 잘라 주어야 좋다고 하셨다. 덩어리진 것을 가위로 자르듯 끊어 주면 된다고 하셨다. 그런 다음 약한 불에
물건을 만드는 데 들어가는 감

준비한 지짐 판을 얹고 식용유를 골고루 두른 뒤 달걀물을 넓게 붓는다. 그리고 조금씩 익으면 끝에서부터 뒤집개로 살살 말아 준다.
프라이팬에 요리할 때 음식을 뒤집는 기구

[중심 내용 **2**] 달걀을 큰 그릇에 깨뜨려 넣고 다진 파 한 줌과 소금 적당량을 넣은 뒤 골고루 저어서 달걀물을 붓고 끝에서부터 살살 말아 준다.

3 내가 음식을 만든다고 하니 아버지께서 걱정하시며 조금 도와주셨다. 그리고 내가 처음으로 만든 달걀말이를 드시고 정말 맛있다고 하셨다. 내가 만든 요리를 우리 반 친구들에게도 주고 싶지만 사람이 너무 많으니 특별히 요리 비법을 공개한 것이다.

[중심 내용 **3**] 아버지께서 내가 처음으로 만든 달걀말이를 드시고 맛있다고 하셨고, 우리 반 친구들에게도 주고 싶지만 사람이 많으니 특별히 요리 비법을 공개한 것이다.

[핵심내용] '내'가 쓴 글을 읽고 글쓰기 과정 정리해 보기

글 쓰는 상황이나 목적	학급 신문에 겪은 일을 소개하기 위해서임.
읽을 사람	같은 반 친구들과 선생님
주제	스스로 **2** ㄷ ㄱ ㅁ ㅇ 를 만든 일

투정하지 무엇이 모자라거나 못마땅하여 떼를 쓰며 조르지. 예 밥이 적다고 투정하는 일꾼을 보았습니다.
줌 (수량을 나타내는 말 뒤에 쓰여) 주먹. 예 보리쌀 한 줌도 소중하게 여겨야 합니다.

비법(祕 숨길 비, 法 법 법) 몇몇의 개인 또는 집단만이 알고 있는 특별한 방법. 예 어머니께 김치 담그는 비법을 배웠어.
공개(公 공평할 공, 開 열 개)한 어떤 사실이나 사물, 내용 따위를 여러 사람에게 널리 터놓은.

---

5 글쓴이는 어떤 경험을 바탕으로 하여 이 글을 썼습니까? ( )

① 어머니와 시장에 간 일
② 달걀말이를 처음 만든 일
③ 반 친구들과 급식을 먹은 일
④ 부모님을 도와 설거지를 한 일
⑤ 반 친구들과 학급 신문을 만든 일

6 [서술형] 글쓴이가 삼촌께 달걀말이를 만드는 방법을 배우게 된 까닭을 쓰시오.

_____

_____

7 글 **3**에서 글쓴이의 기분은 어떠했을지 쓰시오.

( )

8 다음 그림을 보고 달걀말이를 만드는 차례대로 기호를 쓰시오.

㉮  ㉯

㉰  ㉱

( ) → ( ) → ( ) → ( )

상쾌한 아침

- **글의 종류**: 생활문
- **글의 특징**: 글쓴이가 아빠와 함께 공원에 가서 아침 운동을 한 일과 그 일에 대한 생각이나 느낌을 쓴 글입니다.

1 아침 일찍, 아빠께서 공원에 가자며 나를 깨우셨다. "일찍 일어나는 새가 벌레를 잡는다는 말이 있어. 얼른 일어나자."
부지런해야 많은 성과를 거둘 수 있다는 뜻임.

아빠 말씀에 난 억지로 일어나 세수를 하고 옷을 입었다. ㉠공원에 갈 준비가 끝날 때까지도 난 계속 툴툴거렸다.

중심 내용 **1** 아빠께서 공원에 가자며 아침 일찍 깨우시는 바람에 억지로 일어났다.

2 대문을 나서니, 찬 바람에 코끝이 시려 손으로 코를 가렸다.

"왜? 춥니? 좀 걸으면 괜찮아질 거야."

아빠께서는 물통을 들고 뚜벅뚜벅 걸어가셨다. 아빠 발걸음이 어찌나 빠른지 나는 그 뒤를 따라 뛰어야 했다. 뒷산 시민 공원에 도착하니 벌써 운동하는 사람이 많아 깜짝 놀랐다. / "준비 운동부터 하자."

㉡나는 아빠를 따라 맨손 체조를 했다. 체조를 하고
도구나 기구 없이 하는 체조
나니 ㉢정말 추위가 달아나는 것 같았다. 철봉에서 턱

걸이를 다섯 번이나 해서 아빠께 칭찬을 들었다. 아침 일찍 일어나기는 힘들었지만 아빠께 칭찬을 들으니 기분이 좋았다. 운동으로 땀을 흘린 뒤에 마시는 물은 ㉣배 속까지 시원했다.

중심 내용 **2** 뒷산 시민 공원에 도착하니 벌써 운동하는 사람이 많았고, '나'는 철봉에서 턱걸이를 다섯 번이나 해서 아빠께 칭찬을 들으니 기분이 좋았다.

3 이웃 어른들께 반갑게 인사를 하며 아빠와 함께 공원을 나왔다. 나는 아빠를 앞질러 집으로 달렸다.
남보다 빨리 가서 앞을 차지하거나 어떤 동작을 먼저 하여
㉤아빠와 함께 아침 운동을 하니 기분이 참 상쾌했다.

중심 내용 **3** 이웃 어른들께 인사를 하며 공원을 나왔고, 아빠와 함께 아침 운동을 하니 기분이 참 상쾌했다.

핵심내용 「상쾌한 아침」으로 다발 짓기 예

일어난 일		생각이나 느낌
• 아빠께서 나를 깨우심. • 아빠께서 말씀하심.	처음	더 자고 싶어서 툴툴거림.
• ❸ ㄱ ㅇ 까지 걸음. • 턱걸이를 다섯 개나 성공함. • 운동으로 땀을 흘린 뒤에 물을 마심.	가운데	• 생각보다 사람이 많아서 놀람. • 아빠께 칭찬을 들어 기분이 좋음. • 물이 배 속까지 시원하게 함.
• 이웃 어른들께 반갑게 인사함. • 아빠를 앞질러 집으로 달림.	끝	기분이 참 상쾌함.

뚜벅뚜벅 발자국 소리를 뚜렷이 내며 잇따라 걸어가는 소리. 또는 그 모양. 예 형이 논둑을 따라 뚜벅뚜벅 걸어왔습니다.

도착(到 이를 도, 着 붙을 착)하니 목적한 곳에 다다르니. 예 버스 정류장에 도착하니 버스가 막 떠나고 있었습니다.

체조(體 몸 체, 操 잡을 조) 신체 각 부분의 고른 발육, 건강 증진을 위하여 일정한 형식으로 몸을 움직임. 또는 그런 운동.

턱걸이 철봉을 손으로 잡고 몸을 올려 턱이 철봉 위까지 올라가게 하는 운동.

9 아빠께서 아침 일찍 '나'를 깨우신 까닭은 무엇입니까? ( )

① 공원에 가려고 ② 공부를 시키려고
③ 학교에 보내려고 ④ 아침밥을 먹이려고
⑤ 심부름을 시키려고

교과서 문제
10 어떤 일이 있었는지 빈칸에 알맞은 말을 쓰시오.

'나'는 아침 일찍 일어나 아빠와 함께 공원으로 ( )을/를 갔다.

11 ㉠~㉤ 중 글쓴이의 생각이나 느낌이 나타나 있지 **않은** 것의 기호를 쓰시오.

( )

12 이 글의 흐름이 어떤 차례로 이루어졌는지 알맞은 것에 모두 ○표 하시오.

(1) 집에서 공원으로 장소가 변하고 있다.
( )

(2) 아침에서 저녁까지 시간이 흐르고 있다.
( )

(3) 시간과 장소의 변화에 따라 글의 흐름이 이어진다.
( )

할머니께서 오신 날

- 글의 종류: 생활문
- 글의 특징: 할머니께서 글쓴이네 집에 오셔서 함께 겪은 일과 그 일에 대한 생각이나 느낌을 쓴 글입니다.

1 학교 공부가 끝나고 집으로 갔다. 오늘은 어려운 내용을 배워 머리가 아팠다. 그런데 집에 오니 할머니께서 계셨다. 늘 내 편이 되어 주시는 할머니께서 계시니 갑자기 기분이 좋아졌다.

중심 내용 1 할머니께서 집에 오셔서 갑자기 기분이 좋아졌다.

2 할머니께서 공부하느라 고생했다며 맛있는 떡볶이를 해 주셨다. 동생과 함께 먹다 보니 어느새 떡볶이를
〔어느 틈에 벌써〕
다 먹었다. 정말 맛있었다. 짝과 함께 수학 공부를 하기로 해서 할머니께 인사드리고 친구 집으로 갔다. 할머니께 공부를 열심히 한다고 칭찬을 들었지만 할머니와 함께 있지 못해 아쉬운 마음이 들었다. 수학 공부를
〔미련이 남아 서운한〕
하는 동안 할머니께서 일찍 가시지 않았으면 좋겠다고 생각했다. 공부를 마치자마자 집으로 왔다. 다행히 할머니께서 아직 집에 계셨다. 할머니와 함께 만화 영화도 보고, 과일과 피자도 먹었다.

중심 내용 2 할머니께서 해 주신 떡볶이를 맛있게 먹고 친구 집에 수학 공부를 하러 갔다 돌아오니 다행히 할머니께서 아직 집에 계셨다.

3 할머니께서는 저녁을 드시고 나서 댁으로 가셨다. 생각보다 오래 계셨지만 그래도 헤어질 때가 되니 섭섭했다. 우리 집에 더 자주 오셨으면 좋겠다고 생각하다가 다음부터 내가 할머니 댁에 자주 찾아가야겠다고 생각했다. 즐거운 하루였다.

중심 내용 3 할머니와 헤어질 때가 되니 섭섭했고, 다음부터 내가 할머니 댁에 자주 찾아가야겠다고 생각했다.

핵심내용 「할머니께서 오신 날」로 다발 짓기 예

일어난 일		생각이나 느낌
할머니께서 오심.	처음	기분이 좋아짐.
• 할머니께서 ❹ ㄸ ㅂ ㅇ 를 해 주심. • 친구 집에 수학 공부를 하러 감. • 할머니께서 여전히 계심.	가운데	• 맛있게 먹음. • 할머니와 함께 있지 못해 아쉬움. • 할머니께서 아직 집에 계신 것을 다행이라고 생각함.
저녁에 할머니께서 댁으로 가심.	끝	섭섭함. 더 자주 오시면 좋겠음.

편(便 편할 편) 여러 패로 나누었을 때 그 하나하나의 쪽. 예 체육 대회에서 우리 편이 이기라고 응원을 했습니다.
고생(苦 쓸 고, 生 날 생)했다며 어렵고 고된 일을 겪었다며. 예 집안 형편이 어려워서 고생했던 일들이 떠올랐습니다.

다행(多 많을 다, 幸 다행 행)히 뜻밖에 일이 잘되어 운이 좋게. 예 불이 났지만 다행히 사람은 다치지 않았습니다.
섭섭했다 서운하고 아쉬웠다. 예 오랜만에 만난 친구들은 헤어지기가 섭섭한 모양이었습니다.

---

13 할머니께서 집에 오셨을 때 글쓴이의 생각이나 느낌으로 알맞은 것은 무엇입니까? (   )

① 속상했다.
② 겁이 났다.
③ 기분이 좋아졌다.
④ 아쉬운 마음이 들었다.
⑤ 잔소리가 듣기 싫었다.

교과서 문제
14 이 글에서 일어난 일로 알맞은 것에 모두 ○표 하시오.

(1) 할머니께서 떡볶이를 해 주셨다. (   )
(2) '나'는 줄넘기를 하러 운동장에 갔다. (   )
(3) '나'는 할머니와 함께 만화 영화도 보고, 과일과 피자도 먹었다. (   )

15 글쓴이는 댁으로 가신 할머니를 보고 어떤 생각을
서술형 하였는지 쓰시오.

_____

_____

16 이 글을 '처음 – 가운데 – 끝'으로 나눌 때 가운데 부분에 들어갈 내용을 보기 에서 찾아 기호를 쓰시오.

보기
㉮ 할머니께서 우리 집에 오심.
㉯ 할머니와 헤어질 때가 되니 섭섭해짐.
㉰ 할머니와 함께 있지 못해 아쉬운 마음이 듦.

(   )

교과서 문제
17 짝을 이루었을 때 자연스러운 문장이 되도록 선으로 이으시오.

내일
•

•   •

① 친구를 만났어.   ② 친구를 만날 거야.

18 다음 빈칸에 알맞은 말을 쓰시오.

> 문장에서 앞에 어떤 말이 오고 짝인 말이 뒤따라오는 것을 ( )(이)라고 한다.

교과서 문제
19 다음 주어진 말에 호응을 이루는 부분을 찾아 ○ 표 하시오.

(1) 바다가
① 보았다. ( )
② 보였다. ( )

(2) 할아버지께서
① 잔다. ( )
② 주무신다. ( )

20 문장의 호응 관계가 바르지 <u>않은</u> 것은 무엇입니까?
( )

① <u>선생님께</u> 책을 <u>드렸다</u>.
② <u>내일</u> 도서관에 갈 <u>거야</u>.
③ <u>도둑이</u> 경찰에게 <u>잡았다</u>.
④ <u>할머니께서</u> 맛있는 떡을 <u>주셨다</u>.
⑤ 나는 <u>어제</u> 운동장에서 축구를 <u>했다</u>.

21 호응 관계의 종류에 따라 보기 에서 알맞은 문장을 찾아 기호를 쓰시오.

> 보기
> ㉮ 동생이 누나에게 업혔다.
> ㉯ 아버지께서 운전을 하신다.
> ㉰ 어머니께서 책가방을 사 주셨다.
> ㉱ 내일 점심에는 볶음밥을 먹을 것이다.
> ㉲ 나는 어제 재미있는 동화책을 읽었다.

시간을 나타내는 말과 서술어의 호응	(1)
높임의 대상을 나타내는 말과 서술어의 호응	(2)
동작을 당하는 주어와 서술어의 호응	(3)

22 서술형 주어와 서술어의 호응 관계를 생각하며 다음 문장을 바르게 고쳐 쓰시오.

> 숲속에서 다람쥐와 새가 지저귄다.

_____

_____

23 주어와 서술어가 호응하도록 다음 문장을 바르게 고친 문장에 ○표 하시오.

> 어젯밤에 비와 바람이 세차게 불었다.

(1) 어젯밤에 비와 바람이 세차게 몰아쳤다.
( )

(2) 어젯밤에 비가 세차게 내리고, 바람이 세차게 불었다.
( )

낱말의 뜻

1 뜻에 알맞은 낱말이 되도록 보기 에서 알맞은 말을 찾아 쓰시오.

> 보기
>
> 개   비   조   투

(1) 무엇이 모자라거나 못마땅하여 떼를 쓰며 조르는 일. ➡ ☐ 정

(2) 몇몇의 개인 또는 집단만이 알고 있는 특별한 방법. ➡ ☐ 법

(3) 어떤 사실이나 사물, 내용 따위를 여러 사람에게 널리 터놓음. ➡ 공 ☐

(4) 신체 각 부분의 고른 발육, 건강 증진을 위하여 일정한 형식으로 몸을 움직임. 또는 그런 운동. ➡ 체 ☐

같은 표기 다른 뜻

2 밑줄 친 낱말의 뜻으로 알맞은 것을 보기 에서 찾아 기호를 쓰시오.

> 보기
>
> ㉮ 책이나 영화, 시 따위를 세는 단위.
> ㉯ 여러 패로 나누었을 때 그 하나하나의 쪽.
> ㉰ 사람이 오고 가거나 물건을 부쳐 보내는 데 이용하는 기회나 수단.

(1) 글을 한 편 써 줘.   (   )
(2) 기차 편으로 고향에 갔다.   (   )
(3) 할머니께서는 늘 내 편이 되어 주신다.
    (   )

흉내 내는 말

3 빈칸에 들어갈 알맞은 낱말을 보기 에서 찾아 쓰시오.

> 보기
>
> 살살   뚜벅뚜벅   싹둑싹둑

(1) 아버지께서는 (   ) 걸어가셨다.
(2) 달걀을 젓가락으로 (   ) 잘라 준다.
(3) 끝에서부터 뒤집개로 (   ) 말아 준다.

단위를 나타내는 말

4 빈칸에 들어갈 말이 차례대로 알맞게 짝 지어진 것은 무엇입니까? (   )

> 달걀 여섯 ☐, 다진 파 한 ☐을 준비한다.

① 단, 판   ② 대, 줌   ③ 알, 줌
④ 줌, 개   ⑤ 개, 알

뜻을 더하는 말

5 빈칸에 들어갈 뜻으로 알맞은 것을 골라 ○표 하시오.

> '맨손'은 '맨'과 '손'을 합해서 만든 낱말이야. '맨'은 '다른 것이 없는'의 뜻을 더하는 말이니까 '맨손'은 '☐☐☐☐☐'이라는 뜻이야.

(1) 일하는 손.   (   )
(2) 주먹을 쥔 손.   (   )
(3) 아무것도 끼거나 감지 아니한 손.   (   )

문장의 호응

6 문장을 더 자연스럽게 하는 낱말을 골라 ○표 하시오.

> 할머니께서는 저녁을 (1) (먹고 , 드시고) 댁으로 (2) (갔다 , 가셨다).

1 다음 그림을 보고 주어진 문장을 뜻이 잘 통하도록 고쳐 쓰시오.

> 엄마께 선물을.

( )

2 다음 그림을 보고 빈칸에 들어갈 말로 알맞은 것은 무엇입니까? ( )

선수가 ( ) 잡았다.

① 책을 ② 공을 ③ 옷을
④ 모자를 ⑤ 가방을

3 다음 밑줄 친 부분이 주어에 속하지 <u>않는</u> 것은 무엇입니까? ( )

① <u>나뭇잎이</u> 푸르다.
② <u>누나가</u> 숙제를 한다.
③ <u>도서관에</u> 사람이 많다.
④ <u>은서가</u> 친구를 기다린다.
⑤ <u>할아버지께서</u> 책을 읽으신다.

4 다음 빈칸에 들어갈 말을 차례대로 쓰시오.

> 문장에서 주어의 움직임, 상태, 성질 따위를 풀이하는 말을 ( )라고 한다. 그리고 문장에서 동작의 대상이 되는 말을 ( )라고 한다.

5 다음 그림을 보고 빈칸에 알맞은 말을 각각 쓰시오.

서술형

무엇이다	이것은 새이다.
어찌하다	새가 (1)
어떠하다	새가 (2)

6 다음 문장에서 생각을 표현할 때 반드시 있어야 하는 부분을 두 가지 고르시오. ( )

예쁜   꽃이   들판에
활짝   피었다

① 예쁜 ② 꽃이 ③ 들판에
④ 활짝 ⑤ 피었다

7

서술형
주어, 목적어, 서술어가 모두 들어간 문장을 만들어 쓰시오.

_____

_____

10 민재가 글로 쓸 내용으로 알맞지 **않은** 것은 무엇입니까? ( )

① 할머니 댁에 간 일
② 강아지가 아팠던 일
③ 놀이공원에 놀러 간 일
④ 딸꾹질이 멈추지 않았던 일
⑤ 6학년이 되면 하고 싶은 일

8~10

8 민재가 글을 쓰는 상황이나 목적을 생각하여 빈칸에 알맞은 말을 쓰시오.

• ( )에 겪은 일을 소개하기 위해서이다.

11~13

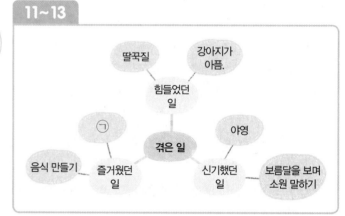

11 이 그림에서 글로 쓸 내용을 떠올린 방법으로 알맞은 것에 ○표 하시오.

(1) 쓸 내용을 몇 가지로 나누어 떠올렸다.

( )

(2) 쓰고 싶은 내용을 자유롭게 떠올렸다.

( )

12 이 그림의 ㉠에 들어갈 내용을 떠올려 한 가지만 쓰시오.

( )

9 ★ 민재는 어떤 종류의 글을 쓰려고 합니까? ( )

① 친구들에게 부탁하는 글
② 학급 신문에 대해 설명하는 글
③ 환경을 보호하자고 주장하는 글
④ 반 친구들과 선생님께 제안하는 글
⑤ 자신이 지난달에 겪은 일을 소개하는 글

13

서술형
이 그림과 같은 방법으로 글로 쓸 내용을 떠올릴 때 주의할 점을 한 가지만 쓰시오.

_____

_____

14~17

달걀말이가 정말 맛있어요, 삼촌.

민재

달걀말이를 맛있게 만들려면……

아빠, 달걀말이를 만들어 보고 싶어요.

삼촌께서 달걀을 골고루 잘 저어야 한다고 하셨어요.

그래? 그럼 시장에 들렀다 갈까?

㉠이야, 아주 훌륭한데?

우아, 달걀말이잖아? 맛있겠다.

맛있게 잘 만든 것 같아요!

14 민재가 누구와 함께 겪은 일입니까? ( )

① 친구　　② 가족　　③ 이웃
④ 선생님　　⑤ 반찬 가게 주인

15 민재가 만든 음식은 무엇인지 쓰시오.

( )

16 〈문제 15번〉의 답인 음식을 맛있게 만들려면 어떤 점에 주의해야 하는지 쓰시오.

( )

17 ㉠의 말을 들은 민재의 기분으로 알맞은 것을 두 가지 고르시오. ( )

① 두렵다.　　② 신난다.　　③ 즐겁다.
④ 속상하다.　　⑤ 실망스럽다.

18~19

㉠아침 일찍, 아빠께서 공원에 가자며 나를 깨우셨다.

"일찍 일어나는 새가 벌레를 잡는다는 말이 있어. 얼른 일어나자."

아빠 말씀에 난 억지로 일어나 세수를 하고 옷을 입었다. ㉡공원에 갈 준비가 끝날 때까지도 난 계속 툴툴거렸다.

대문을 나서니, 찬 바람에 코끝이 시려 손으로 코를 가렸다.

"왜? 춥니? 좀 걸으면 괜찮아질 거야."

㉢아빠께서는 물통을 들고 뚜벅뚜벅 걸어가셨다. 아빠 발걸음이 어찌나 빠른지 나는 그 뒤를 따라 뛰어야 했다. 뒷산 시민 공원에 도착하니 ㉣벌써 운동하는 사람이 많아 깜짝 놀랐다.

"준비 운동부터 하자."

나는 아빠를 따라 맨손 체조를 했다. 체조를 하고 나니 정말 추위가 달아나는 것 같았다.

18 이 글에서 일이 일어난 장소가 어떻게 바뀌었는지 차례대로 쓰시오.

( ) → ( )

19 ㉠~㉣을 일어난 일과 생각이나 느낌으로 구분하여 각각 기호를 쓰시오.

(1) 일어난 일: ( )
(2) 생각이나 느낌: ( )

20 다음 밑줄 친 부분에 나타난 호응 관계의 종류가 다른 하나는 무엇입니까? ( )

① 내일 친구를 만날 거야.
② 작년에 미술 대회에 나갔다.
③ 내일도 바쁜 하루가 될 것이다.
④ 할머니께서 맛있는 김치를 주셨다.
⑤ 어제 병원에서 예방 주사를 맞았다.

1단계
낱말
쓰기

민재는 어떤 글을 쓰려고 하는지 빈칸에 알맞은 말을 쓰시오. [2점]

글의 내용과 종류	자신이 지난달에 ( )을 소개하는 글
글을 읽을 대상	같은 반 ( )

2단계
문장
쓰기

민재가 읽을 사람을 고려해 세운 계획은 무엇인지 쓰시오. [4점]

_____

_____

3단계
생각
쓰기

자신이 민재가 되어 쓰고 싶은 내용을 자유롭게 떠올려 두 가지만 쓰시오. [6점]

_____

_____

2~3

대문을 나서니, 찬 바람에 코끝이 시려 손으로 코를 가렸다.

"왜? 춥니? 좀 걸으면 괜찮아질 거야."

아빠께서는 물통을 들고 뚜벅뚜벅 걸어가셨다. 아빠 발걸음이 어찌나 빠른지 나는 그 뒤를 따라 뛰어야 했다. 뒷산 시민 공원에 도착하니 벌써 운동하는 사람이 많아 깜짝 놀랐다.

"준비 운동부터 하자."

나는 아빠를 따라 맨손 체조를 했다. 체조를 하고 나니 정말 추위가 달아나는 것 같았다. 철봉에서 턱걸이를 다섯 번이나 해서 아빠께 칭찬을 들었다. 아침 일찍 일어나기는 힘들었지만 아빠께 칭찬을 들으니 기분이 좋았다. 운동으로 땀을 흘린 뒤에 마시는 물은 배 속까지 시원했다.

이웃 어른들께 반갑게 인사를 하며 아빠와 함께 공원을 나왔다. 나는 아빠를 앞질러 집으로 달렸다. 아빠와 함께 아침 운동을 하니 기분이 참 상쾌했다.

2 **이 글을 쓴 목적과 일어난 일을 간추려 빈칸에 알맞게 쓰시오.** [4점]

글을 쓴 목적	(1) 경험한 일에 대한 _____ 을/를 나타내기 위해서이다.
일어난 일	(2)

3 **아빠와 함께 집으로 돌아올 때 글쓴이의 생각이나 느낌은 어떠하였는지 쓰시오.** [4점]

_____

_____

4 글쓰기의 과정

학습 주제	떠올린 내용을 조직하고 글로 나타내기	배점	50점
학습 목표	글쓰기 과정에 따라 내용을 조직하여 글을 쓸 수 있다.		

1 재미있었던 경험 가운데에서 글로 쓰고 싶은 것을 떠올려 한 가지만 쓰시오. [10점]

_____

_____

2 〈문제 1번〉에서 떠올린 내용을 다발 짓기 하여 빈칸에 알맞은 내용을 쓰시오. [20점]

일어난 일		생각이나 느낌
(1)	처음	(2)
(3)	가운데	(4)
(5)	끝	(6)

3 〈문제 2번〉에서 다발 짓기 한 내용을 글로 쓰시오. [20점]

1 상황에 따라 여러 가지로 해석되는 낱말 알기

① 동형어와 다의어의 뜻

> 생긴 까닭: 낱말 하나를 비슷한 상황에서 사용하다 보니 다의어가 됨. / 동형어나 다의어가 없다면 낱말이 너무 많아서 힘들 것 같음. / 다의어는 본디 뜻과 관련 있는 부분이 조금씩 바뀌면서 만들어짐.

동형어(형태가 같은 낱말)	다의어
형태는 같지만 뜻이 서로 다른 낱말 예 사람의 다리 / 강을 건너다닐 수 있도록 만든 다리	한 낱말이 여러 가지 뜻을 가진 낱말 예 사람의 다리 / 책상 다리 / 안경다리

② 동형어와 다의어의 공통점과 차이점

공통점	차이점
동형어인 낱말과 다의어인 낱말은 모두 글자 형태가 같음.	동형어인 낱말은 뜻이 서로 관련이 없지만 다의어의 뜻은 서로 관련이 있음.

★★ 2 글을 읽고 상황에 따라 여러 가지로 해석되는 낱말의 뜻 파악하기

① 대신 쓸 수 있는 낱말을 생각해 확인합니다.

② 국어사전에서 어울리는 뜻을 찾아 확인합니다.

③ 문장의 앞뒤 내용을 살펴보고 관련 있는 뜻을 찾아봅니다.

예 「어린이 보행 안전」에 나온 다의어

쓰인 낱말	일어나다
사전에서 찾은 뜻	[1] 누웠다가 앉거나 앉았다가 서다. [2] 「1」 잠에서 깨어나다. 「2」 어떤 일이 생기다. · 글에서는 이 뜻으로 사용되었어요. (교통사고가 일어나지 않도록 하자.)

★★ 3 글을 읽고 글쓴이의 주장 파악하기

> 글에서 글쓴이가 내세우는 생각

① 각 문단의 중심 내용을 확인합니다.

② 글쓴이의 의견이 무엇인지 알아보고, 어떤 근거를 제시했는지 살펴봅니다.

> 주장을 뒷받침하는 내용

③ 글쓴이가 여러 번 강조해 사용한 낱말이 무엇인지 확인합니다.

4 근거의 적절성을 파악하며 글 읽기

① 제시한 근거가 주장과 관련이 있는지 알아보며 읽습니다.

② 제시한 근거가 주장을 더욱 설득력 있게 하는지 알아봅니다.

③ 제시한 근거에 알맞은 낱말을 썼는지 알아봅니다.

---

1 다음 뜻에 해당하는 낱말은 무엇인지 쓰시오.

(1) 형태는 같지만 뜻이 서로 다른 낱말: (　　　　　)

(2) 한 낱말이 여러 가지 뜻을 가진 낱말: (　　　　　)

2 글에 쓰인 동형어나 다의어의 뜻을 확인하는 방법을 알맞게 말하지 **못한** 친구의 이름을 쓰시오.

> 혁규: 동생에게 물어보는 것도 좋은 방법이야.
> 미란: 문장의 앞뒤 내용을 살펴보고 관련 있는 뜻을 찾아.

(　　　　　)

3 다음 빈칸에 알맞은 말을 쓰시오.

> 글에서 글쓴이가 내세우는 생각을 (　　　)(이)라고 하고, 주장을 뒷받침하는 내용을 (　　　)(이)라고 한다.

4 근거의 적절성을 파악하는 방법으로 알맞은 것의 기호를 쓰시오.

> ㉮ 근거가 길게 제시되었는지 살펴본다.
> ㉯ 근거가 주장과 관련이 있는지 알아본다.

(　　　　　)

핵심내용 **동형어(형태가 같은 낱말)와 다의어**

• ❶ (형태가 같은 낱말): 형태는 같지만 뜻이 서로 다른 낱말
• 다의어: 한 낱말이 여러 가지 뜻을 가진 낱말
• 동형어와 다의어는 국어사전을 찾아보면 알 수 있음.

다리01 전체 보기
「명사」
「1」 사람이나 동물의 몸통 아래 붙어 있는 신체의 부분. 서고 걷고 뛰는 일 따위를 맡아 한다. 늑각09(脚) 「1」.
「2」 물체의 아래쪽에 붙어서 그 물체를 받치거나 직접 땅에 닿지 아니하게 하거나 높이 있도록 버티어 놓은 부분.
「3」 오징어나 문어 따위의 동물의 머리에 여러 개 달려 있어, 헤엄을 치거나 먹이를 잡거나 촉각을 가지는 기관.
「4」 안경의 테에 붙어서 귀에 걸게 된 부분.

다의어 — 한 낱말에 여러 가지 뜻을 제시함.

다리02 전체 보기
「명사」
「1」 물을 건너거나 또는 한편의 높은 곳에서 다른 편의 높은 곳으로 건너다닐 수 있도록 만든 시설물.
「2」 둘 사이의 관계를 이어 주는 사람이나 사물을 비유적으로 이르는 말.
「3」 중간에 거쳐야 할 단계나 과정.
「4」 지위의 등급.

동형어 — 서로 다른 낱말이므로 구분해 제시함.

1~4

교과서 문제

1 그림 **2**에서 승현이가 걱정하는 표정을 지은 까닭은 무엇입니까? ( )

① 태빈이가 다리를 다쳐서
② 태빈이의 얼굴 표정이 좋지 않아서
③ 태빈이의 말을 알아들을 수가 없어서
④ 학교 가는 길에 다쳐서 지각을 할 것 같아서
⑤ 다리가 부러졌다는 말을 듣고 누군가 다리를 다친 줄 알아서

2 ㉠과 ㉡의 '다리'와 같은 낱말을 무엇이라고 하는지 쓰시오.

( )

3 승현이는 왜 낱말의 뜻을 헷갈려 했습니까? ( )

① '다리'의 뜻이 여러 가지이기 때문에
② 태빈이의 말에 집중하지 않았기 때문에
③ 태빈이가 너무 빠르게 말을 했기 때문에
④ 태빈이가 어려운 낱말을 사용했기 때문에
⑤ 여러 가지 이야기를 들어 낱말을 기억하지 못했기 때문에

4* ㉡과 ㉢에 대한 설명으로 알맞은 것을 두 가지 고르시오. ( )

① 동형어이다.
② 다의어이다.
③ 뜻이 서로 관련이 있다.
④ 형태는 같지만 뜻이 서로 다르다.
⑤ 한 낱말이 여러 가지 뜻을 가진다.

5 동형어와 다의어가 왜 만들어졌을지 알맞게 말하지 못한 친구의 이름을 쓰시오.

경림: 동형어나 다의어가 없다면 낱말이 너무 많아서 힘들 것 같아.
민주: 낱말 하나를 비슷한 상황에서 사용하다 보니 다의어가 된 것 같아.
강준: 낱말의 변하는 모습을 국어사전에 모두 실을 수 없기 때문인 것 같아.

( )

6 다음 빈칸에 공통으로 들어갈 알맞은 동형어나 다의어를 쓰시오.

• 의사는 ⬚이 난 사람을 낫게 한다.
• 빈 ⬚이 많이 쌓였다.

( )

어린이 보행 안전

- 글의 종류: 주장하는 글
- 글의 특징: 어린이 보행 중 교통사고를 줄이는 방법을 전하면서 어린이 보행 중 교통사고를 줄이는 일에 힘써야 한다는 의견을 나타낸 글이다.

1 자동차가 많아지면서 교통사고는 심각한 사회 문제가 되었다. 신문 기사나 방송으로 교통사고 소식을 자주 접할 수 있다. 그중에서도 어린이 교통사고는 가벼운 사고로도 심각한 결과를 가져올 수 있기 때문에 주의가 필요하다. 어린이가 교통사고로 사망하는 유형을 보면 보행 중에 교통사고로 사망하는 경우의 비율이 매우 높다. 어린이의 생명을 지키려면 보행 중인 어린이의 교통사고를 줄일 수 있는 방법을 찾아야 한다.

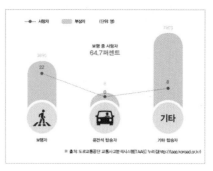

▲ 어린이 교통사고 시 상태별 현황(2018)

이 글에 쓰인 '도로, 사고, 길, 일어나다, 다니다' 등의 동형어나 다의어의 뜻을 국어사전에서 확인하고, 어울리는 뜻이 어떤 것인지 잘 골라야 해요.

중심 내용 1 어린이의 생명을 지키려면 보행 중인 어린이의 교통사고를 줄일 수 있는 방법을 찾아야 한다.

2 어린이 보행 중 교통사고를 줄이는 방법은 무엇일까? 운전자에게 어린이 보행 안전 교육을 철저히 해야 한다. 전체 교통사고 가운데에서 보행 중에 발생한 사고의 나이대별 분포를 살펴보면, 초등학생이 다른 나이대보다 상대적으로 높게 나타나는 것을 알 수 있다. 이는 초등학생들이 바깥 활동이 잦은 데다 위험 상황을 판단하고 그에 대처하는 능력이 부족하기 때문이다. 그러므로 운전자에게 어린이 보행자를 보호할 수 있는 안전 교육을 실시해 어린이 보행 중 교통사고가 일어나지 않도록 해야 한다.

심각(深 깊을 심, 刻 새길 각)한 상태나 정도가 매우 깊고 중대한.
보행(步 걸을 보, 行 다닐 행) 걸어 다님.
잦은 잇따라 자주 있는. 예 동현이는 요즘 들어 지각이 잦습니다.
대처하는 어떤 정세나 사건에 대하여 알맞은 조치를 취하는.

중심 내용 2 어린이 보행 중 교통사고를 줄이려면 운전자에게 어린이 보행 안전 교육을 철저히 해야 한다.

1 이 글의 내용으로 알맞으면 ○표, 알맞지 <u>않으면</u> ×표 하시오.

(1) 교통사고는 심각한 사회 문제이다. (　　　)
(2) 전체 교통사고 중 보행 중 발행한 사고는 초등학생의 비율이 상대적으로 높다. (　　　)
(3) 어린이 교통사고 사망 유형 중 가장 높은 비율을 차지하는 것은 차에 탑승하고 있을 때이다.
(　　　)

2 어린이 교통사고가 특히 주의가 필요한 까닭은 무엇인지 빈칸에 알맞은 말을 쓰시오.

　　가벼운 사고로도 (　　　　　)을/를 가져올 수 있기 때문이다.

3 어린이의 교통사고를 줄일 수 있는 방법을 글 **2** 에서 찾아 빈칸에 알맞은 말을 쓰시오.

　　운전자에게 어린이 보행자를 보호할 수 있는 (　　　　　)을/를 실시해야 한다.

4 **보기** 는 이 글에 쓰인 동형어나 다의어의 뜻을 찾아 낱말 그물로 만든 것입니다. ㉠에 들어갈 낱말은 무엇입니까? (　　　)

보기

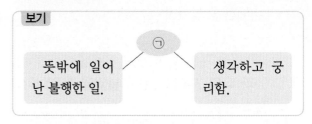

㉠
뜻밖에 일어난 불행한 일.
생각하고 궁리함.

① 문제　② 방법　③ 주의　④ 사고　⑤ 보호

3 어린이를 고려한 보행 안전시설도 더 필요하다. 학교 앞길에는 과속 차량을
<u>어린이 보행 중 교통사고를 줄이는 방법 ②</u>
단속하는 장치를 마련해야 한다. 그리고 학교 근처의 어린이 보호 구역을 현재 반지름 300미터보다 더 넓게 하여 어린이들이 안전하게 다닐 수 있게 해야 한다. 그뿐만 아니라 어린이가 많이 다니는 길에는 과속 방지 턱을 만들어 차량 속도를 낮추도록 해야 한다. 이와 같은 안전시설은 어린이 교통사고를 줄이는 데 많은 도움이 될 것이다.

중심 내용 **3** 어린이 보행 중 교통사고를 줄이려면 어린이를 고려한 보행 안전시설도 더 필요하다.

4 어린이 스스로도 보행 중 교통사고를 당하지 않도록 노력해야 한다. 도로에
<u>어린이 보행 중 교통사고를 줄이는 방법 ③</u>
서 발생하는 수많은 비극은 교통 법규를 무시하고 조금 빨리 가려다가 발생한다. 운전자와 보행자 모두 도로에서 시간적 여유를 가지는 마음이 필요하다. 보행 신호가 초록색으로 바뀌지도 않았는데 보행자가 무리하게 길을 건너면 사고를 당할 수 있다. 그리고 신호가 바뀌자마자 좌우를 살피지 않고 출발하다가 사고를 당하기도 한다. 또 신호가 바뀐 뒤에도 신호 위반을 하는 차가 있을 수 있기 때문에 늘 조심해야 한다. 따라서 운전자와 보행자 모두 도로에서 조급하게 서두르지 말고 교통 법규와 안전 수칙을 지키며 생활해야 한다.
<u>보행 중 교통사고를 줄이기 위해 운전자와 보행자 모두 노력해야 할 일</u>

중심 내용 **4** 어린이 보행 중 교통사고를 줄이려면 어린이 스스로도 보행 중 교통사고를 당하지 않도록 노력해야 한다.

5 이제부터라도 어린이 보행 중 교통사고를 줄이는 일에 모두 힘써야 한다. 어린이 보행 안전은 남에게 미룰 수도 없고, 남이 대신해 줄 수도 없다. 우리 모두 노력해 어린이 보행 중 교통사고가 ㉠일어나지 않도록 하자.

중심 내용 **5** 우리 모두 노력해 어린이 보행 중 교통사고를 줄이는 일에 힘써야 한다.

핵심내용 「어린이 보행 안전」에 나온 동형어나 다의어 예

길	• 사람이나 동물 또는 자동차 따위가 지나갈 수 있게 땅 위에 낸 일정한 너비의 공간. • 어떤 자격이나 신분으로서 주어진 도리나 임무.
일어나다	• 누웠다가 앉거나 앉았다가 서다. • 잠에서 깨어나다. • 어떤 일이 생기다.
❶ ㅇㄹ	• 짐승을 가두어 기르는 곳. • 말하는 사람과 듣는 사람을 포함한 여러 사람.

과속(過 지날 과, 速 빠를 속) 자동차 따위의 달리는 속도를 너무 빠르게 함. 또는 그 속도.
단속하는 규칙이나 법령, 명령 따위를 지키도록 통제하는. 예 음주 운전을 단속하느라 길이 막혀 있었습니다.
위반(違 어길 위, 反 되돌릴 반) 법률, 명령, 약속 따위를 지키지 않고 어김.

---

5 어린이를 고려한 보행 안전시설에는 어떤 것들이 있는지 빈칸에 알맞은 말을 쓰시오.

> • ( )을/를 단속하는 장치
> • 현재 반지름 300미터보다 더 넓게 만든 학교 근처의 어린이 보호 구역
> • 차량 속도를 낮게 하는 ( )

7 글쓴이의 주장으로 가장 알맞은 것의 기호를 쓰시오.

> ㉮ 미래의 희망인 어린이를 잘 기르자.
> ㉯ 길을 다닐 때 언제나 천천히 걷도록 하자.
> ㉰ 우리 모두 노력해 어린이 보행 중 교통사고가 일어나지 않도록 하자.

( )

6 도로에서 교통사고가 발생하는 원인으로 알맞지 않은 것은 무엇입니까? ( )

① 차가 신호가 바뀐 뒤에 신호 위반을 해서
② 도로에서 시간적 여유를 가지고 행동해서
③ 보행 신호가 초록색이 되기 전에 길을 건너서
④ 교통 법규를 무시하고 조금 빨리 가려고 해서
⑤ 신호가 바뀌자마자 좌우를 안 살피고 출발해서

8 ㉠'일어나지'는 이 글에서 어떤 뜻으로 쓰였습니까? ( )

① 잠에서 깨어나다.
② 어떤 일이 생기다.
③ 어떤 마음이 생기다.
④ 위로 솟거나 부풀어 오르다.
⑤ 누웠다가 앉거나 앉았다가 서다.

(가)

- **글의 종류:** 주장하는 글
- **글의 특징:** 인공 지능은 위험하다는 의견을 내세운 글입니다.

1 인공 지능 기술의 개발 속도는 <u>우리가 예상할 수 없을 만큼 빨라지고 있습니다.</u> 많은 사람이 다음 세기
엄청 빨라지고 있음을 나타냄.
에는 인공 지능이 인간을 뛰어넘을 것이라고 말합니다. 앞으로 인공 지능은 우리의 삶 곳곳에 영향을 미칠 것입니다. 그런 미래는 편리함이라는 빛만큼이나 위험
인공 지능이 인간을 뛰어넘어 우리 삶 곳곳에 영향을 미치는 미래
하고 어두운 그림자 또한 있을 것이라고 생각합니다. 그러므로 ㉠인공 지능이 일으킬 위험을 막을 방법도 생각해야 합니다.

중심 내용 **1** 인공 지능이 일으킬 위험을 막을 방법을 생각해야 합니다.

2 첫째, 인공 지능을 가졌느냐 아니냐에 따라 부자는 더 부자가 되고 가난한 사람은 더욱 가난해질 것입니다. 이로써 사회적·경제적 불평등은 더욱 심해질 것입니다.

중심 내용 **2** 인공 지능이 사회적·경제적 불평등을 심하게 할 것입니다.

3 둘째, 힘이 강한 나라나 집단이 힘이 약한 나라나 사람들을 지배할 수도 있습니다. 인공 지능이 발달하면 힘 있는 사람들의 지배력이 지금과 비교가 안 될 정도로 강해질 것입니다. 즉 나라 사이에 새로운 지배 관

계가 생길 위험이 매우 크다고 생각합니다.

중심 내용 **3** 힘이 강한 나라나 집단이 힘이 약한 나라나 사람들을 지배할 수도 있습니다.

4 셋째, 지금보다 더 발달한 인공 지능이 등장하면 인간은 인공 지능에게 지배를 받게 될지도 모릅니다. 인공 지능은 <u>인간보다 뛰어난 지적 능력이 있으면서 인간에게 있는 문제점은 없습니다.</u> 인공 지능에게 독
인공 지능을 위험하다고 보는 까닭
립성이 생긴다면 인공 지능은 인간의 통제에서 벗어나고 끝내 인간 사회는 비극을 맞게 될 것입니다.

중심 내용 **4** 인간이 인공 지능에게 지배를 받게 될지도 모릅니다.

5 세계적인 학자들이 공개한 '인공 지능에게 보내는 공개편지'에는 우리 사회가 인공 지능으로 엄청난 이득을 얻을 수도 있지만, 인공 지능에 숨어 있는 위험을 막을 방법을 깊이 연구해야 한다는 내용이 담겨 있습니다. 인간이 편리함에 눈이 멀어 인공 지능을 계속 개발한다면 인간은 스스로에게 덫을 놓는 실수를 저지르게 될지도 모릅니다.

중심 내용 **5** 인공 지능의 위험을 막을 방법을 연구해야 합니다.

지배할 어떤 사람이나 집단, 조직, 사물 등을 자기의 의사대로 복종하게 하여 다스릴. ⑩ 강자가 약자를 <u>지배합니다.</u>

통제(統 거느릴 통, 制 절제할 제) 일정한 방침이나 목적에 따라 행위를 제한하거나 제약함.

교과서 문제

9 이 글에서 가장 많이 쓰인 낱말을 세 가지 고르시오. ( )

① 미래 ② 위험 ③ 부자
④ 지배 ⑤ 인공 지능

10 〈문제 9번〉의 답이 되는 낱말을 보고 알 수 있는
서술형 점은 무엇인지 쓰시오.

_____

_____

11 ㉠으로 알맞지 않은 것의 기호를 쓰시오.

> ㉮ 인간이 가진 문제점을 해결해 줄 것이다.
> ㉯ 사회적·경제적 불평등을 심하게 할 것이다.
> ㉰ 인간이 인공 지능에게 지배를 받을 수 있다.
> ㉱ 나라 사이에 새로운 지배 관계가 생길 위험이 크다.

( )

12 (가)에 들어갈 제목으로 알맞은 것에 ○표 하시오.

(1) 인간의 삶과 인공 지능 ( )
(2) 인공 지능 개발에 따른 위험 ( )
(3) 편리함을 가져다줄 인공 지능 ( )

인공 지능은 미래의 희망이다

• 글의 종류: 주장하는 글
• 글의 특징: 인공 지능의 좋은 점을 제시하여 인공 지능이 미래의 희망이라는 의견을 내세우고 있는 글입니다.

1 영국의 어느 대학교에서 펼친 '킬러 로봇 반대 운동'을 들어 보았습니까? 이 운동은 로봇을 개발할 때 돈을 우선할 것이 아니라 사회에 끼칠 위험도 함께 생각해야 한다고 말합니다. 이처럼 우리 사회 곳곳에서는 인공 지능을 개발하거나 이용할 때 사회에 질 책임을 강조하려는 움직임이 활발히 일어나고 있습니다. 인공 지능에는 위험이 있긴 하지만 우리는 인공 지능을 개발하는 것을 포기할 수 없습니다. 인공 지능은 인류 미래에 꼭 있어야 할 기술입니다.

중심 내용 **1** 인공 지능은 인류 미래에 꼭 있어야 할 기술입니다.

2 첫째, 인공 지능에 제대로 된 규칙을 부여해 잘 통제하고 활용하면 인류의 삶은 더욱 편리하고 풍요로워질 것입니다. 예를 들어 움직임이 불편한 노인과 장애인들은 무인 자동차로 자유롭게 이동할 수 있습니다.
사람이 없는
인류가 인공 지능을 제대로 관리한다면 인공 지능은 인류에게 많은 도움이 될 것입니다.

중심 내용 **2** 인공 지능에 제대로 된 규칙을 부여해 잘 통제하고 활용하면 인류에게 도움이 될 것입니다.

3 둘째, 인공 지능과 관련한 일자리가 늘어날 것입니다. 많은 사람이 인공 지능의 발달로 삼십 년 안에 현재의 일자리 절반이 사라질 것이라고 걱정합니다. 하
인공 지능 개발을 걱정하는 시선

지만 이 문제는 사람들의 의견을 모으고 제도를 마련하여 인공 지능이 인간의 일자리를 빼앗지 않도록 하면 됩니다. 더 나아가 인공 지능 관련 일자리를 늘려 나갈 수도 있습니다.

중심 내용 **3** 인공 지능과 관련한 일자리가 늘어날 것입니다.

4 셋째, 사람이 하기 어렵거나 위험한 일을 인공 지능이 대신할 수 있습니다. 사람 몸에 해로운 물질을 다루는 일이나 높은 빌딩에 페인트를 칠하는 일같이 위
인공 지능이 인간을 대신해 하면 좋은 일의 예
험한 일을 인공 지능 로봇이 대신한다면 어쩌다가 일어날 수 있는 사고나 피해를 줄일 수 있습니다.

중심 내용 **4** 사람이 하기 어렵거나 위험한 일을 인공 지능이 대신할 수 있습니다.

5 인공 지능 개발을 연구하는 학자들은 인공 지능으로 세상을 더 살기 좋게 만들 수 있도록 다양한 분야에서 노력할 것이라고 말했습니다. 앞으로 인공 지능은 인간의 생활을 이롭게 하는 생활 속 기술로 자리 잡을
이익이 있게
것입니다. 인간에게 나쁜 영향을 줄 수 있는 인공 지능은 철저히 통제하고, 인간을 보호하고 도울 수 있는 인공 지능을 활용하면 인공 지능은 인류의 미래를 희망으로 가득하게 만들어 줄 것입니다.

중심 내용 **5** 인공 지능은 인류의 미래를 희망으로 가득하게 만들어 줄 것입니다.

13 이 글을 읽고 만들 수 있는 질문으로 알맞지 <u>않은</u> 것을 찾아 기호를 쓰시오.

㉮ 인공 지능이 어떻게 우리 삶을 편리하게 해 주나요?
㉯ 인공 지능을 활용할 수 있는 분야는 무엇무엇일까요?
㉰ 인공 지능의 발달로 사라진 일자리에는 어떤 것들이 있나요?
㉱ 인공 지능을 개발하거나 이용할 때 지녀야 할 책임은 무엇일까요?

( )

14 다음 빈칸에 들어갈 알맞은 말에 ○표 하시오.

이 글의 글쓴이는 인공 지능에 대해 (긍정적 , 부정적)인 생각을 가지고 있다.

15 글쓴이의 주장으로 알맞은 것에 ○표 하시오.
(1) 인공 지능은 위험하다. ( )
(2) 인공 지능이 어떻게 쓰일지 지켜봐야 한다. ( )
(3) 인공 지능은 인류의 미래를 희망으로 가득하게 만들어 줄 것이다. ( )

불법 다운로드, [　　㉠　　]

· **자료의 종류:** 공익 광고 동영상
· **자료의 특징:** 영화, 음악, 만화, 스포츠의 다양한 분야에서 사람들이 불법 다운로드를 하여 저작권이 침해당하는 심각한 상황을 보여 줌으로써, 저작물을 올바르게 사용하자는 의견을 내세우는 광고입니다.

1

불법 다운로드 하시겠습니까?

2

칸의 여왕이 사라졌다.

3

좋아하는 스타가 사라졌다.

4

무림의 고수도 사라졌다.

5

더 이상 국가대표는 없다.

6

불법 다운로드, [　㉠　].

무림(武 굳셀 무, 林 수풀 림) 무사 또는 무협의 세계.
고수(高 높을 고, 手 손 수) 어떤 분야나 집단에서 기술이나 능력이 매우 뛰어난 사람. 예 노력하지 않고는 결코 그 분야의 <u>고수</u>가 될 수 없습니다.

16 광고 장면 **2**~**5**는 어떤 문제 때문에 생긴 일입니까? (　　　)

① 사람들이 힘든 일을 하려고 하지 않는다.
② 영화나 음악을 다운로드 받는 일이 어렵다.
③ 사람들이 영화, 음악 등에 관심을 갖지 않는다.
④ 사람들이 영화, 음악 등을 불법 다운로드하여 이용한다.
⑤ 그림을 그리거나 음악을 만드는 사람들이 직업을 구하기가 어렵다.

17 이 광고의 내용과 광고에서 전하려는 생각을 고려하여, ㉠에 공통으로 들어갈 알맞은 말은 무엇이겠는지 찾아 기호를 쓰시오.

> ㉮ 우리의 양심도 사라집니다
> ㉯ 누구나 이용할 수 있습니다
> ㉰ 우리 문화 산업의 발전에 도움이 됩니다

(　　　　　　)

18 이 광고에서 주장하는 것은 무엇입니까? (　　　)

① 예술 작품에 관심을 갖자.
② 저작권에 대해 잘 알아보자.
③ 다운로드의 방법을 알아보고 이용하자.
④ 저작권을 지키고 저작물을 올바르게 사용하자.
⑤ 우리의 문화를 사랑하는 것이 곧 나라 사랑의 길이다.

19 서술형 보기 처럼 이 광고 내용과 관련한 비슷한 자신의 경험을 떠올려 쓰시오.

> 보기
> 　사회 과제를 할 때 참고한 책의 출처를 밝혀 썼다.

_____
_____
_____

글을 쓸 때에도 지켜야 할 윤리가 있다

- 글의 종류: 주장하는 글
- 글의 특징: 여러 가지 근거를 들어 쓰기 윤리를 지키자는 주장을 하고 있는 글입니다.

1 일상생활에서 규칙과 질서를 잘 지키는 일이 중요한 것처럼, 글을 쓸 때에도 다른 사람에게 피해를 주지 않으려면 규범을 지켜야 한다. 글을 쓸 때 남의 글을 베껴 자신이 쓴 글인 양 속이는 사람이 있다. 그리고 진실이 아닌 내용을 진실인 것처럼 거짓으로 꾸며 글을 쓰는 사람도 있다. 또 읽는 사람이 크게 상처를 받을 수 있는 내용의 글을 함부로 쓰는 사람도 있다. 이것은 모두 글쓰기 과정에서 지켜야 할 규범과 예의를 지키지 않은 경우이다. 이처럼 글을 쓰는 과정에서 지켜야 하는 여러 가지 규범을 쓰기 윤리라고 한다. 글을 쓸 때 흔히 글만 잘 쓰면 된다고 생각하기 쉽지만 아무리 잘 쓴 글이라고 하더라도 쓰기 윤리에 벗어난 글이라면 아무 소용이 없다. 쓰기 윤리를 지켜야 하는 까닭을 살펴보자.

중심 내용 1 글을 쓸 때에도 다른 사람에게 피해를 주지 않으려면 규범을 지켜야 한다.

2 첫째, 쓰기 윤리를 지키지 않는 것은 법을 어기는 일이다. 무엇보다 진실이 아닌 내용을 진실인 것처럼 쓰는 경우, 법으로 처벌을 받을 수도 있다. 예를 들어
형벌에 처함. 또는 그 벌

어떤 과학자가 자신이 연구한 결과를 돋보이게 하려고 내용을 조작하거나 결과를 부풀려서 쓴 보고서를 발표했다고 하자. 이것은 과학자 자신뿐만 아니라 그 보고서를 읽는 모든 사람을 속이는 일로, 법의 심판을 피할 수 없다. 이렇듯 쓰기 윤리의 시작은 스스로에게 떳떳하고 진실하게 쓰는 것이며 이를 어길 경우 처벌을 받을 수도 있음을 유념해야 한다.
잊거나 소홀히 하지 않도록 마음속에 깊이 간직하여 생각함.

중심 내용 2 쓰기 윤리를 지키지 않는 것은 법을 어기는 일이다.

3 둘째, 쓰기 윤리를 지키지 않으면 다른 사람에게 물질이나 정신 피해를 줄 수 있다. 글을 쓰려고 어떤 자료를 이용하는 경우, 자신이 직접 쓴 부분과 자료에서 인용한 부분을 명확하게 구분하지 않으면 표절이 될 수 있다. 너무도 뚜렷하게 의도가 있는 표절이면 저작권자에게 피해를 준다. 예를 들어 어떤 작가가 오랜 시간 힘들여 쓴 이야기책이 유명해졌는데, 어떤 사람이 비슷한 내용으로 다른 책을 만들어서 판다면 어떻게 될까? 이야기책의 원래 작가는 그만큼 돈을 못 벌게 되고, 또 마음에 큰 상처를 받게 될 것이다. 만약

20 다음은 무엇을 뜻하는지 쓰시오.

> 글을 쓰는 과정에서 지켜야 하는 여러 가지 규범이다.

( )

21 문단 **1**의 중심 내용은 무엇입니까? ( )
① 규칙과 질서를 잘 지키는 일이 중요하다.
② 쓰기 윤리를 지켜야 하는 까닭을 살펴보자.
③ 쓰기 윤리에서 벗어난 글은 잘 쓴 글이 아니다.
④ 글을 쓸 때에도 다른 사람에게 피해를 주지 않으려면 규범을 지켜야 한다.
⑤ 남의 글을 베껴 쓰거나 진실이 아닌 내용을 꾸미는 경우는 글쓰기의 규범을 안 지킨 경우이다.

22 쓰기 윤리를 지키지 않으면 어떻게 되는지 두 가지 고르시오. ( )
① 법을 어기는 일이다.
② 글을 잘 쓸 수 없게 된다.
③ 도덕적으로는 아무런 비난도 받지 않는다.
④ 생각이 자유로워 좋은 글을 쓸 수 있게 된다.
⑤ 다른 사람에게 물질이나 정신 피해를 줄 수 있다.

23 글을 쓸 때 표절이 될 수 있는 경우를 이 글에서 찾아 빈칸에 쓰시오.
- 글을 쓰려고 어떤 자료를 이용하는 경우, _____

친구가 내가 쓴 글을 읽고 내 글과 비슷하게 써서 상을 받았다고 생각해 본다면 저작권을 존중해 쓰기 윤리를 지키는 일이 중요하다는 것을 알게 될 것이다. 또 나쁜 마음으로 다른 사람에게 있지도 않은 사실을 글로 써서 퍼뜨리거나, 다른 사람 글을 함부로 헐뜯어 쓰기 윤리를 어기는 행동도 피해자에게 씻지 못할 상처를 남길 수 있다.

(중심 내용 3) 쓰기 윤리를 지키지 않으면 다른 사람에게 물질이나 정신 피해를 줄 수 있다.

4 셋째, ㉠쓰기 윤리를 지키지 않는 것은 문화 발전을 막는 일이다. 쓰기 윤리를 지켜야 하는 까닭 ③ 글쓰기는 사람들이 생각을 함께 나누게 함으로써 문화 발전에 큰 역할을 한다. 그런데 자신이 조사한 내용을 거짓으로 꾸미거나 허위로 글을 쓰는 사람이 많다면 글을 읽는 사람들은 글의 내용을 믿을 수 없게 된다. 또 여러 사람이 새로운 창작물을 만들려고 노력하는 대신 다른 사람의 글을 베끼려고만 한다면 인류의 문화 발전은 이루어지기 어렵다. 이런 일들이 반복되면 거짓으로 꾸미거나 허위로 글을 쓰거나, 다른 사람의 글을 베끼는 일 사회 전체에 혼란이 커지고, 우리나라의 신뢰에도 문제가 생길 것이다. 다른 사람 글에 예의 있게 반응하는 것 또한 사람들에게 창작 욕구를 북

돋워 문화 발전에 기여하는 일이다.

(중심 내용 4) 쓰기 윤리를 지키지 않는 것은 문화 발전을 막는 일이다.

5 지금까지 쓰기 윤리를 지켜야 하는 까닭을 알아보았다. 쓰기 윤리를 존중하는 것은 우리나라의 미래 발전에 영향을 미칠 정도로 중요하다. 우리가 쓰기 윤리를 존중하지 않으면 우리 스스로 피해를 보는 일이 생길 수도 있다. 그러므로 글을 쓸 때 출처를 정확히 밝히고, 자신을 속이지 않으며 거짓된 내용은 쓰지 않아야 한다. 또 다른 사람 글에도 예의 있게 반응하고 읽는 사람을 배려하며 글을 써야 한다.

(중심 내용 5) 쓰기 윤리를 존중하는 것은 우리나라의 미래 발전에 영향을 미칠 정도로 중요한 일이므로 쓰기 윤리를 지켜야 한다.

글쓴이의 주장을 다시 한번 정리한 부분으로, 주장과 함께 주장을 뒷받침하는 근거를 묻는 문제가 자주 출제돼.

(핵심내용) 「글을 쓸 때에도 지켜야 할 윤리가 있다」에서 글쓴이의 주장과 뒷받침하는 근거

주장	쓰기 윤리를 지키자.
뒷받침 근거	• 쓰기 윤리를 지키지 않는 것은 법을 어기는 일임. • 쓰기 윤리를 지키지 않으면 다른 사람에게 물질이나 정신 피해를 줄 수 있음. • 쓰기 윤리를 지키지 않는 것은 ❷ ☐☐ 발전을 막는 일임.

어기는 규칙, 명령, 약속, 시간 따위를 지키지 아니하고 거스르는.
예 약속을 잘 어기는 사람과는 친하게 지내지 않겠어.

허위(虛 빌 허, 僞 거짓 위) 진실이 아닌 것을 진실인 것처럼 꾸민 것.
예 그가 말한 내용은 모두 허위였습니다.

---

24 이 글에서 글쓴이의 주장을 알맞게 말한 친구의 이름을 쓰시오.

> 수연: 쓰기 윤리를 잘 지키자는 것이야.
> 형석: 글을 읽을 때도 규범을 지키자는 내용이야.
> 지원: 우리 모두 문화 발전을 위해 힘쓰자는 의견을 말하고 있어.

( )

25★ 이 글 전체에서 문단 2~4는 어떤 역할을 하고 있는지 빈칸에 알맞은 말을 쓰시오.

> 글쓴이가 주장하는 내용을 ( )하는 문단이다.

26 글을 쓸 때 지켜야 할 일로 알맞은 것을 모두 고르시오. ( )

① 출처를 정확히 밝힌다.
② 읽는 사람을 배려하며 글을 쓴다.
③ 재미를 위해 조사한 내용을 거짓으로 꾸며 쓴다.
④ 자신을 속이지 않으며 거짓된 내용은 쓰지 않는다.
⑤ 유명한 이야기를 그대로 베껴 쓰지 않고 비슷한 내용으로는 써도 된다.

27 ㉠의 근거가 적절한지 판단하여 쓰시오.

서술형

_____

_____

학교 안에서 스마트폰 사용이 필요한가

• 글의 특징: 학교 안 스마트폰 사용에 대한 찬반 의견을 다루고 있는 신문 기사입니다.

최근 스마트폰을 사용하는 사람이 늘면서 초등학생이 스마트폰에 중독되는 것을 걱정하는 목소리가 높습니다. 마침내 학교 안에서 초등학생이 스마트폰을 쓰지 못하게 하는 법안까지 국회에 제출되었습니다. 스마트폰을 지나치게 쓰는 것이 문제라는 사실에는 공감하지만, 초등학생들이 학교 안에서 스마트폰을 아예 쓰지 못하도록 법으로 막는 것을 두고 찬성과 반대 입장이 팽팽히 맞섭니다. 여러분은 어떻게 생각하나요?

학교 안 스마트폰 사용을 법으로 금지해야 한다고 주장하는 사람들은 다음과 같은 근거를 듭니다.

"학교 안에서 스마트폰을 사용하면 학생들이 수업에 집중하지 못해 학업에 방해가 됩니다. 만약 학교 안에서 스마트폰을 사용하는 것을 법으로 금지한다면 학생들이 스마트폰에 정신을 빼앗기지 않아 좀 더 수업에 집중할 수 있을 것입니다. 아무리 학교에서 사용하지 않겠다고 다짐해도 스마트폰이 자신에게 있으면 손이 가기 마련입니다. 또 학교에서까지 스마트폰을 사용하면 난청, 시각 장애, 거북목 증후군 같은 여러 가지 병에 걸릴 수 있습니다. 따라서 학

생이 스마트폰을 학교에서 사용하는 것을 막는 장치가 있어야 합니다."

하지만 학교 안 스마트폰 사용을 법으로 금지하면 안 된다고 주장하는 사람들도 있습니다. 이들의 생각은 다음과 같습니다.

"초등학생의 스마트폰 중독 문제를 강제적으로 해결할 수는 없습니다. 학교 안에서 스마트폰을 쓰지 못하게 한다면 오히려 역효과만 일어날 것입니다. 대부분의 학생은 방과 후에 스마트폰을 사용하기 때문에 법을 굳이 만들지 않아도 됩니다. 초등학생에게 스마트폰을 올바르게 사용하도록 교육하는 것이 학교 안에서 스마트폰을 사용하지 못하도록 법으로 금지하는 것보다 훨씬 효과가 클 것입니다. 또 학생들은 수업에서 이해하지 못한 내용을 스마트폰으로 바로바로 찾아볼 수도 있습니다."

지금 우리 주변에도 스마트폰을 사용하는 친구들을 어렵지 않게 볼 수 있습니다. 여러분은 '학교 안 스마트폰 사용'을 어떻게 생각하십니까?

○○○ 기자

중독(中 가운데 중, 毒 독 독) 어떤 사상이나 사물에 젖어 버려 정상적으로 사물을 판단할 수 없는 상태.

법안(法 법 법, 案 책상 안) 법률에서 토의하거나 조사하여야 할 사실이나 초안. 예 법안이 의회를 통과하였습니다.

교과서 문제

1 이 기사에서 다루고 있는 문제는 무엇인지 이 글에서 찾아 아홉 글자로 쓰시오.

( )

2★ 다음은 〈문제 1번〉의 답에 대한 근거로 든 것입니다. 찬성쪽 근거에는 '찬성'을, 반대쪽 근거에는 '반대'를 쓰시오.

(1) 학생들이 수업에 집중하지 못해 학업에 방해가 된다. ( )

(2) 스마트폰을 올바르게 사용하도록 교육하는 것이 훨씬 효과가 클 것이다. ( )

3 스마트폰을 많이 사용하면 어떤 병에 걸릴 수 있다고 하였는지 모두 고르시오. ( )

① 난청   ② 탈모   ③ 불면증
④ 시각 장애   ⑤ 거북목 증후군

4 이 기사의 의견에 대한 글을 쓰기 위해 마련한 다음 근거를 보고 어떤 입장인지 찾아 ○표 하시오.

근거: 학교 안에서 스마트폰을 사용하다가 잃어버리는 일이 자주 일어난다.

➡ 학교 안 스마트폰 사용을 (금지 , 허락)해야 한다.

낱말의 뜻

1 낱말과 그 뜻이 알맞게 연결된 것에는 ○표, 그렇지 않은 것에는 ×표 하시오.

(1) 보행 – 걸어 다님. ( )

(2) 위반 – 법률, 명령, 약속 따위를 지킴. ( )

(3) 허위 – 진실이 아닌 것을 진실인 것처럼 꾸민 것. ( )

(4) 통제 – 일정한 방침이나 목적에 따라 행위를 제한하거나 제약함. ( )

비슷한말

2 밑줄 친 낱말과 뜻이 비슷한 말을 골라 ○표 하시오.

(1) 무림의 고수도 사라졌다.

(상수 , 중수 , 하수)

(2) 자동차가 많아지면서 교통사고는 심각한 사회 문제가 되었다.

(신중한 , 소중한 , 중대한)

낱말의 활용

3 다음 중 낱말의 쓰임이 바르지 않은 것은 무엇입니까? ( )

① 초등학생들은 바깥 활동이 잦은 편이다.

② 쓰기 윤리를 지키는 것은 법을 어기는 것이다.

③ 학교 앞길에는 과속 차량을 단속하는 장치를 마련해야 한다.

④ 초등학생들이 스마트폰에 중독되는 것을 걱정하는 목소리가 높다.

⑤ 힘이 강한 나라나 집단이 힘이 약한 나라나 사람들을 지배할 수도 있다.

여러 가지 뜻을 지닌 낱말

4 보기 의 낱말 뜻을 보고, 빈칸에 공통으로 들어갈 말은 무엇인지 기본형을 쓰시오.

보기

• 누웠다가 앉거나 앉았다가 서다.

• 잠에서 깨어나다.

• 어떤 일이 생기다.

• 의자에서 ⬜.

• 아침 일찍 ⬜.

• 교통사고가 ⬜.

( )

낱말의 발음

5 다음 낱말을 잘못 발음한 것은 무엇입니까?

( )

① 관련[괄련]   ② 관리[괄리]

③ 윤리[율리]   ④ 인류[인뉴]

⑤ 혼란[홀란]

맞춤법

6 밑줄 친 낱말을 맞춤법에 맞게 바르게 고쳐 쓰시오.

(1) 로봇을 계발할 때 사회에 끼칠 영향도 함께 생각해야 한다.

( )

(2) 여러분은 '학교 안 스마트폰 사용'을 어떡해 생각하십니까?

( )

1~3

1 그림 **1**에서 태빈이는 무엇을 하고 오는 길이라고 하였는지 빈칸에 알맞은 말을 쓰시오.

> (   )이/가 부러져서 고치고 오는 길이라고 하였다.

2 ㉠과 ㉡은 어떤 뜻으로 쓰였는지 알맞게 선으로 이으시오.

(1) ㉠ •
(2) ㉡ •

• ① 사람이나 동물의 몸통 아래 붙어 있는 신체의 부분.

• ② 물을 건너거나 또는 한편의 높은 곳에서 다른 편의 높은 곳으로 건너다닐 수 있도록 만든 시설물.

3 ㉠, ㉡과 같이 형태는 같지만 뜻이 서로 다른 낱말을 무엇이라고 합니까? (   )

① 다의어 ② 동형어 ③ 반대말
④ 기본형 ⑤ 이어 주는 말

4 보기 의 빈칸에 공통으로 들어갈 알맞은 동형어나 다의어는 무엇입니까? (   )

> **보기**
> • 사과를 [   ].   • 물건값을 [   ].

① 사다 ② 먹다 ③ 깎다
④ 들다 ⑤ 놓다

5~7

가 어린이 스스로도 보행 중 교통사고를 당하지 않도록 노력해야 한다. 도로에서 발생하는 수많은 비극은 교통 법규를 무시하고 조금 빨리 가려다가 발생한다. 운전자와 보행자 모두 도로에서 시간적 여유를 ㉠가지는 마음이 필요하다.

나 이제부터라도 어린이 보행 중 교통사고를 줄이는 일에 모두 힘써야 한다. 어린이 보행 안전은 남에게 미룰 수도 없고, 남이 대신해 줄 수도 없다.

5 보행 중 교통사고를 당하지 않으려면 운전자와 보행자 모두에게 어떤 마음이 필요합니까? (   )

① 서로를 위로하는 마음
② 어린이를 생각하는 마음
③ 빨리 일을 처리하려는 마음
④ 시간적 여유를 가지는 마음
⑤ 교통 법규를 기억하려는 마음

6 글쓴이의 주장을 찾아 빈칸에 알맞은 말을 쓰시오.

> 우리 모두 어린이 (   )을/를 줄이는 일에 힘쓰자.

7 ㉠'가지는'의 뜻을 국어사전에서 찾아 낱말 그물을 완성하시오. (단, 이 글에 쓰인 뜻을 반드시 포함할 것)

서술형

가 인공 지능 기술의 개발 속도는 우리가 예상할 수 없을 만큼 빨라지고 있습니다. 많은 사람이 다음 세기에는 인공 지능이 인간을 뛰어넘을 것이라고 말합니다. 앞으로 인공 지능은 우리의 삶 곳곳에 영향을 미칠 것입니다. 그런 미래는 편리함이라는 빛만큼이나 위험하고 어두운 그림자 또한 있을 것이라고 생각합니다. 그러므로 인공 지능이 일으킬 위험을 막을 방법도 생각해야 합니다.

나 힘이 강한 나라나 집단이 힘이 약한 나라나 사람들을 지배할 수도 있습니다. 인공 지능이 발달하면 힘 있는 사람들의 지배력이 지금과 비교가 안 될 정도로 강해질 것입니다. 즉 나라 사이에 새로운 지배 관계가 생길 위험이 매우 크다고 생각합니다.

8 이 글의 내용으로 알맞지 <u>않은</u> 것은 무엇입니까?
( )

① 인공 지능 기술의 개발 속도가 빨라지고 있다.
② 인공 지능은 우리 삶 곳곳에 영향을 미칠 것이다.
③ 인공 지능 개발은 우리 미래에 편리함만을 가져다줄 것이다.
④ 인공 지능의 발달은 힘이 강한 집단에 유리하게 작용할 것이다.
⑤ 많은 사람들이 미래에 인공 지능이 인간을 뛰어넘을 것으로 예상하고 있다.

9 인공 지능이 발달하면 나라 사이에 새로운 지배 관계가 생길 위험이 크다고 한 까닭은 무엇인지 빈칸에 알맞은 말을 쓰시오.

> 힘 있는 사람들의 ( )이/가 지금과 비교가 안 될 정도로 강해질 것이기 때문이다.

10★ 글쓴이의 주장은 무엇이겠습니까? ( )

① 인공 지능은 위험하다.
② 인공 지능의 개발 속도를 더욱 빨리해야 한다.
③ 우리의 미래에 인공 지능을 잘 활용해야 한다.
④ 나라 사이의 새로운 지배 관계를 이해해야 한다.
⑤ 인공 지능은 인간에게 많은 이익을 가져다준다.

가 우리 사회 곳곳에서는 인공 지능을 개발하거나 이용할 때 사회에 질 책임을 강조하려는 움직임이 활발히 일어나고 있습니다. 인공 지능에는 위험이 있긴 하지만 우리는 인공 지능을 개발하는 것을 포기할 수 없습니다. 인공 지능은 인류 미래에 꼭 있어야 할 기술입니다.

나 인공 지능에 제대로 된 규칙을 부여해 잘 통제하고 활용하면 인류의 삶은 더욱 편리하고 풍요로워질 것입니다. 예를 들어 움직임이 불편한 노인과 장애인들은 무인 자동차로 자유롭게 이동할 수 있습니다.

다 앞으로 인공 지능은 인간의 생활을 이롭게 하는 생활 속 기술로 자리 잡을 것입니다. 인간에게 나쁜 영향을 줄 수 있는 인공 지능은 철저히 통제하고, 인간을 보호하고 도울 수 있는 인공 지능을 활용하면 인공 지능은 인류의 미래를 희망으로 가득하게 만들어 줄 것입니다.

11 다음 낱말 중 글쓴이의 주장과 관련 있는 낱말을 모두 고르시오. ( )

① 포기 ② 미래 ③ 인류
④ 장애인 ⑤ 인공 지능

12 문단 **가**의 중심 내용을 정리하여 쓰시오.
서술형
_____

_____

13 인공 지능을 잘 통제하고 관리하여 인류의 삶을 더욱 편리하고 풍요롭게 만든 예를 찾아 쓰시오.
( )

14 글의 제목은 글쓴이의 주장을 가장 잘 드러낼 수 있어야 합니다. 이 글의 제목으로 가장 알맞은 것에 ○표 하시오.

(1) 위험성을 가진 인공 지능 ( )
(2) 인공 지능은 미래의 희망이다 ( )
(3) 생활 속 기술로 자리 잡을 인공 지능 ( )

15~16

가 첫째, ㉠쓰기 윤리를 지키지 않는 것은 법을 어기는 일이다. 무엇보다 진실이 아닌 내용을 진실인 것처럼 쓰는 경우, 법으로 처벌을 받을 수도 있다.

나 둘째, ㉡쓰기 윤리를 지키지 않으면 다른 사람에게 물질이나 정신 피해를 줄 수 있다. 글을 쓰려고 어떤 자료를 이용하는 경우, 자신이 직접 쓴 부분과 자료에서 인용한 부분을 명확하게 구분하지 않으면 표절이 될 수 있다.

다 ㉢쓰기 윤리를 존중하는 것은 우리나라의 미래 발전에 영향을 미칠 정도로 중요하다. 우리가 쓰기 윤리를 존중하지 않으면 우리 스스로 피해를 보는 일이 생길 수도 있다.

15 ㉠~㉢에 대한 설명으로 알맞은 것을 찾아 기호를 쓰시오.

> ㉮ 모두 글쓴이의 주장을 나타낸다.
> ㉯ 모두 글쓴이의 주장을 뒷받침하는 근거이다.
> ㉰ ㉠과 ㉡은 글쓴이의 주장을 뒷받침하는 근거이다.

( )

16 쓰기 윤리를 지켜야 하는 까닭을 한 가지만 찾아 쓰시오.

_____

_____

17 다음 주장에 대한 근거로 가장 알맞은 것은 무엇입니까? ( )

> 교실이나 복도에서 큰 소리로 떠들지 말자.

① 교실의 쓰레기를 줄일 수 있다.
② 넘어지거나 부딪혀 다칠 수 있다.
③ 안전하고 질서 있는 생활을 할 수 있다.
④ 아침 자습 시간을 효율적으로 사용할 수 있다.
⑤ 소음 때문에 다른 사람에게 피해를 줄 수 있다.

18~20

가 최근 스마트폰을 사용하는 사람이 늘면서 초등학생이 스마트폰에 중독되는 것을 걱정하는 목소리가 높습니다. 마침내 학교 안에서 초등학생이 스마트폰을 쓰지 못하게 하는 법안까지 국회에 제출되었습니다.

나 "학교 안에서 스마트폰을 사용하면 학생들이 수업에 집중하지 못해 학업에 방해가 됩니다. 만약 학교 안에서 스마트폰을 사용하는 것을 법으로 금지한다면 학생들이 스마트폰에 정신을 빼앗기지 않아 좀 더 수업에 집중할 수 있을 것입니다."

다 "초등학생의 스마트폰 중독 문제를 강제적으로 해결할 수는 없습니다. 학교 안에서 스마트폰을 쓰지 못하게 한다면 오히려 역효과만 일어날 것입니다. 대부분의 학생들은 방과 후에 스마트폰을 사용하기 때문에 법을 굳이 만들지 않아도 됩니다."

18 이 글에서 다루고 있는 문제는 무엇입니까?

( )

① 친구들 간의 대화 시간
② 학교 안 친구들 사이의 왕따 문제
③ 초등학생들의 스마트폰 사용 능력
④ 학교 안 스마트폰 사용에 대한 문제
⑤ 초등학생들이 좋아하는 컴퓨터 게임

19 글 **나**와 **다**는 어떤 의견에 대한 근거인지 알맞게 선으로 이으시오.

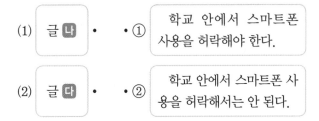

(1) 글 **나** •　　• ① 학교 안에서 스마트폰 사용을 허락해야 한다.

(2) 글 **다** •　　• ② 학교 안에서 스마트폰 사용을 허락해서는 안 된다.

20 글 **다**에서 내세우는 주장을 뒷받침할 수 있는 다른 근거로 알맞은 것은 무엇입니까? ( )

① 스마트폰 분실 사고가 자주 일어난다.
② 공부 시간에 다른 친구들에게 방해가 된다.
③ 스마트폰을 오래 사용해서 시력이 나빠진다.
④ 스마트폰이 없는 친구들에게는 상실감을 준다.
⑤ 스마트폰의 여러 기능을 수업에 활용할 수 있다.

1

가 어린이 보행 중 교통사고를 줄이는 방법은 무엇일까? 운전자에게 어린이 보행 안전 교육을 철저히 해야 한다. 전체 교통사고 가운데에서 보행 중에 발생한 ㉠사고의 나이대별 분포를 살펴보면, 초등학생이 다른 나이대보다 상대적으로 높게 나타나는 것을 알 수 있다. 이는 초등학생들이 바깥 활동이 잦은 데다 위험 상황을 판단하고 그에 대처하는 능력이 부족하기 때문이다.

나 어린이를 고려한 보행 안전시설도 더 필요하다. 학교 앞길에는 과속 차량을 단속하는 장치를 마련해야 한다. 그리고 학교 근처의 어린이 보호 구역을 현재 반지름 300미터보다 더 넓게 하여 어린이들이 안전하게 다닐 수 있게 해야 한다. 그뿐만 아니라 어린이가 많이 다니는 길에는 과속 방지 턱을 만들어 차량 속도를 낮추도록 해야 한다. 이와 같은 안전시설은 어린이 교통사고를 줄이는 데 많은 도움이 될 것이다.

1단계 **낱말 쓰기** 이 글에서 말하고 있는 것은 무엇인지 빈칸에 알맞은 말을 쓰시오. [2점]

• 어린이 보행 중 (　　　　　　　)를 줄이는 방법

2단계 **문장 쓰기** 이 글에서 어린이 보행 중 교통사고를 줄이는 방법을 두 가지 쓰시오. [6점]

•

•

3단계 **생각 쓰기** ㉠의 낱말을 사용하여 짧은 문장을 만드시오. [8점]

조건
• 국어사전에서 낱말의 뜻을 확인한다.
• 여러 가지 뜻 중 이 글에서 쓰인 뜻을 사용한다.

2~3

가 인공 지능 기술의 개발 속도는 우리가 예상할 수 없을 만큼 빨라지고 있습니다. 많은 사람이 다음 세기에는 인공 지능이 인간을 뛰어넘을 것이라고 말합니다. 앞으로 인공 지능은 우리의 삶 곳곳에 영향을 미칠 것입니다. 그런 미래는 편리함이라는 빛만큼이나 위험하고 어두운 그림자 또한 있을 것이라고 생각합니다. 그러므로 인공 지능이 일으킬 위험을 막을 방법도 생각해야 합니다.

나 첫째, 인공 지능을 가졌느냐 아니냐에 따라 부자는 더 부자가 되고 가난한 사람은 더욱 가난해질 것입니다. 이로써 사회적·경제적 불평등은 더욱 심해질 것입니다.

다 둘째, 힘이 강한 나라나 집단이 힘이 약한 나라나 사람들을 지배할 수도 있습니다. 인공 지능이 발달하면 힘 있는 사람들의 지배력이 지금과 비교가 안 될 정도로 강해질 것입니다. 즉 나라 사이에 새로운 지배 관계가 생길 위험이 매우 크다고 생각합니다.

2 문단 가~다의 중심 내용을 쓰시오. [9점]

(1) 문단 가: _____

_____

(2) 문단 나: _____

_____

(3) 문단 다: _____

3 〈문제 2번〉에서 간추린 중심 내용을 바탕으로 하여 보기 처럼 이 글의 제목을 정하여 쓰시오. [6점]

보기
편리함 뒤에 숨겨진 위험, 인공 지능

5 글쓴이의 주장

학습 제재	학교 안에서 스마트폰 사용이 필요한가	배점	29점
학습 목표	주장에 대해 찬반 의견을 정해 근거를 말하고 글로 쓸 수 있다.		

● 다음 글을 읽고, 물음에 답하시오.

가 학교 안 스마트폰 사용을 법으로 금지해야 한다고 주장하는 사람들은 다음과 같은 근거를 듭니다.
"학교 안에서 스마트폰을 사용하면 학생들이 수업에 집중하지 못해 학업에 방해가 됩니다. 만약 학교 안에서 스마트폰을 사용하는 것을 법으로 금지한다면 학생들이 스마트폰에 정신을 빼앗기지 않아 좀 더 수업에 집중할 수 있을 것입니다. 아무리 학교에서 사용하지 않겠다고 다짐해도 스마트폰이 자신에게 있으면 손이 가기 마련입니다. 또 학교에서까지 스마트폰을 사용하면 난청, 시각 장애, 거북목 증후군 같은 여러 가지 병에 걸릴 수 있습니다."

나 학교 안 스마트폰 사용을 법으로 금지하면 안 된다고 주장하는 사람들도 있습니다. 이들의 생각은 다음과 같습니다.
"초등학생의 스마트폰 중독 문제를 강제적으로 해결할 수는 없습니다. 학교 안에서 스마트폰을 쓰지 못하게 한다면 오히려 역효과만 일어날 것입니다. 대부분의 학생은 방과 후에 스마트폰을 사용하기 때문에 법을 굳이 만들지 않아도 됩니다. 초등학생에게 스마트폰을 올바르게 사용하도록 교육하는 것이 학교 안에서 스마트폰을 사용하지 못하도록 법으로 금지하는 것보다 훨씬 효과가 클 것입니다."

1 이 글에 제시되어 있는 주장과 근거를 정리한 표입니다. 빈칸을 채워 완성하시오. [9점]

주장		
(1)	찬성	• 학교 안에서 스마트폰을 사용하면 학생들이 수업에 집중하지 못해 학업에 방해가 된다. • (2) _____
	반대	• (3) _____ • 스마트폰을 올바르게 사용하도록 교육하는 것이 훨씬 효과가 클 것이다.

2 〈문제 1번〉의 주장에 대한 찬성이나 반대 의견을 들어 한 문단의 글을 쓰시오. [20점]

> **조건**
> • 찬성하거나 반대하는 의견을 정해 그에 알맞은 새로운 근거 한 가지를 쓴다.
> • 자신의 의견을 한 편의 글로 쓴다고 생각하여, 전체 글 가운데에서 한 문단을 쓴다.

_____

_____

토의하여 해결해요

1 토의 뜻과 필요성 알기

① 어떤 문제를 여러 사람이 협력해 해결하는 방법을 토의라고 합니다.

② 토의를 해야 하는 까닭

> 토의가 필요한 경우 예
> • 가족 여행 장소를 정할 때
> • 모둠 과제의 역할을 정할 때

- 적절한 문제 해결 방법을 찾을 수 있습니다.

- 상황을 더 잘 이해할 수 있습니다.

- 문제 해결에 직접 참여할 수 있습니다.

> 토의에서 의견을 모을 때 지켜야 할 점
> • 알맞은 까닭을 들어 자신의 주장을 말함.
> • 토의 주제와 관련한 이야기를 함.
> • 다른 사람 의견을 끝까지 듣고 자신의 의견을 말함.
> • 다른 사람 의견을 존중하며 들음.

★★ 2 토의 절차와 방법 알기

토의 절차	토의 방법
토의 주제 정하기	• 토의하고 싶은 주제를 자유롭게 이야기하기 • 토의 주제로 알맞은지 판단하기 • 토의 주제 결정하기
의견 마련하기	• 토의 주제에 맞게 자신의 의견 쓰기 • 그 의견이 좋은 까닭 쓰기
의견 모으기	• 친구들과 의견 주고받기 • 각 의견의 장단점 찾기 • 의견이 알맞은지 판단할 기준 세우기 • 기준에 따라 의견이 알맞은지 판단하기
의견 결정하기	• 기준에 따라 가장 알맞은 의견으로 결정하기

3 토의 주제를 파악하고 의견 나누기

① 토의 주제가 알맞은지 살펴봅니다.

- 우리 모두와 관련이 있는 문제이어야 합니다.

- 해결 방법을 찾을 수 있는 문제이어야 합니다.

- 우리가 변화를 이끌어 낼 수 있는 문제이어야 합니다.

② 의견이 알맞은지 판단해 봅니다.

> 토의할 때 지켜야 할 점
> • 다른 사람의 의견을 존중하며 말함.
> • 의견의 장단점을 생각하며 들음.
> • 토의 주제를 벗어난 이야기는 하지 않음.

- 토의 주제에 맞는 내용이어야 합니다.

- <u>알맞은 주장과 근거를 들어야 합니다.</u>
  └ 근거를 자세히 들어야 의견을 설득력 있게 말할 수 있어요.

- 실천할 수 있어야 합니다.

개념 확인하기 정답과 풀이 19쪽

1 어떤 문제를 여러 사람이 협력해 해결하는 방법을 무엇이라고 하는지 쓰시오.

(   )

2 토의 절차에 맞게 차례대로 기호를 쓰시오.

> ㉮ 의견 모으기
> ㉯ 의견 마련하기
> ㉰ 의견 결정하기
> ㉱ 토의 주제 정하기

(   ) → (   ) →
(   ) → (   )

3 토의 주제로 알맞은 것에 모두 ○표 하시오.

(1) 해결할 수 있는 주제

(   )

(2) 우리 모두와 관련이 있는 주제

(   )

(3) 반 친구들에게 가장 인기 있는 주제 (   )

(4) 우리가 변화를 이끌어 낼 수 있는 주제 (   )

4 다음 빈칸에 알맞은 말을 쓰시오.

> 토의할 때에는 다른 사람의 의견을 존중하며 말하고, 각 의견의 (   )을/를 생각하며 듣는다.

• **그림 설명**: 공고문을 본 친구들이 1학년 동생이 다치는 사고를 막으면서 운동장을 안전하게 쓸 방법에 대해 이야기하고 있습니다.

핵심내용 일상생활에서 토의를 해야 할 때는 언제인지 알아보기 예
• 가족 ❶ ㅇ ㅎ 장소를 정할 때
• 모둠 과제의 역할을 정할 때

1 그림 **가**에서 윤서가 말한 ㉠'이것'은 무엇을 말하는지 쓰시오.

_____

_____

3 일상생활에서 토의를 해야 할 때는 언제인지 **보기**에서 모두 찾아 기호를 쓰시오.

> **보기**
> ㉮ 가족 여행 장소를 정할 때
> ㉯ 모둠 과제의 역할을 정할 때
> ㉰ 반 친구들과 함께 부를 노래를 정할 때
> ㉱ 도서관에서 자신이 읽고 싶은 책을 정할 때

(   )

교과서 문제
2 그림 **나**에서 친구들은 어떤 문제로 의견을 나누었습니까? (   )

① 운동장을 안전하게 쓰는 방법
② 운동장에서 축구 시합을 하는 방법
③ 점심시간에 급식을 맛있게 먹는 방법
④ 1학년 동생과 함께 운동장에서 축구를 하는 방법
⑤ 점심시간에 1학년 동생보다 급식을 빨리 먹는 방법

4* 그림 **나**처럼 문제 해결 과정에 여러 사람이 참여하면 좋은 점으로 알맞지 <u>않은</u> 것은 무엇입니까?
(   )

① 문제 해결에 직접 참여할 수 있다.
② 문제 상황을 더 잘 이해할 수 있다.
③ 결정된 내용을 잘 받아들일 수 있다.
④ 적절한 문제 해결 방법을 찾을 수 있다.
⑤ 문제를 해결하는 데 시간이 오래 걸린다.

1~3

문제 상황

다가오는 ○월 ○○일이 무슨 날일까요?

올해는 개교기념일 행사를 학생들의 의견을 모아 진행하기로 했어요.

개교기념일이 에요.

무슨 날이지?

토의 주제는 무엇으로 정하면 좋을까요?

❶ 토의 주제 정하기

❷ 의견 마련하기

토의 주제에 따라 내 생각을 정리해 봐야지.

각자 정리한 의견을 모아 보겠습니다.

저는 우리 학교 역사부터 조사하면 좋겠습니다. 왜냐하면……

❸ 의견 모으기

❹ 의견 결정하기

우리 모둠에서는 개교기념일 행사로 '우리 학교 역사 찾기'를 하기로 결정했습니다.

제 의견의 좋은 점은……

1 문제 상황을 살펴보고 빈칸에 알맞은 말을 쓰시오.

• (　　　　　　) 행사를 학생들의 의견을 모아 진행하기로 한 것이 문제 상황이다.

2 토의에서 결정된 의견은 무엇입니까? (　　　)

① 우리 학교 역사 찾기
② 우리 학교 교가 부르기
③ 우리 학교 시설 안내하기
④ 우리 학교 자랑거리 소개하기
⑤ 우리 반 친구들이 삼행시 짓기

3 ❶~❹로 보아 토의는 어떤 절차로 진행되었는지 빈칸에 알맞은 말을 차례대로 쓰시오.

• (　　　　　　) 정하기 → 의견 (　　　　　)
→ 의견 (　　　　　) → 의견 (　　　　　)

4~6

우리 학교 상징을 무엇으로 바꾸면 좋을지 이야기해 봐요.

토의하고 싶은 주제를 자유롭게 이야기해요.

그래도 학교 생일인데 '개교기념일을 뜻깊게 보내는 방법 찾기'가 좋지 않을까요?

4 친구들은 무엇을 하고 있는지 알맞은 것에 ○표 하시오.

(1) 토의하고 싶은 주제 정하기　　　(　　　)
(2) 의견을 뒷받침하는 까닭 말하기　(　　　)
(3) 토의 주제에 알맞은 의견 결정하기 (　　　)

5★ 토의 주제로 알맞은지 판단하는 기준으로 알맞지 **않은** 것을 두 가지 고르시오. (　　　　　)

① 해결할 수 있는 주제인가?
② 우리 모두와 관련이 있는 주제인가?
③ 부모님께 칭찬을 들을 수 있는 주제인가?
④ 우리가 변화를 이끌어 낼 수 있는 주제인가?
⑤ 누구나 비슷한 의견을 말할 수 있는 주제인가?

6 서술형 다음 해연이가 낸 의견을 살펴보고 어떤 점이 문제 인지 쓰시오.

이번 개교기념일에 무조건 학교 상징을 바꾸면 좋겠습니다.

해연

_____

_____

7~8

7 그림 **1**에서 마루가 잘못한 점은 무엇인지 빈칸에 알맞은 말을 쓰시오.

• 자신의 의견을 제시하는 ( )을/를 설명하지 않았다.

8 그림 **2**에서 토의를 하는 마루의 태도의 문제점으로 알맞은 것을 모두 고르시오. ( )

① 친구가 말한 의견을 무시하였다.
② 친구의 말을 끝까지 듣지 않았다.
③ 자신의 의견을 반말로 이야기했다.
④ 친구가 말한 의견을 존중하지 않았다.
⑤ 토의 주제에서 벗어난 의견을 말했다.

9★ 토의에서 의견을 모을 때 지켜야 할 점으로 알맞지 않은 것은 무엇입니까? ( )

① 토의 주제와 관련한 이야기를 한다.
② 다른 사람 의견을 존중하며 듣는다.
③ 자신의 의견만 옳다고 계속 말한다.
④ 알맞은 까닭을 들어 자신의 주장을 말한다.
⑤ 다른 사람 의견을 끝까지 듣고 자신의 의견을 말한다.

10 토의할 때 의견을 모으는 방법을 생각하며 보기 에서 알맞은 말을 찾아 빈칸에 쓰시오.

보기

장단점   기준   주제   실천

• 친구들과 의견을 주고받는다. → 의견을 주고받으며 ( )을/를 찾는다. → 의견이 알맞은지 판단할 ( )을/를 세운다. → ( )에 따라 의견이 알맞은지 판단한다.

11~12

11 이 대화는 토의 절차 가운데 어느 단계에 해당합니까? ( )

① 의견 모으기 　　② 의견 마련하기
③ 의견 결정하기 　　④ 토의 평가하기
⑤ 토의 주제 정하기

12★ 이와 같은 토의에서 의견을 결정하는 방법을 모두 고르시오. ( )

① 실천할 수 있는 의견을 결정한다.
② 토의 주제에 맞는 의견을 결정한다.
③ 친한 친구가 이야기한 의견을 결정한다.
④ 알맞은 주장과 근거를 든 의견을 결정한다.
⑤ 자신과 가장 관련이 적은 의견을 결정한다.

13~15

다음 주 가운데 하루를 학급의 날로 잡아서 그날을 여러분이 계획한 대로 보내려고 합니다.

무엇을 하면 좋을까?

소연

13 선생님께서 제안한 내용은 무엇인지 빈칸에 알맞은 말을 쓰시오.

• 다음 주 가운데 하루를 (   )(으)로 잡아서 그날을 학생들이 계획한 대로 보내자고 제안하셨다.

교과서 문제
14 소연이의 고민을 해결할 수 있는 토의 주제로 알맞은 것은 무엇입니까? (   )

① 학급의 날을 누가 정하면 좋을까?
② 학급의 날을 언제로 정하면 좋을까?
③ 학급의 날을 어떻게 보내면 좋을까?
④ 학급의 날에 누구를 초대하면 좋을까?
⑤ 학급의 날을 어디에서 보내면 좋을까?

15 〈문제 14번〉의 토의 주제가 알맞은지 판단한 근거를 보기 에서 찾아 기호를 쓰시오.

보기
㉮ 우리 모두와 관련이 있는 문제인가?
㉯ 해결 방법을 찾을 수 있는 문제인가?
㉰ 우리가 변화를 이끌어 낼 수 있는 문제인가?

(1) 우리가 학급의 날을 만들어 갈 수 있다.
(   )
(2) 학급의 날을 보내는 여러 방법을 찾아낼 수 있다.
(   )
(3) 학급의 날이기 때문에 우리 모두와 관련이 있다.
(   )

16~18

성민: 학급의 날에 무엇을 하면 좋을지 의견을 말씀해 주십시오.
재성: 우리 반 장기 자랑을 했으면 좋겠습니다. 장기 자랑으로 친구들과 좀 더 친해질 수 있고 무엇보다 모두 함께 즐거운 시간을 보낼 수 있습니다.
우진: '찾아가는 선배들' 활동을 했으면 좋겠습니다. 우리 반 친구들이 1~2학년 동생들에게 노래나 악기 연주, 춤 공연을 보여 주거나 책을 읽어 주는 시간을 마련해 찾아간다면 선후배 사이에 뜻깊은 시간을 보낼 수 있습니다.

16 재성이와 우진이의 의견이 알맞은지 판단하는 기준으로 알맞지 않은 것을 두 가지 고르시오.
(   )

① 실천할 수 있는가?
② 토의 주제에 맞는 내용인가?
③ 누구나 알고 있는 내용인가?
④ 알맞은 주장과 근거를 들었는가?
⑤ 선생님께서 좋아하실 만한 내용인가?

17 재성이가 말한 의견의 장점으로 알맞은 것에 모두 ○표 하시오.

(1) 반 친구들과 좀 더 친해질 수 있다. (   )
(2) 모두 함께 즐거운 시간을 보낼 수 있다.
(   )
(3) 어려움을 함께 나누며 뜻깊은 시간을 보낼 수 있다.
(   )

18 우진이가 말한 의견의 장단점을 생각해 빈칸에 쓰시오.
서술형

장점	(1)
단점	(2)

○○일보　　　　　　　　　20○○년 ○○월 ○○일

• 글의 종류: 기사문
• 글의 특징: 초등학생들이 직접 구청장을 면담하고 학교 앞 어린이 보호 구역 환경 개선을 요구했다는 내용을 보도한 신문 기사입니다.

고사리손으로 교통사고 대책 마련 눈길

1 어린이 보호 구역에서 유치원생이 목숨을 잃은 사
　　　　　　　　갈라놓은 지역
고가 있은 뒤, 초등학생들이 직접 교통사고 대책 마련
　　　　　　　　　　　어떤 일에 대처할 계획이나 수단
에 나서 화제가 됐다. 과거에도 같은 곳에서 비슷한 사
고가 있었기에 학생들은 학교 앞 어린이 보호 구역이
자신들의 안전을 지켜 주지 못한다는 것을 알았다.

중심 내용 **1** 어린이 보호 구역에서 사고가 있은 뒤, 초등학생들이 직접 교통사고 대책 마련에 나서 화제가 됐다.

2 이에 따라 전교 학생회에서 '안전한 학교 만들기'
안건을 마련했다. 이날 회의에서는 '구청장님께 편지
토의하거나 조사하여야 할 사실
쓰기'라는 실천 방안까지 나왔다.

　학생회는 학교 친구들이 직접 학교 앞 어린이 보호
구역 환경 개선을 요구하고 뚜렷한 개선 방안을 낼 것
을 계획했다. 학생회는 학교 곳곳에 알림 글을 붙여 전
교생이 편지를 쓰자고 했다. 그 결과, 편지가 2주 만에
200여 통이나 쌓였다.

　학교 앞 어린이 보호 구역에 폐회로 텔레비전
　　　　　　　　　　특정한 사람을 대상으로 화상을 전송하는 텔레비전 방식
[CCTV]과 신호등을 설치하고, 불법 주정차 단속을 제
대로 해야 한다는 내용이 대부분이었다. 이 가운데 가

장 눈에 띄는 제안은 어린이 보호 구역 표지판을 개선
하자는 것이었다. 어린이 보호 구역 표지판이 너무 작
아 가로수에 가려 잘 보이지도 않는 데다 밤에는 어린
이 보호 구역을 알아보기조차 힘들다는 의견이었다. 이
에 따라 어린이 보호 구역 표지판의 크기를 키우고 밤
에 잘 보일 수 있도록 표지판 테두리를 엘이디(LED)로
　　　　　　　　　　　　　　　　　　　　발광 다이오드
반짝이게 만들어 밤이든 낮이든 운전자가 이곳이 어린이
보호 구역임을 분명히 알게 하자는 개선 방안이 나왔다.

중심 내용 **2** '안전한 학교 만들기'의 실천 방안으로 구청장님께 편지를 쓴 결과, 어린이 보호 구역 표지판을 개선하자는 의견이 나왔다.

3 학생회는 교사와 함께 이를 받아들이게 할 방법을
논의했고, 지방 자치 단체 누리집에 면담을 신청해 구
청장을 만났다. 학생회는 아이들이 직접 쓴 편지를 전
달하며 불법 주정차 단속을 강화하고 어린이 보호 구
역 표지판을 개선해 달라고 구청장에게 부탁했다. 이
　　　　　　　수준이나 정도를 더 높이고
에 구청장은 신속하게 시설을 개선하고 문제를 해결하
　　　　　매우 날쌔고 빠르게
기로 약속했다.　　　　　　　　　　　　○○○ 기자

중심 내용 **3** 학생회는 구청장에게 불법 주정차 단속을 강화하고 어린이 보호 구역 표지판을 개선해 달라고 부탁했다.

고사리손　어린아이의 손을 비유적으로 이르는 말. 예 아이들은 고사리손으로 피아노를 치고 바이올린을 연주했습니다.
화제(話 말할 화, 題 제목 제) 이야기할 만한 재료나 소재. 예 올림픽에서 금메달을 딴 일이 화제가 되었습니다.

개선(改 고칠 개, 善 착할 선) 잘못된 것이나 부족한 것, 나쁜 것 따위를 고쳐 더 좋게 만듦.
단속(團 둥글 단, 束 묶을 속) 규칙이나 법령, 명령 따위를 지키도록 통제함. 예 경찰이 음주 운전 단속을 하고 있습니다.

교과서 문제

19 글 **1**에서 학생들에게 어떤 문제가 생겼는지 빈칸에 알맞은 말을 쓰시오.

• 학교 앞 (　　　　　　　　　)에서 유치원생이 교통사고로 목숨을 잃었다.

20 학생들은 〈문제 19번〉의 문제를 어떻게 해결했는지 간추려 쓰시오.
서술형

＿＿＿＿＿＿＿＿＿＿＿＿＿＿＿＿＿＿＿

21 학생들이 구청장님께 쓴 편지에서 가장 눈에 띄는 제안은 무엇이었는지 쓰시오.

(　　　　　　　　　　　　　　　　)

22 학생회에서 구청장을 직접 만나 부탁한 내용을 두 가지 고르시오.　　　　(　　　　　　)

① 학교 안 주차장 설치
② 음주 운전 단속 강화
③ 불법 주정차 단속 강화
④ 학교 앞 교통안전 홍보
⑤ 어린이 보호 구역 표지판 개선

1~2

이번 조사 활동을 할 때 일을 어떻게 나누면 좋을까?

위에는 어떤 책이 있을까?

가

나

다

라

?

1 그림 가 ~ 다 에 나타난 우리 주변에서 해결해야 할 문제 상황에 맞게 보기 에서 찾아 기호를 쓰시오.

보기
㉮ 복도에서 안전하게 생활하기 어려운 상황
㉯ 사회 조사 수업에서 역할을 나누어야 하는 상황
㉰ 책꽂이가 너무 높아서 도서관을 편리하게 이용하지 못하는 상황

(1) 그림 가 : (　　　　) (2) 그림 나 : (　　　　)
(3) 그림 다 : (　　　　)

2 그림 라 에 들어갈 수 있는 우리 주변에서 일어나는 문제 상황을 떠올려 한 가지만 쓰시오.

(　　　　　　　　　　　　　　　　　)

3 반 친구들과 토의하고 싶은 주제와 그 주제를 고른 까닭을 쓰시오.

서술형

| 토의하고 싶은 주제 | (1) |
| 그 주제를 고른 까닭 | (2) |

4 다음 문제 상황에 알맞은 토의 주제를 찾아 ○표 하시오.

운동장에 나갈 때 친구들이 줄을 빨리 서지 않아 먼저 온 친구들이 매번 기다린다.

(1) 운동장을 가장 먼저 쓸 수 있는 방법은 무엇일까?　　　　　　　　　　　(　　　)
(2) 운동장에 가장 빨리 도착할 수 있는 방법은 무엇일까?　　　　　　　　　　(　　　)
(3) 운동장에 나갈 때 빨리 줄을 설 수 있는 방법은 무엇일까?　　　　　　　　(　　　)
(4) 운동장을 모두가 편리하게 이용할 수 있는 방법은 무엇일까?　　　　　　　(　　　)

5★ 토의할 때 지켜야 할 점으로 알맞지 않은 것을 두 가지 고르시오.　　　　(　　　)

① 의견의 장단점을 생각하며 듣는다.
② 다른 사람 의견을 존중하며 말한다.
③ 다른 사람이 말할 때 끼어들어 말한다.
④ 자신의 의견만 옳다고 끝까지 고집한다.
⑤ 토의 주제에서 벗어난 이야기는 하지 않는다.

교과서 문제
6 토의에 참여하는 친구들의 모습을 평가할 때 생각할 점으로 알맞지 않은 것은 무엇입니까?
　　　　　　　　　　　　　　　　(　　　)

① 토의에 활발하게 참여했는가?
② 토의 주제에 맞는 내용을 말했는가?
③ 의견의 장단점을 자세히 제시했는가?
④ 친구들이 재미있어할 만한 의견을 말했는가?
⑤ 다른 사람 의견을 잘 듣고 자신의 의견을 말했는가?

낱말의 뜻

1 다음 낱말의 뜻을 찾아 알맞게 선으로 이으시오.

(1) 개선 •

(2) 단속 •

(3) 화제 •

(4) 고사리 손 •

• ① 이야기할 만한 재료나 소재.

• ② 어린아이의 손을 비유적으로 이르는 말.

• ③ 규칙이나 법령, 명령 따위를 지키도록 통제함.

• ④ 잘못된 것이나 부족한 것, 나쁜 것 따위를 고쳐 더 좋게 만듦.

낱말의 활용

2 빈칸에 들어갈 알맞은 낱말을 보기 에서 찾아 쓰시오.

보기

뜻깊게　　따분하게　　신속하게

(1) 책 읽는 것이 (　　　　) 느껴져서 놀이터에 갔어요.

(2) 개교기념일을 (　　　　) 보내는 방법을 발표해 주세요.

(3) 구청장은 (　　　　) 시설을 개선하고 문제를 해결하기로 약속했다.

비슷한말, 반대말

3 두 낱말의 뜻이 비슷한 말이면 '비', 뜻이 반대되는 말이면 '반'이라고 쓰시오.

(1) 선배 – 후배　　　　　　　(　　　)

(2) 불법 – 합법　　　　　　　(　　　)

(3) 장점 – 단점　　　　　　　(　　　)

(4) 곳곳 – 여기저기　　　　　(　　　)

띄어쓰기

4 다음 문장 중 알맞게 띄어 쓰지 못한 것은 무엇입니까?　　　　　　　　　　(　　　)

① 운동장에서∨축구를∨할∨수∨없습니다.

② 다른∨사람을∨위험하게∨할∨수는∨없습니다.

③ 무조건∨운동장을∨못∨쓰게∨하면∨안∨됩니다.

④ 1학년을∨안전하게∨보호하는∨것도∨중요합니다.

⑤ '개교기념일을∨뜻깊게∨보내는∨방법∨찾기'가∨좋지∨않∨을까요?

헷갈리기 쉬운 말

5 보기 의 낱말 뜻을 보고, 문장에 어울리는 말을 (　　) 안에서 골라 ○표 하시오.

보기

• 띠다: 남보다 훨씬 두드러지다.

• 띠다: 감정이나 기운 따위를 나타내다.

(1) 나는 얼굴에 미소를 (띠고 , 띄고) 우리 집에 오시는 손님을 맞았다.

(2) 가장 눈에 (띠는 , 띄는) 제안은 어린이 보호 구역 표지판을 개선하자는 것이었다.

뜻을 더하는 말

6 다음 설명을 읽고, 빈칸에 들어갈 말을 쓰시오.

'-회'는 다른 낱말 뒤에 붙어 '단체'나 '모임'의 뜻을 더해 주는 말이다.

예 청년회, 송별회

(1) 학생이 주체가 되어 어떤 일을 의논하여 결정하고 실행하는 조직이나 모임.　➡　| | | 회 |

(2) 오는 사람을 반갑게 맞이하는 뜻으로 베푸는 모임.　➡　| 환 | 영 | |

1~2 다음은 지수네 가족이 가족 여행 장소를 정하기 위해 대화한 내용입니다. 물음에 답하시오.

> 아빠: 가족 여행을 어디로 가면 좋을까요?
> 엄마: 공기가 맑고 깨끗한 설악산으로 가는 게 어떨까요?
> 지수: 저는 시원한 바닷가로 갔으면 좋겠어요.

1 지수네 가족과 같이 어떤 문제를 여러 사람이 협력해 해결하는 방법을 무엇이라고 하는지 쓰시오.

( )

2★ 지수네 가족과 같이 문제 해결 과정에 여러 사람이 참여하면 좋은 점에 모두 ○표 하시오.

(1) 문제 해결에 직접 참여할 수 있다. ( )
(2) 문제 상황을 더 잘 이해할 수 있다. ( )
(3) 결정된 내용을 잘 받아들일 수 있다. ( )
(4) 내 의견대로 문제를 해결할 수 있다. ( )

3
서술형
일상생활에서 토의를 해야 하는 까닭은 무엇일지 두 가지만 쓰시오.

_____

_____

4 토의 주제를 정하는 방법을 생각하며 차례대로 기호를 쓰시오.

> ㉮ 토의 주제 결정하기
> ㉯ 토의 주제로 알맞은지 판단하기
> ㉰ 토의하고 싶은 주제를 자유롭게 이야기하기

( ) → ( ) → ( )

5 토의 주제로 알맞은지 판단하는 방법을 잘못 말한 친구는 누구인지 쓰시오.

> 지선: 해결할 수 있는 주제인지 살펴보아야 해.
> 인태: 우리 모두와 관련이 있는 주제인지 살펴보아야 해.
> 희준: 우리가 모두 똑같은 의견을 말할 수 있는 주제인지 살펴보아야 해.

( )

6~7

6 친구들의 의견으로 보아, 토의 주제로 알맞은 것은 무엇이겠습니까? ( )

① 개교기념일에 담긴 의미
② 개교기념일을 정하는 방법
③ 개교기념일에 초대할 사람
④ 개교기념일을 뜻깊게 보내는 방법
⑤ 개교기념일 행사를 하기에 알맞은 장소

7★ 희수가 낸 의견을 살펴보고 어떤 문제가 있는지 바르게 말한 것에 ○표 하시오.

(1) 토의 주제에 맞지 않는 내용이다. ( )
(2) 실천할 수 없는 내용을 제안했다. ( )
(3) 타당한 근거를 함께 제시하지 않았다. ( )

8 다음 대화에서 의견을 모을 때 마루가 잘못한 점은 무엇인지 쓰시오.

서술형

마루

먼저 우리 학교 역사를 알아보면 좋겠습니다. 역사를 알아야……

에이, 따분하게 무슨 역사야.

_____

_____

9 ★ 토의에서 의견을 모을 때 지켜야 할 점을 바르게 말한 친구의 이름을 모두 쓰시오.

유정: 손을 들고 말할 기회를 얻어야 해.
성민: 의견에 대한 까닭은 말하지 않아도 돼.
현정: 토의 주제와 관련한 의견을 말해야 해.
효영: 자신과 다른 의견을 말하면 무시해야 해.
유진: 다른 사람 의견을 끝까지 듣고 자신의 의견을 말해야 해.

( )

10 다음 의견을 살펴보고 삼행시 짓기 대회의 장점으로 알맞은 것에 ○표 하시오.

개교기념일을 뜻깊게 보내는 방법으로 학교 이름으로 삼행시 짓기 대회를 하면 좋겠다.

(1) 삼행시 내용이 학교와 상관없을 수도 있다.
( )

(2) 대회를 하면 학생들의 관심을 높일 수 있다.
( )

(3) 학생들이 학교 역사를 흥미롭게 알아볼 수 있다.
( )

11 다음은 토의 절차 가운데 무엇에 대한 설명입니까?
( )

• 친구들과 의견 주고받기
• 각 의견의 장단점 찾기
• 의견이 알맞은지 판단할 기준 세우기
• 기준에 따라 의견이 알맞은지 판단하기

① 의견 모으기
② 의견 마련하기
③ 의견 실천하기
④ 의견 결정하기
⑤ 토의 주제 정하기

12~13

검토한 여러 의견 가운데 좋은 방법을 결정해 봅시다.

우리가 많이 참여할 수 있고 학교를 더 잘 알 수 있는 의견으로 정해요.

장점이 가장 많은 의견으로 정하면 좋겠어요.

그럼 우리 모둠에서는 우리 생각을 모두 만족하는 의견인 '우리 학교 역사 찾기' 행사를 하기로 결정하면 되겠네요.

12 이 대화에서 모둠 친구들이 의견을 결정한 판단 기준을 모두 고르시오.
( )

① 학교를 더 잘 알 수 있는가?
② 장점이 가장 많은 내용인가?
③ 학생들이 많이 참여할 수 있는가?
④ 학교를 외부에 널리 알릴 수 있는가?
⑤ 학생들이 흥미를 느낄 만한 내용인가?

13 모둠 친구들은 여러 의견 가운데 어떤 의견으로 결정했는지 찾아 쓰시오.
( )

14 토의에서 의견을 결정하는 방법으로 알맞지 <u>않은</u> 것에 ×표 하시오.

(1) 토의 주제에 맞는 의견을 정한다. ( )

(2) 좋은 의견이 많아도 한 가지만 정한다.
( )

(3) 기준에 따라 가장 알맞은 의견을 정한다.
( )

15~17

우리 의견은 "학급의 날에 우리 반 운동회를 하자." 입니다.

우리 의견은 "학급의 날에 우리 반 장기 자랑을 하자."입니다.

민재

은서

15 은서와 민재의 의견이 알맞은지 판단하는 기준에 맞게 보기 에서 알맞은 말을 찾아 빈칸에 쓰시오.

보기
근거   주제   실천

(1) ( )할 수 있는가?
(2) 토의 ( )에 맞는 내용인가?
(3) 알맞은 주장과 ( )을/를 들었는가?

16 은서가 말한 의견의 장단점을 생각하여 빈칸에 알
서술형 맞은 내용을 쓰시오.

장점	(1)
단점	(2)

17 토의할 때 은서와 민재에게 필요한 태도로 알맞은 것에 ○표 하시오.

(1) 친구의 의견에 따르는 태도 ( )
(2) 의견에 대한 까닭을 자세히 말하는 태도
( )

18~19

어린이 보호 구역에서 유치원생이 목숨을 잃은 사고가 있은 뒤, 초등학생들이 직접 교통사고 대책 마련에 나서 화제가 됐다. 과거에도 같은 곳에서 비슷한 사고가 있었기에 학생들은 학교 앞 어린이 보호 구역이 자신들의 안전을 지켜 주지 못한다는 것을 알았다.

이에 따라 전교 학생회에서 '안전한 학교 만들기' 안건을 마련했다. 이날 회의에서는 '구청장님께 편지 쓰기'라는 실천 방안까지 나왔다.

학생회는 학교 친구들이 직접 학교 앞 어린이 보호 구역 환경 개선을 요구하고 뚜렷한 개선 방안을 낼 것을 계획했다. 학생회는 학교 곳곳에 알림 글을 붙여 전교생이 편지를 쓰자고 했다. 그 결과, 편지가 2주 만에 200여 통이나 쌓였다.

학교 앞 어린이 보호 구역에 폐회로 텔레비전 [CCTV]과 신호등을 설치하고, 불법 주정차 단속을 제대로 해야 한다는 내용이 대부분이었다. 이 가운데 가장 눈에 띄는 제안은 어린이 보호 구역 표지판을 개선하자는 것이었다.

18 어린이 보호 구역에서 사고가 있은 뒤, 전교 학생 회에서 마련한 안건과 실천 방안은 무엇인지 각각 쓰시오.

(1) 안건: ( )
(2) 실천 방안: ( )

19 학생들이 직접 요구한 학교 앞 어린이 보호 구역의 환경 개선 사항이 <u>아닌</u> 것은 무엇입니까?( )

① 신호등 설치
② 불법 주정차 단속
③ 어린이 보호 구역의 확대
④ 폐회로 텔레비전[CCTV] 설치
⑤ 어린이 보호 구역 표지판 개선

20 우리 주변에서 토의하고 싶은 주제를 찾아 한 가지
서술형 만 쓰시오.

( )

1

다음 주 가운데 하루를 학급의 날로 잡아서 그날을 여러분이 계획한 대로 보내려고 합니다.

무엇을 하면 좋을까?

소연

1단계
낱말
쓰기

이 그림에서 선생님의 말씀을 들은 소연이의 고민은 무엇인지 빈칸에 알맞은 말을 쓰시오. [2점]

• 소연이는 선생님의 말씀을 듣고 (   ) 에 무엇을 하면 좋을지 고민하였다.

2단계
문장
쓰기

1단계에서 답한 내용과 같은 소연이의 고민을 해결하는 데 알맞은 토의 주제를 생각하여 쓰시오.

[4점]

_____

_____

3단계
생각
쓰기

2단계에서 정한 토의 주제에 따라 자신의 의견을 쓰고, 그 의견의 좋은 점을 쓰시오. [8점]

내 의견	(1)
그 의견이 좋은 까닭	(2)

2 토의 절차를 생각하며 빈칸에 알맞은 말을 보기 에서 찾아 쓰시오. [4점]

보기

의견 모으기   의견 마련하기
의견 결정하기   토의 주제 정하기

❶ [   ]
토의 주제는 무엇으로 정하면 좋을까요?

❷ [   ]
토의 주제에 따라 내 생각을 정리해 봐야지.

저는 우리 학교 역사부터 조사하면 좋겠습니다. 왜냐하면……

❸ [   ]
각자 정리한 의견을 모아 보겠습니다.

제 의견의 좋은 점은……

❹ [   ]
우리 모둠에서는 개교기념일 행사로 '우리 학교 역사 찾기'를 하기로 결정했습니다.

3 다음 대화에서 의견을 모을 때 마루의 태도에 어떤 문제가 있는지 쓰시오. [8점]

학교 이름으로 삼행시 짓기는 어때요?

야! 무슨 삼행시야. 재미없어.

마루

_____

_____

6 토의하여 해결해요

학습 주제	토의 주제를 정해 의견 나누기	배점	50점
학습 목표	알맞은 토의 주제를 정해 의견을 나눌 수 있다.		

1 우리 학교의 안전과 관련이 있는 토의 주제를 한 가지 정하여 쓰시오. [10점]

_____

_____

2 〈문제 **1**번〉에서 정한 토의 주제에 따라 자신의 의견을 정리하여 쓰시오. [20점]

내 의견	(1) 주장:
	(2) 근거:
그 의견이 좋은 까닭	(3)

3 〈문제 **2**번〉에서 정리한 의견이 알맞은지 판단하여 빈칸에 알맞은 내용을 쓰시오. [20점]

판단 기준	의견이 알맞은지 판단하기
토의 주제에 맞는 내용인가?	우리 학교 안전 지도를 만드는 것은 우리 학교의 안전과 관련이 있는 내용이므로 토의 주제로 알맞다.
알맞은 주장과 근거를 들었는가?	(1)
실천할 수 있는가?	(2)

기행문을 써요

★★ **1** 기행문의 특성 파악하기

기행문은 여정을 적고, 여행으로 얻은 견문과 감상을 쓴 글이에요.

여정	• 여행의 과정이나 일정을 말합니다. • 주로 시간과 장소를 나타내는 표현이 쓰입니다.
견문	• 여행하며 보거나 들은 것을 말합니다. • 본 것을 나타낼 때에는 '~을/를 보다, ~이/가 있다' 따위의 표현을 쓰고, 들은 것을 나타낼 때에는 '~(이)라고 한다, ~을/를 듣다'와 같은 표현이 쓰입니다.
감상	• 여행하며 든 생각이나 느낌을 말합니다. • '~처럼, ~같이'와 같은 비유를 쓰거나 '느끼다, 생각하다'라는 낱말을 쓰기도 합니다.

예 「돌하르방 어디 감수광」을 읽고 여정, 견문, 감상 구분하기

여정	우리는 어리목에서 출발하여 만세 동산을 지나 1700 고지인 윗세오름까지 올라 그곳 산장 휴게소에서 준비해 간 도시락을 먹고 영실로 하산하면서 한라산의 아름다움을 만끽했다.
견문	영실에 들어서면 이내 솔밭 사이로 시원한 계곡물이 흐른다.
감상	오르면 오를수록 이 수직의 기암들이 점점 더 하늘로 치솟아 올라 신비스럽고도 웅장한 모습에 절로 감탄이 나온다.

2 여정, 견문, 감상이 드러나게 기행문 쓰기

기행문은 일기, 편지, 생활문과 같은 여러 가지 형식으로 쓸 수 있어요.

① 시간과 장소가 잘 드러나게 씁니다.

② 보고 들은 내용을 생생하고 자세하게 풀어 씁니다.

③ 생각이나 느낌도 함께 씁니다.

예 기행문의 짜임과 들어갈 내용

처음	• 여행한 까닭이나 목적 • 여행을 떠나기 전의 기대와 설렘, 떠날 때 날씨와 교통편, 도착할 때까지 걸린 시간이나 여행 일정 소개 따위
가운데	• 여행지에서 다닌 곳, 보고 들은 것, 생각하거나 느낀 것과 같이 여행하면서 있었던 일 • 인상 깊은 경험이나 이야기, 이동하면서 겪은 일이나 느낌, 새롭게 안 사실, 출발 전에 조사한 여행지 자료 따위
끝	• 여행의 전체 감상 • 여행한 뒤에 한 다짐이나 반성, 여행하며 느낀 만족감, 아쉬운 점, 바라는 점, 앞으로 있을 계획이나 각오 따위

개념 확인하기　　정답과 풀이 23쪽

1 여정을 적고, 여행으로 얻은 견문과 감상을 쓴 글을 무엇이라고 하는지 쓰시오.

(　　　　　　　)

2 다음 설명에 알맞은 말을 보기 에서 골라 쓰시오.

> **보기**
>
> 여정　견문　감상

(1) 여행의 과정이나 일정

(　　　　　　　)

(2) 여행하며 보거나 들은 것

(　　　　　　　)

(3) 여행하며 든 생각이나 느낌

(　　　　　　　)

3 여정, 견문, 감상이 드러나게 기행문을 쓸 때 다음 내용은 처음, 가운데, 끝 중 어디에 들어가야 하는지 쓰시오.

> 여행지에서 다닌 곳, 보고 들은 것, 생각하거나 느낀 것과 같이 여행하면서 있었던 일

(　　　　　　　)

4 기행문의 끝부분에 들어갈 내용으로 알맞은 것에 ○표 하시오.

(1) 여행의 전체 감상 (　　　)

(2) 여행한 까닭이나 목적

(　　　)

교과서 문제

2 그림 **가**에서 현석이가 멋쩍어한 까닭은 무엇입니까? ( )

① 많은 곳을 다니지 못해서

② 여행을 다니는 동안 즐겁지 않아서

③ 너무 많은 것을 기억해 무엇부터 말해야 할지 몰라서

④ 여행 경험을 글로 남기기는 했으나 잘 알아볼 수가 없어서

⑤ 글로 남긴 것이 없어 여행 경험을 정확하게 전하지 못해서

3 그림 **나**에서 서윤이는 여행을 다니면서 어떻게 했는지 생각하며 ㉠, ㉡에 들어갈 알맞은 말을 쓰시오.

> 여행 경험을 찍은 [㉠] 과/와 함께 [㉡] (으)로 남겨 놓았다.

(1) ㉠: ( )

(2) ㉡: ( )

4 그림 **가**와 **나**를 보면서 현석이에게 어떤 말을 해

서술형 주고 싶은지 간단히 쓰시오.

_____

_____

1 그림 **가**와 **나**에서 서윤이와 현석이는 어떤 이야기를 나누고 있습니까? ( )

① 메모를 했던 경험

② 여행을 다녀온 경험

③ 방학 숙제에 대한 이야기

④ 설명하는 글을 썼던 경험

⑤ 현장 체험학습에 대한 이야기

5 여행하면서 보고 듣고 느낀 점을 글로 쓸 때의 좋은 점으로 알맞은 것을 모두 고르시오. ( )

① 상상력이 길러진다.

② 여행했던 경험을 다시 느낄 수 있다.

③ 여행했을 때의 기분을 잘 간직할 수 있다.

④ 여행 경험을 다른 사람에게 자랑할 수 있다.

⑤ 여행하면서 보고 들은 것을 나중에 알 수 있다.

돌하르방 어디 감수광
'가시나요'의 제주 방언　•유홍준

• 글의 종류: 기행문
• 글의 특징: 제주도에서의 여정을 기록하고, 여행으로 얻은 견문과 감상을 쓴 글입니다.

1 제주행 비행기를 탈 때면 나는 창가 쪽 자리를 선호한다. 하늘에서 보는 제주도의 풍광을 만끽하기 위해서다.

"저희 비행기는 잠시 후 제주 국제공항에 착륙하겠습니다. 안전벨트를 다시 매어 주십시오."

기내 방송이 나오면 나는 창가에 바짝 붙어 제주도가 나타나기를 기다린다. 비행기 왼쪽 좌석이면 한라산이 먼저 나타나고 오른쪽이면 쪽빛 바다와 맞닿아 둥글게 돌아가는 해안선이 시야에 펼쳐진다.

이윽고 비행기가 제주도 상공으로 들어오면 <u>왼쪽 창밖으로는 오름의 산비탈에 수놓듯이 줄지어 있는 산담</u>
　　　　　　　제주도 상공에서 보는 제주도의 모습
이 아름답고, 오른쪽 창밖으로는 삼나무 방풍림 속에 짙은 초록빛으로 자란 밭작물들이 싱그러워 보인다. 비행기가 선회하여 활주로로 들어설 때는 오른쪽과 왼쪽의 풍광이 교체되면서 제주의 들과 산이 섞바뀌어 모두 볼 수 있게 된다. 올 때마다 보는 제주의 전형적인 풍광이지만 그것이 <u>철 따라 다르고 날씨 따라 다르</u>
　　　　　　제주에 올 때마다 설렘을 느끼는 까닭

기 때문에 언제나 신천지에 오는 것 같은 설렘을 느끼게 된다.

중심 내용 1 상공에서 보는 제주도의 아름다운 모습에 언제나 신천지에 오는 것 같은 설렘을 느낀다.

2 ㉠<u>우리 답사의 첫 유적지는 한라산 산천단이었다.</u> 한라산 산신께 제사드리는 산천단에 가서 답사의 안전을 빌고 가는 것이 순서에도 맞고 또 제주도에 온 예의라는 마음도 든다. 산천단은 제주시 아라동 제주대학교 뒤편 소산봉(소산오름) 기슭에 있다. 산천단 주위에는 제단을 처음 만들 당시에 심었을 수령 500년이 넘는 <u>곰솔</u> 여덟 그루가 산천단의 역사와 함께 엄숙하고
　　　소나뭇과의 상록 침엽 교목
도 성스러운 분위기를 보여 준다.

중심 내용 2 답사의 안전을 빌기 위해 한라산 산천단에 갔다.

3 제주의 동북쪽 구좌읍 세화리 송당리 일대는 크고 작은 무수한 오름이 저마다의 맵시를 자랑하며 드넓은 들판과 황무지에 오뚝하여 오름의 섬 제주에서도 오름이 가장 많고 아름다운 '오름의 왕국'이라고 했다. 그중에서도 다랑쉬오름은 '오름의 여왕'이라고 불린다.

풍광(風 바람 풍, 光 빛 광) 경치. 산이나 들, 강, 바다 따위의 자연이나 지역의 모습. 예 자연 풍광을 담은 사진이 인상적입니다.

산담 '사성'의 제주 방언으로, 무덤 뒤에 반달 모양으로 두둑하게 둘러싼 것을 말함.

교과서 문제

1 글쓴이가 제주행 비행기를 탈 때 창가 쪽 자리를 좋아하는 까닭으로 알맞은 것에 ○표 하시오.

(1) 하늘에서 보는 제주도의 풍광을 만끽하기 위해서
　　　　　　　　　　　　　　　　　(　　)

(2) 비행기를 탈 때의 두려운 마음을 없애기 위해서
　　　　　　　　　　　　　　　　　(　　)

2 제주에 올 때마다 느끼는 글쓴이의 마음은 어떠합니까? 　　　　　　　　　　　　(　　)

① 두렵다.　　　　② 설렌다.
③ 지루하다.　　　④ 편안하다.
⑤ 부담스럽다.

3 ㉠은 무엇에 해당하는지 보기 에서 찾아 기호를 쓰시오.

보기
㉮ 여행하면서 다닌 곳
㉯ 여행하면서 보고 들은 것
㉰ 여행하면서 생각하거나 느낀 것

　　　　　　　　　(　　　　　)

4 제주에서 '오름의 왕국'이라고 불리는 곳은 어디인지 이 글에서 찾아 쓰시오.

(　　　　　　　　)

다랑쉬라는 이름의 유래에는 여러 설이 있으나 다랑쉬오름 남쪽에 있던 마을에서 보면 북사면을 차지하고 앉아 된바람을 막아 주는 오름의 분화구가 마치 달처럼 둥글게 보인다 하여 붙여졌다는 설이 가장 정겹다.

㉠오름 아래 자락에는 삼나무와 편백나무 조림지가 있어 제법 무성하다 싶지만 숲길을 벗어나면 이내 천연의 풀밭이 나오면서 시야가 갑자기 탁 트이고 사방이 멀리 조망된다. 경사면을 따라 불어오는 그 유명한 제주의 바람이 흐르는 땀을 씻어 주어 한여름이라도 더운 줄 모른다. 발길을 옮길 때마다, 한굽이를 돌 때마다 시야는 점점 넓어지면서 가슴까지 시원하게 열린다.

중심 내용 3 구좌읍 세화리 송당리 일대는 다랑쉬오름이 유명하며, 오름의 아래 자락에서 제주의 바람을 맞으며 시원함을 느꼈다.

4 성산 일출봉은 제주 답사의 기본 경로라 할 만큼 잘 알려져 있고, 영주 십경의 제1경이 '성산에 뜨는 해'
성산 일출봉에서 보는 일출 모습이 어떤 자연 경관보다도 아름답기 때문에
인 성산 일출이며, 제주 올레 제1경로가 시작되는 곳일 만큼 제주의 중요한 상징이기도 하다.

제주도와 연결된 서쪽을 제외한 성산 일출봉의 동·

조림지 나무를 심거나 씨를 뿌리거나 하는 따위의 인위적인 방법으로 숲을 이룬 땅.
영주 신선이 사는 섬이라는 뜻으로, 제주를 말함.

남·북쪽 외벽은 깎아 내린 듯한 절벽으로 바다와 맞닿아 있다. 일출봉의 ㉡서쪽은 고운 잔디 능선 위에 돌기둥과 수백 개의 기암이 우뚝우뚝 솟아 있는데 그 사이에 계단으로 만든 등산로가 나 있다. 전설에 따르
성산 일출봉에 관한 전설
면 설문대 할망은 일출봉 분화구를 빨래 바구니로 삼고 우도를 빨랫돌로 하여 옷을 매일 세탁했다고 한다.

▲ 성산 일출봉

㉢일출봉은 멀리서 볼 때나, 가까이 다가가 올려다볼 때나, 정상에 올라 분화구를 내려다볼 때나 풍광 그 자체의 아름다움과 감동이 있다. 특히나 항공 사진으로 찍은 성산 일출봉은 공상 과학 영화에나 나옴 직한 신비스러운 모습을 보여 준다.

중심 내용 4 제주의 중요한 상징이기도 한 성산 일출봉은 풍광 그 자체의 아름다움과 감동이 있다.

> 글에 나타난 기행문의 특성을 파악하고, 글을 읽으면서 글쓴이의 여정과 견문, 감상을 구분하는 문제가 자주 출제돼.

능선(稜 모날 능, 線 줄 선) 산등성이를 따라 죽 이어진 선. '산등성이'로 순화. 예 이번 행군에는 능선을 타지 않습니다.
기암(奇 기이할 기, 巖 바위 암) 기이하게 생긴 바위.

---

5 다음은 다랑쉬오름 이름의 유래에 대해 쓴 것입니다. 빈칸에 알맞은 말을 쓰시오.

> '다랑쉬'라는 이름은 오름의 분화구가 마치 (   )처럼 둥글게 보인다 하여 붙여졌다는 설이 있다.

6 ㉠에 대한 설명으로 알맞은 것은 무엇입니까?

(   )

① 글쓴이가 들은 것이다.
② 글쓴이가 여행한 까닭이다.
③ 글쓴이가 새롭게 안 사실이다.
④ 글쓴이가 생각하거나 느낀 것이다.
⑤ 글쓴이가 책을 보고 알게 된 것이다.

7⭐ 이 글에 나타난 글쓴이의 여정에 맞게 빈칸에 알맞은 장소를 쓰시오.

> 구좌읍 세화리 송당리 일대의 오름

⬇

>

교과서 문제
8 ㉡과 ㉢에 대한 설명으로 알맞은 것을 찾아 선으로 이으시오.

(1) ㉡ •   • ① 감상이다.

(2) ㉢ •   • ② 견문이다.

5 우리는 어리목에서 출발하여 만세 동산을 지나 1700 고지인 윗세오름까지 올라 그곳 산장 휴게소에서 준비해 간 도시락을 먹고 영실로 하산하면서 한라산의 아름다움을 만끽했다. 영실에 들어서면 이내 솔밭 사이로 시원한 계곡물이 흐른다. 본래 실이라는 이름이 붙은 곳은 계곡을 말하는 것으로 옛 기록에는 영곡으로 나오기도 한다. 언제 어느 때 가도 계곡물 소리와 바람 소리, 거기에 계곡을 끼고 도는 안개가 신령스러워 영실이라는 이름에 값한다. 무더운 여름날 소나기라도 한차례 지나간 뒤라면 이 계곡을 두른 절벽 사이로 100여 미터의 폭포가 생겨 더욱 장관을 이룬다.

한라산 탐방 코스 중 하나

숲길을 지나노라면 아래로는 제주조릿대가 떼를 이루면서 낮은 포복으로 기어가며 온통 푸르게 물들여 놓고, 위로는 하늘을 가린 울창한 나무들이 크면 큰 대로 작으면 작은 대로 아름답고 기이하다.

숲길을 빠져나와 머리핀처럼 돌아가는 가파른 능선 허리춤에 올라서면 홀연히 눈앞에 수백 개의 뾰족한 기암괴석이 호를 그리며 병풍처럼 펼쳐진다. 오르면 오를수록 이 수직의 기암들이 점점 더 하늘로 치솟아 올라 신비스럽고도 웅장한 모습에 절로 감탄이 나온다.

감상

ㄱ 언제 올라도 한라산 영실은 아름답다. 오백 장군봉을 안방에 드리운 병풍 그림처럼 둘러놓고, 그것을 멀찍이서 바라보며 느린 걸음으로 돌계단을 밟으며 바쁠 것도 힘들 것도 없이 오르노라면 마음이 들뜰 것도 같지만 거기엔 아름다움뿐만 아니라 장엄함과 아늑함이 곁들여 있기에 우리는 함부로 감정을 놀리지 못하고 아래 한 번, 위 한 번, 좌우로 한 번씩 발을 옮기며 그 풍광에 느긋이 취하게 된다.

중심 내용 5 한라산 영실은 제주도의 으뜸으로, 언제 올라도 아름답다.

한라산 영실

핵심내용 여정, 견문, 감상을 드러내는 표현

여정	주로 시간과 ❶ ㅈ ㅅ 를 나타내는 표현이 쓰임. 예 우리 답사의 첫 유적지는 한라산 산천단이었다.
견문	어떤 장소를 방문해 본 것과 들은 것을 나타냄. 예 제주의 동북쪽 구좌읍 ~ '오름의 여왕'이라고 불린다.
감상	여행하며 든 생각이나 느낌을 표현함. 예 일출봉은 멀리서 볼 때나, ~ 아름다움과 감동이 있다.

장관(壯 장할 장, 觀 볼 관) 훌륭하고 장대한 광경.
포복(匍 길 포, 匐 길 복) 배를 땅에 대고 김. 예 군인 아저씨들이 진흙 길을 포복으로 기어갔습니다.

홀연히 뜻하지 아니하게 갑자기.
장엄(莊 씩씩할 장, 嚴 엄할 엄)함 씩씩하고 웅장하며 위엄 있고 엄숙함.

교과서 문제

9 글 **5**에서 글쓴이가 들른 곳은 어디인지 기호를 쓰시오.

> ㉮ 만장굴   ㉯ 한라산   ㉰ 거문오름

(   )

10 글 **5**에서 글쓴이가 영실로 이동하면서 본 것을 순서대로 나타낸 것은 무엇입니까? (   )

① 기암괴석 – 솔밭 사이의 계곡 – 제주조릿대
② 기암괴석 – 제주조릿대 – 솔밭 사이의 계곡
③ 솔밭 사이의 계곡 – 기암괴석 – 제주조릿대
④ 솔밭 사이의 계곡 – 제주조릿대 – 기암괴석
⑤ 제주조릿대 – 기암괴석 – 솔밭 사이의 계곡

11 글쓴이는 한라산 영실에 무엇이 곁들여 있다고 했는지 알맞은 것을 모두 고르시오. (   )

① 장엄함.   ② 아늑함.
③ 수수함.   ④ 분주함.
⑤ 아름다움.

12 ㄱ은 기행문에 들어갈 내용 중 감상입니다. 어떤 표현을 보고 알 수 있습니까? (   )

① 언제   ② 올라도
③ 한라산   ④ 영실은
⑤ 아름답다

· **그림 설명**: 여행하면서 보고 듣고 느낀 점을 글로 쓰기 위해 자신이 가 본 곳 가운데에서 기억에 남는 곳을 떠올리고 있습니다.

핵심내용 기행문의 짜임과 들어갈 내용

처음	여행한 까닭이나 목적이 드러나게 씀.
가운데	여정, 견문, 감상이 드러나게 씀.
끝	여행의 전체 ❷ ㄱ ㅅ , 여행한 뒤의 다짐 등을 씀.

기행문을 쓸 때에는 시간 순서에 맞게 여행지를 다녀온 차례대로 써요.

---

13 수지가 떠올린 것을 참고하여 자신이 가 본 곳 중 가장 기억에 남는 곳을 떠올려 다음 표를 완성하시오.

서술형

기억에 남는 곳	(1)
기행문을 쓰는 목적	(2)
그 장소를 고른 까닭	(3)
읽을 사람	우리 반 친구들

14 기행문을 더 생생하게 쓰기 위해 활용할 수 있는 것을 한 가지만 쓰시오.

( )

15 기행문의 짜임에 알맞게 들어갈 내용을 찾아 선으로 이으시오.

(1) 처음 · · ① 여행지에서 다닌 곳, 보고 들은 것, 생각하거나 느낀 것

(2) 가운데 · · ② 여행한 까닭, 여행을 떠나기 전의 설렘

(3) 끝 · · ③ 여행의 전체 감상, 앞으로 있을 계획이나 각오

16★ 기행문을 쓰는 방법으로 알맞지 <u>않은</u> 것은 무엇입니까? ( )

① 생각이나 느낌도 함께 쓴다.
② 가장 기억에 남는 일만 쓴다.
③ 시간과 장소가 잘 드러나게 쓴다.
④ 보고 들은 내용을 생생하게 쓴다.
⑤ 보고 들은 내용을 자세히 풀어 쓴다.

낱말의 뜻

1 뜻에 알맞은 낱말을 보기 에서 찾아 기호를 쓰시오.

보기
> ㉮ 기암　　㉯ 장관　　㉰ 포복　　㉱ 풍광

(1) 기이하게 생긴 바위.　　　　　　　(　　)
(2) 배를 땅에 대고 김.　　　　　　　(　　)
(3) 훌륭하고 장대한 광경.　　　　　　(　　)
(4) 경치. 산이나 들, 강, 바다 따위의 자연이나 지역의 모습.　　　　　　　　　　(　　)

흉내 내는 말

2 ( ) 안에서 알맞은 흉내 내는 말을 골라 ○표 하시오.

(1) 숲길을 벗어나면 이내 천연의 풀밭이 나오면서 시야가 갑자기 (탁 , 턱) 트이고 사방이 멀리 조망된다.

(2) 고운 잔디 능선 위에 돌기둥과 수백 개의 기암이 (우뚝우뚝 , 우락부락) 솟아 있는데 그 사이에 계단으로 만든 등산로가 나 있다.

문장의 호응

3 빈칸에 들어갈 말은 무엇입니까? (　　)

> 오름의 분화구가 □□□ 달처럼 둥글어 보인다 하여 붙여졌다는 설이 가장 정겹다.

① 결코　　　　　② 마치
③ 만약　　　　　④ 비록
⑤ 절대

비슷한말

4 밑줄 친 낱말과 바꾸어 써도 뜻이 통하는 말을 보기 에서 골라 쓰시오.

보기
> 계절　　시간　　산기슭　　산꼭대기

(1) 제주의 풍광은 철 따라 다르고 날씨 따라 다르다.

(　　　　　　　)

(2) 성산 일출봉 정상에 올라 내려다본 풍광은 무척 아름다웠다.

(　　　　　　　)

뜻을 더하는 말

5 다음 설명을 읽고, 빈칸에 공통으로 들어갈 말로 알맞은 것은 무엇입니까? (　　)

> '□-'은 다른 낱말 앞에 붙어 '정확한' 또는 '한창인'의 뜻을 더해 주는 말이다.
> 　예 □여름, □낮, □가운데

① 대　　② 밤　　③ 정　　④ 초　　⑤ 한

맞춤법

6 ( ) 안에 쓰인 낱말 중에서 바른 표기를 골라 ○표 하시오.

(1) 안전벨트를 다시 (메어 , 매어) 주십시오.
(2) 한라산의 아름다움을 (만끽했다 , 만끽했다).
(3) (홀연이 , 홀연히) 눈앞에 수백 개의 뾰족한 기암괴석이 펼쳐진다.

1~3

1 서윤이가 지난해 방학 때 다녀온 곳은 어디인지 쓰시오.

(   )

2 이 그림에서 서윤이가 뿌듯해한 까닭으로 알맞은 것을 찾아 기호를 쓰시오.

> ㉮ 여행하면서 다녀온 곳이 모두 현석이가 가 보고 싶어 하던 장소여서
> ㉯ 여행하면서 본 것을 사진과 함께 글로 남겨 놓아 여행 경험을 자신 있게 전할 수 있어서

(   )

3 서윤이와 같이 여행하면서 보고 듣고 느낀 점을 글 로 쓰면 어떤 점이 좋은지 한 가지만 쓰시오.
서술형

_____

_____

4 기행문에 꼭 들어가야 할 내용으로 알맞은 것을 모 두 고르시오.   (   )

① 여행하면서 든 경비
② 여행하면서 다닌 곳
③ 여행할 때의 준비물
④ 여행하면서 보고 들은 것
⑤ 여행하면서 생각하거나 느낀 것

5~6

> "저희 비행기는 잠시 후 제주 국제공항에 착륙하 겠습니다. 안전벨트를 다시 매어 주십시오."
> 기내 방송이 나오면 나는 창가에 바짝 붙어 제주 도가 나타나기를 기다린다. 비행기 왼쪽 좌석이면 한라산이 먼저 나타나고 오른쪽이면 쪽빛 바다와 맞 닿아 둥글게 돌아가는 해안선이 시야에 펼쳐진다.
> 이윽고 비행기가 제주도 상공으로 들어오면 왼쪽 창밖으로는 오름의 산비탈에 수놓듯이 줄지어 있는 산담이 아름답고, 오른쪽 창밖으로는 삼나무 방풍 림 속에 짙은 초록빛으로 자란 밭작물들이 싱그러 워 보인다. 비행기가 선회하여 활주로로 들어설 때 는 오른쪽과 왼쪽의 풍광이 교체되면서 제주의 들 과 산이 섞바뀌어 모두 볼 수 있게 된다. 올 때마다 보는 제주의 전형적인 풍광이지만 그것이 철 따라 다르고 날씨 따라 다르기 때문에 언제나 신천지에 오는 것 같은 설렘을 느끼게 된다.

5 글쓴이가 여행하려는 곳은 어디인지 쓰시오.

(   )

6 이 글에 나타난 내용은 무엇입니까?   (   )

① 여행한 까닭
② 앞으로 있을 계획
③ 여행을 앞둔 기분
④ 여행을 마치고 느낀 점
⑤ 여행지를 이동하면서 겪은 일

7~10

　　㉠제주의 동북쪽 구좌읍 세화리 송당리 일대는 크고 작은 무수한 오름이 저마다의 맵시를 자랑하며 드넓은 들판과 황무지에 오뚝하여 오름의 섬 제주에서도 오름이 가장 많고 아름다운 '오름의 왕국'이라고 했다. 그중에서도 다랑쉬오름은 '오름의 여왕'이라고 불린다.

　　『다랑쉬라는 이름의 유래에는 여러 설이 있으나 다랑쉬오름 남쪽에 있던 마을에서 보면 북사면을 차지하고 앉아 된바람을 막아 주는 오름의 분화구가 마치 달처럼 둥글게 보인다 하여 붙여졌다는 설이 가장 정겹다.』

7 구좌읍 세화리 송당리 일대를 '오름의 왕국'이라고 하는 까닭은 무엇입니까? 　　(　　)

① 큰 오름이 많아서
② 작은 오름이 많아서
③ 오름의 모양이 특이해서
④ 훼손된 오름을 지키고 있어서
⑤ 오름이 가장 많고 아름다워서

8 여러 오름 중 '오름의 여왕'이라고 불리는 것은 무엇인지 이 글에서 찾아 쓰시오.

　　　　　　(　　　　　)

9★ ㉠은 기행문에 들어가야 할 내용 중 무엇에 해당하는지 알맞은 것에 ○표 하시오.

(1) 여행하면서 다닌 곳 　　　　(　　)
(2) 여행하면서 보고 들은 것 　　(　　)
(3) 여행하면서 생각하거나 느낀 것 　(　　)

10 『 』 부분에서 설명한 내용은 무엇입니까?(　　)

① 다랑쉬오름의 모양
② 다랑쉬오름의 쓰임
③ 다랑쉬오름 이름의 유래
④ 다랑쉬오름이 만들어진 까닭
⑤ 다랑쉬오름에서 볼 수 있는 것

11~14

　　성산 일출봉은 제주 답사의 기본 경로라 할 만큼 잘 알려져 있고, 영주 십경의 제1경이 '성산에 뜨는 해'인 성산 일출이며, 제주 올레 제1경로가 시작되는 곳일 만큼 제주의 중요한 상징이기도 하다.

　　㉠제주도와 연결된 서쪽을 제외한 성산 일출봉의 동·남·북쪽 외벽은 깎아 내린 듯한 절벽으로 바다와 맞닿아 있다. 일출봉의 서쪽은 고운 잔디 능선 위에 돌기둥과 수백 개의 기암이 우뚝우뚝 솟아 있는데 그 사이에 계단으로 만든 등산로가 나 있다. ㉡전설에 따르면 설문대 할망은 일출봉 분화구를 빨래 바구니로 삼고 우도를 빨랫돌로 하여 옷을 매일 세탁했다고 한다.

　　㉢일출봉은 멀리서 볼 때나, 가까이 다가가 올려다볼 때나, 정상에 올라 분화구를 내려다볼 때나 풍광 그 자체의 아름다움과 감동이 있다.

11 ㉠~㉢ 중 글쓴이가 여행하며 든 생각이나 느낌을 표현한 것의 기호를 쓰시오.

　　　　　　(　　　　　)

12 성산 일출봉에 대한 설명으로 알맞은 것에 ○표 하시오.

(1) 제주도 도로 이름이다. 　　　　　(　　)
(2) 절벽이 많아 등산로는 없다. 　　　(　　)
(3) 제주 올레 제1경로가 시작되는 곳이다.(　　)

13 서술형 다음을 참고하여 왜 성산 일출봉을 영주 십경의 제1경으로 정했을지 생각하여 쓰시오.

　　"영주 십경은 제주에서 경관이 특히 뛰어난 열 가지 장소로 선정된 곳이야."

_____

_____

14 설문대 할망 전설과 관련 있는 곳은 어디인지 알맞은 것을 두 가지 고르시오. 　　(　　)

① 우도
② 다랑쉬오름
③ 한라산 영실
④ 성산 일출봉
⑤ 한라산 산천단

15~16

> ㉠우리는 어리목에서 출발하여 만세 동산을 지나 1700 고지인 윗세오름까지 올라 그곳 산장 휴게소에서 준비해 간 도시락을 먹고 영실로 하산하면서 한라산의 아름다움을 만끽했다. 영실에 들어서면 이내 솔밭 사이로 시원한 계곡물이 흐른다. 본래 실이라는 이름이 붙은 곳은 계곡을 말하는 것으로 옛 기록에는 영곡으로 나오기도 한다. 언제 어느 때 가도 계곡물 소리와 바람 소리, 거기에 계곡을 끼고 도는 안개가 신령스러워 영실이라는 이름에 값한다. 무더운 여름날 소나기라도 한차례 지나간 뒤라면 이 계곡을 두른 절벽 사이로 100여 미터의 폭포가 생겨 더욱 장관을 이룬다.

15 ㉠은 기행문에서 무엇에 해당하는지 보기 에서 찾아 쓰시오.

보기

여정   견문   감상

( )

16 이 글의 내용으로 알맞지 <u>않은</u> 것에 × 표 하시오.

(1) 영실은 옛 기록에 영곡으로 나온다. ( )

(2) 영실에 들어서면 솔밭 사이로 계곡물이 흐른다. ( )

(3) 영실로 들어서면 언제 어느 때 가도 계곡물 소리와 바람 소리 때문에 무서움을 느낀다. ( )

17 다음은 무엇에 대한 설명인지 보기 에서 골라 쓰시오.

보기

여정   견문   감상

(1) 여행하며 든 생각이나 느낌을 표현함. ( )

(2) 주로 시간과 장소를 나타내는 표현이 쓰임. ( )

(3) 어떤 장소를 방문해 본 것과 들은 것을 나타냄. ( )

18 기행문의 처음 부분에 들어갈 내용으로 알맞지 <u>않은</u> 것은 무엇입니까? ( )

① 여행한 까닭이나 목적

② 떠날 때 날씨와 교통편

③ 간단한 여행 일정 소개

④ 여행지에서 보고 들은 것

⑤ 여행을 떠나기 전의 기대와 설렘

19★ 기행문을 쓸 때 어떻게 표현해야 하는지 알맞게 말한 친구의 이름을 모두 쓰시오.

> 지수: 여행 기록만 드러나게 써야 해.
> 서윤: 생각이나 느낌도 함께 써야 해.
> 수혁: 시간과 장소가 잘 드러나게 써야 해.
> 현우: 개인적인 생각이나 느낌은 쓰지 않아야 해.
> 희수: 보고 들은 내용을 생생하고 자세하게 풀어 써야 해.

( )

20 기행문을 쓰고 살펴볼 내용으로 알맞지 <u>않은</u> 것은 무엇입니까? ( )

① 여행한 목적이 잘 드러났는가?

② 글의 전체 짜임이 자연스러운가?

③ 여정, 견문, 감상이 잘 드러났는가?

④ 사진이나 그림을 알맞게 넣었는가?

⑤ 다른 사람이 부러워할 만한 여행지인가?

1단계
낱말
쓰기

그림에서 서윤이와 현석이가 나누고 있는 이야기는 무엇인지 빈칸에 알맞은 말을 쓰시오. [2점]

• (　　　　)을 다녀온 경험에 대해 이야기를 나누고 있다.

2단계
문장
쓰기

현석이는 언제 어디를 다녀왔는지 쓰시오. [3점]

(　　　　　　　　　　　　　　　)

3단계
생각
쓰기

이 그림에서 현석이가 멋쩍어한 까닭은 무엇인지 쓰시오. [4점]

_____

_____

숲길을 빠져나와 머리핀처럼 돌아가는 가파른 능선 허리춤에 올라서면 홀연히 눈앞에 수백 개의 뾰족한 기암괴석이 호를 그리며 병풍처럼 펼쳐진다. ㉠오르면 오를수록 이 수직의 기암들이 점점 더 하늘로 치솟아 올라 신비스럽고도 웅장한 모습에 절로 감탄이 나온다.

언제 올라도 한라산 영실은 아름답다. 오백 장군봉을 안방에 드리운 병풍 그림처럼 둘러놓고, 그것을 멀찍이서 바라보며 느린 걸음으로 돌계단을 밟으며 바쁠 것도 힘들 것도 없이 오르노라면 마음이 들뜰 것도 같지만 거기엔 아름다움뿐만 아니라 장엄함과 아늑함이 곁들여 있기에 우리는 함부로 감정을 놀리지 못하고 아래 한 번, 위 한 번, 좌우로 한 번씩 발을 옮기며 그 풍광에 느긋이 취하게 된다.

2 이 글을 읽고 다음과 같은 질문을 만들었습니다. 알맞은 답을 떠올려 쓰시오. [4점]

어떻게 하면 영실이 아름다운 모습을 잘 간직할 수 있을까요?

_____

_____

3 ㉠은 기행문에 들어갈 내용 중 무엇인지 조건 에 맞게 쓰시오. [6점]

조건
• 여정, 견문, 감상 중 무엇을 나타낸 것인지 드러나게 쓴다.
• 그렇게 생각한 까닭을 글에 드러난 표현과 관련지어 쓴다.

_____

_____

7 기행문을 써요

학습 주제	여정, 견문, 감상이 드러나게 기행문 쓰기	배점	30점
학습 목표	여행한 경험을 떠올려 여정, 견문, 감상이 드러나게 기행문을 쓸 수 있다.		

1 자신이 가 본 곳 중에서 가장 기억에 남거나 좋았던 곳을 떠올려 쓰시오. [3점]

( )

2 〈문제 1번〉에서 답한 장소에서 여행한 경험을 떠올려 여정, 견문, 감상이 드러나게 정리하여 쓰시오. [12점]

여정	(1)
견문	(2)
감상	(3)

3 〈문제 2번〉에서 정리한 내용을 바탕으로 조건 에 맞게 기행문을 간단히 쓰시오. [15점]

> **조건**
> • 내용을 자세히 풀어 표현한다.
> • 여정, 견문, 감상이 드러나게 기행문을 쓴다.

1 낱말의 짜임 알기
낱말의 짜임을 알면 좋은 점: 잘 모르는 낱말의 뜻을 짐작할 수 있어요. / 낱말을 합해서 새로운 낱말을 만들 수 있어요. / 낱말을 어떻게 만들었는지 이해할 수 있어요.

단일어	'바늘'처럼 '바'와 '늘'로 나누면 본디의 뜻이 없어져 더는 나눌 수 없는 낱말입니다.
복합어	• '사과나무', '검붉다'처럼 뜻이 있는 두 낱말을 합한 낱말입니다. • '맨주먹', '햇밤', '덧신'처럼 뜻을 더해 주는 말과 뜻이 있는 낱말을 합한 낱말입니다.

2 낱말을 만드는 방법 알기
① 낱말에 다른 낱말을 합해서 낱말을 만듭니다.
  예 구름다리 = 구름 + 다리, 김밥 = 김 + 밥, 새우잠 = 새우 + 잠
② 뜻을 더해 주는 말에 낱말을 합해서 낱말을 만듭니다.
  예 풋고추, 나무꾼, 햇밤, 장난꾸러기

★★ 3 겪은 일과 아는 지식을 떠올리며 글 읽기
겪은 일이나 아는 지식을 떠올리며 글을 읽으면 글의 내용을 더 쉽고 깊이 있게 이해할 수 있어요.
① 본 일, 들은 일, 한 일을 떠올리며 읽습니다.
② 아는 지식을 생각하며 글을 읽습니다.
③ 글을 읽고 새롭게 알거나 자세히 안 점을 찾아봅니다.
  예 「자연을 닮은 우리 악기」를 읽으며 떠올린 일 이야기하기

음악 시간에 장구를 배운 일이 생각났어. 장구를 치며 장구 장단에 맞춰 민요를 부른 일을 떠올리며 글을 읽었어.

텔레비전에서 「수제천」이라는 곡을 전통 악기로 연주하는 모습이 떠올랐어.

풍물놀이를 할 때 북, 장구, 꽹과리 같은 전통 악기를 실제로 본 적이 있어.

4 새말 사전 만들기
① 낱말과 낱말을 더해서 새말을 만듭니다.
② 외래어나 외국어를 우리말로 순화합니다.
③ 내가 만든 새말을 넣어 새말 사전을 만들어 봅니다.

---

1 낱말을 나누면 본디의 뜻이 없어져 더는 나눌 수 없는 낱말을 무엇이라고 하는지 쓰시오.

(　　　　　　　　)

8

2 낱말의 짜임에 알맞은 예를 찾아 선으로 이으시오.

(1) 단일어 •
(2) 복합어 •

• ① 유리병
• ② 책가방
• ③ 바늘

3 다음과 같은 방법으로 만든 낱말을 찾아 ○표 하시오.

> 낱말에 다른 낱말을 합해서 낱말을 만든다.

(1) 햇과일 　 (　　　)
(2) 사과나무 　 (　　　)
(3) 욕심꾸러기 　 (　　　)

4 다음 빈칸에 알맞은 말을 쓰시오.

> 겪은 일이나 아는 지식을 떠올리며 글을 읽으면 글의 내용을 더 쉽고 깊이 있게 (　　　　)할 수 있다.

• **그림 설명:** 뜻을 잘 모르는 낱말의 짜임을 살펴보면서 낱말의 뜻을 자세히 아는 방법에 대해 이야기하고 있습니다.

핵심내용 낱말의 짜임

❶ ㄷ ㅇ ㅇ	낱말을 나누면 본디의 뜻이 없어져 더는 나눌 수 없는 낱말
복합어	• 뜻이 있는 두 낱말을 합한 낱말 • 뜻을 더해 주는 말과 뜻이 있는 낱말을 합한 낱말

뜻을 잘 모르는 낱말이 나왔을 때에는 아는 뜻을 바탕으로 하여 짐작하거나, 낱말을 쪼개어 살펴봐요.

1 예원이와 시원이는 ㉠과 ㉡의 뜻을 어떻게 짐작했는지 알맞게 말한 것을 두 가지 고르시오.

( )

① 국어사전을 찾아보았다.
② 선생님께 여쭈어보았다.
③ 낱말을 쪼개어 살펴보았다.
④ 아는 뜻을 바탕으로 하여 짐작했다.
⑤ 책을 읽고 앞뒤 문장을 통해 짐작했다.

2 ㉠과 ㉡은 어떤 낱말과 어떤 낱말을 합해 만든 것인지 빈칸에 알맞게 쓰시오.

㉠ 바늘방석	=	(1)	+	(2)

㉡ 맨주먹	=	(3)	+	(4)

3 ㉠과 낱말의 짜임이 같은 것은 무엇입니까?

( )

① 이불   ② 의자
③ 복숭아   ④ 어머니
⑤ 사과나무

4 ⭐ 다음 ㉮와 ㉯에 들어갈 알맞은 말을 쓰시오.

'바늘'처럼 '바'와 '늘'로 나누면 본디의 뜻이 없어져 더는 나눌 수 없는 낱말을 ㉮ (이)라고 하고, '사과나무'처럼 뜻이 있는 두 낱말을 합한 낱말과 '햇밤'처럼 뜻을 더해 주는 말과 뜻이 있는 낱말을 합한 낱말을 ㉯ (이)라고 한다.

(1) ㉮: ( )
(2) ㉯: ( )

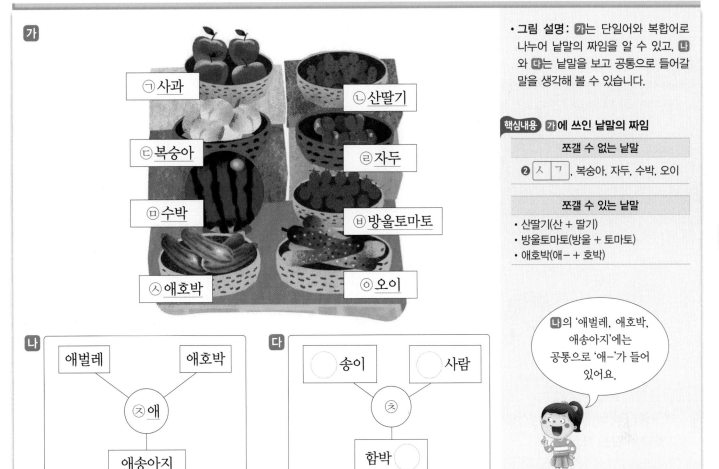

가

ㄱ 사과
ㄴ 산딸기
ㄷ 복숭아
ㄹ 자두
ㅁ 수박
ㅂ 방울토마토
ㅅ 애호박
ㅇ 오이

나

애벌레　애호박
ㅈ 애
애송아지

다

○ 송이　○ 사람
ㅊ
함박 ○

• 그림 설명: **가**는 단일어와 복합어로 나누어 낱말의 짜임을 알 수 있고, **나**와 **다**는 낱말을 보고 공통으로 들어갈 말을 생각해 볼 수 있습니다.

핵심내용 **가**에 쓰인 낱말의 짜임

쪼갤 수 없는 낱말
② ㅅ ㄱ , 복숭아, 자두, 수박, 오이

쪼갤 수 있는 낱말
• 산딸기(산 + 딸기)   • 방울토마토(방울 + 토마토)   • 애호박(애– + 호박)

나의 '애벌레, 애호박, 애송아지'에는 공통으로 '애–'가 들어 있어요.

교과서 문제

5 ㄱ~ㅇ을 단일어와 복합어로 구분하여 각각 알맞게 쓰시오.

(1) ㄱ: (　　　　) 　(2) ㄴ: (　　　　)
(3) ㄷ: (　　　　) 　(4) ㄹ: (　　　　)
(5) ㅁ: (　　　　) 　(6) ㅂ: (　　　　)
(7) ㅅ: (　　　　) 　(8) ㅇ: (　　　　)

교과서 문제

6 ㄴ과 ㅂ은 어떤 낱말들을 합해서 다른 한 낱말을 만들었는지 보기 와 같이 쓰시오.

보기

고추잠자리 = 고추 + 잠자리

(1) ㄴ 산딸기 = [　　　] + [　　　]

(2) ㅂ 방울토마토 = [　　　] + [　　　]

7 나에서 ㅈ을 합해 만든 낱말들로 미루어 보아, ㅈ은 어떤 뜻이겠습니까? (　　　)

① '큰'이라는 뜻 같다.
② '야생'이라는 뜻 같다.
③ '새로운'이라는 뜻 같다.
④ '못생긴'이라는 뜻 같다.
⑤ '어린' 또는 '작은'이라는 뜻 같다.

8 ★ ㅊ에 들어갈 알맞은 말은 무엇입니까? (　　　)

① 눈　　② 햇　　③ 새
④ 첫　　⑤ 하얀

9 '손'과 다른 낱말을 합해 새로운 뜻을 가진 낱말을 한 가지만 만들어 쓰시오.

(　　　　　　　　　)

1~2

구름다리

'구름'은 공중에 높이 떠 있는 것이고, '다리'는 한편에서 다른 편으로 건너다닐 수 있도록 만든 것이야.

' ㉠ '과/와 ' ㉡ '을/를 합해서 만들었네.

아, 그럼 구름다리는 ㉮ 라는 뜻이구나.

희수

1 '구름다리'의 짜임을 생각하여 ㉠과 ㉡에 들어갈 알맞은 말을 쓰시오.

(1) ㉠: (   )
(2) ㉡: (   )

2 희수의 생각으로 미루어 보아, ㉮에 들어갈 '구름다리'의 뜻은 무엇입니까? (   )

① 위태로운 다리
② 폭신폭신한 다리
③ 출렁출렁 흔들리는 다리
④ 공중에 높이 떠 있는 다리
⑤ 사람들이 이용할 수 없는 다리

3 서술형 다음 낱말의 짜임을 살펴보고, '새우잠'의 뜻을 짐작하여 쓰시오.

새우잠 = 새우 + 잠

뜻

4~5

나무꾼   소리꾼   낚시꾼

4 이 그림에서 공통으로 들어간 '-꾼'의 뜻은 무엇입니까? (   )

① 어떤 것이 많은 사람
② 어떤 것이 심한 사람
③ 어떤 일을 못하는 사람
④ 어떤 일을 잘하는 사람
⑤ 어떤 일을 처음 하는 사람

교과서 문제
5 '-꾼'의 뜻을 생각하며 낱말을 한 가지 더 만들어 쓰시오.

(   )

6 '소금물'은 낱말을 어떤 방법으로 만든 것인지 알맞게 설명한 것에 ○표 하시오.

(1) 낱말에 다른 낱말을 합해서 낱말을 만들었다. (   )

(2) 뜻을 더해 주는 말에 낱말을 합해서 낱말을 만들었다. (   )

교과서 문제
7 뜻을 더해 주는 말인 '햇-'에 낱말을 합해서 만든 것으로 알맞지 <u>않은</u> 것은 무엇입니까? (   )

① 햇밤   ② 햇과일
③ 햇곡식   ④ 햇사과
⑤ 햇울음

자연을 닮은 우리 악기

· 청동말굽

· **글의 종류**: 설명하는 글
· **글의 특징**: 자연에서 얻은 명주실, 대나무, 박, 흙, 가죽, 쇠붙이, 돌, 나무로 만든 우리나라 악기들에 대해 설명하는 글입니다.

1 아주 먼 옛날, 우리 조상들은 우리 땅과 강을 닮은 악기를 만들어 아름다운 음악을 연주했습니다. 하늘과 땅에 제사를 지낼 때에도, 기쁘거나 슬픈 마음을 나타낼 때에도 사람들은 모여서 악기를 연주했어요. 우리나라 악기들은 자연에서 얻은 여덟 가지 재료로 만들어졌어요. 명주실, 대나무, 박, 흙, 가죽, 쇠붙이, 돌, 나무 등 주변에서 흔히 볼 수 있고 쉽게 구할 수 있는 것들이지요. 대한 제국 때 발간된 『증보문헌비고』에서는 이 여덟 악기의 재료를 팔음이라고 불렀어요. 여덟 가지 재료에 저마다 독특한 소리가 담겨 있기 때문이지요.

중심 내용 **1** 우리나라 악기들은 자연에서 얻은 명주실, 대나무, 박, 흙, 가죽, 쇠붙이, 돌, 나무로 만들어졌습니다.

2 대나무와 박에서 나오는 청아한 소리는 맑은 봄날의 아침 같아요. 명주실에서 뽑아내는 섬세한 소리와
_{명주실에서 나오는 소리를 표현}
나무에서 나오는 깨끗한 소리는 쨍쨍한 여름 햇살을
_{나무에서 나오는 소리를 표현}

닮았어요. 쇠와 흙에서 울리는 우렁차고 광대한 소리는 높은 가을 하늘 같답니다. 돌의 묵직한 소리와 가죽
_{돌에서 나오는 소리를 표현}
의 탄탄한 소리는 겨울의 웅장함을 느끼게 하지요. 이렇게 옛사람들은 여러 악기의 소리를 들으며 자연의 이치를 깨달았답니다.

중심 내용 **2** 옛사람들은 여러 악기의 소리를 들으며 자연의 이치를 깨달았습니다.

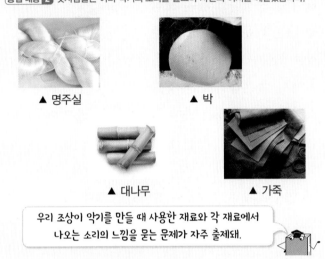

▲ 명주실   ▲ 박

▲ 대나무   ▲ 가죽

우리 조상이 악기를 만들 때 사용한 재료와 각 재료에서 나오는 소리의 느낌을 묻는 문제가 자주 출제돼.

청아(淸 맑을 청, 雅 맑을 아)한 속된 티가 없이 맑고 아름다운.
섬세(纖 가늘 섬, 細 가늘 세)한 곱고 가는. ⑩ 한복에 수놓은 자수에서 섬세한 손길이 느껴집니다.

광대(廣 넓을 광, 大 큰 대)한 크고 넓은.
묵직한 다소 큰 물건이 보기보다 제법 무거운. ⑩ 아버지께서 묵직한 바구니를 들고 오셨습니다.

8

---

8 우리 조상들은 언제 악기를 연주한다고 했는지 이 글에서 찾아 한 가지 더 쓰시오.

(1) 기쁘거나 슬픈 마음을 나타낼 때
(2) (   )

교과서 문제
9 우리 조상이 악기를 만들 때 사용한 여덟 가지 재료는 무엇무엇인지 찾아 빈칸에 알맞게 쓰시오.

> 대나무, 박, (   ), (   ),
> 쇠붙이, 흙, 돌, 가죽

10 이 글에서 대나무와 박에서 나오는 소리는 어떠하다고 했습니까? (   )

① 청아하다.   ② 섬세하다.
③ 깨끗하다.   ④ 우렁차다.
⑤ 탄탄하다.

11* 이 글에서 돌과 가죽에서 나오는 소리는 어떤 느낌을 준다고 했습니까? (   )

① 높은 가을 하늘 같다.
② 맑은 봄날의 아침 같다.
③ 쨍쨍한 여름 햇살을 닮았다.
④ 겨울의 웅장함을 느끼게 한다.
⑤ 계곡에 흐르는 시냇물 소리 같다.

3 명주실은 우리 악기를 만드는 데 가장 많이 쓰이는 재료 가운데 하나입니다. 명주실은 누에고치에서 뽑아낸 비단실이에요. 이 비단실로 천도 짜고, 소리 고운 악기도 만들지요. 명주실은 잘 끊어지지 않고 탄력이 있어서 가야금, 거문고, 아쟁, 해금 같은 악기의 줄로 쓰입니다. 가야금은 오동나무로 만든 울림통에 명주실을 열두 줄로 꼬아 얹어 만들어요. 웅장하고 깊은 소리를 내는 거문고의 줄도 명주실로 만들지요. 해금은 낮은 음에서 높은음까지 다양한 소리를 내고, 아쟁은 가야금과 비슷하지만 가야금보다 몸통이 크고 줄이 굵습니다.

▲ 가야금

▲ 해금

중심 내용 **3** 명주실은 가야금, 거문고, 아쟁, 해금 같은 악기의 줄로 쓰입니다.

4 예부터 우리 조상들이 좋아했던 대나무는 굽힐 줄 모르는 곧은 마음을 상징했어요. 대나무를 즐겨 그리 ┗대나무가 상징하는 것 는 선비가 많았고, 장인들은 대나무로 여러 가지 물건

을 만들었지요. 대나무로 만든 악기도 아주 많아요. 대나무는 속이 비어 있어서 보통

▲ 대금

나무와는 다른 소리를 내는 악기를 만들 수 있어요. 그윽하고 평온한 소리가 울려 나오는 대금, 달빛이 빛나는 봄밤에 어울리는 악기인 피리를 만듭니다. 그리고 맑고 청아한 소리를 내는 단소도 만들 수 있습니다.

중심 내용 **4** 대나무로 만든 악기에는 대금, 피리, 단소가 있습니다.

5 초가지붕 위에 주렁주렁 앉아 자라던 박은 <u>물을 푸는 물박, 간장을 퍼내는 장 박, 밥을 담는</u>
┗박의 쓰임
<u>주발 박 같은 바가지나 그릇을 만드는 데 많이 쓰였어요.</u> 우리 악기 가운데 생황은 박으로 만든 악기입니다. 생황은 박으로 만든 공명통(소리를 울리게 하는 통)에 서로 길이가 다른 여러 개의 대나무 관이 꽂혀 있는 악기예요.

▲ 생황

중심 내용 **5** 박은 바가지나 그릇을 만드는 데 많이 쓰였고, 박으로 만든 악기에는 '생황'이 있습니다.

곧은 마음이나 뜻이 흔들림 없이 바른.
장인(匠 장인 장, 人 사람 인) 손으로 물건을 만드는 일을 직업으로 하는 사람. 예 우리 할아버지는 가구 장인이십니다.

그윽하고 깊숙하여 아늑하고 고요하고.
평온(平 평평할 평, 穩 편안할 온)한 조용하고 평안한. 예 오늘은 평온한 주말입니다.

---

12 이 글에서 말한 명주실의 특징으로 알맞은 것을 두 가지 고르시오. ( )

① 탄력이 있다.
② 표면이 거칠다.
③ 속이 비어 있다.
④ 잘 끊어지지 않는다.
⑤ 원하는 모양을 쉽게 만들 수 있다.

13 대나무로 만든 악기를 모두 고르시오.
( )

① 대금 ② 단소
③ 아쟁 ④ 피리
⑤ 가야금

14 생황은 무엇으로 만든 악기인지 쓰시오.
( )

15* 이 글을 읽으면서 자신이 본 일을 떠올린 친구의 이름을 쓰시오.

> 지훈: 전통 악기 박물관에서 생황을 보았는데 나도 한번 소리를 내 보고 싶었어.
> 재희: 음악 시간에 단소를 연주했어. 단소에서 어떻게 청아한 소리가 나는지 신기했어.
> 태윤: 예술제에서 가야금 병창을 들은 적이 있어. 가야금 소리가 굉장히 인상적이었어.

( )

6 흙은 쓰임이 많은 재료예요. <u>집을 짓기도 하고 여러 가지 물건을 만들지요.</u> <u>흙은 원하는 모양을 쉽게 만들 수도 있고, 말리거나 구우면 단단해져요.</u> 우리 조상들은 이런 흙의 특성을 이용해서 훈과 부 같은 악기를 만들었어요. 우묵한 질그릇처럼 생긴 부는 아홉 조각으로 쪼갠 대나무 채로 두드려 소리를 내는 악기예요. 훈은 흙을 빚고 구워서 만든 악기로 입으로 불어 소리를 내요.

중심 내용 **6** 흙으로 만든 악기에는 훈과 부가 있습니다.

7 아주 오랜 옛날부터 사람들은 동물의 가죽을 잘 말려서 동그란 나무통에 씌워 두드리며 소리를 냈어요. 때로는 흥겨운 장단을 만들기도 했고, 때로는 깊고 웅장한 소리로 마음속의 슬픔과 두려움을 몰아내기도 했지요. 가죽으로 만든 악기에는 북과 장구가 있어요. 북은 백성들과 아주 가까운 악기로 힘든 농사일에 흥을 돋우기 위한 풍물놀이에 빠지지 않았어요. 장구는 모래시계를 옆으로 뉘어 놓은 것처럼 허리가 잘록한데,

다른 악기들과 어울려 흥을 돋워 주지요.

중심 내용 **7** 가죽으로 만든 악기에는 북과 장구가 있습니다.

▲ 장구

8 쇠는 아무나 함부로 다룰 수 없는 귀한 재료였어요. 쇠를 다루는 사람들이 불로 쇠를 녹여 여러 가지 도구를 만들어 쓰기도 하고, 무기를 만들기도 하였지요. 그 때문에 쇠로 만든 악기에도 특별한 힘이 있을 거라고 여겼어요. 사람들은 쇠를 녹여 사방을 깨우는 듯한 소리가 나는 악기를 만들어 특별한 신호를 보내거나, 놀이판의 흥을 높였어요. 쇠를 녹여 만든 우리 악기에는 징, 꽹과리, 편종, 특종, 나발 등이 있어요.

▲ 징

중심 내용 **8** 쇠로 만든 악기에는 징, 꽹과리, 편종, 특종, 나발 등이 있습니다.

> 재료에 따른 악기의 종류나 악기의 쓰임 등을 묻는 문제가 자주 출제돼.

우묵한 가운데가 둥그스름하게 푹 패거나 들어가 있는 상태인.
　예 국은 <u>우묵한</u> 그릇에 담습니다.
장단 춤. 노래 따위의 빠르기나 가락을 주도하는 박자.

흥(興 일 흥) 재미나 즐거움을 일어나게 하는 감정.
사방(四 녁 사, 方 모 방) 동, 서, 남, 북 네 방위를 통틀어 이르는 말.
　예 <u>사방</u>이 산으로 둘러싸여 있습니다.

---

16 훈과 부는 어떻게 소리를 내는지 알맞은 것을 찾아 선으로 이으시오.

(1) 훈 •　　• ① 입으로 불어서 소리를 낸다.

(2) 부 •　　• ② 대나무 채로 두드려 소리를 낸다.

17 북과 장구는 무엇으로 만든 악기입니까?　（　　）

① 쇠로 만든 악기이다.
② 박으로 만든 악기이다.
③ 흙으로 만든 악기이다.
④ 가죽으로 만든 악기이다.
⑤ 명주실로 만든 악기이다.

18 이 글에서 말한 북의 쓰임으로 알맞은 것은 무엇입니까?　（　　）

① 무기로 이용되었다.
② 연주의 끝을 알릴 때 이용되었다.
③ 연주의 처음을 알릴 때 이용되었다.
④ 여러 가지 도구를 만들 때 이용되었다.
⑤ 힘든 농사일에 흥을 돋우기 위한 풍물놀이에 이용되었다.

19 다음 중 악기를 만든 재료가 나머지와 다른 하나는 무엇입니까?　（　　）

① 징　　　　　　② 편종
③ 나발　　　　　④ 장구
⑤ 꽹과리

9 나무는 어디에서나 쉽게 구할 수 있고 쓰임도 많은 재료예요. 나무로 만든 악기에는 박, 어 등이 있어요. 나무의 딱딱한 소리는 여러 악기를 모아 합주할 때 연주의 처음과 끝을 알리는 역할을 했답니다. 어는 나무로 만든 흰 호랑이 등 위에 스물일곱 개의 톱니가 붙어 있는 악기이고, 박은 단단한 나뭇조각 여섯 개의 한쪽 끝을 모아 묶은 악기예요. 박을 연주하는 사람은 지휘자와 같은 역할을 한답니다.

▲ 박

중심 내용 **9** 나무로 만든 악기에는 박, 어 등이 있습니다.

10 돌로 만든 악기는 추위나 더위에 강하기 때문에 음의 변화가 거의 없었어요. 그래서 <u>다른 악기의 음을 맞추거나 고르게 할 때 기준</u>이 된답니다. _{돌로 만든 악기의 역할} 돌로 만든 악기에는 편경와 특경이 있어요. 편경은 단단한 돌을 'ㄱ' 자 모양으로 깎아서 만든 악기로, 돌조각을 '각퇴'라는 채로 쳐서 소리를 내요. 돌에서 나오는 티 없이 청아한 소리가 일품이에요. 편경은 주로 궁중에서 제사를 지낼 때 쓰입니다.

중심 내용 **10** 돌로 만든 악기에는 편경과 특경이 있습니다.

11 여덟 가지 재료로 만든 우리 옛 악기들은 저마다 독특하고 아름다운 소리를 지닙니다. 하지만 우리 악기들은 더불어 살아가는 사람들처럼 여럿이 함께 어우러져야 더 아름다운 소리를 만들어 냅니다. 서로 어울려 연주되는 우리 악기들은 제 소리만 뽐내지 않아요. 각자의 소리가 한데 어우러지도록 정성을 다하지요. 서로 둥글게 어울려 흥겨운 장단을 만들고 서로 하나 되어 아름다운 가락을 만들어요. 이렇게 하나 된 연주는 하늘에 닿아 사람들의 소원도 전해 주고, 조상님께 닿아 후손들의 효심도 전해 주고, 즐거운 놀이판에서 흥겹게 울려 퍼졌답니다.

중심 내용 **11** 여덟 가지 재료로 만든 악기들은 한데 어우러져야 더 아름다운 소리를 만들어 냅니다.

핵심내용 겪은 일을 떠올리며 「자연을 닮은 우리 악기」를 읽는 방법 예

본 일을 떠올리며 읽기	전통 악기 박물관에서 생황이라는 악기를 본 적이 있다. 무엇으로 만들었는지 궁금했는데 박으로 만든 악기라는 것을 알게 되었다.
① ⬚ ◯ ◯ 을 떠올리며 읽기	옛날에는 농사일을 할 때나 힘든 일을 할 때 노래를 부르며 풍물을 연주했다는 이야기를 할머니께 들은 적이 있다.
한 일을 떠올리며 읽기	학교에서 사물놀이를 배운 적이 있다. 신나게 꽹과리를 칠 때 어깨춤을 덩실덩실 출 정도로 흥겨웠다.

각퇴(角 뿔 각, 槌 망치 퇴) 편종, 편경 따위의 타악기를 치는 데 쓰는, 쇠뿔로 만든 방망이.
티 조그마한 흠.

일품(一 한 일, 品 물건 품) 솜씨가 제일감. 또는 그 솜씨. 예 어머니의 요리 솜씨는 일품입니다.
궁중(宮 집 궁, 中 가운데 중) 대궐 안.

20 다음 재료로 만든 악기를 찾아 선으로 이으시오.

(1) 돌 • • ① 편경, 특경

(2) 나무 • • ② 박, 어

21 나무로 만든 악기는 여러 악기를 모아 합주할 때 어떤 역할을 한다고 했습니까? ( )

① 연주의 가락을 치는 역할
② 다른 악기의 음을 맞추는 역할
③ 중간에 장단을 짚어 주는 역할
④ 연주의 처음과 끝을 알리는 역할
⑤ 다른 악기의 음을 고르게 하는 역할

22 편경에 대한 설명으로 알맞지 <u>않은</u> 것은 무엇입니까? ( )

① 청아한 소리가 난다.
② 궁중에서 제사를 지낼 때 쓰였다.
③ '각퇴'라는 채로 쳐서 소리를 낸다.
④ 편경을 연주하는 사람은 지휘자와 같다.
⑤ 돌을 'ㄱ' 자 모양으로 깎아서 만든 악기이다.

23 이 글 전체를 읽고 관련 있는 경험을 떠올려 정리하여 간단히 쓰시오.
서술형

_____

_____

우리나라의 멸종 위기 동물

• 백은영

- **글의 종류**: 주장하는 글
- **글의 특징**: 멸종 위기에 처한 동물들을 알려 주고, 멸종 위기의 동물을 보호하자는 주장을 드러낸 글입니다.

1 지금까지 알려진 동물은 약 170만 종이라고 합니다. 앞으로 20~30년 안에 이 동물 가운데 $\frac{1}{4}$ 정도가 지구상에서 완전히 사라질 수도 있다고 합니다. 왜냐하면 지구 온난화와 환경 오염 등으로 동물의 서식지가 줄어들고 있기 때문입니다. 그리고 토종 동물이 다른 나라에서 들어온 동물과 벌이는 생존 경쟁에서 밀려나 사라지는 경우도 있기 때문입니다. 우리나라에도 이렇게 멸종되어 가는 동물이 많이 있습니다. 그럼 지금부터 우리나라에서 사라질 위기에 처한 동물을 만나 보겠습니다.

중심 내용 1 지구 온난화와 환경 오염 등으로 멸종되어 가는 동물이 많이 있습니다.

지구 온난화로 인해 빙하가 녹은 모습

서식지(棲 깃들일 서, 息 쉴 식, 地 땅 지) 생물 따위가 일정한 곳에 자리를 잡고 사는 곳. ⑩ 갯벌은 낙지의 서식지입니다.
토종(土 흙 토, 種 씨 종) 본디부터 그곳에서 나는 종자.

2 점박이물범

나는 점박이물범일세. 잘 사냐고? 음, 할 말이 없군. 지금 우리 가족은 겨우 500마리 남짓 남았을 뿐이거든. 물론 30년 전보다야 낫지만 말이야. 그때만 해도 사람들이 우리를 마구 잡아서 모피와 약을 만들었지만, 지금은 보호 구역도 정해 주더라고. 우리는 주로 백령도 근처에 머무는데 사람이 별로 없어서 지내기가 좋아. 그리고 추운 겨울이 되면 서해 위쪽으로 올라가 지낸다네. 그런데 여기서 잠깐! 사실 무척 걱정되는 게 있어. 우리에게는 새끼를 낳으려면 부빙이 꼭 필요하지. 그런데 지구가 점점 따뜻해지는 바람에 얼음들이 녹고 있어. 게다가 사람들이 오염된 물과 쓰레기를 바다에 마구 쏟아 내서 살기가 참 힘들다네. 자네가 우리 대신 사람들한테 잘 좀 말해 줄 수 없겠나?

사람들이 점박이물범을 잡은 까닭

중심 내용 2 백령도 근처에 사는 점박이물범은 지구 온난화와 환경 오염 때문에 사라질 위기에 처해 있습니다.

남짓 크기, 수효, 부피 따위가 어느 한도에 차고 조금 남는 정도임을 나타내는 말.
부빙(浮 뜰 부, 氷 얼음 빙) 물 위에 떠다니는 얼음덩이.

---

24 동물이 사라지는 까닭으로 알맞은 것을 두 가지 고르시오. (   )

① 지나친 자연 보호 때문에
② 동물 보호 시설이 부족해서
③ 사람들의 지나친 관심 때문에
④ 지구 온난화와 환경 오염으로 동물의 서식지가 줄어들어서
⑤ 토종 동물이 다른 나라에서 들어온 동물과 벌이는 생존 경쟁에서 밀려나서

25 사람들은 점박이물범을 잡아서 무엇무엇을 만들었는지 이 글에서 찾아 쓰시오.
(   ), (   )

26 이 글에서 점박이물범은 주로 어디에서 산다고 했는지 쓰시오.

(   )

27 점박이물범이 처한 위기는 무엇인지 두 가지를 고르시오. (   )

① 부빙이 녹고 있다.
② 바다가 오염되고 있다.
③ 백령도가 작아지고 있다.
④ 보호 구역이 사라지고 있다.
⑤ 백령도 근처에 사람이 너무 없다.

3

산양

내가 염소게, 산양이게? 히히, 염소랑 비슷하게 생겼어도 난 엄연히 산양이야. 자세히 보면 수염도 없고 갈색, 검은색, 회색 털이 뒤섞여 있어. 그리고 내 뿔은 송곳 모양으로, 나이를 먹을 때마다 고리 모양으로 변해. 나는 워낙 험한 바위산에 살기 때문에 지금까지 살아
<u>산양이 사는 곳</u>
남았어. 이런 내가 설마 인간 때문에 멸종 위기에 처할 줄은 정말 몰랐어. 사냥꾼들은 내 털과 고기를 노렸지. 우리가 도망가지 못하게 길도 막아 버렸어. 으으, 무서운 인간들을 피할 방법 좀 알려 줘.

중심 내용 **3** 험한 바위산에 사는 산양은 사냥꾼들 때문에 멸종 위기에 처해 있습니다.

4

반달가슴곰

대한민국 사람들은 우리를 참 많이 사랑해요. 그만큼 우리에게 관심도 많고요. 우리 친구들을 지리산으로 돌려보낼 때마다 잘 살기를 무척 바라지요. 듣자 하니 50마리까지 늘리는 게 목표라고 해요. 하기는 우리를 귀하게 여길 만해요. 우리는 산에서 <u>도토리, 가래, 산뽕나무의 열매</u> 등을 먹고 여기저기에 똥을 누어요. 바로 그
<u>지리산 반달가슴곰의 먹이</u>

엄연(儼 엄연할 엄, 然 그럴 연)히 어떠한 사실이나 현상이 부인할 수 없을 만큼 뚜렷하게.
워낙 두드러지게 아주.

똥이 흙을 좋게 만들어서 씨앗이 돋아나게 하고 산을 푸르게 만드는 데 도움을 주거든요. 우리가 있어야 지리산의 생태계가 잘 돌아가는 거죠. 하지만 문제는 바로 사람들! 아무리 깊은 산속이라도 사람들이 보여요. 그 험한 데까지 대체 어떻게 오는 거죠?

중심 내용 **4** 지리산에서 사는 반달가슴곰은 깊은 산속까지 찾아오는 사람들 때문에 멸종 위기에 처해 있습니다.

5

꼬치동자개

뭘 그리 놀라요? 나 처음 봐요? 하긴 나는 1940년대까지는 도시의 하천에서도 쉽게 잡을 수 있을 정도로 흔한 물고기였죠. 하지만 산업화·도시화가 되면서 환경이 오염되어 마음 놓고 살 곳이 사라져 버렸어요. 나와 친구들은 어느새 멸종 위기 1등급이 되어 버렸고요. 듣기로는 우리를 데려다가 연구해서 수를 늘릴 계획이 있다고 하던데, 그러다 잘못되면 어떡하죠?

중심 내용 **5** 산업화·도시화가 되면서 꼬치동자개는 멸종 위기에 처해 있습니다.

> 우리나라에서 멸종 위기에 처한 동물이 무엇인지 묻고, 동물 이름의 짜임을 통해 생김새, 사는 곳, 특징을 묻는 문제가 자주 출제돼.

가래 가래나무의 열매. 호두와 비슷하나 좀 갸름함.
산업화(産 낳을 산, 業 업 업, 化 될 화) 산업의 형태가 됨. 또는 그렇게 되게 함. 예 산업화로 과학 기술이 발달하였습니다.

---

28 산양에 대한 설명으로 알맞지 <u>않은</u> 것은 무엇입니까? ( )

① 수염이 없다.
② 암컷만 뿔이 있다.
③ 염소랑 비슷하게 생겼다.
④ 갈색, 검은색, 회색 털이 뒤섞여 있다.
⑤ 송곳 모양의 뿔은 나이를 먹을 때마다 고리 모양으로 변한다.

교과서 문제
29 낱말의 짜임을 생각할 때 반달가슴곰의 모습은 어떠할지 알맞은 것에 ○표 하시오.

(1) 가슴이 반달처럼 작을 것 같다. ( )
(2) 가슴에 반달 모양이 있을 것 같다. ( )
(3) 반달처럼 가슴이 볼록 나왔을 것 같다. ( )

30 꼬치동자개가 멸종 위기에 처한 것은 무엇과 관련이 있는지 알맞은 것을 두 가지 고르시오. ( )

① 가뭄   ② 지진   ③ 산업화
④ 도시화   ⑤ 사람들의 관심

31* 동물 이름의 짜임을 생각해 보고, 그 특징을 <u>잘못</u> 말한 친구의 이름을 쓰시오.

> 하은: '반달가슴곰'은 '반달가슴'과 '곰'을 합해 만든 낱말이야.
> 규민: '반달가슴곰'은 가슴에 반달무늬가 있는 곰이라는 뜻이야.
> 승연: '반달가슴곰'은 반달 모양의 눈을 가진 곰을 뜻하는 말이야.

( )

6 멸종 위기에 처한 우리나라의 동물들을 구하려면 어떻게 해야 할까요? 1993년 국제 연합 환경 계획에서 '생물 다양성 국가 연구에 대한 지침'을 발표했습니다. 이를 시작으로 하여 사람들은 단순히 멸종 위기의 동물을 보호하는 데에만 그치는 것이 아니라 생태계 전체를 건강하게 만드는 데 힘을 쏟기 시작했습니다. 멸종 위기 동물을 천연기념물로 지정해 보호하고 우리나라 고유의 생물들을 보존하는 방법을 찾기로 했습니다. 그렇게 해서 생겨난 것이 바로 깃대종과 지표종이랍니다.

[중심 내용 6] 우리 고유의 생물을 보존하는 방법으로 깃대종과 지표종이 생겼습니다.

7 깃대종은 그 지역을 대표하는 생물들이기 때문에 깃대종이 잘 보존된다면 그 지역의 생태계가 잘 유지된다는 증거로 볼 수 있습니다. 우리나라의 대표적인 깃대종으로는 설악산의 산양, 내장산의 비단벌레, 속리산의 ㉠하늘다람쥐, 지리산의 반달가슴곰이 있습니다.

　우리나라의 대표적인 깃대종

지표종은 그 지역의 환경이 얼마나 깨끗한지 측정할 수 있는 종을 말합니다. 예를 들어 오래전 탄광에서 일하던 광부들은 카나리아를 이용해 몸에 해로운 유독 가스를 측정했습니다. 공기가 좋은 곳에서 사는 카나리아는 산소가 부족하면 숨을 쉬기가 힘들어 노래를 멈춘답니다. 그래서 광부들은 카나리아가 노래를 부르는 동안에는 안심하고 일을 할 수 있었습니다.

또한 바로 떠서 먹을 수 있을 정도로 깨끗한 1급수에는 어름치, 열목어 등이 살고, 약간의 처리 과정을 거치면 마실 수 있는 2급수에는 은어, 피라미가 삽니다. 물이 흐리고 마실 수 없어 공업용수로 주로 사용하는 3급수에는 물벼룩, 짚신벌레 등이 살며, 4급수에는 물곰팡이, 실지렁이 등이 살 수 있습니다. 이렇게 지표종으로 물의 등급을 알 수 있답니다.

[중심 내용 7] 깃대종을 통해 그 지역의 생태계를 유추할 수 있고, 지표종을 통해 그 지역 환경이 얼마나 깨끗한지 짐작할 수 있습니다.

8 오늘날에는 동물이 멸종하는 것을 막고자 세계 여러 나라에서 많은 노력을 하고 있습니다. 각 나라는 점점 줄어드는 동물을 '멸종 위기종'으로 지정해 보호하기도 합니다. 그렇다면 멸종 위기의 동물을 보호하는 가장 좋은 방법은 무엇일까요? 그것은 바로 우리가 동물에게 관심을 기울이고 동물을 보살피며, 환경을 함부로 파괴하지 않고 깨끗하게 유지하는 것입니다.

　멸종 위기의 동물을 보호하는 가장 좋은 방법

[중심 내용 8] 멸종 위기의 동물을 보호하기 위해서는 동물에 관심을 가지고 환경을 파괴하지 않고 깨끗하게 유지해야 합니다.

[핵심내용] 「우리나라의 멸종 위기 동물」을 읽고 새롭게 안 점 정리하기 [예]
- ❷ [지][리][산]의 반달가슴곰이 깃대종이라는 것을 알았다.
- 어름치, 열목어가 사는 곳의 물은 바로 떠서 먹을 수 있을 정도로 깨끗하다는 것을 알게 되었다.

지침(指 가리킬 지, 針 바늘 침) 생활이나 행동 따위의 지도적 방법이나 방향을 인도하여 주는 준칙.

공업용수(工 장인 공, 業 업 업, 用 쓸 용, 水 물 수) 공업 제품의 생산 과정에서 냉각, 제품 처리 따위에 쓰는 물.

교과서 문제

32 어떤 것을 천연기념물로 지정하는지 이 글에서 찾아 쓰시오.

（　　　　　　　　）

33* 깃대종이 잘 보존되어 있다는 뜻은 무엇입니까?

（　　）

① 그 지역에 동물의 먹이가 없다는 것
② 그 지역에서 동물이 살 수 없다는 것
③ 그 지역의 생태계가 잘 유지된다는 것
④ 그 지역의 생태계가 파괴되고 있다는 것
⑤ 그 지역의 동물의 서식지가 바뀌었다는 것

34 ㉠의 짜임에 맞게 빈칸에 알맞은 말을 쓰시오.

| 하늘다람쥐 | = | (1) | + | (2) |

35 이 글 전체를 읽고 새롭게 알거나 자세히 안 점을 한 가지만 쓰시오.
서술형

_____

_____

1 여자아이와 남자아이는 학급 알림판에 어떤 이름을 짓자고 했는지 각각 쓰시오.

(1) 여자아이: (   )

(2) 남자아이: (   )

2 ㉠은 어떤 말과 어떤 말을 더해서 만든 새말입니까? (   )

① 생각나눔+터

② 생각+나눔터

③ 생각+나눔+터

④ 생+각나눔+터

⑤ 생+각+나눔+터

교과서 문제

3 낱말과 낱말을 더해 그림에 나오는 학급 알림판의 이름을 새말로 지어 쓰시오.

(   )

4 그림의 가족은 어디를 가려고 하는지 쓰시오.

(   )

5 이 그림에 나온 낱말 중 길을 쉽고 빠르게 안내해 주는 기계를 무엇이라고 합니까? (   )

① 물놀이   ② 튜브

③ 도우미   ④ 워터 파크

⑤ 내비게이션

6⭐ 다음 낱말을 새말로 바꾸어 쓰시오.

(1) 워터 파크: (   )

(2) 튜브: (   )

(3) 내비게이션: (   )

교과서 문제

7 '크레파스'를 낱말과 낱말을 더해서 새말로 만들어 쓰시오.

(   )

낱말의 뜻

1 낱말과 그 뜻이 알맞게 연결되지 <u>않은</u> 것은 무엇입니까? (   )

① 티 – 커다란 흠.
② 토종 – 본디부터 그곳에서 나는 종자.
③ 부빙 – 물 위에 떠다니는 얼음덩이.
④ 일품 – 솜씨가 제일감. 또는 그 솜씨.
⑤ 서식지 – 생물 따위가 일정한 곳에 자리를 잡고 사는 곳.

낱말의 활용

2 빈칸에 들어갈 낱말을 찾아 알맞게 선으로 이으시오.

(1) 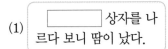 상자를 나르다 보니 땀이 났다.   •

       •① 광대한

(2) 누나의 [   ] 목소리는 참 듣기 좋다.   •

       •② 묵직한

(3) 우주는 우리가 상상할 수 없을 만큼 [   ] 공간이다.   •

       •③ 청아한

같은 표기 다른 뜻

3 낱말 '장인'을 보기 와 같은 뜻으로 사용한 문장을 골라 ○표 하시오.

> **보기**
> 손으로 물건을 만드는 일을 직업으로 하는 사람.

(1) 우리 할아버지께서는 구두 장인이시다.   (   )

(2) 결혼 허락을 받기 위해 장인이 되실 분을 찾아뵈었다.   (   )

(3) 우리 아빠께서는 장인이 되면 사위를 아껴 주겠다고 말씀하셨다.   (   )

반대말

4 밑줄 친 낱말과 뜻이 반대인 말을 (   ) 안에서 골라 ○표 하시오.

> <u>우묵한</u> 질그릇처럼 생긴 부는 아홉 조각으로 쪼갠 대나무 채로 두드려 소리를 내는 악기예요.

(오목한 , 묵묵한 , 불룩한)

관용어

5 밑줄 친 표현의 뜻으로 알맞은 것을 골라 ○표 하시오.

> 다솔이가 영어 말하기 대회에서 상을 받았다고 자랑하자 채민이는 <u>장단을 맞춰</u> 다솔이의 영어 발음이 좋다며 칭찬했다.

(1) 같이 일하는 데에 있어 서로 잘 조화되다.   (   )

(2) 풍류나 노래 등의 박자를 맞추어 장구나 북 따위를 치다.   (   )

(3) 남의 기분이나 비위를 맞추기 위하여 말이나 행동을 하다.   (   )

포함되는 말

6 빈칸에 들어갈 포함되는 말로 알맞지 <u>않은</u> 것은 무엇입니까? (   )

① 대금   ② 가야금
③ 플루트   ④ 거문고
⑤ 꽹과리

1 다음 낱말은 어떤 낱말을 합해 만든 것인지 빈칸에 알맞게 쓰시오.

사과나무 = (1) [ ] + (2) [ ]

2 다음 낱말의 짜임을 보고 그 뜻을 알맞게 짐작한 것은 무엇입니까? ( )

검붉다 = 검다 + 붉다

① 검은빛이 없이 붉다.
② 검지도 붉지도 않다.
③ 검은빛을 띠면서 붉다.
④ 검기만 하고 붉지 않다.
⑤ 붉은 것 같기도 하고, 붉지 않은 것 같기도 하다.

3 다음 중 단일어가 <u>아닌</u> 것은 무엇입니까?( )

① 자두 ② 오이
③ 햇밤 ④ 감자
⑤ 복숭아

4 다음 '애–'의 뜻을 참고하여 '애–'가 들어간 낱말을 두 가지만 쓰시오.

'애–'의 뜻: '어린' 또는 '작은'

( )

5 낱말의 짜임을 알면 무엇이 좋은지 생각하여 한 가지만 쓰시오.

서술형

_____

_____

6 다음 낱말을 어떻게 만들었는지 그 방법을 찾아 선으로 이으시오.

(1) 김밥 •

(2) 맨발 • • ① 낱말에 다른 낱말을 합해서 만듦.

(3) 돌다리 • • ② 뜻을 더해 주는 말에 낱말을 합해서 만듦.

(4) 풋사과 •

7~8

명주실은 누에고치에서 뽑아낸 비단실이에요. 이 비단실로 천도 짜고, 소리 고운 악기도 만들지요. 명주실은 잘 끊어지지 않고 탄력이 있어서 가야금, 거문고, 아쟁, 해금 같은 악기의 줄로 쓰입니다. 가야금은 오동나무로 만든 울림통에 명주실을 열두 줄로 꼬아 얹어 만들어요. 웅장하고 깊은 소리를 내는 거문고의 줄도 명주실로 만들지요. 해금은 낮은음에서 높은음까지 다양한 소리를 내고, 아쟁은 가야금과 비슷하지만 가야금보다 몸통이 크고 줄이 굵습니다.
예부터 우리 조상들이 좋아했던 대나무는 굽힐 줄 모르는 곧은 마음을 상징했어요. 대나무를 즐겨 그리는 선비가 많았고, 장인들은 대나무로 여러 가지 물건을 만들었지요. 대나무로 만든 악기도 아주 많아요. 대나무는 속이 비어 있어서 보통 나무와는 다른 소리를 내는 악기를 만들 수 있어요. 그윽하고 평온한 소리가 울려 나오는 대금, 달빛이 빛나는 봄밤에 어울리는 악기인 피리를 만듭니다. 그리고 맑고 청아한 소리를 내는 단소도 만들 수 있습니다.

7 명주실이 쓰이는 악기로 알맞지 <u>않은</u> 것은 무엇입니까? ( )

① 아쟁 ② 단소 ③ 해금
④ 가야금 ⑤ 거문고

8 이 글에서 말한 대나무로 만든 악기의 특징은 무엇입니까? (   )

① 높은음만 소리 낸다.
② 낮은음만 소리 낸다.
③ 소리의 떨림이 심하다.
④ 쉽게 소리를 낼 수 있다.
⑤ 속이 비어 있어 보통 나무와는 다른 소리를 낸다.

9~11

가 흙은 쓰임이 많은 재료예요. 집을 짓기도 하고 여러 가지 물건을 만들지요. 흙은 원하는 모양을 쉽게 만들 수도 있고, 말리거나 구우면 단단해져요. 우리 조상들은 이런 흙의 특성을 이용해서 훈과 부 같은 악기를 만들었어요. 우묵한 질그릇처럼 생긴 부는 아홉 조각으로 쪼갠 대나무 채로 두드려 소리를 내는 악기예요. 훈은 흙을 빚고 구워서 만든 악기로 입으로 불어 소리를 내요.

나 쇠는 아무나 함부로 다룰 수 없는 귀한 재료였어요. 쇠를 다루는 사람들이 불로 쇠를 녹여 여러 가지 도구를 만들어 쓰기도 하고, 무기를 만들기도 하였지요. 그 때문에 쇠로 만든 악기에도 특별한 힘이 있을 거라고 여겼어요. 사람들은 쇠를 녹여 사방을 깨우는 듯한 소리가 나는 악기를 만들어 특별한 신호를 보내거나, 놀이판의 흥을 높였어요. 쇠를 녹여 만든 우리 악기에는 징, 꽹과리, 편종, 특종, 나발 등이 있어요.

9 이 글에서 설명한, 악기를 만들 때 사용한 재료를 두 가지 찾아 쓰시오.

(   )

10 다음은 어떤 악기에 대한 설명입니까? (   )

> 우묵한 질그릇처럼 생긴 악기로, 아홉 조각으로 쪼갠 대나무 채로 두드려 소리를 낸다.

① 훈   ② 부   ③ 징
④ 편종   ⑤ 장구

11 다음은 어떤 일을 떠올리며 이 글을 읽은 것인지 알맞은 것에 ○표 하시오.

> 학교에서 사물놀이를 배운 적이 있어. 신나게 꽹과리를 칠 때 어깨춤을 덩실덩실 출 정도로 흥겨웠지.

(1) 한 일을 떠올리며 읽기 (   )
(2) 본 일을 떠올리며 읽기 (   )
(3) 들은 일을 떠올리며 읽기 (   )

12~13

나는 ㉠점박이물범일세. 잘 사냐고? 음, 할 말이 없군. 지금 우리 가족은 겨우 500마리 남짓 남았을 뿐이거든. 물론 30년 전보다야 낫지만 말이야. 그때만 해도 사람들이 우리를 마구 잡아서 모피와 약을 만들었지만, 지금은 보호 구역도 정해 주더라고. 우리는 주로 백령도 근처에 머무는데 사람이 별로 없어서 지내기가 좋아. 그리고 추운 겨울이 되면 서해 위쪽으로 올라가 지낸다네. 그런데 여기서 잠깐! 사실 무척 걱정되는 게 있어. 우리에게는 새끼를 낳으려면 부빙이 꼭 필요하지. 그런데 지구가 점점 따뜻해지는 바람에 얼음들이 녹고 있어. 게다가 사람들이 오염된 물과 쓰레기를 바다에 마구 쏟아 내서 살기가 참 힘들다네. 자네가 우리 대신 사람들한테 잘 좀 말해 줄 수 없겠나?

12 ㉠의 짜임으로 보아, 점박이물범의 생김새는 어떠하겠습니까? (   )

① 눈이 무척 클 것이다.
② 몸에 혹이 있을 것이다.
③ 검은색 털이 가득할 것이다.
④ 몸에 점이 퍼져 있을 것이다.
⑤ 날카로운 이빨이 있을 것이다.

13 점박이물범처럼 자신이 아는 멸종 위기 동물을 떠올려 한 가지만 쓰시오.

(   )

14~16

지표종은 그 지역의 환경이 얼마나 깨끗한지 측정할 수 있는 종을 말합니다. 예를 들어 오래전 탄광에서 일하던 광부들은 ㉠카나리아를 이용해 몸에 해로운 유독 가스를 측정했습니다. 공기가 좋은 곳에서 사는 카나리아는 산소가 부족하면 숨을 쉬기가 힘들어 노래를 멈춘답니다. 그래서 광부들은 카나리아가 노래를 부르는 동안에는 안심하고 일을 할 수 있었습니다.

또한 바로 떠서 먹을 수 있을 정도로 깨끗한 1급수에는 ㉡어름치, 열목어 등이 살고, 약간의 처리 과정을 거치면 마실 수 있는 2급수에는 ㉢은어, ㉣피라미가 삽니다. 물이 흐리고 마실 수 없어 공업용수로 주로 사용하는 3급수에는 물벼룩, ㉤짚신벌레 등이 살며, 4급수에는 물곰팡이, ㉥실지렁이 등이 살 수 있습니다. 이렇게 지표종으로 물의 등급을 알 수 있답니다.

14 ㉠~㉥ 중 낱말의 짜임이 나머지와 다른 하나는 무엇입니까? ( )

① ㉠   ② ㉡   ③ ㉢
④ ㉣   ⑤ ㉥

15 ㉤에 대한 설명으로 알맞은 것을 모두 고르시오. ( )

① 복합어이다.
② 단일어이다.
③ 짚신에 사는 벌레일 것이다.
④ 짚신처럼 생긴 벌레일 것이다.
⑤ '짚'과 '신', '벌레'를 합친 낱말이다.

16 어름치, 열목어의 지표종으로 추측할 수 있는 사실은 무엇인지 쓰시오.
서술형

_____

_____

17 아는 지식을 떠올리며 글을 읽으면 좋은 점으로 알맞은 것을 모두 고르시오. ( )

① 글을 깊이 있게 이해할 수 있다.
② 글의 내용에 더 흥미를 잃게 된다.
③ 글의 내용을 더 잘 이해할 수 있다.
④ 글을 꼼꼼히 읽지 않아도 내용을 알 수 있다.
⑤ 내가 아는 내용과 비교하며 글을 읽을 수 있다.

18~19

18 그림 **2**의 여자아이가 ㉠과 같이 이름을 지은 까닭은 무엇인지 쓰시오.

( )

19 ㉠은 어떤 말과 어떤 말을 더해서 만든 새말인지 쓰시오.

'( )'과/와 '( )'

20 다음 중 새말로 바꾼 것이 알맞지 않은 것은 무엇입니까? ( )

① 주스 – 과일즙
② 스피커 – 소리 샘
③ 짝꿍 – 옆자리 친구
④ 커튼 – 햇빛 가림막
⑤ 카 시트 – 안전 모자

1

아주 먼 옛날, 우리 조상들은 우리 땅과 강을 닮은 악기를 만들어 아름다운 음악을 연주했습니다. 하늘과 땅에 제사를 지낼 때에도, 기쁘거나 슬픈 마음을 나타낼 때에도 사람들은 모여서 악기를 연주했어요. 우리나라 악기들은 자연에서 얻은 여덟 가지 재료로 만들어졌어요. ㉠명주실, 대나무, 박, 흙, 가죽, 쇠붙이, 돌, 나무 등 주변에서 흔히 볼 수 있고 쉽게 구할 수 있는 것들이지요. 대한 제국 때 발간된 『증보문헌비고』에서는 이 여덟 악기의 재료를 팔음이라고 불렀어요. 여덟 가지 재료에 저마다 독특한 소리가 담겨 있기 때문이지요.

1단계
낱말 쓰기
우리 조상이 악기를 만들 때 사용한 재료들인 ㉠의 특징을 정리하여 쓴 것입니다. 빈칸에 알맞은 말을 쓰시오. [2점]

• ( )에서 얻을 수 있다.

2단계
문장 쓰기
『증보문헌비고』에서 여덟 악기의 재료를 팔음이라고 부른 까닭은 무엇인지 쓰시오. [3점]

_____

_____

3단계
생각 쓰기
내가 좋아하는 우리나라 악기는 어떤 재료로 만든 악기인지 생각해 보고, 악기의 소리를 들으면 어떤 생각이 떠오르는지 쓰시오. [6점]

내가 좋아하는 악기	(1)
악기의 재료	(2)
소리를 들을 때 떠오르는 생각	(3)

2~3

가 멸종 위기에 처한 우리나라의 동물들을 구하려면 어떻게 해야 할까요? 1993년 국제 연합 환경 계획에서 '생물 다양성 국가 연구에 대한 지침'을 발표했습니다. 이를 시작으로 하여 사람들은 단순히 멸종 위기의 동물을 보호하는 데에만 그치는 것이 아니라 생태계 전체를 건강하게 만드는 데 힘을 쏟기 시작했습니다. 멸종 위기 동물을 천연기념물로 지정해 보호하고 우리나라 고유의 생물들을 보존하는 방법을 찾기로 했습니다. 그렇게 해서 생겨난 것이 바로 깃대종과 지표종이랍니다.

나 오늘날에는 동물이 멸종하는 것을 막고자 세계 여러 나라에서 많은 노력을 하고 있습니다. 각 나라는 점점 줄어드는 동물을 '멸종 위기종'으로 지정해 보호하기도 합니다. 그렇다면 멸종 위기의 동물을 보호하는 가장 좋은 방법은 무엇일까요? 그것은 바로 우리가 동물에게 관심을 기울이고 동물을 보살피며, 환경을 함부로 파괴하지 않고 깨끗하게 유지하는 것입니다.

2 글쓴이가 이 글을 쓴 까닭은 무엇일지 짐작하여 쓰시오. [4점]

_____

_____

_____

3 멸종 위기 동물에 대해 아는 내용을 떠올려 조건에 맞게 쓰시오. [5점]

조건
• 멸종 위기 동물의 이름을 넣어 쓴다.
• 본 일, 한 일, 들은 일 등 경험이 드러나게 쓴다.

_____

_____

_____

8 아는 것과 새롭게 안 것

학습 제재	자연을 닮은 우리 악기	배점	20점
학습 목표	글을 읽고 자신이 겪은 일을 정리할 수 있다.		

● **다음 글을 읽고, 물음에 답하시오.**

아주 먼 옛날, 우리 조상들은 우리 땅과 강을 닮은 악기를 만들어 아름다운 음악을 연주했습니다. 하늘과 땅에 제사를 지낼 때에도, 기쁘거나 슬픈 마음을 나타낼 때에도 사람들은 모여서 악기를 연주했어요. 우리나라 악기들은 자연에서 얻은 여덟 가지 재료로 만들어졌어요. ㉠명주실, 대나무, 박, 흙, 가죽, 쇠붙이, 돌, 나무 등 주변에서 흔히 볼 수 있고 쉽게 구할 수 있는 것들이지요. 대한 제국 때 발간된 『증보문헌비고』에서는 이 여덟 악기의 재료를 팔음이라고 불렀어요. 여덟 가지 재료에 저마다 득특한 소리가 담겨 있기 때문이지요.

대나무와 박에서 나오는 청아한 소리는 맑은 봄날의 아침 같아요. 명주실에서 뽑아내는 섬세한 소리와 나무에서 나오는 깨끗한 소리는 쨍쨍한 여름 햇살을 닮았어요. 쇠와 흙에서 울리는 우렁차고 광대한 소리는 높은 가을 하늘 같답니다. 돌의 묵직한 소리와 가죽의 탄탄한 소리는 겨울의 웅장함을 느끼게 하지요. 이렇게 옛사람들은 여러 악기의 소리를 들으며 자연의 이치를 깨달았답니다.

1 자신이 알고 있는 전통 악기를 떠올려 쓰고, 어떤 재료로 만든 것인지 ㉠에서 골라 쓰시오. [4점]

자신이 알고 있는 전통 악기	악기의 재료
(1)	(2)

2 이 글을 읽고 전통 악기와 관련해 겪은 일을 떠올려 쓰시오. [10점]

들은 일	(1)
본 일	(2)

3 전통 악기와 관련해 더 알고 싶은 내용을 생각하여 한 가지만 쓰시오. [6점]

1 글을 목적에 맞게 찾아 읽으면 좋은 점

① 찾고 싶은 정보를 정확하고 자세하게 알 수 있습니다.

② 읽고 싶은 책을 알맞게 찾아 읽을 수 있습니다.

★★ 2 글의 종류에 따른 읽기 방법 알기

① 설명하는 글을 읽는 방법
→ 설명하는 글을 읽을 때 설명하는 내용이 정확한지 확인하려면 다른 자료를 찾아보는 것도 좋아요.
 − 설명하려는 대상이 무엇인지 생각합니다.

 − 대상의 무엇을 자세히 설명하는지 생각합니다.

 − 대상을 보고 이미 아는 것을 떠올립니다.

 − 대상에 대해 새롭게 안 것을 찾습니다.

② 주장하는 글을 읽는 방법
→ 주장이 무엇인지 생각하며 주장에 타당한 근거를 들었는지 확인해야 해요.
 − 글쓴이의 주장을 파악합니다.

 − 주장을 뒷받침하는 근거를 찾습니다.

 − 주장을 뒷받침하는 알맞은 근거인지 생각합니다.

 − 자신의 생각과 비교해 같은 점을 찾습니다.

 − 자신의 생각과 비교해 비판하는 태도로 읽습니다.

★★ 3 필요한 글을 찾아 정리하기
┌ 자신에게 필요한 내용인지 알기 위해 필요한 읽기 방법이에요.
① 훑어 읽기와 자세히 읽기 방법으로 글을 읽습니다.
└ 자신에게 필요한 정보가 있는 글에서 필요하거나 중요한 내용을 찾기 위한 읽기 방법이에요.

훑어 읽기의 방법	자세히 읽기의 방법
• 제목을 가장 먼저 읽고 필요한 내용이 있는지 생각함. • 글 전체를 다 읽지 않고 중요한 낱말을 읽으면서 필요한 내용이 있는지 찾아봄. • 제목뿐만 아니라 사진도 살펴보며 필요한 내용이 있을지 짐작함.	• 필요한 내용을 찾으며 자세히 읽음. • 중요한 내용이나 그것을 뒷받침하는 내용에 밑줄을 그으며 읽음. • 자신이 아는 내용과 새롭게 안 내용을 비교하며 자세히 읽음.

② 글의 종류와 읽는 목적을 생각하며 글을 읽고, 필요한 자료를 찾아 정리합니다.

예 규빈이와 지완이가 「아름다운 비색을 지닌 고려청자」를 읽은 방법

규빈이는 자신에게 필요한 정보가 글에 있는지 찾아봐야 했어. 그래서 글 전체의 내용을 훑어 읽으면서 필요한 정보가 있는지 확인하려고 했어.

지완이는 자신에게 필요한 정보가 글에 있다는 것을 이미 알았어. 그래서 내용을 이해하려고 글의 내용을 자세히 살펴보며 읽었어.

정답과 풀이 29쪽

개념 확인하기

1 글을 목적에 맞게 찾아 읽으면 좋은 점을 생각하며 빈칸에 알맞은 말을 쓰시오.

> 찾고 싶은 정보를 (   )하고 (   )하게 알 수 있다.

2 다음은 어떤 글을 읽는 방법인지 알맞은 것에 ○표 하시오.

> • 설명하려는 대상이 무엇인지 생각한다.
> • 대상을 보고 이미 아는 것을 떠올린다.
> • 대상에 대해 새롭게 안 것을 찾는다.

(주장하는 글 , 설명하는 글)

3 다음 빈칸에 알맞은 말을 쓰시오.

> 주장하는 글을 읽을 때에는 (   )을/를 생각하며 주장에 타당한 (   )을/를 들었는지 확인해야 한다.

4 다음 내용이 훑어 읽기의 방법이면 '훑'을, 자세히 읽기의 방법이면 '자'를 쓰시오.

(1) 필요한 내용을 찾으며 자세히 읽는다. (   )

(2) 제목을 가장 먼저 읽고 필요한 내용이 있는지 생각한다. (   )

핵심내용 글을 찾아 읽은 ❶ ⑦ [ㅎ] 나누기 예

• "곤충을 보고 궁금한 점을 책을 읽고 알 수 있었어."
• "뉴스 내용을 잘 이해하지 못했는데 인터넷 자료를 찾아보고 알 수 있었어."
• "친환경 에너지가 무엇인지 잘 몰랐는데 책을 읽고 알 수 있었어."

1~3

1 그림 ⑦~㉰에서 지윤이는 무엇을 하고 있습니까? ( )

① 그림을 그리고 있다.
② 글을 찾아 읽고 있다.
③ 컴퓨터로 게임을 하고 있다.
④ 교실에서 공부를 하고 있다.
⑤ 친구들과 이야기를 나누고 있다.

교과서 문제
2 지윤이가 글을 언제 찾아 읽는지 알맞은 것에 모두 ○표 하시오.

(1) 궁금한 것이 있을 때 ( )
(2) 일기를 쓰려고 할 때 ( )
(3) 제목을 보고 관심이 생겼을 때 ( )
(4) 어제 본 드라마의 내용을 정리할 때 ( )

3 자신은 어떤 경우에 글을 읽었는지 떠올려 쓰시오.
서술형

_____

_____

4 다음 중 어떤 경우에 글을 읽었는지 그 경험에 대해 말하지 **못한** 친구의 이름을 쓰시오.

경서: 친구가 좋은 책이라고 알려 줘서 읽었어.
승아: 어려운 수학 문제를 풀기 위해서 친구와 의논을 한 적이 있어.
민희: 동물들이 나오는 이야기가 재미있어 보여서 읽었던 적이 있어.

( )

교과서 문제
5 글을 읽은 경험을 살려 미영이가 어떻게 자료를 찾으면 좋을지 알맞게 말한 것을 모두 고르시오.

( )

미영: 과학 숙제로 돌의 종류를 조사해야 해.

① 인터넷에서 돌을 설명한 내용을 찾아봐.
② 아파트 근처 화단에서 돌을 찾아보도록 해.
③ 돌을 주제로 그린 그림을 찾아보는 게 좋겠어.
④ 도서관에서 돌을 설명한 책을 찾아보면 좋겠어.
⑤ 과학관 안내 책자에서 돌을 설명한 내용을 찾아보자.

6 글을 목적에 맞게 찾아 읽으면 어떤 점이 좋을지 알맞은 것을 모두 찾아 기호를 쓰시오.

㉮ 재미있는 내용만 골라 읽을 수 있다.
㉯ 읽고 싶은 책을 알맞게 찾아 읽을 수 있다.
㉰ 찾고 싶은 정보를 정확하고 자세하게 알 수 있다.

( )

점과 선으로 만든 암호

• **글의 특징**: 여러 가지 정보를 확인할 수 있는 표식인 정보 무늬에 대해 설명하는 글입니다.

1 최근 출판하는 책이나 광고, 알림판 따위에서 네모 모양의 표식을 자주 볼 수 있다. 네모 모양 안에 검은 선과 점을 배열했는데, 이것을 정보 무늬[QR 코드]라고 한다.
무엇을 나타내 보이는 일정한 방식
큐아르(QR)는 '빠른 응답'이라는 영어의 줄임 말이다.

정보 무늬는 여러 가지 정보를 확인할 수 있는 표식이다. 정보 무늬를 쓰기 전에는 막대 표시를 주로 썼다. 막대 표시는 숫자 20개를 저장할 수 있는 무늬로서 물건을 살 때 쉽게 계산할 수 있다. 그러나 정보 무늬는 숫자 7089개, 한글 1700자 정도를 저장할 수 있다. 또 정보 무늬는 일부를 지워도 사용할 수 있다. 정보 무늬의 세 귀퉁이에 위치를 지정하는 문양이 있기 때문이다. 이 문양이 있어 정보 무늬를 어느 각도에서 찍어도 내용을 확인할 수 있다.

중심 내용 1 정보 무늬는 여러 가지 정보를 확인할 수 있는 표식으로, 일부를 지워도 사용할 수 있다.

2 정보 무늬는 스마트폰으로 사용할 수 있다. 스마트폰 응용 프로그램으로 정보 무늬를 찍으면 관련 내용이 있는 누리집으로 이동하거나, 관련 사진이나 동영상을 볼 수 있다. 또 정보 무늬에 색깔이나 신기한 그림을 넣어 만들기도 한다.

중심 내용 2 정보 무늬는 스마트폰으로 사용할 수 있다.

3 정보 무늬는 여러 분야에서 활용한다. 백화점이나 할
백화점이나 할인점, 신문 광고, 책, 박물관이나 미술관 등
인점에서는 정보 무늬로 할인 정보를 제공한다. 신문 광고에 있는 정보 무늬를 찍으면 3차원으로 움직이는 광고가 나오기도 하고, 책에 있는 정보 무늬를 찍으면 등장인물이 튀어나와 책의 정보와 줄거리를 알려 주기도 한다. 박물관이나 미술관에서는 자료나 작품을 더 알아볼 수 있도록 정보 무늬에 설명을 담아 제공하기도 한다.

정보 무늬는 누구나 만들 수 있다. 예를 들어 개인 정보를 담은 명함을 만들 수도 있다. 명함에 있는 정보 무늬로 자신의 사진이나 동영상을 보여 주거나 이름이나 연락처를 자동으로 저장할 수 있다.

중심 내용 3 정보 무늬는 여러 분야에서 활용하고 있고, 누구나 만들 수 있다.

교과서 문제

1 글쓴이가 설명한 것으로 알맞지 <u>않은</u> 것은 무엇입니까? ( )

① 정보 무늬의 뜻
② 정보 무늬의 모양
③ 정보 무늬의 특징
④ 정보 무늬의 사용 방법
⑤ 정보 무늬를 처음 만든 사람

2 정보 무늬의 일부를 지워도 사용할 수 있는 까닭은 무엇인지 빈칸에 알맞은 말을 쓰시오.

> 정보 무늬의 세 귀퉁이에 ( )을/를 ( )하는 문양이 있기 때문이다.

3 정보 무늬는 무엇을 이용해 사용할 수 있는지 쓰시오.

( )

4★ 이와 같은 글을 읽을 때 고려할 점을 생각하며 이 글을 알맞게 읽지 <u>못한</u> 친구는 누구입니까?

( )

① 다혜: 정보 무늬를 보거나 써 본 경험을 떠올렸어.
② 민수: 제목을 보며 무엇을 설명한 글인지 생각했어.
③ 선욱: 정보 무늬에 대해 무엇을 말하고 있을까 파악했어.
④ 정연: 정보 무늬에 대한 내용 가운데에서 몰랐던 것을 생각해 봤어.
⑤ 주원: 정보 무늬의 사용이 점점 많아지는데 이대로 괜찮은지 비판적인 시각을 가져봤어.

미래 사회의 변화에 대처하는 자세

1 가까운 미래에는 제4차 산업 혁명이 일어나 많은 것이 달라진다고 합니다. 인공 지능이 발달하고 새로운 기술을 개발해서 지금까지 살던 모습과는 다를 것
<small>미래 사회가 지금의 모습과 많이 달라질 것이라고 생각하는 까닭</small>
입니다. / 그렇다면 미래 사회에 필요한 사람은 어떤 사람일까요?

중심 내용 **1** 지금과 다른 미래 사회에 필요한 사람은 어떤 사람일까요?

2 첫째, 정해진 답을 찾기보다 새로운 방식으로 문제를 해결하는 사람입니다. 정해진 문제는 사람보다 인공 지능이 더 잘 해결할 수도 있습니다. 그러나 새로운 방식을 생각하는 것은 인공 지능보다 사람이 더 잘할 수 있습니다.

둘째, 새로운 변화에 대응하는 사람입니다. 미래 연구자들은 다가올 미래에는 여러 가지 사회·환경 문제처럼 예전에 없던 새로운 변화를 맞을 것이라고 합니
<small>여러 가지 사회 문제와 환경 문제 등</small>
다. 그러므로 미래 사회에서는 막힌 생각보다 변화에 부드럽게 대처하려는 생각을 해야 합니다.

셋째, 서로 돕고 존중하는 사람입니다. 인공 지능과 새로운 기술이 삶을 빠르게 바꿀 수 있습니다. 이럴 때 함께 마음을 모아 서로 돕고 존중해야 사회를 따뜻하게 만들 수 있습니다.

중심 내용 **2** 미래 사회에 필요한 사람은 정해진 답을 찾기보다 새로운 방식으로 문제를 해결하고, 새로운 변화에 대응하고, 서로 돕고 존중하는 사람입니다.

3 앞으로 우리는 거대한 미래의 충격과 변화 앞에서도 흔들리지 않는 열정과 패기로 서로를 존중해야 합니다.

중심 내용 **3** 미래의 충격과 변화 앞에서도 흔들리지 않는 열정과 패기로 서로를 존중해야 합니다.

- **글의 종류:** 주장하는 글
- **글의 특징:** 미래 사회에 필요한 사람이 되자는 글쓴이의 주장을 알맞은 근거를 들어 내세운 글입니다.

핵심내용 「미래 사회의 변화에 대처하는 자세」를 읽는 방법

- 글쓴이의 **❶** ㅈㅈ 을 파악한다.
  → '미래 사회에 필요한 사람이 되자.' 가 글쓴이의 주장임.
- 의견을 뒷받침하는 근거를 찾는다.
  → '미래 사회에 필요한 사람이 갖추어야 할 것은 무엇일까?'가 근거임.
- 주장을 뒷받침하는 알맞은 근거인지 생각한다.
  → 변화된 미래의 모습에 필요한 사람의 요건이므로 옳은 근거라 생각함.

대응(對 대답할 대, 應 응할 응)하는 어떤 일이나 사태에 맞추어 태도나 행동을 취하는.
대처(對 대답할 대, 處 살 처)하려는 어떤 형편이나 사건에 대하여 알맞은 조치를 취하려는.

---

5 이 글의 종류는 무엇입니까? ( )

① 일기
② 편지
③ 견학 기록문
④ 주장하는 글
⑤ 설명하는 글

<small>교과서 문제</small>
6 글쓴이가 제시한 미래 사회에 필요한 사람의 모습으로 알맞은 것을 모두 고르시오. ( )

① 서로 돕고 존중하는 사람
② 새로운 변화에 대응하는 사람
③ 인공 지능을 잘 활용할 수 있는 사람
④ 변화 없이 꾸준히 살던 모습으로 지내는 사람
⑤ 정해진 답을 찾기보다 새로운 방식으로 문제를 해결하는 사람

7 글쓴이의 주장으로 알맞은 것의 기호를 쓰시오.

> ㉮ 미래 사회에 필요한 사람이 되자.
> ㉯ 미래의 충격과 변화를 잘 예측하자.
> ㉰ 어려울 때일수록 함께 위기를 극복하자.

( )

8 이 글을 알맞게 읽은 친구의 이름을 쓰시오.

> 수현: '미래 사회'에 대해 내가 알고 있는 것과 새롭게 안 것을 구분하며 읽었어.
> 주혁: '미래 사회에 필요한 사람이 갖추어야 할 것은 무엇일까?'를 근거로 들고 있는데, 그 근거가 적절한지 생각해 보았어.

( )

아름다운 비색을 지닌 고려청자 (1)

• 류재만

• 글의 종류: 설명하는 글
• 글의 특징: 고려청자의 특징에 대해 설명하고 있는 글로, 규빈이가 고려청자를 조사해 발표하려고 필요한 내용에 밑줄을 그으면서 읽었습니다.

〈규빈이의 읽기 방법〉

제목에 나온 비색은 어떤 색깔을 말하는 것일까? 이 글에는 사진도 같이 있구나. 발표할 만한 내용이 있을지 낱말들을 중심으로 찾아봐야지.

1 고려청자는 청자의 빛깔, 독특한 장식 기법과 아름다운 형태로 유명하다. 고려청자를 만든 시기에는 중국과 우리나라에서만 질 높은 청자를 만들 수 있었다. 우리나라보다 중국이 먼저 청자를 만들고 세상에 알렸지만, 고려는 청자를 만드는 우수한 기술력과 아름다움을 인정받아 다른 나라 사람들에게 사랑을 받았다.

중심 내용 **1** 고려는 청자를 만드는 우수한 기술력과 아름다움을 인정받았다.

2 고려청자는 무엇보다 아름다운 빛깔로 더욱 주목받았다. 청자의 빛깔은 맑고 은은한 푸른 녹색이다. 이는 유약 안에 아주 작은 기포가 많아 빛이 반사되면서 은은하고 투명하게 비쳐 보이기 때문이다. 청자의 색이 짙고 푸른색 윤이 나는 구슬인 비취옥과 색깔이 닮았기 때문에 '비색'이라 불렀는데, 중국 송나라의 태평 노인이『수중금』이라는 책에서 고려청자의 빛깔을 비색이라 부르며 천하제일이라고 칭찬했다.
(청자의 빛깔)

중심 내용 **2** 고려청자는 '비색'이라 불리는 아름다운 빛깔로 더욱 주목받았다.

3 청자의 상감 기법은 어느 나라에서도 찾아볼 수 없는 우리 고유의 독창적인 도자기 장식 기법이다. 상감 기법은 그릇을 빚고 굳었을 때 그릇 바깥쪽에 조각칼로 무늬를 새긴 다음, 검은색이나 흰색의 흙을 메운 뒤 무늬가 드러나도록 바

핵심내용 규빈이가 「아름다운 비색을 지닌 고려청자」를 읽은 목적

: 고려청자에 대해 발표할 자료를 찾으려고 글을 읽었음.
→ '② ㅎ ㅇ 읽기'의 방법을 사용함.

유약 도자기의 몸에 덧씌우는 약. 도자기에 액체나 기체가 스며들지 못하게 하며 겉면에 광택이 나게 함.
기포 기체가 들어가 거품처럼 둥그렇게 부풀어 있는 것.
비색 밝고 은은한 푸른색에 가까운 빛깔. 고려청자의 신비로운 색깔을 말함.

---

9 무엇에 대해 설명한 글입니까? ( )

① 고려청자 ② 중국의 청자
③ 도자기의 종류 ④ 도자기 만드는 기법
⑤ 고려인의 우수한 기술력

교과서 문제

10 규빈이가 이 글을 읽은 까닭은 무엇인지 알맞은 것의 기호를 쓰시오.

> ㉮ 고려청자를 조사해 발표하려고
> ㉯ 고려청자를 만드는 방법을 찾아 배우려고
> ㉰ 고려청자에 대해 이미 알고 있는 내용을 확인하려고

( )

11 이 글의 내용으로 알맞지 <u>않은</u> 것은 무엇입니까?

( )

① 청자의 빛깔은 맑고 은은한 푸른 녹색이다.
② 우리나라가 중국보다 먼저 청자를 만들었다.
③ 고려청자의 아름다운 빛깔을 '비색'이라 불렀다.
④ 청자의 상감 기법은 우리 고유의 독창적인 도자기 장식 기술이다.
⑤ 고려청자를 만든 시기에는 중국과 우리나라에서만 질 높은 청자를 만들 수 있었다.

12 규빈이처럼 자신에게 필요한 내용인지 알기 위한 읽기 방법으로 알맞은 것에 ○표 하시오.

(1) 처음부터 끝까지 자세히 읽는다. ( )
(2) 제목으로 내용을 짐작하거나 관심 있는 내용이 있는지 훑어 본다. ( )

깥쪽을 매끄럽게 다듬는 기법이다. 이 기법은 금속 공예나 나전 칠기에 장식 기법으로 쓰고 있었지만, 고려 도공들이 도자기를 만 들 때 장식에 처음으로 응용했다. 상감 기법으로 만든 고려청자는 구름과 학 무늬를 새긴 '청자 상감 운학문 매병'이 대표적이다.

상감 기법

중심 내용 **3** 고려청자의 상감 기법은 우리 고유의 독창적인 도자기 장식 기법이다.

4 이러한 청자의 형태는 기존의 단순한 그릇 모양의 형태에서 여러 형태의 청 자로 발전했다. 그 당시 고려인들은 대접과 접시, 잔, 항아리, 병, 찻잔, 상자 따 위를 비롯해 심지어 베개와 기와까지도 청자로 만들었다. 특히 죽순, 표주박, 복 숭아, 원앙, 사자, 용, 거북과 같이 여러 동식물의 모양을 본떠 만든 향로, 주전 자, 꽃병, 연적 따위가 오늘날까지 내려오고 있다. 이처럼 그릇의 실용성을 넘어 예술적 아름다움을 지닌 청자는 고려인의 생활 속에서 널리 쓰였다.

중심 내용 **4** 실용성과 아름다움을 지닌 청자는 다양한 형태로 고려인의 생활 속에서 널리 쓰였다.

5 고려청자는 맑고 은은한 비색으로 유려한 곡선을 강조하며 상감 기법으로 회화적인 아름다운 무늬를 표현한 것이 특색이다. 우리는 이러한 고려청자로 고

고려청자의 특색

려인들의 독창성과 뛰어난 기술력을 엿볼 수 있다. 이는 중국의 청자를 받아들 이면서 그저 모방에 그치는 것이 아니라, 아름다운 비색과 독특한 상감 기법으 로 발전했다는 점이다. 따라서 고려청자는 여러 가지 모양과 형태의 아름다움을 일궈 낸 고려인들의 노력과 열정을 그대로 담고 있다.

중심 내용 **5** 비색으로 유려한 곡선을 강조하며 상감 기법으로 아름다운 무늬를 표현한 고려청자는 고려인들의 독창성과 뛰어 난 기술력을 보여 준다.

핵심내용 규빈이가 「아름다운 비색을 지 닌 고려청자」를 읽은 방법 예

• **❸** ㅈ ㅁ 을 가장 먼저 읽고 필요한 내용이 있는지 생각함.

• 글 전체를 다 읽지 않고 중요한 낱말 을 읽으면서 필요한 내용이 있는지 찾 아봄.

• 제목뿐만 아니라 사진도 살펴보며 필 요한 내용이 있을지 짐작함.

도공(陶 질그릇 도, 工 장인 공) 옹기 만드 는 일을 직업으로 하는 사람. 예 도공 이 빚어 놓은 그릇을 보고 감탄할 수 밖에 없었습니다.

연적 벼루에 먹을 갈 때 쓰는, 물을 담 아 두는 그릇.

유려(流 흐를 유, 麗 고울 려)한 글이나 말, 곡선 따위가 거침없이 미끈하고 아름다운.

교과서 문제

13 규빈이가 목적에 맞게 글을 읽는 방법으로 알맞은 것을 모두 고르시오. ( )

① 제목뿐만 아니라 사진도 살펴본다.
② 아는 내용과 새롭게 안 내용을 비교해 본다.
③ 어떤 내용이 있는지 자세하고 꼼꼼하게 읽는다.
④ 제목을 가장 먼저 읽고 필요한 내용이 있는지 생각한다.
⑤ 중요한 낱말을 읽으면서 필요한 내용이 있는지 확인한다.

14 고려청자의 특색을 정리한 것입니다. 빈칸에 알맞은 말을 쓰시오.

• 맑고 은은한 ( )이다.
• 유려한 곡선을 강조한다.
• ( )(으)로 회화적인 아름다운 무늬 를 표현하였다.

15 규빈이가 이 글에서 밑줄 그은 부분 (——)만 읽었다 면 그 까닭은 무엇일지 알맞게 말한 친구의 이름을 쓰시오.

성훈: 규빈이가 고려청자에 대해 잘 알고 있 던 내용이기 때문이야.
지은: 규빈이가 고려청자를 소개하는 글을 쓸 때 필요한 내용이기 때문이야.

( )

16 규빈이처럼 글을 읽은 경험을 떠올려 쓰시오.

서술형

_____

_____

아름다운 비색을 지닌 고려청자 (2)

· 류재만

· 글의 종류: 설명하는 글
· 글의 특징: 고려청자의 특징에 대해 설명하고 있는 글로, 지완이가 외국에서 온 친구에게 고려청자를 자세히 알려 주려고 필요한 내용을 찾으며 자세히 읽었습니다.

〈지완이의 읽기 방법〉

외국에서 온 친구는 고려청자를 잘 모를 거야. 고려청자를 자세히 알려 주고 싶어. 고려청자의 뛰어난 점이 무엇인지 자세히 살펴보고 내가 아는 내용과 비교해 읽어 봐야지.

1 고려청자는 청자의 빛깔, 독특한 장식 기법과 아름다운 형태로 유명하다. 고려청자를 만든 시기에는 중국과 우리나라에서만 질 높은 청자를 만들 수 있었다. 우리나라보다 중국이 먼저 청자를 만들고 세상에 알렸지만, 고려는 청자를 만드는 우수한 기술력과 아름다움을 인정받아 다른 나라 사람들에게 사랑을 받았다.

중심 내용 **1** 고려는 청자를 만드는 우수한 기술력과 아름다움을 인정받았다.

2 고려청자는 무엇보다 아름다운 빛깔로 더욱 주목받았다. 청자의 빛깔은 맑고 은은한 푸른 녹색이다. 이는 유약 안에 아주 작은 기포가 많아 빛이 반사되면서 은은하고 투명하게 비쳐 보이기 때문이다. 청자의 색이 짙고 푸른색 윤이 나는 구슬인 비취옥과 색깔이 닮았기 때문에 '비색'이라 불렀는데, 중국 송나라의 태평 노인이 『수중금』이라는 책에서 고려청자의 빛깔을 비색이라 부르며 천하제일이라고 칭찬했다.

중심 내용 **2** 고려청자는 '비색'이라 불리는 아름다운 빛깔로 더욱 주목받았다.

3 청자의 상감 기법은 어느 나라에서도 찾아볼 수 없는 우리 고유의 독창적인 도자기 장식 기법이다. 상감 기법은 그릇을 빚고 굳었을 때 그릇 바깥쪽에 조각칼로 무늬를 새긴 다음, 검은색이나 흰색의 흙을 메운 뒤 무늬가 드러나도록 바깥쪽을 매끄럽게 다듬는 기법이다. 이 기법은 금속 공예나 나전 칠기에 장식 기법
상감 기법

핵심내용 지완이가 「아름다운 비색을 지닌 고려청자」를 읽은 목적

: 외국에서 온 친구에게 고려청자에 대해 자세히 알려 주려고 글을 읽었음.
→ '**4** ㅈ ㅅ ㅎ 읽기'의 방법을 사용함.

상감 도자기에 무늬를 새기고, 새긴 자리에 다른 색의 흙을 넣어 만드는 방법.

---

17 지완이가 글을 읽는 목적은 무엇입니까?( )

① 고려청자의 값이 궁금해서
② 고려청자가 무엇인지 알고 싶어서
③ 고려청자가 보관된 장소를 확인하려고
④ 고려청자에 대해 자세히 알려 주고 싶어서
⑤ 고려청자에 대해 발표하는 자료를 찾으려고

18 고려청자의 특징으로 알맞지 <u>않은</u> 것에 ×표 하시오.

(1) 아름다운 비색을 띤다. ( )
(2) 상감 기법은 우리 고유의 독창적인 도자기 장식 기법이다. ( )
(3) 다른 나라 사람들에게 알려지지는 않았지만, 우수한 기술력과 아름다움을 나타낸다. ( )

19 다음은 무엇에 대한 설명인지 찾아 쓰시오.

그릇을 빚고 굳었을 때 그릇 바깥쪽에 조각칼로 무늬를 새긴 다음, 흙을 메운 뒤 무늬가 드러나도록 바깥쪽을 매끄럽게 다듬는 기법이다.

( )

20 글을 읽는 목적을 생각하며 지완이가 어떻게 글을 읽을지 알맞게 말한 친구를 찾아 ○표 하시오.

(1) 현규: 글 전체의 내용을 훑어 읽으면서 필요한 정보가 있는지 확인할 거야. ( )
(2) 채원: 자신에게 필요한 정보가 글에 있다는 것을 미리 알아서 내용을 이해하려고 글을 자세하게 살펴보며 읽을 거야. ( )

으로 쓰고 있었지만, 고려 도공들이 도자기를 만들 때 장식에 처음으로 응용했다. 상감 기법으로 만든 고려청자는 구름과 학 무늬를 새긴 '청자 상감 운학문 매병'이 대표적이다.

중심 내용 3 고려청자의 상감 기법은 우리 고유의 독창적인 도자기 장식 기법이다.

4 이러한 청자의 형태는 기존의 단순한 그릇 모양의 형태에서 여러 형태의 청자로 발전했다. 그 당시 고려인들은 대접과 접시, 잔, 항아리, 병, 찻잔, 상자 따위를 비롯해 심지어 베개와 기와까지도 청자로 만들었다. 특히 죽순, 표주박, 복숭아, 원앙, 사자, 용, 거북과 같이 여러 동식물의 모양을 본떠 만든 향로, 주전자, 꽃병, 연적 따위가 오늘날까지 내려오고 있다. 이처럼 그릇의 실용성을 넘어 예술적 아름다움을 지닌 청자는 고려인의 생활 속에서 널리 쓰였다.

중심 내용 4 실용성과 아름다움을 지닌 청자는 다양한 형태로 고려인의 생활 속에서 널리 쓰였다.

5 고려청자는 맑고 은은한 비색으로 유려한 곡선을 강조하며 상감 기법으로 회화적인 아름다운 무늬를 표현한 것이 특색이다. 우리는 이러한 고려청자로 고려인들의 독창성과 뛰어난 기술력을 엿볼 수 있다. 이는 중국의 청자를 받아들이면서 그저 모방에 그치는 것이 아니라, 아름다운 비색과 독특한 상감 기법으로 발전했다는 점이다. 따라서 고려청자는 여러 가지 모양과 형태의 아름다움을 일궈 낸 고려인들의 노력과 열정을 그대로 담고 있다.

중심 내용 5 비색으로 유려한 곡선을 강조하며 상감 기법으로 아름다운 무늬를 표현한 고려청자는 고려인들의 독창성과 뛰어난 기술력을 보여 준다.

핵심내용 지완이가 「아름다운 비색을 지닌 고려청자」를 읽은 방법 예

• 필요한 내용을 찾으며 ❺ ㅈ ㅅ ㅎ 읽음.
• 중요한 내용이나 그것을 뒷받침하는 내용에 밑줄을 그으며 읽음.
• 자신이 아는 내용과 새롭게 안 내용을 비교하며 자세히 읽음.

청자 상감 운학문 매병 고려 시대의 청자 매병으로, 국보 제68호임. 아가리는 작고 낮게 밖으로 벌어져 있으며, 어깨는 넓고 당당하게 발달되었고 몸 아래쪽으로 가면서 미끈하게 줄었다가, 바닥에 이르면 다시 밖으로 벌어져 안정감이 있음.

21 지완이와 같이 글을 읽는 방법으로 알맞지 않은 것은 무엇입니까? ( )

① 읽는 목적을 생각한다.
② 필요한 정보에 집중하며 읽는다.
③ 필요한 내용이 있는지 전체를 대충 훑는다.
④ 글의 내용을 자세히 살펴보며 꼼꼼히 읽는다.
⑤ 설명하는 내용이 틀린 부분은 없는지 생각한다.

22 읽은 내용을 바탕으로 하여 고려청자의 사용에 대해 정리한 내용입니다. 알맞지 않은 것의 기호를 쓰시오.

> ㉮ 여러 동식물의 모양을 본떠 만든 향로, 주전자, 꽃병 등이 남아 있다.
> ㉯ 실용성을 강조하여 만든 고려청자는 예술적 아름다움은 지니고 있지 않다.
> ㉰ 대접과 접시, 잔, 항아리, 병, 찻잔, 상자를 비롯해 베개와 기와까지도 청자로 만들었다.

( )

23 지완이가 이 글을 읽고 고려청자에 대해 다음과 같이 정리했다면 무엇을 설명하기 위한 것이겠습니까? ( )

> 유려한 곡선, 아름다운 무늬, 고려인들의 독창성과 뛰어난 기술력

① 고려청자의 빛깔   ② 고려청자의 쓰임
③ 고려청자의 우수성   ④ 고려청자를 만든 시기
⑤ 고려청자에 쓰인 기법

교과서 문제
24 글을 읽는 목적을 생각하며 지완이가 어떤 방법으로 글을 읽었는지 알맞은 것에 모두 ○표 하시오.

(1) 제목과 사진 위주로 글을 살펴봤다. ( )
(2) 필요한 내용을 찾으며 자세히 읽었다.( )
(3) 중요한 내용이나 그것을 뒷받침하는 내용에 밑줄을 그으며 읽었다. ( )

세종 대왕은 같은 책을 백 번 읽고 백 번 쓰면 책 내용을 잊지 않는다고 했다.

헬렌 켈러는 듣지도, 보지도, 말하지도 못해 책을 읽는 데 어려움이 있었다. 하지만 헬렌 켈러는 손끝으로 책을 읽을 수 있게 되었다. 헬렌 켈러는 평소 느끼지 못했던 대상과 감정을 상상하며 책을 읽었다.

어린이날을 만든 아동 문학가 방정환은 어린이가 글을 읽은 다음에는 반드시 관련한 곳에 직접 가 봐야 한다고 했다. 글 내용을 오랫동안 기억하려면 직접 겪어 보라고 했다.

• **그림의 내용:** 독서로 유명했던 위인인 세종 대왕, 헬렌 켈러, 방정환이 말한 읽기 방법에 대해 소개하는 내용입니다.

핵심내용 위인들의 읽기 방법

위인	읽기 방법
세종 대왕	여러 번 반복해 읽고 쓰기
헬렌 켈러	대상과 감정을 상상하며 읽기
❶ ㅂ ㅈ ㅎ	글과 관련한 곳에 직접 가 보기

교과서 문제

1 세종 대왕의 특별한 읽기 방법은 무엇입니까?
( )

① 내용을 정리하며 읽기
② 천천히 생각하면서 읽기
③ 책을 읽고 책 내용 외우기
④ 여러 번 반복해 읽고 쓰기
⑤ 읽은 책과 비슷한 내용의 책 찾아 읽기

2 헬렌 켈러가 다음과 같은 방법으로 책을 읽게 된 까닭을 알맞게 말한 친구를 찾아 ○표 하시오.

> 대상과 감정을 상상하며 읽기

(1) 수명: 다른 사람들보다 감정이 풍부했기 때문이야.
( )

(2) 경준: 남들이 생각하지 못한 독특한 읽기 방법으로 책을 읽기 위해서야. ( )

(3) 윤서: 듣지도, 보지도, 말하지도 못해 책을 읽는 데 어려움이 있었기 때문이야. ( )

3 아동 문학가 방정환이 어린이가 글을 읽은 다음에는 반드시 관련한 곳에 직접 가 봐야 한다고 한 까닭은 무엇입니까? ( )

① 글을 이해하기 쉽게 하려고
② 글을 쉽게 읽을 수 있게 하려고
③ 글 내용을 오랫동안 기억하게 하려고
④ 글을 읽는 재미를 느낄 수 있게 하려고
⑤ 글을 아주 꼼꼼하고 자세하게 읽는 습관을 기르게 하려고

4 자신은 평소에 어떤 읽기 방법을 주로 사용하는지 쓰시오.
서술형

_____

_____

낱말의 뜻

1 낱말의 뜻에 알맞은 말을 (   ) 안에서 골라 ○ 표 하시오.

(1) 비색 – 밝고 은은한 (붉은색 , 푸른색)에 가까운 빛깔.

(2) 도공 – (가구 , 옹기) 만드는 일을 직업으로 하는 사람.

(3) 연적 – 벼루에 먹을 갈 때 쓰는, (물 , 붓)을 담아 두는 그릇.

(4) 기포 – (기체 , 액체)가 들어가 거품처럼 둥그렇게 부풀어 있는 것.

관용어

2 빈칸에 공통으로 들어갈 알맞은 낱말은 무엇입니까? (   )

• ☐☐을 내밀다: 존재를 드러내어 보이다.
예 교육계에 처음으로 ☐☐을 내밀다.

① 팔 　　　　② 발
③ 돈 　　　　④ 명함
⑤ 가슴

낱말의 형태

3 문장을 더 자연스럽게 하는 낱말의 형태를 골라 ○표 하시오.

(1) 정보 무늬를 쓰기 전에는 막대 표시를 주로 (썼다 , 쓴다 , 쓰겠다).

(2) 고려청자를 만든 시기에는 중국과 우리나라에서만 질 높은 청자를 (만들 수 있었다 , 만들 수 있다 , 만들 수 있겠다).

(3) 다가올 미래에는 여러 가지 사회·환경 문제처럼 예전에 없던 새로운 변화를 (맞았을 것이라고 , 맞는 것이라고 , 맞을 것이라고) 합니다.

비슷한말, 반대말

4 두 낱말의 뜻이 비슷한 말이면 '비', 뜻이 반대되는 말이면 '반'이라고 쓰시오.

(1) 모방 – 창조 　　　　　　(   )
(2) 응답 – 질의 　　　　　　(   )
(3) 할인 – 할증 　　　　　　(   )
(4) 천하제일 – 천하무쌍 　　(   )

낱말의 활용

5 다음 중 낱말의 쓰임이 바르지 <u>않은</u> 것을 골라 × 표 하시오.

(1) 경기에 진 선수들 얼굴에 <u>패기</u>가 넘쳐 보였다. 　　　　　　　　　　(   )

(2) 급격한 변화에도 부드럽게 <u>대처</u>하려는 생각이 필요하다. 　　　　　　(   )

(3) 발레리나는 <u>유려한</u> 곡선을 그리는 동작으로 관객의 박수를 받았다. 　(   )

여러 가지 뜻을 지닌 낱말

6 밑줄 친 낱말의 뜻을 알맞게 말한 사람은 누구인지 이름을 쓰시오.

상감 기법으로 만든 고려청자는 구름과 학 무늬를 <u>새긴</u> '청자 상감 운학문 매병'이 대표적이다.

다솔: '적거나 인쇄한.'이라는 뜻이야.
채민: '글씨나 형상을 판.'이라는 뜻이야.
현솔: '잊지 아니하도록 마음속에 깊이 기억한.' 이라는 뜻이야.

(   )

점수

1~2

ㄱ환경 오염을 막는 방법을 알고 싶어서 읽었어.

ㄴ사회 숙제로 도시와 농촌이 어떻게 다른지 알아보려고 읽었어.

친구가 좋은 책이라고 알려 줘서 읽었어.

동물들이 나오는 이야기가 재미있어 보여서 읽었어.

1 친구들이 무엇에 대해 이야기를 나누고 있는지 알맞은 것에 ○표 하시오.

(1) 어떤 경우에 글을 읽는가?　　　（　　　）

(2) 여가 시간에 무엇을 하는가?　　　（　　　）

(3) 글을 읽고 어떤 도움을 받았는가?　（　　　）

2 ㄱ과 ㄴ의 내용을 보고 글을 찾아 읽으면 어떤 점이 좋은지 알맞은 것에 ○표 하시오.

(1) 책에 대해 흥미가 생길 수 있다.　（　　　）

(2) 찾고 싶은 정보를 정확하고 자세하게 알 수 있다.

　　　　　　　　　　　　　　　　（　　　）

3~7

　최근 출판하는 책이나 광고, 알림판 따위에서 네모 모양의 표식을 자주 볼 수 있다. 네모 모양 안에 검은 선과 점을 배열했는데, 이것을 정보 무늬[QR 코드]라고 한다. 큐아르(QR)는 '빠른 응답'이라는 영어의 줄임 말이다.

　정보 무늬는 여러 가지 정보를 확인할 수 있는 표식이다. 정보 무늬를 쓰기 전에는 막대 표시를 주로 썼다. 막대 표시는 숫자 20개를 저장할 수 있는 무늬로서 물건을 살 때 쉽게 계산할 수 있다. 그러나 정보 무늬는 숫자 7089개, 한글 1700자 정도를 저장할 수 있다. 또 정보 무늬는 일부를 지워도 사용할 수 있다. 정보 무늬의 세 귀퉁이에 위치를 지정하는 문양이 있기 때문이다. 이 문양이 있어 정보 무늬를 어느 각도에서 찍어도 내용을 확인할 수 있다.

3★ 이 글에서 설명하는 것은 무엇입니까? （　　　）

① 스마트폰　　　　　② 막대 표시

③ 정보 무늬　　　　　④ 여러 모양의 표식

⑤ 최근 출판된 책과 광고

4 큐아르(QR)는 무슨 뜻인지 쓰시오.

　　　　　　　（　　　　　　　　　　）

5 이 글의 내용으로 알맞은 것에 모두 ○표 하시오.

(1) 정보 무늬를 쓰기 전에는 둥근 표시를 주로 썼다.

　　　　　　　　　　　　　　　　（　　　）

(2) 정보 무늬는 여러 가지 정보를 확인할 수 있는 표식이다.　　　　　　　　　　（　　　）

(3) 정보 무늬는 네모 모양 안에 검은 선과 점을 배열하여 나타낸다.　　　　　　（　　　）

6 정보 무늬는 일부를 지워도 사용할 수 있는 까닭을 알맞게 말한 친구의 이름을 쓰시오.

> 정목: 막대 표시와는 다르게 정보 무늬는 숫자 7089개, 한글 1700자 정도를 저장할 수 있기 때문이야.
>
> 민서: 정보 무늬의 세 귀퉁이에 위치를 지정하는 문양이 있어 어느 각도에서 찍어도 내용을 확인할 수 있어서야.

　　　　　　　（　　　　　　　　　　）

7 글쓴이의 설명 가운데에서 내용이 정확한지 알아보고 싶은 부분이 있는지 쓰고, 내용이 정확한지 알아보는 방법을 한 가지 쓰시오.

서술형

(1) 내용이 정확한지 알아보고 싶은 부분: _____

_____

(2) 내용이 정확한지 알아보는 방법: _____

_____

가까운 미래에는 제4차 산업 혁명이 일어나 많은 것이 달라진다고 합니다. 인공 지능이 발달하고 새로운 기술을 개발해서 지금까지 살던 모습과는 다를 것입니다.

그렇다면 미래 사회에 필요한 사람은 어떤 사람일까요?

첫째, 정해진 답을 찾기보다 새로운 방식으로 문제를 해결하는 사람입니다. 정해진 문제는 사람보다 인공 지능이 더 잘 해결할 수도 있습니다. 그러나 새로운 방식을 생각하는 것은 인공 지능보다 사람이 더 잘할 수 있습니다.

둘째, 새로운 변화에 대응하는 사람입니다. 미래 연구자들은 다가올 미래에는 여러 가지 사회·환경 문제처럼 예전에 없던 새로운 변화를 맞을 것이라고 합니다. 그러므로 미래 사회에서는 막힌 생각보다 변화에 부드럽게 대처하려는 생각을 해야 합니다.

셋째, ㉠서로 돕고 존중하는 사람입니다. 인공 지능과 새로운 기술이 삶을 빠르게 바꿀 수 있습니다. 이럴 때 함께 마음을 모아 서로 돕고 존중해야 사회를 따뜻하게 만들 수 있습니다.

앞으로 우리는 거대한 미래의 충격과 변화 앞에서도 흔들리지 않는 열정과 패기로 서로를 존중해야 합니다.

8 이와 같은 글을 읽을 때 고려할 점으로 알맞지 <u>않은</u> 것은 무엇입니까? ( )

① 주장과 근거가 적절한가?
② 글쓴이의 주장은 무엇인가?
③ 새롭게 알게 된 내용은 무엇인가?
④ 주장을 뒷받침하는 근거는 무엇인가?
⑤ 자신의 생각과 같은 점과 다른 점은 무엇인가?

9 가까운 미래의 모습이 지금까지 살던 것과 달라질 것이라고 한 까닭은 무엇입니까? ( )

① 예전보다 삶이 느리게 변해서
② 사람들의 외모에 변화가 생겨서
③ 사람들이 미래의 변화에 관심이 없어서
④ 인공 지능이 발달하고 새로운 기술을 개발해서
⑤ 이웃 간에 서로 도와주고 위하는 마음이 생겨서

10 글쓴이가 말한 미래 사회에 필요한 사람에 해당하는 인물을 모두 찾아 ○표 하시오.

(1) 삶의 모습은 언제나 변화될 수 있다고 생각하고 준비하는 영선 ( )
(2) 기존에 유지되어 왔던 해결 방식으로 항상 문제를 바라보는 기주 ( )
(3) 생활 모습이 바뀌더라도 이웃과는 서로 돕고 마음을 나누기를 원하는 혜경 ( )

11 ㉠과 같은 사람이 미래 사회에 필요한 까닭을 정리해서 잘 말한 친구의 이름을 쓰시오.

윤하: 인공 지능보다 사람이 더 잘할 수 있는 일이기 때문이야.
종석: 삶이 빠르게 바뀔 수 있는 미래에 서로 돕고 존중하는 태도가 사회를 따뜻하게 만들 수 있기 때문이야.

( )

12 글쓴이의 주장은 무엇입니까? ( )

① 인공 지능을 잘 활용하도록 하자.
② 미래 사회에 필요한 사람이 되자.
③ 함께 마음을 모아 따뜻한 사회를 만들자.
④ 가까운 미래가 어떤 모습일지 잘 예측하자.
⑤ 앞으로 발생할 여러 가지 사회·환경 문제를 지혜롭게 해결하자.

13 서술형 〈문제 12번〉의 답과 같은 글쓴이의 주장에 대해 어떻게 생각하는지 자신의 의견을 쓰시오.

_____

_____

_____

14~19

가 고려청자는 청자의 빛깔, 독특한 장식 기법과 아름다운 형태로 유명하다. 고려청자를 만든 시기에는 중국과 우리나라에서만 질 높은 청자를 만들 수 있었다. 우리나라보다 중국이 먼저 청자를 만들고 세상에 알렸지만, 고려는 청자를 만드는 우수한 기술력과 아름다움을 인정받아 다른 나라 사람들에게 사랑을 받았다.

나 고려청자는 무엇보다 아름다운 빛깔로 더욱 주목받았다. 청자의 빛깔은 맑고 은은한 푸른 녹색이다. 이는 유약 안에 아주 작은 기포가 많아 빛이 반사되면서 은은하고 투명하게 비쳐 보이기 때문이다. 청자의 색이 짙고 푸른색 윤이 나는 구슬인 비취옥과 색깔이 닮았기 때문에 '비색'이라 불렀는데, 중국 송나라의 태평 노인이『수중금』이라는 책에서 고려청자의 빛깔을 비색이라 부르며 천하제일이라고 칭찬했다.

다 청자의 상감 기법은 어느 나라에서도 찾아볼 수 없는 우리 고유의 독창적인 도자기 장식 기법이다. 상감 기법은 그릇을 빚고 굳었을 때 그릇 바깥쪽에 조각칼로 무늬를 새긴 다음, 검은색이나 흰색의 흙을 메운 뒤 무늬가 드러나도록 바깥쪽을 매끄럽게 다듬는 기법이다.

14 다음과 같은 방법으로 이 글을 읽은 친구는 누구인지 찾아 ○표 하시오.

글 전체를 다 읽지 않고 중요한 낱말을 읽으면서 필요한 내용이 있는지 찾아보았다.

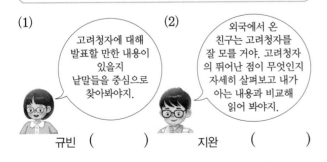

(1) 규빈 ( )   (2) 지완 ( )

규빈: 고려청자에 대해 발표할 만한 내용이 있을지 낱말들을 중심으로 찾아봐야지.

지완: 외국에서 온 친구는 고려청자를 잘 모를 거야. 고려청자의 뛰어난 점이 무엇인지 자세히 살펴보고 내가 아는 내용과 비교해 읽어 봐야지.

15 글 **나**와 **다**에서 고려청자의 무엇에 대해 설명하고 있는지 두 가지 고르시오. ( )

① 가치   ② 빛깔   ③ 형태
④ 가격   ⑤ 상감 기법

16 규빈이가 글 **나**의 밑줄 그은 부분만 읽었다면 고려청자의 어떤 점을 중심으로 발표 내용을 마련하겠습니까? ( )

① 형태   ② 빛깔   ③ 가치
④ 상감 기법   ⑤ 만든 시기

17 고려청자의 특징으로 알맞지 <u>않은</u> 것은 무엇입니까? ( )

① 고려청자는 아름다운 빛깔로 주목받았다.
② 고려청자는 다른 나라 사람들에게도 인정받았다.
③ 고려청자는 빛깔, 장식 기법 외에 아름다운 형태로도 유명하다.
④ 상감 기법은 중국에서 먼저 사용했으나 우리만의 기술로 발전시켰다.
⑤ 송나라의 태평 노인이『수중금』이라는 책에서 고려청자의 빛깔을 천하제일이라고 칭찬하였다.

18 색이 짙고 푸른색 윤이 나는 구슬인 비취옥과 닮은 고려청자의 빛깔을 무엇이라고 불렀는지 쓰시오.

( )

19 서술형 다음의 친구가 이 글을 읽는 방법으로 알맞은 것을 한 가지만 생각하여 쓰시오.

"고려청자에 대해 소개하는 글을 써야 해. 이 글에는 나에게 필요한 정보가 많이 담겨 있어."

_____

20 다음에서 알 수 있는 헬렌 켈러의 읽기 방법은 무엇인지 쓰시오.

헬렌 켈러는 듣지도, 보지도, 말하지도 못해 책을 읽는 데 어려움이 있었다. 하지만 헬렌 켈러는 손끝으로 책을 읽을 수 있게 되었다. 헬렌 켈러는 평소 느끼지 못했던 대상과 감정을 상상하며 책을 읽었다.

( )

1

가 최근 출판하는 책이나 광고, 알림판 따위에서 네모 모양의 표식을 자주 볼 수 있다. 네모 모양 안에 검은 선과 점을 배열했는데, 이것을 정보 무늬[QR 코드]라고 한다. 큐아르(QR)는 '빠른 응답'이라는 영어의 줄임 말이다.

나 정보 무늬는 스마트폰으로 사용할 수 있다. 스마트폰 응용 프로그램으로 정보 무늬를 찍으면 관련 내용이 있는 누리집으로 이동하거나, 관련 사진이나 동영상을 볼 수 있다.

다 정보 무늬는 여러 분야에서 활용한다. 백화점이나 할인점에서는 정보 무늬로 할인 정보를 제공한다. 신문 광고에 있는 정보 무늬를 찍으면 3차원으로 움직이는 광고가 나오기도 하고, 책에 있는 정보 무늬를 찍으면 등장인물이 튀어나와 책의 정보와 줄거리를 알려 주기도 한다. 박물관이나 미술관에서는 자료나 작품을 더 알아볼 수 있도록 정보 무늬에 설명을 담아 제공하기도 한다.

라 정보 무늬는 누구나 만들 수 있다. 예를 들어 개인 정보를 담은 명함을 만들 수도 있다. 명함에 있는 정보 무늬로 자신의 사진이나 동영상을 보여 주거나 이름이나 연락처를 자동으로 저장할 수 있다.

1단계 낱말 쓰기 글쓴이가 이 글을 쓴 목적은 무엇인지 빈칸에 알맞은 말을 쓰시오. [3점]

• (   )의 뜻, 사용 방법, 특징 등을 알기 쉽게 설명하기 위해서이다.

2단계 문장 쓰기 이 글을 읽을 때, 보기 처럼 설명하는 내용의 정확성을 판단하는 방법을 한 가지 쓰시오. [5점]

보기
정보 무늬의 특징과 사용 방법 가운데에서 몰랐던 것을 생각해 보자.

_____

_____

3단계 생각 쓰기 이 글을 읽고 묻고 답하기 놀이를 한다고 생각하여 빈칸에 알맞은 내용을 쓰시오. [8점]

질문	답
큐아르(QR)는 무슨 뜻인가요?	(1)
정보 무늬는 어떻게 이용하나요?	(2)
(3)	(4)

2 자신이 읽은 글의 종류와 그 글을 찾아 읽은 까닭을 두 가지만 쓰시오. [8점]

글의 종류	글을 찾아 읽은 까닭
(1)	(2)
(3)	(4)

3 다음 빈칸을 채워 친구들에게 자신만의 읽기 방법을 소개해 보시오. [12점]

어떻게 읽는 것인가요?	(1)
언제 어디에서 주로 읽나요?	(2)
그렇게 읽을 때 좋은 점은 무엇인가요?	(3)
어떤 책이나 글에 적용할 수 있나요?	(4)

정답과 풀이 32쪽

9 여러 가지 방법으로 읽어요

학습 제재	아름다운 비색을 지닌 고려청자	배점	25점
학습 목표	읽는 목적에 맞게 글을 읽고, 필요한 글을 찾아 정리할 수 있다.		

● 다음 글을 읽고, 물음에 답하시오.

가 고려청자는 무엇보다 아름다운 빛깔로 더욱 주목받았다. 청자의 빛깔은 맑고 은은한 푸른 녹색이다. 이는 유약 안에 아주 작은 기포가 많아 빛이 반사되면서 은은하고 투명하게 비쳐 보이기 때문이다. 청자의 색이 짙고 푸른색 윤이 나는 구슬인 비취옥과 색깔이 닮았기 때문에 '비색'이라 불렀는데, 중국 송나라의 태평 노인이 『수중금』이라는 책에서 고려청자의 빛깔을 비색이라 부르며 천하제일이라고 칭찬했다.

나 청자의 형태는 기존의 단순한 그릇 모양의 형태에서 여러 형태의 청자로 발전했다. 그 당시 고려인들은 대접과 접시, 잔, 항아리, 병, 찻잔, 상자 따위를 비롯해 심지어 베개와 기와까지도 청자로 만들었다. 특히 죽순, 표주박, 복숭아, 원앙, 사자, 용, 거북과 같이 여러 동식물의 모양을 본떠 만든 향로, 주전자, 꽃병, 연적 따위가 오늘날까지 내려오고 있다. 이처럼 그릇의 실용성을 넘어 예술적 아름다움을 지닌 청자는 고려인의 생활 속에서 널리 쓰였다.

다 고려청자는 맑고 은은한 비색으로 유려한 곡선을 강조하며 상감 기법으로 회화적인 아름다운 무늬를 표현한 것이 특색이다. 우리는 이러한 고려청자로 고려인들의 독창성과 뛰어난 기술력을 엿볼 수 있다. 이는 중국의 청자를 받아들이면서 그저 모방에 그치는 것이 아니라, 아름다운 비색과 독특한 상감 기법으로 발전했다는 점이다.

1 규빈이와 지완이가 글을 읽는 목적을 생각하며 알맞은 읽기 방법을 각각 쓰시오. [10점]

 고려청자에 대해 발표할 만한 내용이 있을지 낱말들을 중심으로 찾아봐야지. 규빈

외국에서 온 친구는 고려청자를 잘 모를 테니 자세히 알려 주고 싶어. 지완

인물	알맞은 읽기 방법
규빈	(1)
지완	(2)

2 읽은 내용을 바탕으로 하여 글의 내용을 간추려 빈칸에 알맞게 쓰시오. [15점]

아름다운 비색을 지닌 고려청자

빛깔	(1)	사용	(2)	우수성	(3)

1 기억에 남는 일 이야기하기

① 그림을 보고 기억에 남는 일을 떠올려 친구들과 이야기해 봅니다.

② 기억 카드를 만들어 기억 카드 조사하기 활동을 해 봅니다.
기억에 남는 일과 그때의 느낌을 적은 카드예요.

③ 자신이 떠올린 기억 가운데에서 이야기로 자세히 나타내고 싶은 기억과 그 까닭을 써 봅니다.

★★ 2 일상생활의 경험이 잘 드러난 글 읽기

① 주인공의 경험을 어떻게 이야기로 나타냈는지 생각하며 글을 읽어 봅니다.

② 이야기에 나오는 등장인물의 관계와 특징을 정리해 봅니다.
각 인물의 이름, 관계, 특징을 찾아 정리해 보아요.

③ 이야기에 나오는 인물, 사건, 배경을 정리해 봅니다.
성격이나 모습   일이 일어난 때와 장소

④ 이야기에서 주인공의 경험이 나타난 부분을 찾고 어떻게 나타냈는지 살펴봅니다.

⑩ 「잘못 뽑은 반장」을 읽고 주인공의 경험을 어떻게 나타냈는지 살펴보기

경험을 나타낸 방법	해당하는 부분
읽는 사람을 생각하면서 씀.	명찬이 반장을 설명해 주는 부분
겪은 일을 그대로 풀어서 자신의 생각과 함께 솔직하게 씀.	제하가 학교에 오기를 기다리는 마음을 나타낸 부분
긴 기간에 걸친 사건을 어떻게 해결했는지 씀.	방학을 앞두고 한 해 동안 로운이와 친구들이 변화한 모습을 나타낸 부분

★★ 3 경험을 이야기로 표현하는 방법 알기

① 읽는 사람이 관심을 보일 수 있는 경험을 써야 합니다.

② 글을 읽는 사람이 이해할 수 있게 써야 합니다.

③ 사건을 어떻게 전개하고 어떻게 해결했는지가 나타나게 써야 합니다.

④ 주제가 잘 드러나도록 이야기 흐름에 맞게 써야 합니다.
글쓴이가 나타내고자 하는 생각을 말해요.

4 겪은 일을 이야기로 만들기

① 이야기로 쓰고 싶은 경험을 떠올려 봅니다.

② 이야기의 주제나 내용에 맞는 제목을 정해 봅니다.

③ 등장인물을 정하고 이야기의 흐름대로 사건과 배경을 정리합니다.
읽는 사람이 흥미를 느낄 수 있는 제목을 떠올려 봐요.

④ 겪은 일을 이야기로 완성하고 이야기를 잘 썼는지 확인해 봅니다.
읽는 사람이 이해할 수 있게 때와 장소의 변화가 잘 나타나야 해요.

개념 확인하기
정답과 풀이 32쪽

1 기억에 남는 일과 그때의 느낌을 적은 카드를 무엇이라고 하는지 쓰시오.

(   )

2 일상생활의 경험을 나타낸 글의 특징을 모두 찾아 기호를 쓰시오.

> ㉮ 읽는 사람을 생각하면서 쓴 글이다.
> ㉯ 동물이 말을 하거나 상상 속의 등장인물이 나타난다.
> ㉰ 겪은 일을 그대로 풀어서 자신의 생각과 함께 솔직하게 드러낸다.

(   )

3 겪은 일을 이야기로 나타낼 때 생각해야 할 점으로 알맞은 것에 모두 ○표 하시오.

(1) 하루 동안에 있었던 일을 써야 한다. (   )

(2) 글을 읽는 사람이 이해할 수 있게 써야 한다. (   )

(3) 읽는 사람이 관심을 보일 수 있는 경험을 써야 한다.

(   )

4 다음 빈칸에 알맞은 말을 쓰시오.

> 글쓴이가 나타내고자 하는 생각을 (   )(이)라고 한다.

1~2

가
세 살 때
밀가루로 장난한 일

나
일곱 살 때
부모님께 꾸중을 들은 일

다
여덟 살 때
처음으로 한 운동회

라
5학년 때 친구들과 함께
한 학교 발야구 대회

1 그림 가~라를 보고 일이 일어난 차례에 따라 기호를 쓰시오.

( ) → ( ) → ( ) → ( )

2 그림 가~라 중 가정에서 일어난 일을 두 가지 찾아 기호를 쓰시오.

( )

교과서 문제
3 친구들과 함께 겪은 일이 <u>아닌</u> 것을 모두 고르시오. ( )

① 가족과 함께 여행을 간 일
② 동생과 함께 줄넘기를 한 일
③ 친구들에게 생일 선물을 받은 일
④ 반 친구들과 운동장에서 축구를 한 일
⑤ 부모님을 도와 설거지를 하다가 그릇을 깨뜨린 일

4~5

1 기억에 남는 일 가운데에서 여섯 가지를 떠올린다.

2 앞면에는 카드 번호, 기억에 남는 일, 이름을 쓴다.

3 뒷면에는 기억과 관련한 자신의 느낌을 다양하게 나타낸다.

①
지난봄 운동회에서
친구들과 재미있게
경기한 일
윤주찬

〈앞면〉

행복함.

〈뒷면〉

4 기억 카드의 앞면에 들어가는 내용을 모두 고르시오. ( )

① 이름
② 날짜
③ 카드 번호
④ 자신의 느낌
⑤ 기억에 남는 일

5 기억 카드로 보아, 주찬이는 지난봄 운동회에서 친구들과 경기를 할 때 어떤 느낌이 들었습니까?

( )

① 불안함.
② 신기함.
③ 속상함.
④ 행복함.
⑤ 억울함.

6 이야기로 만들기에 좋은 기억이 <u>아닌</u> 것은 무엇입니까? ( )

① 친구들이 흥미를 보이는 기억
② 자신이 자세히 알고 있는 기억
③ 자신이 가장 좋아하는 친구의 기억
④ 일이 일어난 때와 장소를 알고 있는 기억
⑤ 누구와 함께 겪은 일인지 알고 있는 기억

잘못 뽑은 반장

· 이은재

· **글의 종류:** 이야기
· **글의 특징:** 2학기에 반장으로 뽑힌 '이로운'과 반장 도우미 '황제하'가 다투고 화해한 뒤 성장하는 모습을 나타낸 글입니다.

미리보기

전학을 가겠다던 제하가 학교에 나오자 '나'는 웃으며 제하와 화해하였습니다. ▶ 제하가 반 아이들의 합창 연습을 맡아 열심히 하며 예전의 모습을 찾아갔습니다. ▶ 한마당 잔치가 열리는 날, 엄마와 누나가 데려온 명찬이 반장을 만났습니다. ▶ '나'는 키가 훌쩍 자랐고, 다음에 반장 선거에 나가겠다는 아이들이 늘어났습니다.

앞 이야기

이야기의 주인공 '이로운'은 말썽 많고 숙제도 잘 안 해 오는 아이로, 몸이 불편한 누나 이루리를 부끄러워한다. 2학기 반장 선거에서 반장으로 뽑히나, 처음에는 '잘못 뽑은 반장'이라고 놀림을 받고 선생님과 친구들의 신임을 받는 1학기 반장 황제하가 반장 도우미를 한다. 하지만 이로운은 조금씩 친구들과 사이가 좋아지고, 황제하는 이를 시기한다. 그러던 어느 날 황제하가 멋진 모습만 보여 주려고 거짓으로 했던 행동들을 이로운이 밝히고, 황제하는 선생님과 친구들의 실망한 눈빛에 충격을 받아 학교에 나오지 않는다. 반장으로서 한마당 잔치의 합창 준비를 하면서 어려움을 느낀 이로운은 황제하네 집을 찾아간다.

1 다음 날 아침, 나는 일찌감치 학교로 갔다. 밤새 잠을 설쳐서 그런지 눈두덩이 뻐근했다. 나는 자리에 앉아서 출입문 쪽만 뚫어져라 살폈다. 복도에서 발소리가 날 때마다 가슴을 졸이며 기다렸지만 제하는 나타나지 않았다. 가슴이 바짝바짝 마르는 것 같았다.

'이 자식이 정말 전학 갈 생각인가!'

나는 불안한 마음으로 뻑뻑한 눈을 비비며 기다렸다. 어느새 수업 시작 시간이 다 되어 갔다. 시간이 갈수록 짜증이 밀려왔다.

'치사한 놈, 내가 자존심 다 접고 먼저 사과했는데……. 만나기만 해 봐!'

나는 주먹을 꽉 움켜쥐고 부르르 떨었다. 바로 그때 교실 뒷문으로 익숙한 얼굴 하나가 불쑥 나타났다. 제하였다. 눈을 비비고 봐도 틀림없이 황제하였다. 야호!

신임(信 믿을 신, 任 맡길 임) 믿고 일을 맡김. 또는 그 믿음. 예 재현이는 반 아이들의 신임을 받고 있습니다.
시기한다 남이 잘되는 것을 샘하여 미워한다. 예 반 아이들 대부분이 재주 많은 그 아이를 시기했습니다.

설쳐서 필요한 정도에 미치지 못한 채로 그만두어. 예 게임을 하느라 밤잠을 설쳐서 머리가 아픕니다.
자존심(自 스스로 자, 尊 높을 존, 心 마음 심) 남에게 굽히지 아니하고 자신의 품위를 스스로 지키는 마음.

1 이 글의 주인공 '이로운'에 대한 설명으로 알맞지 않은 것은 무엇입니까? (   )

① 말썽이 많다.
② 숙제를 잘 해 오지 않는다.
③ 몸이 불편한 누나를 부끄러워한다.
④ 1학기 때에는 반장 도우미를 했다.
⑤ 2학기 반장 선거에서 반장으로 뽑혔다.

2 선생님과 친구들을 실망시킨 채 학교에 나오지 않는 인물은 누구인지 쓰시오.
(   )

3 로운이가 제하네 집을 찾아간 까닭은 무엇인지 빈칸에 알맞은 말을 쓰시오.

· 한마당 잔치의 합창 준비를 하면서 어려움을 느껴서 제하에게 먼저 (   )하기 위해서이다.

4 글 **1**에서 제하를 기다리며 로운이가 어떤 마음이 들었는지 알맞지 않은 것을 두 가지 고르시오. (   )

① 귀찮다.   ② 불안하다.   ③ 초조하다.
④ 여유롭다.   ⑤ 짜증이 난다.

나는 조금 전까지 주먹을 떨면서 벼르던 것도 잊고, 하마터면 함성을 지를 뻔했다. 제하를 발견한 정규가 달려가서 반갑게 인사를 건넸다.

"제하야, 아픈 데는 괜찮아진 거야?"

"응, 다 나았어."

제하는 아무렇지 않게 대답했다. 싱글싱글 웃는 걸 보니 정말 괜찮은 것 같았다. 전학 가는 건 포기한 걸까! 궁금해서 죽을 지경이었지만 먼저 다가가서 물어볼 용기가 나지 않았다. 그런데 제하가 나를 보고 복도로 나오라는 눈짓을 보냈다. 나는 기다렸다는 듯이 튕겨 나갔다. 제하는 앞장서서 가더니 화장실 옆 계단 구석에서 멈췄다.

"너, 전학 안 가기로 한 거냐?"

내 말에 녀석은 잠깐 <u>뜸</u>을 들이다가 천천히 고개를 끄덕였다.
<small>일이나 말을 할 때에, 쉬거나 여유를 갖기 위해 서두르지 않고 한동안 가만히 있는 경우를 비유적으로 이르는 말</small>

오, 신이시여! 황제하가 이렇게 멋져 보이는 순간이 다 있다니!

"잘 생각했다. 당연히 그래야지. 반장 도우미가 반장

허락도 없이 전학 간다는 게 말이 되냐?"

나는 농담처럼 말하면서 느물느물 웃었다. 녀석도 피식 웃었다. 우리는 똑같이 뒷머리를 긁적거리면서
<small>입술을 힘없이 터뜨리며 싱겁게 한 번 웃을 때 나는 소리. 또는 그 모양</small>
잠깐 동안 소리 없이 웃었다. 기분이 이상했다.

중심 내용 ① 선생님과 친구들의 실망한 눈빛에 충격을 받아 전학 가겠다던 제하가 학교에 나오자, '나'는 제하와 웃으며 화해를 했다.

② "생각해 봤는데, 네 말이 맞는 것 같아. 나도 비겁한 놈은 되기 싫거든. 사실은 네 덕분에 내가 잘못 생각한 게 많다는 걸 알았어. 전에는 뭐든지 무조건 잘하기만 하면 다들 나를 깔보지 못할 거라고 생각했거든. 아빠가 없어도……."

아빠가 없다는 말에 나는 깜짝 놀랐다.

"우리 아빠와 엄마, 오래전에 이혼했어. 난 엄마랑 외할머니랑 같이 살아."

핵심내용 「잘못 뽑은 반장」에서 등장인물의 관계와 특징 정리하기

인물	관계	특징
① ㅇㄹㅇ	이루리의 동생. 황제하와 같은 반 친구	'해로운'이라는 별명이 있지만 친구를 생각하는 마음은 따뜻함.
황제하	이로운의 친구	로운이와 좋지 않은 관계였으나 서로 이해하고 인정함.

벼르던 어떤 일을 이루려고 마음속으로 준비를 단단히 하고 기회를 엿보던. 예 동생을 혼내려고 <u>벼르다가</u> 그만뒀습니다.
함성(喊 소리칠 함, 聲 소리 성) 여러 사람이 함께 외치거나 지르는 소리. 예 <u>함성</u>에 묻혀 아무 소리도 들리지 않습니다.

농담(弄 희롱할 농, 談 말씀 담) 실없이 놀리거나 장난으로 하는 말. 예 친구의 재치 있는 <u>농담</u>에 껄껄 웃었습니다.
느물느물 행동이나 말을 자꾸 능글맞게 하는 모양. 예 장난꾸러기 동생이 <u>느물느물</u> 웃으며 달아났습니다.

5 글 ①에서 로운이와 제하가 이야기를 나눈 때와 장소를 각각 쓰시오.

(1) 때: (   )
(2) 장소: (   )

6★ 제하를 만난 로운이의 마음은 어떻게 바뀌었습니까? (   )

① 귀찮음. → 궁금함.
② 궁금함. → 화가 남.
③ 서운함. → 걱정이 됨.
④ 반가움. → 짜증이 남.
⑤ 궁금함. → 마음이 풀림.

7 이 글에서 일어난 가장 중요한 사건은 무엇입니까? (   )

① 제하가 학교에 안 나온 일
② 로운이와 제하가 화해한 일
③ 제하가 엄마, 외할머니와 사는 일
④ 제하가 전학 가는 것을 포기한 일
⑤ 로운이가 제하를 멋지다고 생각한 일

8 글 ②를 통해 알 수 있는, 제하가 그동안 뭐든지 잘하려고 노력한 까닭은 무엇인지 쓰시오.
서술형

_____

_____

내 마음을 읽었는지 제하가 묻지도 않은 말을 했다. 나는 아무 대꾸도 하지 못하고 우두커니 서 있었다. 녀석이 그런 말까지 하리라고는 짐작도 하지 못했다. 완벽하게만 보이던 녀석에게 ㉠그런 아픔이 있었다니 뜻밖이었다.

（부모님께서 이혼하셔서 엄마, 외할머니와 같이 산다는 말）

"힘들겠구나. 난 아빠랑 잠깐 떨어져 있는 것도 싫어서 투덜거리는데."

나도 모르게 목소리가 기어들어 갔다. 제하가 나지막이 웃었다.

"그래도 ㉡넌 나처럼 잘 못하는 걸 잘하는 척하지는 않잖아. 난 항상 내 생각만 했어. 그런데 네가 그게 부끄러운 일이라는 걸 알려 줬어. 이제 나도 너처럼 못하는 건 못한다고 솔직하게 말할 거야. 그게 진짜 당당해지는 방법이라는 걸 알았어."

"난 진짜 잘하는 게 하나도 없고, 못하니까 못한다고 한 건데……."

나는 또다시 뒷머리를 긁적였다.

"우리 이제부터 한번 잘 지내보자."

제하가 내 어깨를 툭 치더니 한쪽 손을 쑥 내밀었다.

제하의 말투가 너무 다정해서 귀가 간질거렸다. 나는 망설이지 않고 녀석의 손을 덥석 잡았다. 제하의 손은 따뜻하고 보드라웠다.

> 로운이와 제하가 서로의 마음을 이해하고 화해하게 된 상황을 묻는 문제가 자주 출제돼.

우리가 다정하게 교실로 들어오는 걸 보고 대광이가 고개를 갸우뚱했다. 등을 꼿꼿이 펴고 자리로 걸어가는 제하는 황제처럼 당당해 보였다.（물건이 휘거나 구부러지지 아니하고 단단하게） 가만 보니 꽤 괜찮은 녀석 같다. 아무리 생각해도 제하네 집에 찾아간 건 잘한 일이다. 사람은 가끔 용기를 낼 필요가 있다. 그럼 나처럼 ㉢생각지도 못한 수확을 거둘 수 있으니까. 이제 합창 연습도 문제가 없다고 생각하니 가만히 있어도 벙긋벙긋 웃음이 나왔다.

중심 내용 2 그동안 숨겨 왔던 자신의 아픔을 솔직하게 말하는 제하의 다정한 모습을 보자 제하가 괜찮은 녀석 같았고, '나'는 제하네 집에 찾아간 것을 잘한 일이라고 여겼다.

핵심내용 「잘못 뽑은 반장」에서 중심 사건을 풀어내기 위해 어떤 사건이 일어났는지 상상하기 예

상상한 사건의 내용	❷ ㅈ ㅎ 가 거짓말을 하다가 친구들 앞에서 창피를 당함.
그렇게 상상한 까닭	무엇이든지 잘하는 제하가 창피를 당하면서 자신에 대하여 생각해 보는 시간을 보냈기 때문임.

우두커니 넋이 나간 듯이 가만히 한자리에 서 있거나 앉아 있는 모양. ㉠ 창가에 우두커니 앉아 별을 바라봅니다.
완벽하게만 결함이 없이 완전하게만. ㉠ 기술자 아저씨께서 자동차를 완벽하게 고치셨습니다.

덥석 왈칵 달려들어 냉큼 물거나 움켜잡는 모양. ㉠ 할머니께서 아기를 덥석 받아 안으셨습니다.
수확(收 거둘 수, 穫 거둘 확) 어떤 일을 하여 얻은 성과를 비유적으로 이르는 말. ㉠ 이 회의에서 얻은 수확이 큽니다.

---

9 이야기를 주고받는 로운이와 제하의 모습을 나타낸 말로 알맞지 <u>않은</u> 것을 두 가지 고르시오.
( )

① 다정하다. ② 답답하다. ③ 냉정하다.
④ 따뜻하다. ⑤ 솔직하다.

10 ㉠'그런 아픔'은 어떤 일을 말하는지 두 가지 고르시오. ( )

① 부모님께서 이혼하신 것
② 아빠와 함께 살지 않는 것
③ 외할머니께서 편찮으신 것
④ 친구들에게 따돌림을 당한 것
⑤ 1학기 때 반장으로서 어려움을 겪은 것

11 ㉡으로 보아, 제하가 예전에 어떤 잘못을 했을지 짐작하여 쓰시오.
（서술형）

_____

_____

12 ㉢'생각지도 못한 수확'이 뜻하는 것은 무엇이겠는지 쓰시오.
( )

3 제하가 합창 연습을 맡으면서부터 우리 반 노래 실력은 몰라보게 달라졌다. / "역시 제하는 다르다니까."

_{눈에 띄게 좋아지거나 발전했다는 뜻임.}

화음을 나눠서 멋지게 지휘하고, 한 사람씩 일일이 노래를 지도해 주는 제하를 보며 아이들은 저절로 고개를 끄덕였다. 이제 제하를 보고 빈정거리는 아이는 거의 없었다. 나는 다시 예전의 모습을 찾아 가는 제하

_{남을 은근히 비웃는 태도로 자꾸 놀리는}

를 볼 때마다 흐뭇했다.

다른 반은 다 반장이 연습을 시키는데 우리 반만 반장 도우미가 한다며 한심하게 쳐다보는 아이들도 있었지만, 나는 예전처럼 사납게 으르렁대지 않았다.

_{부드럽지 못한 말로 자꾸 크고 세차게 외치거나 다투지}

"그럼 제하 대신 내가 다시 지휘할까? 원한다면 얼마든지 할 수 있는데."

"됐다, 됐어. 뭐라고 안 할 테니까 제발 그것만은 참아 줘."

합창 연습 때마다 나를 아래위로 훑어보며 혀를 차던 금주가 제일 큰 목소리로 말했다. 그때부터는 다른 아이들도 더 이상 불만을 품지 않았다. 그 대신 나는 연습을 시작하기 전에 아이들이 마실 물을 떠다 놓고, 연습이 끝난 뒤에는 교실 정리도 도맡아서 했다. 반장이니까 그렇게 해서라도 책임을 다하고 싶었다. 대광이가 도와주어서 힘든 일도 아니었다.

화음(和 화할 화, 音 소리 음) 높이가 다른 둘 이상의 음이 함께 울릴 때 어울리는 소리.

"와, 선생님은 우리 반이 요즘처럼 평화로울 수 있다는 게 믿어지지가 않는구나. 이게 꿈이니, 생시니?"

선생님은 수업 중에도 이따금 아이들을 둘러보면서 큰 소리로 웃곤 했다.

중심 내용 3 반장 대신에 합창 연습을 맡아 다시 예전의 모습을 찾아 가는 제하를 볼 때마다 '나'는 흐뭇했고, 합창 연습을 하면서 우리 반 아이들도 평화로워졌다.

4 정신없이 분주한 열흘이 지나가고 마침내 한마당 잔치가 열리는 날이 되었다.

엄마는 미리 얘기했던 대로 누나와 명찬이 반장을 데려왔다. 명찬이 반장은 얼굴이 하얗고, 손이 작고 고운 아이였다. 다운 증후군이 있는 명찬이 반장은 운동장에서 나를 보자마자 생글생글 웃으면서 인사를 건넸

_{눈과 입을 살며시 움직이며 소리 없이 정답게 자꾸 웃는 모양}

다.

"형아, 안녕!"

어눌한 말투였지만 밝고 경쾌한 목소리였다. 옆에 선 누나가 수줍게 웃었다. 보기만 해도 좋은 모양이다. 누나가 좋아하는 명찬이 반장이 다운 증후군이 있다니좀 의외였다. 하지만 내가 멀뚱멀뚱 쳐다보는데도 한

_{눈만 동그랗게 뜨고 다른 생각이 없이 물끄러미 쳐다보는 모양}

결같이 해맑게 웃고 있는 그 아이의 눈을 한참 보고 있으려니 내 입가에도 어느새 웃음이 번졌다. 누나가 명

다운 증후군 염색체의 이상으로 생기는, 어린이가 태어나면서부터 몸에 지니고 있는 질병.

교과서 문제

13 우리 반 노래 실력이 몰라보게 달라진 까닭은 무엇인지 빈칸에 알맞은 말을 쓰시오.

· (   )이/가 우리 반 (   )을/를 맡았기 때문이다.

14 합창 연습 때 반 아이들의 모습으로 알맞은 것은 무엇입니까? (   )

① 대광이는 늘 '나'에게 불만을 품었다.

② 금주가 화음을 나눠서 멋지게 지휘했다.

③ '나'는 늘 큰 소리로 반 아이들을 비웃었다.

④ 제하는 한 사람씩 일일이 노래를 지도해 주었다.

⑤ '나'는 빈정거리는 아이들에게 사납게 으르렁댔다.

15 한마당 잔치가 열리는 날, 엄마가 데려온 인물은 누구누구인지 쓰시오.

(   )

16* 명찬이 반장에 대한 설명으로 알맞지 않은 것은 무엇입니까? (   )

① 얼굴이 하얗다.

② 손이 작고 곱다.

③ 말투가 어눌하다.

④ 다운 증후군이 있다.

⑤ 낯을 가리고 겁이 많은 편이다.

찬이 반장을 좋아하는 이유를 알 것 같았다.

"명찬이 반장, 나 형아 아니야. 너랑 똑같은 열한 살이니까 앞으로는 그냥 이름 불러." / "응, 로운이 반장."

그렇게 대답하고 나서 명찬이 반장은 뭐가 부끄러운지 얼굴을 가리고 큭큭 웃었다.

주위에 있던 어른들이 우리를 힐끔힐끔 돌아보았지만 신경 쓰지 않았다. 아이들이 지나가면서 수군거릴
거볍게 곁눈질하여 슬쩍슬쩍 자꾸 쳐다보는 모양
때는 주먹으로 을러대며 입 모양으로 "뭘 봐." 하고 겁을 줘서 쫓아 버렸다. 그때마다 누나가 존경스러운 눈빛으로 나를 쳐다봐서 기분이 좋았다.

중심 내용 4 한마당 잔치가 열리는 날, 엄마는 누나와 명찬이 반장을 데려왔고, 해맑게 웃는 밝은 명찬이 반장 덕분에 기분이 좋았다.

5 어느새 찬 바람이 씽씽 불고, 겨울 방학이 코앞으
코의 바로 앞이라는 뜻으로, 곧 닥칠 미래를 비유적으로 이르는 말
로 다가왔다. 그새 나는 키가 오 센티미터나 자랐다. 아이들의 우유를 널름널름 받아 마셔서 그런 것 같았다. 초콜릿을 전보다 덜 먹어서 그런지 몸무게는 오히려 약간 줄었다. 내 키가 훌쩍 자란 걸 확인한 뒤로 백희는 속이 울렁거려도 꾹 참고 우유를 마시기 시작했다. 우유가 먹기 싫어서 꾀를 피우던 다른 아이들도 그랬다. 우유가 더 먹고 싶을 땐 좀 아쉽기도 했지만 잘된 일이다. 반장은 자신보다 반 아이들을 먼저 생각해야 한다는 걸 알게 됐기 때문이다. 우유를 먹고 내 마음의 키도 한 뼘쯤 더 자란 모양이었다.

재미있는 일이 한 가지 더 있었다. 다음에 반장 선거에 나가겠다는 아이들이 부쩍 늘어난 것이다. 대광이뿐만 아니라 샌님 민호, 겁쟁이 동배, 하마 금주까지
얌전하고 고집이 센 사람을 놀림조로 이르는 말
꽤 여럿이 벌써부터 모이기만 하면 내년에 있을 반장 선거 얘기로 열을 올렸다.

"로운이도 하는데 우리라고 못하겠어!"

그 아이들이 한결같이 입을 모아 하는 말이다. 맞는 말이니까 난 그냥 웃는다. 요즘은 나를 '잘못 뽑은 반장'이니, '해로운'이니 하면서 놀려 대는 아이들이 거의 없어서 하루하루가 신나고 즐겁다. / 더 재미있는 건 누나까지 내년에 명찬이 반장 뒤를 이어서 반장이 되겠다고 떠드는 것이다. 아무래도 내년 봄에는 사방에서 넘쳐 나는 반장 후보들로 한바탕 몸살을 앓을 모양이다. 그때 나도 다시 한번 반장 선거에 나가 볼까, 어쩔까?

중심 내용 5 '나'는 아이들의 우유를 널름널름 받아 마셔서 키가 오 센티미터나 자랐고, 다음에 반장 선거에 나가겠다는 아이들이 부쩍 늘어난 것을 보며 하루하루가 신나고 즐거웠다.

핵심내용 「잘못 뽑은 반장」에서 중요한 사건 세 가지 정리하기

차례	일어난 일	때와 장소	로운이의 마음
1	제하와 로운이가 화해함.	아침, 화장실 옆 복도	제하에 대해 다시 생각함.
2	반 아이들이 제하와 합창 연습을 함.	❸ ㄱ ㅅ	책임을 다하고 싶어 함.
3	한마당 잔치에서 로운이가 누나와 명찬이 반장을 만남.	열흘 뒤, 학교	누나를 이해함.

을러대며 위협적인 언동으로 을러서 남을 억누르며. ◉ 아무리 을러대도 동생은 꿈쩍도 하지 않았습니다.

선거(選 가릴 선, 擧 들 거) 일정한 조직이나 집단이 대표자나 임원을 뽑는 일. ◉ 내일 반장 선거를 치르기로 했습니다.

17 글 **4**에서 로운이는 명찬이 반장을 통해 어떤 인물을 이해하게 되었는지 쓰시오.

( )

18 이 글 전체에서 로운이의 성격이나 태도가 어떻게
서술형 변했는지 쓰시오.

_____

_____

19 반 아이들과 누나가 반장 선거에 나가겠다고 할 때 로운이의 마음은 어떠했겠습니까? ( )

① 안타깝다. ② 속상하다. ③ 흐뭇하다.
④ 서운하다. ⑤ 불안하다.

20 자신의 경험을 이야기로 나타내면 좋은 점을 바르게 말한 친구는 누구인지 쓰시오.

> 우진: 마음대로 상상해 꾸며 쓸 수 있어서 좋아.
> 수현: 내 이야기나 생각을 다른 사람의 이야기를 쓰듯이 좀 더 솔직하게 쓸 수 있어서 좋아.

( )

21~24

21 이 그림에 나오는 인물이 <u>아닌</u> 것은 누구입니까?
( )

① 진주 　　② 민영 　　③ 성훈
④ 선생님 　　⑤ 축구 감독

22 이 그림에서 일어난 사건으로 알맞지 <u>않은</u> 것은 무엇입니까? ( )

① 체육 시간에 축구를 하였다.
② 민영이와 성훈이가 말다툼을 했다.
③ 3교시 체육 수업을 체육관에서 했다.
④ 진주는 성훈이와 같은 편을 하고 싶지 않았다.
⑤ 선생님께서 진주와 성훈이에게 대화를 해 보라고 말씀하셨다.

23 이 그림에서 사건이 일어났던 때와 장소는 어떻게 변했는지 빈칸에 알맞은 말을 쓰시오.

사건이 일어났던 때	사건이 일어났던 장소
2교시 쉬는 시간	(1)
↓	
(2)	체육관
↓	
3교시 쉬는 시간	상담실

24 이 그림의 내용을 이야기로 만들려면 어떻게 하는 것이 좋을지 보기 에서 모두 찾아 기호를 쓰시오.

보기
㉮ 인물의 마음이 잘 나타나게 쓴다.
㉯ 일이 일어난 차례를 생각하며 쓴다.
㉰ 진주와 성훈이의 나이를 바꾸어 쓴다.
㉱ 등장인물의 생김새를 좀 더 자세하게 쓴다.
㉲ 진주와 성훈이의 사이가 안 좋은 까닭을 이해할 수 있도록 쓴다.

( )

교과서 문제
25 경험을 이야기로 쓰는 방법을 생각하며 보기 에서 알맞은 낱말을 찾아 빈칸에 쓰시오.

보기
이해　차례　사건　해결　제목

(1) 일이 일어난 ( )에 맞게 쓴다.
(2) 읽는 사람이 잘 ( )할 수 있게 쓴다.
(3) 마지막 부분에는 사건을 어떻게 ( ) 했는지 나타나게 쓴다.
(4) 글쓴이가 나타내고자 하는 생각이 잘 드러나게 ( )을/를 붙인다.
(5) 직접 경험한 일이 아니더라도 필요하다면 ( )을/를 지어낼 수도 있다.

대화가 필요해

- **글의 종류:** 이야기
- **글의 특징:** 교과서 312쪽의 그림에 나오는 진주가 자신의 경험을 바탕으로 하여 꾸며 쓴 이야기입니다.

1 "상은아, 오늘도 비 온다. 체육은 할 수 있을까?"

인국이가 교실에 들어서며 나를 보고 말을 걸었다.

"그러게, 지긋지긋한 여름 장마다. 그렇지?"

"응, 그래도 난 이 비 덕분에 너랑 친해져서 좋기도 해."

"자식, 또 그때 얘기야?"

인국이는 4학년이 끝나 갈 즈음 우리 반에 전학 온 친구다. 전학 온 첫날부터 친구들 주변을 돌아다니며 소란스럽게 말을 걸고, 우리가 대화를 하거나 게임을 할 때 끼어들어서 나는 물론 친구들은 인국이를 그렇게 좋아하지 않았다. 그러던 인국이와 5학년이 되어 이렇게 친해진 건 며칠째 봄비가 내리던 날 체육 시간 때문이었다.

중심 내용 **1** '나'는 인국이와 비에 대해 이야기를 나누다가 인국이와 친해진 계기가 된 체육 시간을 떠올렸다.

2 그날 우리 반 친구들은 비 때문에 못 할 줄 알았던 체육을 체육관에서 할 수 있어 기분이 좋았다. 하지만

난 평소에 못마땅하게 여겼던 인국이랑 같은 편을 하고, 체육을 잘하는 민영이와 다른 편을 하여 기분이 별로였다.
  _{기분이 그다지 좋지 않았다는 뜻임.}

뻥! / 역시나 상대편에서 민영이에게 공을 넘겨주었다. 난 민영이를 쫓아갔다.

"야! 막아!"

골키퍼 인국이가 소리쳤다.
_{축구에서 골을 지키는 선수}

'쳇, 또 먼저 나서네. 자기는 얼마나 잘한다고……'

다행히 내가 공을 뺏어 옆으로 보냈는데 그게 하필 상대편 정훈이 발에 맞은 것이다. '아차!' 하는 순간 내 눈에 보인 건 골대를 향해 가는 공을 뒤에서 쫓아가는 우리 편 골키퍼 인국이였다.

핵심내용 경험을 이야기로 나타낼 때 생각해야 할 점 알아보기

- 읽는 사람이 관심을 보일 수 있는 경험을 써야 함.
- 글을 읽는 사람이 이해할 수 있게 써야 함.
- 사건을 어떻게 전개하고 어떻게 **④** [ㅎ][ㄱ] 했는지가 나타나게 써야 함.
- 말하고자 하는 주제가 잘 드러나도록 이야기 흐름에 맞게 써야 함.

지긋지긋한 진저리가 나도록 몹시 싫고 괴로운. 예 나는 가난이 <u>지긋지긋합니다.</u>

장마 여름철에 여러 날을 계속해서 비가 내리는 현상이나 날씨. 또는 그 비. 예 <u>장마</u>가 끝나자 무더위가 찾아왔습니다.

나서네 어떠한 일을 가로맡거나 간섭하네. 예 남의 일에 함부로 <u>나서기</u> 좋아하는 사람이 있습니다.

하필 다른 방도를 취하지 아니하고 어찌하여 꼭. 예 <u>하필</u> 오늘같이 더운 날에 청소 당번을 맡게 되었습니다.

---

26 인국이에 대한 설명으로 알맞지 <u>않은</u> 것은 무엇입니까? ( )

① 4학년이 끝나 갈 즈음 전학을 왔다.

② '나'와 친구들이 축구를 할 때 끼어들었다.

③ '나'는 평소에 인국이를 못마땅하게 여겼다.

④ 친구들은 인국이를 그다지 좋아하지 않았다.

⑤ 전학 온 첫날부터 친구들 주변을 돌아다니며 소란스럽게 말을 걸었다.

27 '나'와 인국이가 5학년이 되어 친해진 것은 언제 이후인지 쓰시오.

( )

교과서 문제

28 이 글의 제목 '대화가 필요해'에는 어떤 뜻이 담겨 있는지 빈칸에 알맞은 말을 쓰시오.

- ( )(으)로 서로 오해를 풀었으면 하는 글쓴이의 생각이 담겨 있다.

29 진주의 경험을 쓴 이 글에 대해 바르게 말하지 <u>못한</u> 친구는 누구인지 쓰시오.

> 범수: 일어난 일의 차례가 바뀐 부분이 있어.
> 서현: 인물에게 일어난 일을 짧게 간추려 표현했어.

( )

"야! 너 뭐 하는 거야! 그것도 하나 못 막냐?"

내가 마음속에 억눌렀던 말을 꺼내며 인국이에게 달려들었다.

"너도 똑바로 못 막았잖아! 왜 자꾸 나한테만 화내는 건데?"

그 순간 '나한테만'이라는 인국이 말에 난 뜨끔했지만 선생님께서 우릴 말리실 때까지 말싸움을 계속 이어 갔다.
_{말로 옳고 그름을 가리는 다툼}

중심 내용 ② 체육관에서 축구를 하다가 공을 뺏기자 골키퍼 인국이와 '나'는 말싸움을 하였다.

③ 체육 시간이 끝나고 선생님께서 나와 인국이를 부르셨다.

"오늘 일도 그렇고, 너희가 지내는 모습을 보니 서로 대화를 하는 게 좋을 것 같아서 말이야. 인국이,
_{서로 사이좋게 지내지 못하는 모습}
상은이, 서로에게 하고 싶은 말 없니?"

나는 눈치를 보며 우물쭈물했다. 인국이가 먼저 말을
_{남의 마음과 태도를 살피며}
꺼냈다.

억눌렀던 어떤 감정이나 심리 현상 따위가 일어나거나 나타나지 아니하도록 스스로 참았던.

"저는 상은이랑 친하게 지내고 싶은데 상은이는 자꾸 저한테만 더 화를 내는 느낌이에요."

"그랬구나. 상은이도 알았니?"

"아, 아니요. 전 그냥 인국이가 자꾸 말하는 데 끼어 들어서 좋지 않게 생각했어요. 인국아, 그 점 미안하게 생각해."
_{인국이에게 화를 낸 점}

"그래, 서로 마음을 잘 몰랐던 것 같구나. 시간을 줄 테니 좀 더 이야기하고 교실로 들어오렴."

중심 내용 ③ 선생님께서는 '나'와 인국이를 부르셨고, 서로에게 하고 싶은 말을 이야 기하는 시간을 갖도록 해 주셨다.

핵심내용 「대화가 필요해」를 읽고 진주가 실제로 겪은 일과 새로 쓴 이야 기를 견주어 보기

	실제로 겪은 일	이야기에 나오는 일
인물	민영, 진주, 성훈, 선생님	민영, 상은, 인국, 선생님
❺ ㅅㄱ	비가 와서 체육을 체육관에서 하게 됨. → 진주와 성훈이가 다툼. → 선생님과 함께 이야기함.	인국이와 비에 대해 이야기 나눔. → 비가 와서 체육을 체육관에서 하게 됨. → 상은이와 인국이가 다툼. → 선생님과 함께 이야기함.
배경	교실, 체육관, 상담실	교실, 체육관, 상담실

뜨끔했지만 마음에 큰 자극을 받아 뜨거웠지만. 예 부모님 얼굴을 보자 거짓말을 한 게 떠올라 뜨끔했습니다.

30 글 ②에서 '나'와 인국이가 말싸움을 한 때와 장소를 각각 쓰시오.

(1) 때: (   )

(2) 장소: (   )

교과서 문제

31 이 글 전체에서 보기 의 각 부분을 보고 다음 단계에 해당하는 부분을 찾아 기호를 쓰시오.

> **보기**
> ㉮ 비가 와서 체육을 체육관에서 하게 되는 부분
> ㉯ '나'와 인국이가 말싸움을 하는 부분
> ㉰ '나'와 인국이가 비에 대해 대화하는 부분
> ㉱ 선생님께서 '나'와 인국이를 불러 말씀을 하시는 부분

(1) 사건이 일어나기 시작하는 단계 (   )

(2) 등장인물의 갈등이 꼭대기에 이르는 단계
(   )

(3) 사건을 해결하고 마무리하는 단계 (   )

32 진주의 경험을 이야기로 쓴 이 글 전체에 대한 설명으로 알맞지 않은 것을 두 가지 고르시오.
(   )

① 글을 읽을 사람이 정해져 있다.

② 일어난 일의 차례가 바뀐 부분이 있다.

③ 인물에 대해 직접 설명한 부분이 있다.

④ 하루 동안에 일어난 일이 나타나 있다.

⑤ 인물의 마음을 직접 나타내거나 대화 글로 나타냈다.

33 이 글의 뒷부분에는 어떤 내용이 이어져야 좋을지
서술형 간단하게 쓰시오.

_____

_____

낱말의 뜻

1 다음 낱말의 뜻으로 알맞은 것을 보기 에서 찾아 기호를 쓰시오.

> **보기**
> ㉮ 믿고 일을 맡김. 또는 그 믿음.
> ㉯ 실없이 놀리거나 장난으로 하는 말.
> ㉰ 여러 사람이 함께 외치거나 지르는 소리.
> ㉱ 여름철에 여러 날을 계속해서 비가 내리는 현상이나 날씨. 또는 그 비.

(1) 농담 (　　　) 　　(2) 신임 (　　　)
(3) 장마 (　　　) 　　(4) 함성 (　　　)

흉내 내는 말

2 문장에 어울리는 흉내 내는 말을 (　　) 안에서 골라 ○표 하시오.

(1) 나는 농담처럼 말하면서 (느물느물 , 붉으락푸르락) 웃었다.
(2) 나는 망설이지 않고 녀석의 손을 (덥석 , 쭈뼛쭈뼛) 잡았다.
(3) 나는 아무 대꾸도 하지 못하고 (갈팡질팡 , 우두커니) 서 있었다.

맞춤법

3 밑줄 친 낱말이 맞춤법에 맞지 <u>않게</u> 쓰인 것은 무엇입니까? (　　　)

① 주먹으로 <u>을러대며</u> 겁을 주어 쫓아내었다.
② 밤새 잠을 <u>설쳐서</u> 그런지 눈두덩이 뻐근했다.
③ 이번 회의에서 생각지도 못한 <u>수확</u>을 거두었다.
④ 나는 조금 전까지 주먹을 떨면서 <u>벼르던</u> 것도 잊었다.
⑤ 초콜렛을 전보다 덜 먹어서 그런지 몸무게는 오히려 약간 줄었다.

띄어쓰기

4 다음 설명을 읽고, 알맞게 띄어 쓴 것을 골라 ○표 하시오.

> 단위를 나타내는 말은 띄어 쓴다.

(1) 너랑∨나랑∨똑같은∨열한살이야. (　　　)
(2) 그새∨나는∨키가∨오∨센티미터나∨자랐다.
(　　　)
(3) 내∨마음의∨키도∨한뼘쯤∨더∨자란∨모양이었다. (　　　)

헷갈리기 쉬운 말

5 보기 의 낱말과 뜻을 보고, 빈칸에 알맞은 낱말을 찾아 쓰시오.

> **보기**
> • 꽤: 보통보다 조금 더한 정도로.
> • 꾀: 일을 잘 꾸며 내거나 해결해 내거나 하는, 묘한 생각이나 수단.

(1) 가만 보니 (　　　　　) 괜찮은 녀석 같다.
(2) 아이들은 우유가 먹기 싫어서 (　　　　　)를 피웠다.

관용어

6 다음 뜻에 알맞은 관용 표현을 찾아 선으로 이으시오.

(1) 남의 마음과 태도를 살피다. • 　• ① 혀를 차다

(2) 마음이 언짢거나 유감의 뜻을 나타내다. • 　• ② 뜸을 들이다

(3) 일이나 말을 할 때에, 쉬거나 여유를 갖기 위해 서둘지 않고 한동안 가만히 있다. • 　• ③ 눈치를 보다

1~2

세 살 때
밀가루로 장난한 일

일곱 살 때
부모님께 꾸중을 들은 일

여덟 살 때
처음으로 한 운동회

5학년 때 친구들과 함께
한 학교 발야구 대회

1 그림 **1**~**4** 중 다음 기억과 비슷한 내용을 찾아 기호를 쓰시오.

> 점심시간에 우리 반 준혁이와 말다툼을 하다 가 선생님께 야단을 맞았다.

( )

2 그림 **2**의 기억과 관련된 느낌으로 알맞은 것은 무엇입니까? ( )

① 즐겁다.　　　　② 재미있다.
③ 신기하다.　　　④ 속상하다.
⑤ 후련하다.

3 5학년이 되어 가장 기억에 남는 일을 쓰시오.

서술형

_____

_____

4 이야기로 만들기에 좋은 기억을 바르게 말하지 못한 친구는 누구인지 쓰시오.

> 해진: 누구나 경험해 본 내용이어야 해.
> 영범: 시간의 흐름이 나타날 수 있어야 해.
> 수현: 친구들이 흥미를 보이는 내용이어야 해.

( )

5~6

앞 이야기

　이야기의 주인공 '이로운'은 말썽 많고 숙제도 잘 안 해 오는 아이로, 몸이 불편한 누나 이루리를 부끄러워한다. 2학기 반장 선거에서 반장으로 뽑히나, 처음에는 '잘못 뽑은 반장'이라고 놀림을 받고 선생님과 친구들의 신임을 받는 1학기 반장 황제하가 반장 도우미를 한다. 하지만 이로운은 조금씩 친구들과 사이가 좋아지고, 황제하는 이를 시기한다. 그러던 어느 날 황제하가 멋진 모습만 보여 주려고 거짓으로 했던 행동들을 이로운이 밝히고, 황제하는 선생님과 친구들의 실망한 눈빛에 충격을 받아 학교에 나오지 않는다. 반장으로서 한마당 잔치의 합창 준비를 하면서 어려움을 느낀 이로운은 황제하네 집을 찾아간다.

5 2학기 반장이 된 로운이는 처음에 어떤 말로 놀림을 받았는지 찾아 쓰시오.

( )

6 이 글의 내용으로 보아, 제하는 로운이에게 어떤 마음을 가지고 있습니까? ( )

① 신기한 마음　　　② 좋아하는 마음
③ 시기하는 마음　　④ 실망하는 마음
⑤ 자랑스러운 마음

나는 자리에 앉아서 출입문 쪽만 뚫어져라 살폈다. 복도에서 발소리가 날 때마다 가슴을 졸이며 기다렸지만 제하는 나타나지 않았다. 가슴이 바짝바짝 마르는 것 같았다.

'이 자식이 정말 전학 갈 생각인가!'

나는 불안한 마음으로 뻑뻑한 눈을 비비며 기다렸다. 어느새 수업 시작 시간이 다 되어 갔다. 시간이 갈수록 짜증이 밀려왔다.

'치사한 놈, 내가 자존심 다 접고 먼저 사과했는데…… 만나기만 해 봐라!'

나는 주먹을 꽉 움켜쥐고 부르르 떨었다. 바로 그때 교실 뒷문으로 익숙한 얼굴 하나가 불쑥 나타났다. 제하였다. 눈을 비비고 봐도 틀림없이 황제하였다. ㉠야호! 나는 조금 전까지 주먹을 떨면서 벼르던 것도 잊고, 하마터면 함성을 지를 뻔했다. 제하를 발견한 정규가 달려가서 반갑게 인사를 건넸다.

"제하야, 아픈 데는 괜찮아진 거야?"

"응, 다 나았어."

제하는 아무렇지 않게 대답했다. 싱글싱글 웃는 걸 보니 정말 괜찮은 것 같았다. 전학 가는 건 포기한 걸까! 궁금해서 죽을 지경이었지만 먼저 다가가서 물어볼 용기가 나지 않았다.

7 이 글에서 일이 일어난 장소는 어디인지 쓰시오.

(   )

8 제하가 오기를 기다리는 '나'의 마음으로 알맞은 것을 모두 고르시오. (   )

① 초조하다.   ② 불안하다.   ③ 지루하다.
④ 부끄럽다.   ⑤ 짜증이 난다.

9 '내'가 제하에게 궁금해한 내용은 무엇인지 빈칸에 알맞은 말을 쓰시오.

• 제하가 (   ) 가는 것을 포기했는지 몹시 궁금해하였다.

10 ㉠에는 '나'의 어떤 마음이 나타나 있습니까?

(   )

① 슬픈 마음   ② 반가운 마음
③ 궁금한 마음   ④ 화가 난 마음
⑤ 짜증 나는 마음

"그래도 넌 나처럼 잘 못하는 걸 잘하는 척하지는 않잖아. 난 항상 내 생각만 했어. 그런데 네가 그게 부끄러운 일이라는 걸 알려 줬어. 이제 나도 너처럼 못하는 건 못한다고 솔직하게 말할 거야. 그게 진짜 당당해지는 방법이라는 걸 알았어."

"난 진짜 잘하는 게 하나도 없고, 못하니까 못한다고 한 건데……."

나는 또다시 뒷머리를 긁적였다.

"우리 이제부터 한번 잘 지내보자."

제하가 내 어깨를 툭 치더니 한쪽 손을 쑥 내밀었다. 제하의 말투가 너무 다정해서 귀가 간질거렸다. 나는 망설이지 않고 녀석의 손을 덥석 잡았다. 제하의 손은 따뜻하고 보드라웠다.

11 제하가 깨달은 진짜 당당해지는 방법은 무엇인지 알맞은 것에 ○표 하시오.

⑴ 잘 못하는 것을 잘하는 척하는 것이다.(   )
⑵ 못하는 것은 못한다고 솔직하게 말하는 것이다.

(   )

12* 이 글에서 '나'를 대하는 제하의 태도는 어떠합니까?

(   )

① 차갑다.   ② 다정하다.
③ 심술궂다.   ④ 무관심하다.
⑤ 잘난 척한다.

13 이 글에서 가장 중요한 사건은 무엇인지 쓰시오.

_____

14~17

어느새 찬 바람이 씽씽 불고, 겨울 방학이 코앞으로 다가왔다. 그새 나는 키가 오 센티미터나 자랐다. 아이들의 우유를 널름널름 받아 마셔서 그런 것 같았다. 초콜릿을 전보다 덜 먹어서 그런지 몸무게는 오히려 약간 줄었다. 내 키가 훌쩍 자란 걸 확인한 뒤로 백희는 속이 울렁거려도 꾹 참고 우유를 마시기 시작했다. 우유가 먹기 싫어서 꾀를 피우던 다른 아이들도 그랬다. 우유가 더 먹고 싶을 땐 좀 아쉽기도 했지만 잘된 일이다. 반장은 자신보다 반 아이들을 먼저 생각해야 한다는 걸 알게 됐기 때문이다. 우유를 먹고 ㉠내 마음의 키도 한 뼘쯤 더 자란 모양이었다.

14 이 글에 나타나 있는 계절은 언제인지 쓰시오.

(   )

15 반장을 하면서 '내'가 알게 된 것은 무엇입니까?

(   )

① 우유를 마시면 키가 자란다는 것
② 음식을 골고루 먹어야 한다는 것
③ 모든 일에 꾀를 피우면 안 된다는 것
④ 반 아이들의 우유를 받아 마시면 안 된다는 것
⑤ 자신보다 반 아이들을 먼저 생각해야 한다는 것

16 ㉠에 담긴 뜻으로 알맞지 <u>않은</u> 것은 무엇입니까?

(   )

① 마음이 너그러워졌다.
② 정신적으로 성숙해졌다.
③ 친구들의 속마음을 알게 되었다.
④ 친구들을 배려하는 마음이 생겼다.
⑤ 친구들을 이해하는 마음이 커졌다.

17 이 글이 일기나 생활문과 비교하여 어떤 점이 다른

서술형 지 한 가지만 쓰시오.

_____

18~19

체육 시간이 끝나고 선생님께서 나와 인국이를 부르셨다.

"오늘 일도 그렇고, 너희가 지내는 모습을 보니 서로 대화를 하는 게 좋을 것 같아서 말이야. 인국이, 상은이, 서로에게 하고 싶은 말 없니?"

나는 눈치를 보며 우물쭈물했다. 인국이가 먼저 말을 꺼냈다.

"저는 상은이랑 친하게 지내고 싶은데 상은이는 자꾸 저한테만 더 화를 내는 느낌이에요."

"그랬구나. 상은이도 알았니?"

"아, 아니요. 전 그냥 인국이가 자꾸 말하는데 끼어들어서 좋지 않게 생각했어요. 인국아, 그 점 미안하게 생각해."

"그래, 서로 마음을 잘 몰랐던 것 같구나. 시간을 줄 테니 좀 더 이야기하고 교실로 들어오렴."

18 이 글에 등장하는 인물을 모두 쓰시오.

(   )

19 이 글의 뒷부분에 이어질 내용으로 알맞은 것은 무엇입니까? (   )

① 선생님께서 열심히 수업을 하시는 내용
② 반 아이들이 편을 갈라 말싸움을 하는 내용
③ 반 아이들이 상은이와 인국이를 놀리는 내용
④ 상은이와 인국이가 화해를 하고 친해지는 내용
⑤ 상은이와 인국이가 선생님께 야단을 맞는 내용

20 경험을 이야기로 만들 때 생각해야 할 점으로 알맞지 <u>않은</u> 것은 무엇입니까? (   )

① 읽는 사람이 잘 이해할 수 있게 쓴다.
② 경험한 일을 하나도 빠짐없이 모두 쓴다.
③ 자신의 경험을 주제가 잘 드러나게 쓴다.
④ 일이 일어난 때와 장소가 잘 드러나게 쓴다.
⑤ 읽는 사람이 흥미를 느낄 수 있는 제목을 붙인다.

점수

1

❶ 체육 시간에 피구 경기를 하다가 하준이와 말다툼한 일 황범수	슬프고 속상함.
〈앞면〉	〈뒷면〉

1단계 낱말 쓰기   **범수가 떠올린 기억과 그때의 느낌은 무엇인지 빈칸에 알맞은 말을 쓰시오. [2점]**

떠올린 기억	체육 시간에 ( )를 하다가 하준이와 말다툼을 했다.
그때의 느낌	슬프고 ( )했다.

2단계 문장 쓰기   **범수와 비슷한 느낌이 들었던 기억을 떠올려 한 가지만 쓰시오. [4점]**

_____

_____

3단계 생각 쓰기   **이야기로 만들기에 좋은 경험은 어떤 내용이겠는지 생각하여 쓰시오. [4점]**

• 친구들이 흥미를 보이는 내용

• _____

• _____

2~3

제하가 합창 연습을 맡으면서부터 우리 반 노래 실력은 몰라보게 달라졌다.

"역시 제하는 다르다니까."

화음을 나눠서 멋지게 지휘하고, 한 사람씩 일일이 노래를 지도해 주는 제하를 보며 아이들은 저절로 고개를 끄덕였다. 이제 제하를 보고 빈정거리는 아이는 거의 없었다. 나는 다시 예전의 모습을 찾아 가는 제하를 볼 때마다 흐뭇했다.

다른 반은 다 반장이 연습을 시키는데 우리 반만 반장 도우미가 한다며 한심하게 쳐다보는 아이들도 있었지만, 나는 예전처럼 사납게 으르렁대지 않았다.

"그럼 제하 대신 내가 다시 지휘할까? 원한다면 얼마든지 할 수 있는데."

"됐다, 됐어. 뭐라고 안 할 테니까 제발 그것만은 참아 줘."

합창 연습 때마다 나를 아래위로 훑어보며 혀를 차던 금주가 제일 큰 목소리로 말했다. 그때부터는 다른 아이들도 더 이상 불만을 품지 않았다. 그 대신 나는 연습을 시작하기 전에 아이들이 마실 물을 떠다 놓고, 연습이 끝난 뒤에는 교실 정리도 도맡아서 했다. 반장이니까 그렇게 해서라도 책임을 다하고 싶었다.

2   **합창 연습을 하면서 제하와 '내'가 맡아 한 일을 간추려 쓰시오. [4점]**

제하가 한 일	(1)
'내'가 한 일	(2)

3   **'나'의 경험을 이 글에서는 어떻게 나타냈는지 쓰시오. [6점]**

_____

_____

수행 평가

10 주인공이 되어

학습 주제	겪은 일을 이야기로 만들기	배점	50점
학습 목표	기억에 남는 일을 떠올려 자기가 주인공인 이야기를 쓸 수 있다.		

1 이번 학기에 있었던 일 가운데에서 가장 기억에 남는 일을 떠올려 간단히 쓰시오. [10점]

_____

_____

2 〈문제 1번〉에서 떠올린 일을 이야기로 쓰려고 합니다. 이야기의 인물, 사건, 배경을 생각하며 빈칸에 알맞은 내용을 쓰시오. [20점]

인물	(1)	
사건	(2)	
배경	일이 일어난 때	(3)
	일이 일어난 장소	(4)

3 〈문제 2번〉에서 정리한 내용을 바탕으로 하여 이야기를 완성하여 쓰시오. [20점]

1 대화의 특성으로 알맞은 것에는 ○표, 알맞지 <u>않은</u> 것에는 ×표 하시오.

(1) 상대를 직접 보면서 말을 주고받는다. ( )
(2) 말은 다시 들을 수 있으니 대화에 집중하지 않아도 된다. ( )
(3) 표정, 몸짓, 말투에 따라 기분이나 생각을 짐작할 수 있다. ( )
(4) 대화를 할 때에는 상대보다는 자신의 마음을 먼저 생각하며 말한다. ( )

2 상황에 어울리는 표정과 말투를 보기 에서 찾아 기호를 쓰시오.

> **보기**
> ㉮ 기쁜 표정과 신나는 목소리
> ㉯ 진지한 표정과 조용한 목소리
> ㉰ 답답한 표정과 억울해하는 목소리

(1) 짝에게 색연필을 빌려 쓰다가 부러뜨려서 미안하다고 할 때: ( )
(2) 옆에 있는 친구가 물을 쏟았는데 내가 한 일로 오해를 받았을 때: ( )

3 「칭찬의 힘」에서 말한, 칭찬이 힘을 발휘하도록 칭찬한 방법에 맞게 선으로 이으시오.

(1) "그렇게 열심히 하니 좋은 결과가 나오는구나!" • • ① 가능성을 키워 주는 칭찬

(2) "미술에 소질이 많은 것 같아. 앞으로 계속 노력한다면 훌륭한 화가가 될 수 있을 거야." • • ② 결과보다 과정을 중요시하는 칭찬

4 「정인이의 고민」에서 정인이는 체육 시간에 (뒤 구르기 , 한손 짚고 돌기)가 잘 안되어서 모둠에게 방해가 될까 봐 걱정하고 있다.

5 「정인이의 고민」과 교과서 46~47쪽에 나온 모모의 고민에서 알게 된, 상대를 배려하며 조언하는 방법으로 알맞은 것에 모두 ○표 하시오.

(1) 상대에게 도움이 되는 내용을 말한다. ( )
(2) 상대에게 고민을 말하도록 강요하지 않는다. ( )
(3) 자신의 진심을 전하기보다는 상대의 기분에만 신경을 쓴다. ( )
(4) 상대가 자신의 말에 집중할 수 있도록 긴장된 분위기를 조성한다. ( )

6 「우리 반 친절왕」에서 민재와 주민이가 주고받은 대화의 특징을 생각하여 빈칸에 들어갈 알맞은 말에 ○표 하시오.

> 서로의 감정이나 생각을 받아 주며 (공감 , 조언 , 무시)하며 대화하였다.

1~3

1 태일이와 소희의 대화를 통해 알 수 있는 대화의 특성이 <u>아닌</u> 것에 ×표 하시오.

(1) 상대를 직접 보면서 말을 주고받는다.
( )

(2) 말은 다시 들을 수 없으니 대화에 집중해야 한다.
( )

(3) 대화를 할 때에는 말하는 사람의 감정이나 마음을 가장 중요시한다.
( )

2 은주가 소희에게 미안하다고 한 까닭은 무엇인지 쓰시오.

( )

3 그림 **1**~**4**의 은주와 소희의 대화에 대한 설명으로 알맞은 것을 두 가지 고르시오. ( )

① 은주는 소희를 오해하였다.
② 소희는 은주의 처지를 이해하였다.
③ 소희는 은주의 태도를 못마땅해하였다.
④ 은주는 소희에게 서운한 마음을 느꼈다.
⑤ 은주는 소희에게 진심을 다해 사과하였다.

4 다음과 같은 상황에 알맞은 친구의 표정, 몸짓, 말투를 모두 찾아 ○표 하시오.

> 친구가 자신을 칭찬하는 말을 할 때

(1) 기쁜 표정과 신나는 목소리 ( )
(2) 시무룩한 표정과 낮고 느린 목소리 ( )
(3) 엄지를 높이 든 몸짓과 밝은 목소리 ( )

5~6

가 [㉠] 누군가를 칭찬할 때 일의 결과가 아닌 과정을 칭찬하는 것이 좋아요. "100점이네. 정말 좋겠다."와 같이 칭찬하기보다 "그렇게 열심히 하니 좋은 결과가 나오는구나!"와 같이 칭찬하면 좋은 결과가 나오지 않더라도 상대가 노력의 의미를 깨닫는답니다.

나 어린이 여러분, 무엇보다 칭찬이 힘을 발휘할 수 있도록 하려면 칭찬하는 말에 마음을 담아야 해요. 달콤한 칭찬의 말이지만 진실된 마음이 없으면 그것은 결코 힘을 발휘할 수 없어요.

5 글 **가**의 내용으로 보아, ㉠에 들어갈 알맞은 칭찬하는 방법은 무엇이겠습니까? ( )

① 결과보다 과정을 칭찬해야 해요.
② 가능성을 키워 주는 칭찬을 해야 해요.
③ 과장되지 않게 솔직한 칭찬을 해야 해요.
④ 평가하지 말고 설명하는 칭찬을 해야 해요.
⑤ 진실된 마음이 전해지도록 칭찬을 해야 해요.

6 칭찬이 힘을 발휘하기 위해 꼭 필요한 것은 무엇이라고 하였습니까? ( )

① 달콤한 말　　② 반복된 칭찬
③ 꾸준한 노력　　④ 진실된 마음
⑤ 올바른 습관

7 친구에게 어떤 칭찬거리가 있는지 떠올려 칭찬거리가 잘 드러나는 별명을 지어 까닭과 함께 쓰시오.
서술형

_____

_____

8~10

가 동욱: 정인아, 무슨 걱정이 있니?

정인: (다소 힘없는 듯한 목소리로) 아니, 아무 일도 없는데.

동욱: (빈정거리는 말투로) 에이, 얼굴 표정을 보니 고민거리가 있는 것 같은데?

정인: (약간 성가신 듯이) 고민은 무슨 고민? 아무 일 없다니까.

동욱: (궁금해하며) 그러지 말고 말해 봐. 무슨 일인데? 다른 사람한테 절대로 말하지 않을게.

정인: (조심스럽게) 음, 사실은 체육 시간에 뒤 구르기가 잘 안돼. 그래서 모둠끼리 여러 가지 동작을 꾸밀 때 방해가 되는 것 같아.

동욱: (큰 소리로) 뭐, 네가 뒤 구르기를 못한다고? 그럼 선생님이나 친구들에게 도와 달라고 하면 되지, 뭘 그렇게 걱정해.

나 동욱: 네가 말을 못 하면 내가 말해 줄게.

정인: (화를 내며) 아냐. 내가 알아서 한다고.

8 동욱이는 정인이의 얼굴 표정을 보고 어떻게 하였습니까? (　　　)

① 걱정거리가 있는지 물었다.
② 아픈 곳이 있냐고 걱정해 주었다.
③ 자신의 고민을 들어 달라고 하였다.
④ 고민거리에 대한 조언을 해 주었다.
⑤ 기분을 풀어 주기 위해 노력하였다.

9 정인이가 왜 동욱이에게 조심스럽게 고민을 털어놓게 되었는지 빈칸에 알맞은 말을 쓰시오.

• 동욱이가 고민을 말하라고 (　　　　　)했기 때문에

10 정인이가 동욱이에게 화를 낸 까닭은 무엇이겠습니까? (　　　)

① 자신의 고민을 심각하게 여겨서
② 오히려 동욱이의 고민만 계속 얘기해서
③ 고민을 듣고 못 들은 걸로 하겠다고 해서
④ 고민을 듣고 적절한 해결책을 말해 주지 않아서
⑤ 원하지 않는데 동욱이 마음대로 자신의 고민을 해결하려고 해서

11~13

11 그림 **2**의 내용으로 보아 마술사는 자신의 말을 하기 전에 모모에게 무엇을 하게 하였습니까? (　　　)

① 몸을 움직이는 것
② 한바탕 크게 웃는 것
③ 과거 자신의 삶을 돌아보는 것
④ 주위의 다른 사람을 둘러보는 것
⑤ 거울 속 자신의 얼굴을 들여다보는 것

12 다음 질문에 대한 답을 생각하여 쓰시오.
서술형

> 마술사는 왜 모모가 기분이 좋아진 다음에 말했을까요?

_____

_____

13 마술사는 모모에게 어떻게 조언을 하였는지 알맞은 말에 ○표 하시오.

• 모모가 (재미있어 하는 , 받아들일 수 있는) 내용을 조언하였다.

14 ~ 18

가 주민: 요즘에 119 구조대로 부서를 옮기시고는 친절왕이 되셨지. 아빠의 친절왕 정신 때문에 우리는 어딘가 놀러 갈 때 제시간에 도착하지 못하기도 해. 얼마 전에는 ⊙영화관에 너무 늦게 들어가서 영화 뒷부분만 본 적도 있어.

민재: (크게 웃으며) 왜?

주민: 길을 잃고 헤매는 할머니를 가시는 곳까지 모셔다드리느라 그랬지. 우리 아빠께서는 길에서 애들끼리 싸우는 것을 보면 꼭 가서 말리셔야 하고, 누구든 도움이 필요한 사람이 있으면 꼭 도와주셔야 해. 무관심은 나쁜 것이라고 하시면서 말이야.

나 주민: 대단하다고? 글쎄, 처음에 난 모든 사람이 그런 줄 알았어. 나중에 우리 아빠께서 좀 심하시다는 것을 알게 됐지.

민재: (궁금하다는 듯이) 그게 싫었니?

주민: 응, 솔직히 우리 아빠께서 나한테만 관심을 가져 주셨으면 하는 마음이 컸어. 남을 돕는다고 뛰어다니시다가 정작 나랑 할 일을 하시지 못한 적이 꽤 많았으니까.

민재: 그래, 그럴 수도 있겠다.

다 민재: 내 생각에는 너도 너희 아빠와 비슷한 것 같은데?

주민: (놀라며) 내가? 그럼 안 되는데! 나는 아빠를 닮지 않아야겠다고 생각했거든.

14 주민이는 자기 아버지가 어떤 분이라고 하였는지 알맞은 것에 모두 ○표 하시오.

(1) 친절왕이다. ( )

(2) 가족을 사랑하지 않는 분이다. ( )

(3) 누구든 도움이 필요하면 꼭 도와주시는 분이다. ( )

15 ⊙의 까닭은 무엇입니까? ( )

① 영화관을 잘못 알아서

② 영화 관람 시간을 착각해서

③ 가는 길에 차가 너무 막혀서

④ 주민이 아빠가 너무 늦게 퇴근을 하셔서

⑤ 주민이 아빠가 길을 잃고 헤매는 할머니를 가시는 곳까지 모셔다드려서

16 글 **다**에서 주민이가 민재의 말에 놀란 까닭은 무엇입니까? ( )

① 자신이 부럽다고 해서

② 자신이 아빠를 닮았다고 해서

③ 자신의 아빠가 대단하다고 해서

④ 자신의 아빠를 만나고 싶다고 해서

⑤ 민재의 아빠가 자신의 아빠와 비슷하다고 해서

17 민재와 주민이는 서로 어떻게 반응하며 말을 주고받았는지 빈칸에 알맞은 말을 쓰시오.

• 서로의 말에 ( )하며 대화하였다.

18 만약에 나라면 남을 돕느라 바쁘신 아빠를 어떻게 생각하겠는지 쓰시오.
서술형

_____

_____

19 ~ 20

19 명진이는 어떤 상황인지 빈칸에 알맞은 말을 쓰시오.

• 친구들이 떠들어서 책을 읽는 데 ( ) 이/가 되지만 ( )(이)라서 조용히 해 달라고 말하지 못하는 상황

20 만약에 이 그림의 상황에서 명진이의 말에 친구들이 화를 냈다면 그 까닭은 무엇이겠습니까? ( )

① 너무 길게 말해서

② 자신의 기분을 솔직히 말해서

③ 작은 목소리로 차분하게 말해서

④ 자신감 있는 모습으로 당당하게 말하지 않아서

⑤ 친구의 감정이나 생각에 공감하며 말하지 않아서

서술형 평가

1~2

1 그림 **1**~**4**의 상황에 어울리는 표정과 말투를 생각하며 다음 질문에 대한 답을 쓰시오. [8점]

(1) 은주가 ㉠을 말할 때 어울리는 표정과 말투는 무엇인지 쓰시오.

_____

_____

(2) 말을 주고받을 때 (1)의 답처럼 표정과 말투를 알맞게 하면 좋은 점을 한 가지 쓰시오.

_____

_____

2 태일이는 소희가 한 이야기를 듣고 어떻게 반응했는지 쓰시오. [3점]

_____

_____

3 친구에게 어떤 칭찬거리가 있는지 떠올려 조건 에 맞게 쓰시오. [6점]

조건
• "○○○은/는 □□□을/를 칭찬합니다."와 같은 형식으로 쓴다.
• 칭찬하는 까닭이 드러나도록 쓴다.

_____

4 다음 그림에서 정아와 유라가 서로 공감하는 대화가 이루어지도록 ㉠, ㉡에 들어갈 알맞은 내용을 쓰시오. [10점]

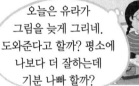

정아: 유라야, 내가 색칠하는 것 좀 도와줄까?
유라: ㉠
정아: 그렇구나. 색칠하는 데 시간이 부족할 텐데 내가 도와줄게.
유라: ㉡

(1) ㉠: _____

_____

(2) ㉡: _____

_____

1 경험을 떠올리며 글을 읽으면 좋은 점은 무엇인지 보기 에서 골라 빈칸에 알맞은 말을 쓰시오.

> 보기
>
> 마음, 모습, 생생, 실감, 이해, 감동

(1) 내용을 더 쉽게 (   )할 수 있다.

(2) 내용을 더 (   )하게 느낄 수 있다.

(3) 인물의 (   )을/를 더 잘 이해할 수 있다.

(4) 책이나 영상에서 본 것을 떠올리면 더욱 (   ) 나게 읽을 수 있다.

2 「유관순」에서 유관순이 한 일을 생각하며 빈칸에 알맞은 말을 쓰시오.

(1) 1916년, 서울 정동에 있는 (   )에 입학했다.

(2) 1919년, 아우내 장터에서 (   )을/를 했다.

3 시 「출렁출렁」에서 각 연에 드러난 말하는 이의 마음에 맞게 선으로 이으시오.

(1) [1연] •   • ① [친구를 그리워하는 마음]

(2) [2연] •   • ② [집에 빨리 가고 싶은 마음]

(3) [3연] •   • ③ [학교에 빨리 가고 싶은 마음]

4 시 「허리 밟기」는 우리나라의 전통 (시조 , 산문) 형식으로 쓴 시입니다.

5 「덕실이가 말을 해요」의 작품 속 세계가 우리가 사는 현실 세계와 같은 점에는 '같은 점', 다른 점에는 '다른 점'이라고 쓰시오.

(1) 덕실이 같은 강아지를 기른다.   (   )

(2) 사람과 강아지가 대화할 수 있다.   (   )

(3) 손톱을 쥐에게 먹여 가짜 수일이를 만들 수 있다.   (   )

6 시 「꽃」에서 말하는 이가 경험한 것으로 알맞은 것에 ○표 하시오.

(1) 봄날에 꽃을 본 일   (   )

(2) 가을에 꽃봉오리가 지는 것을 본 일   (   )

(3) 친구에게 더 잘해 주지 못해 미안해한 일   (   )

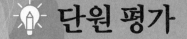
1~3

유관순은 1902년 12월 16일, 충청남도 천안의 작은 마을에서 태어났다. 유관순의 아버지는 대를 이어 그 마을에서 살아온 선비 집안의 후손이었다. 유관순의 집은 그리 넉넉하지 못했지만, 늘 웃음소리가 끊이지 않는 화목한 가정이었다.

어느 날, 아버지께서는 유관순에게 평소 마음에 둔 이야기를 들려주셨다.

"우리나라가 일본의 침략을 받고 시달리는 것은 나라의 힘이 약한 까닭이다. 나라의 힘을 기르려면 서양 문물을 받아들이고 신학문을 배워야 한다."

아버지께서는 엄숙한 표정으로 말씀을 이으셨다.

"여자들도 집안일만 할 것이 아니라 더 배워서 나라의 일꾼이 되어야 한다."

1 유관순은 언제 어디에서 태어났는지 빈칸에 알맞은 말을 쓰시오.

• ( )년 12월 16일, ( )
천안의 작은 마을

2 아버지께서는 우리나라가 일본의 침략을 받고 시달리는 까닭을 무엇이라고 하셨습니까? ( )

① 나라의 힘이 약하기 때문에
② 지리적 위치가 나쁘기 때문에
③ 우리나라 사람들이 게으르기 때문에
④ 우리나라가 일본을 너무 믿었기 때문에
⑤ 서양 문물을 받아들이지 않았기 때문에

3 아버지께서 유관순에게 평소 마음에 두고 당부하신 말씀 두 가지를 고르시오. ( )

① 일본과 사이좋게 지내야 한다.
② 힘들어도 늘 웃으면서 살아야 한다.
③ 여자들도 더 배워 나라의 일꾼이 되어야 한다.
④ 가난에서 벗어나기 위해 부지런히 일해야 한다.
⑤ 서양 문물을 받아들이고 신학문을 배워야 한다.

4~6

가 독립 만세를 부르기로 약속한 날이 하루 앞으로 다가왔다. 밤이 되자 유관순은 횃불 가지고 매봉에 올랐다. 횃불에 불을 붙여 높이 쳐들자 여기저기 다른 산봉우리에서도 횃불이 올랐다. 그 횃불들은 ㉠이튿날 있을 일을 다짐하는 약속이었다.

아우내 장터에 아침이 밝았다. 새벽부터 장터에 모여든 사람들은 여느 때보다 몇 곱절이나 되었다. 독립 만세를 부르려고 모인 사람이 대부분이었다.

나 순식간에 독립 만세 소리가 온 천지를 뒤흔들었다. 깜짝 놀라 달려온 일본 헌병들은 총과 칼을 휘두르면서 평화롭게 독립 만세를 부르며 나아가는 사람들을 막았다. 많은 사람이 죽거나 다쳤다.

다 1920년 9월 28일, 나라를 구하려고 죽음을 무릅쓰고 독립 만세를 부르던 유관순은 열아홉 나이에 감옥에서 숨을 거두고 말았다. 그러나 유관순이 나라를 사랑했던 마음은 지금도 우리 겨레의 가슴속에 남아 나라의 소중함을 일깨워 준다.

4 ㉠은 어떤 일을 말하는지 구체적으로 쓰시오.

( )

5 아우내 장터에서 일어난 일로 알맞지 <u>않은</u> 것에 ×표 하시오.

(1) 많은 사람이 죽거나 다쳤다. ( )
(2) 사람들이 별로 모여들지 않았다. ( )
(3) 만세 소리가 장터에 가득하였다. ( )
(4) 일본 헌병들이 총과 칼을 휘둘렀다. ( )

6 유관순은 몇 살에 어디에서 숨을 거두었습니까?

( )

① 스무 살, 감옥
② 열여덟 살, 감옥
③ 열아홉 살, 감옥
④ 열여덟 살, 고향 집
⑤ 열아홉 살, 아우내 장터

이러다 지각하겠다 싶을 때, 있는 힘껏 길을 잡아
당기면 출렁출렁, 학교가 우리 앞으로 온다

춥고 배고파 죽겠다 싶을 때, 있는 힘껏 길을 잡
아당기면 출렁출렁, 저녁을 차린 우리 집이 버스 정
류장 앞으로 온다

갑자기 니가 보고 싶을 때, 있는 힘껏 길을 잡아
당기면 출렁출렁, 그리운 니가 내게 안겨 온다

7 이 시에서 떠오르는 장면으로 알맞은 것을 모두 고
르시오. ( )

① 길을 잡아당기는 장면
② 학교 앞으로 이사를 하는 장면
③ 지각할까 봐 안절부절못하는 장면
④ 그리운 친구의 얼굴이 아른거리는 장면
⑤ 버스 정류장 근처 식당에서 온 가족이 식사하는
장면

8 2연에서 말하는 이의 마음으로 알맞은 것을 두 가
지 고르시오. ( )

① 길이 어두워 두려운 마음
② 집에 빨리 가고 싶은 마음
③ 반가운 친구를 만나 행복한 마음
④ 춥고 배고파서 서럽고 쓸쓸한 마음
⑤ 길을 움직이는 것 같아 재미있는 마음

9 보기 처럼 시에서 말하는 이의 마음이 느껴지는 표
서술형 현을 찾고, 그 까닭을 함께 쓰시오.

보기
"갑자기 니가 보고 싶을 때"에서 문득 떠오르
는 누군가에 대한 그리움이 느껴진다.

_____

_____

할머니 아픈 허리는 왜 밟아야 시원할까요?
아이쿠! 아이쿠! 하면서도 ㉠"꼭꼭 밟아라." 하십
니다
그래도 나는 겁이 나 자근자근 밟습니다.

10 할머니께서 ㉠과 같이 말씀하신 까닭은 무엇인지
쓰시오.

( )

11 이 시를 읽고 떠올린 경험으로 알맞지 않은 것은
무엇입니까? ( )

① "아빠의 흰머리를 뽑아 드렸어."
② "어머니가 다리를 주물러 주셨어."
③ "할아버지 어깨를 주물렀던 것이 생각났어."
④ "골목길을 걷다 무서워서 입술을 자근자근 씹
었던 적이 있어."
⑤ "달리기를 하다가 친구 다리에 쥐가 나서 주물
러 준 적이 있어."

12 '내'가 겁이 난 까닭으로 알맞은 것을 모두 찾아
○표 하시오.

(1) 할머니가 아프실까 봐 걱정되어서 ( )
(2) 할머니께서 살살 밟으라고 말씀하셔서
( )
(3) 할머니께서 "아이쿠!"라는 소리를 내셔서
( )

13 '내'가 할머니의 허리를 자주 밟아 드리는 것을 어
서술형 떻게 알 수 있는지 쓰시오.

_____

_____

14 ~ 18

가 ⊙"이제 시스템 전원을 꺼져도 됩니다."

수일이는 컴퓨터 모니터에 나온 글을 보며 발로 책상 아래 전기 스위치를 딸깍 껐다. 조금 전에 들어가서 돌아다녔던 컴퓨터 게임 속의 세상이 아직 눈앞에 어른거린다.

나 컴퓨터 바깥의 세상은 수일이 마음대로 할 수 없는 세상이다.

다 "나하고 말을 했다니까요. 나는 알아들었어요. 덕실이가 나한테, '나는 말 하면 안 되니?' 그랬어요."

"얘가 더위를 먹었나? 아, 쓸데없는 소리 그만하고 얼른 학원에나 가. 늦겠다!"

엄마가 눈살을 찌푸리며 말했다. 그러고는 이야기를 더 듣지도 않겠다는 듯이 욕실로 걸레를 빨러 들어가 버렸다. / "알겠어요."

수일이도 이야기를 더 하고 싶지 않았다. ⓒ엄마하고 다시는 아무 말도 안 할 거라고 마음을 다져 먹었다.

라 "우, 내가 둘이었으면 좋겠어. 누가 나 대신 학원에 좀 다녀 줬으면!"

수일이가 걸상 다리를 발로 차며 말했다. 걸상은 아무렇지도 않고 발바닥만 아팠다.

"정말 네가 둘이었으면 좋겠어?" / "그래!"

"그럼 너를 하나 더 만들면 되지."

마 "어떻게 하느냐 하면, 네 손톱을 깎아서 쥐한테 먹이는 거야." / "뭐어?"

"그러면 그 쥐가 너하고 똑같은 모습으로 바뀔지도 몰라." / "그건 옛날이야기일 뿐이야."

14 이 글에서 수일이가 어떤 아이인지 알맞은 것에 ○표 하시오.

(1) 컴퓨터 게임을 싫어한다. ( )

(2) 학원 다니는 것을 그다지 좋아하지 않는다. ( )

(3) 오래 전부터 동물들과 대화를 나눌 수 있는 능력을 지니고 있다. ( )

15 ⊙대로 하면 수일이가 어떤 세상에 있게 되는지 찾아 쓰시오.

( )

16 ⓒ의 까닭은 무엇인지 빈칸에 알맞은 말을 쓰시오.

• 엄마가 ( )는 수일이의 말을 믿지 않았기 때문이다.

17 수일이의 바람은 무엇입니까? ( )

① 동생이 있었으면 좋겠다는 것
② 자기가 둘이었으면 좋겠다는 것
③ 옛날이야기를 많이 읽고 싶다는 것
④ 엄마가 집에 안 계셨으면 좋겠다는 것
⑤ 엄마가 자기를 믿어 주면 좋겠다는 것

18 수일이는 덕실이에게 가짜 수일이를 만드는 방법을 들었습니다. 수일이는 가짜 수일이를 만들 수 있을지 이어질 이야기를 상상하여 쓰시오.

서술형

_____

_____

19 ~ 20

꽃이 얼굴을 내밀었다

내가 먼저 본 줄 알았지만
봄이 쫓아가던 길목에서
내가 보아 주기를 날마다 기다리고 있었다

19 이 시를 읽고 든 생각이나 느낌을 알맞게 말한 친구의 이름을 쓰시오.

경은: 혼자 걸어서 쓸쓸한 분위기가 느껴졌어.
현빈: 꽃이 나를 바라보고 있다는 것이 귀엽게 느껴졌어.

( )

20★ 이 시를 읽고 장면을 무언극으로 표현할 때 1연을 알맞게 표현한 것에 ○표 하시오.

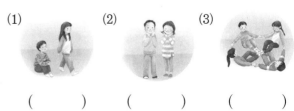

(1) ( )   (2) ( )   (3) ( )

1~3

할머니 아픈 허리는 왜 밟아야 시원할까요?
아이쿠! 아이쿠! 하면서도 "꼭꼭 밟아라." 하십니다
그래도 나는 겁이 나 자근자근 밟습니다.

1 시에 나타난 '나'와 할머니의 마음은 어떠한지 쓰시오. [8점]

'나'의 마음	할머니의 마음
(1)	(2)

2 이 시를 읽으며 떠오른 경험을 한 가지만 쓰시오. [5점]

3 〈문제 2번〉에서 떠올린 경험을 바탕으로 하여 보기 처럼 시를 바꾸어 쓰시오. [10점]

보기

엄마 아픈 다리는 왜 아파도 주물러야 나을까요?
아야! 아야! 하면서도 "더 세게 주물러라." 하십니다
나는 팔이 아프지만 힘을 줘 꼭꼭 주무릅니다.

4~5

꽃이 얼굴을 내밀었다

㉠ 내가 먼저 본 줄 알았지만
봄이 쫓아가던 길목에서
내가 보아 주기를 날마다 기다리고 있었다

내가 먼저 말 건 줄 알았지만
바람과 인사하고 햇살과 인사하며
날마다 내게 말을 걸고 있었다

내가 먼저 웃어 준 줄 알았지만
떨어질 꽃잎도 지켜 내며
나를 향해 더 많이 활짝 웃고 있었다

내가 더 나중에 보아서 미안하다.

4 이 시에서 인상 깊은 표현은 무엇인지 그렇게 생각한 까닭과 함께 쓰시오. [5점]

_____

_____

5 이 시의 일부분을 바꾸어 쓰려고 합니다. '꽃' 대신 '친구'로 바꾸어 ㉠ 부분을 바꾸어 쓰시오. [8점]

조건
• 친구와 싸웠던 경험을 떠올려 바꾸어 쓴다.
• 바뀐 1연에 이어 2연을 새롭게 고친다.

친구가 손을 내밀었다

1 다음은 무엇에 대한 설명인지 보기 에서 골라 쓰시오.

> 보기
>
> 비교 · 대조   열거

(1) 두 가지 이상의 대상에서 공통점과 차이점을 찾아 설명하는 방법이다. (   )

(2) 설명하려는 대상의 특징을 나열해 설명하는 방법이다. (   )

2 다음 (   ) 안의 내용 중 알맞은 것에 ○표 하시오.

> 「다보탑과 석가탑」은 (비교 · 대조 , 열거)의 방법으로 대상을 설명하였다.

3 「세계의 탑」은 대상을 어떻게 설명했는지 알맞은 것을 찾아 기호를 쓰시오.

> ㉠ 대상을 상상하여 설명했다.
> ㉡ 설명하려는 대상의 특징을 나열하여 설명했다.

(   )

4 「세계의 탑」에서 프랑스 혁명 100주년을 기념하여 세운 탑의 이름은 무엇인지 쓰시오.

(   )

5 「어류의 여러 기관」에서 물속에 녹아 있는 산소를 흡수하는 역할을 하는 기관을 쓰시오.

(   )

6 「직업과 옷 색깔」에서 직업에 따라 옷 색깔을 특별히 정해서 입는 까닭을 알맞게 말한 친구의 이름을 쓰시오.

일할 때 도움이 되기 때문이야. 서윤

특별함을 나타내기 위해서야. 승원

(   )

7 「직업과 옷 색깔」에서 법관은 어떤 색 옷을 입는지 쓰시오.

(   )

1 다음 중 설명하는 글을 읽은 경험을 말한 것으로 알맞지 <u>않은</u> 것은 무엇입니까? ( )

① 박물관에서 유물 안내판을 읽었다.
② 놀이 방법을 알려 주는 글을 읽었다.
③ 로봇을 조립하려고 설명서를 읽었다.
④ 국어 숙제를 하려고 백과사전을 읽었다.
⑤ 학급 게시판에 붙은 친구의 시를 읽었다.

2~3

국립중앙박물관 이용 안내

▶ 국립중앙박물관은 1월 1일, 설날(당일), 추석(당일)에는 쉽니다.
▶ 6세 이하 어린이는 보호자와 함께해야 합니다.

■ ⓐ ⟨　㉠　⟩
• 월·화·목·금요일 10:00~18:00
• 수·토요일 10:00~21:00
• 일요일·공휴일 10:00~19:00

■ 관람료: 무료(상설 전시관, 어린이 박물관, 무료 특별 전시)

2 ㉠에 들어갈 알맞은 말을 쓰시오.

( )

3 이 글을 읽고 알게 된 점으로 알맞지 <u>않은</u> 것은 무엇입니까? ( )

① 6세 이하 어린이는 관람이 불가능하다.
② 7세 이상 어린이는 혼자 들어갈 수 있다.
③ 상설 전시관, 어린이 박물관은 무료이다.
④ 수요일과 토요일은 밤 9시까지 볼 수 있다.
⑤ 국립중앙박물관은 설날과 추석 당일에는 쉰다.

4~7

㉮ 다보탑과 석가탑은 공통점이 있습니다. 두 탑은 모두 통일 신라 시대에 만든 탑으로서 불국사 대웅전 앞뜰에 나란히 서 있습니다. 또 두 탑은 그 가치를 인정받아 국보로 지정되었습니다.

㉯ 두 탑의 모습은 매우 다릅니다. 다보탑은 장식이 많고 화려합니다. 십자 모양의 받침 주변에 돌계단을 만들고 그 위에 사각·팔각·원 모양의 돌을 쌓아 올렸습니다. 반면 석가탑은 단순하면서도 세련된 멋이 있습니다. 사각 평면 받침 위에 돌을 삼 층으로 쌓아 올려 매우 균형 있는 모습을 자랑합니다.

4 이 글에서 설명하는 대상은 무엇과 무엇인지 쓰시오.

( )과/와 ( )

5 이 글의 설명 방법은 무엇인지 빈칸에 들어갈 알맞은 말을 쓰시오.

> 다보탑과 석가탑의 공통점과 차이점을 찾아 설명하는 ( )의 방법입니다.

( )

6 다보탑의 특징으로 알맞지 <u>않은</u> 것은 무엇입니까? ( )

① 화려하다.　　② 단순하다.
③ 장식이 많다.　　④ 우리나라 국보이다.
⑤ 통일 신라 시대에 만들었다.

7 다보탑과 석가탑은 탑을 쌓아 올린 방식이 어떻게 서술형 다른지 차이점을 정리하여 쓰시오.

_____

_____

_____

가 사람들은 다양한 목적으로 탑을 세웁니다. 종교나 군사 목적으로 탑을 만들 뿐만 아니라 무엇인가를 기념하려고 탑을 짓습니다. 세계 여러 도시에 있는 유명한 탑을 알아봅시다.

나 이탈리아 토스카나주에는 피사의 사탑이 있습니다. 피사의 사탑은 종교 목적으로 만들어졌습니다. 55미터 높이로 세운 이 탑은 완성한 뒤 조금씩 한쪽으로 기울기 시작해 현재 모습이 되었습니다. 그 아슬아슬한 모습은 눈길을 많이 끕니다.

다 중국 상하이에는 높이가 468미터인 동방명주 탑이 있습니다. 이 탑은 1994년에 방송을 송신하려고 세웠습니다. 동방명주 탑은 높은 기둥을 중심축으로 하여 구슬 세 개를 꿰어 놓은 것 같은 독특한 외형 때문에 '동양의 진주'라고 불립니다.

8 이 글에 대한 설명으로 알맞지 <u>않은</u> 것은 무엇입니까? ( )

① 이 글은 세계의 탑에 대해 쓴 글이다.
② 이 글은 비교·대조의 방법으로 설명하였다.
③ 글 **나**는 설명하려는 대상의 예에 해당한다.
④ 글 **다**는 설명하려는 대상의 예에 해당한다.
⑤ 글 **가**에서는 설명하려는 대상을 소개하고 있다.

9 피사의 사탑은 어떤 목적으로 세운 탑입니까?
( )

① 관광 목적
② 군사 목적
③ 감시 목적
④ 종교 목적
⑤ 방송 송신 목적

10 동방명주 탑에 대한 설명으로 알맞지 <u>않은</u> 것을 두 가지 고르시오. ( )

① 높이가 468미터이다.
② 1984년에 만들어졌다.
③ '동양의 진주'라고 불린다.
④ 방송을 송신하려고 세웠다.
⑤ 중국 전체를 상징하는 건축물이다.

어류는 아가미가 있는 척추동물입니다. 어류는 물속 환경에 적응할 수 있도록 다양한 기관이 발달했습니다.

어류 피부는 대부분 비늘로 덮여 있습니다. 비늘은 어류 몸을 보호합니다. 비늘은 짠 바닷물이 몸속으로 들어오지 못하게 막아 줍니다. 또 저마다 비늘 무늬가 달라 몸을 쉽게 숨길 수 있게 합니다.

어류는 아가미로 물속에 녹아 있는 산소를 흡수합니다. 입으로 물을 삼키고 아가미로 다시 내뱉는 과정에서 산소를 얻습니다.

㉠어류는 몸통에 옆줄이 있습니다. 어류는 옆줄로 물 흐름이나 떨림 같은 환경 변화를 알아냅니다.

11 이 글은 무엇에 대해 썼습니까? ( )

① 어류의 생김새
② 척추동물의 종류
③ 어류의 생활 방식
④ 어류의 여러 기관
⑤ 물에서 사는 생물

12 이 글의 설명 방법을 알맞게 말한 친구의 이름을 쓰시오.

> 민서: 글쓴이가 좋아하는 것을 순서대로 설명했다.
> 준상: 설명하려는 대상의 특징을 나열하여 설명했어.

( )

13 ㉠의 내용을 가장 잘 요약한 것은 무엇입니까?
( )

① 어류는 떨림을 알아낸다.
② 어류는 몸통에 옆줄이 있다.
③ 어류는 물 흐름을 알아낸다.
④ 어류는 환경 변화를 알아낸다.
⑤ 어류는 옆줄로 환경 변화를 알아낸다.

14 글의 내용을 요약하면 어떤 점이 좋은지 생각하여 한 가지만 쓰시오.

서술형

_____

_____

17 글 다의 중요한 내용을 요약해 한 문장으로 쓰시오.

서술형

_____

_____

15 ~ 17

가 사람은 직업에 따라 고유한 색깔 옷을 입기도 한다. 직업의 특성에 따라 특정 색깔의 옷이 일을 하는 데 도움이 되기 때문이다.

나 법관은 검은색 옷을 입는다. 예전 서양에서는 신분에 따라 입을 수 있는 옷 색깔이 정해져 있었지만, 검은색 옷은 누구나 입을 수 있었다. 법관의 검은색 옷은 법 앞에서 모든 사람이 평등하다는 뜻을 나타내며, 다른 것에 물들지 않고 공정하게 재판해야 한다는 의미를 담고 있다.

다 군인은 주변 환경과 상황에 따라 옷 색깔을 달리하여 입는다. 전투를 벌일 때 적군 눈에 쉽게 띄면 안 되기 때문이다. 예전의 화약 무기는 한번 사용하면 연기가 자욱하여 적군과 아군을 구분하기가 힘들었다. 따라서 당시에는 강한 원색의 군복을 입었다. 오늘날에는 기술이 발달하여 군인은 대부분 주변 환경과 구별하기 힘든 색의 옷을 입는다.

15 글 가는 다음 중 무엇에 해당하는지 알맞은 것에 ○표 하시오.

(1) 설명하려는 대상 ( )
(2) 설명하려는 대상의 예 ( )

16 다음은 법관은 왜 검은색 옷을 입는지에 대한 까닭을 쓴 것입니다. ㉠, ㉡에 들어갈 알맞은 말을 쓰시오.

법 앞에서 모든 사람이 (㉠)하다는 뜻과 (㉡)하게 재판해야 한다는 의미를 담고 있기 때문이다.

(1) ㉠: ( )
(2) ㉡: ( )

18 다음 대상은 어떤 설명 방법을 사용해 설명하는 글을 쓰면 좋을지 보기 에서 골라 기호를 쓰시오.

보기
㉮ 비교 · 대조   ㉯ 열거

(1) 남극과 북극 ( )
(2) 동물이나 식물 ( )

19 설명하는 글을 쓸 때 주의할 점으로 알맞은 것에는 ○표, 알맞지 <u>않은</u> 것에는 ×표 하시오.

(1) 추측하는 말은 사용하지 않는다. ( )
(2) 되도록 어려운 낱말을 사용한다. ( )
(3) 확실하지 않은 정보는 제공하지 않는다.
( )
(4) 읽는 사람에게 가치 있는 정보를 주어야 한다.
( )

20 모둠 친구들이 함께 설명하는 글쓰기를 할 때, 가장 먼저 할 일은 무엇입니까? ( )

① 내용에 알맞은 설명 방법 정하기
② 알맞은 설명 방법으로 내용 정리하기
③ 내용과 자료에 따라 설명하는 글 쓰기
④ 모둠 친구들이 함께 설명할 주제 정하기
⑤ 자료를 찾아 읽고 설명하고 싶은 내용 정하기

1~2

새싹 채소를 가꾸는 방법

❶ 씨앗을 미지근한 물에 담가 놓는다.
❷ 준비한 그릇에 부드러운 헝겊을 깔고, 불린 씨앗을 서로 겹치지 않게 촘촘히 깔아 준다.
❸ 종이로 덮어 햇빛을 가리고 물기가 마르지 않게 물뿌리개로 물을 뿌려 준다.
❹ 싹이 나오면 종이를 벗겨 그늘에 두고, 수분이 마르지 않도록 물을 준다.
❺ 5~6일이 지나면 새싹 채소를 얻을 수 있다.

1 이 글을 읽고 어떤 도움을 받을 수 있을지 쓰시오.
[4점]

_____

_____

2 이 글에서 설명이 더 필요한 부분을 생각하여 한 가지만 쓰시오. [6점]

_____

_____

3 '운동'이라는 주제에 어울리는 설명 방법을 정하고, 글의 내용에 알맞은 틀을 그려 쓸 내용을 정리하시오. [8점]

설명 방법	(1)
알맞은 틀에 내용 정리하기	(2)

4~5

　사람은 직업에 따라 고유한 색깔 옷을 입기도 한다. 직업의 특성에 따라 특정 색깔의 옷이 일을 하는 데 도움이 되기 때문이다.
　의사나 간호사는 보통 흰색 옷을 입는다. 감염에 민감한 환자들이 있는 병원에서는 위생이 매우 중요한 문제이기 때문이다. 흰색 옷은 옷이 더러워졌을 때 이를 쉽게 알아차릴 수 있게 해 준다. 약사나 위생사, 요리사와 같이 청결을 유지해야 하는 일을 하는 사람들도 마찬가지로 흰색 옷을 입는다.
　법관은 검은색 옷을 입는다. 예전 서양에서는 신분에 따라 입을 수 있는 옷 색깔이 정해져 있었지만, 검은색 옷은 누구나 입을 수 있었다. 법관의 검은색 옷은 법 앞에서 모든 사람이 평등하다는 뜻을 나타내며, 다른 것에 물들지 않고 공정하게 재판해야 한다는 의미를 담고 있다.

4 의사나 간호사가 흰색 옷을 입는 까닭은 무엇인지 쓰시오. [4점]

_____

_____

5 이 글의 내용을 조건 에 맞게 요약하여 쓰시오.
[6점]

조건
• 중요하지 않은 내용은 지운다.
• 각 문단의 중요한 내용이 드러나게 쓴다.

1 다음은 문장을 구성하는 성분 가운데에서 무엇에 대해 설명한 것인지 쓰시오.

> • 문장에서 동작이나 상태의 주체가 되는 말이다.
> • 문장에서 '누가/무엇이'에 해당하는 부분이다.

(   )

2 다음 보기 에서 목적어가 들어 있는 문장을 찾아 기호를 쓰시오.

> **보기**
> ㉮ 토끼가 깡충깡충 뛰어간다.
> ㉯ 새가 나뭇가지에서 지저귄다.
> ㉰ 귀여운 아기가 아장아장 걷는다.
> ㉱ 동생이 도서관에서 책을 읽는다.

(   )

3 다음은 글로 쓸 내용을 몇 가지로 나누어 떠올린 것입니다. ㉠에 들어갈 내용을 떠올려 한 가지 쓰시오.

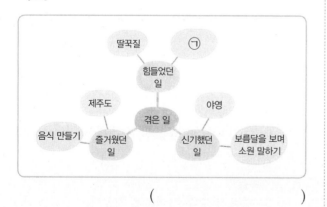

(   )

4 다음 빈칸에 들어갈 말을 쓰시오.

> 시간 흐름과 장소 변화에 따라 일어난 일을 정리하고, 그 일에 대한 생각이나 느낌을 묶는 것을 (   )(이)라고 한다.

5 다음 ㉠~㉤에서 일어난 일과 그 일에 대한 생각이나 느낌을 구분하여 각각 기호를 쓰시오.

> "준비 운동부터 하자."
> ㉠나는 아빠를 따라 맨손 체조를 했다. 체조를 하고 나니 정말 추위가 달아나는 것 같았다. ㉡철봉에서 턱걸이를 다섯 번이나 해서 아빠께 칭찬을 들었다. 아침 일찍 일어나기는 힘들었지만 아빠께 칭찬을 들으니 기분이 좋았다. 운동으로 땀을 흘린 뒤에 마시는 ㉢물은 배 속까지 시원하게 했다.
> ㉣이웃 어른들께 반갑게 인사를 하며 아빠와 함께 공원을 나왔다. 나는 아빠를 앞질러 집으로 달렸다. ㉤아빠와 함께 아침 운동을 하니 기분이 참 상쾌했다.

(1) 일어난 일: (   )
(2) 생각이나 느낌: (   )

6 글을 쓰려고 떠올린 생각을 묶는 방법으로 알맞은 것에 모두 ○표 하시오.

(1) 시간 흐름과 장소 변화에 따라 묶는다.

(   )

(2) 일어난 일과 그 일을 겪은 인물에 따라 묶는다.

(   )

(3) 가장 먼저 떠오르는 일이나 인상 깊은 일을 묶는다.

(   )

(4) 일어난 일과 그 일에 대한 생각이나 느낌을 '처음 – 가운데 – 끝'으로 묶는다.

(   )

7 문장에 쓰인 호응 관계를 생각하며 다음 문장을 바르게 고쳐 쓰시오.

(1)
> 누나가 잠든 아기를 업혔다.

(   )

(2)
> 나는 동생보다 키와 몸무게가 더 무겁다.

(   )

1 다음 그림을 보고 주어, 목적어, 서술어가 드러나게 문장을 만들어 쓰시오.

(   )

2 다음 그림을 보고 빈칸에 알맞은 말을 쓰시오.

> 어떠하다
>
> 새가 (   ).

3 문장을 구성하는 성분으로 서로 관계 있는 것끼리 선으로 이으시오.

(1) 주어 •　　　• ① 주어의 움직임, 상태, 성질 따위를 풀이하는 말.

(2) 서술어 •　　　• ② 동작이나 상태의 주체가 되는 말.

(3) 목적어 •　　　• ③ 동작의 대상이 되는 말.

4 다음 문장을 꼭 있어야 할 부분만 남기고 줄여 쓰시오.

> 나는 빨갛고 매운 떡볶이를 좋아한다.

(   )

5 ★ 다음 문장에서 생각을 표현할 때 반드시 있어야 할 부분을 모두 고르시오. (   )

> 귀여운 동생이 맛있는 과자를 먹는다.

① 귀여운   ② 동생이   ③ 맛있는
④ 과자를   ⑤ 먹는다

6 서술형 다음 문장에서 밑줄 친 부분은 어떤 역할을 하는지 쓰시오.

> 잽싸고 빠른 <u>경찰이</u> 검정 옷을 입은 <u>도둑을</u> 잡았다.

_____

_____

7 '주어, 목적어, 서술어'가 모두 들어간 문장이 <u>아닌</u> 것은 무엇입니까? (   )

① 동생이 장난감을 샀다.
② 나는 동화책을 읽었다.
③ 친구들이 노래를 부른다.
④ 아버지께서 김밥을 만드신다.
⑤ 아이들이 운동장에서 달린다.

8 겪은 일을 글로 쓰기 전에 생각해야 할 점으로 알맞지 <u>않은</u> 것은 무엇입니까? (   )

① 글의 주제   ② 글을 쓸 사람
③ 글을 읽을 사람   ④ 글을 쓰는 상황
⑤ 글을 쓰는 목적

가 놀이공원에 놀러 간 일, 할머니께서 편찮으신 일, 친구들과 야구한 일, 같은 반 친구가 전학 간 일, 어머니께서 심부름을 잘했다고 칭찬해 주신 일

나

9 **가**에서 떠올린 경험 가운데에서 가정에서 겪은 일을 두 가지 고르시오. ( )

① 친구들과 야구한 일
② 놀이공원에 놀러 간 일
③ 할머니께서 편찮으신 일
④ 같은 반 친구가 전학 간 일
⑤ 어머니께서 심부름을 잘했다고 칭찬해 주신 일

10 **가**와 같이 글로 쓰고 싶은 내용을 자유롭게 떠올릴 때 주의할 점을 한 가지만 쓰시오.

서술형

_____

_____

11 **나**에서 '신기했던 일'에 속하는 내용을 두 가지 고르시오. ( )

① 야영을 한 일
② 음식을 만든 일
③ 강아지가 아팠던 일
④ 딸꾹질이 멈추지 않았던 일
⑤ 보름달을 보며 소원을 말했던 일

나는 달걀말이를 정말 좋아한다. 날마다 달걀말이를 반찬으로 먹어도 투정하지 않을 자신이 있다. 지난 주말에 삼촌 댁에 갔더니 삼촌께서 내가 좋아하는 달걀말이를 해 주셨다. 삼촌은 요리를 정말 잘하시는 것 같다. 달걀말이가 너무 맛있어서 삼촌께 달걀말이를 만드는 방법을 배워 왔다.

먼저 재료로 달걀 여섯 알, 다진 파 한 줌, 소금, 식용유를 준비한다. 그런 다음 달걀을 큰 그릇에 깨뜨려 넣고 다진 파 한 줌과 소금 적당량을 넣어서 골고루 잘 저어 준다. 삼촌께서 이때 달걀을 젓가락으로 싹둑싹둑 잘라 주어야 좋다고 하셨다. 덩어리진 것을 가위로 자르듯 끊어 주면 된다고 하셨다. 그런 다음 약한 불에 준비한 지짐 판을 얹고 식용유를 골고루 두른 뒤 달걀물을 넓게 붓는다. 그리고 조금씩 익으면 끝에서부터 뒤집개로 살살 말아 준다.

내가 음식을 만든다고 하니 아버지께서 걱정하시며 조금 도와주셨다. 그리고 내가 처음으로 만든 달걀말이를 드시고 정말 맛있다고 하셨다.

12 달걀말이를 만드는 방법은 누가 가르쳐 주었는지 쓰시오.

( )

13 달걀말이를 만드는 차례대로 번호를 쓰시오.

(1) 지짐 판에 달걀물을 넓게 붓는다. ( )
(2) 달걀말이에 필요한 재료를 준비한다. ( )
(3) 조금씩 익으면 끝에서부터 뒤집개로 살살 말아 준다. ( )
(4) 달걀을 큰 그릇에 깨뜨려 넣고 파, 소금을 넣어 잘 저어 준다. ( )

14 이 글의 내용에 가장 잘 어울리는 제목은 무엇입니까? ( )

① 음식
② 반찬 투정
③ 맛있는 반찬
④ 도전! 달걀말이
⑤ 달걀말이 지짐 판

15 생각이 잘 조직된 글의 특징으로 알맞은 것을 모두 고르시오. ( )

① 잘 읽힌다.
② 글의 길이가 짧다.
③ 글의 내용을 이해하기 쉽다.
④ 글의 내용을 기억하기 쉽다.
⑤ 글쓴이가 누구인지 알 수 있다.

16 ~ 17

ⓐ아침 일찍, 아빠께서 공원에 가자며 나를 깨우셨다.
"일찍 일어나는 새가 벌레를 잡는다는 말이 있어. 얼른 일어나자."
ⓑ아빠 말씀에 난 억지로 일어나 세수를 하고 옷을 입었다. 공원에 갈 준비가 끝날 때까지도 난 계속 툴툴거렸다.
대문을 나서니, 찬 바람에 코끝이 시려 손으로 코를 가렸다.
"왜? 춥니? 좀 걸으면 괜찮아질 거야."
ⓒ아빠께서는 물통을 들고 뚜벅뚜벅 걸어가셨다. 아빠 발걸음이 어찌나 빠른지 나는 그 뒤를 따라 뛰어야 했다. 뒷산 시민 공원에 도착하니 벌써 운동하는 사람이 많아 깜짝 놀랐다.
"준비 운동부터 하자."
ⓓ나는 아빠를 따라 맨손 체조를 했다. 체조를 하고 나니 정말 추위가 달아나는 것 같았다. 철봉에서 턱걸이를 다섯 번이나 해서 아빠께 칭찬을 들었다. 아침 일찍 일어나기는 힘들었지만 아빠께 칭찬을 들으니 기분이 좋았다. 운동으로 땀을 흘린 뒤에 마시는 ⓔ물은 배 속까지 시원하게 했다.

16 ⓐ~ⓔ 중 일어난 일에 대한 생각이나 느낌은 무엇입니까? ( )

① ⓐ   ② ⓑ   ③ ⓒ
④ ⓓ   ⑤ ⓔ

17 이 글에서는 일어난 일을 어떻게 정리하여 글을 썼는지 알맞은 것에 ○표 하시오.

(1) 인상 깊은 일의 순서에 따라   ( )
(2) 시간 흐름과 장소 변화에 따라   ( )

18 다음과 같이 일어난 일과 그 일에 대한 생각이나 느낌을 묶는 것을 무엇이라고 하는지 쓰시오.

일어난 일		생각이나 느낌
할머니께서 오심.	처음	기분이 좋아짐.
• 할머니께서 떡볶이를 해 주심. • 친구 집에 수학 공부를 하러 감. • 할머니께서 여전히 계심.	가운데	• 맛있게 먹음. • 할머니와 함께 있지 못해 아쉬움. • 할머니께서 아직 집에 계신 것을 다행이라고 생각함.
저녁에 할머니께서 댁으로 가심.	끝	섭섭함. 더 자주 오시면 좋겠음.

( )

19 밑줄 친 부분이 다음 호응 관계에 해당하는 문장을 두 가지 고르시오. ( )

> 동작을 당하는 주어와 서술어의 호응

① 내일 친구를 만날 거야.
② 나는 어제 빵을 먹었다.
③ 동생이 누나에게 업혔다.
④ 할아버지께 선물을 드렸다.
⑤ 물고기가 낚싯줄에 걸렸다.

20 주어와 서술어가 호응하도록 다음 문장을 바르게 고쳐 쓰시오.
서술형

(1) 하늘에 구름과 별이 반짝입니다.

➡ _____

(2) 잡곡밥은 맛과 색깔이 아름답습니다.

➡ _____

1~3

지난 주말에 삼촌 댁에 갔더니 삼촌께서 내가 좋아하는 달걀말이를 해 주셨다. 삼촌은 요리를 정말 잘하시는 것 같다. 달걀말이가 너무 맛있어서 삼촌께 달걀말이를 만드는 방법을 배워 왔다.

먼저 재료로 달걀 여섯 알, 다진 파 한 줌, 소금, 식용유를 준비한다. 그런 다음 달걀을 큰 그릇에 깨뜨려 넣고 다진 파 한 줌과 소금 적당량을 넣어서 골고루 잘 저어 준다. 삼촌께서 이때 달걀을 젓가락으로 싹둑싹둑 잘라 주어야 좋다고 하셨다. 덩어리진 것을 가위로 자르듯 끊어 주면 된다고 하셨다. 그런 다음 약한 불에 준비한 지짐 판을 얹고 식용유를 골고루 두른 뒤 달걀물을 넓게 붓는다. 그리고 조금씩 익으면 끝에서부터 뒤집개로 살살 말아 준다.

내가 음식을 만든다고 하니 아버지께서 걱정하시며 조금 도와주셨다. 그리고 내가 처음으로 만든 달걀말이를 드시고 정말 맛있다고 하셨다.

1 이 글을 쓰려고 글쓴이가 떠올린 내용을 두 가지 이상 쓰시오. [4점]

_____

_____

_____

2 스스로 달걀말이를 만들게 된 글쓴이의 기분은 어떠했을지 쓰시오. [4점]

(   )

3 이 글에 어울리는 제목을 쓰고, 그 제목을 쓴 까닭을 쓰시오. [8점]

제목	(1)
그 까닭	(2)

4~5

가

일어난 일		생각이나 느낌
할머니께서 오심.	처음	기분이 좋아짐.
• 할머니께서 떡볶이를 해 주심. • 친구 집에 수학 공부를 하러 감. • 할머니께서 여전히 계심.	가운데	• 맛있게 먹음. • 할머니와 함께 있지 못해 아쉬움. • 할머니께서 아직 집에 계신 것을 다행이라고 생각함.
저녁에 할머니께서 댁으로 가심.	끝	섭섭함.

나 집에 오니 할머니께서 계셨다. 늘 내 편이 되어 주시는 할머니께서 계시니 갑자기 기분이 좋아졌다.

할머니께서 공부하느라 고생했다며 맛있는 떡볶이를 해 주셨다. 동생과 함께 먹다 보니 어느새 떡볶이를 다 먹었다. 정말 맛있었다. 짝과 함께 수학 공부를 하기로 해서 할머니께 인사드리고 친구 집으로 갔다. 할머니께 공부를 열심히 한다고 칭찬을 들었지만 할머니와 함께 있지 못해 아쉬운 마음이 들었다. 수학 공부를 하는 동안 할머니께서 일찍 가시지 않았으면 좋겠다고 생각했다. 공부를 마치자마자 집으로 왔다. 다행히 할머니께서 아직 집에 계셨다. 할머니와 함께 만화 영화도 보고, 과일과 피자도 먹었다. / 할머니께서는 저녁을 드시고 나서 댁으로 가셨다. 생각보다 오래 계셨지만 그래도 헤어질 때가 되니 섭섭했다.

4 글을 쓰기 전에 **가**와 같이 내용을 조직하면 어떤 점이 좋은지 쓰시오. [4점]

_____

_____

5 **가**에 나타나지 않은 내용을 글 **나**에서는 어떻게 썼는지 쓰시오. [8점]

_____

_____

_____

1 다음 낱말의 뜻에 맞게 선으로 이으시오.

(1) 동형어 •

(2) 다의어 •

• ① 형태는 같지만 뜻이 서로 다른 낱말

• ② 한 낱말이 여러 가지 뜻을 가진 낱말

2 동형어와 다의어에 대한 설명으로 알맞은 것에 ○표 하시오.

(1) 동형어인 낱말과 다의어인 낱말은 모두 글자 형태가 같다. ( )

(2) 다의어인 낱말은 뜻이 서로 관련이 없지만 동형어의 낱말은 뜻이 서로 관련이 있다. ( )

3 상황에 따라 여러 가지로 해석되는 낱말의 뜻을 확인하는 방법에 맞게 빈칸에 들어갈 말을 보기 에서 찾아 쓰시오.

> 보기
>
> 국어사전, 앞뒤 내용, 중심 내용, 대신, 그림

(1) ( ) 쓸 수 있는 낱말을 생각한다.

(2) ( )에서 어울리는 뜻을 찾아 확인한다.

(3) 문장의 ( )을 살펴보고 관련 있는 뜻을 찾는다.

4 「어린이 보행 안전」에 나온 문장에서 밑줄 친 낱말이 어떤 뜻으로 쓰였는지 알맞은 것에 ○표 하시오.

> 우리 모두 노력해 어린이 보행 중 교통사고가 <u>일어나지</u> 않도록 하자.

(1) 어떤 일이 생기다. ( )

(2) 누웠다가 앉거나 앉았다가 서다. ( )

5 글쓴이의 주장을 파악하는 방법을 알맞게 말한 친구의 이름을 모두 쓰시오.

> 현빈: 각 문단의 중심 내용을 확인해야 해.
>
> 지원: 글쓴이가 쓴 글이 몇 개의 문단으로 이루어져 있는지 파악하는 것이 중요해.
>
> 정윤: 글쓴이의 의견이 무엇인지 알아보고, 어떤 근거를 제시했는지도 살펴보면 좋아.

( )

6 「글을 쓸 때에도 지켜야 할 윤리가 있다」에서 다음의 내용이 주장이면 '주장'이라고, 근거이면 '근거'라고 쓰시오.

(1) 쓰기 윤리를 지키자. ( )

(2) 쓰기 윤리를 지키지 않는 것은 법을 어기는 일이다. ( )

(3) 쓰기 윤리를 지키지 않는 것은 문화 발전을 막는 일이다. ( )

1~2

태빈아, 안녕? 어디 다녀오는 길인가 보구나!

응, ㉠다리가 부러져서 고치고 오는 길이야.

누가? 많이 다쳤어? 걱정되겠다.

무슨 소리야, 안경 다리가 부러져서 고치고 오는 길인데……

승현 태빈

1 승현이가 '다리'의 뜻을 헷갈린 까닭은 무엇인지 쓰시오.

( )

2 태빈이는 ㉠을 어떤 뜻으로 사용하였는지 알맞은 것의 기호를 쓰시오.

㉮ 사람이나 동물의 몸통 아래 붙어 있는 신체의 부분.
㉯ 안경의 테에 붙어서 귀에 걸게 된 부분.

( )

3 보기 의 빈칸에 들어갈 동형어나 다의어로 알맞은 것은 무엇입니까? ( )

보기
• 영수가 축구공을 ☐☐☐☐(으)로 찼다.
• 여름에는 문에 ☐☐☐을 늘어뜨린다.

① 말 ② 굴 ③ 발
④ 손 ⑤ 창

4 서술형 다음의 동형어나 다의어를 써서 문장 두 개를 만드시오.

적다

• _____
• _____

5~7

㉮ 운전자에게 어린이 보행 안전 교육을 철저히 해야 한다. 전체 교통사고 가운데에서 보행 중에 발생한 사고의 나이대별 분포를 살펴보면, ㉠초등학생이 다른 나이대보다 상대적으로 높게 나타나는 것을 알 수 있다. 이는 초등학생들이 바깥 활동이 잦은 데다 위험 상황을 판단하고 그에 대처하는 능력이 부족하기 때문이다.

㉯ ㉡어린이를 고려한 보행 안전시설도 더 필요하다. 학교 앞길에는 과속 차량을 단속하는 장치를 마련해야 한다. 그리고 학교 근처의 어린이 보호 구역을 현재 반지름 300미터보다 더 넓게 하여 어린이들이 안전하게 다닐 수 있게 해야 한다. 그뿐만 아니라 어린이가 많이 다니는 길에는 과속 방지 턱을 만들어 차량 속도를 낮추도록 해야 한다.

5 이 글은 어떤 질문에 대한 답입니까? ( )

① 어린이 보호 구역이란 무엇일까요?
② 어린이 관련 교통 법규는 어떤 것이 있을까요?
③ 전체 교통사고의 나이대별 분포는 어떠한가요?
④ 어린이 보행 중 교통사고를 줄이기 위해서는 어떻게 해야 할까요?
⑤ 운전자 안전 교육을 효율적으로 하기 위한 방안에는 어떤 것이 있을까요?

6 전체 교통사고 중 보행 중에 발생한 사고의 나이대별 분포가 ㉠과 같은 까닭은 무엇인지 쓰시오.

_____

_____

7 ㉡으로 알맞은 것을 모두 고르시오. ( )

① 학교 앞 방범 초소 설치
② 학교 근처 어린이 보호 구역의 확대
③ 학교 근처 경찰서 여러 곳 추가 설치
④ 학교 앞길의 과속 차량을 단속하는 장치 마련
⑤ 어린이가 많이 다니는 길에 과속 방지 턱 설치

8~10

가 많은 사람이 다음 세기에는 인공 지능이 인간을 뛰어넘을 것이라고 말합니다. ㉠앞으로 인공 지능은 우리의 삶 곳곳에 영향을 미칠 것입니다. 그런 미래는 편리함이라는 빛만큼이나 위험하고 어두운 그림자 또한 있을 것이라고 생각합니다.

나 ㉡지금보다 더 발달한 인공 지능이 등장하면 인간은 인공 지능에게 지배를 받게 될지도 모릅니다. 인공 지능은 인간보다 뛰어난 지적 능력이 있으면서 인간에게 있는 문제점은 없습니다. 인공 지능에게 독립성이 생긴다면 인공 지능은 인간의 통제에서 벗어나고 끝내 인간 사회는 비극을 맞게 될 것입니다.

다 인간이 편리함에 눈이 멀어 ㉢인공 지능을 계속 개발한다면 인간은 스스로에게 덫을 놓는 실수를 저지르게 될지도 모릅니다.

8 글쓴이가 인공 지능 때문에 인간 사회가 비극을 맞게 될 것이라고 한 까닭은 무엇입니까? (   )

① 인공 지능 개발 속도가 빨라져서
② 인공 지능은 무한하게 개발이 가능해서
③ 인공 지능 자체가 가진 문제점이 많아서
④ 인공 지능의 발달로 인간의 삶이 점점 더 편리해져서
⑤ 지금보다 더 발달한 인공 지능이 등장하면 인간은 인공 지능의 지배를 받게 될지도 몰라서

9 ㉠~㉢ 중 글쓴이가 인공 지능을 어떻게 바라보고 있는지에 대한 생각을 알 수 있게 하는 문장이 <u>아닌</u> 것을 찾아 기호를 쓰시오.

(   )

10 글쓴이의 주장을 알맞게 말한 친구의 이름을 쓰시오.

민준: 인공 지능이 편리함을 주는 대신 그만큼 위험하다는 것을 말하고 있어.
다영: 인공 지능을 잘 활용하면 우리의 삶을 보다 풍요롭게 할 수 있음을 알려 주고 있어.

(   )

11~13

가 많은 사람이 인공 지능의 발달로 삼십 년 안에 현재의 일자리 절반이 사라질 것이라고 걱정합니다. 하지만 이 문제는 사람들의 의견을 모으고 제도를 마련하여 인공 지능이 인간의 일자리를 빼앗지 않도록 하면 됩니다.

나 사람이 하기 어렵거나 위험한 일을 인공 지능이 대신할 수 있습니다. 사람 몸에 해로운 물질을 다루는 일이나 높은 빌딩에 페인트를 칠하는 일같이 위험한 일을 인공 지능 로봇이 대신한다면 어쩌다가 일어날 수 있는 사고나 피해를 줄일 수 있습니다.

다 인간에게 나쁜 영향을 줄 수 있는 인공 지능은 철저히 통제하고, 인간을 보호하고 도울 수 있는 인공 지능을 활용하면 인공 지능은 인류의 미래를 희망으로 가득하게 만들어 줄 것입니다.

11 많은 사람이 인공 지능의 발달로 걱정하는 것은 무엇입니까? (   )

① 인공 지능으로 인한 사고가 발생하는 것
② 로봇이 대신할 수 없는 일을 해결하는 것
③ 전문성을 요구하는 일자리가 많아지는 것
④ 삼십 년 안에 현재 일자리 절반이 사라지는 것
⑤ 인간에게 영향을 주는 인공 지능을 통제하는 것

12 글 **나**에서 알 수 있는 인공 지능의 좋은 점을 쓰시오.

(   )

13 밑줄 친 낱말들은 이 글 전체에서 여러 번 반복되어 사용된 낱말입니다. 이것은 글의 주장과 어떤 관련이 있겠는지 쓰시오.
서술형

_____

_____

14 주장을 뒷받침하는 적절한 근거를 찾는 방법으로 알맞은 것에 ○표 하시오.

(1) 주장과 관련 있는 근거인지 살펴본다. (   )
(2) 근거를 드러내는 문장을 여러 번 썼는지 확인한다. (   )

15 ~ 17

가 글을 쓸 때 남의 글을 베껴 자신이 쓴 글인 양 속이는 사람이 있다. 그리고 진실이 아닌 내용을 진실인 것처럼 거짓으로 꾸며 글을 쓰는 사람도 있다. 또 읽는 사람이 크게 상처를 받을 수 있는 내용의 글을 함부로 쓰는 사람도 있다. 이것은 모두 글쓰기 과정에서 지켜야 할 규범과 예의를 지키지 않은 경우이다. 이처럼 글을 쓰는 과정에서 지켜야 하는 여러 가지 규범을 쓰기 윤리라고 한다.

나 쓰기 윤리를 지키지 않으면 다른 사람에게 물질이나 정신 피해를 줄 수 있다. 글을 쓰려고 어떤 자료를 이용하는 경우, 자신이 직접 쓴 부분과 자료에서 인용한 부분을 명확하게 구분하지 않으면 표절이 될 수 있다.

15 글을 쓸 때 다른 사람에게 피해를 주지 않기 위해 지켜야 하는 것은 무엇인지 쓰시오.

(   )

16 다음 중 글쓰기 과정에서 지켜야 할 규범과 예의를 지키지 <u>않은</u> 경우를 모두 찾아 ×표 하시오.

(1) 남의 글을 베껴 자신이 쓴 글인 척하는 경우

(   )

(2) 진실이 아닌 내용을 진실인 것처럼 거짓으로 꾸며 쓰는 경우   (   )

(3) 글을 쓸 때 자료에서 인용한 부분을 명확하게 구분해 출처를 밝힌 경우   (   )

17* 다음을 뒷받침하는 근거는 무엇입니까? (   )

> 주장: 쓰기 윤리를 지키자.

① 쓰기 윤리를 지켜야 글을 잘 쓸 수 있다.
② 쓰기 윤리를 지켜야 남과 잘 지낼 수 있다.
③ 쓰기 윤리를 지키는 것은 양심을 속이는 일이다.
④ 쓰기 윤리를 지키지 않고 쓴 글은 사람들이 읽지 않는다.
⑤ 쓰기 윤리를 지키지 않으면 다른 사람에게 물질이나 정신 피해를 줄 수 있다.

18 ~ 20

가 "초등학생의 스마트폰 중독 문제를 강제적으로 해결할 수는 없습니다. 학교 안에서 스마트폰을 쓰지 못하게 한다면 오히려 역효과만 일어날 것입니다. 대부분의 학생은 방과 후에 스마트폰을 사용하기 때문에 법을 굳이 만들지 않아도 됩니다. 초등학생에게 스마트폰을 올바르게 사용하도록 교육하는 것이 학교 안에서 스마트폰을 사용하지 못하도록 법으로 금지하는 것보다 훨씬 효과가 클 것입니다. 또 학생들은 수업에서 이해하지 못한 내용을 스마트폰으로 바로바로 찾아볼 수도 있습니다."

나 지금 우리 주변에도 스마트폰을 사용하는 친구들을 어렵지 않게 볼 수 있습니다. 여러분은 ㉠'학교 안 스마트폰 사용'을 어떻게 생각하십니까?

18 글 **가** 는 어떤 주장에 찬성하는 의견인지 알맞은 것에 ○표 하시오.

(1) 학교 안에서 스마트폰을 사용할 수 있도록 허락해야 한다.   (   )

(2) 학교 안에서 스마트폰을 사용할 수 있도록 허락해서는 안 된다.   (   )

19 글 **가** 의 글쓴이가 주장에 대한 근거로 든 것을 모두 고르시오.   (   )

① 공부 시간에 집중력이 나빠질 수 있다.
② 스마트폰의 오랜 사용으로 시력이 나빠진다.
③ 학교 안 스마트폰 사용을 금지하면 역효과만 난다.
④ 수업에서 이해하지 못한 내용을 바로바로 찾아볼 수 있다.
⑤ 올바른 스마트폰 사용법을 교육하는 것이 학교 안 스마트폰 사용을 법으로 금지하는 것보다 훨씬 효과적이다.

20 ㉠에 대한 자신의 의견을 근거를 들어 쓰시오.

서술형

_____

_____

1~3

가 인공 지능 기술의 개발 속도는 우리가 예상할 수 없을 만큼 빨라지고 있습니다. 많은 사람이 다음 세기에는 인공 지능이 인간을 뛰어넘을 것이라고 말합니다. 앞으로 인공 지능은 우리의 삶 곳곳에 영향을 미칠 것입니다. 그런 미래는 편리함이라는 빛만큼이나 위험하고 어두운 그림자 또한 있을 것이라고 생각합니다. 그러므로 인공 지능이 일으킬 위험을 막을 방법도 생각해야 합니다.

첫째, 인공 지능을 가졌느냐 아니냐에 따라 부자는 더 부자가 되고 가난한 사람은 더욱 가난해질 것입니다. 이로써 사회적·경제적 불평등은 더욱 심해질 것입니다.

둘째, 힘이 강한 나라나 집단이 힘이 약한 나라나 사람들을 지배할 수도 있습니다. 인공 지능이 발달하면 힘 있는 사람들의 지배력이 지금과 비교가 안 될 정도로 강해질 것입니다. 즉 나라 사이에 새로운 지배 관계가 생길 위험이 매우 크다고 생각합니다.

나 우리 사회 곳곳에서는 인공 지능을 개발하거나 이용할 때 사회에 질 책임을 강조하려는 움직임이 활발히 일어나고 있습니다. 인공 지능에는 위험이 있긴 하지만 우리는 인공 지능을 개발하는 것을 포기할 수 없습니다. 인공 지능은 인류 미래에 꼭 있어야 할 기술입니다.

첫째, 인공 지능에 제대로 된 규칙을 부여해 잘 통제하고 활용하면 인류의 삶은 더욱 편리하고 풍요로워질 것입니다. 예를 들어 움직임이 불편한 노인과 장애인들은 무인 자동차로 자유롭게 이동할 수 있습니다. 인류가 인공 지능을 제대로 관리한다면 인공 지능은 인류에게 많은 도움이 될 것입니다. 〈중략〉

인공 지능 개발을 연구하는 학자들은 인공 지능으로 세상을 더 살기 좋게 만들 수 있도록 다양한 분야에서 노력할 것이라고 말했습니다. 앞으로 인공 지능은 인간의 생활을 이롭게 하는 생활 속 기술로 자리 잡을 것입니다. 인간에게 나쁜 영향을 줄 수 있는 인공 지능은 철저히 통제하고, 인간을 보호하고 도울 수 있는 인공 지능을 활용하면 인공 지능은 인류의 미래를 희망으로 가득하게 만들어 줄 것입니다.

1 글 **가**와 **나**에서 글쓴이의 주장과 관련하여 가장 많이 쓴 낱말을 찾아 쓰시오. [6점]

글 **가**	(1)
글 **나**	(2)

2 글 **가**와 **나**의 글쓴이의 주장은 무엇인지 쓰시오. [8점]

글 **가**	(1)
글 **나**	(2)

3 인공 지능에 대한 자신의 주장을 근거를 들어 조건 에 맞게 짧은 글로 쓰시오. [15점]

> **조건**
> 어떤 의견에 동의하는지 정하고, 한 가지의 근거를 들어 글로 쓴다.

1 다음과 같은 때에 필요한 말하기는 무엇입니까?

( )

> • 가족 여행 장소를 정할 때
> • 모둠 과제의 역할을 정할 때

① 연설   ② 토의   ③ 토론
④ 소개   ⑤ 훈화

2 토의 절차에 맞게 빈칸에 알맞은 말을 쓰시오.

> 토의 주제 정하기
>
> ↓
>
> 의견 마련하기
>
> ↓
>
>
>
> ↓
>
> 의견 결정하기

3 효민이의 의견이 토의 주제로 알맞은지 판단하는 기준을 모두 찾아 ○표 하시오.

준범: 토의하고 싶은 주제를 자유롭게 이야기해요.

효민: 개교기념일을 맞아 우리 학교 역사를 알아보는 게 어때요?

(1) 해결할 수 있는 주제인지 살펴본다. ( )
(2) 우리 모두와 관련이 있는 주제인지 살펴본다.
( )
(3) 우리가 변화를 이끌어 낼 수 있는 주제인지 살펴본다. ( )
(4) 학교 성적을 높이는 데 도움이 되는 주제인지 살펴본다. ( )

4 의견을 모을 때 지켜야 할 점을 바르게 말하지 <u>못한</u> 친구는 누구인지 쓰시오.

> 호성: 다른 사람 의견을 끝까지 들어야 해.
> 진하: 토의 주제와 관련한 이야기를 해야 해.
> 재영: 내 의견이 옳으면 끝까지 고집해야 해.
> 소현: 알맞은 까닭을 들어 자신의 주장을 말해야 해.

( )

5 토의에서 의견을 결정하는 방법으로 알맞은 것에 모두 ○표 하시오.

(1) 실천할 수 있는 의견을 결정한다. ( )
(2) 토의 주제에 맞는 의견을 결정한다. ( )
(3) 알맞은 주장과 근거를 든 의견을 결정한다.
( )
(4) 장점과 단점의 개수가 가장 많은 의견을 결정한다. ( )

6 다음 빈칸에 알맞은 말을 쓰시오.

> 토의에서 ( )할 때 좋은 의견이 많으면 여러 가지 의견을 정할 수도 있고, 소수 의견이라도 도움이 된다면 얼마든지 받아들일 수 있다.

7 다음 그림에 나타난 문제 상황을 살펴보고 토의하고 싶은 주제를 생각하여 쓰시오.

( )

단원 평가

1~3

모둠 과제의 역할을 어떻게 정하면 좋을지 방법을 찾아봅시다.

각자 자신이 잘할 수 있는 역할을 맡는 게 좋지 않을까요?

두 명씩 짝을 지어 역할을 나누면 어떨까요?

1 어떤 문제로 의견을 나누었는지 쓰시오.

( )

2 이와 같이 일상생활에서 토의를 해야 하는 까닭을 모두 고르시오. ( )

① 지식을 쌓을 수 있어서
② 상황을 더 잘 이해할 수 있어서
③ 문제 해결에 직접 참여할 수 있어서
④ 적절한 해결 방법을 찾을 수 있어서
⑤ 자신의 느낌을 다양하게 표현할 수 있어서

3 이와 같이 토의를 하면 어떤 점이 좋은지 한 가지
서술형 만 쓰시오.

_____

_____

4 토의 절차에 맞게 차례대로 번호를 쓰시오.

(1) 토의 주제를 결정한다. ( )

(2) 판단 기준을 세워 의견이 알맞은지 판단한다.
( )

(3) 기준에 따라 가장 알맞은 의견으로 결정한다.
( )

(4) 토의 주제에 맞게 자신의 의견을 정하고 그 의견의 좋은 점을 정리한다. ( )

5 다음과 같은 토의 방법은 어떤 토의 절차에 해당하는 내용입니까? ( )

• 토의 주제에 맞게 자신의 의견 쓰기
• 그 의견이 좋은 까닭 쓰기

① 의견 모으기
② 의견 마련하기
③ 의견 결정하기
④ 토의 주제 정하기
⑤ 문제 상황 알아보기

6 반 친구들과 토의할 주제로 알맞지 <u>않은</u> 것은 무엇입니까? ( )

① 우리나라 수출을 늘리는 방법
② 복도에서 안전하게 생활하는 방법
③ 스마트폰 사용 규칙을 정하는 방법
④ 모두에게 안전한 학교를 만드는 방법
⑤ 청소할 때 효과적인 일인 일역 운영 방법

7 다음 토의 주제에 대한 의견으로 알맞지 <u>않은</u> 것은 무엇입니까? ( )

개교기념일을 뜻깊게 보내는 방법

① 학교 역사 찾기 행사를 한다.
② 학교 상징을 새로 만드는 행사를 한다.
③ 학교 이름으로 삼행시 짓기 대회를 한다.
④ 학교의 자랑거리를 홍보하는 행사를 한다.
⑤ 학교 주변에 신호등을 설치하는 일을 한다.

8 다음 그림을 보고 의견을 모을 때 지켜야 할 점을 생각하여 빈칸에 알맞은 말을 쓰시오.

개교기념일을 뜻깊게 보내는 방법을 발표해 주세요.

그냥 학교 안 오면 좋겠다.

마루

연수

• 알맞은 ( )을/를 들어 자신의 주장을 말한다.

9 다음 영재가 말한 의견의 장점과 단점을 생각하여
서술형 빈칸에 쓰시오.

개교기념일을 뜻깊게 보내기 위해 학교 이름으로 삼행시 짓기 대회를 하면 좋겠습니다.

영재

장점	(1)
단점	(2)

10~11

상민: 검토한 여러 의견 가운데 좋은 방법을 결정해 봅시다.
하경: 우리가 많이 참여할 수 있고 학교를 더 잘 알 수 있는 의견으로 정해요.
명재: 장점이 가장 많은 의견으로 정하면 좋겠어요.
윤아: 그럼 우리 모둠에서는 우리 생각을 모두 만족하는 의견인 '우리 학교 자랑거리 찾기' 행사를 하기로 결정하면 되겠네요.

10 상민이네 모둠에서 의견을 결정한 판단 기준을 모두 고르시오. ( )

① 장점이 가장 많은가?
② 교실 안에서 할 수 있는가?
③ 학교를 더 잘 알 수 있는가?
④ 우리가 많이 참여할 수 있는가?
⑤ 선후배 사이가 좋아질 수 있는가?

11 상민이네 모둠에서는 어떤 의견으로 결정했는지 쓰시오.
( )

12~14

다음 주 가운데 하루를 학급의 날로 잡아서 그날을 여러분이 계획한 대로 보내려고 합니다.

무엇을 하면 좋을까?

현태

12 이 그림에서 현태의 고민은 무엇이겠는지 쓰시오.
( )

13 〈문제 12번〉에서 답한 고민을 해결하는 데 다음 토의 주제가 알맞은지 판단하는 기준을 모두 고르시오. ( )

토의 주제: 학급의 날을 어떻게 보내면 좋을까?

① 우리 모두와 관련이 있는 문제인가?
② 해결 방법을 찾을 수 있는 문제인가?
③ 부모님께서 만족하실 수 있는 문제인가?
④ 동생에게 도움을 받을 수 있는 문제인가?
⑤ 우리가 변화를 이끌어 낼 수 있는 문제인가?

14 다음 의견의 장점을 말한 친구는 누구인지 쓰시오.

진수: 학급의 날에 '찾아가는 선배들' 활동을 했으면 좋겠어요.

아영: 우리 반 친구들의 장기를 활용해 후배들과 즐겁고 뜻깊은 시간을 보낼 수 있어요.
철민: 1~2학년 가운데 신청하는 학급을 조사해야 하고 모둠을 나누어 연습하는 등 준비할 점이 많아요.

( )

15 토의에서 의견이 알맞은지 판단하는 기준을 보기에서 모두 찾아 기호를 쓰시오.

> 보기
> ㉮ 실천할 수 있는가?
> ㉯ 토의 주제에 맞는 내용인가?
> ㉰ 장점에 비해 단점이 많은가?
> ㉱ 내 의견과 비슷한 내용인가?
> ㉲ 알맞은 주장과 근거를 들었는가?

( )

16~18

어린이 보호 구역에서 유치원생이 목숨을 잃은 사고가 있은 뒤, 초등학생들이 직접 교통사고 대책 마련에 나서 화제가 됐다. 과거에도 같은 곳에서 비슷한 사고가 있었기에 학생들은 학교 앞 어린이 보호 구역이 자신들의 안전을 지켜 주지 못한다는 것을 알았다.

이에 따라 전교 학생회에서 '안전한 학교 만들기' 안건을 마련했다. 이날 회의에서는 '구청장님께 편지 쓰기'라는 실천 방안까지 나왔다.

학생회는 학교 친구들이 직접 학교 앞 어린이 보호 구역 환경 개선을 요구하고 뚜렷한 개선 방안을 낼 것을 계획했다. 학생회는 학교 곳곳에 알림 글을 붙여 전교생이 편지를 쓰자고 했다. 그 결과, 편지가 2주 만에 200여 통이나 쌓였다.

학교 앞 어린이 보호 구역에 폐회로 텔레비전[CCTV]과 신호등을 설치하고, 불법 주정차 단속을 제대로 해야 한다는 내용이 대부분이었다. 이 가운데 가장 눈에 띄는 제안은 어린이 보호 구역 표지판을 개선하자는 것이었다. 어린이 보호 구역 표지판이 너무 작아 가로수에 가려 잘 보이지도 않는 데다 밤에는 어린이 보호 구역을 알아보기조차 힘들다는 의견이었다.

16 초등학생들이 직접 교통사고 대책 마련에 나서게 된 계기는 무엇이었는지 쓰시오.
( )

17 전교 학생회에서는 어떤 안건을 마련했습니까? ( )

① 안전한 학교 만들기
② 구청장님께 편지 쓰기
③ 어린이 교통사고 줄이기
④ 교통 안내 표지판 설치하기
⑤ 어린이 보호 구역 환경 개선하기

18 이 글에서 어린이 보호 구역 표지판을 개선하자고 제안한 까닭을 두 가지 찾아 ○표 하시오.

(1) 어린이 보호 구역에서 불법 주정차 단속을 하고 있기 때문이다. ( )
(2) 밤에는 어두워서 어린이 보호 구역을 알아보기조차 힘들기 때문이다. ( )
(3) 학교 앞 어린이 보호 구역에서 운행하는 자동차들이 늘어나고 있기 때문이다. ( )
(4) 어린이 보호 구역 표지판이 너무 작아 가로수에 가려 잘 보이지 않기 때문이다. ( )

19
서술형
우리 반 친구들과 토의하고 싶은 주제를 찾고, 그 주제를 고른 까닭을 쓰시오.

토의하고 싶은 주제	(1)
그 주제를 고른 까닭	(2)

20 토의에 참여하는 친구들의 태도를 평가할 때 생각할 점으로 알맞지 않은 것에 ×표 하시오.

(1) 토의에 활발하게 참여했는가? ( )
(2) 토의 주제에 맞는 내용을 말했는가? ( )
(3) 다른 사람의 의견을 무조건 받아들였는가? ( )
(4) 알맞은 주장과 근거를 들어 자신의 의견을 말했는가? ( )

1~2

> 서윤: 이번 토의 주제는 '개교기념일을 뜻깊게 보내는 방법'으로 정하고 토의를 시작합시다.
>
> 정훈: 우리 학교의 자랑거리를 찾으면 좋겠습니다. 저는 우리 학교 도서관이 참 편리해서 자주 가거든요. 제가 지금까지 대출한 책만 해도 200권이 넘습니다.
>
> 효민: 학교 버스가 학년마다 한 대씩 있어서 학급에서 현장학습을 하러 갈 때 쓰면 좋겠습니다.
>
> 수현: 이번 개교기념일에 무조건 학교 상징을 바꾸면 좋겠습니다.

1 친구들이 낸 의견을 살펴보고 어떤 점이 문제인지 빈칸에 쓰시오. [8점]

정훈	제안하는 내용은 토의 주제에 맞지만 자신이 대출한 도서 수는 토의 주제에 맞지 않는 내용이다.
효민	(1)
수현	(2)

2 토의 주제에 맞게 자신의 의견을 쓰고, 그 의견이 좋은 까닭을 쓰시오. [8점]

내 의견	(1)
그 의견이 좋은 까닭	(2)

3~5

> 체육 수업을 하러 운동장에 나가려고 줄을 설 때마다 친구들이 늦게 옵니다. 그래서 줄을 빨리 선 친구들은 매번 늦게 오는 친구들을 기다려야 합니다. 줄을 늦게 서서 체육 수업 시간이 줄어든 때도 있습니다.
>
> 그래서 저는 [㉠   ] 방법으로 3분 모래시계 사용하기와 학급 칭찬 점수와 연결하기를 제안합니다.
>
> 가장 먼저 줄을 서는 친구가 모래시계를 뒤집어 놓고 친구들에게 줄 서는 시간임을 알려 줍니다. 이렇게 하면 [㉡   ]. 또 학급 칭찬 점수와 연결하면 칭찬 점수를 잘 받기 위해 친구들의 참여도 높일 수 있습니다.

3 이 글에 나타나 있는 문제 상황을 간추려 쓰시오. [4점]

_____

_____

4 ㉠에 들어갈 토의 주제로 알맞은 내용을 쓰시오. [4점]

_____

_____

5 글쓴이가 제안한 의견의 좋은 점은 무엇이겠는지 생각하여 ㉡에 들어갈 내용을 알맞게 쓰시오. [4점]

_____

_____

1 다음 ( ) 안에 들어갈 말로 알맞은 것을 골라 ○표 하시오.

여행하면서 보고 듣고 느낀 점을 글로 쓰면 여행하면서 보고 들은 것을 나중에 알 수 있고, 여행했을 때의 (기분 , 비용)을/를 잘 간직할 수 있어 좋다.

2 여정을 적고, 여행으로 얻은 견문과 감상을 쓴 글을 무엇이라고 하는지 쓰시오.

( )

3 서로 관계 있는 것끼리 선으로 이으시오.

(1) 여정 • • ① 여행의 과정이나 일정

(2) 견문 • • ② 여행하며 든 생각이나 느낌

(3) 감상 • • ③ 여행하며 보거나 들은 것

4 「돌하르방 어디 감수광」에서 글쓴이가 처음으로 간 곳은 어디인지 기호를 쓰시오.

㉮ 한라산 산천단   ㉯ 한라산 영실   ㉰ 성산 일출봉   ㉱ 세화리 송당리 일대 오름

( )

5 「돌하르방 어디 감수광」에서 여러 오름 중 '오름의 여왕'이라고 불리는 오름은 무엇인지 쓰시오.

( )

6 다음 ( ) 안에 들어갈 말로 알맞은 것에 ○표 하시오.

여행하면서 찍은 사진이나 사용한 입장권, 기록한 쪽지 따위로 기행문을 더 (간단하게 , 생생하게) 쓸 수 있다.

7 기행문을 쓸 때 가운데 부분에 들어갈 내용을 알맞게 말한 친구의 이름을 쓰시오.

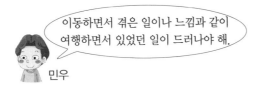

이동하면서 겪은 일이나 느낌과 같이 여행하면서 있었던 일이 드러나야 해.

민우

여행의 전체 감상이 드러나야 해.

민서

( )

단원 평가

1 기억에 남는 여행 경험을 말한 것으로 알맞은 것에 ○표 하시오.

(1) 지난 여름 방학 때 강원도 속초에 가서 물놀이를 했던 것이 기억에 남아. ( )

(2) 방학 때 제주도에 대한 책을 읽고 한라산에 대해 새로운 사실을 알게 되어 기억에 남아.
( )

2~3

서윤아, 너도 지난해 방학 때 제주도 여행 다녀오지 않았어?

응, 여행하면서 세계 자연 유산을 많이 알 수 있었어.

어디어디 다녀왔는데?

한라산, 거문 오름, 만장굴, 성산 일출봉을 다녀왔어.

서윤아, 너는 지난해에 갔다 왔는데 그게 다 기억나?

그럼, 그때 찍은 사진과 함께 글로 남겨 놓았더니 여행을 기억하기 좋더라.

2 서윤이가 제주도를 여행하면서 알게 된 것은 무엇입니까? ( )

① 제주도의 크기
② 제주도의 역사
③ 세계 자연 유산
④ 여행할 때 필요한 준비물
⑤ 비행기를 이용할 때 주의할 점

3 서술형 서윤이가 지난해에 여행을 갔다 왔는데도 다 기억하고 있는 까닭은 무엇인지 쓰시오.

_____

_____

4~6

가 제주행 비행기를 탈 때면 나는 창가 쪽 자리를 선호한다. 하늘에서 보는 제주도의 풍광을 만끽하기 위해서다.

나 이윽고 비행기가 제주도 상공으로 들어오면 왼쪽 창밖으로는 오름의 산비탈에 수놓듯이 줄지어 있는 산담이 아름답고, 오른쪽 창밖으로는 삼나무 방풍림 속에 짙은 초록빛으로 자란 밭작물들이 싱그러워 보인다. 비행기가 선회하여 활주로로 들어설 때는 오른쪽과 왼쪽의 풍광이 교체되면서 제주의 들과 산이 섞바뀌어 모두 볼 수 있게 된다. 올 때마다 보는 제주의 전형적인 풍광이지만 그것이 철 따라 다르고 날씨 따라 다르기 때문에 언제나 신천지에 오는 것 같은 설렘을 느끼게 된다.

4 이 글의 종류는 무엇인지 쓰시오.

( )

5 글쓴이가 하늘에서 본 제주도는 어떤 모습이었는지 알맞은 것을 두 가지 고르시오. ( )

① 산담이 아름답다.
② 바다가 짙은 초록빛이다.
③ 오름의 산비탈이 아찔하다.
④ 밭작물들이 싱그러워 보인다.
⑤ 현무암의 검은 빛이 음산하다.

6 글쓴이가 제주에 올 때마다 설렘을 느끼는 까닭은 무엇입니까? ( )

① 글쓴이의 고향이어서
② 여행 자체가 주는 기대감 때문에
③ 글쓴이가 가장 좋아하는 곳이기 때문에
④ 싱그러운 자연이 마음을 편안하게 해 주어서
⑤ 제주도의 모습이 철 따라 다르고 날씨 따라 다르기 때문에

7~9

가 우리 답사의 첫 유적지는 한라산 산천단이었다. 한라산 산신께 제사드리는 산천단에 가서 답사의 안전을 빌고 가는 것이 순서에도 맞고 또 제주도에 온 예의라는 마음도 든다.

나 ⊙제주의 동북쪽 구좌읍 세화리 송당리 일대는 크고 작은 무수한 오름이 저마다의 맵시를 자랑하며 드넓은 들판과 황무지에 오똑하여 오름의 섬 제주에서도 오름이 가장 많고 아름다운 '오름의 왕국'이라고 했다. 그중에서도 다랑쉬오름은 '오름의 여왕'이라고 불린다.

다 오름 아래 자락에는 삼나무와 편백나무 조림지가 있어 제법 무성하다 싶지만 숲길을 벗어나면 이내 천연의 풀밭이 나오면서 시야가 갑자기 탁 트이고 사방이 멀리 조망된다. 경사면을 따라 불어오는 그 유명한 제주의 바람이 흐르는 땀을 씻어 주어 한여름이라도 더운 줄 모른다. 발길을 옮길 때마다, 한 굽이를 돌 때마다 시야는 점점 넓어지면서 가슴까지 시원하게 열린다.

7 글쓴이가 들른 곳을 차례에 맞게 쓰시오.

한라산 산천단 → (   )

8 ⊙에 대한 설명으로 알맞은 것은 무엇입니까? (   )

① 여행한 목적을 나타낸 것이다.
② 여행하면서 다닌 곳을 나타낸 것이다.
③ 여행하면서 보고 들은 것을 나타낸 것이다.
④ 여행을 앞둔 글쓴이의 기분을 나타낸 것이다.
⑤ 여행하면서 생각하거나 느낀 것을 나타낸 것이다.

9 글 **다** 에서 글쓴이는 오름 아래 자락에서 어떤 기분을 느꼈습니까? (   )

① 시원함.   ② 답답함.   ③ 피곤함.
④ 어수선함.   ⑤ 어리둥절함.

10~13

우리는 어리목에서 출발하여 만세 동산을 지나 1700 고지인 윗세오름까지 오라 그곳 산장 휴게소에서 준비해 간 도시락을 먹고 영실로 하산하면서 한라산의 아름다움을 만끽했다. 영실에 들어서면 이내 솔밭 사이로 시원한 계곡물이 흐른다. 본래 실이라는 이름이 붙은 곳은 계곡을 말하는 것으로 옛 기록에는 영곡으로 나오기도 한다. 언제 어느 때 가도 ⊙계곡물 소리와 바람 소리, 거기에 계곡을 끼고 도는 안개가 신령스러워 영실이라는 이름에 값한다. 무더운 여름날 소나기라도 한차례 지나간 뒤라면 이 계곡을 두른 절벽 사이로 100여 미터의 폭포가 생겨 더욱 장관을 이룬다.

10 이 글에서 글쓴이가 이동한 경로를 바르게 나타낸 것은 무엇입니까? (   )

① 만세 동산 – 어리목 – 산장 휴게소 – 영실 – 윗세오름
② 만세 동산 – 어리목 – 윗세오름 – 영실 – 산장 휴게소
③ 어리목 – 만세 동산 – 산장 휴게소 – 영실 – 윗세오름
④ 어리목 – 만세 동산 – 윗세오름 – 산장 휴게소 – 영실
⑤ 어리목 – 윗세오름 – 만세 동산 – 산장 휴게소 – 영실

11 이 글의 내용으로 보아, 영실에 들어서면 무엇이 보이겠는지 쓰시오.

(   )

12 글쓴이는 영실에서 보거나 들은 ⊙에 대해 어떤 생각을 갖고 있습니까? (   )

① 무섭다.   ② 시원하다.   ③ 시끄럽다.
④ 답답하다.   ⑤ 신령스럽다.

13 만약 자신이 제주도에 간다면 어디를 가 보고 싶은지 까닭과 함께 쓰시오.
서술형

_____

_____

14~15

숲길을 지나노라면 아래로는 제주조릿대가 떼를 이루면서 낮은 포복으로 기어가며 온통 푸르게 물들여 놓고, 위로는 하늘을 가린 울창한 나무들이 크면 큰 대로 작으면 작은 대로 아름답고 기이하다.

숲길을 빠져나와 머리핀처럼 돌아가는 가파른 능선 허리춤에 올라서면 홀연히 눈앞에 수백 개의 뾰족한 기암괴석이 호를 그리며 병풍처럼 펼쳐진다. ㉠오르면 오를수록 이 수직의 기암들이 점점 더 하늘로 치솟아 올라 신비스럽고도 웅장한 모습에 절로 감탄이 나온다.

14 ㉠은 무엇을 나타낸 것입니까? ( )

① 여행한 까닭
② 여행하면서 다닌 곳
③ 여행하면서 보고 들은 것
④ 여행을 마치고 아쉬운 점
⑤ 여행하면서 생각하거나 느낀 것

15 병풍처럼 펼쳐진 기암괴석을 보고 글쓴이는 어떤 생각을 했습니까? ( )

① 답답하고 무섭다.
② 장엄하고 아름답다.
③ 기묘하고 이상하다.
④ 아찔하고 숨이 막힌다.
⑤ 신비스럽고 웅장한 모습에 감탄이 나온다.

16★ 기행문에서 여정이 잘 드러나게 나타내려면 어떤 표현을 써야 할지 알맞게 설명한 것을 두 가지 고르시오. ( )

① '~이라고 한다' 따위의 표현을 쓴다.
② '~처럼, ~같이'와 같은 비유를 쓴다.
③ '~에 갔다' 따위의 장소 표현을 쓴다.
④ '이른 아침에' 따위의 시간 표현을 쓴다.
⑤ '느끼다, 생각하다'와 같은 낱말을 쓴다.

17 다음은 여정, 견문, 감상 중 무엇을 드러내는 표현인지 쓰시오.

• 불국사에는 청운교와 백운교가 있다.
• 순천만 습지에서 농게와 짱뚱어를 보았다.
• 창덕궁이 유네스코 세계 문화유산이 되었다고 한다.

( )

18 기행문의 처음 부분에 들어갈 내용을 생각하여 두 가지만 쓰시오.

(1) ( )
(2) ( )

19 기행문의 가운데 부분을 쓰는 방법으로 알맞지 않은 것은 무엇입니까? ( )

① 여행지에서 다닌 곳을 쓴다.
② 새롭게 안 사실은 쓰지 않는다.
③ 여행하면서 보고 들은 것을 쓴다.
④ 여행하면서 있었던 일이 나타나야 한다.
⑤ 인상 깊은 경험이나 이야기를 보태도 된다.

20 기행문을 더 생생하게 쓰기 위해 활용할 수 있는 것으로 알맞지 않은 것을 찾아 기호를 쓰시오.

㉮ 여행하면서 찍은 사진
㉯ 다른 사람이 쓴 기행문
㉰ 여행하면서 기록한 쪽지
㉱ 여행하면서 사용한 입장권

( )

1~2

3~4

가 ㉠성산 일출봉은 제주 답사의 기본 경로라 할 만큼 잘 알려져 있고, 영주 십경의 제1경이 '성산에 뜨는 해'인 성산 일출이며, 제주 올레 제1경로가 시작되는 곳일 만큼 제주의 중요한 상징이기도 하다.
㉡제주도와 연결된 서쪽을 제외한 성산 일출봉의 동·남·북쪽 외벽은 깎아 내린 듯한 절벽으로 바다와 맞닿아 있다. 일출봉의 서쪽은 고운 잔디 능선 위에 돌기둥과 수백 개의 기암이 우뚝우뚝 솟아 있는데 그 사이에 계단으로 만든 등산로가 나 있다.

나 ㉢일출봉은 멀리서 볼 때나, 가까이 다가가 올려다볼 때나, 정상에 올라 분화구를 내려다볼 때나 풍광 그 자체의 아름다움과 감동이 있다.

3 이 글을 읽고 성산 일출봉에 대해 새롭게 안 사실을 한 가지만 쓰시오. [4점]

_____

_____

_____

4 ㉠~㉢ 중 감상을 나타낸 것의 기호를 쓰고, 그렇게 생각한 까닭을 쓰시오. [4점]

_____

_____

_____

1 서윤이가 제주도에서 들른 곳을 모두 쓰시오. [3점]
(   )

2 그림 **가**와 **나**에서 여행할 때 현석이와 서윤이의 차이점은 무엇인지 비교하여 쓰시오. [6점]

_____

_____

5 다음 문장을 참고하여 기행문의 여정이 잘 드러나게 나타내려면 어떤 표현을 써야 할지 쓰시오. [5점]

> • 이른 아침에 현대 문화와 옛 문화가 어우러진 인사동에 도착했다.
> • 다음 날 저녁에 들른 곳은 고창 고인돌박물관이다.

_____

_____

1 '바늘'처럼 '바'와 '늘'로 나누면 본디의 뜻이 없어져 더는 나눌 수 없는 낱말을 무엇이라고 하는지 쓰시오.

(   )

2 '손수레'는 어떤 말을 합해서 다른 한 낱말을 만든 것인지 알맞게 쓰시오.

(   )과/와 (   )

3 '길'이라는 낱말에 다른 낱말을 합해서 만든 낱말로 알맞지 <u>않은</u> 것의 기호를 쓰시오.

㉮ 길이	㉯ 꽃길	㉰ 골목길	㉱ 길동무

(   )

4 「자연을 닮은 우리 악기」에서 명주실을 이용하여 만든 악기를 두 가지만 쓰시오.

(   )

5 「우리나라의 멸종 위기 동물」에서 동물이 사라지는 까닭으로 알맞은 것에 모두 ○표 하시오.

(1) 동물들의 먹이가 점점 넘쳐나기 때문에 (   )
(2) 지구 온난화와 환경 오염 등으로 동물의 서식지가 줄어들기 때문에 (   )
(3) 토종 동물이 다른 나라에서 들어온 동물과 벌이는 생존 경쟁에서 밀려났기 때문에 (   )

6 동물 이름의 짜임을 보고, 동물의 특징을 알맞게 짐작한 친구의 이름을 쓰시오.

'하늘다람쥐'는 '하늘'과 '다람쥐'를 합해서 만든 낱말로, 하늘을 나는 다람쥐인 것 같아.

서윤

'반달가슴곰'은 더는 나눌 수 없는 낱말로, 가슴이 반달처럼 작은 곰인 것 같아.

희수

(   )

7 다음 낱말을 새말로 바꾸어 쓰시오.

(1) 주스 (   )   (2) 스피커 (   )

1 다음 중 복합어가 <u>아닌</u> 것은 무엇입니까?

( )

① 나무　　　　② 맨주먹
③ 검붉다　　　④ 산딸기
⑤ 바늘방석

2 다음은 어떤 말을 합해서 다른 한 낱말을 만든 것인지 쓰고, 그 뜻을 짐작하여 쓰시오.

서술형

방울토마토	
낱말의 짜임	(1)
뜻	(2)

3 다음 낱말에 공통으로 들어 있는 '풋–'은 어떤 뜻입니까? ( )

> 풋고추　풋밤　풋사과

① 당해에 난
② 다른 것이 없는
③ '작은' 또는 '어린'
④ 어떤 일을 잘하는 사람
⑤ '처음 나온' 또는 '덜 익은'

4 '밥'이라는 낱말에 다른 낱말을 합해서 복합어를 만들어 두 가지만 쓰시오.

( )

5~7

> ㉠초가지붕 위에 주렁주렁 앉아 자라던 박은 물을 푸는 물박, 간장을 퍼내는 장 박, 밥을 담는 주발 박 같은 바가지나 그릇을 만드는 데 많이 쓰였어요. 우리 악기 가운데 생황은 박으로 만든 악기입니다. 생황은 박으로 만든 공명통(소리를 울리게 하는 통)에 서로 길이가 다른 여러 개의 대나무 관이 꽂혀 있는 악기예요.

5 다음 중 박으로 만든 악기는 무엇입니까?

( )

① 어　　　　② 훈
③ 편경　　　④ 생황
⑤ 아쟁

6 다음은 어떤 일을 떠올리며 이 글을 읽은 것인지 알맞은 것에 ○표 하시오.

> 전통 악기 박물관에서 생황이라는 악기를 본 적이 있어. 무엇으로 만들었는지 궁금했는데 박으로 만든 악기였어. 나도 생황을 불어 소리를 내 보고 싶어.

(1) 한 일을 떠올리며 읽기 ( )
(2) 본 일을 떠올리며 읽기 ( )
(3) 들은 일을 떠올리며 읽기 ( )

7 ㉠의 짜임을 나타낸 것으로 알맞은 것은 무엇입니까? ( )

① 초 + 가지붕
② 초가 + 지붕
③ 초가 + 지 + 붕
④ 초 + 가 + 지붕
⑤ 초 + 가 + 지 + 붕

나무는 어디에서나 쉽게 구할 수 있고 쓰임도 많은 재료예요. 나무로 만든 악기에는 박, 어 등이 있어요. 나무의 딱딱한 소리는 여러 악기를 모아 합주할 때 연주의 처음과 끝을 알리는 역할을 했답니다. 어는 나무로 만든 흰 호랑이 등 위에 스물일곱 개의 톱니가 붙어 있는 악기이고, 박은 단단한 나뭇조각 여섯 개의 한쪽 끝을 모아 묶은 악기예요. 박을 연주하는 사람은 지휘자와 같은 역할을 한답니다.

돌로 만든 악기는 추위나 더위에 강하기 때문에 음의 변화가 거의 없었어요. 그래서 다른 악기의 음을 맞추거나 고르게 할 때 기준이 된답니다. 돌로 만든 악기에는 편경과 특경이 있어요. 편경은 단단한 돌을 'ㄱ' 자 모양으로 깎아서 만든 악기로, 돌조각을 '각퇴'라는 채로 쳐서 소리를 내요. 돌에서 나오는 티 없이 청아한 소리가 일품이에요. 편경은 주로 궁중에서 제사를 지낼 때 쓰입니다.

8 이 글에서 박을 연주하는 사람은 무엇과 같은 역할을 한다고 했는지 쓰시오.

(   )

9 돌로 만든 악기는 어떤 역할을 한다고 했습니까?

(   )

① 박자를 맞춰 준다.
② 연주의 끝을 알려 준다.
③ 놀이판의 흥을 높여 준다.
④ 연주의 처음을 알려 준다.
⑤ 다른 악기의 음을 맞추거나 고르게 할 때 기준이 된다.

10 이 글에 나온 악기 중 주로 궁중에서 제사를 지낼 때 쓰이는 것은 무엇입니까? (   )

① 박   ② 어
③ 편경   ④ 특경
⑤ 각퇴

11 이 글을 읽고 새롭게 안 내용이나 더 알고 싶은 내용을 정리하여 쓰시오.
서술형

_____

_____

12 겪은 일을 떠올리며 글을 읽으면 좋은 점으로 알맞지 <u>않은</u> 것은 무엇입니까? (   )

① 글을 깊이 있게 이해할 수 있다.
② 내 지식의 정도를 파악할 수 있다.
③ 글의 내용에 더 흥미를 지니게 된다.
④ 글의 내용을 더 쉽게 이해할 수 있다.
⑤ 자신이 아는 내용과 비교하며 글을 읽을 수 있다.

㉠반달가슴곰: 대한민국 사람들은 우리를 참 많이 사랑해요. 그만큼 우리에게 관심도 많고요. 우리 친구들을 지리산으로 돌려보낼 때마다 잘 살기를 무척 바라지요. 듣자 하니 50마리까지 늘리는 게 목표라고 해요. 하기는 우리를 귀하게 여길 만해요. 우리는 산에서 도토리, 가래, 산뽕나무의 열매 등을 먹고 여기저기에 똥을 누어요. 바로 그 똥이 흙을 좋게 만들어서 씨앗이 돋아나게 하고 산을 푸르게 만드는 데 도움을 주거든요. 우리가 있어야 지리산의 생태계가 잘 돌아가는 거죠. 하지만 문제는 바로 사람들! 아무리 깊은 산속이라도 사람들이 보여요. 이 험한 데까지 대체 어떻게 오는 거죠?

13 ㉠의 이름을 통해 짐작할 수 있는 것은 무엇입니까? (   )

① 동물의 먹이
② 동물의 크기
③ 동물의 생김새
④ 동물이 사는 곳
⑤ 동물이 사라지는 까닭

14 이 글의 내용으로 보아, 반달가슴곰이 멸종 위기에 처하는 것은 무엇 때문일지 쓰시오.

( )

17 깃대종이 잘 보존되어 있다는 뜻은 무엇인지 이 글에서 찾아 쓰시오.

( )

15 지리산에 반달가슴곰이 있다는 것은 무엇을 의미하는지 알맞은 것에 ○표 하시오.

(1) 지리산의 생태계가 파괴되고 있다. ( )

(2) 지리산의 생태계가 잘 유지되고 있다.

( )

18 ⓐ~ⓔ 중 동물 이름의 짜임을 생각해 보고, 다음 생김새와 관련 있는 동물은 무엇일지 알맞은 것의 기호를 쓰시오.

> 몸에서 광택이 나고 만지면 부드러울 것 같다.

( )

---

16 ~ 18

멸종 위기에 처한 우리나라의 동물들을 구하려면 어떻게 해야 할까요? 1993년 국제 연합 환경 계획에서 '생물 다양성 국가 연구에 대한 지침'을 발표했습니다. 이를 시작으로 하여 사람들은 단순히 멸종 위기의 동물을 보호하는 데에만 그치는 것이 아니라 생태계 전체를 건강하게 만드는 데 힘을 쏟기 시작했습니다. 멸종 위기 동물을 천연기념물로 지정해 보호하고 우리나라 고유의 생물들을 보존하는 방법을 찾기로 했습니다. 그렇게 해서 생겨난 것이 바로 깃대종과 지표종이랍니다.

깃대종은 그 지역을 대표하는 생물들이기 때문에 깃대종이 잘 보존된다면 그 지역의 생태계가 잘 유지된다는 증거로 볼 수 있습니다. 우리나라의 대표적인 깃대종으로는 설악산의 ⓐ산양, 내장산의 ⓑ비단벌레, 속리산의 ⓒ하늘다람쥐, 지리산의 ⓓ반달가슴곰이 있습니다.

16 멸종 위기에 처한 동물들을 보호하고 보존하기 위해 마련한 방법으로 알맞은 것을 모두 고르시오.

( )

① 지표종을 만든다.

② 깃대종을 만든다.

③ 동물원에서 보호한다.

④ 천연기념물로 지정해 보호한다.

⑤ 사람들이 없는 곳에서 모아 기른다.

---

19 ~ 20

이 알림판에는 여러분이 정성껏 그린 그림이나 여러 가지 작품을 붙일 거예요. 새롭게 만든 알림판 이름을 함께 지어 볼까요?

19 선생님께서 어떤 알림판의 이름을 지어 보자고 하셨습니까? ( )

① 시간표를 붙일 알림판

② 독서 기록을 붙일 알림판

③ 가족 사진을 붙일 알림판

④ 그림이나 작품을 붙일 알림판

⑤ 우리들의 장래희망을 붙일 알림판

20

서술형

알림판의 이름을 지어 보고, 새말을 어떻게 만들었는지 방법을 설명하여 쓰시오.

알림판 이름	(1)
만든 방법	(2)

1 단일어와 복합어를 생각하여 각각 두 가지씩 쓰시오. [4점]

단일어	(1)
복합어	(2)

2~4

가 지금까지 알려진 동물은 약 170만 종이라고 합니다. 앞으로 20~30년 안에 이 동물 가운데 $\frac{1}{4}$ 정도가 지구상에서 완전히 사라질 수도 있다고 합니다. 왜냐하면 지구 온난화와 환경 오염 등으로 동물의 서식지가 줄어들고 있기 때문입니다. 그리고 토종 동물이 다른 나라에서 들어온 동물과 벌이는 생존 경쟁에서 밀려나 사라지는 경우도 있기 때문입니다. 우리나라에도 이렇게 멸종되어 가는 동물이 많이 있습니다.

나 ㉠반달가슴곰: 대한민국 사람들은 우리를 참 많이 사랑해요. 그만큼 우리에게 관심도 많고요. 우리 친구들을 지리산으로 돌려보낼 때마다 잘 살기를 무척 바라지요. 듣자 하니 50마리까지 늘리는 게 목표라고 해요. 하기는 우리를 귀하게 여길 만해요. 우리는 산에서 도토리, 가래, 산뽕나무의 열매 등을 먹고 여기저기에 똥을 누어요. 바로 그 똥이 흙을 좋게 만들어서 씨앗이 돋아나게 하고 산을 푸르게 만드는 데 도움을 주거든요. 우리가 있어야 지리산의 생태계가 잘 돌아가는 거죠. 하지만 문제는 바로 사람들! 아무리 깊은 산속이라도 사람들이 보여요. 이 험한 데까지 대체 어떻게 오는 거죠?

다 오늘날에는 동물이 멸종하는 것을 막고자 세계 여러 나라에서 많은 노력을 하고 있습니다. 각 나라는 점점 줄어드는 동물을 '멸종 위기종'으로 지정해 보호하기도 합니다. 그렇다면 멸종 위기의 동물을 보호하는 가장 좋은 방법은 무엇일까요? 그것은 바로 우리가 동물에게 관심을 기울이고 동물을 보살피며, 환경을 함부로 파괴하지 않고 깨끗하게 유지하는 것입니다.

2 동물들이 사라지는 까닭은 무엇 때문인지 정리하여 한 가지만 쓰시오. [4점]

_____

_____

3 ㉠'반달가슴곰'은 어떤 곰일지 짐작하여 조건 에 맞게 쓰시오. [6점]

조건
• 동물 이름의 짜임과 관련지어 동물의 특징이 드러나게 쓴다.
• "반달가슴곰'은 ~ 뜻하는 것 같다.'와 같은 문장 형식으로 쓴다.

_____

_____

4 이 글을 읽고 자신이 알고 있었던 것과 새롭게 안 것을 정리하여 쓰시오. [8점]

자신이 알고 있었던 것	(1)
새롭게 안 것	(2)

1 설명하는 글을 읽는 방법을 생각하여 빈칸에 알맞은 말을 보기 에서 찾아 쓰시오.

보기
새롭게 안 것, 이미 아는 것, 설명, 대상

(1) 설명하려는 (   )이/가 무엇인지 생각한다.
(2) 대상의 무엇을 자세히 (   )하는지 생각한다.
(3) 대상을 보고 (   )을/를 떠올린다.
(4) 대상에 대해 (   )을/를 찾는다.

2 주장하는 글을 읽는 방법으로 알맞은 것에 모두 ○표 하시오.

(1) 글쓴이의 주장을 파악한다.   (   )
(2) 글쓴이의 생각을 옳다고 생각하는 수용적 태도로 읽는다.   (   )
(3) 주장을 뒷받침하는 근거를 찾고, 주장을 뒷받침하는 알맞은 근거인지 생각한다. (   )

3 다음에서 설명하는 읽기 방법이 어떤 읽기인지 알맞게 선으로 이으시오.

(1) 필요한 정보에 집중하며 글의 내용을 자세히 살펴보며 꼼꼼히 읽는 방법   •   • ① 훑어 읽기

(2) 글 전체를 다 읽지 않고 중요한 낱말을 읽으면서 필요한 내용이 있는지 찾아보는 읽기 방법   •   • ② 자세히 읽기

4 다음 (   ) 안에 들어갈 알맞은 글의 종류를 찾아 ○표 하시오.

「점과 선으로 만든 암호」는 정보 무늬에 대해 알려 주는 (설명하는 글 , 주장하는 글)이며, 「미래 사회의 변화에 대처하는 자세」는 미래 사회에 필요한 사람이 되자는 글쓴이의 주장과 그에 따른 근거를 내세우고 있는 (설명하는 글 , 주장하는 글)이다.

5 「아름다운 비색을 지닌 고려청자」를 읽을 때 규빈이는 고려청자를 조사해 발표하기 위해서 (훑어 읽기 , 자세히 읽기) 방법으로 읽었습니다.

6 「아름다운 비색을 지닌 고려청자」를 읽을 때 지완이는 외국에서 온 친구에게 고려청자를 자세하게 소개하는 글을 쓰기 위해서 (훑어 읽기 , 자세히 읽기) 방법으로 읽었습니다.

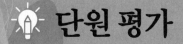
1 여러 가지 글을 찾아 읽고 도움을 받은 것에 대해 알맞게 말하지 <u>못한</u> 친구의 이름을 쓰시오.

> 정기: 곤충을 보고 궁금했던 점을 책을 읽고 알 수 있었어.
> 은주: 도서관에 가서 읽고 싶은 책을 골라 읽은 적이 있었어.
> 서윤: 뉴스 내용을 잘 이해하지 못했는데 인터넷 자료를 찾아보고 알 수 있었어.

( )

2 미술 시간에 교통질서 지키기 광고를 그리려면 어떻게 자료를 찾으면 좋을지 알맞은 것을 모두 고르시오. ( )

① 횡단보도가 설치된 곳을 직접 찾아간다.
② 교통안전을 다룬 내용을 책에서 찾아본다.
③ 지역 경찰관을 인터뷰한 기사를 찾아본다.
④ 신문에서 교통사고를 다룬 기사를 찾아본다.
⑤ 인터넷에서 교통질서 지키기 광고지를 검색한다.

3~4

> 최근 출판하는 책이나 광고, 알림판 따위에서 네모 모양의 표식을 자주 볼 수 있다. 네모 모양 안에 검은 선과 점을 배열했는데, 이것을 정보 무늬[QR 코드]라고 한다. 큐아르(QR)는 '빠른 응답'이라는 영어의 줄임 말이다.

3 이 글의 종류는 무엇입니까? ( )

① 시 ② 편지글 ③ 이야기
④ 설명하는 글 ⑤ 주장하는 글

4 정보 무늬에 대한 설명으로 알맞은 것에 모두 ○표 하시오.

(1) QR 코드라고도 한다. ( )
(2) 큐아르는 '빠른 응답'이라는 뜻이다. ( )
(3) 막대 모양 안에 검은 선과 점을 배열하였다. ( )

5~7

> 정보 무늬는 스마트폰으로 사용할 수 있다. 스마트폰 응용 프로그램으로 정보 무늬를 찍으면 관련 내용이 있는 누리집으로 이동하거나, 관련 사진이나 동영상을 볼 수 있다. 또 정보 무늬에 색깔이나 신기한 그림을 넣어 만들기도 한다.
> 정보 무늬는 여러 분야에서 활용한다. 백화점이나 할인점에서는 정보 무늬로 할인 정보를 제공한다. 신문 광고에 있는 정보 무늬를 찍으면 3차원으로 움직이는 광고가 나오기도 하고, 책에 있는 정보 무늬를 찍으면 등장인물이 튀어나와 책의 정보와 줄거리를 알려 주기도 한다. 박물관이나 미술관에서는 자료나 작품을 더 알아볼 수 있도록 정보 무늬에 설명을 담아 제공하기도 한다.
> 정보 무늬는 누구나 만들 수 있다. 예를 들어 개인 정보를 담은 명함을 만들 수도 있다.

5 이 글을 읽는 방법으로 알맞은 것을 모두 고르시오. ( )

① 이미 아는 것을 떠올린다.
② 의견을 뒷받침하는 근거를 찾는다.
③ 대상에 대해 새롭게 안 것을 찾는다.
④ 설명하려는 대상이 무엇인지 생각한다.
⑤ 자신의 생각과 비교해 같은 점을 찾는다.

6 이 글에 나와 있는, 정보 무늬가 쓰이는 분야로 알맞지 <u>않은</u> 것은 무엇입니까? ( )

① 책 ② 박물관 ③ 백화점
④ 재래시장 ⑤ 신문 광고

7 글을 읽고 만든 다음의 질문에 어떻게 답할 수 있을지 쓰시오.
서술형

> 정보 무늬를 사용하면 어떤 점이 좋을까요?

_____

_____

[8~13]

가까운 미래에는 제4차 산업 혁명이 일어나 많은 것이 달라진다고 합니다. 인공 지능이 발달하고 새로운 기술을 개발해서 지금까지 살던 모습과는 다를 것입니다. / 그렇다면 미래 사회에 필요한 사람은 어떤 사람일까요?

첫째, ㉠정해진 답을 찾기보다 새로운 방식으로 문제를 해결하는 사람입니다. 정해진 문제는 사람보다 인공 지능이 더 잘 해결할 수도 있습니다. 그러나 새로운 방식을 생각하는 것은 인공 지능보다 사람이 더 잘할 수 있습니다.

둘째, 새로운 변화에 대응하는 사람입니다. 미래 연구자들은 다가올 미래에는 여러 가지 사회·환경 문제처럼 예전에 없던 새로운 변화를 맞을 것이라고 합니다. 그러므로 미래 사회에서는 막힌 생각보다 변화에 부드럽게 대처하려는 생각을 해야 합니다.

셋째, 서로 돕고 존중하는 사람입니다. 인공 지능과 새로운 기술이 삶을 빠르게 바꿀 수 있습니다. 이럴 때 함께 마음을 모아 서로 돕고 존중해야 사회를 따뜻하게 만들 수 있습니다.

앞으로 우리는 거대한 미래의 충격과 변화 앞에서도 흔들리지 않는 열정과 패기로 서로를 존중해야 합니다.

8 이 글을 읽을 때 고려해야 할 점을 알맞게 말한 친구의 이름을 쓰시오.

> 하민: 이미 아는 것을 떠올려 글에서 말하는 대상에 대해 새롭게 안 것을 찾는 것이 좋아.
> 석희: 글쓴이가 주장하는 것과 그렇게 말하는 근거가 어떻게 되는지 살펴봐야 해.

( )

9 글쓴이가 주장에 대한 근거로 제시하고 있는 것은 무엇인지 빈칸에 알맞은 말을 쓰시오.

> ( ) 사람이 갖추어야 할 것은 무엇일까?

10 다음 내용으로 볼 때, 정수는 특히 어떤 점을 고려하여 이 글을 읽었는지 알맞은 것에 ○표 하시오.

> 정수: 미래는 지금보다 급격하게 빠른 속도로 사회가 변화할 것이므로 지금의 사고보다는 변화와 새로움에 맞는 사고를 가진 사람이 더 필요할 것이야. 따라서 미래에 지금과 다른 사람이 필요하다는 근거는 적절하다고 생각해.

(1) 글쓴이의 주장은 무엇인가? ( )
(2) 주장에 대한 근거가 적절한가? ( )
(3) 글에서 강조하는 부분은 무엇인가? ( )

11 이 글에 알맞은 제목은 무엇이겠습니까?( )

① 거대한 미래의 충격과 변화
② 새로운 변화를 거부하는 방법
③ 지금과는 다른 미래 사회의 모습
④ 미래 사회의 변화에 대처하는 자세
⑤ 변화에 흔들리지 않는 열정과 패기를 가진 사람

12 미래 사회에 ㉠의 사람이 필요한 까닭에 맞게 빈칸에 알맞은 말을 쓰시오.

> 새로운 방식을 생각하는 것은 ( )보다 ( )이/가 더 잘할 수 있기 때문에

13
서술형 주장과 근거를 파악하여 이 글의 내용을 정리하여 빈칸에 알맞은 내용을 쓰시오.

처음	미래 사회에 필요한 사람은 어떤 사람일까?
가운데	• _____ • _____ • _____
끝	미래의 충격과 변화 앞에서도 흔들리지 않는 열정과 패기로 서로를 존중해야 한다.

14~20

> 제목에 나온 비색은 어떤 색깔을 말하는 것일까? 발표할 만한 내용이 있을지 낱말들을 중심으로 찾아봐야지.

규빈

아름다운 비색을 지닌 고려청자

가 고려청자는 청자의 빛깔, 독특한 장식 기법과 아름다운 형태로 유명하다. 고려청자를 만든 시기에는 중국과 우리나라에서만 질 높은 청자를 만들 수 있었다. 우리나라보다 중국이 먼저 청자를 만들고 세상에 알렸지만, 고려는 청자를 만드는 우수한 기술력과 아름다움을 인정받아 다른 나라 사람들에게 사랑을 받았다.

나 청자의 빛깔은 맑고 은은한 푸른 녹색이다. 이는 유약 안에 아주 작은 기포가 많아 빛이 반사되면서 은은하고 투명하게 비쳐 보이기 때문이다. 청자의 색이 짙고 푸른색 윤이 나는 구슬인 비취옥과 색깔이 닮았기 때문에 '비색'이라 불렀는데, 중국 송나라의 태평 노인이 『수중금』이라는 책에서 고려청자의 빛깔을 비색이라 부르며 천하제일이라고 칭찬했다.

다 청자의 상감 기법은 어느 나라에서도 찾아볼 수 없는 우리 고유의 독창적인 도자기 장식 기법이다. 상감 기법은 그릇을 빚고 굳었을 때 그릇 바깥쪽에 조각칼로 무늬를 새긴 다음, 검은색이나 흰색의 흙을 메운 뒤 무늬가 드러나도록 바깥쪽을 매끄럽게 다듬는 기법이다.

라 고려청자는 맑고 은은한 비색으로 유려한 곡선을 강조하며 상감 기법으로 회화적인 아름다운 무늬를 표현한 것이 특색이다. 우리는 이러한 고려청자로 고려인들의 독창성과 뛰어난 기술력을 엿볼 수 있다.

> 외국에서 온 친구는 고려청자를 잘 모를 거야. 고려청자의 뛰어난 점이 무엇인지 자세히 살펴보고 내가 아는 내용과 비교해 읽어 봐야지.

지완

14 규빈이와 지완이가 글을 읽는 목적을 생각하여 각자에게 알맞은 읽기 방법을 선으로 이으시오.

(1) 규빈 •

(2) 지완 •

• ① 훑어 읽기

• ② 자세히 읽기

15 다음은 규빈이가 글을 읽은 방법을 정리한 것입니다. 빈칸에 알맞은 말을 보기 에서 찾아 쓰시오.

> **보기**
> 사진, 제목, 밑줄, 중요한 낱말

(1) ( )을 가장 먼저 읽고 필요한 내용이 있는지 생각한다.

(2) 글 전체를 다 읽지 않고 ( )을 읽으면서 필요한 내용이 있는지 찾아본다.

16 글 나~라에서 고려청자에 대해 설명하고 있는 것을 모두 고르시오. ( )

① 빛깔　　② 쓰임　　③ 특색

④ 만든 사람　　⑤ 장식 기법

17 고려청자의 빛깔을 '비색'이라고 부른 까닭을 쓰시오.

_____

_____

18 고려청자에 사용된 독창적인 도자기 장식 기법을 무엇이라고 하는지 찾아 쓰시오.

( )

19 고려청자에서 고려인들의 무엇을 엿볼 수 있는지 알맞은 것을 두 가지 고르시오. ( )

① 기품　　② 슬픔　　③ 독창성

④ 민족성　　⑤ 뛰어난 기술력

20 규빈이와 지완이의 읽기 방법을 사용하는 경우는 언제일지 예를 들어 쓰시오.

서술형

(1) 규빈이의 읽기 방법을 사용하는 경우: _____

_____

(2) 지완이의 읽기 방법을 사용하는 경우: _____

_____

1 다음 친구들이 어떤 경우에 글을 읽는다고 하였는지 쓰시오. [6점]

- 친구가 좋은 책이라고 알려 주었을 때
-
-
-

2 다음 친구가 어떻게 자료를 찾으면 좋을지 조건 에 맞게 두 가지 쓰시오. [8점]

미술 시간에 교통질서 지키기 광고를 그리기로 했어.

조건
- 예시를 참고하여, 글을 읽은 경험을 살려 실질적인 도움이 되는 방법을 제시한다.
- 친구에게 말하는 말투로 쓴다.

- 교통안전을 다룬 내용을 책에서 찾아봐.
-
-

3~4

가 최근 출판하는 책이나 광고, 알림판 따위에서 네모 모양의 표식을 자주 볼 수 있다. 네모 모양 안에 검은 선과 점을 배열했는데, 이것을 정보 무늬[QR 코드]라고 한다. 큐아르(QR)는 '빠른 응답'이라는 영어의 줄임 말이다.

나 정보 무늬는 스마트폰으로 사용할 수 있다. 스마트폰 응용 프로그램으로 정보 무늬를 찍으면 관련 내용이 있는 누리집으로 이동하거나, 관련 사진이나 동영상을 볼 수 있다.

다 정보 무늬는 여러 분야에서 활용한다. 백화점이나 할인점에서는 정보 무늬로 할인 정보를 제공한다.

라 정보 무늬는 누구나 만들 수 있다. 예를 들어 개인 정보를 담은 명함을 만들 수도 있다. 명함에 있는 정보 무늬로 자신의 사진이나 동영상을 보여 주거나 이름이나 연락처를 자동으로 저장할 수 있다.

3 이 글의 종류는 무엇인지 쓰고, 이와 같은 글은 어떻게 읽는 것이 좋은지 읽는 방법을 한 가지만 쓰시오. [10점]

(1) 글의 종류: (   )

(2) 글을 읽는 방법: ＿＿＿＿＿＿＿＿＿

＿＿＿＿＿＿＿＿＿＿＿＿＿＿

4 이 글에서 설명하는 내용을 항목별로 나누어 정리해 빈칸에 알맞은 내용을 쓰시오. [8점]

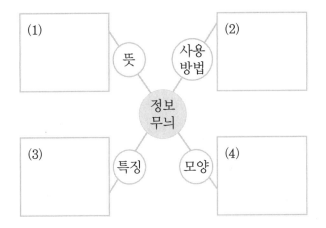

1 5학년 때 일어난 일 가운데에서 가장 기억에 남는 일은 무엇인지 쓰시오.

( )

2 이야기로 만들기에 좋은 기억 카드의 기준을 보기 에서 모두 찾아 기호를 쓰시오.

> 보기
> ㉮ 자신이 잘 아는 이야기여야 한다.
> ㉯ 누구나 경험해 본 이야기여야 한다.
> ㉰ 친구들이 흥미를 보이는 이야기여야 한다.
> ㉱ 시간의 흐름이 나타날 수 있는 이야기여야 한다.

( )

3 다음 빈칸에 공통으로 들어갈 말은 무엇입니까?

( )

> ( )은/는 일이 일어난 때와 장소를 말한다. 이야기에서 ( )이/가 나타나지 않거나 ( )의 변화가 없다면 이야기를 이해하기 어려울 뿐만 아니라 사건의 차례를 알 수 없다.

① 사건   ② 주제   ③ 인물
④ 배경   ⑤ 제목

4 다음 글에서 일어난 일을 생각하며 빈칸에 알맞은 말을 쓰시오.

> "우리 이제부터 한번 잘 지내보자."
> 제하가 내 어깨를 툭 치더니 한쪽 손을 쑥 내밀었다. 제하의 말투가 너무 다정해서 귀가 간질거렸다. 나는 망설이지 않고 녀석의 손을 덥석 잡았다. 제하의 손은 따뜻하고 보드라웠다.

• '나'는 그동안 사이가 좋지 않았던 제하와 서로
( )을/를 하였다.

5 다음 글에서 명찬이 반장에 대해 설명한 까닭은 무엇인지 빈칸에 알맞은 말을 쓰시오.

> 정신없이 분주한 열흘이 지나가고 마침내 한마당 잔치가 열리는 날이 되었다.
> 엄마는 미리 얘기했던 대로 누나와 명찬이 반장을 데려왔다. 명찬이 반장은 얼굴이 하얗고, 손이 작고 고운 아이였다. 다운 증후군이 있는 명찬이 반장은 운동회에서 나를 보자마자 생글생글 웃으면서 인사를 건넸다.

• 이야기는 일기와 달리 ( )을/를 생각하며 쓴 글이기 때문이다.

6 경험을 이야기로 나타내는 방법으로 알맞은 것에 모두 ○표 하시오.

(1) 인물의 마음이 잘 나타나게 쓴다.   ( )
(2) 하루 이틀 동안에 있었던 일만 쓴다. ( )
(3) 일이 일어난 차례를 알 수 있게 쓴다. ( )
(4) 주제가 잘 드러나도록 이야기 흐름에 맞게 쓴다.   ( )

7 이야기가 전개되는 단계에 따라 차례대로 기호를 쓰시오.

> ㉮ 사건이 일어나기 시작하는 단계
> ㉯ 사건을 해결하고 마무리하는 단계
> ㉰ 등장인물의 갈등이 꼭대기에 이르는 단계
> ㉱ 이야기를 시작하고 배경과 인물을 설명하는 단계

( )→( )→( )→( )

8 다음은 무엇에 대해 말한 것인지 쓰시오.

> 이야기에서 글쓴이가 나타내고자 하는 생각을 말한다.

( )

1 다음 그림의 내용과 비슷한 경험을 말한 친구는 누구인지 쓰시오.

> 소연: 가족과 함께 야구 경기를 보러 간 경험이 있어.
> 우진: 체육 대회에서 달리기를 하다가 넘어진 경험이 있어.
> 하용: 반 친구들과 함께 운동장에서 쓰레기를 주웠던 경험이 있어.

( )

2 기억 카드에 들어갈 내용으로 알맞지 <u>않은</u> 것은 무엇입니까? ( )

① 이름
② 카드 번호
③ 기억에 남는 일
④ 기억과 관련한 자신의 느낌
⑤ 친구들이 새롭게 떠올린 기억

3 반 친구들과 기억 카드 조사하기 활동을 하면 어떤 점이 좋은지 쓰시오.

서술형

_____

_____

4 경험이 나타난 이야기를 읽을 때 살펴볼 내용과 거리가 먼 것은 무엇입니까? ( )

① 인물
② 사건
③ 배경
④ 주제
⑤ 날씨

5~7

> **앞 이야기**
> 　이야기의 주인공 '이로운'은 말썽 많고 숙제도 잘 안 해 오는 아이로, 몸이 불편한 누나 이루리를 부끄러워한다. 2학기 반장 선거에서 반장으로 뽑히나, 처음에는 '잘못 뽑은 반장'이라고 놀림을 받고 선생님과 친구들의 신임을 받는 1학기 반장 황제하가 반장 도우미를 한다. 하지만 이로운은 조금씩 친구들과 사이가 좋아지고, 황제하는 이를 시기한다. 그러던 어느 날 황제하가 멋진 모습만 보여 주려고 거짓으로 했던 행동들을 이로운이 밝히고, 황제하는 선생님과 친구들의 실망한 눈빛에 충격을 받아 학교에 나오지 않는다. 반장으로서 한마당 잔치의 합창 준비를 하면서 어려움을 느낀 이로운은 황제하네 집을 찾아간다.

5 '이로운'에 대한 설명으로 알맞은 것을 모두 고르시오. ( )

① 말썽 많은 아이다.
② 몸이 불편한 누나가 있다.
③ 2학기 반장 선거에서 떨어졌다.
④ 1학기 때부터 선생님과 친구들의 신임을 받았다.
⑤ 반 친구들에게 '잘못 뽑은 반장'이라고 놀림을 받았다.

6 이 글로 보아, 주인공 '이로운'과 갈등을 겪는 인물은 누구인지 쓰시오.

( )

7 황제하가 학교에 나오지 않는 까닭은 무엇입니까? ( )

① 몸이 아파서
② 친구들의 신임을 받아서
③ 학교 공부에 어려움을 느껴서
④ 한마당 잔치의 합창 준비를 하기 싫어서
⑤ 자신이 거짓으로 했던 행동들이 드러나서

다음 날 아침, 나는 일찌감치 학교로 갔다. 밤새 잠을 설쳐서 그런지 눈두덩이 뻐근했다. 나는 자리에 앉아서 출입문 쪽만 뚫어져라 살폈다. 복도에서 발소리가 날 때마다 가슴을 졸이며 기다렸지만 제하는 나타나지 않았다. 가슴이 바짝바짝 마르는 것 같았다.

'이 자식이 정말 전학 갈 생각인가!'

나는 불안한 마음으로 뻑뻑한 눈을 비비며 기다렸다. 어느새 수업 시작 시간이 다 되어 갔다. 시간이 갈수록 짜증이 밀려왔다.

'치사한 놈, 내가 자존심 다 접고 먼저 사과했는데……. 만나기만 해 봐라!'

나는 주먹을 꽉 움켜쥐고 부르르 떨었다.

8 이 글에서 일이 일어난 때와 장소를 각각 쓰시오.

(1) 때: ( )

(2) 장소: ( )

9 이 글에서 '나'의 마음 상태는 어떠한지 쓰시오.

( )

10 '내'가 한 일에 대한 설명으로 알맞지 <u>않은</u> 것은 무엇입니까? ( )

① 밤새 잠을 설쳤다.

② 아침 일찍 학교에 갔다.

③ 제하에게 먼저 사과를 했다.

④ 화가 나서 제하를 주먹으로 때렸다.

⑤ 출입문 쪽을 바라보며 제하를 기다렸다.

11★ 이 글에 대해 바르게 말한 친구는 누구인지 쓰시오.

> 호영: 읽는 사람이 관심을 보일 수 있게 일이 일어난 차례를 쓰지 않았어.
> 지수: 억지로 꾸며 쓰지 않고 겪은 일을 그대로 풀어서 자신의 생각과 함께 솔직하게 썼어.

( )

가 제하가 합창 연습을 맡으면서부터 우리 반 노래 실력은 몰라보게 달라졌다.

"역시 제하는 다르다니까."

화음을 나눠서 멋지게 지휘하고, 한 사람씩 일일이 노래를 지도해 주는 제하를 보며 아이들은 저절로 고개를 끄덕였다. 이제 제하를 보고 빈정거리는 아이는 거의 없었다. 나는 다시 예전의 모습을 찾아가는 제하를 볼 때마다 흐뭇했다.

다른 반은 다 반장이 연습을 시키는데 우리 반만 반장 도우미가 한다며 한심하게 쳐다보는 아이들도 있었지만, 나는 예전처럼 사납게 으르렁대지 않았다.

나 정신없이 분주한 열흘이 지나가고 마침내 한마당 잔치가 열리는 날이 되었다.

엄마는 미리 얘기했던 대로 누나와 명찬이 반장을 데려왔다. 명찬이 반장은 얼굴이 하얗고, 손이 작고 고운 아이였다. 다운 증후군이 있는 명찬이 반장은 운동장에서 나를 보자마자 생글생글 웃으면서 인사를 건넸다.

12 글 **가**의 내용으로 보아, '나'의 성격은 어떠합니까? ( )

① 차갑다.

② 배려심이 없다.

③ 남을 시기한다.

④ 장난이 심하다.

⑤ 마음이 따뜻하다.

13 다음은 어떤 인물에 대해 설명한 것인지 글 **나**에서 찾아 쓰시오.

> • 다운 증후군이 있다.
> • 성격이 밝고 잘 웃는다.
> • 얼굴이 하얗고, 손이 작고 곱다.

( )

14 글 **가**, **나**가 일기와 어떤 점이 다른지 한 가지만 쓰시오.
서술형

_____

_____

15 ~ 17

어느새 찬 바람이 씽씽 불고, 겨울 방학이 코앞으로 다가왔다. 그새 나는 키가 오 센티미터나 자랐다. 아이들의 우유를 널름널름 받아 마셔서 그런 것 같았다. 초콜릿을 전보다 덜 먹어서 그런지 몸무게는 오히려 약간 줄었다. 내 키가 훌쩍 자란 걸 확인한 뒤로 백희는 속이 울렁거려도 꾹 참고 우유를 마시기 시작했다. 우유가 먹기 싫어서 꾀를 피우던 다른 아이들도 그랬다. 우유가 더 먹고 싶을 땐 좀 아쉽기도 했지만 잘된 일이다. 반장은 자신보다 반 아이들을 먼저 생각해야 한다는 걸 알게 됐기 때문이다. 우유를 먹고 내 마음의 키도 한 뼘쯤 더 자란 모양이었다.

재미있는 일이 한 가지 더 있었다. 다음에 반장 선거에 나가겠다는 아이들이 부쩍 늘어난 것이다. 대광이뿐만 아니라 샌님 민호, 겁쟁이 동배, 하마 금주까지 꽤 여럿이 벌써부터 모이기만 하면 내년에 있을 반장 선거 얘기로 열을 올렸다.

"로운이도 하는데 우리라고 못하겠어!"

그 아이들이 한결같이 입을 모아 하는 말이다. 맞는 말이니까 난 그냥 웃는다. 요즘은 나를 '잘못 뽑은 반장'이니, '해로운'이니 하면서 놀려 대는 아이들이 거의 없어서 하루하루가 신나고 즐겁다.

15 이 글에서 '나'의 변화된 모습으로 알맞는 것을 두 가지 고르시오. ( )

① 몸무게가 더 늘었다.
② 키가 오 센티미터나 자랐다.
③ 공부를 열심히 해서 1등을 했다.
④ 친구들을 배려하는 마음이 생겼다.
⑤ 반 아이들의 별명을 부르며 놀려 댔다.

16 이 글은 이야기 전체의 흐름 가운데에서 어느 단계에 해당합니까? ( )

① 이야기를 시작하는 단계
② 사건이 일어나기 시작하는 단계
③ 사건을 해결하고 마무리하는 단계
④ 이야기의 배경과 인물을 설명하는 단계
⑤ 등장 인물의 갈등이 꼭대기에 이르는 단계

17 이 글에서 시간의 흐름을 알 수 있게 하는 문장을 찾아 쓰시오.

( )

18 경험을 이야기로 나타낼 때 생각해야 할 점으로 알맞지 않은 것은 무엇입니까? ( )

① 주제가 잘 드러나도록 써야 한다.
② 자신이 직접 경험한 내용만 써야 한다.
③ 읽는 사람이 잘 이해할 수 있게 써야 한다.
④ 읽는 사람의 흥미를 끄는 경험을 써야 한다.
⑤ 사건을 어떻게 전개하고 어떻게 해결했는지가 나타나게 써야 한다.

19 ~ 20

19 그림 ❶~❹를 보고 일이 일어난 차례대로 기호를 쓰시오.

( ) → ( ) → ( ) → ( )

20 이 그림의 내용을 이야기로 만들려면 어떻게 하는 것이 좋을지 생각하여 한 가지만 쓰시오.

_____

_____

_____

정신없이 분주한 열흘이 지나가고 마침내 한마당 잔치가 열리는 날이 되었다.

엄마는 미리 얘기했던 대로 누나와 명찬이 반장을 데려왔다. 명찬이 반장은 얼굴이 하얗고, 손이 작고 고운 아이였다. 다운 증후군이 있는 명찬이 반장은 운동장에서 나를 보자마자 생글생글 웃으면서 인사를 건넸다.

"형아, 안녕!"

어눌한 말투였지만 밝고 경쾌한 목소리였다. 옆에 선 누나가 수줍게 웃었다. 보기만 해도 좋은 모양이다. 누나가 좋아하는 명찬이 반장이 다운 증후군이 있다니 좀 의외였다. 하지만 내가 멀뚱멀뚱 쳐다보는데도 한결같이 해맑게 웃고 있는 그 아이의 눈을 한참 보고 있으려니 내 입가에도 어느새 웃음이 번졌다. 누나가 명찬이 반장을 좋아하는 이유를 알 것 같았다.

"명찬이 반장, 나 형아 아니야. 너랑 똑같은 열한 살이니까 앞으로는 그냥 이름 불러."

"응, 로운이 반장."

그렇게 대답하고 나서 명찬이 반장은 뭐가 부끄러운지 얼굴을 가리고 큭큭 웃었다.

1 이 글로 보아, 누나가 명찬이 반장을 좋아하는 까닭은 무엇이겠는지 짐작하여 쓰시오. [4점]

_____

_____

2 이 글에서 중요한 사건을 찾아 빈칸에 알맞은 내용을 쓰시오. [8점]

일어난 일	(1)
때와 장소	열흘 뒤, 학교
'나'의 마음	(2)

"야! 막아!"

골키퍼 인국이가 소리쳤다.

'쳇! 또 먼저 나서네. 자기는 얼마나 잘한다고…….'

다행히 내가 공을 뺏어 옆으로 보냈는데 그게 하필 상대편 정훈이 발에 맞은 것이다. '아차!' 하는 순간 내 눈에 보인 건 골대를 향해 가는 공을 뒤에서 쫓아가는 우리 편 골키퍼 인국이였다.

"야! 너 뭐 하는 거야! 그것도 하나 못 막냐?"

내가 마음속에 억눌렀던 말을 꺼내며 인국이에게 달려들었다.

"너도 똑바로 못 막았잖아! 왜 자꾸 나한테만 화내는 건데?"

그 순간 '나한테만'이라는 인국이 말에 난 뜨끔했지만 선생님께서 우릴 말리실 때까지 말싸움을 계속 이어 갔다.

체육 시간이 끝나고 선생님께서 나와 인국이를 부르셨다.

"오늘 일도 그렇고, 너희가 지내는 모습을 보니 서로 대화를 하는 게 좋을 것 같아서 말이야. 인국이, 상은이, 서로에게 하고 싶은 말 없니?"

3 이 글에서 갈등을 겪는 인물은 누구와 누구인지 쓰시오. [4점]

(   )

4 이 글에서 일어난 사건을 간추려 쓰시오. [4점]

_____

_____

5 이 글의 뒷부분에는 어떤 내용이 이어질지 생각하여 쓰시오. [4점]

_____

_____

올바른 개념학습,
디딤돌 초등수학 시리즈!

기본부터 심화까지,
개념 연결 학습을 통해
기본기는 강화하고 문제해결력과
사고력을 함께 키워줍니다.

문제해결력 강화 문제유형, 응용

개념 다지기 원리, 기본

개념 이해 → 개념 응용 → 수학 좀 한다면 디딤돌

개념 + 문제해결력 강화를 동시에

기본+유형, 기본+응용

사회 교과 자료분석력 향상

디딤돌
통합본

사회

디딤돌

디딤돌 통합본 국어·사회·과학 5-1

펴낸날 [개정판 1쇄] 2024년 1월 1일
펴낸이 이기열 | **펴낸곳** (주)디딤돌 교육
주소 (03972) 서울특별시 마포구 월드컵북로 122 청원선와이즈타워
대표전화 02-3142-9000
구입문의 02-322-8451
내용문의 02-323-5489
팩시밀리 02-322-3737
홈페이지 www.didimdol.co.kr
등록번호 제10-718호
사진 북앤포토

- 정답과 풀이는 "디딤돌 교육 홈페이지〉초등〉정답과 해설"에서
  다운로드 받을 수 있습니다.
- 출간 이후 발견되는 오류는 "디딤돌 교육 홈페이지〉초등〉정오표"를 통해
  알려드리고 있습니다.

사회 교과 자료분석력 향상

디딤돌
통합본

사회

디딤돌

구성과 특징

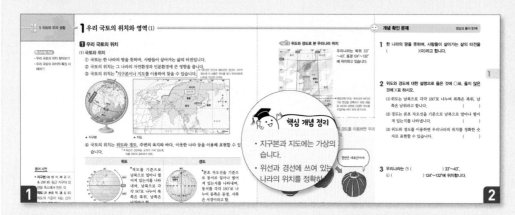

개념 이해 핵심 개념 정리를 통해 꼭 알아야 할 핵심 내용을 한눈에 쉽게 이해해요.

개념 확인 문제 개념을 확인하는 문제를 풀어 보면서 교과 개념을 익혀요.

실력 문제 다양한 유형의 문제를 풀면서 실력을 쌓아요.

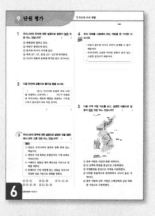
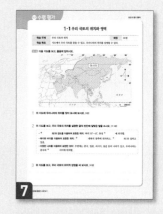

서술형 평가 서술형 평가 문제를 푸는 방법을 단계별로 익혀요.

단원 정리 이해를 돕는 그림과 함께 단원의 핵심 내용을 정리해요.

단원 평가 단원 평가를 풀면서 배운 내용을 마무리해요.

수행 평가 다양한 유형의 수행 평가 문제로 학교에서 보는 수행 평가에 대비해요.

+

핵심 정리 단원의 핵심 내용을 정리해요.

쪽지 시험 쪽지 시험으로 단원에서 배운 중요 개념 내용을 확인해요.

단원 평가 단원 평가에 자주 나오는 다양한 문제를 집중적으로 풀면서 문제 해결력을 쌓아요.

서술형 평가 자신의 생각을 쓰면서 점점 강화되고 있는 서술형 평가에 완벽하게 대비해요.

교과개념북 차례

1

국토와 우리 생활

1 우리 국토의 위치와 영역 (1)

1 우리 국토의 위치

(1) 국토와 위치

① 국토는 한 나라의 땅을 뜻하며, 사람들이 살아가는 삶의 터전입니다.

② 국토의 위치는 그 나라의 자연환경과 인문환경에 큰 영향을 줍니다.

③ 국토의 위치는 [●]지구본이나 지도를 이용하여 찾을 수 있습니다.

> 가로선인 위선과 세로선인 경선이 그어져 있는데 이 선들은 위치를 찾기 편리하도록 나타낸 가상의 선이야.

😊 공부할 개념
• 우리 국토의 위치 찾아보기
• 우리 국토의 위치적 특징 이해하기

▲ 지구본

▲ 지도

④ 국토의 위치는 위도와 경도, 주변의 육지와 바다, 이웃한 나라 등을 이용해 표현할 수 있습니다.

> 위선과 경선에는 숫자가 쓰여 있는데, 이를 위도와 경도라고 해요.

위도	경도
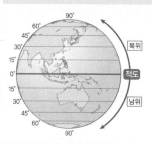 [●]적도를 기준으로 남북으로 얼마나 떨어져 있는지를 나타내며, 남북으로 각각 90°로 나누어 북쪽은 북위, 남쪽은 남위라고 함.	 [●]본초 자오선을 기준으로 동서로 얼마나 떨어져 있는지를 나타내며, 동서를 각각 180°로 나누어 동쪽은 동경, 서쪽은 서경이라고 함.

(2) 우리나라의 위치

위도와 경도를 이용하여 표현한 위치	북위 33°~43°, 동경 124°~132°에 위치 → [●]북반구 [●]중위도에 있음. 자료 ➊
육지와 바다를 이용하여 표현한 위치	아시아 [●]대륙의 동쪽에 위치하고, 태평양과 접하고 있음.
이웃한 나라를 이용하여 표현한 위치	주변에는 중국, 일본, 러시아, 몽골 등의 나라가 있고, 우리나라는 중국과 일본 사이에 위치함.

2 우리 국토의 위치적 특징

특징	• 남북의 길이가 길고 동서의 길이는 짧음. • 아시아 대륙 동쪽에 위치한 [●]반도 국가임. • 아시아 대륙과 태평양이 만나는 지역에 위치함.
장점 자료 ➋	• 대륙과 [●]해양으로 나아가기에 유리 → 도로나 철도를 이용하여 아시아와 유럽 등의 대륙으로 나아가기 유리하고, 삼면이 바다로 둘러싸여 있으므로 태평양으로 진출하기에도 좋음. • 국토의 장점을 이용하여 세계 여러 나라와 활발하게 교류하고 있음.

용어 사전

• **지구본** (地 땅 지, 球 공 구, 本 근본 본) 둥근 지구의 모양을 축소해서 만든 것.

• **적도** (赤 붉을 적, 道 길 도) 위도의 기준이 되는 선으로 위도 0°를 지남.

• **본초 자오선** (本 근본 본, 初 처음 초, 子 아들 자, 午 낮 오, 線 줄 선) 영국의 그리니치 천문대를 통과하며, 경도의 기준이 되는 선으로 경도 0°를 지남.

• **북반구** (北 북녘 북, 半 반 반, 球 공 구) 적도의 북쪽을 북반구라고 하며, 남쪽을 남반구라고 함.

• **중위도** (中 가운데 중, 緯 씨줄 위, 度 법도 도) 북위와 남위 각각 30°~60° 사이.

• **대륙** (大 클 대, 陸 땅 륙) 지구 표면에 거대한 면적을 가진 육지.

• **반도** (半 반 반, 島 섬 도) 삼면이 바다로 둘러싸여 있고 한 면은 육지와 연결된 땅.

• **해양** (海 바다 해, 洋 큰 바다 양) 넓고 큰 바다.

자료➊ 위도와 경도로 본 우리나라 위치

우리나라는 북위 33° ~43°, 동경 124°~132° 에 위치하고 있습니다.

○ 해양과학기지는 우리나라 바다의 기상 현상을 관측하고 해양 생물 등 바다와 관련된 다양한 정보를 수집하는 바다 위의 연구소야.

자료➋ 대륙과 해양으로 나아가기에 유리한 우리 국토

▲ 아시안 하이웨이

• 아시안 하이웨이는 아시아와 유럽의 여러 나라를 연결하는 도로로, 모두 연결되면 우리나라에서 자동차를 타고 아시아의 여러 나라를 거쳐 유럽까지 갈 수 있습니다.

• 아시안 하이웨이가 연결되면 우리나라는 대륙과 해양을 연결하는 시작점으로서 중요성이 더욱 커질 것입니다.

핵심 개념 정리

• 지구본과 지도에는 가상의 가로선인 위선과 세로선인 경선이 있습니다.

• 위선과 경선에 쓰여 있는 숫자인 위도와 경도를 이용하면 우리나라의 위치를 정확히 표현할 수 있습니다.

지구를 사과라고 생각해 봐.

위선은 가로선이야.

경선은 세로선이야.

---

1 한 나라의 땅을 뜻하며, 사람들이 살아가는 삶의 터전을 (　　　　　　　　)(이)라고 합니다.

2 위도와 경도에 대한 설명으로 옳은 것에 ○표, 옳지 <u>않은</u> 것에 ✕표 하시오.

(1) 위도는 남북으로 각각 180°로 나누며 북쪽은 북위, 남쪽은 남위라고 합니다. (　　　　)

(2) 경도는 본초 자오선을 기준으로 남북으로 얼마나 떨어져 있는지를 나타냅니다. (　　　　)

(3) 위도와 경도를 이용하면 우리나라의 위치를 정확한 숫자로 표현할 수 있습니다. (　　　　)

3 우리나라는 ㉠ (　　　　　　　　) 33°~43°, ㉡ (　　　　　　　　) 124°~132°에 위치합니다.

4 우리나라 주변에 있는 나라를 보기 에서 모두 골라 기호를 쓰시오.

보기
㉠ 중국　　　㉡ 일본　　　㉢ 몽골
㉣ 미국　　　㉤ 프랑스　　　㉥ 러시아

(　　　　　　　　　　)

5 다음 (　　) 안의 알맞은 말에 ○표 하시오.

우리나라는 아시아 대륙의 ㉠ (동쪽, 서쪽)에 위치한 반도 국가이다. 우리 국토는 아시아 대륙과 태평양이 만나는 지역에 위치하여 대륙과 해양으로 나아가기에 ㉡ (유리, 불리)하다.

1 우리 국토의 위치와 영역 (2)

1 우리나라의 영역

(1) 영역의 뜻
└● 한 나라의 영역은 그 나라의 국민이 생활하는 공간이므로 매우 중요해요.

① 영역은 한 나라의 ●주권이 미치는 범위로 영토, 영해, 영공으로 이루어집니다.

(영토는 국토 면적과 일치해요.)

영토	주권이 미치는 땅의 범위
영해	주권이 미치는 바다의 범위 → 일반적으로 영해를 설정하는 기준선으로부터 12●해리(약 22km)까지의 바다를 말함.
영공	주권이 미치는 하늘의 범위로, 영토와 영해 위의 공간 → 오늘날 인공위성을 이용한 관측 기술과 항공 교통이 발달하면서 영공의 중요성이 커짐.

▲ 한 나라의 영역

② 각 나라의 영역에는 그 나라의 주권이 미치므로 다른 나라가 함부로 들어갈 수 없습니다.

(2) 우리나라의 영토, 영해, 영공 (자료1)

우리나라의 영토	●한반도와 한반도에 속한 여러 섬으로 이루어짐.
우리나라의 영해	• 우리나라 영토 주변의 바다로, 대체로 영해를 설정하는 기준선으로부터 12해리까지임. • 동해안, 울릉도, 독도, 제주도: 썰물일 때의 해안선을 기준으로 영해를 정함. • 서해안과 남해안: 가장 바깥에 있는 섬들을 직선으로 연결한 선을 기준으로 영해를 정함.
우리나라의 영공	우리나라의 영토와 영해 위에 있는 하늘의 범위임.

해안선이 너무 복잡하거나 해안 가까이에 섬이 많은 경우에는 해안선을 기준으로 영해를 정하기 어려워요. 그래서 이런 경우에는 가장 바깥에 있는 섬들을 연결한 직선을 기준으로 영해를 정해요.

▲ 우리나라의 영역

2 우리 국토를 사랑하는 마음

(1) 우리 국토를 사랑해야 하는 까닭

① 우리 조상들이 살아온 삶의 터전이고, 앞으로도 후손들이 살아갈 터전이기 때문입니다.

② 국토가 없으면 국가나 국민이 존재할 수 없기 때문입니다.

③ 우리나라의 고유한 역사와 문화가 담겨 있는 소중한 공간이기 때문입니다.

(2) 국토 사랑을 실천하는 모습

외국의 지도나 교과서에 독도와 동해가 잘못 표기되어● 있는 경우를 찾아내 수정을 요구하고 있어요.

국토를 지키는 모습	●독도지킴이들의 노력, 비무장 지대의 생태계 보호, 사이버 외교 사절단 ●반크의 활동 등 (자료2)
국토를 가꾸는 모습	나무 심기, 쓰레기 함부로 버리지 않고 ●분리배출하기, 환경 보호 활동에 참여하기(예 ●한국 청소년 환경단 활동, 우리 동네 환경 지킴이 활동) 등

(3) 우리가 국토 사랑을 표현하는 방법: 국토 사랑 신문 만들기, 국토 사랑 글짓기, 국토 홍보 영상 만들기, 국토 환경 보호하기, 국토를 지키는 분에게 감사 편지 쓰기 등

용어 사전

● **주권** (主 주인 주, 權 권세 권) 다른 나라의 간섭을 받지 않고 나라의 중요한 일을 스스로 결정하는 권리.

● **해리** (海 바다 해, 里 거리 리) 바다의 거리를 나타내는 단위로, 1해리는 약 1,852m임.

● **한반도** 우리나라가 있는 반도.

● **독도지킴이** 독도 최초의 주민인 최종덕 씨와 첫 독도 이장이었던 김성도 씨는 대표적인 독도 지킴이이며, 현재는 독도 경비대가 독도를 지키고 있음.

● **반크** (VANK) 인터넷에서 우리나라와 관련된 잘못된 정보를 찾아 바로잡는 활동을 하는 단체임.

● **분리배출**(分 나눌 분, 離 떠날 리, 排 밀칠 배, 出 날 출) 쓰레기를 종류별로 나누어서 버림.

● **한국 청소년 환경단** 우리나라의 여러 지역에서 환경 정화 활동, 지역 가꾸기 등 국토 사랑을 실천하고 있음.

자료 1 우리나라 영토의 끝

북쪽 끝
함경북도
온성군 유원진

서쪽 끝
평안북도
용천군 마안도

동쪽 끝
경상북도
울릉군 독도

대한민국

울릉도 독도

남쪽 끝
제주특별자치도
서귀포시 마라도

이어도종합해양과학기지 □

영토는 영해와 영공을 정하는 기준이 되기 때문에 우리 영토의 끝이 어디까지인지 아는 것은 매우 중요합니다.

자료 2 비무장 지대 → 군인이나 무기를 원칙적으로 배치하지 않기로 한 곳이에요.

• 휴전선을 기준으로 남북으로 4km 정도인 긴 띠 모양의 지역입니다.
• 70여 년간 사람들의 출입이 제한되어 멸종 위기 동물이나 희귀 식물 등이 보전되어 있습니다.

▲ 비무장 지대 철책선

 핵심 개념 정리

• 영역은 한 나라의 주권이 미치는 범위로 영토, 영해, 영공으로 이루어지며 영토는 땅, 영해는 바다, 영공은 하늘에서의 범위입니다.

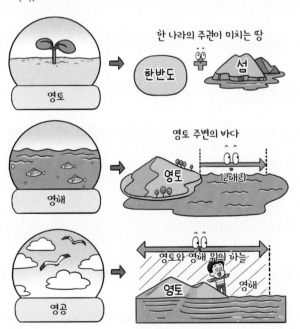

한 나라의 주권이 미치는 땅
한반도 + 섬
영토

영토 주변의 바다
영토 12해리
영해

영토와 영해 위의 하늘
영토 영해
영공

---

1 국토의 (   )은/는 한 나라의 주권이 미치는 범위를 말하며 영토, 영해, 영공으로 이루어집니다.

2 다음 영역과 그 뜻을 선으로 바르게 연결하시오.

(1) 영토 •   • ㉠ 주권이 미치는 땅의 범위

(2) 영해 •   • ㉡ 주권이 미치는 하늘의 범위

(3) 영공 •   • ㉢ 주권이 미치는 바다의 범위

3 우리나라의 영토, 영해, 영공에 대한 설명으로 옳은 것에 ○표, 옳지 않은 것에 ✕표 하시오.

(1) 영공은 우리나라의 영토 위에 있는 하늘만 해당합니다.
(   )

(2) 영토는 한반도와 한반도에 속한 여러 섬으로 이루어집니다.
(   )

(3) 영해는 썰물일 때의 해안선을 기준으로 하며, 설정된 기준선으로부터 12해리까지입니다.
(   )

4 다음 (   ) 안의 알맞은 말에 ○표 하시오.

우리나라 영토의 동쪽 끝은 (독도, 마라도)이며, 우리는 이곳을 지키기 위해 노력하고 있다.

5 남한과 북한의 경계에 있는 (   )은/는 분단의 상징인 동시에 생태계가 잘 보전되어 있는 곳으로 소중하게 여기고 사랑해야 합니다.

1 우리 국토의 위치와 영역 (3)

1 우리 국토를 구분하는 방법

(1) 우리 국토의 *지역 구분

① 다양한 기준에 따라 여러 지역으로 구분할 수 있습니다.

② 큰 *산맥이나 하천 등의 자연환경을 기준으로 지역을 구분하기도 하고, 행정 구역으로 지역을 구분하기도 합니다.

(2) 자연환경을 기준으로 국토 구분: 큰 산맥과 하천을 중심으로 북부, 중부, 남부 지방으로 구분할 수 있습니다.

북부 지방	*휴전선 북쪽으로 지금의 북한 지역을 말함.
중부 지방	휴전선 남쪽으로 소백산맥과 금강 *하류를 잇는 지역을 말함.
남부 지방	중부 지방의 남쪽 지역을 말함.

(3) 우리 국토의 전통적인 지역 구분: 산맥, 고개, 호수, 강, 바다 등을 기준으로 관서, 관북, 관동, 해서, 경기, 호서, 호남, 영남 지방으로 구분하였습니다.

> 오늘날 행정 구역을 정하는 기초가 되었으며, 우리의 일상생활에서 널리 쓰이고 있어요.

▲ 북부, 중부, 남부 지방의 구분

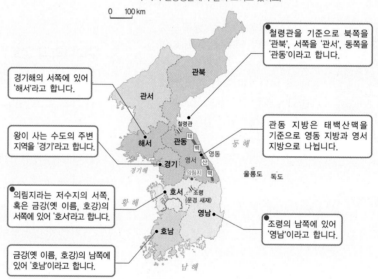

- 철령관을 기준으로 북쪽을 '관북', 서쪽을 '관서', 동쪽을 '관동'이라고 합니다.
- 경기해의 서쪽에 있어 '해서'라고 합니다.
- 왕이 사는 수도의 주변 지역을 '경기'라고 합니다.
- 관동 지방은 태백산맥을 기준으로 영동 지방과 영서 지방으로 나뉩니다.
- 의림지라는 저수지의 서쪽, 혹은 금강(옛 이름, 호강)의 서쪽에 있어 '호서'라고 합니다.
- 조령의 남쪽에 있어 '영남'이라고 합니다.
- 금강(옛 이름, 호강)의 남쪽에 있어 '호남'이라고 합니다.

2 우리나라의 행정 구역과 주요 도시

행정 구역	나라를 효율적으로 관리하려고 나누어 놓은 지역을 말함. [자료1]
우리나라의 행정 구역	북한 지역을 제외하면 특별시 1곳, 특별자치시 1곳, 광역시 6곳, 도 6곳, 특별자치도 3곳으로 이루어짐.
우리나라의 주요 도시	• 특별시, 특별자치시, 광역시에는 시청이 있고, 도와 특별자치도에는 도청이 있음. [자료2] • 시청과 도청이 있는 도시는 대부분 행정 구역의 중심 도시 역할을 하고 있음.

▲ 우리나라의 행정 구역

공부할 개념

- 우리 국토를 구분하는 기준 살펴보기
- 우리나라 행정 구역과 주요 도시 알아보기

과거에는 높은 산을 넘거나 큰 강을 건너는 게 불편했어요. 그래서 산맥과 큰 하천을 기준으로 지역을 자연스럽게 구분했어요.

원래는 멸악산맥의 북쪽을 뜻했지만, 6·25 전쟁 이후부터는 휴전선 북쪽의 북한 지역을 뜻해요.

용어 사전

- **지역**(地 땅 지, 域 구역 역) 자연환경이나 인문환경 특성이 다른 곳과 구분되는 공간의 범위.
- **산맥**(山 산 산, 脈 줄기 맥) 큰 산들이 한 방향으로 길게 이어져 있는 줄기.
- **휴전선**(休 쉴 휴, 戰 싸움 전, 線 줄 선) 6·25 전쟁이 멈춘 후 그어진 남한과 북한의 경계선.
- **하류**(下 아래 하, 流 흐를 류) 하천의 낮은 아래쪽 부분.
- **철령관**(鐵 쇠 철, 鈴 방울 령, 關 관문 관) 군사적으로 중요한 고개인 철령에 적을 방어하기 위해 지은 요새.
- **의림지**(義 옳을 의, 林 수풀 림, 池 연못 지) 충청북도 제천시에 있는 저수지.
- **조령**(鳥 새 조, 嶺 고개 령) 경상북도 문경시와 충청북도 괴산군 사이에 있는 고개, 문경 새재라고도 함.

자료① 우리나라 행정 구역 이름의 유래

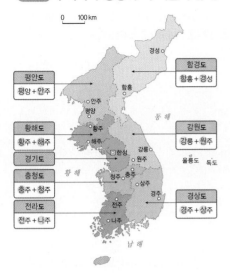

오늘날의 행정 구역은 조선 시대에 전국을 8개의 도로 나눈 것에서 비롯되었으며, 경기도를 제외한 각 도의 이름은 대부분 그 지역 중심 도시의 앞 글자를 따서 정했습니다.

자료② 도청 소재지 이름

경기도	수원
강원특별자치도	춘천
충청북도	청주
충청남도	홍성
경상북도	안동
경상남도	창원
전북특별자치도	전주
전라남도	무안
제주특별자치도	제주

핵심 개념 정리

• 자연환경은 지역 간의 이동을 어렵게 하는 장애물이었습니다. 그래서 옛날에는 자연환경에 따라 지역을 구분할 수 있었습니다.

큰 산맥과 고개, 호수, 하천, 바다 등과 같은 자연환경은 지역을 구분하는데 큰 영향을 줘.

1 우리나라는 큰 (   )와/과 하천을 중심으로 북부, 중부, 남부 지방으로 구분할 수 있습니다.

2 다음 (   ) 안의 알맞은 말에 ○표 하시오.

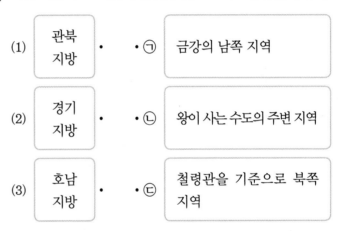

북부 지방과 중부 지방은 ㉠ (휴전선, 태백산맥)을 기준으로 구분하며, 중부 지방과 남부 지방은 소백산맥과 ㉡ (한강, 금강) 하류를 기준으로 구분한다.

3 다음 지방과 그 지방의 범위를 선으로 바르게 연결하시오.

(1)	관북 지방	•	• ㉠	금강의 남쪽 지역
(2)	경기 지방	•	• ㉡	왕이 사는 수도의 주변 지역
(3)	호남 지방	•	• ㉢	철령관을 기준으로 북쪽 지역

4 나라를 효율적으로 관리하기 위해 행정 기관별로 범위를 나눈 지역을 무엇이라고 하는지 쓰시오.

(   )

5 우리나라의 행정 구역과 주요 도시에 대한 설명으로 옳은 것에 ○표, 옳지 않은 것에 ✕표 하시오.

(1) 도와 특별자치시에는 도청이 있습니다. (   )

(2) 시청과 도청이 있는 도시는 대부분 행정 구역의 중심 도시 역할을 하고 있습니다. (   )

(3) 우리나라는 북한을 제외하면 특별시 1곳, 특별자치시 1곳, 광역시 6곳, 도 6곳, 특별자치도 3곳으로 이루어져 있습니다. (   )

핵심문장으로 시작하기

1 우리나라는 ⬚⬚⬚ [ㅇㅅㅇ] 대륙 동쪽에 있으며 삼면이 바다로 둘러싸인 ⬚⬚ [ㅂㄷ] 국가입니다.

2 한 나라의 주권이 미치는 땅을 ⬚⬚ [ㅇㅌ], 영토 주변의 바다를 ⬚⬚ [ㅇㅎ], 영토와 영해 위의 하늘을 ⬚⬚ [ㅇㄱ] 이라고 합니다.

3 우리나라의 ⬚⬚⬚⬚ [ㅎㅈㄱㅇ]은/는 북한 지역을 제외하면 특별시 1곳, 특별자치시 1곳, ⬚⬚⬚ [ㄱㅇㅅ] 6곳, 도 6곳, 특별자치도 3곳으로 이루어져 있습니다.

4 국토의 위치에 대한 설명으로 알맞지 <u>않은</u> 것은 어느 것입니까? (   )

① 위도와 경도를 이용하여 표현할 수 있다.
② 지구본이나 지도를 이용하여 찾을 수 있다.
③ 주변의 육지와 바다를 이용해 표현할 수 있다.
④ 그 나라의 자연환경과 인문환경에 영향을 준다.
⑤ 이웃한 나라를 이용하여 정확한 숫자로 표현할 수 있다.

5 다음 ㉠, ㉡에 들어갈 알맞은 말을 쓰시오.

(㉠)	(㉡)
적도를 기준으로 남북으로 얼마나 떨어져 있는지를 나타내며, 북쪽은 북위, 남쪽은 남위라고 한다.	본초 자오선을 기준으로 동서로 얼마나 떨어져 있는지를 나타내며, 동쪽은 동경, 서쪽은 서경이라고 한다.

㉠ (   ), ㉡ (   )

6~8 다음 지도를 보고, 물음에 답하시오.

6 위 지도의 ㉠~㉣에 들어갈 나라의 이름이 바르게 연결된 것을 보기 에서 모두 고른 것은 어느 것입니까? (   )

보기
㉠ – 일본   ㉡ – 몽골
㉢ – 중국   ㉣ – 러시아

① ㉠, ㉡   ② ㉡, ㉢   ③ ㉠, ㉡, ㉢
④ ㉠, ㉢, ㉣   ⑤ ㉡, ㉢, ㉣

7 위 지도를 보고, 우리 국토에 대해 바르게 설명한 것은 어느 것입니까? (   )

① 해양으로 나아가기에 어렵다.
② 아시아 대륙의 서쪽에 위치한다.
③ 삼면이 바다로 둘러싸인 반도 국가이다.
④ 동서의 길이가 길고 남북의 길이가 짧다.
⑤ 북위 124°~132°, 동경 33°~43° 사이에 위치한다.

8 서술형 위 지도를 보고, 우리 국토의 위치적 특징이 주는 장점은 무엇인지 쓰시오.

_____

_____

9 한 나라의 영역을 나타낸 그림을 보고, ㉠~㉢에 들어갈 알맞은 말을 쓰시오.

㉠: (   )

㉡: (   )

㉢: (   )

10 영역에 대해 잘못 말한 친구는 누구인지 쓰시오.

> **성호**: 영토, 영해, 영공으로 이루어져.
> **은희**: 한 나라의 주권이 미치는 범위야.
> **재희**: 다른 나라가 마음대로 들어갈 수 있어.

(   )

11 ★ 다음 지도를 보고, 우리나라의 영역에 대한 설명으로 알맞지 <u>않은</u> 것은 어느 것입니까? (   )

① 울릉도와 독도는 우리나라의 영토이다.
② 영토는 한반도와 한반도에 속한 섬이다.
③ 영해는 우리나라 영토 주변의 바다이다.
④ 영공은 우리나라의 영토와 영해 위에 있는 하늘이다.
⑤ 우리나라 영해선은 영해를 설정하는 기준선으로부터 22해리까지이다.

12 우리나라 영토의 끝을 바르게 짝지은 것은 어느 것입니까? (   )

	동쪽 끝	서쪽 끝	남쪽 끝	북쪽 끝
①	독도	마라도	유원진	마안도
②	독도	마안도	마라도	유원진
③	마라도	유원진	마안도	독도
④	유원진	마안도	독도	마라도
⑤	마안도	독도	마라도	유원진

13 우리나라 영해에 대한 설명으로 알맞은 것을 보기에서 모두 고른 것은 어느 것입니까? (   )

> **보기**
> ㉠ 섬 주변의 바다는 영해에서 제외한다.
> ㉡ 동해안은 밀물일 때의 해안선을 기준으로 영해를 정한다.
> ㉢ 대체로 영해를 설정하는 기준선으로부터 12해리까지이다.
> ㉣ 서해안은 가장 바깥에 있는 섬들을 직선으로 연결한 선을 기준으로 영해를 정한다.

① ㉠, ㉡   ② ㉢, ㉣   ③ ㉠, ㉡, ㉢
④ ㉠, ㉢, ㉣   ⑤ ㉡, ㉢, ㉣

14 우리가 국토 사랑을 표현하는 방법 중 오른쪽 사진에 나타난 방법은 무엇입니까? (   )

① 국토 사랑 글짓기
② 국토 환경 보호하기
③ 국토 사랑 신문 만들기
④ 국토 홍보 영상 만들기
⑤ 국토를 지키는 분에게 감사 편지 쓰기

15 우리 국토를 북부, 중부, 남부 지방으로 구분한 기준은 무엇입니까? ( )

① 인구
② 행정 구역
③ 산과 바다
④ 고개와 호수
⑤ 큰 산맥과 하천

18 다음 밑줄 친 부분에 들어갈 오늘날 행정 구역의
서술형 유래에 대해 쓰시오.

> 오늘날의 행정 구역은 조선 시대에 전국을 8개의 도로 나눈 것에서 비롯되었으며, 경기도를 제외한 각 도의 이름은 대부분 _____.

16~17 다음 지도를 보고, 물음에 답하시오.

16 위 지도의 호남 지방이 뜻하는 곳은 어디입니까?
( )

① 조령의 남쪽
② 금강의 남쪽
③ 경기해의 남쪽
④ 철령관의 남쪽
⑤ 의림지의 남쪽

19 다음 행정 구역 지도를 보고, 설명한 내용으로 알맞지 **않은** 것은 어느 것입니까? ( )

① 특별시는 1곳이고 서울특별시이다.
② 특별자치시는 1곳이고 세종특별자치시이다.
③ 특별자치도는 3곳이며 제주특별자치도, 강원특별자치도, 전북특별자치도이다.
④ 광역시는 인천, 대전, 대구, 광주, 부산 5곳이다.
⑤ 도는 경기도, 충청북도, 충청남도, 전라남도, 경상북도, 경상남도 6곳이다.

17 다음 ㉠, ㉡에 들어갈 말을 위 지도에서 찾아 쓰시오.

> 관동 지방은 ㉠ ( )을/를 기준으로 동쪽에 있는 지역이며, 관동 지방은 ㉡ ( )을/를 기준으로 영동 지방과 영서 지방으로 나뉜다.

㉠ ( ), ㉡ ( )

20 다음 ㉠, ㉡에 들어갈 말을 골라 쓰시오.

> 특별시, 특별자치시, 광역시에는 ㉠ (시청, 도청)이 있고, 도와 특별자치도에는 ㉡ (구청, 도청)이 있다.

㉠ ( ), ㉡ ( )

1 다음 지도를 보고, 물음에 답하시오. [12점]

(1) 위 지도의 아시아와 유럽의 여러 나라를 연결할 도로를 무엇이라고 하는지 쓰시오. [4점]

(   )

(2) 위 지도의 도로가 연결되었을 때 나타날 우리 국토의 위치적 장점은 무엇인지 쓰시오. [8점]

_____

_____

서술형 문제를 푸는 방법을 익혀보자!

1단계 자료 분석하기   지도의 도로 이름은 무엇일까?

아시아의 32개 국가를 연결하여 유럽까지 연결되는 도로망으로, 우리나라에는 1번 도로와 6번 도로가 통과할 예정임.

↓

지도의 도로는 아시아와 유럽의 여러 나라를 연결할

| 아 | 시 | 안 | 하 | 이 | 웨 | 이 | 이다!

2단계 생각해 보기   지도의 도로가 연결되면 우리 국토에 어떠한 좋은 점이 나타날까?

아시안 하이웨이가 연결되면 어떻게 될까?

↓

우리나라에서 자동차를 타고 아시아의 여러 나라를 거쳐 유럽까지 갈 수 있다.

↓

우리나라는 대륙과 해양을 연결하는 시작점으로서 중요성이 더욱 커질 것이다.

2 다음 글을 읽고, 물음에 답하시오. [12점]

> 우리나라의 영해는 황해, 남해, 동해를 포함한 영토 주변 바다의 영역으로, 대체로 영해를 설정하는 기준선으로부터 (㉠)해리까지이다. 영해의 기준선을 정할 때 동해안과 제주도, 울릉도, 독도는 썰물일 때의 해안선을 기준으로 한다. 서해안과 남해안은 해안선이 복잡하고 섬이 많아서 ㉡ _____

(1) 위 글의 ㉠에 들어갈 말을 쓰시오. [4점]

(   )

(2) 위 글의 ㉡에 들어갈 알맞은 내용을 쓰시오. [8점]

_____

_____

3 오른쪽 지도를 보고, 물음에 답하시오. [12점]

(1) 지도의 북부, 중부, 남부 지방은 어떤 자연환경을 기준으로 구분하는지 쓰시오. [4점]

(   )

(2) 다음 표의 중부 지방은 어디부터 어디까지인지 지도를 보고 쓰시오. [8점]

북부 지방	지금의 북한 지역을 말한다.
중부 지방	
남부 지방	중부 지방의 남쪽 지역을 말한다.

2 우리 국토의 자연환경 (1)

공부할 개념

• 우리나라의 다양한 지형 살펴보기
• 우리나라 지형의 특징 알아보기

자연환경	우리를 둘러싸고 있는 모든 것 중 사람이 만들지 않은 자연 그대로의 것들을 말함. 예 산, 강, 계곡, 하천, 바다, 섬, 계절(봄, 여름, 가을, 겨울) 등
인문환경	우리를 둘러싸고 있는 모든 것 중 사람이 자연을 토대로 만든 환경을 말함. 예 인구, 도시, 산업, 교통 등

1 우리나라의 지형 자료 1

(1) **지형의 뜻**: 여러 가지 땅의 생김새를 말합니다.

(2) **우리나라의 지형**: *산지, *하천, *평야, *해안, *섬 등의 다양한 지형이 있습니다.

2 우리나라 지형의 특징

★ **(1) 우리나라의 산지, 하천, 평야의 특징**

높은 산은 주로 북쪽과 동쪽에 나타나요.

하천과 평야는 주로 서쪽과 남쪽에 나타나요.

▲ 지형 단면도: 산지가 동쪽에 치우쳐 발달하여 동쪽이 서쪽보다 높으며, 동쪽은 경사가 급하고 서쪽은 경사가 완만합니다.

지형도를 보면 하천은 파란색, 평야는 초록색, 산지는 갈색으로 표시되어 있습니다.

주요 산맥	태백산맥, 소백산맥, 함경산맥, 낭림산맥, 마천령산맥 등이 있음.
주요 하천	한강, 금강, 영산강, 낙동강, 대동강 등이 있음.
주요 평야	김포평야, 예당평야, 호남평야, 나주평야, 평양평야 등이 있음.

① 국토의 약 70%가 산지입니다.

② 높고 험한 산지는 대부분 북쪽과 동쪽에 많으며, 낮은 산지는 남쪽과 서쪽에 많습니다.

③ 동쪽이 높고 서쪽이 낮은 지형적 특징 때문에 큰 하천은 대부분 서쪽과 남쪽으로 흘러갑니다.

④ 서쪽과 남쪽으로 흐르는 큰 하천의 주변에는 평야가 발달해 있습니다.

★ **(2) 산지, 하천, 평야를 이용하는 모습**

산지 이용 모습	• 지하자원과 삼림 자원 등을 얻음. • 스키장이나 휴양 시설을 만들기도 함.
하천 이용 모습	• 댐을 건설해 전기를 생산하고 홍수나 가뭄 피해를 막음. • 주변 지역에 필요한 물이나 휴식 공간을 제공함.
평야 이용 모습	• 논농사를 중심으로 농업이 발달함. • 교통이 편리하고, 사람들이 모여 살기에 유리해 도시가 발달함.

★ **(3) 우리나라 해안의 특징과 해안을 이용하는 모습** 자료 2

배를 이용한 교통이 편리하여 항구 도시나 공업 도시가 발달하기도 해요.

구분	해안 특징	해안을 이용하는 모습
동해안	해안선이 비교적 단조로우며, 모래사장이 펼쳐진 곳이 많음.	해수욕장을 만드는 등 관광 자원으로 이용함.
서해안	해안선이 복잡하고, 넓은 *갯벌이 발달함.	갯벌에서 해산물을 얻고, *간척하여 농경지나 공업용지로 이용함.
남해안	해안선이 복잡하며, 크고 작은 섬이 많아 다도해라고 불림.	물이 깨끗하고 파도가 잔잔해 김, 미역, 굴 등을 기르는 양식업이 발달함.

용어 사전

• **산지**(山 뫼 산, 地 땅 지) 여러 산이 모여 있는 지형.

• **하천**(河 강 하, 川 내 천) 물이 흘러가면서 만든 크고 작은 물줄기.

• **평야**(平 평평할 평, 野 들 야) 넓고 평평하게 펼쳐진 땅.

• **해안**(海 바다 해, 岸 언덕 안) 바다와 맞닿은 육지 부분.

• **섬** 바다로 둘러싸인 땅.

• **갯벌** 밀물 때에는 바닷물에 잠기고, 썰물 때에는 바닷물 밖으로 드러나는 땅.

• **간척**(干 방패 간, 拓 넓힐 척) 바다의 일부를 둑으로 막아 육지로 만드는 것.

자료⁺1 우리나라의 다양한 지형

▲ 산지: 땅의 높낮이 차이가 크고 경사가 가파름.

▲ 하천: 높은 곳에서 낮은 곳으로 흐름.

▲ 평야: 땅의 높낮이 차이가 거의 없음.

▲ 해안: 모래사장이나 갯벌, 바위 절벽이 있음.

자료⁺2 우리나라의 해안과 이용하는 모습

우리나라는 국토의 삼면이 바다로 둘러싸여 있어 동해안, 서해안, 남해안이 나타납니다. 각 해안은 해안선의 모습이 다르며 발달한 지형도 다릅니다.

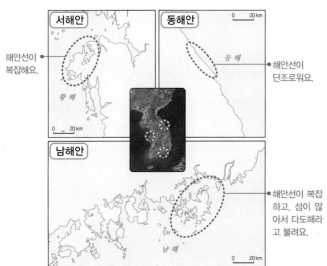

해안선이 복잡해요.

해안선이 단조로워요.

해안선이 복잡하고, 섬이 많아서 다도해라고 불려요.

핵심 개념 정리

• 우리나라의 지형은 전체적으로 동쪽이 높고 서쪽이 낮은 모습입니다.

하천은 대부분은 동쪽에서 서쪽으로 흘러가.

높고 험한 산지는 주로 북쪽과 동쪽에 많아.

큰 하천 주변에는 평야가 발달했어.

---

1 우리나라의 지형과 그 특징을 선으로 바르게 연결하시오.

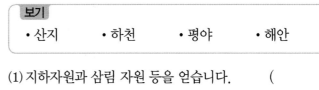

(1) 산지 ・　・㉠ 넓고 평평하게 펼쳐진 땅

(2) 평야 ・　・㉡ 여러 산이 모여 있는 지형

2 우리나라 산지, 평야, 하천에 대한 설명으로 옳은 것에 ○표, 옳지 않은 것에 ✕표 하시오.

(1) 우리나라는 국토의 약 70%가 산지입니다. (　　)

(2) 높고 험한 산지는 대부분 서쪽에 많으며, 낮은 평야는 북쪽과 동쪽에 많습니다. (　　)

(3) 우리나라의 지형은 동쪽이 높고 서쪽이 낮아 큰 하천은 대부분 서쪽과 남쪽으로 흘러갑니다. (　　)

3 다음은 어떤 지형의 이용 모습인지 보기 에서 찾아 쓰시오.

보기
• 산지 　　• 하천 　　• 평야 　　• 해안

(1) 지하자원과 삼림 자원 등을 얻습니다. (　　)

(2) 댐을 만들어 전기를 생산하고 홍수나 가뭄 피해를 막습니다. (　　)

(3) 교통이 편리하고, 사람들이 모여 살기에 유리해 도시가 발달합니다. (　　)

(4) 모래사장을 해수욕장으로 이용하거나, 갯벌에서 해산물을 얻기도 합니다. (　　)

4 우리나라의 해안과 그 특징을 선으로 바르게 연결하시오.

(1) 동해안 ・　・㉠ 해안선이 복잡함.

(2) 서해안 ・　・㉡ 해안선이 단조로움.

(3) 남해안 ・　・㉢ 해안선이 복잡하고, 섬이 많음.

5 (서해안, 남해안)은 물이 깨끗하고 파도가 잔잔해 김, 미역, 굴 등을 기르는 양식업이 발달하였습니다.

2 우리 국토의 자연환경 (2)

1 우리나라 기후 특징

(1) 중위도에 위치하여 사계절이 나타납니다.

(2) 계절에 따라 기온의 차이가 크며, 겨울의 기온 차이가 더 큽니다.

(3) 계절에 따라 불어오는 바람의 방향과 성질이 다릅니다.

> 여름에는 남쪽의 바다에서 덥고 습한 바람이 불어와 기온이 높고 비가 많이 내리며, 겨울에는 북서쪽의 대륙에서 차갑고 건조한 바람이 불어와 춥고 눈이 내려요.

😊 공부할 개념

- 우리나라 기온의 특징과 그에 따른 생활 모습 알아보기
- 우리나라 강수량의 특징과 그에 따른 생활 모습 알아보기

봄	대체로 온화하지만 갑자기 추워지기도 하며 날씨의 변화가 심함.
여름	무더위와 며칠 동안 비가 내리는 장마가 나타남.
가을	주로 맑은 날이 많고 건조하며, 짧은 장마가 나타나기도 함.
겨울	춥고 건조하며 눈이 내림.

용어 사전

- **기후**(氣 기운 기, 候 기후 후) 한 지역에서 오랜 기간에 걸쳐 나타나는 날씨의 평균적인 상태.
- **중위도**(中 가운데 중, 緯 가로 위, 度 정도 도) 저위도와 고위도 중간으로 대략 남북위 30°~60°를 말함.
- **강수량**(降 내릴 강, 水 물 수, 量 헤아릴 량) 어떤 장소에 일정 기간 내린 비, 눈 등의 물의 양.
- **대청**(大 큰 대, 廳 마루 청) **마루** 한옥에서 방과 방 사이에 있는 큰 마루.
- **터돋움집** 집이 물에 잠기는 것을 막으려고 집터를 주변보다 높여서 지은 집.
- **우데기** 겨울에 눈이 많이 내리는 울릉도에서 눈이 집으로 들어오는 것을 막고 집 안에서 생활하기 편리하도록 설치한 외벽.
- **설피**(雪 눈 설, 皮 가죽 피) 영동 지방이나 울릉도와 같이 눈이 많이 내리는 지역에서 눈에 빠지거나 미끄러지지 않도록 신 바닥에 대는 넓적한 덧신.

★ 2 우리나라 기온의 특징 자료➕1

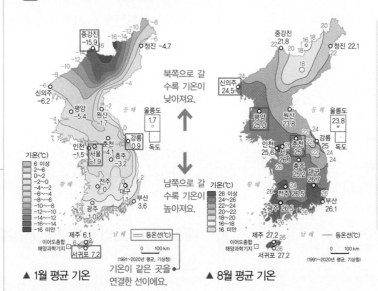

▲ 1월 평균 기온

기온이 같은 곳을 연결한 선이에요.

▲ 8월 평균 기온

- 1월에 남쪽의 서귀포는 평균 기온이 영상 7℃ 정도로 따뜻합니다. 하지만 북쪽의 중강진은 평균 기온이 영하 16℃ 정도로 매우 춥습니다.
- 1월에 강릉이 서울보다 기온이 높습니다.
  → 태백산맥과 동해의 영향 때문이에요.
- 8월에 춘천과 기온이 비슷한 곳은 평양과 신의주입니다.
  → 춘천은 평양과 신의주보다 남쪽에 위치하지만, 내륙 지역이어서 기온이 낮아요.

남북 차	국토가 남북으로 길어서 대체로 북쪽에서 남쪽으로 갈수록 기온이 높아짐.
동서 차	차가운 북서풍을 태백산맥이 막아 주고, 수심이 깊어 온도 변화가 적은 동해의 영향을 받아 동해안은 서해안보다 겨울 기온이 높음.
해안과 내륙 차	바다의 영향을 받는 해안 지역이 내륙 지역보다 대체로 겨울 기온이 높음.

★ 3 우리나라 강수량의 특징 자료➕2

| 연평균 강수량이 1,000mm 미만인 지역 | 중강진, 평양 등 북쪽 지방 |
| 연평균 강수량이 1,400mm 이상인 지역 | 강릉, 서귀포, 남해안 등 |

▲ 연평균 강수량

▲ 여러 지역의 월별 강수량

대체로 여름철에 비가 많이 내려요.

눈이 많이 내려서 겨울에도 강수량이 많은 편이에요.

| 지역 차 | 대체로 북쪽에서 남쪽으로 갈수록 강수량이 많아짐. |
| 계절 차 | 장마와 태풍 등의 영향으로 연평균 강수량의 절반 이상이 여름에 집중되며, 겨울에는 강수량이 적음. |

자료 1 기온에 따른 사람들의 생활 모습

의생활		
	▲ 모시옷, 삼베옷: 여름에는 바람이 잘 통하는 옷감으로 옷을 만들어 입음.	▲ 누비옷: 겨울에는 솜을 넣은 옷을 만들어 입음.
식생활		
	▲ 남쪽 지역: 김치가 빨리 익어 소금과 양념을 많이 넣음.	▲ 북쪽 지역: 김치가 천천히 익어 소금과 양념을 적게 넣었음.
주생활		
	▲ 대청마루: 여름에는 대청마루에서 더위를 피함.	▲ 온돌: 겨울에는 온돌로 난방을 하여 추위를 피함.

자료 2 강수량에 따른 사람들의 생활 모습

▲ 비가 많이 내리는 지역: 집이 물에 잠기는 것을 막기 위해 터돋움집을 지음.

▲ 비가 적게 내리는 해안 지역: 염전에서 바닷물을 증발시켜 소금을 얻음.

▲ 눈이 많이 내리는 지역: 울릉도에서는 우데기를 설치하여 눈과 바람을 막고, 설피를 신기도 함.

▲ 다목적 댐: 홍수나 가뭄에 대비하고 물을 효율적으로 관리하려고 저수지 등의 시설을 만듦.

핵심 개념 정리

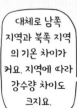

대체로 남쪽 지역과 북쪽 지역의 기온 차이가 커요. 지역에 따라 강수량 차이도 크지요.

북쪽으로 갈수록 기온이 낮아지고, 강수량이 줄어들어요.

남쪽으로 갈수록 기온이 높아지고, 강수량이 많아져요.

---

1 우리나라의 기후 특징에 대한 설명으로 옳은 것에 ○표, 옳지 않은 것에 ✕표 하시오.

(1) 계절에 따라 기온의 차이가 크며, 여름의 기온 차이가 더 큽니다. ( )

(2) 여름에는 바다에서 덥고 바람이 불어오며, 겨울에는 대륙에서 차갑고 건조한 바람이 불어옵니다. ( )

2 우리나라 기온의 특징으로 알맞은 말에 ○표 하시오.

우리나라는 대체로 남쪽에서 북쪽으로 갈수록 기온이 (높아지고, 낮아지고), 바다의 영향을 많이 받은 해안 지역의 겨울 기온은 내륙 지역보다 (높은, 낮은) 편이다.

3 기온에 따른 사람들의 생활 모습으로 옳은 것에 ○표, 옳지 않은 것에 ✕표 하시오.

(1) 여름에는 누비옷, 겨울에는 모시옷을 만들어 입었습니다. ( )

(2) 여름에는 대청마루에서 더위를 피하고, 겨울에는 온돌로 난방을 하여 추위를 피했습니다. ( )

(3) 남쪽 지역에서는 소금과 양념을 많이 넣어 김치를 담갔으며, 북쪽 지역에서는 소금과 양념을 적게 넣어 김치를 담갔습니다. ( )

4 우리나라 강수량의 특징으로 알맞은 말에 ○표 하시오.

우리나라는 연 강수량의 절반 이상이 (여름, 겨울)에 집중된다. 또한 대체로 남쪽에서 북쪽으로 갈수록 강수량이 (늘어난다, 줄어든다).

5 강수량에 따른 사람들의 생활 모습을 선으로 바르게 연결하시오.

(1) 눈이 많이 내리는 지역 · · ㉠ 터를 높여 집을 지음.

(2) 비가 많이 내리는 지역 · · ㉡ 우데기를 설치하고 설피를 신음.

(3) 비가 적게 내리는 해안 지역 · · ㉢ 바닷물을 증발시켜 소금을 얻음.

2 우리 국토의 자연환경 (3)

1 우리나라에서 발생하는 자연재해

(1) **자연재해**: 자연 현상이 사람들의 생명과 재산에 피해를 주는 것을 말합니다.

★ (2) **기후와 관련된 자연재해** 자료⁺1

봄	황사	• 중국이나 몽골의 사막에서 발생한 모래 먼지가 바람을 타고 우리나라로 날아와 가라앉는 현상, 하늘이 뿌옇게 됨. • 사람이나 가축의 호흡기 질환, 눈병 등을 일으킴. • 가능한 한 외출을 줄이고, 외출할 때는 마스크를 꼭 씀.
	가뭄	• 오랫동안 비가 오지 않거나 적게 오는 기간이 지속되는 현상 • 식수 부족으로 어려움을 겪을 수 있음, 농작물이 피해를 봄. • 필요한 물만 아껴서 사용함.
여름	폭염	• 매우 심한 더위 • 일사병이나 열사병 등을 일으키거나, 가축과 수산물에 피해를 줌. • 일기 예보를 수시로 확인하고 물을 자주 마심, 그늘막을 설치함.
	호우와 홍수	• 호우: 비가 많이 내리는 것 • 홍수: 비가 많이 내려 도로나 건물 등이 물에 잠기는 것 • 인명 피해, 가축 피해, 건축물 붕괴 등이 발생함. • 높은 곳으로 대피해 구조를 기다림, *배수로를 정비함.
여름~초가을	태풍	• 적도 부근에서 발생해 이동하며 많은 비와 강한 바람을 몰고 옴. • 집중 호우, 폭풍 등을 일으켜 큰 피해를 줌. • 문과 창문을 닫고, 유리창이 깨지지 않도록 테이프로 단단히 고정함.
겨울	한파	• 기온이 갑자기 내려가면서 발생하는 추위 • *저체온증, 동상 등을 일으킬 수 있음. • 체온 유지를 위해 장갑, 모자, 목도리 등을 착용함.
	폭설	• 한꺼번에 눈이 많이 내리는 현상 • 눈사태가 발생하거나 빙판길에서 차나 사람이 미끄러져 사고가 날 수 있음. • 눈이 쌓인 지붕이나 고드름이 있는 곳에 가지 않음, *제설 작업을 함.

(3) **지형과 관련된 자연재해**: 지진 자료⁺2

① 땅속의 갑작스러운 변화로 땅이 흔들리고 갈라지는 현상을 말합니다.

② *지진 해일, *산사태 등을 일으켜 많은 건물이나 다리 등이 무너지고, 화재가 발생하기도 합니다.

③ 지진에도 견딜 수 있는 건물을 만들고 대피 장소를 지정하며, 직장이나 학교에서 지진 안전 교육을 하고 있습니다.

안전 교육 • 지진으로 땅이 흔들리는 동안에는 책상 아래로 들어가 몸을 웅크리고, 책상 다리를 꼭 잡고 몸을 보호합니다.
• 흔들림이 멈추면 질서를 지키면서 떨어지는 물건에 주의하며 빠르게 운동장이나 공원 등 넓은 곳으로 대피합니다.

2 자연재해 피해를 줄이기 위한 노력

자연재해 발생 전	긴급 재난 문자, 기상청 누리집, 방송 매체를 통해 자연재해 정보를 안내함.
자연재해 발생	방송 매체, 인터넷 등을 통해 실시간 *기상 특보를 주의 깊게 살핌.
필요한 태도	각각의 자연재해에 맞는 행동 요령과 안전 수칙을 알고 실천하는 태도가 필요함.

😊 공부할 개념

• 우리나라에서 발생하는 자연재해 알아보기
• 자연재해 피해를 줄이기 위한 노력 알아보기

태풍으로 인한 피해	• 강한 비바람으로 과일나무 열매가 떨어지고 농경지가 물에 잠기며 배와 항구 시설이 부서지기도 함. • 도시에서도 교통과 통신 시설이 끊기고 가로수가 넘어지기도 함.
태풍의 이점	• 저위도 지역의 열을 고위도 지역으로 분산하여 지구 온도의 균형을 맞추고, 높은 파도를 일으키며 바다에 산소를 공급하여 바다 생태계를 활성화함. • 많은 비를 몰고 와 물 부족 문제를 해결하고 무더위를 식혀 줌.

용어 사전

• **배수로** (排 빼낼 배, 水 물 수, 路 길 로) 빼낸 물을 흘려보내기 위해 만든 길.

• **저체온증** (低 낮을 저, 體 몸 체, 溫 따뜻할 온, 症 증세 증) 오랜 시간 추운 곳에 있어 체온이 35℃보다 낮아지는 것.

• **제설** (除 없앨 제, 雪 눈 설) 쌓인 눈을 치우는 일.

• **지진 해일** 지진이나 화산 폭발 등으로 바닷물이 크게 일어서 육지로 넘쳐 들어오는 것.

• **산사태** (山 산 산, 沙 모래 사, 汰 일 태) 폭우나 지진, 화산 등으로 산 중턱의 바윗돌이나 흙이 갑자기 무너져 내리는 현상.

• **기상 특보** 자연재해가 예상될 때 미리 대처할 수 있도록 널리 알리는 것. 행정안전부나 기상청 누리집, 방송 매체, 휴대 전화의 긴급 재난 문자 등을 통해 확인할 수 있음.

• **지진의 규모** 지진의 강도를 나타내는 단위. 0~9의 수치로 나타내며, 규모 3은 실내에서 흔들림을 느끼는 정도임.

자료 1 우리나라의 자연재해 피해

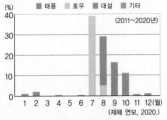

▲ 원인별 자연재해 피해액 비중   ▲ 월별 자연재해 발생 비중

- 우리나라는 주로 기후와 관련된 자연재해가 발생하며, 피해를 많이 주는 자연재해는 호우와 태풍입니다.
- 우리나라에서 자연재해가 주로 발생하는 시기는 7월~10월 사이이며, 계절상으로 여름과 초가을에 자연재해가 많이 발생합니다.
- 겨울에는 폭설로 인한 자연재해가 발생합니다.

자료 2 우리나라의 연도별 지진 발생 횟수

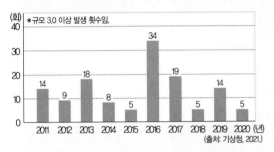

- 지진은 계절과 관계없이 발생하는 자연재해입니다.
- 우리나라에서도 최근 *지진의 규모가 큰 지진이 자주 발생하면서 지진에 대한 관심이 높아지고 있습니다.
  └ 2016년과 2017년에 경상북도 경주와 포항 지역을 중심으로 규모가 큰 지진이 연속적으로 발생했어요.

핵심 개념 정리

- 우리나라는 계절에 따라 기온과 강수량 차이가 커서 기후와 관련된 자연재해가 계절에 따라 다르게 나타납니다.

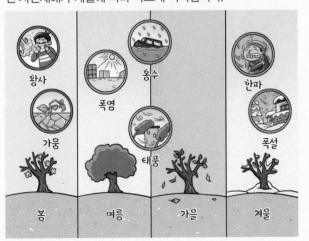

1 ( )은/는 자연 현상이 사람들의 생명과 재산에 피해를 주는 것을 말합니다.

2 우리나라에서 주로 발생하는 자연재해를 계절별로 선으로 바르게 연결하시오.

(1)	태풍	•	• ㉠	봄
(2)	황사, 가뭄	•	• ㉡	여름
(3)	한파, 폭설	•	• ㉢	여름~초가을
(4)	폭염, 홍수	•	• ㉣	겨울

3 다음은 어떤 자연재해에 대한 설명인지 보기 에서 찾아 쓰시오.

> 보기
> • 황사   • 폭염   • 가뭄   • 태풍

(1) 적도 부근에서 발생해 이동하며 많은 비와 강한 바람을 몰고 옵니다. ( )
(2) 일사병이나 열사병 등을 일으키거나, 가축과 수산물에 피해를 줍니다. ( )
(3) 오랫동안 비가 오지 않거나 적게 오는 기간이 지속되는 현상을 말합니다. ( )

4 땅속의 갑작스러운 변화로 땅이 흔들리고 갈라져 발생하는 자연재해는 무엇인지 쓰시오.

( )

5 자연재해 피해를 줄이기 위한 노력으로 옳은 것에 ○표, 옳지 않은 것에 ✕표 하시오.

(1) 지진이 발생하면 책상 밑으로 대피합니다. ( )
(2) 홍수가 발생하면 높은 곳으로 대피해 구조를 기다립니다. ( )
(3) 폭설이 내리면 유리창이 깨지지 않도록 테이프로 단단히 고정합니다. ( )

핵심문장으로 시작하기

1 우리나라의 ⬜ ⬜ 쪽에는 높고 험한 산지가 주로 분포하고, 남서쪽에는 낮은 산지나 ⬜ ⬜ 이/가 분포하고 있습니다.

2 우리나라는 대체로 북쪽에서 남쪽으로 갈수록 기온이 ⬜ ⬜ 지며, 해안 지역의 겨울 기온은 내륙 지방보다 ⬜ ⬜ 편입니다.

3 우리나라는 ⬜ ⬜ 에 장마와 태풍 등의 영향으로 연 강수량의 절반 이상이 내립니다.

4 우리나라의 지형도와 지형 단면도를 참고하여 큰
서술형 하천은 주로 어느 쪽으로 흘러가는지 쓰고, 그 까닭을 쓰시오.

▲ 지형도와 지형 단면도

5 우리나라 지형의 특징에 대한 설명으로 알맞지 <u>않</u>은 것을 두 가지 고르시오.   (   )

① 국토의 약 70%가 산지이다.
② 비교적 평탄한 평야는 동쪽에 발달하였다.
③ 동쪽이 높고 서쪽이 낮은 지형이 나타난다.
④ 높고 험한 산지는 대부분 남쪽과 서쪽에 많다.
⑤ 큰 하천은 대부분 동쪽에서 서쪽으로 흘러간다.

6 다음 사진은 어떤 지형을 이용한 생활 모습인지 쓰시오.

(1) (   ) (2) (   )

(3) (   ) (4) (   )

7 다음 지도에 나타난 동해안과 서해안, 남해안의 특
서술형 징을 쓰시오.

8 우리나라 기후의 특징에 대한 설명으로 알맞지 <u>않</u>은 것은 어느 것입니까? ( )

① 계절에 따라 기온의 차이가 크다.
② 중위도에 위치하여 사계절이 나타난다.
③ 계절에 따라 불어오는 바람의 방향이 다르다.
④ 같은 계절이라도 지역에 따라 기온 차이가 나타난다.
⑤ 여름에는 주로 맑은 날이 많고 건조하며, 짧은 장마가 나타나기도 한다.

9~10 다음 기후도를 보고, 물음에 답하시오.

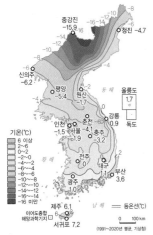

▲ 우리나라의 1월 평균 기온

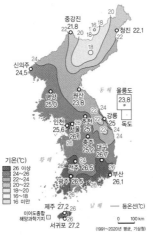

▲ 우리나라의 8월 평균 기온

9 위 기후도에 대한 설명으로 옳은 것에 ○표, 옳지 <u>않은</u> 것에 ✕표 하시오.

(1) 1월 평균 기온은 남쪽으로 갈수록 높아진다.
( )

(2) 8월 평균 기온은 북쪽으로 갈수록 높아진다.
( )

(3) 8월에 춘천과 기온이 비슷한 곳은 평양과 신의주이다. ( )

10 위 지도를 보고, 다음 ㉠, ㉡에 들어갈 알맞은 말을 쓰시오.

> 1월 평균 기온을 나타낸 기후도에서 서울보다 강릉이 더 따뜻한 이유는 차가운 북서 계절풍을 (㉠)이/가 막아 주고, 수심이 깊어 온도 변화가 적은 (㉡)의 영향을 받기 때문이다.

㉠ ( ), ㉡ ( )

11 기온에 따른 사람들의 생활 모습으로 옳은 것을 보기 에서 모두 찾아 기호를 쓰시오.

> **보기**
> ㉠ 여름에는 바람이 잘 통하는 모시옷을 만들어 입었다.
> ㉡ 겨울에는 온돌로 난방을 하여 추위를 피했다.
> ㉢ 남쪽 지역은 김치가 천천히 익어 소금과 양념을 적게 넣었다.

( )

12 우리나라 강수량의 특징에 대한 설명으로 옳지 <u>않</u>은 것은 어느 것입니까? ( )

① 계절에 따른 강수량의 차이가 크다.
② 연평균 강수량의 절반 이상이 여름에 집중된다.
③ 대체로 북부 지방이 남부 지방보다 강수량이 많다.
④ 낙동강 중상류 지역은 상대적으로 비가 적게 온다.
⑤ 울릉도와 영동 지방, 제주도 등은 겨울에도 강수량이 많은 편이다.

13 다음 지도에서 연평균 강수량이 1,000mm 미만인 지역은 어디입니까? ( )

▲ 연평균 강수량

① 서울   ② 강릉   ③ 남해안
④ 제주도 ⑤ 중강진

14 다음과 같은 강수 분포를 보이는 지역의 생활 모습으로 알맞은 것을 두 가지 고시오. (   )

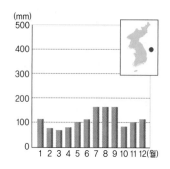

① 염전   ② 설피   ③ 저수지
④ 우데기   ⑤ 터돋움집

15 다음 그래프를 보고 우리나라에서 자연재해가 주로 발생하는 계절을 두 가지 쓰시오.

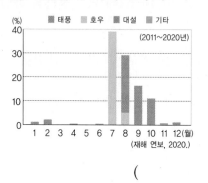

(   )

16 다음과 같은 자연재해가 주로 발생하는 계절은 언제인지 쓰시오.

> • 오랫동안 비가 오지 않거나 적게 오는 기간이 지속되는 현상
> • 중국이나 몽골의 사막에서 발생한 모래 먼지가 바람을 타고 우리나라로 날아와 가라앉는 현상

(   )

17 다음에서 설명하는 자연재해로 알맞은 것은 어느 것입니까? (   )

> 기온이 갑자기 내려가면서 발생하는 추위이다. 저체온증, 동상 등을 일으킬 수 있다.

① 폭염   ② 홍수   ③ 태풍
④ 폭설   ⑤ 한파

18 다음은 어떤 자연재해의 발생 횟수를 나타낸 것입니다. 이 자연재해에 대한 설명으로 옳지 <u>않은</u> 것은 어느 것입니까? (   )

① 주로 여름과 가을에 발생한다.
② 많은 건물이나 다리가 무너지고 화재가 발생하기도 한다.
③ 피해를 줄이려고 직장이나 학교에서 안전 교육을 하고 있다.
④ 최근 우리나라에서 잇달아 발생하면서 관심이 높아지고 있다.
⑤ 땅속의 갑작스러운 변화로 땅이 흔들리고 갈라지는 현상을 말한다.

19 자연재해가 발생했을 때의 행동 요령으로 알맞지 <u>않은</u> 것은 어느 것입니까? (   )

① 가뭄 – 필요한 물만 아껴서 사용한다.
② 황사 – 외출할 때는 마스크를 꼭 쓴다.
③ 폭염 – 문과 창문을 닫고, 외출하지 않는다.
④ 홍수 – 높은 곳으로 대피해 구조를 기다린다.
⑤ 폭설 – 눈이 쌓인 지붕이나 고드름이 있는 곳에 접근하지 않는다.

20 자연재해의 피해를 줄이기 위한 노력에 대해 <u>잘못</u> 말한 친구는 누구인지 쓰시오.

> 현서: 행정안전부에서는 기상 특보를 발령해 국민이 미리 대처할 수 있도록 하고 있어.
> 지민: 기상 특보는 학교 누리집에서 확인해야 해.
> 설아: 국민은 기상 특보를 주의 깊게 살펴보면서 각 재해 상황에 어떻게 대처하는지 알아 두어야 해.

(   )

1 우리나라의 지형 단면도를 보고, 물음에 답하시오. [12점]

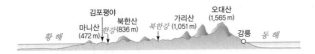

(1) 위 지형 단면도에서 높고 험한 산은 주로 어느 쪽에 많이 분포해 있는지 쓰시오. [4점]

(   )

(2) (1)의 정답을 참고하여 큰 하천은 어느 방향에서 시작해 어느 방향으로 흘러가는지 쓰시오. [8점]

_____

_____

서술형 문제를 푸는 방법을 익혀보자!

1단계 묻는 것 찾기   높고 험한 산은 어느 방향에 많을까?

산의 높이를 비교해 보면 오대산은 1,565m, 가리산은 1,051m, 북한산은 836m, 마니산은 472m임.

↓

1,000m가 넘는 높은 산은 주로

| 동 | 쪽 | 에 있다!

2단계 자료 분석하기   큰 하천은 어느 방향으로 흐를까?

하천은 높은 곳에서 낮은 곳으로 흐름.

↓

• 동쪽에 높은 산지가 있으며, 서쪽에 비교적 낮은 산지가 있음.
• 북한강과 한강은 주로 서쪽에 있음.

↓

주요 하천은 대부분 | 동 | 쪽에서 시작해 | 서 | 쪽으로 흐른다.

2 우리나라의 해안을 나타낸 오른쪽 지도를 보고, 물음에 답하시오. [12점]

(1) 다음과 같은 특징이 나타나는 해안을 모두 찾아 쓰시오. [3점]

① 해안선이 단조롭다. (   )
② 해안선이 복잡하다. (   )

(2) 위 해안 지역을 이용하는 사람들의 생활 모습을 동해안, 서해안, 남해안으로 나누어 쓰시오. [9점]

_____

_____

3 다음 자료를 보고, 물음에 답하시오. [12점]

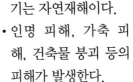 

• 비가 많이 내려 도로나 건물 등이 물에 잠기는 자연재해이다.
• 인명 피해, 가축 피해, 건축물 붕괴 등의 피해가 발생한다.

(1) 위 자료에 해당하는 자연재해는 무엇인지 쓰시오. [4점]

(   )

(2) 위 자료에 해당하는 자연재해 피해를 줄이기 위한 방법에는 어떤 것이 있는지 쓰시오. [8점]

_____

_____

3 우리 국토의 인문환경 (1)

★ 1 우리나라 °인구 분포의 변화 〈자료 1〉

과거 농업 사회	오늘날 산업 발달 사회
1960년	**2020년**
산지 지역 / 동해 / 울릉도 / 백령도 / 독도 / 황해 / 인구 밀도(명/km²) 5,000 이상 / 1,000~5,000 / 500~1,000 / 250~500 / 100~250 / 100 미만 / 평야 지역 / 남해 / 0 100km / 이어도종합 해양과학기지 / (통계청)	수도권 / 동해 / 울릉도 / 백령도 / 독도 / 황해 / 인구 밀도(명/km²) 5,000 이상 / 1,000~5,000 / 500~1,000 / 250~500 / 100~250 / 100 미만 / 남해 / 0 100km / 이어도종합 해양과학기지 / (통계청)
• 1960년대 이전 우리나라는 벼농사 중심의 농업 사회였음. • 평야가 발달해 농사짓기 알맞은 남서부 지역은 °인구 밀도가 높고, 산지가 많은 북동부 지역은 그에 비해 인구 밀도가 낮았음.	• 1960년대 이후 도시를 중심으로 산업이 발달하며 일자리를 찾아 촌락 사람들이 도시로 이동함. • 오늘날은 °수도권과 대도시를 중심으로 인구 밀도가 높아진 반면, 농어촌 촌락 지역과 산지 지역의 인구 밀도는 낮아짐.

┗ 오늘날 우리나라 전체 인구의 약 절반이 수도권에 살고 있어요.

2 우리나라 °인구 구성의 변화 〈자료 2〉

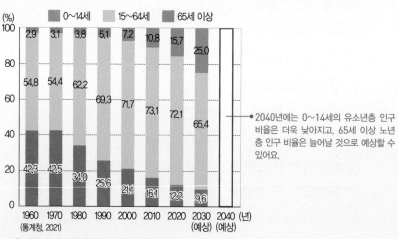

▲ 우리나라의 연령별 인구 구성 비율 변화

(범례) ■ 0~14세　■ 15~64세　■ 65세 이상

(년)	1960	1970	1980	1990	2000	2010	2020	2030(예상)	2040(예상)
65세 이상	2.9	3.1	3.8	5.1	7.2	10.8	15.7	25.0	
15~64세	54.8	54.4	62.2	69.3	71.7	73.1	72.1	65.4	
0~14세	42.3	42.5	34.0	25.6	21.1	16.1	12.2	9.6	

(통계청, 2021)

┗ 2040년에는 0~14세의 유소년층 인구 비율은 더욱 낮아지고, 65세 이상 노년층 인구 비율은 늘어날 것으로 예상할 수 있어요.

① 과거에는 태어나는 아이의 수가 많고 사망률도 높아 유소년층 인구 비율이 높고, 노년층 인구 비율은 낮았습니다.

② 갈수록 태어나는 아이의 수가 줄어들어 유소년층 인구 비율이 낮아지고, 평균 수명이 늘어나 노년층 인구 비율이 높아지고 있습니다.

③ 오늘날 우리나라의 인구 구성은 저출산·°고령 사회의 모습을 잘 보여 줍니다.

┗ 2030년 노년층 인구 비율은 20%를 넘어 우리나라는 초고령 사회가 될 것으로 예상되요.

자료⁺1 인구 밀도에 따른 지역의 모습

▲ 인구 밀도가 높은 지역(수도권)   ▲ 인구 밀도가 낮은 지역(농어촌 지역)

• 서울을 중심으로 인천, 경기를 포함한 수도권에는 오늘날 우리나라 인구의 절반 정도가 살고 있습니다.

• 농어촌 지역은 사람들이 일자리를 찾아 도시로 이동하면서 인구가 줄어들었습니다.

자료⁺2 인구 피라미드로 본 인구 구성의 변화

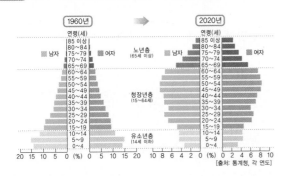

[출처: 통계청, 각 연도]

• 인구 피라미드는 특정 국가나 지역의 연령별, 남녀별 인구를 나타낸 그래프입니다.

• 1960년에 비해 2020년에는 유소년층 인구 비율이 줄어들었고, 노년층 인구 비율은 늘어났습니다.

핵심 개념 정리

• 오늘날 우리나라는 산업이 발달하고 도시가 모여 있는 수도권과 대도시의 인구 밀도는 높고, 촌락 지역의 인구 밀도는 낮습니다.

• 우리나라는 과거 유소년층 인구 비율이 높고, 노년층 인구 비율이 낮았습니다. → 이후 갈수록 출산율이 낮아지고, 평균 수명이 늘어나면서 저출산·고령 사회의 모습이 나타나고 있습니다.

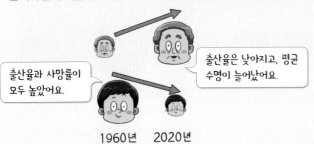

출산율과 사망률이 모두 높았어요.

출산율은 낮아지고, 평균 수명이 늘어났어요.

1960년   2020년

---

1 (   )은/는 어느 곳에 얼마나 많은 사람이 살고 있는지를 나타낸 것입니다.

2 다음 ( )의 알맞은 말에 ○표 하시오.

> 1960년대 이전 벼농사 중심의 농업 사회였던 우리나라는 (평야, 산지)가 발달한 남서부 지역의 인구 밀도가 높았다.

3 우리나라 인구 분포의 특징에 대한 설명으로 옳은 것에는 ○표, 알맞지 않은 것에 ✕표 하시오.

(1) 1960년대 이후 산업이 발달해 일자리가 많은 도시를 중심으로 사람들이 모여들었습니다.   (   )

(2) 오늘날 수도권에는 우리나라 전체 인구의 3분의 1이 살고 있습니다.   (   )

4 인구 구성을 구분해 나타내는 연령을 선으로 바르게 연결하시오.

(1) 노년층   ·   ·㉠   0~14세

(2) 유소년층   ·   ·㉡   15~64세

(3) 청장년층   ·   ·㉢   65세 이상

5 다음 ( )의 알맞은 말에 ○표 하시오.

> 오늘날 우리나라는 ㉠ (유소년층, 노년층) 인구 비율은 낮아지고, ㉡ (유소년층, 노년층) 인구 비율이 점점 늘어나는 저출산·고령 사회의 모습이 나타난다.

3 우리 국토의 인문환경 (2)

😊 공부할 개념
• 우리나라 도시 발달의 특징 알아보기
• 우리나라 산업 발달 모습 살펴보기

1 우리나라 도시 발달의 특징 자료➕1

1960년대	도시를 중심으로 산업이 발전하고 일자리가 늘어남. → 촌락 사람들이 도시로 모여들면서 서울, 부산, 대구, 인천 등의 도시 인구가 크게 늘고, 도시의 수가 많아짐.
1970년대	대도시가 지속적으로 성장하고, 남동쪽 해안 지역의 포항, 울산, 창원, 마산 등 공업 도시가 새롭게 성장함.
1980년대 이후	• 서울을 비롯한 대도시에 인구와 기능이 집중하면서 주택 부족, 교통 혼잡 등 다양한 문제가 발생함. → 이 같은 문제를 해결하고 인구와 기능을 분산하기 위해 대도시 주변에 ●신도시를 건설함 • 2000년대 이후 국토의 균형적인 발전을 위해 수도권에 집중되어 있던 공공 기관, 기업 등을 지방으로 이전함.

▲ 세종특별자치시(정부 세종 청사)

2012년 다양한 공공 기관이 이전하여 ●
새롭게 조성된 도시예요.

★ 2 우리나라의 산업 발달 자료➕2

(1) 우리나라 산업 발달 과정

1960년대	풍부한 ●노동력을 바탕으로 생활에 필요한 물건을 만드는 공업 발달

⬇

1970~1980년대	남동 해안 지역 항구 도시를 중심으로 철 제품, 선박, 자동차, 석유 제품 등을 만드는 ●중화학 공업 발달 └─ 원료 수입과 제품 수출에 유리

⬇

1990년대	첨단 기술을 활용한 반도체, 컴퓨터 산업 등이 발달

⬇

2000년대 이후	우주·로봇 산업이 발달하고, 문화, 의료 등 다양한 산업이 새롭게 성장

(2) 우리나라의 다양한 산업 발달
┌ 지역의 자연환경과 노동력, 기술, 교통 등의 특성에 따라 다양한 산업이 발달해요.

▲ 우리나라 주요 공업 지역

지도 표기: 수도권 공업 지역, 태백산 공업 지역, 충청 공업 지역, 영남 내륙 공업 지역, 호남 공업 지역, 남동 임해 공업 지역 / 동해, 황해, 남해 / 울릉도, 독도, 백령도, 제주, 이어도 / 의정부, 인천, 서울, 이천, 안산, 안성, 영월, 삼척, 태백, 단양, 대산, 아산, 천안, 청주, 대전, 군산, 익산, 전주, 구미, 대구, 포항, 양산, 울산, 창원, 부산, 광주, 진주, 광양, 여수, 목포
범례: 공업 중심지 / 공업 지역 / ● 주요 도시 / 0 50km

지식 정보 산업(서울)	시멘트 산업(강원 삼척)

지식 정보 산업과 관련된 다양한 기업이 모여 있음.	시멘트의 주원료가 되는 석회석이 풍부함.
자동차 산업(광주)	물류 산업(부산)

자동차 공장과 이와 관련된 부품 산업이 발달해 있음.	상품의 운반과 보관이 편리한 항구가 발달해 ●물류 산업이 발달함.

용어 사전

• 신도시 (新 새 신, 都 도읍 도, 市 저자 시) 계획적으로 만든 새로운 도시.

▲ 서울의 인구를 분산하기 위해 조성된 신도시의 아파트 주거 단지(고양시)

• 노동력 (勞 일할 노, 動 움직일 동, 力 힘 력) 일을 하는 데 쓰이는 사람의 능력.

• 중화학 공업 (重 무거울 중, 化 될 화, 學 학문 학, 工 만들 공, 業 일 업) 자동차, 선박 등 무거운 제품을 만들거나 원유를 이용해 물건을 만드는 산업.

▲ 울산 중화학 공업 단지

• 물류 산업 (物 물건 물, 流 흐를 류 産 만들 산 業 일 업) 다양한 물건을 수송, 운반, 보관하는 과정을 다루는 산업.

자료**1** **우리나라의 도시 분포 변화**

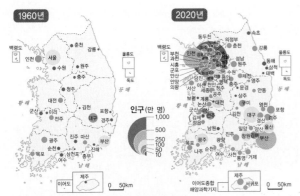

▲ 우리나라의 도시 수와 도시별 인구 변화

• 인구 100만 명 넘는 도시의 수는 1960년 2곳에서 2020년 11곳으로 늘어났습니다.

• 2020년에는 수도권과 대도시 주변, 남동쪽 해안 지역의 도시 수와 도시 인구가 크게 늘어났습니다.

자료**2** **산업 발달에 따른 국토의 변화 모습(경북 포항시)**

▲ 어업 활동 중심   ▲ 제철 산업 발달

• 과거 작은 어촌 마을을 볼 수 있었던 포항은 제철소를 비롯해 다양한 공장이 들어서면서 공업 도시로 성장했습니다.

• 지역에 새로운 산업이 발달하고 일자리가 늘어나면서, 인구가 증가하고 도시의 규모가 커집니다.

🎓 **핵심 개념 정리**

• 우리나라는 1960년대 이후 산업이 발달하면서 도시 인구가 크게 늘어나고, 도시 수가 많아졌습니다.

• 수도권과 대도시에 인구와 기능이 집중하면서 발생한 문제를 해결하기 위해 주변에 신도시를 건설하고, 국토가 균형적으로 발전할 수 있도록 수도권에 있는 공공 기관이나 기업을 지방으로 옮기는 노력을 하고 있습니다.

• 우리나라는 1960년대부터 본격적으로 산업이 발달하기 시작하여 오늘날까지 다양한 산업 활동이 이루어지고 있습니다.

1 우리나라의 도시 발달에 대한 설명으로 옳은 것에 ○표, 옳지 않은 것에 ✕표 하시오.

(1) 도시 수와 도시 인구가 크게 늘어났습니다. (   )

(2) 인구가 100만 명 이상인 도시 수는 줄어들었습니다.
(   )

(3) 수도권과 남동쪽 해안 지역의 도시 수와 도시 인구가 크게 늘어났습니다. (   )

2 서울을 비롯한 대도시에 인구와 기능이 집중하면서 발생한 문제를 해결하고자 대도시 주변에 (   ) 을/를 건설하여 인구와 기능을 분산했습니다.

3 다음 (   ) 안의 알맞은 말에 ○표 하시오.

> 우리나라는 1970년대에 원료 수입과 제품 수출에 유리한 (남동, 북서) 해안 지역의 항구 도시를 중심으로 중화학 공업이 발달하였다.

4 우리나라의 다양한 산업 발달의 모습으로 알맞은 내용을 선으로 바르게 연결하시오.

(1) 부산 •   • ㉠ 시멘트의 주원료인 석회석이 풍부함.

(2) 강원 삼척 •   • ㉡ 항구가 발달해 상품의 운반과 보관이 편리함.

5 지역에 새로운 (   )이(가) 발달하고 일자리가 늘어나면서, 인구가 증가하고 도시의 규모가 커집니다.

3 우리 국토의 인문환경 (3)

1 우리나라의 교통 발달 자료⁺1

(1) 우리나라의 교통 발달 모습

1980년대 우리나라의 •교통도	2020년 우리나라의 교통도
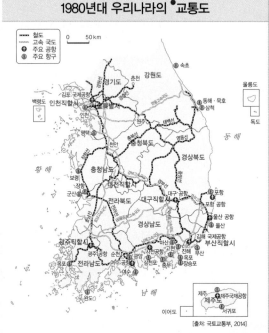[출처: 국토교통부, 2014]	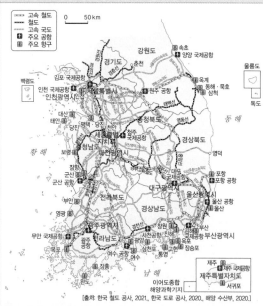[출처: 한국 철도 공사, 2021., 한국 도로 공사, 2020., 해양 수산부, 2020.]
• 여러 지역을 연결하는 철도 교통이 발달하였음. • 해안을 따라 항구가 발달하였음.	• 고속 국도가 크게 늘어나 전 국토를 그물망처럼 촘촘히 연결하고 있음. • 새로운 교통수단으로 •고속 철도가 연결됨. • 항구와 공항의 수가 늘어남.

★ (2) 교통의 발달로 달라진 국토의 모습

① 1970년대에 경부 고속 국도를 시작으로 여러 고속 국도가 •개통되어 지역 간 이동이 편리해지고, 사람들의 •생활권이 넓어졌습니다. ┌ 사람들이 생활하기 위해 활동하는 범위가 더욱 넓어졌어요.

② 2004년 고속 철도가 개통되면서 전국이 반나절 생활권으로 연결되었습니다.

③ 항구와 공항의 수가 크게 늘어나 물자와 사람들의 이동이 더욱 편리해졌습니다.

④ 교통의 발달로 이동 시간이 줄면서 지역 간 거리는 점점 가깝게 느껴지고 있습니다.

⑤ 다양한 교통 시설이 국토 곳곳을 연결해 지역 간 교류가 더욱 활발해지고 있습니다.

2 인문환경의 변화에 따라 달라진 국토의 모습

(1) 인구, 도시, 산업, 교통의 발달 관계

산업이 발달하면서 일자리가 많은 지역에 인구가 집중되고, 도시가 성장합니다.

⬇

인구가 많은 지역을 중심으로 교통이 발달합니다.

⬇

도시를 연결하는 •교통망이 발달하며 지역 간 물자와 인구의 이동이 더욱 활발해집니다.

⬇

이와 같은 변화로 다시 도시가 성장하고, 교통과 산업이 발달합니다.

(2) 인구와 도시, 산업, 교통이 서로 영향을 주고받으며 발전하였으며, 그에 따라 우리 국토는 과거와 크게 다른 모습으로 변화하였습니다.

자료⁺1 교통 발달에 따른 생활 모습의 변화

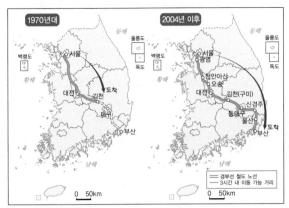

▲ 3시간 내 이동 가능 거리의 변화

• 1970년대에는 열차를 이용해 3시간을 달려 서울에서 김천까지 갈 수 있었습니다.

• 2004년 고속 철도가 개통되면서 오늘날에는 평균 2시간 40분이면 서울에서 부산까지 갈 수 있게 되었습니다.

핵심 개념 정리

• 우리나라는 고속 국도와 고속 철도가 개통되면서 지역 간 이동이 편리해지고, 사람들의 생활권이 넓어졌습니다.

• 교통의 발달로 이동 시간이 줄어 지역 간 거리는 점점 가깝게 느껴지고 있으며, 지역 간 교류가 더욱 활발해지고 있습니다.

• 인구, 도시, 산업, 교통 등 인문환경이 서로 영향을 주고받으며 발전하였으며, 우리 국토는 과거와 크게 다른 모습으로 변화하였습니다.

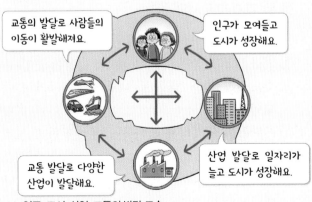

▲ 인구, 도시, 산업, 교통의 발달 모습

1 1970년대에 여러 (　　　　　　　　)이/가 개통되어 지역 간 이동이 편리해지고, 사람들의 생활권이 넓어졌습니다.

2 다음 (　　) 안의 알맞은 말에 ○표 하시오.

> 우리나라는 (지하철, 고속 철도)이/가 2004년 개통되어 전국이 반나절 생활권이 가능해졌습니다.

3 교통의 발달로 달라진 사람들의 생활 모습으로 옳은 것에 ○표, 옳지 않은 것에 ✕표 하시오.

(1) 교통의 발달로 이동 시간이 줄면서 지역 간 거리는 점점 가깝게 느껴지고 있습니다. (　　　)

(2) 다양한 교통 시설이 국토 곳곳을 연결해 지역 간 교류가 줄어들고 있습니다. (　　　)

4 인구 변화와 도시, 산업, 교통의 발달 관계로 알맞은 내용을 선으로 바르게 연결하시오.

(1) | 산업이 발달하면서 |　•　| •㉠ | 교통이 발달합니다. |

(2) | 인구가 많은 지역을 중심으로 |　•　| •㉡ | 일자리가 늘고 인구가 집중됩니다. |

5 인구, 도시, 산업, 교통 등 인문환경이 서로 영향을 주고받으며 발전하였으며, 우리 (　　　　　　　)은/는 과거와 크게 다른 모습으로 변화하였습니다.

핵심문장으로 시작하기

1 오늘날 우리나라는 ⬚ⓞ ⬚ⓢ ⬚ⓝ 층 인구는 점점 줄어들고, ⬚ⓝ ⬚ⓝ 층 인구는 점점 늘어나고 있습니다.

2 서울을 비롯한 대도시에 인구와 기능이 집중하면서 나타난 문제를 해결하기 위해 ⬚ⓢ ⬚ⓓ ⬚ⓢ 을/를 건설해 인구와 기능을 분산하였습니다.

3 인구와 도시, 산업, 교통 등 인문환경이 발달하면서 우리 ⬚ⓖ ⬚ⓣ 은/는 과거와 크게 다른 모습으로 변화하였습니다.

4 다음 ㉠, ㉡ 안에 들어갈 알맞은 말이 무엇인지 쓰시오.

> • (㉠)은(는) 어느 곳에 얼마나 많은 사람이 살고 있는지를 나타낸 것이다.
> • (㉡)은(는) 일정한 나라나 지역의 인구를 성별, 연령별로 나누어 나타낸 것이다.

㉠ (   ), ㉡ (   )

5 1960년대 이전 농업 사회였던 우리나라에서 남서부 지역에 인구 밀도가 높았던 까닭은 무엇입니까? (   )

① 평야가 발달해 농사짓기 알맞기 때문에
② 주변에서 풍부한 지하자원이 나기 때문에
③ 다양한 교통수단을 이용하기 알맞기 때문에
④ 원료의 수입과 제품의 수출이 편리하기 때문에
⑤ 환경오염이 적어 사람들이 살기 알맞기 때문에

6~7 다음 자료를 보고, 물음에 답하시오.

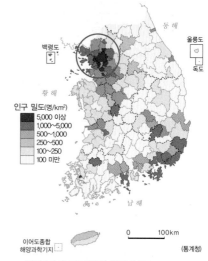

▲ 2020년 우리나라의 인구 분포

6 위 자료에서 ○로 표시된 곳과 관련해 인구 밀도가 높은 지역의 모습으로 다음 ⑺, ⑻ 중 알맞은 사진의 기호를 쓰시오.

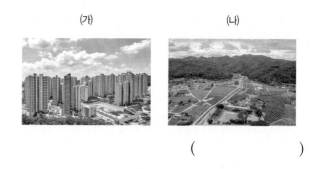

(가)   (나)

(   )

7 위 자료의 인구 분포에 대한 특징으로 알맞은 내용을 **두 가지** 고르시오. (   )

① 남서부보다 북동부 지역의 인구 밀도가 더 높다.
② 인구 밀도가 높은 곳은 벼농사가 발달한 곳이다.
③ 수도권과 부산, 대구 등 대도시에 인구가 집중되었다.
④ 사람들이 일자리를 찾아 산업이 발달한 도시로 모여들었다.
⑤ 수도권에는 5,000(명/㎢) 이상 인구 밀도가 나타나는 곳이 없다.

8~9 다음은 우리나라의 연령별 인구 구성 변화입니다. 이를 보고 물음에 답하시오.

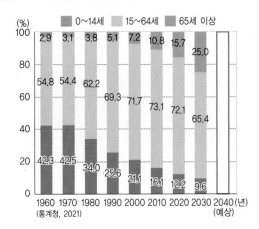

8 위 자료에 대한 설명으로 옳지 <u>않은</u> 것은 어느 것입니까? ( )

① 65세 이상 인구 비율이 점점 늘어나고 있다.

② 14세 이하 인구 비율이 점점 줄어들고 있다.

③ 오늘날은 저출산·고령 사회의 특징이 나타난다.

④ 2010년에 65세 이상 인구 비율이 처음으로 10%를 넘었다.

⑤ 태어나는 아기의 수는 점점 늘어나고, 전체 인구에서 노년층이 차지하는 비율은 줄고 있다.

9 위 자료의 2040년 우리나라 연령별 인구 구성 변화의 특징을 예상해 쓰시오.
서술형

_____

_____

10 다음과 같이 남녀별, 연령별 인구 비율을 나타낸 그래프를 무엇이라고 하는지 쓰시오.

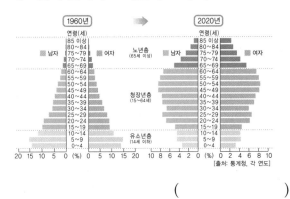

( )

11★ 우리나라 도시 발달에 대한 설명으로 옳은 것을 보기 에서 두 가지 골라 기호를 쓰시오.

보기

㉠ 1960년대 이후 농업이 발달하며 도시가 성장하기 시작했다.

㉡ 1970년대에 포항, 울산 등 남동 해안 지역의 공업 도시가 성장했다.

㉢ 1980년대 이후 서울과 대도시에 집중된 인구와 기능을 분산하기 위해 신도시가 건설되었다.

㉣ 2000년대 이후 국토의 균형적인 발전을 위해 공공 기관을 수도권에 집중시켰다.

( )

12 오늘날 우리나라 도시 분포에 대한 설명으로 다음 ( ) 안에 들어갈 말이 무엇인지 쓰시오.

오늘날 우리나라는 서울과 인천, 경기를 포함한 ( )와/과 남동 해안 지역을 중심으로 도시 수와 도시 인구가 크게 늘어났다.

( )

13 다음 대화와 관련된 도시는 무엇입니까? ( )

연두: ( )는 1980년 지도에서는 찾을 수 없어.

민준: ( )는 2012년 7월에 탄생했어.

연두: 그럼 새롭게 도시가 만들어진 거야?

민준: 맞아, 국토의 균형적인 발전을 위해 새롭게 도시를 만들면서 다양한 공공 기관이 ( )로 옮겨 왔어.

① 인천광역시

② 울산광역시

③ 광주광역시

④ 대구광역시

⑤ 세종특별자치시

14 다음 그림을 보고 우리나라 산업 발달 과정의 순서대로 기호를 나열하시오.

▲ 반도체, 우주 산업 　▲ 옷, 신발 생산 　▲ 선박, 자동차 생산

(　　)→(　　)→(　　)

15 강원특별자치도 삼척에서 오른쪽과 같은 산업이 발달한 까닭이 무엇인지 쓰시오.
서술형

▲ 시멘트 산업

16 다음과 같은 산업 발달의 모습을 가진 도시로 거리가 <u>먼</u> 곳은 어디입니까? (　　)

> 원료 수입과 제품 수출에 유리한 남동 해안 지역의 도시에는 철 제품, 선박, 자동차, 석유 제품 등을 만드는 중화학 공업이 발달하였다.

① 포항　　② 대구　　③ 여수
④ 거제　　⑤ 울산

17 다음 ( ) 안에 공통으로 들어갈 말이 무엇인지 쓰시오.

> (　　)은(는) 통근, 통학 등 사람이 일상생활을 할 때 활동하는 범위를 말한다. 교통의 발달로 지역 간의 이동 시간이 줄어들면서 사람들의 (　　)이(가) 더욱 넓어지고 있다.

(　　)

18~19 다음 지도를 보고, 물음에 답하시오.

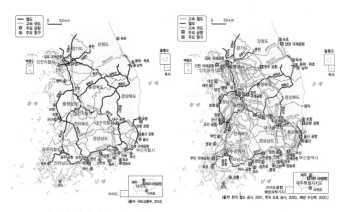

▲ 1980년대 우리나라 교통도　　▲ 2020년 우리나라 교통도

18 위 지도와 관련해 1980년대에 비해 2020년에 크게 발달해 전 국토를 그물망처럼 연결한 교통 시설은 무엇입니까? (　　)

① 철도　　　　　② 지하철
③ 고속 국도　　④ 해상 교통
⑤ 항공 교통

19* 위와 같은 교통의 발달로 달라진 사람들의 생활 모습으로 알맞은 것은 어느 것입니까? (　　)

① 지역 간의 교류가 어려워졌다.
② 지역 간 이동 시간이 늘어났다.
③ 사람과 물자의 이동이 줄어들었다.
④ 사람들의 생활권이 점점 좁아지고 있다.
⑤ 지역 간 거리가 점점 가깝게 느껴지고 있다.

20 인문환경의 변화에 따라 달라진 국토의 모습으로 옳지 <u>않은</u> 것은 어느 것입니까? (　　)

① 교통의 발달로 다양한 산업이 발달한다.
② 도시가 성장하며 산업이 더욱 발달한다.
③ 산업의 발달로 일자리가 줄어 인구가 감소한다.
④ 인구가 많은 지역을 중심으로 교통이 발달한다.
⑤ 교통의 발달로 사람과 물자의 이동이 활발해진다.

1 다음 자료를 보고, 물음에 답하시오. [12점]

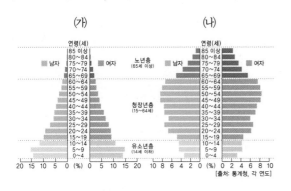

(1) 위 인구 피라미드 (가), (나) 중 오늘날 우리나라 인구 구성을 나타낸 것의 기호를 쓰시오. [4점]

(   )

(2) 오늘날 위 인구 피라미드와 같은 인구 구성의 변화가 나타난 까닭이 무엇인지 쓰시오. [8점]

_____

_____

서술형 문제를 푸는 방법을 익혀보자!

1단계 자료 읽기   그래프를 읽고 실마리를 찾아볼까?

가로축	남자와 여자의 연령별 인 구 비율을 나타냄.
세로축	유소년층, 청장년층, 노 년 층 등의 연령을 나타냄.

2단계 생각 정리하기   인구 구성이 변화한 까닭은 무엇일까?

아이를 적게 낳는 가정이 많아지면서, 태어나는 아이의 수가 줄어들고, 의료 기술이 발달하면서 사람들의 평 균 수 명 이 늘어났다.

3단계 정의하기   우리나라 인구 구성의 특징을 한 문장으로?

오늘날 우리나라의 인구 구성은 저 출 산 · 고 령 사회의 특징을 잘 보여준다.

---

2 다음 자료를 보고, 표를 완성하시오. [12점]

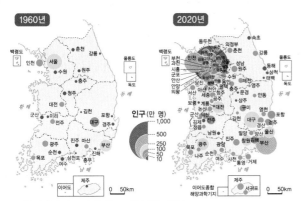

▲ 우리나라의 도시 수와 도시별 인구 변화

| (1) 지도에서 원의 크기가 나타내는 것 [4점] | |
| (2) 우리나라 도시 발달의 특징 [8점] | |

3 다음 사진 (가), (나)를 보고, 물음에 답하시오. [12점]

▲ 시멘트 산업(삼척)   ▲ 물류 산업(부산)

(1) 위 (가), (나) 중 항구가 발달해 상품의 운송과 보관이 편리한 지역 특성과 관련된 산업의 기호를 쓰시오. [4점]

(   )

(2) 위 (가), (나)와 같이 지역마다 다양한 산업이 발달한 까닭이 무엇인지 쓰시오. [8점]

_____

_____

1 국토와 우리 생활

우리 국토의 위치와 영역을 살펴보고, 자연환경과 인문환경의 특징을 알 수 있습니다.

👀 그림을 보고 배운 개념을 떠올리며 빈칸을 채워 보세요.

개념1 우리나라의 영역

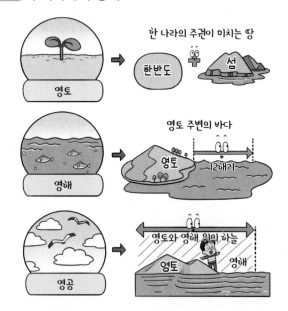

한 나라의 주권이 미치는 땅

영토 → 한반도 + 섬

영토 주변의 바다

영해 → 영토 [12해리]

영토와 영해 위의 하늘

영공 → 영토 영해

국토의 (❶)은/는 한 나라의 주권이 미치는 범위를 말하며 영토, 영해, (❷)(으)로 이루어집니다.

개념2 우리 국토의 구분

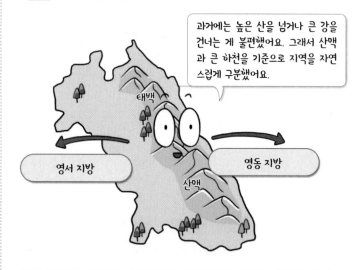

과거에는 높은 산을 넘거나 큰 강을 건너는 게 불편했어요. 그래서 산맥과 큰 하천을 기준으로 지역을 자연스럽게 구분했어요.

태백

영서 지방   영동 지방

산맥

우리나라는 전통적으로 (❸), 고개, 호수, 강, 바다 등을 기준으로 관서, 관북, 관동, 해서, 경기, 호서, 호남, 영남 지방으로 구분하였습니다. (❹) 지방은 태백산맥을 기준으로 영동 지방과 영서 지방으로 나뉩니다.

개념4 우리나라 기후의 특징

장마와 태풍 등의 영향으로 연평균 강수량의 절반 이상이 여름에 내려요.

태백산맥과 동해의 영향으로 겨울에 동해안은 서해안보다 따뜻해요. 그리고 바다의 영향을 받는 해안 지역이 내륙 지역보다 겨울에 따뜻하지요.

울릉도나 영동 지방은 눈이 많이 내려 겨울에도 강수량이 많은 편이에요.

남북으로 긴 우리나라는 대체로 북쪽에서 남쪽으로 갈수록 기온이 (❽)지며, 강수량도 (❾)집니다.

개념5 우리나라 인구 구성의 변화

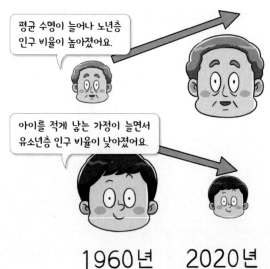

평균 수명이 늘어나 노년층 인구 비율이 높아졌어요.

아이를 적게 낳는 가정이 늘면서 유소년층 인구 비율이 낮아졌어요.

1960년   2020년

오늘날 우리나라 인구 구성은 유소년층 인구 비율은 낮아지고, 노년층 인구 비율은 점점 높아지는 저출산·(❿) 사회의 모습을 잘 보여주고 있습니다.

개념3 우리나라 지형의 특징

대부분의 큰 하천은 남쪽과 서쪽으로 흘러요.

동고

서저

서쪽과 남쪽으로 흐르는 큰 하천 주변에 평야가 발달했어요.

우리나라는 국토의 약 70%가 (❺)입니다. 북쪽과 동쪽의 큰 산맥에서 나온 작은 산맥들이 서쪽으로 뻗어 나가며 높이가 점점 낮아지므로, (❻) 쪽은 높고 (❼)쪽은 낮은 지형입니다.

개념6 인문환경과 우리 국토 변화

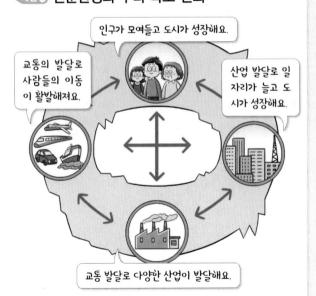

인구가 모여들고 도시가 성장해요.

교통의 발달로 사람들의 이동이 활발해져요.

산업 발달로 일자리가 늘고 도시가 성장해요.

교통 발달로 다양한 산업이 발달해요.

인구, 도시, 산업, 교통 등 (⑪)이/가 서로 영향을 주고받으며 발전하였으며, 그에 따라 우리 (⑫) 은/는 과거와 크게 다른 모습으로 변화하였습니다.

옳은 문장에 ○, 틀린 문장에 ✕하세요. 틀린 부분은 밑줄을 긋고 바른 개념으로 고쳐 써 보세요.

1 우리 국토는 아시아 대륙과 태평양이 만나는 지역에 위치하여 대륙과 해양으로 나아가기에 유리합니다.

( )

2 영역은 한 나라의 주권이 미치는 범위로 영토, 영해, 영공으로 이루어집니다. ( )

3 우리 국토는 큰 산맥이나 하천 등의 인문환경을 기준으로 지역을 구분하기도 하고, 행정 구역으로 지역을 구분하기도 합니다. ( )

4 우리나라는 동쪽은 높고 서쪽이 낮은 지형이 나타나기 때문에 대부분의 큰 하천은 남쪽과 서쪽으로 흐릅니다.

( )

5 우리나라는 남북으로 길게 뻗어 있어 남쪽 지역과 북쪽 지역의 기온 차이가 큰데, 대체로 북쪽에서 남쪽으로 갈수록 기온이 낮아집니다. ( )

6 우리나라는 여름에 장마와 태풍 등의 영향으로 연평균 강수량의 절반 이상이 내립니다. ( )

7 우리나라는 봄에는 황사와 가뭄, 여름에는 폭염과 홍수, 겨울에는 한파와 폭설 등이 주로 발생합니다.

( )

8 1960년대 이후 산업이 발달하며 도시 사람들이 일자리를 찾아 촌락으로 모여들었습니다. ( )

9 2000년대 이후 국토의 균형적인 발전을 위해 수도권에 집중되어 있던 공공 기관, 기업 등이 지방으로 이전하였습니다. ( )

10 교통의 발달로 이동 시간이 줄면서 지역 간 거리는 점점 가깝게 느껴지고 있습니다. ( )

1 우리나라의 위치에 대한 설명으로 알맞지 <u>않은</u> 것은 어느 것입니까? ( )

① 태평양과 접하고 있다.
② 북반구 중위도에 있다.
③ 중국과 러시아 사이에 있다.
④ 북위 33°~43°, 동경 124°~132°에 위치한다.
⑤ 아시아 대륙의 동쪽에 위치한 반도 국가이다.

2 다음 빈칸에 공통으로 들어갈 말을 쓰시오.

> ( )은/는 아시아와 유럽의 여러 나라를 연결하는 도로이다. ( )이/가 연결되면 우리나라는 대륙과 해양을 연결하는 시작점으로서 중요성이 더욱 커질 것이다.

( )

3★ 우리나라의 영역에 대한 설명으로 알맞은 것을 보기에서 모두 고른 것은 어느 것입니까? ( )

> 보기
> ㉠ 영공은 우리나라의 영토와 영해 위에 있는 하늘이다.
> ㉡ 영토의 가장 북쪽은 유원진이며, 가장 남쪽은 마라도이다.
> ㉢ 서해안은 썰물일 때의 해안선을 기준으로 영해를 정한다.
> ㉣ 동해안은 가장 바깥에 있는 섬들을 직선으로 연결한 선을 기준으로 영해를 정한다.

① ㉠, ㉡   ② ㉢, ㉣   ③ ㉠, ㉡, ㉢
④ ㉠, ㉢, ㉣   ⑤ ㉡, ㉢, ㉣

4 우리 국토를 사랑해야 하는 까닭을 한 가지만 더 쓰시오.
서술형

> • 국토가 없으면 국가나 국민이 존재할 수 없기 때문이다.
> • 우리나라의 고유한 역사와 문화가 담겨 있는 소중한 공간이기 때문이다.
> • _____

_____

_____

5 다음 지역 구분 지도를 보고, 설명한 내용으로 알맞지 <u>않은</u> 것은 어느 것입니까? ( )

① 북부 지방은 지금의 북한 지역이다.
② 큰 산맥과 하천을 중심으로 구분하였다.
③ 자연환경을 중심으로 지역을 구분하였다.
④ 나라를 효율적으로 관리하려고 나누어 놓은 지역이다.
⑤ 중부 지방과 남부 지방은 소백산맥과 금강 하류를 기준으로 구분하였다.

6 다음 ㉠, ㉡에 들어갈 말을 쓰시오.

> 경기해의 서쪽을 (㉠) 지방이라고 하고, 금강(옛 이름 호강)의 서쪽을 (㉡) 지방이라고 한다.

㉠ (   ), ㉡ (   )

7 ★ 우리나라 행정 구역에 대한 설명으로 알맞은 것은 어느 것입니까? (   )

① 광역시는 6곳, 도는 3곳이다.
② 특별자치시에는 도청이 있다.
③ 특별시와 광역시에는 도청이 있다.
④ 특별시는 1곳, 특별자치시는 2곳이다.
⑤ 시청과 도청이 있는 도시는 대부분 행정 구역의 중심 도시이다.

8 ★ 다음 지도에 나타난 우리나라 지형의 특징에 대한 설명으로 알맞지 <u>않은</u> 것은 어느 것입니까?
(   )

① 국토의 약 70%가 산지이다.
② 동쪽이 높고 서쪽이 낮은 지형이다.
③ 비교적 평탄한 평야는 서쪽에 발달하였다.
④ 높고 험한 산지는 대부분 남쪽과 서쪽에 많다.
⑤ 큰 하천은 대부분 동쪽에서 서쪽으로 흘러간다.

9 다음 대화를 보고, 친구들이 다녀온 해안 지형은 어디인지 지도에서 찾아 각각 그 기호를 쓰시오.

> • **제니**: 갯벌이 넓게 펼쳐진 곳에서 조개를 캤어.
> • **지민**: 크고 작은 섬과 수많은 양식장을 볼 수 있었어.
> • **슬기**: 길게 뻗은 모래사장이 많아 해수욕장에서 모래성을 쌓았어.

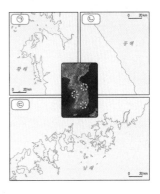

(1) 제니: (   )
(2) 지민: (   )
(3) 슬기: (   )

10 다음 지도에 나타난 우리나라 기온의 특징에 대한 설명으로 알맞은 것은 어느 것입니까? (   )

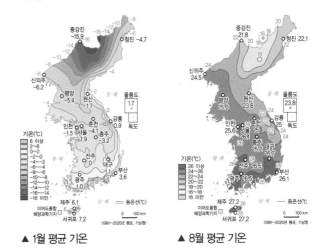

▲ 1월 평균 기온   ▲ 8월 평균 기온

① 여름과 겨울의 기온이 비슷하다.
② 북쪽으로 갈수록 여름 기온이 높아진다.
③ 서해안이 동해안보다 겨울 기온이 높다.
④ 같은 계절이라도 지역에 따라 기온이 다르다.
⑤ 해안 지역이 내륙 지역보다 겨울 기온이 낮다.

11 **서술형** 다음 글의 밑줄 친 부분에 들어갈 알맞은 말을 쓰시오.

> 동해안은 서해안보다 겨울 기온이 높다. 서해안은 겨울에 북서쪽에서 불어오는 차가운 바람의 영향을 그대로 받지만, 동해안은 _____

_____

_____

12 다음 지도에 나타난 우리나라 강수량의 특징으로 알맞지 <u>않은</u> 것은 어느 것입니까? (   )

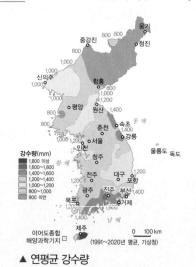

▲ 연평균 강수량

① 전국적으로 강수량이 고른 편이다.
② 지역에 따라 강수량의 차이가 크다.
③ 평양, 중강진 등은 강수량이 적은 편이다.
④ 북쪽에서 남쪽으로 갈수록 강수량이 늘어난다.
⑤ 제주도와 남해안 지역은 강수량이 많은 편이다.

13 우리나라에서 발생하는 자연재해에 대한 설명으로 알맞지 <u>않은</u> 것은 어느 것입니까? (   )

① 폭설이 내리면 그늘막을 설치한다.
② 황사와 가뭄은 주로 봄에 자주 발생한다.
③ 한파는 저체온증이나 동상을 일으키기도 한다.
④ 지진은 지진 해일이나 산사태를 일으키기도 한다.
⑤ 태풍은 적도 부근에서 발생하여 이동하며 많은 비와 강한 바람을 몰고 와 피해를 준다.

14 다음과 같은 행동 요령이 필요한 자연재해로 알맞은 것은 어느 것입니까? (   )

① 가뭄   ② 지진   ③ 태풍
④ 한파   ⑤ 홍수

15 **서술형** 다음 지도에서 북동쪽에 비해 남서쪽의 인구 밀도가 높은 까닭이 무엇인지 쓰시오.

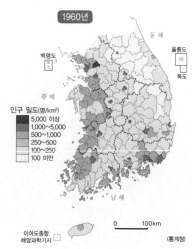

▲ 1960년 우리나라의 인구 분포

_____

_____

16 다음은 과거와 오늘날 우리나라 인구 피라미드의 모습입니다. 이와 관련된 설명의 (   )에 들어갈 말을 쓰시오.

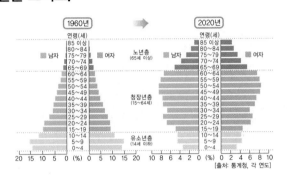

새로 태어나는 아이의 수는 줄어들고, 평균 수명이 늘어나면서 오늘날 우리나라의 인구 구성은 (   )·고령 사회의 모습이 나타난다.

(   )

17 다음 보기 의 설명을 읽고, 우리나라 도시 발달 과정의 순서대로 기호를 나열하시오.

보기
㉠ 포항, 울산, 창원 등 남동 해안의 공업 도시가 새롭게 성장하였다.
㉡ 도시를 중심으로 산업이 발달하면서 촌락 사람들이 일자리를 찾아 도시로 이동하였다.
㉢ 수도권에 집중되어 있던 공공 기관을 지방으로 이전시켜 국토가 균형적으로 발전할 수 있도록 하였다.

(   )→(   )→(   )

18 다음 밑줄 친 내용과 관련된 문제를 두 가지 고르시오.   (   )

서울은 우리나라의 수도이자 많은 사람이 모여 사는 큰 도시이다. 서울에 인구와 여러 기능이 집중되면서 생기는 여러 가지 문제를 해결하기 위해 서울 주변 경기도에 신도시를 건설하여 인구와 기능을 분산하고 있다.

① 빈집이 증가한다.
② 홍수나 태풍으로 인한 피해가 발생한다.
③ 쓰레기가 증가하고 환경 오염이 발생한다.
④ 학생 수가 줄어 문을 닫는 학교가 늘어난다.
⑤ 자동차를 이용하는 사람이 늘어 교통 체증이 심해진다.

19 다음 보기 중 지역마다 발달한 산업을 골라 기호를 쓰시오.

보기
㉠ 물류 산업   ㉡ 식품 산업
㉢ 관광 산업   ㉣ 시멘트 산업

(1) 바닷가에 위치한 부산은 항구가 발달해 상품의 운반과 보관이 편리합니다.   (   )
(2) 강원특별자치도 삼척과 영월, 충청북도 단양 등은 석회석이 풍부한 지역입니다.   (   )
(3) 제주특별자치도 서귀포는 다른 지역에 비해 독특하고 아름다운 자연환경을 가지고 있습니다.
(   )

20 다음 대화 속 (   )에 공통으로 들어갈 알맞은 말이 무엇인지 쓰시오.

지연: 우리나라는 인구가 많은 지역을 중심으로 (   )이/가 발달했어.
성훈: 그리고 (   )이/가 발달하면 원료와 제품의 이동이 빨라지면서 산업이 발달하고, 도시가 성장해.
윤오: (   ), 산업, 인구, 도시는 서로 영향을 주고받으며 발전하고 있구나.

(   )

1-1 우리 국토의 위치와 영역

학습 주제	우리 국토의 위치	배점	30점
학습 목표	지도에서 우리 국토를 찾을 수 있고, 우리나라의 위치를 설명할 수 있다.		

1~3 다음 지도를 보고, 물음에 답하시오.

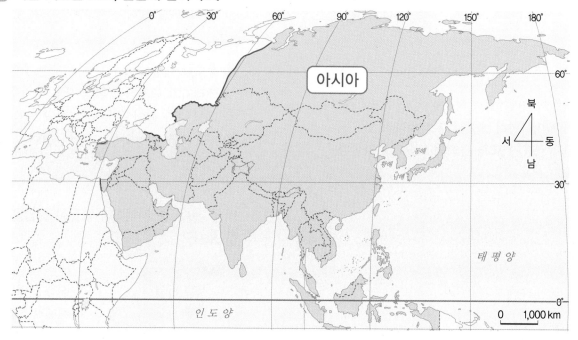

1 위 지도에 우리나라의 위치를 찾아 표시해 보시오. [5점]

2 위 지도를 보고, 우리 국토의 위치를 설명한 글의 빈칸에 알맞은 말을 쓰시오. [각 3점]

- ❶ [   ]와/과 경도를 이용하여 표현한 위치: 북위 33°~43°, 동경 ❷ [   ]에 위치함.
- 육지와 바다를 이용하여 표현한 위치: ❸ [   ] 대륙의 동쪽에 위치하고, ❹ [   ]와/과 접하고 있음.
- 이웃한 나라를 이용하여 표현한 위치: 주변에는 중국, 일본, 러시아, 몽골 등의 나라가 있고, 우리나라는 중국과 ❺ [   ] 사이에 위치함.

3 위 지도를 보고, 우리 국토의 위치적 장점을 써 보시오. [10점]

_____

_____

1-1 우리 국토의 위치와 영역

학습 주제	우리 국토의 영역	배점	30점
학습 목표	영역의 뜻을 이해하고, 우리나라의 영역을 설명할 수 있다.		

1 다음 그림의 ㈎~㈐에 대한 알맞은 설명을 선으로 바르게 연결하시오. [7점]

(1) ㈎ •
(2) ㈏ •
(3) ㈐ •

• ㉠ 주권이 미치는 땅의 범위
• ㉡ 주권이 미치는 바다의 범위
• ㉢ 주권이 미치는 하늘의 범위

2 우리나라의 영역에 대한 설명입니다. 빈칸에 들어갈 알맞은 말을 쓰시오. [각 3점]

우리나라의 영토	❶ [　　　] 와/과 ❶ [　　　] 에 속한 여러 섬으로 이루어짐.
우리나라의 영해	• 우리나라 영토 주변의 바다로, 대체로 영해를 설정하는 기준선으로부터 ❷ [　　　] 해리까지임. • 동해안, 울릉도, 독도, 제주도: ❸ [　　　] 일 때의 해안선을 기준으로 영해를 정함. • 서해안과 남해안: 가장 바깥에 있는 ❹ [　　　] 들을 직선으로 연결한 선을 기준으로 영해를 정함.
우리나라의 영공	우리나라의 영토와 영해 위에 있는 ❺ [　　　] 의 범위임.

3 지도에서 우리나라 영토의 동서남북 끝은 어디인지 보기 에서 찾아 기호를 쓰시오. [8점]

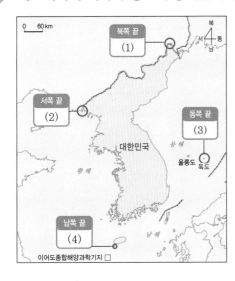

보기
㉠ 경상북도 울릉군 독도
㉡ 평안북도 용천군 마안도
㉢ 함경북도 온성군 유원진
㉣ 제주특별자치도 서귀포시 마라도

(1) 북쪽 끝: ❶ [　　　]
(2) 서쪽 끝: ❷ [　　　]
(3) 동쪽 끝: ❸ [　　　]
(4) 남쪽 끝: ❹ [　　　]

1-2 우리 국토의 자연환경

학습 주제	우리나라 지형의 특징	배점	30점
학습 목표	우리나라 지형도에서 산지, 하천, 평야를 구분하고 지형 특징을 설명할 수 있다.		

1~2 다음 지형도를 보고, 물음에 답하시오.

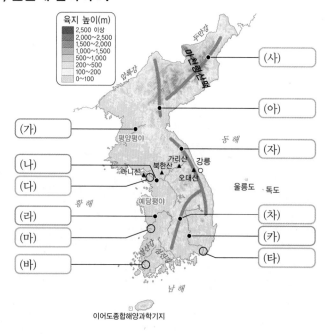

1 위 지도의 (가)~(타)에 해당하는 지형 이름을 쓰시오. [각 2점]

구분	지형 이름	구분	지형 이름	구분	지형 이름
(가)		(마)		(자)	
(나)		(바)		(차)	
(다)		(사)		(카)	
(라)		(아)		(타)	

2 위 지도를 보고 우리나라 지형의 특징을 쓰시오. [6점]

_____

_____

1-2 우리 국토의 자연환경

학습 주제	우리나라 강수량의 특징	배점	30점
학습 목표	기후 그래프를 이해하고 이를 활용하여 지역의 기후와 생활 모습을 파악할 수 있다.		

1~3 다음 지역별 월별 강수량을 보고, 물음에 답하시오.

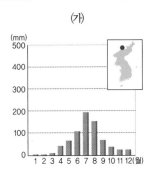 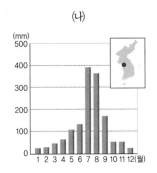 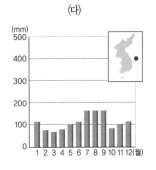 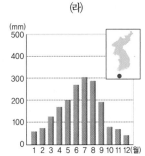

1 (가)~(라)에 해당하는 지역을 보기 에서 찾아 바르게 쓰시오. [각 2점]

> **보기**
> • 서울   • 중강진   • 서귀포   • 울릉도

(가): (   ) (나): (   )
(다): (   ) (라): (   )

2 (가)~(라)를 보고, 빈칸에 들어갈 알맞은 말을 쓰시오. [각 3점]

> • 지역에 따라 강수량의 차이가 크며, 북쪽에서 남쪽으로 갈수록 대체로 강수량이 ❶ [   ].
> • 대부분의 지역에서 ❷ [   ]와/과 태풍의 영향으로 연평균 강수량의 절반 이상이 ❸ [   ]철에 집중되며, 겨울에는 강수량이 적다.
> • 울릉도는 ❹ [   ]이/가 많이 내려서 겨울에도 강수량이 많은 편이다.

3 (가)~(라) 중 사진 속 시설을 설치한 지역을 고르고, 시설의 이름과 설치한 까닭을 쓰시오. [10점]

• 시설을 설치한 지역: _____

• 시설의 이름: _____

• 시설을 설치한 까닭: _____

_____

1-3 우리 국토의 인문환경

학습 주제	우리나라의 도시 발달 과정의 특징	배점	30점
학습 목표	과거와 오늘날 도시 분포를 비교해 살펴보며 도시의 발달 과정을 설명할 수 있다.		

1~3 다음 지도를 보고, 물음에 답하시오.

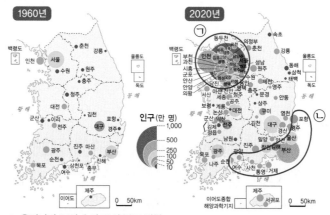

▲ 우리나라 도시 수와 도시 분포 변화

1 위 1960년 우리나라 도시 분포를 보고, 그 특징을 쓰시오. [각 5점]

인구 100만 명이 넘는 도시	도시 분포의 특징
❶ , ❷	도시들이 한 곳에 집중되어 있지 않고, 수원, 군산, 원주 등 도시 인구가 50만 명 미만인 도시들이 많다.

2 위 2020년 우리나라 도시 분포를 보고, ㉠, ㉡ 지역의 도시 발달 특징을 쓰시오. [각 5점]

구분	도시 수와 도시 인구의 특징
㉠	서울과 인천, 경기를 포함하는 ❶ 에 많은 도시가 모여 있고, 도시 인구가 매우 많다.
㉡	남동쪽 해안 지역에는 대도시인 부산과 울산을 비롯해 포항, 창원 등 1970년대에 새롭게 성장한 ❷ 이/가 모여 있다.

3 위 1960년과 2020년 도시 분포를 비교하여 우리나라 도시 발달의 특징을 두 가지 쓰시오. [10점]

_____

_____

2

인권 존중과 정의로운 사회

1 인권을 존중하는 삶 (1)

😊 공부할 개념
• 인권의 의미와 특징 알아보기
• 인권 신장을 위해 노력했던 옛사람들의 활동 살펴보기

1 인권

★ **(1) 인권의 의미와 특징** 자료⁺1

모든 사람은 존재 자체로 소중하기 때문이에요.

의미	모든 사람이 인간다운 삶을 살아가기 위해 당연히 누려야 할 기본적인 권리
특징	• 태어나면서부터 모든 사람에게 자연적으로 주어지는 권리 • 누구도 함부로 빼앗을 수 없는 권리 • 인종, 국적, 성별, 종교, 언어, 나이 등과 관계없이 누구나 ●동등하게 누려야 하는 권리

(2) 일상생활에서 인권을 누리는 모습

휴식이 필요할 때 쉴 수 있어요.

교육을 받을 수 있어요.

몸이 불편한 사람도 대중교통을 이용할 수 있어요.

2 인권 신장을 위해 노력했던 옛사람들의 활동

(1) 옛날의 모습: 인권을 존중받지 못하고 신분, 나이, 장애, 성별 등에 따라 차별받는 경우가 있었습니다.

(2) 옛 제도의 한계를 넘기 위해 노력했던 사람들

허균	『홍길동전』에서 신분에 따른 차별을 ●비판했음. 자료⁺2
이익	●노비도 사람의 자식이므로 사람의 도리를 다하여 잘 대우해야 한다고 생각했음.

★ **(3) 인권 신장을 위해 노력한 사람들**

	방정환 자료⁺3	아이들을 '어린이'로 부르며 어린이의 인격을 존중하자고 주장했고, 어린이날을 만들었음.
우리 나라	박두성	한글 ●점자인 '훈맹정음'을 만들어 시각 장애인에게 동등한 교육의 기회를 주고자 노력했음.
	이효재	가족 내 남성과 여성의 평등한 관계를 주장하고 여성 단체를 만드는 등 여성의 인권 ●신장을 위해 노력했음.
	이태영	우리나라 최초의 여성 변호사로 여성의 인권을 보장하고자 노력했음. └'한국 가정 법률 상담소'를 열어 무료 상담을 해 주었어요.
	전태일	노동자가 안전하게 일할 권리를 주장했음.
다른 나라	로자 파크스	흑인 인권을 위해 지속적인 운동을 펼쳤음.
	에멀라인 팽크허스트	여성의 ●참정권 획득을 위해 노력했음.
	테레사	'사랑의 선교회'를 만들어 가난하고 아픈 사람을 돌보며 평생을 헌신했음.
	마틴 루서 킹	흑인을 심하게 차별하던 미국에서 흑인의 인권을 보장하고자 비폭력 운동에 앞장섰음.

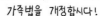

▲ 호주제 등이 규정된 가족법을 바꾸는 일에 앞장섰던 이태영

▲ 공공장소에서 흑인과 백인의 분리를 규정한 법에 반대한 로자 파크스

용어 사전
• **동등**(同 한가지 동, 等 무리 등) 등급이나 정도가 같음. 또는 그런 등급이나 정도.
• **비판**(批 비평할 비, 判 판단할 판) 현상이나 사물의 옳고 그름을 판단하여 밝히거나 잘못된 점을 지적함.
• **노비**(奴 종 노, 婢 계집종 비) 사내종과 계집종을 아울러 이르는 말.
• **점자**(點 점 점, 字 글자 자) 손가락으로 더듬어 읽도록 만든 시각 장애인용 문자.
• **신장**(伸 펼 신, 張 베풀 장) 세력이나 권리가 늘어남. 또는 늘어나게 함.
• **호주제**(戶 집 호, 主 주인 주, 制 억제할 제) 호주를 중심으로 가족 구성원의 출생, 혼인, 사망 등을 기록하는 제도로 우리나라의 호주제는 남성의 혈연을 바탕으로 구성되어 있었음.
• **참정권**(參 참여할 참, 政 정사 정, 權 권세 권) 국민이 국정에 직접 또는 간접으로 참여하는 권리.

자료 1 세계 인권 선언

제1조　모든 사람은 태어날 때부터 자유롭고 평등해요.
제3조　생명을 존중받으며 자유롭고 안전하게 살아갈 수 있어요.
제12조　나만의 사생활을 보호받을 수 있어요.
제19조　자기 생각을 자유롭게 표현할 수 있어요.
제24조　휴식과 여가 생활을 누릴 수 있어요.
제27조　자유롭게 문화생활을 즐길 수 있어요.
제29조　나의 권리만 지키는 것이 아니라 다른 사람의 권리도 지켜 줘야 해요.

– 국제 앰네스티, 〈우리 별 인권 약속〉 –

자료 2 허난설헌

조선에서 여자로 태어나 내 능력을 마음껏 펼치지 못하는 게 한이로다.

허난설헌은 뛰어난 글재주에도 불구하고 그 능력을 세상에 알리지 못하고 죽었습니다. 누이의 글재주를 안타깝게 여긴 허균은 허난설헌이 쓴 시를 모아 시집을 만들었습니다.

자료 3 어린이날 선전문

• 어린이를 내려다보지 마시고 쳐다보아 주시오.
• 어린이에게 경어를 쓰시되 늘 보드랍게 하여 주시오.
• 잠자는 것과 운동하는 것을 충분히 하게 하여 주시오.
• 어린이를 책망하실 때에는 쉽게 성만 내지 마시고 자세히 타일러 주시오.
• 어린이들이 서로 모여 즐겁게 놀 만한 놀이터나 기관 같은 것을 지어 주시오.

– 1923년 제1회 어린이날 선전문 중에서 –

핵심 개념 정리

• 모든 사람이 인간다운 삶을 살아가기 위해 당연히 누려야 할 기본적인 권리를 인권이라고 합니다.
• 우리나라와 다른 나라에서 많은 사람이 인권 신장을 위해 노력해 왔습니다.

인권 신장

1 모든 사람이 인간다운 삶을 살아가기 위해 당연히 누려야 할 기본적인 권리를 무엇이라고 하는지 쓰시오.

(　　　　　　　)

2 인권에 대한 설명으로 옳은 것에 ○표, 옳지 않은 것에 ✕표 하시오.

(1) 인권은 모든 사람이 태어날 때부터 당연히 가지는 것입니다. (　　　)

(2) 인권은 다른 사람이 힘이나 권력으로 함부로 빼앗을 수 있습니다. (　　　)

3 허균이 신분에 따른 차별을 비판하는 내용으로 쓴 책의 이름은 무엇인지 쓰시오.

(　　　　　　　)

4 (　　　　　　)은/는 '어린이'라는 말을 사용하고 '어린이날'을 만들었습니다.

5 다음 (　　) 안의 알맞은 말에 ○표 하시오.

(1) (로자 파크스, 전태일)은/는 흑인 인권을 위해 지속적인 운동을 펼쳤습니다.

(2) (마틴 루서 킹, 테레사)은/는 가난하고 아픈 사람들을 돌보며 평생을 헌신했습니다.

1 인권을 존중하는 삶 (2)

★ 1 『경국대전』에 있는 인권 신장을 위한 옛날의 제도 자료⁺1

출산 휴가

출산 휴가 덕분에 아기를 돌볼 수 있어요.

관청에 소속된 여종이 출산하면 그 여종과 남편에게 일정 기간 휴가를 주었음.

삼복 제도

억울하옵니다.

사형에 해당하는 죄는 억울하게 처벌받지 않도록 세 번의 *재판을 거치도록 했음. └─ 신분에 관계없이 세 번의 재판을 받을 수 있도록 했어요.

활인서

가난한 백성들이 신분에 상관없이 무료로 치료받을 수 있었음.

신문고

백성들은 억울한 일이 생겼을 때 북을 쳐서 임금에게 알렸음.

최소한의 *생계 보장

빌어먹으며 다니는 사람과 돌봐 줄 사람이 없는 노인에게는 옷과 먹을 것을 내주었음.

군역의 의무 면제

부모가 많이 아프거나 부모의 나이가 70세 이상이면 아들은 군역의 의무를 지지 않았음.

2 생활 속에서 인권 보장이 필요한 사례

(1) 인권을 보장받지 못하는 경우

┌─ 인권 침해가 발생하면 피해를 본 사람이 상처를 받고, 인간다운 삶을 누리기 어려워요.

① 성별, 나이, 신체적 특징, 학력, 피부색 등으로 인권을 *침해받기도 합니다.

② *편견이나 차별, 폭력, 사생활 침해 등으로 인권을 보장받지 못해 어려움을 겪습니다.

학교에서

피부색이 달라서 대화가 안 통할 것 같아.

남자가 왜 그런 일로 울어?

친구 사진인데 누리 소통망 서비스(SNS)에 그냥 올려도 괜찮겠지.

사회에서

장애인 보조견이라고 해도 동물은 들어올 수 없습니다.

나이가 많으셔서 곤란합니다.

우리는 사람입니다.

외국인이라는 이유로 월급을 적게 받아요. 일한 만큼 대우 받고 싶어요.

(2) 인권을 보장받지 못하는 경우가 생기는 까닭

① 사람들의 편견이나 차별 때문에

② 법이나 제도, 시설이 제대로 마련되지 않았기 때문에 자료⁺2

용어 사전

• 『경국대전』 조선 시대에 나라를 다스리는 기준이 된 법전.
• 재판 (裁 마를 재, 判 판단할 판) 옳고 그름을 따져 판단함.
• 생계 (生 날 생, 計 셀 계) 살림을 살아갈 방도, 또는 현재 살림을 살아가는 형편.
• 군역 (軍 군사 군, 役 부릴 역) 16세부터 60세까지의 남자가 일정 기간 군사 훈련을 받거나 그 비용을 부담한 것
• 침해 (侵 침노할 침, 害 해할 해) 침범하여 해를 끼침.
• 편견 (偏 치우칠 편, 見 볼 견) 공정하지 못하고 한쪽으로 치우친 생각.
• 호소 (呼 부를 호, 訴 호소할 호) 억울하거나 딱한 사정을 남에게 간곡히 알림.
• 행차 (行 다닐 행, 次 버금 차) 웃어른이 차리고 나서서 길을 감. 또는 그때 이루는 대열.

정답과 풀이 60쪽

자료 1 인권 신장을 위한 옛날의 제도

명통시	'명통시'라는 관청을 세워 시각 장애인들이 국가의 큰 행사에 참여하는 등 사회에서 일할 수 있도록 함.
상언	억울한 일을 문서에 써서 임금에게 호소할 수 있었음.
격쟁	억울한 일을 당한 사람이 임금의 행차 때 징이나 꽹과리를 쳐서 임금에게 억울함을 호소할 수 있었음.

▲ 상언

▲ 격쟁

자료 2 시설이 제대로 마련되지 않아 생기는 인권 침해

건물로 들어가는 입구에 계단만 있고 경사로가 설치되어 있지 않다면 휠체어를 타는 사람들의 이동의 자유가 제한됩니다.

핵심 개념 정리

· 우리의 옛 제도 중에서도 출산 휴가, 삼복 제도, 활인서, 신문고 등 인권 신장과 관련된 내용을 찾아볼 수 있습니다.
· 오늘날 일상생활에서 인권을 보장받지 못하는 모습들을 볼 수 있습니다.

---

1 다음 ( ) 안의 알맞은 말에 ○표 하시오.

조선 시대에는 관청에 소속된 여종이 출산하면 그 여종과 남편에게 아이를 돌볼 수 있도록 일정 기간 (휴가, 축하금)을/를 주었다.

2 조선 시대에 사형과 같은 무거운 형벌을 내릴 때 세 번의 재판을 거치도록 했던 제도를 무엇이라고 하는지 쓰시오.

( )

3 다음 인권 신장을 위한 옛날의 제도에 대한 설명을 선으로 바르게 연결하시오.

(1) 활인서 · · ㉠ 억울한 일이 생겼을 때 북을 쳐서 임금에게 알렸음.

(2) 신문고 · · ㉡ 가난한 백성들이 무료로 치료받을 수 있었음.

4 학교생활에서 인권을 보장받지 못한 모습을 골라 ○표 하시오.

(1)
( )

(2)
( )

5 어떤 사람들은 성별, 나이, 신체적 특징, 학력, 피부색 등으로 인권을 ( )받기도 합니다.

1 인권을 존중하는 삶 (3)

1 인권을 보장하기 위한 노력 자료➕1

(1) 학교
① 인권을 보장하는 데 필요한 규칙을 만들어 생활합니다.
② 서로의 다양성을 존중하고 더불어 살아갈 수 있도록 <u>인권 교육</u>을 합니다.
└ 다문화 교육, 성평등 교육, 인터넷 예절 교육, 학교 폭력 예방 교육 등을 해요.

★ (2) 국가와 ˙지방 자치 단체

인권을 위한 법	국가는 장애, 성별 등에 따라 불합리한 차별이 발생하지 않도록 법을 만들어 시행함.
인권 보장을 위한 국가 기관	• 국가 인권 위원회에서는 인권 보장을 위한 정책을 ˙제안하고 검토함. • 인권 침해를 당한 사람들은 국가 인권 위원회에 보호와 도움을 요청할 수 있음.
사회 보장 제도	국가는 실업, 노령, 장애, 질병, ˙빈곤 등의 사회적 위험으로부터 모든 국민을 보호하고 국민 삶의 질을 향상함.
공공 편의 시설	장애인을 포함한 모든 사람이 편리하고 안전할 수 있도록 공공 편의 시설을 설치하고 운영함. 자료➕2

(3) 시민 단체: 사람들의 인권을 보장하기 위해 다양한 지원과 캠페인 활동을 합니다.

(4) 인권을 보장하려고 노력하는 까닭
① 나의 인권을 보장받으려면 다른 사람의 인권도 보장해야 하기 때문입니다.
② 모든 사람이 존중받고 인간답게 살 수 있는 사회를 만들 수 있기 때문입니다.

2 일상생활에서 인권 보호 실천하기

(1) 우리가 할 수 있는 인권 보호 실천 방법

● 인권 관련 기관에 인권 개선을 요구하는 편지를 써서 보내요.

인권을 존중하는 말 사용하기	인권 캠페인 하기	인권 ˙개선 편지 쓰기

이웃 돕기 봉사 활동하기	인권 동영상 만들기	시민 단체에 ˙기부하기

● 인권을 보장받지 못한 사례나 인권을 보장하는 방법 등을 알리는 동영상을 만들어요.

(2) 인권 보호를 실천하는 태도
① 인권이 무엇인지 잘 알고 이를 스스로 지키고자 노력해야 합니다.
② 내가 할 수 있는 작은 일부터 실천하면 나의 인권뿐만 아니라 다른 사람의 인권도 지킬 수 있습니다.

용어 사전
• **지방 자치 단체**(地 땅 지, 方 장소 방, 自 스스로 자, 治 다스릴 치, 團 모임 단, 體 몸 체) 시·도청, 시·군·구청, 시·도 의회, 시·군·구의회 등 지역 주민들이 구성한 자치 단체.
• **제안**(提 끌 제, 案 책상 안) 안이나 의견으로 내놓음. 또는 그 안이나 의견.
• **빈곤**(貧 가난할 빈, 困 곤할 곤) 가난하여 살기가 어려움.
• **개선**(改 고칠 개, 善 착할 선) 잘못된 것이나 부족한 것, 나쁜 것을 고쳐 더 좋게 만듦.
• **기부**(寄 부칠 기, 附 붙을 부) 자선 사업이나 공공사업을 돕기 위하여 돈이나 물건 따위를 대가 없이 내놓음.
• **승강기**(昇 오를 승, 降 내릴 강, 機 틀 기) 동력을 사용해 사람이나 화물을 아래위로 나르는 장치.

자료1 인권을 보호하기 위한 학생들의 노력

'살구색'은 '살색', '연주황색'으로 불렸는데, 어려운 한자어인 '연주황'을 사용하는 것은 어린이에 대한 차별이라는 학생들의 요구로 '살구색'으로 이름이 바뀌었습니다.

자료2 공공 편의 시설 설치

▲ 장애인, 노약자 등 교통약자를 위한 ●승강기

▲ 장애인의 안전한 이동을 위해 운영하는 장애인 콜택시

▲ 어린이가 안전하게 다닐 수 있도록 설치된 어린이 보호 구역 표지판

▲ 시각 장애인을 위해 설치된 점자 블록

핵심 개념 정리

- 인권을 보장하기 위해 개인이나 학교, 시민 단체, 국가와 지방 자치 단체 등에서 다양한 노력을 하고 있습니다.
- 인권을 존중하는 말 사용하기, 인권 캠페인 하기 등 우리가 생활 속에서 실천할 수 있는 인권 보호 활동은 다양합니다.

인권 위에 서는 모두가 평등해요.

---

1 인권 보장을 위한 노력으로 옳은 것에 ○표, 옳지 <u>않은</u> 것에 ✕표 하시오.

(1) 학교에서는 다양한 인권 교육을 실시합니다. (   )

(2) 시민 단체는 사회 보장 제도를 만들어 시행합니다.

                                                (   )

2 인권 보장을 위한 국가 기관으로, 인권 침해를 당한 사람들이 보호와 도움을 요청할 수 있는 곳은 어디인지 쓰시오.

                                                (   )

3 국가는 실업, 노령, 장애, 질병, 빈곤 등의 사회적 위험으로부터 모든 국민을 보호하고 국민 삶의 질을 향상하려고 (   ) 제도를 시행하고 있습니다.

4 다음 (   ) 안의 알맞은 말에 ○표 하시오.

> 장애인을 위한 공공 편의 시설에는 (점자 블록, 공중전화) 등이 있다.

5 어린이가 실천할 수 있는 인권 보호 실천 방법으로 알맞은 것에 ○표, 알맞지 <u>않은</u> 것에 ✕표 하시오.

(1) 인권 개선 편지 쓰기 (   )

(2) 인권 보호를 위한 법과 제도 만들기 (   )

(3) 일상생활에서 인권을 존중하는 말 사용하기 (   )

1 모든 사람이 인간다운 삶을 살아가기 위해 당연히 누려야 할 기본적인 권리를 ☐ ☐ (이)라고 합니다.

2 백성들이 억울한 일이 생겼을 때 북을 쳐서 임금에게 알렸던 옛 제도는 ☐ ☐ ☐ 입니다.

3 ☐ ☐ 에서는 학생들이 자신의 권리를 알고, 다른 사람의 인권을 존중하는 태도를 기를 수 있도록 인권 교육을 합니다.

4* 인권에 대한 설명으로 옳지 <u>않은</u> 것은 어느 것입니까? (　　　)

① 어른들만 누릴 수 있다.
② 누구도 함부로 빼앗을 수 없다.
③ 모든 사람에게 평등하게 보장된다.
④ 태어나면서부터 자연적으로 주어진다.
⑤ 모든 사람이 존중받으며 사람답게 살 권리이다.

5 일상생활에서 인권을 누리는 모습으로 알맞지 <u>않은</u> 것은 어느 것입니까? (　　　)

① 교육을 받을 수 있다.
② 휴식이 필요할 때 쉴 수 있다.
③ 자유롭게 내 생각을 말할 수 있다.
④ 다른 사람을 마음대로 때릴 수 있다.
⑤ 몸이 불편한 사람도 대중교통을 이용할 수 있다.

6 다음과 같은 글을 쓰고 어린이의 인권 신장을 위해 노력했던 우리나라 사람은 누구인지 쓰시오.

• 어린이를 내려다보지 마시고 쳐다보아 주시오.
• 어린이에게 경어를 쓰시되 늘 보드랍게 하여 주시오.
• 잠자는 것과 운동하는 것을 충분히 하게 하여 주시오.

– 1923년 제1회 어린이날 선전문 중에서 –

(　　　　　　)

7 인권 신장을 위해 다음과 같은 활동을 했던 사람은 누구입니까? (　　　)

• 시각 장애인 교육에 힘썼다.
• 한글 점자책을 만들어 배포했다.
• 한글 점자인 '훈맹정음'을 만들었다.

① 허균　　　　　　② 박두성
③ 이효재　　　　　④ 전태일
⑤ 이태영

8 인권 신장을 위해 노력했던 옛사람들의 활동으로 옳은 것은 어느 것입니까? (　　　)

① 이태영 – 여성의 인권을 보장하고자 노력했다.
② 허균 – 노동자가 안전하게 일할 권리를 주장했다.
③ 이효재 – 흑인 인권을 위해 지속적인 운동을 펼쳤다.
④ 전태일 – 가족 내 남성과 여성의 평등한 관계를 주장했다.
⑤ 허난설헌 – 『홍길동전』에서 신분에 따른 차별을 비판했다.

9 마틴 루서 킹에 대한 설명으로 옳은 것은 어느 것입니까? ( )

① 여성의 참정권 획득을 위해 노력했다.
② 가난하고 아픈 사람들을 평생 돌보았다.
③ 여성들의 법률 상담을 무료로 해 주었다.
④ 부모가 없는 어린이들을 보호 시설에서 가르쳤다.
⑤ 흑인의 인권을 보장하고자 비폭력 운동에 앞장 섰다.

10★ 다음 글을 읽고 알 수 있는 내용으로 알맞은 것은 어느 것입니까? ( )

> 『경국대전』에는 관청에 소속된 여종이 출산하면 그 여종과 남편에게 일정 기간 휴가를 주었다는 내용이 있다.

① 옛날에는 법이 없었다.
② 옛날에도 여자와 남자가 평등했다.
③ 옛날에는 신분에 따라 차별하지 않았다.
④ 옛날에도 인권 신장을 위한 제도가 있었다.
⑤ 옛날에는 억울한 일이 있어도 참아야 했다.

11 서술형 옛날에 다음과 같은 제도를 두었던 까닭은 무엇인지 쓰시오.

> 조선 시대에 사형과 같은 무거운 형벌을 내릴 때는 세 번의 재판을 거치도록 했다.

_____

_____

12 다음 빈칸에 들어갈 인권 신장을 위한 옛날의 제도는 무엇입니까? ( )

> 가난한 백성들이 신분에 상관없이 무료로 치료받을 수 있는 ( )이/가 있었다.

① 격쟁   ② 상언
③ 활인서   ④ 명통시
⑤ 삼복 제도

13 다음 대화를 읽고 다른 사람의 인권을 침해한 사람의 이름을 쓰시오.

> **가람**: 나비야! 운동장에서 같이 공놀이할래?
> **나비**: 미안해. 나는 다훈이에게 빌린 책을 읽고 싶어.
> **다훈**: 정말 감동적인 책이야. 너희들도 읽어 봐. 나는 책을 읽는 내내 눈물이 났어.
> **라민**: 너는 남자인데 왜 그런 일로 울고 그러니?

( )

14 다음 생활 속 모습에 대한 설명으로 알맞은 것은 어느 것입니까? ( )

① 사생활을 침해받고 있다.
② 어리다는 이유로 존중받지 못하고 있다.
③ 남자와 여자가 하는 일을 구분하고 있다.
④ 시각 장애인이 인권을 보장받지 못하고 있다.
⑤ 식당 주인이 경제적으로 어려움에 처해 있다.

15 다음 그림의 사람이 인권을 보장받지 못한 까닭으로 알맞은 것은 어느 것입니까? ( )

① 승강기가 고장 나서
② 경사로가 설치되어 있어서
③ 자유롭게 이동할 수 있어서
④ 고정 관념 때문에 차별받아서
⑤ 시설이 제대로 마련되지 않아서

16 인권 보장을 위한 학교의 노력으로 알맞은 것은 어느 것입니까? ( )

① 국가 인권 위원회를 운영한다.
② 외국인 근로자들에게 한국어 교육을 한다.
③ 다문화 교육, 성평등 교육 등 다양한 인권 교육을 한다.
④ 장애인 보조견이 자유롭게 출입할 수 있는 법을 만든다.
⑤ 지하철역에 장애인, 노약자 등을 위한 승강기를 설치한다.

17★ 오늘날 사회에서 인권 보장을 위해 하고 있는 노력을 보기 에서 모두 골라 기호를 쓰시오.

보기
㉠ 사회 보장 제도 폐지
㉡ 체계적인 과학 교육 실시
㉢ 공공 편의 시설 설치 및 운영
㉣ 인권 개선을 위한 캠페인 활동

( )

18 다음과 같은 시설은 누구의 인권을 보장하려고 만든 것입니까? ( )

① 노인　　　　　② 장애인
③ 외국인　　　　④ 임신부
⑤ 어린이

19 서술형 다음 그림의 어린이는 어떤 방법으로 인권 보호를 실천하고 있는지 쓰시오.

_____

_____

20 일상생활에서 인권을 보호하기 위해 가져야 하는 태도로 바르지 않은 것은 어느 것입니까? ( )

① 인권을 지키려고 노력한다.
② 차별을 인정하는 태도를 가진다.
③ 상대방을 존중하는 말을 사용한다.
④ 인권을 존중하는 작은 일부터 실천한다.
⑤ 인권 침해 문제를 해결하려는 태도를 가진다.

1 다음 자료를 보고, 물음에 답하시오. [12점]

(가)

▲ 신문고

임금님, 제 억울함을 들어주세요.

(나)

▲ 삼복 제도

사형이라니 억울하옵니다.

(1) 위에서 세 번의 재판을 거치도록 한 옛날의 제도를 골라 기호를 쓰시오. [4점]

( )

(2) 위 두 제도에서 공통적으로 노력한 것은 무엇인지 쓰시오. [8점]

서술형 문제를 푸는 방법을 익혀보자!

1단계 자료 분석하기

(가), (나)는 무엇을 하는 모습일까?

(가)	(나)
억울한 일이 생겨 북을 쳐서 알리고 있음.	죄를 지은 사람이 재판을 받고 있음.

2단계 묻는 것 찾기

발문에서 실마리를 찾아볼까?

'**세** **번**의 **재** **판**을 거치도록 한 제도'라는 부분이 중요해! 그 부분에 밑줄을 치고 관련된 용어를 떠올려 봐.

3단계 공통점 찾기

(가), (나)는 공통점이 있어!

조선 시대에는 삼복 제도, 신문고 등의 제도를 만들어 백성이 **억** **울**하게 벌을 받는 일을 줄이고자 노력했어.

---

2 다음 글을 읽고, 물음에 답하시오. [12점]

『홍길동전』의 주인공인 홍길동은 어려서부터 무예와 학문을 익혀 능력이 뛰어났다. 하지만 어머니가 노비 신분이라는 이유로 무시당하고 자신의 능력을 펼칠 기회조차 얻지 못하였다.

(1) 위 이야기를 쓴 사람의 이름을 쓰시오. [4점]

( )

(2) 위 이야기에 담겨 있는 생각은 무엇인지 쓰시오. [8점]

---

3 다음 그림을 보고, 물음에 답하시오. [12점]

(가)

나이가 많으셔서 곤란합니다.

(나)

몸이 불편한 사람도 대중교통을 이용할 수 있어요.

(1) 위에서 인권을 보장받지 못해 어려움을 겪고 있는 모습을 골라 기호를 쓰시오. [4점]

( )

(2) 위 (1)번 답의 사람이 인권을 보장받기 위해 어떤 법이 필요한지 쓰시오. [8점]

2 인권 보장과 헌법 (1)

😊 **공부할 개념**

• 헌법의 의미와 내용 알아보기
• 인권 보장을 위한 헌법의 역할 알아보기

1 헌법

★ **(1) 헌법의 의미와 내용**

의미	법 중에서 가장 기본이 되는 법으로 우리나라 최고의 법
내용	• 국민이 누려야 할 권리와 지켜야 할 의무를 *규정함. • 국가 기관의 조직과 운영에 필요한 내용을 정함.

(2) 헌법의 중요성

① **국민의 인권 보장** 자료⁺1

• 헌법에 인권에 관한 내용을 제시한 것은 국민의 인권을 보장하기 위해서입니다.
• 국가는 국민의 인권을 보장할 의무가 있고, 국민의 인권을 함부로 침해해서는 안 됩니다.

② **국가 운영의 기준**: 헌법을 바탕으로 여러 법이 만들어지고, 국가에서 하는 일은 헌법에 따라 이루어집니다.
└ 헌법에 어긋나는 법을 만들어서는 안 돼요.

(3) 헌법의 *개정: 헌법의 내용을 새로 정하거나 바꾸고자 할 때는 *국민 투표를 해야 합니다.

2 인권 보장을 위한 헌법의 역할

★ **(1) 국민의 인권을 보장하는 역할** 자료⁺2

① 헌법에 기본적 인권을 정해 놓았습니다.
② 국가 권력이 개인의 인권을 침해할 수 없도록 하고 있습니다.
③ 헌법의 인권 보장 내용을 다양한 법과 제도로 만들고 시행합니다.

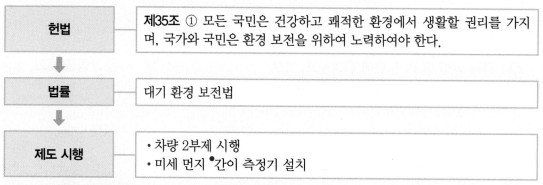

헌법	제35조 ① 모든 국민은 건강하고 쾌적한 환경에서 생활할 권리를 가지며, 국가와 국민은 환경 보전을 위하여 노력하여야 한다.
법률	대기 환경 보전법
제도 시행	• 차량 2부제 시행 • 미세 먼지 *간이 측정기 설치

용어 사전

• **규정**(規 법 규, 定 정할 정) 규칙으로 정함. 또는 그 정하여 놓은 것.
• **개정**(改 고칠 개, 定 정할 정) 이미 정하였던 것을 고쳐 다시 정함.
• **국민 투표**(國 나라 국, 民 백성 민, 投 던질 투, 票 표 표) 국가의 중요한 일을 국민이 최종적으로 투표해 결정하는 제도.
• **간이**(簡 간략할 간, 易 쉬울 이) 간단하고 편리함.
• **불가침**(不 아닐 불, 可 옳을 가, 侵 침노할 침) 침범하여서는 안 됨.
• **조력**(助 도울 조, 力 힘 력) 힘을 써 도와줌.
• **최저 임금제**(最 가장 최, 低 낮을 저, 賃 품삯 임, 金 쇠 금, 制 지을 제) 법으로 임금의 최저액을 정해 노동자의 생활을 보장하는 제도.

(2) 인권 문제를 판단하는 기준으로서의 역할 자료⁺3
└ 헌법과 관련된 다툼을 다루는 특별 재판소예요.

❶ 국가 권력이나 법률이 인권을 침해할 때	❷ 헌법 재판소의 판단	❸ 헌법 재판 결과 적용, 법률 개정 또는 폐지
국가 권력이나 법률이 개인의 인권을 침해한다고 판단되면 국민 누구나 헌법 재판을 요청할 수 있음.	헌법 재판소에서는 국가 권력이나 법률이 국민의 인권을 침해하는지 헌법을 기준으로 판단함.	국민의 인권을 침해한다고 결정되면 국가 권력은 헌법 재판 결과에 따르고, 법률은 개정되거나 폐지됨.

└ 이처럼 헌법은 개인의 인권을 보장해 주는 역할을 해요.

자료 ＋1 대한민국 헌법

제1조　① 대한민국은 민주 공화국이다.
　　　　② 대한민국의 주권은 국민에게 있고, 모든 권력은 국민
　　　　으로부터 나온다.
제10조　모든 국민은 인간으로서의 존엄과 가치를 가지며, 행복
　　　　을 추구할 권리를 가진다. 국가는 개인이 가지는 ●불가
　　　　침의 기본적 인권을 확인하고 이를 보장할 의무를 진다.

자료 ＋2 헌법이 국민의 인권을 보장해 주는 사례

올해 최저 임금 ○○○○원

헌법 제12조 ④ 누구든지 체포
또는 구속을 당한 때에는 즉시
변호인의 ●조력을 받을 권리를
가진다.

헌법 제32조 ① 모든 국민은
근로의 권리를 가진다. 국가는
사회적·경제적 방법으로 근로
자의 고용의 증진과 적정 임금
의 보장에 노력하여야 하며, 법
률이 정하는 바에 의하여 ●최저
임금제를 시행하여야 한다.

●인터넷 게시판에 글이나 댓글을 쓰려면 본인
확인 절차를 거치도록 하는 제도예요.

자료 ＋3 인터넷 실명제에 대한 헌법 재판소의 결정

20○○년 ○○월 ○○일

　인터넷 실명제가 시행된 뒤에 타인을 명예 훼손하거나 모욕하는
글이 줄어들지 않았고, 표현의 자유를 제한하여 사람들이 자유로
운 의견을 나누는 것을 방해하였다. 또한 게시판 이용자의 개인 정
보가 다른 사람에게 공개되거나 다른 목적으로 이용되는 가능성이
늘어나게 되었다. 따라서 이 법은 헌법에 위반된다.

－ 법률신문, 2012. 8. 23.

 핵심 개념 정리

• 헌법은 우리나라의 최고법으로 모든 법의 기본이 됩니다.
• 헌법은 국민의 인권을 보장할 뿐만 아니라 일상생활에서 일어날
　수 있는 인권 문제를 판단하는 기준이 됩니다.

우리나라 최고법
이니라.

---

1 법 중에서 가장 기본이 되는 법으로 우리나라 최고의 법은
무엇인지 쓰시오.

（　　　　　　　）

2 헌법에 대한 설명으로 옳은 것에 ○표, 옳지 않은 것에 ✕
표 하시오.

(1) 여러 법을 바탕으로 헌법이 만들어집니다.　（　　　）

(2) 헌법에는 국민이 누려야 할 권리와 지켜야 할 의무가
　　나타나 있습니다.　　　　　　　　　　（　　　）

3 헌법의 내용을 새로 정하거나 바꾸고자 할 때는
（　　　　　　　）을/를 해야 합니다.

4 다음 （　　） 안의 알맞은 말에 ○표 하시오.

　국가는 헌법의 인권 보장 내용을 다양한 (법, 산업)
과 제도로 만들고 시행한다.

5 국가 권력이나 법률이 국민의 인권을 침해하는지 헌법을
기준으로 판단하는 국가 기관은 무엇인지 쓰시오.

（　　　　　　　）

2 인권 보장과 헌법 (2)

1 헌법에 나타난 국민의 기본권

공부할 개념

- 헌법에 나타난 국민의 기본권 알아보기
- 생활에서 기본권을 보장받는 사례 알아보기
- 기본권의 제한 알아보기

1 헌법에 나타난 국민의 기본권

(1) **기본권의 의미**: 헌법에서 보장하는 국민의 기본적인 권리를 말합니다.

★ (2) **헌법에서 보장하는 기본권** 자료¹ 자료² ┌→ 우리나라 헌법은 모든 국민이 인간으로서 존엄과 가치를 가지고 행복을 추구하며 살아갈 수 있도록 국민의 기본권을 보장하고 있어요.

종류	내용	실제 생활에 적용된 사례
평등권	모든 국민이 차별받지 않고 동등하게 대우받을 권리	
자유권	국가의 간섭을 받지 않고 자유롭게 생각하고 행동할 수 있는 권리	
참정권	국가의 정치 과정에 참여할 수 있는 권리	
청구권	기본권이 침해되었거나 침해될 위험이 있을 때 국가에 기본권 보장을 요구할 수 있는 권리	
사회권	인간다운 삶을 국가에 요구할 수 있는 권리	

용어 사전

- **민원**(民 백성 민, 願 원할 원) 주민이 행정 기관에 원하는 바를 요구하는 일.
- **본질**(本 근본 본, 質 바탕 질) 본디부터 가지고 있는 사물 자체의 성질이나 모습.
- **거주**(居 살 거, 住 살 주) 일정한 곳에 머물러 삶.
- **공무 담임권**(公 공평할 공, 務 힘쓸 무, 擔 멜 담, 任 맡길 임, 權 권세 권) 국민이 공무원이 되어 국가나 공공 단체의 일을 담당할 수 있는 권리.
- **청원**(請 청할 청, 願 원할 원) 국민이 법률에 정한 절차에 따라 손해의 구제, 법률·명령·규칙의 개정 등을 국가 기관에 청구하는 일.
- **법령**(法 법 법, 令 하여금 령) 법률과 명령을 아울러 이르는 말.

2 기본권의 제한

(1) **기본권 제한의 원칙** →기본권은 헌법으로 보장하기 때문에 함부로 제한할 수 없어요.

제한할 수 있는 경우	국가의 안전을 보장해야 하거나 사회 질서 유지, 공동체의 이익을 위하여 필요한 경우
제한 방법	법률에 따라 기본권을 제한할 수 있음.
주의해야 할 점	제한하는 경우에도 자유와 권리의 •본질적인 내용을 침해해서는 안 됨.

(2) **헌법에 기본권 제한의 원칙을 규정한 까닭**

① 국가 권력이 함부로 기본권을 제한하지 못하도록 하기 위해서입니다.

② 헌법에서 보장하는 국민의 기본권을 최대한 보장하기 위해서입니다.

자료 1 국민의 기본권과 관련 있는 헌법 조항

평등권	제11조 ① 모든 국민은 법 앞에 평등하다. 누구든지 성별·종교 또는 사회적 신분에 의하여 정치적·경제적·사회적·문화적 생활의 모든 영역에 있어서 차별을 받지 아니한다.
자유권	제14조 모든 국민은 *거주·이전의 자유를 가진다. 제15조 모든 국민은 직업 선택의 자유를 가진다.
참정권	제24조 모든 국민은 법률이 정하는 바에 의하여 선거권을 가진다. 제25조 모든 국민은 법률이 정하는 바에 의하여 *공무 담임권을 가진다.
청구권	제26조 ① 모든 국민은 법률이 정하는 바에 의하여 국가 기관에 문서로 *청원할 권리를 가진다. 제27조 ① 모든 국민은 헌법과 법률이 정한 법관에 의하여 법률에 의한 재판을 받을 권리를 가진다.
사회권	제31조 ① 모든 국민은 능력에 따라 균등하게 교육을 받을 권리를 가진다. 제34조 ① 모든 국민은 인간다운 생활을 할 권리를 가진다.

자료 2 인터넷으로 기본권 조사하기

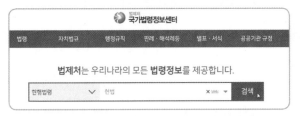

국가 *법령 정보 센터 누리집에 방문하여 '헌법'을 검색한 후, '대한민국 헌법'의 '제2장 국민의 권리와 의무'를 보면 헌법에 제시된 국민의 기본권을 알 수 있습니다.

 **핵심 개념 정리**

- 우리나라 헌법은 평등권, 자유권, 참정권, 청구권, 사회권 등을 국민의 기본권으로 보장하고 있습니다.
- 기본권은 국가의 안전 보장, 사회 질서 유지, 공동체의 이익 등을 위해 필요한 경우 법률에 따라 제한할 수 있습니다.

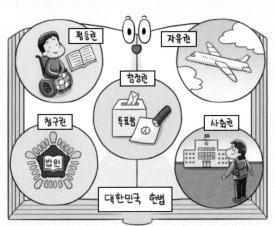

1 헌법에서 보장하는 국민의 기본적인 권리를 무엇이라고 하는지 쓰시오.

(   )

2 헌법에 나타나 있는 기본권에는 평등권, 자유권, 참정권, 청구권, (   ) 등이 있습니다.

3 다음 (   ) 안의 알맞은 말에 ○표 하시오.

> (자유권, 평등권)은 모든 국민이 차별받지 않고 동등하게 대우받을 권리이다.

4 일상생활에서 참정권을 보장받는 사례로 알맞은 것에 ○표, 알맞지 않은 것에 ✕표 하시오.

(1) 내가 살고 싶은 곳으로 이사를 갔습니다. (   )

(2) 부모님께서 대통령 선거 날에 투표를 하셨습니다.

(   )

5 국가의 안전을 보장해야 하거나 사회 질서 유지, 공동체의 이익을 위하여 필요하다면 (   )에 따라 기본권을 제한할 수 있습니다.

2 인권 보장과 헌법 (3)

1 헌법에 나타난 국민의 °의무 ─ 헌법은 국민의 기본권을 보장하는 동시에 국민으로서 지켜야 할 의무도 정해 놓았어요.

★ (1) 국민의 의무 자료⁺1

교육의 의무	근로의 의무	°납세의 의무
 자녀가 잘 성장할 수 있도록 교육을 받게 할 의무	 개인과 나라의 발전을 위해 일할 의무	 °세금을 내야 할 의무
국방의 의무	환경 보전의 의무	°공공복리에 적합한 재산권 행사의 의무
자신의 가족과 국민 모두의 안전을 위해 나라를 지킬 의무	환경을 보전하기 위해 노력해야 할 의무	여긴 내 땅이지만 사람들에게 꼭 필요한 통로니까 열어 놓자! 재산에 대한 권리를 행사할 때 °공공복리에 적합하도록 행사할 의무

(2) 의무의 범위

① 모든 국민이 기본적인 권리를 누리고 살기 위해 꼭 지켜야 할 것으로 °한정되어 있습니다.

② 헌법에 나타나 있지 않은 의무는 국민에게 함부로 °부과할 수 없습니다.

(3) 국민의 의무를 지켜야 하는 까닭

① 자신과 다른 사람의 기본권을 보호하는 바탕이 됩니다.

② 의무를 성실하게 지킬 때, 나라가 건강하게 유지되고 발전할 수 있습니다.

2 권리와 의무의 바람직한 관계

(1) 권리와 의무의 관계

① 국민의 권리와 의무는 긴밀하게 연결되어 있습니다.

② 각자 처한 상황과 입장에 따라 권리와 의무가 충돌하는 경우도 있습니다. 자료⁺2

(2) 권리와 의무 중 하나만을 강조할 때의 문제점 ─ 모두가 행복하게 살아가려면 권리를 보장받으면서 의무를 실천하는 합리적인 해결 방안을 함께 찾아야 해요.

자신의 권리만을 주장할 때	• 다른 사람의 권리를 침해할 수도 있음. • 사회가 혼란스러워질 수 있음.
의무를 지키는 것만 강조할 때	사람들의 권리가 충분히 보장되지 못할 수도 있음.

★ (3) 권리와 의무의 바람직한 관계: 국민의 권리와 의무가 서로 조화를 이룰 때 우리 모두 행복하게 살아갈 수 있습니다.

ⓒ 공부할 개념

• 헌법에 나타난 국민의 의무와 실천 사례 알아보기

• 바람직한 권리와 의무의 관계 알아보기

용어 사전

• 의무 (義 옳을 의, 務 힘쓸 무) 어떠한 행동을 꼭 해야 하는 일.

• 납세 (納 들일 납, 稅 세금 세) 세금을 냄.

• 세금 (稅 세금 세, 金 쇠 금) 국가 또는 지방 공공 단체가 필요한 경비로 사용하려고 국민이나 주민에게 강제로 거두어들이는 금전.

• 공공복리 (公 공평할 공, 共 한가지 공, 福 복 복, 利 이로울 리) 사회 구성원 전체에 두루 관계되는 복지.

• 한정 (限 한할 한, 定 정할 정) 수량이나 범위 따위를 제한하여 정함. 또는 그런 한도.

• 부과 (賦 부세 부, 課 매길 과) 일정한 책임이나 일을 부담하여 맡게 함.

자료+1 국민의 의무와 관련 있는 헌법 조항

교육의 의무	제31조 ② 모든 국민은 그 보호하는 자녀에게 적어도 초등 교육과 법률이 정하는 교육을 받게 할 의무를 진다.
근로의 의무	제32조 ② 모든 국민은 근로의 의무를 진다. 국가는 근로의 의무의 내용과 조건을 민주주의 원칙에 따라 법률로 정한다.
납세의 의무	제38조 모든 국민은 법률이 정하는 바에 의하여 납세의 의무를 진다.
국방의 의무	제39조 ① 모든 국민은 법률이 정하는 바에 의하여 국방의 의무를 진다.
환경 보전의 의무	제35조 ① 모든 국민은 건강하고 쾌적한 환경에서 생활할 권리를 가지며, 국가와 국민은 환경 보전을 위하여 노력하여야 한다.

자료+2 권리와 의무가 충돌한 사례

모든 국민에게는 환경을 보호할 의무가 있습니다. 그러므로 해당 지역을 환경 보호 구역으로 지정하여 개발을 제한할 수 있습니다.

제가 이 땅의 주인인데 자유롭게 제 땅을 개발할 권리가 있는 것 아닌가요? 개인의 땅을 개발하지 못하게 하는 것은 자유권을 침해하는 것입니다.

○○군청

땅 주인
□□ 씨

- 충돌한 권리와 의무: 자유권과 환경 보전의 의무
- 권리와 의무가 조화를 이룰 수 있는 방법: 개발할 수 있게 하되, 한계를 정해서 환경 파괴를 최소한으로 줄입니다.

핵심 개념 정리

- 국민의 의무에는 교육의 의무, 근로의 의무, 납세의 의무, 국방의 의무, 환경 보전의 의무, 공공복리에 적합한 재산권 행사의 의무, 가 있습니다.
- 권리와 의무는 서로 긴밀하게 연결되어 있기 때문에 상황에 따라 충돌할 수 있습니다.

교육의 의무
근로의 의무
납세의 의무
헌법
공공복리에 적합한 재산권 행사의 의무
환경 보전의 의무
국방의 의무

---

1 헌법은 국민의 기본권을 보장하는 동시에 국민으로서 지켜야 할 (   )도 정해 놓았습니다.

2 다음 (   ) 안의 알맞은 말에 ○표 하시오.

> 모든 국민은 자녀가 잘 성장할 수 있도록 (교육, 근로)을/를 받게 할 의무가 있다.

3 환경 보전의 의무를 실천하는 모습으로 알맞은 것을 골라 ○표 하시오.

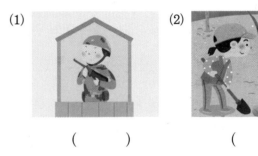

(1)   (   )   (2)   (   )

4 국민의 의무에 대한 설명으로 옳은 것에 ○표, 옳지 <u>않은</u> 것에 ✕표 하시오.

(1) 헌법에 나타나 있지 않은 의무도 국민에게 마음대로 부과할 수 있습니다.   (   )

(2) 의무를 성실하게 지킬 때, 나라가 건강하게 유지되고 발전할 수 있습니다.   (   )

5 모두가 행복하게 살아가려면 서로를 이해하고 공감하면서 권리와 의무의 (   )을/를 추구하는 자세가 필요합니다.

1 우리나라의 최고법인 ㅎ ㅂ 은/는 국민의 인권을 보장하는 역할을 합니다.

2 우리 헌법은 ㅍ ㄷ ㄱ , 자유권, 참정권, 청구권, 사회권 등을 기본권으로 보장하고 있습니다.

3 국민의 권리와 ㅇ ㅁ 은/는 조화를 이루어야 합니다.

4 헌법에 대한 설명으로 옳지 <u>않은</u> 것은 어느 것입니까? (   )

① 우리나라의 최고법이다.
② 법 중에서 가장 기본이 되는 법이다.
③ 국민의 기본적 권리와 의무가 담겨 있다.
④ 국민의 인권을 침해하는 방법이 나타나 있다.
⑤ 국가 기관의 조직과 운영에 관한 내용이 있다.

5 다음과 같이 헌법에 인권에 관한 내용을 제시한 까닭은 무엇인지 쓰시오.
서술형

제10조 모든 국민은 인간으로서의 존엄과 가치를 가지며, 행복을 추구할 권리를 가진다. 국가는 개인이 가지는 불가침의 기본적 인권을 확인하고 이를 보장할 의무를 진다.

6 헌법의 내용을 새로 정하거나 바꾸고자 할 때 하는 것은 무엇입니까? (   )

① 국민 투표
② 헌법 재판
③ 법률의 폐지
④ 인권 보호 캠페인
⑤ 국가 인권 위원회에 상담 요청

7 헌법의 역할에 대한 설명으로 옳지 <u>않은</u> 것은 어느 것입니까? (   )

① 헌법에 기본적 인권을 정해 놓았다.
② 국민의 인권을 보장하는 역할을 한다.
③ 헌법을 바탕으로 다양한 법과 제도를 만든다.
④ 국가 권력이 개인의 인권을 침해할 수 있도록 한다.
⑤ 법률이 국민의 인권을 침해하는지 판단하는 기준이 된다.

8 다음 빈칸에 들어갈 국가 기관을 쓰시오.

인터넷 실명제에 반대하는 사람들은 이 법률이 자유로운 의견 교환을 막고, 헌법에 보장된 표현의 자유와 주민 등록 정보의 노출에 따른 개인의 인권을 침해한다며 (   )에 심판을 요청했다.

(   )

9 다음 결정 이후 일어날 일로 알맞은 것은 어느 것입니까? ( )

> 헌법 재판소에서 법률이 국민의 인권을 침해한다고 결정하였다.

① 그 법률의 이름만 바뀐다.
② 그 법률은 그대로 유지된다.
③ 그 법률은 더욱 중요해진다.
④ 그 법률은 개정되거나 폐지된다.
⑤ 그 법률을 헌법 재판소에서 새로 만든다.

10★ 기본권에 대한 설명으로 옳지 않은 것은 어느 것입니까? ( )

① 국민이라면 누구나 누릴 수 있다.
② 국가는 기본권을 절대 제한할 수 없다.
③ 헌법에서 보장하는 국민의 기본적인 권리이다.
④ 일상생활에서 기본권이 보장되는 모습을 볼 수 있다.
⑤ 평등권, 자유권, 참정권, 청구권, 사회권 등이 있다.

11 다음 모습과 관련 있는 기본권은 무엇입니까? ( )

① 평등권 ② 자유권
③ 참정권 ④ 청구권
⑤ 사회권

12 다음 헌법 조항에서 공통으로 보장하는 기본권은 무엇입니까? ( )

> 제24조 모든 국민은 법률이 정하는 바에 의하여 선거권을 가진다.
> 제25조 모든 국민은 법률이 정하는 바에 의하여 공무 담임권을 가진다.

① 평등권 ② 자유권
③ 참정권 ④ 청구권
⑤ 사회권

13 일상생활에서 청구권이 보장되는 모습으로 알맞은 것은 어느 것입니까? ( )

① 초등학교에서 공부하는 나
② 다른 도시로 이사 가는 친구
③ 대통령 선거 날에 투표하는 부모님
④ 권리가 침해되어 재판을 요청한 이웃집 아저씨
⑤ 장애가 있지만 차별받지 않고 원하는 회사에 취직한 삼촌

14 기본권을 제한할 수 있는 경우를 보기 에서 모두 골라 기호를 쓰시오.

> **보기**
> ㉠ 대통령이 원하는 경우
> ㉡ 국가의 안전을 보장해야 하는 경우
> ㉢ 공동체의 이익을 위해 필요한 경우
> ㉣ 사회 질서 유지를 위해 필요한 경우

( )

15 다음 빈칸에 들어갈 알맞은 말은 무엇입니까?
( )

> ( )은/는 국민의 기본권을 보장하는 동시에 국민으로서 지켜야 할 의무도 정해 놓았다.

① 도덕
② 관습
③ 헌법
④ 법률
⑤ 종교

16 다음 모습과 관련 있는 국민의 의무는 무엇입니까?
( )

> 가람이네 아버지는 자동차 정비소에서 열심히 일을 하신다.

① 근로의 의무
② 교육의 의무
③ 납세의 의무
④ 국방의 의무
⑤ 환경 보전의 의무

17 다음 그림에서 실천하고 있는 국민의 의무는 무엇입니까?
( )

① 세금을 내는 납세의 의무
② 나라를 지키는 국방의 의무
③ 자녀에게 교육을 받게 할 의무
④ 공공복리에 적합한 재산권 행사의 의무
⑤ 환경을 보전하고자 노력하는 환경 보전의 의무

18 납세의 의무에 대한 설명으로 옳은 것은 어느 것입니까?
( )

① 나라를 지킬 의무이다.
② 세금을 내야 할 의무이다.
③ 환경 보전을 위해 노력해야 할 의무이다.
④ 개인과 나라의 발전을 위해 일할 의무이다.
⑤ 자녀가 잘 성장할 수 있도록 교육을 받게 할 의무이다.

19 권리와 의무의 관계에 대한 설명으로 옳지 <u>않은</u> 것은 어느 것입니까?
( )

① 권리와 의무는 긴밀하게 연결되어 있다.
② 권리와 의무 중 하나만 강조해서는 안 된다.
③ 권리와 의무는 상황에 따라 충돌할 수 있다.
④ 권리의 보장과 의무의 실천은 모두 중요하다.
⑤ 권리와 의무가 충돌할 때는 권리를 먼저 보장받아야 한다.

20 다음 대화를 읽고 어떤 권리와 의무가 충돌하고 있는지 쓰시오.
서술형

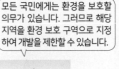

> 모든 국민에게는 환경을 보호할 의무가 있습니다. 그러므로 해당 지역을 환경 보호 구역으로 지정하여 개발을 제한할 수 있습니다.

○○군청

> 제가 이 땅의 주인인데 자유롭게 제 땅을 개발할 권리가 있는 것 아닌가요? 개인의 땅을 개발하지 못하게 하는 것은 자유권을 침해하는 것입니다.

땅 주인
□□ 씨

_____

_____

1 다음 자료를 읽고, 물음에 답하시오. [12점]

> **대한민국 (   )**
> **제1조** ① 대한민국은 민주 공화국이다.
> ② 대한민국의 주권은 국민에게 있고, 모든 권력은 국민으로부터 나온다.
> **제10조** 모든 국민은 인간으로서의 존엄과 가치를 가지며, 행복을 추구할 권리를 가진다. 국가는 개인이 가지는 불가침의 기본적 인권을 확인하고 이를 보장할 의무를 진다.

(1) 위 빈칸에 들어갈 알맞은 말을 쓰시오. [4점]

(   )

(2) 위 (1)번 답의 역할에는 어떤 것이 있는지 쓰시오. [8점]

_____

_____

 서술형 문제를 푸는 방법을 익혀보자!

1단계 자료 분석하기   조항을 보고 알 수 있는 것은 무엇일까?

제1조	제10조
국민이 국가의 주인이다.	국가는 국민의 인권을 보장할 의무가 있다.

↓

법 가운데 가장 기본이 되는 우리나라의 | 최 | 고 | 법 |

↓

| 헌 | 법 |

2단계 생각하기   헌법의 가장 중요한 가치를 생각해 봐!

헌법에 인권 보장 내용 명시

헌법을 바탕으로 법과 제도 시행

국가 권력이나 법률이 인권을 침해할 때 헌법 재판소가 헌법을 기준으로 판단

→ 헌법은 국민의 | 인 | 권 |을 보장하고 인권 문제를 판단하는 기준이 됨.

2 다음 표를 보고, 물음에 답하시오. [12점]

기본권	일상생활 모습
(㉠)	원하는 곳으로 여행을 감.
(㉡)	구청에 민원을 제기함.
사회권	㉢

(1) 위 ㉠, ㉡에 들어갈 기본권을 쓰시오. [4점]

㉠ (   ), ㉡ (   )

(2) 위 ㉢에 들어갈 알맞은 내용을 아래 단어를 사용하여 쓰시오. [8점]

> 학교, 공부

_____

_____

3 다음 글을 읽고, 물음에 답하시오. [12점]

> • 자신의 권리만 주장한다면 사회가 혼란스러워질 수 있다.
> • 사람들에게 <u>의무</u>를 지키는 것만 강조한다면 사람들의 권리가 충분히 보장되지 못할 수도 있다.

(1) 윗글에서 밑줄 친 '의무'로, 헌법에 정해 놓은 것을 두 가지 이상 쓰시오. [4점]

(   )

(2) 윗글을 바탕으로 권리와 의무의 바람직한 관계는 무엇인지 쓰시오. [8점]

_____

_____

3 법의 의미와 역할(1)

1 법의 의미

(1) *사회 규범: 사회 구성원들이 일상생활에서 지켜야 할 대표적인 사회 규범에는 도덕과 법이 있습니다. 자료 1

★ (2) 도덕과 법 → 도덕과 법 모두 지키지 않으면 다른 사람에게 불편이나 피해를 줄 수 있어요.

구분	도덕	법
모습	여기 앉으세요. 고마워요.	보행 신호에 안전하게 건너요.
의미	사람으로서 마땅히 지켜야 할 *도리	사회 질서를 유지하고 *정의를 실현하기 위해 국가가 만든 사회 규범
특징	개인의 양심에 따라 *자율적으로 따름.	사회 구성원 누구나 따라야 함.

(3) 법이 있어서 좋은 점
　① 우리가 해야 하는 것과 하지 말아야 하는 것을 알려 줍니다.
　② 다툼이 생겼을 때 누가 잘못했는지 판단하는 기준이 됩니다.

(4) 법이 없을 때의 문제점: 사람들 사이의 다툼을 해결하기 어려워지고, 범죄가 늘어나 사회가 혼란스러워질 것입니다.

2 법의 성격

★ (1) *강제성: 법은 모든 사회 구성원이 반드시 따라야 하는 강제성이 있어서 법을 지키지 않으면 *제재를 받습니다. → 도덕과 구별되는 가장 큰 특징이에요.

법으로 제재를 받는 상황	그렇지 않은 상황
• 교통 신호를 지키지 않는 것 • 돈을 내지 않고 물건을 가져가는 것 • 다른 사람의 작품을 허락 없이 세상에 널리 퍼뜨리는 것	• 이웃 어른을 보고 인사하지 않는 것 • 자신의 방을 청소하지 않는 것 • 형제자매끼리 말다툼하는 것 • 친구와의 약속 시간을 지키지 않는 것

(2) 법의 변화: 법이 사회의 변화에 맞지 않거나 인권을 침해할 때에는 법을 바꾸거나 다시 만들기도 합니다. 자료 2

「도로 교통법」이 바뀌기 전	「도로 교통법」이 바뀐 후
야호! 재미있다. / 너무 위험한 거 아냐? — 보호 장치 없이 빠른 속도로 *전동 킥보드를 타고 있음.	• 전동 킥보드를 탈 때는 반드시 안전모를 쓰고 혼자 타야 함. • 면허가 있어야 탈 수 있음.

용어 사전

• 사회 규범 (社 모일 사, 會 모일 회, 規 법 규, 範 법 범) 사회의 질서를 유지하고 사회생활을 바람직하게 이끄는 여러 규범. 법률, 도덕, 종교, 관습이 있음.

• 도리 (道 길 도, 理 다스릴 리) 사람이 어떤 입장에서 마땅히 행하여야 할 바른길.

• 정의 (正 바를 정, 義 옳을 의) 진리에 맞는 올바른 도리.

• 자율 (自 스스로 자, 律 법칙 율) 남의 지배나 구속을 받지 않고 자기 스스로의 원칙에 따라 어떤 일을 하는 일.

• 강제성 (強 강할 강, 制 절제할 제, 性 성품 성) 권력이나 강력한 힘으로 남의 자유의사를 억눌러 원하지 않는 일을 억지로 시키는 성질.

• 제재 (制 절제할 제, 裁 마를 재) 법이나 규정을 어겼을 때 국가가 처벌하거나 금지함.

• 전동 (電 번개 전, 動 움직일 동) 전기로 움직임. 또는 전력을 동력으로 함.

• 열악하다 (劣 못할 열, 惡 악할 악) 품질이나 능력, 시설 따위가 매우 떨어지고 나쁨.

자료 1 학급 규칙

★우리 학급 규칙★
1. 친구가 싫어하는 별명 부르지 않기
2. 교실에서는 걸어 다니기
3. 바른말 고운말 사용하기

학급 규칙은 여러 명이 함께 생활하는 학급에서 질서 있게 생활하고자 만든 것입니다. 학급에서 지켜야 할 규칙이 있듯이 우리가 살고 있는 사회에는 법이 있습니다.

자료 2 법이 새로 생긴 사례

더운 날씨에 일했더니 너무 힘들어.

새로운 법 덕분에 쉼터에서 더위를 피할 수 있어.

폭염, 폭설 등 *열악한 환경에서 일하는 택배 기사를 위해 쉼터를 설치할 수 있도록 「생활 물류 서비스 산업 발전법」이 만들어졌습니다.

핵심 개념 정리

· 법이란 국가가 만든 사회 규범으로 우리가 함께 지키기로 정한 약속입니다.
· 법은 강제성이 있어서 법을 지키지 않으면 제재를 받습니다.

법은 국가가 만든 사회 규범이야.

---

1 사회 질서를 유지하고 정의를 실현하기 위해 국가가 만든 사회 규범은 무엇인지 쓰시오.

(　　　　　)

2 다음 사회 규범과 그 특징을 선으로 바르게 연결하시오.

(1) 법 ·　· ㉠ 사회 구성원은 반드시 따라야 함.

(2) 도덕 ·　· ㉡ 사람들이 양심에 따라 자율적으로 지킴.

3 법으로 제재를 받는 상황을 골라 ○표 하시오.

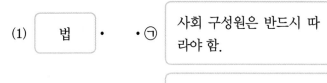

(1) 이웃 어른이지만 인사하지 않을래.　(2) 몰래 가져가야지.

(　　)　　(　　)

4 법은 (　　　　　)을/를 지니고 있어서 법을 지키지 않으면 국가의 제재를 받게 됩니다.

5 법에 대한 설명으로 옳은 것에 ○표, 옳지 <u>않은</u> 것에 ✕표 하시오.

(1) 법은 사회의 변화에 맞지 않아도 바꿀 수 없습니다. (　　)

(2) 법은 우리가 해야 하는 것과 하지 말아야 하는 것을 알려 줍니다. (　　)

3 법의 의미와 역할(2)

1 생활 속에서 법이 적용된 사례

(1) 일상생활과 법

① 가정, 학교, 사회 등 일상생활 곳곳에 법이 적용되고 있습니다. ┌ 많은 일이 법에 따라 이루어지고 있어요.

② 우리는 일상생활에서 법을 지키고 법의 보호를 받으며 인간다운 삶을 보장받습니다.

★ (2) 우리 생활에 적용되는 법 **자료＋1** ┌ 그 밖에도 근로자의 권리를 보호하려는 「근로 기준법」, 국민의 건강하고 안전한 식생활을 보장하기 위한 「식품 안전 기본법」 등 많은 법이 적용되고 있어요.

「도로 교통법」	「초·중등 교육법」	「어린이 놀이 시설 안전 관리법」

교통사고의 위험으로부터 우리를 보호해 줌.	모든 국민은 일정한 나이가 되면 초등학교에 다니도록 정해져 있음.	어린이가 안전하게 놀 수 있도록 정기적으로 시설을 관리함.
「저작권법」	「학교 급식법」	「소비자 기본법」

음악, 영화 등 ●창작물을 만든 사람의 권리를 보호함.	학생들의 건강과 성장을 위해 안전한 음식 재료를 사용하도록 보장함.	소비자의 권리와 이익을 보호함.

2 생활 속에서 법이 적용된 사례 조사하여 소개하기 **자료＋2**

① 자료 조사하기 ➡ **② 조사한 자료 발표하기** ➡ **③ 홍보 자료 만들기** ➡ **④ 홍보 자료 소개하기** ➡ **⑤ 느낀 점 이야기하기**

인터넷을 검색하거나 법과 관련된 책자 등을 이용함.
예 찾기 쉬운 생활 법령 정보 누리집에 접속하여 '주제별 생활 법령'을 선택하기

조사한 법과 사례를 신문, 만화, 소책자 등 다양한 방법으로 홍보 자료를 만듦.

▲ 소책자 만들기

용어 사전

• **저작권**(著 나타날 저, 作 지을 작, 權 권세 권) 음악, 영화나 출판물 등을 만든 사람이 창작물에 행사하는 권리.

• **창작물**(創 비롯할 창, 作 지을 작, 物 물건 물) 독창적으로 지어낸 예술 작품.

• **감염병**(感 느낄 감, 染 물들염, 病 병 병) 콜레라, 결핵, 코로나19 등과 같이 바이러스 및 세균, 곰팡이 등이 사람 몸에 침입하여 일으키는 병을 통틀어 이르는 말.

• **폐기물**(廢 폐할 폐, 棄 버릴 기, 物 물건 물) 못 쓰게 되어 버리는 물건.

• **손해 배상**(損 덜 손, 害 해할 해, 賠 물어 줄 배, 償 갚을 상) 법률에 따라 남에게 끼친 손해를 물어 주는 일.

 **자료1 우리 생활에 적용되는 법**

「감염병의 예방 및 관리에 관한 법률」	「폐기물 관리법」

국민 건강을 해칠 수 있는 감염병의 발생과 유행을 막고 예방 및 관리를 함.

쓰레기를 잘 처리해 환경 보전과 국민 생활의 향상에 도움이 되게 함.

자료2 초등학생이 알아 두면 좋을 만한 법과 사례

- 만 18세까지의 사람을 미성년자라고 합니다.
- 미성년자가 다른 사람에게 손해를 입혔을 경우, 부모가 피해자에게 손해 배상을 해 주어야 합니다.
- 어린이용품은 안전 인증 및 안전 확인을 받아야 합니다.
- 미성년자가 부모의 동의 없이 물건을 사면 취소하고 환불받을 수 있습니다.
- 만 13세 미만의 초등학생은 아르바이트할 수 없습니다.
- 자전거나 스케이트를 타는 경우 안전을 위해 보호 장구를 착용해야 합니다.

핵심 개념 정리

- 법은 우리의 일상생활 곳곳에 적용되고 있습니다.
- 인터넷을 검색하거나 법과 관련된 책자 등을 이용해 일상생활과 관련된 법과 사례를 조사합니다.

일상생활에 많은 법이 적용되고 있군.

1 우리 생활에 적용되는 법에 대한 설명으로 옳은 것에 ○표, 옳지 않은 것에 ✕표 하시오.

(1) 많은 일이 법에 따라 이루어지고 있습니다. (   )

(2) 법은 가정이 아닌 사회에서만 적용되고 있습니다.

(   )

2 다음 생활 속 사례에 적용된 법을 선으로 바르게 연결하시오.

(1) 학교에서 점심시간에 급식을 먹었음.   •   • ㉠ 「도로 교통법」

(2) 초록색 불일 때 횡단보도를 건넜음.   •   • ㉡ 「학교 급식법」

3 「어린이 놀이 시설 안전 관리법」은 어린이가 (   ) 하게 놀 수 있도록 정기적으로 시설을 관리하는 법입니다.

4 음악, 영화 등 창작물을 만든 사람의 권리를 보호하는 법은 무엇인지 쓰시오.

(   )

5 다음 (   ) 안의 알맞은 말에 ○표 하시오.

인터넷을 검색하거나 법과 관련된 책자 등을 이용해 법을 (조사, 홍보)할 수 있다.

3 법의 의미와 역할 (3)

1 법의 역할

★ (1) 법의 역할

분쟁 해결	사람들 사이에 다툼이 생겼을 때 이를 *공정하게 해결하는 기준과 방법을 제시하여 분쟁을 해결함.
개인의 권리 보호	• 국가나 다른 사람이 개인의 자유와 권리를 침해하는 것을 막아 사람들의 권리를 보호함. 자료 1 • 국민이 억울하게 피해를 보거나 국가로부터 권리를 침해당했을 때 *구제받을 방법을 알려 줌.
사회 질서 유지	여러 가지 사고나 범죄로부터 국민을 보호하고 <u>안전하고 쾌적한 환경</u>에서 살 수 있게 해 줌. └ ●교통 질서 유지, 환경 오염 방지 등

(2) *재판 자료 2

① 법을 지키지 않았을 때, 개인 간의 다툼이 일어났을 때 재판을 받을 수 있습니다.

② 재판으로 사회 질서를 어지럽힌 사람을 제재하기도 하고, 개인 간의 다툼을 해결하기도 합니다.

2 법을 지켜야 하는 까닭

(1) 법을 어기는 행동의 문제점

① 다른 사람에게 피해를 주고 다른 사람의 권리를 침해합니다.

② 사람들 사이에 갈등을 일으키고 사회를 혼란스럽게 만듭니다.

(2) 법을 지키지 않으면 일어날 수 있는 일

법을 어기는 행동	일어날 수 있는 문제
스마트폰에 음악을 불법으로 내려받아서 감상함.	작곡가가 정당하게 돈을 벌 기회를 잃어버리고 권리를 존중받지 못함.
반려견이 길에 대변을 보았는데 그것을 치우지 않고 그냥 가버림.	거리가 더러워지고 냄새가 날 수 있음.

★ (3) *준법의 중요성

① 법을 준수하면 자신의 권리뿐만 아니라 다른 사람의 권리도 지킬 수 있습니다.

② 서로의 권리를 보호하고 안정된 사회를 만들 수 있습니다.

(4) 법을 지키는 바람직한 태도: 법에 관심을 가지고 법을 잘 지키고자 노력합니다. ─● 사소한 규칙이라도 잘 지키려고 노력해요.

용어 사전

• **분쟁** (紛 어지러울 분, 爭 다툴 쟁) 말썽을 일으키어 시끄럽고 복잡하게 다툼.

• **공정** (公 공평할 공, 正 바를 정) 한쪽으로 치우치지 않고 객관적이고 올바름.

• **구제** (救 구할 구, 濟 건널 제) 피해를 봐 어려운 처지에 놓인 사람을 도와주는 것.

• **재판** (裁 마를 재, 判 판단할 판) 법을 적용하여 옳고 그름을 판단하는 일.

• **절도** (竊 훔칠 절, 盜 도둑 도) 남의 물건을 몰래 훔침. 또는 그런 사람.

• **징역** (懲 징계할 징, 役 부릴 역) 일정 기간 교도소에서 정해진 일을 하도록 하는 형벌.

• **혐의** (嫌 싫어할 혐, 疑 의심할 의) 범죄를 저질렀을 가능성이 있다고 봄.

• **배상** (賠 물어줄 배, 償 갚을 상) 남의 권리를 침해한 사람이 그 손해를 물어 주는 일.

• **준법** (遵 좇을 준, 法 법 법) 법을 따르고 지키는 것.

자료➕1 개인의 권리 보호

생명과 재산 보호	개인 정보 보호
	주민등록번호 없는 여권을 신분증으로 활용시, 여권정보증명서 제시
소방관이 화재를 진화하며 국민의 생명과 재산을 보호함.	여권에 주민 등록 번호를 표기하지 않도록 하여 개인 정보를 보호함.

자료➕2 재판에 등장하는 인물

▲ 법정의 모습

판사	재판을 진행하고 법에 따라 공정한 판단을 내리는 사람
검사	범죄를 수사하고 법을 위반한 점에 대해 심판을 요청하는 사람
피고인	범죄를 저지른 것으로 의심이 되어 재판을 받는 사람
변호인	피고인을 대신하여 권리를 주장하는 사람

🎓 핵심 개념 정리

• 법은 개인의 권리를 보장하고 사회 질서를 유지하는 역할을 합니다.

• 모든 사람이 권리를 보호받고 질서 있는 사회 속에서 살아가기 위해서는 모두 함께 법을 지키는 것이 중요합니다.

1 법의 역할에 대한 설명으로 옳은 것에 ○표, 옳지 <u>않은</u> 것에 ✕표 하시오.

(1) 법은 사람들 간에 분쟁을 일으킵니다. 　(　　)

(2) 법은 개인의 권리를 보호하는 역할을 합니다.(　　)

2 법은 여러 가지 범죄나 사고로부터 사람들의 안전을 지키고 (　　　　　　) 질서를 유지하는 역할을 합니다.

3 재판을 할 때 법에 따라 공정한 판단을 내리는 사람은 누구인지 쓰시오.

(　　　　　　)

4 법을 지키지 않는 사례에 해당하는 것을 골라 ○표 하시오.

(1) 쓰레기를 종류별로 분리하여 버립니다. 　(　　)

(2) 음악을 불법으로 내려받기 하여 듣습니다. 　(　　)

5 다음 (　) 안의 알맞은 말에 ○표 하시오.

> 법을 준수하면 자신의 권리뿐만 아니라 다른 사람의 (권리, 의무)도 지킬 수 있다.

1 법은 모든 사회 구성원이 반드시 따라야 하는 ㄱㅈㅅ 이/가 있습니다.

2 ㅂ 은/는 우리의 일상생활과 밀접한 관련이 있습니다.

3 법은 개인의 ㄱㄹ 을/를 보호하고 사회 질서를 유지하는 역할을 합니다.

4 다음 빈칸에 들어갈 알맞은 말을 쓰시오.

> 사회 구성원들이 일상생활에서 지켜야 할 대표적인 ( )에는 도덕과 법이 있다.

( )

5* 법에 대한 설명으로 옳지 <u>않은</u> 것은 어느 것입니까? ( )

① 국가가 만든 규범이다.
② 법을 어겼을 때는 제재를 받는다.
③ 누구나 지켜야 하는 강제성이 있다.
④ 개인의 양심에 따라 자율적으로 따른다.
⑤ 사람들이 사회생활에서 지켜야 할 행동의 기준이다.

6 법이 있어서 좋은 점으로 알맞은 것은 어느 것입니까? ( )

① 범죄가 늘어난다.
② 사회가 혼란해진다.
③ 사람들 사이에 다툼이 자주 일어난다.
④ 사람들이 지켜야 할 게 많아 힘들어진다.
⑤ 사람들이 어떤 행동을 하거나 하지 않도록 한다.

7 법으로 제재를 받는 상황이 <u>아닌</u> 것은 어느 것입니까? ( )

① 교통 신호를 지키지 않는 것
② 인터넷에 악성 댓글을 쓰는 것
③ 자신의 방을 청소하지 않는 것
④ 돈을 내지 않고 물건을 가져가는 것
⑤ 다른 사람의 작품을 허락 없이 세상에 널리 퍼뜨리는 것

8 다음 내용을 보고 알 수 있는 법의 성격은 무엇인지 쓰시오.
서술형

> 전동 킥보드를 타는 사람이 많아지면서 전동 킥보드를 탈 때는 반드시 안전모를 쓰고 혼자 타야 하고, 면허가 있어야 탈 수 있도록 「도로 교통법」이 바뀌었다.

▲ 법이 바뀌기 전   ▲ 법이 바뀐 후

9 일상생활에 법이 적용되는 모습으로 알맞지 <u>않은</u> 것은 어느 것입니까? ( )

① 동생과 사이좋게 지낸다.
② 무료로 예방 접종을 받는다.
③ 아이가 태어나면 출생 신고를 한다.
④ 일정한 나이가 되면 학교에 입학한다.
⑤ 학교 주변에 어린이 보호 구역을 만든다.

10~11 다음 그림을 보고, 물음에 답하시오.

(가) 잘 먹겠습니다.
▲「학교 급식법」

(나)
▲「도로 교통법」

(다)
▲「저작권법」

(라) △△ 서비스 센터
망가진 제품을 구매했을 때에는 환불을 받아요.
▲「소비자 보호법」

10 위에서 교통사고의 위험으로부터 우리를 보호해 주는 법을 골라 기호를 쓰시오.

( )

11 위 (가)~(라)를 보고 알 수 있는 내용으로 옳지 <u>않은</u> 것은 어느 것입니까? ( )

① 법은 학교에서만 적용되고 있다.
② 소비자의 권리를 보호하는 법이 있다.
③ 음악을 들을 때도 법이 함께하고 있다.
④ 많은 일이 법에 따라 이루어지고 있다.
⑤ 법은 사람들의 일상생활과 밀접한 관련이 있다.

12 다음 생활 속 사례와 관련 있는 법은 무엇입니까? ( )

> 오후에 집 앞 놀이터에서 동생과 놀았다. 동생이 놀이기구를 타려고 뛰어가다가 넘어졌지만, 바닥이 푹신해서 다치지 않았다.

①「근로 기준법」   ②「도로 교통법」
③「초·중등 교육법」   ④「식품 안전 기본법」
⑤「어린이 놀이 시설 안전 관리법」

13 생활 속에서 법이 적용된 사례를 조사하여 소개하려고 할 때 가장 먼저 할 일은 어느 것입니까?
( )

① 홍보 자료 소개하기
② 조사한 자료 발표하기
③ 알게 된 점, 느낀 점 등 이야기하기
④ 인터넷 검색 등의 방법으로 자료 조사하기
⑤ 신문, 소책자 등의 방법으로 홍보 자료 만들기

14 법의 역할에 대한 설명으로 옳은 것을 보기 에서 모두 골라 기호를 쓰시오.

보기
㉠ 개인의 생명과 재산을 보호한다.
㉡ 사회 질서를 유지할 수 있게 해 준다.
㉢ 사람들 사이에 발생한 분쟁을 해결한다.
㉣ 다른 사람의 권리를 침해할 수 있게 해 준다.

( )

15 다음에서 설명하는 법의 역할은 무엇입니까?

( )

> • 법은 침해당한 권리를 구제받을 방법을 알려
>   준다.
> • 법은 국가나 다른 사람이 개인의 자유와 권리
>   를 침해하는 것을 막는다.

① 교통안전　　　　② 감염병 예방
③ 환경 오염 방지　　④ 사회 질서 유지
⑤ 개인의 권리 보호

16 ~ 17 다음 그림을 보고, 물음에 답하시오.

남의 물건을 훔쳤으니 법에
따라 처벌을 받아야 합니다.

피고인을 절도 혐의로
징역 1년에 처한다.

16 위 재판에 등장하는 사람 중 법에 따라 공정한 판
단을 내리는 사람은 누구입니까?　( )

① 검사　　　　　② 판사
③ 경찰관　　　　④ 피고인
⑤ 변호인

17 위 상황을 보고 알 수 있는 법의 역할은 무엇인지
서술형 쓰시오.

_____

_____

18 법을 어기는 행동의 문제점으로 옳지 <u>않은</u> 것은 어
느 것입니까?　( )

① 사회를 혼란스럽게 만든다.
② 다른 사람에게 피해를 준다.
③ 다른 사람의 권리를 침해한다.
④ 다른 사람의 권리가 보장된다.
⑤ 사람들 사이에 갈등을 일으킨다.

19★ 일상생활에서 법을 준수하는 태도를 실천한 사람
은 누구입니까?　( )

① 가람: 길거리에 쓰레기를 버렸어.
② 나은: 영화를 불법으로 내려받았어.
③ 다정: 자전거를 탈 때 무릎 보호대와 안전모를
　썼어.
④ 라은: 길에서 우연히 지갑을 주웠는데 마음에
　들어서 내가 가졌어.
⑤ 마음: 내 강아지가 산책하면서 똥을 누었는데
　치우지 않고 그냥 집에 왔어.

20 모든 사람이 권리를 보호받고 질서 있는 사회 속에
서 살아가기 위해 필요한 태도는 무엇입니까?

( )

① 법에 관심을 가지지 않는다.
② 법을 잘 지키려고 노력한다.
③ 법을 어겨도 들키지 않도록 조심한다.
④ 상황에 따라 법을 지킬지 말지 고민한다.
⑤ 다른 사람을 배려하지 않고 나만 생각한다.

1 다음 그림을 보고, 물음에 답하시오. [12점]

(가)    (나)

교통 신호를 위반하셨습니다.

자는 척해야지.

(1) 위에서 법으로 제재를 받는 상황을 골라 기호를 쓰시오. [4점]

(   )

(2) 위 (1)번 답을 통해 알 수 있는 법의 성격은 무엇인지 쓰시오. [8점]

_____

_____

서술형 문제를 푸는 방법을 익혀보자!

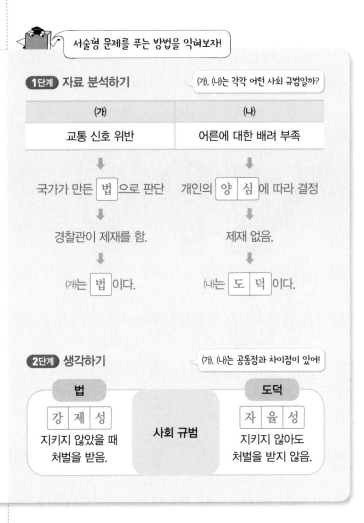

1단계 자료 분석하기   (가), (나)는 각각 어떤 사회 규범일까?

(가)	(나)
교통 신호 위반	어른에 대한 배려 부족
↓	↓
국가가 만든 법 으로 판단	개인의 양 심 에 따라 결정
↓	↓
경찰관이 제재를 함.	제재 없음.
↓	↓
(가)는 법 이다.	(나)는 도 덕 이다.

2단계 생각하기   (가), (나)는 공통점과 차이점이 있어!

법 — 강 제 성 : 지키지 않았을 때 처벌을 받음.

사회 규범

도덕 — 자 율 성 : 지키지 않아도 처벌을 받지 않음.

2 다음 글을 읽고, 물음에 답하시오. [12점]

학교는 (   ) 에 근거하여 학생들에게 급식을 준다.

(1) 위 빈칸에 들어갈 알맞은 법을 쓰시오. [4점]

(   )

(2) 위 (1)번에서 답한 법을 만든 까닭은 무엇인지 쓰시오. [8점]

_____

_____

3 다음 그림을 보고, 물음에 답하시오. [16점]

쓰레기를 버리지 마시오.

(1) 위와 같은 행동으로 일어날 수 있는 문제를 쓰시오. [8점]

_____

_____

(2) 위 사례를 참고로 하여 법을 준수해야 하는 까닭을 쓰시오. [8점]

_____

_____

2 인권 존중과 정의로운 사회

인권을 존중하고 헌법과 법을 잘 지키면 정의로운 사회를 만들 수 있습니다.

👁️ 그림을 보고 배운 개념을 떠올리며 빈칸을 채워 보세요.

개념1 인권 신장을 위해 노력한 사람들

(❶   ) 신장을 위한 옛사람들의 노력은 역사적 인물 뿐만 아니라 사회 제도에서도 찾아볼 수 있습니다.

개념2 인권 보호 실천하기

성별, 국적, 인종 등과 관계없이 인간이라면 누구나 당연히 (❷   )을/를 누려야 합니다.

인권을 보호하려면 우리 모두의 관심과 노력이 필요합니다.

개념4 헌법에 나타난 국민의 의무

헌법은 국민의 기본권을 보장하는 동시에 국민으로서 지켜야 할 (❹   )도 정해 놓았습니다.

개념5 법의 성격

법은 (❺   )이/가 있어서 법을 지키지 않으면 제재를 받습니다.

개념3 헌법에 나타난 국민의 기본권

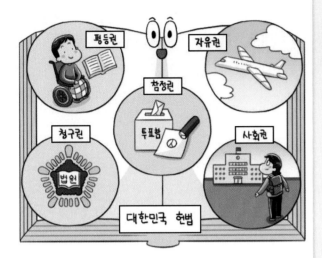

우리나라의 최고법인 (❸   )에서 보장하는 국민의 기본적인 권리를 기본권이라고 합니다.

개념6 법의 역할

(❻   )은/는 개인의 권리를 보장하고 사회 질서를 유지하는 역할을 합니다.

 옳은 문장에 ○, 틀린 문장에 ✕하세요. 틀린 부분은 밑줄을 긋고 바른 개념으로 고쳐 써 보세요.

1 인권은 다른 사람이 함부로 빼앗을 수 있습니다.
(   )

2 박두성은 '훈맹정음'을 만드는 등 시각 장애인의 인권 신장에 큰 도움을 주었습니다. (   )

3 오늘날 사회에서 국가와 지방 자치 단체는 인권을 보장하고자 법과 제도를 만들고 시설을 세웁니다.
(   )

4 국가 인권 위원회에서 법률이 국민의 인권을 침해한다고 결정하면, 그 법률은 개정되거나 폐지됩니다.
(   )

5 사회권은 인간다운 삶을 국가에 요구할 수 있는 권리입니다. (   )

6 납세의 의무는 모두가 안전하도록 국가를 지킬 의무를 말합니다. (   )

7 권리를 행사하면서 의무도 실천하는 조화로운 태도가 필요합니다. (   )

8 도덕은 모든 사회 구성원이 반드시 따라야 하는 강제성이 있습니다. (   )

9 학생들에게 건강한 급식을 주려고 만든 법은 「소비자 기본법」입니다. (   )

10 법을 잘 지키면 개인의 권리가 보장되고 사회 질서가 유지됩니다. (   )

1★ 다음 글의 밑줄 친 '이것'이 공통으로 가리키는 것은 무엇입니까? ( )

> • <u>이것</u>은 태어나면서부터 모든 사람에게 자연적으로 주어지는 권리이다.
> • <u>이것</u>은 인종, 국적, 성별, 종교 등과 관계없이 누구나 동등하게 누려야 하는 권리이다.

① 의무 ② 신분
③ 주권 ④ 인권
⑤ 책임

3 서술형 다음에 제시된 옛사람들의 공통점은 무엇인지 쓰시오.

> • 방정환 • 박두성
> • 이태영 • 전태일
> • 테레사 • 로자 파크스

_____

_____

4 『경국대전』에 있는 인권 신장과 관련된 내용으로 옳지 <u>않은</u> 것은 어느 것입니까? ( )

① 사형을 내릴 때 한 번만 재판을 하였다.
② 신문고를 이용해 억울한 일을 알릴 수 있었다.
③ 관청에 소속된 여종이 출산하면 휴가를 주었다.
④ 활인서에서 아픈 사람을 무료로 치료해 주었다.
⑤ 돌봐줄 사람이 없는 노인에게 옷과 먹을 것을 내주었다.

2 몸이 불편한 사람이 대중교통을 이용하며 인권을 누리는 모습은 어느 것입니까? ( )

①
▲ 학교 교육

②
▲ 저상 버스 운행

③
▲ 어린이 보호 구역 지정

④
▲ 노인 무료 예방 접종

5 다음에서 설명하는 기관의 이름을 쓰시오.

> • 모든 개인의 인권을 보호하고 신장하는 일을 하는 국가 기관이다.
> • 인권 침해를 당한 사람들은 이곳에 보호와 도움을 요청할 수 있다.

( )

6 어린이가 실천할 수 있는 인권 보호 방법을 잘못 말한 사람은 누구입니까? ( )

① 우리: 인권 캠페인 활동에 참여해요.
② 나라: 인권과 관련된 포스터를 그려요.
③ 산들: 인권 개선을 요구하는 편지를 써요.
④ 바다: 친구에게 인권을 존중하는 말을 사용해요.
⑤ 하늘: 불합리한 차별이 발생하지 않도록 인권을 위한 법을 만들어요.

7 다음에서 설명하는 법은 무엇인지 쓰시오.

> • 우리나라의 최고법으로 모든 법의 기본이 된다.
> • 국민의 기본적 권리와 의무, 국가 기관을 조직하고 운영하는 원칙이 담겨 있다.

( )

8 다음 빈칸에 들어갈 알맞은 국가 기관은 무엇입니까? ( )

> ( )에서는 국가 권력이나 법률이 국민의 인권을 침해하는지 헌법을 기준으로 판단한다.

① 법원 ② 학교
③ 시민 단체 ④ 헌법 재판소
⑤ 국가 인권 위원회

9★ 기본권의 종류와 의미를 바르게 연결한 것은 어느 것입니까? ( )

① 청구권 – 국가의 정치 과정에 참여할 수 있는 권리
② 참정권 – 인간다운 삶을 국가에 요구할 수 있는 권리
③ 평등권 – 모든 국민이 차별받지 않고 동등하게 대우받을 권리
④ 사회권 – 국가의 간섭을 받지 않고 자유롭게 생각하고 행동할 수 있는 권리
⑤ 자유권 – 기본권이 침해되었거나 침해될 위험이 있을 때 국가에 기본권 보장을 요구할 수 있는 권리

10 다음 모습에 공통으로 적용되는 기본권은 무엇입니까? ( )

① 평등권 ② 자유권
③ 참정권 ④ 청구권
⑤ 사회권

11 다음 글의 밑줄 친 부분에 들어갈 알맞은 내용을 쓰시오.

서술형

> 기본권은 헌법으로 보장하기 때문에 함부로 제한할 수 없다. 하지만 국가의 안전을 보장해야 하거나 사회 질서 유지, 공동체의 이익을 위하여 필요하다면 _____

_____

_____

12 다음과 같이 권리와 의무가 충돌하는 까닭으로 옳은 것은 어느 것입니까? (　　)

오래된 경유 자동차라는 이유로 갑자기 운행을 중단시키는 것은 제 자유권을 침해하는 것이라고 생각합니다.

오래된 경유 차에서 나오는 미세 먼지와 대기 오염 물질은 국민들의 건강에 좋지 않습니다. 국민은 환경을 지켜야 할 의무가 있습니다.

오래된 경유 자동차 주인　　△△시 관계자

① 권리와 의무의 조화를 추구하기 때문에
② 권리와 의무는 전혀 관련이 없기 때문에
③ 서로가 자신의 권리만 주장하고 있기 때문에
④ 권리의 보장보다 의무의 실천이 중요하기 때문에
⑤ 권리와 의무는 서로 긴밀하게 연결되어 있기 때문에

13 다음 대화와 관련 있는 국민의 의무는 무엇입니까? (　　)

> **가람:** 사촌 오빠가 군대에 입대했어.
> **나비:** 모든 국민은 나와 가족, 우리 모두의 안전을 위해 나라를 지킬 의무가 있어.

① 교육의 의무　　② 근로의 의무
③ 납세의 의무　　④ 국방의 의무
⑤ 환경 보전의 의무

14 법에 대한 설명으로 옳지 <u>않은</u> 것은 어느 것입니까? (　　)

① 법을 어기면 제재를 받는다.
② 사회가 변화해도 법은 바뀌지 않는다.
③ 국가 구성원이라면 누구나 지켜야 한다.
④ 우리의 일상생활과 밀접한 관련이 있다.
⑤ 국가가 만든 강제성이 있는 사회 규범이다.

15 법으로 제재를 받는 상황을 보기 에서 모두 골라 기호를 쓰시오.

> **보기**
> ㉠ 형제끼리 말다툼하는 것
> ㉡ 교통 신호를 지키지 않는 것
> ㉢ 친구와의 약속 시간을 지키지 않는 것
> ㉣ 가게에서 돈을 내지 않고 물건을 가져가는 것

(　　　　)

16 다음과 같은 모습에 적용되는 법은 무엇입니까?
( )

① 「저작권법」   ② 「도로 교통법」
③ 「학교 급식법」   ④ 「소비자 기본법」
⑤ 「폐기물 관리법」

17 다음 어린이가 일상생활에 적용되는 법과 사례를 조사하기 위해 이용한 방법은 무엇입니까?
( )

① 신문에서 찾기
② 어른들께 여쭈어보기
③ 인터넷으로 찾아보기
④ 법과 관련된 책 찾아보기
⑤ 우리 주변에서 찾아 사진 찍기

18 다음 글의 밑줄 친 법을 만든 까닭으로 알맞은 것은 어느 것입니까?
( )

> 수업 시간에 동영상 만들기 활동을 할 때 「저작권법」에 따라 사용한 자료의 출처를 밝혔다.

① 교통질서를 유지하려고
② 환경 오염을 예방하려고
③ 장애인의 인권을 보호하려고
④ 창작물을 만든 사람의 권리를 보호하려고
⑤ 어린이들이 안전하게 놀 수 있도록 하려고

19 우리 생활에서 법이 하는 역할을 두 가지 쓰시오.
서술형

_____

_____

20⭐ 법을 지켜야 하는 까닭으로 알맞지 <u>않은</u> 것은 어느 것입니까?
( )

① 사회 질서를 유지할 수 있기 때문에
② 안정된 사회를 만들 수 있기 때문에
③ 개인의 권리를 보장할 수 있기 때문에
④ 다른 사람의 권리를 침해할 수 있기 때문에
⑤ 나뿐만 아니라 다른 사람의 권리도 지킬 수 있기 때문에

2-1 인권을 존중하는 삶

학습 주제	인권 신장을 위해 노력했던 옛사람들의 활동	배점	30점
학습 목표	인권 신장을 위해 노력했던 옛사람들과 그 활동을 설명할 수 있다.		

1~3 다음은 인권 신장을 위해 노력한 사람들입니다. 물음에 답하시오.

1 위에서 우리나라의 인권 신장을 위해 노력한 사람을 모두 골라 기호를 쓰시오. [4점]

(   )

2 위의 옛사람들이 한 활동을 정리하여 아래 표를 완성하시오. [각 2점]

구분	이름	인권 신장을 위해 한 활동
(가)	❶	우리나라 최초의 여성 변호사로서, 여성의 인권을 차별하는 호주제 등이 규정된 가족법을 바꾸는 일에 앞장섰다.
(나)	방정환	어린이를 존중해야 한다는 생각을 사람들에게 알리기 위해서 ❷ 을/를 만들었다.
(다)	로자 파크스	흑인 인권을 위해 지속적인 운동을 펼쳤다.
(라)	박두성	한글 점자인 '훈맹정음'을 만들어 ❸ 에게 동등한 교육의 기회를 주고자 노력했다.

3 위와 같이 옛사람들이 인권 신장을 위해 노력한 까닭은 무엇인지 쓰시오. [20점]

_____

_____

2-1 인권을 존중하는 삶

학습 주제	인권 보장이 필요한 사례와 인권 보호 노력	배점	30점
학습 목표	인권 보장이 필요한 사례를 찾고, 인권 보호 실천 방법을 제시할 수 있다.		

1~3 다음 그림을 보고, 물음에 답하시오.

(가)
나이가 많으셔서 곤란합니다.

(나)
승강기가 있어 몸이 불편한 사람도 자유롭게 이동할 수 있어요.

(다)
친구 사진인데 누리 소통망 서비스(SNS)에 그냥 올려도 괜찮겠지.

(라)
저 위로 올라갈 수가 없네.

(마)
우리는 사람입니다.
외국인이라는 이유로 월급을 적게 받아요. 일한 만큼 대우 받고 싶어요.

(바)
교육을 받을 수 있어요.

1 위 그림을 보고 인권을 누리는 모습과 인권을 보장받지 못하는 모습으로 구분하여 기호를 쓰시오. [4점]

(1) 인권을 누리는 모습: (   )

(2) 인권을 보장받지 못하는 모습: (   )

2 인권을 보장받지 못하는 경우가 생기는 까닭으로 옳은 것에 ○표 하시오. [6점]

(1) 다른 사람의 인권을 존중하지 않기 때문이다. (   )

(2) 인권 보장을 위한 법이나 제도, 시설이 부족하기 때문이다. (   )

(3) 성별, 국적, 인종 등과 관계없이 인간이라면 누구나 당연히 인권을 누리기 때문이다. (   )

3 일상생활에서 초등학생인 우리가 인권 보호를 위해 실천할 수 있는 방법을 두 가지 이상 쓰시오. [20점]

2-2 인권 보장과 헌법

학습 주제	헌법의 역할	배점	30점
학습 목표	인권 보장을 위한 헌법의 역할을 설명할 수 있다.		

1~3 다음 신문 기사를 읽고, 물음에 답하시오.

(가)

○○신문 　　　　20○○년 ○○월 ○○일

인터넷 실명제, (　　　) 심판 받는다

인터넷 실명제는 인터넷 이용자의 실명과 주민 등록 번호가 확인되어야만 인터넷 게시판에 글을 올릴 수 있는 제도이다. 인터넷 게시판의 익명성을 악용한 사이버 범죄가 발생하여 개인적·사회적 피해가 커지자, 게시판에 글을 올릴 때는 본인 확인을 거치는 것을 의무화하였다.

그러나 한편에서는 인터넷 실명제가 자유로운 의견 교환을 막고, 헌법에 보장된 표현의 자유와 주민 등록 정보의 노출에 따른 개인의 인권을 침해한다며 (　　　)에 심판을 요청했다.

(나)

○○신문 　　　　20△△년 △△월 △△일

(　　　), 인터넷 실명제 °위헌 결정

(　　　)은/는 인터넷 실명제에 대해 다음과 같이 결정했다.

"인터넷 실명제가 시행된 뒤에 타인을 명예 훼손하거나 모욕하는 글이 줄어들지 않았고, 표현의 자유를 제한하여 사람들이 자유로운 의견을 나누는 것을 방해하였다. 또한 게시판 이용자의 개인 정보가 다른 사람에게 공개되거나 다른 목적으로 이용되는 가능성이 늘어나게 되었다. 따라서 <u>이 법</u>은 헌법에 위반된다."

• **위헌** 법률이 헌법 조항이나 정신에 어긋나는 일.

1 위 (가), (나) 신문 기사의 빈칸에 공통으로 들어갈 기관을 쓰시오. [5점]

(　　　　　　　　)

2 위 (가), (나) 신문 기사를 통해 알 수 있는 헌법의 역할을 보기 에서 모두 골라 기호를 쓰시오. [5점]

보기
㉠ 환경 오염을 방지한다.　　　　　㉡ 국민의 기본권을 제한한다.
㉢ 국민의 인권을 보장해 준다.　　　㉣ 인권 문제를 판단하는 기준이 된다.

(　　　　　　　　)

3 위 (나) 신문 기사와 같은 결과 이후에 밑줄 친 '이 법'은 어떻게 될 것인지 쓰시오. [20점]

_____

_____

수행 평가

2-2 인권 보장과 헌법

학습 주제	헌법에 나타난 국민의 의무	배점	30점
학습 목표	생활 속의 사례를 통해 헌법에 나타난 국민의 의무를 알 수 있다.		

1~2 다음 그림은 국민의 의무를 실천하는 모습입니다. 물음에 답하시오.

(가)

(나)

(다) 세금 납부

(라)

(마)

(바)
여긴 내 땅이지만 사람들에게 꼭 필요한 통로니까 열어 놓자!

1 위와 같은 국민의 의무를 정해 놓은 법은 무엇인지 쓰시오. [4점]

(   )

2 위 모습을 참고로 하여 국민의 의무와 그 내용을 정리하여 쓰시오. [❶, ❷, ❹는 각 2점, ❸, ❺는 각 10점]

(가)	❶ [　　　]의 의무	자녀가 잘 성장할 수 있도록 교육을 받게 할 의무이다.
(나)	❷ [　　　]의 의무	개인과 나라의 발전을 위해 일할 의무이다.
(다)	납세의 의무	❸
(라)	❹ [　　　]의 의무	자신의 가족과 국민 모두의 안전을 위해 나라를 지킬 의무이다.
(마)	환경 보전의 의무	❺
(바)	공공복리에 적합한 재산권 행사의 의무	재산에 대한 권리를 행사할 때 공공복리에 적합하도록 행사할 의무이다.

2-3 법의 의미와 역할

학습 주제	법의 의미와 성격	배점	30점
학습 목표	법의 의미와 성격을 말할 수 있다.		

1~3 다음 모습을 보고, 물음에 답하시오.

(가)  (나)  (다)  (라)

1 다음 내용과 관련된 모습을 위에서 모두 골라 기호를 쓰시오. [5점]

> 도덕은 사람으로서 마땅히 지켜야 할 도리로, 사람들은 개인의 양심에 따라 자율적으로 도덕을 따른다.

( )

2 위에서 법으로 제재를 받는 경우를 모두 골라 기호를 쓰시오. [5점]

( )

3 위 모습들을 참고로 하여 다음 밑줄 친 부분에 들어갈 알맞은 내용을 쓰시오. [20점]

> 양심에 따라 스스로 지키는 도덕과 달리 법은 _____

① 우리 국토의 위치와 영역

1 우리 국토의 위치

위치	• 북위 33°~43°, 동경 124°~132°에 위치함. • 아시아 대륙의 동쪽에 있고, 태평양과 접함. • 중국과 일본 사이에 있음.
장점	아시아 대륙과 태평양이 만나는 지역 → 대륙과 해양으로 나아가기에 유리함.

2 우리 국토의 영역

영토	한반도와 한반도에 속한 여러 섬
영해	영토 주변의 바다로, 대체로 영해를 설정하는 기준선으로부터 12해리까지임.
영공	우리나라의 영토와 영해 위에 있는 하늘

3 우리 국토를 구분하는 기준

자연 환경	큰 산맥과 하천을 중심으로 북부, 중부, 남부 지방으로 구분
전통적 지역 구분	산맥, 고개, 강 등을 기준으로 관서, 관북, 관동, 해서, 경기, 호서, 호남, 영남 지방으로 구분
행정 구역	• 특별시 1곳, 특별자치시 1곳, 광역시 6곳, 도 6곳, 특별자치도 3곳으로 이루어짐. • 특별시, 특별자치시, 광역시에는 시청이 있고, 도와 특별자치도에는 도청이 있음.

② 우리 국토의 자연환경

1 우리나라 지형의 특징

산지	• 국토의 약 70%가 산지임. • 북쪽과 동쪽에 높고 험한 산지가 많음.
하천	큰 하천은 대부분 동쪽에서 서쪽으로 흐름.
평야	남서쪽에 많이 발달함.
해안	• 동해안은 해안선이 단조로우며 모래사장이 많음. • 서해안은 복잡하고 넓은 갯벌이 발달함. • 남해안은 해안선이 복잡하고 크고 작은 섬이 많아 다도해라고 불림.

2 우리나라의 기후

기온	• 남북 기온 차: 남쪽으로 갈수록 기온이 높아짐. • 동서 기온 차: 동해안이 서해안보다 겨울 기온이 높음. → 태백산맥과 동해 영향 • 해안과 내륙의 기온 차: 해안 지역이 내륙 지역보다 겨울 기온이 높음.
강수량	• 지역 차: 남쪽으로 갈수록 강수량이 많아짐. • 계절 차: 연평균 강수량의 절반 이상이 여름에 집중됨.

3 우리나라의 자연재해

기후와 관련된 자연재해	• 봄: 황사, 가뭄 • 여름: 폭염, 호우와 홍수 • 여름~초가을: 태풍 • 겨울: 한파, 폭설
지형과 관련된 자연재해	우리나라의 지진 발생 횟수가 점점 더 많아지고 있음.

③ 우리 국토의 인문환경

1 우리나라의 인구 특징

인구 분포	과거 농업 중심 사회는 남서쪽 평야 지역의 인구 밀도가 높았음. → 산업이 발달하며 도시의 인구 밀도가 높아짐.
인구 구성	오늘날 저출산·고령 사회의 특징을 보임.

2 우리나라 도시 발달의 특징

1960~1970년대	산업 발달로 대도시와 남동 해안 지역에 도시가 크게 발달함.
1980년대 이후	대도시에 집중된 인구, 기능의 분산을 위해 신도시 건설, 국토의 균형적 발전을 위한 공공 기관 지방 이전

3 우리나라 산업 및 교통 발달의 특징

산업	오늘날 지역마다 자연환경과 인문환경에 따라 다양한 산업이 발달함.
교통	교통의 발달로 사람들의 생활권이 넓어지고, 지역 간 교류가 더욱 활발해지고 있음.

1 한 나라의 땅을 뜻하며, 사람들이 살아가는 삶의 터전을 무엇이라고 합니까?

2 우리나라 주변에는 중국, 일본, 러시아, 몽골 등의 나라가 있고, 우리나라는 중국과 (일본 , 러시아) 사이에 위치합니다.

3 우리나라는 아시아 대륙과 (인도양 , 태평양)이 만나는 지역에 위치하여 대륙과 해양으로 나아가기에 유리합니다.

4 한 나라의 주권이 미치는 범위를 무엇이라고 합니까?

5 우리나라 영토의 동쪽 끝은 어디입니까?

6 우리나라의 (서해안 , 동해안)은 썰물일 때의 해안선을 기준으로 영해를 설정합니다.

7 오늘날 우리 국토를 북부 지방과 중부 지방으로 구분하는 기준이 되는 것은 무엇입니까?

8 조령(문경 새재)의 남쪽에 있어 (호남 , 영남) 지방이라고 합니다.

9 나라를 효율적으로 관리하려고 나누어 놓은 지역을 무엇이라고 합니까?

10 우리나라는 특별시 1곳, 특별자치시 1곳, 광역시 6곳, 도 (6 , 9)곳, 특별자치도 3곳으로 이루어져 있습니다.

1 다음에서 설명하는 것은 무엇입니까? (　　　)

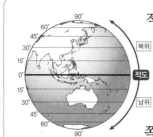

적도를 기준으로 남북으로 얼마나 떨어져 있는지를 나타내며, 남북으로 각각 90°로 나누어 북쪽은 북위, 남쪽은 남위라고 한다.

① 경도　　② 위도　　③ 북반구
④ 남반구　　⑤ 본초 자오선

2 다음 지도를 보고, 위도와 경도를 이용하여 우리나라의 위치를 쓰시오.

서술형

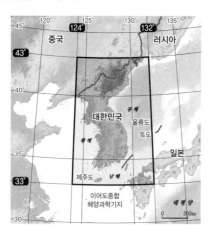

_____

_____

3 우리나라의 위치에 대한 설명으로 알맞지 <u>않은</u> 것은 어느 것입니까? (　　　)

① 북반구의 중위도에 있다.
② 중국과 일본 사이에 위치한다.
③ 아시아 대륙의 동쪽에 위치한다.
④ 대륙과 해양이 만나는 지역에 위치한다.
⑤ 삼면이 바다로 둘러싸여 있어 다른 나라와 교류하기 어렵다.

4 영역에 대한 설명으로 알맞은 것을 보기 에서 모두 고른 것은 어느 것입니까? (　　　)

보기
㉠ 영토, 영해, 영공으로 이루어진다.
㉡ 한 나라의 주권이 미치는 범위이다.
㉢ 다른 나라가 함부로 들어갈 수 없다.
㉣ 영토는 땅, 영공은 바다, 영해는 하늘에서의 영역이다.

① ㉠, ㉡　　② ㉡, ㉢　　③ ㉢, ㉣
④ ㉠, ㉡, ㉢　　⑤ ㉡, ㉢, ㉣

5 다음 우리나라의 영역 지도를 보고, 바르게 설명한 것은 어느 것입니까? (　　　)

① 영토는 한반도만 속한다.
② 영토의 가장 동쪽은 울릉도이다.
③ 영토의 가장 남쪽은 마라도이다.
④ 서해안은 썰물일 때의 해안선을 기준으로 영해를 정한다.
⑤ 동해안은 가장 바깥에 있는 섬들을 직선으로 연결한 선을 기준으로 영해를 정한다.

6 국토 사랑을 실천하기 위해 우리가 할 수 있는 일을 **잘못** 말한 친구는 누구입니까? ( )

① 정화: 나무를 심어야 해.
② 민석: 우리 국토에 관심을 가져야 해.
③ 수현: 쓰레기를 함부로 버리지 말아야 해.
④ 태훈: 독도지킴이에게 감사 편지를 보내야 해.
⑤ 주영: 비무장 지대에서 우리 국토를 지켜야 해.

7 우리 국토의 지역 구분에 대한 설명으로 알맞은 것을 보기 에서 모두 고른 것은 어느 것입니까?
( )

보기
㉠ 행정 구역으로 지역을 구분하기도 한다.
㉡ 오래전부터 다리와 도로로 지역을 구분하였다.
㉢ 북부, 중부, 남부 지방은 큰 산맥과 하천을 기준으로 구분하였다.
㉣ 전통적인 지역 구분은 오늘날 행정 구역을 정하는 기초가 되었다.

① ㉠, ㉡   ② ㉡, ㉢   ③ ㉠, ㉡, ㉢
④ ㉠, ㉢, ㉣   ⑤ ㉡, ㉢, ㉣

8 다음 전통적인 지역 구분의 지방 이름과 그 지방의 범위를 **잘못** 연결한 것은 어느 것입니까?
( )

① 경기 지방 – 수도의 주변 지역
② 영남 지방 – 조령의 남쪽 지역
③ 호남 지방 – 금강의 남쪽 지역
④ 해서 지방 – 경기해의 서쪽 지역
⑤ 관서 지방 – 태백산맥의 서쪽 지역

9 다음 지도의 ㉠~㉤에 들어갈 행정 구역 이름이 바르게 연결된 것은 어느 것입니까? ( )

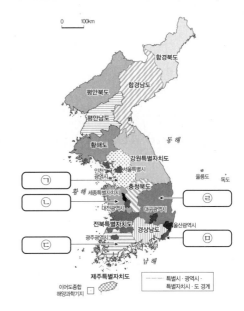

① ㉠ – 경상북도
② ㉡ – 경기도
③ ㉢ – 충청남도
④ ㉣ – 전라남도
⑤ ㉤ – 부산광역시

10 우리나라의 행정 구역에 대한 설명으로 알맞지 **않은** 것은 어느 것입니까? ( )

① 특별자치시는 세종특별자치시 1곳이다.
② 북한 지역을 제외하면 우리나라의 도는 6곳이다.
③ 광역시 6곳은 인천, 대전, 광주, 대구, 울산, 부산이다.
④ 특별시에는 서울특별시와 제주특별자치시 2곳이 있다.
⑤ 특별시, 특별자치시, 광역시에는 시청이 있고, 도와 특별자치도에는 도청이 있다.

1 다음 ㉠, ㉡에 들어갈 알맞은 말을 쓰시오.

> 위도는 (㉠)을/를 기준으로 남북으로 얼마나 떨어져 있는지를 나타내며, 경도는 (㉡)을/를 기준으로 동서로 얼마나 떨어져 있는지를 나타낸다. 위도와 경도를 이용하면 국토의 위치를 정확히 표현할 수 있다.

㉠: (   ), ㉡: (   )

2 다음 우리나라의 위치를 나타낸 지도를 보고, 설명한 내용으로 알맞지 <u>않은</u> 것은 어느 것입니까?
(   )

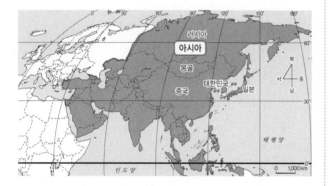

① 북반구의 중위도에 있다.
② 중국과 일본 사이에 있다.
③ 아시아 대륙의 서쪽에 위치한다.
④ 대륙과 해양으로 나아가기에 유리하다.
⑤ 북위 33°~43°, 동경 124°~132°에 위치한다.

3 우리 국토의 위치적 특징에 대해 <u>잘못</u> 말한 친구는 누구인지 쓰시오.

> 준선: 태평양과 만나는 지역으로 해양으로 나아가기에 어려운 위치야.
> 연순: 삼면이 바다로 둘러싸여 있어 세계 여러 나라와 교류하기 좋은 위치야.
> 주현: 아시아 대륙과 연결되어 있어 도로나 철도를 이용하여 대륙으로 나아가기에 유리해.

(   )

4 다음 그림에 대한 설명으로 알맞은 것은 어느 것입니까? (   )

① ㉠은 오늘날 항공 교통이 발달하면서 중요성이 낮아지고 있다.
② ㉡은 일반적으로 기준선으로부터 12해리까지이다.
③ ㉢은 주권이 미치는 땅의 범위이다.
④ ㉢은 ㉠과 ㉡을 정하는 기준이 된다.
⑤ ㉠은 영공, ㉡은 영토, ㉢은 영해이다.

5 우리나라의 영역에 대한 설명으로 알맞은 것을 보기 에서 모두 고른 것은 어느 것입니까?
(   )

> **보기**
> ㉠ 영토의 동쪽 끝은 독도, 남쪽 끝은 마라도이다.
> ㉡ 영공은 우리나라 영토 위에 있는 하늘만 해당한다.
> ㉢ 영해는 기준선으로부터 200해리까지의 바다 영역이다.
> ㉣ 영토는 한반도와 한반도에 속한 여러 섬으로 이루어져 있다.

① ㉠, ㉣   ② ㉡, ㉢   ③ ㉠, ㉡, ㉢
④ ㉠, ㉢, ㉣   ⑤ ㉡, ㉢, ㉣

6 다음에서 설명하는 소중한 우리 국토가 어디인지 쓰시오.

> 휴전선을 기준으로 하여 폭이 남북으로 4km 정도인 긴 띠 모양의 지역이다. 이곳은 지난 70 여 년간 사람들의 출입이 제한되어 멸종 위기 동물이나 희귀 식물 등이 보전되어 있다.

( )

7 서술형 다음 우리나라의 전통적인 지역 구분 지도를 보고, 어떤 기준으로 지역을 구분하였는지 쓰시오.

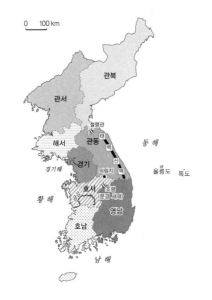

8 다음 밑줄 친 부분의 지역 이름과 도시 이름이 잘못 연결된 것은 어느 것입니까? ( )

> 오늘날의 행정 구역은 조선 시대에 전국을 8 개의 도로 나눈 것에서 비롯되었으며, 경기도를 제외한 각 도의 이름은 대부분 <u>그 지역 중심 도시의 앞 글자를 따서 정했다.</u>

① 함경도 – 함흥, 경성
② 강원도 – 강주, 원산
③ 충청도 – 충주, 청주
④ 전라도 – 전주, 나주
⑤ 경상도 – 경주, 상주

9 우리나라의 행정 구역에 대한 설명으로 알맞은 것을 보기 에서 모두 고른 것은 어느 것입니까?

( )

> **보기**
> ㉠ 북한 지역을 포함하여 도는 8개가 있다.
> ㉡ 특별시, 특별자치시, 특별자치도에는 시청이 있다.
> ㉢ 우리나라를 효율적으로 관리하려고 나누어 놓은 지역이다.
> ㉣ 시청과 도청이 있는 도시는 대부분 행정 구역의 중심 도시 역할을 하고 있다.

① ㉠, ㉢   ② ㉢, ㉣   ③ ㉠, ㉡, ㉢
④ ㉠, ㉢, ㉣   ⑤ ㉡, ㉢, ㉣

10 다음 지도의 ㉠~㉺에 들어갈 도청 소재지 이름이 바르게 연결된 것은 어느 것입니까? ( )

① ㉠ – 전주
② ㉡ – 안동
③ ㉢ – 홍성
④ ㉣ – 춘천
⑤ ㉤ – 창원

1 다음 지도를 보고, 물음에 답하시오. [12점]

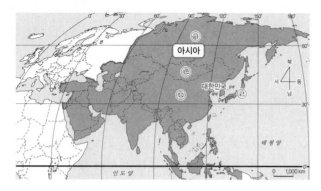

(1) 위 지도의 ㉠~㉣에 들어갈 나라의 이름을 쓰시오. [4점]

㉠: (   ) ㉡: (   )

㉢: (   ) ㉣: (   )

(2) 위 지도를 보고, 육지와 바다를 이용하여 우리나라의 위치를 쓰시오. [8점]

_____

_____

2 다음 지도를 보고, 우리나라의 영역을 쓰시오. [12점]

영토	(1)
영해	(2)
영공	(3)

3 다음 글을 읽고, 물음에 답하시오. [12점]

> 남북으로 긴 우리 국토는 큰 산맥과 하천을 중심으로 북부, 중부, 남부 지방으로 구분할 수 있다. 일반적으로 북부 지방과 중부 지방은 (㉠)을/를 기준으로 구분하며, 중부 지방과 남부 지방은 ㉡ _____.

(1) 위 글의 ㉠에 들어갈 말을 쓰시오. [4점]

(   )

(2) 위 글의 ㉡에 들어갈 알맞은 내용을 쓰시오. [8점]

_____

_____

4 다음 지도를 보고, 물음에 답하시오. [12점]

(1) 위 지도의 ㉠, ㉡에 해당하는 행정 구역의 이름을 쓰시오. [4점]

㉠: (   ), ㉡: (   )

(2) 위 지도를 보고, 우리나라의 행정 구역이 어떻게 이루어져 있는지 쓰시오. [8점]

_____

_____

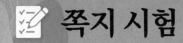
1 산지, 하천, 평야, 해안, 섬 등과 같은 여러 가지 땅의 생김새를 무엇이라고 합니까?

2 우리나라의 (북동쪽 , 남서쪽)에는 높고 험한 산지가 주로 분포하고, (북동쪽 , 남서쪽)에는 낮은 산지나 평야가 분포하고 있습니다.

3 우리나라 지형은 전체적으로 (동 , 서)쪽이 높고 (동 , 서)쪽이 낮은 모습입니다.

4 해안선이 복잡하고 섬과 만, 반도가 많으며, 갯벌이 넓게 펼쳐진 곳은 동해안과 서해안 중 어디입니까?

5 바다의 영향을 많이 받는 (해안 , 내륙) 지역은 (해안 , 내륙) 지역보다 겨울에 따뜻합니다.

6 우리나라는 장마와 태풍의 영향으로 연 강수량의 절반 이상이 어느 계절에 내립니까?

7 자연 현상이 사람들의 생명과 재산에 피해를 주는 것을 무엇이라고 합니까?

8 우리나라에서 한파와 폭설은 주로 어느 계절에 발생합니까?

9 땅속의 갑작스러운 변화로 땅이 흔들리고 갈라지는 현상으로, 최근 우리나라에서 관심이 높아진 자연재해는 무엇입니까?

10 거센 바람에 유리창이 깨지지 않도록 창문을 창틀에 테이프로 단단하게 고정하여 대비해야 하는 자연재해는 무엇입니까?

1 다음 자료를 보고 우리나라 지형의 특징에 대해 알 맞게 설명한 것은 어느 것입니까? (   )

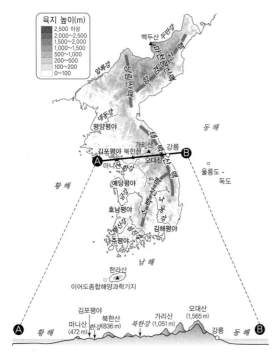

▲ 지형도와 지형 단면도

① 동쪽이 낮고 서쪽이 높은 지형이다.
② 큰 하천은 대부분 황해와 동해로 흐른다.
③ 산지가 대부분 국토 동쪽에 치우쳐 있다.
④ 높은 산지는 주로 북쪽과 서쪽에 분포한다.
⑤ 낮은 산지와 평야는 동쪽과 남쪽에 분포한다.

2 다음 지형을 이용한 생활 모습으로 알맞은 것은 어 느 것입니까? (   )

> 여러 산이 모여 있는 지형이다. 땅의 높낮이 차이가 크고 경사가 가 파르다.

① 해수욕장, 양식장 등으로 이용한다.
② 지하자원과 삼림 자원 등을 얻는다.
③ 교통이 편리하여 사람들이 모여 산다.
④ 항구 도시나 공업 도시가 발달하였다.
⑤ 논농사를 중심으로 농업이 발달하였다.

3 다음 ㉠~㉢에 들어갈 알맞은 말을 쓰시오.

> 우리나라의 서해안과 남해안은 해안선이 복 잡하고, 동해안은 해안선이 비교적 단조롭다. 또한 (㉠)은 넓은 갯벌이 발달하였고, (㉡)은 모래사장이 펼쳐진 곳이 많으며, (㉢)은 크고 작은 섬이 많아 다도해라고 불린다.

㉠: (   ), ㉡: (   )
㉢: (   )

4 다음 지도를 보고 우리나라에 불어오는 바람의 방 향과 성질을 쓰시오.

서술형

▲ 여름에 불어오는 바람   ▲ 겨울에 불어오는 바람

5 우리나라의 기후 특징에 대한 설명으로 알맞지 <u>않</u> <u>은</u> 것은 어느 것입니까? (   )

① 계절에 따라 기온의 차이가 크다.
② 사계절이 나타나 사람들이 살기 좋다.
③ 겨울보다 여름의 기온 차이가 더 크다.
④ 계절에 따라 불어오는 바람의 방향과 성질이 다르다.
⑤ 여름에는 덥고 겨울에는 추우며 봄과 가을에는 대체로 온화하다.

6 다음 ㉠, ㉡에 들어갈 말이 바르게 연결된 것은 어느 것입니까? ( )

> 우리나라는 동서 지역 간에 기온 차이가 나타난다. 동해안은 차가운 북서풍을 (㉠)이/가 막아 주고, 수심이 깊어 온도 변화가 적은 (㉡)의 영향을 받아 서해안보다 겨울 기온이 높다.

	㉠	㉡
①	동해	태백산맥
②	남해	태백산맥
③	계절풍	남해
④	계절풍	동해
⑤	태백산맥	동해

7 조상들이 여름을 시원하게 보내는 생활 모습과 관련 있는 것을 두 가지 고르시오. ( )

① 온돌 　　② 설피 　　③ 모시옷
④ 대청마루 　　⑤ 터돋움집

8 다음 기후 그래프를 보고 ㉠, ㉡에 들어갈 알맞은 지역을 쓰시오.

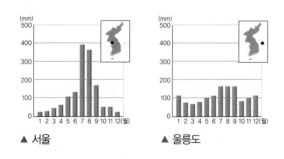

▲ 서울 　　　　▲ 울릉도

> • (㉠)은/는 계절별 강수량의 차이가 작다.
> • (㉡)은/는 여름과 겨울의 강수량 차이 크다.

㉠: (　　　　) ㉡: (　　　　)

9 주로 여름에 발생하는 자연재해에 대한 설명으로 알맞은 것을 두 가지 고르시오. ( )

① 한꺼번에 눈이 많이 내리기도 한다.
② 매우 심한 더위가 나타나 일사병이나 열사병을 일으킨다.
③ 비가 많이 내리면 도로나 건물이 물에 잠기는 등 피해가 발생한다.
④ 기온이 갑자기 내려가 체온 유지를 위해 장갑이나 모자를 착용한다.
⑤ 중국이나 몽골의 사막에서 발생한 모래 먼지가 바람을 타고 우리나라로 날아와 가라앉기도 한다.

10 다음 자연재해로 인한 피해를 줄이기 위한 방법으로 알맞은 것은 어느 것입니까? ( )

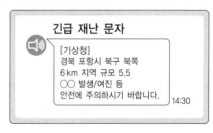

① 책상 아래로 들어가 몸을 웅크리고 보호한다.
② 일기 예보를 수시로 확인하고 물을 자주 마신다.
③ 눈이 쌓인 지붕이나 고드름이 있는 곳에 접근하지 않는다.
④ 가능한 한 외출을 줄이고 외출할 때는 마스크를 꼭 쓴다.
⑤ 문과 창문을 닫고 유리창이 깨지지 않도록 테이프로 단단히 고정한다.

1 다음 지도를 보고 빈칸에 알맞은 방향을 쓰시오.

(1) 높고 험한 산은 대부분 ㉠ (   )쪽과 ㉡ (   )쪽에 있습니다.

(2) 큰 하천은 대부분 ㉠ (   )쪽에서 ㉡ (   )쪽으로 흐릅니다.

(3) 비교적 낮은 산지와 평탄한 평야는 ㉠ (   )쪽과 ㉡(   )쪽에 발달했습니다.

2 다음 설명에 해당하는 지형으로 알맞은 것은 어느 것입니까? (   )

넓은 땅을 이용하여 논농사를 짓고, 주변에 도시가 발달하였다.

① ▲ 산지　② ▲ 하천

③ ▲ 평야　④ ▲ 해안

3 다음 설명에 해당하는 지역을 지도에서 골라 그 기호를 쓰시오.

해안선이 복잡하고 크고 작은 섬이 많아 다도해라고 불린다. 물이 깨끗하고 파도가 잔잔해서 김, 미역, 굴 등을 기르는 양식업이 발달하였다.

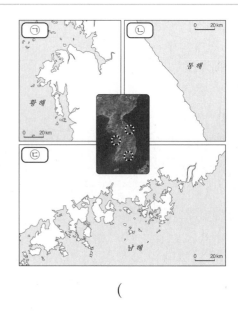

(   )

4 다음 지도를 보고 우리나라 기온의 특징에 대해 알맞게 설명한 것은 어느 것입니까? (   )

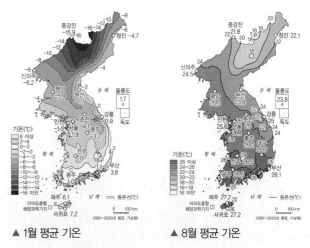

▲ 1월 평균 기온　　▲ 8월 평균 기온

① 1월에는 북쪽으로 갈수록 덥다.

② 8월에는 남쪽으로 갈수록 춥다.

③ 북쪽의 중강진은 1월 평균 기온이 매우 낮다.

④ 인천의 1월 평균 기온은 비슷한 위도에 있는 강릉보다 높다.

⑤ 춘천과 8월 평균 기온이 비슷한 곳은 원산이다.

5 우리나라의 전통 가옥에는 여름과 겨울에 대비한
서술형 시설로 어떤 것들이 있는지 각각 쓰시오.

_____

_____

6 다음 세 지역의 강수량 그래프를 보고 ㉠, ㉡에 들
어갈 알맞은 말을 쓰시오.

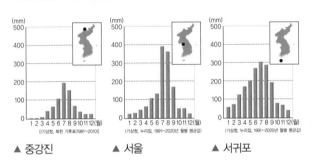

▲ 중강진   ▲ 서울   ▲ 서귀포

> ㉮ 북부 지방에서 남부 지방으로 갈수록 연 강
> 수량이 _____ 편이다.
> ㉯ 계절별로 보면 _____ 철 강수량
> 이 많은 편이다.

㉮: (   ) ㉯: (   )

7 강수 특성에 따른 생활 모습에 대한 설명으로 알맞
지 않은 것은 어느 것입니까?   (   )

① 울릉도에서는 외벽을 설치해 눈과 바람을 막고
  생활 공간을 넓혔다.
② 비가 적게 내리는 해안 지역에서는 바닷물을 증
  발시켜 소금을 얻었다.
③ 물이 부족할 때를 대비하여 하천이나 골짜기를
  막아 저수지를 만들었다.
④ 눈이 많이 내리는 지역에서는 눈에 빠지거나 미
  끄러지지 않도록 설피를 신기도 하였다.
⑤ 여름철 비가 많이 내리는 지역에서는 집에 물에
  잠기는 것을 막으려고 주변보다 터를 높여 우데
  기를 만들었다.

8 다음 계절에 주로 발생하는 자연재해를 보기 에서
모두 찾아 그 기호를 쓰시오.

> 보기
> ㉠ 가뭄   ㉡ 폭염   ㉢ 폭설
> ㉣ 한파   ㉤ 황사   ㉥ 홍수

(1) 봄: (   )
(2) 여름: (   )
(3) 겨울: (   )

9 다음에서 설명하는 자연재해로 알맞은 것은 어느
것입니까?   (   )

> • 주로 여름에서 초가을에 발생한다.
> • 적도 부근에서 발생해 이동하며 많은 비와 강
>   한 바람을 몰고 와 큰 피해를 준다.

① 가뭄   ② 태풍   ③ 폭염
④ 한파   ⑤ 황사

10 다음 (   ) 안에 공통적으로 들어갈 말로 알맞은
것은 어느 것입니까?   (   )

> (   )은/는 황사, 가뭄, 폭염, 홍수, 태풍,
> 폭설, 한파 등의 자연재해가 예상될 때 미리 대처
> 할 수 있도록 널리 알리는 것이다. (   )은/
> 는 행정안전부나 기상청 누리집, 방송 매체, 휴
> 대 전화의 긴급 재난 문자 등을 통해 확인할 수
> 있다.

① 기상 특보   ② 대피 훈련
③ 안전 수칙   ④ 행동 요령
⑤ 지진 재난 문자

1 다음 지형도를 보고, 물음에 답하시오. [12점]

(1) 위 지형도를 보고, 우리나라 산지의 특징을 쓰시오. [8점]

_____

_____

(2) 우리나라 사람들이 산지를 이용하는 모습을 한 가지만 쓰시오. [4점]

_____

2 다음 그림을 보고, ㈎, ㈏에 들어갈 알맞은 말을 쓰시오. [8점]

남쪽 지역에서는 김치를 담글 때 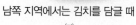 ㈎

북쪽 지역에서는 김치를 담글 때 ㈏

㈎: _____

㈏: _____

3 다음 강수량 그래프를 보고 물음에 답하시오. [14점]

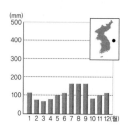

(1) 위와 같은 강수 분포를 보이는 지역의 겨울 강수 특징을 쓰시오. [6점]

_____

(2) (1)의 정답과 같은 강수 분포를 보이는 지역의 생활 모습을 쓰시오. [8점]

_____

_____

4 다음 글을 읽고 물음에 답하시오. [16점]

- 기온이 갑자기 내려가면서 발생하는 추위를 말한다.
- 저체온증, 동상 등을 일으킬 수 있다.

(1) 위 설명에 해당하는 자연재해는 무엇인지 쓰시오. [4점]

(   )

(2) 위 설명에 해당하는 자연재해가 주로 발생하는 계절을 쓰시오. [4점]

(   )

(3) 위 설명에 해당하는 자연재해가 발생했을 때의 행동 요령을 한 가지 쓰시오. [8점]

_____

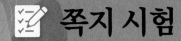
1 1960년대 이전까지 벼농사 중심의 농업 사회였던 우리나라는 농사지을 땅이 넓은 (남서쪽 , 북동쪽) 평야 지역의 인구 밀도가 높았습니다.

2 오늘날 우리나라에서 사람들이 가장 많이 모여 사는 곳으로 서울을 포함해 인천, 경기도를 포함하는 지역은 어디입니까?

3 일정한 나라나 지역 안의 인구를 나이, 성별 등 여러 가지 기준으로 나타낸 것을 무엇이라고 합니까?

4 오늘날 우리나라의 인구 구성은 유소년층 인구 비율이 낮아지고 (청장년층 , 노년층) 인구 비율이 높아지는 저출산·고령 사회의 특징이 나타납니다.

5 우리나라는 1960년대 이후 도시를 중심으로 산업이 발달하면서 사람들이 일자리를 찾아 (촌락 , 도시)(으)로 모여들었습니다.

6 서울을 비롯한 대도시로 인구와 여러 기능이 집중되어 나타난 문제점을 해결하기 위해 대도시 주변에 계획적으로 세워진 도시를 무엇이라고 합니까?

7 1970년대에 원료 수입과 제품 수출에 유리한 남동 해안 지역을 중심으로 발달한 자동차, 선박, 기계 등 무거운 제품을 만드는 산업은 무엇입니까?

8 통학, 통근 등 사람이 일상생활을 할 때 활동하는 범위를 무엇이라고 합니까?

9 오늘날 교통의 발달로 사람과 물건의 이동이 활발해지고, 이동 시간이 줄면서 지역 간의 거리가 더 (가깝게 , 멀게) 느껴지고 있습니다.

10 우리 국토는 인구, 도시, 산업, 교통 등 (인문환경 , 자연환경)이 서로 영향을 주고받으며 계속 변화하고 있습니다.

1~2 다음은 우리나라의 인구 분포를 나타낸 지도입니다. 물음에 답하시오.

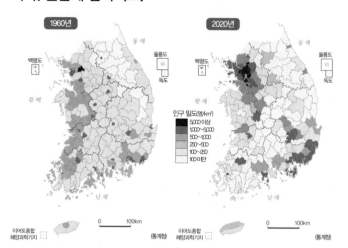

1 위 1960년 우리나라의 북동쪽에 비해 남서쪽의 인구 밀도가 높은 까닭은 무엇입니까? (   )

① 높은 산지가 발달했기 때문에
② 공장이 모여 있는 곳이 많았기 때문에
③ 북동쪽에 비해 고속 국도가 발달했기 때문에
④ 남서쪽 해안을 따라 대도시가 발달했기 때문에
⑤ 벼농사를 짓기 알맞은 평야가 발달했기 때문에

2 위 자료를 보고, 우리나라 인구 분포의 변화를 바르게 이야기한 어린이 두 명의 이름을 쓰시오.

> 고은: 수도권의 인구 밀도가 매우 높아졌어.
> 수민: 북동쪽의 인구 밀도가 매우 높아졌어.
> 정현: 남동쪽 해안 지역의 인구 밀도가 매우 높아졌어.

(   )

3 다음 우리나라의 연령별 인구 구성 비율 그래프에 대한 설명으로 알맞은 것은 어느 것입니까?
(   )

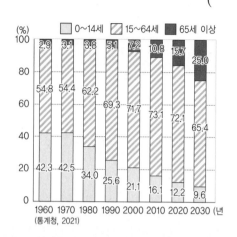

① 청장년층 인구 비율은 거의 변화가 없다.
② 유소년층 인구 비율이 점점 늘어나고 있다.
③ 노년층 인구 비율은 2020년에 20%를 넘었다.
④ 오늘날 저출산·고령 사회의 모습을 잘 보여준다.
⑤ 우리나라로 들어오는 외국인 수가 늘어나고 있다.

4 서술형 우리나라가 2000년대 이후 수도권에 있던 공공 기관, 기업, 연구소 등을 지방으로 이전한 까닭이 무엇인지 쓰시오.

_____

_____

5 다음 설명과 관련된 도시를 두 가지 고르시오.
(   )

> 1970년대 남동쪽 해안 지역의 항구를 중심으로 여러 공업 도시가 새롭게 성장하였습니다.

① 군산   ② 목포   ③ 포항
④ 창원   ⑤ 강릉

6 다음 보기 를 바탕으로 우리나라 산업 발달 과정에 따라 기호를 순서대로 쓰시오.

> **보기**
> ㉠ 벼농사 중심의 농업 사회였다.
> ㉡ 첨단 기술을 활용한 반도체, 컴퓨터 산업 등이 발달하였다.
> ㉢ 석유 제품, 선박, 자동차 등을 만드는 중화학 공업이 발달하였다.
> ㉣ 풍부한 노동력을 바탕으로 신발, 옷 등 생활에 필요한 물건을 만들었다.

( ) → ( ) → ( ) → ( )

7 다음은 우리나라의 주요 공업 지역을 나타낸 지도입니다. 각 지역의 특징과 관련된 공업 지역을 찾아 이름을 쓰시오.

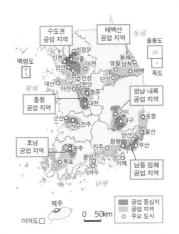

(1) 시멘트의 주원료가 되는 석회석이 풍부해 이를 이용한 시멘트 산업이 발달하였습니다.

( ) 공업 지역

(2) 풍부한 노동력을 활용해 섬유 산업과 전자 제품 조립 산업이 발달하였습니다.

( ) 공업 지역

8 다음 설명과 관련된 교통 시설은 무엇입니까?
( )

> • 2004년 개통되어 평균 2시간 40분 만에 서울에서 부산까지 빠르게 이동할 수 있게 되었습니다.
> • 전국이 반나절 생활권으로 연결되었습니다.

① 항구　　　② 공항　　　③ 지하철
④ 고속 철도　　⑤ 고속 국도

9 다음 보기 중 교통의 발달로 나타난 변화로 알맞은 것을 모두 골라 기호를 쓰시오.

> **보기**
> ㉠ 사람들의 생활권이 넓어졌다.
> ㉡ 지역 간 거리가 점점 멀게 느껴지고 있다.
> ㉢ 항구와 공항의 수가 줄어들어 지역 간 교류가 줄어들었다.
> ㉣ 고속 국도가 늘어나 전 국토를 그물망처럼 촘촘히 연결하고 있다.

( )

10 다양한 인문환경이 서로 영향을 주며 나타나는 모습으로 알맞은 것은 무엇입니까? ( )

① 도시가 성장하면서 인구가 줄어든다.
② 도시의 교통이 발달하며 산업이 성장한다.
③ 산업이 성장할수록 도시의 인구가 줄어든다.
④ 인구가 많은 도시에서는 산업이 발달하기 어렵다.
⑤ 교통이 발달하면 사람과 물자의 이동이 줄어 도시가 성장하지 못한다.

1 다음 ㉠, ㉡에 들어갈 알맞은 말이 무엇인지 쓰시오.

> 오늘날 우리나라는 산업이 발달한 도시 지역의 인구 밀도가 높다. 특히 (㉠)을/를 중심으로 인천, 경기도를 포함한 (㉡)에 전체 인구의 절반 정도가 살고 있다.

㉠ (   ), ㉡ (   )

2~3 다음 인구 피라미드 ㈎, ㈏를 보고, 물음에 답하시오.

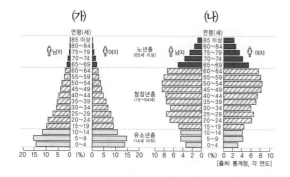

2 위 ㈎, ㈏ 중 0~14세 유소년층 인구 비율이 보다 높은 그래프가 무엇인지 골라 기호를 쓰시오.

(   )

3 위 ㈏를 보고, 오늘날 우리나라 인구 구성의 변화에 대해 잘못 말한 어린이는 누구입니까? (   )

① 유소년층 인구 비율이 줄어들었어.

② 저출산·고령 사회의 모습이 나타나고 있어.

③ 태어나는 아이의 수가 줄고 있기 때문이야.

④ 평균 수명이 줄어 노년층 인구 비율이 줄어들었어.

4 다음은 우리나라 도시 분포의 변화입니다. 알맞은 내용에는 ○표, 옳지 <u>않은</u> 내용에는 ×표 하시오.

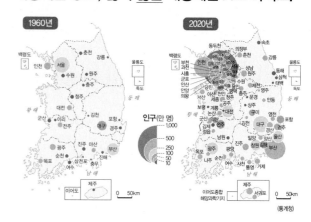

⑴ 1960년에 비해 인구 100만 명이 넘는 도시의 수가 크게 늘어났습니다.

(   )

⑵ 2020년에는 수도권을 제외한 대도시와 남동쪽 해안 지역에 도시 수와 도시 인구가 크게 늘어났습니다.

(   )

5 1980년대부터 서울 주변에 신도시를 건설한 까닭은 무엇입니까? (   )

① 저출산 문제를 해결하기 위해서

② 서울에 더 많은 일자리를 만들기 위해서

③ 서울로 더 많은 인구를 이동시키기 위해서

④ 지방에 있던 공공 기관을 이전시키기 위해서

⑤ 서울로 인구와 기능이 집중하면서 생긴 문제를 해결하기 위해서

6 우리나라 산업 발달에 대한 설명으로 옳지 <u>않은</u> 것은 어느 것입니까? ( )

① 1980년대 이전에는 공업이 발달하지 않았다.
② 1960년대 이전에는 주로 농어업이 발달했다.
③ 1990년대에는 첨단 기술을 바탕으로 컴퓨터 산업이 발달하였다.
④ 1970년대에는 남동 해안 지역의 도시에서 중화학 공업이 발달했다.
⑤ 최근에는 로봇 산업, 문화 산업, 의료 산업 등 다양한 산업이 발달하고 있다.

7 서술형

오늘날 우리나라에서 지역별로 발달한 산업이 다른 까닭이 무엇인지 쓰시오.

---

8 산업 발달로 인한 국토의 변화 모습으로 알맞은 것을 보기 에서 두 가지를 골라 기호를 쓰시오.

> **보기**
> ㉠ 사람들이 하는 일이 변함이 없다.
> ㉡ 도로, 철도 등 교통 시설이 줄어든다.
> ㉢ 다양한 시설이 늘고 도시가 성장한다.
> ㉣ 일자리가 늘어나 도시 인구가 증가한다.

( )

9 다음 우리나라 교통도를 비교해 달라진 점으로 옳지 <u>않은</u> 것은 어느 것입니까? ( )

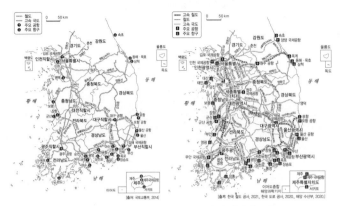

▲ 1980년대 우리나라 교통도   ▲ 2020년 우리나라 교통도

① 항구와 공항의 수가 늘어났다.
② 고속 철도가 새롭게 개통되었다.
③ 지역 간 이동이 더욱 편리해졌다.
④ 과거에 비해 고속 국도의 길이가 거의 변화가 없다.
⑤ 과거에 비해 다양한 교통로가 전 국토를 그물망처럼 연결하고 있다.

10 다음은 다양한 인문환경이 영향을 주고받는 모습을 나타낸 것입니다. 이를 보고 ( ) 안에 들어갈 말을 쓰시오.

> 인구와 ( ), 산업, 교통 등 인문환경은 서로 영향을 주고받으면서 변화한다. 그리고 이러한 인문환경의 변화에 따라 우리 국토의 모습은 과거와 다른 모습으로 변화하고 있다.

( )

1 다음 자료를 보고, 물음에 답하시오. [12점]

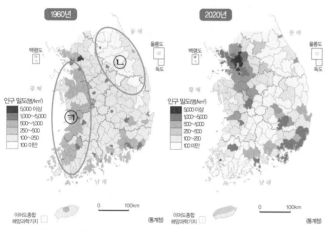

▲ 1960년의 인구 분포   ▲ 2020년의 인구 분포

(1) 위 1960년 인구 분포에 표시된 ㉠, ㉡ 중 인구 밀도가 더 높은 지역의 기호를 쓰시오. [4점]

(   )

(2) 위 두 시기의 인구 분포를 비교하여 인구 밀도에 영향을 준 까닭이 무엇인지 쓰시오. [8점]

_____

_____

2 다음 두 도시 (가), (나)를 보고, 물음에 답하시오. [12점]

▲ 고양시의 아파트 주거 단지(일산 신도시)   ▲ 울산 광역시의 중화학 공업 단지

(1) 위 (가), (나) 중 1970년대 새롭게 성장한 남동쪽 해안 공업 도시의 기호를 쓰시오. [4점]

(   )

(2) 위 (가)와 같은 신도시를 서울 주변에 건설한 까닭이 무엇인지 쓰시오. [8점]

_____

_____

3 다음 자료를 보고, 물음에 답하시오. [12점]

▲ 우리나라 주요 공업 지역

(1) 위 지도에서 원료의 수입과 제품의 수출이 편리한 항구 지역을 중심으로 중화학 공업이 발달한 공업 단지가 어디인지 쓰시오. [4점]

(   )

(2) 위 ㉠ 지역의 삼척, 동해, 영월 등에서 시멘트 산업이 발달한 까닭을 쓰시오. [8점]

_____

_____

4 다음 대화를 읽고, 물음에 답하시오. [12점]

> **가람:** 예전에는 기차를 타고 서울에서 부산까지 가는 데 4시간 30분이 넘게 걸렸다고 해.
>
> **나진:** 맞아. 하지만 2004년 (   )이/가 개통되면서 서울에서 부산까지 평균 2시간 40분 만에 도착할 수 있게 되었어.

(1) 위 대화의 (   ) 안에 들어갈 알맞은 교통 시설이 무엇인지 쓰시오. [4점]

(   )

(2) 위 (1)번 답과 같은 교통 발달로 달라진 사람들의 생활 모습을 한 가지만 쓰시오. [8점]

_____

_____

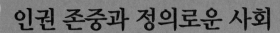

① 인권을 존중하는 삶

1 인권의 의미와 특징

의미	모든 사람이 인간다운 삶을 살아가기 위해 당연히 누려야 할 기본적인 권리
특징	• 태어나면서부터 모든 사람에게 자연적으로 주어지는 권리 • 누구도 함부로 빼앗을 수 없는 권리 • 누구나 동등하게 누려야 하는 권리

2 인권 신장을 위해 노력했던 옛사람들의 활동과 제도

옛사람들의 활동	우리나라	허균(신분 차별 비판), 방정환(어린이의 인권 신장), 박두성(시각 장애인의 인권 신장), 이효재(여성의 인권 신장), 이태영(여성의 인권 신장), 전태일(노동자의 권리) 등
	다른나라	로자 파크스(흑인 인권 보장), 에멀라인 팽크허스트(여성의 참정권 획득), 테레사(가난하고 아픈 사람들), 마틴 루서 킹(흑인 인권 보장) 등
옛날의 제도		『경국대전』에 출산 휴가, 삼복 제도, 신문고 등 인권 신장에 관한 내용이 있음.

3 인권 보장을 위한 노력과 인권 보호 실천 방법

인권 보장을 위한 노력	인권 교육, 시민 단체 활동, 인권을 위한 법, 인권 보장을 위한 국가 기관, 사회 보장 제도 시행, 공공 편의 시설 설치 등
인권 보호 실천 방법	인권을 존중하는 말 사용하기, 인권 캠페인 하기, 인권 개선 편지 쓰기 등

② 인권 보장과 헌법

1 헌법의 의미와 역할

의미	우리나라 최고의 법
내용	• 국민이 누려야 할 권리와 지켜야 할 의무 • 국가 기관의 조직과 운영에 관한 내용
역할	국민의 인권을 보장하고 일상생활에서 일어날 수 있는 인권 문제를 판단하는 기준이 됨.

2 헌법에 나타난 국민의 기본권과 의무

기본권	• 의미: 헌법에서 보장하는 기본적인 권리 • 종류: 평등권, 자유권, 참정권, 청구권, 사회권 • 제한: 국가 안전 보장, 사회 질서 유지, 공동체의 이익 등을 위해 필요하다면 법률에 따라 제한할 수 있음.
의무	교육의 의무, 근로의 의무, 납세의 의무, 국방의 의무, 환경 보전의 의무, 공공복리에 적합한 재산권 행사의 의무

3 권리와 의무의 바람직한 관계

• 권리와 의무는 긴밀하게 연결되어 있어 상황에 따라 충돌하는 경우도 있음.
• 권리와 의무의 조화를 추구하는 자세가 필요함.

③ 법의 의미와 역할

1 법의 의미와 성격

의미	국가가 만든 사회 규범
성격	• 강제성이 있어 법을 어기면 제재를 받음. • 사회가 변화하면 법을 바꾸거나 새로 만듦.

2 우리 생활에 적용되는 법

• 「도로 교통법」, 「초·중등 교육법」, 「어린이 놀이 시설 안전 관리법」, 「저작권법」, 「학교 급식법」 등

3 법의 역할

분쟁 해결	사람들 사이에 다툼이 생겼을 때 해결 기준을 제시하여 분쟁을 해결함.
개인의 권리 보호	개인의 권리가 침해당하는 것을 막고, 권리가 침해되었을 때 이를 구제해 줌.
사회 질서 유지	사고나 범죄로부터 국민을 보호하고 안전하고 쾌적한 환경에서 살 수 있게 해 줌.

4 법을 지켜야 하는 까닭

• 법을 지키면 자신의 권리뿐만 아니라 다른 사람의 권리도 지킬 수 있음.

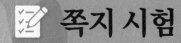
1 모든 사람이 인간다운 삶을 살아가기 위해 당연히 누려야 할 기본적인 권리를 무엇이라고 합니까?

2 신분에 따른 차별을 비판하는 내용의 『홍길동전』을 쓴 사람은 누구입니까?

3 방정환이 어린이를 존중해야 한다는 생각을 사람들에게 알리기 위해 만든 날은 무엇입니까?

4 한글 점자인 '훈맹정음'을 만들어 시각 장애인의 인권 신장에 큰 도움을 준 사람은 누구입니까?

5 (에멀라인 팽크허스트 , 마틴 루서 킹)은/는 미국에서 흑인의 인권을 보장하고자 비폭력 운동에 앞장섰습니다.

6 조선 시대에 사형과 같은 무거운 형벌을 내릴 때 세 번의 재판을 거치도록 한 제도는 무엇입니까?

7 백성들이 억울한 일이 생겼을 때 북을 쳐서 임금에게 알렸던 옛날의 제도는 무엇입니까?

8 고정 관념이나 편견에 따른 차별은 인권을 (보장받는 , 보장받지 못하는) 모습입니다.

9 학생들이 자신의 권리를 알고, 다른 사람의 인권을 존중하는 태도를 기를 수 있도록 하기 위해 학교에서 하는 교육은 무엇입니까?

10 국가와 (지방 자치 단체 , 시민 단체)에서는 장애인을 포함한 모든 사람이 편리하고 안전할 수 있도록 다양한 공공 편의 시설을 설치합니다.

1 인권에 대한 설명으로 옳지 <u>않은</u> 것은 어느 것입니까? ( )

① 누구나 동등하게 누려야 하는 권리
② 태어나면서부터 당연히 가지는 권리
③ 사람에 따라 차별적으로 주어지는 권리
④ 다른 사람이 함부로 빼앗을 수 없는 권리
⑤ 사람으로서 마땅히 누려야 할 기본적인 권리

2~3 다음 글을 읽고, 물음에 답하시오.

> ( )
>
> 작가: 허균
>
> 홍길동은 어려서부터 무예와 학문을 익혀 능력이 뛰어났다. 하지만 어머니가 노비 신분이라는 이유로 무시당하고 자신의 능력을 펼칠 기회조차 얻지 못한다.
> 차별을 견디지 못하고 집을 떠난 홍길동은 의적이 되어 가난한 백성들을 돕는다.

2 윗글의 빈칸에 들어갈 책 제목을 쓰시오.

( )

3 윗글을 읽고 홍길동이 살았던 시대의 모습으로 알맞은 것은 어느 것입니까? ( )

① 신분에 따른 차별이 있었다.
② 모든 사람이 인권을 보장받았다.
③ 남성과 여성을 동등하게 대우했다.
④ 어린이를 존중해야 한다고 생각했다.
⑤ 시각 장애인에게 교육의 기회를 주었다.

4 다음 ㉠, ㉡에 들어갈 사람이 바르게 짝 지어진 것은 어느 것입니까? ( )

> • (㉠)은/는 노동자가 안전하게 일할 권리를 주장했다.
> • (㉡)은/는 흑인 인권을 위해 지속적인 운동을 펼쳤다.

	㉠	㉡
①	허균	방정환
②	이효재	테레사
③	이태영	헬렌 켈러
④	전태일	로자 파크스
⑤	박두성	에멀라인 팽크허스트

5 옛날에 다음과 같이 세 번의 재판을 거치도록 한 까닭은 무엇입니까? ( )

▲ 1차 재판   ▲ 2차 재판   ▲ 3차 재판

① 법을 잘 지키게 하려고
② 감옥에 오래 있게 하려고
③ 재판을 신속하게 처리하려고
④ 많은 사람들에게 재판을 알리려고
⑤ 억울하게 벌을 받는 사람이 없도록 하려고

6 『경국대전』에 있는 인권 신장을 위한 제도를 보기에서 모두 골라 기호를 쓰시오.

보기
㉠ 명통시   ㉡ 신문고
㉢ 신분 제도   ㉣ 삼복 제도

(   )

7 다음 생활 속 모습에 나타난 문제점으로 알맞은 것은 어느 것입니까? (   )

① 사생활이 침해되고 있다.
② 인권을 보장받지 못하고 있다.
③ 학생들 간에 일어난 사이버 폭력이다.
④ 피부색이 다르다는 이유로 차별받고 있다.
⑤ 시설이 제대로 마련되지 않아 발생하였다.

8 인권을 보장하기 위해 학교에서 어떤 노력을 하는지 한 가지 쓰시오.
서술형

_____

_____

9 어린이가 안전하게 생활할 수 있도록 하기 위해 설치한 시설은 무엇입니까? (   )

①
▲ 공공장소의 승강기

②
▲ 장애인 콜택시

③
▲ 어린이 보호 구역 표지판

④
▲ 점자 블록

10 어린이가 실천할 수 있는 인권 보호 방법으로 알맞은 것은 어느 것입니까? (   )

① 인권을 위한 법을 만든다.
② 국가 인권 위원회를 만들어 운영한다.
③ 인권 관련 기관에 인권 개선을 요구하는 편지를 써서 보낸다.
④ 국민들이 안정적으로 살 수 있도록 사회 보장 제도를 마련한다.
⑤ 장애인을 포함한 모든 사람들을 위한 공공 편의 시설을 설치한다.

1 다음 빈칸에 들어갈 알맞은 말을 쓰시오.

> 모든 사람은 존재 자체로 소중하기 때문에 존중받아야 한다. 따라서 (　　　　)은/는 사람이 태어날 때부터 당연히 가지는 권리이며 다른 사람이 힘이나 권력을 이용하여 함부로 **빼앗을** 수 없다.

(　　　　　　　)

2 인권을 누리는 모습으로 알맞지 <u>않은</u> 것은 어느 것입니까? (　　)

① 학교에 다니며 교육을 받을 수 있다.
② 원하는 곳을 자유롭게 이동할 수 있다.
③ 차별이나 폭력으로부터 보호받을 수 있다.
④ 어린이가 놀이터에서 안전하고 즐겁게 놀 수 있다.
⑤ 친구가 싫어해도 별명을 부르며 마음껏 놀릴 수 있다.

3 다음에서 설명하는 사람은 누구입니까? (　　)

> • 아이들을 '어린이'로 부르며 어린이의 인격을 존중하자고 주장했다.
> • 어린이를 위한 잡지와 어린이날을 만들었다.

① 이익　　　　　　② 방정환
③ 테레사　　　　　④ 전태일
⑤ 허난설헌

4 다음 사람들의 공통점으로 알맞은 것은 어느 것입니까? (　　)

> • 이태영　　　　• 박두성
> • 로자 파크스　　• 에멀라인 팽크허스트

① 인권 신장을 위해 노력했다.
② 전쟁에 반대하는 운동을 벌였다.
③ 시각 장애인을 위한 점자를 발명했다.
④ 여성의 참정권 획득을 위해 노력했다.
⑤ 가난하고 아픈 사람들을 평생 돌보았다.

5 다음 옛날 제도에 대한 설명으로 옳은 것은 어느 것입니까? (　　)

> 조선 시대 법전인 『경국대전』에는 관청에 소속된 노비의 출산 휴가와 관련된 내용을 찾아볼 수 있다.

① 여종에게만 출산 휴가를 주었다.
② 백성의 인권을 보장하려는 노력이었다.
③ 저출산 문제를 해결하기 위한 방법이었다.
④ 여자아이를 낳은 경우에는 보장받지 못했다.
⑤ 임금이 허락하는 경우에만 사용할 수 있었다.

6 인권 신장과 관련된 옛날 제도에 대한 설명으로 옳지 <u>않은</u> 것은 어느 것입니까? (　　　)

① 억울한 일이 생겼을 때 북을 쳐서 임금에게 알렸다.
② 활인서에서 가난한 백성들이 무료로 치료받을 수 있었다.
③ 글을 모르는 백성은 억울한 사정을 알릴 방법이 없었다.
④ 돌보아 줄 사람이 없는 노인에게 옷과 먹을 것을 내주었다.
⑤ 사형과 같은 무거운 형벌을 내릴 때는 세 번의 재판을 거치도록 했다.

7 성별에 따른 편견으로 인권을 보장받지 못하는 모습은 어느 것입니까? (　　　)

① 나이가 많으셔서 곤란합니다.

② 나는 남자니까 의사 역할, 넌 여자니까 간호사 역할을 해!

③ 친구 사진인데 누리 소통망 서비스(SNS)에 그냥 올려도 괜찮겠지.

④ 저 위로 올라갈 수가 없네.

8 인권 보장을 위한 노력으로 알맞지 <u>않은</u> 것은 어느 것입니까? (　　　)

① 학교에서 다양한 인권 교육을 한다.
② 인권을 존중하는 작은 일부터 실천한다.
③ 점자 블록, 승강기 등 공공 편의 시설을 설치한다.
④ '살구색' 대신 '연주황'이라는 어려운 한자어를 사용한다.
⑤ 모든 국민이 인간다운 생활을 할 수 있도록 사회 보장 제도를 시행한다.

9 다음 빈칸에 들어갈 알맞은 말은 무엇입니까? (　　　)

> 정부는 (　　　)와/과 같은 인권 보호 기관을 운영해 국민의 인권 보호를 위해 노력하고 있다.

① 학교　　　　　　② 기업
③ 시민 단체　　　　④ 지방 자치 단체
⑤ 국가 인권 위원회

10 다음 대화의 밑줄 친 부분에 들어갈 내용을 한 가지 쓰시오.
서술형

> 가람: 모든 사람이 행복하게 살려면 인권은 꼭 보호되어야 해.
> 나비: 우리가 할 수 있는 인권 보호 실천 방법에는 어떤 것이 있을까?
> 다정: _____

_____

_____

1 다음 그림을 보고, 물음에 답하시오. [12점]

저는 시각 장애인의 인권 신장을 위해 노력했어요.

(1) 위와 같은 노력을 했던 우리나라 사람은 누구인지 쓰시오. [4점]

(   )

(2) 위 사람이 시각 장애인의 인권 신장을 위해 어떤 활동을 했는지 쓰시오. [8점]

_____

_____

2 다음 글을 읽고, 물음에 답하시오. [12점]

> 조선 시대에는 사형과 같은 무거운 형벌을 내릴 때 신분과 관계없이 세 번의 재판을 거치도록 했다.

(1) 위에서 설명하는 제도는 무엇인지 쓰시오. [4점]

(   )

(2) 위와 같이 제도를 시행한 까닭은 무엇인지 쓰시오. [8점]

_____

_____

3 다음 그림을 보고, 물음에 답하시오. [12점]

저 위로 올라갈 수가 없네.

(1) 위 그림을 보고 빈칸에 들어갈 말을 쓰시오. [4점]

> 일상생활에서 법이나 제도, 시설이 제대로 마련되지 않아서 (   )을/를 침해당할 때가 있다.

(   )

(2) 위와 같은 문제를 해결하기 위해 우리 사회에서 하고 있는 노력은 무엇인지 쓰시오. [8점]

_____

_____

4 다음 자료를 보고, 물음에 답하시오. [12점]

> **친구의 인권을 지켜 줘요!**
>
> ㉠ 친구의 수첩을 함부로 보지 않는다.
> ㉡ 친구를 괴롭히거나 따돌리지 않는다.
> ㉢ 피부색이나 가정 환경이 다르면 차별한다.
> ㉣ 친구들이 나와 반대되는 의견을 말해도 잘 들어 준다.

(1) 위에서 인권을 지키는 행동으로 바르지 <u>않은</u> 것을 골라 기호를 쓰시오. [4점]

(   )

(2) (1)번 답의 내용을 인권을 보호하는 내용으로 바르게 고쳐 쓰시오. [8점]

_____

_____

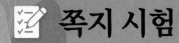
1 법 중에서 가장 기본이 되는 법으로 우리나라 최고의 법은 무엇입니까?

2 국가의 중요한 일을 국민이 최종적으로 투표해 결정하는 제도로, 헌법의 내용을 새로 정하거나 바꾸고자 할 때 실시하는 것은 무엇입니까?

3 법률이 헌법에 어긋나는지, 국가 권력이 국민의 권리를 침해하는지 등을 심판하는 국가 기관은 무엇입니까?

4 헌법에서 보장하는 국민의 기본적인 권리를 무엇이라고 합니까?

5 국가의 간섭을 받지 않고 자유롭게 생각하고 행동할 수 있는 권리를 무엇이라고 합니까?

6 기본권 중에서 국가의 정치 과정에 참여할 수 있는 권리는 무엇입니까?

7 기본권은 국가의 안전 보장, 사회 질서 유지, 공동체의 이익을 위하여 필요하다면 무엇에 따라 제한할 수 있습니까?

8 헌법에 나타난 국민의 의무 중 개인과 나라의 발전을 위하여 일할 의무는 무엇입니까?

9 쓰레기를 분리배출하는 모습은 (납세의 의무 , 환경 보전의 의무)를 실천하는 것입니다.

10 권리와 의무가 서로 (조화 , 충돌)을/를 이룰 때 우리가 모두 함께 행복하게 살아갈 수 있습니다.

단원 평가 1회

1 헌법에 담겨 있는 내용으로 옳지 <u>않은</u> 것은 어느 것입니까? ( )

① 국민이 누려야 할 권리
② 국민이 지켜야 할 의무
③ 국가가 국민의 인권을 보장할 의무
④ 국가가 국민의 인권을 침해하는 내용
⑤ 국가 기관의 조직과 운영에 관한 내용

2 다음 빈칸에 공통으로 들어갈 말을 쓰시오.

> ( )을/를 바탕으로 여러 법이 만들어지고, 국가에서 하는 일은 ( )에 따라 이루어진다.

( )

3 다음에 제시된 법에 대해 <u>잘못</u> 설명한 사람은 누구입니까? ( )

> 우리나라의 최고법

① 우리: 절대로 고칠 수 없어.
② 나라: 국민의 권리가 제시되어 있어.
③ 산들: 인권 문제를 판단하는 기준이 돼.
④ 바다: 국민의 인권을 보장하는 역할을 해.
⑤ 하늘: 이것에 어긋나는 법을 만들어서는 안 돼.

4 다음 그림과 같이 헌법 재판을 요청할 수 있는 경우를 두 가지 고르시오. ( )

① 국민의 인권이 보장될 때
② 법률이 헌법에 어긋났을 때
③ 국민이 법을 지키지 않았을 때
④ 사람들 사이에 다툼이 일어났을 때
⑤ 국가 권력이 개인의 인권을 침해했을 때

5 일상생활에서 참정권이 적용되는 모습으로 알맞은 것은 어느 것입니까? ( )

①  ②

③  ④

6 다음 헌법 조항에서 공통으로 보장하는 기본권의
서술형 종류와 그 의미를 쓰시오.

> 제31조 ① 모든 국민은 능력에 따라 균등하게 교육을 받을 권리가 있다.
> 제34조 ① 모든 국민은 인간다운 생활을 할 권리를 가진다.

• 종류: (   )

• 의미:
_____

_____

7 다음 빈칸에 들어갈 알맞은 말은 무엇입니까?
(   )

> 국가의 안전을 보장해야 하거나 사회 질서 유지, 공동체의 이익을 위해 필요하다면 (   )에 따라 기본권을 제한할 수 있다.

① 헌법   ② 법률
③ 종교   ④ 도덕
⑤ 규칙

8 다음에서 설명하는 국민의 의무를 쓰시오.

> 모든 국민은 나와 가족, 우리 모두의 안전을 위해 나라를 지킬 의무가 있다.

(   )

9 교육의 의무를 실천하는 사례로 알맞은 것은 어느 것입니까? (   )

① 재산세를 납부한다.
② 회사에서 일을 한다.
③ 구청에 민원을 제기한다.
④ 초등학교에서 열심히 공부한다.
⑤ 쓰레기 분리배출을 꼼꼼하게 한다.

10 다음 사례를 통해 알 수 있는 내용으로 알맞은 것은 어느 것입니까? (   )

> ○○시는 멸종 위기종이 발견된 지역을 생태 보호 지역으로 지정할 계획을 세우고 그 인근의 땅을 개발하지 못하도록 제한했다. 이 과정에서 자유권을 침해당했다고 주장하는 땅 주인과, 환경 보전의 의무를 주장하는 ○○시 사이에 의견이 서로 충돌하고 있다.

① 권리와 의무가 충돌하고 있다.
② 권리와 의무가 조화를 이루고 있다.
③ 개인의 이익이 공동체의 이익보다 중요하다.
④ 의무를 실천하는 것보다 권리를 보장받아야 행복하다.
⑤ 땅 주인과 ○○시 모두 자신의 권리만 주장하고 있다.

1 헌법에 대한 설명으로 옳지 <u>않은</u> 것은 어느 것입니까? ( )

① 국민의 기본적 권리가 규정되어 있다.
② 국가에서 하는 일은 헌법에 따라 이루어진다.
③ 법 가운데 가장 기본이 되는 국가의 최고법이다.
④ 헌법의 내용을 바꾸고자 할 때는 국민 투표를 해야 한다.
⑤ 국민의 권리 보호를 위해 헌법에 어긋나는 법을 만들기도 한다.

2 다음 빈칸에 들어갈 알맞은 말은 무엇입니까? ( )

> 제10조 모든 국민은 인간으로서의 존엄과 가치를 가지며, 행복을 추구할 권리를 가진다. 국가는 개인이 가지는 불가침의 기본적 ( )을/를 확인하고 이를 보장할 의무를 진다.

① 행복
② 성장
③ 인권
④ 차별
⑤ 평화

3 헌법에 인권에 관한 내용을 제시한 까닭으로 옳은 것은 어느 것입니까? ( )

① 헌법의 내용을 언제든지 고치려고
② 국민에게 지켜야 할 의무를 주려고
③ 법률을 바탕으로 헌법이 만들어져서
④ 국가가 마음대로 국민의 인권을 제한하려고
⑤ 국가 권력이 국민의 인권을 함부로 침해할 수 없도록 하려고

4 헌법 재판소에서 헌법 재판을 하는 과정에 맞게 순서대로 기호를 쓰시오.

> ㉠ 법률이 개인의 인권을 침해하면 국민이 헌법 재판을 요청한다.
> ㉡ 법률이 국민의 인권을 침해한다고 결정되면 그 법률은 개정되거나 폐지된다.
> ㉢ 헌법 재판소에서는 법률이 국민의 인권을 침해하는지 헌법을 기준으로 판단한다.

( ) → ( ) → ( )

5 다음 내용과 관련 있는 기본권은 무엇입니까? ( )

> • 의미: 모든 국민이 차별받지 않고 동등하게 대우받을 권리이다.
> • 실제 생활에 적용된 사례: 직원을 채용할 때 국적, 나이, 성별에 따라 차별하지 않는다.

① 평등권
② 자유권
③ 참정권
④ 청구권
⑤ 사회권

6 다음 모습에 대한 설명으로 옳은 것은 어느 것입니까? ( )

내가 원하는 직업을 자유롭게 선택할 수 있어요.

① 함부로 제한할 수 있다.
② 청구권을 보장받는 모습이다.
③ 자유권을 보장받는 모습이다.
④ 정치 과정에 참여할 수 있는 권리이다.
⑤ 헌법에 정해 놓은 의무를 실천하고 있다.

8 다음 글의 밑줄 친 부분에 해당하지 <u>않는</u> 것은 어느 것입니까? ( )

> 헌법은 국민의 기본권을 보장하는 동시에 국민으로서 지켜야 할 의무도 정해 놓았다.

① 교육의 의무
② 근로의 의무
③ 납세의 의무
④ 선거의 의무
⑤ 환경 보전의 의무

9 국민의 의무를 지켜야 하는 까닭은 무엇인지 쓰시오.

서술형

_____

_____

7 기본권의 제한과 관련된 내용을 잘못 말한 사람은 누구입니까? ( )

① 기본권을 제한할 때는 법률에 따라야 해.
② 기본권은 어떤 경우에도 제한될 수 없어.
③ 헌법은 기본권 제한의 원칙을 규정하고 있어.
④ 공동체의 이익 등을 위해 필요하다면 제한할 수 있어.

10 권리와 의무를 대하는 바람직한 태도는 어느 것입니까? ( )

① 의무를 실천하지 않는다.
② 자신의 권리만 강조한다.
③ 권리와 의무의 조화를 추구한다.
④ 권리와 의무 모두 관심을 가지지 않는다.
⑤ 의무만 실천하고 권리를 주장하지 않는다.

1 다음 자료를 보고, 물음에 답하시오. [12점]

( )	제35조 ① 모든 국민은 건강하고 쾌적한 환경에서 생활할 권리를 가지며, ……

↓

법률	「대기 환경 보전법」

↓

제도 시행	• 차량 2부제 시행 • 미세 먼지 간이 측정기 설치

(1) 위 빈칸에 들어갈 알맞은 말을 쓰시오. [4점]

(   )

(2) 위 자료를 보고 알 수 있는 것은 무엇인지 쓰시오. [8점]

_____

_____

2 다음 대화를 읽고, 물음에 답하시오. [12점]

> 가람: 기본권은 헌법에서 보장하는 기본적인 권리를 말해.
> 나비: 기본권에는 평등권, 자유권, 참정권, (㉠), 사회권 등이 있어.
> 다훈: 그 중에서 평등권은 ㉡ 국가의 정치 과정에 참여할 수 있는 권리를 말해.

(1) 위 ㉠에 들어갈 알맞은 기본권을 쓰시오. [4점]

(   )

(2) 위 ㉡의 내용을 바르게 고쳐 쓰시오. [8점]

3 다음 그림을 보고, 물음에 답하시오. [12점]

(1) 위 그림과 관련 있는 국민의 의무를 쓰시오. [4점]

(   )

(2) (1)번에서 답한 국민의 의무를 학생들이 실천할 수 있는 방법을 두 가지 쓰시오. [8점]

_____

_____

4 다음 글을 읽고, 물음에 답하시오. [12점]

> 모든 국민에게는 환경을 보호할 의무가 있습니다. 그러므로 해당 지역을 환경 보호 구역으로 지정하여 개발을 제한할 수 있습니다.

○○ 군청

> 제가 이 땅의 주인인데 자유롭게 제 땅을 개발할 권리가 있는 것 아닌가요? 개인의 땅을 개발하지 못하게 하는 것은 ( )을/를 침해하는 것입니다.

땅 주인 □□ 씨

(1) 위 빈칸에 들어갈 알맞은 기본권을 쓰시오. [4점]

(   )

(2) 위와 같이 권리와 의무가 충돌할 때 필요한 태도는 무엇인지 쓰시오. [8점]

_____

_____

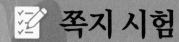
1 사람으로서 마땅히 지켜야 할 도리로, 개인의 양심에 따라 자율적으로 따르는 것은 무엇입니까?

2 사회 질서를 유지하고 정의를 실현하기 위하여 국가가 만든 사회 규범은 무엇입니까?

3 가게에서 돈을 내지 않고 물건을 가져가면 제재를 (받습니다 , 받지 않습니다).

4 학교는 (도덕 , 법)에 근거하여 학습 준비물이나 교과서, 운동 시설, 급식 등을 학생에게 제공합니다.

5 횡단보도를 건널 때 (「도로 교통법」, 「소비자 기본법」)의 적용을 받습니다.

6 창작물에 대한 권리를 보호하려고 만든 법은 무엇입니까?

7 법은 국가나 다른 사람이 개인의 자유와 권리를 (보장 , 침해)하는 것을 막아 사람들의 권리를 보호합니다.

8 법은 사고나 범죄로부터 사람들을 보호하여 (분쟁 발생 , 사회 질서)을/를 유지하는 역할을 합니다.

9 재판에 등장하는 여러 인물 중에서 재판을 진행하고 법에 따라 공정한 판단을 내리는 사람은 누구입니까?

10 법을 (준수 , 위반)하면 자신의 권리뿐만 아니라 다른 사람의 권리도 지킬 수 있습니다.

1 다음 글의 밑줄 친 '이것'은 무엇인지 쓰시오.

> • 이것은 국가가 만든 사회 규범이다.
> • 이것은 사회 구성원이 반드시 따라야 하는 강제성이 있다.
> • 이것을 지키지 않으면 제재를 받는다.

(   )

2 법과 관련 있는 상황으로 알맞은 것은 어느 것입니까? (   )

① 동생과 말다툼을 하는 것
② 교통 신호를 지키지 않는 것
③ 자신의 방을 청소하지 않는 것
④ 친구와 한 약속을 지키지 않는 것
⑤ 이웃 어른을 보고 인사하지 않는 것

3 법이 없을 때 일어날 수 있는 문제점을 두 가지 쓰시오.

_{서술형}

_____

_____

4 다음 내용을 보고 알 수 있는 법의 특징으로 알맞은 것은 어느 것입니까? (   )

① 어기면 제재를 받는다.
② 하지 말아야 하는 것을 알려 준다.
③ 누가 잘못했는지 판단하는 기준이 된다.
④ 헌법을 바탕으로 여러 법이 만들어진다.
⑤ 사회의 변화에 따라 새롭게 만들어지기도 한다.

5 다음과 같이 학교에서 교육받는 모습과 관련 있는 법은 무엇입니까? (   )

① 「저작권법」
② 「식품 위생법」
③ 「초·중등 교육법」
④ 「대기 환경 보전법」
⑤ 「어린이 놀이 시설 안전 관리법」

6 「폐기물 관리법」에 적용받는 생활 모습으로 알맞은 것은 어느 것입니까? ( )

① 무료로 예방 접종을 받는다.
② 정해진 장소에 쓰레기를 분리배출한다.
③ 학생들에게 안전하고 건강한 급식을 준다.
④ 동영상을 만들면서 자료의 출처를 밝힌다.
⑤ 망가진 제품을 구매했을 때 환불을 받는다.

7 다음 대화의 빈칸에 들어갈 검색 낱말로 알맞은 것은 어느 것입니까? ( )

> 가람: 인터넷을 이용해서 일상생활에 법이 적용되는 사례를 찾아보자.
> 나은: 나는 학교 주변에서 사 먹는 음식과 관련된 법과 사례를 찾고 싶어.
> 다훈: 어떤 검색 낱말을 넣어야 할까?
> 라진: ( ) 등의 검색 낱말을 넣어 보자.

① 교통 안전
② 학교 폭력
③ 자원 재활용
④ 장애인 보조견
⑤ 어린이 식품 안전

8 다음 빈칸에 들어갈 알맞은 말은 무엇입니까? ( )

> 법은 국가나 다른 사람이 개인의 자유와 권리를 침해하는 것을 막아 사람들의 ( )을/를 보호한다.

① 질서
② 분쟁
③ 권리
④ 범죄
⑤ 사고

9 다음과 같은 상황을 보고 알 수 있는 법의 역할로 알맞은 것은 어느 것입니까? ( )

남의 물건을 훔쳤으니 법에 따라 처벌을 받아야 합니다.

① 교통사고를 예방한다.
② 소비자의 권리를 보호한다.
③ 개인 간의 분쟁을 해결해 준다.
④ 범죄로부터 사람들을 지켜 준다.
⑤ 깨끗한 환경에서 살 수 있게 해 준다.

10 법을 지켜야 하는 까닭으로 알맞은 것은 어느 것입니까? ( )

① 돈을 많이 벌기 위해서
② 좋은 직업을 가지기 위해서
③ 부모님께 꾸중을 듣지 않기 위해서
④ 친구들보다 건강하게 자라기 위해서
⑤ 자신과 다른 사람의 권리를 지키기 위해서

1 다음 ㉠, ㉡에 들어갈 말이 바르게 짝 지어진 것은 어느 것입니까? ( )

- (㉠)은/는 사람으로서 마땅히 지켜야 할 도리이다.
- (㉡)은/는 사회 질서를 유지하고 정의를 실현하기 위해 국가가 만든 사회 규범이다.

	㉠	㉡
①	법	도덕
②	관습	법
③	종교	관습
④	도덕	법
⑤	학급 규칙	예절

2 다음 (가), (나)에 대한 설명으로 옳지 <u>않은</u> 것은 어느 것입니까? ( )

(가)	(나)
▲ 버스에서 노약자에게 자리를 양보하지 않는 것	▲ 돈을 내지 않고 물건을 가져가는 것

① (가)는 도덕과 관련이 있다.
② (나)는 법을 어긴 상황이다.
③ (나)는 국가의 제재를 받게 된다.
④ (가)는 양심에 따라 자율적으로 따른다.
⑤ (가), (나) 모두 강제성이 있는 사회 규범이다.

3 법의 성격으로 옳은 것을 보기 에서 모두 골라 기호를 쓰시오.

보기
㉠ 강제성을 지니고 있다.
㉡ 양심에 따라 스스로 지킨다.
㉢ 지키지 않아도 처벌받지 않는다.
㉣ 사회의 변화에 따라 바뀌기도 한다.

( )

4 일상생활에서 적용되고 있는 법의 사례로 알맞지 <u>않은</u> 것은 어느 것입니까? ( )

① 아이가 태어나면 출생 신고를 한다.
② 거리에서 이웃 어른을 보면 인사한다.
③ 일정한 나이가 되면 학교에 입학한다.
④ 일반 쓰레기는 종량제 봉투에 담아 버린다.
⑤ 초등학교 주변에 어린이 보호 구역을 만든다.

5 학생들에게 건강한 급식을 주려고 만든 법은 무엇입니까? ( )

① 「저작권법」　　　　② 「도로 교통법」
③ 「학교 급식법」　　　④ 「소비자 기본법」
⑤ 「폐기물 관리법」

6 다음 생활 속 사례와 관련 있는 법은 무엇입니까?
( )

> 감염병에 걸린 사람이 방역 지침을 어기고 외출하여 처벌을 받게 됐다는 뉴스를 보았다.

① 「근로 기준법」
② 「도로 교통법」
③ 「식품 안전 기본법」
④ 「어린이 놀이 시설 안전 관리법」
⑤ 「감염병의 예방 및 관리에 관한 법률」

7 다음 글의 밑줄 친 부분에서 해야 할 활동으로 알맞은 것은 어느 것입니까? ( )

> 일상생활에 법이 적용되는 사례를 조사해 소개할 때에는 '자료 조사하기 → 조사한 자료 발표하기 → 홍보 자료 만들기 → 홍보 자료 소개하기 → 느낀 점 이야기하기' 순으로 한다.

① 만화 그리기
② 신문 만들기
③ 소책자 만들기
④ 인터넷 검색하기
⑤ 노래 가사로 바꾸기

8 법의 역할에 대한 설명으로 옳지 <u>않은</u> 것은 어느 것입니까? ( )

① 기본권을 제한한다.
② 사회 질서를 유지한다.
③ 개인의 권리를 보호한다.
④ 사람들 간의 분쟁을 해결한다.
⑤ 범죄로부터 안전하게 지켜 준다.

9 다음과 같은 재판에서 피고인을 대신해 권리를 주장하는 사람은 누구인지 쓰시오.

( )

10 다음과 같이 법을 어기는 행동을 했을 때 일어날 수 있는 문제점은 무엇인지 쓰시오.
서술형

> 공원에서 강아지를 데리고 산책을 하던 사람이 강아지가 길에 대변을 보았는데도 그것을 치우지 않고 그냥 가버렸다.

_____

_____

1 다음 표를 보고, 물음에 답하시오. [12점]

구분	(㉠)	법
차이점	• 사람으로서 마땅히 지켜야 할 도리 • 양심에 따라 자율적으로 지킴.	• (㉡)이/가 만든 규범 • 사회 구성원 누구나 따라야 하는 강제성이 있음.
공통점	㉢	

(1) 위 표의 ㉠, ㉡에 들어갈 말을 쓰시오. [4점]

㉠: (   ) ㉡: (   )

(2) 위 표의 ㉢에 들어갈 알맞은 내용을 쓰시오. [8점]

_____

_____

2 다음 자료를 보고, 물음에 답하시오. [12점]

(1) 위 모습에 적용되는 법은 무엇인지 쓰시오. [4점]

(   )

(2) 위와 같이 법을 바꾸거나 새로 만드는 경우는 언제인지 쓰시오. [8점]

_____

_____

3 다음 다정이의 하루를 정리한 표를 보고, 물음에 답하시오. [12점]

시간	모습	적용되는 법
오전 8:00	횡단보도를 건너 학교에 감.	「도로 교통법」
오전 11:30	급식을 먹음.	「학교 급식법」
오후 4:00	문구점에서 학용품을 구입함.	「소비자 기본법」
오후 7:00	음악을 감상함.	「저작권법」

(1) 위에서 창작물을 만든 사람의 권리를 보호하는 법을 찾아 쓰시오. [4점]

(   )

(2) 위 자료를 통해 알 수 있는 우리 생활과 법의 관계를 쓰시오. [8점]

_____

_____

4 다음 자료를 읽고, 물음에 답하시오. [12점]

(1) 위에서 법을 어기는 행동을 한 사람의 이름을 쓰시오. [4점]

(   )

(2) (1)번에서 답한 사람이 법을 준수하는 태도를 실천하기 위해 해야 할 행동을 쓰시오. [8점]

_____

_____

상위권의 기준!

똑같은 DNA를 품은 최상위지만,
심화문제 접근 방법에 따른 구성 차별화!

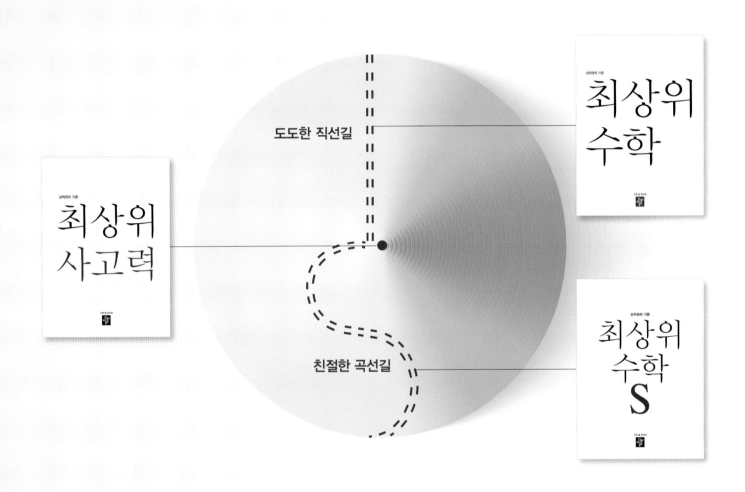

도도한 직선길

최상위
사고력

친절한 곡선길

상위권의 기준
최상위
수학

상위권의 기준
최상위
수학
S

최상위를 위한
심화 학습 서비스 제공!

문제풀이 동영상 ✚ 상위권 학습 자료
(QR 코드 스캔 혹은 디딤돌 홈페이지 참고)

과학 교과 탐구이해력 향상

초등
5·1

디딤돌
통합본

과학

디딤돌 통합본 국어·사회·과학 5-1

펴낸날 [개정판 1쇄] 2024년 1월 1일
펴낸이 이기열 | **펴낸곳** (주)디딤돌 교육
주소 (03972) 서울특별시 마포구 월드컵북로 122 청원선와이즈타워
대표전화 02-3142-9000
구입문의 02-322-8451
내용문의 02-323-5489
팩시밀리 02-322-3737
홈페이지 www.didimdol.co.kr
등록번호 제10-718호
사진 북앤포토
구입한 후에는 철회되지 않으며 잘못 인쇄된 책은 바꾸어 드립니다.
이 책에 실린 모든 삽화 및 편집 형태에 대한 저작권은
(주)디딤돌 교육에 있으므로 무단으로 복사 복제할 수 없습니다.
Copyright ⓒ Didimdol Co. [2401650]

• 정답과 풀이는 "디딤돌 교육 홈페이지〉초등〉정답과 해설"에서
  다운로드 받을 수 있습니다.
• 출간 이후 발견되는 오류는 "디딤돌 교육 홈페이지〉초등〉정오표"를 통해
  알려드리고 있습니다.

과학 교과 탐구이해력 향상

디딤돌 통합본

과학

구성과 특징

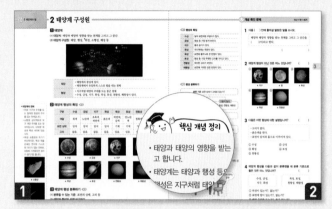
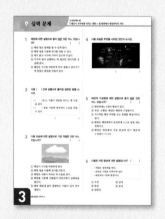

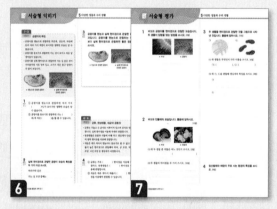

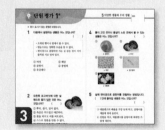

1

과학 탐구

1 탐구 문제를 정하고 실험 계획 세우기

1 문제 인식의 의미와 탐구 문제를 정하는 방법

'왜 그럴까?', '이것은 무엇일까?', '~하면 어떻게 될까?'와 같은 방법으로 정할 수 있습니다.

문제 인식	탐구할 문제를 찾아 명확하게 나타내는 것
•탐구 문제를 정하는 방법	• 평소에 호기심이 있었거나 관찰한 내용 중에서 궁금한 점을 탐구 문제로 정한다. • 실험을 통해 검증할 수 있는 문제인지, 무엇을 알아보고자 하는 것인지 등을 명확하게 해야 한다.
탐구 문제를 정할 때 생각할 점	• 탐구하고 싶은 내용이 분명하게 드러나야 한다. • 탐구 범위가 좁고 구체적이어야 한다. • 스스로 탐구할 수 있어야 한다.

• 탐구 문제의 잘못된 예
- 검은색 사인펜은 어떨까? ⇨ 탐구하고 싶은 내용이 분명하게 드러나지 않아서 실험을 계획할 수 없습니다.
- 모든 사인펜의 잉크는 어떻게 번질까?
  ⇨ 탐구 범위가 너무 넓어서 탐구를 모두 실행하기가 어렵습니다.
- 사인펜의 잉크는 어떻게 만들까?
  ⇨ 간단한 조사로 답을 알 수 있어서 탐구하기에 좋지 않습니다.

• 변인 통제
- 실험에서 다르게 해야 할 조건과 같게 해야 할 조건을 확인하고 통제하는 것
- 변인 통제를 해야 하는 까닭: 다르게 한 조건이 실험 결과에 어떤 영향을 미치는지를 알 수 있습니다.
- 실험 계획을 세울 때 변인 통제와 함께 생각해야 할 것: 관찰하거나 측정할 것, 준비물, 실험 과정, 실험에서 모둠 구성원의 역할 등

2 실험 계획 세우기

(1) 실험 계획을 세우는 방법
① 탐구 문제를 해결하려면 어떻게 실험해야 할지 이야기해 봅니다.
② •실험에서 다르게 해야 할 조건과 같게 해야 할 조건을 찾고, 그 방법을 생각해 봅니다.
③ 실험할 때 관찰하거나 측정해야 할 것을 생각해 봅니다.
④ 실험 과정과 준비물, 안전 수칙을 정해 봅니다.
⑤ 모둠 친구들의 역할을 정합니다.
⑥ 실험 계획을 발표하고, 고쳐야 할 부분을 찾아 수정해 봅니다.

3 실험 계획을 바르게 세웠는지 확인해 보기

(1) 계획한 실험이 탐구 문제를 해결할 수 있는 적절한 방법인지 확인합니다.
(2) 다르게 해야 할 조건과 같게 해야 할 조건, 관찰하거나 측정해야 할 것을 바르게 설정했는지 확인합니다.
(3) 실험 과정이 스스로 실행할 수 있고 구체적인지 확인합니다.
(4) 안전에 주의할 점을 생각했는지 확인합니다.

☺ 개념 확인 문제

정답과 풀이 78쪽

1 탐구 문제를 정할 때 생각할 점으로 옳지 <u>않은</u> 것을 보기 에서 골라 기호를 쓰시오.

> **보기**
> ㉠ 스스로 탐구할 수 있는 문제여야 한다.
> ㉡ 탐구 범위가 좁고 구체적인 문제여야 한다.
> ㉢ 실험을 통해 검증할 수 없는 문제여야 한다.
> ㉣ 탐구하고 싶은 내용이 분명하게 드러나는 문제여야 한다.

( )

2 실험 계획을 세울 때 변인 통제와 함께 생각해야 할 것과 관계가 <u>없는</u> 것은 어느 것입니까? ( )

① 실험 과정
② 실험 준비물
③ 모둠 구성원의 역할
④ 관찰하거나 측정할 것
⑤ 실험을 바르게 했는지 확인

2 실험을 한 후 결과를 정리하기

1 실험 해 보기

(1) 실험할 때 주의할 점

① 변인 통제에 유의하면서 계획한 과정에 따라 실험합니다.

② 관찰하거나 측정하려고 했던 것을 생각하면서 결과를 기록합니다.

③ 실험 결과를 있는 그대로 기록하고, 실험 결과가 예상과 다르더라도 고치거나 빼지 않습니다.

④ 실험하는 동안 안전 수칙을 지킵니다.

(2) 실험을 바르게 했는지 확인해 보기

① 계획한 과정에 따라 실험했는지 확인합니다.

② 다르게 해야 할 조건과 같게 해야 할 조건을 지키며 실험했는지 확인합니다.

③ 관찰하거나 측정하려고 했던 내용을 빠짐없이 기록했는지 확인합니다.

④ 실험 결과를 있는 그대로 기록했는지 확인합니다.

⑤ 안전 수칙을 지키면서 실험했는지 생각합니다.

2 실험 결과 정리하기

(1) 실험 결과는 *표나 그래프, 그림으로 정리할 수 있습니다.

(2) 자료 변환

자료 변환	관찰한 내용이나 측정한 결과에서 얻은 자료를 표나 그래프 등의 형태로 바꾸어 나타내는 것
*자료 변환 형태	표, 그래프, 그림, 흐름도, 도식 등
자료 변환을 해야 하는 까닭	• 자료의 특징을 한눈에 비교하기가 쉬워진다. • 실험 결과의 특징을 이해하기 쉽다.

(3) 자료를 변환할 때에는 자료의 특징을 가장 적절하게 나타낼 수 있는 형태로 바꾸어야 합니다.

- **실험 결과를 표로 나타내는 방법**
  - 다르게 한 조건과 실험 결과가 드러나도록 제목을 정합니다.
  - 표의 첫 번째 가로줄과 세로줄에 나타낼 항목을 정합니다.
  - 항목 수를 생각해 가로줄과 세로줄의 개수를 정하고, 표로 그립니다.
  - 표의 각 칸에 결괏값을 알맞게 기록합니다.

- **자료 변환의 형태**
  - 표를 사용하면 많은 자료를 가로와 세로 칸에 체계적으로 정리할 수 있습니다.
  - 그래프를 이용하면 자료를 점과 선 또는 넓이 등으로 나타내어 자료의 분포와 경향을 쉽게 알 수 있습니다.

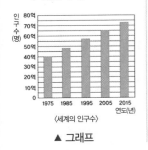

〈세계의 인구수〉

▲ 그래프

😊 개념 확인 문제

정답과 풀이 78쪽

1 실험을 바르게 했는지 알아보기 위해 확인할 내용으로 옳은 것을 두 가지 고르시오. (,)

① 계획한 과정에 따라 실험했는지 확인한다.

② 실험 조건을 잘 지키며 실험했는지 확인한다.

③ 실험이 모두 끝난 후에 관찰 결과를 기록했는지 확인한다.

④ 측정하려고 했던 내용은 중요한 것만 기록했는지 확인한다.

⑤ 실험 결과가 예상한대로 나오지 않으면 고쳐서 기록했는지 확인한다.

2 다음은 무엇에 대한 설명인지 쓰시오.

> 관찰한 내용이나 측정한 결과에서 얻은 자료를 표나 그래프 등으로 바꾸어 나타내는 것이다.

( )

3 많은 자료를 가로와 세로 칸에 체계적으로 정리할 수 있는 자료 변환의 형태를 쓰시오.

( )

3 실험 결과를 정리하고 결론 내리기

1 자료 해석

자료 해석	실험 결과를 통해 알 수 있는 점을 생각하고, 자료 사이의 관계나 규칙을 찾아내는 것
자료를 해석하는 방법	• 표에서 가로줄과 세로줄의 값이 나타내고 있는 관계를 찾는다. • 표에 나타난 규칙을 찾는다. • 규칙에서 벗어나는 경우가 있다면 그 까닭이 무엇인지 분석한다. • 실험 방법에 문제점은 없었는지 확인한다.

• 결론을 도출할 때 주의할 사항
  • 가능한 한 간단명료하게 진술해야 합니다.
  • 가설을 지지하는 조사와 실험 결과를 잘 정리해야 합니다.
  • 수집한 실험 결과에 근거하고, 과도한 예측과 추측을 피해야 합니다.
  • 실험 보고서에 결과와 결론을 반복해서 기술하지 않고, 결과에 바탕을 두어 논리적으로 추론한 진술로 명료하게 기술해야 합니다.

• 결론을 바르게 이끌어 냈는지 확인하는 방법
  실험 결과를 바탕으로 탐구 문제의 답을 바르게 정리했는지 확인합니다.

2 결론 도출

(1) **결론**: 실험 결과를 해석하여 얻은 탐구 문제의 답

(2) **결론을 내릴 때에는 과학적인 근거를 들어 판단해야 합니다.

(3) **결론 도출**: 탐구 결과를 보고 가설이 맞는지 확인하고 결론을 이끌어 내는 것을 말합니다.

(4) 결론이 가설과 다르면 가설을 수정하고, 탐구를 수행해야 합니다.

(5) 결론을 도출하는 과정은 추후에 탐구 과정이나 결과에서 생긴 궁금증으로 다시 새로운 탐구를 시작하는 경우 중요한 바탕이 될 수 있습니다.

(6) 결론을 다양한 상황에 적용하여 원리나 법칙을 찾아내는 것을 일반화라고 합니다.

3 새로운 탐구 계획하기

(1) 탐구를 한 뒤에 흥미가 생기거나 더 알고 싶은 점이 있으면 새로운 탐구 문제를 정해 봅니다.

(2) 탐구 과정이나 결과에서 생겨난 궁금증을 가지고 다시 새로운 탐구를 시작할 수 있습니다.

(3) 탐구 문제를 해결할 수 있는 실험 계획을 세워 봅니다.

😊 개념 확인 문제
정답과 풀이 **78**쪽

1 표로 정리된 자료의 해석 방법에 대한 설명으로 옳지 <u>않은</u> 것은 어느 것입니까? ( )

① 표를 그래프로 바꾸어 본다.

② 표에 제시된 값들 사이의 규칙을 찾는다.

③ 실험 방법이나 과정에서 문제가 있는지 확인한다.

④ 표에서 가로줄과 세로줄의 값이 나타내고 있는 관계를 찾는다.

⑤ 규칙에서 벗어난 것이 있다면 그 까닭은 무엇인지 생각해 본다.

2 탐구 활동에 대한 설명으로 옳은 것을 보기 에서 골라 기호를 쓰시오.

보기
㉠ 문제 인식: 관찰이나 실험에 의해 확인된 것

㉡ 변인 통제: 탐구할 문제를 명확하게 나타내는 것

㉢ 결론 도출: 관찰한 내용이나 측정한 결과에서 얻은 자료를 표나 그래프 등의 형태로 바꾸어 나타내는 것

㉣ 자료 해석: 자료 사이의 관계나 규칙을 찾아내는 활동

( )

2

온도와 열

1 온도를 측정하는 까닭

1 온도의 의미

(1) **온도**: 물체의 차갑거나 따뜻한 정도를 숫자로 나타낸 것으로, 온도계로 측정합니다.

(2) **온도의 단위**: ℃(섭씨도)

(3) 공기의 온도는 기온, 물의 온도는 수온, 몸의 온도는 체온이라고 합니다.

2 온도를 어림하거나 정확하게 측정하는 사례

(1) **온도를 어림하는 사례**

　① 손으로 삶은 옥수수의 온도를 어림합니다.

　② 목욕물 온도가 적당한지 손을 넣어 어림합니다.

　③ 머리가 아플 때 이마에 손을 짚어 열이 나는지 어림합니다.

(2) **온도를 정확하게 측정하는 사례**

　① 튀김 요리를 할 때 기름의 온도를 측정합니다.

　② 아기 분유를 탈 때 알맞은 물의 온도를 측정합니다.

　③ 병원에서 체온을 측정하여 열이 나는지 확인합니다.

　④ 비닐 온실에서 작물이 자라는 온도를 맞추기 위해 보일러 온도를 맞춥니다.

▲ 튀김 요리를 할 때

▲ 분유를 탈 때

▲ 환자의 체온을 확인할 때

▲ 온실 안 기온을 확인할 때

- **같은 장소나 같은 물체이지만 차갑거나 따뜻한 정도를 다르게 느끼는 경우**
  - 추운 밖에 있다가 거실로 들어오면 거실이 따뜻하다고 느끼고, 따뜻한 욕실에 있다가 거실로 들어오면 거실이 춥다고 느낄 수 있습니다.
  - 차가운 물에 손을 넣었다가 미지근한 물에 손을 넣으면 물이 따뜻하다고 느끼고, 따뜻한 물에 손을 넣었다가 미지근한 물에 손을 넣으면 물이 차갑다고 느껴집니다.

3 온도를 어림했을 때 불편한 점

(1) 물체의 온도를 비교하기가 어렵습니다.

(2) 따뜻하고 차가운 정도를 정확하게 표현하기 어렵습니다.

(3) ●같은 온도라도 사람마다 온도를 다르게 느낄 수 있습니다.

4 온도를 정확하게 측정해야 하는 까닭 +1

(1) 병원에서 환자의 체온을 정확하게 알아야 환자의 몸에 이상이 있음을 알 수 있습니다.

(2) 빵을 구울 때 오븐의 온도를 정확하게 조절해야 맛있는 빵을 구울 수 있습니다.

(3) 비닐 온실의 작물이 잘 자라는 온도를 맞춰 주면 작물을 많이 수확할 수 있습니다.

(4) 온도를 정확하게 측정하지 않으면 우리 생활에서 불편함이나 어려움이 생길 수 있습니다.

+1 온도를 정확하게 측정하지 못하면 생기는 불편함이나 어려움

• 식물이 잘 자랄 수 있는 온도가 아니면 식물이 죽을 수 있습니다.

• 환자 몸의 온도가 정확하지 않으면 환자가 얼마나 아픈지 알 수 없어 고통을 줄 수 있습니다.

• 냉장고의 온도가 정확하지 않으면 냉장 상태로 차갑게 보관해야 하는 음식 재료가 상할 수 있습니다.

• 비닐 온실에서 배추를 재배할 때 공기의 온도를 정확하게 측정하지 않으면 배추가 싱싱하게 자라기 어렵습니다.

핵심 개념 정리

• 온도는 물체의 차갑거나 따뜻한 정도를 숫자로 나타낸 것입니다.

• 온도의 단위로는 ℃(섭씨도)를 사용하고, 온도계로 온도를 측정합니다.

• 우리 생활에서 온도를 정확히 측정해야 할 때에는 비닐 온실에서 작물을 재배할 때, 튀김 요리를 할 때, 아기 분유를 탈 때 등이 있습니다.

기름의 온도가 180 ℃가 될 때 내가 가장 맛있게 만들어질 거야.

---

1 다음 ( ) 안에 들어갈 알맞은 말을 쓰시오.

> (㉠)은/는 물체의 차갑거나 따뜻한 정도를 숫자로 나타내는 것이며, (㉡)(이)라는 단위를 사용한다.

㉠: (   ), ㉡: (   )

2 다음 밑줄 친 말을 숫자와 온도의 단위를 이용해 옳게 나타내시오.

> 어항 속의 물고기가 잘 자라기 위해서는 물의 온도를 약 <u>섭씨 이십오도</u>로 맞춰 주는 것이 좋다.

(   )

3 물체의 차갑거나 따뜻한 정도를 정확하게 알기 위한 방법으로 옳은 것을 두 가지 고르시오. (,   )

① 온도로 표현한다.
② 물체의 색깔을 관찰한다.
③ 온도계로 온도를 측정한다.
④ 물체에 손을 직접 대어 본다.
⑤ 물체 주변 공기의 온도를 느껴 본다.

4 우리 생활에서 온도를 정확하게 측정해야 하는 경우가 <u>아닌</u> 것은 어느 것입니까? (   )

①
▲ 튀김 요리를 할 때

②
▲ 아이스크림을 먹을 때

③
▲ 아기 분유를 탈 때

④
▲ 비닐 온실에서 배추를 재배할 때

2 여러 가지 장소나 물체의 온도 측정하기

1 온도계의 종류와 사용법 +1

(1) **귀 체온계 사용법**: 체온계의 끝을 귀에 넣고 측정 버튼을 누르면 온도 표시 창에 체온이 표시됩니다.

(2) **적외선 온도계 사용법**

   ① 적외선 온도계로 물체를 겨누고 측정 버튼을 누릅니다.

   ② 측정 버튼에서 손을 떼고, 온도 표시 창에 나타난 온도를 확인합니다.

(3) **°알코올 온도계 사용법**

   ① 알코올 온도계의 고리 부분에 실을 매달아 스탠드에 걸고, 액체샘을 비커 속 물에 넣습니다.

   ② 온도계의 빨간색 액체가 더 이상 움직이지 않을 때 알코올 온도계의 눈금을 읽습니다.

   알코올 온도계의 눈금을 읽을 때에는 빨간색 액체 기둥의 끝이 닿은 위치에 눈높이를 맞춥니다.

2 온도 측정과 알맞은 온도계

적외선 온도계	고체의 온도를 측정할 때
알코올 온도계	물과 같은 액체나 공기와 같은 기체의 온도를 측정할 때

3 여러 장소에서 물체의 온도 측정하기

(1) 쓰임새에 맞는 온도계로 여러 장소에서 측정한 물체의 온도

구분	적외선 온도계로 온도 측정			알코올 온도계로 온도 측정		
	교실 책상	교실 벽	운동장 철봉	교실 기온	운동장 기온	연못 속 물
온도(℃)	13.2	13.1	18.3	13.5	18.0	25.0

➡ 쓰임새에 맞는 온도계를 사용해야 물체나 장소의 온도를 정확하고 편리하게 측정할 수 있습니다.

(2) 같은 물체라도 장소에 따라 온도가 다른 예

같은 장소, 같은 흙이라도 햇빛이 없는 곳은 온도가 낮다.

같은 장소, 같은 흙이라도 햇빛이 있는 곳은 온도가 높다.

▲ 나무 그늘 아래의 흙과 햇빛이 비치는 곳의 흙의 온도

4 물체의 온도를 온도계로 측정하는 까닭

(1) 물체의 온도를 정확하게 알기 위해서입니다.

(2) 다른 물체라도 온도가 같은 경우가 있고, 같은 물체라도 온도가 다른 경우가 있기 때문입니다.

(3) 물체의 온도는 물체가 놓인 장소, 측정 시각, 햇빛의 양에 따라 다르기 때문입니다.

● 알코올 온도계의 구조

고리
몸체
눈금
관
액체 기둥
액체샘

• **고리**: 온도계를 실로 매달 때 사용합니다.

• **몸체**: 가는 관이 있는 유리 막대로, 일정한 간격으로 눈금이 있습니다.

• **액체샘**: 빨간색 색소를 섞은 액체가 들어 있습니다.

➕1 온도계의 종류

- 알코올 온도계: 액체샘 부분에 닿는 물체의 온도를 측정합니다.
- 귀 체온계: 체온을 측정하는 부분을 귀에 넣어 측정합니다.
- 적외선 온도계: 측정하려는 물체와 접촉하지 않고도 온도를 측정할 수 있습니다.
- 탐침 온도계: 측정하려는 물질이나 물체 안에 탐침을 넣어 온도를 측정합니다.
- 열화상 사진기: 측정하려는 물체와 접촉하지 않고도 온도를 측정할 수 있으며, 물체의 온도를 색깔로 나타낼 수 있습니다.

▲ 귀 체온계

▲ 적외선 온도계

▲ 탐침 온도계

▲ 열화상 사진기

핵심 개념 정리

- 적외선 온도계는 고체의 온도를 측정할 때, 알코올 온도계는 기체나 액체의 온도를 측정할 때 사용합니다.
- 물체의 온도를 정확하게 알기 위해서, 다른 물체라도 온도가 같거나 같은 물체라도 온도가 다른 경우가 있기 때문에 온도계로 측정해야 합니다.
- 물체의 온도는 물체가 놓인 장소, 측정 시각, 햇빛의 양에 따라 다릅니다.

쓰임새에 맞게 온도계를 선택하여 온도를 측정해야 해!

---

1 여러 가지 온도계의 사용 방법에 대한 설명으로 옳은 것은 어느 것입니까?　　　　　　（　　　）

① 귀 체온계는 귓불에 대고 체온을 측정한다.
② 적외선 온도계는 측정하고자 하는 물체에 직접 대고 측정한다.
③ 알코올 온도계의 눈금을 읽을 때에는 위에서 온도계를 내려다보면서 읽는다.
④ 알코올 온도계로 물의 온도를 잴 때에는 액체샘이 물의 표면에 닿게 하여 온도를 측정한다.
⑤ 적외선 온도계는 물체를 겨누고 측정 버튼을 누른 후 손을 떼면 온도 표시 창에 온도가 나타난다.

2 다음은 온도를 측정하는 모습입니다. 쓰임새에 맞게 온도계를 선택하여 측정하는 것을 두 가지 골라 기호를 쓰시오.

（　　　，　　　）

3 다음은 운동장의 흙의 온도를 측정하는 모습과 측정 결과를 나타낸 것입니다.

구분	(가)	(나)
온도(℃)	27	33

（　　） 안에 들어갈 알맞은 말을 쓰시오.

> 같은 물체라도 햇빛의 양에 따라 온도는 （　　　　）.

（　　　　　　　　）

3 온도가 다른 두 물체가 접촉할 때 물체의 온도 변화

1 온도가 다른 두 물체가 접촉할 때 두 물체의 온도 변화 측정하기

탐구 과정	① 차가운 물이 담긴 음료수 캔을 따뜻한 물이 담긴 비커에 넣는다. ② 알코올 온도계 두 개를 스탠드에 매달아 음료수 캔과 비커에 각각 넣는다. ③ 1분마다 음료수 캔과 비커에 담긴 물의 온도를 측정한다.

처음에는 달랐던 온도가 결국 같아집니다.

시간(분) 온도(℃)	0	1	2	3	4	5	6	7
음료수 캔에 담긴 물	14.5	17.0	20.0	22.0	25.0	27.0	29.0	31.0
비커에 담긴 물	67.0	55.0	48.0	43.0	39.0	36.0	33.0	31.0

탐구 결과

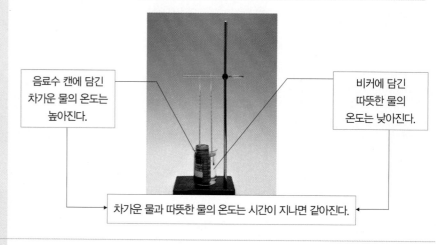

음료수 캔에 담긴 차가운 물의 온도는 높아진다.

비커에 담긴 따뜻한 물의 온도는 낮아진다.

차가운 물과 따뜻한 물의 온도는 시간이 지나면 같아진다.

알 수 있는 사실	• 온도가 낮은 물체는 온도가 점차 높아지고, 온도가 높은 물체는 온도가 점차 낮아진다. • 두 물체가 접촉한 채로 시간이 충분히 지나면 두 물체의 온도는 같아진다. • 열은 온도가 높은 물체에서 온도가 낮은 물체로 이동함을 알 수 있다.

● **온도가 다른 두 물체가 접촉했을 때 열의 이동**

온도가 다른 두 물체가 접촉하였을 때 온도가 높은 물체에서 온도가 낮은 물체로 열이 이동하여 시간이 지나면 결국 두 물체의 온도가 같아집니다.

온도가 낮은 물로 열이 이동한다.

온도가 높은 손

온도가 낮은 컵 속의 물

2 우리 주변에서 온도가 다른 두 물체가 접촉할 때 물체의 온도가 변하는 예와 *열의 이동 방향 +1

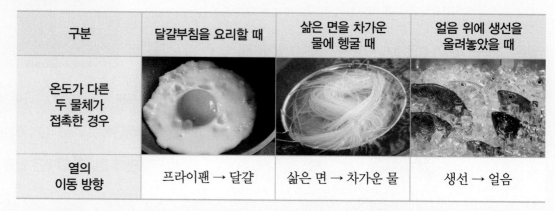

구분	달걀부침을 요리할 때	삶은 면을 차가운 물에 헹굴 때	얼음 위에 생선을 올려놓았을 때
온도가 다른 두 물체가 접촉한 경우			
열의 이동 방향	프라이팬 → 달걀	삶은 면 → 차가운 물	생선 → 얼음

➡ 접촉한 두 물체의 온도가 변하는 까닭은 온도가 높은 물체에서 온도가 낮은 물체로 열이 이동하기 때문입니다.

+1 우리 주변에서 온도가 다른 두 물체가 접촉할 때 온도가 변하는 예

손난로에서 손으로 열이 이동해요.

▲ 손과 손난로 사이의 열의 이동

갓 삶은 달걀에서 차가운 물로 열이 이동해요.

▲ 갓 삶은 달걀과 차가운 물 사이의 열의 이동

몸에서 얼음 주머니로 열이 이동해요.

▲ 열이 나는 몸과 얼음 주머니 사이의 열의 이동

공기에서 아이스크림으로 열이 이동해요.

▲ 아이스크림과 공기 사이의 열의 이동

🎓 **핵심 개념 정리**

• 온도가 다른 두 물체가 접촉하면 온도가 낮은 물체는 온도가 높아지고, 온도가 높은 물체는 온도가 낮아집니다.

• 온도가 다른 두 물체가 접촉한 채로 시간이 충분히 지나면 두 물체의 온도는 같아집니다.

• 온도가 다른 두 물체가 접촉하면 온도가 높은 물체에서 온도가 낮은 물체로 열이 이동합니다.

따뜻한 캔 속의 열이 손으로 이동해!

1~3 다음과 같이 차가운 물이 담긴 음료수 캔을 따뜻한 물이 담긴 비커에 넣고 음료수 캔과 비커에 담긴 물의 온도를 1분마다 측정하였습니다. 물음에 답하시오.

1 위 실험 결과, 음료수 캔에 담긴 물과 비커에 담긴 물 중 온도가 점점 높아지는 것은 어느 것인지 쓰시오.

(　　　　　　)

2 위 실험에서 시간이 충분히 지나면 음료수 캔에 담긴 물의 온도와 비커에 담긴 물의 온도가 어떻게 변하는지 옳게 설명한 것은 어느 것입니까? (　　)

① 비커에 담긴 물의 온도는 계속 낮아진다.
② 음료수 캔에 담긴 물의 온도는 계속 높아진다.
③ 음료수 캔과 비커에 담긴 물의 온도는 같아진다.
④ 음료수 캔과 비커에 담긴 물의 온도 차이는 점점 커진다.
⑤ 비커에 담긴 물의 온도는 점점 낮아지다가 음료수 캔 속 물의 처음 온도보다 낮아진다.

3 문제 **2**의 답과 같이 된 까닭에 대한 설명입니다. (　　) 안에 공통으로 들어갈 알맞은 말을 쓰시오.

접촉한 두 물체의 온도가 변하는 까닭은 (　　　　) 의 이동 때문이다. 즉, 온도가 높은 물체에서 온도가 낮은 물체로 (　　　　)이/가 이동하기 때문이다.

(　　　　　　)

4 오른쪽과 같이 갓 삶은 뜨거운 달걀을 차가운 물에 담가둘 때, 열이 이동하는 방향을 ← 또는 →로 나타내시오.

갓 삶은 달걀 (　　　) 차가운 물

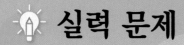
1 물체의 차갑거나 따뜻한 정도를 숫자와 단위를 사용하여 나타낸 것을 무엇이라고 합니까?( )

① 무게　　　　　　② 부피
③ 질량　　　　　　④ 온도
⑤ 넓이

4 우리 생활 속에서 온도를 정확하게 측정해야 하는 경우가 <u>아닌</u> 것은 어느 것입니까? ( )

① 아기의 분유를 탈 때
② 운동장 흙의 온도를 측정할 때
③ 비닐 온실에서 배추를 재배할 때
④ 냉장고 온도를 일정하게 유지시킬 때
⑤ 어항 속 물의 온도를 일정하게 유지시킬 때

2 일상생활에서 많이 사용하는 온도의 단위는 어느 것입니까? ( )

① g　　　　　　② ℃
③ L　　　　　　④ cm
⑤ kg

5 여러 장소에서 물체의 온도를 측정하는 방법에 대한 설명으로 옳은 것을 보기 에서 두 가지 골라 기호를 쓰시오.

보기
㉠ 흙의 온도는 알코올 온도계의 액체샘을 땅속에 꽂고 측정한다.
㉡ 교실 칠판의 온도는 적외선 온도계를 칠판에 겨누고 측정 버튼을 눌러 측정한다.
㉢ 어항 속 물의 온도는 귀 체온계를 넣고 측정 버튼을 눌러 측정한다.
㉣ 운동장 공기의 온도는 알코올 온도계의 고리 부분을 잡고 측정한다.

(,)

3 온도계를 사용하면 좋은 점을 두 가지 고르시오.
(,)

① 물체의 온도를 쉽게 알 수 있다.
② 온도를 정확하게 측정할 수 있다.
③ 주변 공기의 이동 방향을 알 수 있다.
④ 물체의 온도를 일정하게 유지할 수 있다.
⑤ 뜨거운 물체는 온도를 잴 수 있지만, 차가운 물체는 온도를 잴 수 없다.

6 알코올 온도계의 눈금을 읽는 모습입니다. 올바른 방법을 골라 기호를 쓰시오.

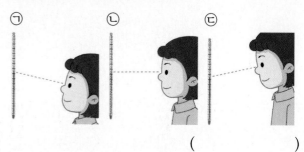

( )

7 다음은 운동장 흙의 온도를 측정하는 모습입니다. ( ) 안에 들어갈 알맞은 말을 쓰시오.

> 같은 물체라도 물체가 있는 장소에 따라 온도가 ( ).

( )

8 여러 장소에서 물체의 온도를 측정하였습니다. 이에 대한 설명으로 옳은 것을 두 가지 고르시오.

(,)

① 같은 물체의 온도는 항상 같다.
② 장소가 같으면 온도는 항상 같다.
③ 여러 장소의 온도는 항상 다르다.
④ 다른 물체라도 온도가 같을 수 있다.
⑤ 같은 물체라도 온도가 다를 수 있다.

9 일상생활 속에서 같은 장소인데 온도가 다른 경우에 대한 설명으로 옳은 것을 보기 에서 골라 기호를 쓰시오.

> 보기
> ㉠ 해가 뜨면 교실 공기의 온도는 낮아진다.
> ㉡ 바깥의 기온은 겨울보다 여름에 더 높다.
> ㉢ 같은 물체는 햇빛이 비치거나 그늘진 것과 관계없이 항상 온도가 같다.

( )

10~11 오른쪽과 같이 차가운 물이 담긴 음료수 캔을 따뜻한 물이 담긴 비커에 넣고 각각의 물의 온도를 1분마다 측정하였습니다. 물음에 답하시오.

10 위 실험 결과, 비커에 담긴 물의 온도는 어떻게 됩니까? ( )

① 높아진다.
② 낮아진다.
③ 변하지 않고 그대로이다.
④ 점점 낮아지다가 다시 높아진다.
⑤ 점점 높아지다가 다시 낮아진다.

11 다음은 문제 **10**의 답과 같이 된 까닭에 대한 설명입니다. ( ) 안에 들어갈 알맞은 말을 쓰시오.

> 온도가 높은 물체에서 온도가 낮은 물체로 ( )이/가 이동하기 때문이다.

( )

12 다음과 같이 얼음 위에 생선을 두었을 때 열의 이동 방향을 ← 또는 →로 나타내시오.

> 얼음 ( ) 생선

4 고체에서 열의 이동

1 고체에서 열의 이동 알아보기

탐구 과정	① 세 가지 모양의 구리판 윗면에 각각 열 변색 붙임딱지를 붙인다. ② 길게 자른 구리판의 한쪽 끝부분을 가열하면서 열 변색 붙임딱지의 색깔 변화를 관찰한다. ③ 이번에는 정사각형 구리판의 한 꼭짓점과 가운데 부분, ┗ 모양 구리판의 한 꼭짓점을 각각 가열하면서 열 변색 붙임딱지의 색깔 변화를 관찰한다.
탐구 결과	세 가지 구리판 모두 가열한 부분에서 멀어지는 방향으로 색이 변한다. 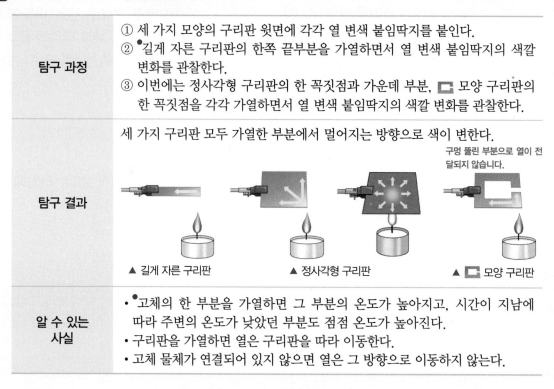 구멍 뚫린 부분으로 열이 전달되지 않습니다. ▲ 길게 자른 구리판　　▲ 정사각형 구리판　　▲ ┗ 모양 구리판
알 수 있는 사실	• 고체의 한 부분을 가열하면 그 부분의 온도가 높아지고, 시간이 지남에 따라 주변의 온도가 낮았던 부분도 점점 온도가 높아진다. • 구리판을 가열하면 열은 구리판을 따라 이동한다. • 고체 물체가 연결되어 있지 않으면 열은 그 방향으로 이동하지 않는다.

2 고체에서 열의 이동

(1) **전도**: 고체에서의 열의 이동 방법으로, 온도가 높은 곳에서 낮은 곳으로 고체 물체를 따라 열이 이동하는 것

(2) 한 고체 물체가 끊겨 있거나, 두 고체 물체가 접촉하고 있지 않다면 열은 잘 전도되지 않습니다.

• **고체에서 열의 이동을 알아보는 실험 장치**

열 변색 붙임딱지를 붙인 구리판

• **고체에서 열의 이동을 알아보는 실험**
• 과정: 쇠막대에 일정한 간격으로 열 변색 물감을 칠한 다음, 쇠막대의 끝을 가열하면서 색깔 변화를 관찰합니다.

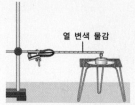

열 변색 물감

• 결과: 가열한 부분부터 물감의 색깔이 변합니다.

3 우리 주변에서 고체에서 열이 이동하는 예 +1

고기를 구울 때의 열의 이동	뜨거운 찌개에 담가 둔 숟가락에서 열의 이동

• 팬에서는 불과 가까이 있는 부분에서 불에서 멀어지는 쪽으로 열이 이동한다. • 열의 이동 방향: 뜨거운 팬 → 고기	• 뜨거운 찌개에 숟가락을 담가 두면 찌개에 직접 닿지 않았던 숟가락 손잡이까지 뜨거워진다. • 열의 이동 방향: 뜨거운 찌개에 담가 두었던 부분 → 숟가락 손잡이 부분

+1 고체에서 열이 이동하는 현상

• 프라이팬의 가운데 부분을 가열하면 프라이팬의 철로 된 부분을 따라 열이 이동하여 프라이팬 전체가 뜨거워집니다.

• 전기 장판 안에 있는 열선이 따뜻해지면 그 주변의 장판으로 열이 이동하면서 전기 장판 전체가 따뜻해집니다.

핵심 개념 정리

• 구리판을 가열하면 가열한 부분에서 멀어지는 방향으로 열이 이동합니다.

• 고체 물체가 연결되어 있지 않으면 열은 그 방향으로 이동하지 않습니다.

• 고체에서 열은 고체 물체를 따라 온도가 높은 곳에서 낮은 곳으로 이동하며, 이러한 열의 이동 방법을 전도라고 합니다.

1~2 다음과 같이 구리판에 열 변색 붙임딱지를 붙이고, 구리판의 한 꼭짓점을 가열하였습니다. 물음에 답하시오.

1 위 열 변색 붙임딱지의 색깔이 가장 먼저 변하는 부분의 기호를 쓰시오.

(   )

2 다음은 위 실험 결과로 알 수 있는 사실입니다. (   ) 안의 알맞은 말에 ○표 하시오.

> 고체에서 열은 고체 물체를 따라 온도가 (높, 낮)은 곳에서 (높, 낮)은 곳으로 이동한다.

3 다음 (   ) 안에 들어갈 알맞은 말을 쓰시오.

> 고체에서 열은 고체 물체를 따라 온도가 높은 곳에서 낮은 곳으로 이동한다. 이러한 고체에서의 열의 이동 방법을 (   )(이)라고 한다.

(   )

4 뜨거운 국에 숟가락을 담가 두면 숟가락이 뜨거워집니다. 그 까닭으로 옳은 것은 어느 것입니까?   (   )

① 주위의 공기가 뜨겁기 때문이다.

② 국에 숟가락 손잡이까지 담겨졌기 때문이다.

③ 뜨거운 국의 열이 공기를 뜨겁게 했기 때문이다.

④ 뜨거운 국의 열이 숟가락으로 이동했기 때문이다.

⑤ 뜨거운 국물이 숟가락을 타고 올라가 숟가락을 뜨겁게 했기 때문이다.

5 고체 물질의 종류에 따라 열이 이동하는 빠르기

1 고체 물질의 종류에 따라 열이 이동하는 빠르기 비교하기 ➕1

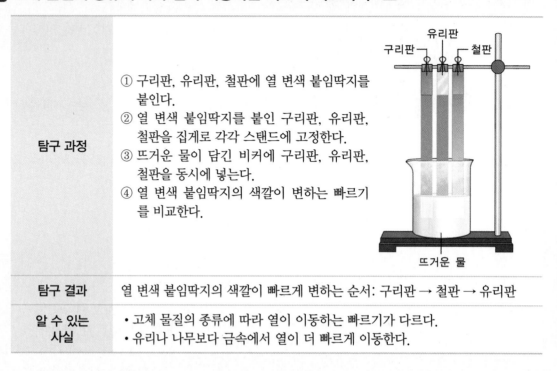

탐구 과정	① 구리판, 유리판, 철판에 열 변색 붙임딱지를 붙인다. ② 열 변색 붙임딱지를 붙인 구리판, 유리판, 철판을 집게로 각각 스탠드에 고정한다. ③ 뜨거운 물이 담긴 비커에 구리판, 유리판, 철판을 동시에 넣는다. ④ 열 변색 붙임딱지의 색깔이 변하는 빠르기를 비교한다.
탐구 결과	열 변색 붙임딱지의 색깔이 빠르게 변하는 순서: 구리판 → 철판 → 유리판
알 수 있는 사실	• 고체 물질의 종류에 따라 열이 이동하는 빠르기가 다르다. • 유리나 나무보다 금속에서 열이 더 빠르게 이동한다.

2 고체 물질의 종류에 따라 열이 이동하는 빠르기가 다른 성질을 이용한 예

▲ 주전자

▲ 냄비

바닥은 열이 잘 전달되는 금속으로 만들고, 손잡이는 플라스틱이나 나무 등과 같이 열이 잘 전달되지 않는 물질로 만든다.

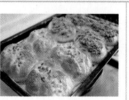
▲ 빵 굽는 틀

▲ 다리미

빵을 잘 굽기 위해 열이 이동하는 빠르기가 빠른 물질로 만든다.

다리미 아래쪽 판이 금속으로 되어 있어 열이 옷으로 잘 전달되고, 손잡이는 플라스틱으로 만들어 열이 잘 전달되지 않는다.

• 우리 생활에 단열을 이용한 예

• 건물을 지을 때 단열재를 사용하면 열의 이동을 막아서 실내 온도를 적절히 유지할 수 있습니다.

▲ 단열재

• 보온병의 벽과 벽 사이는 진공으로 되어 있어 따뜻한 물이나 차가운 물을 담으면 오랫동안 온도가 유지됩니다.

▲ 보온병

3 °단열에 대해 알아보기 ➕2

(1) 단열: 두 물체 사이에서 열의 이동을 막는 것
(2) 고체 물체 사이를 막아 열이 매우 느리게 이동하게 하면 물체는 처음 온도를 오랫동안 유지할 수 있습니다.

+1 고체 물질의 종류에 따라 열이 이동하는 빠르기 비교하기

[실험 과정]

① 구리판, 유리판, 철판의 끝부분에 각각 크기가 같은 버터 조각을 붙이고, 비커에 각각 넣습니다.

② 비커에 같은 온도의 뜨거운 물을 붓고, 두꺼운 종이를 잘라 비커의 윗부분을 덮습니다.

③ 시간이 지나는 동안 각 판에 붙어 있는 버터의 변화를 관찰합니다.

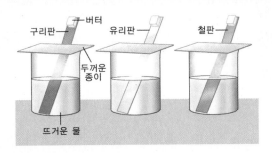

[실험 결과]

버터가 빨리 녹는 순서: 구리판 → 철판 → 유리판

+2 단열을 이용하는 예

컵 싸개가 손에서 차가운 컵으로 열이 이동하는 것을 막습니다. 아이스박스 안으로 열이 잘 이동하지 않아 물, 음료 등의 온도가 오랫동안 유지됩니다.

▲ 컵 싸개의 이용

▲ 아이스박스의 이용

 **핵심 개념 정리**

• 고체 물질의 종류에 따라 열이 이동하는 빠르기가 다릅니다.

• 유리나 나무보다 금속에서 열이 빠르게 이동합니다.

• 두 물체 사이에서 열의 이동을 막는 것을 단열이라고 하며, 열이 매우 느리게 이동하게 하면 물체는 처음 온도를 오랫동안 유지할 수 있습니다.

1~2 오른쪽과 같이 구리판, 유리판, 철판에 열 변색 붙임딱지를 붙이고, 뜨거운 물이 담긴 비커에 넣었습니다. 물음에 답하시오.

1 위 세 가지 판 중 가장 빨리 열 변색 붙임딱지의 색깔이 변하는 것을 쓰시오.

(　　　　　　　)

2 위 실험을 통해 알 수 있는 사실로 옳은 것은 어느 것입니까? (　　　)

① 구리보다 철에서 열이 더 빠르게 이동한다.

② 금속이 아닌 물질은 열이 빠르게 이동한다.

③ 금속은 종류에 관계없이 열이 이동하는 빠르기가 같다.

④ 고체 물질의 종류에 따라 열이 이동하는 빠르기는 다르다.

⑤ 구리판, 유리판, 철판의 순서로 열 변색 붙임딱지의 색깔이 변한다.

3~4 오른쪽 주전자를 보고, 물음에 답하시오.

3 위 주전자에서 열이 가장 빨리 이동하는 부분의 기호를 쓰시오.

(　　　　　　　)

4 위 주전자에서 열이 잘 전달되지 않도록 플라스틱으로 만드는 부분의 기호를 쓰시오.

(　　　　　　　)

6 액체에서 열의 이동

1 액체에서 열의 이동 알아보기

탐구 과정	① 플라스틱 컵 네 개를 거꾸로 뒤집어 사각 수조의 각 꼭짓점 부분에 놓아 받침대를 만든다. ② 사각 수조에 차가운 물을 $\frac{2}{3}$ 정도 넣고 받침대 위에 올려놓는다. ③ 스포이트를 사용하여 수조 바닥에 파란색 잉크를 천천히 넣는다. ④ 파란색 잉크가 있는 부분의 수조 아래를 뜨거운 물이 담긴 종이컵으로 가열하면서 잉크의 움직임을 관찰한다.
•탐구 결과	뜨거운 물이 담긴 종이컵으로 가열된 파란색 잉크가 위로 올라간다.  
알 수 있는 사실	액체의 한 부분을 가열하면 주변보다 온도가 높아지고, 온도가 높은 물질이 직접 위로 이동하면서 열을 전달한다.

2 액체에서 열의 이동 +1

(1) 물이 담긴 주전자를 가열할 때 물 전체가 뜨거워지는 현상

> 물이 담긴 주전자를 가열하면 주전자의
> 바닥 근처에 있던 물의 온도가 높아짐.
> ↓
> 온도가 높아진 물은 위로 올라감.
> ↓
> 위에 있던 차가운 물은 아래로 밀려 내려감.
> ↓
> 위 과정이 반복되면서 물 전체의 온도가 높아짐.
> ↓
> 시간이 지나면 물 전체가 따뜻해짐.

▲ 주전자에 담긴 물에서 열의 이동

- **파란색 잉크가 움직이는 모습 화살표로 나타내기**

- **목욕물이 담긴 욕조 물의 윗부분이 아랫부분보다 온도가 높은 까닭**
  온도가 더 높은 물이 위로 올라가기 때문에 욕조 윗부분의 물이 아랫부분의 물보다 온도가 높습니다.

(2) •**대류**: 액체에서의 열의 이동 방법으로, 액체에서는 주변보다 온도가 높은 물질이 직접 위로 이동해 열을 전달합니다. +2

+1 액체에서 열의 이동

뜨거워진 물이 직접 위로 올라 갑니다.

뜨거워진 물이 계속 위로 올라가고 옆으로 움직입니다.

시간이 지나면 물 전체가 골고루 따뜻해집니다.

+2 물이 든 비커의 한쪽을 가열했을 때 열의 이동

핵심 개념 정리

• 주전자 속 물을 끓이면 불이 닿는 아랫부분의 물이 가열되어 위로 올라가고, 위에 있던 차가운 물이 아래로 밀려 내려가는 과정이 반복되면서 물이 전체적으로 따뜻해집니다.

• 액체에서는 주변보다 온도가 높은 물질이 직접 위로 이동해 열을 전달하는데, 이러한 액체에서의 열의 이동 방법을 대류라고 합니다.

1~2 차가운 물이 담긴 사각 수조에 파란색 잉크를 넣고, 파란색 잉크가 있는 부분의 수조 아래를 뜨거운 물이 담긴 종이컵으로 가열하면서 잉크의 움직임을 관찰하였습니다. 물음에 답하시오.

1 위 실험 결과, 파란색 잉크의 움직임을 옳게 나타낸 것의 기호를 쓰시오.

(   )

2 위 실험 결과로 알 수 있는 사실로 옳은 것은 어느 것입니까?   (   )

① 가열된 물은 이동하지 않는다.
② 가열된 물은 옆으로만 이동한다.
③ 온도가 낮아진 물이 열을 전달한다.
④ 가열되어 온도가 높아진 물이 아래로 내려온다.
⑤ 가열된 물은 직접 위로 올라가고 차가운 물이 아래로 밀려 내려온다.

3 주전자에 물을 넣고 바닥을 가열하면 물 전체가 따뜻해집니다. 그 까닭으로 옳은 것은 어느 것입니까?   (   )

① 주전자 표면이 차가워지기 때문이다.
② 주전자 바닥에는 열이 이동하지 않기 때문이다.
③ 온도가 높아진 물이 직접 위로 이동하기 때문이다.
④ 불꽃이 주전자 안의 물을 직접 골고루 데우기 때문이다.
⑤ 물의 한 부분을 가열하면 열이 이동하지 않기 때문이다.

7 기체에서 열의 이동

1 기체에서 열의 이동 알아보기 +1

탐구 과정	① 삼발이 아래에 알코올램프를 놓는다. ② 알코올램프에 불을 붙이기 전과 불을 붙인 후에 삼발이 위쪽에 비눗방울을 불어 비눗방울의 움직임을 관찰한다.	
탐구 결과	**알코올램프에 불을 붙이지 않았을 때**	**알코올램프에 불을 붙였을 때**
	비눗방울이 아래로 떨어진다.	비눗방울이 위로 올라간다.
알 수 있는 사실	알코올램프 주변의 뜨거워진 공기가 위로 올라가기 때문에 알코올램프에 불을 붙이기 전과 후에 비눗방울의 움직임이 달라진다.	

2 기체에서 열의 이동

(1) **기체에서 열의 이동**: 공기를 가열하면 온도가 높아진 공기는 위로 올라가고 위쪽에 있던 온도가 낮은 공기는 아래로 밀려 내려옵니다.
(2) *기체에서도 액체에서와 같이 대류를 통해 열이 이동합니다.

3 우리 생활에서 기체의 대류를 활용한 예

(1) 실내에서 난방 기구와 냉방 기구를 설치하기 좋은 위치

*난방 기구	냉방 기구
난방 기구는 바닥에 설치하면 데워진 따뜻한 공기는 위로 올라가고 차가운 공기는 아래로 내려오는 과정이 반복되면서 실내 전체가 따뜻해진다.	냉방 기구는 위쪽에 설치하면 차가운 공기는 아래로 내려가고 따뜻한 공기는 위로 올라가는 과정이 반복되면서 실내 전체가 시원해진다.

➡ 뜨거운 공기는 위로 올라가고, 차가운 공기는 아래로 내려오기 때문입니다.
(2) 화재가 발생하면 온도가 높아진 기체가 위로 모이기 때문에 몸을 낮추어서 이동해야 합니다.

- **물과 공기에서 열의 이동**
  - 물과 공기는 모두 온도가 높은 물질이 직접 위로 올라가면서 열을 전달합니다.
  - 물과 공기 모두 대류를 통해 열을 전달합니다.
- **겨울에 난방 기구를 켜서 공간이 따뜻해진 경험**
  - 난방 기구를 켜 두면 공간이 따뜻해집니다.
  - 난방 기구를 한 곳에만 켜 놓아도 공간 전체가 따뜻해집니다.
  - 난방 기구를 한 곳에만 켜 놓아도 공간 전체가 따뜻해지는 까닭은 열이 이동했기 때문입니다.

+1 기체에서 열의 이동

알루미늄 포일로 감싼 티(T) 자 모양의 종이를 비커의 가운데에 걸쳐 놓습니다. 향에 불을 붙인 다음, 초를 넣은 반대쪽 비커 바닥 근처에 향을 넣고 향 연기의 움직임을 관찰합니다. 초에 불을 붙이고 1분 정도 기다린 다음, 같은 방법으로 향을 넣고 향 연기의 움직임을 관찰합니다.

초에 불을 붙이기 전	초에 불을 붙인 후

향 연기가 향을 넣은 쪽 위로 올라간다.	향 연기가 초를 넣은 쪽 위로 올라간다.

불을 붙인 초 주변의 따뜻해진 공기가 위로 올라가기 때문이다.

1~2 오른쪽과 같이 삼발이 아래에 알코올램프를 설치하고, 알코올램프에 불을 붙이기 전과 불을 붙인 후에 비눗방울을 삼발이 위쪽에 불어 비눗방울의 움직임을 관찰하였습니다. 물음에 답하시오.

1 위 실험 결과, 알코올램프에 불을 붙이기 전과 후의 비눗방울의 움직임을 선으로 연결하시오.

(1) 불을 붙이기 전 •　　　• ㉠ 비눗방울이 위로 올라간다.

(2) 불을 붙인 후 •　　　• ㉡ 비눗방울이 아래로 내려간다.

2 다음은 알코올램프에 불을 붙이기 전과 후에 비눗방울의 움직임이 달라지는 까닭을 설명한 것입니다. ( ) 안의 알맞은 말에 ○표 하시오.

> 알코올램프에 불을 붙이면 알코올램프 주변의 뜨거워진 공기가 (위로, 아래로) 이동하기 때문이다.

3 공기에서 열의 이동에 대한 설명으로 옳은 것은 어느 것입니까? (　)

① 따뜻한 공기는 아래로 내려간다.
② 공기에서 열은 주위 고체 물질을 따라 이동한다.
③ 공기가 데워진 곳에서부터 모든 방향으로 뜨거운 공기가 퍼진다.
④ 따뜻한 공기는 위로 올라가고 차가운 공기는 아래로 내려간다.
⑤ 온도가 높아진 공기가 아래로 내려가면 아랫부분에 있던 온도가 낮은 공기는 위로 올라간다.

4 다음은 물과 공기에서의 열의 이동을 비교한 것입니다. ( ) 안에 들어갈 알맞은 말을 쓰시오.

> 물과 공기는 주위보다 온도가 (　　　) 물질이 직접 위로 올라가면서 열을 전달한다.

(　　　　)

🎓 핵심 개념 정리

• 공기를 가열하면 온도가 높아진 공기는 위로 올라가고, 위쪽에 있던 온도가 낮은 공기는 아래로 밀려 내려옵니다.

• 기체에서도 액체에서와 같이 물질이 직접 이동해 열을 전달하며, 이러한 열의 이동 방법을 대류라고 합니다.

• 뜨거운 공기는 위로 올라가고, 차가운 공기는 아래로 내려오기 때문에 냉방 기구는 높은 곳에, 난방 기구는 낮은 곳에 설치합니다.

뜨거운 우리는 위로 올라갈게!

차가운 우리는 아래로~ 아래로!

1~3 다음과 같이 구리판 윗면에 각각 열 변색 붙임 딱지를 붙이고, 구리판의 한 꼭짓점을 가열하였습니다. 물음에 답하시오.

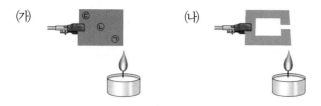

1 위 실험은 무엇을 알아보기 위한 것입니까?
( )

① 기체에서 열의 이동 방향
② 고체에서 열의 이동 방향
③ 구리판을 가열할 때의 색깔 변화
④ 열이 잘 이동하는 물질과 잘 이동하지 못하는 물질
⑤ 구멍을 뚫은 것과 뚫지 않은 구리판의 가열 속도 차이

2 위 (가)에서 열의 이동 방향을 기호로 쓰시오.

( ) → ( ) → ( )

3 위 실험으로 알 수 있는 고체에서 열의 이동에 대한 설명으로 옳지 <u>않은</u> 것은 어느 것입니까?
( )

① 구리판에서 열의 이동 방법을 전도라고 한다.
② 구리판을 가열하면 열은 구리판을 따라 이동한다.
③ 고체의 한 부분을 가열하면 그 부분의 온도가 높아진다.
④ 고체 물체가 연결되어 있지 않아도 열은 진행 방향으로 계속 이동한다.
⑤ 구리판을 가열하면 시간이 지남에 따라 온도가 낮았던 부분도 온도가 높아진다.

4 오른쪽과 같이 뜨거운 국에 숟가락을 담가 두면 숟가락의 온도는 어떻게 되는지 옳게 설명한 것을 두 가지 고르시오.
(,)

① 숟가락 손잡이가 뜨거워진다.
② 숟가락의 온도는 처음과 변화가 없다.
③ 뜨거운 국의 열이 숟가락으로 이동한다.
④ 국의 열 때문에 숟가락 주위의 공기가 차가워진다.
⑤ 뜨거운 국물이 숟가락 손잡이를 타고 올라가 숟가락 손잡이가 뜨거워진다.

5 다음은 구리판, 유리판, 철판의 끝부분에 같은 크기의 버터 조각을 붙이고 각각 뜨거운 물이 담긴 비커에 넣은 모습입니다. 실험 결과 열이 빨리 전달되는 순서대로 고체 물질을 쓰시오.

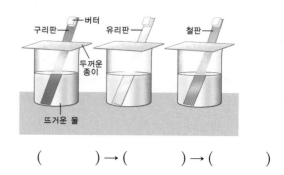

( ) → ( ) → ( )

6 다음은 우리 생활에서 무엇을 이용한 예입니까?
( )

• 집을 만들 때 벽과 벽 사이에 단열재를 넣는다.
• 물, 음료 등의 온도를 오랫동안 유지하기 위해 아이스박스나 보온병을 이용한다.

① 대류   ② 전도   ③ 단열
④ 증발   ⑤ 응결

7 다음은 액체에서 열의 이동 모습을 화살표로 나타낸 것입니다. 액체를 가열한 위치의 기호를 쓰시오.

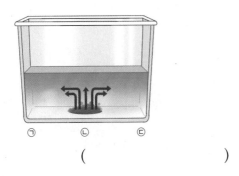

( )

8 욕조에 담긴 물의 윗부분이 아랫부분보다 온도가 높은 까닭을 옳게 설명한 것을 두 가지 고르시오.
(,)

① 온도가 높은 물은 위로 올라간다.
② 온도가 낮은 물은 위로 올라간다.
③ 온도가 높은 물은 아래로 내려간다.
④ 온도가 낮은 물은 아래로 내려간다.
⑤ 온도에 상관없이 물은 움직이지 않는다.

9 물질에 따른 열의 이동 방법을 선으로 연결하시오.

(1) 고체 •

(2) 액체 •   • ㉠ 대류

(3) 기체 •   • ㉡ 전도

10 기체에서 열의 이동을 이용한 예로 옳은 것을 보기 에서 골라 기호를 쓰시오.

보기
㉠ 에어컨을 켜서 교실을 시원하게 한다.
㉡ 물이 담긴 주전자를 가열하여 물을 데운다.
㉢ 고기를 올려놓은 프라이팬을 가열하여 고기를 굽는다.

( )

11 기체에서 열의 이동에 대한 설명으로 옳은 것은 어느 것입니까? ( )

① 기체는 고체 물체를 따라 열이 이동한다.
② 따뜻한 기체는 아래로 내려가고 차가운 기체는 위로 올라간다.
③ 기체에서 열의 이동은 액체에서 열의 이동 방법과 다르다.
④ 주위보다 온도가 높은 기체가 직접 위로 올라가면서 열이 이동한다.
⑤ 기체에서는 온도가 낮은 부분에서 온도가 높은 부분으로 열이 이동한다.

12 다음과 같이 방에 난방 기구를 설치했을 때, 따뜻한 공기의 움직임으로 옳은 것의 기호를 쓰시오.

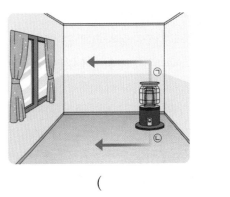

( )

2 온도와 열

열은 온도가 높은 물체에서 온도가 낮은 물체로 이동합니다. 고체에서 열의 이동은 전도, 액체와 기체에서 열의 이동은 대류입니다.

👁 그림을 보고 배운 개념을 떠올리며 (   ) 안에 알맞은 말을 써 보세요.

개념1 온도를 측정하는 까닭

기름의 온도가 180 ℃가 될 때 내가 가장 맛있게 만들어질 거야.

온도는 물체의 차갑거나 따뜻한 정도를 (❶   ) (으)로 나타낸 것입니다. 온도를 (❷   ) 측정하지 않으면 우리 생활에서 불편함이나 어려움이 생길 수 있습니다.

개념2 온도 측정하기

쓰임새에 맞게 온도계를 선택하여 온도를 측정해야 해!

적외선 온도계는 (❸   )의 온도를, 알코올 온도계는 (❹   )나 기체의 온도를 측정할 때 사용합니다. 물체의 온도는 물체가 놓인 장소, 측정 시각, 햇빛의 양에 따라 (❺   ).

👁 그림을 보고 배운 개념을 떠올리며 (   ) 안에 알맞은 말을 써 보세요.

개념4 고체에서 열의 이동

야옷! 내가 젤 빠르지!

헥헥! 내가 꼴찌하겠어.

열

구리

유리

철

고체에서 열은 고체 물체를 따라 온도가 (❿   ) 곳에서 (⓫   ) 곳으로 이동하며, 이러한 열의 이동 방법을 (⓬   )(이)라고 합니다. 유리나 나무보다 금속에서 열이 더 (⓭   ) 이동합니다.

개념5 액체에서 열의 이동

나도 따뜻해지고 싶다.

뜨거워! 위로 올라가자.

액체에서는 주변보다 온도가 (⓮   ) 물질이 직접 (⓯   )(으)로 이동해 열을 전달하며, 이러한 액체에서 열의 이동 방법을 (⓰   )(이)라고 합니다.

개념3 온도가 다른 두 물체가 접촉할 때 물체의
온도 변화

따뜻한 캔 속의
열이 손으로
이동해!

온도가 다른 두 물체가 접촉하면 온도가 낮은
물체는 온도가 (❻   ), 온도가 높은 물
체는 온도가 (❼   ). 온도가 다른 두
물체가 접촉하면 온도가 (❽   ) 물체
에서 온도가 (❾   ) 물체로 열이 이동
합니다.

개념6 기체에서 열의 이동

뜨거운 우리는
위로 올라갈게!

차가운 우리는
아래로~ 아래로!

공기를 가열하면 온도가 (⓱   )
공기는 위로 올라가고 위쪽에 있던 온도가
(⓲   ) 공기는 아래로 밀려 내려옵
니다. 이러한 기체에서 열의 이동 방법을
(⓳   )(이)라고 합니다.

옳은 문장에 ○, 틀린 문장에 ✕하세요. 틀린 부분
은 밑줄을 긋고 바른 개념으로 고쳐 써 보세요.

1 온도의 단위는 g중입니다.   (   )

2 적외선 온도계는 주로 고체의 온도를 측정할 때 사용됩
니다.   (   )

3 차가운 물과 따뜻한 물이 접촉할 때 열은 차가운 물에서
따뜻한 물로 이동합니다.   (   )

4 손으로 따뜻한 손난로를 잡고 있으면 손은 온도가 낮아
집니다.   (   )

5 고체 물질의 종류에 따라 열이 이동하는 빠르기가 다릅
니다.   (   )

6 고기를 구울 때 열은 고기에서 팬으로 이동합니다.
        (   )

7 주전자에 물을 넣고 끓일 때 물 전체가 뜨거워지는 것을
대류라고 합니다.   (   )

8 뜨거워진 액체는 아래로 이동합니다.   (   )

9 기체도 액체와 같이 대류 현상으로 열이 이동합니다.
        (   )

10 냉방 기구를 높은 곳에 설치하면 집 안을 골고루 시원하
게 할 수 있습니다.   (   )

점수

※ 한 문항당 5점입니다.

1 다음 ( ) 안에 들어갈 알맞은 말을 쓰시오.

> ( )을/를 사용하면 물체의 차갑거나 따뜻한 정도를 정확하게 알 수 있다.

( )

2 생활 속에서 온도를 정확하게 측정해야 하는 경우로 옳지 <u>않은</u> 것은 어느 것입니까? ( )

① 냉장고 내부의 온도를 측정한다.
② 교실의 형광등 온도를 측정한다.
③ 비닐 온실 안의 온도를 측정한다.
④ 아기 분유를 탈 때 물의 온도를 측정한다.
⑤ 튀김 요리를 할 때 기름의 온도를 측정한다.

3★ 여러 가지 온도계의 사용 방법에 대한 설명으로 옳은 것은 어느 것입니까? ( )

① 귀 체온계는 귓불에 대고 체온을 측정한다.
② 적외선 온도계는 공기의 온도를 측정하기에 적합하다.
③ 알코올 온도계의 눈금을 읽을 때에는 위에서 온도계를 내려다보면서 읽는다.
④ 비커 속 물의 온도를 측정하기에는 적외선 온도계보다 알코올 온도계가 적합하다.
⑤ 교실 칠판의 온도를 측정할 때에는 적외선 온도계보다 알코올 온도계가 적합하다.

4 물체의 온도를 측정할 때 온도계를 사용하면 좋은
서술형 점을 한 가지 쓰시오.

_____

_____

[5~6] 오른쪽과 같이 차가운 물이 담긴 음료수 캔을 따뜻한 물이 담긴 비커에 넣고, 음료수 캔과 비커에 담긴 물의 온도를 1분마다 측정하였습니다. 물음에 답하시오.

5 위 실험 결과, 음료수 캔과 비커에 담긴 물의 온도는 각각 어떻게 변하는지 선으로 연결하시오.

(1) │ 음료수 캔에 담긴 물 │   • ㉠ │ 온도가 낮아짐. │

                        • ㉡ │ 변하지 않음. │

(2) │ 비커에 담긴 물 │   • ㉢ │ 온도가 높아짐. │

6★ 위 실험에서 열이 이동하는 방향을 화살표(←, →)로 나타내시오.

> 음료수 캔에 담긴 물 ( ) 비커에 담긴 물

7 다음과 같은 경우, 밑줄 친 물체 중 온도가 높아지는 것에 각각 ○표 하시오.

> (가) 더운 여름에 <u>차가운 얼음 물</u>에 <u>미지근한 수박</u>을 담가 두면 수박을 시원하게 먹을 수 있다.
> (나) 추운 겨울에 <u>따뜻한 코코아</u>가 담긴 컵을 <u>손</u>으로 감쌌다.
> (다) <u>삶은 달걀</u>을 <u>차가운 물</u>에 담가 두었다가 껍질을 벗겼다.

8 오른쪽과 같이 열 변색 붙임딱지를 붙인 구리판의 한 꼭짓점을 가열할 때, 붙임딱지의 색깔이 변하는 방향을 옳게 나타낸 것은 어느 것입니까? (단, ●: 가열 위치, →: 열의 이동 방향) ( )

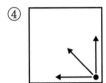

9 다음 ( ) 안의 알맞은 말에 ○표 하시오.

> 고체에서는 온도가 높은 부분에서 온도가 낮은 부분으로 (물체를 따라, 물질이 직접 이동하여) 열이 이동한다.

10 오른쪽과 같이 불 위에 올려진 팬으로 고기를 구우면 고기의 윗부분까지 잘 익습니다. 그 까닭을 열의 이동과 관련하여 쓰시오.
서술형

_____

_____

11~12 다음과 같이 열 변색 붙임딱지를 붙인 구리판, 유리판, 철판을 뜨거운 물에 넣었습니다. 물음에 답하시오.

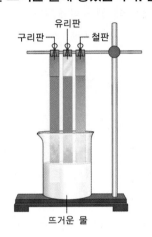

11 위 실험에서 열 변색 붙임딱지의 색깔이 가장 늦게 변하는 것의 이름을 쓰시오.

( )

12 위 실험을 통해 알 수 있는 사실로 옳은 것을 두 가지 고르시오. (,)

① 구리판에서는 열이 이동하지 않는다.
② 유리판에서 가장 빨리 열이 이동한다.
③ 구리판에서 열의 이동이 철판보다 빠르다.
④ 유리판, 철판, 구리판의 순서로 열이 빠르게 이동한다.
⑤ 고체는 물질의 종류에 따라 열이 이동하는 빠르기가 다르다.

13 다음은 고체 물질의 종류에 따라 열이 이동하는 빠르기가 다른 성질을 이용한 기구입니다. 열이 잘 전달되게 하기 위해 이용한 물질은 어느 것입니까? ( )

▲ 다리미   ▲ 냄비

① 나무   ② 유리   ③ 고무
④ 금속   ⑤ 플라스틱

14 다음 (   ) 안에 들어갈 알맞은 말을 쓰시오.

> 겨울에 열이 밖으로 빠져나가는 것을 줄이기 위해 유리창에 뽁뽁이를 붙이거나 문틈에 문풍지 등을 붙인다. 이처럼 열의 이동을 막는 것을 (   )(이)라고 한다.

(   )

15 열이 이동하는 방법이 <u>다른</u> 하나를 보기 에서 찾아 기호를 쓰시오.

> **보기**
> ㉠ 뜨거운 국에 담가 둔 숟가락이 손잡이까지 뜨거워진다.
> ㉡ 차가운 물이 담긴 주전자를 가열하면 물 전체가 뜨거워진다.
> ㉢ 냄비의 한 부분을 가열하면 냄비 속 찌개 전체가 따뜻해진다.
> ㉣ 차가운 물이 있는 욕조의 한쪽에 따뜻한 물을 넣으면 시간이 지나 물 전체가 따뜻해진다.

(   )

16~17 오른쪽과 같이 스포이트로 수조 바닥에 파란색 잉크를 넣고 뜨거운 물이 담긴 종이컵을 수조 아래에 놓았습니다. 물음에 답하시오.

16 위 실험에서 수조 바닥에 있던 파란색 잉크를 관찰한 것으로 옳은 것을 보기 에서 골라 기호를 쓰시오.

> **보기**
> ㉠ 파란색 잉크가 끓어오른다.
> ㉡ 파란색 잉크가 위로 올라간다.
> ㉢ 파란색 잉크의 색깔이 진해진다.
> ㉣ 파란색 잉크가 수조 바닥에 그대로 있다.

(   )

17 앞 실험을 통해 알 수 있는 사실로 옳은 것은 어느 것입니까? (   )

① 가열된 액체는 위로 올라간다.
② 가열된 액체는 고체로 변한다.
③ 가열된 액체는 움직이지 않는다.
④ 가열된 액체는 아래로 내려간다.
⑤ 가열된 액체는 옆으로 퍼진 후, 위로 올라간다.

18 물이 담긴 주전자를 가열하여 시간이 지나면 물 전체가 따뜻해집니다. 그 까닭을 액체에서 열의 이동과 관련지어 쓰시오. (서술형)

19 오른쪽과 같이 알코올램프에 불을 붙이기 전과 불을 붙인 후에 삼발이 위의 비눗방울의 움직임을 관찰하였습니다. 이에 대한 설명으로 옳은 것을 두 가지 고르시오. (,   )

① 이 실험으로 공기는 직접 이동하여 열을 전달한다는 것을 알 수 있다.
② 알코올램프에 불을 붙이기 전과 후에 비눗방울의 움직임은 같다.
③ 이 실험을 통해 뜨거워진 공기는 위로 올라간다는 것을 알 수 있다.
④ 알코올램프에 불을 붙이기 전에 비눗방울을 불면 비눗방울이 위로 올라간다.
⑤ 알코올램프에 불을 붙인 후에 비눗방울을 불면 비눗방울이 아래로 내려간다.

20 오른쪽의 실내에서 냉방 기구를 설치하기에 알맞은 위치의 기호를 쓰시오.

(   )

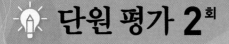

점수

※ 한 문항당 5점입니다.

1 온도에 대한 설명으로 옳지 <u>않은</u> 것은 어느 것입니까?　（　　）

① 숫자와 ℃라는 단위로 나타낸다.
② 물체가 뜨거울수록 온도는 높다.
③ 사람마다 느끼는 물체의 온도는 모두 같다.
④ 온도계를 사용하면 정확하게 측정할 수 있다.
⑤ 물체의 뜨겁거나 차가운 정도를 나타낸 것이다.

2 온도를 정확히 측정해야 하는 경우를 보기 에서 골라 옳게 짝 지은 것은 어느 것입니까? （　　）

> 보기
> ㉠ 아기 분유를 탈 때
> ㉡ 책상의 온도를 잴 때
> ㉢ 물고기가 사는 어항 속 물의 온도를 잴 때
> ㉣ 튀김 요리를 하기 위해 기름의 온도를 잴 때

① ㉠, ㉡　　　　　② ㉠, ㉢
③ ㉠, ㉢, ㉣　　　④ ㉡, ㉢, ㉣
⑤ ㉠, ㉡, ㉢, ㉣

3 다음 （　　） 안에 들어갈 알맞은 말을 쓰시오.

> （　　）은/는 주로 고체의 온도를 측정하며 온도 표시창에 온도를 숫자로 나타낸다. 측정하려는 물체와 접촉하지 않고도 측정할 수 있다.

（　　　　　　　　　）

4 알코올 온도계의 눈금을 읽는 방법으로 옳은 것은 어느 것입니까?　（　　）

① 손으로 액체샘을 잡고 눈금을 읽는다.
② 온도계로 액체를 저은 후 눈금을 읽는다.
③ 비커에 담긴 물의 온도를 잴 때에는 온도계를 바닥에 닿게 한다.
④ 액체 기둥의 끝이 눈금과 눈금 사이에 있을 때에는 아래의 눈금을 읽는다.
⑤ 액체 기둥이 더 이상 움직이지 않을 때 액체 기둥의 끝이 닿은 위치에 눈높이를 맞추어 읽는다.

5 다음은 운동장 흙의 온도를 측정하는 모습입니다. 이에 대한 설명으로 옳은 것을 보기 에서 골라 기호를 쓰시오.

> 보기
> ㉠ (가)와 (나)는 같은 흙이므로 온도가 같다.
> ㉡ 같은 물체라도 상황에 따라 온도가 다르다.
> ㉢ 그늘진 곳의 흙의 온도가 햇빛이 비치는 곳의 흙의 온도보다 높다.

（　　　　　　　　　）

6 서술형 오른쪽과 같이 얼음 위에 생선을 두었을 때 생선과 얼음의 온도 변화를 각각 쓰시오.

7 두 물체가 서로 접촉하고 있을 때 온도가 낮아지는 경우가 <u>아닌</u> 것은 어느 것입니까? ( )

① 얼음 주머니를 올려놓은 이마의 온도
② 여름철에 밖에 둔 아이스크림의 온도
③ 차가운 물에 넣고 헹군 삶은 면의 온도
④ 얼음이 든 물컵을 감싸고 있는 손의 온도
⑤ 컵에 차가운 물이 담겨 있을 때 컵의 온도

8 다음과 같이 차가운 물이 담긴 음료수 캔을 따뜻한 물이 담긴 비커에 넣고 1분 간격으로 온도를 측정하였습니다. ㉠~㉢에 들어갈 알맞은 말을 옳게 짝지은 것은 어느 것입니까? ( )

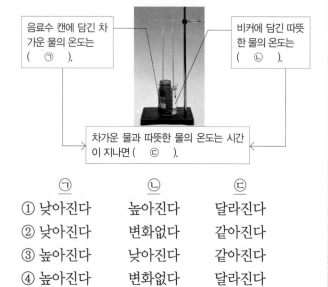

음료수 캔에 담긴 차가운 물의 온도는 (㉠).

비커에 담긴 따뜻한 물의 온도는 (㉡).

차가운 물과 따뜻한 물의 온도는 시간이 지나면 (㉢).

	㉠	㉡	㉢
①	낮아진다	높아진다	달라진다
②	낮아진다	변화없다	같아진다
③	높아진다	낮아진다	같아진다
④	높아진다	변화없다	달라진다
⑤	변화없다	변화없다	달라진다

9~10 열 변색 붙임딱지를 붙인 구리판 두 개를 준비하여 다음과 같이 가열하면서 열 변색 붙임딱지의 색깔을 관찰하였습니다. 물음에 답하시오.

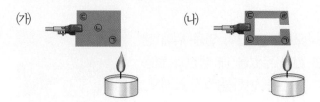

(가)   (나)

9 위 (가), (나)의 구리판에서 붙임딱지의 색깔이 가장 먼저 변하는 부분의 기호를 쓰시오.

(가): ( ), (나): ( )

10 앞 실험은 무엇을 알아보기 위한 것입니까? ( )

① 구리판의 온도 변화
② 고체에서 열이 이동하는 모습
③ 고체 물질의 종류에 따른 온도 변화
④ 고체에서 불꽃의 세기에 따른 열의 이동 빠르기
⑤ 열이 이동하는 고체 물질과 열이 이동하지 못하는 고체 물질

11* 고체에서 열의 이동에 대한 설명으로 옳은 것은 어느 것입니까? ( )

① 가열된 곳에서 먼 부분의 온도가 가장 높다.
② 열은 온도가 낮은 곳에서 높은 곳으로 이동한다.
③ 고체에서 열은 고체 물질이 직접 이동하여 전달한다.
④ 고체 물체가 연결되어 있지 않다면 열은 전달되지 않는다.
⑤ 열은 가열한 곳에서 먼 부분부터 가까운 부분으로 이동한다.

12~13 오른쪽 다리미를 보고, 물음에 답하시오.

12 다리미의 ㉠, ㉡ 중 열이 잘 이동하는 부분의 기호를 쓰시오.

( )

13 위 ㉠과 ㉡에 적합한 물질을 선으로 연결하시오.

㉠ •   • 플라스틱

㉡ •   • 금속

14~15 다음과 같이 구리판, 유리판, 철판의 끝부분에 크기가 같은 버터 조각을 붙인 다음, 비커에 넣고 뜨거운 물을 부은 뒤 각 판에 붙어 있는 버터의 변화를 관찰하였습니다. 물음에 답하시오.

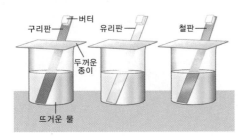

14 위 실험 결과, 구리판, 유리판, 철판 중 버터가 가장 빨리 녹는 것은 어느 것인지 쓰시오.

(   )

15* 위 실험으로 알 수 있는 사실로 옳은 것을 **보기** 에서 모두 골라 기호를 쓰시오.

> **보기**
> ㉠ 유리보다 구리에서 열이 더 빠르게 이동한다.
> ㉡ 구리판은 고체 물체 사이의 열을 막는 데 효과적이다.
> ㉢ 철판, 구리판, 유리판의 순서로 열이 빠르게 이동한다.
> ㉣ 고체 물질의 종류에 따라 열이 이동하는 빠르기가 다르다.

(   )

16 다음과 같이 물이 담긴 주전자를 가열할 때에 대한 설명으로 옳은 것을 두 가지 고르시오. (,   )

① 물 전체가 따뜻해진다.
② 물의 윗부분만 따뜻해진다.
③ 물의 아랫부분만 따뜻해진다.
④ 온도가 높아진 물은 위로 올라간다.
⑤ 온도가 높아진 물은 주전자 바닥에 머무른다.

17~18 오른쪽과 같이 비커의 한쪽을 가열하면서 잉크의 움직임을 관찰하였습니다. 물음에 답하시오.

17 이 비커 속 물의 움직임을 화살표로 옳게 나타낸 것의 기호를 쓰시오.

(   )

18 위 실험 결과, 액체에서 열은 어떻게 이동하는지 쓰시오.
서술형

_____

_____

19 공기에서 열의 이동을 이용한 예로 옳은 것을 **보기** 에서 골라 기호를 쓰시오.

> **보기**
> ㉠ 난로를 켜서 교실을 따뜻하게 한다.
> ㉡ 물을 끓이기 위해 주전자를 가열한다.
> ㉢ 프라이팬을 이용하여 고기를 굽는다.

(   )

20 교실에 난방 기구를 설치하려고 합니다. 어느 위치에 설치하는 것이 좋은지 기호를 쓰고, 그 까닭을 기체에서 열의 이동과 관련지어 쓰시오.
서술형

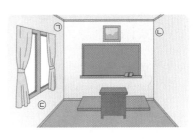

_____

_____

1~3

개념1 온도의 의미와 온도계로 온도 측정하기

• 온도는 물체의 차갑거나 따뜻한 정도를 숫자로 나타낸 것으로, 온도계로 측정합니다.

• 우리 생활에서 온도를 정확히 측정해야 할 때에는 비닐 온실에서 배추를 재배할 때, 튀김 요리를 할 때, 아기 분유를 탈 때 등이 있습니다.

• 적외선 온도계는 고체의 온도를, 알코올 온도계는 기체나 액체의 온도를 측정할 때 사용합니다.

1
빈칸
쓰기

① 온도는 물체의 차갑거나 따뜻한 정도를 숫자로 나타낸 것으로, (　　　　)(으)로 측정합니다.

② (　　　　)에 맞는 온도계를 사용해야 물체나 장소의 온도를 정확하고 편리하게 측정할 수 있습니다.

2
문장
쓰기

다음 온도계는 각각 어떤 쓰임새에 사용하는지 쓰시오.

귀 체온계는 _____ 을/를 측정할

때, 알코올 온도계는 주로 _____

을/를 측정할 때, 적외선 온도계는 주로

_____ 을/를 측정할 때 사용

합니다.

3
서술
완성

다음 온도계 중에서 교실에 있는 책상의 온도를 측정하려고 할 때 가장 적합한 온도계를 쓰고, 그렇게 선택한 까닭을 쓰시오.

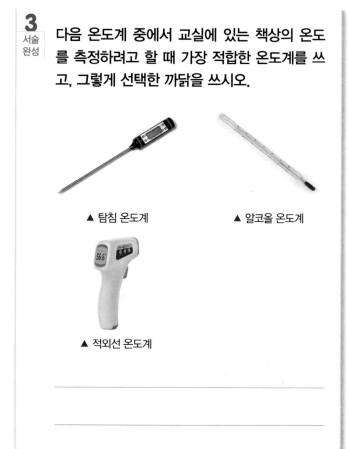

▲ 탐침 온도계　　　　▲ 알코올 온도계

▲ 적외선 온도계

_____

_____

4~6

개념2 온도가 다른 두 물체가 접촉할 때 두 물체의 온도 변화

• 온도가 다른 두 물체가 접촉하면 온도가 높은 물체는 온도가 점점 낮아지고 온도가 낮은 물체는 온도가 점점 높아집니다.

• 온도가 높은 물체에서 온도가 낮은 물체로 열이 이동합니다.

4
빈칸
쓰기

① 온도가 다른 두 물체가 접촉하면 온도가 (　　　　) 물체는 온도가 높아지고, 온도가 (　　　　) 물체는 온도가 낮아집니다.

② 온도가 다른 두 물체가 접촉한 채로 시간이 지나면 두 물체의 온도는 (　　　　).

5
문장
쓰기

오른쪽과 같이 삶은 면을 차가운 물에 헹굴 때 삶은 면과 차가운 물의 온도 변화와 열이 이동하는 방향을 쓰시오.

삶은 면은 _____,

차가운 물은 _____.

이때 열은 _____ 이동합니다.

6
서술
완성

다음은 손난로와 얼음이 든 컵을 들고 있을 때 열이 이동하는 방향을 화살표로 나타낸 것입니다. 이렇게 손에 들고 있는 물체에 따라 열의 이동 방향이 다른 까닭을 쓰시오.

_____

_____

_____

7~9

개념3 **기체에서 열의 이동**

• 기체에서는 온도가 높아진 물질이 위로 올라가고 위에 있던 물질이 아래로 내려오는 대류를 통해 열이 이동합니다.

• 난방 기구는 바닥에 설치하면 데워진 따뜻한 공기는 위로 올라가고 차가운 공기는 아래로 내려오는 과정이 반복되면서 실내 전체가 따뜻해집니다.

7
빈칸
쓰기

① 온도가 높아진 공기는 (   ), 위에 있던 공기는 (   ) 됩니다.

② 기체에서도 액체에서와 같이 (   )을/를 통해 열이 이동합니다.

8
문장
쓰기

다음과 같이 냉방 기구와 난방 기구를 설치하는 위치가 다른 까닭을 공기의 이동과 관련지어 쓰시오.

냉방 기구는 높은 곳에 설치하여

_____ 성질을 이용해야 하고,

난방 기구는 낮은 곳에 설치하여 _____

_____ 성질을 이용해야 하기 때문입니다.

9
서술
완성

천장에 난방기가 설치되어 있어 난방을 하는데도 발이 시린 경험이 있습니다. 난방을 하는데도 발이 시린 까닭을 쓰시오.

_____

_____

1 현지와 승우가 따뜻한 물과 차가운 물에 각각 손을 담갔다가 동시에 미지근한 물에 담가 보았습니다. 물음에 답하시오. [12점]

(1) 현지와 승우 중 미지근한 물에 담근 손이 더 따뜻하다고 느끼는 사람의 이름을 쓰시오. [2점]

(　　　　　)

(2) 위와 같이 같은 미지근한 물이라도 사람마다 느끼는 정도는 다릅니다. 미지근한 물의 온도를 정확하게 알기 위해서 필요한 기구는 무엇인지 쓰시오. [2점]

(　　　　　)

(3) 물체의 차갑거나 따뜻한 정도를 온도를 사용하여 나타낼 때의 좋은 점을 한 가지 쓰시오. [8점]

_____

2 오른쪽과 같이 ㉠ 차가운 물이 담긴 음료수 캔을 ㉡ 따뜻한 물이 담긴 비커에 넣고, 1분마다 물의 온도를 측정하였습니다. 물음에 답하시오. [12점]

(1) 위 ㉠과 ㉡ 중 물의 온도가 높아지는 것은 어느 것인지 기호를 쓰시오. [2점]

(　　　　　)

(2) 위 ㉠과 ㉡ 물의 온도가 변하는 까닭을 쓰시오.
[10점]

_____

_____

3 오른쪽과 같이 얼음물이 담긴 컵을 손으로 잡았습니다. 물음에 답하시오. [12점]

(1) 손으로 컵을 잡고 있을 때 열의 이동 방향을 화살표로 나타내시오. [2점]

| 얼음물이 담긴 컵 | (　　　) | 손 |

(2) 위와 같이 온도가 다른 두 물체가 접촉했을 때 온도가 낮아지는 경우의 예를 한 가지 쓰시오. [10점]

_____

_____

4 다음과 같이 열 변색 붙임딱지를 붙인 ⊏ 모양 구리판의 한 꼭짓점을 가열할 때 색깔이 변하는 모습을 관찰하였습니다. 물음에 답하시오. [12점]

(1) 위 구리판에서 ㉠~㉣ 중 색깔이 가장 먼저 변하는 부분의 기호를 쓰시오. [2점]

(　　　　　)

(2) 위 구리판에서 열이 이동하는 방향을 보기 의 말을 모두 사용하여 쓰시오. [10점]

보기

가열하는 부분, 먼 부분

_____

_____

5 오른쪽은 주전자에 물을 넣고 끓이는 모습입니다. 물음에 답하시오. [12점]

(1) 주전자의 바닥과 손잡이는 각각 어떤 물질로 만들어야 하는지 쓰시오. [4점]

주전자 바닥	
주전자 손잡이	

(2) 주전자의 바닥과 손잡이가 위 (1)의 답과 같은 물질로 이루어져 있어서 좋은 점을 쓰시오. [8점]

_____

_____

6 다음은 파란색 잉크가 있는 부분의 수조 아래를 뜨거운 물이 담긴 종이컵으로 가열하는 모습입니다. 물음에 답하시오. [12점]

파란색 잉크

(1) 위 수조 바닥에 있는 파란색 잉크의 이동 방향을 화살표(↑, ↔, ↓)로 나타내시오. [2점]

(   )

(2) 위 (1)의 답을 선택한 까닭을 쓰시오. [10점]

_____

_____

7 다음에서 삼발이의 위쪽에 비눗방울을 불었을 때 비눗방울이 알코올램프 주변에서 위로 올라가는 것을 골라 기호를 쓰고, 그렇게 생각한 까닭을 쓰시오. [8점]

(가)    (나)

▲ 알코올램프에 불을 붙이지 않았을 때　　▲ 알코올램프에 불을 붙였을 때

_____

_____

8 다음과 같이 겨울철 실내에 난방 기구를 설치하려고 합니다. 물음에 답하시오. [12점]

㉠ 거실의 위쪽

㉡ 거실의 아래쪽

(1) 위 ㉠과 ㉡ 중 난방 기구를 설치하기에 적합한 장소는 어디인지 기호를 쓰시오. [2점]

(   )

(2) 위 (1)의 답처럼 설치해야 하는 까닭을 쓰시오. [10점]

_____

_____

2 온도와 열

과제명	온도가 다른 두 물체가 접촉할 때 열의 이동 알아보기	배점	20점
성취 목표	두 물체가 접촉할 때 두 물체의 온도 변화를 열의 이동으로 설명할 수 있다.		

1~3 다음은 차가운 물이 담긴 음료수 캔을 따뜻한 물이 담긴 비커에 넣은 후, 1분마다 음료수 캔과 비커에 들어 있는 물의 온도를 측정한 결과입니다. 물음에 답하시오.

구분	0	1	2	3	4	5	6	7
음료수 캔에 담긴 물의 온도(℃)	14.5	17.0	20.0	22.0	25.0	27.0	29.0	31.0
비커에 담긴 물의 온도(℃)	67.0	55.0	48.0	43.0	39.0	36.0	33.0	31.0

1 위 실험 결과, 음료수 캔과 비커에 담긴 물의 온도는 시간이 지나면서 어떻게 변하는지 쓰시오. [6점]

_____

_____

2 위 실험을 통해 알 수 있는 온도가 다른 두 물체가 접촉할 때 열의 이동을 쓰시오. [6점]

_____

_____

3 다음과 같이 온도가 다른 두 물체가 접촉하고 있을 때 온도가 높아지는 물체와 낮아지는 물체, 열의 이동 방향을 각각 쓰시오. [8점]

구분	온도가 높아지는 물체	온도가 낮아지는 물체	열의 이동 방향
▲ 갓 삶은 달걀과 차가운 물			
▲ 생선과 얼음			

2 온도와 열

과제명	고체와 액체에서 열의 이동 알아보기	배점	20점
성취 목표	고체와 액체에서 열이 이동하는 방법을 설명할 수 있다.		

1~4 다음은 고체와 액체에서 열의 이동을 알아보는 실험입니다. 물음에 답하시오.

(가) 고체에서 열의 이동	(나) 액체에서 열의 이동
열 변색 붙임딱지를 붙인 구리판의 한 꼭짓점을 가열하면서 열 변색 붙임딱지의 색깔 변화를 관찰한다.	차가운 물이 담긴 사각 수조 바닥에 파란색 잉크를 넣은 후, 잉크가 있는 부분의 수조 아래를 뜨거운 물이 담긴 종이컵으로 가열하면서 잉크의 움직임을 관찰한다.

1 위 (가)의 실험 결과로 구리판에서 열 변색 붙임딱지의 색깔이 변하는 방향을 화살표로 표시하고, (나)의 실험 결과로 파란색 잉크의 움직임을 화살표로 표시하시오. [4점]

(가)

(나)

파란색 잉크

2 위 실험 (가)의 결과로 알 수 있는 사실을 바탕으로 고체에서 열이 이동하는 방법을 쓰시오. [7점]

3 위 실험 (나)의 결과로 알 수 있는 사실을 바탕으로 액체에서 열이 이동하는 방법을 쓰시오. [7점]

4 고체와 액체에서 열의 이동 방법을 각각 무엇이라고 하는지 쓰시오. [2점]

고체에서 열의 이동 방법	액체에서 열의 이동 방법

2 온도와 열

과제명	단열을 이용하는 예 찾아보기	배점	20점
성취 목표	단열이 무엇인지 설명하고, 단열을 이용하는 예를 찾을 수 있다.		

1~3 다음은 단열을 이용하는 예입니다. 물음에 답하시오.

▲ 나무 손잡이가 있는 프라이팬

▲ 주방 장갑

▲ 아이스박스

1 단열에 대한 설명입니다. ( ) 안에 들어갈 알맞은 말을 쓰시오. [2점]

> 단열은 두 물체 사이의 ( )을/를 막는 것이다.

( )

2 위에서 단열을 이용하는 부분을 찾아 쓰시오. [12점]

나무 손잡이가 있는 프라이팬	
주방 장갑	
아이스박스	

3 우리 생활에서 단열을 이용하지 못하면 어떤 문제가 생길지 한 가지 쓰시오. [6점]

_____

_____

3

태양계와 별

1 태양이 우리에게 미치는 영향

1 ˙태양이 생물과 우리 생활에 미치는 영향

(1) 태양이 생물과 우리 생활에 미치는 영향 찾아보기 +1

태양 빛은 물체를 볼 수 있게 합니다.

① 태양 빛을 이용해 전기를 만들어 생활에 이용합니다.

② 밝은 낮에 야외에서 뛰어놀 수 있습니다.

③ 태양은 식물이 양분을 만드는 데 도움을 줍니다.

④ 사람들이 ˙일광욕을 즐깁니다.

⑤ 태양 빛으로 빨래를 말리면 잘 마르고, ˙세균을 없앨 수 있습니다.

⑥ 태양 빛을 이용해 염전에서 소금을 만들 수 있습니다.

⑦ 태양 때문에 물이 증발하고 구름이 되어 비가 내립니다.

> 식물은 태양 빛이 있어야 양분을 만들어 살아갈 수 있으며, 일부 동물은 식물이 만든 양분을 먹고 살아가기도 합니다.

(2) 태양이 생물과 우리 생활에 미치는 영향

① 지구에 있는 물이 순환하는 데 필요한 에너지를 끊임없이 공급해 줍니다.

② 지구를 따뜻하게 하여 생물이 살아가기에 알맞은 환경을 만들어 줍니다.

③ 우리가 살아가는 데 필요한 대부분의 에너지는 태양에서 얻습니다.

(3) 태양이 지구의 에너지원이 되는 까닭

① 식물과 동물이 자라고 사람들이 생활하는 데 필요한 에너지를 제공하기 때문입니다.

② 지구의 공기와 땅, 바다의 환경과 생물의 활동에 꼭 필요한 에너지를 제공하기 때문입니다.

2 태양이 우리에게 소중한 까닭

(1) 태양이 있기 때문에 사람들은 밝은 낮에 활동할 수 있습니다.

(2) 태양이 없었다면 지구는 차갑게 얼어붙었을 것이기 때문입니다.

(3) 태양이 없으면 식물이 자라지 못하고 동물도 살기 어려울 것입니다.

- **태양에 대해 이야기하기**
  - 태양은 하늘에서 볼 수 있습니다.
  - 태양은 매우 밝고, 멀리 있으며, 뜨겁습니다.
  - 태양이 있으면 낮이 되고, 없으면 밤이 됩니다.
  - 태양 빛이 강한 날에는 빨래가 잘 마릅니다.

▲ 태양

- **일광욕**
  치료나 건강을 위하여 온몸을 드러내고 햇빛을 쬠. 또는 그런 일

- **세균**
  맨눈으로 볼 수 없는 매우 작은 크기의 생김새가 단순한 생물

+1 태양이 지구에 미치는 영향

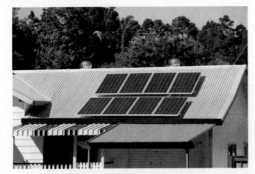

▲ 태양 빛으로 전기를 만들어 사용함.

▲ 태양 빛으로 소금을 만듦.

▲ 태양 빛으로 식물이 양분을 만들고, 그 양분을 동물이 먹고 살아감.

 핵심 개념 정리

• 태양은 지구에 여러 가지 영향을 미칩니다.
• 식물은 태양 빛이 있어야 양분을 만들 수 있습니다.
• 우리가 살아가는 데 필요한 대부분의 에너지를 태양에서 얻습니다.

지구의 생물은 나의 빛과 열이 필요해.

1 지구에서 살고 있는 생물은 어디에서 오는 빛을 이용합니까?   ( )

① ▲ 달   ② ▲ 태양

③ ▲ 바다   ④ ▲ 육지

2 태양에 대한 설명으로 옳은 것에는 ○표, 옳지 않은 것에는 ×표 하시오.

(1) 태양은 매우 밝습니다.   ( )

(2) 태양은 식물에는 영향을 미치지 않습니다.
                ( )

(3) 태양에서 생물이 살아가는 데 필요한 대부분의 에너지를 얻습니다.   ( )

3 태양이 생물과 우리 생활에 미치는 영향과 관계가 먼 것은 어느 것입니까?   ( )

① 전기를 만들 수 있다.
② 염전에서 소금을 만들 수 있다.
③ 식물은 태양 빛이 있으면 잘 자란다.
④ 태양이 없어도 동물은 살아갈 수 있다.
⑤ 생물이 살아가기에 알맞은 환경을 만들어 준다.

4 태양이 우리에게 소중한 까닭으로 옳지 않은 것을 보기에서 골라 기호를 쓰시오.

보기
㉠ 우리가 따뜻하게 살 수 있게 한다.
㉡ 식물이 양분을 만드는 데 도움을 준다.
㉢ 강한 햇빛으로 피부병이 걸릴 수 있다.
㉣ 우리가 밝은 낮에 활동할 수 있게 해 준다.

                ( )

2 태양계 구성원

1 태양계

(1) **태양계**: 태양과 태양의 영향을 받는 천체들 그리고 그 공간

(2) **태양계 구성원**: 태양, 행성, •위성, 소행성, 혜성 등

태양	• 태양계의 중심에 있다. • 태양계에서 유일하게 스스로 빛을 내는 천체
행성	• 지구처럼 태양의 주위를 도는 둥근 천체 • 수성, 금성, 지구, 화성, 목성, 토성, 천왕성, 해왕성이 있다.

• **태양계의 천체**

• 위성: 지구의 주위를 도는 달처럼 행성의 주위를 도는 천체입니다.

• 소행성: 상대적으로 작고 태양 주위를 도는 암석체입니다. 대부분 화성과 목성 사이에 있습니다.

• 혜성: 소행성과 크기가 비슷하지만, 핵과 핵을 감싸는 먼지와 가스로 된 대기가 있는 천체로, 태양에 가까워지면 꼬리가 생기기도 합니다.

▲ 소행성

▲ 혜성

2 태양계 행성의 특징 +1

구분	수성	금성	지구	화성	목성	토성	천왕성	해왕성
색깔	회색	노란색	초록색, 파란색	붉은색	하얀색, 갈색	연노란 색	청록색	파란색
표면 상태	암석	암석	암석	암석	기체	기체	기체	기체
고리	없음.	없음.	없음.	없음.	있음.	있음.	있음.	있음.

▲ 수성　　▲ 금성　　▲ 지구　　▲ 화성

▲ 목성　　▲ 토성　　▲ 천왕성　　▲ 해왕성

3 태양계 행성 분류하기 +2

(1) **분류할 수 있는 기준**: 표면의 상태, 고리 등

(2) **태양계 행성의 표면 비교하기**

① 수성, 금성, 지구, 화성은 표면에 땅이 있습니다.

② 목성, 토성, 천왕성, 해왕성은 땅이 없으며 표면이 기체로 되어 있습니다.

+1 행성의 특징

수성	달의 표면처럼 구덩이가 많다.
금성	행성 중 가장 밝게 보인다.
지구	물과 공기가 있다.
화성	극지역에는 극관이 있다.
목성	표면에 줄무늬와 큰 반점이 있다.
토성	행성 중 가장 뚜렷한 고리를 가지고 있다.
천왕성	희미한 고리가 보인다.
해왕성	표면에 거대한 검은 반점이 있다.

+2 행성 분류하기

분류 기준: 표면 상태가 고체로 있는가?

그렇다.
수성, 금성, 지구, 화성

그렇지 않다.
목성, 토성, 천왕성, 해왕성

분류 기준: 표면이 기체로 되어 있는가?

그렇다.
목성, 토성, 천왕성, 해왕성

그렇지 않다.
수성, 금성, 지구, 화성

핵심 개념 정리

• 태양과 태양의 영향을 받는 천체들 그리고 그 공간을 태양계라고 합니다.
• 태양계는 태양과 행성 등으로 구성되어 있습니다.
• 행성은 지구처럼 태양의 주위를 도는 둥근 천체입니다.

태양계에는 태양, 여덟 개의 행성, 위성, 소행성, 혜성 등이 있어요.

---

1 다음 ( ) 안에 들어갈 알맞은 말을 쓰시오.

태양과 태양의 영향을 받는 천체들 그리고 그 공간을 ( )(이)라고 한다.

( )

2 태양계 행성이 아닌 것은 어느 것입니까? ( )

①
▲ 지구

②
▲ 달

③
▲ 화성

④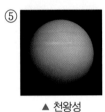
▲ 목성

⑤
▲ 천왕성

3 다음은 어떤 행성에 대한 설명입니까? ( )

• 고리가 없다.
• 붉은색을 띤다.
• 표면이 암석과 흙으로 이루어져 있다.

① 수성   ② 금성
③ 화성   ④ 토성
⑤ 천왕성

4 태양계 행성을 다음과 같이 분류했을 때 분류 기준으로 옳은 것은 어느 것입니까? ( )

수성, 금성, 지구, 화성	목성, 토성, 천왕성, 해왕성

① 위성이 있는가?, 없는가?
② 표면에 땅이 있는가?, 없는가?
③ 태양 주위를 도는가?, 돌지 않는가?
④ 행성의 색깔이 붉은색인가?, 파란색인가?
⑤ 스스로 빛을 내는가?, 빛을 내지 못하는가?

3 태양계 행성의 크기

1 °태양과 지구의 크기 비교

(1) 태양의 반지름은 지구의 반지름보다 약 109배 큽니다. — 지구 109개가 일렬로 늘어서면 태양의 지름만큼 됩니다.

(2) 태양과 지구를 비교하면 지구는 작은 점처럼 보입니다.

▲ 태양과 지구 크기 비교

2 태양계 행성의 상대적인 크기 비교하기(지구의 반지름을 1로 보았을 때) +1 +2

토성 9.4　　목성 11.2　　수성 0.4　화성 0.5　금성 0.9　지구 1.0　해왕성 3.9　천왕성 4.0

(1) **상대적인 크기가 큰 행성부터 순서대로 나열하기**: 목성, 토성, 천왕성, 해왕성, 지구, 금성, 화성, 수성

(2) **상대적인 크기가 비슷한 행성끼리 짝 지어 보기**: 수성 – 화성, 금성 – 지구, 천왕성 – 해왕성

(3) **가장 작은 행성**: 수성

(4) **가장 큰 행성**: 목성

(5) **지구와 크기가 가장 비슷한 행성**: 금성

(6) **행성을 지구보다 큰 행성과 작은 행성으로 분류해 보기**

지구보다 큰 행성	지구보다 작은 행성
목성, 토성, 천왕성, 해왕성	수성, 금성, 화성

(7) **지구의 크기가 반지름이 1 cm인 구슬과 같다면 물체로 행성의 상대적인 크기 나타내기**

　① 농구공은 목성, 배구공은 토성, 야구공은 천왕성, 완두콩은 화성과 비슷합니다.

　② 지구의 크기가 테니스공(반지름 약 3 cm)과 같다면 농구공(반지름 약 12 cm)과 짐 볼(반지름 약 33 cm)에 비유할 수 있는 행성: 농구공은 천왕성, 해왕성과 크기가 비슷하고, 짐 볼은 목성과 크기가 비슷합니다.

3 태양계 행성의 크기 비교로 알 수 있는 사실

(1) 태양계 행성의 크기는 다양합니다.

(2) 목성, 토성, 천왕성, 해왕성은 크기가 큰 행성에 속하고, 수성, 금성, 지구, 화성은 크기가 작은 행성에 속합니다.

• **태양과 달의 크기 비교**

• 지구에서 볼 때 태양과 달이 거의 같은 크기로 보이기 때문에 태양과 달의 크기가 비슷하다고 생각합니다.

• 태양은 달보다 약 400배 정도 큽니다. 하지만 지구에서 달은 지구에서 태양보다 약 400배 정도 가까이 있기 때문에 우리 눈에 거의 비슷한 크기로 보입니다.

▲ 태양과 달

+1 태양계 행성의 실제 크기

행성 이름	반지름(km)
수성	2441
금성	6052
지구	6378
화성	3396
목성	71490
토성	60270
천왕성	25560
해왕성	24760

+2 태양계 행성의 상대적인 크기 비교하기

행성 이름	지구의 크기를 1로 했을 때 태양계 행성의 상대적인 크기	지구의 반지름을 10 cm로 정하였을 때 태양계 행성의 상대적인 크기
수성	0.4	4 cm
금성	0.9	9 cm
지구	1	10 cm
화성	0.5	5 cm
목성	11.2	112 cm
토성	9.4	94 cm
천왕성	4.0	40 cm
해왕성	3.9	39 cm

핵심 개념 정리

- 태양계 행성 중에서 가장 작은 것은 수성이고, 가장 큰 것은 목성입니다.
- 지구와 크기가 가장 비슷한 행성은 금성입니다.
- 목성, 토성, 천왕성, 해왕성은 크기가 큰 행성에 속합니다.

상대적으로 크기가 작아요.

목성 천왕성 토성 해왕성 수성 금성 지구 화성

---

1 태양계 행성의 크기에 대한 설명으로 옳은 것에는 ○표, 옳지 <u>않은</u> 것에는 ×표 하시오.

(1) 태양계 행성 중에서 가장 작은 것은 수성입니다.

( )

(2) 태양계 행성 중에서 가장 큰 것은 토성입니다.

( )

(3) 수성, 금성, 지구, 화성은 상대적으로 크기가 작은 행성입니다. ( )

2 태양계 행성의 상대적인 크기를 옳게 비교한 것의 기호를 쓰시오.

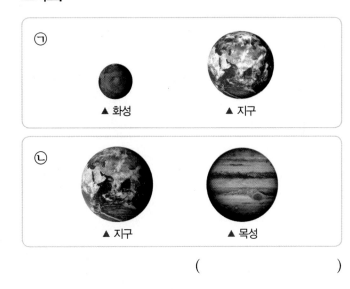

㉠
▲ 화성   ▲ 지구

㉡
▲ 지구   ▲ 목성

( )

3 지구와 가장 크기가 비슷한 행성은 어느 것입니까?

( )

① 수성　　② 금성　　③ 목성
④ 천왕성　⑤ 해왕성

4 지구의 크기가 반지름이 1 cm인 구슬과 같다면 목성과 크기가 비슷한 물체는 어느 것입니까? ( )

①

▲ 작은 콩

②

▲ 야구공

③
▲ 배구공

④

▲ 테니스공

3. 태양계와 별 49

4 태양에서 행성까지의 거리

1 지구에서 태양까지의 거리 짐작해 보기

(1) 지구에서 태양까지의 거리: 약 1억 5000만 km

(2) 지구에서 태양까지 가는 데 걸리는 시간

태양은 지구에서 매우 멀리 떨어져 있음을 알 수 있습니다.

고속 열차를 타고 가면
한 시간에 300 km 이동,
약 57년

걸어서 가면
한 시간에 4 km 이동,
약 4300년

약 1억 5000만 km

비행기를 타고 가면
한 시간에 900 km 이동,
약 19년

2 *태양에서 행성까지의 상대적인 거리 비교하기(태양에서 지구까지의 거리를 1로 보았을 때) +1 +2

목성 5.2   토성 9.6   천왕성 19.1   해왕성 30.0

수성 0.4   금성 0.7   지구 1.0   화성 1.5

(1) 태양에서 가까이 있는 행성 순서대로 나열하기: 수성, 금성, 지구, 화성, 목성, 토성, 천왕성, 해왕성

(2) 태양에서 지구보다 가까이 있는 행성: 수성, 금성

(3) 태양에서 지구보다 멀리 있는 행성: 화성, 목성, 토성, 천왕성, 해왕성

(4) 태양에서 가장 가까운 행성: 수성

(5) 태양에서 가장 먼 행성: 해왕성

● 태양에서 행성까지의 거리를 상대적인 거리로 비교하는 까닭
· 거리가 너무 멀어 km로 표현하기 복잡하기 때문입니다.
· 실제 거리로 나타내면 거리를 쉽게 비교하기 어렵기 때문입니다.

3 태양에서 행성까지의 상대적인 거리를 보고 알 수 있는 특징

(1) 태양에서 거리가 멀어질수록 행성 사이의 거리도 멀어집니다.

(2) 수성, 금성, 지구, 화성은 목성, 토성, 천왕성, 해왕성에 비하면 상대적으로 태양 가까이에 있습니다.

(3) 지구와 비슷한 크기의 행성은 태양에서 비교적 가까운 거리에 있습니다.

+1 태양에서 행성까지의 실제 거리

행성 이름	태양에서 행성까지의 거리(백만 km)
수성	57.91
금성	108.2
지구	149.6
화성	227.9
목성	778.5
토성	1432
천왕성	2870
해왕성	4520

+2 태양계 행성의 상대적인 거리 비교하기

행성 이름	태양에서 지구까지의 거리를 1로 했을 때 행성의 상대적인 거리	태양에서 지구까지의 거리를 10 cm로 정하였을 때 행성의 상대적인 거리
수성	0.4	4 cm
금성	0.7	7 cm
지구	1.0	10 cm
화성	1.5	15 cm
목성	5.2	52 cm
토성	9.6	96 cm
천왕성	19.1	191 cm
해왕성	30.0	300 cm

핵심 개념 정리

- 태양계 행성 중 태양에서 가장 가까운 행성은 수성, 가장 먼 행성은 해왕성입니다.
- 수성, 금성, 지구, 화성은 목성, 토성, 천왕성, 해왕성에 비해 상대적으로 태양 가까이에 있습니다.

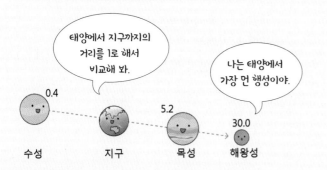

태양에서 지구까지의 거리를 1로 해서 비교해 봐.

나는 태양에서 가장 먼 행성이야.

0.4 수성   지구   5.2 목성   30.0 해왕성

1 태양에서 가장 가까운 행성과 태양에서 가장 먼 행성을 순서대로 옳게 짝 지은 것은 어느 것입니까? (   )

① 수성, 목성　　　　② 금성, 천왕성
③ 지구, 천왕성　　　④ 수성, 해왕성
⑤ 금성, 해왕성

2 다음 행성을 태양에서 가까운 순서대로 쓰시오.

> 지구, 토성, 화성

(   ) → (   ) → (   )

3 태양과 지구 사이에 있는 행성은 어느 것입니까? (   )

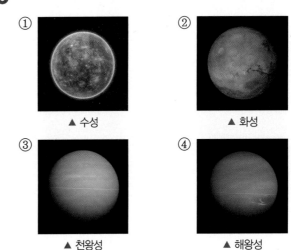

① ▲ 수성　　② ▲ 화성
③ ▲ 천왕성　④ ▲ 해왕성

4 다음 (   ) 안의 알맞은 말에 ○표 하시오.

> 태양에서 거리가 멀어질수록 행성 사이의 거리는 (가까워, 멀어)진다.

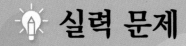
1 태양에 대한 설명으로 옳지 <u>않은</u> 것은 어느 것입니까? ( )

① 태양 빛은 물체를 볼 수 있게 한다.
② 태양 빛을 이용해 전기를 만들 수 있다.
③ 매우 밝고 지구와 가까이 있으며 뜨겁다.
④ 지구의 물이 순환하는 데 필요한 에너지를 공급해 준다.
⑤ 태양은 지구를 따뜻하게 하여 생물이 살아가기에 알맞은 환경을 만들어 준다.

2 다음 ( ) 안에 공통으로 들어갈 알맞은 말을 쓰시오.

- ( )은/는 식물이 양분을 만드는 데 도움을 준다.
- ( ) 빛을 이용해 염전에서 소금을 만들 수 있다.

( )

3 다음 모습에 대한 설명으로 가장 적절한 것은 어느 것입니까? ( )

① 태양이 지구를 따뜻하게 한다.
② 태양 빛을 이용해 전기를 만든다.
③ 태양은 식물이 자라는 데 도움을 준다.
④ 태양을 이용해 사람들이 바닷가에서 일광욕을 즐긴다.
⑤ 태양 때문에 물이 증발하고 구름이 되어 비가 내린다.

4 다음 모습은 무엇을 나타낸 것인지 쓰시오.

( )

5 태양계 구성원에 대한 설명으로 옳지 <u>않은</u> 것은 어느 것입니까? ( )

① 태양계에는 8개의 행성이 있다.
② 위성, 소행성, 혜성도 태양계 구성원이다.
③ 지구처럼 태양 주위를 도는 천체를 행성이라고 한다.
④ 태양은 태양계에서 유일하게 스스로 빛을 내는 천체이다.
⑤ 태양은 태양계의 가장 중심에 있기 때문에 구성원이 아니다.

6 다음은 어떤 행성에 대한 설명입니까? ( )

- 색깔은 청록색을 띤다.
- 표면은 기체로 이루어져 있다.
- 태양계의 7번째 행성이다.

① 수성 ② 금성
③ 화성 ④ 토성
⑤ 천왕성

7~8 다음은 지구의 반지름을 1로 보았을 때 태양계 행성의 상대적인 크기를 나타낸 것입니다. 물음에 답하시오.

행성	상대적인 크기	행성	상대적인 크기
수성	0.4	목성	11.2
금성	0.9	토성	9.4
지구	1.0	천왕성	4.0
화성	0.5	해왕성	3.9

7 위와 같이 행성을 상대적인 크기로 비교하는 까닭으로 옳은 것은 어느 것입니까? ( )

① 행성은 모두 크기가 같기 때문이다.

② 행성의 크기가 계속 변하기 때문이다.

③ 행성은 태양보다 크기가 작기 때문이다.

④ 행성의 크기가 너무 커서 직접 비교하기가 어렵기 때문이다.

⑤ 행성끼리 너무 가까이 있어서 크기를 비교할 수 없기 때문이다.

8 위 표를 보고 태양계에서 가장 작은 행성과 가장 큰 행성을 순서대로 옳게 짝 지은 것은 어느 것입니까? ( )

① 수성, 목성   ② 지구, 목성

③ 수성, 토성   ④ 목성, 해왕성

⑤ 천왕성, 수성

9 지구보다 큰 행성을 보기 에서 모두 골라 기호를 쓰시오.

보기
| ⊙ 금성 | ⓒ 목성 | ⓒ 토성 |
| ⓔ 화성 | ⓜ 천왕성 | ⓗ 해왕성 |

( )

10~11 다음은 태양에서 지구까지의 거리를 1로 보았을 때 태양에서 각 행성까지의 상대적인 거리를 나타낸 것입니다. 물음에 답하시오.

행성	상대적인 거리	행성	상대적인 거리
수성	0.4	목성	5.2
금성	0.7	토성	9.6
지구	1.0	천왕성	19.1
화성	1.5	해왕성	30.0

10 지구에서 가장 가까운 행성은 어느 것입니까? ( )

① 수성   ② 금성

③ 화성   ④ 목성

⑤ 토성

11 위 표를 보고 알 수 있는 태양에서 각 행성까지의 거리에 대한 설명으로 옳지 않은 것은 어느 것입니까? ( )

① 지구에서 가장 먼 행성은 해왕성이다.

② 태양에서 가장 가까운 행성은 수성이다.

③ 태양에서 거리가 멀어질수록 행성 사이의 거리도 멀어진다.

④ 지구와 크기가 비슷한 행성은 태양에서 상대적으로 먼 곳에 있다.

⑤ 태양에서 해왕성까지의 거리는 태양에서 지구까지 거리의 30배이다.

12 다음과 같이 친구들이 운동장에 태양을 기준으로 각 행성의 위치에 섰습니다. 화성이 있어야 할 위치의 기호를 쓰시오.

( )

5 행성과 별의 차이점

1 행성과 별의 차이점 알아보기

탐구 과정	① 여러 날 동안 밤하늘을 관측하여 나타낸 다음 그림을 관찰한다. 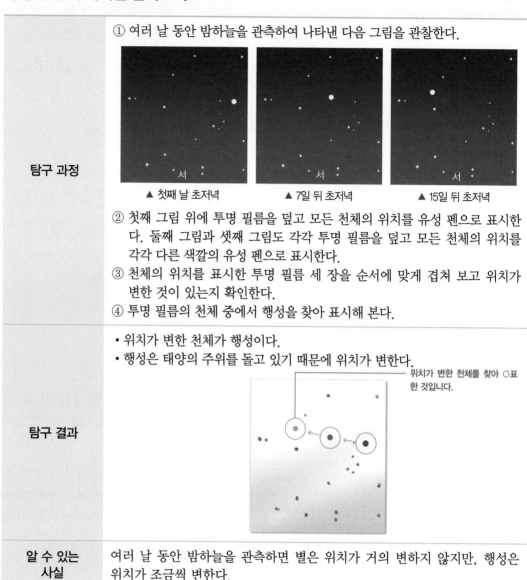 ▲ 첫째 날 초저녁　　▲ 7일 뒤 초저녁　　▲ 15일 뒤 초저녁 ② 첫째 그림 위에 투명 필름을 덮고 모든 천체의 위치를 유성 펜으로 표시한다. 둘째 그림과 셋째 그림도 각각 투명 필름을 덮고 모든 천체의 위치를 각각 다른 색깔의 유성 펜으로 표시한다. ③ 천체의 위치를 표시한 투명 필름 세 장을 순서에 맞게 겹쳐 보고 위치가 변한 것이 있는지 확인한다. ④ 투명 필름의 천체 중에서 행성을 찾아 표시해 본다.
탐구 결과	• 위치가 변한 천체가 행성이다. • 행성은 태양의 주위를 돌고 있기 때문에 위치가 변한다. 위치가 변한 천체를 찾아 ○표 한 것입니다.
알 수 있는 사실	여러 날 동안 밤하늘을 관측하면 별은 위치가 거의 변하지 않지만, 행성은 위치가 조금씩 변한다.

2 행성과 별 +1

구분	별	행성
공통점	밤하늘에서 빛나는 천체이다.	
차이점	• 스스로 빛을 낸다. • 행성에 비해 지구에서 매우 먼 거리에 있기 때문에 별은 움직이지 않는 것처럼 보인다. • 태양과 다르게 태양보다 너무 멀리 있기 때문에 밤하늘에서 반짝이는 점으로 보인다.	• 스스로 빛을 내지 못하고, 태양 빛을 반사하여 빛을 내는 것처럼 보인다. • 별보다 지구에 가까이 있기 때문에 별자리 사이에서 위치가 서서히 변한다. • 금성, 화성, 목성, 토성과 같은 행성은 별에 비해 지구로부터 떨어져 있는 거리가 가깝기 때문에 주위의 별보다 더 밝고 또렷하게 보인다.

• 별의 실제 움직임
• 실제로는 별도 매일 조금씩 위치가 변하고 있지만 사람이 느낄 수 없을 정도로 위치 변화가 미미하므로 고정되어 있는 것처럼 보입니다.
• 행성은 별에 비해 눈에 보일만큼 위치가 변합니다. 또 그 변화도 불규칙해 보일 때가 있기 때문에 '떠돌이 별'이라는 이름의 행성(行星)으로 불리는 것입니다.

➕1 행성과 별 관측하기

첫째 날 초저녁

7일 뒤 초저녁

15일 뒤 초저녁

금성

▲ 금성과 별

첫째 날 초저녁

7일 뒤 초저녁

15일 뒤 초저녁

화성

▲ 화성과 별

🎓 **핵심 개념 정리**

• 행성과 별은 밤하늘에서 빛나는 천체입니다.
• 행성은 스스로 빛을 내지 못합니다.
• 행성은 여러 날 동안 밤하늘에서 보이는 위치가 변합니다.
• 금성, 화성, 목성, 토성과 같은 행성은 주위의 별보다 더 밝고 또렷하게 보입니다.

찾았다.
움직이는 행성이다.

---

1 별과 행성에 대한 설명으로 옳은 것에는 ○표, 옳지 않은 것에는 ×표 하시오.

(1) 행성은 별에 비해 지구에서 매우 먼 거리에 있어 반짝이는 점으로 보입니다.   (   )

(2) 별은 여러 날 동안 밤하늘에서 위치가 거의 변하지 않습니다.   (   )

(3) 행성은 여러 날 동안 밤하늘에서 보이는 위치가 변합니다.   (   )

2 별과 행성의 특징을 보기 에서 각각 골라 기호를 쓰시오.

> 보기
> ㉠ 스스로 빛을 낸다.
> ㉡ 스스로 빛을 내지 못하고 태양 빛을 반사하여 빛나는 것처럼 보인다.

(1) 별의 특징: (   )
(2) 행성의 특징: (   )

3 다음은 여러 날 동안 같은 밤하늘을 관측하여 모든 천체를 투명 필름에 표시한 것입니다. 행성에 해당하는 것의 기호를 쓰시오.

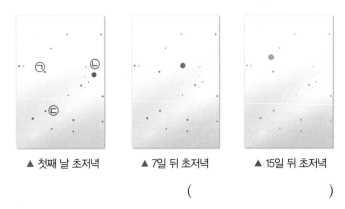

▲ 첫째 날 초저녁   ▲ 7일 뒤 초저녁   ▲ 15일 뒤 초저녁

(   )

4 다음 (   ) 안의 알맞은 말에 ○표 하시오.

> 금성, 화성, 목성, 토성과 같은 행성은 별에 비해 지구로부터 떨어져 있는 거리가 가깝기 때문에 주위의 별보다 더 (밝고 또렷하게, 어둡고 희미하게) 보인다.

6 별자리 찾기

1 별과 별자리

(1) 별

① 태양처럼 스스로 빛을 내는 천체입니다.

② 밤하늘의 별은 매우 먼 거리에 있기 때문에 반짝이는 밝은 점으로 보이며, 항상 같은 위치에서 움직이지 않는 것처럼 보입니다.

(2) 별자리 +1 +2

① 옛날 사람들이 밤하늘에 무리 지어 있는 별을 연결해 사람이나 동물 또는 물건의 모습으로 떠올리고 이름을 붙인 것입니다.

② 별자리의 모습과 이름은 지역과 시대에 따라 다릅니다.

③ 북쪽 밤하늘에서 볼 수 있는 별자리: 북두칠성, 작은곰자리, 카시오페이아자리

▲ 북두칠성   ▲ 작은곰자리   ▲ 카시오페이아자리

└─ 북극성을 포함하는 별자리이며, 모양이 북두칠성과
닮아서 작은국자자리라고도 합니다.

2 별자리 관측하기

•과정	① 별자리를 관측할 시각과 장소를 정한다. • 별이 보일 만큼 하늘이 충분히 어두워지는 때를 고려하여 시각을 정한다. • 가급적 주변이 탁 트이고 밝지 않은 곳이 별을 관측하기 적당하다. ② 정해진 시각에 정해진 장소로 나가 나침반을 이용하여 북쪽을 확인하고 북쪽 하늘에서 어떤 별자리가 보이는지 관측한다. ③ 주변 건물이나 나무 등의 위치를 표현하고 별자리의 위치와 모양을 기록한다.  ▲ 밤하늘을 관측하기
관측 결과	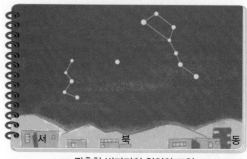 ▲ 관측한 별자리의 위치와 모양

• 북쪽 밤하늘에서 별자리 관측하기

별자리의 위치와 모양을 표현할 때 건물, 산, 나무 등 지형을 먼저 그리고, 그것에 맞추어 별을 그리면 더 정확하고 편하게 그릴 수 있습니다.

╋1 큰곰자리와 북두칠성

큰곰자리 꼬리 부분에 있는 별 일곱 개를 북두칠성이라고 하며, 국자 모양입니다.

╋2 작은곰자리

일 년 내내 북쪽 하늘에서 볼 수 있으며, 북극성을 포함한 일곱 개의 별로 이루어져 있습니다.

🎓 핵심 개념 정리

• 옛날 사람들은 밤하늘에 무리 지어 있는 별을 연결해 사람이나 동물 또는 물건의 모습으로 떠올리고 이름을 붙여 별자리를 만들었습니다.

• 북쪽 밤하늘에서 북두칠성, 작은곰자리, 카시오페이아자리를 볼 수 있습니다.

북쪽 밤하늘을 봐 봐. 우리를 찾을 수 있어.

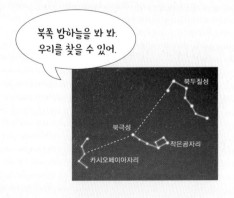

---

1 다음과 같이 밤하늘의 별을 연결해 사람이나 동물 또는 물건의 모습으로 떠올리고 이름을 붙인 것을 무엇이라고 하는지 쓰시오.

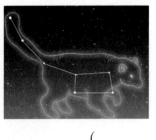

(　　　　　　　)

2 다음은 북쪽 하늘에서 볼 수 있는 별자리입니다. 이 별자리의 이름을 쓰시오.

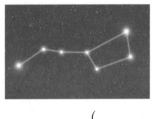

(　　　　　　　)

3 별과 별자리에 대한 설명으로 옳은 것에는 ○표, 옳지 않은 것에는 ✕표 하시오.

(1) 별은 반짝이는 밝은 점으로 보입니다. 　　(　　)

(2) 밤하늘의 별은 가까운 거리에 있습니다. 　　(　　)

(3) 별자리는 망원경으로 보이는 별만 연결하여 만든 것입니다. 　　　　　　　　　　　　　　　　(　　)

(4) 별자리의 모습과 이름은 지역과 시대에 따라 다릅니다. 　　　　　　　　　　　　　　　　(　　)

4 밤하늘의 별자리를 관측하기에 가장 적합한 장소를 보기에서 골라 기호를 쓰시오.

> **보기**
> ㉠ 가로등이 많은 곳
> ㉡ 높은 건물이 많은 곳
> ㉢ 주변이 밝지 않은 곳
> ㉣ 큰 나무가 많아 사방이 막힌 곳

(　　　　　　　)

7 밤하늘에서 북극성 찾아보기

1 북쪽 밤하늘 별자리를 이용해 북극성 찾아보기

(1) 북두칠성과 카시오페이아자리의 모양

북두칠성	카시오페이아자리
국자모양이다.	엠(M)자나 더블유(W)자 모양이다.

(2) 북두칠성과 카시오페이아자리를 이용해 북극성 찾아보기

북두칠성을 이용하는 방법	카시오페이아자리를 이용하는 방법
• 북두칠성의 국자 모양 끝부분에서 ①과 ②를 찾는다. • ①과 ②를 연결하고, 그 거리의 다섯 배만큼 떨어진 곳에 있는 별을 찾는다.	• 카시오페이아자리에서 바깥쪽 두 선을 *연장해 만나는 점 ㉠을 찾는다. • ㉠과 ㉡을 연결하고, 그 거리의 다섯 배만큼 떨어진 곳에 있는 별을 찾는다.

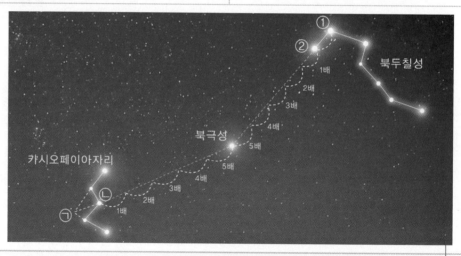

북두칠성과 카시오페이아자리 중 일부가 잘 보이지 않을 경우에는 두 별자리 중 더 잘 보이는 별자리를 이용해 찾습니다.

2 밤하늘에서 북극성이 중요한 까닭 ➕1

(1) *나침반이 발명되기 전에 방위를 알 수 있는 방법: 옛날 사람들은 낮에는 태양을 보고, 밤에는 별을 보고 방위를 알 수 있었습니다.

(2) 옛날 사람들은 북쪽 밤하늘의 별자리를 중요하게 생각했습니다. 이 별자리들은 언제나 북쪽 밤하늘에서 보이기 때문입니다.

(3) 북극성은 일 년 내내 북쪽 하늘에서 거의 움직이지 않고 같은 자리에 있기 때문에 나침반의 역할을 합니다. 나침반의 N극이 가리키는 하늘에 있습니다.

(4) 바다 한가운데에서 항해하는 배는 북극성을 보면 방위를 알 수 있어 뱃길을 찾아내는 데 북극성을 많이 이용했습니다.

• 연장
시간이나 거리 따위를 본래보다 길게 늘림.

• 북쪽을 찾는 방법
• 산이나 바다에서 길을 잃었을 때 방위를 알기 위한 방법: 나침반을 사용하거나 지도로 지금의 위치와 방향을 확인합니다.
• 나침반과 지도를 사용하지 않고 방위를 찾는 방법: 별자리를 이용하거나 태양의 움직임을 이용해 찾을 수 있습니다.

+1 방향을 확인할 도구가 없을 때 방향을 찾는 방법

북극성을 바라보고 섰을 때 북극성이 있는 앞쪽이 북쪽, 등이 있는 뒤쪽이 남쪽, 오른쪽이 동쪽, 왼쪽이 서쪽입니다.

1 다음은 무엇에 대한 설명입니까?   (   )

> 정확한 북쪽에 항상 있는 별로, 이 별을 찾으면 방위를 알 수 있다. 이 별은 바다 한가운데에서 항해하는 배가 뱃길을 찾아내는 데 많이 이용했다.

① 달   ② 북극성

③ 사자자리   ④ 북두칠성

⑤ 카시오페이아자리

2 북극성을 찾을 때 이용하는 별자리를 두 가지 고르시오.

                           (,   )

① 물병자리

② 북두칠성

③ 사자자리

④ 오리온자리

⑤ 카시오페이아자리

3 다음과 같이 카시오페이아자리를 이용하여 북극성을 찾을 때 북극성의 위치는 어디인지 기호를 쓰시오.

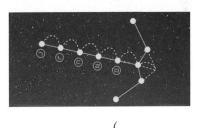

                           (   )

🎓 **핵심 개념 정리**

• 북극성은 일 년 내내 북쪽 하늘에서 거의 움직이지 않고 같은 자리에 있기 때문에 북극성을 찾으면 방위를 알 수 있습니다.

• 북두칠성과 카시오페이아자리를 이용해 북극성을 찾을 수 있습니다.

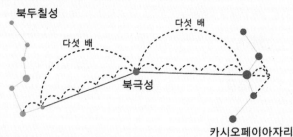

4 다음은 별자리를 이용하여 북극성을 찾는 방법을 설명한 것입니다. ( ) 안에 들어갈 알맞은 말을 쓰시오.

> 북두칠성의 국자 모양 끝부분의 두 별을 연결하고, 그 거리의 (   ) 배만큼 떨어진 곳에 위치한 별을 찾는다.

                           (   )

1 다음은 무엇에 대한 설명인지 쓰시오.

> • 스스로 빛을 내는 천체이다.
> • 밤하늘에서 반짝이는 밝은 점으로 보인다.

(   )

2 다음은 작은국자자리라고도 불리는 별자리입니다. 이름을 쓰시오.

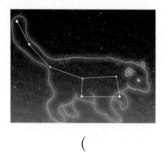

(   )

3 다음과 같은 별자리를 관찰할 수 있는 밤하늘로 가장 적당한 것은 어느 것입니까? (   )

① 동쪽 밤하늘
② 서쪽 밤하늘
③ 남쪽 밤하늘
④ 북쪽 밤하늘
⑤ 동서남북 모든 방향의 밤하늘

4 별자리에 대한 설명으로 옳지 <u>않은</u> 것은 어느 것입니까? (   )

① 별을 무리 지어 연결한 것이다.
② 별자리를 이용해 방위를 찾을 수 있다.
③ 별자리의 이름은 지역에 상관없이 같다.
④ 별자리마다 이루어져 있는 별의 개수가 다르다.
⑤ 밝은 별들을 연결해 동물의 모습으로 떠올리고 이름을 붙인 것도 있다.

5 다음은 밤하늘에서 보이는 별자리입니다. 이 별자리에 대한 설명으로 옳은 것은 어느 것입니까? (   )

① 큰곰자리의 일부이다.
② 사진의 별들은 모두 태양계 안에 있다.
③ 이 별자리의 이름은 카시오페이아자리이다.
④ 작은곰자리의 꼬리 부분에 있는 별자리이다.
⑤ 일곱 개 중 가장 밝은 별은 태양 빛을 반사하여 빛을 낸다.

6 다음은 여러 날 동안 같은 밤하늘을 관측한 것입니다. ○표 한 것에 해당하지 않는 것을 보기 에서 골라 기호를 쓰시오.

▲ 첫째 날 초저녁   ▲ 7일 뒤 초저녁   ▲ 15일 뒤 초저녁

> 보기
> ㉠ 금성   ㉡ 화성   ㉢ 토성
> ㉣ 목성   ㉤ 별

(   )

7 행성과 별의 공통점으로 옳은 것은 어느 것입니까? ( )

① 스스로 빛을 낼 수 없다.
② 밤하늘에서 빛나 보인다.
③ 밝은 낮에도 관측할 수 있다.
④ 여러 날 동안 밤하늘에서 보이는 위치가 변한다.
⑤ 여러 날 동안 밤하늘에서 보이는 위치가 거의 변하지 않는다.

8 밤하늘에서 행성이 빛나 보이는 까닭으로 옳은 것은 어느 것입니까? ( )

① 모양이 둥글기 때문이다.
② 스스로 빛을 내기 때문이다.
③ 지구에 가까이 있기 때문이다.
④ 지구에서 나오는 빛을 반사하기 때문이다.
⑤ 태양 빛을 반사하여 빛을 내는 것처럼 보이기 때문이다.

9 다음 ( ) 안에 들어갈 알맞은 말을 쓰시오.

> 북쪽 밤하늘에서 보이는 큰곰자리의 일부분인 ( )은/는 밝은 별 일곱 개를 연결한 국자 모양의 별자리이다.

( )

10 북극성에 대한 설명으로 옳지 <u>않은</u> 것은 어느 것입니까? ( )

① 항상 같은 위치에 있다.
② 북쪽 밤하늘에서 볼 수 있다.
③ 북극성을 찾으면 방위를 알 수 있다.
④ 나침반의 역할을 하여 밤하늘에서 중요하다.
⑤ 사막이나 바다 한가운데에서는 북극성을 볼 수 없다.

11~12 다음은 별자리를 이용하여 별을 찾는 방법을 나타낸 것입니다. 물음에 답하시오.

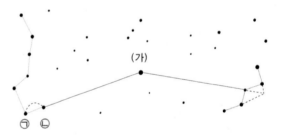

11 위에서 찾으려고 하는 ㈎ 별의 이름은 무엇인지 쓰시오.

( )

12 위에서 ㉠과 ㉡을 연결한 거리의 몇 배 되는 곳에 ㈎ 별이 있습니까? ( )

① 1배 ② 2배
③ 4배 ④ 5배
⑤ 10배

3 태양계와 별

태양계를 이루는 행성을 태양에서 가까운 순으로 나열하면 수성, 금성, 지구, 화성, 목성, 천왕성, 해왕성입니다. 북쪽 밤하늘에는 북두칠성, 카시오페이아자리, 북극성이 있습니다.

👀 그림을 보고 배운 개념을 떠올리며 (　) 안에 알맞은 말을 써 보세요.

개념1 태양이 우리에게 주는 영향

지구의 생물은 나의 빛과 열이 필요해.

우리가 살아가는 데 필요한 대부분의 에너지를 (❶　　　　)에서 얻습니다. (❶　　　　)은/는 식물이 (❷　　　　)을/를 만드는 데 도움을 줍니다.

개념2 태양계 행성의 특징

태양계에는 태양, 여덟 개의 행성, 위성, 소행성, 혜성 등이 있어요.

혜성　　태양　　위성　　행성　　소행성

태양계 구성원 중 (❸　　　　)은/는 태양의 주위를 도는 둥근 천체입니다. 목성, 토성, 천왕성, 해왕성은 표면이 (❹　　　　)(으)로 되어 있습니다.

👀 그림을 보고 배운 개념을 떠올리며 (　) 안에 알맞은 말을 써 보세요.

개념4 태양에서 행성까지의 거리

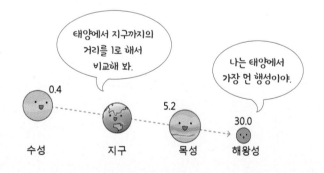

태양에서 지구까지의 거리를 1로 해서 비교해 봐.

나는 태양에서 가장 먼 행성이야.

0.4　　5.2　　30.0
수성　　지구　　목성　　해왕성

태양에서 가장 가까운 행성은 (❽　　　　)이며, 태양에서 가장 먼 행성은 (❾　　　　)입니다. 태양에서 지구보다 가까이 있는 행성은 (❿　　　　), (⓫　　　　)입니다.

개념5 행성과 별의 차이점

찾았다. 움직이는 행성이다.

별은 스스로 (⓬　　　　)을/를 내며, 행성에 비해 지구에서 매우 먼 거리에 있기 때문에 (⓭　　　　) 않는 것처럼 보입니다. 행성은 여러 날 동안 밤하늘에서 보이는 (⓮　　　　)이/가 변합니다.

개념3 태양계 행성의 크기

태양계 행성 중에서 가장 작은 행성은
(❺   )이고, 가장 큰 행성은
(❻   )입니다. 지구와 크기가 가장
비슷한 행성은 (❼   )입니다.

개념6 밤하늘에서 북극성 찾아보기

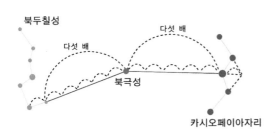

북쪽 하늘에서 일 년 내내 움직이지 않는
(⓯   )을/를 찾으면 방위를 알 수 있
습니다. (⓰   )은/는 (⓱   )
과/와 (⓲   )을/를 이용해 찾을
수 있습니다.

옳은 문장에 ○, 틀린 문장에 ✕하세요. 틀린 부분
은 밑줄을 긋고 바른 개념으로 고쳐 써 보세요.

1 태양이 없어도 생물은 에너지를 얻고 살아갈 수 있습
니다.   (   )

2 태양은 태양계에서 유일하게 스스로 빛을 내는 천체입니
다.   (   )

3 목성, 토성, 천왕성은 고리가 있는 행성입니다.
                                          (   )

4 수성, 금성, 지구는 상대적으로 크기가 큰 행성입니다.
                                          (   )

5 천왕성은 지구보다 크기가 큰 행성입니다.
                                          (   )

6 태양에서 멀어질수록 행성의 크기는 작아집니다.
                                          (   )

7 태양계 행성 중 태양에서 가장 먼 행성은 목성입니다.
                                          (   )

8 밤하늘의 행성은 여러 날 관측하면 위치가 서서히 변합
니다.   (   )

9 밤하늘의 별은 매우 먼 거리에 있어 반짝이는 밝은 점으
로 보입니다.   (   )

10 북극성은 항상 남쪽 하늘에 있기 때문에 나침반의 역할
을 합니다.   (   )

점수

※ 한 문항당 5점입니다.

1~2 다음은 태양이 생물과 우리 생활에 미치는 영향을 나타낸 것입니다. 물음에 답하시오.

1 위에서 태양 빛을 이용해 전기를 만드는 것과 관계 있는 것을 찾아 기호를 쓰시오.

( )

2 위에서 태양이 미치는 영향을 두 가지 찾아 쓰시오.

서술형

_____

_____

3 태양계를 구성하는 천체가 <u>아닌</u> 것은 어느 것입니까? ( )

① 달 ② 금성
③ 태양 ④ 소행성
⑤ 북극성

4 다음은 무엇에 대한 설명인지 쓰시오.

• 태양계에 여덟 개가 있다.
• 지구와 같이 태양의 주위를 도는 둥근 천체이다.

( )

5 행성을 다음과 같이 분류하려고 합니다. ㈏로 분류해야 하는 행성은 어느 것입니까? ( )

㈎	㈏
표면에 땅이 있다.	표면이 기체로 되어 있다.

① 수성 ② 금성
③ 목성 ④ 지구
⑤ 화성

6 화성에 대한 설명으로 옳지 <u>않은</u> 것은 어느 것입니까? ( )

① 고리가 없다.
② 색깔이 청록색을 띤다.
③ 지구보다 크기가 작다.
④ 지구보다 태양에서 멀리 있다.
⑤ 표면이 암석과 흙으로 이루어져 있다.

7 다음은 어떤 행성에 대한 특징입니까? ( )

• 고리와 위성이 없다.
• 표면 상태가 고체이다.
• 태양에 가장 가까이 있다.
• 달처럼 충돌 구덩이가 있다.

① 수성 ② 금성
③ 지구 ④ 토성
⑤ 천왕성

8~9 다음은 태양계 행성의 상대적인 크기를 나타낸 것입니다. 물음에 답하시오.

행성	상대적인 크기	행성	상대적인 크기
수성	0.4	목성	11.2
금성	0.9	토성	9.4
지구	1.0	천왕성	4.0
화성	0.5	해왕성	3.9

8
서술형
위에서 행성들의 상대적인 크기를 나타내는 기준을 어떻게 정했는지 쓰시오.

_____

_____

9★ 태양계 행성의 크기에 대한 설명으로 옳지 않은 것은 어느 것입니까? ( )

① 수성은 지구보다 크기가 작다.
② 토성은 천왕성보다 크기가 작다.
③ 목성은 태양계에서 가장 큰 행성이다.
④ 수성, 금성, 화성은 상대적으로 크기가 작다.
⑤ 지구와 크기가 가장 비슷한 행성은 금성이다.

10 다음 행성을 크기가 큰 순서대로 쓰시오.

> 토성, 목성, 화성, 수성, 천왕성

( ) → ( ) → ( ) → ( ) → ( )

11 다음과 같이 행성의 크기를 주위의 물체에 비유하려고 합니다. 목성과 크기가 비슷한 물체는 어느 것입니까? ( )

> 지구의 반지름을 1이라고 보았을 때 목성의 반지름은 11.2이다. 지구의 크기를 반지름이 1 cm인 구슬과 같다고 보면 목성은 (   )과 같다.

① 콩   ② 구슬   ③ 야구공
④ 축구공   ⑤ 탁구공

12~13 다음은 태양에서 지구까지의 거리를 1로 보았을 때 태양에서 각 행성까지의 상대적인 거리를 나타낸 것입니다. 물음에 답하시오.

행성	상대적인 거리	행성	상대적인 거리
수성	0.4	목성	5.2
금성	0.7	토성	9.6
지구	1.0	천왕성	19.1
화성	1.5	해왕성	30.0

12 위 표를 참고하여 각 행성의 위치를 100 cm 자 위에 표시하려고 합니다. 지구에서 가장 멀리 표시해야 하는 행성은 어느 것인지 쓰시오.

( )

13 위 표를 보고 알 수 있는 사실을 옳게 말한 사람의 이름을 쓰시오.

> 영희: 행성과 행성 사이의 거리는 일정해.
> 철수: 태양에서 거리가 멀어질수록 행성 사이의 거리도 멀어져.
> 소미: 태양에서 거리가 멀어질수록 행성 사이의 거리는 가까워져.

( )

14★ 밤하늘에 보이는 행성과 별을 비교한 내용으로 옳지 않은 것은 어느 것입니까? ( )

① 별은 스스로 빛을 낸다.
② 행성은 위치가 조금씩 변한다.
③ 별은 거의 위치가 변하지 않는다.
④ 행성은 태양 빛을 반사하여 빛나 보인다.
⑤ 밤하늘에서 금성과 목성은 주위의 별보다 밝게 보이지 않는다.

15 별자리에 대한 설명으로 옳은 것은 어느 것입니까? ( )

① 별자리는 낮에도 잘 볼 수 있다.
② 별자리는 모두 최근에 와서 만들었다.
③ 모두 동물의 모습으로 떠올리고 만든 것이다.
④ 별자리의 모습은 시대에 관계없이 같게 본다.
⑤ 밤하늘에 무리 지어 있는 별을 서로 연결하여 만든 것이다.

16 별자리를 관측하기에 알맞은 시각과 장소로 옳지 않은 것은 어느 것입니까? ( )

① 주변이 탁 트인 곳
② 주변이 밝지 않은 곳
③ 가로등이 많은 밝은 곳
④ 하늘이 충분히 어두워지는 때
⑤ 구름이 없고 밤하늘이 잘 보이는 곳

17 북쪽 밤하늘에서 볼 수 있는 국자 모양을 하고 있는 북두칠성은 어느 것입니까? ( )

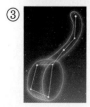

18 북극성에 대한 설명으로 옳은 것을 보기 에서 모두 골라 기호를 쓰시오.

보기
㉠ 남쪽 밤하늘에서 볼 수 있다.
㉡ 다섯 개의 별들로 이루어져 있다.
㉢ 어두운 밤에 방위를 알게 해 준다.
㉣ 북두칠성을 이용하여 찾을 수 있다.

( )

19 북극성은 다음과 같은 카시오페이아자리의 별들 중에서 ㉠으로부터 화살표 방향으로 ㉠과 ㉡을 연결한 거리의 몇 배 되는 곳에 있습니까? ( )

① 3배 ② 4배
③ 5배 ④ 6배
⑤ 7배

20 북두칠성을 이용하여 북극성을 찾는 방법으로 옳은 것은 어느 것입니까? ( )

① 북두칠성의 끝에 있는 별을 계속 따라간다.
② 북두칠성의 중간에 있는 두 별을 연결하고, 그 거리의 다섯 배만큼 떨어진 곳에서 찾는다.
③ 북두칠성의 손잡이 모양 윗부분의 두 별을 연결하고, 그 거리의 다섯 배만큼 떨어진 곳에서 찾는다.
④ 북두칠성의 국자 모양 끝부분의 두 별을 연결하고, 그 거리의 다섯 배만큼 떨어진 곳에서 찾는다.
⑤ 북두칠성의 국자 모양 끝부분의 두 별을 연결하고, 그 거리의 일곱 배만큼 떨어진 곳에서 찾는다.

점수

※ 한 문항당 5점입니다.

1 다음 ( ) 안에 공통으로 들어갈 알맞은 말을 쓰시오.

> 식물이 양분을 만드는 데 ( )이/가 필요하고, ( )을/를 이용해 전기를 만든다. 또한, ( )을/를 이용해 염전에서 소금을 만들 수 있다.

( )

2 만약 태양이 없다면 일어날 수 있는 일을 틀리게 예상한 사람의 이름을 쓰시오.

> 태경: 지구는 차갑게 얼어붙을 거야.
> 가현: 식물이 양분을 만들 수 없기 때문에 생물이 살기 어려워질 거야.
> 기환: 동물은 태양에서 에너지를 얻지 않기 때문에 살아가는 데 아무런 영향이 없을 거야.

( )

3★ 태양계에 대한 설명으로 옳지 않은 것은 어느 것입니까? ( )

① 태양은 스스로 빛을 내는 천체이다.
② 행성은 태양 주위를 돌고 있는 천체이다.
③ 지구, 화성, 목성, 토성과 같은 행성이 있다.
④ 태양계를 구성하는 행성의 표면의 상태는 모두 같다.
⑤ 태양이 영향을 주는 공간과 그 안에 있는 천체를 모두 포함한다.

4★ 태양계 행성에 대한 설명으로 옳지 않은 것을 두 가지 고르시오. (,)

① 여덟 개가 있다.
② 크기가 다양하다.
③ 태양 주위를 돈다.
④ 모두 고리를 가지고 있다.
⑤ 달과 같은 천체를 행성이라고 한다.

5 다음 설명에 해당하는 태양계 행성의 이름을 쓰시오.

> • 연노란색을 띤다.
> • 커다란 고리를 가지고 있다.
> • 표면이 기체로 되어 있다.

( )

6 다음은 천왕성의 모습입니다. 천왕성의 색깔, 고리
서술형 에 대한 특징을 쓰시오.

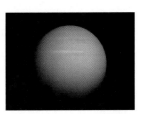

_____

_____

7 표면이 단단한 땅으로 이루어져 있는 행성끼리 옳게 짝 지은 것은 어느 것입니까? (   )

① 수성, 천왕성, 화성
② 목성, 금성, 토성
③ 금성, 화성, 천왕성
④ 지구, 수성, 금성
⑤ 토성, 천왕성, 해왕성

8~9 다음은 태양계 행성의 상대적인 크기를 비교한 것입니다. 물음에 답하시오.

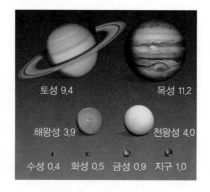

토성 9.4   목성 11.2
해왕성 3.9   천왕성 4.0
수성 0.4   화성 0.5   금성 0.9   지구 1.0

8 행성의 상대적인 크기를 비교할 때 기준이 되는 행성은 어느 것입니까? (   )

① 목성   ② 화성
③ 지구   ④ 수성
⑤ 해왕성

9 상대적인 크기가 서로 비슷한 행성끼리 옳게 짝 지은 것은 어느 것입니까? (   )

① 지구 - 수성
② 지구 - 금성
③ 목성 - 금성
④ 수성 - 해왕성
⑤ 천왕성 - 토성

10* 행성의 상대적인 크기에 대한 설명으로 옳은 것은 어느 것입니까? (   )

① 행성의 크기는 일정하다.
② 수성이 가장 작고, 목성이 가장 크다.
③ 지구의 크기는 화성 크기의 절반이다.
④ 지구보다 작은 행성은 금성, 토성이다.
⑤ 지구보다 큰 행성은 화성, 목성, 천왕성, 해왕성이다.

11~12 다음은 태양에서 지구까지의 거리를 1로 보았을 때 태양에서 각 행성까지의 상대적인 거리를 나타낸 것입니다. 물음에 답하시오.

행성	상대적인 거리	행성	상대적인 거리
수성	0.4	목성	5.2
금성	0.7	토성	9.6
지구	1.0	천왕성	19.1
화성	1.5	해왕성	30.0

11 위 표를 보고 운동장에 나가 행성의 이름을 쓴 종이를 상대적인 거리에 맞게 들고 서려고 합니다. 지구에 가장 가까이 들고 있어야 할 종이에 쓴 행성은 어느 것입니까? (   )

① 금성   ② 화성
③ 목성   ④ 해왕성
⑤ 천왕성

12* 태양에서 행성까지의 거리에 대한 설명으로 옳지 않은 것은 어느 것입니까? (   )

① 태양에서 가장 먼 행성은 해왕성이다.
② 수성은 태양에서 가장 가까운 행성이다.
③ 지구와 태양은 실제로 멀리 떨어져 있지 않다.
④ 천왕성, 해왕성은 지구보다 태양에서 멀리 있다.
⑤ 금성, 지구와 같은 행성은 목성, 토성과 같은 행성에 비해 상대적으로 태양에 가까이 있다.

13 태양에서 각 행성까지의 거리를 상대적인 거리로 비교하는 까닭을 한 가지 쓰시오.
서술형

_____

_____

14 밤하늘에서 볼 수 <u>없는</u> 것은 어느 것입니까?
( )

① 별   ② 달   ③ 태양
④ 화성   ⑤ 목성

15★ 밤하늘에 보이는 별과 행성에 대한 설명으로 옳은 것은 어느 것입니까? ( )

① 행성은 태양계에 속한다.
② 행성은 스스로 빛을 낸다.
③ 별은 행성에 비해 지구에 가까이 있다.
④ 별은 태양 빛을 반사하여 반짝여 보인다.
⑤ 별은 행성보다 항상 더 밝고 또렷하게 보인다.

16 다음은 무엇에 대한 설명인지 쓰시오.

> • 별의 무리를 구분해 이름을 붙인 것이다.
> • 밝은 별들을 연결해 사람이나 동물, 물건의 모습으로 떠올리고 이름을 붙인 것이다.

( )

17 다음은 북쪽 하늘에서 볼 수 있는 별자리입니다. 이 별자리의 이름은 무엇입니까? ( )

① 사자자리   ② 큰곰자리
③ 오리온자리   ④ 작은곰자리
⑤ 카시오페이아자리

18★ 바다 한가운데에서 항해하는 배가 길을 찾을 때 북극성을 이용하는 까닭으로 옳은 것은 어느 것입니까? ( )

① 북극성은 정확한 북쪽에 항상 있기 때문이다.
② 북극성은 다른 별들에 비해 매우 크기 때문이다.
③ 북극성은 다른 별들과 색깔이 다르기 때문이다.
④ 북극성은 시간이 흐를수록 점점 더 밝게 빛나기 때문이다.
⑤ 북극성 주변에는 다른 별이 없어 쉽게 찾을 수 있기 때문이다.

19~20 다음은 별자리를 이용하여 북극성을 찾는 방법을 나타낸 것입니다. 물음에 답하시오.

19 위에서 (가), (나) 별자리의 이름을 각각 쓰시오.

(가): ( ), (나): ( )

20★ 위 (가), (나) 별자리를 이용하여 북극성을 찾는 방법으로 옳은 것을 두 가지 고르시오. (,)

① ㉠과 ㉢의 한가운데에 북극성이 있다.
② ㉠과 ㉡을 연결하고, 그 거리의 다섯 배만큼 떨어진 곳에 북극성이 있다.
③ ㉠과 ㉣을 연결하고, 그 거리의 다섯 배만큼 떨어진 곳에 북극성이 있다.
④ ㉢과 ㉣을 연결하고, 그 거리의 다섯 배만큼 떨어진 곳에 북극성이 있다.
⑤ ㉣에서 ㉠과 ㉡을 연결한 거리만큼 떨어진 곳에 북극성이 있다.

1~3

개념1 태양계 구성원

- 태양계는 태양과 태양의 영향을 받는 천체들 그리고 그 공간을 말합니다.
- 태양은 태양계에서 유일하게 스스로 빛을 내는 천체로, 지구에 살고 있는 생물은 태양으로부터 오는 에너지를 이용하여 살아가고 있습니다.
- 태양계 행성 중에서 표면이 암석으로 되어 있고 고리가 없는 것은 수성, 금성, 지구, 화성입니다.
- 태양계 행성 중에서 표면이 기체로 되어 있고 고리가 있는 것은 목성, 토성, 천왕성, 해왕성입니다.

1
빈칸
쓰기

① 태양계는 스스로 빛은 내는 (　　　　)와/과 태양 주위를 도는 둥근 천체인 (　　　) 등으로 이루어져 있습니다.

② 행성 중에서 고리를 가지고 있는 행성은 (　　　), (　　　), (　　　), (　　　)입니다.

2
문장
쓰기

태양계를 이루는 행성들을 표면의 상태로 구분하시오.

행성의 표면이 ＿＿＿＿＿＿＿(으)로 이루어진 행성에는 지구, ＿＿＿＿＿＿＿이 있습니다. 행성의 표면이 ＿＿＿＿＿(으)로 이루어진 행성에는 ＿＿＿＿＿＿＿이 있습니다.

3
서술
완성

다음은 태양계 행성을 특징에 맞게 분류한 것입니다. 어떤 점이 서로 다른지 쓰시오.

수성, 금성, 지구, 화성	목성, 토성, 천왕성, 해왕성

＿＿＿＿＿＿＿＿＿＿＿＿＿＿＿＿＿＿＿＿＿＿

＿＿＿＿＿＿＿＿＿＿＿＿＿＿＿＿＿＿＿＿＿＿

4~6

개념2 태양계 행성의 크기와 거리

- 태양계 행성 중에서 가장 작은 것은 수성이고, 가장 큰 것은 목성입니다.
- 목성, 토성, 천왕성, 해왕성은 크기가 큰 행성에 속합니다.
- 태양계 행성 중에서 태양에서 가장 가까운 것은 수성, 가장 먼 것은 해왕성입니다.
- 수성, 금성, 지구, 화성은 목성, 토성, 천왕성, 해왕성에 비해 상대적으로 태양 가까이에 있습니다.

4
빈칸
쓰기

① 태양계 행성 중에서 가장 (　　　) 것은 수성이고, 가장 (　　　) 것은 목성입니다.

② 태양계 행성 중에서 태양에서 가장 (　　　) 것은 수성이고, 가장 (　　　) 것은 해왕성입니다.

5
문장
쓰기

다음은 지구의 반지름을 1이라고 했을 때 태양계 행성의 상대적인 크기를 나타낸 것입니다. 행성의 크기를 비교하여 알 수 있는 사실을 쓰시오.

행성	상대적인 크기	행성	상대적인 크기
수성	0.4	목성	11.2
금성	0.9	토성	9.4
지구	1.0	천왕성	4.0
화성	0.5	해왕성	3.9

수성, 금성, 지구, 화성은 상대적으로 _____

_____, 목성, 토성, 천왕성,

해왕성은 상대적으로 _____ .

6
서술
완성
다음은 태양에서 지구까지의 거리를 1로 보았을 때 태양에서 각 행성까지의 상대적인 거리를 나타낸 것입니다. 태양에서 행성까지의 상대적인 거리를 보고 알 수 있는 특징을 한 가지 쓰시오.

행성	상대적인 거리	행성	상대적인 거리
수성	0.4	목성	5.2
금성	0.7	토성	9.6
지구	1.0	천왕성	19.1
화성	1.5	해왕성	30.0

_____

_____

7~9

개념3 **북쪽 하늘의 별자리 찾기**

• 북쪽 밤하늘에서 북두칠성, 작은곰자리, 카시오페이아자리를 볼 수 있습니다.

• 북두칠성은 국자 모양이며, 카시오페이아자리는 W(M)자 모양입니다.

• 북극성은 북쪽 하늘에 항상 있기 때문에 북극성을 찾으면 방위를 알 수 있습니다.

• 북두칠성과 카시오페이아자리를 이용하여 북극성을 찾을 수 있습니다.

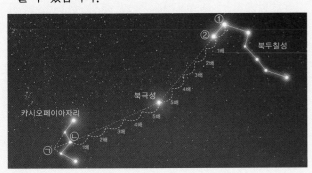

7
빈칸
쓰기
① 북두칠성과 카시오페이아자리는 ( ) 밤하늘에서 볼 수 있습니다.

② 북극성은 ( )과/와 ( )을/를 이용하여 찾을 수 있습니다.

8
문장
쓰기
다음은 카시오페이아자리의 모습입니다. 이 별자리를 이용하여 북극성을 찾는 방법을 쓰시오.

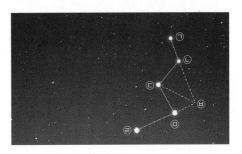

카시오페이아자리의 _____ 을/를

연결하고, 그 거리의 _____

만큼 떨어진 곳에 있는 별이 북극성입니다.

9
서술
완성
다음은 북두칠성의 모습입니다. 이 별자리를 이용해 북극성을 찾는 방법을 쓰시오.

_____

_____

1 태양이 소중한 까닭을 다음 낱말을 모두 사용하여 쓰시오. [8점]

> 태양　　　동물　　　식물

_____

_____

2 다음은 화성과 천왕성의 모습입니다. 물음에 답하시오. [12점]

▲ 화성　　　　　　　▲ 천왕성

(1) 위 두 행성 중 고리가 있는 행성의 이름을 쓰시오. [2점]

(　　　　　　　　　)

(2) 위 두 행성의 색깔과 표면 상태의 특징을 각각 비교하여 쓰시오. [10점]

_____

_____

3 다음은 지구의 반지름을 1로 보았을 때 태양계 행성의 상대적인 크기를 나타낸 것입니다. 물음에 답하시오. [12점]

행성	상대적인 크기	행성	상대적인 크기
수성	0.4	목성	11.2
금성	0.9	토성	9.4
지구	1.0	천왕성	4.0
화성	0.5	해왕성	3.9

(1) 행성들을 크기가 큰 순서대로 쓰시오. [2점]

(　　　　　　　　　)

(2) 행성의 상대적인 크기 비교로 알 수 있는 사실을 한 가지 쓰시오. [10점]

_____

_____

4 다음은 여러 날 동안 같은 밤하늘을 관측한 것입니다. 물음에 답하시오. [12점]

▲ 첫째 날 초저녁　　▲ 7일 뒤 초저녁　　▲ 15일 뒤 초저녁

(1) 위에서 ○표 한 것은 별과 행성 중 어느 것인지 쓰시오. [2점]

(　　　　　　　　　)

(2) 별과 행성의 차이점을 두 가지 쓰시오. [10점]

_____

_____

5 오늘 밤에 별자리를 관측하려고 합니다. 별을 관측하기에 적당한 장소를 쓰시오. [8점]

_____

_____

7 다음과 같이 바다 한가운데에서 배를 타는 사람들이 대화를 하고 있습니다. 물음에 답하시오. [12점]

걱정 마요. (   )을/를 찾으면 방위를 알 수 있어요.

우리 길을 잃었나 봐요. 어떡하면 좋죠?

(1) 위 (   ) 안에 들어갈 별의 이름을 쓰시오. [2점]

(   )

(2) 위 (1)의 답을 방위를 찾을 때 이용하는 까닭을 쓰시오. [10점]

_____

_____

6 다음은 밤하늘의 별자리를 나타낸 것입니다. 물음에 답하시오. [12점]

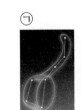 ㉠  ㉡  ㉢

(1) 위 ㉠~㉢ 별자리의 이름을 각각 쓰시오. [3점]

㉠: (   )

㉡: (   )

㉢: (   )

(2) 위 별자리의 공통점을 한 가지 쓰시오. [9점]

8 다음은 밤하늘의 모습입니다. 이 별자리를 이용하여 북극성을 찾는 방법을 그림으로 나타내고 글로 쓰시오. [8점]

_____

3 태양계와 별

과제명	태양계 행성의 크기 비교하기	배점	20점
성취 목표	태양계 행성의 상대적인 크기를 비교할 수 있다.		

1~4 다음과 같이 태양계 행성의 크기 비교 모형을 만들어 행성의 상대적인 크기를 비교하여 표로 정리하였습니다. 물음에 답하시오.

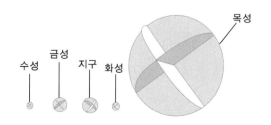

행성	상대적인 크기	행성	상대적인 크기
수성	0.4	목성	11.2
금성	0.9	토성	9.4
지구	1.0	천왕성	4.0
화성	0.5	해왕성	3.9

1 행성 크기 비교 모형에서 가장 작은 행성과 가장 큰 행성을 순서대로 쓰시오. [2점]

(,   )

2 행성의 상대적인 크기를 비교했을 때 크기가 비슷한 것끼리 짝 지어 쓰시오. [3점]

(   ) – (   ), (   ) – (   ), (   ) – (   )

3 태양계 행성을 다음과 같이 두 무리로 분류하였습니다. 분류 기준을 쓰시오. [5점]

분류 기준: ( )	
그렇다.	그렇지 않다.
목성, 토성, 천왕성, 해왕성	수성, 금성, 화성

4 태양계 행성의 크기를 우리 주위에 있는 물체로 비교해 볼 수 있습니다. 지구를 오른쪽과 같은 포도알에 비유한다면, 다음 행성에 비유할 수 있는 과일을 서로 짝 지어 보고, 그렇게 짝 지은 까닭을 쓰시오. [10점]

[행성] 수성, 목성, 토성, 해왕성

▲ 자몽   ▲ 사과   ▲ 귤   ▲ 앵두

3 태양계와 별

과제명	태양계 행성의 거리 비교하기	배점	20점
성취 목표	태양에서 행성까지의 상대적인 거리를 비교할 수 있다.		

1~2 두루마리 휴지로 태양계 행성의 거리를 비교하여 태양에서 각 행성까지의 거리를 나타내는 데 필요한 휴지 칸 수를 표로 정리하였습니다. 물음에 답하시오.

행성	필요한 휴지 칸 수	행성	필요한 휴지 칸 수
수성	0.4	목성	5.2
금성	0.7	토성	9.6
지구	1.0	천왕성	19.1
화성	1.5	해왕성	30.0

(태양에서 지구까지의 거리를 두루마리 휴지 한 칸으로 기준을 정했습니다.)

1 위 표를 보고, 태양에서 지구까지의 거리를 1 cm로 하였을 때 태양에서 각 행성까지의 거리는 몇 cm인지 빈칸에 알맞은 숫자를 쓰시오. [3점]

행성	수성	금성	지구	화성	목성	토성	천왕성	해왕성
거리(cm)	0.4		1		5.2	9.6		30

2 다음과 같이 큰 종이에 태양계 행성을 상대적인 거리에 맞게 행성 카드를 붙이려고 합니다. 각 자리에 맞는 행성 카드의 이름을 쓰시오. [4점]

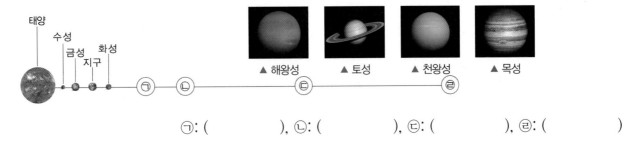

▲ 해왕성 ▲ 토성 ▲ 천왕성 ▲ 목성

㉠: (　　　　　　　), ㉡: (　　　　　　　), ㉢: (　　　　　　　), ㉣: (　　　　　　　)

3 태양은 지구보다 약 109배 크고, 지구는 달보다 4배 큽니다. 그런데도 오른쪽처럼 지구에서 볼 때 태양과 달은 거의 같은 크기로 보입니다. 태양과 달이 거의 같은 크기로 보이는 까닭을 쓰시오. [13점]

_____

_____

3 태양계와 별

과제명	별과 행성의 차이점 알아보기	배점	20점
성취 목표	별과 행성의 차이점을 설명할 수 있다.		

1~3 다음은 여러 날 동안 별과 행성을 관측한 모습입니다. 물음에 답하시오.

▲ 첫째 날 초저녁

▲ 7일 뒤 초저녁

▲ 15일 뒤 초저녁

1 위 ㉠과 ㉡ 중 행성을 골라 기호를 쓰시오. [2점]

(   )

2 위 문제 **1**의 답이 행성이라고 생각한 까닭을 쓰시오. [6점]

_____

_____

3 위 관측 결과를 통해 알 수 있는 별과 행성의 차이점을 쓰시오. [6점]

_____

_____

4 밤하늘에서 별과 행성이 빛나는 천체로 보이는 까닭을 쓰시오. [6점]

_____

_____

용해와 용액

1 용해와 용액

1 여러 가지 물질을 물에 넣었을 때의 현상 관찰하기 +1

탐구 과정	① 눈금실린더를 이용해 비커 네 개에 물을 각각 150 mL씩 넣는다. ② ①의 각 비커에 설탕, 분필 가루, 구연산, 녹말가루를 각각 한 숟가락씩 넣고, 유리 막대로 저으면서 일어나는 변화를 관찰한다. ③ 각 비커를 그대로 두고 10분이 지난 뒤 변화를 관찰한다.

물질	유리 막대로 저었을 때	10분이 지난 뒤
설탕	물에 녹는다.	투명하고 뜨거나 가라앉은 것이 없다.
분필 가루	물과 섞여 뿌옇게 흐려진다.	뿌옇게 흐려지고 분필 가루가 바닥에 가라앉았다.
구연산	물에 녹는다.	투명하고 뜨거나 가라앉은 것이 없다.
녹말가루	물과 섞여 뿌옇게 흐려진다.	뿌옇게 흐려지고 녹말가루가 바닥에 가라앉았다.

▲ 유리 막대로 저었을 때

▲ 10분이 지난 뒤

알 수 있는 사실	물에 여러 가지 물질을 넣어 보면 어떤 물질은 잘 녹지만, 어떤 물질은 잘 녹지 않는다.

- **용액의 특징**
  색깔이 있을 수는 있지만, 투명하고 오랫동안 두어도 가라앉거나 뜨는 것이 없습니다. 예를 들어 분말주스를 녹인 물은 색깔은 있지만, 투명하고 오랫동안 두어도 뜨거나 가라앉는 것이 없기 때문에 용액입니다.

- **용액을 구별하는 방법**
  - 투명하면 용액이고, 뿌옇게 보이면 용액이 아닙니다.
  - 용액은 뜨거나 가라앉은 것이 없습니다.
  - 용액은 돋보기로 볼 때 알갱이가 보이지 않습니다.
  - 거름종이로 거를 때 알갱이가 걸러지면 용액이 아닙니다.

2 용해와 °용액

(1) 용해와 용액

용해	어떤 물질이 다른 물질에 녹아 골고루 섞이는 현상 ⑩ 소금이 물에 녹는 것 등
°용액	녹는 물질이 녹이는 물질에 골고루 섞여 있는 물질 ⑩ 소금물, 설탕물 등
용질	녹는 물질 ⑩ 소금, 설탕 등
용매	녹이는 물질 ⑩ 물 등

설탕(용질) + 물(용매) → 설탕물(용액)

▲ 설탕의 용해

(2) 일상생활에서 볼 수 있는 용액: 이온 음료, 유리 세정제, 분말주스 용액, 구강 청정제, 손 세정제, 식초 등 +2

➕1 소금, 밀가루, 탄산 칼슘, 모래, 분말주스, 멸치 가루를 물에 넣었을 때의 현상

• 소금과 분말주스는 물에 녹아 투명하고 뜨거나 가라앉은 것이 없습니다.

• 밀가루, 탄산 칼슘, 모래, 멸치 가루는 물에 녹지 않아 뿌옇게 흐려지고 바닥에 가라앉는 것이 있습니다.

➕2 우리 생활 속에서 용액인 것과 용액이 아닌 것

• 물에 뜨거나 가라앉은 것이 없는 것은 용액입니다. → 분말주스를 탄 물, 식초, 설탕물, 소금물 등

• 투명하지 않고 물에 가라앉은 것이 있는 것은 용액이 아닙니다. → 미숫가루를 탄 물, 오렌지를 생으로 갈아 만든 주스, 밀가루를 섞은 물 등

핵심 개념 정리

• 소금이나 설탕이 물에 녹는 것처럼 어떤 물질이 다른 물질에 녹아 골고루 섞이는 현상을 용해라고 합니다.

• 소금물이나 설탕물처럼 녹는 물질이 녹이는 물질에 골고루 섞여 있는 물질을 용액이라고 합니다.

• 소금이나 설탕처럼 녹는 물질을 용질이라고 하고, 물처럼 녹이는 물질을 용매라고 합니다.

---

1 물에 넣으면 녹지 않고 바닥에 가라앉거나 물 위에 뜨는 가루 물질은 어느 것입니까? 　　　　　(　　　)

① 소금　　　　　　② 설탕

③ 멸치 가루　　　　④ 코코아 가루

⑤ 분말주스 가루

2 다음은 소금을 물에 넣었을 때에 대한 설명입니다. ( ) 안의 알맞은 말에 ◯표 하시오.

> 소금을 물에 넣고 저으면 물에 (녹아, 녹지 않아) 투명하고, 물에 뜨거나 가라앉는 것이 (있다, 없다).

3~4 다음은 소금물을 만드는 과정을 설명한 것입니다. 물음에 답하시오.

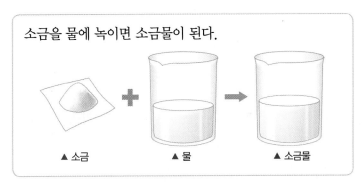

소금을 물에 녹이면 소금물이 된다.

▲ 소금　　　　　▲ 물　　　　　▲ 소금물

3 위 소금이 해당되는 것은 어느 것입니까? 　　(　　　)

① 용액　　　　　　② 용질

③ 용매　　　　　　④ 용해

⑤ 액체

4 위 소금물의 특징에 대한 설명으로 옳지 <u>않은</u> 것은 어느 것입니까? 　　　　　　　　　　　(　　　)

① 용액이다.

② 투명하다.

③ 뜨는 것이 없다.

④ 가라앉는 것이 없다.

⑤ 거름종이로 거르면 소금이 걸러진다.

2 용질이 용해되기 전과 후의 무게 비교하기

1 물에 넣은 각설탕이 시간이 지남에 따라 변하는 모습 ➕1

각설탕을 물에 넣은 직후의 모습	시간이 조금 지난 후의 모습	시간이 더 많이 지난 후의 모습

각설탕에서 거품이 생겨 위로 올라가고, 거품과 함께 아지랑이 같은 것이 보인다.	큰 각설탕이 작은 설탕 가루로 부서지고, 아지랑이 같은 물질이 많이 생긴다.	작은 설탕 가루가 물에 녹아 눈에 보이지 않고, 투명한 설탕물만 남는다.

각설탕을 물에 넣으면 각설탕이 부서지면서 크기가 작아집니다. 작아진 설탕은 더 작은 설탕으로 나뉘어 결국 눈에 보이지 않게 됩니다.

2 각설탕이 물에 용해되기 전과 용해된 후의 무게 비교하기 ➕2

탐구 과정	① 비커에 물을 80 mL 정도 넣는다. ② ①의 비커와 •시약포지, 각설탕을 •전자저울에 함께 올려놓고 무게를 측정한다. ③ 각설탕을 물에 넣은 뒤 용해되는 모습을 관찰하고, 각설탕이 부스러져 바닥에 깔리면 완전히 용해될 때까지 유리 막대로 젓는다. ④ 각설탕이 완전히 용해되면 설탕물이 담긴 비커와 빈 시약포지를 전자저울에 올려놓고 무게를 측정한다. ⑤ 각설탕이 물에 용해되기 전과 용해된 후의 무게를 비교한다.
탐구 결과	① 각설탕이 물에 용해되기 전과 용해된 후의 무게는 같다. ② 물에 완전히 용해된 각설탕이 눈에 보이지는 않지만, 없어진 것이 아니라 매우 작게 변하여 물속에 골고루 섞여 있기 때문이다. 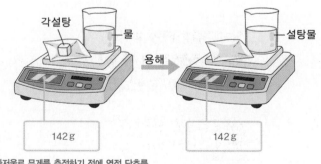 전자저울로 무게를 측정하기 전에 영점 단추를 눌러 영점을 맞추어야 합니다.
알 수 있는 사실	용질이 물에 용해되면 없어지는 것이 아니라 물과 골고루 섞여 용액이 된다.

• 시약포지
물질의 성분을 확인하거나 정해진 분량을 확인하는 약품을 싸는 종이

▲ 시약포지

• 전자저울 사용법
① 저울의 수평을 맞춥니다.
② 전원 단추를 누릅니다.
③ 영점 단추를 눌러 영점을 맞춥니다.
④ 측정하려는 물체를 올려놓고 숫자가 멈추면 그 수를 읽습니다.

+1 황색 각설탕의 용해 과정

각설탕이 물에 용해되면 설탕 주위의 물은 다른 부분보다 순간적으로 밀도가 조금 높아집니다. 그래서 그 부분을 통과하는 빛이 굴절되어 아지랑이처럼 보이다가 설탕이 주변으로 골고루 퍼지면서 사라지게 됩니다. 밀도는 일정한 면적에 빽빽하게 들어 있는 정도를 말합니다.

+2 물에 소금을 녹여 만든 소금물 100 mL와 물 100 mL 비교

소금물에는 소금이 녹아 있기 때문에 물 100 mL보다 소금물 100 mL가 더 무겁습니다.

 **핵심 개념 정리**

• 각설탕이 물에 용해되기 전과 용해된 후의 무게는 같습니다.

• 그 까닭은 물에 완전히 용해된 각설탕이 눈에 보이지는 않지만, 없어진 것이 아니라 매우 작게 변하여 물속에 골고루 섞여 있기 때문입니다.

• 용질이 물에 용해되면 없어지는 것이 아니라 물과 골고루 섞여 용액이 됩니다.

설탕이 물에 녹으면 없어진 게 아니야. 매우 작게 변하여 물속에 골고루 섞여 있지.

1 각설탕을 물에 넣으면 어떻게 되는지에 대한 설명으로 옳은 것을 두 가지 고르시오. 　(　, 　)

① 점점 커진다.

② 점점 단단해진다.

③ 작은 설탕 가루로 흩어진다.

④ 바닥에 가라앉아 아무 변화가 없다.

⑤ 눈에 보이지 않을 정도로 작게 나누어져 물속에 섞여 들어간다.

2~3 다음과 같이 각설탕이 물에 용해되기 전의 무게를 측정하였더니 142 g이었습니다. 물음에 답하시오.

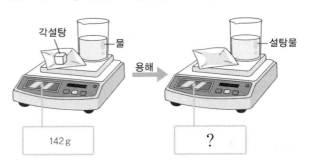

2 위 실험에서 각설탕이 물에 용해된 후 측정한 설탕물이 담긴 비커와 빈 시약포지의 무게의 합은 얼마인지 쓰시오.

(　　　　　　　　) g

3 위 실험으로 알 수 있는 사실은 어느 것입니까? (　　　)

① 설탕은 물을 흡수한다.

② 설탕은 물에 용해되지 않는다.

③ 설탕을 물에 넣으면 사라진다.

④ 설탕이 물에 용해되면 무게가 늘어난다.

⑤ 설탕이 물에 용해되기 전과 용해된 후의 무게는 같다.

3 용질에 따라 물에 용해되는 양 비교하기

1 여러 가지 용질이 물에 용해되는 양 비교하기 +1

탐구 과정	① 눈금실린더로 비커 세 개에 온도가 같은 물을 각각 50 mL씩 넣는다. ② 각 비커에 소금, 설탕, •제빵 소다를 각각 한 숟가락씩 넣고 유리 막대로 저은 뒤에 변화를 관찰한다. ③ ②의 비커에 소금, 설탕, 제빵 소다를 각각 한 숟가락씩 더 넣으면서 유리 막대로 저어 용해되는 양을 비교한다.  바닥에 검은색 도화지를 깔면 용질이 얼마나 녹았는지 쉽게 비교할 수 있습니다. 유리 막대로 저어 물질이 완전히 용해된 다음, 한 숟가락씩 더 넣습니다. 소금　　설탕　　제빵 소다

탐구 결과	① •온도가 같은 물 50 mL에 소금, 설탕, 제빵 소다가 녹는 양 (○: 용질이 다 용해됨, △: 용질이 다 용해되지 않고 바닥에 남음)

용질	약숟가락으로 넣은 횟수(회)							
	1	2	3	4	5	6	7	8
소금	○	○	○	○	○	○	○	△
설탕	○	○	○	○	○	○	○	○
제빵 소다	○	△						

② 설탕은 모두 용해되고, •소금은 여덟 숟가락을 넣었을 때 더 이상 용해되지 않았다.
③ 제빵 소다는 어느 정도 용해되다가 두 숟가락을 넣었을 때 더 이상 용해되지 않았다.

알 수 있는 사실	용질의 종류에 따라 온도와 양이 같은 물에 용해되는 양이 다르다.

• 제빵 소다
과자와 빵을 부풀릴 때 주로 사용하는 하얀색 가루 물질

▲ 제빵 소다

• 온도가 같은 물 100 mL에 소금, 설탕, 제빵 소다를 각각 넣었을 때 각 용질이 용해되는 양
• 50 mL의 물에서보다 100 mL의 물에서 더 많은 양의 용질이 녹습니다.
• 용질이 많이 녹는 순서는 50 mL의 물에 녹일 때와 같이 설탕>소금>제빵 소다의 순입니다.

• 물에 용해되지 않고 남아 있는 소금을 모두 녹일 수 있는 방법
물을 더 넣어 물의 양을 늘리면 가라앉은 소금을 모두 녹일 수 있습니다.

2 용질마다 물에 용해되는 양

(1) 같은 양의 여러 가지 용질을 온도와 양이 같은 물에 넣었을 때 어떤 용질은 모두 용해되고, 어떤 용질은 어느 정도 용해되면 더 이상 용해되지 않고 바닥에 남습니다.

(2) 물의 온도와 양이 같아도 용질마다 물에 용해되는 양은 서로 다릅니다.

+1 설탕과 소금이 물에 용해되는 양 비교

 설탕 40 g을 20 ℃ 물 100 mL에 넣었을 때

설탕은 모두 용해됩니다.

 소금 40 g을 20 ℃ 물 100 mL에 넣었을 때

소금은 일부가 용해되지 않고 바닥에 남습니다.

1~4 다음은 온도가 같은 물 50 mL에 소금, 설탕, 제빵 소다를 각각 한 숟가락씩 더 넣으면서 유리 막대로 저었을 때 용해되는 양을 비교한 실험 결과입니다. 물음에 답하시오.

(○: 녹음, △: 녹지 않음)

용질	약숟가락으로 넣은 횟수(회)							
	1	2	3	4	5	6	7	8
소금	○	○	○	○	○	○	○	△
설탕	○	○	○	○	○	○	○	○
제빵 소다	○	△						

1 위 실험에서 다르게 한 조건은 어느 것입니까? (   )

① 물의 양   ② 물의 온도
③ 용질의 종류   ④ 비커의 크기
⑤ 물에 용해되는 정도

2 위 실험에서 가장 적게 용해되는 물질은 무엇인지 쓰시오.

(   )

3 위 실험 결과, 온도와 양이 같은 물에서 용해되는 양이 많은 용질부터 순서대로 쓰시오.

(,   ,   )

4 위 실험으로 알 수 있는 사실은 어느 것입니까? (   )

① 용질마다 물에 용해되는 양이 다르다.
② 물의 양에 따라 용질이 용해되는 양이 다르다.
③ 물의 양이 달라도 용질이 용해되는 양은 같다.
④ 물의 온도에 따라 용질이 용해되는 양이 다르다.
⑤ 물의 온도가 달라도 용질이 용해되는 양은 같다.

핵심 개념 정리

• 같은 양의 여러 가지 용질을 온도와 양이 같은 물에 넣고 저었을 때 어떤 용질은 모두 용해되고, 어떤 용질은 어느 정도 용해되면 더 이상 용해되지 않고 바닥에 남습니다.
• 물의 온도와 양이 같아도 용질마다 물에 용해되는 양은 서로 다릅니다.

두 숟가락을 넘었더니 물에 더 이상 녹지 않아.

내가 물에 들어가면 어떻게 될까?

제빵 소다   물

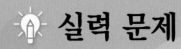
1 다음 설명에 해당하는 물질을 두 가지 고르시오.
(,)

> 물에 넣고 저으면 물과 섞여 뿌옇게 변하고, 10분 동안 가만히 두면 물 위에 뜨거나 바닥에 가라앉는 것이 생긴다.

① 소금　　　　　② 설탕
③ 미숫가루　　　④ 멸치 가루
⑤ 분말주스 가루

2 온도와 양이 같은 물이 담긴 비커에 소금과 멸치가루를 각각 한 숟가락씩 넣고 저었을 때의 결과로 옳은 것은 어느 것입니까? ( )

① 소금과 멸치 가루가 모두 잘 녹는다.
② 소금은 잘 녹고, 멸치 가루는 녹지 않는다.
③ 소금은 멸치 가루보다 물에 떠 있는 것이 많다.
④ 소금은 멸치 가루보다 바닥에 가라앉는 것이 많다.
⑤ 소금을 넣은 물은 색깔이 변하고, 멸치 가루를 넣은 물은 색깔이 변하지 않는다.

3 다음은 설탕이 물에 녹아 설탕물이 만들어지는 과정을 나타낸 것입니다. 이 과정에서 용매, 용질, 용액에 해당하는 것을 옳게 짝 지은 것은 어느 것입니까? ( )

▲ 설탕　　　▲ 물　　　▲ 설탕물

① 물 – 용질　　　　② 물 – 용매
③ 설탕 – 용액　　　④ 설탕물 – 용질
⑤ 설탕물 – 용매

4 용액의 성질로 옳지 <u>않은</u> 것은 어느 것입니까?
( )

① 색깔이 없다.
② 뜨는 것이 없다.
③ 골고루 섞여 있다.
④ 걸러지는 것이 없다.
⑤ 가라앉는 것이 없다.

5 각설탕을 물에 넣은 직후의 모습에 대한 설명으로 옳은 것은 어느 것입니까? ( )

① 설탕 조각이 물에 뜬다.
② 각설탕의 크기가 커진다.
③ 각설탕의 색깔이 변한다.
④ 각설탕이 눈에 보이지 않는다.
⑤ 각설탕이 조금씩 부서지기 시작한다.

6 각설탕이 물에 녹는 순서를 기호로 옳게 나타낸 것은 어느 것입니까? ( )

㉠　　　㉡　　　㉢

① ㉠ → ㉡ → ㉢　　　② ㉠ → ㉢ → ㉡
③ ㉡ → ㉠ → ㉢　　　④ ㉡ → ㉢ → ㉠
⑤ ㉢ → ㉠ → ㉡

7 다음 ( ) 안의 알맞은 말에 ○표 하시오.

> 설탕이 물에 용해되기 전과 용해된 후의 무게는
> (같다, 다르다).

8 설탕 20 g을 물 50 g에 완전히 용해시켰을 때 설
탕물의 무게는 얼마입니까? ( )

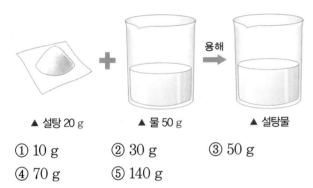

▲ 설탕 20 g   ▲ 물 50 g   ▲ 설탕물

① 10 g   ② 30 g   ③ 50 g
④ 70 g   ⑤ 140 g

[9~11] 다음 실험 과정을 보고, 물음에 답하시오.

> ㉠ 눈금실린더로 비커 세 개에 온도가 같은 물을 각각
> 50 mL씩 넣는다.
> ㉡ 각 비커에 소금, 설탕, 제빵 소다를 각각 한 숟가락
> 씩 넣고 유리 막대로 저은 뒤에 변화를 관찰한다.
> ㉢ ㉡의 비커에 소금, 설탕, 제빵 소다를 각각 한 숟가
> 락씩 더 넣으면서 유리 막대로 저어 용해되는 양을
> 비교한다.

9 위 실험에서 다르게 한 조건은 무엇인지 쓰시오.

( )

10 다음은 앞 실험의 결과를 표로 나타낸 것입니다.
온도와 양이 같은 물에 가장 적게 녹는 물질과 가
장 많이 녹는 물질을 순서대로 쓰시오.

(○: 녹음, △: 녹지 않음)

용질	약숟가락으로 넣은 횟수(회)							
	1	2	3	4	5	6	7	8
소금	○	○	○	○	○	○	○	△
설탕	○	○	○	○	○	○	○	○
제빵 소다	○	△						

(,)

11 다음은 앞 실험으로 알 수 있는 사실을 정리한 것
입니다. ( ) 안에 들어갈 알맞은 말을 쓰시오.

> 물의 온도와 양이 같을 때 용질마다 물에 용해되
> 는 양이 ( ).

( )

12 다음은 온도와 양이 같은 물에 용질 ㈎와 용질 ㈏
를 넣은 후 관찰한 결과를 정리한 것입니다.

구분	용질 ㈎	용질 ㈏
한 숟가락 넣었을 때	다 용해되었다.	다 용해되었다.
세 숟가락 넣었을 때	바닥에 가라앉았다.	다 용해되었다.

물의 양을 두 배로 늘렸을 때 더 많이 용해되는 용
질은 어느 것인지 쓰시오.

( )

4 물의 온도에 따라 용질이 용해되는 양 비교하기

1 물의 온도에 따라 백반이 용해되는 양 비교하기 +1

(1) 실험에서 다르게 해야 할 조건과 같게 해야 할 조건을 정하고, 그 실험 방법 알기

실험에서 알고자 하는 것: 물의 온도에 따른 백반이 용해되는 양		
구분	다르게 해야 할 조건과 실험 방법	같게 해야 할 조건과 실험 방법
조건	•물의 온도	물의 양, 백반의 양 등 물의 온도 외의 모든 조건
실험 방법	10 ℃, 40 ℃의 물에 백반을 각각 넣는다.	• 눈금실린더로 10 ℃와 40 ℃의 물을 50 mL씩 측정해 두 비커에 각각 담는다. • 약숟가락을 사용해 물이 담긴 각 비커에 같은 양의 백반을 넣는다.

(2) 준비물과 실험 과정

준비물	물, 얼음, 전기 주전자, 온도계, 비커(100 mL) 두 개, 눈금실린더(100 mL), 백반, 페트리 접시, 약숟가락, 유리 막대 두 개, 보안경, 실험용 장갑, 실험복
실험 과정	① 얼음과 전기 주전자를 이용해 10 ℃와 40 ℃의 물을 준비한다. ② 10 ℃와 40 ℃의 물을 눈금실린더로 50 mL씩 측정해 두 비커에 각각 담는다. ③ 백반을 두 숟가락씩 각 비커에 넣고 유리 막대로 저으면서 백반이 용해된 양을 비교한다.

• **백반을 녹이는 물의 온도를 다르게 하는 방법**
  • 전기 주전자나 알코올 램프로 물을 데워 약 40 ℃의 따뜻한 물을 준비합니다.
  • 물에 얼음을 넣거나 물을 냉장고에 넣어 약 10 ℃의 차가운 물을 준비합니다.

▲ 따뜻한 물 ▲ 차가운 물

• **물에 용질을 넣었을 때 용질이 모두 용해되지 않고 바닥에 남은 경험**
  • 찬물에 탄 아이스티 가루가 모두 용해되지 않고 바닥에 가라앉았습니다.
  • 코코아차를 타 마시려고 했는데, 물에 코코아 가루를 너무 많이 넣어서 모두 용해되지 않고 코코아 가루가 바닥에 가라앉았습니다.
  전자레인지에 넣고 따뜻하게 만들거나 뜨거운 물을 더 부으면 남은 용질을 완전히 용해할 수 있습니다.

(3) 물의 온도에 따라 백반이 용해되는 양과 이를 통해 알게 된 점

바닥에 검은색 도화지를 깔면 백반이 얼마나 용해되었는지, 남은 백반의 양은 얼마나 되는지를 쉽게 비교할 수 있습니다.

구분	따뜻한 물(40 ℃의 물)	차가운 물(10 ℃의 물)
같은 양의 백반을 넣고 저었을 때 백반이 용해되는 양	모두 용해된다.	어느 정도 용해되다가 용해되지 않은 백반이 바닥에 남아 있다.
알게 된 점	물의 온도가 높으면 백반이 더 많이 용해된다.	

2 물의 온도에 따라 용질이 용해되는 양

(1) 물의 온도가 높을수록 용질이 많이 용해됩니다.
(2) •용질이 다 용해되지 않고 남아 있을 때 물의 온도를 높이면 용해되지 않고 남아 있던 용질을 더 많이 용해할 수 있습니다.
(3) 따뜻한 물에서 모두 용해된 백반 용액이 든 비커를 얼음물에 넣었을 때의 변화: 백반 알갱이가 다시 생겨 바닥에 가라앉습니다. +2

정답과 풀이 **92**쪽

+1 **차가운 물과 따뜻한 물에 붕산이 용해되는 양 비교**

차가운 물 50 mL에 붕산 3 g을 넣었을 때

붕산은 일부가 용해되지 않고 바닥에 남습니다.

따뜻한 물 50 mL에 붕산 3 g을 넣었을 때

붕산은 모두 용해됩니다.

+2 **따뜻한 물에서 모두 용해된 백반 용액을 차가운 물에 넣었을 때의 변화**

온도가 낮아지면서 물에 용해되어 있던 백반이 다시 결정으로 되므로 백반 알갱이가 바닥에 가라앉습니다.

🎓 **핵심 개념 정리**

• 물의 온도가 높을수록 용질이 많이 용해됩니다.

• 용질이 다 용해되지 않고 남아 있을 때 물의 온도를 높이면 용해되지 않고 남아 있던 용질을 더 많이 용해할 수 있습니다.

• 물을 데워 온도를 높이면 같은 양의 물에 용해할 수 있는 코코아 가루의 양이 많아져 물에 용해되지 않고 남아 있던 코코아 가루가 더 많이 용해됩니다.

물의 온도가 높을수록 용질이 많이 용해돼.

▲ 따뜻한 물   ▲ 차가운 물

1 물의 온도에 따라 용질이 물에 용해되는 양을 알아보는 실험을 할 때 필요한 준비물이 <u>아닌</u> 것은 어느 것입니까? (   )

① 물   ② 비커
③ 얼음   ④ 멸치 가루
⑤ 전기 주전자

2 물의 온도에 따라 용질이 물에 용해되는 양을 알아보는 실험을 할 때 다르게 해야 할 조건으로 알맞은 것을 보기 에서 골라 기호를 쓰시오.

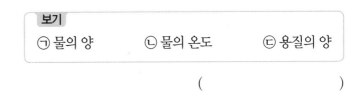

보기
ㄱ 물의 양   ㄴ 물의 온도   ㄷ 용질의 양

(   )

3 백반이 가장 적게 용해되는 물의 조건은 어느 것입니까?

(   )

① 10 ℃의 물 50 mL
② 20 ℃의 물 50 mL
③ 50 ℃의 물 50 mL
④ 10 ℃의 물 100 mL
⑤ 20 ℃의 물 100 mL

4 물이 담긴 비커에 소금을 넣고 충분히 저어 주었는데 다 용해되지 않고 바닥에 가라앉았습니다. 가라앉은 소금을 더 용해시킬 수 있는 방법으로 옳지 <u>않은</u> 것은 어느 것입니까? (   )

① 실온의 물을 비커에 더 붓는다.
② 따뜻한 물을 비커에 더 붓는다.
③ 소금 용액이 든 비커를 가열한다.
④ 소금 용액이 든 비커를 얼음이 든 비커에 담근다.
⑤ 소금 용액이 든 비커를 전자레인지에 넣고 온도를 높인다.

5 용액의 진하기 비교하기

1 황설탕 용액의 진하기 비교하기

(1) **용액의 진하기**: 같은 양의 용매에 용해된 용질의 많고 적은 정도로, 용매의 양이 같을 때 용해된 용질의 양이 많을수록 진한 용액입니다.

(2) **황설탕 용액의 진하기 비교하기**

방법	진한 용액의 특징
색깔로 비교하기	색깔이 더 진하다.
맛으로 비교하기	맛이 더 달다.
무게로 비교하기	무게가 더 무겁다.
용액의 높이로 비교하기	비커에 담긴 용액의 높이가 더 높다.

▲ 색깔로 비교하기

▲ 무게로 비교하기

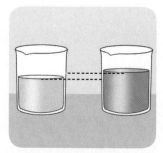
▲ 용액의 높이로 비교하기

- **사해에서 사람의 몸이 물 위에 뜨는 까닭**
  - 이스라엘과 요르단에 걸쳐 있는 사해에서는 물 위에 떠서 책을 읽는 사람을 볼 수 있습니다.
  - 사해의 물은 다른 곳의 물에 비해 소금이 많이 포함되어 있어서 더 진합니다.

▲ 사해에 떠서 책을 읽는 사람

- **색깔로 백설탕 용액의 진하기 비교하기**
  진하기가 다른 백설탕 용액은 투명하기 때문에 뒤쪽에 흰 종이를 대어 보아도 색깔로 용액의 진하기를 비교할 수 없습니다.

2 °물체가 뜨는 정도로 용액의 진하기 비교하기 +1

(1) °색깔이나 맛으로 구별할 수 없는 투명한 용액의 진하기는 용액에 어떤 물체를 넣었을 때 그 물체가 뜨고 가라앉는 정도로 비교할 수 있습니다.

(2) 설탕물이나 소금물과 같이 색깔로 용액의 진하기를 비교할 수 없을 때에는 메추리알이나 방울토마토를 띄워서 용액의 진하기를 확인할 수 있습니다.

(3) 용액에 물체를 넣었을 때 용액이 진할수록 물체가 높이 떠오릅니다.

메추리알을 띄운 경우	방울토마토를 띄운 경우

각설탕 한 개를 녹인 용액　　각설탕 열 개를 녹인 용액	각설탕 한 개를 녹인 용액　　각설탕 열 개를 녹인 용액

▲ 물체를 띄워 용액의 진하기 비교하기　물을 더 넣어 용액을 묽게 만들면 위쪽에 떠 있는 메추리알이나 방울토마토가 가라앉습니다.

(4) 생활에서 물체가 뜨는 정도로 용액의 진하기를 확인하는 예: 장을 담글 때 적당한 소금물의 진하기를 맞추려고 달걀을 띄워 떠오르는 정도를 확인합니다. +2

+1 용액의 진하기를 비교하는 기구 만들기

- 스타이로폼 수수깡에 눈금을 그리고, 누름 못을 꽂아 만들 수 있습니다.
- 굵은 빨대에 눈금을 그리고, 한쪽 끝에 고무찰흙을 붙여서 만들 수 있습니다.

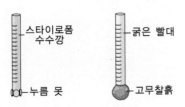

+2 장을 담글 때 소금물의 진하기 맞추기

우리 조상들은 장을 담글 때 소금물의 진하기를 맞추기 위해 달걀을 띄워 달걀이 뜨는 정도로 진하기를 맞추었습니다. 달걀이 500원짜리 동전 크기만큼 보이도록 떠오를 때가 장을 담그기에 가장 좋은 진하기라고 합니다.

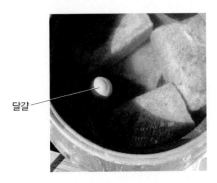

달걀

핵심 개념 정리

- 황설탕 용액처럼 색깔이 있는 용액의 진하기는 색깔과 맛이 진할수록, 무게가 무거울수록, 용액의 높이가 높을수록 더 진한 용액입니다.
- 색깔이나 맛으로 구별할 수 없는 투명한 용액의 진하기는 용액에 어떤 물체를 넣었을 때 그 물체가 뜨고 가라앉는 정도로 비교할 수 있습니다.
- 용액에 물체를 넣었을 때 용액이 진할수록 물체가 높이 떠오릅니다.

1 황설탕 용액의 진하기를 비교하는 방법으로 옳지 <u>않은</u> 것을 보기 에서 골라 기호를 쓰시오.

> **보기**
> ㉠ 용액의 맛 비교하기
> ㉡ 용액의 냄새 비교하기
> ㉢ 용액의 무게 비교하기
> ㉣ 비커에 담긴 용액의 높이 비교하기

(   )

2 같은 양의 물에 서로 다른 양의 황설탕을 녹였습니다. 더 진한 황설탕 용액의 기호를 쓰시오.

(   )

3 진하기가 다른 소금 용액에 메추리알을 넣어 보았습니다. 가장 진한 용액의 기호를 쓰시오.

(   )

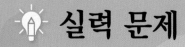
1 다음은 물의 온도에 따라 백반이 용해되는 양에 대한 설명입니다. ( ) 안의 알맞은 말에 ○표 하시오.

> 물의 온도가 (높을수록, 낮을수록) 백반이 더 많이 용해된다.

2 같은 양의 물에 백반이 가장 적게 용해되는 물의 온도는 어느 것입니까? ( )

① 5 ℃   ② 15 ℃

③ 22 ℃   ④ 30 ℃

⑤ 40 ℃

3 코코아차를 타 마시려고 했는데, 물에 코코아 가루를 너무 많이 넣어서 다 용해되지 않고 코코아 가루가 바닥에 가라앉았습니다. 바닥에 남아 있는 코코아 가루를 더 많이 용해시킬 수 있는 방법을 두 가지 고르시오. (,)

① 작은 컵으로 옮긴다.

② 뜨거운 물을 더 붓는다.

③ 코코아차에 얼음을 넣는다.

④ 코코아차를 조금 덜어 낸다.

⑤ 전자레인지에 넣고 따뜻하게 만든다.

4 다음과 같이 따뜻한 물에서 모두 용해된 백반 용액이 든 비커를 얼음물에 넣었을 때 생기는 변화로 옳은 것은 어느 것입니까? ( )

① 아무 변화가 없다.

② 용액이 더 투명해진다.

③ 용액의 높이가 높아진다.

④ 바닥에 백반 알갱이가 생긴다.

⑤ 물이 모두 증발하고 백반 알갱이만 남는다.

5 가장 진한 용액은 어느 것입니까? ( )

① 물 50 mL에 설탕 10 g을 녹인 용액

② 물 50 mL에 설탕 20 g을 녹인 용액

③ 물 50 mL에 설탕 40 g을 녹인 용액

④ 물 50 mL에 설탕 50 g을 녹인 용액

⑤ 물 50 mL에 설탕 60 g을 녹인 용액

6 황설탕 용액의 진하기를 비교할 수 있는 방법으로 옳지 <u>않은</u> 것을 두 가지 고르시오. (,)

① 용액의 맛

② 용액의 색깔

③ 용액의 냄새

④ 용액의 가격

⑤ 용액에 적당한 물체 넣어 보기

7~9 다음과 같이 같은 양의 물에 백설탕을 넣은 양을 다르게 하여 녹였습니다. 물음에 답하시오.

7 위 ㉠과 ㉡ 용액에 방울토마토를 넣었을 때, 방울토마토가 더 낮게 뜨는 용액의 기호를 쓰시오.

( )

8 위 용액에 대한 설명으로 옳지 <u>않은</u> 것을 두 가지 고르시오. (,)

① ㉠과 ㉡ 용액은 모두 투명하다.
② ㉡ 용액이 ㉠ 용액보다 더 진하다.
③ ㉡ 용액이 ㉠ 용액보다 높이가 더 낮다.
④ ㉡ 용액이 ㉠ 용액보다 단맛이 더 난다.
⑤ ㉡ 용액이 ㉠ 용액보다 색깔이 더 진하다.

9 위 ㉠ 용액에 넣은 방울토마토가 ㉡ 용액과 같은 높이로 뜨게 하려면 백설탕을 얼마나 더 넣어야 합니까? ( )

① 1숟가락
② 4숟가락
③ 10숟가락
④ 20숟가락
⑤ 24숟가락

10 설탕 용액의 위쪽에 떠 있는 방울토마토를 가라앉게 하는 방법으로 옳은 것은 어느 것입니까?
( )

① 소금을 더 녹인다.
② 설탕을 더 많이 녹인다.
③ 용액을 작은 비커에 옮긴다.
④ 용액을 덜어 내어 양을 줄인다.
⑤ 물을 더 넣어 용액을 묽게 만든다.

11 플라스틱 스포이트로 용액의 진하기를 비교하는 도구를 만들어 여러 가지 용액의 진하기를 비교하였더니 모든 용액에서 도구가 끝까지 떠올랐습니다. 이 도구를 보완할 수 있는 방법으로 옳은 것은 어느 것입니까? ( )

① 용액을 다른 비커에 옮긴다.
② 도구의 눈금 간격을 좁게 그린다.
③ 도구의 눈금 간격을 넓게 그린다.
④ 도구의 무게를 더 무겁게 고친다.
⑤ 도구의 무게를 더 가볍게 고친다.

12 다음은 두 용액에 용액의 진하기를 비교할 수 있는 도구를 넣은 모습입니다. 더 연한 용액의 기호를 쓰시오.

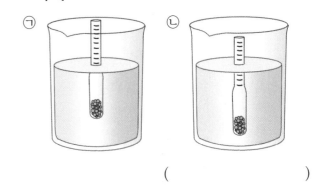

( )

4 용해와 용액

👁 그림을 보고 배운 개념을 떠올리며 ( ) 안에 알맞은 말을 써 보세요.

개념1 용해와 용액

어떤 물질이 다른 물질에 녹아 골고루 섞이는 현상을 (❶   )(이)라고 하고, 설탕물처럼 녹는 물질이 녹이는 물질에 골고루 섞여 있는 물질을 (❷   )(이)라고 합니다.

개념2 용질이 용해되기 전과 후의 무게

용질이 물에 용해되기 전과 용해된 후의 무게는 (❸   ). 그 까닭은 용질이 물에 용해되어 우리 눈에 보이지 않을 정도로 작아져 물과 고르게 섞이기 때문입니다.

👁 그림을 보고 배운 개념을 떠올리며 ( ) 안에 알맞은 말을 써 보세요.

개념4 물의 온도에 따라 용질이 용해되는 양

▲ 따뜻한 물   ▲ 차가운 물

물의 온도가 (❻   )수록 용질이 많이 용해됩니다. 물에 넣은 용질이 완전히 용해되지 않고 남아 있을 때 물의 온도를 (❼   ) 남아 있는 용질을 더 많이 용해할 수 있습니다.

개념5 용액의 진하기 비교하기

색깔이 있는 용액은 색깔이 (❽   )수록 더 진한 용액입니다. 용액에 물체를 넣었을 때 용액이 진할수록 물체가 (❾   ) 떠오릅니다.

어떤 물질이 다른 물질에 녹아 고르게 섞이는 현상을 용해라고 하며, 용질이 용해되기 전과 후의 무게는 같습니다. 또한, 용질의 종류와 물의 온도에 따라 용질이 용해되는 양이 달라지며, 용액의 색깔, 물체가 떠오르는 정도 등으로 용액의 진하기를 비교할 수 있습니다.

정답과 풀이 92쪽

개념3 용질에 따라 물에 용해되는 양

내가 물에 들어가면 어떻게 될까?

두 숟가락을 넣었더니 물에 더 이상 녹지 않아.

제빵 소다

물

온도와 양이 같은 물에 서로 다른 용질을 각각 넣고 저으면 어떤 용질은 모두 (❹   )되지만, 어떤 용질은 완전히 용해되지 않고 남는 것이 있습니다.

설탕 40 g을 20 ℃ 물 100 mL에 넣었을 때

설탕

물

설탕은 모두 용해됩니다.

소금 40 g을 20 ℃ 물 100 mL에 넣었을 때

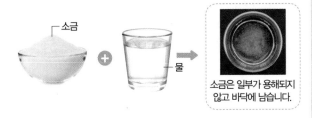

소금

물

소금은 일부가 용해되지 않고 바닥에 남습니다.

물의 온도와 양이 같을 때 용질이 물에 용해되는 양은 용질의 (❺   )에 따라 달라집니다.

1 설탕물에서 설탕과 같이 녹는 물질을 용액이라고 합니다.   (   )

2 미숫가루를 탄 물은 가라앉는 물질이 있으므로 용액이 아닙니다.   (   )

3 설탕이 물에 용해되기 전 전체 무게와 설탕이 물에 용해된 후 전체 무게는 같습니다.   (   )

4 용질이 물에 용해되면 용질은 없어지는 것이 아니라 물과 고르게 섞여 용액이 됩니다   (   )

5 용질의 종류에 따라 물에 용해되는 양을 비교하기 위해서는 물의 온도를 다르게 해야 합니다.   (   )

6 물의 온도와 양이 같을 때 용질의 종류에 따라 물에 용해되는 양이 같습니다.   (   )

7 물의 양이 같을 때 물의 온도에 따라 용질이 용해되는 양이 다릅니다.   (   )

8 일반적으로 물의 온도가 높을수록 용질이 더 많이 용해됩니다.   (   )

9 색깔이 있는 용액의 경우 용액이 진하면 용액의 색깔이 진합니다.   (   )

10 용액이 진할수록 메추리알이 낮게 뜹니다. (   )

※ 한 문항당 5점입니다.

1~2 다음과 같이 비커 세 개에 온도가 같은 물을 50 mL씩 담은 뒤 각 가루 물질을 두 숟가락씩 넣고 유리 막대로 저었습니다. 물음에 답하시오.

1 위 실험 결과 물에 녹지 않고 바닥에 가라앉거나 물에 떠 있는 것의 기호를 쓰시오.

( )

2 ★ ㉡의 설탕을 물에 녹인 설탕물에서 용매, 용질, 용액은 각각 무엇인지 쓰시오.

(1) 용매: ( )
(2) 용질: ( )
(3) 용액: ( )

3 서술형 다음은 소금이 물에 녹아 소금물이 만들어지는 용해 과정을 나타낸 것입니다. 생활에서 볼 수 있는 이와 같은 용해 현상을 두 가지 쓰시오.

▲ 소금   ▲ 물   용해   ▲ 소금물

_____

_____

4 일상생활에서 볼 수 있는 용액이 <u>아닌</u> 것은 어느 것입니까? ( )

① 식초   ② 손 세정제
③ 이온 음료   ④ 미숫가루 물
⑤ 유리 세정제

5 다음은 각설탕을 물에 넣었을 때 시간에 따른 변화를 설명한 것입니다. ( ) 안에 들어갈 알맞은 말을 쓰시오.

> 각설탕을 물에 넣으면 부스러지면서 크기가 작아진다. 작아진 설탕은 더 작은 크기의 설탕으로 나뉘어 물에 골고루 섞이고, 완전히 ( )되어 눈에 보이지 않게 된다.

( )

6 설탕이 물에 용해되기 전과 용해된 후의 무게를 비교하는 실험 과정을 순서에 맞게 기호를 쓰시오.

> ㉠ 설탕을 물에 넣어 모두 녹인다.
> ㉡ 전자저울에 설탕이 담긴 시약포지와 물이 담긴 비커를 함께 올려놓고 무게를 측정한다.
> ㉢ 전자저울에 빈 시약포지와 설탕을 모두 녹인 설탕물이 든 비커를 올려놓고 무게를 측정한다.

( ) → ( ) → ( )

7 설탕 10 g을 물 70 g에 완전히 녹였을 때 설탕물의 무게는 몇 g인지 쓰시오.

( ) g

8 물 100 g에 소금 10 g이 완전히 용해되자 소금물의 무게가 110 g이 되었습니다. 이 사실로 알 수 있는 것은 어느 것입니까? ( )

① 소금물은 용액이 아니다.
② 소금이 물에 용해되면 없어진다.
③ 소금이 물에 용해되어 물속에 골고루 섞여 있다.
④ 소금이 많이 용해될수록 점점 없어져 짠맛이 약해진다.
⑤ 소금이 많이 용해될수록 비커에 담긴 용액의 높이가 낮아진다.

9~10 다음과 같이 눈금실린더를 이용해 비커 세 개에 온도가 같은 물을 각각 50 mL씩 넣은 후, 각 비커에 소금, 설탕, 제빵 소다를 한 숟가락씩 넣고 유리 막대로 저었습니다. 물음에 답하시오.

소금   설탕   제빵 소다

9 위 실험에서 각 비커에 각 용질을 세 숟가락씩 더 넣고 저었을 때의 결과로 옳은 것을 두 가지 고르시오. (,)

① 소금은 모두 녹는다.
② 설탕은 모두 녹는다.
③ 제빵 소다는 모두 녹는다.
④ 소금이 물 위에 조금 떠 있다.
⑤ 설탕은 바닥에 조금 가라앉아 있다.

10 다음은 위 실험으로 알 수 있는 사실입니다. ( ) 안의 알맞은 말에 ○표 하시오.

온도와 양이 같은 물에서 용질마다 용해되는 양은 서로 (같다, 다르다).

11 온도와 양이 같은 물에 소금과 분말주스 가루를 같은 양만큼 넣고 유리 막대로 저었을 때 나타난 실험 결과를 옳게 이야기한 친구의 이름을 쓰시오.

구분	소금	분말주스 가루
실험 결과	바닥에 남았다.	다 용해되었다.

경일: 분말주스 가루의 알갱이 크기가 소금보다 커.
석주: 물의 온도와 양이 같을 때 물질마다 용해되는 양이 달라.
인경: 물의 온도와 양이 같을 때 소금이 분말주스 가루보다 더 많이 용해돼.

( )

12 물의 양이 모두 같을 때 백반이 가장 많이 용해되는 물의 온도는 어느 것입니까? ( )

① 10 ℃   ② 20 ℃   ③ 40 ℃
④ 60 ℃   ⑤ 80 ℃

13 물이 담긴 비커에 백반을 넣고 충분히 저어 주었는데 다 용해되지 않고 가라앉았습니다. 남은 백반을 모두 용해할 수 있는 방법으로 옳은 것은 어느 것입니까? ( )

① 백반을 더 넣어 준다.
② 백반 용액을 작은 비커에 담는다.
③ 백반 용액이 든 비커를 알코올램프로 가열한다.
④ 백반 용액을 덜어 내 백반 용액의 양을 줄인다.
⑤ 백반 용액이 든 비커를 얼음이 담겨 있는 그릇에 넣는다.

14 따뜻한 물에서 모두 용해된 백반 용액이 든 비커를 얼음물에 넣어 온도를 낮추었을 때에 생기는 하얀 알갱이는 무엇인지 쓰시오.

( )

15 다음과 같이 우리나라의 물에서와 달리 사해에서는 사람이 가만히 있어도 물에 뜨는 까닭을 쓰시오.
서술형

16 용액의 진하기를 비교할 수 있는 방법으로 옳은 것을 보기 에서 모두 골라 기호를 쓰시오.

보기
㉠ 황설탕 용액의 색깔을 비교해 본다.
㉡ 백설탕 용액의 색깔을 비교해 본다.
㉢ 백설탕 용액에 방울토마토를 넣어 본다.

( )

17 두 황설탕 용액의 진하기를 비교하려고 합니다. 더 진한 황설탕 용액의 특징으로 옳은 것을 두 가지 고르시오. (,)

① 용액의 높이가 낮다.
② 맛을 보았을 때 더 달다.
③ 흰 종이를 대어 봤을 때 색깔이 더 진하다.
④ 방울토마토를 넣었을 때 더 낮게 떠오른다.
⑤ 설탕을 더 넣었을 때 설탕이 더 많이 용해된다.

18 다음은 진하기가 다른 소금 용액에 메추리알을 넣은 모습입니다. 소금을 가장 적게 녹인 비커의 기호를 쓰시오.

( )

19 다음과 같이 백설탕 용액에 떠 있는 메추리알을 더 높이 뜨게 하려면 어떻게 해야 합니까? ( )

① 비커를 흔든다.
② 물을 저어 준다.
③ 물을 더 넣는다.
④ 백설탕을 더 넣는다.
⑤ 비커를 얼음물에 담근다.

20 오른쪽과 같은 도구로 용액의 진하기를 비교할 수 있는 원리를 옳게 설명한 것은 어느 것입니까? ( )

① 용액이 진할수록 많이 흔들린다.
② 용액이 진할수록 조금 흔들린다.
③ 용액이 진할수록 높이 떠오른다.
④ 용액이 진할수록 조금 떠오른다.
⑤ 용액이 진할수록 움직이지 않는다.

점수

※ 한 문항당 5점입니다.

1 물에 녹지 않는 물질은 어느 것입니까? (   )

① 설탕   ② 소금
③ 백반 가루   ④ 미숫가루
⑤ 코코아 가루

2~3 다음은 같은 양의 가루 물질을 온도와 양이 같은 물에 넣어 보는 실험입니다. 물음에 답하시오.

2 위 세 가지 가루 물질을 물에 넣고 유리 막대로 저었을 때 물이 뿌옇게 흐려지는 것의 기호를 쓰시오.

(   )

3 위 실험으로 알 수 있는 사실은 어느 것입니까?

(   )

① 모든 물질은 물에 잘 녹는다.
② 소금물은 용액이라고 할 수 없다.
③ 모든 물질은 물에 잘 녹지 않는다.
④ 어떤 물질은 물에 녹고, 어떤 물질은 물에 녹지 않는다.
⑤ 소금은 시간이 지날수록 물과 분리되어 물 위에 떠오른다.

4~5 다음은 소금을 물에 녹여 소금물을 만드는 모습입니다. 물음에 답하시오.

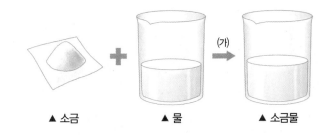

▲ 소금   ▲ 물   ▲ 소금물

4 위에서 소금, 물, 소금물과 관계있는 것을 선으로 연결하시오.

(1) 소금 •   • ㉠ 용매

(2) 물 •   • ㉡ 용질

(3) 소금물 •   • ㉢ 용액

5 위의 (가)에 해당하는 현상을 무엇이라고 하는지 쓰시오.

(   )

6* 각설탕이 물에 용해되는 과정에 대한 설명으로 옳지 <u>않은</u> 것은 어느 것입니까? (   )

① 각설탕이 조금씩 부스러진다.
② 각설탕이 물에 골고루 섞인다.
③ 각설탕이 눈에 보이지 않게 된다.
④ 각설탕이 작은 크기의 설탕으로 나뉜다.
⑤ 각설탕 덩어리가 조금씩 더 크게 변한다.

7 설탕 20 g을 물에 완전히 용해시켰더니 설탕물의 무게가 125 g이 되었습니다. 설탕을 녹인 물의 무게는 얼마인지 쓰시오.

(   ) g

8~10 다음은 설탕이 물에 용해되기 전과 용해된 후에 측정한 무게를 나타낸 것입니다. 물음에 답하시오.

구분	용해되기 전		용해된 후
	설탕이 담긴 시약포지	물이 담긴 비커	㉠ + 설탕물이 담긴 비커
무게(g)	15	185	㉡

8 위 ㉠에 들어갈 알맞은 말은 어느 것입니까?

(   )

① 설탕
② 빈 비커
③ 빈 시약포지
④ 물이 담긴 비커
⑤ 설탕이 담긴 시약포지

9 위 ㉡에 들어갈 무게로 옳은 것은 어느 것입니까?

(   )

① 20   ② 160
③ 180   ④ 200
⑤ 220

10 위 실험 결과, 설탕이 물에 용해되기 전과 용해된
서술형 후의 무게 변화는 어떠한지 쓰시오.

_____

_____

11~13 다음은 온도가 같은 물 50 mL에 소금, 설탕, 제빵 소다를 각각 한 숟가락씩 더 넣으면서 유리 막대로 저어 용해되는 양을 비교한 실험 결과입니다. 물음에 답하시오.

(○: 녹음, △: 녹지 않음)

용질	약숟가락으로 넣은 횟수(회)							
	1	2	3	4	5	6	7	8
소금	○	○	○	○	○	○	○	△
설탕	○	○	○	○	○	○	○	○
제빵 소다	○	△						

11 위 실험에서 같게 해야 할 조건이 <u>아닌</u> 것은 어느 것입니까? (   )

① 물의 양   ② 물의 온도
③ 용질의 종류   ④ 비커의 크기
⑤ 한 숟가락의 양

12 위 실험에서 가장 먼저 물에 녹지 않고 바닥에 가라앉은 물질은 무엇인지 쓰시오.

(   )

13 위 실험으로 알 수 있는 사실을 보기 에서 골라 기호를 쓰시오.

> 보기
> ㉠ 용질마다 물에 용해되는 양이 다르다.
> ㉡ 물의 양에 따라 용질이 용해되는 양이 다르다.
> ㉢ 물의 온도에 따라 용질이 용해되는 양이 다르다.
> ㉣ 용질의 종류에 상관없이 모두 물에 용해되는 양은 같다.

(   )

14~15 다음 실험 과정을 보고, 물음에 답하시오.

┌───┐
│ ㉠ 10 ℃의 차가운 물과 40 ℃의 따뜻한 물을 준비한다. │
│ ㉡ 온도가 다른 물을 눈금실린더로 50 mL씩 측정해 │
│   두 비커에 각각 담는다. │
│ ㉢ 백반을 두 숟가락씩 각 비커에 넣고 유리 막대로 젓 │
│   는다. │
│ ㉣ 각 비커에 넣은 백반이 용해된 양을 비교해 본다. │
└───┘

14 위 실험으로 알아보려고 하는 것은 어느 것입니까? ( )

① 물의 양에 따라 백반이 용해되는 양
② 물의 온도에 따라 백반이 용해되는 양
③ 물의 양에 따라 백반이 용해되는 빠르기
④ 비커의 크기에 따라 백반이 물에 용해되는 양
⑤ 물을 저어 주는 횟수에 따라 백반이 용해되는 양

15 위 실험 결과, 차가운 물과 따뜻한 물 중 백반이 더 많이 용해되는 물을 쓰시오.

( )

16 물의 온도와 용질이 용해되는 양의 관계를 쓰시오.

서술형
_____
_____

17 따뜻한 물이 담긴 비커에 백반을 넣어 백반 용액을 만든 후, 이 비커를 얼음물에 넣었을 때 나타나는 현상으로 옳은 것은 어느 것입니까? ( )

① 백반 용액이 투명해진다.
② 더 많은 백반을 녹일 수 있다.
③ 백반 용액의 온도가 높아진다.
④ 백반 용액의 물이 얼음으로 변한다.
⑤ 백반 용액이 든 비커 바닥에 백반 알갱이가 생긴다.

18 용액의 색깔이 가장 진한 것은 어느 것입니까?
( )

① 물 100 mL에 황설탕 50 g을 녹인 용액
② 물 100 mL에 황설탕 70 g을 녹인 용액
③ 물 100 mL에 황설탕 100 g을 녹인 용액
④ 물 100 mL에 백설탕 50 g을 녹인 용액
⑤ 물 100 mL에 백설탕 100 g을 녹인 용액

19~20 다음은 진하기가 다른 설탕물에 메추리알을 넣은 모습입니다. 물음에 답하시오.

㉠  ㉡  ㉢

19 위 ㉠~㉢ 중 설탕이 가장 많이 녹은 용액의 기호를 쓰시오.

( )

20 위 실험에 대한 설명으로 옳지 <u>않은</u> 것은 어느 것입니까? ( )

① ㉠에 설탕을 더 넣으면 메추리알이 떠오른다.
② ㉡에 설탕을 더 넣으면 메추리알이 가라앉는다.
③ ㉡에 물을 더 넣으면 메추리알이 가라앉는다.
④ ㉢에 물을 더 넣으면 메추리알이 가라앉는다.
⑤ ㉢에 설탕을 더 넣으면 메추리알이 높이 떠오른다.

1~3

개념1   용해와 용액

- 설탕이나 소금이 물에 녹는 것처럼 한 물질이 다른 물질에 녹아 골고루 섞이는 현상을 용해라고 합니다.
- 설탕이나 소금처럼 녹는 물질을 용질이라고 하고, 물처럼 녹이는 물질을 용매라고 합니다.
- 설탕물이나 소금물처럼 용매와 용질이 골고루 섞여 있는 물질을 용액이라고 합니다.

▲ 설탕(용질)   ▲ 물(용매)   ▲ 설탕물(용액)

1
빈칸쓰기

① 다른 물질에 녹는 물질을 (　　　　), 다른 물질을 녹이는 물질을 (　　　　)(이)라고 합니다.

② 한 물질이 다른 물질에 녹아 골고루 섞이는 현상을 (　　　　)(이)라고 합니다.

③ 용매와 용질이 골고루 섞여 있는 물질을 (　　　　)(이)라고 합니다.

2
문장쓰기

주스 가루가 물에 녹으면 주스가 됩니다. 이 현상을 다음 낱말을 모두 사용하여 쓰시오.

용질   용매   용해   용액

용질인 주스 가루가 _____

_____ .

3
서술완성

미숫가루를 탄 물이 용액인지 아닌지 그 까닭과 함께 쓰시오.

_____

_____

4~6

개념2   용질이 용해되기 전과 후의 무게

- 설탕이 물에 용해되기 전 전체 무게와 설탕이 물에 용해된 후 전체 무게는 같습니다.
- 설탕이 물에 용해되면 눈에 보이지는 않지만, 설탕이 물속에 들어 있는 것을 알 수 있습니다.
- 용질이 물에 용해되면 용질은 없어지는 것이 아니라 물과 고르게 섞여 용액이 됩니다.

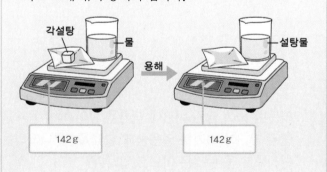

4
빈칸쓰기

① 용질이 물에 (　　　　)되어 용액이 되면 용액 속의 용질은 눈에 보이지 않습니다.

② 용질이 물에 용해되기 전과 용해된 후의 (　　　　)은/는 변화가 없습니다.

5
문장
쓰기

다음은 물에 용해된 설탕이 어떻게 되었는지에 대한 설명입니다. 틀린 내용의 기호를 쓰고, 바르게 고쳐 쓰시오.

> ㉠ 설탕이 물에 용해되면 ㉡ 없어지는 것이 아니라 매우 작아져 물과 섞입니다. ㉢ 설탕이 용해될 때 물과 골고루 섞이므로 ㉣ 용액의 아랫부분에 녹아 있는 설탕의 양이 많습니다.

_____

_____

6
서술
완성

설탕 5 g을 물 50 g에 녹였을 때, 설탕물의 무게는 몇 g이 되는지 그 까닭과 함께 쓰시오.

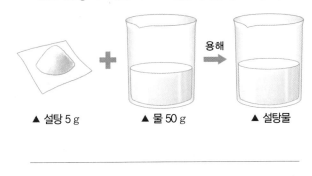

▲ 설탕 5 g   ▲ 물 50 g   ▲ 설탕물

_____

_____

7~9

개념3 **물의 온도에 따라 용질이 용해되는 양**

• 물의 양이 같을 때 물의 온도에 따라 용질이 용해되는 양이 다릅니다.

• 고체 용질의 경우 대부분 물의 온도가 높을수록 많이 용해됩니다.

• 물에 넣은 용질이 완전히 용해되지 않고 남아 있을 때 물의 온도를 높이면 남아 있는 용질을 더 많이 용해할 수 있습니다.

7
빈칸
쓰기

① 같은 양의 물에 용해되는 용질의 양은 물의 (   )에 따라 달라집니다.

② 대부분의 경우 용질은 물의 온도가 (   ) 많이 용해됩니다.

8
문장
쓰기

물에 녹지 않고 바닥에 남은 소금을 물을 더 넣지 않고 녹이려면 어떻게 해야 하는지 쓰시오.

_____

녹을 수 있는 소금의 양이 더 많아지기 때문에 바닥에 남은 소금이 모두 녹습니다.

9
서술
완성

물의 온도에 따라 용질이 용해되는 양을 알아보기 위해 다음과 같이 실험하였습니다. 잘못된 실험 과정을 바르게 고쳐 쓰고, 실험 결과를 예상하여 쓰시오.

> 두 개의 비커에 온도가 같은 물을 50 mL씩 각각 담은 후, 설탕을 각각 한 숟가락씩 넣고 젓는 과정을 설탕이 바닥에 가라앉을 때까지 반복합니다.

_____

_____

1 다음과 같이 설탕을 물에 넣었더니 녹아서 뜨거나 가라앉는 물질이 없었습니다. 그 까닭을 다음 낱말을 모두 사용하여 쓰시오. [8점]

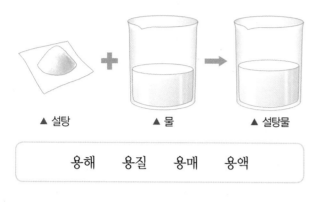

▲ 설탕　　　▲ 물　　　▲ 설탕물

용해　　용질　　용매　　용액

_____

_____

2 다음과 같이 멸치 가루를 물에 넣은 모습을 보고, 멸치 가루를 넣은 물이 용액이 아닌 까닭을 쓰시오. [8점]

_____

_____

3 다음은 각설탕이 물에 녹는 과정을 순서 없이 나열한 것입니다. 물음에 답하시오. [12점]

ㄱ　ㄴ　ㄷ

(1) 각설탕이 물에 녹는 순서에 맞게 기호를 쓰시오.
[4점]

(　　) → (　　) → (　　)

(2) 각설탕이 물에 용해되기 전과 용해된 후 무게 변화는 어떻게 되는지 그 까닭과 함께 쓰시오. [8점]

_____

_____

4 다음은 온도와 양이 같은 물에 소금, 설탕, 제빵 소다를 한 숟가락씩 더 넣으면서 유리 막대로 저은 결과를 표로 나타낸 것입니다. 이 실험 결과로 알 수 있는 사실을 쓰시오. [8점]

(○: 녹음, △: 녹지 않음)

용질	약숟가락으로 넣은 횟수(회)							
	1	2	3	4	5	6	7	8
소금	○	○	○	○	○	○	○	△
설탕	○	○	○	○	○	○	○	○
제빵 소다	○	△						

_____

_____

5 다음과 같이 같은 양의 백반을 차가운 물과 따뜻한 물에 넣어 녹였습니다. 물음에 답하시오. [12점]

▲ 차가운 물 　　　　　 ▲ 따뜻한 물

(1) 위 실험에서 다르게 한 조건을 쓰시오. [2점]

(　　　　　　　)

(2) 물의 온도에 따라 백반이 용해되는 양은 어떠한지 쓰시오. [10점]

_____

_____

6 다음과 같이 따뜻한 물에서 모두 용해된 백반 용액이 든 비커를 얼음물에 넣었더니 백반 알갱이가 다시 생겼습니다. 이 백반 알갱이를 다시 용해시키는 방법을 한 가지 쓰시오. [8점]

_____

_____

7 다음은 진하기가 다른 백설탕 용액에 메추리알을 넣은 모습입니다. 물음에 답하시오. [12점]

(1) 위 ㉠~㉢ 중 백설탕이 가장 많이 용해되어 있는 용액의 기호를 쓰시오. [2점]

(　　　　　　　)

(2) 위 ㉠의 메추리알이 ㉡의 메추리알처럼 높이 뜨게 하기 위한 방법을 쓰시오. [10점]

_____

_____

8 다음은 용액의 진하기를 비교하기 위해 만든 도구입니다. 이 도구가 용액의 진하기를 비교하기에 적당하지 <u>않은</u> 까닭을 쓰시오. [8점]

_____

4 용해와 용액

과제명	용질이 용해되기 전과 후의 무게 비교하기	배점	20점
성취 목표	용해 전후에 측정한 무게를 비교하여 용액의 특성을 설명할 수 있다.		

[1~3] 다음과 같이 각설탕과 시약포지, 물이 담긴 비커를 전자저울 위에 올려놓았더니 전자저울에 표시된 측정값이 1420 g이었습니다. 물음에 답하시오.

각설탕
시약포지
물이 담긴 비커

1 각설탕을 물이 담긴 비커에 넣어 완전히 용해한 후, 빈 시약포지, 설탕물이 담긴 비커를 전자저울 위에 올려놓으면 측정값은 몇 g일지 쓰시오. [5점]

(   )

2 위 **1**의 답과 같이 생각한 까닭을 쓰시오. [10점]

_____

_____

3 분말주스 세 숟가락을 물에 넣었더니 모두 용해되었습니다. 분말주스가 물에 용해되기 전과 용해된 후의 무게를 비교하여 쓰시오. [5점]

_____

_____

4 용해와 용액

과제명	물의 온도에 따라 백반이 용해되는 양 비교하기	배점	20점
성취 목표	물의 온도에 따라 용질이 용해되는 양이 달라짐을 비교하고, 온도가 용해에 영향을 줌을 설명할 수 있다.		

1~3 다음은 물의 온도에 따라 백반이 용해되는 양을 알아보기 위한 실험 과정입니다. 물음에 답하시오.

⊙ 전기 주전자나 알코올램프로 물을 데워 약 40 ℃의 따뜻한 물을 준비한다.
ⓒ 물에 얼음을 넣거나 물을 냉장고에 넣어 약 10 ℃의 차가운 물을 준비한다.
ⓒ 10 ℃와 40 ℃의 물을 눈금실린더로 50 mL씩 측정해 두 비커에 각각 담는다.
ⓔ 백반을 두 숟가락씩 각 비커에 넣고 유리 막대로 젓는다.
ⓜ 각 비커에 넣은 백반이 용해된 양을 비교해 본다.

1 위 실험에서 다르게 한 조건과 같게 한 조건을 각각 쓰시오. [5점]

다르게 한 조건	같게 한 조건

2 위 실험을 통해 알 수 있는 물의 온도에 따라 백반이 용해되는 양과 알게 된 점을 쓰시오. [10점]

구분	따뜻한 물(40 ℃의 물)	차가운 물(10 ℃의 물)
같은 양의 백반을 넣고 저었을 때 백반이 용해되는 양		
알게 된 점		

3 코코아 가루가 물에 모두 용해되지 않고 컵 바닥에 가라앉아 있을 때, 바닥에 남은 코코아 가루를 더 용해할 수 있는 방법을 쓰시오. (단, 물은 더 붓지 않습니다.) [5점]

4 용해와 용액

과제명	용액의 진하기 비교하기	배점	20점
성취 목표	용액의 진하기를 상대적으로 비교하는 방법을 설명할 수 있다.		

1~4 다음은 진하기가 다른 황설탕 용액과 백설탕 용액의 모습입니다. 물음에 답하시오.

▲ 진하기가 다른 황설탕 용액

▲ 진하기가 다른 백설탕 용액

1 진하기가 다른 두 황설탕 용액의 진하기를 비교할 수 있는 방법을 두 가지 이상 쓰시오. [5점]

_____

_____

2 진하기가 다른 두 백설탕 용액의 진하기를 비교할 수 있는 방법을 두 가지 이상 쓰시오. [5점]

_____

_____

3 위 **1**과 **2**의 답을 참고하여, 진한 용액의 특징을 두 가지 이상 쓰시오. [5점]

_____

_____

4 오른쪽과 같이 위에 떠 있는 메추리알을 바닥에 가라앉게 하기 위한 방법을 쓰시오.

[5점]

_____

_____

5

다양한 생물과 우리 생활

1 곰팡이와 버섯의 특징

1 곰팡이와 버섯 관찰하기 — 마스크와 실험용 장갑을 끼고 관찰하며, 맛이나 냄새 등을 맡지 않습니다. 관찰 후에는 손을 깨끗히 씻습니다.

구분	곰팡이	버섯(표고버섯)
모습		
맨눈	푸른색, 검은색, 하얀색 등의 곰팡이가 보이지만 정확한 모습을 알 수 없다.	윗부분은 갈색이고 아랫부분은 하얗다. 촉감은 부드럽고 매끈합니다.
돋보기	가는 선이 보이고 작은 알갱이들이 있다.	윗부분의 안쪽에는 주름이 많다.
실체 현미경 **+1**	• 가는 실 같은 것이 많고 거미줄처럼 서로 엉켜 있다. • 크기가 작고 둥근 알갱이가 많이 보인다.	• 윗부분의 안쪽에 주름이 많고 깊게 파여 있다. • 보통 식물에 있는 줄기와 잎 같은 모양을 볼 수 없다.

● 실체 현미경의 각 부분
물체의 모습을 돋보기보다 더 확대해 볼 수 있는 도구입니다.

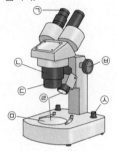

ㄱ 접안렌즈: 눈으로 보는 렌즈
ㄴ 회전판: 대물렌즈의 배율을 조절하는 나사
ㄷ 대물렌즈: 관찰 대상의 모습을 확대해 주는 렌즈
ㄹ 조명: 빛을 관찰 대상에 비추는 곳
ㅁ 재물대: 관찰 대상을 올려놓는 곳
ㅂ 초점 조절 나사: 대상에 초점을 정확히 맞출 때 사용하는 나사
ㅅ 조명 조절 나사(2개): 조명을 켜고 끄며 밝기를 조절하는 나사

● 실체 현미경으로 관찰한 곰팡이의 모습

● 균사
곰팡이나 버섯과 같은 균류의 몸을 이루는 실 모양의 세포

2 곰팡이와 버섯의 공통점

(1) 축축하고 따뜻한 환경에서 잘 자라고, 주로 여름철에 많이 볼 수 있습니다. **+2**
(2) 몸 전체가 거미줄처럼 가늘고 긴 모양의 균사로 이루어져 있습니다.
(3) 생김새나 생활 방식이 식물이나 동물과 다릅니다.
(4) 직접 양분을 만들지 못하고 죽은 생물이나 다른 생물에서 양분을 얻습니다.

3 균류와 식물의 공통점과 차이점
작고 가벼워서 눈에 잘 보이지 않고 공기 중에 떠서 멀리 이동할 수 있습니다.
• 균류: 몸 전체가 가늘고 긴 **균사**로 이루어져 있고 포자로 번식합니다.

구분	균류	식물
차이점	• 포자로 번식한다. • 균사로 이루어져 있다. • 줄기, 잎과 같은 모양이 없다. • 다른 생물, 죽은 생물, 물체 등에 붙어 산다. • 햇빛을 좋아하지 않는다. • 푸른색, 하얀색, 검은색 등 색깔이 다양하다.	• 주로 꽃이 피고 씨로 번식한다. • 주로 땅에 뿌리를 내리고 산다. • 대체로 뿌리, 줄기, 잎 등이 있다. • 햇빛을 이용해 광합성을 하여 스스로 영양분을 만든다. • 잎의 색깔은 대부분 초록색이다.
공통점	• 생물이고 번식을 한다. • 살아가는 데 물과 공기 등이 필요하다. • 양분을 흡수하여 성장하고 필요한 구조를 만든다.	균류도 다른 생물처럼 생명 현상에 관련된 호흡, 영양분 섭취, 한살이를 하는 공통점이 있습니다.

➕1 실체 현미경 사용 방법

❶ 회전판을 돌려 대물렌즈의 배율을 가장 낮게 하고, 곰팡이를 재물대 위에 올립니다.

❷ 전원을 켜고 조명 조절 나사로 빛의 양을 조절합니다.

❸ 현미경을 옆에서 보면서 초점 조절 나사로 대물렌즈를 곰팡이에 최대한 가깝게 내립니다.

❹ 접안렌즈로 곰팡이를 보면서 대물렌즈를 천천히 올려 초점을 맞추어 관찰합니다.

❺ 대물렌즈의 배율을 높이고, 초점 조절 나사로 초점을 맞추어 관찰합니다. 곰팡이를 관찰한 결과를 그림과 글로 나타냅니다.

➕2 우리 주변에서 곰팡이가 잘 자라지 못하게 하기 위한 방법

• 햇빛과 바람이 잘 통하게 합니다.

• 축축하고 그늘진 곳에는 곰팡이가 자라지 못하도록 습기 제거제를 놓습니다.

🎓 **핵심 개념 정리**

• 버섯의 윗부분은 갈색이고 안쪽에는 주름이 많습니다.

• 곰팡이는 둥근 알갱이가 보이고 가느다란 실 같은 것이 서로 엉켜 있습니다.

• 버섯과 곰팡이는 따뜻하고 축축한 환경에서 잘 자라며, 다른 생물이나 음식 등에 붙어서 양분을 얻습니다.

• 버섯과 곰팡이와 같은 생물을 균류라 하고, 가늘고 긴 모양의 균사로 이루어져 있으며 포자로 번식합니다.

▲ 버섯   ▲ 곰팡이

식물과 우리는 다르지.

우리는 균류라고 해.

---

1 버섯과 곰팡이의 특징을 선으로 연결하시오.

(1) 표고버섯 •

(2) 곰팡이 •

• ㉠ 윗부분은 갈색이고 안쪽에 주름이 많다.

• ㉡ 가느다란 실이 엉켜 있는 모습이다.

• ㉢ 촉감이 부드럽고 매끈하다.

2 오른쪽 실체 현미경의 각 부분의 이름을 잘못 짝 지은 것은 어느 것입니까? ( )

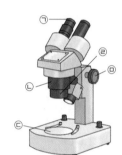

① ㉠ – 접안렌즈

② ㉡ – 회전판

③ ㉢ – 재물대

④ ㉣ – 대물렌즈

⑤ ㉤ – 조명 조절 나사

3 ( ) 안에 들어갈 알맞은 말을 쓰시오.

> 곰팡이, 버섯과 같이 몸 전체가 균사로 이루어져 있고 포자로 번식하는 생물을 ( )(이)라고 한다.

( )

4 균류와 식물을 비교한 설명으로 옳은 것에는 ○표, 옳지 않은 것에는 ×표 하시오.

(1) 균류는 식물처럼 햇빛을 좋아합니다. ( )

(2) 균류와 식물은 모두 번식을 합니다. ( )

(3) 균류와 식물은 모두 줄기, 잎과 같은 모양이 있습니다. ( )

(4) 균류와 식물은 모두 살아가는 데 물이 필요합니다. ( )

5

2 짚신벌레와 해캄의 특징

1 짚신벌레와 해캄 관찰하기

> 현미경으로 관찰하고자 하는 물질을 받침 유리에 올려놓고 덮개 유리를 덮어 만듭니다. 영구 표본은 생물을 오랫동안 보존하여 관찰할 수 있게 만든 것입니다.

구분	짚신벌레 영구 표본	해캄
맨눈	색깔이 있는 점이 보이는 데 정확히 무엇인지 알 수 없다.	색깔은 초록색이고 가늘며 길다.
돋보기	작은 점이 여러 개 보이는 데 짚신벌레의 자세한 생김새는 보이지 않는다.	여러 가닥의 해캄이 뭉쳐 있고, 머리카락 같은 모양이다.
광학 현미경 +1	• 길쭉한 모양이고, 바깥쪽에 가는 털이 있다. • 안쪽에 여러 가지 다른 모양이 보인다. • 짚신과 모양이 비슷하다.	• 원기둥 모양이고, 대나무와 같이 마디가 있다. • 여러 개의 가는 선이 있으며, 그 안에는 크기가 작고 둥근 모양의 초록색 알갱이가 있다.

└ 맨눈으로 관찰하기 어려운 생물을 광학 현미경으로 자세히 관찰할 수 있습니다.

2 짚신벌레와 해캄의 특징과 사는 곳

(1) 해캄은 보통 식물이 가지고 있는 뿌리, 줄기, 잎 등의 특징을 가지고 있지 않습니다.
└ 만졌을 때 미끈거립니다.
(2) 짚신벌레는 동물이 갖고 있는 눈이나 코, 귀와 같은 감각 기관이 없으며 보통의 동물과 다른 모습을 하고 있습니다. ─ 짚신벌레는 스스로 움직입니다.
(3) 짚신벌레와 해캄은 빠른 시간 안에 많은 수로 늘어납니다.
(4) 짚신벌레와 해캄은 동물, 식물, 균류로 분류할 수 없습니다. ─ 숨을 쉬고, 영양분을 섭취하고, 번식하는 등의 생명 현상이 나타나는 생물입니다.
(5) 사는 곳: 짚신벌레와 해캄은 주로 논, 연못과 같이 고인 물이나 도랑, 하천과 같이 물살이 느린 곳에서 삽니다.

3 다양한 원생생물의 특징

(1) 원생생물: 짚신벌레, 해캄과 같이 동물, 식물, 균류로 분류되지 않으며 생김새가 단순한 생물입니다.
(2) 원생생물의 종류와 특징 +2
  ① 유글레나: 몸속은 해캄과 같이 초록색의 알갱이들이 가득 차 있고 단순한 모양입니다. 긴 꼬리가 달려 있는 것이 특징입니다.
  ② 아메바: 일정한 모양이 없고 몸 안에는 여러 다른 소기관들이 보이지만 단순한 모양입니다.
  ③ 종벌레: 종 모양으로 어디에 붙어서 사는 것 같고 단순한 모양입니다.
   반달말, 장구말, 훈장말 등도 원생생물입니다.

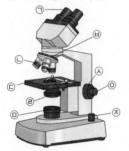

• 광학 현미경의 각 부분

㉠ 접안렌즈, ㉡ 대물렌즈,
㉢ 재물대
㉣ 조리개: 빛의 양을 조절할 때 사용
㉤ 조명, ㉥ 회전판
㉦ 조동 나사: 관찰 대상의 초점을 대략 맞출 때 사용하는 나사
㉧ 미동 나사: 관찰 대상의 초점을 정확히 맞출 때 사용하는 나사
㉨ 조명 조절 나사

• 해캄이 식물과 비슷한 점
움직일 수 없고, 스스로 양분을 만들 수 있다는 점이 비슷합니다.

• 짚신벌레가 동물과 비슷한 점
스스로 움직일 수 있고, 스스로 양분을 만들 수 없습니다.

• 현미경의 배율
접안렌즈 배율×대물렌즈 배율입니다. 접안렌즈가 10배, 대물렌즈가 4배라면 물체를 40배로 확대해서 관찰한 것입니다.

+1 광학 현미경 사용 방법

❶ 회전판을 돌려 *배율이 가장 낮은 대물렌즈가 중앙에 오도록 합니다.

❷ 영구 표본을 재물대의 가운데에 고정한 뒤에 전원을 켜고 조리개로 빛의 양을 조절합니다.

❸ 현미경을 옆에서 보면서 조동 나사로 재물대를 올려 영구 표본과 대물렌즈의 거리를 최대한 가깝게 합니다.

❹ 조동 나사로 재물대를 천천히 내리면서 접안렌즈로 짚신벌레를 찾고, 미동 나사로 짚신벌레가 뚜렷하게 보이도록 조절합니다.

❺ 대물렌즈의 배율을 높이면서 미동 나사로 초점을 맞추어 관찰합니다. 관찰한 결과를 그림과 글로 나타냅니다.

+2 원생생물

• 원생생물은 주로 논, 연못과 같이 물이 고인 곳이나 하천, 도랑 등의 물살이 느린 곳에서 삽니다.

• 바다에서 사는 원생생물(미역, 다시마, 김 등)도 있습니다.

• 원생생물에는 해캄처럼 맨눈으로 쉽게 관찰할 수 있는 것도 있지만, 짚신벌레처럼 현미경을 이용해야 관찰할 수 있는 것도 있습니다.

🎓 **핵심 개념 정리**

• 짚신벌레는 길쭉한 모양이고 바깥쪽에 가는 털이 있습니다.

• 해캄은 여러 개의 가는 선 안에 크기가 작고 둥근 모양의 초록색 알갱이가 있습니다.

• 짚신벌레, 해캄과 같이 동물, 식물, 균류로 분류되지 않고, 단순한 생김새의 생물을 원생생물이라고 합니다.

우리는 원생생물이야.

동물, 식물, 균류도 아니지.

▲ 해캄　　　▲ 짚신벌레

1~2 물에 사는 생물을 현미경으로 관찰한 것을 그림으로 나타낸 것입니다. 물음에 답하시오.

ㄱ　　　　　　　　　　ㄴ

1 위 ㉠과 ㉡의 이름은 무엇인지 쓰시오.

㉠: (　　　　　　　　), ㉡: (　　　　　　　　　)

2 위 ㉠과 ㉡의 특징을 선으로 연결하시오.

　　　　　　　　　　　• ① │색깔이 초록색이고, 가늘며 길다.│

㉠ •

㉡ •　　　　　　　　• ② │길쭉한 모양이고, 바깥쪽에 가는 털이 있다.│

　　　　　　　　　　　• ③ │여러 가닥이 서로 뭉쳐 있다.│

3 원생생물에 대한 설명으로 옳은 것에는 ○표, 옳지 않은 것에는 ✕표 하시오.

(1) 해캄과 같이 동물이나 식물, 균류로 분류되지 않는 생물입니다.　　　　　　　　　　　　　　(　　　)

(2) 동물처럼 복잡한 모양을 가지고 있습니다.　(　　　)

(3) 식물에 비해 단순한 모양을 가지고 있습니다. (　　　)

1~2 표고버섯의 모습입니다. 물음에 답하시오.

1 위 표고버섯을 관찰한 내용으로 옳지 않은 것은 어느 것입니까? (   )

① 윗부분은 갈색이다.
② 아랫부분은 하얗다.
③ 촉감은 부드럽고 매끈하다.
④ 윗부분의 안쪽에는 주름이 많다.
⑤ 초록색의 작고 둥근 알갱이들이 많이 있다.

2 위 버섯과 식물의 공통점으로 옳은 것은 어느 것입니까? (   )

① 초록색이다.
② 번식을 한다.
③ 햇빛을 좋아한다.
④ 뿌리, 줄기, 잎이 있다.
⑤ 꽃이 피고 씨를 퍼뜨린다.

3 다음과 같이 빵에 생긴 푸른색, 검은색, 하얀색을 띠고 서로 엉켜 있는 가는 선이 보이는 생물은 무엇인지 쓰시오.

(   )

4~5 현미경으로 관찰한 곰팡이의 모습입니다. 물음에 답하시오.

4 위 곰팡이에 대한 설명으로 옳은 것은 어느 것입니까? (   )

① 생물의 한 종류이다.
② 식물과 생김새가 같다.
③ 검은색 점 같은 것은 꽃이다.
④ 햇빛이 많이 드는 곳에서 잘 자란다.
⑤ 맨눈으로 자세한 모습을 알 수 있을 정도로 크기가 크다.

5 위 곰팡이가 양분을 얻는 방법을 옳게 말한 사람의 이름을 쓰시오.

> 현우: 양분이 없이도 잘 자라.
> 동환: 광합성을 해서 스스로 양분을 만들어.
> 은영: 죽은 생물이나 다른 생물에서 양분을 얻어.

(   )

6 균류에 속하는 생물을 두 가지 고르시오.
(,   )

① 버섯   ② 봉선화
③ 곰팡이   ④ 코스모스
⑤ 은행나무

7 버섯과 곰팡이의 공통점으로 옳은 것은 어느 것입니까? ( )

① 식물이다.
② 포자로 번식한다.
③ 줄기, 잎과 같은 모양이 있다.
④ 주로 겨울철에 많이 볼 수 있다.
⑤ 햇빛을 이용해 영양분을 만든다.

8 곰팡이를 실체 현미경으로 관찰하는 과정입니다. ( ) 안에 공통으로 들어갈 알맞은 말을 쓰시오.

> ㉠ 대물렌즈의 배율을 가장 낮게 하고, 곰팡이를 재물대 위에 올린다.
> ㉡ 전원을 켜고 조명 조절 나사로 빛을 조절한다.
> ㉢ 현미경을 옆에서 보면서 초점 조절 나사를 조절하여 ( )을/를 곰팡이에 최대한 가깝게 내린다.
> ㉣ 접안렌즈로 곰팡이를 보면서 ( )을/를 천천히 올려 초점을 맞추어 관찰한다.
> ㉤ 관찰 결과를 그림과 글로 나타낸다.

( )

9 광학 현미경으로 짚신벌레를 관찰한 결과로 옳은 것은 어느 것입니까? ( )

① 길쭉한 모양이다.
② 선명한 초록색이다.
③ 긴 머리카락 모양이다.
④ 가는 실 같은 것이 서로 엉켜 있다.
⑤ 바깥쪽에 주름이 많이 있는 모양이다.

10 해캄의 특징에 대한 설명으로 옳지 <u>않은</u> 것은 어느 것입니까? ( )

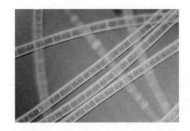

① 물속에서 산다.
② 만졌을 때 미끈거린다.
③ 식물과 같이 뿌리, 줄기, 잎이 있다.
④ 초록색이고, 여러 가닥이 서로 뭉쳐 있다.
⑤ 동물, 식물, 균류에 속하지 않는 생물이다.

11 원생생물이 <u>아닌</u> 것은 어느 것입니까? ( )

① 해캄
② 종벌레
③ 소금쟁이
④ 짚신벌레
⑤ 유글레나

12 광학 현미경의 각 부분의 이름을 <u>잘못</u> 짝 지은 것은 어느 것입니까? ( )

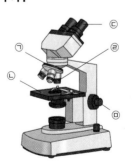

① ㉠ - 회전판
② ㉡ - 재물대
③ ㉢ - 접안렌즈
④ ㉣ - 대물렌즈
⑤ ㉤ - 조리개

3 세균의 특징

1 세균

(1) 세균은 균류나 원생생물보다 크기가 더 작고 생김새가 단순한 생물입니다. 현미경이 개발된 이후로 세균이 있다는 것을 알게 되었습니다.

(2) 매우 작아서 맨눈으로 볼 수 없고, 배율이 높은 현미경을 사용해야 관찰할 수 있습니다.

2 세균이 사는 곳과 특징

(1) 여러 가지 세균이 사는 곳과 특징 +1

구분	사는 곳	특징(생김새) 등
콜레라균	공기, 물	• 막대 모양으로 구부러져 있다. • 꼬리가 달려 있고 이것을 이용하여 이동한다.
대장균	물, 큰창자	막대 모양이고, 여러 개가 뭉쳐져 있다.
포도상 구균	공기, 음식물, 피부	둥근 모양이고, 여러 개가 연결되어 있다.
헬리코박터 파일로리	위	나선 모양이고, 꼬리가 여러 개 있다.
스트렙토코쿠스 무탄스	치아	둥근 모양이고, 여러 개가 연결되어 있다. 충치가 생기게 하는 세균으로 치아 표면을 썩게 합니다.
살모넬라균	음식물, 큰창자	막대 모양이고, 여러 개가 뭉쳐져 있다.

(2) *세균이 사는 곳: 땅이나 물, 다른 생물의 몸, 컴퓨터 자판이나 연필 같은 물체 등 우리 주변 곳곳에서 살고 있습니다.

(3) *세균의 생김새

① 모양은 다양하고, 생김새에 따라 공 모양, 막대 모양, 나선 모양 등으로 구분할 수 있습니다. 꼬리가 있는 세균도 있습니다.

② 하나씩 따로 떨어져 있거나 여러 개가 서로 연결되어 있기도 합니다.

▲ 공 모양의 세균

▲ 막대 모양의 세균

▲ 나선 모양의 세균

▲ 꼬리가 있는 세균

(4) 세균의 특징 +2

① 주변에서 영양분을 얻고 자라며 번식하는 생명 현상을 하는 생물입니다.

② 살기에 알맞은 조건이 되면 짧은 시간 안에 많은 수로 늘어날 수 있습니다.

③ 번식 속도가 빠르고, *돌연변이가 많아 종류가 다양합니다.

• 세균이 많이 사는 곳
· 문손잡이, 엘리베이터 버튼, 스마트폰, 키보드, 마우스 등 여러 사람의 손이 자주 닿는 곳에 세균이 많이 삽니다.
· 칫솔, 하수구, 수세미 등 오염되고 습한 곳에서 많이 삽니다.

• 세균을 생김새에 따라 분류하기
· 꼬리가 있는 것과 없는 것으로 분류할 수 있습니다.
· 공 모양인 것과 공 모양이 아닌 것으로 분류할 수 있습니다.
· 나선 모양인 것과 나선 모양이 아닌 것으로 분류할 수 있습니다.

• 돌연변이
생물체에서 조상에 없던 새로운 모양, 성질이 나타나 유전하는 현상

여러 가지 세균

구분	사는 곳	특징
비피두스균	대장	끝부분이 Y 자인 막대 모양이 많고, 갓 태어난 아기가 엄마로부터 이 균을 전달받는다.
유산균	몸속	긴 막대 모양으로, 소화를 돕고 해로운 세균을 물리치는 특징이 있다.

▲ 비피두스균

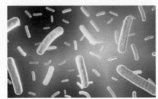
▲ 유산균

+2 균류, 원생생물, 세균의 공통점

식물과 동물에 비해 크기가 작고 생김새가 단순합니다. 또한 자세히 관찰하기 위해서는 현미경 등의 도구가 필요합니다.

🎓 **핵심 개념 정리**

- 세균은 균류나 원생생물보다 크기가 더 작고 단순한 생김새의 생물입니다.
- 세균은 생김새에 따라 공 모양, 막대 모양, 나선 모양으로 분류할 수 있습니다.
- 세균은 다른 생물의 몸, 땅, 물, 물체 등 다양한 곳에서 삽니다.
- 세균은 살기에 알맞은 조건이 되면 빠르게 많은 수로 늘어날 수 있습니다.

매우 작아서 보이지 않지만, 내가 없는 곳이 없을 걸.

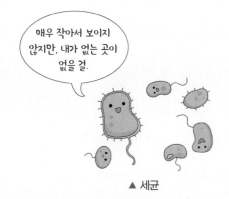
▲ 세균

1 세균에 해당하는 것은 어느 것입니까? ( )

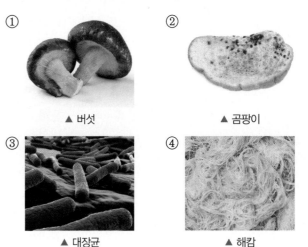

① ▲ 버섯 ② ▲ 곰팡이 ③ ▲ 대장균 ④ ▲ 해캄

2 세균에 대한 설명으로 옳은 것에는 ○표, 옳지 <u>않은</u> 것에는 ✕표 하시오.

(1) 크기가 매우 작아 현미경을 사용해야 관찰할 수 있습니다. ( )

(2) 동물이나 식물보다 구조가 복잡합니다. ( )

(3) 세균은 주변에서 영양분을 얻습니다. ( )

3 세균이 사는 곳에 대한 설명으로 옳은 것은 어느 것입니까? ( )

① 땅속에서만 산다.
② 공기 중에서만 산다.
③ 물속에는 살지 않는다.
④ 생물의 몸속에서는 살 수 없다.
⑤ 우리 주변 어디에서나 살아간다.

4 세균의 특징으로 옳지 <u>않은</u> 것은 어느 것입니까? ( )

① 모양이 다양하다.
② 생김새가 단순하다.
③ 종류는 무수히 많다.
④ 균류나 원생생물보다 작다.
⑤ 세균의 수가 늘어나는 데 오랜 시간이 걸린다.

4 다양한 생물이 우리 생활에 미치는 영향

1 다양한 생물이 우리 생활에 미치는 이로운 영향과 해로운 영향

구분	•이로운 영향	•해로운 영향
균류	• 버섯의 균사를 이용하여 쉽게 분해되는 포장재를 만든다. • 곰팡이를 이용하여 간장, 된장을 만든다. • 버섯은 식품으로 이용된다. • 곰팡이를 이용하여 항생제를 만든다. • 곰팡이, 버섯은 죽은 생물을 분해한다.	• 곰팡이는 식물에 병을 일으킨다. • 곰팡이가 핀 빵을 먹으면 건강을 해칠 수 있다. • 독버섯을 먹으면 아플 수 있다.
원생생물	• 김, 미역, 다시마 등은 식품으로 이용된다. • 원생생물 중에는 산소를 만드는 종류도 있다.	• 물속에 원생생물이 너무 많아지면 적조를 일으켜 물고기가 죽는다. • 원생생물 중에는 사람에게 병을 일으키는 종류도 있다.
세균	• 젖산균은 요구르트를 만드는 데 이용된다. • 유산균이라고도 하는 젖산균은 우리 몸속에서 배변 활동을 돕는다.	• 세균은 충치를 일으킨다. • 대장균에 오염된 음식을 먹으면 배탈이 난다.

세균, 균류는 죽은 생물을 분해합니다.

곰팡이와 세균은 음식이나 주변의 물건을 상하게 합니다.

2 다양한 생물이 우리 생활에 미치는 이로운 영향을 늘리고 해로운 영향을 줄이는 방법

이로운 영향을 늘리는 방법	• 곰팡이를 이용하여 만든 된장이나 간장 등으로 음식을 해서 먹는다. • 젖산균이 들어 있는 김치나 요구르트 같은 음식을 즐겨 먹는다.
해로운 영향을 줄이는 방법 +1	• 외출 후 집에 돌아오면 손을 깨끗이 씻는다. • 음식을 먹을 만큼만 만들어 먹고 오래 보관하지 않는다.

3 균류, 원생생물, 세균 중 일부의 수가 변한다면 일어날 수 있는 일 +2

균류, 원생생물, 세균 중 일부의 수가 갑자기 많아지는 경우	• 곰팡이가 갑자기 많아지면 빵에 곰팡이가 빨리 피어서 빵을 먹을 수 없을 것이다. • 원생생물이 갑자기 많아지면 적조가 쉽게 일어나 물고기가 죽게 된다. • 세균이 갑자기 많아지면 동물이나 식물이 쉽게 병에 걸릴 수 있다.
균류, 원생생물, 세균 중 일부의 수가 갑자기 줄어드는 경우	• 버섯과 같은 균류와 김, 미역과 같은 원생생물이 갑자기 줄어들면 식량이 부족해질 수 있다. • 세균이 갑자기 줄어들면 발효 음식을 만들기 어려울 것이다.

• 다양한 생물이 주는 이로운 영향

메주에 생긴 곰팡이가 활용됩니다.

▲ 된장을 만드는 데 활용되는 균류(곰팡이)

▲ 산소를 만드는 원생생물(해캄)

▲ 세균을 이용해 만든 요구르트(젖산균)

• 다양한 생물이 주는 해로운 영향

▲ 식물에게 병을 일으키는 균류

▲ 적조를 일으키는 원생생물

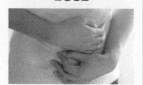

▲ 장염을 일으키는 세균

+1 질병을 일으키는 다양한 생물에게서 우리 몸을 건강하게 지키는 방법

- 외출 후 돌아오면 손을 깨끗이 씻습니다.
- 우리 몸에 질병을 일으킬 수 있는 생물이 생기거나 살지 않도록 항상 주변을 깨끗하게 청소합니다.

+2 곰팡이나 세균이 지구상에서 없어진다면 우리 생활에 미치는 영향

우리의 질병을 치료하기 위해 쓰이기도 하고 사체를 없애는 역할을 하는 곰팡이가 없어진다면	• 사람의 질병을 치료하는 데 문제가 발생할 것이다. • 지구 전체가 생물들의 시체 더미가 되어 지구 생태계에 큰 문제가 발생할 것이다.
곰팡이나 세균이 당장 사라진다면 곰팡이나 세균이 주는 영향에 대해 아직 밝혀지지 않은 사실이 더 많습니다.	• 세균을 이용하여 음식을 만들거나 오염 물질을 분해하지 못하게 된다. • 사람이나 동물은 먹은 음식을 잘 소화하지 못하게 되거나 면역력이 약해진다. • 지구의 환경과 우리 생활에도 예상하지 못한 여러 가지 영향을 미칠 것이다. • 여러 가지 질병을 일으키거나 생물을 감염시키는 세균의 나쁜 영향은 없어진다. • 음식이나 물건 등이 상하지 않는다.

핵심 개념 정리

- 세균, 곰팡이는 김치, 치즈, 요구르트 등의 음식을 만드는 데 이용하고, 세균, 균류는 죽은 생물을 분해합니다.
- 세균, 곰팡이 등은 생물에 질병을 일으키기도 하고 물건이나 음식을 상하게 합니다.

우리는 이로운 영향과 해로운 영향을 다 주지.

▲ 균류, 원생생물, 세균

1 다양한 생물이 우리 생활에 미치는 영향에 맞게 선으로 연결하시오.

(1) 이로운 영향 •

(2) 해로운 영향 •

• ㉠ 물건을 상하게 한다.

• ㉡ 질병을 일으킨다.

• ㉢ 다른 생물에게 양분을 제공한다.

• ㉣ 배설물을 작게 분해한다.

2 곰팡이와 세균 등이 우리 생활에 미치는 해로운 영향에 대한 설명입니다. ( ) 안에 들어갈 알맞은 말을 쓰시오.

> 곰팡이나 세균, 원생생물은 공기, 물, 음식, 물건 등을 통해 다른 생물로 옮아가 여러 가지 ( )을/를 일으키기도 한다.

( )

3 다양한 생물이 우리 생활에 미치는 이로운 영향이 <u>아닌</u> 것은 어느 것입니까? ( )

①

▲ 세균이 김치를 만드는 데 활용된다.

②

▲ 곰팡이가 된장을 만드는 데 활용된다.

③

▲ 곰팡이가 벽에 생겼다.

④

▲ 버섯이 죽은 식물을 썩게 한다.

5 첨단 생명 과학의 활용

1 첨단 생명 과학

(1) **생명 과학**: 생물의 특성이나 생명 현상을 연구하고 이를 통해 알게 된 사실을 우리 생활에 활용하는 모든 것입니다.

(2) **첨단 생명 과학**: 최신의 생명 과학 기술이나 연구 결과를 활용하여 일상생활의 다양한 문제를 해결하는 것입니다. 생명을 대상으로 하는 과학 중에 최신 기술을 적용한 것을 말합니다.

2 첨단 생명 과학이 우리 생활에 활용되는 예 ➕1 ➕2

°활용되는 예	활용되는 생물의 특성
질병 치료	사람에게 해로운 영향을 주는 세균을 자라지 못하게 하는 곰팡이를 활용한다. 예 푸른곰팡이
건강식품, 우주인의 식량	원생생물이 가진 여러 가지 영양소를 이용한다. 예 클로렐라
음식물 쓰레기 처리	바다에 사는 원생생물을 음식물 쓰레기를 분해하는 데 활용한다.
제품 생산	플라스틱의 원료를 가진 세균을 이용하여 자연에서 쉽게 분해되는 플라스틱 제품을 생산한다.
스키장의 인공 눈	세균을 활용한다. 얼음을 만드는 물질을 가진 세균을 이용합니다.
약의 대량 생산	세균의 번식이 빠른 특징을 이용한다.
°생물 농약	• 세균과 곰팡이가 해충만 없애는 특성을 활용한다. • 농작물의 피해를 줄일 수 있을 뿐만 아니라 환경 오염도 줄일 수 있다.
생물 연료	• 가스를 만드는 세균을 이용하여 연료나 전기를 생산한다. • 해캄 등을 이용하여 기름을 만든다.
하수 처리, 오염된 토양 깨끗이 하기	물질을 분해하는 특성을 가진 세균, 곰팡이, 원생생물을 활용한다.

• **우리 생활에서 첨단 생명 과학을 활용한 예**
• 독감을 예방하려고 예방 주사를 맞습니다.
• 오염된 물질을 분해하는 다양한 생물을 이용하여 환경을 오염하지 않는 세제를 개발합니다.
• 식물에서 자동차 연료를 추출하여 화석 연료를 대체합니다.

• **생물 농약**
해충을 없애는 데 화학적 살충제 대신 천적 미생물(곰팡이, 세균 등) 등을 이용하는 약제를 통틀어 이르는 말

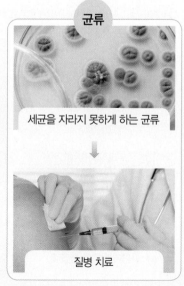

균류

세균을 자라지 못하게 하는 균류

↓

질병 치료

원생생물

영양소가 풍부한 원생생물

↓

건강식품

세균

플라스틱의 원료를 가진 세균

↓

플라스틱 제품 생산

자연에서 쉽게 분해되어 플라스틱 쓰레기 문제를 해결할 수 있습니다.

➕1 첨단 생명 과학의 활용

활용되는 예	활용되는 생물의 특성
곤충을 죽게 하는 균류	곤충의 몸에 자라 곤충을 죽게 하는 균류의 특징을 활용하여 친환경 모기약을 만들 수 있다.
천연 색소를 만드는 세균	환경에 피해를 입히지 않고, 건강을 해치지 않는 옷을 만들 수 있다.
피부에 좋은 성분이 들어 있는 균류	화장품을 만드는 데 이용한다.

➕2 균류, 원생생물, 세균과 관련된 첨단 생명 과학의 활용

균류	• 치료 물질을 만든다. • 생물 농약을 만든다. • 하수 처리를 한다.
원생생물	• 해캄으로 생물 연료를 만든다. • 클로렐라로 건강식품을 만든다.
세균	• 하수 처리를 한다. • 생물 농약을 만든다. • 친환경 플라스틱 제품을 만든다. • 약을 대량 생산한다. • 인공 눈을 만든다.

🎓 **핵심 개념 정리**

• 첨단 생명 과학은 각 생물이 가진 특성을 이용하여 우리 생활에 활용합니다.

• 첨단 생명 과학은 질병 치료, 생물 농약, 식품으로 활용, 생물 연료, 제품 생산, 하수 처리 등에 활용됩니다.

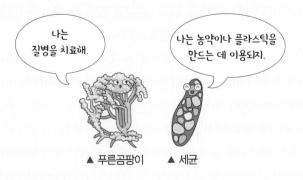

나는 질병을 치료해.

나는 농약이나 플라스틱을 만드는 데 이용되지.

▲ 푸른곰팡이   ▲ 세균

---

1 다음은 무엇에 대한 설명인지 쓰시오.

> 최신의 생명 과학 기술이나 연구 결과를 활용하여 일상생활의 다양한 문제를 해결하는 것을 말한다.

(   )

2 오른쪽 푸른곰팡이처럼 세균을 자라지 못하도록 하는 특성을 이용하여 첨단 생명 과학에 활용하는 예는 어느 것입니까?   (   )

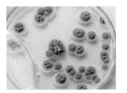

①

▲ 자동차 연료

②

▲ 쓰레기 처리 시설

③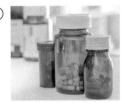

▲ 질병을 치료하는 약

④

▲ 인공 눈

3 첨단 생명 과학이 활용되는 예와 활용에 이용된 생물의 특성을 선으로 연결하시오.

(1) 생물 농약 • | • ㉠ 곰팡이나 세균이 해충에게만 질병을 일으키는 특성

(2) 제품 생산 • | • ㉡ 오염된 물질을 분해하는 특성

(3) 오염된 토양 처리 • | • ㉢ 플라스틱의 원료를 가진 세균

1 세균이 <u>아닌</u> 것은 어느 것입니까? ( )

①
▲ 포도상 구균

②
▲ 대장균

③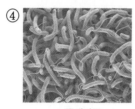
▲ 곰팡이

④
▲ 콜레라균

2 세균에 대한 설명으로 옳지 <u>않은</u> 것은 어느 것입니까? ( )

① 종류가 다양하다.
② 크기가 매우 작다.
③ 동물처럼 구조가 복잡하다.
④ 다른 생물에게 질병을 일으키기도 한다.
⑤ 김치와 같은 음식을 만드는 데 이용되기도 한다.

3 세균이 사는 환경을 옳게 말한 사람의 이름을 쓰시오.

> **가현**: 우리 주변의 어느 곳에서나 살 수 있어.
> **예은**: 다른 생물의 몸속에서만 살 수 있어.
> **정호**: 물, 공기, 흙 등의 자연 환경에서만 살 수 있어.

( )

4 다양한 생물이 우리 생활에 미치는 이로운 영향을 두 가지 고르시오. (,)

①
▲ 빵에 생긴 곰팡이

②
▲ 벽에 생긴 곰팡이

③
▲ 요구르트를 만드는 세균

④
▲ 메주의 곰팡이

5 오른쪽 해캄이 우리 생활에 미치는 이로운 영향으로 옳은 것은 어느 것입니까?
( )

① 된장을 만드는 데 도움을 준다.
② 해로운 세균으로부터 건강을 지켜 준다.
③ 음식을 오랫동안 보관하는 데 도움을 준다.
④ 해로운 동물을 잡아먹어 환경을 보호해 준다.
⑤ 생물이 살아가는 데 필요한 산소를 만들어 준다.

6 다양한 생물이 우리 생활에 미치는 해로운 영향이 <u>아닌</u> 것은 어느 것입니까? ( )

① 세균은 배탈이 나게 한다.
② 곰팡이가 음식을 상하게 한다.
③ 곰팡이가 가구를 못 쓰게 만든다.
④ 원생생물은 다른 생물에게 양분을 제공한다.
⑤ 어떤 균류는 먹으면 생명이 위험해질 수 있다.

7 ( ) 안에 공통으로 들어갈 알맞은 말을 쓰시오.

> • 균류와 세균은 죽은 생물을 ( )하여 지구의 환경을 유지하는 데 도움을 준다.
> • 세균이 음식물 쓰레기를 ( )하는 특성을 이용하여 음식물 쓰레기 처리에 이용한다.

( )

8 첨단 생명 과학에 대한 설명으로 옳지 <u>않은</u> 것은 어느 것입니까? ( )

① 생명의 특징을 연구한다.
② 최신의 과학 기술을 이용하여 생물의 특성을 연구한다.
③ 균류, 세균과 같은 작은 생물의 생명 현상만을 연구한다.
④ 생명 현상을 연구하여 알게 된 사실을 우리 생활에 활용한다.
⑤ 생명 과학 연구 결과를 활용하여 우리 생활의 다양한 문제를 해결한다.

9 오염된 물질을 분해하는 세균을 이용할 수 있는 방법으로 옳은 것은 어느 것입니까? ( )

① 질병을 치료하는 약을 만든다.
② 오염된 하천을 깨끗하게 만든다.
③ 건강식품을 만드는 데 이용한다.
④ 스키장에서 인공으로 눈을 만든다.
⑤ 연료로 사용하거나 전기를 생산한다.

10 첨단 생명 과학을 통하여 다양한 생물이 다음과 같이 활용되는 곳은 어디입니까? ( )

> 해충에게만 질병을 일으키는 세균을 이용하여 생물 농약을 만든다.

① 병원　　　　　　② 음식점
③ 자동차　　　　　④ 과수원
⑤ 하수 처리장

11 질병을 치료하는 약을 만드는 데 이용되는 생물은 어느 것입니까? ( )

①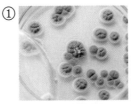
▲ 푸른곰팡이

②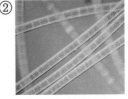
▲ 해캄

③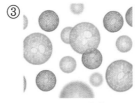
▲ 클로렐라

④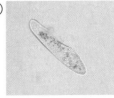
▲ 짚신벌레

12 첨단 생명 과학에서 생물을 활용하는 예가 <u>아닌</u> 것을 보기 에서 골라 기호를 쓰시오.

> **보기**
> ㉠ 버섯을 이용하여 음식을 만든다.
> ㉡ 세균을 이용하여 인공 눈을 만든다.
> ㉢ 원생생물을 이용하여 건강식품을 만든다.

( )

5 다양한 생물과 우리 생활

그림을 보고 배운 개념을 떠올리며 (   ) 안에 알맞은 말을 써 보세요.

개념1 곰팡이와 버섯의 특징

버섯   곰팡이

균류인 버섯과 곰팡이는 가늘고 긴 모양의
(❶   )(으)로 이루어져 있고, 죽은 생물이나 다른 생물에서 (❷   )을/를 얻습니다.

개념2 짚신벌레와 해캄의 특징

해캄   짚신벌레

(❸   )은/는 바깥쪽에 가는 털이 있고,
(❹   )은/는 초록색이며 가늘고 긴 모양입니다. 짚신벌레, 해캄은 동물, 식물, 균류도 아닌
(❺   )입니다.

그림을 보고 배운 개념을 떠올리며 (   ) 안에 알맞은 말을 써 보세요.

개념4 다양한 생물이 우리 생활에 미치는 영향

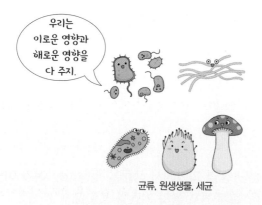

균류, 원생생물, 세균

균류와 세균은 된장, 간장 등 음식을 만드는 데 도움을 주고, 죽은 생물을 (❽   ) 합니다. 또한 음식물을 상하게 하거나 생물에 (❾   )을/를 일으킵니다.

개념5 첨단 생명 과학의 활용

푸른곰팡이   세균

최신의 생명 과학 기술이나 연구 결과를 활용하여 일상 생활의 다양한 문제를 해결하는 과학을 (❿   )(이)라고 합니다. 이는 질병 치료, 생물 농약 등 우리 생활에 다양하게 활용됩니다.

우리는 균류, 원생생물, 세균 등과 같은 다양한 생물과 함께 살아가고 있습니다. 이러한 생물은 우리 생활에 이로운 영향과 해로운 영향을 주기도 하고, 첨단 생명 과학에 활용되기도 합니다.

정답과 풀이 98쪽

개념3 세균의 특징

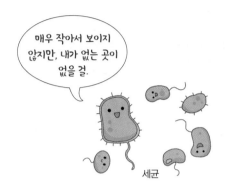

매우 작아서 보이지 않지만, 내가 없는 곳이 없을걸.

세균

(❻   )은/는 크기가 매우 작고 단순한 생김새의 생물로 다른 생물의 몸, 땅, 물, 물체 등 다양한 곳에서 삽니다.

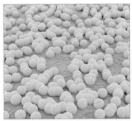

▲ 공 모양의 세균

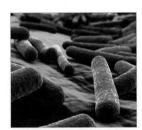

▲ 막대 모양의 세균

▲ 나선 모양의 세균

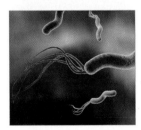

▲ 꼬리가 있는 세균

세균은 생김새에 따라 공 모양, 막대 모양, (❼   ) 모양으로 분류할 수 있으며, 살기에 적절한 조건이 되면 빠르게 많은 수로 늘어날 수 있습니다.

옳은 문장에 ○, 틀린 문장에 X하세요. 틀린 부분은 밑줄을 긋고 바른 개념으로 고쳐 써 보세요.

1 곰팡이는 가늘고 긴 모양의 균사로 이루어져 있습니다. ( )

2 버섯과 곰팡이, 세균은 균류에 해당합니다. ( )

3 해캄은 보통 식물이 가지고 있는 뿌리, 줄기, 잎 등의 특징을 가지고 있습니다. ( )

4 원생생물은 동물, 식물, 균류로 분류되지 않으며, 생김새가 단순한 생물입니다. ( )

5 세균은 매우 작지만 대부분 맨눈으로 볼 수 있습니다. ( )

6 세균은 주변에서 영양분을 얻고, 자라며 번식하는 생명 활동을 합니다. ( )

7 물속에 세균이 너무 많아지면 적조를 일으켜 물고기가 죽습니다. ( )

8 곰팡이를 이용하여 만든 된장이나 간장 등으로 음식을 만들 수 있습니다. ( )

9 해충에게만 질병을 일으키는 특성을 활용해 생물 농약을 만듭니다. ( )

10 플라스틱 원료를 가진 세균을 이용해 플라스틱 제품을 만듭니다. ( )

※ 한 문항당 5점입니다.

1 오른쪽의 빵에 생긴 곰팡이에 대한 설명으로 옳지 않은 것은 어느 것입니까?

( )

① 줄기, 잎이 없다.
② 뿌리를 내리고 살아간다.
③ 너무 작아서 뭉쳐져 보인다.
④ 가는 실 같은 것이 서로 엉켜 있는 모양이다.
⑤ 푸른색, 하얀색, 검은색 등 여러 가지 색깔의 둥근 알갱이가 있다.

2~3 버섯과 식물의 모습입니다. 물음에 답하시오.

▲ 표고버섯

▲ 식물

2 위 표고버섯에 대한 설명으로 옳지 않은 것은 어느 것입니까? ( )

① 윗부분은 갈색이다.
② 촉감은 단단하고 거칠다.
③ 줄기, 잎과 같은 모양이 없다.
④ 보통의 식물보다 작은 편이다.
⑤ 윗부분의 안쪽에는 주름이 많고 깊게 파여 있다.

3 버섯과 식물의 공통점을 두 가지 고르시오.

(,)

① 자란다.
② 씨를 퍼뜨린다.
③ 주로 땅에 뿌리를 내리고 산다.
④ 살아가는 데 공기, 물 등이 필요하다.
⑤ 광합성을 하여 스스로 양분을 만든다.

---

4 다음과 같은 생물이 잘 자라는 환경을 쓰시오.

서술형

▲ 죽은 나무에 자란 버섯

▲ 귤에 생긴 곰팡이

_____

_____

5* 다음은 어떤 생물에 대한 설명입니까? ( )

• 스스로 양분을 만들지 못한다.
• 버섯과 곰팡이가 이 생물에 속한다.
• 몸 전체가 균사로 이루어져 있고 포자로 번식한다.

① 동물　　　　　② 식물
③ 균류　　　　　④ 세균
⑤ 원생생물

6 해캄에 대한 설명으로 옳은 것은 어느 것입니까?

( )

① 식물로 구분된다.
② 전체적으로 투명하다.
③ 여러 가닥이 서로 뭉쳐져 있다.
④ 길쭉한 모양이며, 겉에 털이 있다.
⑤ 보라색을 띠고 촉감은 미끈거린다.

7~8 오른쪽은 실체 현미경의 모습입니다. 물음에 답하시오.

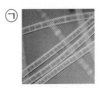

7 오른쪽 실체 현미경에서 관찰할 물체를 확대해 주는 역할을 하는 부분의 기호를 쓰시오.

( )

8 위 실체 현미경으로 곰팡이를 관찰하는 과정을 순서 없이 나타낸 것입니다. 순서대로 기호를 쓰시오.

> ㉠ 현미경을 옆에서 보면서 초점 조절 나사로 대물렌즈를 곰팡이에 최대한 가깝게 내린다.
> ㉡ 접안렌즈로 곰팡이를 보면서 대물렌즈를 올려 초점을 맞추어 관찰한다.
> ㉢ 대물렌즈의 배율을 가장 낮게 하고, 곰팡이를 재물대 위에 올린다.
> ㉣ 전원을 켜고 조명 조절 나사로 빛의 양을 조절한다.
> ㉤ 관찰 결과를 그림과 글로 나타낸다.

( ) → ( ) → ( ) → ( ) → ( )

9 짚신벌레의 특징을 두 가지 고르시오.

(,)

① 스스로 움직인다.
② 길쭉한 모양이다.
③ 서로 뭉쳐져 있다.
④ 땅속과 공기 중에서 산다.
⑤ 전체적으로 초록색을 띤다.

10 사는 환경이 나머지와 다른 하나는 어느 것입니까?

( )

① 해캄   ② 아메바
③ 유글레나   ④ 짚신벌레
⑤ 표고버섯

11 두 생물을 비교한 내용으로 옳은 것은 어느 것입니까?

( )

㉠   ㉡

	㉠	㉡
①	식물이다.	동물이다.
②	다른 생물을 먹는다.	광합성을 한다.
③	여러 개의 가는 선이 있다.	짚신과 모양이 비슷하다.
④	물살이 빠른 곳에서 산다.	물살이 느린 곳에서 산다.
⑤	맨눈으로 보기 어렵다.	맨눈으로 보기 쉽다.

12 다음 생물들의 공통점으로 옳은 것은 어느 것입니까?

( )

▲ 유글레나   ▲ 아메바   ▲ 종벌레

① 원생생물에 속한다.
② 공기 중에서 살아간다.
③ 균류로 분류할 수 있다.
④ 동물처럼 복잡한 구조이다.
⑤ 맨눈으로 관찰할 수 있는 크기이다.

13 오른쪽의 광학 현미경으로 해캄을 관찰할 때 해캄 표본을 올려놓는 곳의 기호와 이름을 옳게 짝 지은 것은 어느 것입니까?

( )

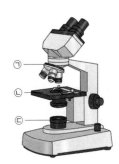

① ㉠ - 재물대
② ㉡ - 재물대
③ ㉡ - 대물렌즈
④ ㉢ - 접안렌즈
⑤ ㉢ - 대물렌즈

14 세균에 대한 설명으로 옳은 것은 어느 것입니까?
( )

① 생물이 아니다.
② 번식을 하지 않는다.
③ 눈으로 쉽게 볼 수 있다.
④ 스스로 양분을 만들 수 있다.
⑤ 우리 주변의 다양한 곳에서 산다.

15 세균이 하는 일이 아닌 것을 보기 에서 골라 기호를 쓰시오.

> **보기**
> ㉠ 죽은 생물을 분해한다.
> ㉡ 음식물이 썩는 것을 막아 준다.
> ㉢ 다른 생물에게 질병을 일으킨다.
> ㉣ 요구르트와 같은 음식을 만드는 데 영향을 미친다.

( )

16 우리 생활에 이로운 영향을 미치는 다양한 생물이 하는 일로 옳은 것은 어느 것입니까? ( )

① 된장을 만드는 버섯
② 두부를 만드는 세균
③ 적조를 일으키는 균류
④ 산소를 만드는 짚신벌레
⑤ 건강식품을 만드는 원생생물

17★ 다양한 생물이 우리 생활에 미치는 해로운 영향이 아닌 것은 어느 것입니까? ( )

① 세균은 음식을 상하게 한다.
② 세균에 의해 감기가 걸린다.
③ 곰팡이는 물건을 상하게 한다.
④ 곰팡이는 동물의 사체를 분해한다.
⑤ 일부 균류는 먹으면 생명이 위험할 수 있다.

18 질병을 일으키는 생물로부터 건강을 지키기 위한 방법을 두 가지 고르시오. (,)

① 주변을 항상 깨끗하게 청소한다.
② 외출한 뒤 돌아오면 손을 깨끗이 씻는다.
③ 세균으로부터 몸을 보호하기 위해 항상 긴옷을 입는다.
④ 더운 여름과 추운 겨울에는 되도록 외출을 하지 않는다.
⑤ 몸에 붙어 있는 이로운 세균이 오래 살 수 있도록 목욕을 자주하지 않는다.

19 생물 연료를 만드는 데 활용하는 생물의 특성으로 옳은 것은 어느 것입니까? ( )

① 세균이 해충을 없애는 특성
② 세균이 오염 물질을 분해하는 특성
③ 세균이 플라스틱 제품을 만드는 특성
④ 해캄 등의 생물로 기름을 만드는 특성
⑤ 곰팡이가 해로운 영향을 주는 세균을 죽이는 특성

20 서술형 첨단 생명 과학에서 오른쪽의 푸른곰팡이가 가진 특성을 어떻게 활용하고 있는지 쓰시오.

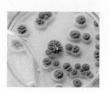

점수

※ 한 문항당 5점입니다.

1 버섯과 곰팡이에 대한 설명으로 옳은 것은 어느 것입니까? ( )

① 생물이 아니다.
② 씨로 번식한다.
③ 자라지 않는다.
④ 동물로 구분한다.
⑤ 몸이 균사로 이루어져 있다.

2★ 버섯과 곰팡이가 잘 자라는 환경은 어느 것입니까? ( )

① 양분이 있으며 차갑고 건조한 곳
② 양분이 없으며 차갑고 축축한 곳
③ 양분이 있으며 따뜻하고 건조한 곳
④ 양분이 없으며 따뜻하고 축축한 곳
⑤ 양분이 있으며 따뜻하고 축축한 곳

3 곰팡이에 대한 설명으로 옳은 것의 기호를 모두 골라 쓰시오.

> 곰팡이는 ㉠ 푸른색, 검은색, 하얀색 등 색깔이 다양하고, ㉡ 매우 가느다란 균사가 거미줄처럼 엉켜 있는 모양이다. ㉢ 식물에 속하며, ㉣ 동물이나 식물 등 다른 생물에서 양분을 얻어 자란다.

( )

4 버섯과 식물을 비교하여 공통점을 두 가지 쓰시오.

서술형

▲ 버섯   ▲ 식물

_____

_____

5 곰팡이를 관찰할 때 주의할 점으로 옳지 않은 것은 어느 것입니까? ( )

① 마스크를 쓰고 관찰한다.
② 실험용 장갑을 끼고 만진다.
③ 실체 현미경으로 자세히 관찰한다.
④ 곰팡이에 직접 코를 대고 냄새를 맡는다.
⑤ 곰팡이를 관찰한 다음에는 손을 꼭 씻는다.

6 실체 현미경으로 곰팡이를 사용할 때 가장 먼저 하는 과정에 대한 설명입니다. ( ) 안의 알맞은 말에 ○표 하시오.

> 실체 현미경의 회전판을 돌려 대물렌즈의 배율을 (가장 낮게, 중간으로, 가장 높게) 하고, 곰팡이를 재물대 위에 올린다.

7★ 오른쪽 생물에 대한 설명으로 옳지 않은 것은 어느 것입니까? ( )

▲ 해캄

① 대나무와 같이 마디가 있다.
② 여러 가닥이 서로 뭉쳐 있다.
③ 가늘고 긴 실과 같은 모양이다.
④ 식물이 가진 뿌리, 줄기가 있다.
⑤ 초록색 알갱이들이 사선 모양으로 연결되어 있다.

8 해캄과 짚신벌레의 공통점으로 옳은 것은 어느 것입니까? ( )

① 포자로 번식한다.
② 스스로 양분을 만든다.
③ 다른 생물이나 물체에 붙어서 살아간다.
④ 식물이나 동물로 구분할 수 없는 생물이다.
⑤ 여러 개의 기관을 가지고 있는 복잡한 구조의 생김새이다.

9 주로 논, 연못과 같이 고인 물이나 도랑, 하천과 같이 물살이 느린 곳에서 볼 수 있는 생물을 두 가지 고르시오. (,)

▲ 버섯

▲ 해캄

②
▲ 민들레

④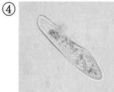
▲ 짚신벌레

10 다음 설명에 해당하는 생물은 어느 것입니까? ( )

• 스스로 움직이고 생김새가 단순하다.
• 바깥쪽에 가는 털이 있고, 길쭉한 모양이다.

① 버섯   ② 해캄
③ 대장균   ④ 짚신벌레
⑤ 푸른곰팡이

11 다음 생물들은 어떤 생물로 구분되는지 쓰시오.

▲ 유글레나

▲ 아메바

▲ 종벌레

( )

12 짚신벌레 영구 표본을 광학 현미경으로 관찰하는 과정을 순서 없이 나타낸 것입니다. 순서대로 기호를 쓰시오.

> ㉠ 회전판을 돌려 배율이 가장 낮은 대물렌즈가 중앙에 오도록 한다.
> ㉡ 조동 나사로 재물대를 천천히 내리면서 접안렌즈로 짚신벌레를 찾고 미동 나사로 짚신벌레가 뚜렷하게 보이도록 조절한다.
> ㉢ 영구 표본을 재물대 가운데에 고정한 뒤에 전원을 켜고 조리개로 빛의 양을 조절한다.
> ㉣ 조동 나사로 재물대를 올려 영구 표본과 대물렌즈의 거리를 최대한 가깝게 한다.
> ㉤ 짚신벌레를 관찰한 결과를 그림과 글로 나타낸다.

( ) → ( ) → ( ) → ( ) → ( )

13 광학 현미경을 사용할 때 접안렌즈의 배율을 10배, 대물렌즈의 배율을 4배로 했습니다. 이때 물체를 몇 배로 확대해서 관찰할 수 있습니까? ( )

① 4배   ② 10배   ③ 40배
④ 100배   ⑤ 400배

14 다음 세균의 특징을 모양, 크기와 관련지어 두 가지 쓰시오.

서술형

▲ 포도상 구균

▲ 대장균

15 세균의 특징에 대해 옳게 말한 사람의 이름을 쓰시오.

> **수지**: 뿌리, 줄기, 잎으로 이루어져 있어.
> **태민**: 그래서 식물로 구분돼.
> **신영**: 살기에 알맞은 조건이 되면 짧은 시간 안에 많은 수로 늘어나.
> **이루**: 하지만 생명력이 약해서 아무데서나 살지 않고 물과 공기가 충분한 곳에서 살아.

(   )

16 곰팡이와 세균을 이용하여 만든 음식을 모두 골라 기호를 쓰시오.

ⓐ ▲ 된장   ⓑ ▲ 두부

ⓒ ▲ 밥   ⓓ ▲ 김치

(   )

17★ 다양한 생물이 우리 생활에 미치는 해로운 영향에 대한 설명으로 옳은 것은 어느 것입니까? (   )

① 곰팡이를 활용하여 질병을 치료한다.
② 곰팡이는 음식을 만드는 데 이용한다.
③ 세균이 집이나 가구 등을 못 쓰게 한다.
④ 곰팡이와 세균은 죽은 동물이나 식물을 분해한다.
⑤ 이로운 세균이 해로운 세균으로부터 건강을 지켜 준다.

18 세균이나 곰팡이가 지구상에서 없어진다면 우리 생활에 미치는 영향을 잘못 예상한 것은 어느 것입니까? (   )

① 지구 생태계에 큰 문제가 발생할 것이다.
② 동물들은 음식을 잘 소화하지 못할 것이다.
③ 지구 전체가 생물들의 시체 더미가 될 것이다.
④ 동물과 식물에게서 질병이 모두 사라질 것이다.
⑤ 사람의 질병을 치료하는 데 문제가 발생할 것이다.

19★ 첨단 생명 과학을 통해 다양한 생물이 우리 생활에 활용되는 예를 옳게 짝 지은 것은 어느 것입니까? (   )

① 질병 치료약 – 해캄
② 건강식품 – 클로렐라
③ 생물 연료 – 푸른곰팡이
④ 제품 생산 – 물질 분해 세균
⑤ 생물 농약 – 플라스틱의 원료를 가진 세균

20 첨단 생명 과학을 활용하는 예로 적절하지 <u>않은</u> 것은 어느 것입니까? (   )

① 생물이 만든 연료로 자동차를 움직인다.
② 곰팡이를 이용하여 만든 약으로 백신을 만든다.
③ 원생생물을 이용하여 음식물 쓰레기를 분해한다.
④ 곰팡이, 세균을 활용하여 토양을 깨끗하게 한다.
⑤ 곰팡이가 생기지 않도록 물건을 건조한 곳에서 보관한다.

1~3

개념1   곰팡이의 특징

- 곰팡이를 맨눈으로 관찰하면 푸른색, 검은색, 하얀색 등의 여러 가지 색깔이 보이지만 정확한 모습은 알 수 없습니다.
- 곰팡이를 돋보기로 관찰하면 가는 선이 보이고 작은 알갱이들이 있습니다.
- 곰팡이를 실체 현미경으로 관찰하면 가는 실 같은 것이 거미줄처럼 서로 엉켜 있고, 크기가 작은 둥근 알갱이가 많이 보입니다.

▲ 맨눈으로 관찰한 곰팡이   ▲ 실체 현미경으로 관찰한 곰팡이

1
빈칸 쓰기

① 곰팡이를 맨눈으로 관찰하면 여러 가지 (   )이/가 보이지만 정확한 모습은 알 수 없습니다.

② 곰팡이를 돋보기로 관찰하면 가는 (   )와/과 작은 (   )을/를 볼 수 있습니다.

2
문장 쓰기

실체 현미경으로 관찰한 곰팡이 모습의 특징을 두 가지 이상 쓰시오.

머리카락 같은 _____ ,

가는 실 모양 끝에는 _____ .

3
서술 완성

곰팡이를 맨눈과 실체 현미경으로 관찰한 결과입니다. 곰팡이를 맨눈으로 관찰하는 것보다 실체 현미경으로 관찰하면 좋은 점을 쓰시오.

 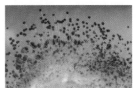

▲ 맨눈으로 관찰한 곰팡이   ▲ 실체 현미경으로 관찰한 곰팡이

_____

_____

4~6

개념2   균류, 원생생물, 세균의 공통점

- 균류는 가늘고 긴 균사로 이루어져 있으며 포자로 번식합니다. 실체 현미경을 이용해 자세히 관찰합니다.
- 원생생물은 동물과 식물에 비해 작고 생김새가 단순하며 광학 현미경을 이용해 관찰합니다.
- 세균은 매우 작아서 맨눈이나 돋보기로 볼 수 없고 배율이 높은 현미경으로 관찰해야 하며, 공 모양, 막대 모양, 나선 모양 등 생김새가 다양합니다.

4
빈칸 쓰기

① 균류는 주로 (   ) 현미경을 이용해 관찰하고, 원생생물은 (   ) 현미경을 이용해 관찰합니다.

② 세균은 매우 작아서 배율이 (   ) 현미경을 이용해야 관찰할 수 있습니다.

5
문장 쓰기

균류와 세균의 공통점에 대한 설명입니다. 틀리게 쓴 부분의 기호를 쓰고, 바르게 고쳐 쓰시오.

> 균류는 ㉠ 맨눈으로 볼 수 있지만 ㉡ 크기가 작아서 실체 현미경을 이용해 자세히 관찰하고, 세균은 ㉢ 맨눈으로 볼 수 있지만 ㉣ 크기가 작아서 배율이 높은 현미경을 이용해야 볼 수 있다.

_____

6
서술 완성

다음과 같은 균류, 원생생물, 세균의 공통점을 쓰시오.

▲ 균류   ▲ 원생생물   ▲ 세균
(곰팡이)   (짚신벌레)   (포도상 구균)

_____
_____

7~9

개념3 **다양한 생물이 우리 생활에 미치는 영향**

• 균류나 세균은 된장, 간장, 김치, 치즈, 요구르트 등을 만드는 데 도움을 주고, 죽은 생물을 분해하여 자연으로 되돌려 줍니다.

• 원생생물은 다른 동물의 먹이가 되거나 생물에게 필요한 산소를 만듭니다.

• 균류나 세균은 물이나 음식 등을 상하게 하고, 다른 생물에게 질병을 일으키기도 합니다.

• 일부 원생생물은 강이나 바다에서 빠르게 번식하여 다른 생물이 살기 어려운 환경을 만들기도 합니다.

7
빈칸 쓰기

① 세균과 (   )은/는 죽은 생물을 분해합니다.

② (   )은/는 다른 동물의 먹이가 되거나 생물에게 필요한 산소를 만듭니다.

8
문장 쓰기

다양한 생물이 우리 생활에 미치는 해로운 영향을 두 가지 쓰시오.

균류와 세균은 물이나 음식을 상하게 하고,

_____ .

또한 일부 원생생물은 바다에서 빠르게 번식해

_____ .

9
서술 완성

식빵에 핀 곰팡이의 모습입니다. 곰팡이가 우리 생활에 미치는 해로운 영향과 이로운 영향을 쓰시오.

_____
_____

1 버섯과 곰팡이를 현미경으로 관찰한 모습입니다. 두 생물이 양분을 얻는 방법을 쓰시오. [8점]

▲ 버섯　　　　　▲ 곰팡이

_____

_____

2 버섯과 민들레의 모습입니다. 물음에 답하시오.
[12점]

▲ 버섯　　　　　▲ 민들레

(1) 위 두 생물 중 식물은 어느 것인지 쓰시오. [2점]

(　　　　　　　　　)

(2) 두 생물의 차이점을 두 가지 쓰시오. [10점]

_____

_____

_____

3 두 생물을 현미경으로 관찰한 것을 그림으로 나타낸 것입니다. 물음에 답하시오. [12점]

ㄱ　　　ㄴ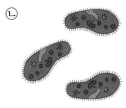

(1) 위 생물은 무엇인지 각각 이름을 쓰시오. [4점]

ㄱ: (　　　　　　), ㄴ: (　　　　　)

(2) 위 ㄱ, ㄴ을 관찰해 생김새의 특징을 쓰시오. [8점]

ㄱ _____

_____

ㄴ _____

_____

4 짚신벌레와 해캄이 주로 사는 환경의 특징을 쓰시오. [8점]

_____

_____

5 여러 가지 세균의 모습입니다. 세균이 사는 곳을 쓰시오. [8점]

▲ 포도상 구균   ▲ 대장균

_____

_____

7 해캄의 모습입니다. 물음에 답하시오. [12점]

(1) 위 해캄은 생물이 사는 데 필요한 '이것'을 만들어 우리에게 이로운 영향을 줍니다. '이것'은 무엇인지 쓰시오. [2점]

(   )

(2) 위 해캄이 첨단 생명 과학에 어떻게 활용되는지 쓰시오. [10점]

_____

_____

6 다음 음식의 공통점을 다양한 생물이 우리 생활에 미치는 영향과 관련지어 쓰시오. [8점]

▲ 요구르트   ▲ 치즈

_____

8 다음과 같은 하수 처리 시설에서 다양한 생물이 첨단 생명 과학에 활용되는 예를 쓰시오. [8점]

5 다양한 생물과 우리 생활

과제명	짚신벌레와 해캄 관찰하기	배점	20점
성취 목표	현미경을 사용하여 동물과 식물 이외의 생물을 관찰하고, 이러한 생물의 종류와 특징을 설명할 수 있다.		

1~3 광학 현미경으로 짚신벌레와 해캄을 관찰하기 위한 준비물입니다. 물음에 답하시오.

ㄱ
ㄴ

1 광학 현미경으로 짚신벌레를 관찰할 때 ㉠과 같은 미리 만든 표본을 이용합니다. 이것을 무엇이라고 하는지 쓰시오. [2점]

(   )

2 광학 현미경은 생물을 어떻게 보여 주는 특징이 있는지 쓰시오. [4점]

_____

_____

3 오른쪽은 위 ㉡ 해캄을 현미경으로 관찰한 모습입니다. 어떤 특징이 있는지 두 가지 쓰시오. [8점]

_____

_____

4 내가 관찰하고 싶은 생물이나 물체를 광학 현미경이나 실체 현미경을 사용하여 관찰한 모습을 그림과 글로 나타내시오. [6점]

5 다양한 생물과 우리 생활

과제명	다양한 생물이 우리 생활에 미치는 영향 알아보기	배점	20점
성취 목표	다양한 생물이 우리 생활에 미치는 이로운 영향과 해로운 영향을 설명할 수 있다.		

1~3 다양한 생물이 우리 생활에 영향을 미치는 모습입니다. 물음에 답하시오.

⊙

▲ 메주에 곰팡이가 생겼다.

ⓛ

▲ 화장실 벽면에 곰팡이가 생겼다.

ⓒ

▲ 죽은 나무에서 버섯이 자랐다.

ⓔ

▲ 독이 있는 버섯도 있다.

ⓜ

▲ 세균을 활용하여 요구르트를 만들었다.

ⓗ
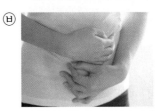
▲ 상한 음식을 먹고 배탈이 났다.

1 위의 모습을 우리 생활에 미치는 이로운 영향과 해로운 영향으로 구분하여 기호를 쓰시오. [4점]

(1) 이로운 영향: (　　　　　　　　　　)　　　(2) 해로운 영향: (　　　　　　　　　　)

2 위에서 버섯이 우리 생활에 미치는 이로운 영향과 해로운 영향을 쓰시오. [4점]

이로운 영향	죽은 생물을 (　　　　　　　　　　　) 도움을 준다.
해로운 영향	독이 있는 버섯을 먹으면 (　　　　　　　　)

3 곰팡이나 세균이 오른쪽과 같은 과수원에서 첨단 생명 과학으로 어떻게 활용되는지 쓰시오. [6점]

_____

_____

4 곰팡이나 세균이 사라진다면 우리 생활이 어떻게 달라질지 쓰시오. [6점]

_____

_____

🤓 수행 평가

5 다양한 생물과 우리 생활

과제명	첨단 생명 과학을 활용한 사례 알아보기	배점	20점
성취 목표	우리 생활에 첨단 생명 과학이 이용된 사례가 생물의 어떤 특성을 활용한 것인지 설명할 수 있다.		

1~3 우리 주위에 있는 다양한 생물을 나타낸 것입니다. 물음에 답하시오.

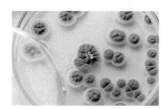

▲ 균류

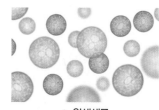

▲ 원생생물

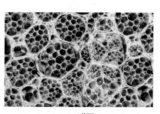

▲ 세균

1 위 생물 중 다음 상황에 활용할 수 있는 생물을 모두 쓰시오. [4점]

> 최근에는 다량의 농약 사용으로 땅이나 농작물이 오염되는 것을 막기 위해 농작물에 피해를 주는 곤충의 몸에 자라 그 곤충만 죽게하는 <u>이 생물</u>의 특징을 활용하여 해충을 없애는 데 활용한다.

(   )

2 첨단 생명 과학에 원생생물을 활용한 예를 두 가지 이상 쓰시오. [8점]

_____

_____

3 첨단 생명 과학에 세균을 활용한 예를 두 가지 이상 쓰시오. [8점]

_____

_____

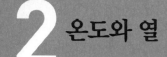
1 온도를 측정하는 까닭

- **온도**: 물체의 차갑거나 따뜻한 정도를 숫자로 나타낸 것으로, 온도의 단위는 ℃(섭씨도)이며 온도계로 측정합니다.

- **온도 측정의 필요성**

① 물체의 차갑거나 따뜻한 정도를 정확하게 알 수 있습니다.

② 온도를 정확하게 측정하지 않으면 우리 생활에서 불편함이나 어려움이 생길 수 있습니다.

2 여러 가지 장소나 물체의 온도 측정하기

- **온도 측정과 알맞은 온도계**

적외선 온도계	고체의 온도를 측정할 때
알코올 온도계	물과 같은 액체나 공기와 같은 기체의 온도를 측정할 때

- **물체의 온도를 온도계로 측정하는 까닭**

① 물체의 온도를 정확하게 알기 위해서입니다.

② 다른 물체라도 온도가 같은 경우가 있고, 같은 물체라도 온도가 다른 경우가 있기 때문입니다.

③ 물체의 온도는 물체가 놓인 장소, 측정 시각, 햇빛의 양에 따라 다르기 때문입니다.

3 온도가 다른 두 물체가 접촉할 때 물체의 온도 변화

- **온도가 다른 두 물체가 접촉할 때 두 물체의 온도 변화**

① 온도가 낮은 물체는 온도가 높아지고, 온도가 높은 물체는 온도가 낮아집니다.

② 두 물체가 접촉한 채로 시간이 충분히 지나면 두 물체의 온도가 같아집니다.

③ 열은 온도가 높은 물체에서 온도가 낮은 물체로 이동합니다.

- **온도가 다른 두 물체가 접촉할 때 물체의 온도가 변하는 예**

온도가 다른 두 물체가 접촉한 경우	열의 이동 방향
달걀부침 요리를 할 때	프라이팬 → 달걀
삶은 면을 차가운 물에 헹굴 때	삶은 면 → 차가운 물
얼음 위에 생선을 올려놓았을 때	생선 → 얼음

4 고체에서 열의 이동

- **전도**: 온도가 높은 곳에서 낮은 곳으로 고체 물체를 따라 열이 이동하는 것

- 고체의 한 부분을 가열하면 그 부분의 온도가 높아지고, 시간이 지남에 따라 주변의 온도가 낮았던 부분도 온도가 높아집니다.

5 고체 물질의 종류에 따라 열이 이동하는 빠르기

- 구리판, 철판, 유리판의 순서로 열이 빠르게 이동합니다.

- **고체 물질의 종류에 따라 열이 이동하는 빠르기가 다른 성질을 이용한 예**

① 주전자와 냄비: 바닥은 열이 잘 전달되는 금속, 손잡이는 열이 잘 전달되지 않는 물질인 플라스틱이나 나무로 만듭니다.

② 다리미: 다리미 아래쪽 판은 열이 잘 전달되는 금속, 손잡이는 열이 잘 전달되지 않는 플라스틱으로 만듭니다.

- **단열**: 두 물체 사이에서 열의 이동을 막는 것을 단열이라고 하며, 고체 물체 사이를 막아 열이 느리게 이동하게 하면 고체 물체는 처음 온도를 오랫동안 유지할 수 있습니다.

6 액체에서 열의 이동

- **대류**: 액체에서 열의 이동 방법으로, 액체에서는 주변보다 온도가 높은 물질이 직접 위로 이동해 열을 전달합니다.

- **물이 담긴 주전자를 가열할 때 나타나는 현상**: 주전자 속 물을 끓이면 불이 닿는 아랫부분의 물이 가열되어 위로 올라가고, 위에 있던 차가운 물이 아래로 밀려 내려가는 과정이 반복되면서 물이 전체적으로 따뜻해집니다.

7 기체에서 열의 이동

- 공기를 가열하면 온도가 높아진 공기는 위로 올라가고 위쪽에 있던 온도가 낮은 공기는 아래로 밀려 내려옵니다.

- **대류**: 기체에서 열의 이동 방법으로, 액체에서와 같이 물질이 직접 이동해 열을 전달합니다.

1 물체의 차갑거나 따뜻한 정도를 숫자로 나타낸 것을 무엇이라고 합니까?

2 고체의 온도를 측정하는 데 적합한 온도계는 무엇입니까?

3 차가운 물이 담긴 음료수 캔을 따뜻한 물이 담긴 비커에 넣고 물의 온도를 1분마다 측정하면 음료수 캔 속 물의 온도는 어떻게 되는지 쓰시오.

4 뜨거운 프라이팬에 고기를 올려놓았을 때 열의 이동 방향을 화살표로 나타내시오.

　　　　　　　　　　　뜨거운 프라이팬 (　　　　　　　　　) 고기

5 뜨거운 찌개에 숟가락을 담가 두면 찌개에 닿지 않았던 숟가락 손잡이까지 뜨거워집니다. 이때 열은 뜨거운 찌개에서 어디로 이동합니까?

6 구리판, 철판, 유리판 중 열이 가장 빠르게 이동하는 것은 무엇입니까?

7 단열은 두 물체 사이에서 (　　)의 이동을 막는 것입니다.

8 액체에서 열의 이동 방법으로, 주변보다 온도가 높은 물질이 직접 위로 이동해 열을 전달하는 방법을 무엇이라고 합니까?

9 주위보다 온도가 높은 공기가 이동하는 방향은 어느 쪽입니까?

10 실내에 난방 기구와 냉방 기구를 설치하려고 할 때, 실내의 아래쪽에 설치해야 하는 것은 무엇입니까?

※ 점수 표시가 없는 문항은 8점입니다.

1 '이것'이 설명하는 것은 무엇인지 쓰시오.

> • '이것'으로 물체의 차갑거나 따뜻한 정도를 정확하게 알 수 있다.
> • '이것'은 숫자에 단위 ℃(섭씨도)를 붙여 나타낸다.

( )

2 오른쪽은 알코올 온도계로 온도를 측정하는 모습입니다. 눈의 위치가 옳은 것의 기호를 쓰시오. [4점]

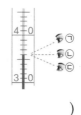

( )

3 온도계를 사용하면 좋은 점이 <u>아닌</u> 것은 어느 것입니까? ( )

① 물체의 온도를 쉽게 알 수 있다.
② 온도를 객관적으로 측정할 수 있다.
③ 물체의 온도를 정확하게 측정할 수 있다.
④ 매우 차가운 물체의 온도는 측정하기 어렵다.
⑤ 뜨거운 물체의 온도도 정확하게 측정할 수 있다.

4 여러 가지 물체의 온도 측정에 대한 설명으로 옳은 것은 어느 것입니까? ( )

① 알코올 온도계를 땅속에 묻고 흙의 온도를 측정한다.
② 공기의 온도를 측정할 때에는 적외선 온도계를 사용한다.
③ 적외선 온도계는 액체의 온도를 측정하기에 적합하다.
④ 물의 온도는 알코올 온도계의 액체샘을 물에 넣고 측정한다.
⑤ 흙의 온도는 알코올 온도계가 땅의 표면과 맞닿도록 스탠드에 매달고 측정한다.

5 오른쪽과 같이 차가운 물이 담긴 음료수 캔(㉠)을 따뜻한 물이 담긴 비커(㉡)에 넣고 1분마다 온도를 측정한 결과로 옳은 것은 어느 것입니까? ( )

① ㉠ 속 물은 점점 차가워진다.
② ㉡ 속 물은 점점 따뜻해진다.
③ ㉠에서 ㉡으로 열이 이동한다.
④ ㉡ 속 물의 온도는 변하지 않는다.
⑤ 시간이 지나면 ㉠과 ㉡ 속 물의 온도가 같아진다.

6 오른쪽과 같이 추운 겨울 따뜻한 코코아차가 담긴 컵을 손으로 잡았을 때에 대한 설명으로 옳은 것을 두 가지 고르시오.
(,)

① 손에서 컵으로 열이 이동한다.
② 컵에서 손으로 열이 이동한다.
③ 손과 컵 사이에는 열의 이동이 없다.
④ 손은 온도가 올라가고 컵은 아무런 변화가 없다.
⑤ 계속 잡고 있으면 손과 컵의 온도는 같아진다.

7 열의 이동에 대한 설명으로 옳은 것을 두 가지 고르시오. (,)

① 열의 이동은 물체의 양을 변하게 한다.
② 열의 이동은 물체의 온도를 변하게 한다.
③ 고체 물체가 연결되어 있으면 열이 전달되지 않는다.
④ 온도가 다른 두 물체가 접촉하면 온도가 높은 물체에서 낮은 물체로 열이 이동한다.
⑤ 온도가 다른 두 물체가 접촉하면 온도가 낮은 물체에서 높은 물체로 열이 이동한다.

8 다음과 같이 구리판에 열 변색 붙임딱지를 붙이고, 구리판의 한 꼭짓점을 가열하였습니다. ㉠~㉢에서 색깔이 먼저 변하는 순서대로 기호를 쓰고, 그렇게 변하는 까닭을 쓰시오. [10점]

서술형

_____

_____

9 뜨거운 국에 숟가락을 담가 두었을 때 국에 담겨 있지 않는 부분까지 숟가락이 뜨거워지는 까닭으로 옳은 것은 어느 것입니까? [4점] (   )

① 국에서 숟가락으로 열이 이동하기 때문이다.
② 공기에 있는 열이 국으로 이동하기 때문이다.
③ 손에 있는 열이 숟가락으로 이동하기 때문이다.
④ 숟가락에 있는 열이 국으로 이동하기 때문이다.
⑤ 국그릇에 있는 열이 국으로 이동하기 때문이다.

10 오른쪽은 세 개의 판에 열 변색 붙임딱지를 붙인 뒤, 뜨거운 물이 담긴 비커 속에 넣은 모습입니다. 시간이 지난 뒤, 열 변색 붙임딱지의 색깔이 먼저 변하는 판부터 순서대로 쓰시오.

(   )판 → (   )판 → (   )판

11 오른쪽과 같이 물이 담긴 주전자를 가열할 때 물 전체가 뜨거워지는 현상에 대한 설명으로 옳은 것을 보기 에서 모두 골라 기호를 쓰시오.

보기
㉠ 위에 있던 차가운 물은 아래로 밀려 내려온다.
㉡ 시간이 지나도 주전자에 있는 물 전체의 온도는 변화가 없다.
㉢ 주전자를 가열하면 주전자 바닥 근처에 있던 물의 온도가 높아진다.
㉣ 액체에서 열의 이동 방법은 전도로, 온도가 높은 물질이 액체를 따라 이동하여 열을 전달한다.

(   )

12 공기에서 열의 이동에 대한 설명으로 옳은 것은 어느 것입니까? (   )

① 차가운 공기는 위로 올라간다.
② 공기에서 열은 이동하지 않는다.
③ 따뜻한 공기는 아래로 내려간다.
④ 공기가 가열된 곳에서 모든 방향으로 동시에 퍼진다.
⑤ 뜨거워진 공기가 위로 올라가고, 위에 있는 공기가 밀려 내려온다.

13 거실에 냉방 기구를 설치하려고 합니다. 거실의 어느 위치에 설치하면 좋을지 위치와 그 까닭을 쓰시오. [10점]

서술형

_____

_____

서술형 평가 1회

1 다음은 공원에 있는 흙의 온도를 측정하는 모습입니다. 물음에 답하시오. [12점]

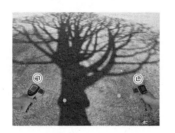

(1) 위 흙의 온도를 측정하기에 적합한 온도계의 종류를 쓰시오. [2점]

(   )

(2) 같은 흙의 온도를 측정하였는데, ㉠과 ㉡의 흙의 온도가 다릅니다. 그 까닭을 쓰시오. [5점]

_____

_____

(3) 위 결과로 보아, 온도를 측정할 때 온도계를 사용하는 까닭을 한 가지 쓰시오. [5점]

_____

_____

2 오른쪽은 열 변색 붙임딱지를 붙인 구리판, 철판, 유리판을 뜨거운 물에 넣은 모습입니다. 실험 결과로 알 수 있는 고체 물질의 종류와 열의 이동의 관계를 쓰시오. [8점]

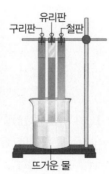

구리판   유리판   철판

뜨거운 물

_____

_____

3 차가운 물이 담긴 주전자의 아랫부분을 다음과 같이 가열하였습니다. 물음에 답하시오. [12점]

(1) 주위보다 온도가 높아진 물은 위쪽과 아래쪽 중 어느 쪽으로 이동하는지 쓰시오. [2점]

(   )

(2) 위와 같이 일정한 시간 동안 가열하면 물 전체가 따뜻해지는 까닭을 쓰시오. [10점]

_____

_____

4 다음과 같은 교실에 에어컨을 설치하려고 합니다. 물음에 답하시오. [12점]

(1) ㉠ ~ ㉢ 중 에어컨을 설치하기 가장 적당한 위치의 기호를 쓰시오. [2점]

(   )

(2) 위 (1)의 답처럼 에어컨을 설치해야 하는 까닭을 쓰시오. [10점]

_____

_____

※ 점수 표시가 없는 문항은 8점입니다.

1 온도에 대한 설명으로 옳지 <u>않은</u> 것은 어느 것입니까? ( )

① 숫자와 ℃로 나타낸다.
② 온도는 온도계로 측정한다.
③ 물체의 차갑거나 따뜻한 정도를 나타낸다.
④ 공기의 온도는 수온, 물의 온도는 기온이라고 한다.
⑤ 비닐 온실에서 배추를 재배할 때 정확한 온도 측정이 필요하다.

2 온도와 온도계를 사용할 때의 좋은 점을 틀리게 말한 친구를 보기 에서 골라 이름을 쓰시오. [4점]

> **보기**
>
> 승우: 물체의 온도를 쉽게 알 수 있어 좋아.
> 현지: 물체의 온도는 차갑다, 따뜻하다로 표현해도 충분해.
> 지민: 온도계로 온도를 측정하면 측정하는 사람이 달라도 같은 결과를 얻을 수 있어.

( )

3 여러 장소에서의 물체의 온도 측정에 대한 설명으로 옳지 <u>않은</u> 것은 어느 것입니까? ( )

① 물체의 종류가 같으면 항상 온도가 같다.
② 다른 물체라도 온도가 같은 경우가 있다.
③ 고체는 적외선 온도계로 측정하는 것이 좋다.
④ 온도는 같은 장소라도 측정하는 위치에 따라 다르다.
⑤ 같은 물체라도 햇빛을 받는 정도에 따라 온도가 다르다.

4 온도가 다른 두 물체가 접촉하고 있는 경우가 아닌 것은 어느 것입니까? ( )

① 얼음 위에 올려놓은 생선
② 책상 위에 올려놓은 두꺼운 책
③ 따뜻한 차가 담긴 컵을 감싼 손
④ 차가운 물에 담겨진 갓 삶은 달걀
⑤ 차가운 아이스크림이 담겨진 그릇

5 다음 그림을 보고 열이 전달되는 방향을 화살표(←, →)로 나타내시오. [4점]

(1)

차가운 물 ( ) 삶은 면

(2)
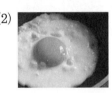
뜨거운 프라이팬 ( ) 달걀

(3)

따뜻한 차가 담긴 컵 ( ) 컵을 감싼 손

6 고체에서 열의 이동에 대한 설명으로 옳지 <u>않은</u> 것은 어느 것입니까? ( )

① 가열한 부분부터 온도가 높아진다.
② 고체에서 열은 고체 물체를 따라 이동한다.
③ 열은 온도가 낮은 곳에서 높은 곳으로 이동한다.
④ 주전자의 바닥은 금속으로 되어 있어 열이 잘 전달된다.
⑤ 가열한 부분에서 점점 멀리 떨어진 부분으로 열이 전달되어 온도가 높아진다.

7 열 변색 붙임딱지를 붙인 구리판을 가열할 때 색깔이 변하는 방향을 화살표로 표시하시오.

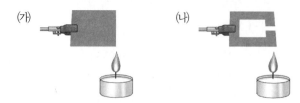

8 다음은 고체에서 열의 이동을 이용한 기구입니다. 열이 잘 이동하는 부분에 각각 ○표 하시오.

9
서술형 조리 기구로 요리를 할 때 한쪽만 가열해도 전체가 뜨거워집니다. 그 까닭을 쓰시오. [10점]

_____

_____

10 다음과 같이 구리판, 유리판, 철판에 버터 조각을 붙인 후 뜨거운 물에 넣었습니다. 이에 대한 설명으로 옳은 것은 어느 것입니까? ( )

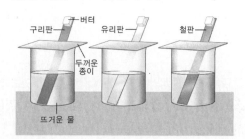

① 철판의 버터만 녹아 내린다.
② 구리판의 버터는 녹지 않는다.
③ 구리판에서 열의 이동이 철판보다 빠르다.
④ 구리판과 유리판에서 버터가 녹는 빠르기는 같다.
⑤ 고체에서는 종류에 상관없이 열이 이동하는 빠르기가 같다.

11 대류를 통해 열이 이동하는 경우로 옳은 것은 어느 것입니까? ( )

① 불 위에서 고기를 구우면 불에서 가까운 부분부터 익는다.
② 프라이팬의 바닥을 가열하면 프라이팬 전체가 뜨거워진다.
③ 겨울철 냉방 기구를 한 곳에만 켜 놓아도 집 안 전체의 공기가 시원해진다.
④ 뜨거운 찌개에 숟가락을 담가 두면 나중에는 숟가락 손잡이까지 뜨거워진다.
⑤ 열 변색 붙임딱지를 붙인 구리판을 가열하면 가열한 부분에서부터 먼 쪽으로 색깔이 변한다.

12
서술형 목욕물이 담긴 욕조에 들어가면 물의 윗부분이 아랫부분보다 더 뜨겁습니다. 그 까닭을 쓰시오. [10점]

_____

_____

13 난로의 위치에 따른 공기의 움직임을 옳게 나타낸 것은 어느 것입니까? ( )

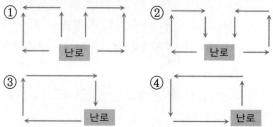

서술형 평가 2회

1 다음과 같이 두 친구가 물의 온도를 서로 다르게 느끼고 있습니다. 그 까닭을 쓰고, 물의 온도를 정확하게 측정하는 방법을 쓰시오. [8점]

물이 따뜻해.

나는 약간 차갑게 느껴져.

2 다음은 학교에서 여러 장소의 온도를 측정하는 방법입니다. **틀린** 내용의 기호를 쓰고, 옳게 고쳐 쓰시오. [8점]

> ㉠ 교실의 기온을 잴 때에는 알코올 온도계의 아랫부분을 잡고 측정한다.
> ㉡ 화단 흙의 온도를 측정할 때에는 탐침 온도계의 탐침을 흙에 대고 측정한다.
> ㉢ 책상의 온도를 측정할 때에는 적외선 온도계를 책상을 향하게 하고 측정한다.

3 오른쪽과 같이 열 변색 붙임딱지를 붙인 구리판의 가운데를 가열할 때 열이 이동하는 방향을 화살표로 표시하고 글로 쓰시오. [12점]

(1) 열이 이동하는 방향 화살표로 표시하기 [6점]

(2) 글로 나타내기 [6점]

4 오른쪽과 같이 물이 든 비커의 한쪽 끝에 잉크를 넣고 잉크가 있는 쪽을 가열했습니다. 물음에 답하시오. [12점]

(1) 잉크가 이동하는 모습을 비커에 화살표로 그려 보시오. [5점]

(2) 위 (1)의 답과 같이 잉크가 이동하는 까닭을 **보기**의 말을 모두 사용하여 쓰시오. [7점]

> **보기**
>
> 뜨거운, 물, 위, 주위, 온도

1 태양이 우리에게 미치는 영향

- 식물은 태양 빛이 있어야 양분을 만듭니다.
- 생물이 살아가기에 알맞은 환경을 만들어 줍니다.
- 우리가 살아가는 데 필요한 대부분의 에너지를 공급해 줍니다.

2 태양계 구성원

- **태양계**: 태양과 태양의 영향을 받는 천체들 그리고 그 공간
- 태양계의 구성원

태양	• 태양계의 중심에 있다. • 태양계에서 유일하게 스스로 빛을 내는 천체
행성	태양의 주위를 도는 둥근 천체

- 태양계 행성의 특징

① 표면의 상태에 따라 분류하기

표면이 암석으로 되어 있는 행성	표면이 기체로 되어 있는 행성
수성, 금성, 지구, 화성	목성, 토성, 천왕성, 해왕성

② 고리에 따라 분류하기

고리가 없는 행성	고리가 있는 행성
수성, 금성, 지구, 화성	목성, 토성, 천왕성, 해왕성

3 태양계 행성의 크기

- 태양계 행성의 상대적인 크기 비교(지구=1)

해왕성 3.9 천왕성 4.0
토성 9.4 목성 11.2 수성 0.4 화성 0.5 금성 0.9 지구 1.0

가장 작은 행성	가장 큰 행성	지구와 가장 크기가 비슷한 행성
수성	목성	금성

- 지구보다 큰 행성과 작은 행성으로 분류하기

지구보다 큰 행성	지구보다 작은 행성
목성, 토성, 천왕성, 해왕성	수성, 금성, 화성

4 태양에서 행성까지의 거리

- 태양계 행성의 거리 비교

태양에서 가장 가까운 행성	태양에서 가장 먼 행성	지구에서 가장 가까운 행성
수성	해왕성	금성

- 태양에서 지구보다 가까이 있는 행성과 멀리 있는 행성으로 분류하기

태양에서 지구보다 가까이 있는 행성	태양에서 지구보다 멀리 있는 행성
수성, 금성	화성, 목성, 토성, 천왕성, 해왕성

5 행성과 별의 차이점

구분	별	행성
공통점	밤하늘에서 빛나는 천체이다.	
차이점	• 스스로 빛을 낸다. • 행성에 비해 지구에서 매우 먼 거리에 있기 때문에 별은 움직이지 않는 것처럼 보인다.	• 스스로 빛을 내지 못하고, 태양 빛을 반사하여 빛나는 것처럼 보인다. • 밤하늘에서 보이는 위치가 조금씩 변한다.

6 별자리 찾기

- **별자리**: 옛날 사람들이 밤하늘에 무리 지어 있는 별을 연결해 사람이나 동물 또는 물건의 모습으로 떠올리고 이름을 붙인 것
- **북쪽 밤하늘에서 볼 수 있는 별자리**: 북두칠성, 작은곰자리, 카시오페이아자리 등

7 밤하늘에서 북극성 찾아보기

- 북두칠성의 국자 모양 끝부분의 두 별을 연결하고, 그 거리의 다섯 배만큼 떨어진 곳에 있는 별이 북극성입니다.
- 카시오페이아자리에서 바깥쪽 두 선을 연장하여 만나는 점과 가운데 점을 연결하고, 그 거리의 다섯 배만큼 떨어진 곳에 있는 별이 북극성입니다.

1 지구에 살고 있는 모든 생물은 이것이 없으면 살기 어려웠을 것입니다. 이것은 무엇입니까?

2 태양 빛을 이용하여 염전에서 무엇을 만들 수 있습니까?

3 태양과 태양의 영향을 받는 천체들 그리고 그 공간을 무엇이라고 합니까?

4 태양계 구성원 중 태양 주위를 도는 둥근 천체를 무엇이라고 합니까?

5 지구보다 크기가 큰 태양계 행성을 모두 쓰시오.

6 태양계 행성 중 지구에서 거리가 가장 가까운 행성은 무엇입니까?

7 옛날 사람들이 밤하늘에 무리 지어 있는 별을 연결해 사람이나 동물 또는 물건의 모습으로 떠올리고 이름을 붙인 것을 무엇이라고 합니까?

8 정확한 북쪽 하늘에 항상 있기 때문에 나침반 역할을 하는 별의 이름을 쓰시오.

9 북극성을 찾는 데 이용하는 별자리를 두 가지 쓰시오.

10 별과 행성 중 스스로 빛을 낼 수 없고, 여러 날 동안 밤하늘에서 보이는 위치가 변하는 것은 무엇입니까?

※ 점수 표시가 없는 문항은 8점입니다.

1 태양이 없으면 생길 수 있는 일에 대한 설명으로 옳지 <u>않은</u> 것은 어느 것입니까? ( )

① 많은 동물이 없어질 것이다.
② 식물이 자라지 못할 것이다.
③ 사람들은 잘 살아갈 것이다.
④ 빛이 사라져 어두울 것이다.
⑤ 지구는 차갑게 얼어붙을 것이다.

2 태양이 식물에게 소중한 까닭으로 옳은 것은 어느 것입니까? ( )

① 돌을 만들 수 있게 해 준다.
② 소금을 만들 수 있게 해 준다.
③ 전기를 만들 수 있게 해 준다.
④ 양분을 만들 수 있게 해 준다.
⑤ 밝은 낮에 활동할 수 있게 해 준다.

3 태양계에 대한 설명으로 옳지 <u>않은</u> 것은 어느 것입니까? ( )

① 위성은 행성 주위를 돈다.
② 지구는 태양계의 중심에 있다.
③ 행성은 크기가 서로 다르고 태양 주위를 돈다.
④ 태양은 태양계에서 유일하게 빛을 내는 천체이다.
⑤ 태양계 구성원에는 태양, 행성, 위성, 혜성, 소행성 등이 있다.

4 태양계 행성에 대한 설명으로 옳은 것은 어느 것입니까? ( )

① 모두 위성이 있다.
② 모두 고리가 있다.
③ 수성은 태양계 행성 중 가장 작다.
④ 화성은 표면이 기체로 이루어져 있다.
⑤ 태양에서 가장 멀리 떨어진 행성은 토성이다.

5 천왕성에 대한 설명으로 옳은 것을 보기 에서 모두 골라 기호를 쓰시오.

> **보기**
> ㉠ 붉은색으로 보인다.
> ㉡ 태양계의 7번째 행성이다.
> ㉢ 표면이 암석과 흙으로 이루어져 있다.
> ㉣ 눈에 잘 보이지 않지만 희미한 고리를 가지고 있다.

( )

6 다음은 지구의 반지름을 1로 보았을 때 태양과 태양계 행성의 상대적인 크기를 나타낸 것입니다. 이것을 보고 알 수 있는 행성의 크기에 대한 설명으로 옳지 <u>않은</u> 것은 어느 것입니까? ( )

이름	상대적인 크기	이름	상대적인 크기
태양	109	목성	11.2
수성	0.4	토성	9.4
금성	0.9	천왕성	4.0
지구	1.0	해왕성	3.9
화성	0.5		

① 행성의 크기는 다양하다.
② 가장 큰 행성은 목성이다.
③ 토성은 두 번째로 큰 행성이다.
④ 태양보다 큰 행성은 한 개 있다.
⑤ 지구와 가장 크기가 비슷한 행성은 금성이다.

7

서술형

다음과 같이 행성을 두 무리로 분류한 기준을 쓰시오. [10점]

| 수성, 금성, 화성 | 목성, 토성, 천왕성, 해왕성 |

8 태양에서 가까운 것부터 순서대로 행성을 나열한 것은 어느 것입니까? [4점]　　　(　　　)

① 금성 – 지구 – 수성
② 수성 – 금성 – 지구
③ 목성 – 금성 – 수성
④ 화성 – 토성 – 금성
⑤ 천왕성 – 목성 – 수성

9 상대적으로 태양에서 멀리 있는 행성에 대한 설명으로 옳은 것은 어느 것입니까?　　(　　　)

① 지구와 크기가 비슷하다.
② 행성의 색깔이 어두운 회색이다.
③ 행성 사이의 거리가 대체로 멀어진다.
④ 행성 사이의 거리가 대체로 가까워진다.
⑤ 행성의 크기가 상대적으로 작은 편이다.

10 다음 별자리에 대한 설명으로 옳지 <u>않은</u> 것은 어느 것입니까?　　　　　(　　　)

① ㉠은 북두칠성이다.
② ㉡은 작은곰자리이다.
③ ㉢을 이용하여 북극성을 찾을 수 있다.
④ 모두 북쪽 밤하늘에서 볼 수 있다.
⑤ 모두 현대의 과학자들이 만든 별자리이다.

11~12 다음은 별자리를 이용하여 북극성을 찾는 방법을 나타낸 것입니다. 물음에 답하시오.

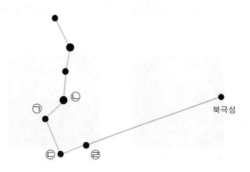

북극성

11 위에서 북극성을 찾는 데 이용된 별자리는 어떤 모양인지 쓰시오.

(　　　　　　)

12 위에서 북극성은 어느 별과 어느 별을 연결한 거리의 다섯 배 되는 곳에 있습니까? [4점]　(　　　)

① ㉠과 ㉡
② ㉠과 ㉢
③ ㉡과 ㉢
④ ㉡과 ㉣
⑤ ㉢과 ㉣

13

서술형

다음은 여러 날 동안 같은 밤하늘을 관측한 것입니다. ○표 한 것이 행성인 것으로 보아 알 수 있는 별과 행성의 차이점을 쓰시오. [10점]

▲ 첫째 날 초저녁　　▲ 7일 뒤 초저녁　　▲ 15일 뒤 초저녁

1 다음은 태양계 행성의 모습입니다. 물음에 답하시오. [12점]

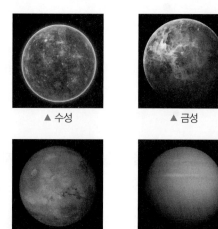

▲ 수성   ▲ 금성

▲ 화성   ▲ 천왕성

(1) 위 행성에서 지구보다 크기가 큰 행성의 이름을 쓰시오. [2점]

( )

(2) (1)의 답 행성의 표면의 상태, 고리에 대한 특징을 쓰시오. [10점]

_____

_____

2 다음은 태양계 행성에 대한 설명입니다. 틀린 부분을 찾고, 옳게 고쳐 쓰시오. [8점]

태양계에는 여덟 개의 행성이 있으며, 모두 태양 주위를 돈다. 행성의 크기는 지구보다 작은 것부터 약 11배나 큰 것까지 크기가 다양하다.
지구와 비슷한 크기의 행성은 태양에서 비교적 가까이 있으며, 태양에서 거리가 멀어질수록 행성 사이의 거리는 가까워진다.

_____

_____

3 다음은 북쪽 하늘에서 볼 수 있는 별자리의 모습입니다. 물음에 답하시오. [12점]

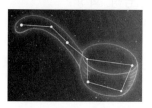

(1) 위 별자리의 이름을 쓰시오. [2점]

( )

(2) 별자리는 옛날 사람들이 어떻게 만들어 낸 것인지 쓰시오. [10점]

_____

_____

4 다음은 북쪽 밤하늘 별자리를 이용하여 북극성을 찾는 방법을 나타낸 것입니다. 물음에 답하시오. [12점]

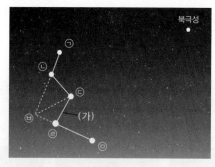

(1) 위 ㉮ 별자리의 이름을 쓰시오. [2점]

( )

(2) 위 별자리를 이용하여 북극성을 찾는 방법을 쓰시오. [10점]

_____

_____

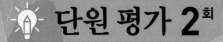

단원 평가 2회

※ 점수 표시가 없는 문항은 8점입니다.

1 태양이 우리에게 미치는 영향과 관계가 <u>없는</u> 것은 어느 것입니까? ( )

① 별을 볼 수 있게 해 준다.
② 식물이 잘 자라게 해 준다.
③ 구름을 만들고 비가 내리게 해 준다.
④ 우리가 따뜻하게 생활할 수 있게 해 준다.
⑤ 물이 순환하는 데 필요한 에너지를 공급해 준다.

2 태양계의 구성원에 대한 설명으로 옳지 <u>않은</u> 것은 어느 것입니까? ( )

① 여덟 개의 행성이 있다.
② 위성은 행성 주위를 돈다.
③ 지구, 화성은 표면에 땅이 있다.
④ 태양계 구성원은 모두 스스로 빛을 낸다.
⑤ 태양의 영향을 받는 천체들이 있는 공간도 태양계에 속한다.

3 다음은 무엇에 대한 설명인지 쓰시오.

> 태양계의 중심에 있는 천체로, 스스로 빛을 낸다. 지구와 같은 행성들이 이것을 중심으로 돌고 있다.

( )

4 오른쪽은 토성의 모습입니다.
서술형 토성의 색깔, 위성, 고리에 대한 특징을 쓰시오. [10점]

5 다음에서 설명하는 태양계의 행성은 어느 것입니까? [4점] ( )

> • 태양계에서 가장 작다.
> • 달처럼 충돌 구덩이가 있다.
> • 표면은 암석으로 이루어져 있다.

① 지구 ② 화성
③ 목성 ④ 수성
⑤ 금성

6~8 다음은 지구의 반지름을 1로 보았을 때 태양계 행성의 상대적인 크기를 나타낸 것입니다. 물음에 답하시오.

행성	상대적인 크기	행성	상대적인 크기
수성	0.4	목성	11.2
금성	0.9	토성	9.4
지구	1.0	천왕성	4.0
화성	0.5	해왕성	3.9

6 지구보다 작은 행성끼리 옳게 짝 지은 것은 어느 것입니까? [4점] ( )

① 수성, 목성
② 화성, 토성
③ 금성, 화성
④ 토성, 천왕성
⑤ 천왕성, 해왕성

7 태양계 행성을 크기가 가장 큰 것부터 순서대로 쓰시오.

( )

8 태양계 행성의 상대적인 크기를 비교하여 알 수 있는 점으로 옳은 것은 어느 것입니까? ( )

① 화성이 지구와 크기가 가장 비슷하다.
② 수성과 금성은 상대적인 크기가 서로 비슷하다.
③ 지구는 태양계 행성 중에서 크기가 큰 편에 속한다.
④ 목성, 토성, 천왕성, 해왕성은 상대적으로 크기가 크다.
⑤ 행성의 상대적인 크기는 행성의 실제 크기를 말한다.

9~10 다음 실험을 보고, 물음에 답하시오.

> ㉠ 교실이나 복도에서 태양의 위치를 정한다.
> ㉡ 태양에서 지구까지의 거리를 두루마리 휴지 한 칸으로 정했을 때 태양에서 각 행성까지의 상대적인 거리에 맞게 두루마리 휴지를 자른다.
> ㉢ 자른 두루마리 휴지의 한쪽 끝을 태양의 위치에 맞추고 다른 쪽 끝에 행성 크기 비교 모형을 놓은 뒤, 휴지를 셀로판테이프로 고정한다.

9 위 실험은 무엇을 알아보기 위한 것입니까?
( )

① 태양계 행성의 고리 위치 알아보기
② 태양계 행성의 실제 위치 알아보기
③ 태양계 행성의 상대적인 무게 비교하기
④ 태양계 행성의 상대적인 크기 비교하기
⑤ 태양에서 행성까지의 상대적인 거리 비교하기

10 위 실험에서 가장 적은 휴지 칸 수가 필요한 행성과 가장 많은 휴지 칸 수가 필요한 행성의 이름을 순서대로 쓰시오.

(,)

11 다음 별자리의 공통점으로 옳은 것은 어느 것입니까? ( )

> 북두칠성, 작은곰자리, 카시오페이아자리

① 북쪽 밤하늘에서 볼 수 있다.
② 태양 빛을 반사하여 빛나 보인다.
③ 별자리를 이루는 별의 개수가 같다.
④ 망원경으로만 볼 수 있는 별자리이다.
⑤ 어둡고 희미한 별들을 연결해 동물 또는 물건의 모습으로 떠올려 이름을 붙인 것이다.

12 서술형

오른쪽 작은곰자리의 꼬리 끝에는 북극성이 있습니다. 밤하늘에서 북극성이 중요한 까닭을 다음 낱말을 모두 사용하여 쓰시오. [10점]

> 방위   북쪽   나침반

13 밤하늘에서 행성과 별의 공통점으로 옳은 것은 어느 것입니까? ( )

① 스스로 빛을 낼 수 있다.
② 스스로 빛을 낼 수 없다.
③ 밤하늘에서 빛나 보인다.
④ 여러 날 동안 밤하늘에서 보이는 위치가 변한다.
⑤ 여러 날 동안 밤하늘에서 보이는 위치가 거의 변하지 않는다.

1 ㈎ 행성과 ㈏ 행성의 표면을 이루는 물질의 상태를 비교하여 쓰시오. [8점]

㈎	㈏
수성, 금성, 화성	목성, 토성, 천왕성

2 다음은 지구의 반지름을 1로 했을 때 태양계 행성의 상대적인 크기를 나타낸 것입니다. 물음에 답하시오. [12점]

(1) 위에서 화성의 상대적인 크기는 얼마인지 쓰시오. [2점]

(   )

(2) 위에서 목성의 크기를 지구와 비교하여 쓰시오. [10점]

3 밤하늘에 있는 금성과 화성의 모습을 찍은 것입니다. 금성과 화성이 주위의 별보다 밝고 또렷하게 보이는 까닭을 쓰시오. [8점]

4 다음 밑줄 친 '별'의 이름을 쓰고, 그 별을 이용하여 동서남북 방향을 찾는 방법을 쓰시오. [12점]

> 나침반이 없었던 옛날에는 밤하늘의 **별**을 이용해 동서남북의 방위를 알 수 있었다.

(1) 별의 이름: (   ) [2점]

(2) 방위를 알 수 있는 방법 [10점]

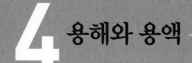

1 용해와 용액

• **물에 여러 가지 가루 물질을 넣었을 때의 변화**

① 소금, 설탕, 구연산은 물에 녹아 투명하고 뜨거나 가라앉은 것이 없습니다.

② 밀가루, 분필 가루, 멸치 가루, 녹말가루는 물과 섞여 뿌옇게 변하고, 시간이 지난 후 물 위에 뜨거나 바닥에 가라앉습니다.

• **용해와 용액**

용해	어떤 물질이 다른 물질에 녹아 골고루 섞이는 현상 예 소금이 물에 녹는 것 등
용액	녹는 물질이 녹이는 물질에 골고루 섞여 있는 물질 예 소금물, 설탕물 등
용질	녹는 물질 예 소금, 설탕 등
용매	녹이는 물질 예 물 등

2 용질이 용해되기 전과 용해된 후의 무게

• **각설탕이 물에 용해되기 전과 용해된 후의 무게**

① 각설탕이 물에 용해되기 전과 용해된 후의 무게는 같습니다.

② 물에 완전히 용해된 각설탕이 눈에 보이지는 않지만, 없어진 것이 아니라 매우 작게 변하여 물속에 골고루 섞여 있기 때문입니다.

• 용질이 물에 용해되면 없어지는 것이 아니라 물과 골고루 섞여 용액이 됩니다.

3 용질마다 물에 용해되는 양

• **온도가 같은 물 50 mL에 소금, 설탕, 제빵 소다가 녹는 양**

(○: 녹음, △: 녹지 않음)

용질	약숟가락으로 넣은 횟수(회)							
	1	2	3	4	5	6	7	8
소금	○	○	○	○	○	○	○	△
설탕	○	○	○	○	○	○	○	○
제빵 소다	○	△						

➡ 물의 온도와 양이 같을 때 용질마다 용해되는 양이 다릅니다.

• **용질마다 물에 용해되는 양**: 같은 양의 여러 가지 용질을 온도와 양이 같은 물에 넣고 저었을 때 어떤 용질은 모두 용해되고, 어떤 용질은 어느 정도 용해되면 더 이상 용해되지 않고 바닥에 남습니다. ➡ 물의 온도와 양이 같아도 용질마다 물에 용해되는 양은 서로 다릅니다.

4 물의 온도에 따라 용질이 용해되는 양

• **물의 온도에 따라 백반이 용해되는 양**

구분	따뜻한 물	차가운 물
같은 양의 백반을 넣고 저었을 때 백반이 용해되는 양	모두 용해된다.	어느 정도 용해되다가 용해되지 않은 백반이 바닥에 남아 있다.
알게 된 점	물의 온도가 높으면 백반이 더 많이 용해된다.	

• **물의 온도에 따라 용질이 용해되는 양**

① 물의 온도가 높을수록 용질이 많이 용해됩니다.

② 용질이 다 용해되지 않고 남아 있을 때 물의 온도를 높이면 용해되지 않고 남아 있던 용질을 더 많이 용해할 수 있습니다.

③ 따뜻한 물에서 모두 용해된 백반 용액이 든 비커를 얼음물에 넣으면 백반 알갱이가 다시 생겨 바닥에 가라앉습니다.

5 용액의 진하기

• **황설탕 용액의 진하기 비교하기**

방법	진한 용액의 특징
색깔로 비교	색깔이 더 진하다.
맛으로 비교	맛이 더 달다.
무게로 비교	무게가 더 무겁다.
용액의 높이로 비교	비커에 담긴 용액의 높이가 더 높다.

• **물체가 뜨는 정도로 용액의 진하기 비교하기**

① 설탕물이나 소금물과 같이 색깔로 용액의 진하기를 비교할 수 없을 때에는 방울토마토나 메추리알을 띄워서 용액의 진하기를 확인할 수 있습니다.

② 용액이 진할수록 물체가 높이 떠오릅니다.

1 소금과 설탕이 물에 녹는 것처럼 어떤 물질이 다른 물질에 녹아 골고루 섞이는 현상을 무엇이라고 합니까?

2 소금물이나 설탕물처럼 녹는 물질이 녹이는 물질에 골고루 섞여 있는 물질을 무엇이라고 합니까?

3 각설탕이 물에 용해되기 전과 용해된 후의 무게를 비교하여 쓰시오.

4 소금, 설탕, 제빵 소다 중 온도와 양이 같은 물에서 가장 많이 용해되는 것은 어느 것입니까?

5 따뜻한 물과 차가운 물 중 백반이 더 많이 용해되는 것은 어느 것입니까?

6 물의 온도가 높을수록 용질이 용해되는 양은 어떠한지 쓰시오.

7 같은 양의 용매에 용해된 용질의 많고 적은 정도를 무엇이라고 합니까?

8 황설탕 용액은 물의 양이 같을 때 물에 용해된 용질의 양이 많을수록 색깔이 어떠한지 쓰시오.

9 두 용액의 진하기를 무게로 비교할 때 더 진한 용액의 무게는 어떠한지 쓰시오.

10 메추리알을 띄워서 용액의 진하기를 비교할 때, 용액이 진할수록 메추리알이 뜨는 높이는 어떠한지 쓰시오.

※ 점수 표시가 없는 문항은 8점입니다.

1 다음 ( ) 안에 들어갈 알맞은 말을 보기 에서 골라 순서대로 쓰시오.

( )인 소금이 용매인 물에 녹는 것처럼 어떤 물질이 다른 물질에 녹아 골고루 섞이는 현상을 ( )(이)라고 한다. 이때 만들어진 소금물처럼 용질이 용매에 골고루 섞여 있는 물질을 ( )(이)라고 한다.

보기
용해   용액   용질   용매

(, ,)

2 용해와 관련 있는 현상은 어느 것입니까?
( )

① 냉장고에서 얼음을 꺼내 놓았더니 녹았다.
② 각설탕을 물에 넣었더니 크기가 점점 작아졌다.
③ 설탕을 국자에 넣고 가열했더니 끈적끈적하게 변했다.
④ 소금을 뜨거운 프라이팬에 뿌렸더니 주변으로 튀면서 톡톡 소리를 냈다.
⑤ 접시에 간장을 담아 며칠 동안 두었더니 접시에 반짝이는 고체가 생겼다.

3 용해와 용액에 대한 설명으로 옳지 않은 것은 어느 것입니까? ( )

① 설탕이 물에 용해되어 설탕물이 될 때 설탕은 용질이다.
② 각설탕을 물에 넣으면 큰 각설탕이 매우 작게 나뉘어 물과 섞인다.
③ 설탕이 물에 용해되어 눈에 보이지 않아도 설탕은 물속에 남아 있다.
④ 설탕이 물에 용해되면 용해되기 전보다 용해된 후에 무게가 더 줄어든다.
⑤ 설탕물처럼 어떤 물질이 다른 물질에 용해되어 골고루 섞여 있는 물질을 용액이라고 한다.

4~5 다음은 각 모둠에서 소금이 물에 용해되기 전과 용해된 후의 무게를 측정하여 나타낸 것입니다. 물음에 답하시오.

모둠	용해되기 전의 무게(g)		용해된 후의 무게(g)
	소금이 담긴 시약포지	물이 담긴 비커	빈 시약포지+소금물이 담긴 비커
1	5	100	105
2	10	105	115
3	7	㉠	107
4	12	99	111

4 위 ㉠에 들어갈 무게를 쓰시오.

( ) g

5 위 실험으로 알 수 있는 사실을 쓰시오. [10점]

서술형

6 온도와 양이 일정한 물에 소금을 계속 넣고 저을 때 일어나는 변화로 옳은 것은 어느 것입니까?
( )

① 소금이 계속 용해된다.
② 소금물의 짠맛이 약해진다.
③ 소금이 물로 바뀌어 보이지 않는다.
④ 소금이 처음에는 용해되지 않다가 한 번에 없어진다.
⑤ 소금이 어느 정도 용해되면 더 이상 용해되지 않는다.

7

서술형

온도와 양이 같은 물에 각각 설탕과 제빵 소다를 같은 양만큼 넣고 저었습니다. 설탕은 다 용해되었는데, 제빵 소다는 어느 정도 용해된 후 더 이상 용해되지 않고 바닥에 가라앉았습니다. 이것으로 알 수 있는 사실을 쓰시오. [10점]

---

10 ~ 11 진하기가 다른 설탕 용액이 담긴 각 비커에 메추리알을 넣은 뒤 뜨는 위치를 관찰했더니 다음과 같았습니다. 물음에 답하시오.

㉠  ㉡  ㉢

10 위 ㉠~㉢ 중 무게를 쟀을 때 가장 무거운 비커의 기호를 쓰시오.

(   )

8 따뜻한 물이 든 비커에 백반이 더 이상 용해되지 않을 때까지 넣어 백반 용액을 만들었습니다. 하얀색 백반 알갱이를 다시 얻을 수 있는 방법을 두 가지 고르시오. (,   )

① 비커 속의 물을 끓인다.
② 비커를 얼음물에 넣는다.
③ 비커에 따뜻한 물을 넣어 준다.
④ 비커에 많은 양의 물을 넣는다.
⑤ 비커를 하루 동안 냉장고 안에 둔다.

11 위 ㉠의 메추리알을 가라앉게 하는 방법으로 옳은 것은 어느 것입니까? (   )

① 물을 더 넣는다.
② 설탕을 더 넣는다.
③ 비커를 흔들어 본다.
④ 설탕물을 조금 덜어 낸다.
⑤ 설탕물을 유리 막대로 젓는다.

12 다음은 진하기가 다른 용액에 진하기를 비교할 수 있는 도구를 띄운 모습입니다. 더 진한 용액의 기호를 쓰시오.

9 두 황설탕 용액의 진하기를 비교하려고 합니다. 더 연한 황설탕 용액의 특징으로 옳은 것은 어느 것입니까? (   )

① 용액의 높이가 더 높다.
② 맛을 보았을 때 덜 달다.
③ 방울토마토를 넣었을 때 더 높이 뜬다.
④ 흰 종이를 대어 봤을 때 색깔이 더 진하다.
⑤ 황설탕을 더 넣었을 때 황설탕이 더 적게 용해된다.

㉠  ㉡

(   )

서술형 평가 1회

1 다음은 물 150 mL에 설탕, 분필 가루, 구연산, 녹말 가루를 각각 넣고 저은 후 10분 동안 놓아둔 모습 입니다. 용액인 것의 기호와 그렇게 생각한 까닭을 쓰시오. [8점]

2 다음은 여러 가지 물질을 온도가 같은 물 50 mL에 한 숟가락씩 더 넣으면서 용해되는 양을 표시한 것 입니다. 물음에 답하시오. [12점]

(○: 용질이 모두 용해됨, △: 용질이 다 용해되지 않고 바닥에 남음)

용질	약숟가락으로 넣은 횟수(회)							
	1	2	3	4	5	6	7	8
소금	○	○	○	○	○	○	○	△
설탕	○	○	○	○	○	○	○	○
제빵 소다	○	△						

(1) 위 실험에서 물에 가장 잘 용해되는 물질과 가 장 잘 용해되지 않는 물질을 순서대로 쓰시오.

[4점]

(,)

(2) 위 실험을 통해 알 수 있는 사실을 쓰시오. [8점]

3 다음과 같이 차가운 물과 따뜻한 물에 같은 양의 백반을 넣었더니 차가운 물에서 백반이 완전히 용 해되지 않고 남았습니다. 물음에 답하시오. [12점]

(1) 위 실험에서 다르게 해 준 조건을 쓰시오. [2점]

( )

(2) 위 실험을 통해 알 수 있는 사실을 쓰시오. [10점]

4 스타이로폼 수수깡과 누름 못으로 용액의 진하기 를 비교하는 도구를 만들어 두 용액에 넣었더니 도 구가 모두 가라앉았습니다. 이 도구를 보완할 수 있는 방법을 쓰시오. [8점]

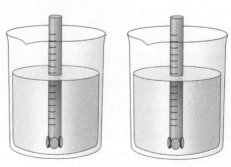

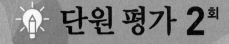
※ 점수 표시가 없는 문항은 8점입니다.

1 용액인 것을 두 가지 고르시오.   (,   )

① 식초   ② 흙탕물
③ 사이다   ④ 된장국
⑤ 미숫가루 물

2 설탕물에 대한 설명으로 옳지 <u>않은</u> 것은 어느 것입니까?   (   )

① 설탕이 물에 용해되었다.
② 설탕은 물에 녹는 용질이다.
③ 물은 설탕을 녹이는 용매이다.
④ 설탕이 물에 녹아 없어져 보이지 않는다.
⑤ 설탕이 물과 골고루 섞여 설탕 용액이 되었다.

3 다음과 같이 각설탕을 물에 넣고 관찰한 결과로 옳은 것을 두 가지 고르시오.   (,   )

① 각설탕이 점점 커진다.
② 각설탕이 한 번에 사라진다.
③ 각설탕이 조금씩 부서지기 시작한다.
④ 각설탕이 두 개의 설탕 덩어리로 나누어져 물 위에 떠 있다.
⑤ 각설탕이 눈에 보이지 않을 정도로 매우 작게 나뉘어져 물속에 섞인다.

4 다음과 같이 소금을 물에 완전히 녹였을 때에 ㉠에 들어갈 소금의 무게는 얼마인지 쓰시오.

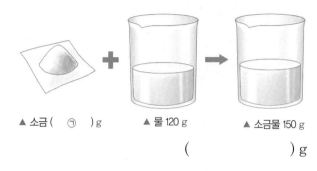

▲ 소금(㉠)g   ▲ 물 120 g   ▲ 소금물 150 g

(   ) g

5 설탕을 물에 넣어 녹였을 때, 설탕물의 무게가 나머지 넷과 <u>다른</u> 하나는 어느 것입니까? (   )

① 설탕 10 g, 물 80 g
② 설탕 20 g, 물 70 g
③ 설탕 30 g, 물 70 g
④ 설탕 40 g, 물 50 g
⑤ 설탕 60 g, 물 30 g

6 온도와 양이 같은 물에 소금과 분말주스 가루를 같은 양만큼 넣고 저었을 때 나타난 실험 결과입니다. (   ) 안에 들어갈 알맞은 말을 쓰시오.

구분	소금	분말주스 가루
실험 결과	바닥에 남았다.	다 용해되었다.

> 물의 온도와 양이 같을 때 물질마다 용해되는 양이 (   ).

(   )

7 다음은 무엇을 알아보기 위한 실험인지 쓰시오. [10점]

서술형

백반 2숟가락

백반 2숟가락

▲ 10 ℃의 물 50 mL   ▲ 40 ℃의 물 50 mL

_____

_____

8 일상생활에서 물의 온도에 따라 용질이 물에 용해되는 양이 달라지는 예로 옳은 것은 어느 것입니까? ( )

① 각설탕을 물에 넣으면 녹는다.
② 설탕은 차가운 물보다 따뜻한 물에 더 잘 녹는다.
③ 된장국에 넣은 고춧가루가 녹지 않고 물 위에 뜬다.
④ 국을 먹을 때 싱거우면 소금과 간장으로 간을 맞춘다.
⑤ 더운 여름에 커피를 마실 때 얼음을 넣어 차갑게 만들어 마신다.

9 따뜻한 물에 백반을 모두 녹여 진한 백반 용액을 만들었습니다. 빠른 시간 안에 많은 양의 백반 알갱이가 다시 생겨나게 하는 방법으로 옳은 것은 어느 것입니까? ( )

① 백반 용액을 가만히 둔다.
② 백반 용액에 물을 더 넣는다.
③ 백반 용액을 얼음물에 담근다.
④ 백반 용액을 바람이 통하지 않는 곳에 둔다.
⑤ 백반 용액의 온도를 따뜻하게 유지시켜 준다.

10~11 다음은 진하기가 다른 황설탕 용액의 모습입니다. 물음에 답하시오.

㉠    ㉡

10 위 두 황설탕 용액에 대한 설명으로 옳은 것을 두 가지 고르시오. (,)

① ㉠이 ㉡보다 무게가 더 무겁다.
② ㉡이 ㉠보다 무게가 더 무겁다.
③ ㉠이 ㉡보다 진하기가 더 진하다.
④ ㉡이 ㉠보다 진하기가 더 진하다.
⑤ ㉠에 녹아 있는 황설탕의 양이 ㉡에 녹아 있는 황설탕의 양보다 더 많다.

11 위 두 황설탕 용액에 메추리알을 각각 넣었을 때의 결과를 비교하여 쓰시오. [10점]

서술형

_____

_____

12 장을 담글 때 소금물에 달걀을 띄워 달걀이 떠오르는 정도를 확인하는 것과 관련 있는 용액의 성질은 어느 것입니까? ( )

① 온도에 따라 달걀의 무게가 달라지는 성질
② 온도에 따라 달걀이 익는 정도가 달라지는 성질
③ 용액의 양에 따라 달걀이 뜨는 정도가 달라지는 성질
④ 용액의 진하기에 따라 달걀이 뜨는 정도가 달라지는 성질
⑤ 용액의 진하기에 따라 달걀의 무게와 껍데기 색깔이 달라지는 성질

서술형 평가 2회

1 다음과 같이 설탕이 물에 녹아 설탕물이 만들어지는 현상을 용질, 용매, 용해, 용액이라는 낱말을 사용하여 쓰시오. [8점]

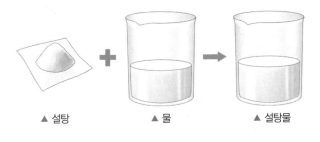

▲ 설탕   ▲ 물   ▲ 설탕물

2 다음은 각설탕이 물에 용해되기 전과 용해된 후의 무게를 비교하는 실험입니다. 물음에 답하시오. [12점]

(1) 각설탕이 물에 용해되기 전 '각설탕이 담긴 시약포지의 무게'가 20 g이고, '물이 담긴 비커의 무게'가 130 g일 때, 각설탕이 물에 모두 용해된 후의 '빈 시약포지의 무게 + 설탕물이 담긴 비커의 무게'는 몇 g인지 쓰시오. [2점]

(   ) g

(2) 위 (1)의 답을 참고하여, 물에 녹은 각설탕은 어떻게 되었는지 '용해'라는 낱말을 포함하여 쓰시오. [10점]

3 다음 실험을 보고, 물음에 답하시오. [12점]

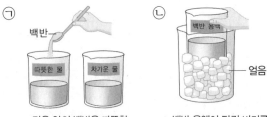

▲ 같은 양의 백반을 따뜻한 물과 차가운 물에 넣기

▲ 백반 용액이 담긴 비커를 얼음이 담긴 비커에 넣기

(1) 위 ㉠에서 백반이 따뜻한 물과 차가운 물 중 어디에서 더 많이 녹는지 쓰시오. [2점]

(   )

(2) 위 ㉡은 백반이 녹은 용액이 담긴 비커를 얼음이 담긴 비커에 넣는 모습입니다. 어떤 변화가 생기는지 쓰시오. [10점]

4 다음은 진하기가 다른 백설탕 용액에 방울토마토를 넣은 모습입니다. 물음에 답하시오. [12점]

㉠   ㉡   ㉢

(1) 위 ㉠~㉢ 중 단맛이 가장 약한 용액의 기호를 쓰시오. [2점]

(   )

(2) 위 ㉠~㉢의 진하기를 비교하고, 그 까닭을 함께 쓰시오. [10점]

1 곰팡이와 버섯의 특징

구분	곰팡이	버섯
생김새	• 색깔이 다양하다. • 가는 실 같은 것이 많고, 작고 둥근 알갱이가 많이 보인다.	• 윗부분의 안쪽에는 주름이 많다. • 촉감은 부드럽고 매끄럽다.
특징	• 가늘고 긴 모양의 균사로 이루어져 있다. • 다른 생물이나 죽은 생물에서 영양분을 얻는다. • 따뜻하고 축축한 환경에서 잘 자란다. • 실체 현미경으로 더 자세히 관찰할 수 있다.	

• **균류:** 곰팡이, 버섯과 같은 생물을 말하며, 몸 전체가 가늘고 긴 균사로 이루어져 있고 포자로 번식합니다.

2 짚신벌레와 해캄의 특징

구분	짚신벌레	해캄
생김새	• 길쭉하고, 짚신과 모양이 비슷하다. • 바깥쪽에 가는 털이 있다.	• 대나무와 같이 마디가 있다. • 여러 개의 가는 선이 있으며, 그 안에는 크기가 작고 둥근 초록색 알갱이가 있다.
특징	• 논, 연못과 같이 고인 물이나 하천과 같이 물살이 느린 곳에서 산다. • 빠른 시간 안에 많은 수로 늘어난다. • 맨눈으로 잘 보이지 않아 광학 현미경으로 관찰한다.	

• **원생생물:** 짚신벌레와 해캄처럼 식물, 동물로 분류되지 않고, 생김새가 단순한 생물을 말합니다.
• **원생생물의 종류:** 짚신벌레, 해캄, 유글레나, 아메바, 종벌레, 다시마, 미역 등

3 세균의 특징

특징	• 크기가 매우 작고 단순한 모양의 생물이다. • 종류는 많으며 생김새에 따라 공 모양, 막대 모양, 나선 모양 등이 있다. • 하나씩 따로 떨어져 있거나 여러 개가 서로 연결되어 있기도 하다. • 살기에 알맞은 조건이 되면 짧은 시간 안에 많은 수로 늘어날 수 있다. • 매우 작아 맨눈이나 돋보기로 볼 수 없어 배율이 높은 현미경으로 관찰한다.
사는 곳	공기, 땅, 물, 다른 생물의 몸, 물체 등 우리 주변 어디에서나 산다.

4 다양한 생물이 우리 생활에 미치는 영향

이로운 영향	해로운 영향
• 균류와 세균은 된장, 김치, 치즈 등의 음식을 만드는 데 이용된다. • 균류와 세균은 죽은 생물이나 배설물을 분해하여 자연으로 되돌려 보낸다. • 원생생물 중에는 식품으로 이용되거나 산소를 만든다.	• 균류와 세균 등은 음식이나 주변의 물건을 상하게 한다. • 생물에게 여러 가지 질병을 일으키기도 한다. • 일부 균류는 먹으면 생명이 위험할 수 있다. • 원생생물이 많아져 적조를 일으킨다.

5 첨단 생명 과학의 활용

• 균류, 원생생물, 세균을 이용한 첨단 생명 과학은 우리 생활에 다양하게 활용되고 있습니다.
• **활용되는 사례**
① 해충에게만 질병을 일으키는 세균과 곰팡이를 이용한 생물 농약
② 세균을 자라지 못하게 하는 곰팡이를 이용한 치료제
③ 영양소가 풍부한 원생생물을 이용한 건강식품
④ 플라스틱 원료를 가진 세균을 이용한 친환경 플라스틱 제품
⑤ 해캄 등을 이용해 기름이나 가스를 만든 생물 연료
⑥ 물질을 분해하는 특성을 가진 세균, 곰팡이, 원생생물을 활용한 하수 처리

1 버섯, 곰팡이와 같이 가늘고 긴 균사로 이루어져 있고, 포자로 번식하는 생물을 무엇이라고 합니까?

2 색깔이 푸른색, 하얀색, 검은색 등 다양하며 가는 실 같은 것이 많고 크기가 작은 둥근 알갱이가 많이 보이는 생물은 무엇입니까?

3 버섯과 곰팡이는 (따뜻하고, 춥고), (건조한, 축축한) 환경에서 잘 자랍니다.

4 짚신벌레, 해캄과 같이 동물이나 식물, 균류로 분류되지 않으며 생김새가 단순한 생물을 무엇이라고 합니까?

5 길쭉하고 짚신과 비슷한 모양이며, 바깥쪽에 가는 털이 많이 나 있는 생물은 무엇입니까?

6 물에서 살며 초록색을 띠고, 가늘고 긴 머리카락 모양의 생물은 무엇입니까?

7 크기가 매우 작아 현미경으로만 볼 수 있으며, 생김새가 단순하고 우리 주변 어디에서나 사는 생물은 무엇입니까?

8 요구르트, 김치를 만드는 데 이용되는 생물은 (버섯, 세균)입니다.

9 최신의 생명 과학 기술이나 연구 결과를 활용하여 일상생활의 다양한 문제를 해결하는 과학을 무엇이라고 합니까?

10 생물 농약은 세균과 곰팡이가 ( )에게만 질병을 일으키는 특성을 활용한 것입니다.

※ 점수 표시가 없는 문항은 8점입니다.

1 다음에서 설명하는 생물은 어느 것입니까?
( )

> • 오래된 빵이나 밥에서 볼 수 있다.
> • 맨눈으로는 정확한 모습을 알 수 없다.
> • 현미경으로 관찰하면 가는 실 같은 것이 거미줄처럼 서로 엉켜 있다.

① 버섯   ② 해캄
③ 곰팡이   ④ 종벌레
⑤ 유글레나

2 오른쪽 표고버섯에 대한 설명으로 옳지 <u>않은</u> 것은 어느 것입니까? ( )

① 뿌리, 줄기, 잎이 없다.
② 촉감은 부드럽고 매끈하다.
③ 꽃을 피우고 씨를 퍼뜨린다.
④ 스스로 양분을 만들 수 없다.
⑤ 윗부분의 안쪽에는 주름이 많다.

3 버섯과 곰팡이가 자라는 과정에서 양분을 얻는 방법을 쓰시오. [10점]

_{서술형}

▲ 버섯   ▲ 곰팡이

_____

_____

4 물이 고인 곳이나 물살이 느린 곳에서 볼 수 있는 생물은 어느 것입니까? ( )

①
▲ 곰팡이

②
▲ 버섯

③
▲ 세균

④
▲ 짚신벌레

⑤
▲ 민들레

5 실체 현미경으로 곰팡이를 관찰하는 방법입니다.
( ) 안에 들어갈 내용은 어느 것입니까?
( )

> ㉠ 대물렌즈의 배율을 가장 낮게 하고, 곰팡이를 재물대 위에 올린다.
> ㉡ 전원을 켜고, 대물렌즈를 곰팡이에 최대한 가깝게 내린다.
> ㉢ 접안렌즈로 곰팡이를 보면서 대물렌즈를 천천히 올려 ( )
> ㉣ 곰팡이를 관찰하면서 결과를 그림과 글로 나타낸다.

① 초점을 맞춘다.
② 위치를 맞춘다.
③ 회전판을 움직인다.
④ 높은 배율로 맞춘다.
⑤ 빛을 양을 조절한다.

6 식물이나 동물로 구분되지 않는 생물을 두 가지 고르시오. (,)

① 해캄   ② 나사말
③ 토끼풀   ④ 짚신벌레
⑤ 무당벌레

7 짚신벌레에 대한 설명으로 옳지 <u>않은</u> 것은 어느 것 입니까? ( )

① 물에서 산다.
② 짧은 털이 많다.
③ 길쭉한 모양이다.
④ 맨눈으로 볼 수 없을 정도로 작다.
⑤ 스스로 움직이며 스스로 양분을 만든다.

8 현미경으로 관찰한 두 생물의 모습입니다. 설명에 해당하는 생물의 기호와 이름을 쓰시오.

ㄱ

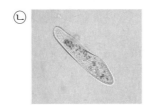
ㄴ

• 대나무와 같이 마디가 있다.
• 여러 가닥이 뭉쳐 있고, 만졌을 때 미끈하다.
• 크기가 작고 둥근 알갱이들이 있다.

(,)

9 여러 가지 세균의 공통점으로 옳은 것은 어느 것입 니까? ( )

▲ 포도상 구균

▲ 대장균

▲ 콜레라균

① 생물이 아니다.
② 스스로 양분을 만든다.
③ 우리에게 이로운 영향만을 준다.
④ 동물이나 식물보다 복잡한 구조를 가진 생물 이다.
⑤ 눈에 보이지 않을 정도로 매우 작지만 우리 주 변 어디에서나 산다.

10 다양한 생물이 우리 생활에 미치는 해로운 영향이 <u>아닌</u> 것은 어느 것입니까? ( )

① 균류가 식물의 잎에 병을 일으킨다.
② 곰팡이와 세균이 음식을 상하게 한다.
③ 곰팡이와 세균이 생물의 사체를 분해한다.
④ 일부 균류는 먹으면 생명이 위험할 수 있다.
⑤ 곰팡이와 세균이 주변의 물건을 못 쓰게 만든다.

11 첨단 생명 과학을 통하여 오른쪽과 같은 여러 가지 영양소가 많은 원생생물 을 어떻게 이용하고 있는 지 쓰시오. [10점]

서술형

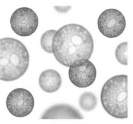
▲ 클로렐라

_____

_____

12 첨단 생명 과학을 통해 생물이 가진 특성을 활용하 는 예입니다. ( ) 안에 들어갈 알맞은 말을 쓰시 오.

해캄 등의 생물을 활용하여 기름을 만들어 ( )(으)로 이용한다.

( )

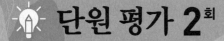
※ 점수 표시가 없는 문항은 8점입니다.

1 오른쪽의 빵에 자란 곰팡이에 대한 설명으로 옳지 <u>않은</u> 것은 어느 것입니까? ( )

① 너무 작아서 뭉쳐져 보인다.
② 맨눈으로 정확한 모습을 알 수 있다.
③ 빵 전체에 가는 실 같은 것이 거미줄처럼 서로 엉켜 있다.
④ 돋보기로 관찰하면 가는 선이 보이고 작은 알갱이들이 있다.
⑤ 현미경으로 관찰하면 크기가 작고 둥근 알갱이들이 보인다.

2 다음은 어떤 생물을 관찰한 것입니까? ( )

> 부모님과 등산을 갔다가 죽은 나무에서 자라는 생물을 보았다. 뿌리와 잎은 없었고 윗부분의 안쪽에는 주름이 많이 보였다. 집에 와서 이 생물에 대해 인터넷을 검색해 보니 몸이 균사로 되어 있다고 한다.

① 버섯   ② 해캄
③ 아메바   ④ 토끼풀
⑤ 푸른곰팡이

3 버섯과 곰팡이가 사는 환경에 대한 설명으로 옳은 것은 어느 것입니까? ( )

① 버섯은 건조한 곳에서 잘 자란다.
② 곰팡이는 봄과 가을에만 볼 수 있다.
③ 곰팡이는 햇빛이 많이 드는 곳에서 잘 자란다.
④ 곰팡이는 죽은 생물뿐만 아니라 물체에서도 자란다.
⑤ 버섯은 따뜻한 곳에서, 곰팡이는 추운 곳에서 잘 자란다.

4 균류에 대한 설명으로 옳은 것은 어느 것입니까? ( )

① 줄기, 잎이 있다.
② 주로 물에서 산다.
③ 꽃을 피우고 씨를 퍼뜨려 번식한다.
④ 햇빛을 좋아하고 건조한 곳에서 잘 자란다.
⑤ 다른 생물이나 물체 등에 붙어서 살아간다.

5 서술형 해캄에 대한 설명입니다. <u>잘못된</u> 부분을 찾아 기호를 쓰고, 바르게 고쳐 쓰시오. [10점]

> ㉠ 초록색의 ㉡ 가늘고 긴 모양을 하고 있으며, 주로 ㉢ 물살이 빠르게 흐르는 곳에서 살고, ㉣ 여러 가닥이 서로 뭉쳐져 있다.

_____

_____

6 광학 현미경으로 해캄을 관찰하는 과정입니다. ( ) 안에 들어갈 알맞은 말을 쓰시오.

> ㉠ 받침 유리 위에 해캄 한 가닥을 올려놓고 덮개 유리를 덮어 해캄 표본을 만든다.
> ㉡ 회전판을 돌려 배율이 가장 ( ) 대물렌즈가 중앙에 오도록 한다.
> ㉢ 해캄 표본을 재물대에 올려놓고 전원을 켜서 조명을 조절한다.
> ㉣ 접안렌즈로 해캄을 찾고 대물렌즈로 초점을 맞추면서 관찰한다.

( )

7 짚신벌레와 해캄에 대한 설명으로 옳지 <u>않은</u> 것은 어느 것입니까? ( )

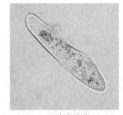 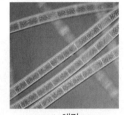

▲ 짚신벌레 　　　　▲ 해캄

① 짚신벌레는 끝이 둥글고 길쭉한 모양이다.
② 해캄은 전체적으로 초록색을 띤다.
③ 해캄은 대나무와 같은 마디가 있다.
④ 짚신벌레와 해캄은 식물, 동물에 비해 단순한 모양이다.
⑤ 짚신벌레와 해캄의 생김새는 모두 맨눈으로 관찰할 수 있다.

8 다음 생물의 크기를 비교하시오.

> 버섯　　콜레라균　　짚신벌레

(　　　) > (　　　) > (　　　)

9 세균에 대한 설명으로 옳은 것을 두 가지 고르시오. (,)

① 동물보다 복잡한 구조이다.
② 음식을 상하게 하기도 한다.
③ 특정한 환경에서만 살 수 있다.
④ 지구 환경에 영향을 미치지 않는다.
⑤ 살기에 알맞은 조건이 되면 수가 빠르게 늘어난다.

10 우리 생활에 해로운 영향을 주는 균류나 세균을 보기 에서 모두 골라 기호를 쓰시오.

> **보기**
> ㉠ 김치를 만드는 세균
> ㉡ 배탈을 일으키는 세균
> ㉢ 오래된 옥수수에 자란 곰팡이
> ㉣ 썩고 있는 낙엽에 생긴 곰팡이

(　　　　　)

11 오른쪽 버섯과 같은 균류가 우리 생활에 미치는 이로운 영향과 해로운 영향을 각각 쓰시오. [10점]

서술형

• 이로운 영향: _____

_____

• 해로운 영향: _____

12 첨단 생명 과학이 우리 생활에 활용되는 예로 옳지 <u>않은</u> 것은 어느 것입니까? ( )

① 콩을 이용하여 두부를 만든다.
② 세균을 활용하여 스키장에 인공 눈을 만든다.
③ 세균을 활용하여 제품을 생산하는 데 이용한다.
④ 곰팡이, 세균을 활용하여 오염된 토양을 깨끗하게 한다.
⑤ 세균의 번식이 빠른 특징을 이용하여 약을 대량으로 빠르게 생산하는 데 이용한다.

1 버섯과 곰팡이가 사는 환경에 대해 쓰시오. [8점]

▲ 버섯

▲ 빵에 자란 곰팡이

잘 자라는 환경	
주로 많이 볼 수 있는 시기(계절)	

2 해캄과 짚신벌레에 대한 설명입니다. 옳지 <u>않은</u> 것을 찾아 기호를 쓰고, 그렇게 생각한 까닭을 쓰시오. [8점]

> 해캄과 짚신벌레는 동물, 식물과는 다르게 ㉠ 생김새가 단순하여 ㉡ 생물로 구분되지 않는다. ㉢ 고인 물이나 물살이 느린 곳에서 살며, ㉣ 종벌레, 유글레나 등이 같은 종류에 속한다.

3 여러 가지 생물의 모습입니다. 물음에 답하시오. [12점]

▲ 포도상 구균

▲ 대장균

▲ 콜레라균

(1) 위와 같은 생물을 무엇이라고 하는지 쓰시오. [2점]

( )

(2) 위 생물들이 지구에서 사라진다면 지구 환경에 어떤 영향을 미칠지 쓰시오. [10점]

4 다양한 생물의 특징과 중요성을 알리기 위해 만든 홍보 자료입니다. 물음에 답하시오. [12점]

> 〈곰팡이가 우리 생활에 미치는 이로운 점〉
>
>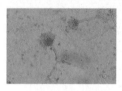
>
> ㉠ 죽은 생물을 분해한다.
> ㉡ 음식을 만드는 데 도움을 준다.
> ㉢ 푸른곰팡이로 ( ).

(1) 위 ㉡과 관계되는 대표적인 음식의 이름을 두 가지 쓰시오. [4점]

(,)

(2) 위 ㉢에서 푸른곰팡이의 어떤 특성을 이용하여 첨단 생명 과학에 활용되는지 쓰시오. [8점]

계산이 아닌

개념을 깨우치는

수학을 품은 연산

디딤돌
연산
수학

1~6학년(학기용)

수학 공부의 새로운 패러다임

이 한 권에 다 있다! 국·사·과 정답 해설

초등 **5·1**

디딤돌 통합본

정답해설북

이 한 권에 다 있다! 국·사·과 정답 해설

초등
5·1

디딤돌
통합본

정답해설북

1 대화와 공감

😊 개념 확인하기　　　　　　　　　　6쪽

1 표정, 몸짓, 말투　　**2** 선호　　**3** (2) ×　　**4** 공감

준비 😊　　　　　　　　　　　　　　　7쪽

핵심내용 ❶ 말투

1 ③　　**2** ③　　**3** ㉮, ㉰　　**4** 이해　　**5** (1) ③ (2) ① (3) ②

1 태일이는 잠깐 딴생각하느라 소희가 하는 말을 잘 듣지 못했습니다.

2 은주는 부모님 심부름을 하고 오느라 약속 시간에 늦었습니다.

3 약속 시간에 늦은 은주는 소희에게 잘못을 사과하고 있으므로 진지한 표정으로 마음을 드러내는 것이 좋습니다. 그리고 조용한 목소리로 말하는 것이 어울립니다.

4 태일이는 소희의 말을 다 듣고 그럴 때에는 자신이라도 화났을 것이라며 소희를 이해해 주었습니다.

5 깜짝 생일 잔치로 놀랐을 때는 눈을 크게 뜨고 빠른 목소리로, 전학 간 친구를 우연히 만났을 때는 웃는 표정과 반가워하는 목소리로, 억울할 때는 답답한 표정으로 억울해하는 목소리로 말합니다.

기본 😊　　　　　　　　　　　　8~13쪽

핵심내용 ❶ 용기　❷ 과정　❸ 고민　❹ 진심　❺ 미술

1 ②　　**2** (1) ⑩ 동생이 수학 문제 푸는 것을 도와주어서 어머니께 칭찬을 들었다. (2) ⑩ 내가 자랑스럽고 대견하게 느껴졌다.　　**3** 민호　　**4** (2) ○　　**5** 과정, 설명, 가능성　　**6** ②　　**7** (2) ○ (3) ○　　**8** (1) ① (2) ②　　**9** 뒤 구르기　　**10** ①, ⑤　　**11** ⑤　　**12** ⑩ 친구에게 억지로 고민을 말하라고 강요하면 안 된다.　　**13** 모든 일에 자신 없고 소심하며 망설이는 것　　**14** ②　　**15** 승재　　**16** (3) ○　　**17** ⑤　　**18** 친절왕　　**19** ㉰　　**20** ③　　**21** 승혜　　**22** ①, ⑤　　**23** ㉯　　**24** ㉢　　**25** ⑩ 얘들아, 쉬는 시간이지만 나처럼 책을 읽고 싶은 사람도 있으니 조금만 작게 얘기하면 참 고마울 것 같아.

---

1 이 글에서는 칭찬의 힘과 칭찬하는 방법에 대해 설명하고 있습니다.

2 누군가에게 칭찬을 들었던 경험을 떠올리고 뿌듯하거나 기뻤던 생각이나 느낌을 써 봅니다.

> **채점 기준** 칭찬을 들었던 경험을 떠올려 그때 들었던 생각이나 느낌을 썼으면 정답으로 인정합니다.

3 칭찬은 자신을 긍정적으로 바라보게 한다고 하였으므로 민호는 칭찬의 중요성을 잘못 이해하였습니다.

4 칭찬을 할 때에는 분명하고 자세하게 하는 것이 좋습니다.
> **❗ 오답 피하기**
> (1)은 분명하고 자세하게 칭찬한 것이 아니라 두루뭉술하게 칭찬한 것이므로 알맞게 칭찬한 것이 아닙니다.

5 결과보다 과정을 칭찬하고, 평가하지 말고 설명하는 칭찬을 하며, 가능성을 키워 주는 칭찬을 하는 것이 좋습니다.

6 진심 어린 칭찬이야말로 힘을 발휘할 수 있는 최고의 칭찬이라는 것을 잊지 말라고 하였습니다.

7 (2)는 결과보다 과정을 칭찬한 예이고, (3)은 평가하지 않고 설명하는 칭찬을 한 예입니다.

8 친구가 잘하는 것, 노력하는 것, 친구에게 고마운 것 따위가 모두 칭찬거리가 될 수 있습니다. (1)은 친구가 노력하는 점, (2)는 친구에게 고마운 일을 칭찬거리로 떠올렸습니다.

9 정인이는 체육 시간에 뒤 구르기 동작이 잘 안되어서 모둠끼리 여러 가지 동작을 꾸밀 때 방해가 되는 것 같다고 조심스럽게 고민을 말하였습니다.

10 동욱이는 고민을 말하기 싫어하는 정인이에게 고민을 말하라고 재촉하였고, 정인이의 고민을 제대로 듣지도 않고 해결 방법을 말하였습니다.
> **❗ 오답 피하기**
> ② 말하지 않는 정인이를 재촉했을 뿐 무시하지는 않았습니다.
> ③ 고민을 말하는 정인이를 귀찮게 여기지는 않았습니다.
> ④ 정인이의 얼굴 표정을 보고 고민이 있냐고 물었으므로 힘들어하는 것을 모른 척하였다고 보기 어렵습니다.

11 정인이의 고민을 듣고 동욱이는 큰 소리로 선생님이나 친구들에게 도와 달라고 하면 되지 뭘 그렇게 걱정하냐고 말하였습니다.

12 정인이에게 한 동욱이의 행동을 바탕으로 상대를 배려하면서 조언하는 방법을 생각해 써 봅니다.

> **채점 기준** 억지로 고민을 말하라고 강요하면 안 된다는 내용이나 받아들일 수 있는 내용을 조언한다고 썼으면 정답으로 인정합니다.

13 그림 **1**에서 모모는 모든 일에 자신이 없고 소심하며 망설이게 된다고 하였습니다.

14 마술사는 크게 웃으면서 모모에게도 웃어 보라고 하였습니다.

15 기분이 나쁜 상태에서는 다른 사람의 말을 잘 받아들이지 않기 때문에 모모의 기분을 좋아지게 하려고 함께 웃자고 한 것입니다.

❗ 오답 피하기
· 크게 웃으라 한 것은 모모의 기분이 좋아지게 하려는 것으로, 고민의 해결 방법으로 제시한 것은 아니므로 서준이는 잘못 말하였습니다.
· 모모는 고민이 있는 상태로 기분이 좋지 않습니다. 그래서 마술사가 함께 웃어 보자고 한 것으로 기분 상태를 파악하기 위해 웃으라고 한 것이 아닙니다. 따라서 설아도 잘못 말하였습니다.

16 한바탕 웃고 난 뒤에 마술사는 모모에게 먼저 자기 자신을 사랑하라고 하였습니다.

17 고민을 듣고 도움이 되는 해결 방법을 여러 가지 말할 필요는 없습니다.

18 주민이는 아빠가 119 구조대로 부서를 옮기시고는 친절왕이 되셨다고 하였습니다.

19 길을 잃은 할머니를 모셔다드리고 애들의 싸움을 말리시고 누구든 도움이 필요한 사람이 있으면 꼭 도와주시는 주민이 아빠의 이야기를 듣고 대단하다고 한 것입니다.

20 ㉡은 주민이가 아빠에게 서운한 마음을 말한 것에 민재가 공감하며 한 말입니다.

21 민재와 주민이는 서로의 감정이나 생각을 받아 주면서 즐겁게 대화를 이어 나가고 있습니다.

22 정우는 상을 못 받아서 아쉬운 마음이 들었지만 친한 친구인 시현이가 상을 받은 것을 축하해 주어야 한다는 마음을 가지고 있습니다.

❗ 오답 피하기
② 상을 받은 시현이에게 미안한 마음을 갖고 있지 않습니다.
③ 상을 받은 시현이를 의심하는 마음은 없습니다.
④ 상을 받은 것은 정우가 아니라 시현이입니다.

23 대화를 주고받을 때에는 서로의 감정이나 생각을 받아 주며 공감하는 것이 중요합니다.

24 ㉢은 유라에게 상처를 줄 수 있는 말로, 공감하고 대화하지 못한 부분입니다.

25 쉬는 시간에 교실에서 떠들고 있는 친구에게 어떻게 말하면 공감을 얻을 수 있을지 생각하여 써 봅니다.

채점 기준 친구들에게 예의 바르고 기분이 상하지 않는 내용으로 썼으면 정답으로 인정합니다.

➕ 단원 어휘 다지기 　　　　　　14쪽
1 (1) 과소평가 (2) 잠재 (3) 엄살 (4) 바이러스 　 **2** ④ 　 **3** (1) ✕ 　 **4** (1) 잃어버린 (2) 잊지 　 **5** ① 　 **6** (1) ○

1 사실보다 작거나 약하게 평가하는 것을 '과소평가', 겉으로 드러나지 않고 속에 잠겨 있거나 숨어 있는 것을 '잠재'라고 합니다. 아픔이나 괴로움 따위를 거짓으로 꾸미거나 실제보다 보태어서 나타내는 것을 '엄살', 비세포성 생물을 '바이러스'라고 합니다.

2 보기 의 낱말은 서로 뜻이 비슷한 관계에 있습니다. '관심'과 '무관심'은 서로 뜻이 반대인 낱말입니다.

3 '미약하다'는 미미하고 약하다, '인색하다'는 어떤 일을 하는 데 대하여 지나치게 너그럽지 못하다, '두루뭉술하다'는 말이나 행동 따위가 철저하거나 분명하지 아니하다는 뜻입니다. '미약하고'는 '부족하지 않으니'와 '큰 도움'과는 어울리지 않으므로 (1)의 쓰임이 적절하지 않습니다.

4 (1)은 없어져 갖지 않게 된 물건을 찾아 주어 친구가 고마워하겠다는 말이므로 '잃어버린'이 들어갈 말로 알맞습니다. (2)는 최고의 칭찬이 무엇인지 기억하라는 말이므로 '잊지'가 들어갈 말로 알맞습니다.

5 '고민거리', '이야깃거리'에서 '거리'는 다른 낱말 뒤에 붙어서 '재료', '대상', '소재'의 뜻을 더해 주는 말입니다.

6 (2)에서는 '본∨적도', (3)에서는 '그러시는∨것을'과 같이 띄어 써야 합니다.

💡 단원 평가 　　　　　　15~17쪽
1 ① 　 **2** (1) ○ 　 **3** ② 　 **4** (3) ✕ 　 **5** 칭찬 　 **6** ③, ⑤ 　 **7** ㉢ 　 **8** ② 　 **9** ④ 　 **10** ⑩ 고민을 말하라고 재촉하거나 강요하는 것은 좋지 않아. 그리고 고민을 듣고 친구가 받아들일 수 있는 내용을 조언하는 것이 좋단다. 　 **11** (3) ○ 　 **12** 기분 　 **13** 규민 　 **14** ④ 　 **15** (2) ○ 　 **16** ① 　 **17** ⑤ 　 **18** ㉢ 　 **19** ⑩ 컴퓨터 게임 대신 운동이나 독서 등 다른 재미있는 취미를 만들어 본다. 　 **20** ①

1 은주가 부모님 심부름을 하고 오느라 소희와의 약속 시간에 늦은 상황입니다.

2 소희는 부모님 심부름을 하느라 늦었다는 은주의 말을 듣고 은주의 처지를 이해해 주었습니다.

3 고마움을 표현하는 상황이므로 ②가 알맞은 표정과 말투입니다.

4 말할 때의 표정과 말투가 말하는 사람과 듣는 사람의 관계를 좋아지게 하지는 않습니다.

5 이 글은 칭찬의 힘과 칭찬하는 방법에 대해 설명하고 있습니다.

6 글 🔁에서 칭찬이 힘을 발휘하려면 분명하고 자세하게 칭찬해야 한다고 하였습니다.

7 ㉢이 왜 칭찬하는지를 알 수 있게 분명하고 자세하게 칭찬한 것입니다.

8 정인이는 동욱이가 재촉하자 조심스럽게 고민을 말하였습니다.

9 정인이는 체육 시간에 뒤 구르기 동작이 잘 안되는 것이 고민이라고 하였습니다.

10 동욱이가 말하면서 잘못한 점을 생각하여 상대를 배려하며 조언하는 방법을 동욱이에게 말해 주도록 합니다.

채점 기준	
상대를 배려하며 조언하는 방법을 한 가지 이상 쓴 경우	5점
동욱이의 잘못만 지적한 경우	3점

11 모모는 모든 일에 자신이 없고 소심하며 망설이게 되는 것이 고민입니다.

12 기분이 나쁜 상태에서는 다른 사람의 말을 잘 받아들이지 않기 때문에 모모가 기분이 좋아진 다음에 말하려고 웃게 한 것입니다.

13 상대를 배려하며 조언하려면 진심이 전해지고, 도움이 되는 내용을 말하는 것이 좋은데, 마술사는 이런 방법이 드러나게 말을 전하였습니다.

14 그림 **1**에서 친구와 다투고 나서 화해하고 싶은데 어떻게 해야 할지 모르겠다고 하였습니다.

15 진우는 윤서와 비슷한 자신의 경험을 떠올려 말하였습니다.

17 시현이는 상을 받아 기쁘지만 친한 친구인 정우가 상을 받지 못해 마음껏 기뻐하지 못하고 있습니다.

18 ㉤가 시현이의 말에 공감하며 대화를 나눈 것입니다.

19 고민을 말한 희수에게 진심을 담아 도움이 될 수 있는 내용을 씁니다.

채점 기준	
실질적인 도움이 될 수 있는 해결 방법을 쓴 경우	5점
해결 방법을 제시했으나 지키기 쉽지 않은 내용을 쓴 경우	2점

20 잠자는 시간을 줄인다고 해서 아침에 일찍 일어나는 것은 아니므로 ①은 적절한 해결 방법이 아닙니다.

📝 서술형 평가

1 1단계 눈, 예 신나는 **2**단계 • 예 활짝 웃는 표정으로 말한다. • 예 반가워서 커진 목소리로 말한다. **3**단계 (1) 예 친구가 계단에서 넘어져 다리를 다쳤을 때 (2) 예 걱정스러운 표정으로 말한다. / 빠르고 급한 목소리로 말한다.

2 예 마술사는 모모에게 남들을 의식하지 말고 자신을 좋아하고 사랑하라고 말하였다. 이처럼 진심을 담아 상대에게 도움이 되는 내용을 말해야 한다.

3 예 자기 자신이 잘할 수 있다는 믿음을 가지라는 말을 해 주고 싶다.

1 1단계 놀랐을 때 평소 자신이나 친구들의 표정과 말투 등을 떠올려 봅니다.

2단계 기뻤을 때 평소 자신이나 친구들이 어떤 표정과 말투로 말했는지 떠올려 봅니다.

채점 기준	
㉡의 상황에 알맞은 표정과 말투를 모두 쓴 경우	5점
㉡의 상황에 맞는 표정과 말투 중 하나만 쓴 경우	3점

3단계 다양한 상황을 떠올려 그에 알맞은 표정과 말투를 생각해서 써 봅니다.

채점 기준	
상황을 떠올리고 그에 알맞은 표정과 말투를 쓴 경우	6점
상황을 떠올렸으나 표정과 말투가 적절하지 않은 경우	3점

2 마술사가 모모가 기분이 좋아지게 만든 다음에 말한 까닭이나 모모에게 어떤 해결 방법을 말해 주었는지와 관련하여 생각해 봅니다.

채점 기준	
마술사가 어떻게 조언했는지와 함께 조언하는 방법을 쓴 경우	6점
마술사가 조언한 방법은 쓰지 않고 일반적인 조언 방법만 쓴 경우	3점

3 자신이 없고 소심한 모모에게 어떤 조언이 필요할지 생각해 봅니다.

😎 수행 평가

1 (1) 예 고민을 말하라고 재촉함. (2) 예 동욱이에게 조심스럽게 고민을 털어놓음. (3) 예 동욱이가 도움이 되지 않는 해결 방법을 강요해 화를 냄. **2** 예 정인아, 그런 고민이 있었구나. 힘들었겠다. 네가 뒤 구르기를 할 때의 요령을 잘 몰라서 그런 거야. 한번 요령을 파악하면 곧 쉽게 할 수 있을 거야. 내가 도와줄게. 걱정하지 마.

1 정인이와 동욱이의 대화 과정을 잘 정리해 봅니다.

<table>
<tr><td colspan="2">채점 기준</td></tr>
<tr><td>(1)~(3)의 과정을 모두 알맞게 잘 쓴 경우</td><td>9점</td></tr>
<tr><td>(1)~(3)의 과정 중 두 가지만 알맞게 쓴 경우</td><td>6점</td></tr>
<tr><td>(1)~(3)의 과정 중 한 가지만 알맞게 쓴 경우</td><td>3점</td></tr>
</table>

2 뒤 구르기를 하지 못해 고민인 정인이에게 도움이 될 수 있는 내용으로 진심을 담아 말해 봅니다.

<table>
<tr><td colspan="2">채점 기준</td></tr>
<tr><td>상대를 배려하며 조언하는 방법에 맞게 쓴 경우</td><td>15점</td></tr>
<tr><td>조언하는 방법을 썼으나 실질적인 도움이 되지 않거나, 배려하는 말투로 쓰지 못한 경우</td><td>6점</td></tr>
</table>

❷ 작품을 감상해요

🙂 개념 확인하기

1 (2) ○ (3) ○ **2** 주혁 **3** 비교 **4** 경험

준비 🙂

핵심내용 ❶ 영화

1 ③ **2** 나라의 힘 **3** 이화학당 **4** ④ **5** ③ **6** (대한) 독립 만세 **7** (1) ○ **8** ④ **9** ② **10** ㉫ **11** ②, ④ **12** 예 어렸을 적에 읽었던 책 『유관순 이야기』가 떠올랐어. 그때 어린 나이에 용기를 낼 수 있었던 것에 감탄하면서 읽었어.

2 아버지께서는 나라의 힘을 기르려면 서양 문물을 받아들이고 신학문을 배워야 한다고 말씀하셨습니다.

4 유관순은 방학 동안에는 고향에 내려가 우리글을 모르는 마을 사람들에게 열심히 글을 가르쳤습니다.

❗ 오답 피하기
① 고향에 내려가 마을 사람들에게 열심히 글을 가르쳤습니다.
② 집이 그리 넉넉하지는 않다고 하였지만, 집안을 돕기 위해 일했다는 내용은 나와 있지 않습니다.
③ 우리글을 배운 것이 아니라, 글을 모르는 사람을 가르쳤습니다.
⑤ 방학 동안에 고향에 내려갔다고 하였습니다.

5 이 무렵 사람들은 고통 속에서 살아서 독립을 간절히 바랐고, 일본에 대항하여 거리로 나가 독립 만세를 불렀습니다.

7 독립 만세 운동이 일어난 이후, 일본이 학교를 강제로 닫아서 기숙사에 있던 학생들은 뿔뿔이 흩어졌고 유관순도 고향으로 돌아왔습니다.

8 유관순이 독립 만세를 부르기로 약속한 날 하루 전에 홰를 들고 매봉에 올라갔지만 홰를 만들지는 않았습니다.

9 새벽부터 아우내 장터에 독립 만세를 부르려고 모인 사람들이 평소보다 몇 곱절이나 더 되었습니다.

10 유관순은 우리 겨레가 불행히 일본에 나라를 빼앗겼다고 외치며 나라를 되찾아야 한다고 했습니다.

11 유관순은 나라를 지키려는 마음이 강하고, 나라를 위해 자신이 한 일이 옳다고 믿었기 때문에 당당할 수 있었습니다.

12 유관순의 삶이나 일제 강점기에 관한 일 들과 관련된 자신의 경험을 떠올려 봅니다.

채점 기준 유관순의 삶이나 유관순이 살았던 일제 강점기에 관한 일 들을 떠올려 썼으면 정답으로 인정합니다.

기본 😊

핵심내용 ❶ 동물 ❷ 비교 ❸ 말 ❹ 경험

1 나 **2** ①, ②, ⑤ **3** (3) × **4** 훈민 **5** ② **6** (아픈) 허리 **7** 컴퓨터 게임 **8** ② **9** ②, ④, ⑤ **10** ㉮, ㉯ **11** ①, ③, ④ **12** ② **13** ② **14** (1) 예 덕실이와 수일이가 대화를 나누는 장면이 인상적이다. (2) 예 나도 강아지를 키우는데 강아지와 대화를 나눈다면 더욱 사이가 좋아질 것 같기 때문이다. **15** 주인 할머니, 다락방 **16** 덕실이가 말을 한다는 것 **17** ④ **18** ②, ③ **19** ①, ② **20** ㉮ **21** ③, ⑤ **22** 경수 **23** ② **24** 옛날이야기 **25** (1) ○ (2) ○ **26** ①, ②, ④

1 시 🔲가 초·중·종장으로 나누어진 우리나라 시조의 형식으로 되어 있습니다.

2 말하는 이는 학교에 지각하겠다 싶을 때, 춥고 배고파 죽겠다 싶을 때 길을 잡아당기면 학교와 집이 이동하는 상상과, 갑자기 친구가 보고 싶을 때 길을 잡아당기면 친구가 자신에게 안겨 오는 상상을 하였습니다.

3 1연에서는 (1)의 마음이, 3연에서는 (2)의 마음이 느껴집니다.

⊕ 오답 피하기
(3) 2연에서 '춥고 배고파 죽겠다 싶을 때,~'에서 집에 빨리 가고 싶은 마음이 드러납니다.

4 훈민이는 3연에서 말하는 이가 상상한 일과 비슷한 경험을 말하였습니다.

5 '나'는 할머니의 아픈 허리를 밟아 드리고 있습니다.

6 '내'가 허리를 밟으면서도 겁이 나 자근자근 밟는 모습에서 할머니가 아프실까 봐 걱정하는 마음과 할머니의 아픈 허리가 나았으면 좋겠다는 마음을 알 수 있습니다.

7 수일이는 컴퓨터 게임을 하다가 컴퓨터를 껐습니다.

8 귀신들이 사람을 붙잡아 가고 붙잡힌 사람도 귀신이 되어 온통 귀신 천지가 된다는 터무니없는 줄거리라고 하였습니다.

9 귀신들을 만나 사람들을 구해 내는 일이 손에 땀이 날 만큼 아슬아슬하고 짜릿짜릿하다고 하였고, 대왕 귀신을 물리쳤을 때는 뿌듯하기도 하다고 하였습니다.

10 게임 속 세상에서는 수일이가 주인이어서 모든 일을 수일이가 정합니다.

11 이 글에는 수일이와 엄마, 말을 할 수 있는 강아지 덕실이가 나옵니다.

12 ㉠은 컴퓨터 밖 세상으로, 수일이가 살아가는 현실 세계를 말합니다. ㉡는 컴퓨터 게임 속 세상에 대한 설명입니다.

⊕ 오답 피하기
① 컴퓨터를 끄고 난 후, 컴퓨터 바깥에서 일어나는 현실 세상입니다.
③ 컴퓨터 세상은 수일이가 주인이 되는 곳이지만, 현실은 수일이 마음대로 할 수 없습니다.
④, ⑤ 마음껏 놀지 못하고, 싫어도 엄마가 시키는 대로 이런저런 학원에 다녀야 합니다.

13 수일이는 강아지인 덕실이가 말을 하는 것을 보고 깜짝 놀라서 입을 벌리고 다물지 못하였습니다.

14 글을 읽으면서 기억에 남는 부분을 떠올려 써 봅니다.

채점 기준 까닭을 들어 자신이 인상적이라고 생각한 부분을 썼으면 정답으로 인정합니다.

16 수일이는 엄마께 덕실이가 말을 한다고 말씀드렸지만 엄마는 쓸데없는 소리 그만하고 학원에나 가라고 하셨습니다.

17 수일이가 장난으로 강아지가 말을 한다고 했을 것이라고 생각하셨기 때문입니다.

18 엄마가 덕실이가 말을 한다고 하는 수일이의 말을 믿지 않아서 수일이는 엄마에게 화가 나고 서운해서 다시는 엄마에게 아무말도 하지 않을 것이라고 마음먹은 것입니다.

19 잘못하면 엄마께 잔소리를 듣고, 덕실이 같은 강아지를 집에서 기르는 것이 이 이야기 속 세계와 현실 세계의 같은 점입니다.

20 수일이는 자신이 둘이었으면 좋겠다고 생각합니다.

21 수일이는 컴퓨터 오락도 좀 마음 놓고 하고, 밖에 나가서 아이들하고 공도 차며 실컷 놀고 싶다고 하였습니다.

22 학원에 가고 싶지 않았던 경험을 말한 경수가 수일이와 비슷한 경험을 떠올린 것입니다.

23 덕실이는 손톱을 깎아서 쥐한테 먹이면 그 쥐가 수일이하고 똑같은 모습으로 바뀔지도 모른다고 하였습니다.

25 (3)은 보기 의 질문과 관련 없는 이야기입니다.

26 같은 이야기를 읽더라도 읽는 사람의 지식이나 경험, 상상력에 따라 생각이나 느낌이 다를 수 있기 때문입니다.

실천 😊   **30쪽**

핵심내용 ① 경험

1 ①, ④   **2** ㉰   **3** ㉮ 봉숭아를 심고 처음에는 신경을 쓰다가 나중에는 신경을 쓰지 못했는데 어느 날 스스로 잘 자라고 있는 모습을 보며 미안한 마음이 든 적이 있었다.   **4** 준명

1 이 시는 아이가 봄날에 예쁘게 피어 있는 꽃을 바라본 경험을 떠올려 쓴 시입니다.

2 이 시의 말하는 이인 '나'는 평소에 꽃에게 무관심하여 잘 지켜보지 못해 꽃에게 미안한 마음이 들었습니다.

3 지나다가 꽃을 본 경험, 꽃이나 다른 식물을 길러 본 경험, 꽃을 보며 무엇을 생각했던 경험 등을 떠올려 봅니다.

채점 기준 꽃이나 식물을 관심 있게 보거나 길러 본 경험과 관련하여 썼으면 정답으로 인정합니다.

4 시의 내용이 바뀌면 제목도 바뀔 수 있습니다.

➕ 단원 어휘 다지기　　　　　　　　31쪽

1 (1) ① (2) ② (3) ④ (4) ③　**2** (1) 엄숙한 (2) 터무니없는 (3) 딸린　**3** ③, ⑤　**4** (1) 뒤덮었다 (2) 뒤흔들었다 (3) 붙잡혀　**5** ①　**6** (1) 침냑 (2) 정뉴장

1 기운이나 힘을 '맥', 걸터앉는 기구를 '걸상', 한 군데도 빠짐이 없는 모든 곳을 '방방곡곡', '서울'을 이르는 말을 '장안'이라고 합니다.

2 '딸린'은 어떤 것에 매이거나 붙어 있다는 뜻이고, '엄숙한'은 말이나 태도 따위가 위엄이 있고 정중하다는 뜻이며, '터무니없는'은 헛되고 황당하며 미덥지 못해 전혀 근거가 없다는 뜻입니다.

3 같은 핏줄을 이어받은 민족을 뜻하는 낱말은 '겨레'라고 써야 하고, 마음이나 뜻을 굳게 가다듬는 것을 뜻하는 낱말은 '다져'라고 써야 합니다.

4 (1) 태극기의 물결이 동작을 하는 것이므로 '뒤덮었다'가 알맞습니다. (2) 독립 만세 소리가 동작을 하는 것이므로 '뒤흔들었다'가 알맞습니다. (3) 유관순이 동작을 당하는 것이므로 '붙잡혀'가 알맞습니다.

5 '눈살'은 두 눈썹 사이에 잡히는 주름을 뜻하는 말로, '찌푸리다'와 같이 쓰면 마음에 못마땅한 뜻을 나타내어 양미간을 찡그린다는 뜻이 됩니다.

6 (1) 받침 'ㅁ' 뒤에 'ㄹ'이 오면 [ㄴ]으로 발음해야 하므로 [침냑]으로 발음합니다. (2) 받침 'ㅇ' 뒤에 'ㄹ'이 오면 [ㄴ]으로 발음해야 하므로 [정뉴장]으로 발음합니다.

💡 단원 평가　　　　　　　　32~34쪽

1 ①, ③, ④　**2** 신학문　**3** 얼　**4** (1) ×　**5** 아우내 장터　**6** ①　**7** 효연　**8** (1) ③ (2) ② (3) ①　**9** (1) ○ (2) ○　**10** 예 컴퓨터 게임 나라를 여행하며 하루 종일 게임을 하고 싶다는 바람이 있어서 자기 전에 꿈속에서 게임 나라에 가는 것을 상상해 봤다.　**11** (2) ○　**12** ①, ⑤　**13** ⑤　**14** 희주　**15** (1) ② (2) ①　**16** 수일이와 덕실이　**17** ②　**18** 예 의심 반 기대 반이었던 수일이는 덕실이가 말한 대로 하였고, 다음 날 또 다른 수일이가 눈앞에 있어 깜짝 놀랐다.　**19** ④　**20** ⑤

1 유관순은 이화학당에 입학했고, 방학 동안에는 고향에서 마을 사람들에게 글을 가르쳤고, 친구들과 독립 만세를 불렀습니다.

2 아버지께서는 젊은이들을 잘 가르쳐야 빼앗긴 나라를 되찾을 수 있다고 생각하여 신학문을 배우게 하셨습니다.

3 우리글에는 우리 민족의 얼이 담겼다고 생각해서 우리나라 사람들이 우리글을 배우는 것을 싫어했습니다.

4 경험을 떠올려 글을 읽는다고 낱말의 뜻을 잘 알 수 있는 것은 아닙니다.

5 아우내 장터에 아침이 밝았고 새벽부터 장터에 독립 만세를 부르려고 사람들이 모였습니다.

6 ㉠을 통해 태도가 굳세고 곧은 유관순의 성격을 알 수 있습니다.

7 유관순은 자기 목숨이 위태로운 상황에서도 용기 있게 행동하였습니다.

8 1연과 2연에서는 각각 학교와 집에 빨리 가고 싶기 때문에, 3연에서는 그리운 사람이 보고 싶기 때문에 길을 힘껏 잡아당기는 상상을 한 것입니다.

9 1연에서는 지각할까 봐 걱정스러운 마음이, 3연에서는 누군가를 그리워하는 마음이 들었을 것입니다. 2연에서는 춥고 배고파서 서럽기도 하고 쓸쓸하기도 했을 것입니다.

10 간절히 바라는 일이 있을 때 어떤 상상을 했는지 써 봅니다.

채점 기준	
간절히 바라던 일을 떠올리고 어떤 상상을 했는지 모두 쓴 경우	5점
바라던 일이나, 바라던 일이 있을 때 한 상상 중 어느 한 가지만 쓴 경우	2점

11 이 시의 말하는 이는 할머니의 아픈 허리를 조심스럽게 밟아 드리고 있습니다.

12 처음 부분은 질문하는 내용으로 궁금한 듯한 목소리, 마지막 부분은 할머니의 허리를 조심히 밟는 부분으로 조심조심하는 목소리로 읽는 것이 어울립니다.

13 할머니는 귀여운 손주가 허리를 밟아 주니 더 좋고, 아프신 허리도 시원하다고 생각하실 것입니다.

14 시의 말하는 이는 할머니의 아픈 허리를 밟아 드리고 있으므로, 관련된 경험을 떠올린 사람은 희주입니다.

15 글 ㉮는 수일이가 컴퓨터 게임을 하고 있는 컴퓨터 게임 속 세상에서의 일이고, 글 ㉯, ㉰는 컴퓨터 바깥의 세상, 즉 현실 세상에서 일어난 일입니다.

16 수일이가 강아지인 덕실이가 말을 해서 깜짝 놀라고 있는 상황입니다.

18 덕실이가 내놓은 방법대로 수일이가 하였을지 아니면 다르게 행동하였을지 상상하여 이어질 내용을 써 봅니다.

채점 기준	
덕실이가 말한 방법을 바탕으로 수일이가 한 행동을 상상하여 재미있게 쓴 경우	5점
덕실이의 말과 상관 없는 내용으로 뒷이야기를 이어 쓴 경우	2점

19 봄날에 핀 꽃을 보며, 꽃에게 관심을 많이 갖지 못해 미안한 마음이 든 경험이 드러나 있습니다.

20 평소에 꽃에게 무관심했던 점이 미안하게 느껴진다는 시의 내용을 통해 전하고자 하는 바는 ⑤입니다.

📝 서술형 평가 35쪽

1 1단계 (대한) 독립 만세 2단계 📝 자신이 옳은 일을 했다고 굳게 믿었고, 나라를 지키려는 마음이 강했기 때문이다. 3단계 📝 어린 나이지만 많은 사람 앞에서 독립 만세 운동을 주도한 모습에서 용기와 나라 사랑하는 마음이 대단하다고 느꼈어.

2 • 📝 춥고 배고파 죽겠다 싶을 때 있는 힘껏 길을 잡아당겨 저녁을 차린 집이 버스 정류장 앞으로 온다고 상상한 것이다. • 📝 보고 싶은 사람이 있을 때 있는 힘껏 길을 잡아당겨 그리운 사람이 자신에게 안겨 온다고 상상한 것이다.

3 📝 놀이공원에서 신나게 놀고 싶을 때, 있는 힘껏 길을 잡아당기면 출렁출렁, 갖가지 놀이 기구가 있는 놀이공원이 내 앞에 서 있다

1 1단계 아우내 장터에서 유관순과 사람들은 독립 만세를 불렀습니다.

2단계 우리나라가 독립을 해야 한다는 유관순의 신념은 누구도 꺾을 수 없었다고 하였습니다. 이러한 신념 때문에 당당하게 행동할 수 있었습니다.

채점 기준	
우리나라의 독립에 대한 의지가 강하다거나, 옳은 일을 한다고 믿었다는 내용을 쓴 경우	4점
구체적인 이유보다는 두려움이 없었기 때문이라는 내용을 쓴 경우	2점

3단계 독립 만세 운동을 주도한 일, 재판을 받을 때 당당한 모습, 감옥에서 생을 마친 일 등을 통해 생각하거나 느낀 점을 씁니다.

채점 기준	
구체적으로 유관순이 한 일을 밝히고 그와 관련한 생각이나 느낌을 쓴 경우	6점

2 학교에 지각할 뻔한 경험, 춥고 배고팠던 경험, 누군가가 보고 싶었던 경험을 떠올려 그때 상상했던 일을 시로 썼습니다.

채점 기준	
2연과 3연에서 말하는 이가 겪은 일을 모두 알맞게 쓴 경우	6점
2연과 3연에서 겪은 일 중 어느 하나만 맞게 쓴 경우	3점

3 시와 비슷한 경험을 떠올리고 한 연을 바꾸어 써 봅니다.

채점 기준	
시와 비슷한 경험을 떠올려 시의 한 연을 알맞게 바꾸어 쓴 경우	7점
시의 내용을 알맞게 바꾸어 썼으나, 시와 비슷한 경험으로 바꾸지 못한 경우	3점

😊 수행 평가 36쪽

1 📝 자기가 한 명 더 있으면 한 명은 학원에 가고, 한 명은 마음껏 놀 수 있을 것이라고 생각했기 때문이다. **2** (1) 📝 수일이의 처음 계획대로 가짜 수일이가 학원에 가고 숙제도 열심히 했어. (2) 📝 엄마는 학원도 잘 다니고 말도 잘 듣는 가짜 수일이가 수일이인 줄 알고 엄청 예뻐하셨어. (3) 📝 급기야 가짜 수일이가 진짜 행세를 하고 엄마의 예쁨을 받자, 수일이는 가짜 수일이를 만든 것을 후회하게 되었어.

1 수일이는 엄마가 시키는 대로 다 하려면 내가 둘은 있어야 한다고 하였습니다.

채점 기준	
한 명은 학원에 가고, 한 명은 마음껏 놀 수 있기 위해서라는 내용이 들어가게 쓴 경우	4점

2 덕실이의 말대로 해서 가짜 수일이가 생긴 이후의 이야기를 상상하여 재미있게 써 봅니다.

채점 기준	
(1)~(3)의 상상한 이야기가 질문에도 맞고 서로 자연스럽게 연결된 경우	21점
(1)~(3)의 상상한 이야기가 질문에는 맞으나, 자연스럽게 이야기가 연결되지 못한 경우	14점

3 글을 요약해요

😊 **개념 확인하기**   37쪽

1 설명   **2** 공통점   **3** (1) ×   **4** 예 확실하지 않은 내용

준비 😊   38쪽

1 (1) 예 장난감 로봇을 조립하려고 설명서를 읽었다. (2) 예 일을 할 때에 알맞은 차례를 알 수 있었다.   **2** 새싹 채소

3 (1) ×   **4** ③   **5** ①, ②, ③   **6** ④

1 백과사전을 읽었던 경험, 안내문을 읽었던 경험 등을 떠올려 보고, 그 글을 읽고 도움을 받았거나 알게 된 점을 정리하여 써 봅니다.

> 채점 기준 글을 읽고 받은 도움을 '새로운 사실을 알게 되었다, 일의 차례를 알게 되었다, 일의 방법이나 규칙을 알게 되었다'의 내용으로 답을 썼으면 정답으로 인정합니다.

2 이 글은 새싹 채소를 가꾸는 과정을 설명하고 있습니다.

3 (1)은 '물기가 마르지 않게'라는 내용을 통해 설명이 되었습니다.

4 이 글의 제목을 통해 설명하는 내용을 알 수 있습니다.

5 이 글을 읽고 쉬는 날, 관람 시간과 관람료에 대한 정보를 얻을 수 있습니다.

6 ④는 주장하는 글을 읽고 알 수 있는 것입니다.

기본 😊   39~43쪽

핵심내용 ❶ 국보   ❷ 기억

1 (1) ○   **2** ①, ②, ④   **3** ③   **4** (1) ○   **5** (1) ②
(2) ① (3) ① (4) ①   **6** ①   **7** ③   **8** (1) 세계의 탑
(2) 이탈리아 토스카나주의 피사의 사탑   (3) 중국 상하이의
동방명주 탑   **9** 아가미   **10** (1) ① (2) ③ (3) ②   **11**
피부, 아가미, 옆줄   **12** ②   **13** 일할 때 도움이 되기 때
문에   **14** ③   **15** ①   **16** ④   **17** ④, ④   **18** ④
19 (1) ○   **20** ③

1 이 글은 비교·대조의 방법으로 두 대상에서 공통점과 차이점을 찾아 설명하였습니다.

2 ③과 ⑤는 다보탑에 대한 설명입니다.

3 다보탑과 석가탑은 지금도 불국사 대웅전 앞뜰에서 볼 수 있습니다.

4 글에 어울리는 틀을 알면 글 내용을 한눈에 알기 쉽게 정리할 수 있습니다.

5 문단 ❶은 글에서 설명하려는 대상을 소개하였고, 문단 ❷~❹는 설명하는 대상의 예를 보여 주었습니다.

6 열거는 표현하려는 대상이나 내용을 구체적으로 알려 주는 데 좋은 방법입니다.

> ❗ 오답 피하기
> ② 분석은 전체를 여러 부분으로 나누어 부분별로 설명하는 것입니다.
> ③ 분류는 일정한 기준에 따라 같은 것끼리 묶어서 설명하는 것입니다.
> ④ 두 가지 이상의 대상에서 공통점을 찾아 설명하는 것입니다.
> ⑤ 두 가지 이상의 대상에서 차이점을 찾아 설명하는 것입니다.

7 ③은 동방명주 탑에 대한 설명입니다.

8 이 글은 세계의 탑이라는 주제를 정하여 피사의 사탑, 에펠 탑, 동방명주 탑을 예로 들어 설명하였습니다.

9 글의 첫 번째 문장에 어류의 뜻을 설명하였습니다.

10 어류 피부는 비늘로 덮여 있어 몸을 보호해 주고, 아가미는 물속에 녹아 있는 산소를 흡수하며, 옆줄은 환경 변화를 알아내는 역할을 합니다.

11 어류의 기관인 피부, 아가미, 옆줄의 특징을 간단히 요약하였습니다.

12 글을 읽고 그 내용을 간단히 요약하면 글에서 중요한 부분만 쉽게 알 수 있고, 중요한 내용을 더 쉽게 기억할 수 있습니다. 또 많은 내용을 공부할 때 도움이 됩니다.

13 직업의 특성에 따라 특정 색깔의 옷이 일을 하는 데 도움이 된다고 했습니다.

14 전투를 벌일 때 적군 눈에 쉽게 띄면 안 되기 때문에 군인은 대부분 주변 환경과 구별하기 힘든 색의 옷을 입는다고 했습니다.

> ❗ 오답 피하기
> ①, ④ 흰색 옷을 입습니다.
> ② 검은색 옷을 입습니다.
> ⑤ 눈에 잘 띄는 형광연두색을 입습니다.

15 이 글은 여러 가지 특징을 나열해 직업과 옷 색깔의 관계를 설명했습니다.

16 글을 요약할 때는 대상을 설명하는 방법이 무엇인지 확인하고 문단마다 중심 내용을 찾고, 중요하지 않은 내용은 지웁니다.

17 누구나 잘 아는 내용보다는 친구들이 호기심을 느낄 만한 것 중 잘 알려지지 않은 정보를 주는 것이 더 좋습니다.

18 고양이 기르기와 강아지 기르기를 비교하여 설명하는 글에 들어갈 내용으로 어울리지 않는 것을 찾아봅니다.

19 남극과 북극은 두 대상의 공통점과 차이점을 설명하며 비교·대조의 방법으로 쓰면 알맞습니다.

20 설명하는 글을 쓸 때에는 읽는 사람에게 가치 있는 정보를 주어야 하므로 읽는 사람에게 잘 알려지지 않은 정보를 주어야 합니다.

실천 😊   **44쪽**

1 ㉣, ㉯, ㉺, ㉮, ㉣   **2** (1) ⑩ 스마트폰 증강 현실의 원리 (2) ⑩ 친구들이 궁금해할 만한 내용으로 잘 알려지지 않은 정보를 줄 수 있을 것 같기 때문이다.   **3** ③   **4** ③   **5** 열거   **6** (1) ○

1 모둠에서 정한 주제와 관련 있는 자료를 함께 찾아 읽고, 설명할 내용과 설명 방법을 정한 뒤에 자료 내용을 요약해 설명하는 글을 씁니다.

2 자신이 모둠 활동을 한다고 생각하고 모둠이 함께 탐구하고 싶은 주제나 알리고 싶은 주제를 정하여 써 봅니다.

채점 기준 정한 주제가 관심을 끌 만하고, 가치 있는 정보를 줄 수 있는 내용이며 주제를 정한 까닭이 설득력이 있으면 정답으로 인정합니다.

3 출처가 없는 자료는 정확성이 떨어지므로 정확한 출처가 있는 자료를 이용하고, 자료를 활용할 때에는 출처를 표시해야 합니다.

4 우리나라 탑에 대한 정보를 줄 수 있는 내용이 들어가야 합니다.

5 설명하려는 대상의 특징을 나열해 설명하는 열거의 방법으로 설명하기에 알맞은 틀로 내용을 정리하였습니다.

6 설명하는 글의 처음에는 글에서 무엇을 설명하는지 설명하려는 대상이 나타나 있습니다.

➕ 단원 어휘 다지기   **45쪽**

1 (1) 겉모양 (2) 쓸모 (3) 상반됨 (4) 나라   **2** (1) 촘촘히 (2) 놓은   **3** ③   **4** ③, ⑤   **5** (1) 공통점 (2) 아군   **6** (1) ④ (2) ② (3) ① (4) ③

1 '외형'은 사물의 겉모양을, '가치'는 사물이 지니고 있는 쓸모를, '반면'은 뒤에 오는 말이 앞의 내용과 상반됨을, '국보'는 나라에서 지정하여 법률로 보호하는 문화재를 뜻하는 말입니다.

2 (1) 틈이나 간격이 매우 좁거나 작은 것을 뜻하는 '촘촘하다'의 활용형으로는 '촘촘히'가 바른 표기입니다. (2) 앞말이 뜻하는 행동을 끝내고 그 결과를 유지함을 뜻하는 '놓은'은 [노은]으로 발음되지만 '놓은'이 바른 표기입니다.

3 '물속(물＋속)', '옆줄(옆＋줄)', '돌계단(돌＋계단)', '척추동물(척추＋동물)'은 뜻이 있는 두 낱말을 합해 만든 낱말입니다.

4 '경찰'과 '외교' 뒤에는 '공적인 직책을 맡은 사람'의 뜻을 더해 주는 '－관'을 붙이는 것이 어울립니다.

5 (1) 서로 같지 아니하고 다른 점을 뜻하는 '차이점'과 뜻이 반대인 낱말은 '공통점'입니다. (2) 적의 군대나 군사를 뜻하는 '적군'과 뜻이 반대인 낱말은 '아군'입니다.

6 (1)에는 어떤 뜻깊은 일이나 훌륭한 인물 등을 오래도록 잊지 아니하고 마음에 간직한다는 뜻의 '기념하려고'를, (2)에는 어떤 환경이나 사상 따위를 닮아 간다는 뜻의 '물들지'를, (3)에는 뾰족한 끝으로 쳐서 찍는다는 뜻의 '쪼아'를, (4)에는 자극에 빠르게 반응을 보이거나 쉽게 영향을 받는 데가 있다는 뜻의 '민감한'을 써야 알맞습니다.

💡 단원 평가   **46~48쪽**

1 ④   **2** ②   **3** ②   **4** 과일 카드 놀이 방법   **5** ①, ④   **6** 다섯   **7** ⑩ 약을 먹을 때 주의할 점을 알려 주는 글이 있다.   **8** (1) ○   **9** ⑤   **10** ⑩ 다보탑은 장식이 많고 화려한 반면, 석가탑은 단순하면서 세련된 멋이 있다.   **11** 세계의 탑   **12** ㉣   **13** 동방명주 탑   **14** ③   **15** (2) ○   **16** ③   **17** ②   **18** (1) 피부 (2) 아가미 (3) 옆줄   **19** 민채   **20** ①

1 그림 **가**~**라**는 인터넷 자료, 백과사전, 안내문, 설명서 등의 설명하는 글을 읽은 경험을 나타낸 것입니다.

2 그림 **라**의 친구는 설명서를 읽고 일을 할 때의 알맞은 차례나 방법을 알 수 있었을 것입니다.

3 ②는 주장하는 글을 읽는 방법입니다. 설명하는 글은 정보를 전달하는 것이 목적입니다.

4 글의 제목과 놀이 순서를 통해 과일 카드 놀이 방법을 설명하는 글임을 알 수 있습니다.

5 이 글의 내용을 통해 놀이에 필요한 준비물은 종과 과일 카드임을 알 수 있습니다.

6 펼친 카드 가운데에서 같은 과일이 다섯 개가 되면 재빨리 종을 쳐서 바닥에 모인 카드를 가져갑니다.

7 설명서, 안내문, 요리법 등도 설명하는 글입니다.

〈설명하는 글의 **예**〉
• 장난감을 조립하는 설명서
• 약을 먹을 때 주의할 점을 알려 주는 글
• 놀이 방법을 알려 주는 설명서
• 요리사들의 요리 방법을 설명해 주는 글

채점 기준	
설명하는 글을 알맞게 찾아 쓴 경우	5점

8 글 **가**의 중심 내용은 첫 번째 문장에 나타나 있습니다. (2)와 (3)은 뒷받침 문장입니다.

9 다보탑과 석가탑의 공통점과 차이점을 찾아 비교·대조의 방법으로 설명했습니다.

10 글 **나**에서 다보탑과 석가탑의 차이점을 한 가지 찾아 정리해 봅니다.

다보탑	석가탑
• 장식이 많고 화려하다.	• 단순하면서도 세련된 멋이 있다.
• 십자 모양의 받침 주변에 돌계단을 만들고 그 위에 사각·팔각·원 모양의 돌을 쌓았다.	• 사각 평면 받침 위에 돌을 삼층으로 쌓아 올려 매우 균형 있는 모습이다.

채점 기준	
다보탑과 석가탑의 차이점을 글에서 찾아 알맞게 정리하여 쓴 경우	5점
두 대상을 비교하여 쓰지 않고 다보탑이나 석가탑의 내용만 쓴 경우	2점

11 세계의 탑에 대해 설명하는 글입니다.

12 이 글은 세계의 여러 탑의 특징을 나열하여 구체적으로 알려 주고 있습니다. ㉮는 비교·대조에 대해 설명한 것입니다.

13 중국의 동방명주 탑은 방송을 송신하려고 세웠습니다.

14 ③은 피사의 사탑의 특징입니다.

15 내가 좋아하는 여러 가지 음식에 대해 설명하므로, 열거의 방법으로 쓰는 것이 알맞습니다.

16 글의 첫 번째 문장에서 어류는 아가미가 있는 척추동물이라고 설명했습니다.

17 어류는 옆줄로 물 흐름이나 떨림 같은 환경 변화를 알아낸다고 했습니다.

❗ 오답 피하기
①, ③ 피부(비늘)는 어류 몸을 보호합니다. 또 짠 바닷물이 몸속으로 들어오지 못하게 막아 줍니다.
④ 아가미는 물속에 녹아 있는 산소를 흡수합니다.
⑤ 지느러미의 역할에 대해서는 설명하지 않았습니다.

18 글을 간단히 요약하면 글에서 중요한 부분만 쉽게 알 수 있습니다.

19 모두가 잘 아는 내용보다는 잘 알려지지 않은 정보를 주는 대상을 설명하는 것이 좋고, 자신이 관심 있는 것 중에서 친구들도 호기심을 느낄 만한 것을 생각하여 정합니다.

20 설명할 주제를 정한 다음에는 ①-⑤-②-③-④의 순서로 모둠 글쓰기를 합니다.

🖊️ 서술형 평가 49쪽

1 **1단계** 석가탑, 차이점 **2단계** (1) 다보탑과 석가탑은 공통점이 있습니다. (2) 두 탑의 모습은 매우 다릅니다. **3단계** (1) **예** 다보탑과 석가탑은 화강암을 쪼아 만든 석탑이다. (2) **예** 두 탑은 불국사 대웅전 앞뜰에 나란히 서 있다.

2 **예** 어류는 아가미가 있는 척추동물이다. / 어류는 물속 환경에 적응할 수 있도록 다양한 기관이 발달했다.

3 **예** 아가미는 물속에 녹아 있는 산소를 흡수한다. 어류는 옆줄로 환경 변화를 알아낸다.

1 1단계 문단 **가**의 마지막에 중심 문장이 있습니다.

2단계 문단 **나**와 문단 **다**에서 가장 중요한 문장을 찾아 써 봅니다.

채점 기준	
(1)~(2)에 들어갈 중심 문장을 모두 알맞게 쓴 경우	5점
(1)~(2) 중 한 가지만 알맞게 쓴 경우	3점

3단계 두 대상의 공통점을 찾아 정리해 봅니다.

채점 기준	
예시 답이나 '통일 신라 시대에 만든 탑이다, 국보로 지정되었다.'의 내용으로 공통점을 두 가지 모두 알맞게 쓴 경우	6점
한 가지만 알맞게 쓴 경우	3점

2 글에서 설명한 내용 중 어류의 특징에 해당하는 것을 정리하여 봅니다.

채점 기준	
글에서 설명한 내용 중에서 어류의 특징을 정리하여 알맞게 쓴 경우	4점

3 글에서 설명하는 내용이 '어류의 여러 기관'이라는 것을 생각하여 중심 내용이 드러나게 글을 요약해 봅니다.

채점 기준	
글에 설명한 아가미, 옆줄의 역할을 정리하여 **조건**에 맞게 쓴 경우	8점
아가미나 옆줄에 대한 내용 중 한 가지만 드러나게 정리하여 쓴 경우	4점

😎 수행 평가
50쪽

1 예 여러 가지 특징을 나열해 직업과 옷 색깔의 관계를 설명했습니다.　**2** 예 의사나 간호사는 보통 흰색 옷을 입고, 법관은 검은색 옷을 입는다. 또 군인은 주변 환경과 상황에 따라 옷 색깔을 달리하여 입는다.

1 이 글은 여러 가지 특징을 나열해 직업과 옷 색깔의 관계를 설명했습니다.

채점 기준	
열거의 방법으로 설명했음을 알고, 그 내용이 드러나게 구체적으로 답을 쓴 경우	5점
'열거의 방법으로 설명했다'와 같이 대상에 대한 자세한 설명없이 간단히 쓴 경우	3점

2 글을 요약할 때에는 대상을 설명하는 방법이 무엇인지 확인하고, 글의 구조에 알맞은 틀을 그려 내용을 정리하면 좋습니다.

채점 기준	
글에서 보기로 든 내용이 모두 나타나 있고, 중심 내용도 알맞게 요약하여 쓴 경우	25점
글에서 보기로 든 내용 중 한 가지라도 빠진 경우	12점

4 글쓰기의 과정

🙂 개념 확인하기
51쪽

1 서술어　**2** ㉘　**3** 다발 짓기　**4** (2) ○ (3) ○

준비 🙂
52쪽

1 ④　**2** 예 목적어가 빠져 있어서 선수가 무엇을 잡았는지 알 수 없기 때문이다.　**3** 토끼가　**4** ④　**5** (1) ② (2) ③ (3) ①　**6** (1) 떡볶이가, 빨갛다 (2) 매콤한, 익은, 고추처럼　**7** 경찰이 도둑을 잡았다.

1 빈칸에는 '무엇을'에 해당하는 목적어가 들어가야 문장이 자연스럽게 이어집니다.

2 선수가 한 동작의 대상이 되는 목적어, 즉 선수가 '무엇을' 잡았는지 나타나 있지 않아서 문장이 어색합니다.

> 채점 기준 문장에서 동작의 대상이 되는 목적어가 빠져 있다는 내용을 썼으면 정답으로 인정합니다.

3 빈칸에는 '무엇이'에 해당하는 주어가 들어가야 합니다.

4 주어는 문장에서 동작이나 상태의 주체가 되는 말로 '누가', '무엇이'에 해당하는 부분입니다.

❗ 오답 피하기
④ '친구를'은 문장에서 동작의 대상이 되는 목적어에 속합니다.

5 문장에서 주어의 움직임, 상태, 성질 따위를 풀이하는 말을 '서술어'라고 하는데 '무엇이다', '어찌하다', '어떠하다'에 해당하는 부분입니다.

6 '매콤한, 익은, 고추처럼'은 '떡볶이'와 '빨갛다'를 자세하게 꾸며 주는 말입니다.

7 '잽싸고 빠른'은 '경찰'을 자세하게 꾸며 주는 말이고, '검정 옷을 입은'은 '도둑'을 자세하게 꾸며 주는 말입니다.

기본 :)	53~57쪽

핵심내용 ❶ 주제 ❷ 달걀말이 ❸ 공원 ❹ 떡볶이

1 ② **2** 예 같은 반 친구들 **3** ② **4** (1) ㉯ (2) ㉮
5 ② **6** 예 요리를 잘하시는 삼촌께서 해 주신 달걀말이를 먹어 보고 너무 맛있었기 때문이다. **7** 예 신나고 즐거웠을 것이다. **8** ㉮, ㉰, ㉯, ㉱ **9** ① **10** 예 운동 **11** ㉡ **12** (1) ○ (3) ○ **13** ③ **14** (1) ○ (3) ○ **15** 예 할머니께서 우리 집에 더 자주 오셨으면 좋겠다고 생각하다가 다음부터 자신이 할머니 댁에 자주 찾아가야겠다고 생각했다. **16** ㉰ **17** ② **18** 호응 **19** (1) ② (2) ② **20** ③ **21** (1) ㉱, ㉲ (2) ㉯, ㉰ (3) ㉮ **22** 예 숲속에서 다람쥐가 뛰어놀고, 새가 지저귄다. **23** (2) ○

1 민재는 학급 신문에 글을 싣기 위해 지난달에 겪은 일을 소개하려고 합니다.

2 학급 신문에 실린 글을 읽을 대상이 누구인지 생각하여 봅니다.

3 글 쓰는 상황에 따라 글의 주제도 달라질 수 있습니다.

4 (1)에서는 쓰고 싶은 내용을 자유롭게 떠올렸고, (2)에서는 힘들었던 일, 신기했던 일, 즐거웠던 일로 나누어 떠올렸습니다.

5 글쓴이는 처음으로 달걀말이를 만든 경험을 글로 썼습니다.

6 글쓴이는 요리를 잘하시는 삼촌께서 해 주신 달걀말이가 너무 맛있어서 삼촌께 달걀말이를 만드는 방법을 배워 왔습니다.

7 처음으로 만든 달걀말이를 드시고 아버지께서 맛있다고 하셔서 글쓴이는 신나고 즐거운 기분이 들었을 것입니다.

8 달걀말이를 만드는 방법을 잘 읽어 보고 차례에 따라 그림의 기호를 늘어놓습니다.

9 아빠께서는 공원에 가려고 아침 일찍 글쓴이를 깨우신 것입니다.

10 글쓴이는 아빠와 함께 아침 운동을 하러 공원에 갔습니다.

11 ㉡은 글쓴이가 공원에 가서 한 일로, 경험에 해당하는 내용입니다.

12 이 글은 글쓴이가 아빠와 함께 겪은 일로, 글 전체를 크게 '처음 – 가운데 – 끝' 부분으로 나눌 수 있습니다.

오답 피하기
이 글에서 일이 일어난 때는 아침이고, 일이 일어난 장소는 집과 공원입니다.

13 집에 오니 할머니께서 계셔서 글쓴이는 기분이 좋아졌습니다.

14 글쓴이는 수학 공부를 하러 친구 집에 갔습니다.

15 글 ❸에서 글쓴이가 어떤 생각을 했는지 찾아 써 봅니다.

채점 기준 글 ❸에 나타난 글쓴이의 생각을 두 가지 모두 찾아 썼으면 정답으로 인정합니다.

16 ㉮는 글의 처음 부분에, ㉯는 글의 끝 부분에 들어갈 내용입니다.

17 시간을 나타내는 말이 '내일'이므로 앞으로 일어날 일을 나타내는 '친구를 만날 거야.'와 짝을 이루는 것이 자연스럽습니다.

18 호응이 되지 않으면 문장이 어색해지거나, 전달하려는 뜻이 잘못 전해질 수 있습니다.

19 (1) '바다가 보였다.'는 동작을 당하는 주어와 서술어의 호응이고, (2) '할아버지께서 주무신다.'는 높임의 대상을 나타내는 말과 서술어의 호응입니다.

20 '도둑이 경찰에게 잡았다.'에서 동작을 당하는 '도둑이'는 경찰에게 '잡히게 되는' 것이므로 '도둑이 경찰에게 잡혔다.'라고 해야 문장의 호응이 알맞습니다.

21 각 문장에서 시간을 나타내는 말, 높임의 대상을 나타내는 말, 동작을 당하는 주어를 잘 살펴보고 서술어와 호응 관계를 생각해 봅니다.

22 주어에 호응하는 서술어를 넣거나 서술어에 호응하는 주어를 넣어 문장을 바르게 고쳐 써 봅니다.

채점 기준 주어와 서술어의 호응 관계를 생각하여 문장이 자연스럽게 이어지게 고쳐 썼으면 정답으로 인정합니다.

23 '비'는 '내리다'라는 서술어와 호응하는 관계이고, '바람'은 '불다'라는 서술어와 호응하는 관계입니다.

➕ 단원 어휘 다지기 58쪽

1 (1) 투 (2) 비 (3) 개 (4) 조 **2** (1) ㉮ (2) ㉰ (3) ㉯
3 (1) 뚜벅뚜벅 (2) 싹둑싹둑 (3) 살살 **4** ③ **5** (3) ○
6 (1) 드시고 (2) 가셨다

1 '투정'은 무엇이 모자라거나 못마땅하여 떼를 쓰며 조르는 일을, '비법'은 몇몇의 개인 또는 집단만이 알고 있는 특별한 방법을, '공개'는 어떤 사실이나 사물, 내용 따위를 여러 사람에게 널리 터놓는 것을, '체조'는 신체 각 부분의 고른 발육, 건강 증진을 위하여 일정한 형식으로 몸을 움직이는 것을 뜻합니다.

2 (1)에서는 글을 세는 단위로 쓰였으므로 ㉮의 뜻이, (2)에서는 사람이 오고 가는 데 이용하는 수단으로 쓰였으므로 ㉰의 뜻이, (3)에서는 속해 있는 쪽으로 쓰였으므로 ㉯의 뜻이 알맞습니다.

3 '살살'은 가볍게 만지는 모양을, '뚜벅뚜벅'은 걸어가는 소리나 모양을, '싹둑싹둑'은 자르거나 베는 소리나 모양을 흉내 내는 말입니다.

4 달걀을 세는 단위는 '알', 다진 파를 세는 단위는 '줌'이 알맞습니다.

5 (1)은 '일손', (2)는 '주먹손', (3)은 '맨손'의 뜻입니다.

6 높임의 대상인 할머니에 어울리는 말은 높임말인 '드시고'와 '가셨다'입니다.

🔅 단원 평가
59~61쪽

1 예 아이가 엄마께 선물을 드렸다.   **2** ②   **3** ③   **4** 서술어, 목적어   **5** (1) 예 나뭇가지에 앉았다.   (2) 예 귀엽다.   **6** ②, ⑤   **7** 예 동생이 장난감을 샀다.   **8** 학급 신문   **9** ⑤   **10** ⑤   **11** (1) ◯   **12** 예 제주도 여행   **13** 예 떠오른 생각을 비슷한 주제별로 묶는다.   **14** ②   **15** 달걀말이   **16** 예 달걀을 골고루 잘 저어야 한다.   **17** ②, ③   **18** 집, 공원   **19** (1) ㉠, ㉢ (2) ㉡, ㉣   **20** ④

1 누가 엄마께 선물을 어떻게 했는지 그림의 내용이 잘 드러나게 문장을 고쳐 써 봅니다.

2 그림의 내용이 잘 나타나려면 그림 속 아이가 '무엇을' 잡았는지 설명해야 합니다.

3 문장에서 동작이나 상태의 주체가 되는 말을 주어라고 하고, 주어는 문장에서 '누가/무엇이'에 해당하는 부분입니다.

4 서술어는 주어의 움직임, 상태, 성질 따위를 풀이하는 문장 성분이고, 목적어는 서술어의 동작 대상이 되는 문장 성분입니다.

5 서술어는 문장에서 각각 '무엇이다, 어찌하다, 어떠하다'에 해당하는 부분입니다.

---

6 문장에서 반드시 필요한 부분은 '주어, 목적어, 서술어'입니다. '예쁜'은 '꽃이'를 꾸며 주는 말이고, '들판에, 활짝'은 '피었다'를 꾸며 주는 말입니다.

7 '누가/무엇이'+'무엇을'+'어찌하다/어떠하다/무엇이다'의 형식으로 문장을 만들어 써 봅니다.

8 민재는 친구의 부탁을 받고 학급 신문에 지난달에 겪은 일을 소개하는 글을 쓰려고 합니다.

9 민재는 친구들이 재미있어할 내용으로 자신이 지난달에 겪은 일을 소개하는 글을 쓰려고 합니다.

10 6학년이 되면 하고 싶은 일은 미래에 일어날 수 있는 일이지, 지난달에 겪은 일이 아닙니다.

11 겪은 일을 '힘들었던 일, 신기했던 일, 즐거웠던 일'로 나누어 떠올렸습니다.

13 각각의 떠오른 생각을 비슷한 주제별로 구분하여 묶는다는 점에 주의합니다.

14 가족(삼촌, 부모님)과 함께 겪은 일이 잘 나타나 있습니다.

15 민재는 삼촌께서 가르쳐 주신 달걀말이를 직접 만들어 보았습니다.

16 그림 ④에서 민재가 말한 내용을 잘 살펴봅니다.

17 민재는 자신이 만든 달걀말이가 훌륭하다는 아버지의 말씀을 듣고 즐겁고 신났을 것입니다.

18 이 글에서 일이 일어난 장소가 집에서 공원(뒷산 시민 공원)으로 바뀌었습니다.

19 시간 흐름과 장소 변화에 따라 일어난 일을 정리해 보고, 일어난 일의 흐름에 맞게 생각이나 느낌을 구분하여 봅니다.

---

20 ④'할머니께서 맛있는 김치를 주셨다.'는 높임의 대상을 나타내는 말과 서술어의 호응을 나타낸 것이고, 나머지는 모두 시간을 나타내는 말과 서술어의 호응을 나타낸 것입니다.

📝 서술형 평가
62쪽

1 1단계 겪은 일, 친구들 **2**단계 **예** 반 친구들이 읽을 글이니 친구들이 재미있어할 내용으로 쓴다는 것이다. **3**단계 **예** 강아지가 아팠던 일, 가족과 함께 놀이공원에 놀러 간 일, 친구들과 축구 시합을 한 일

2 (1) **예** 생각이나 느낌 (2) **예** 아침 일찍 일어나 아빠와 함께 공원에 가서 운동을 하였다.

3 **예** 아빠와 함께 아침 운동을 하니 기분이 참 상쾌했다.

1 1단계 민재는 이번 학급 신문에 자신이 지난달에 겪은 일을 소개하는 글을 쓰려고 합니다.

2단계 그림 **3**에서 민재가 친구들이 재미있어할 내용으로 써야겠다고 생각한 것을 통해 알 수 있습니다.

채점 기준	
예시 답의 내용으로 쓴 경우	4점
민재가 그림 **3**에서 한 생각을 썼으나 문맥이 자연스럽지 않은 경우	2점

3단계 친구들이 재미있어할 내용을 떠올려 써 봅니다.

채점 기준	
겪은 일을 두 가지 모두 알맞게 쓴 경우	6점
겪은 일을 한 가지만 알맞게 쓴 경우	3점

2 아침 일찍 일어나 아빠와 함께 공원에 가서 운동을 한 일에 대한 생각이나 느낌을 나타내기 위해 쓴 글입니다.

채점 기준	
(1), (2)에 모두 알맞은 내용을 쓴 경우	4점
(1), (2)에서 한 가지만 알맞은 내용을 쓴 경우	2점

3 아빠와 함께 아침 운동을 마치고 나서 글쓴이가 생각하거나 느낀 점을 써 봅니다.

채점 기준	
일어난 일에 대한 글쓴이의 생각이나 느낌을 정확하게 쓴 경우	4점
일어난 일에 대한 글쓴이의 생각이나 느낌을 썼으나 정확하게 문장으로 쓰지 못한 경우	2점

😎 수행 평가
63쪽

1 **예** 가족과 함께 북한산 정상에 올라간 일 **2** (1) **예** 주말에 가족과 함께 북한산에 감. (2) **예** 마음이 설레고 좋음. (3) **예** ·북한산을 올라갈 때 오르막이 많아서 힘들었음. ·북한산 위에서 도시락을 먹음. ·내려오는 길에 미끄러짐. (4) **예** ·힘들어도 기분은 상쾌했음. ·북한산에서 먹는 도시락은 꿀맛이었음. ·아버지께서 손을 잡아 주셔서 마음이 든든했음. (5) **예** 북한산에서 다 내려옴. (6) **예** 몸이 건강해지는 느낌이 들었음. **3** **예** 주말에 가족과 함께 북한산으로 등산을 갔다. 오랜만에 가는 등산이라 가는 내내 마음이 설레고 좋았다. / 북한산을 올라갈 때 오르막이 많아서 힘이 들었다. 땀이 나고 다리가 아팠다. 그래도 푸른 나무와 계곡물을 보니 기분이 상쾌했다. / 산 위에 가서 도시락을 먹었다. 부모님께서 정성스럽게 싸 주신 도시락이라 더 맛있었다. 산에서 먹는 도시락은 정말 꿀맛이었다. 내려오는 길에는 길이 미끄러워서 넘어졌다. 그때 아버지께서 손을 잡아 주셔서 마음이 든든했다. / 산을 다 내려온 뒤에 우리가 올랐던 산을 뒤돌아보았다. 오늘 하루가 대단하다고 느껴졌고, 내 몸이 건강해지는 느낌이 들었다.

1 자신이 겪은 일 가운데에서 인상 깊었거나 기억에 남는 일, 친구들이 재미있어할 만한 내용을 자유롭게 떠올려 써 봅니다.

2 시간 흐름과 장소 변화에 따라 일어난 일과 그 일에 대한 생각이나 느낌을 '처음 – 가운데 – 끝' 부분으로 묶어 정리해 봅니다.

채점 기준	
일어난 일과 그 일에 대한 생각이나 느낌을 차례대로 잘 정리하여 쓴 경우	20점
일어난 일과 그 일에 대한 생각이나 느낌을 정리하여 썼으나 다소 부족한 경우	15점
일어난 일과 그 일에 대한 생각이나 느낌을 정리하여 제대로 쓰지 못한 경우	5점

3 다발 짓기 내용을 자세하게 드러내어 보고, 생각이나 느낌을 더 생생하고 실감 나게 표현해서 써 봅니다.

채점 기준	
다발 짓기 내용을 자세하게 드러내어 더 생생하고 실감 나게 글로 쓴 경우	20점
다발 짓기 내용을 바탕으로 하여 글을 썼으나 표현이 자연스럽지 못한 경우	10점
다발 짓기 내용을 글로 제대로 쓰지 못한 경우	5점

1 (1) 동형어 / 형태가 같은 낱말　(2) 다의어　**2** 혁규　**3** 주장, 근거　**4** ㉯

핵심내용 ❶ 동형어

1 ⑤　**2** 다의어　**3** ①　**4** ①, ④　**5** 강준　**6** 병

1 태빈이가 다리가 부러져서 고치고 오는 길이라고 하자, 승현이는 누군가 다리를 다친 줄 알고 걱정하였습니다.

2 사람이나 동물의 몸통 아래에 붙어 몸을 받치는 '다리'가 '안경다리'처럼 물건에 사용될 수 있는데, 이처럼 한 낱말이 여러 가지 뜻을 가진 경우에 그 낱말을 다의어라고 합니다.

4 ㉡과 ㉢은 형태는 같지만 뜻이 서로 다른 동형어입니다. ②, ③, ⑤는 다의어에 관한 설명입니다.

5 강준이는 낱말의 기본형을 정한 까닭을 말하고 있습니다.

6 생물체의 몸에 이상이 생겨 정상적 활동이 이루어지지 않아 괴로움을 느끼게 되는 현상인 '병'과, 주로 액체나 가루를 담는 데에 쓰는 목과 아가리가 좁은 그릇인 '병'이 차례대로 들어갑니다.

핵심내용 ❶ 우리　❷ 문화

1 (1) ◯　(2) ◯　(3) ✕　**2** 심각한 결과　**3** 안전 교육
4 ④　**5** 과속 차량, 과속 방지 턱　**6** ②　**7** ㉯　**8** ②　**9** ②, ④, ⑤　**10** 예 인공 지능 개발을 위험한 것으로 보고 있는 글쓴이의 생각을 알 수 있다.　**11** ㉮　**12** (2) ◯　**13** ㉯　**14** 긍정적　**15** (3) ◯　**16** ④　**17** ㉮　**18** ④　**19** 예 글쓰기 과제를 하면서 인용한 시의 출처를 쓰지 않았는데, 선생님께서 남의 작품을 참고하거나 인용할 때는 책의 출처를 밝혀야 한다고 말씀해 주셔서 저작권에 대해 알아본 적이 있다.　**20** 쓰기 윤리　**21** ④　**22** ①, ⑤　**23** 예 자신이 직접 쓴 부분과 자료에서 인용한 부분을 명확하게 구분하지 않은 경우　**24** 수연　**25** 뒷받침　**26** ①, ②, ④　**27** 예 '쓰기 윤리를 지키자'는 주장과 관련이 있으므로 적절한 근거라고 생각한다.

---

1 어린이 교통사고 사망 유형 중 높은 비율을 차지하는 것은 보행 중일 때입니다.

2 어린이 교통사고는 가벼운 사고로도 심각한 결과를 가져올 수 있기 때문에 주의가 필요합니다.

4 '사고'의 여러 가지 뜻입니다. 이 글에서는 '뜻밖에 일어난 불행한 일.'이라는 뜻으로 쓰였습니다.

5 글 ❸에 어린이를 고려한 보행 안전시설에 어떤 것들이 있는지 나와 있습니다.

6 도로에서 발생하는 수많은 비극은 교통 법규를 무시하고 조금 빨리 가려고 해서 발생합니다. 운전자와 보행자 모두 도로에서 시간적 여유를 가지는 마음이 필요하다고 하였으므로 ②는 오히려 사고가 발생하지 않도록 하는 것입니다.

7 이 글은 모두 노력해서 어린이 보행 중 교통사고를 줄이는 일에 힘써야 한다는 의견을 전하고 있습니다.

❗ 오답 피하기
㉮ 어린이 보행 중 교통사고를 줄이자는 것이지, 미래의 희망이기 때문에 어린이를 잘 기르자는 내용은 아닙니다.
㉯ 어린이 보행 중 교통사고를 줄이기 위해 도로에서 시간적 여유를 가지는 마음이 필요하다고 하였지만, 언제나 천천히 걷자는 것이 글쓴이의 주장은 아닙니다.

8 ㉠은 '싸움이 일어나다, 사고가 일어나다'와 같이 '어떤 일이 생기다.'라는 뜻으로 사용된 낱말입니다.

❗ 오답 피하기
① '오늘 아침 일찍 일어났다.'가 예입니다.
③ '금덩이를 보자, 형제의 마음에는 욕심이 일어났다.'가 예입니다.
④ '봄에는 아지랑이가 일어난다.'가 예입니다.
⑤ '그는 의자에서 일어났다.'가 예입니다.

9 이 글에서 많이 쓰인 낱말은 '위험, 지배, 인공 지능'이라는 낱말입니다.

10 글쓴이는 자신의 주장을 강조하기 위해 그와 관련된 낱말을 여러 번 사용하기도 합니다.

채점 기준　글쓴이가 인공 지능을 어떻게 생각하고 있는지 알 수 있다는 내용을 썼으면 정답으로 인정합니다.

---

11 ㉮는 인공 지능의 좋은 점에 해당합니다.

12 글쓴이는 인공 지능 개발에 대해 부정적으로 바라보고 있습니다. 따라서 글의 제목으로는 이러한 시각을 반영한 (2)가 가장 알맞습니다.

13 인공 지능의 발달로 삼십 년 안에 현재의 일자리 절반이 사라질 것이라고 한 것이지, 아직 사라진 일자리가 있는 것이 아니므로 ㉯와 같은 질문은 알맞지 않습니다.

14 글쓴이는 인공 지능을 미래의 희망으로 보고 인공 지능의 좋은 점에 대해 말하고 있으므로 인공 지능에 대해 긍정적으로 생각하고 있음을 알 수 있습니다.

15 각 문단의 중심 내용이나 글의 제목을 통해 인공 지능을 미래의 희망으로 보는 글쓴이의 주장을 알 수 있습니다.

16 장면 **2**~**5**는 사람들이 영화나 음악 등을 불법 다운로드를 통해 이용하여 생길 수 있는 일을 나타내고 있습니다.

17 이 광고는 불법 다운로드 때문에 우리의 영화, 음악 등 예술 분야에 심각한 문제가 발생하고 저작권을 침해한다는 내용으로, ㉠에 들어갈 내용으로는 ㉮가 가장 알맞습니다.

18 이 광고에서는 저작권을 지키고 저작물을 바르게 사용하자는 의견을 전달하고 있습니다.

19 저작권에 대해 잘 몰라서 저작물을 함부로 사용했던 경험이나 남의 작품을 사용할 때 출처를 잘 밝혀 쓴 경험 등을 떠올려 봅니다.

> **채점 기준** 저작물을 함부로 사용한 경험이나 반대로 출처를 밝혀 잘 사용한 경험과 관련하여 썼으면 정답으로 인정합니다.

20 쓰기 윤리는 글을 쓰는 과정에서 지켜야 하는 여러 가지 규범을 말합니다.

21 글을 쓸 때 규범을 지켜야 한다는 것이 문단 **1**의 중심 내용입니다.

22 쓰기 윤리를 지키지 않는 것은 법을 어기는 일이라고 하였고, 쓰기 윤리를 지키지 않으면 다른 사람에게 물질이나 정신 피해를 줄 수 있다고 하였습니다.

23 문단 **3**에서 표절이 될 수 있는 경우에 대해 설명하고 있습니다.

24 쓰기 윤리를 잘 지키자는 것이 글쓴이의 주장입니다.

25 문단 **2**~**4**는 쓰기 윤리를 지켜야 하는 까닭을 말한 것으로, 주장을 뒷받침하고 있습니다.

26 조사한 내용을 거짓으로 꾸미고 허위로 쓰거나, 유명한 이야기를 비슷한 내용으로 고쳐 써도 쓰기 윤리를 지키지 않은 것입니다.

27 주장과 관련이 있는지, 설득력 있는 근거인지, 근거에 알맞은 낱말을 사용하였는지 등을 바탕으로 하여 판단해 봅니다.

> **채점 기준** 주장과 관련이 있다거나, 주장을 더욱 설득력 있게 만들어 준다거나, 알맞은 낱말을 사용한 근거라는 내용을 썼으면 정답으로 인정합니다.

실천 😊   73쪽

1 학교 안 스마트폰 사용   **2** (1) 반대 (2) 찬성   **3** ①, ④,
⑤   **4** 금지

1 학교 안 스마트폰 사용에 대한 찬반 의견을 다루고 있는 기사입니다.

2 (1)은 학교 안에서 스마트폰을 사용하면 학업에 방해가 된다는 내용이므로 스마트폰 사용 반대쪽의 근거이고, (2)는 스마트폰 사용을 찬성하는 쪽의 근거입니다.

3 학교에서까지 스마트폰을 사용하면 난청, 시각 장애, 거북목 증후군 같은 여러 가지 병에 걸릴 수 있다고 하였습니다.

4 제시된 근거는 학교 안에서 스마트폰을 사용했을 때의 부작용에 대한 내용입니다.

➕ 단원 어휘 다지기   74쪽

1 (1) ◯ (2) ✕ (3) ◯ (4) ◯   **2** (1) 상수 (2) 중대한   **3**
②   **4** 일어나다   **5** ④   **6** (1) 개발할 (2) 어떻게

1 '위반'은 법률, 명령, 약속 따위를 지키지 않고 어기는 것을 말합니다.

2 (1) '고수'는 어떤 분야나 집단에서 기술이나 능력이 매우 뛰어난 사람을 뜻하는 말로 '상수'와 뜻이 비슷한 낱말입니다. (2) '심각한'은 상태나 정도가 매우 깊고 중대하다는 뜻의 말로 '중대한'과 뜻이 비슷한 낱말입니다.

3 쓰기 윤리를 지키지 않는 것이 법을 어기는 것이므로 낱말의 쓰임이 바르지 않은 것은 ②입니다.

4 '일어나다'는 '앉았다가 서다, 잠에서 깨어나다, 어떤 일이 생기다'와 같이 한 낱말이 여러 가지 뜻을 가진 다의어입니다.

5 'ㄴ'은 보통 'ㄹ'의 앞이나 뒤에서 [ㄹ]로 발음하므로 '인류'는 [일류]로 발음해야 합니다.

6 (1) 새로운 로봇을 만든다는 뜻이므로 '개발할'이라고 쓰는 것이 알맞습니다. '계발하다'는 사람의 지능이나 생각을 일깨워 줄 때 쓰는 낱말입니다. (2) '상태나 성질 등이 어찌 되어 있다'를 뜻하는 '어떻–'에 '–게'가 합쳐진 '어떻게'라고 쓰는 것이 알맞습니다. '어떡해'는 '어떻게 해'가 줄어든 말입니다.

1 다리 **2** (1) ① (2) ② **3** ② **4** ③ **5** ④ **6** 보행 중 교통사고 **7** (1) 예 손이나 몸 따위에 있게 하다. (2) 예 생각, 태도, 사상 따위를 마음에 품다. **8** ③ **9** 지배력 **10** ① **11** ②, ③, ⑤ **12** 예 인공 지능은 인류 미래에 꼭 있어야 할 기술입니다. **13** 무인 자동차 **14** (2) ○ **15** ㉰ **16** 예 쓰기 윤리를 지키지 않으면 다른 사람에게 물질이나 정신 피해를 줄 수 있기 때문이다. **17** ⑤ **18** ④ **19** (1) ② (2) ① **20** ⑤

1 승현이의 말에 다리가 부러져서 고치고 오는 길이라고 말하였습니다.

2 ㉠은 '사람의 다리', ㉡은 '강을 건너다닐 수 있도록 만든 다리'의 뜻으로 쓰였습니다.

3 '사람의 다리', '강을 건너다닐 수 있도록 만든 다리'처럼 형태는 같지만 뜻이 서로 다른 낱말을 '동형어'라고 합니다.

4 첫 번째 빈칸에는 '칼 따위로 물건의 거죽이나 표면을 얇게 벗겨 내다.'라는 뜻의 '깎다'가, 두 번째 빈칸에는 '값이나 금액을 낮추어서 줄이다.'라는 뜻의 '깎다'가 들어가는 것이 알맞습니다.

6 글 ㉯는 이 글의 마지막 부분으로 글쓴이의 주장이 잘 드러나 있습니다.

7 '가지다'라는 낱말을 국어사전에서 찾아 여러 가지 뜻 중 두 가지를 골라 생각 그물을 완성해 봅니다.

8 인공 지능 개발에 영향을 받은 미래는 편리함이라는 빛만큼이나 위험하고 어두운 그림자가 있을 것이라고 하였습니다.

10 글쓴이는 인공 지능이 주는 편리함만큼이나 그 뒤에 따르는 위험하고 어두운 그림자에 대해 우려를 가지고 있습니다.

11 글쓴이는 자신의 주장을 강조하기 위해 중요한 낱말을 반복해 사용하기도 합니다. '인공 지능, 인류, 미래'라는 낱말을 여러 번 사용하였고 인공 지능이 인류 미래에 꼭 필요한 기술이라는 점을 강조하고 있으므로 이 낱말들이 글쓴이의 주장과 관련 있는 낱말임을 알 수 있습니다.

12 문단 ㉮에서 가장 핵심이 되는 내용을 찾아 정리해 봅니다.

14 글쓴이는 인공 지능이 인류의 미래를 희망으로 가득하게 만들어 줄 것으로 생각하고 있습니다. 이러한 글쓴이의 의견을 가장 잘 드러내는 제목은 (2)입니다.

15 ㉠, ㉡은 쓰기 윤리를 지켜야 하는 까닭으로 글쓴이의 주장을 뒷받침하는 근거입니다.

16 쓰기 윤리를 지키지 않는 것은 법을 어기는 일이기 때문이라고 답해도 됩니다.

17 교실이나 복도에서 떠들었을 때 일어날 수 있는 일을 근거로 들어야 하므로 ⑤가 근거로 가장 알맞습니다.

19 글 ㉯는 학교 안에서 스마트폰을 사용하면 좋지 않은 점에 대해 말하였고, 글 ㉰는 학교 안에서 스마트폰을 쓰지 못하게 하였을 때의 좋지 않은 점에 대해 말하였습니다.

20 학교 안 스마트폰 사용이 주는 좋은 점에 해당하는 것은 ⑤입니다.

서술형 평가 78쪽

1 1단계 교통사고 2단계 · 예 운전자에게 어린이 보행 안전 교육을 철저히 해야 한다. · 예 어린이를 고려한 보행 안전시설을 더 마련해야 한다. 3단계 예 이 지역은 자동차 사고가 많이 발생하는 곳이므로, 특히 주의해야 한다.

2 (1) 예 인공 지능이 일으킬 위험을 막을 방법을 생각해야 합니다. (2) 예 인공 지능이 사회적·경제적 불평등을 심하게 할 것입니다. (3) 예 힘이 강한 나라나 집단이 힘이 약한 나라나 사람들을 지배할 수도 있습니다.

3 예 인공 지능 개발에 따른 위험

1 1단계 글 ㉮와 글 ㉯에서 어린이 보행 중 교통사고를 줄이는 방법 두 가지를 알려 주고 있습니다.

2단계 글 ㉮와 글 ㉯에서 각각 방법으로 제시한 것을 정리해 씁니다.

3 ^{단계} 이 글에서 '사고'는 '뜻밖에 일어난 불행한 일.'의 뜻으로 쓰였습니다.

채점 기준	
이 글에서 쓰인 낱말의 뜻으로 문장을 자연스럽게 만들어 쓴 경우	8점
'사고'라는 낱말을 넣어 문장을 만들었으나, 이 글에 쓰인 뜻이 아닌 경우	3점

2 각 문단의 중심 내용을 잘 간추려 봅니다.

채점 기준	
문단 **가** ~ **다** 의 내용을 모두 잘 간추려 쓴 경우	9점
문단의 중심 내용을 일부만 잘 간추려 맞게 쓴 경우	3점

3 간추린 내용을 바탕으로 하여 글쓴이의 주장을 가장 잘 드러낼 수 있는 글의 제목을 생각해 봅니다.

채점 기준	
글쓴이의 주장이 잘 드러나게 글의 제목을 잘 지은 경우	6점

수행 평가
79쪽

1 (1) **예** 학교 안에서 스마트폰 사용을 법으로 금지해야 한다. (2) **예** 난청, 시각 장애, 거북목 증후군 같은 여러 가지 병에 걸릴 수 있다. (3) **예** 학교 안에서 스마트폰을 쓰지 못하게 한다면 역효과만 일어날 것이다.　**2** **예** 스마트폰을 학교에서 사용하다가 잃어버리는 일이 자주 일어난다. 학교에서 스마트폰을 잃어버리면 찾기가 쉽지 않다. 다행히 주운 사람이 분실물 바구니에 넣어 주는 경우도 있지만, 찾지 못하는 경우가 더 많다. 학교에서 스마트폰을 잃어버리는 일이 생기면 친구들끼리 또는 선생님과의 갈등이 생겨 더 큰 문제가 되기도 한다.

1 학교 안에서 스마트폰 사용을 금지해야 한다는 주장에 대한 찬성과 반대 근거를 나누어 정리해 봅니다.

채점 기준	
(1)에 들어갈 주장과, 찬성과 반대의 근거 두 가지를 모두 알맞게 정리하여 쓴 경우	9점
(1)~(3) 중 어느 것 하나만 맞게 쓴 경우	3점

2 학교 안 스마트폰 사용에 찬성하는지 반대하는지 정해 그에 알맞은 근거를 들어 한 문단의 글을 써 봅니다.

채점 기준	
주장에 알맞은 근거를 들고, 근거를 나타내는 알맞은 낱말과 내용으로 자연스럽게 한 문단을 완성한 경우	20점
주장에 알맞은 근거를 들기는 했으나, 뒷받침 내용을 제대로 쓰지 못한 경우	10점

6 토의하여 해결해요

개념 확인하기
80쪽

1 토의　**2** 라 → 나 → 가 → 다　**3** (1) ○ (2) ○ (4) ○
4 장단점

준비 ☺
81쪽

핵심내용 **①** 여행

1 **예** 1학년이 수업을 마치고 집으로 갈 때에는 운동장에서 축구를 할 수 없다는 것이다.　**2** ①　**3** 가, 나, 다　**4** ⑤

1 윤서와 민우가 그림 **가** 의 공고문을 본 뒤에 주고받은 이야기입니다.

2 그림 **나** 에서 친구들은 사고를 막으면서 운동장을 안전하게 쓰는 방법에 대해 이야기하고 있습니다.

3 도서관에서 자신이 읽고 싶은 책을 정할 때에는 여러 사람들과 토의를 할 필요가 없습니다.

4 여러 사람이 참여하면 문제 해결 방법을 더 쉽고 빠르게 찾을 수도 있습니다.

기본 ☺
82~85쪽

1 개교기념일　**2** ①　**3** 토의 주제, 마련하기, 모으기, 결정하기　**4** (1) ○　**5** ③, ⑤　**6** **예** 개교기념일에 학교 상징을 바꾸자는 제안을 내세우기만 하는 것이 아니라 타당한 근거를 함께 제시해야 한다.　**7** 까닭　**8** ①, ③, ④　**9** ③　**10** 장단점, 기준, 기준　**11** ③　**12** ①, ②, ④　**13** 학급의 날　**14** ③　**15** (1) 다 (2) 나 (3) 가　**16** ③, ⑤　**17** (1) ○ (2) ○　**18** (1) **예** 우리 반 친구들의 장기를 활용해 후배들과 즐겁고 뜻깊은 시간을 보낼 수 있다. (2) **예** 1~2학년 가운데 신청하는 학급을 조사해야 하고, 모둠을 나누어 연습하는 등 준비할 점이 많다.　**19** 어린이 보호 구역　**20** **예** 학생들은 전교 학생회에서 '안전한 학교 만들기' 안건을 마련해 토의를 하여 여러 가지 해결 방법을 제안했다.　**21** 어린이 보호 구역 표지판을 개선하자는 것　**22** ③, ⑤

1 올해 개교기념일 행사를 학생들의 의견을 모아 진행하기로 한 것이 문제 상황입니다.

2 ❹에서 "우리 모둠에서는 개교기념일 행사로 '우리 학교 역사 찾기'를 하기로 결정했습니다."라고 말했습니다.

3 토의는 '토의 주제 정하기 → 의견 마련하기 → 의견 모으기 → 의견 결정하기'에 따라 진행되었습니다.

4 친구들은 토의하고 싶은 주제를 자유롭게 이야기하고 있습니다.

5 토의 주제로 알맞은지 판단하려면 우리 모두와 관련이 있는 주제인지, 해결할 수 있는 주제인지, 우리가 변화를 이끌어 낼 수 있는 주제인지 생각해 보아야 합니다.

6 내세운 의견에 대해 그렇게 생각하는 까닭이나 그 의견이 좋은 까닭을 들어야 합니다.

> **채점 기준** 의견에 대해 알맞은 까닭이나 타당한 근거를 들어야 한다는 내용을 썼으면 정답으로 인정합니다.

8 그림 **2**에서 마루는 자신의 의견을 반말로 이야기하며 친구의 의견을 존중하지 않았습니다.

9 의견을 모을 때에는 토의 주제와 관련한 이야기만 하고, 자신의 의견만 내세우지 않아야 하며, 다른 사람 의견을 존중해야 합니다.

11 친구들은 토의를 하여 우리가 많이 참여할 수 있고 학교를 더 잘 알 수 있으며, 장점이 가장 많은 의견인 '우리 학교 역사 찾기' 행사를 하기로 결정했습니다.

12 토의 주제에 맞는 의견, 알맞은 주장과 근거를 든 의견, 실천할 수 있는 의견을 결정합니다.

13 선생님께서는 다음 주 가운데 하루를 학급의 날로 잡아서 그날을 학생들이 계획한 대로 보내려고 하십니다.

14 소연이는 무엇을 하며 학급의 날을 보내면 좋을지 고민하고 있습니다.

15 보기 의 판단 기준과 관련이 있는 내용을 찾아봅니다.

16 친구들이 말한 의견이 알맞은지 판단하려면 실천할 수 있는지, 토의 주제에 맞는지, 알맞은 주장과 근거를 들었는지를 살펴보아야 합니다.

18 '찾아가는 선배들' 활동을 할 때의 장점과 단점을 생각하여 써 봅니다.

> **채점 기준** '찾아가는 선배들' 활동을 할 때의 장점과 단점을 알맞게 썼으면 정답으로 인정합니다.

20 학생들이 안건을 마련하고 토의하여 구청장님께 해결 방안을 부탁하는 편지를 쓰고 직접 면담을 했습니다.

> **채점 기준** 전교 학생회에서 안건을 만들고 토의하여 문제 해결 방법을 제안했다는 내용을 썼으면 정답으로 인정합니다.

21 어린이 보호 구역 표지판이 너무 작아 가로수에 가려 잘 보이지 않는 데다 밤에는 어린이 보호 구역을 알아보기조차 힘들다고 했습니다.

22 학생회는 구청장과 면담을 하여 불법 주정차 단속을 강화하고 어린이 보호 구역 표지판을 개선해 달라고 부탁했습니다.

실천 😊 86쪽

1 (1) ⓔ (2) ⓒ (3) ㉮　**2** 예 친구들이 줄임 말을 지나치게 사용하는 상황　**3** (1) 예 청소할 때 효과적인 일인 일역 운영 방법은 무엇일까? (2) 예 일인 일역이 잘 이루어지지 않으면 교실 곳곳이 더러워지므로 효과적인 일인 일역 운영 방법을 토의하고 싶기 때문이다.　**4** (3) ○　**5** ③, ④　**6** ④

3 학급에서 해결해야 할 문제 상황을 떠올려 보고, 토의 주제와 그 주제를 고른 까닭을 써 봅니다.

> **채점 기준** 토의 주제, 그 주제를 고른 까닭이 잘 드러나게 썼으면 정답으로 인정합니다.

4 문제 상황을 해결할 수 있는 방법을 토의 주제로 정하는 것이 알맞습니다.

5 다른 사람 의견을 끝까지 듣고 난 뒤에 자신의 의견을 말하고, 다른 사람의 의견이 옳으면 받아들이는 태도를 지녀야 합니다.

6 친구들이 재미있어할 만한 의견을 말하는 게 아니라, 알맞은 주장과 근거를 들어 자신의 의견을 말해야 합니다.

➕ 단원 어휘 다지기 87쪽

1 (1) ④ (2) ③ (3) ① (4) ②　**2** (1) 따분하게 (2) 뜻깊게 (3) 신속하게　**3** (1) 반 (2) 반 (3) 반 (4) 비　**4** ⑤　**5** (1) 띠고 (2) 띠는　**6** (1) 학생 (2) 회

1 '개선'은 고쳐 더 좋게 만드는 것을, '단속'은 규칙이나 법령, 명령 따위를 지키도록 통제하는 것을 뜻합니다. '화제'는 이야기할 만한 재료나 소재를, '고사리손'은 어린아이의 손을 뜻합니다.

2 '뜻깊게'는 가치나 중요성이 크다는 뜻이고, '따분하게'는 재미가 없어 지루하고 답답하다는 뜻이며, '신속하게'는 매우 날쌔고 빠르다는 뜻입니다.

3 '곳곳'과 '여기저기'는 뜻이 비슷하여 서로 바꾸어 쓸 수 있는 말이고, 나머지는 뜻이 서로 반대되는 말입니다.

4 '-지 않다'에서 '않'은 '아니하'의 준말입니다. 따라서 ⑤에서는 '좋지∨않을까요?'와 같이 띄어 쓰는 것이 알맞습니다.

5 (1)은 미소를 나타낸다는 말이므로 '띠고'가 들어갈 말로 알맞습니다. (2)는 가장 두드러지는 제안을 설명한 말이므로 '띄는'이 들어갈 말로 알맞습니다.

6 낱말 '학생'에 '-회'를 붙여 '학생회', 낱말 '환영'에 '-회'를 붙여 '환영회'를 만들 수 있습니다.

단원 평가
88~90쪽

1 토의　**2** (1) ○ (2) ○ (3) ○　**3 예** 적절한 문제 해결 방법을 찾을 수 있다. / 상황을 더 잘 이해할 수 있다. / 문제 해결에 직접 참여할 수 있다.　**4** ㉰ → ㉯ → ㉮　**5** 희준　**6** ④　**7** (3) ○　**8 예** 친구의 말을 끝까지 듣지 않았다. / 손을 들고 말할 기회를 얻지 않았다.　**9** 유정, 현정, 유진　**10** (2) ○　**11** ①　**12** ①, ②, ③　**13** 우리 학교 역사 찾기　**14** (2) ✕　**15** (1) 실천 (2) 주제 (3) 근거　**16** (1) **예** 하루 동안 신나게 운동을 할 수 있다. (2) **예** 몸이 아프거나 불편한 친구들은 참여하기가 어렵다.　**17** (2) ○　**18** (1) 안전한 학교 만들기 (2) 구청장님께 편지 쓰기　**19** ③　**20 예** 스마트폰 사용 규칙을 어떻게 정하면 좋을까?

1 어떤 문제를 여러 사람이 협력해 해결하는 방법을 토의라고 합니다.

2 토의에 참여한다고 해서 내 의견대로 문제를 해결할 수 있는 것은 아닙니다.

3 일상생활에서 토의가 필요한 까닭을 생각하여 써 봅니다.

채점 기준	
토의의 필요성을 두 가지 이상 쓴 경우	5점
토의의 필요성을 한 가지만 쓴 경우	3점

4 토의 주제를 정하는 방법은 '토의하고 싶은 주제를 자유롭게 이야기하기 → 토의 주제로 알맞은지 판단하기 → 토의 주제 결정하기'입니다.

6 친구들은 개교기념일을 뜻깊게 보내기 위한 방법으로 학교 역사를 찾아보자는 의견과 학교 상징을 더 알아보자는 의견을 말했습니다.

7 희수는 자신의 의견을 제안하기만 하고 그에 대한 타당한 근거를 제시하지 않았습니다.

8 의견을 모을 때 다른 사람 의견을 끝까지 듣고 자신의 의견을 말해야 합니다.

채점 기준	
친구의 의견을 끝까지 듣지 않았다는 내용을 쓴 경우	5점
토의하는 태도가 바르지 않다는 내용만 쓴 경우	2점

9 다른 사람 의견을 끝까지 듣고 나서 자신의 의견을 알맞은 까닭을 들어 말하고, 자신과 의견이 다르더라도 다른 사람 의견을 무시하지 않습니다.

10 의견을 모을 때에는 친구들이 말한 각 의견의 장단점이 무엇인지 살펴보아야 합니다.

11 '의견 모으기'에서는 친구들과 의견을 주고받은 뒤에 각 의견의 장단점을 찾아보고 판단 기준에 따라 의견이 알맞은지 판단해 봅니다.

12 모둠 친구들은 토의를 통해 장점이 가장 많고 우리가 많이 참여할 수 있으며 학교를 더 잘 알 수 있는 의견으로 정하기로 했습니다.

13 모둠 친구들은 '우리 학교 역사 찾기' 행사를 하기로 결정했습니다.

14 좋은 의견이 많으면 여러 가지 의견을 정할 수도 있습니다.

15 의견이 알맞은지 판단하는 기준을 생각하며 보기 에서 관련 있는 말을 찾아 써 봅니다.

16 은서가 말한 의견대로 실천했을 때 어떤 장단점이 있겠는지 생각하여 써 봅니다.

채점 기준	
학급의 날에 운동회를 했을 때의 장단점이 잘 드러나게 썼으면 정답으로 인정합니다.	

17 은서와 민재는 모두 의견만 말하였습니다. 의견을 말할 때에는 그 의견이 좋은 까닭도 함께 제시해야 합니다.

18 전교 학생회에서 '안전한 학교 만들기' 안건을 마련했고, 이날 회의에서는 '구청장님께 편지 쓰기'라는 실천 방안까지 나왔습니다.

19 학생들은 어린이 보호 구역 표지판을 개선해 달라고 요구하였으나, 어린이 보호 구역을 확대해 달라고 요구한 것은 아닙니다.

20 학교나 가정에서 일어나는 문제 상황을 떠올려 보고 토의하고 싶은 주제를 제시해 봅니다.

> **채점 기준**   우리 주변에서 토의하고 싶은 주제를 찾아 알맞은 내용을 썼으면 정답으로 인정합니다.

📝 서술형 평가
91쪽

1 1단계 학급의 날 2단계 예 학급의 날을 어떻게 보내면 좋을까? 3단계 (1) 예 1~2학년 동생들이나 학교 곳곳에 우리 반이 도움을 줄 수 있는 일을 찾아보면 좋겠다. (2) 예 누군가를 도우며 하루를 보내면 우리 반 모두가 뿌듯하고 뜻깊은 하루를 보낼 수 있기 때문이다.

2 ❶ 토의 주제 정하기 ❷ 의견 마련하기 ❸ 의견 모으기 ❹ 의견 결정하기

3 예 자신의 의견을 반말로 이야기하며 친구의 의견을 무시했다.

1 1단계 학급의 날에 무엇을 하며 보내는 것이 좋을지에 대한 소연이의 고민이 나타나 있습니다.

채점 기준	
소연이의 고민을 잘 파악하여 쓴 경우	2점

2단계 소연이의 고민을 해결할 수 있는 방법을 토의 주제로 정하는 것이 알맞습니다.

채점 기준	
소연이의 고민에 대한 해결 방법을 찾을 수 있는 토의 주제를 정하여 쓴 경우	4점
소연이의 고민에 대한 해결 방법을 토의 주제로 정했으나 정확하게 쓰지 못한 경우	2점

3단계 토의 주제에 맞고 실천할 수 있는 내용을 생각하여 자신의 의견을 쓰고, 그 의견이 좋은 까닭을 써 봅니다.

채점 기준	
토의 주제에 맞고 실천 가능한 의견과 그 의견이 좋은 까닭을 모두 알맞게 쓴 경우	8점
토의 주제에 맞고 실천 가능한 의견을 썼으나, 그 의견이 좋은 까닭을 정확하게 쓰지 못한 경우	4점

2 토의는 '토의 주제 정하기 → 의견 마련하기 → 의견 모으기 → 의견 결정하기'의 절차에 따라 진행됩니다.

채점 기준	
❶~❹에 토의의 절차에 맞게 바르게 쓴 경우	4점
❶~❹에 두 가지만 바르게 쓴 경우	2점

3 의견을 모을 때 지켜야 할 점을 생각하며 마루의 태도에서 잘못된 점을 찾아 써 봅니다.

채점 기준	
마루가 잘못한 점을 찾아 정확하게 쓴 경우	8점
마루가 잘못한 점을 찾아 썼으나 내용이 자연스럽지 못한 경우	4점

😎 수행 평가
92쪽

1 예 모두에게 안전한 학교를 만드는 방법은 무엇인가?
2 (1) 예 우리 학교 안전 지도를 만들면 좋겠다. (2) 예 학교 곳곳에 있는 안전하지 않은 곳을 널리 알려 사고를 예방할 수 있기 때문이다. (3) 예 첫째, 우리 스스로 학교에서 안전하지 않은 곳을 찾아보고 이를 보완하는 방법을 찾아보는 것도 효과적인 안전 교육일 수 있다. 둘째, 안전 지도를 만들면 안전한 곳과 안전하지 않은 곳을 구분하게 되어 안전하지 않은 곳을 널리 알릴 수 있다. 모든 계단에서 천천히 걸어야 한다고 말하는 것보다 몇 층 계단의 경사가 심하기 때문에 좀 더 주의해야 한다고 말하는 것이 학생들에게 도움이 될 수 있다.   **3** (1) 예 안전 지도를 만들면 사고를 예방할 수 있다는 것은 설득력 있으므로 알맞은 주장과 근거를 들었다. (2) 예 안전 지도를 보고 나서 안전하지 않은 곳에서는 좀 더 주의를 기울여 행동하게 되므로 실천할 수 있다.

1 우리 학교가 안전하지 않다는 문제를 해결할 수 있는 방법을 토의 주제로 정하는 것이 알맞습니다.

2 알맞은 주장과 근거를 들어 의견을 정리하고, 그 의견이 좋은 까닭이 잘 드러나게 써 봅니다.

채점 기준	
알맞은 주장과 근거를 들어 의견을 쓰고, 그 의견이 좋은 까닭을 정리하여 쓴 경우	20점
알맞은 주장과 근거를 들어 의견을 썼으나, 그 의견이 좋은 까닭을 쓰지 못한 경우	10점

3 판단 기준에 맞게 의견이 알맞은지 판단하는 내용을 알맞게 써 봅니다.

채점 기준	
판단 기준에 맞게 의견이 알맞은지 판단하여 두 가지 모두 쓴 경우	20점
판단 기준에 맞게 의견이 알맞은지 판단하였으나, 한 가지만 쓴 경우	10점

7 기행문을 써요

개념 확인하기 93쪽

1 기행문 **2** (1) 여정 (2) 견문 (3) 감상 **3** 가운데 **4** (1) ○

준비 94쪽

1 ② **2** ⑤ **3** (1) 사진 (2) 글 **4** 예 여행하면서 보고 듣고 느낀 것을 글로 나타내면 여행 경험을 생생하게 다른 사람과 함께 나눌 수 있다고 말해 주고 싶다. **5** ②, ③, ⑤

2 제주도 여행을 가서 좋은 추억이 많았는데, 글로 남긴 것이 없어서 여행 경험을 정확하게 전하지 못했기 때문입니다.

3 서윤이는 여행하면서 본 것을 꼼꼼히 써 놓고 사진을 찍어 두어서 여행 경험을 자신 있게 전하였습니다.

4 현석이는 여행하면서 보고 듣고 느낀 것을 글로 남겨 놓지 않아 여행 경험을 친구와 함께 나누지 못했습니다.

> **채점 기준** '여행 경험을 글로 남기라고 말하고 싶다.'의 내용으로 답을 썼으면 정답으로 인정합니다.

5 여행하면서 보고 듣고 느낀 점을 글로 쓰면 나중에도 알 수 있고, 그때의 기분을 잘 간직할 수 있으며 여행했던 경험을 다시 느낄 수 있습니다.

기본 95~98쪽

핵심내용 ❶ 장소 ❷ 감상

1 (1) ○ **2** ② **3** ㉎ **4** 구좌읍 세화리 송당리 일대 **5** 달 **6** ④ **7** 성산 일출봉 **8** (1) ② (2) ① **9** ㉤ **10** ④ **11** ①, ②, ⑤ **12** ⑤ **13** (1) 예 해인사 (2) 예 친구들에게 내 경험을 알려 주려고 (3) 예 해인사에서 봤던 팔만대장경이 기억에 많이 남아서 **14** 예 여행하면서 찍은 사진 **15** (1) ② (2) ① (3) ③ **16** ②

1 글쓴이는 하늘에서 보는 제주도의 풍광을 만끽하기 위해서 제주행 비행기를 탈 때면 창가 쪽 자리를 선호한다고 했습니다.

2 글쓴이는 올 때마다 보는 제주의 전형적인 풍광이지만 그것이 철 따라 다르고 날씨 따라 다르기 때문에 언제나 신천지에 오는 것 같은 설렘을 느끼게 된다고 했습니다.

3 ㉠은 여정을 나타낸 문장으로, 여행의 과정이나 일정이 드러나 있습니다.

4 제주의 동북쪽 구좌읍 세화리 송당리 일대는 크고 작은 무수한 오름이 저마다의 맵시를 자랑하며 드넓은 들판과 황무지에 오뚝하여 오름의 섬 제주에서도 오름이 가장 많고 아름다운 '오름의 왕국'이라고 했습니다.

5 다랑쉬라는 이름의 유래에는 여러 가지 설이 있으나 오름의 분화구가 마치 달처럼 둥글게 보인다하여 붙여졌다는 설이 가장 정겹다고 했습니다.

6 ㉠은 오름을 내려오며 글쓴이가 오름을 보며 생각하거나 느낀 것입니다.

7 글 ❸에서 구좌읍 세화리 송당리 일대의 오름을, 글 ❹에서 성산 일출봉을 갔음을 알 수 있습니다.

8 ㉡은 여행하면서 보고 들은 견문에 해당하고, ㉢은 여행하면서 생각하거나 느낀 감상에 해당합니다.

9 글쓴이는 어리목에서 출발하여 만세 동산을 지나 윗세오름까지 오르고 산장 휴게소에서 도시락을 먹고 영실로 하산하면서 한라산의 아름다움을 만끽했다고 했습니다.

10 영실에 들어서면 이내 솔밭 사이로 시원한 계곡물이 흐르고, 숲길을 지나노라면 제주조릿대가, 숲길을 빠져나오면 기암괴석이 병풍처럼 펼쳐진다고 했습니다.

11 영실에는 아름다움뿐만 아니라 장엄함과 아늑함이 곁들여 있어 그 풍광에 느긋이 취하게 된다고 했습니다.

12 '아름답다'라는 표현을 써서 영실에 대한 글쓴이의 감상을 나타내었습니다.

13 기억에 남는 곳과 관련지어 (1)~(3)에 알맞은 내용을 써 봅니다.

> **채점 기준** 떠올린 여행 장소에 맞게 (1)~(3)의 내용을 모두 알맞게 썼으면 정답으로 인정합니다.

14 여행하면서 찍은 사진이나 사용한 입장권, 기록한 쪽지 따위로 기행문을 더 생생하게 쓸 수 있습니다.

15 기행문의 처음에는 여행한 까닭이나 목적, 여행을 떠나기 전의 기대감이나 설렘 등을, 가운데에는 여정, 견문, 감상을, 끝에는 여행의 전체 감상이나 아쉬운 점, 앞으로 있을 계획 등을 씁니다.

※ 기행문에 들어갈 내용 예
여행한 곳에 대한 대략적인 소개, 여행한 목적, 여행이나 견학을 한 순서, 견문과 감상, 전체적인 감상, 더 알고 싶은 점이나 앞으로 있을 계획 등

국어

16 기행문을 쓸 때에는 여행의 과정이나 일정을 시간 순서대로 써야 합니다.

➕ **단원 어휘 다지기**   99쪽

1 (1) ㉮ (2) ㉱ (3) ㉯ (4) ㉰   **2** (1) 탁 (2) 우뚝우뚝   **3** ②   **4** (1) 계절 (2) 산꼭대기   **5** ⑤   **6** (1) 매어 (2) 만끽했다 (3) 홀연히

1 (1)은 '기암', (2)는 '포복', (3)은 '장관', (4)는 '풍광'의 뜻입니다.

2 '탁'은 막힌 것이 없이 시원스러운 모양을, '우뚝우뚝'은 군데군데 아주 두드러지게 높이 솟아 있는 모양을 흉내 내는 말입니다.

3 빈칸 뒤에 나오는 '달처럼'에 쓰인 '-처럼'과 어울려 쓸 수 있는 말은 '마치'가 알맞습니다.

4 (1) '철'은 규칙적으로 되풀이되는 자연 현상에 따라서 일 년을 구분한 것으로 '계절'과 뜻이 비슷하여 바꾸어 쓸 수 있습니다. (2) '정상'은 산 따위의 맨 꼭대기로 '산꼭대기'와 뜻이 비슷하여 바꾸어 쓸 수 있습니다.

5 '한여름'은 더위가 한창인 여름, '한낮'은 낮의 한가운데, '한가운데'는 공간이나 시간, 상황 따위의 바로 가운데를 뜻하는 낱말입니다.

6 (1) 끈이나 줄 따위의 두 끝을 엇걸고 잡아당기어 풀어지지 아니하게 마디를 만든다는 뜻의 '매어'를 쓰는 것이 알맞습니다. (2) 욕망을 충족한다는 뜻으로 쓸 때에는 '만끽하다'가 바른 표기입니다. (3) 뜻하지 않게 갑자기라는 뜻으로 쓸 때에는 '홀연히'가 바른 표기입니다.

💡 **단원 평가**   100~102쪽

1 제주도   **2** ㉯   **3** ⑩ 여행하면서 보고 들은 것을 나중에 알 수 있다. / 여행했을 때의 기분을 잘 간직할 수 있다.   **4** ②, ④, ⑤   **5** 제주도   **6** ③   **7** ⑤   **8** 다랑쉬오름   **9** (2) ○   **10** ③   **11** ㉢   **12** (3) ○   **13** ⑩ 성산 일출봉에서 보는 일출 모습이 어떤 자연 경관보다도 아름답기 때문일 것이다.   **14** ①, ④   **15** 여정   **16** (3) ×   **17** (1) 감상 (2) 여정 (3) 견문   **18** ④   **19** 서윤, 수혁, 희수   **20** ⑤

1 두 사람의 대화를 통해 서윤이는 지난해 방학 때 제주도 여행을 다녀왔음을 알 수 있습니다.

2 서윤이는 여행하면서 본 것을 꼼꼼히 써 놓고 사진을 찍어 두어서 여행 경험을 자신 있게 전할 수 있었습니다.

3 여행하면서 보고 듣고 느낀 점을 글로 쓰면 여행하며 경험한 것을 시간이 지나서 다시 확인할 수 있고 다른 사람에게 여행 정보를 줄 수도 있습니다.

채점 기준	
여행하면서 보고 듣고 느낀 점을 글로 썼을 때의 좋은 점을 알맞게 쓴 경우	5점
여행하면서 보고 듣고 느낀 점을 글로 썼을 때의 좋은 점은 아나, 내용이 부족한 경우	2점

4 기행문에는 여행하면서 다닌 곳, 여행하면서 보고 들은 것, 여행하면서 보고 들은 것에 대해 생각하거나 느낀 것이 들어가야 합니다.

❗ **오답 피하기**
①과 ③은 기행문에 꼭 들어가야 할 내용은 아닙니다.

5 글쓴이가 제주행 비행기를 탔다는 점으로 미루어 제주도를 여행하려고 한다는 것을 짐작할 수 있습니다.

6 이 글에는 제주도에 도착하기 전에 비행기에서 느끼는 글쓴이의 기대감과 설렘이 드러나 있습니다.

7 제주의 동북쪽 구좌읍 세화리 송당리 일대는 크고 작은 무수한 오름이 저마다의 맵시를 자랑하며 들판과 황무지에 오뚝하여 오름의 섬 제주에서도 오름이 가장 많고 아름답다고 했습니다.

8 여러 오름 중에서도 다랑쉬오름은 '오름의 여왕'이라고 불린다고 했습니다.

9 ㉠은 글쓴이가 여행하면서 보고 들은 것인 견문에 해당합니다.

10 『 』 부분은 '다랑쉬오름' 이름의 유래에 대해 설명하였습니다.

11 ㉠과 ㉡은 여행하면서 보거나 들은 것으로 견문, ㉢은 여행하면서 생각하거나 느낀 것으로 감상입니다.

12 성산 일출봉은 등산로가 있으며, 동·남·북쪽 외벽은 깎아 내린 듯한 절벽으로 바다와 맞닿아 있습니다.

❗ **오답 피하기**
(1) 성산 일출봉은 제주도 서귀포시에 있는 산입니다.
(2) 기암 사이에 계단으로 만든 등산로가 나 있습니다.

13 영주 십경은 제주에서 경관이 특히 뛰어난 열 곳을 선정한 것으로, 성산 일출봉을 첫 번째로 정한 까닭을 짐작해 봅니다.

14 전설에 따르면 설문대 할망은 일출봉 분화구를 빨래 바구니로 삼고 우도를 빨랫돌로 하여 옷을 매일 세탁했다고 했습니다.

15 ㉠에는 어리목에서 출발하여 영실로 하산하면서 한라산을 경험한 글쓴이의 여정이 나타나 있습니다.

16 계곡물 소리와 바람 소리, 계곡을 끼고 도는 안개가 신령스러워 영실이라는 이름에 값한다고 했으므로, 무서움을 느낀다는 것은 이 글의 내용으로 알맞지 않습니다.

17 여행의 과정이나 일정을 여정이라고 하고, 여행하며 보거나 들어서 안 것을 견문, 보고 들으며 한 생각이나 든 느낌을 감상이라고 합니다.

18 ④는 견문으로 가운데 부분에 들어갈 내용으로 알맞습니다.

19 여행 기록과 함께 보고 들은 것, 보고 들은 것에 대한 개인적인 생각이나 느낌도 잘 드러나게 씁니다.

20 ⑤의 내용은 기행문을 쓰고 잘 썼는지 평가하는 기준으로 적절하지 않습니다.

📝 **서술형 평가**   103쪽

1 1단계 여행   2단계 방학 때 제주도를 다녀왔다.   3단계 예 제주도 여행을 가서 좋은 추억이 많았는데, 글로 남긴 것이 없어서 여행 경험을 정확하게 전하지 못해서

2 예 자연을 훼손하지 않고 영실 주변으로 펼쳐지는 자연 풍광을 눈으로만 즐기는 마음이 필요할 것 같다.

3 예 ㉠은 감상이다. '절로 감탄이 나온다'의 표현에 견문에 대한 글쓴이의 생각이나 든 느낌이 드러나 있기 때문이다.

1 1단계 서윤이와 현석이는 어행을 다녀온 경험에 대해 이야기하고 있습니다.

2단계 서윤이의 말을 통해 방학 때 제주도 여행을 다녀왔음을 알 수 있습니다.

3단계 현석이는 제주도 여행을 하면서 좋은 추억이 많았는데, 글로 남겨 놓지 않아서 자신의 여행 경험을 자신 있게 전하지 못했습니다.

2 한라산 영실의 아름다운 풍광을 잘 간직하기 위해 우리가 노력할 일이 무엇일지 생각해 봅니다.

3 ㉠은 병풍처럼 펼쳐진 기암괴석을 보고 글쓴이가 생각하거나 느낀 것입니다.

🤓 **수행 평가**   104쪽

1 예 경주   **2** (1) 예 경주에 도착하여 먼저 첨성대로 가 보았다. (2) 예 우주의 움직임을 관찰하기 위한 신라의 천문대로, 굴뚝 또는 탑처럼 생겼다. (3) 예 평지에 서 있는 첨성대가 생각보다 너무 작아서 약간 실망스러웠다.   **3** 예 경주에 도착하여 먼저 첨성대로 가 보았다. 첨성대는 우주의 움직임을 관찰하기 위한 신라 시대의 천문대로, 굴뚝처럼 보이기도 하고 탑을 쌓은 것처럼 보이기도 했다. 그런데 평지에 우뚝 서 있는 첨성대가 우주 관측을 하기에는 생각보다 너무 작은 듯하여 약간 실망스러웠다.

1 자신이 가 본 여행지 중에서 가장 기억에 남거나 친구들에게 알리고 싶은 곳을 떠올려 봅니다.

2 여정에는 여행한 장소가 드러나게, 견문에는 여행한 곳에서 보거나 들은 것, 감상에는 견문에 대한 생각이나 느낌을 정리하여 씁니다.

3 여행한 장소가 잘 드러나게 표현하고, 여행하면서 보고 들은 내용을 생생하고 자세히 풀어 쓰며 보고 들으며 한 생각이나 느낌도 잘 드러나게 씁니다.

8 아는 것과 새롭게 안 것

🙂 개념 확인하기 105쪽

1 단일어 **2** ⑴ ③ ⑵ ①, ② **3** ⑵ ○ **4** 이해

준비 🙂 106~107쪽

핵심내용 ❶ 단일어 **❷** 사과

1 ③, ④ **2** ⑴ 바늘 ⑵ 방석 ⑶ 맨- ⑷ 주먹 **3** ⑤
4 ⑴ 단일어 ⑵ 복합어 **5** ⑴ 단일어 ⑵ 복합어 ⑶ 단일어 ⑷ 단일어 ⑸ 단일어 ⑹ 복합어 ⑺ 복합어 ⑻ 단일어 **6** ⑴ 산, 딸기 ⑵ 방울, 토마토 **7** ⑤ **8** ① **9** ⑩ 손수건

---

1 뜻을 잘 모르는 낱말이 나오자 이미 아는 뜻을 바탕으로 하여 짐작했고, 낱말을 쪼개어 살펴보았습니다.

3 '바늘방석'은 '바늘'과 '방석'을 합한 복합어입니다. '사과나무'는 '사과'와 '나무'를 합한 말로 ㉠과 짜임이 같습니다.

5 쪼갤 수 있는 낱말은 '복합어', 쪼갤 수 없는 낱말은 '단일어'입니다.

6 '산딸기'는 '산'과 '딸기'를 합해 '산에서 나는 딸기'라는 뜻의 낱말을, '방울토마토'는 '방울'과 '토마토'를 합해 '일반 토마토보다 훨씬 작으며 방울 모양의 토마토'라는 뜻의 낱말을 만들었습니다.

8 '눈'과 다른 낱말을 합해 '눈송이', '눈사람', '함박눈'이라는 낱말을 만들 수 있습니다.

9 '손'과 다른 낱말을 합해 '손수건, 손수레, 일손'과 같은 다른 낱말을 만들 수 있습니다.

기본 🙂 108~115쪽

핵심내용 ❶ 들은 일 **❷** 지리산

1 ⑴ 구름 ⑵ 다리 **2** ④ **3** ⑩ 새우처럼 등을 구부리고 자는 잠. / 불편하게 모로 누워 자는 잠. **4** ④ **5** ⑩ 재주꾼 **6** ⑴ ○ **7** ⑤ **8** 하늘과 땅에 제사를 지낼 때 **9** 명주실, 나무 **10** ① **11** ④ **12** ①, ④ **13** ①, ②, ④ **14** 박 **15** 지훈 **16** ⑴ ① ⑵ ② **17** ④ **18** ⑤ **19** ④ **20** ⑴ ① ⑵ ② **21** ④ **22** ④ **23** ⑩ 체육 대회에서 줄다리기를 할 때 전통 악기인 징을 이용해 시작을 알리는 것을 보았다. **24** ④, ⑤ **25** 모피, 약 **26** 백령도 근처 **27** ①, ② **28** ② **29** ⑵ ○ **30** ③, ④ **31** 승연 **32** 멸종 위기 동물 **33** ③ **34** ⑴ 하늘 ⑵ 다람쥐 **35** ⑩ 멸종 위기 동물을 천연기념물로 지정한다는 것을 새롭게 알았다.

---

1 '구름다리'는 '구름'과 '다리'를 합해 만든 복합어입니다.

2 '구름'과 '다리'를 합해 공중에 높이 떠 있는 다리라는 뜻으로 만든 말입니다.

3 낱말의 짜임을 보고 어떤 뜻일지 생각해 봅니다.

4 '-꾼'은 어떤 일을 전문적으로 하는 사람이나 어떤 일을 잘하는 사람을 뜻합니다.

5 '농사꾼, 재주꾼, 누리꾼, 사냥꾼'과 같은 말을 만들 수 있습니다.

6 '소금물'은 '소금'과 '물'을 합해서 만들었습니다.

7 '햇-'은 '그해에 난', '얼마 되지 않은'이라는 뜻으로, '햇울음'은 어울리지 않습니다.

8 우리 조상들은 하늘과 땅에 제사를 지낼 때, 기쁘거나 슬픈 마음을 나타낼 때 악기를 연주했습니다.

9 우리 조상은 주변에서 흔히 볼 수 있고 쉽게 구할 수 있는 재료를 사용하여 악기를 만들었습니다.

10 대나무와 박에서 나오는 소리는 청아한 소리로 맑은 봄날의 아침 같다고 했습니다.

❶ 오답 피하기
② 명주실에서 나오는 소리를 표현했습니다.
③ 나무에서 나오는 소리를 표현했습니다.
④ 쇠와 흙에서 나오는 소리를 표현했습니다.
⑤ 가죽에서 나오는 소리를 표현했습니다.

12 명주실은 누에고치에서 뽑아낸 비단실로, 잘 끊어지지 않고 탄력이 있습니다.

15 재희는 한 일을, 태윤이는 들은 일을 떠올리며 글을 읽었습니다.

16 훈과 부는 흙으로 만든 악기로, 부는 아홉 조각으로 쪼갠 대나무 채로 두드려서 소리 내고, 훈은 입으로 불어서 소리 냅니다.

18 북은 백성들과 아주 가까운 악기로 힘든 농사일에 흥을 돋우기 위한 풍물놀이에 빠지지 않았습니다.

19 장구는 가죽으로, 징, 나발, 편종, 꽹과리는 쇠로 만든 악기입니다.

21 나무의 딱딱한 소리는 여러 악기를 모아 합주할 때 연주의 처음과 끝을 알리는 역할을 했다고 했습니다.

22 ④는 박을 연주하는 사람의 역할을 설명한 것입니다.

23 글에서 설명한 악기들과 관련지어 들은 일, 본 일, 한 일을 떠올려 봅니다.

채점 기준 | 글에서 설명한 악기와 관련하여 본 일, 들은 일, 한 일을 떠올려 경험이 드러나게 썼으면 정답으로 인정합니다.

24 지구 온난화와 환경 오염 등으로 동물의 서식지가 줄어들기 때문에, 토종 동물이 다른 나라에서 들어온 동물과 벌이는 생존 경쟁에서 밀려나 사라지는 경우도 있기 때문입니다.

26 점박이물범은 주로 백령도 근처에 머문다고 했습니다.

27 새끼를 낳기 위해 부빙이 꼭 필요한데 지구가 점점 따뜻해져서 얼음들이 녹고 있고, 사람들이 오염된 물과 쓰레기를 바다에 마구 쏟아 내서 살기가 참 힘들다고 했습니다.

28 ②의 내용은 글에 나타나 있지 않으며, 산양은 암컷 수컷 모두 뿔이 있습니다.

30 1940년대까지는 도시에서도 쉽게 잡을 수 있을 정도로 흔한 물고기였는데 산업화·도시화가 되면서 환경이 오염되어 점차 멸종 위기에 처하게 되었다고 했습니다.

31 '반달가슴곰'은 '반달가슴'과 '곰'을 합해 만든 낱말로, 가슴에 반달무늬가 있는 곰을 말합니다.

32 멸종 위기 동물을 천연기념물로 지정해 보호하고, 생태계 전체를 건강하게 만드는 데 힘을 쏟는다고 하였습니다.

34 '하늘다람쥐'는 '하늘'과 '다람쥐'를 합해서 만든 낱말로 하늘을 나는 다람쥐라는 뜻이 있습니다.

35 알고 있는 지식을 바탕으로 하여 글을 읽고 새롭게 알거나 자세히 알게 된 내용을 정리하여 써 봅니다.

채점 기준 | 글의 내용과 관련지어 알맞게 답을 썼으면 정답으로 인정합니다.

실천 ☺   116쪽

1 (1) 솜씨 마당 (2) 생각 나눔터   **2** ③   **3** 예 솜씨 자랑판   **4** 워터 파크   **5** ⑤   **6** (1) 예 물놀이 세상 (2) 예 바람 주머니 (3) 예 길 도우미   **7** 예 색깔 막대

1 여자아이는 우리 솜씨를 뽐낼 수 있는 곳이니까 '솜씨 마당'으로, 남자아이는 우리 생각을 마음껏 나눌 수 있는 곳이니까 '생각 나눔터'로 하면 어떻겠냐고 하였습니다.

2 '생각 나눔터'는 '생각'과 '나눔'과 '터'를 더해 만든 새말입니다.

3 알림판의 쓰임과 관련지어 '재주 마당', '작품 뽐내기' 등과 같은 새말을 지을 수 있습니다.

6 '워터 파크'는 '물놀이 세상', '튜브'는 '물놀이 바람 도구', '내비게이션'은 '길 박사'와 같은 새말로 만들 수 있습니다.

➕ **단원 어휘 다지기**   117쪽

1 ①   **2** (1) ② (2) ③ (3) ①   **3** (1) ○   **4** 불룩한
5 (3) ○   **6** ③

1 '티'는 조그마한 흠을 뜻합니다.

2 (1)에는 다소 큰 물건이 보기보다 제법 무겁다는 뜻의 '묵직한'을, (2)에는 속된 티가 없이 맑고 아름답다는 뜻의 '청아한'을, (3)에는 크고 넓다는 뜻의 '광대한'을 쓰는 것이 알맞습니다.

3 (2)와 (3)에서는 '장인'이 아내의 아버지라는 뜻으로 사용되었습니다.

4 '우묵한'은 가운데가 둥그스름하게 푹 패거나 들어가 있는 상태를 뜻하는 말로, '불룩한'과 뜻이 반대입니다.

5 '장단을 맞추다'는 남의 기분이나 비위를 맞추기 위하여 말이나 행동을 한다는 뜻의 관용 표현입니다.

6 '국악기'는 우리나라 고유의 음악인 국악에 쓰는 기구를 통틀어 이르는 말입니다. 플루트는 서양 음악에 쓰는 악기이므로 '국악기'에 포함되는 말이 아닙니다.

1 (1) 사과 (2) 나무 **2** ③ **3** ③ **4** 예 애벌레, 애호박
5 예 잘 모르는 낱말의 뜻을 짐작할 수 있다. / 낱말을 합해서 새로운 낱말을 만들 수 있다. **6** (1) ① (2) ② (3) ① (4) ②
7 ② **8** ⑤ **9** 흙, 쇠 **10** ② **11** (1) ○ **12** ④
13 예 반딧불이, 가재 **14** ⑤ **15** ①, ④, ⑤ **16** 예 어름치, 열목어가 사는 곳의 물은 바로 떠서 먹을 수 있을 정도로 깨끗하다. **17** ①, ③, ⑤ **18** 자신들의 솜씨를 뽐낼 수 있는 곳이기 때문에 **19** 솜씨, 마당 **20** ⑤

1 '사과나무'는 '사과'라는 말과 '나무'라는 낱말을 합해 만들었습니다.

2 '검다'와 '붉다'를 합해서 검은빛을 띠는 붉은색이라는 뜻을 가진 '검붉다'라는 낱말을 만들었습니다.

3 '햇밤'은 '햇–'과 '밤'을 합해서 만든 낱말로, 복합어입니다.

4 '애–'를 덧붙여 '애호박, 애벌레, 애송아지, 애송이'와 같은 낱말을 만들 수 있습니다.

5 낱말의 짜임을 알면 낱말을 어떻게 만들었는지 이해할 수도 있습니다.

채점 기준	
예시 답의 내용으로 답을 쓴 경우	5점
답은 알고 있으나 내용이 자세하지 않은 경우	2점

6 김밥은 '김'과 '밥', 돌다리는 '돌'과 '다리'의 두 낱말을 합해서 만든 것이고, 맨발과 풋사과는 '맨–'과 '풋–'이라는 뜻을 더해 주는 말에 낱말을 합해서 만든 것입니다.

7 아쟁, 해금, 가야금, 거문고의 줄은 명주실로 만듭니다. 단소는 대나무로 만든 악기입니다.

8 대나무는 속이 비어 있어서 보통 나무와는 다른 소리를 내는 악기를 만들 수 있다고 했습니다.

9 글 가에서는 흙으로 만들 수 있는 악기, 글 나에서는 쇠로 만들 수 있는 악기를 설명하였습니다.

10 부에 대한 설명입니다.

11 본 일, 한 일, 들은 일 중 한 일을 떠올리며 글을 읽은 것입니다.

12 '점박이'라는 말을 통해 몸에 점이 퍼져 있을 것임을 짐작할 수 있습니다.

13 텔레비전이나 책 등을 통해 알고 있는 사라져 가는 동물에 대한 기억을 떠올려 봅니다.

14 ㉠~㉣은 단일어이고, ㉤은 복합어입니다. '실지렁이'는 '실'과 '지렁이'를 합한 낱말입니다.

15 '짚신벌레'는 '짚'과 '신', '벌레'를 합한 낱말로 짚신처럼 생긴 벌레입니다.

16 지표종은 그 지역의 환경이 얼마나 깨끗한지를 측정할 수 있는 종을 말합니다.

채점 기준	
예시 답의 내용으로 답을 쓴 경우	5점
'물이 깨끗하다'와 같이 간단히 쓴 경우	2점

17 아는 지식을 떠올리며 글을 읽는다고 해서 꼼꼼히 읽지 않고도 글의 내용을 알 수 있는 것은 아닙니다.

18 그림 ②에서 여자아이는 우리 솜씨를 뽐낼 수 있는 곳이니까 '솜씨 마당'이라고 이름을 짓자고 했습니다.

20 '카 시트'는 차에서 아기나 유아의 안전을 지켜 주는 의자이므로, '안전 의자'라는 새말로 바꿀 수 있습니다.

서술형 평가
121쪽

1 1단계 자연 2단계 예 여덟 가지 재료에 저마다 독특한 소리가 담겨 있기 때문이다. 3단계 (1) 예 단소 (2) 예 대나무 (3) 예 조용한 숲에 바람 소리가 들리는 것 같은 느낌이 든다.
2 예 멸종 위기 동물에 관심을 가지고 환경을 깨끗이 하도록 노력하자고 말하기 위해서
3 예 지구 온난화 때문에 북극곰이 살 곳이 줄어든다는 이야기를 엄마께 들었다.

1 1단계 우리나라 악기들은 자연에서 얻은 여덟 가지 재료로 만들어졌습니다.

  2단계 글의 마지막 문장에 여덟 악기의 재료를 팔음이라고 부른 까닭이 설명되어 있습니다.

채점 기준	
예시 답의 내용으로 답을 쓴 경우	3점

  3단계 자신이 좋아하는 악기를 떠올려 여덟 가지 재료 중 무엇으로 만든 악기인지 생각해 봅니다. 또 그 악기의 소리를 들으면 어떤 생각이나 느낌이 떠오르는지 써 봅니다.

채점 기준	
좋아하는 악기와 악기의 재료, 악기와 관련해 떠오른 느낌이 어울리게 (1)~(3)을 모두 쓴 경우	6점
(1)~(3) 중 두 가지만 알맞게 쓴 경우	4점
(1)~(3) 중 한 가지만 알맞게 쓴 경우	2점

2 글 **가**와 **나**에서는 멸종 위기에 처한 동물을 구하려면 어떻게 해야 하는지, 우리가 노력할 점이 무엇인지 설명하고 있습니다.

채점 기준	
글쓴이가 글을 쓴 목적을 바르게 파악하여 예시 답의 내용으로 답을 쓴 경우	4점
글쓴이가 글을 쓴 목적은 아나, 답으로 쓴 내용이 자세하지 않은 경우	2점

3 텔레비전이나 책, 들은 이야기를 통해 멸종 위기 동물에 대해 알고 있던 내용을 정리하여 써 봅니다.

채점 기준	
멸종 위기 동물을 쓰고, 그에 대한 내용을 **조건**에 맞게 쓴 경우	5점
조건에 맞지 않는 내용이 있는 경우	2점

👀 수행 평가   122쪽

1 (1) 예 징, 꽹과리 (2) 예 쇠붙이   **2** (1) 예 옛날에는 농사일이나 힘든 일을 할 때 노래를 부르며 풍물을 연주했다는 이야기를 할머니께 들은 적이 있다. (2) 예 전통 악기 박물관에서 생황이라는 악기를 본 적이 있다. 글로만 읽어서 궁금했는데 실제로 보니 신기했다.   **3** 예 자연에서 얻은 재료로 만든 전통 악기와 서양 악기는 악기들이 어울렸을 때 소리가 어떻게 다른지 궁금하다.

1 우리나라 악기들은 자연에서 얻은 여덟 가지 재료로 만들어졌습니다.

채점 기준	
(1)에 자신이 아는 전통 악기를 쓰고, (2)에 그 악기의 재료를 알맞게 쓴 경우	4점
(1)과 (2) 중 한 가지만 알맞게 쓴 경우	2점

2 여덟 가지 재료로 만든 전통 악기와 관련 있는 경험 중 보거나 들은 일을 떠올려 정리해 봅니다.

채점 기준	
들은 일과 본 일이 드러나게 전통 악기와 관련된 경험을 알맞게 쓴 경우	10점
(1)과 (2) 중 한 가지만 알맞게 쓴 경우	5점

3 전통 악기와 관련해 아는 내용이나 경험을 바탕으로 하여 궁금했던 점이나 더 알고 싶은 점을 떠올려 씁니다.

채점 기준	
글을 읽고 더 알고 싶은 내용을 알맞게 쓴 경우	6점
답으로 쓴 내용이 부족하거나 자세하지 않은 경우	3점

9 여러 가지 방법으로 읽어요

🙂 개념 확인하기   123쪽

1 정확, 자세   **2** 설명하는 글   **3** 주장, 근거   **4** (1) 자 (2) 훑

국어

준비 🙂   124쪽

핵심내용 ❶ 경험

1 ②   **2** (1) ○ (3) ○   **3** 예 사회 숙제로 도시와 농촌이 어떻게 다른지 알아보려고 글을 찾아 읽었다.   **4** 승아

5 ①, ④, ⑤   **6** ㉯, ㉰

1 그림 **가**~**라**에서 지윤이는 여러 가지 책이나 컴퓨터로 글을 찾아 읽고 있습니다.

2 지윤이는 '우주의 신비'라는 책의 제목을 보고 관심을 보이고 있고, 드론에 대해 알고 싶어 드론에 관한 책을 찾았습니다.

3 글을 찾아 읽었던 경험을 떠올려 써 봅니다.

채점 기준	자신이 글을 읽었던 경험을 썼으면 정답으로 인정합니다.

5 돌의 종류에 대해 알기 위해서는 ①, ④, ⑤와 같이 돌을 설명한 글이나 자료 등을 찾아보는 것이 좋습니다.

6 글을 목적에 맞게 찾아 읽으면 읽고 싶은 책을 알맞게 찾아 읽을 수 있고, 찾고 싶은 정보를 정확하고 자세하게 알 수 있습니다.

기본 🙂   125~130쪽

핵심내용 ❶ 주장   ❷ 훑어   ❸ 제목   ❹ 자세히   ❺ 자세히

1 ⑤   **2** 위치, 지정   **3** 스마트폰   **4** ⑤   **5** ④   **6** ①, ②, ⑤   **7** ㉮   **8** 주혁   **9** ①   **10** ㉮   **11** ②   **12** (2) ○   **13** ①, ④, ⑤   **14** 비색, 상감 기법   **15** 지은   **16** 예 도서관에서 자료를 찾으며 필요한 부분만 빨리 찾아 읽은 적이 있다.   **17** ④   **18** (3) ×   **19** 상감 기법   **20** (2) ○   **21** ③   **22** ㉯   **23** ③   **24** (2) ○ (3) ○

1 이 글에서는 정보 무늬의 뜻, 모양, 특징, 사용 방법에 대해 설명하고 있습니다.

❗ 오답 피하기
① '빠른 응답'이라는 뜻을 설명하였습니다.
② 네모 모양 안에 검은 선과 점을 배열한 모양을 설명하였습니다.
③ 여러 분야에서 활용하고 있고, 누구나 만들 수 있다는 특징을 설명하였습니다.
④ 스마트폰 응용 프로그램으로 정보 무늬를 찍는 방법을 설명하였습니다.

4 이 글은 정보 무늬에 대해 설명하는 글인데, ⑤는 주장하는 글을 읽을 때 고려할 점을 생각하며 글을 읽은 것이므로 알맞지 않습니다.

6 미래 사회에 필요한 사람은 정해진 답을 찾기보다 새로운 방식으로 문제를 해결하는 사람, 새로운 변화에 대응하는 사람, 서로 돕고 존중하는 사람이라고 하였습니다.

7 글쓴이는 미래 사회에 필요한 사람이 어떤 사람인지 밝히고, 이러한 사람이 되어야 한다고 주장하고 있습니다.

8 주혁이가 글쓴이의 주장을 뒷받침하는 근거가 적절한지 판단하면서 알맞게 읽었습니다.

9 이 글은 고려청자의 빛깔, 장식 기법, 형태 등에 대해 설명한 글입니다.

10 규빈이가 발표할 만한 내용이 있을지 찾아본다고 한 내용에서 글을 읽은 까닭을 알 수 있습니다.

11 중국이 우리나라보다 먼저 청자를 만들고 세상에 알렸다고 하였습니다.

12 자신에게 필요한 내용인지 알려면 처음부터 끝까지 자세히 읽기보다 제목을 보고 내용을 짐작하거나 관심 있는 내용이 있는지 훑어 읽는 것이 좋습니다.

13 규빈이는 자신에게 필요한 내용이 있는지 알기 위해 글을 읽어야 하므로 ①, ④, ⑤처럼 글을 훑어 읽는 것이 좋습니다.
❶ 오답 피하기
②, ③은 '정독'이라고 하는 자세히 읽기의 방법에 해당합니다.

14 글 **5**의 밑줄 그은 부분이 고려청자의 특색을 정리한 내용입니다.

15 규빈이는 고려청자에 대해 발표할 내용을 조사하기 위해 이 글을 읽었으므로 밑줄 그은 부분은 그와 관련된 내용일 것입니다.

16 규빈이처럼 필요한 내용만 읽은 경험을 떠올려 써 봅니다.
채점 기준 필요한 부분만 찾아 빨리 읽은 경험을 썼으면 정답으로 인정합니다.

17 지완이는 고려청자에 대해 모르는 외국에서 온 친구에게 고려청자를 알려 주고 싶어서 글을 자세하게 읽었습니다.

18 고려는 청자를 만드는 우수한 기술력과 아름다움을 인정받아 다른 나라 사람들에게 사랑을 받았다고 하였습니다.

20 지완이는 이 글에서 고려청자의 뛰어난 점을 살펴보고, 자신이 아는 내용과 비교하면서 읽으려고 합니다. 따라서 글을 자세히 읽을 것이라고 말한 채원이가 알맞게 말한 것입니다.

21 지완이는 자세히 읽기 방법으로 글을 읽었습니다. 자세히 읽는 방법은 글에 필요한 내용이 있다는 것을 아는 상태이므로 ③과 같이 전체를 훑어보는 것은 맞지 않습니다.

22 고려청자는 그릇의 실용성을 넘어 예술적 아름다움을 지니고 있습니다.

23 주로 글 **5**에 나와 있는 내용으로, 고려청자의 우수성에 대해 정리하기 위한 내용입니다.

24 외국에서 온 친구에게 고려청자를 알려 주려면 글을 자세히 읽어야 합니다. (1)은 훑어 읽는 방법에 해당합니다.

실천 ☺ 131쪽

핵심내용 ❶ 방정환

1 ④   **2** (3) ○   **3** ③   **4** 예 나는 언제나 읽을 책을 가방에 넣고 다닌다. 그래서 시간이 생길 때마다 조금씩이라도 책을 읽는다.

1 세종 대왕은 같은 책을 백 번 읽고 백 번 쓰면 책 내용을 잊지 않는다고 하였습니다.

2 헬렌 켈러는 읽는 데 어려움이 있어서 대상과 감정을 상상하며 책을 읽는 방법을 선택한 것입니다.

3 방정환은 글 내용을 오랫동안 기억하려면 직접 겪어 보라고 하였습니다.

4 책을 읽는 자신만의 방법을 생각해 써 봅니다.
채점 기준 책을 읽는 자신만의 방법을 썼으면 정답으로 인정합니다

➕ 단원 어휘 다지기 132쪽

1 (1) 푸른색 (2) 옹기 (3) 물 (4) 기체   **2** ④   **3** (1) 썼다 (2) 만들 수 있었다 (3) 맞을 것이라고   **4** (1) 반 (2) 반 (3) 반 (4) 비   **5** (1) ×   **6** 채민

1 '비색'은 밝고 은은한 푸른색에 가까운 빛깔을, '도공'은 옹기 만드는 일을 직업으로 하는 사람을, '연적'은 벼루에 먹을 갈 때 쓰는, 물을 담아 두는 그릇을, '기포'는 기체가 들어가 거품처럼 둥그렇게 부풀어 있는 것을 뜻하는 말입니다.

2 존재를 드러내어 보인다는 뜻의 관용 표현은 '명함을 내밀다'입니다.

3 (1) '정보 무늬를 쓰기 전'이라는 말로 보아 과거 시간을 나타내는 '썼다'가 어울립니다. (2) '고려청자를 만든 시기'라는 말로 보아 과거 시간을 나타내는 '만들 수 있었다'가 어울립니다. (3) '다가올 미래'라는 말로 보아 미래 시간을 나타내는 '맞을 것이라고'가 어울립니다.

4 '천하제일'과 '천하무쌍'은 뜻이 비슷하여 서로 바꾸어 쓸 수 있는 말이고, 나머지는 뜻이 서로 반대되는 말입니다.

5 '패기'는 어려운 일이라도 해내려는 굳센 기상이나 정신을 뜻하는 말로, 경기에 진 선수들 얼굴에 넘쳐 보이기 힘든 것이므로 쓰임이 알맞지 않은 것은 (1)입니다.

6 구름과 학의 형상을 팠다는 것이므로 채민이가 말한 뜻이 알맞습니다.

☀ 단원 평가
133~135쪽

1 (1) ○ **2** (2) ○ **3** ③ **4** 빠른 응답 **5** (2) ○ (3) ○ **6** 민서 **7** (1) 예 정보 무늬는 그 일부를 지워도 사용할 수 있다는 내용이다. (2) 예 설명하는 대상과 관련한 자료를 찾아본다. **8** ③ **9** ④ **10** (1) ○ (3) ○ **11** 종석 **12** ② **13** 예 미래 사회에는 많은 변화가 있을 것이므로 미래 사회에 필요한 사람이 갖추어야 할 것을 근거로 제시한 글쓴이의 주장은 타당하다고 생각한다. **14** (1) ○ **15** ②, ⑤ **16** ② **17** ④ **18** 비색 **19** 예 고려청자에 대해 소개하려고 할 때 필요한 내용을 찾으며 자세하고 꼼꼼히 읽는다. **20** 대상과 감정을 상상하며 읽기

1 친구들은 어떤 경우에 글을 읽는지에 대해 말하고 있습니다.

2 목적에 맞게 글을 찾아 읽으면 알고 싶은 정보에 대해 정확하고 자세히 알 수 있습니다.

3 이 글은 정보 무늬에 대해 설명하는 글입니다.

4 큐아르는 '빠른 응답'이라는 영어의 줄임 말입니다.

5 정보 무늬를 쓰기 전에는 막대 표시를 주로 썼습니다.

6 정보 무늬의 위치를 지정하는 문양은 어느 각도에서 찍어도 내용을 확인할 수 있도록 도와주기 때문에 일부를 지워도 사용할 수 있습니다.

7 내용을 확인해 보고 싶은 부분을 찾고 어떻게 그 내용을 확인할 수 있을지 생각해 봅니다.

8 이 글은 주장하는 글로, ③은 설명하는 글을 읽을 때 고려할 점입니다.

9 가까운 미래에는 인공 지능이 발달하고 새로운 기술을 많이 개발해서 지금까지 살던 모습과는 다를 것이라고 하였습니다.

10 정해진 답을 찾기보다 새로운 방식으로 문제를 해결하는 사람이 필요하다고 하였으므로 (2)의 기주는 글쓴이가 말한 미래 사회에 필요한 인물의 모습이 아닙니다.

11 윤하는 '정해진 답을 찾기보다 새로운 방식으로 문제를 해결하는 사람'이 필요한 까닭을 말하였습니다.

12 글쓴이는 많은 것이 달라질 미래 사회에 필요한 사람이 될 것을 주장하고 있습니다.

13 '미래 사회에 필요한 사람이 되자.'라는 글쓴이의 주장에 대해 어떻게 생각하는지 까닭을 들어 글로 써 봅니다.

14 필요한 내용이 있는지 훑어보며 읽은 친구는 규빈이입니다.

15 글 ㈏에서는 빛깔, 글 ㈐에서는 상감 기법에 대해 설명하고 있습니다.

16 밑줄 그은 부분은 고려청자의 빛깔인 비색을 설명한 부분으로, 빛깔을 중심으로 발표 내용을 준비할 것입니다.

17 고려청자의 상감 기법이 중국에서 먼저 사용했다는 설명은 나와 있지 않고, 우리 고유의 독창적인 도자기 장식 기법이라고 하였습니다.

18 청자의 색이 짙고 푸른색 윤이 나는 구슬인 비취옥과 색깔이 닮아서 고려청자의 빛깔을 '비색'이라 불렀습니다.

19 이미 자신에게 필요한 정보가 담긴 글임을 알고 소개하는 글을 쓰기 위해 글을 읽을 때 고려해야 할 점을 생각해 봅니다.

20 헬렌 켈러는 듣지도, 보지도, 말하지도 못해 책을 읽는 데 어려움이 있어서 평소 느끼지 못했던 대상과 감정을 상상하는 방법으로 책을 읽었습니다.

📝 서술형 평가 136쪽

1 1단계 정보 무늬 2단계 ⑩ 정보 무늬를 보거나 써 본 경험을 떠올려 보자. 3단계 (1) ⑩ '빠른 응답'이라는 뜻이다. (2) ⑩ 스마트폰 응용 프로그램으로 정보 무늬를 찍는다. (3) ⑩ 정보 무늬는 누가 만드나요? (4) ⑩ 누구나 만들 수 있다.

2 (1) ⑩ 동화 (2) ⑩ 재미있는 이야기를 읽고 싶어서 (3) ⑩ 역사 이야기 (4) ⑩ 학교 모둠 과제를 해결하기 위해서

3 (1) ⑩ 메모하며 읽기이다. (2) ⑩ 집에서 과제를 해결할 때이다. (3) ⑩ 읽은 내용을 정리할 수 있다. (4) ⑩ 중요한 내용이 있는 책, 알고 싶은 정보가 있는 책이다.

1 1단계 이 글은 정보 무늬의 뜻, 사용 방법, 특징 등에 대해 설명하는 글입니다.

2단계 무엇을 설명하는지, 설명하는 내용이 무엇인지, 이미 알고 있는 내용이 무엇인지 등을 고려해 내용의 정확성을 판단할 수 있습니다.

채점 기준	
설명하는 글을 읽을 때 고려할 점을 생각하여 이 글의 구체적 내용을 적용하여 쓴 경우	5점

3단계 글의 내용에 알맞은 답을 쓰고, 글을 읽고 만들 수 있는 질문을 생각해 봅니다.

채점 기준	
질문에 알맞은 답을 쓰고, 또 다른 질문과 답을 만들어 쓴 경우	8점
(1)~(4) 중 일부분만 맞게 쓴 경우	각 2점

2 자신이 언제 어떤 글을 읽었는지 글의 종류와 글을 찾아 읽은 까닭을 생각해 봅니다.

채점 기준	
글의 종류와 글을 읽은 까닭을 모두 쓴 경우	8점
글의 종류만 쓰고 글을 읽은 까닭은 쓰지 못한 경우	4점

3 자신의 읽기 방법을 떠올려 어떻게 읽는 것인지, 언제 어디서 읽는지 등을 표에 정리해 봅니다.

채점 기준	
(1)~(4)의 각 항목에 따라 자신의 읽기 방법을 잘 정리하여 쓴 경우	12점
(1)~(4) 중 일부분만 쓴 경우	각 3점

😎 수행 평가 137쪽

1 (1) ⑩ 필요한 내용을 찾기 위해 글 전체의 내용을 훑어 읽는다. (2) ⑩ 필요한 내용을 찾으며 글을 처음부터 자세하고 꼼꼼하게 읽는다. **2** (1) ⑩ 맑고 은은한 푸른 녹색, 비취옥 색을 닮아 '비색'이라고 함. (2) ⑩ 대접과 접시, 잔, 항아리, 병, 찻잔 따위를 비롯해 베개와 기와까지도 만듦. (3) ⑩ 유려한 곡선, 아름다운 무늬, 고려인들의 독창성과 뛰어난 기술력

1 규빈이는 자신에게 필요한 내용이 있는지 찾아봐야 하고, 지완이는 자신에게 필요한 정보가 글에 있다는 것을 이미 알고 있으므로 글을 자세하고 꼼꼼하게 읽어야 합니다.

채점 기준	
규빈이와 지완이에게 알맞은 읽기 방법을 모두 쓴 경우	10점
두 사람 중 어느 한 사람의 읽기 방법만 알맞게 쓴 경우	5점

2 글 가~다의 내용을 정리해 각 항목에 맞게 중요한 내용을 씁니다.

채점 기준	
고려청자의 빛깔, 사용, 우수성에 맞게 글의 중요한 내용을 각각 잘 간추려 쓴 경우	15점
여러 항목 중 두 가지만 간추려 쓰거나, 쓴 내용이 중요한 부분을 간추리지 못한 경우	10점
여러 항목 중 한 가지만 간추려 쓰거나, 쓴 내용이 중요한 부분을 간추리지 못한 경우	5점

10 주인공이 되어

😊 개념 확인하기 138쪽

1 기억 카드 **2** ㉮, ㉰ **3** (2) ○ (3) ○ **4** 주제

준비 😊 139쪽

1 가 → 나 → 다 → 라 **2** 가, 나 **3** ①, ②, ⑤ **4** ①, ③, ⑤ **5** ④ **6** ③

1 겪은 일의 차례는 '세 살 때 → 일곱 살 때 → 여덟 살 때 → 5학년 때'입니다.

2 그림의 내용과 인물의 나이로 보아, 가와 나는 가정에서 일어난 일이고, 다와 라는 학교에서 일어난 일입니다.

4 기억 카드의 앞면에는 카드 번호와 기억에 남는 일, 이름을 씁니다.

5 주찬이는 지난봄 운동회에서 친구들과 경기한 일에 대해 기억 카드의 뒷면에 행복한 느낌을 나타냈습니다.

6 이야기를 만들려면 자신이 자세히 알고 있는 기억이어야 하고, 친구들이 흥미를 보이는 기억이어야 합니다.

기본 😊   140~147쪽

핵심내용 ❶ 이로운   ❷ 제하   ❸ 교실   ❹ 해결   ❺ 사건

1 ④   **2** (황)제하   **3** 사과   **4** ①, ④   **5** (1) 예 아침 (수업 시작 전) (2) 복도(화장실 옆 계단 구석)   **6** ⑤   **7** ②   **8** 예 뭐든지 무조건 잘하기만 하면 누구든지 자신을 깔보지 못할 것이라고 생각했기 때문이다.   **9** ②, ③   **10** ①, ②   **11** 예 거짓말을 하다가 친구들 앞에서 창피를 당했다.   **12** 예 제하를 잘 이해하고 다시 생각하게 된 것   **13** 제하, 합창 연습   **14** ④   **15** 누나와 명찬이 반장   **16** ⑤   **17** 누나   **18** 예 말썽 많고 숙제도 잘 안 해 오는 아이에서 친구들을 돕고 봉사할 줄 아는 반장으로 변했다.   **19** ③   **20** 수현   **21** ⑤   **22** ②   **23** (1) 교실 (2) 체육 시간   **24** ㉮, ㉯, ㉱   **25** (1) 차례 (2) 이해 (3) 해결 (4) 제목 (5) 사건   **26** ②   **27** 며칠째 봄비가 내리던 날 체육 시간   **28** 대화   **29** 서현   **30** (1) 체육 시간 (2) 체육관   **31** (1) ㉮ (2) ㉯ (3) ㉲   **32** ①, ④   **33** 예 '나'와 인국이가 대화하면서 사이가 좋아진 내용이 이어져야 한다.

1 이로운이 2학기 반장으로 뽑히자, 선생님과 친구들의 신임을 받는 1학기 반장 황제하가 반장 도우미를 했습니다.

3 '치사한 놈, 내가 자존심 다 접고 먼저 사과했는데…….'라는 부분을 통해 짐작할 수 있습니다.

4 제하가 학교에 오기를 기다리고 있을 때 로운이의 마음이 어떠했는지 살펴봅니다.
> ❗ **오답 피하기**
> ① 귀찮은 마음은 들지 않습니다.
> ④ 초조하고 불안했지 여유롭지는 않았습니다.

5 로운이와 제하는 아침에 화장실 옆 계단 구석에서 이야기를 나누며 기분 좋게 화해하였습니다.

6 제하가 전학 가는 걸 포기했는지 궁금했던 로운이는 제하와 기분 좋게 화해를 하면서 기분이 풀렸습니다.

---

8 글 **2**에서 그동안 제하가 어떤 생각을 가지고 있었는지 짐작할 수 있습니다.
> **채점 기준** 뭐든지 무조건 잘하기만 하면 누구도 자신을 깔보지 못할 것이라는 생각이 드러나게 썼으면 정답으로 인정합니다.

9 자신의 속마음을 다정한 말투로 솔직하게 털어놓으면서 로운이와 제하는 서로를 더욱 잘 이해하게 되었습니다.

11 ㉡에서 제하가 후회하는 내용을 통해 예전에 어떤 잘못을 하였는지 짐작하여 써 봅니다.
> **채점 기준** 이야기의 앞뒤 내용이 자연스럽게 연결되도록 제하가 어떤 잘못을 했는지 짐작하여 썼으면 정답으로 인정합니다.

12 로운이는 대화를 통해 제하의 마음을 이해하고 제하를 꽤 괜찮은 녀석이라고 생각하게 되었습니다.

14 반 아이들은 제하와 합창 연습을 하면서 평화롭게 학교 생활을 하였습니다.

16 명찬이 반장은 어눌한 말투였지만 밝고 경쾌하며 생글생글 해맑게 웃고 있었습니다.
> ❗ **오답 피하기**
> 명찬이 반장은 운동회에서 나를 보자마자 생글생글 웃으며 인사를 건넨 것으로 보아, 낯을 가리는 성격이 아닙니다.

17 밝고 경쾌한 명찬이 반장을 보고 로운이는 명찬이 반장을 좋아하는 누나를 이해하는 마음을 갖게 되었습니다.

18 로운이의 성격이나 태도가 반장이 되기 전과 반장이 되고 나서 어떻게 달라졌는지 비교하여 써 봅니다.
> **채점 기준** 로운이의 성격이나 태도의 변화가 잘 드러나게 썼으면 정답으로 인정합니다.

19 누나와 친구들이 반장이 되고 싶어 하는 것을 보고 로운이는 기쁘고 흐뭇한 마음이 들었을 것입니다.

20 자신의 이야기를 다른 사람의 이야기를 쓰듯이 쓸 수 있으므로 좀 더 솔직하게 쓸 수 있습니다.

22 축구를 하다가 성훈이와 말다툼을 한 것은 민영이가 아니라 진주입니다.

23 **1**~**5**의 그림 내용과 대화를 자세히 살펴보고 사건이 일어난 때와 장소를 정리해 봅니다.

24 등장인물의 생김새를 자세하게 표현하거나 나이를 바꾸어 쓰는 것은 사건을 이야기로 표현하는 방법으로 알맞지 않습니다.

25 경험을 이야기로 표현할 때 있었던 일만 써야 하는 것이 아니라, 필요하다면 사건을 지어서 쓸 수도 있습니다.

27 ‘나’와 인국이가 5학년이 되어 친해진 것은 며칠째 봄비가 내리던 날 체육 시간 때문이라고 하였습니다.

28 이 글의 제목 ‘대화가 필요해’에는 ‘나’와 인국이가 대화를 하여 서로 오해를 풀기를 바라는 글쓴이의 생각이 담겨 있습니다.

29 이 글에서는 인물에게 일어난 일을 대화 글을 많이 사용하여 생생하고 실감 나게 표현했습니다.

31 ㉯는 이야기를 시작하고 배경과 인물을 설명하는 단계입니다.

32 읽는 사람이 쉽게 이해하도록 인물을 설명하듯이 쓴 부분이 있고, 오랜 시간에 걸쳐 있었던 일이 나타나 있습니다.

33 이야기의 마지막 부분은 사건을 어떻게 해결했는지 나타나야 읽는 사람이 잘 이해할 수 있습니다.

> **채점 기준** ‘나’와 인국이가 대화하면서 사이가 좋아진 내용을 썼으면 정답으로 인정합니다.

➕ 단원 어휘 다지기　　　　148쪽

1 (1) ㉯ (2) ㉮ (3) ㉱ (4) ㉰ 　**2** (1) 느물느물 (2) 덥석
(3) 우두커니 　**3** ⑤ 　**4** (2) ○ 　**5** (1) 꽤 (2) 꾀 　**6**
(1) ③ (2) ① (3) ②

---

1 ㉮는 ‘신임’, ㉯는 ‘농담’, ㉱는 ‘함성’, ㉰는 ‘장마’의 뜻입니다.

2 (1)에는 행동이나 말을 자꾸 능글맞게 하는 모양을 나타내는 말인 ‘느물느물’을, (2)에는 왈칵 달려들어 닝큼 물거나 움켜잡는 모양을 나타내는 말인 ‘덥석’을, (3)에는 넋이 나간 듯이 가만히 한자리에 서 있거나 앉아 있는 모양을 나타내는 말인 ‘우두커니’를 쓰는 것이 알맞습니다.

3 카카오나무 열매의 씨를 볶아 만든 가루에 우유, 설탕, 향료 따위를 섞어 만든 것을 뜻하는 낱말은 ‘초콜릿’이라고 쓰는 것이 알맞습니다.

4 단위를 나타내는 말은 띄어 써야 하므로 (1)에서는 ‘열한∨살이야’와 같이 띄어 써야 하고, (3)에서는 ‘한∨뼘쯤’과 같이 띄어 써야 합니다.

5 (1)은 괜찮은 정도를 나타내는 말이므로 ‘꽤’가 알맞고, (2)는 우유를 먹지 않을 묘한 생각이나 수단을 나타내는 말이므로 ‘꾀’가 알맞습니다.

6 (1)은 ‘눈치를 보다’, (2)는 ‘혀를 차다’, (3)은 ‘뜸을 들이다’의 뜻입니다.

💡 단원 평가　　　　149~151쪽

1 ② 　**2** ④ 　**3** ⑳ 우리 반 친구들이 다 함께 모여 합창 대회 연습을 한 일이 가장 기억에 남는다. 　**4** 해진 　**5** 잘 못 뽑은 반장 　**6** ③ 　**7** 교실 　**8** ①, ②, ⑤ 　**9** 전학 　**10** ② 　**11** (2) ○ 　**12** ② 　**13** ⑳ ‘나’와 제하가 화해하고 이제부터 잘 지내보기로 한 것이다. 　**14** 겨울 　**15** ⑤ 　**16** ③ 　**17** ⑳ 일기나 생활문에 비해 긴 기간에 걸친 사건을 어떻게 해결했는지 잘 나타나 있다. 　**18** ‘나(상은)’, 인국, 선생님 　**19** ④ 　**20** ②

---

1 잘못을 저질러서 부모님께 꾸중을 듣거나 선생님께 야단을 맞은 일은 비슷한 기억입니다.

3 5학년이 되어 겪은 일 가운데에서 가장 기억에 남는 일을 떠올려 구체적으로 써 봅니다.

> **채점 기준**
> | 기억에 남는 일을 떠올려 구체적으로 쓴 경우 | 5점 |
> |---|---|
> | 기억에 남는 일을 떠올려 썼으나 구체적으로 쓰지 못한 경우 | 3점 |

4 누구나 경험해 본 내용을 이야기로 만들면 친구들의 흥미를 끌기 어렵습니다.

6 로운이가 조금씩 친구들과 사이가 좋아지자, 제하는 이를 시기하였습니다.

8 ‘나’는 제하를 기다리며 초조하고 불안하며 짜증이 밀려오기도 했습니다.

10 ㉠에는 제하를 보고 반가워하는 ‘나’의 마음이 나타나 있습니다.

11 제하는 잘 못하는 걸 잘하는 척하는 것은 부끄러운 일이고, 못하는 것은 못한다고 솔직하게 말하는 것이 진짜 당당해지는 방법이라는 것을 깨달았습니다.

12 제하는 자신이 잘못한 일을 후회하며 ‘나’에게 다정한 말투와 행동으로 잘 지내보자고 말했습니다.

13 ‘나’와 제하는 갈등을 풀고 이제부터 잘 지내보기로 하였습니다.

14 찬 바람이 불고 겨울 방학이 다가왔다는 것으로 보아 겨울이라는 것을 알 수 있습니다.

16 ㉠은 키가 자랐을 뿐만 아니라 정신적으로도 성숙해졌다는 의미가 담겨 있는 표현입니다.

17 이 글은 주인공의 경험을 이야기로 쓴 것으로, 일기나 생활문에 비해 긴 기간에 걸쳐 일어난 사건을 표현했습니다.

📄 서술형 평가

1 **1**단계 피구 경기, 속상 **2**단계 **예** 점심시간에 반 아이들과 축구 경기를 하다가 상대편에게 공을 빼앗겨 골키퍼인 친구와 다툰 일이 있었다. **3**단계 **예** 자신이 잘 알고 있는 내용 / 시간의 흐름이 나타날 수 있는 내용

2 (1) **예** 화음을 나눠서 멋지게 지휘하고, 한 사람씩 일일이 노래를 지도해 주었다. (2) **예** 연습을 시작하기 전에 아이들이 마실 물을 떠다 놓고, 연습이 끝난 뒤에는 교실 정리도 도맡아서 했다.

3 **예** 일기와 다르게 읽는 사람을 생각하면서 글을 썼다. / 억지로 꾸미지 않고 겪은 일을 풀어서 자신의 생각을 솔직하게 썼다.

1 **1**단계 범수는 체육 시간에 피구 경기를 하다가 하준이와 말다툼한 일을 떠올렸고, 그때 슬프고 속상했습니다.

2단계 슬프고 속상했던 경험을 떠올려 간추려 써 봅니다.

채점 기준	
슬프고 속상했던 경험을 떠올려 간추려 쓴 경우	4점
슬프고 속상했던 경험을 떠올려 썼으나, 표현이 자연스럽지 못한 경우	2점

3단계 이야기로 만들기에 좋은 경험의 기준을 생각하여 써 봅니다.

채점 기준	
이야기로 만들기에 좋은 경험의 기준을 두 가지 쓴 경우	4점
이야기로 만들기에 좋은 경험의 기준을 한 가지만 쓴 경우	2점

2 제하가 합창 연습을 맡으면서 우리 반 노래 실력이 몰라보게 달라졌고, '나'도 반장으로서 책임을 다했습니다.

채점 기준	
(1), (2)에 모두 알맞은 내용을 쓴 경우	4점
(1), (2) 중 어느 한 가지만 알맞은 내용을 쓴 경우	2점

3 이 글은 자신의 경험을 이야기로 나타낸 것입니다.

채점 기준	
'나'의 경험을 어떻게 나타냈는지 알맞게 쓴 경우	6점
쓴 내용이 미흡한 경우	3점

👓 수행 평가

1 **예** 지난주 수요일 점심시간에 교실에서 수찬이를 '샌님'이라고 불렀는데, 수찬이가 화를 내며 별명을 부르지 말라고 거친 말을 해서 다투었다. 결국 선생님께서 이 모습을 보셨고 나와 수찬이를 상담실로 불러 잘못을 타이르셨다. **2** (1) **예** '나', 수찬이, 선생님 (2) **예** • 지난주 수요일 점심시간에 교실에서 수찬이를 '샌님'이라고 부름. • 화가 난 수찬이가 별명을 부르지 말라고 거친 말을 해서 다툼. • '나'와 수찬이가 다투는 모습을 보신 선생님께서 상담실로 불러 잘못을 타이르심. (3) **예** 지난주 수요일 점심시간 (4) **예** 교실, 상담실

3 **예** 지난주 수요일 점심시간에 있었던 일이다. 교실 뒤쪽에서 아이들과 십자말풀이를 하다가 책을 읽고 있던 수찬이에게 다가가서 "이봐, 샌님. 십자말풀이 같이 하자." 라고 말했다. 나는 단지 수찬이의 별명을 부른 것이었는데, 수찬이가 갑자기 화를 내며 나에게 "샌님이라고? 이 자식아, 다시 말해 봐." 라고 거친 말을 했다. 기분이 나빠서 수찬이를 노려봤더니 수찬이도 씩씩거리며 나에게 달려들었다. 결국 수찬이와 나는 크게 다투고 말았다. 교실로 들어오시던 선생님께서 이 모습을 보시고 말씀하셨다. "교실에서 친구와 싸우다니…… 정말 실망이야. 준하와 수찬이는 선생님을 따라 상담실로 오렴." 상담실로 가자, 선생님께서 부드러운 목소리로 말씀하셨다. "수찬이가 듣기 싫어하는 별명을 부른 것은 준하가 잘못한 거야. 하지만 듣기 싫은 별명을 불렀다고 해서 친구에게 거친 말을 쓴 것도 잘못이지. 너희 둘 다 앞으로는 다시 이런 일이 없도록 조심하고, 서로 화해하는 거야. 알았지?" 선생님께서 나와 수찬이를 번갈아 쳐다보시며 환하게 웃으셨다. 나와 수찬이도 서로를 바라보며 싱긋 웃었다.

1 자신이 이번 학기에 겪은 일 가운데에서 가장 기억에 남는 일을 자유롭게 떠올려 보고, 그 내용을 간추려 써 봅니다.

2 자신의 경험을 이야기로 어떻게 쓸지 계획하여 보고, 이야기의 흐름대로 인물, 사건, 배경을 간단히 정리하여 봅니다.

3 읽는 사람을 생각하며 사건의 흐름과 인물의 마음이 잘 드러나게 이야기를 써 봅니다.

채점 기준	
읽는 사람을 생각하며 사건의 흐름과 인물의 마음이 잘 드러나게 글로 쓴 경우	20점
사건의 흐름과 인물의 마음이 드러나게 글을 썼으나, 표현이 자연스럽지 못한 경우	15점
사건의 흐름과 인물의 마음이 모두 드러나지 않는 경우	5점

국어

국어 평가대비북

1 대화와 공감

쪽지 시험 155쪽

1 (1) ○ (2) × (3) ○ (4) × **2** (1) ㉯ (2) ㉰ **3** (1)
② (2) ① **4** 뒤 구르기 **5** (1) ○ (2) ○ **6** 공감

1 말은 다시 들을 수 없으니 대화에 집중해야 하며, 대화를 할 때에는 상대의 마음을 살피며 말해야 합니다.

5 상대에게 자신의 진심이 전해지도록 노력해야 하며, 상대가 고민을 편안하게 말할 수 있도록 잘 들어야 합니다.

6 다른 사람의 감정, 의견, 주장 따위에 대해 자신도 그렇다고 느끼는 것을 공감이라고 하는데, 민재와 주민이는 서로의 생각에 공감하며 대화를 나누었습니다.

단원 평가 156~158쪽

1 (3) × **2** 약속 시간에 늦었기 때문에 **3** ②, ⑤ **4**
(1) ○ (3) ○ **5** ① **6** ④ **7** ⑩ 주호는 청소를 열심히 하고 친구를 위해 봉사를 잘하니깐 '봉사왕 주호'라고 부르면 좋겠어. **8** ① **9** ⑩ 재촉 **10** ⑤ **11** ② **12**
⑩ 기분이 나쁜 상태에서는 다른 사람의 말을 잘 받아들이지 않기 때문이다. **13** 받아들일 수 있는 **14** (1) ○ (3)
○ **15** ⑤ **16** ② **17** 공감 **18** ⑩ 남을 돕는 아버지를 자랑스럽게 생각하고 존경할 것이다. **19** 방해, 쉬는 시간 **20** ⑤

1 태일이는 소희의 말에 집중하지 않아서 다시 물었고, 서로 보면서 말을 주고받고 있습니다. 대화를 할 때에는 상대의 마음을 살피며 말하는 것이 중요합니다.

2 은주는 부모님 심부름을 하고 오느라 소희와의 약속 시간보다 늦게 왔습니다.

3 은주는 소희에게 진심으로 늦은 것에 대해 사과하였고, 소희는 그런 은주의 처지를 이해해 주었습니다.

4 누군가를 칭찬할 때는 엄지를 높이 세운 몸짓과 밝은 목소리, 신나고 기쁜 표정이 어울립니다.

5 뒤에 "100점이네. 정말 좋겠다."와 같이 칭찬하기보다는 "그렇게 열심히 하니 좋은 결과가 나오는구나!"와 같이 칭찬하는 것이 좋다는 내용에서 ㉠에 들어갈 내용으로 ①이

가장 적절하다는 것을 알 수 있습니다.

6 칭찬이 힘을 발휘할 수 있도록 하려면 칭찬하는 말에 마음을 담아야 한다고 하였습니다.

7 친구의 칭찬거리에 알맞은 별명을 지어 보고 그 까닭이 잘 드러나게 설명해 봅니다.

채점 기준	
칭찬거리에 알맞은 별명을 짓고 까닭도 함께 제시한 경우	5점
칭찬거리에 알맞은 별명만을 쓴 경우	2점

8 동욱이는 정인이의 얼굴 표정을 보고 걱정거리가 있는지 물어보았습니다.

9 동욱이가 정인이에게 고민을 말하라고 재촉을 해서 어쩔 수 없이 정인이가 고민을 말하였습니다.

10 정인이는 원하지 않는데 동욱이가 정인이의 고민을 마음대로 해결하려고 했기 때문에 화를 냈습니다.

12 마술사가 모모에게 웃게 하여 기분이 좋아지게 한 다음 자신의 말을 들어 보라고 한 까닭을 생각해 봅니다.

채점 기준	
기분 나쁜 상태에서 다른 사람의 말을 받아들이기 어렵다는 내용을 쓴 경우	5점
자신의 말을 잘 듣게 하기 위해서라는 내용을 쓴 경우	2점

13 마술사는 해결 방법으로 먼저 자기 자신을 사랑하라고 하면서 모모가 받아들일 수 있도록 친절하게 설명하였습니다.

14 남을 돕느라 주민이와 할 일을 하지 못한 적은 있지만 주민이 아버지가 가족을 사랑하지 않는 것은 아닙니다.

15 주민이 아빠가 길을 잃은 할머니를 가시는 곳까지 모셔다드리느라고 영화관에 늦게 도착하였습니다.

16 주민이는 아빠를 닮지 않아야겠다고 생각했는데 민재가 자신이 아빠와 비슷하다고 해서 놀랐습니다.

17 민재와 주민이는 서로의 말에 공감하며 대화하였기 때문에 즐겁게 대화를 이어 갈 수 있었습니다.

18 주민이 아빠가 자신의 아빠라고 생각하고 그때의 자신의 느낌을 써 봅니다.

채점 기준	
남을 돕는 아빠를 어떻게 생각하는지 구체적으로 쓴 경우	5점
간략하게 한 단어로 나타낸 경우	2점

19 쉬는 시간에 떠드는 친구들 때문에 책을 읽는 데 방해가 되어 망설이고 있는 상황입니다.

20 이와 같은 상황에서 명진이는 친구의 감정이나 생각에 공감하며 대화를 해야 합니다. 친구들이 명진이의 말에 화를 냈다면 대화를 할 때 친구들의 공감을 얻지 못했기 때문입니다.

📑 서술형 평가   159쪽

1 (1) ⓔ 진지한 표정과 조용한 목소리로 말한다. (2) ⓔ 자신이 하고 싶은 말을 실감 나게 나타낼 수 있다.   **2** ⓔ 소희의 마음을 이해해 주었다.   **3** ⓔ 김나연은 유준수를 칭찬합니다. 왜냐하면 하루도 소홀하지 않고 시간표 당번 역할을 잘하기 때문입니다. 나도 준수처럼 내가 맡은 역할을 열심히 하려고 노력할 것입니다.   **4** (1) ⓔ 고마워, 정아야. 밑그림을 그리는 데 시간이 많이 걸렸나 봐. (2) ⓔ 고마워. 다음에 네가 도움이 필요할 때 내가 꼭 도와줄게.

1 (1) 잘못을 사과할 때는 진지하게 나지막한 목소리로 말하는 것이 어울립니다.
(2) 말을 주고받을 때 표정과 말투가 어떤 역할을 하는지 생각해 봅니다.

채점 기준	
(1)과 (2)를 모두 알맞게 쓴 경우	8점
둘 중 한 가지만 알맞게 답한 경우	4점

2 소희에게 있었던 일을 듣고 난 태일이는 소희의 말에 반응하고 공감해 주었습니다.

채점 기준	
소희의 처지나 상황, 마음을 이해하였다는 내용을 쓴 경우	3점
소희의 말을 잘 들었다고 단순하게 쓴 경우	1점

3 주변에서 칭찬거리가 있는 친구를 떠올려 조건 에 맞게 써 봅니다.

채점 기준	
칭찬할 친구를 조건 에 맞게 쓰고, 칭찬하는 까닭도 알맞게 쓴 경우	6점
칭찬할 친구를 썼지만 까닭을 제대로 쓰지 않은 경우	3점

4 정아의 말에 유라가 어떻게 공감의 대화를 나눌 수 있을지 생각하여 써 봅니다.

채점 기준	
㉠과 ㉡에 모두 정아의 말에 공감하는 내용을 쓴 경우	10점
㉠과 ㉡ 중 어느 한 가지만 공감의 말을 알맞게 쓴 경우	5점

---

2 작품을 감상해요

📝 쪽지 시험   160쪽

1 (1) 이해 (2) 생생 (3) 마음 (4) 실감   **2** (1) 이화학당 (2) 독립 만세 운동   **3** (1) ③ (2) ② (3) ①   **4** 시조   **5** (1) 같은 점 (2) 다른 점 (3) 다른 점   **6** (1) ◯

2 유관순은 이화학당에 입학했고, 나라를 찾기 위해 독립 만세 운동을 했습니다.

💡 단원 평가   161~163쪽

1 1902, 충청남도   **2** ①   **3** ③, ⑤   **4** ⓔ (아우내 장터에 모여) 독립 만세를 부르는 일   **5** (2) ×   **6** ③   **7** ①, ③, ④   **8** ②, ④   **9** ⓔ "출렁출렁"이라는 표현에서 길을 잡아당겨 원하는 것이 이루어졌으면 하는 간절한 마음이 느껴진다.   **10** ⓔ 꼭꼭 밟아야 아픈 허리가 시원하기 때문에   **11** ④   **12** (1) ◯ (3) ◯   **13** ⓔ 시에서 "할머니 아픈 허리는 왜 밟아야 시원할까요?"라는 표현은 '내'가 평소 할머니의 허리를 자주 밟아 드리면서 생각한 것이기 때문이다.   **14** (2) ◯   **15** 컴퓨터 바깥의 세상   **16** 덕실이가 말을 한다   **17** ②   **18** ⓔ 다음 날 일어나 보니 모든 것이 꿈이었고, 덕실이가 "왈왈" 하고 아침밥을 달라고 짖었다. / 덕실이가 말한 대로 하니 자기와 똑같은 가짜 수일이가 서 있었다. 자기 대신 가짜 수일이가 학원에도 가고 엄마 칭찬도 듣자 뭔가 서운한 마음이 들었다.   **19** 현빈   **20** (2) ◯

1 유관순은 1902년 12월 16일, 충청남도 천안의 작은 마을에서 태어났습니다.

2 아버지께서 우리나라가 일본의 침략을 받고 시달리는 것은 나라의 힘이 약한 까닭이라고 하셨습니다.

3 아버지께서는 나라의 힘을 기르려면 서양 문물을 받아들이고 신학문을 배워야 한다는 것과, 여자도 더 배워서 나라의 일꾼이 되어야 한다는 것을 강조하셨습니다.

4 아우내 장터에 모여 독립 만세를 부르는 일을 말합니다.

5 새벽부터 장터에 모여든 사람들은 여느 때보다 몇 곱절은 되었다고 했습니다.

7 1연에서는 지각할까 걱정하는 모습, 3연에서는 그리운 사람이 아른거리는 모습, 1~3연 모두에서는 길을 힘껏 잡아당기는 장면을 떠올릴 수 있습니다.

8 말하는 이는 춥고 배고파서 길을 당겨서 집을 가까이에 놓고 싶을 만큼 집에 빨리 가고 싶어 합니다. 춥고 배고픈 마음에 약간 서럽고 쓸쓸한 마음도 들었을 것입니다.

9 이 시에서 말하는 이의 간절한 마음이나 바람이 담겨 있는 표현을 찾아 까닭과 함께 써 봅니다.

채점 기준	
말하는 이의 마음이 느껴지는 표현이라고 생각하는 부분을 적절한 까닭과 함께 제시한 경우	5점
말하는 이의 마음이 느껴지는 표현이라고 제시한 까닭이 적절하지 않은 경우	2점

10 아픈 허리를 꼭꼭 밟아야 시원하기 때문에 그렇게 말씀하신 것입니다.

11 할머니의 아픈 허리를 밟아 드리면서 할머니께서 아프실까 봐 두려워서 겁이 났던 경험을 떠올린 시로, ④는 전혀 관련이 없는 경험을 떠올린 것입니다.

12 '나'는 할머니의 아픈 허리를 밟다가 "아이쿠!"라는 소리를 내셔서 아프실까 봐 걱정이 되어 자근자근 밟았습니다.

13 시의 첫 번째 줄에 담긴 뜻을 생각해 봅니다.

채점 기준	
시의 첫 번째 줄의 표현을 통해 할머니의 허리를 자주 밟아 드리며 생각한 것이라는 내용을 쓴 경우	5점
첫 번째 줄의 표현에 드러나 있기 때문이라고만 쓰고 구체적인 설명은 하지 않은 경우	3점

15 컴퓨터를 끈 순간 수일이는 컴퓨터 바깥의 세상으로 돌아오게 됩니다.

16 수일이는 덕실이가 자기와 말을 했다고 엄마한테 말했지만 엄마는 쓸데없는 소리 그만하라며 더 이상 듣지도 않고 걸레를 빨러 가 버리셔서 엄마께 서운한 마음이 들었습니다.

17 수일이는 자기 대신 학원에 좀 다녀 줄 또 다른 수일이가 있었으면 좋겠다는 생각을 하였습니다.

18 이야기의 흐름이 자연스럽게 상상하여 써 봅니다.

채점 기준	
어떤 뒷 이야기든 이야기의 흐름이 자연스럽게 재미있게 상상하여 쓴 경우	5점
가짜 수일이를 만들 수 있다거나, 만들 수 없다는 내용만 간략하게 쓴 경우	2점

19 혼자 걷고 있지만 쓸쓸함보다는 나를 먼저 보아 준 꽃과 '내'가 친구 같은 정다운 분위기가 느껴지는 시입니다.

20 1연은 꽃이 피어난 모습을 나타내는 것이므로, (2)가 가장 적절하게 표현한 것입니다.

1 (1) **예** 할머니의 아픈 허리가 나았으면 좋겠다. (2) **예** 손주가 밟아 주니까 아픈 허리가 더 시원하다.   **2 예** 아버지께서 머리에 난 흰머리를 뽑아 달라고 하셔서 뽑아 드린 적이 있어.   **3 예** 아빠 머리카락 색은 왜 자꾸 하얗게 변하는 걸까요? / 아깝다! 아깝다! 하면서도 "뽑아라 뽑아라." 하십니다 / 그래도 나는 아빠의 이마가 넓어질까 조심조심 뽑습니다.   **4 예** "내가 더 나중에 보아서 미안하다."라는 부분이다. 평소 꽃에 무관심했던 점을 미안해하는 마음이 잘 전달되기 때문이다.   **5 예** 나만 화해하고 싶은 줄 알았는데 / 마음이 갈라지는 길목에서 / 먼저 손을 내어 주기를 날마다 기다리고 있었다

1 이 시와 비슷한 경험을 떠올려 그때의 마음을 생각합니다.

채점 기준	
두 인물의 마음을 모두 알맞게 쓴 경우	8점
둘 중 한 가지만 알맞게 답한 경우	4점

2 할아버지나 할머니, 부모님 등 누군가를 위해 안마를 하거나 뭔가를 해 드린 경험을 떠올려 봅니다.

채점 기준	
시의 내용과 비슷한 자기 경험을 떠올려 알맞게 쓴 경우	5점
떠올려 쓴 경험이 시의 내용과 다소 거리가 있는 경우	2점

3 〈문제 **2**번〉에서 떠올린 경험을 바탕으로 시의 형식은 유지하되 내용을 바꿔 봅니다.

채점 기준	
떠올린 경험을 바탕으로 창의적으로 시를 바꾸어 쓴 경우	10점
떠올린 경험으로 시를 바꾸었으나 내용이 어색한 경우	5점

4 인상 깊게 느낀 표현을 생각하여 까닭과 함께 써 봅니다.

채점 기준	
인상 깊은 표현과 그 까닭을 모두 쓴 경우	5점
인상 깊은 표현은 썼으나, 그 까닭은 쓰지 않은 경우	2점

5 친구와 싸우고 화해한 자기 경험이 잘 드러나게 표현을 바꾸어 봅니다.

채점 기준	
친구와 싸운 경험을 떠올려 2연의 내용을 기존의 시 형식에 맞춰 잘 바꿔 쓴 경우	8점
친구와 싸운 경험이 드러나 있으나 기존 시를 제대로 살려 쓰지 못한 경우	4점

3 글을 요약해요

✏️ 쪽지 시험
165쪽

1 (1) 비교·대조 (2) 열거 **2** 비교·대조 **3** ㉡ **4** 에 펠 탑 **5** 아가미 **6** 서윤 **7** 검은색

2 「다보탑과 석가탑」은 두 대상의 공통점과 차이점을 중심으로 설명한 글입니다.

3 「세계의 탑」은 열거의 방법으로 대상을 설명하였습니다.

4 「세계의 탑」에서 설명한 에펠 탑은 프랑스 전체를 상징하는 건축물이기도 합니다.

5 어류는 입으로 물을 삼키고 아가미로 다시 내뱉는 과정에서 산소를 얻는다고 하였습니다.

6 직업의 특성에 따라 특정 색깔의 옷이 일을 하는 데 도움이 되기 때문입니다.

💡 단원 평가
166~168쪽

1 ⑤ **2** 관람 시간 **3** ① **4** 다보탑, 석가탑 **5** 비교·대조 **6** ② **7** ㉠ 다보탑은 십자 모양의 받침 주변에 돌계단을 만들고 그 위에 사각·팔각·원 모양의 돌을 쌓아 올린 반면 석가탑은 사각 평면 받침 위에 돌을 삼 층으로 쌓아 올렸다. **8** ② **9** ④ **10** ②, ⑤ **11** ④ **12** 준상 **13** ⑤ **14** ㉠ 글에서 중요한 부분을 쉽게 알 수 있다. / 중요한 내용을 더 쉽게 기억할 수 있게 해 준다. **15** (1) ○ **16** (1) 평등 (2) 공정 **17** ㉠ 군인은 주변 환경과 상황에 따라 옷 색깔을 달리하여 입는다. **18** (1) ㉮ (2) ㉯ **19** (1) ○ (2) × (3) ○ (4) ○ **20** ④

1 시는 개인의 생각이나 느낌을 짧게 표현한 글로, 설명하는 글이 아닙니다.

2 이 글은 국립중앙박물관의 이용 안내에 대해 설명하는 글입니다. ㉠에는 관람 시간이 들어가야 알맞습니다.

3 6세 이하 어린이는 보호자와 함께하면 관람할 수 있다고 했습니다.

4 이 글은 다보탑과 석가탑의 공통점과 차이점을 찾아 설명하고 있습니다.

5 다보탑과 석가탑의 공통점과 차이점을 찾아 설명하는 비교·대조의 방법으로 설명했습니다.

6 ㉡는 석가탑의 특징입니다.

7 두 탑을 쌓아 올린 방식이 어떻게 다른지 글의 내용을 정리하여 써 봅니다.

채점 기준	
탑을 쌓아 올린 방식을 설명하면서 두 탑의 차이점이 드러나게 쓴 경우	5점
차이점이 드러나게 썼으나 내용이 부족한 경우	2점

8 이 글은 열거의 방법으로 설명하였습니다.

9 피사의 사탑은 종교 목적으로 만들어졌다고 했습니다.

10 동방명주 탑은 1994년에 방송을 송신하려고 세웠고, 중국 전체를 상징하는 건축물이라는 내용은 글에 설명되어 있지 않습니다.

11 이 글은 어류의 다양한 기관에 대해 설명하고 있습니다.

12 어류의 여러 기관을 피부, 아가미, 옆줄을 예로 들어 열거의 방법으로 설명했습니다.

13 ㉠에서 중요하지 않은 내용은 지우고, 세부 내용은 대표하는 말로 바꾸어 중심 내용을 요약합니다.

14 글을 읽고 내용을 간단히 요약했을 때의 좋은 점을 생각해 봅니다.

채점 기준	
예시 답이나 '많은 내용을 공부할 때 도움이 된다.'의 내용으로 답을 쓴 경우	5점

15 이 글은 직업과 옷 색깔의 관계를 특징을 나열해 설명하였습니다. 글 ㉮에서는 글에서 설명하려는 대상을 소개하였고, 글 ㉯와 ㉰에서는 설명하려는 대상의 예를 들었습니다.

16 법관의 검은색 옷은 법 앞에서 모든 사람이 평등하다는 뜻과 공정하게 재판해야 한다는 의미를 담고 있습니다.

17 글 ㉰에서 중요하지 않은 내용은 빼고, 세부 내용은 대표하는 말로 바꾸어 중심 내용을 정리해 봅니다.

채점 기준	
예시 답의 내용으로 요약하여 한 문장으로 쓴 경우	5점
요약한 내용은 적절하나 한 문장으로 간추리지 못한 경우	2점

18 설명하려는 대상의 특징을 잘 드러낼 수 있는 설명 방법을 생각해 봅니다.

19 설명하는 글을 쓸 때에는 읽는 사람이 이해할 수 있는 낱말을 사용해야 합니다.

20 모둠 글쓰기는 ④-⑤-①-②-③의 순서로 글을 씁니다.

📋 서술형 평가 169쪽

1 예 새싹 채소를 가꾸는 일의 차례를 알 수 있다. / 잘 몰랐던 새싹 채소 기르는 방법을 배울 수 있다. **2** 예 씨앗을 미지근한 물에 얼마나 담가 놓아야 하는지에 대한 부분이다. **3** (1) 예 열거 (2) 풀이 참고 **4** 예 병원에서는 위생이 매우 중요한데, 흰색 옷은 더러워졌을 때 쉽게 알아차릴 수 있기 때문이다. **5** 예 사람은 직업에 따라 고유한 색깔 옷을 입는다. 의사나 간호사는 보통 흰색 옷을 입고, 법관은 검은색 옷을 입는다.

1 이 글은 새싹 채소를 가꾸는 방법을 설명한 글로, 이 글을 읽고 어떤 도움을 받을 수 있는지 생각해 봅니다.

채점 기준	
일의 차례나 잘 모르는 것을 알았다는 내용으로 쓴 경우	4점

2 새싹 채소를 가꾸는 과정에서 설명이 부족하거나 설명을 읽고도 잘 모르는 부분을 찾아봅니다.

채점 기준	
'물뿌리개로 얼마나 자주 물을 뿌려 주어야 하는지에 대한 부분', '그릇에 부드러운 헝겊을 얼마나 깔아야 하는지에 대한 부분' 등과 같이 설명이 더 필요한 내용으로 쓴 경우	6점

3 (2)의 답 예

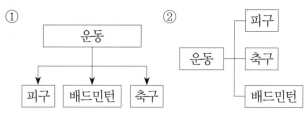

채점 기준	
(1)과 (2)를 모두 알맞게 쓴 경우	8점
(1)과 (2) 중 한 가지만 알맞게 쓴 경우	4점

4 '감염에 민감한 환자들이 ~ 있게 해 준다.'의 문장이 의사나 간호사가 흰색 옷을 입는 까닭에 해당합니다.

채점 기준	
예시 답의 내용으로 구체적으로 쓴 경우	4점
흰색 옷을 입는 까닭은 아나 내용이 자세하지 않은 경우	2점

5 '사람은 직업에 따라 고유한 색깔 옷을 입기도 한다.', '의사나 간호사는 보통 흰색 옷을 입는다.', '법관은 검은색 옷을 입는다.'의 세 중심 문장을 요약하여 씁니다.

채점 기준	
조건 에 맞게 중심 내용이 모두 들어가게 쓴 경우	6점
글을 요약하여 썼지만 두 문단의 중심 내용만 쓴 경우	4점
글을 요약하여 썼지만 한 문단의 중심 내용만 쓴 경우	2점

4 글쓰기의 과정

📝 쪽지 시험 170쪽

1 주어 **2** ㉣ **3** 예 강아지가 아픔. **4** 다발 짓기 **5** (1) ㉠, ㉡, ㉣ (2) ㉢, ㉤ **6** (1) ○ (4) ○ **7** (1) 예 누나가 잠든 아기를 업었다. (2) 예 나는 동생보다 키가 더 크고, 몸무게가 더 무겁다.

2 '목적어'는 문장에서 동작의 대상이 되는 말로, '누구를/무엇을'에 해당하는 부분입니다.

6 시간 흐름과 장소 변화에 따라 일어난 일과 그 일에 대한 생각이나 느낌을 묶어야 합니다.

7 (1)은 동작을 당하는 주어와 서술어의 관계, (2)는 주어와 서술어의 호응 관계를 생각하며 고쳐 써야 합니다.

💡 단원 평가 171~173쪽

1 예 선수가 공을 잡았다. **2** 예 귀엽다 **3** (1) ② (2) ① (3) ③ **4** 나는 떡볶이를 좋아한다. **5** ②, ④, ⑤ **6** 예 '경찰이'와 '도둑을'을 자세하게 꾸며 주는 역할을 한다. **7** ⑤ **8** ② **9** ③, ⑤ **10** 예 짧은 시간 동안 떠오른 생각을 빠르고 간단하게 적어야 한다. **11** ①, ⑤ **12** 삼촌 **13** (1) 3 (2) 1 (3) 4 (4) 2 **14** ④ **15** ①, ③, ④ **16** ⑤ **17** (2) ○ **18** 다발 짓기 **19** ③, ⑤ **20** (1) 예 하늘에 구름이 떠 있고, 별이 반짝입니다. (2) 예 잡곡밥은 맛이 좋고, 색깔이 아름답습니다.

1 문장을 구성하는 성분을 알아보고, 그림의 내용이 잘 드러나는 문장을 써 봅니다.

2 '어떠하다'는 주어의 상태를 풀이해 주는 성분이므로, 빈칸에는 새의 상태나 성질을 나타내는 말을 넣어야 알맞습니다.

3 문장을 구성하는 성분인 '주어, 서술어, 목적어'의 뜻을 정확하게 찾아 선으로 이어 봅니다.

4 문장에서 반드시 있어야 하는 부분은 '주어, 목적어, 서술어'입니다.

5 주어진 문장에서 생각을 표현할 때 반드시 필요한 부분은 '주어, 목적어, 서술어'입니다.

6 주어진 문장에서 밑줄 친 부분은 대상의 상태나 성질 따위를 자세하게 꾸며 주는 역할을 합니다.

채점 기준	
대상을 자세하게 꾸며 준다는 내용을 쓴 경우	5점
대상을 꾸며 준다는 내용을 썼으나 정확하지 못한 경우	3점

7 ⑤'아이들이 운동장에서 달린다.'는 주어와 서술어만으로 이루어진 문장입니다.

8 글을 쓰는 목적과 상황, 읽을 사람에 따라 글의 주제도 달라집니다.

9 ③과 ⑤는 겪었던 일 가운데에서 가정에서 일어난 일에 해당합니다.

10 가는 쓰고 싶은 내용을 자유롭게 떠올려 쓴 것입니다.

채점 기준	
쓰고 싶은 내용을 자유롭게 떠올릴 때 주의할 점을 알맞게 쓴 경우	5점
쓰고 싶은 내용을 자유롭게 떠올릴 때 주의할 점을 썼으나 표현이 자연스럽지 못한 경우	3점

11 나에서는 쓸 내용을 '힘들었던 일, 신기했던 일, 즐거웠던 일'로 나누어서 떠올렸습니다.

12 글쓴이는 삼촌께서 해 주신 달걀말이가 너무 맛있어서 삼촌에게 달걀말이를 만드는 방법을 배워 왔다고 했습니다.

13 글의 가운데 부분에서 달걀말이를 만드는 차례와 방법을 자세하게 설명하고 있습니다.

14 글쓴이가 처음으로 달걀말이를 만든 경험이 이 글의 중심 내용입니다.

15 생각이 잘 조직된 글은 잘 읽히고 내용을 이해하기 쉬울 뿐만 아니라 기억하기도 쉽습니다.

16 ㉠~㉣은 일어난 일이고, ㉤은 일어난 일에 대한 생각이나 느낌입니다.

17 이 글에서는 시간 흐름과 장소 변화에 따라 일어난 일을 차례대로 정리하여 글을 썼습니다.

18 시간 흐름과 장소 변화에 따라 일어난 일에 대한 생각이나 느낌을 묶는 것을 '다발 짓기'라고 합니다.

19 ①과 ②는 시간을 나타내는 말과 서술어의 호응이고, ④는 높임의 대상을 나타내는 말과 서술어의 호응입니다.

20 주어에 호응하는 서술어를 넣거나 서술어에 호응하는 주어를 넣어 문장을 바르게 고쳐 써 봅니다.

채점 기준	
주어진 문장을 두 가지 모두 바르게 고쳐 쓴 경우	5점
주어진 문장 가운데에서 한 가지만 바르게 고쳐 쓴 경우	3점

서술형 평가 — 174쪽

1 예 달걀말이에 필요한 재료, 삼촌께서 가르쳐 주신 달걀말이를 만드는 방법, 달걀말이를 만들 때 주의할 점 **2** 예 신나고 즐거웠을 것이다. **3** (1) 예 삼촌표 달걀말이 도전! (2) 예 달걀말이를 맛있게 만드는 방법을 삼촌께 배웠기 때문이다. **4** 예 일어난 일과 그 일에 대한 생각이나 느낌을 잘 정리하여 읽기 쉽고 이해하기 편한 글을 쓸 수 있다. **5** 예 일어난 일에 대해 글쓴이의 생각을 더 자세하게 썼다. / 글쓴이가 경험한 일에 대한 생각이나 느낌을 더 실감 나게 표현했다.

1 글쓴이는 삼촌께서 해 주신 달걀말이가 너무 맛있어서 만드는 방법을 배워 왔습니다.

채점 기준	
글쓴이가 글을 쓰려고 떠올린 내용을 두 가지 이상 쓴 경우	4점
글쓴이가 글을 쓰려고 떠올린 내용을 한 가지만 간단하게 쓴 경우	2점

2 자신의 경험을 바탕으로 하여 스스로 달걀말이를 만들게 된 글쓴이의 기분이 어떠했을지 짐작하여 봅니다.

채점 기준	
글쓴이의 기분을 짐작하여 알맞게 쓴 경우	4점
글쓴이의 기분을 짐작하여 썼으나 어색한 경우	2점

3 글쓴이가 겪은 일, 그 일에 대한 생각이나 느낌이 잘 드러나게 제목을 붙여 봅니다.

채점 기준	
글의 제목과 그 제목을 붙인 까닭이 잘 어울리게 쓴 경우	8점
글의 제목은 썼으나 그 제목을 붙인 까닭을 잘 쓰지 못한 경우	4점

4 글을 쓰기 전에 내용을 잘 조직하면 쉽게 읽히고 이해도 잘되는 글을 쓸 수 있습니다.

채점 기준	
내용이 잘 조직된 글의 좋은 점을 정확하게 쓴 경우	4점
내용이 잘 조직된 글이 좋다고만 쓴 경우	2점

5 이 밖에도 글쓴이가 한 일, 들은 일, 본 일을 글에서 더 실감 나게 표현했습니다.

채점 기준	
가와 글 나를 비교하여 알맞은 내용을 쓴 경우	8점
가와 글 나를 비교하여 썼으나 정확하지 않은 경우	4점

5 글쓴이의 주장

2 동형어인 낱말은 뜻이 서로 관련이 없지만 다의어의 뜻은 서로 관련이 있습니다.

5 문단의 중심 내용을 확인하기 위해 글이 몇 개의 문단으로 이루어졌는지는 알아볼 수는 있지만 글쓴이의 주장을 파악하는 데 중요한 요소는 아닙니다.

단원 평가 176~178쪽

1 '다리'의 뜻이 여러 가지이기 때문에 **2** ④ **3** ③ **4** ㉠ 준수는 답안지에 답을 적었다. / ㉡ 이번 태풍으로 적지 않은 피해를 입었다. **5** ④ **6** ㉠ 초등학생들이 바깥 활동이 잦은 데다 위험 상황을 판단하고 그에 대처하는 능력이 부족하기 때문에 **7** ②, ④, ⑤ **8** ⑤ **9** ㉠ **10** 민준 **11** ④ **12** 사람이 하기 어렵거나 위험한 일을 대신한다. **13** ㉠ 글쓴이가 자기 주장을 펼치기 위해 중요한 낱말을 반복해 사용한 것이다. **14** (1) ○ **15** 쓰기 윤리 **16** (1) × (2) × **17** ⑤ **18** (1) ○ **19** ③, ④, ⑤ **20** ㉠ 학교 안에서 스마트폰을 사용하도록 허락해서는 안 된다. 스마트폰을 사용하게 되면 공부 시간에 다른 친구에게 방해가 될 수 있다고 생각한다.

1 승현이는 태빈이가 말한 '다리'가 사람의 다리라고 생각했지만, 태빈이는 '안경다리'를 말한 것입니다. 이처럼 '다리'의 뜻이 여러 가지이기 때문에 태빈이의 말을 잘못 이해하였습니다.

2 태빈이가 말한 '다리'는 안경다리를 가리키는 것이므로, ④의 뜻으로 쓰인 낱말입니다.

3 '발'은 '사람이나 동물의 다리 맨 끝부분.', '가늘고 긴 대를 줄로 엮거나, 줄 따위를 여러 개 나란히 늘어뜨려 만든 물건.' 등의 뜻을 가진 낱말입니다.

4 '적다'는 '어떤 내용을 글로 쓰다.', '수효나 분량, 정도가 일정한 기준에 미치지 못하다.'라는 등의 뜻을 가집니다.

채점 기준

'적다'의 서로 다른 뜻을 이용하여 각각의 문장을 만들어 쓴 경우	5점
'적다'의 뜻을 하나만 사용해 문장을 만든 경우	2점

5 두 문단 모두 어린이 보행 중 교통사고를 줄이는 방법에 대해 말하고 있습니다.

6 초등학생의 특성과 관련하여 그 까닭을 찾아볼 수 있습니다. ㉠의 바로 뒤 문장에 나와 있습니다.

8 지금보다 더 발달한 인공 지능이 등장하면 인간은 인공 지능의 지배를 받게 될지도 모르기 때문에 인간 사회가 비극을 맞게 될 것이라고 하였습니다.

9 글쓴이는 인공 지능을 위험한 것으로 보고 있습니다. ㉠에는 이러한 관점이 직접적으로 드러나 있지 않습니다.

10 인공 지능의 위험성을 주장하고 있는 글입니다.

11 많은 사람이 인공 지능의 발달로 삼십 년 안에 현재의 일자리 절반이 사라질 것이라고 걱정합니다.

12 사람이 하기 어렵거나 위험한 일을 인공 지능이 대신할 수 있다고 하였습니다.

13 글쓴이의 주장은 글쓴이가 여러 번 강조해 사용한 낱말을 통해서도 파악할 수 있습니다.

채점 기준

자기 주장을 드러내기 위해 중요한 낱말을 반복 사용했다는 내용을 쓴 경우	5점
중요한 낱말을 반복 사용했다고만 쓴 경우	3점

14 글쓴이는 주장을 드러내기 위해 강조하는 낱말을 여러 번 사용하기도 하지만, 근거를 드러내는 문장을 여러 번 사용하지는 않습니다.

15 글을 쓰는 과정에서 지켜야 하는 여러 가지 규범을 쓰기 윤리라고 하는데, 글을 쓸 때 다른 사람에게 피해를 주지 않으려면 이 규범을 지켜야 합니다.

16 (3)은 쓰기 윤리를 지켜 글을 쓴 경우에 해당합니다.

17 글 ㉯에 글쓴이의 주장을 뒷받침하는 근거가 나와 있습니다. 쓰기 윤리를 지키지 않으면 다른 사람에게 물질이나 정신 피해를 줄 수 있다고 하였습니다.

18 글 ㉮에서 학교 안에서 스마트폰을 사용하지 못하게 하였을 때의 역효과를 말하고, 올바른 스마트폰 사용법을 교육하는 것의 효과를 말하는 것으로 보아, 학교 안에서 스마트폰 사용을 허락해야 한다는 글쓴이의 주장에 찬성하는 의견임을 알 수 있습니다.

19 ①, ②는 학교 안 스마트폰 사용에 반대하는 주장에 대한 근거로 알맞습니다.

20 자신은 학교 안에서 스마트폰을 사용하는 것에 대해 어떤 생각을 가지고 있는지 적절한 근거와 함께 써 봅니다.

채점 기준	
자신의 의견을 적절한 근거와 함께 쓴 경우	5점
자신의 의견은 밝혔으나, 그에 알맞은 근거는 제시하지 못한 경우	2점

📜 서술형 평가   179쪽

1 (1) 예 인공 지능, 위험, 지배 (2) 예 인공 지능, 인류, 미래
2 (1) 예 인공 지능은 위험하다. (2) 예 인공 지능은 인류의 미래를 희망으로 가득하게 만들어 줄 것이다.   **3** 예 인공 지능 개발은 빠른 속도로 이루어지고 있어 과거에는 상상할 수 없던 일들이 이미 현실이 되기도 하였다. 인공 지능의 발달로 인간은 편리함을 얻었지만, 인공 지능은 결코 완벽할 수 없음을 기억해야 한다. 불완전한 인공 지능 기술은 위험한 일을 초래할 수 있다. 기계에서 흔히 나타날 수 있는 판단 오류로 인해 큰 혼란을 야기할 수 있기 때문이다.

1 글 **가**와 **나**에서 두 번 이상 쓰인 낱말 중, 글쓴이의 주장과 관련된다고 생각되는 낱말을 찾아 써 봅니다.

채점 기준	
글 **가**와 **나**에서 가장 많이 쓰인 낱말을 2개 이상 알맞게 찾아 쓴 경우	6점
글 **가**와 **나**에서 많이 쓰인 낱말을 찾아 썼으나 글쓴이의 주장과 관련된 낱말이 아닌 경우	2점

2 글 **가**의 글쓴이는 인공 지능에 대해 부정적인 의견을, 글 **나**의 글쓴이는 긍정적인 의견을 가지고 있습니다.

채점 기준	
인공 지능에 대한 글쓴이의 생각을 모두 알맞게 쓴 경우	8점
글 **가**와 **나** 중 어느 하나만 맞게 쓴 경우	4점

3 인공 지능의 순기능과 역기능 중 어느 쪽에 동의하는지 자기 의견을 정해 근거를 들어 짧은 글을 써 봅니다.

채점 기준	
자신의 주장이 드러나게 근거와 함께 글을 완성한 경우	15점
제대로 된 근거를 들어 글을 쓰지 못한 경우	7점

6 토의하여 해결해요

📝 쪽지 시험   180쪽

1 ②   **2** 의견 모으기   **3** (1) ○ (2) ○ (3) ○   **4** 재영
5 (1) ○ (2) ○ (3) ○   **6** 의견을 결정   **7** 예 복도에서 안전하게 생활하는 방법은 무엇일까?

1 살면서 여러 사람이 협력해 문제 해결 방법을 찾아야 하는 경우에는 토의를 하는 것이 알맞습니다.

2 토의 절차는 '토의 주제 정하기 → 의견 마련하기 → 의견 모으기 → 의견 결정하기'입니다.

5 각 의견의 장단점을 생각해 보고 판단 기준에 따라 알맞은 의견으로 결정합니다.

💡 단원 평가   181~183쪽

1 모둠 과제의 역할을 정하는 방법   **2** ②, ③, ④   **3** 예 여러 사람이 협력해 더 좋은 의견을 찾을 수 있다.   **4** (1) 1 (2) 3 (3) 4 (4) 2   **5** ②   **6** ①   **7** ⑤   **8** 까닭   **9** (1) 예 쉽게 참여할 수 있어서 학생들의 관심을 높일 수 있다. (2) 예 학생들이 지은 삼행시 내용이 학교와 상관없을 수 있다.   **10** ①, ③, ④   **11** 우리 학교 자랑거리 찾기   **12** 예 학급의 날에 무엇을 하면 좋을지 고민하고 있다.   **13** ①, ②, ⑤   **14** 아영   **15** ⑦, ⑭, ⑩   **16** 예 어린이 보호 구역에서 유치원생이 목숨을 잃은 사고   **17** ①   **18** (2) ○ (4) ○   **19** (1) 예 도서관을 편리하게 이용하는 방법은 무엇일까? (2) 예 도서관 책꽂이가 너무 높아서 책을 꺼내기가 어렵다. 따라서 도서관을 편리하게 이용하는 방법을 토의하고 싶다.   **20** (3) ×

1 친구들은 모둠 과제의 역할을 어떻게 정하면 좋을지 토의를 하고 있습니다.

2 토의를 한다고 해서 지식을 쌓거나 자신의 느낌을 다양하게 표현할 수 있는 것은 아닙니다.

3 어떤 문제를 여러 사람이 협력해 해결하는 방법을 토의라고 합니다. 토의를 하면 좋은 점을 생각해 봅니다.

채점 기준	
토의를 하면 좋은 점을 바르게 쓴 경우	5점
토의를 하면 좋은 점을 썼으나 표현이 자연스럽지 못한 경우	3점

4 토의 주제에 맞는 의견을 정해 각 의견의 장단점을 생각해 보고, 판단 기준에 따라 알맞은 의견으로 결정합니다.

5 '의견 마련하기'에서는 토의 주제에 맞게 자신의 의견을 쓰고, 그 의견이 좋은 까닭을 씁니다.

6 '우리나라 수출을 늘리는 방법'은 친구들이 해결할 수 있는 문제가 아니므로 토의 주제로 알맞지 않습니다.

7 학교 주변에 신호등을 설치하는 일을 하는 것은 토의 주제와 관련이 없고 실천할 수도 없는 일입니다.

8 마루는 자신의 의견에 대한 까닭을 설명하지 않았습니다.

9 영재가 말한 의견의 장단점을 생각하여 써 봅니다.

채점 기준	
⑴과 ⑵를 모두 알맞게 쓴 경우	5점
⑴과 ⑵ 중 하나만 쓴 경우	3점

10 우리가 많이 참여할 수 있고 학교를 더 잘 알 수 있는 의견, 장점이 가장 많은 의견으로 결정하기로 했습니다.

11 '우리 학교 자랑거리 찾기' 행사를 하기로 결정했습니다.

12 선생님께서 제안하신 말씀을 듣고 현태는 학급의 날에 무엇을 하면 좋을지 고민하고 있습니다.

13 동생에게 도움을 받거나 부모님께서 만족하실 수 있는 문제를 토의 주제로 삼는 것은 바람직하지 않습니다.

14 아영이는 진수가 말한 의견의 장점을 말했고, 철민이는 진수가 말한 의견의 단점을 말했습니다.

15 내 의견과 비슷한 내용이라고 해서 그 의견이 무조건 알맞다고 판단하면 안 됩니다.

16 어린이 보호 구역에서 유치원생이 교통사고로 목숨을 잃은 것이 문제 상황입니다.

17 전교 학생회에서 '안전한 학교 만들기' 안건을 마련했고, '구청장님께 편지 쓰기'는 실천 방안입니다.

18 어린이 보호 구역 표지판이 너무 작아 가로수에 가려 잘 보이지 않을 뿐만 아니라, 밤에는 어린이 보호 구역을 알아보기조차 힘들다고 했습니다.

19 우리 반의 문제 상황을 해결하기 위한 토의 주제를 생각하여 보고, 그 주제를 고른 까닭이 잘 드러나게 써 봅니다.

채점 기준	
토의하고 싶은 주제와 그 주제를 고른 까닭을 두 가지 모두 알맞게 쓴 경우	5점
토의하고 싶은 주제는 썼으나, 그 주제를 고른 까닭을 제대로 쓰지 못한 경우	3점

20 다른 사람의 의견을 무조건 받아들이는 것이 아니라, 판단 기준에 따라 알맞은 의견을 선택하여 결정해야 합니다.

📝 서술형 평가 184쪽

1 ⑴ 예 학교가 대부분 걸어서 다닐 수 있는 거리에 있고 현장학습은 자주 있는 행사가 아니라서 학교 버스를 마련하는 것은 실현하기 어렵다. ⑵ 예 자신의 제안을 내세우기만 하는 것이 아니라 타당한 근거를 함께 제시해야 한다. **2** ⑴ 예 우리 학교 역사를 찾아보면 좋겠다. ⑵ 예 학교에 대해 좀 더 알게 되면 학교 이름이나 표지를 잘 이해할 수 있기 때문이다. **3** 예 운동장에 나갈 때 친구들이 줄을 빨리 서지 않아 먼저 온 친구들이 매번 기다린다. **4** 예 운동장에 나갈 때 줄을 빨리 설 수 있는 **5** 예 남은 시간을 확인하기 쉬워서 친구들이 좀 더 빨리 준비할 수 있습니다.

1 친구들이 낸 의견이 토의 주제로 알맞은지 판단하여 문제점을 써 봅니다.

채점 기준	
효민이와 수현이가 낸 의견에서 문제점을 찾아 두 가지 모두 알맞게 쓴 경우	8점
효민이와 수현이가 낸 의견에서 문제점을 찾아 한 가지만 알맞게 쓴 경우	4점

2 토의 주제에 맞게 자신의 의견을 정리하여 쓰고, 그 의견이 좋은 까닭을 생각하여 써 봅니다.

채점 기준	
토의 주제에 맞는 의견을 쓰고 그 의견이 좋은 까닭을 알맞게 쓴 경우	8점
토의 주제에 맞는 의견을 썼으나 그 의견이 좋은 까닭을 제대로 쓰지 못한 경우	4점

3 글쓴이는 운동장에 나가려고 줄을 설 때마다 친구들이 늦게 오는 것에 대해 고민하고 있습니다.

채점 기준	
글에 나타난 문제 상황을 찾아 간추려 쓴 경우	4점
글에 나타난 문제 상황을 간추려 썼으나 표현이 자연스럽지 못한 경우	2점

4 문제 상황을 해결할 수 있는 방법을 토의 주제로 정하는 것이 알맞습니다.

채점 기준	
토의 주제로 알맞은 내용을 쓴 경우	4점
토의 주제를 썼으나 정확하지 않은 경우	2점

5 글쓴이가 제안한 의견의 장점을 생각해 써 봅니다.

채점 기준	
글쓴이가 제안한 의견의 좋은 점을 알맞게 쓴 경우	4점
글쓴이가 제안한 의견의 좋은 점을 썼으나 부족한 경우	2점

7 기행문을 써요

📝 쪽지 시험
185쪽

1 기분 **2** 기행문 **3** (1) ① (2) ③ (3) ② **4** ㉮ **5** 다랑쉬오름 **6** 생생하게 **7** 민우

4 '우리 답사의 첫 유적지는 한라산 산천단이었다.'에서 알 수 있습니다.

6 여행하면서 찍은 사진이나 사용한 입장권, 기록한 쪽지 따위로 기행문을 더 생생하게 쓸 수 있습니다.

7 민서가 말한 내용은 기행문의 끝 부분에 씁니다.

💡 단원 평가
186~188쪽

1 (1) ○ **2** ③ **3** 예 여행 때 찍은 사진과 함께 글로 남겨 놓았기 때문이다. **4** 기행문 **5** ①, ④ **6** ⑤ **7** 세화리 송당리 일대 오름 **8** ③ **9** ① **10** ④ **11** 솔밭 사이로 흐르는 계곡 **12** ⑤ **13** 예 한라산에 가 보고 싶다. 백록담이 어떤 모습인지 궁금하기 때문이다. **14** ⑤ **15** ⑤ **16** ③, ④ **17** 견문 **18** (1) 예 여행한 까닭이나 목적 (2) 예 여행을 떠나기 전의 기대와 설렘 **19** ② **20** ㉯

1 (2)는 책을 읽고 기억에 남는 내용을 말하였습니다.

2 제주도를 여행하면서 세계 자연 유산을 많이 알 수 있었다고 했습니다.

3 그림 **3**에서 서윤이는 그때 찍은 사진과 함께 글로 남겨 놓았더니 여행을 기억하기 좋다고 했습니다.

채점 기준	
여행 때 찍은 '사진과 함께 글로 남겨 놓아서'의 내용이 들어가게 답을 쓴 경우	5점
'사진'이나 '글' 중 한 가지 내용만 드러나게 쓴 경우	2점

4 이 글은 제주도를 여행한 여정과 견문, 감상을 적은 기행문입니다.

5 하늘에서 보는 제주도의 풍광은 오름의 산비탈에 수놓듯이 줄지어 있는 산담이 아름답고, 밭작물들이 싱그러워 보인다고 했습니다.

6 올 때마다 보는 제주의 풍광이지만 그것이 철 따라 다르고 날씨 따라 다르기 때문에 언제나 신천지에 오는 것 같은 설렘을 느끼게 된다고 했습니다.

7 글 **가**~**다**의 내용으로 미루어 한라산 산천단에서 세화리 송당리 일대 오름으로 이동했음을 알 수 있습니다.

8 ㉠은 여행하면서 보고 들은 견문에 해당하는 내용입니다.

9 오름 아래 자락에는 삼나무와 편백나무 조림지가 있어 제법 무성하다 싶지만 풀밭을 나오면서 시야가 갑자기 탁 트이고 사방이 멀리 조망되어 제주의 바람이 땀을 씻어 주고 시야가 점점 넓어지면서 가슴이 시원해진다고 했습니다.

10 어리목에서 출발하여 만세 동산을 지나 윗세오름까지 올라 그곳 산장 휴게소에서 도시락을 먹고, 영실로 하산하였다고 했습니다.

11 영실에 들어서면 이내 솔밭 사이로 시원한 계곡물이 흐른다고 했습니다.

12 언제 어느 때 가도 계곡물 소리와 바람 소리, 거기에 계곡을 끼고 도는 안개가 신령스러워 영실이라는 이름에 값한다고 했습니다.

13 제주도에서 가 보고 싶은 곳을 정하고, 그렇게 정한 까닭을 생각하여 써 봅니다.

채점 기준	
제주도에서 가 보고 싶은 곳과 그 까닭을 적절하게 쓴 경우	5점
가 보고 싶은 곳은 썼으나 까닭이 잘 드러나지 않게 쓴 경우	2점

14 ㉠에는 글쓴이의 감상이 드러나 있습니다.

15 오르면 오를수록 이 수직의 기암들이 점점 더 하늘로 치솟아 올라 신비스럽고도 웅장한 모습에 절로 감탄이 나온다고 했습니다.

16 '먼저, 이른 아침에' 따위와 같은 시간 표현을 쓰고, '~에 도착했다, ~로 갔다' 따위의 장소 표현을 씁니다.

17 '~가 있다, ~를 보았다, ~다고 한다'의 표현을 통해 본 것과 들은 것을 나타내었습니다.

18 기행문의 처음에는 설렘, 떠날 때 날씨와 교통편, 도착할 때까지 걸린 시간이나 여행 일정 소개 따위를 보태어 쓸 수도 있습니다.

19 기행문의 가운데에는 인상 깊은 경험이나 이야기, 이동하면서 겪은 일이나 느낌, 새롭게 안 사실 등을 보태어 쓸 수도 있습니다.

20 여행하면서 찍은 사진이나 사용한 입장권, 기록한 쪽지 따위로 기행문을 더 생생하게 쓸 수 있습니다.

1 한라산, 거문오름, 만장굴, 성산 일출봉   **2** 예 현석이는 여행 경험을 글로 남겨 놓지 않아 정확히 말하지 못했고, 서윤이는 사진과 함께 여행 경험을 글로 남겨 놓아 자신 있게 말하였다.   **3** 예 성산 일출봉은 제주 올레 제1경로가 시작되는 곳이다. / 성산 일출봉에는 계단으로 만든 등산로가 나 있다.   **4** 예 ㉢이다. 여행하면서 글쓴이가 생각하거나 느낀 것이 드러나 있기 때문이다.   **5** 예 '이른 아침에', '다음 날 저녁'과 같은 시간 표현을 쓴다. / '~에 도착했다'와 같은 장소 표현을 쓴다.

1 그림 **나** 의 **2** 에서 서윤이가 한 말을 통해서 알 수 있습니다.

채점 기준	
'한라산, 거문오름, 만장굴, 성산 일출봉' 네 가지를 모두 쓴 경우	3점

2 현석이는 여행 경험을 글로 남기지 않아 정확하게 말하지 못했고, 서윤이는 여행 경험을 사진과 글로 남겨 놓아 지난해 다녀온 여행 경험을 자신 있게 말하였습니다.

채점 기준	
여행 경험을 사진과 글로 남겨 놓은 것과 남기지 않은 것의 차이점으로 정리하여 쓴 경우	6점

3 글을 읽고 성산 일출봉에 대해 새롭게 얻은 정보를 정리하여 봅니다.

채점 기준	
글의 내용과 관련지어 새롭게 안 사실을 정리하여 쓴 경우	4점

4 감상은 견문에 대한 생각이나 느낌입니다.

채점 기준	
㉢이 감상임을 알고 그렇게 생각한 까닭을 예시 답의 내용으로 쓴 경우	4점
㉢이 감상인 줄은 아나, 까닭으로 쓴 내용이 적절하지 않은 경우	2점

5 여정은 여행의 과정이나 일정을 말합니다. 예시 문장에서는 '이른 아침에', '~에 도착했다', '다음 날 저녁에', '들른 곳은 ~이다'와 같은 표현을 썼습니다.

채점 기준	
시간 표현이나 장소 표현을 써서 여정을 드러내야 함을 자세히 설명하여 쓴 경우	5점
'시간 표현을 쓴다, 장소 표현을 쓴다'와 같이 설명이 간단한 경우	3점

8 아는 것과 새롭게 안 것

1 단일어   **2** 손, 수레   **3** ㉮   **4** 예 가야금, 아쟁   **5** (2) ○ (3) ○   **6** 서윤   **7** (1) 예 과일즙 (2) 예 소리 샘

1 '가위, 치약, 세수' 등과 같은 말이 해당합니다.

2 '손수레'는 '손'과 '수레'라는 낱말을 합해서 만들었습니다.

3 '길이'는 단일어로, '길'과 '이'로 나누면 뜻이 없어집니다.

4 명주실은 거문고, 가야금, 아쟁, 해금 같은 악기의 줄로 쓰입니다.

5 지구 온난화와 환경 오염 등으로 동물의 서식지가 줄어들고 있고, 토종 동물이 다른 나라에서 들어온 동물과 벌이는 생존 경쟁에서 밀려나 사라지는 경우도 있다고 하였습니다.

6 '반달가슴곰'은 '반달가슴'과 '곰'을 합해서 만들었습니다.

7 외래어나 외국어의 뜻을 생각해 보고, 어울리는 우리말을 생각하여 새말로 바꾸어 봅니다.

1 ①   **2** (1) 방울 + 토마토 (2) 예 일반 토마토보다 훨씬 작으며, 방울 모양의 토마토.   **3** ⑤   **4** 예 밥주걱, 보리밥   **5** ④   **6** (2) ○   **7** ②   **8** 지휘자   **9** ⑤   **10** ③   **11** 예 돌이 전통 악기의 재료로 이용된다는 것을 알게 되었다.   **12** ②   **13** ③   **14** 사람들   **15** (2) ○   **16** ①, ②, ④   **17** 그 지역의 생태계가 잘 유지된다는 증거   **18** ㉡   **19** ④   **20** (1) 예 재주 마당 (2) 예 재주와 마당을 합해 친구들의 재주가 모이는 곳이라는 뜻을 지닌 말을 만들었다.

1 '복합어'는 뜻이 있는 두 낱말을 합한 낱말(예 검붉다, 산딸기, 바늘방석)과 뜻을 더해 주는 말과 뜻이 있는 낱말을 합한 낱말(예 맨주먹)을 말합니다.

2 '방울토마토'는 어떤 낱말들을 합해서 만든 낱말인지 살펴보고 아는 뜻을 바탕으로 하여 짐작해 봅니다.

채점 기준	
(1)과 (2)를 모두 알맞게 쓴 경우	5점
(1)과 (2) 중 한 가지만 알맞게 쓴 경우	2점

3 '풋-'은 '처음 나온' 또는 '덜 익은'이라는 뜻입니다.

4 '밥'이라는 낱말에 다른 낱말을 합해서 '쌀밥, 보리밥, 밥그릇'과 같은 낱말을 만들 수 있습니다.

5 '생황'은 박으로 만든 공명통에 서로 길이가 다른 여러 개의 대나무 관이 꽂혀 있는 악기입니다.

6 전통 악기 박물관에서 생황을 보았던 경험을 떠올리며 글을 읽었습니다.

7 ㉠은 '초가'와 '지붕'을 합해 만든 복합어입니다.

8 박은 단단한 나뭇조각 여섯 개의 한쪽 끝을 모아 묶은 악기로, 박을 연주하는 사람은 지휘자와 같은 역할을 한다고 했습니다.

9 돌로 만든 악기는 음의 변화가 거의 없어서 다른 악기의 음을 맞추거나 고르게 할 때 기준이 됩니다.

10 편경은 주로 궁중에서 제사를 지낼 때 쓰인다고 했습니다.

11 전통 악기에 대한 이 글을 읽고 새롭게 안 내용이나 더 알고 싶은 내용을 정리해 봅니다.

채점 기준	
답으로 쓴 내용이 글의 내용과 관련이 있고, 적절한 경우	5점

12 ②의 내용은 겪은 일을 떠올리며 글을 읽을 때의 좋은 점과 관련이 없습니다.

13 '반달가슴곰' 낱말의 짜임을 생각할 때 곰 가슴에 반달 모양이 있을 것 같습니다.

14 "하지만 문제는 바로 사람들!"의 문장에서 반달가슴곰을 위협하는 대상이 무엇인지 짐작할 수 있습니다.

15 반달가슴곰이 지리산에 있다는 것은 지리산의 생태계가 잘 돌아가는 것을 의미합니다.

16 멸종 위기 동물을 천연기념물로 지정해 보호하고, 우리나라 고유의 생물들을 보존하기 위한 방법으로 깃대종과 지표종을 만들었습니다.

17 깃대종이 잘 보존된다면 그 지역의 생태계가 잘 유지된다는 증거로 볼 수 있습니다.

18 '비단벌레'는 '비단'과 '벌레'를 합한 낱말로, 비단처럼 부드럽고 광택이 나는 벌레일 것 같습니다.

19 선생님께서는 정성껏 그린 그림이나 여러 가지 작품을 붙일 알림판의 이름을 지어 보자고 하셨습니다.

20 '재주 마당, 솜씨 자랑판, 재주 뽐내기'와 같은 이름을 지을 수 있습니다.

채점 기준	
⑴과 ⑵를 모두 알맞게 쓴 경우	5점
⑴과 ⑵ 중 한 가지만 알맞게 쓴 경우	2점

✍ 서술형 평가   194쪽

1 ⑴ 예 고구마, 학교   ⑵ 예 쓰레기통, 옷장   **2** 예 지구 온난화와 환경 오염 등으로 동물의 서식지가 줄어들고 있기 때문이다.   **3** 예 '반달가슴곰'은 '반달가슴'과 '곰'을 합해 만든 낱말로, 가슴에 반달무늬가 있는 곰을 뜻하는 것 같다.   **4** ⑴ 예 지구 온난화와 환경 오염 등으로 동물의 서식지가 줄어들고 있다는 것 ⑵ 예 각 나라에서 점점 줄어드는 동물을 '멸종 위기종'으로 지정해 보호하기도 한다는 것

1 '단일어'는 낱말을 나누면 본디의 뜻이 없어져 더는 나눌 수 없는 낱말이고, '복합어'는 뜻이 있는 두 낱말을 합한 낱말 또는 뜻을 더해 주는 말과 뜻이 있는 낱말을 합한 낱말입니다.

채점 기준	
⑴과 ⑵를 모두 알맞게 쓴 경우	4점
⑴과 ⑵ 중 한 가지만 알맞게 쓴 경우	2점

2 지구 온난화와 환경 오염, 동물 간의 생존 경쟁에서 밀려나는 등의 이유로 멸종되어 가는 동물이 생긴다고 했습니다.

채점 기준	
예시 답이나 '토종 동물이 다른 나라에서 들어온 동물과 벌이는 생존 경쟁에서 밀려나 사라지는 경우도 있기 때문에'라고 답을 쓴 경우	4점

3 '반달가슴곰'이라는 이름의 짜임을 살펴보고 그 뜻을 생각해 봅니다.

채점 기준	
동물 이름의 짜임을 설명하며 반달가슴곰이 가슴에 반달무늬가 있는 곰임을 조건 에 맞게 쓴 경우	6점
반달가슴곰이 가슴에 반달무늬가 있는 곰임을 알고 있으나 조건 에 맞게 쓰지 못한 경우	3점

4 글을 읽으며 아는 내용과 새롭게 알거나 자세히 알게 된 내용을 구분하여 정리해 봅니다.

채점 기준	
글의 내용과 관련하여 ⑴과 ⑵의 내용을 알맞게 쓴 경우	8점
⑴과 ⑵ 중 한 가지만 글의 내용과 관련하여 알맞게 쓴 경우	4점

9 여러 가지 방법으로 읽어요

1 (1) 대상 (2) 설명 (3) 이미 아는 것 (4) 새롭게 안 것   **2**
(1) ◯ (3) ◯   **3** (1) ② (2) ①   **4** 설명하는 글, 주장하는 글   **5** 훑어 읽기   **6** 자세히 읽기

1 설명하는 글을 읽을 때에는 설명하는 대상이 설명하는 것이 무엇인지 생각하고, 이미 아는 것과 새롭게 안 것을 비교하며 읽어야 합니다.

2 주장하는 글을 읽을 때에는 글쓴이와 자신의 생각을 비교해 비판적인 태도로 읽어야 합니다.

1 은주   **2** ②, ④, ⑤   **3** ④   **4** (1) ◯ (2) ◯   **5**
①, ③, ④   **6** ④   **7 ⑩** 물건을 사거나 관람을 할 때 편리할 것 같다.   **8** 석희   **9** 미래 사회에 필요한   **10** (2)
◯   **11** ④   **12** 인공 지능, 사람   **13** · ⑩ 정해진 답을 찾기보다 새로운 방식으로 문제를 해결하는 사람 / · ⑩ 새로운 변화에 대응하는 사람 / · ⑩ 서로 돕고 존중하는 사람
14 (1) ① (2) ②   **15** (1) 제목 (2) 중요한 낱말   **16** ①,
③, ⑤   **17** 청자의 색이 짙고 푸른색 윤이 나는 구슬인 비취옥과 색깔이 닮았기 때문에   **18** 상감 기법   **19** ③, ⑤
20 (1) ⑩ 다보탑에 대해 조사하라는 사회 숙제를 할 때 관련된 책을 찾아 필요한 부분만 읽는다. (2) ⑩ 한글의 우수성에 대해 외국 친구에게 소개하는 글을 쓸 때 관련된 글을 자세히 읽고 필요한 내용을 정리한다.

1 도서관에 가서 읽고 싶은 책을 읽었다는 은주는 글을 읽고 도움을 받은 경험을 말한 것이 아닙니다.

2 ①은 자료를 찾은 내용이 아니고, ③은 교통질서 지키기 광고와는 상관 없는 내용입니다.

3 이 글은 정보 무늬에 대해 설명하는 글입니다.

4 네모 모양 안에 검은 선과 점을 배열한 것이 정보 무늬입니다.

5 ②와 ⑤는 주장하는 글을 읽는 방법입니다.

6 이 글에는 재래시장에서 정보 무늬가 쓰인다는 내용은 나와 있지 않습니다.

7 두 번째 문단에서 정보 무늬가 여러 분야에서 활용된다는 내용을 통해 답을 생각해 봅니다.

물건을 사거나 관람 시 편리하다거나 책의 정보를 쉽게 얻을 수 있다는 내용을 쓴 경우	5점
단순히 편리할 것이라는 내용을 쓴 경우	2점

8 석희는 주장하는 글을 읽는 방법, 하민이는 설명하는 글을 읽는 방법에 대해 말하였습니다.

9 글쓴이는 미래 사회에 필요한 사람이 되자는 주장을 하고, 그에 대한 근거로 미래 사회에 필요한 사람이 갖추어야 할 모습을 제시하고 있습니다.

10 정수는 미래 사회에는 지금과 다른 사람이 필요하다는 근거의 적절성을 말하고 있으므로, (2)에 집중하여 글을 읽었음을 알 수 있습니다.

11 글의 제목은 글쓴이의 생각을 가장 잘 드러내는 것이어야 합니다. 글쓴이는 이 글에서 미래 사회에 필요한 사람이 될 것을 주장하고 있으므로 ④가 글쓴이의 생각을 가장 잘 드러내고 있는 표현입니다.

12 정해진 문제를 해결하는 것은 인공 지능이, 새로운 방식을 생각하는 것은 사람이 더 잘할 수 있습니다.

13 글의 가운데 부분의 내용을 정리하여 씁니다.

글쓴이가 근거로 제시한 미래 사회에 필요한 사람을 모두 알맞게 쓴 경우	5점
한두 가지만 알맞게 쓴 경우	2점

14 규빈이는 발표할 때 필요한 내용이 있는지 살피며 읽어야 하고, 지완이는 자신에게 필요한 정보가 있는 글을 자세히 읽으며 자료를 찾아야 합니다.

15 훑어 읽기는 제목을 가장 먼저 읽고, 중요한 낱말을 읽으면서 필요한 내용이 있는지 찾아보며 읽는 방법입니다.

16 글 **나**에서는 고려청자의 빛깔, 글 **다**에서는 고려청자의 상감 기법, 글 **라**에서는 고려청자의 특색에 대해 설명하고 있습니다.

17 청자의 색이 짙고 푸른색 윤이 나는 비취옥과 색깔이 닮았기 때문에 '비색'이라고 불렀습니다.

18 글 **다**에 청자에 사용된 상감 기법에 대한 설명이 나와 있습니다.

19 고려청자로 고려인들의 독창성과 뛰어난 기술력을 엿볼 수 있다고 하였습니다.

20 훑어 읽기와 자세히 읽기가 필요한 때를 구분해 씁니다.

채점 기준	
훑어 읽기와 자세히 읽기가 필요한 때를 모두 쓴 경우	5점
둘 중 한 가지만 알맞게 썼거나, 둘 다 쓰긴 하였으나 내용이 미흡한 경우	2점

📝 서술형 평가   199쪽

1 · 예 알고 싶은 것이 있을 때 · 예 숙제를 할 때 · 예 이야기가 재미있어 보일 때   **2** · 예 인터넷에서 교통질서 지키기 광고를 검색해 보자. · 예 신문에서 교통사고를 다룬 기사를 찾아보면 좋겠어.   **3** (1) 설명하는 글 (2) 예 설명하려는 대상이 무엇인지 생각하며 읽는다.   **4** (1) 예 '빠른 응답'이라는 뜻 (2) 예 스마트폰 응용 프로그램으로 정보 무늬를 찍음. (3) 예 누구나 만들 수 있고, 여러 분야에서 활용함. (4) 예 네모 모양 안에 검은 선과 점이 있음.

1 친구들이 한 말에서 언제 글을 읽는지 정리해 봅니다.

채점 기준	
제시되어 있는 경우 외에 나머지 세 가지 경우를 모두 쓴 경우	6점
두 가지 경우를 쓴 경우	4점
한 가지 경우만 쓴 경우	2점

2 교통질서 지키기 광고를 만들기 위해 필요한 자료에는 어떤 것이 있을지 생각해 봅니다.

채점 기준	
교통질서 지키기 광고를 만드는 데 도움이 되는 자료를 찾는 방법을 쓴 경우	8점
광고를 만드는 자료를 찾는 방법을 썼으나, 교통질서 지키기 광고에 도움이 되지 않는 경우	3점

3 설명하는 글을 읽을 때 고려할 점을 생각하며 글을 읽는 방법을 써 봅니다.

채점 기준	
글의 종류와 글을 읽는 방법을 모두 알맞게 쓴 경우	10점
글의 종류는 맞게 썼으나, 글을 읽는 방법을 제대로 쓰지 못한 경우	4점

4 정보 무늬에 대해 설명하는 내용을 잘 정리해 봅니다.

채점 기준	
(1)~(4)의 모든 항목에 알맞은 내용을 쓴 경우	8점
(1)~(4) 중 세 가지 항목에 답한 경우	6점
(1)~(4) 중 두 가지 항목에 답한 경우	4점
(1)~(4) 중 한 가지 항목에만 답한 경우	2점

10 주인공이 되어

📝 쪽지 시험   200쪽

1 예 우리 반이 교내 합창 대회에서 일등을 한 일   **2** ㉮, ㉯, ㉰   **3** ④   **4** 화해   **5** 읽는 사람   **6** (1) ○ (3) ○ (4) ○   **7** ㉰ → ㉮ → ㉯ → ㉯   **8** 주제

3 배경은 일이 일어난 때와 장소를 말합니다.

5 읽는 사람이 잘 이해할 수 있도록 명찬이 반장을 설명해 주는 부분입니다.

6 일기는 하루 이틀 동안에 있었던 일만 쓰지만, 이야기는 긴 기간에 걸친 사건을 쓸 수 있습니다.

7 이야기가 전개되는 단계는 '이야기를 시작하고 배경과 인물을 설명하는 단계 → 사건이 일어나기 시작하는 단계 → 등장인물의 갈등이 꼭대기에 이르는 단계 → 사건을 해결하고 마무리하는 단계'로 이루어집니다.

8 '주제'는 글쓴이가 나타내고자 하는 생각을 말합니다.

💡 단원 평가   201~203쪽

1 우진   **2** ⑤   **3** 예 반 친구들의 여러 경험을 들을 수 있다. / 새로운 기억을 떠올릴 수 있다.   **4** ⑤   **5** ①, ②, ⑤   **6** 황제하   **7** ⑤   **8** (1) 다음 날 아침(수업 시작 전) (2) 학교 교실   **9** 예 초조하고 불안하며 짜증이 난다.   **10** ④   **11** 지수   **12** ⑤   **13** 명찬이 반장   **14** 예 글 ㉮는 일기와 다르게 읽는 사람을 생각하며 글을 썼고, 일기에 비해 긴 기간에 걸친 사건을 나타냈다.   **15** ②, ④   **16** ③   **17** 어느새 찬 바람이 씽씽 불고, 겨울 방학이 코앞으로 다가왔다.   **18** ②   **19** ❶ → ❷ → ❹ → ❸   **20** 예 일이 일어난 차례대로 쓴다. / 진주와 성훈이의 마음이 잘 나타나도록 쓴다. / 진주와 성훈이가 사이가 안 좋은 까닭을 이해하도록 쓴다.

1 체육 대회를 하면서 겪었던 일을 말한 친구를 찾아봅니다.

2 기억 카드에는 자신이 경험한 일 가운데에서 가장 기억에 남는 일을 써야 합니다.

3 기억 카드를 활용하여 반 친구들의 다양한 경험을 들을 수 있고 자신의 새로운 기억을 떠올릴 수도 있습니다.

4 경험이 나타난 이야기를 읽을 때에는 인물, 사건, 배경을 알아보고 주인공의 경험을 이야기에서 어떻게 나타냈는지 살펴보아야 합니다.

5 이로운이 '잘못 뽑은 반장'이라고 놀림을 받자 선생님과 친구들의 신임을 받는 황제하가 반장 도우미를 했습니다.

6 황제하가 거짓으로 했던 행동들을 이로운이 밝혔다는 것으로 보아, 이로운과 황제하가 갈등을 겪는다는 것을 짐작할 수 있습니다.

8 '나'는 다음 날 아침 학교에 일찍 가서 제하가 오기를 기다리고 있습니다.

9 '나'는 학교에 나오지 않는 제하를 기다리느라 초조하고 불안히였고, 시간이 갈수록 짜증이 밀려왔습니다.

10 '내'가 제하를 주먹으로 때린 일은 없습니다.

11 이 글에는 제하를 기다리는 '나'의 마음과 생각이 솔직하게 표현되어 있습니다.

12 제하와 화해하고 제하의 달라진 모습을 흐뭇하게 바라보는 것으로 보아 '나'는 마음이 따뜻하다는 것을 알 수 있습니다.

13 글 🌀에서는 읽는 사람이 이해하기 쉽도록 명찬이 반장에 대해 자세하게 설명했습니다.

14 이야기가 일기와 다른 점을 생각하여 써 봅니다.

채점 기준	
이야기가 일기와 다른 점을 정확하게 쓴 경우	5점
이야기가 일기와 다른 점을 썼으나 정확하게 쓰지 못한 경우	3점

15 나는 키가 오 센티미터나 자랐고, 몸무게는 약간 줄었습니다. 그리고 마음의 키도 한 뼘쯤 더 자랐다고 하였습니다.

16 이 글은 이야기 전체의 흐름으로 보아 끝부분에 해당합니다.

18 경험을 이야기로 나타낼 때 필요하다면 사건을 지어낼 수도 있습니다.

19 체육 시간에 축구 시합을 하다가 진주와 성훈이가 다투었고, 서로 대화를 해 보라는 선생님의 말씀에 따라 잘못을 뉘우치고 화해를 했습니다.

20 겪은 일을 이야기로 표현하는 방법을 알아봅니다.

채점 기준	
경험을 이야기로 표현하는 방법을 정확하게 쓴 경우	5점
경험을 이야기로 표현하는 방법을 썼으나 내용이 미흡한 경우	2점

📝 서술형 평가　　　　　204쪽

1 예 명찬이 반장의 밝고 경쾌한 목소리가 마음에 들고, 해맑게 웃고 있는 눈이 예쁘기 때문일 것이다.　**2** (1) **예** 한마당 잔치에서 로운이가 누나와 명찬이 반장을 만남. (2) **예** 누나를 이해함.　**3** 인국이와 상은이('나')　**4 예** 체육 시간에 축구를 하다가 인국이와 상은이가 싸웠고, 선생님께서 인국이와 상은이를 불러 대화를 하라고 말씀하셨다.　**5 예** 인국이와 상은이가 자신의 잘못을 뉘우치고 서로 화해하는 내용이 이어질 것 같다.

1 명찬이 반장의 모습과 행동을 잘 살펴보고 누나가 명찬이 반장을 좋아하는 까닭을 짐작하여 써 봅니다.

채점 기준	
누나가 명찬이 반장을 좋아하는 까닭을 짐작하여 알맞게 쓴 경우	4점
누나가 명찬이 반장을 좋아하는 까닭을 짐작하였으나 그 내용이 미흡한 경우	2점

2 중요한 사건의 내용과 인물의 마음을 파악하여 써 봅니다.

채점 기준	
(1), (2)에 모두 알맞은 내용을 쓴 경우	8점
(1), (2)에서 한 가지만 알맞은 내용을 쓴 경우	4점

3 체육 시간에 축구를 하다가 인국이와 상은이('나')가 말싸움을 하였습니다.

4 어떤 사건이 있었는지 알기 쉽게 간추려 써 봅니다.

채점 기준	
중요한 사건이 잘 드러나게 간추려 쓴 경우	4점
중요한 내용을 알고 있으나 표현이 자연스럽지 못한 경우	2점

5 선생님께서 인국이와 상은이에게 서로 대화를 하는 게 좋을 것 같다고 말씀하셨습니다.

채점 기준	
뒷부분에 이어질 내용을 짐작하여 알맞게 쓴 경우	4점
뒷부분에 이어질 내용을 짐작하고 있으나 정확하게 쓰지 못한 경우	2점

사회 교과개념북

1 국토와 우리 생활

1 우리 국토의 위치와 영역

😊 **개념 확인 문제** 7쪽

1 국토 **2** (1) × (2) × (3) ○ **3** ㉠ 북위 ㉡ 동경
4 ㉠, ㉡, ㉢, ㉣ **5** ㉠ 동쪽 ㉡ 유리

1 국토는 한 나라의 땅을 뜻하며, 사람들이 살아가는 삶의 터전입니다. 국토의 위치는 지구본이나 지도를 이용하여 찾을 수 있습니다.

2 위도는 남북으로 각각 90°로 나누며 북쪽은 북위, 남쪽은 남위라고 합니다. 경도는 본초 자오선을 기준으로 동서로 얼마나 떨어져 있는지를 나타냅니다.

3 위도와 경도를 이용하여 우리나라의 위치를 표현하면 우리나라는 북위 33°~43°, 동경 124°~132°에 위치합니다.

4 우리나라 주변에는 중국, 일본, 러시아, 몽골 등의 나라가 있고, 우리나라는 중국과 일본 사이에 위치합니다.

5 우리나라는 삼면이 바다로 둘러싸인 반도 국가이므로 대륙과 해양으로 나아가기에 유리하여 세계 여러 나라와 활발하게 교류하고 있습니다.

😊 **개념 확인 문제** 9쪽

1 영역 **2** (1) – ㉠ (2) – ㉢ (3) – ㉡
3 (1) × (2) ○ (3) × **4** 독도 **5** 비무장 지대

1 한 나라의 영역에는 그 나라의 주권이 미치기 때문에 다른 나라가 함부로 들어갈 수 없습니다.

2 영토는 땅, 영해는 바다, 영공은 하늘에서의 범위입니다.

3 영공은 우리나라의 영토와 영해 위에 있는 하늘의 범위입니다. 해안선이 복잡하고 섬이 많은 서해안과 남해안은 가장 바깥에 있는 섬들을 직선으로 연결한 선을 기준으로 영해를 정합니다.

4 우리나라 영토의 동쪽 끝은 독도입니다. 마라도는 우리나라 영토의 남쪽 끝입니다.

5 비무장 지대는 지난 70여 년간 사람들의 출입이 제한되어 멸종 위기 동물이나 희귀 식물 등이 보전되어 있습니다.

😊 **개념 확인 문제** 11쪽

1 산맥 **2** ㉠ 휴전선 ㉡ 금강
3 (1) – ㉢ (2) – ㉡ (3) – ㉠ **4** 행정 구역
5 (1) × (2) ○ (3) ○

1 남북으로 긴 우리나라는 산맥과 하천 등의 자연환경을 기준으로 위치에 따라 크게 북부 지방, 중부 지방, 남부 지방으로 나눌 수 있습니다.

2 북부 지방과 중부 지방은 휴전선을 기준으로 구분하며, 중부 지방과 남부 지방은 소백산맥과 금강 하류를 기준으로 구분합니다.

3 철령관을 기준으로 관서, 관북, 관동 지방으로 나눕니다. 왕이 사는 수도의 주변 지역을 경기 지방이라고 합니다. 금강(옛 이름 호강)을 기준으로 호서, 호남 지방으로 나눕니다.

4 국토를 행정 구역으로 나누는 것은 나라를 효율적으로 관리하기 위해서입니다.

5 특별시, 특별자치시, 광역시에는 시청이 있고, 도와 특별자치도에는 도청이 있습니다.

💡 **실력 문제** 12~14쪽

핵심문장으로 시작하기 **1** 아시아, 반도 **2** 영토, 영해, 영공
3 행정 구역, 광역시

4 ⑤ **5** ㉠ 위도 ㉡ 경도 **6** ② **7** ③
8 예 대륙과 해양으로 나아가기에 유리하다.
9 ㉠ 영공 ㉡ 영토 ㉢ 영해 **10** 재희 **11** ⑤ **12** ②
13 ② **14** ② **15** ⑤ **16** ②
17 ㉠ 철령관 ㉡ 태백산맥
18 예 그 지역 중심 도시의 앞 글자를 따서 정했다. **19** ④
20 ㉠ 시청 ㉡ 도청

4 ⑤ 이웃한 나라를 이용하여 국토의 위치를 숫자로 표현할 수 없습니다. 국토의 위치는 위도와 경도를 이용하면 숫자로 나타낼 수 있습니다.

5 위도는 적도를 기준으로 남북으로 각각 90°로 나누어 북쪽은 북위, 남쪽은 남위라고 하며, 경도는 본초 자오선을 기준으로 동서를 각각 180°로 나누어 동쪽은 동경, 서쪽은

서경이라고 합니다.

6 지도의 ㉠은 러시아, ㉡은 몽골, ㉢은 중국, ㉣은 일본입니다.

7 ① 대륙과 해양으로 나아가기에 유리합니다. ② 아시아 대륙의 동쪽에 위치합니다. ④ 남북의 길이가 길고 동서의 길이가 짧습니다. ⑤ 우리나라는 북위 33°~43°, 동경 124°~132°에 위치합니다.

8 우리 국토는 도로나 철도를 이용하여 아시아와 유럽 등의 대륙으로 나아가기 유리하고, 삼면이 바다로 둘러싸여 있으므로 태평양으로 진출하기에도 좋은 위치에 있습니다.

채점 기준

'대륙과 해양으로 나아가기에 유리하다.'라고 바르게 쓴 경우	5점
'다른 나라와 교류하기 유리하다.'라고 간단하게 쓴 경우	3점

9 영공(㉠)은 하늘, 영토(㉡)는 땅, 영해(㉢)는 바다에서의 범위입니다.

10 각 나라의 영역에는 그 나라의 주권이 미치므로 다른 나라가 함부로 들어갈 수 없습니다.

11 우리나라 영해선은 대체로 영해를 설정하는 기준선으로부터 12해리까지입니다.

12 우리나라 영토의 동쪽 끝은 경상북도 울릉군 독도, 서쪽 끝은 평안북도 용천군 마안도, 남쪽 끝은 제주특별자치도 서귀포시 마라도, 북쪽 끝은 함경북도 온성군 유원진입니다.

13 ㉠ 우리나라 영토인 섬 주변의 바다도 영해에 포함됩니다. ㉡ 동해안은 썰물일 때의 해안선을 기준으로 영해를 정합니다.

14 제시된 사진은 우리 국토를 깨끗이 하는 환경 보호 활동에 참여하는 모습으로, 국토 환경 보호하기를 통해 우리는 국토를 아름답게 가꿀 수 있습니다.

15 우리 국토는 큰 산맥과 하천을 중심으로 북부, 중부, 남부 지방으로 구분할 수 있습니다.

16 호남 지방은 금강(옛 이름 호강)의 남쪽을 뜻하는 지역입니다.

17 철령관을 기준으로 동쪽에 있는 지역을 관동 지방이라고 하며, 관동 지방은 태백산맥을 기준으로 영동 지방과 영서 지방으로 나뉩니다.

18 함경도는 함흥과 경성, 평안도는 평양과 안주, 황해도는 황주와 해주, 강원도는 강릉과 원주, 충청도는 충주와 청

주, 전라도는 전주와 나주, 경상도는 경주와 상주의 앞 글자를 따서 정한 이름입니다.

채점 기준

'그 지역 중심 도시의 앞 글자를 따서 정했다.'라고 바르게 쓴 경우	5점
'도시의 이름을 따서 정했다.'라고 간단하게 쓴 경우	3점

19 광역시는 인천광역시, 대전광역시, 대구광역시, 광주광역시, 울산광역시, 부산광역시 6곳입니다.

20 시청은 특별시, 특별자치시, 광역시의 행정 업무를 담당하고, 도청은 도와 특별자치도의 행정 업무를 담당합니다.

📝 서술형 평가   15쪽

1 (1) 아시안 하이웨이 (2) ㉓ 대륙과 해양을 연결하는 시작점으로 중요성이 더욱 커질 것이다.

2 (1) 12 (2) ㉓ 가장 바깥에 있는 섬들을 직선으로 연결한 선을 기준으로 한다.

3 (1) 큰 산맥, 하천 (2) 휴전선 남쪽으로 소백산맥과 금강 하류를 잇는 지역을 말한다.

1 (1) 제시된 지도는 아시아와 유럽의 여러 나라를 연결할 아시안 하이웨이를 나타낸 것입니다.

(2) 아시안 하이웨이가 연결되면 우리나라에서 자동차를 타고 유럽까지 갈 수 있으며, 대륙과 해양으로 나아가기에 유리한 우리 국토의 장점이 더욱 커질 것입니다.

채점 기준

'대륙과 해양을 연결하는 시작점으로 중요성이 더욱 커질 것이다.'라고 바르게 쓴 경우	8점
'대륙과 해양으로 나아가기에 유리하다.'라고 간단하게 쓴 경우	4점

2 (1) 영해를 정할 때는 기준이 필요한데, 일반적으로 육지의 끝인 해안선을 기준으로 12해리까지를 영해로 정합니다.

(2) 해안선이 단순하고 섬이 적은 동해안은 해안선을 기준으로 영해를 정하지만, 해안선이 복잡하고 섬이 많은 서해안과 남해안은 가장 바깥에 있는 섬들을 직선으로 연결한 선을 기준으로 영해를 설정합니다.

채점 기준

'가장 바깥에 있는 섬들을 직선으로 연결한 선을 기준으로 한다.'라고 바르게 쓴 경우	8점
'가장 바깥에 있는 섬들을 기준으로 한다.'라고 간단하게 쓴 경우	4점

3 (1) 남북으로 긴 우리나라는 큰 산맥과 하천을 기준으로 북

부, 중부, 남부 지방으로 구분할 수 있습니다.

(2) 북부 지방과 중부 지방은 휴전선을 기준으로 구분하며, 중부 지방과 남부 지방은 소백산맥과 금강 하류를 기준으로 구분합니다.

'휴전선 남쪽으로 소백산맥과 금강 하류를 잇는 지역을 말한다.'라고 바르게 쓴 경우	8점
북부 지방과 중부 지방의 구분 기준인 휴전선과 중부 지방과 남부 지방의 구분 기준인 소백산맥과 금강 하류 중 일부만 쓴 경우	4점

2 우리 국토의 자연환경

😊 개념 확인 문제   17쪽

1 (1) – ㉡ (2) – ㉠   **2** (1) ○ (2) × (3) ○

3 (1) 산지 (2) 하천 (3) 평야 (4) 해안

4 (1) – ㉡ (2) – ㉠ (3) – ㉢   **5** 남해안

---

1 산지는 여러 산이 모여 있는 지형이며, 평야는 넓고 평평하게 펼쳐진 땅입니다.

2 (2) 높고 험한 산지는 대부분 북쪽과 동쪽에 많으며, 낮은 산지나 평야는 남쪽과 서쪽에 많습니다.

3 하천에 댐을 만들어 전기를 생산하며, 평야에는 옛날부터 큰 도시들이 발달하였습니다. 동해안에는 길게 뻗은 모래사장이 펼쳐져 여름에는 해수욕을 즐기는 사람들로 북적입니다. 서해안에는 넓은 갯벌이 발달하여 사람들은 이곳에서 조개, 게 등의 해산물을 얻기도 합니다.

4 동해안은 해안선이 단조롭고, 서해안은 해안선이 복잡하며, 남해안은 해안선이 복잡하고 섬이 많습니다.

5 남해안은 해안선이 복잡하고 섬이 많습니다.

😊 개념 확인 문제   19쪽

1 (1) × (2) ○   **2** 낮아지고, 높은   **3** (1) × (2) ○ (3) ○

4 여름, 줄어든다.   **5** (1) – ㉡ (2) – ㉠ (3) – ㉢

---

1 (1) 계절에 따라 기온의 차이가 크며, 겨울의 기온 차이가 더 큽니다.

2 우리나라는 대체로 남쪽에서 북쪽으로 갈수록 기온이 낮아지고, 바다와 가까운 해안 지역의 겨울 기온은 바다에서 멀리 떨어진 내륙 지역보다 높은 편입니다.

3 (1) 사람들은 여름에 바람이 잘 통하는 모시옷이나 삼베옷을 만들어 입었으며, 겨울에 솜을 넣은 누비옷을 만들어 입었습니다.

4 우리나라는 연 강수량의 절반 이상이 여름에 집중됩니다. 또한 대체로 남쪽에서 북쪽으로 갈수록 강수량이 줄어듭니다.

5 눈이 많이 내리는 울릉도에서는 우데기를 설치하여 눈과 바람을 막고, 눈에 빠지거나 미끄러지지 않도록 설피를 신기도 하였습니다. 비가 많이 내리는 지역에서는 집이 물에 잠기는 것을 막기 위해 터돋움집을 지었습니다. 비가 적게 내리는 해안 지역에서는 염전을 만들어 소금을 얻었습니다.

😊 개념 확인 문제   21쪽

1 자연재해   **2** (1) – ㉢ (2) – ㉠ (3) – ㉣ (4) – ㉡

3 (1) 태풍 (2) 폭염 (3) 가뭄   **4** 지진   **5** (1) ○ (2) ○ (3) ×

---

1 자연재해는 홍수, 가뭄, 태풍, 지진 등 자연 현상이 사람들의 생명과 재산에 피해를 주는 것을 말합니다.

2 태풍은 여름~초가을, 황사와 가뭄은 봄, 한파와 폭설은 겨울, 폭염과 홍수는 여름에 주로 발생합니다.

3 태풍은 적도 부근에서 발생해 이동하며 많은 비와 강한 바람을 몰고 옵니다. 폭염은 일사병이나 열사병 등을 일으키거나, 가축과 수산물에 피해를 줍니다. 가뭄은 오랫동안 비가 오지 않거나 적게 오는 기간이 지속되는 현상을 말합니다.

4 지진은 계절과 관계없이 발생하며, 최근 우리나라에서도 큰 규모의 지진이 자주 발생하고 있습니다.

5 (3) 폭설이 내리면 눈이 쌓인 지붕이나 고드름이 있는 곳에 접근하지 않으며, 제설 작업을 합니다.

1 북동, 평야 **2** 높아, 높은 **3** 여름

4 예 대부분의 큰 하천은 서쪽과 남쪽으로 흘러간다. 우리나라는 전체적으로 동쪽은 높고 서쪽이 낮은 지형이 나타나기 때문이다.

5 ②, ④ **6** (1) 산지 (2) 해안 (3) 하천 (4) 평야

7 예 동해안은 해안선이 단조롭다. 서해안은 해안선이 복잡하다. 남해안은 해안선이 복잡하며, 크고 작은 섬이 많다.

8 ⑤ **9** (1) ○ (2) × (3) ○

10 ㉠ 태백산맥 ㉡ 동해 **11** ㉠, ㉡ **12** ③ **13** ⑤

14 ②, ④ **15** 여름, 초가을 **16** 봄 **17** ⑤ **18** ①

19 ③ **20** 지민

4 우리 국토는 북쪽과 동쪽의 큰 산맥에서 나온 작은 산맥들이 서쪽으로 뻗어 나가며 높이가 점점 낮아지므로, 동쪽은 높고 서쪽은 낮은 지형입니다. 이러한 지형 특징 때문에 큰 하천은 대부분 서쪽과 남쪽으로 흘러갑니다.

채점 기준	
큰 하천이 흘러가는 방향과 그 까닭을 모두 바르게 쓴 경우	5점
큰 하천이 흘러가는 방향만 바르게 쓴 경우	3점

5 비교적 낮은 평야는 서쪽에 발달하였으며, 높고 험한 산지들은 대부분 북쪽과 동쪽에 많습니다.

6 사람들은 산지에서 삼림 자원을 얻으며, 해안의 갯벌에서 해산물을 얻습니다. 하천에 댐을 건설해 전기를 생산하고 홍수나 가뭄을 막으며, 평야에서는 농사를 짓습니다.

7 삼면이 바다로 둘러싸인 우리나라는 서해안, 남해안, 동해안이 있으며 그 모습과 특징이 서로 다릅니다.

채점 기준	
동해안, 서해안, 남해안의 특징을 모두 바르게 쓴 경우	5점
셋 중에서 어느 하나만 바르게 쓴 경우	3점

8 우리나라는 여름에는 무더위와 며칠 동안 비가 내리는 장마가 나타납니다. 가을에는 주로 맑은 날이 많고 건조하며, 짧은 장마가 나타나기도 합니다.

9 1월 평균 기온은 남쪽으로 갈수록 높아지고, 8월 평균 기온은 북쪽으로 갈수록 낮아집니다.

10 서해안은 겨울에 북서쪽에서 불어오는 차가운 바람의 영향을 그대로 받지만, 동해안은 태백산맥이 차가운 바람을 막아 주고, 동해의 수심이 황해보다 깊기 때문입니다.

11 남쪽 지역은 김치가 빨리 익어 소금과 양념을 많이 넣었습니다.

12 우리나라는 지역에 따라 강수량의 차이가 큰데, 대체로 남부 지방이 북부 지방보다 강수량이 많습니다.

13 연평균 강수량이 1,000mm 미만인 지역은 중강진, 평양 등 북한 지역입니다.

14 울릉도에서는 겨울에 눈이 많이 와서 우데기라는 외벽을 설치하고, 눈에 빠지지 않게 설피를 신기도 했습니다.

15 우리나라에서 자연재해가 주로 발생하는 시기는 7월~10월 사이로, 계절상으로 여름과 초가을에 자연재해가 많이 발생합니다.

16 가뭄은 오랫동안 비가 오지 않거나 적게 오는 기간이 지속되는 현상이고, 황사는 중국이나 몽골의 사막에서 발생한 모래 먼지가 바람을 타고 우리나라로 날아와 가라앉는 현상입니다. 가뭄과 황사는 주로 봄철에 발생합니다.

17 한파는 기온이 갑자기 내려가면서 발생하는 추위입니다. 한파가 지속되면 저체온증, 동상 등을 일으킬 수 있습니다.

18 지진은 계절과 관계없이 발생하는 자연재해입니다. 우리나라는 그동안 지진이 일어나지 않는 안전한 곳이라 여겼지만 최근에 큰 규모의 지진이 잇달아 발생하면서 지진에 대한 관심이 높아지고 있습니다.

19 폭염이 발생하면 일기 예보를 수시로 확인하고 물을 자주 마십니다. 태풍이 발생하면 외출하지 않으며, 문과 창문을 닫고 유리창이 깨지지 않도록 테이프로 단단히 고정합니다.

20 기상 특보는 자연재해가 예상될 때 미리 대처할 수 있도록 널리 알리는 것입니다. 행정안전부나 기상청 누리집, 방송 매체, 휴대 전화의 긴급 재난 문자 등을 통해 확인할 수 있습니다.

서술형 평가 | 25쪽

1 (1) 동쪽 (2) 예 높고 험한 산이 주로 동쪽에 분포해 있으므로 큰 하천은 대부분 동쪽에서 시작해 서쪽으로 흘러간다.

2 (1) ① 동해안 ② 서해안, 남해안 (2) 예 동해안에서는 모래사장에서 해수욕을 즐긴다. 서해안에서는 갯벌을 이용해 해산물과 소금을 얻는다. 남해안에서는 양식업을 한다. 등

3 (1) 홍수 (2) 예 높은 곳으로 대피해 구조를 기다린다. 배수로를 정비한다. 댐이나 제방을 쌓거나 빗물을 가두어 놓는 시설을 설치한다. 등

1 (1) 우리나라는 동쪽이 높고 서쪽이 낮은 지형입니다.
(2) 우리나라는 전체적으로 동쪽이 높고 서쪽이 낮아 큰 하

천은 대부분 동쪽에서 서쪽으로 흘러갑니다.

높고 험한 산이 주로 동쪽에 분포해 있으므로 큰 하천은 대부분 동쪽에서 서쪽으로 흘러간다고 바르게 쓴 경우	8점
대부분 동쪽에서 서쪽으로 흘러간다고만 쓴 경우	4점

2 (1) 제시된 지도의 해안선을 보면 동해안은 해안선이 단조롭고, 서해안과 남해안은 해안선의 드나듦이 복잡하고 섬이 많습니다.

(2) 동해안은 모래사장이 많아 해수욕장이 많고, 서해안은 밀물과 썰물의 차가 커서 갯벌이 발달했으며, 남해안은 물이 깨끗하고 파도가 잔잔해 양식업이 발달했습니다.

동해안, 서해안, 남해안의 생활 모습을 모두 바르게 쓴 경우	8점
셋 중에서 어느 하나만 바르게 쓴 경우	4점

3 (1) 비가 많이 내려 도로나 건물 등이 물에 잠기는 자연재해는 홍수입니다.

(2) 댐이나 보처럼 물의 양을 조절할 수 있는 시설을 만들면 홍수 예방에 도움이 됩니다.

홍수로 인한 피해를 줄이기 위한 방법을 바르게 쓴 경우	8점
댐을 건설한다고만 쓴 경우	4점

3 우리 국토의 인문환경

개념 확인 문제   27쪽

1 인구 분포   **2** 평야   **3** (1) ○ (2) ×
4 (1) – ㉢ (2) – ㉠ (3) – ㉡   **5** ㉠ 유소년층 ㉡ 노년층

1 인구 분포란 어느 곳에 얼마나 많은 사람이 살고 있는지를 나타낸 것을 말합니다.

2 1960년대 이전 우리나라는 평야가 발달해 농사짓기 알맞은 남서부 지역의 인구 밀도가 높았던 반면, 산지가 많은 북동부 지역은 인구 밀도가 낮았습니다.

3 (1) 1960년대 이후 산업이 발달해 일자리가 많은 도시를 중심으로 사람들이 모여들었습니다. 반면 촌락 지역의 인구는 점점 줄어들었습니다. (2) 오늘날의 수도권에는 우리나라 전체 인구의 약 절반이 모여 살고 있습니다.

4 0~14세는 유소년층, 15~64세는 청장년층, 65세 이상은 노년층으로 구분해 인구 구성을 나타낼 수 있습니다.

5 갈수록 출산율이 낮아지고, 평균 수명이 늘어나면서 유소년층 인구 비율은 낮아지고, 노년층 인구 비율이 꾸준히 높아지고 있습니다.

개념 확인 문제   29쪽

1 (1) ○ (2) × (3) ○   **2** 신도시   **3** 남동
4 (1) – ㉡ (2) – ㉠   **5** 산업

1 (2) 우리나라의 도시 인구가 크게 늘어나면서 과거에 비해 인구가 100만 명 이상인 도시의 수는 늘어났습니다.

2 서울로 인구가 집중되면서 생긴 주택 부족, 교통 혼잡 등의 문제를 해결하고자 수도권 여러 곳에 신도시를 건설하고 인구와 기능을 분산했습니다.

3 1970년대 기술 수준이 발달하면서 자동차, 선박 등을 생산하는 중화학 공업이 남동 해안 지역의 도시를 중심으로 발달하였습니다.

4 우리나라는 지역의 자연환경과 기술, 노동력, 교통 시설 발달 등의 특성에 따라 다양한 산업이 발달하였습니다.

5 산업 발달에 따라 지역의 인구 증가, 각종 시설의 발달로 도시가 성장하며 지역의 모습이 새롭게 변화합니다.

개념 확인 문제   31쪽

1 고속 국도   **2** 고속 철도   **3** (1) ○ (2) ×
4 (1) – ㉡ (2) – ㉠   **5** 국토

1 우리나라는 경부 고속 국도를 시작으로 여러 고속 국도가 국토 곳곳을 연결해 사람들의 생활권이 넓어졌습니다.

2 시속 200km 이상으로 달리는 고속 철도가 개통되어 열차를 타고 평균 2시간 40분 만에 서울에서 부산까지 갈 수 있게 되었습니다.

3 (2) 다양한 교통 시설이 국토 곳곳을 연결해 지역 간 교류가 더욱 활발해졌습니다.

4 산업이 발달하면서 일자리가 많은 지역에 인구가 집중되고 도시가 성장합니다. 또한 인구가 많은 지역을 중심으로 교통이 발달합니다.

5 인구와 도시, 산업, 교통 등 인문환경은 서로 영향을 주고받으며 변화합니다. 이러한 인문환경의 변화에 따라 우리 국토의 모습을 과거와 크게 달라졌습니다.

🎓 핵심문장으로 시작하기　**1** 유소년, 노년　**2** 신도시　**3** 국토

4 ㉠ 인구 분포 ㉡ 인구 구성 **5** ①　　**6** ㈎　　**7** ③, ④

8 ⑤　　　**9** 예 전체 인구에서 유소년층 인구 비율은 더욱 줄
어들고, 노년층 인구 비율은 더욱 늘어날 것이다.

10 인구 피라미드　**11** ㉡, ㉢　**12** 수도권 **13** ⑤

14 ㉡ → ㉢ → ㉠ **15** 예 시멘트의 주원료가 되는 석회석이
풍부하기 때문에 이를 이용해 시멘트 산업이 발달하였다.

16 ②　　　**17** 생활권 **18** ③　　**19** ⑤　　**20** ③

4 인구는 한 나라 또는 일정한 지역에 사는 사람의 수를 말
하며, 인구 분포나 인구 구성 등 다양하게 나타낼 수 있습
니다.

5 1960년대 이전 우리나라는 벼농사 중심의 농업 사회로 평
야가 발달해 농사짓기 알맞은 남서부 지역은 비교적 인구
밀도가 높았습니다.

6 서울을 중심으로 인천, 경기를 포함한 수도권은 우리나라
인구의 약 절반이 살고 있는 곳으로 인구 밀도가 높습니다.

7 1960년대 이후 도시를 중심으로 산업이 발달하면서 일자
리를 찾아 도시로 인구가 모여들었습니다. 오늘날 수도권
과 부산, 대구, 광주, 대전, 울산 등 산업이 발달한 대도시
는 인구 밀도가 매우 높고, 촌락 지역은 인구 밀도가 낮아
졌습니다. ② 인구 밀도가 높은 곳은 주로 산업이 발달한
도시 지역입니다. ⑤ 수도권 지역은 인구 밀도 5,000(명/
km²) 이상 지역을 볼 수 있습니다.

8 태어나는 아기의 수는 점점 줄고, 전체 인구에서 노년층이
차지하는 비율이 늘어나는 저출산·고령 사회의 모습이 나
타나고 있습니다.

9 우리나라는 오늘날 65세 이상 인구가 전체 인구의 14%를
넘는 고령 사회로 2030년에는 65세 이상 인구가 20%를
넘는 초고령 사회가 될 것으로 예상됩니다.

채점 기준	
유소년층 인구 비율 감소, 노년층 인구 비율 증가를 모두 바르게 쓴 경우	5점
유소년층 인구 비율 변화와 노년층 인구 비율 변화 중 한 가지만 바르게 쓴 경우	3점

10 인구 피라미드의 세로축은 연령을 나타내고, 가로축의 왼
쪽은 남자, 오른쪽은 여자의 인구 비율을 각각 나타냅니다.

11 도시를 중심으로 ㉠ 산업이 발달하며 일자리를 찾아 도시
로 인구가 모여들면서 도시가 성장하기 시작하였습니다.

㉣ 2000년대 이후 국토의 균형적인 발전을 위해 수도권
에 있던 공공 기관, 기업 등을 지방으로 이전하였습니다.

12 우리나라는 수도권과 대도시 주변으로 도시 수와 도시 인
구가 크게 늘어났습니다.

13 세종특별자치시에는 수도권에서 이전한 다양한 정부 부처
들이 모여 있는 정부 세종 청사를 비롯해 많은 공공 기관
이 위치해 있습니다.

14 1960년대 이전까지 벼농사 중심의 농업이 발달했던 우리
나라는 공업과 서비스업이 크게 발달하였고, 산업의 종류
도 다양해졌습니다.

15 지역마다 가지고 있는 자연환경, 기술, 노동력 등에 따라
다양한 산업이 발달합니다.

채점 기준	
시멘트의 주원료가 되는 석회석이 풍부하다는 지역 특징을 바르게 쓴 경우	5점
석회석이 풍부하다는 내용만 간단하게 쓴 경우	3점

16 ② 오늘날 대구는 풍부한 노동력을 바탕으로 섬유, 전자
제품 생산 등의 산업이 발달하였습니다.

17 1970년 경부 고속 도로 개통, 2004년 고속 철도 개통 등
으로 사람들의 생활권이 더욱 넓어졌습니다.

18 오늘날에는 다양한 지역을 지나는 고속 국도가 크게 발달
하여 전 국토를 그물망처럼 연결하고 있습니다.

19 교통의 발달로 이동 시간이 줄면서 지역 간 거리는 점점
가깝게 느껴지고 있습니다.

20 ③ 산업이 발달한 곳은 일자리가 늘어나면서 인구가 집중
되고, 도시가 성장합니다.

📝 **서술형 평가**　　　　　　　35쪽

1 (1) (나) (2) 예 오늘날은 출산율은 낮아지고, 평균 수명은 늘어나
면서 저출산·고령 사회의 모습이 나타나고 있다.

2 (1) 도시 인구 (2) 예 1960년에 비해 2020년에는 수도권을 중
심으로 많은 도시가 생겼으며, 인구가 100만 명인 도시의 수도
늘어났다.

3 (1) (나) (2) 예 지역마다 나타나는 자연환경과 가지고 있는 기
술, 노동력, 교통 시설 등이 다르기 때문에 그에 따른 다양한 산
업이 발달한다.

1 (1) 과거 우리나라는 출산율과 사망률이 모두 높아 유소년
층 인구 비율이 높고, 노년층 인구 비율은 낮았습니다.

(2) 아이를 적게 낳는 가정이 많아지면서 유소년층 인구 비율은 줄어들고, 평균 수명이 늘면서 노년층 인구 비율은 점점 높아지고 있습니다.

출산율 감소, 평균 수명 증가 등의 원인을 저출산·고령 사회와 관련지어 바르게 쓴 경우	8점
유소년층 인구가 감소하고 노년층 인구가 증가하였다는 점을 간단하게 쓴 경우	4점

2 (1) 도시에 사는 인구 수에 따라 원의 크기와 색을 달리하여 표현하였습니다.

(2) 수도권과 대도시 주변, 남동쪽 해안 지역을 중심으로 도시 수와 도시 인구가 늘어났습니다.

채점 기준

주어진 자료를 비교해 도시 수와 도시 인구의 변화를 바르게 쓴 경우	8점
우리나라의 도시 수와 도시 인구가 증가하였다는 점을 간단하게 쓴 경우	4점

3 (1) 부산은 항구가 발달해 선박을 이용해 상품을 운송하고 항구 시설에 상품을 보관하는 물류 산업이 발달하였습니다.

(2) 지역마다 자연환경과 인문환경이 서로 달라 이를 이용한 다양한 산업이 발달합니다.

채점 기준

자연환경과 기술, 노동력, 교통 등 인문환경의 예를 들어 지역마다 다양한 산업이 발달한다고 쓴 경우	8점
지역이 가진 특성에 따라 알맞은 산업이 발달한다고 쓴 경우	4점

단원 정리 1 국토와 우리 생활   36~37쪽

❶ 영역   ❷ 영공   ❸ 산맥   ❹ 관동
❺ 산지   ❻ 동   ❼ 서   ❽ 높아
❾ 많아   ❿ 고령   ⓫ 인문환경   ⓬ 국토

O X   1 ○   2 ○   3 ×   4 ○   5 ×   6 ○   7 ○
8 ×   9 ○   10 ○

3 우리 국토는 큰 산맥이나 하천 등의 인문환경을 기준으로 지역을 구분하기도 하고, 행정 구역으로 지역을 구분하기도 합니다.
┌ 자연

5 우리나라는 남북으로 길게 뻗어 있어 남쪽 지역과 북쪽 지역의 기온 차이가 큰데, 대체로 북쪽에서 남쪽으로 갈수록 기온이 낮아집니다.
└ 높아집니다

---

8 1960년대 이후 산업이 발달하며 도시 사람들이 일자리를 찾아 촌락으로 모여들었습니다.
└ 촌락
└ 도시

단원 평가   38~41쪽

1 ③   2 아시안 하이웨이   3 ①   4 ⓔ 우리 조상들이 살아온 삶의 터전이고, 앞으로도 후손들이 살아갈 터전이기 때문이다.   5 ④   6 ㉠ 해서 ㉡ 호서   7 ⑤   8 ④
9 (1) ㉠ (2) ㉢ (3) ㉡   10 ④   11 ⓔ 태백산맥이 차가운 바람을 막아 주고, 수심이 깊어 온도 변화가 적은 동해의 영향을 받기 때문이다.   12 ①   13 ①   14 ②   15 ⓔ 과거 우리나라는 벼농사 중심의 농업 사회로 농사지을 땅이 넓은 남서쪽 평야 지역은 북동쪽 산지 지역보다 인구 밀도가 높았다.   16 저출산
17 ㉡ → ㉠ → ㉢   18 ③, ⑤   19 (1) ㉠ (2) ㉢ (3) ㉡   20 교통

1 우리나라는 중국과 일본 사이에 있습니다.

2 아시안 하이웨이가 연결되면 우리나라는 대륙과 해양을 연결하는 시작점으로서 중요성이 더욱 커질 것입니다.

3 서해안과 남해안은 가장 바깥에 있는 섬들을 직선으로 연결한 선을 기준으로 영해를 정합니다. 동해안, 울릉도, 독도, 제주도는 썰물일 때의 해안선을 기준으로 영해를 정합니다.

4 국토는 오늘날 우리뿐만 아니라 미래 세대까지 행복하게 살아가야 할 터전입니다. 따라서 우리는 소중한 삶의 터전인 우리의 국토를 아끼고 사랑해야 합니다.

채점 기준

'우리 조상들이 살아온 삶의 터전이고, 앞으로도 후손들이 살아갈 터전이기 때문이다.'라고 바르게 쓴 경우	5점
'우리가 살아가는 터전이다.'라고 간단하게 쓴 경우	3점

5 지도는 산맥과 하천 등의 자연환경을 기준으로 북부 지방, 중부 지방, 남부 지방으로 우리 국토를 구분한 것입니다. ④는 행정 구역에 대한 설명입니다.

6 경기해의 서쪽을 해서 지방이라고 합니다. 금강(옛 이름 호강)을 기준으로 호서, 호남 지방으로 나눕니다.

7 우리나라 행정 구역은 북한 지역을 제외하면 특별시 1곳, 특별자치시 1곳, 광역시 6곳, 도 6곳, 특별자치도 3곳으로 이루어져 있습니다. 특별시, 특별자치시, 광역시에는 시청이 있고, 도와 특별자치도에는 도청이 있습니다.

8 우리나라에서 높고 험한 산지는 대부분 북쪽과 동쪽에 많습니다.

9 제니는 밀물과 썰물의 차가 커서 갯벌이 발달한 서해안에 다녀왔습니다. 지민이는 크고 작은 섬이 많아 다도해라고 불리며, 양식업이 발달한 남해안에 다녀왔습니다. 슬기는 모래사장이 발달해 해수욕장이 많은 동해안에 다녀왔습니다.

10 우리나라는 같은 계절이라도 지역에 따라 기온이 달라 동해안은 서해안보다 겨울 기온이 높으며, 해안 지역이 내륙 지역보다 겨울 기온이 높습니다.

11 동해안은 차가운 북서풍을 태백산맥이 막아 주고, 수심이 깊어 온도 변화가 적은 동해의 영향을 받아 서해안보다 겨울 기온이 높습니다.

채점 기준	
태백산맥이 차가운 바람을 막아 주고 동해의 영향을 받기 때문이라고 모두 바르게 쓴 경우	5점
태백산맥 또는 동해만을 언급하여 바르게 쓴 경우	3점

12 우리나라는 지역에 따라 강수량이 차이가 크며, 남쪽에서 북쪽으로 갈수록 대체로 강수량이 줄어듭니다.

13 폭설이 내리면 눈이 쌓인 지붕이나 고드름이 있는 곳에 접근하지 않으며, 제설 작업을 합니다. 폭염이 발생하면 물을 자주 마시고 그늘막을 설치합니다.

14 지진이 발생하면 집 안에 있을 때는 책상이나 탁자 아래로 들어가 몸을 보호합니다. 집 밖에 있을 때는 떨어지는 물건에 주의하며, 가방이나 손으로 머리를 보호하고 빠르게 운동장이나 넓은 공간으로 대피합니다.

15 1960년대 이전까지 벼농사 중심의 농업 사회였던 우리나라는 남서쪽 평야 지역의 인구 밀도가 높았습니다.

채점 기준	
당시 벼농사 중심의 농업 사회의 특성을 바탕으로 남서쪽 평야 지역과 북동쪽의 산지 지역을 비교해 쓴 경우	5점
농사지을 땅이 넓은 남서쪽 평야 지역이 인구 밀도가 높았다고 쓴 경우	3점

16 오늘날 우리나라는 유소년층 인구 비율이 낮아지고, 노년층 인구 비율이 높아지는 저출산·고령 사회의 모습이 나타납니다.

17 2000년 이후부터 수도권에 집중되어 있는 공공 기관, 기업 등을 지방으로 옮겨 국토가 균형적으로 발전할 수 있도록 노력하고 있습니다.

18 서울로 인구와 여러 기능이 집중하면서 나타나는 주택 부족, 교통 체증, 환경 오염 등의 문제를 해결하기 위해 경기도에 신도시를 건설해 서울의 인구와 기능을 분산하고 있습니다.

19 우리나라는 지역별로 가진 특성에 따라 다양한 산업이 발달하였습니다.

20 인구, 도시, 산업, 교통은 서로 영향을 주고받으면서 발전하였으며, 우리 국토는 과거와 크게 다른 모습으로 변화하였습니다.

👀 **수행 평가** **1-1 우리 국토의 위치와 영역** **42쪽**

1 해설 참고
2 ❶ 위도 ❷ 124°~132° ❸ 아시아 ❹ 태평양 ❺ 일본
3 예 우리 국토는 아시아 대륙과 태평양이 만나는 지역에 위치하여 대륙과 해양으로 나아가기에 유리하다.

1

2 국토의 위치는 위도와 경도, 주변의 육지와 바다, 이웃한 나라 등을 이용해 표현할 수 있습니다.

3 우리나라는 삼면이 바다로 둘러싸인 반도 국가이므로 대륙과 해양으로 나아가기에 유리합니다.

채점 기준	
'아시아 대륙과 태평양이 만나는 지역에 위치하여 대륙과 해양으로 나아가기에 유리하다'라고 바르게 쓴 경우	10점
'대륙과 해양으로 나아가기에 유리하다'라고 간단하게 쓴 경우	5점

👀 **수행 평가** **1-1 우리 국토의 위치와 영역** **43쪽**

1 (1) – ⓒ (2) – ㉠ (3) – ⓛ
2 ❶ 한반도 ❷ 12 ❸ 썰물 ❹ 섬 ❺ 하늘
3 (1) ⓒ (2) ⓛ (3) ㉠ (4) ㉣

1 (가)는 영공, (나)는 영토, (다)는 영해입니다. 영공은 하늘, 영토는 땅, 영해는 바다에서의 범위입니다.

2 영역은 한 나라의 주권이 미치는 범위로 영토, 영해, 영공으로 이루어집니다.

3 우리나라 영토의 동쪽 끝은 경상북도 울릉군 독도, 서쪽 끝은 평안북도 용천군 마안도, 남쪽 끝은 제주특별자치도 서귀포시 마라도, 북쪽 끝은 함경북도 온성군 유원진입니다.

1 ㈎ 대동강 ㈏ 한강 ㈐ 김포평야 ㈑ 금강 ㈒ 호남평야 ㈓ 나주평야 ㈔ 함경산맥 ㈕ 낭림산맥 ㈖ 태백산맥 ㈗ 소백산맥 ㈘ 낙동강 ㈙ 김해평야

2 ⑩ 우리나라의 동쪽과 북쪽에는 높고 험한 산지가 많고, 남쪽과 서쪽에는 비교적 낮은 산지와 평야가 많다. 이처럼 동쪽이 높고 서쪽이 낮은 지형적 특징 때문에 큰 하천은 대부분 동쪽에서 서쪽으로 흐른다.

1 ㈎는 대동강, ㈏는 한강, ㈐는 김포평야, ㈑는 금강, ㈒는 호남평야, ㈓는 나주평야, ㈔는 함경산맥, ㈕는 낭림산맥, ㈖는 태백산맥, ㈗는 소백산맥, ㈘는 낙동강, ㈙는 김해평야입니다.

2 우리나라는 산지가 북동쪽에 치우쳐 발달하여 동쪽이 서쪽보다 높으며, 동쪽은 경사가 급하고 서쪽은 경사가 완만합니다.

채점 기준	
우리나라의 지형 특징을 산지, 평야, 하천으로 구분하여 모두 바르게 쓴 경우	6점
높고 험한 산지가 북동쪽에 발달하였다고만 쓴 경우	3점

1 ㈎ 중강진 ㈏ 서울 ㈐ 울릉도 ㈑ 서귀포

2 ❶ 많아진다 ❷ 장마 ❸ 여름 ❹ 눈

3 • 시설을 설치한 지역: ㈐

• 시설의 이름: 우데기

• 시설을 설치한 까닭: ⑩ 겨울철 눈이 집 안으로 들어오는 것을 막고, 집 안에서 생활하기 편리하도록 우데기라는 외벽을 설치하였다.

1 ㈎는 중강진, ㈏는 서울, ㈐는 울릉도, ㈑는 서귀포의 월별 강수량을 나타낸 것입니다.

2 우리나라는 지역에 따라 강수량의 차이가 크며, 계절에 따른 강수량의 차이도 큽니다.

3 겨울에 눈이 많이 내리는 울릉도에서는 우데기를 설치하여 눈과 바람을 막고 생활 공간을 넓혔습니다.

채점 기준	
시설을 설치한 지역, 시설의 이름, 시설을 설치한 까닭을 모두 바르게 쓴 경우	10점
시설을 설치한 지역과 시설의 이름만 바르게 쓴 경우	5점

1 ❶ 서울 ❷ 부산

2 ❶ 수도권 ❷ 공업 도시

3 ⑩ 우리나라의 도시 수와 도시 인구가 크게 증가하였다. 수도권에 많은 도시가 생기고, 도시 인구가 크게 증가하였다. 남동쪽 해안 지역에 도시 수가 많아졌다. 우리나라는 도시 발달의 지역 차가 크다. 등

1 1960년대 이전에는 서울과 부산 등을 제외한 지역은 인구 50만 명 미만의 도시들이 많았습니다.

2 1960년대 이후 산업이 발달하면서 사람들이 일자리를 찾아 도시로 이동하였고, 오늘날에 수도권과 남동쪽 해안 지역의 도시 수와 도시 인구가 크게 증가하였습니다.

3 오늘날 우리나라는 인구 10명 중 9명 정도가 도시에 살고 있습니다. 또한 지역의 산업 발달 정도와 교통의 편의성에 따라 도시 인구와 도시 발달의 차이가 큽니다.

채점 기준	
예시 답안과 관련된 우리나라 도시 발달의 특징을 두 가지 모두 바르게 쓴 경우	10점
예시 답안과 관련된 우리나라 도시 발달의 특징을 한 가지만 바르게 쓴 경우	5점

사회

2 인권 존중과 정의로운 사회

1 인권을 존중하는 삶

1 인권   **2** (1) ○ (2) ×   **3** 『홍길동전』
4 방정환   **5** (1) 로자 파크스 (2) 테레사

1 인권은 사람이라면 누구나 동등하게 누려야 하는 권리입니다.

2 (2) 인권은 누구도 함부로 빼앗을 수 없습니다.

3 허균이 쓴 『홍길동전』에는 신분이 낮으면 차별받고 능력을 펼칠 수 없었던 사회 제도에 저항하는 의식이 담겨 있습니다.

4 방정환은 어린이를 위한 잡지와 어린이날을 만드는 등 어린이의 인권 신장을 위해 노력했습니다.

5 (1) 전태일은 노동자가 안전하게 일할 권리를 주장했고, (2) 마틴 루서 킹은 흑인의 인권을 보장하고자 비폭력 운동에 앞장섰습니다.

1 휴가   **2** 삼복 제도   **3** (1) – ㉡ (2) – ㉠
4 (1) ○   **5** 침해

1 여종에게는 출산 전에 한 달, 출산 후에 50일의 휴가를 주고, 남편에게는 15일의 휴가를 주었습니다.

2 신분과 관계없이 세 번의 재판을 거치도록 하여 억울하게 벌을 받는 사람이 없도록 하였습니다.

3 인권 신장을 위한 옛사람들의 노력은 여러 가지 사회 제도에서도 찾아볼 수 있습니다.

4 (1) 편견과 차별은 상대방의 인권을 존중하지 않는 대표적인 사례입니다.

5 인권은 누구에게나 소중한 것이지만 우리 일상생활 곳곳에서 인권이 침해되는 모습을 볼 수 있습니다.

1 (1) ○ (2) ×   **2** 국가 인권 위원회   **3** 사회 보장
4 점자 블록   **5** (1) ○ (2) × (3) ○

1 (2) 시민 단체는 사람들의 인권을 보장하기 위해 다양한 지원과 캠페인 활동을 합니다.

2 국가 인권 위원회는 모든 개인의 인권을 보호하고 신장하는 일을 하는 국가 기관입니다.

3 국가와 지방 자치 단체는 사회 보장 제도를 시행하여 사회 구성원의 인권을 보장하려고 노력합니다.

4 장애인을 위한 공공 편의 시설에는 점자 블록, 장애인 콜택시, 횡단보도의 음향 신호기 등이 있습니다.

5 (2) 국가와 지방 자치 단체 등은 법과 제도를 만들고 시설을 세우는 등 사람들의 인권을 보장하고자 많은 노력을 하고 있습니다.

핵심문장으로 시작하기   **1** 인권   **2** 신문고   **3** 학교
4 ①   **5** ④   **6** 방정환 **7** ②   **8** ①   **9** ⑤
10 ④   **11** 예 억울하게 벌을 받는 사람이 없도록 하기 위해서이다. 형벌을 내릴 때 신중하게 결정하기 위해서이다.
12 ③   **13** 라민 **14** ④   **15** ⑤   **16** ③   **17** ㉢, ㉣
18 ②   **19** 예 인권을 존중하는 말을 사용한다. **20** ②

4 인권은 피부색이나 성별, 장애, 나이, 종교, 국적 등과 상관없이 모두가 누려야 하는 권리입니다.

5 ④ 폭력은 다른 사람의 인권을 침해하는 것입니다.

6 방정환은 아이들을 '어린이'라고 부르고, 어린이날을 만들었습니다.

7 박두성은 한글 점자를 만들어 시각 장애인에게 동등한 교육의 기회를 주고자 노력했습니다.

8 이태영은 우리나라 최초의 여성 변호사로 여성의 인권을 신장하고자 노력했습니다.

9 마틴 루서 킹은 백인에게 차별받는 흑인의 인권을 신장하고자 평화적인 운동을 펼쳤습니다.

10 조선 시대 법전인 『경국대전』에는 출산 휴가와 같은 인권 신장에 관한 내용이 나타나 있습니다.

11 옛날에도 사람의 생명을 소중하게 생각했으며 사형의 경우 세 번의 재판을 거치도록 했습니다.

채점 기준	
'억울하게 벌을 받는 사람이 없도록 하기 위해서이다.', '형벌을 내릴 때 신중하게 결정하기 위해서이다.' 등과 같이 쓴 경우	5점
'벌을 함부로 주지 않으려고' 등과 같이 간단하게 쓴 경우	3점

12 활인서는 병들고 아픈 사람을 무료로 치료해 주는 곳이었습니다.

13 라민이는 남자는 울면 안 된다는 고정 관념을 가지고 있습니다.

14 장애인 보조견의 출입을 거부하여 시각 장애인이 불편을 겪고 있습니다.

15 법이나 제도, 시설이 제대로 마련되지 않아서 인권을 보장받지 못하는 경우가 있습니다.

16 학교에서는 서로의 다양성을 존중하고 더불어 살아갈 수 있도록 인권 교육을 하는 등 인권을 보장하고자 노력합니다.

17 ㉠ 국민의 인간다운 생활을 보장하기 위해 사회 보장 제도를 시행하고 있습니다. ㉡ 인권의 중요성을 강조하고 편견을 없애는 인권 교육을 합니다.

18 왼쪽 사진은 장애인의 안전한 이동을 위한 장애인 콜택시이고, 오른쪽 사진은 점자 블록입니다.

19 다른 사람의 인권을 존중하는 말을 사용하는 것은 우리가 생활 속에서 실천할 수 있는 인권 보호 활동합니다.

채점 기준	
'인권을 존중하는 말을 사용한다.'라고 바르게 쓴 경우	5점
'기분 나쁘지 않게 말을 한다.'라고 간단하게 쓴 경우	3점

20 차별은 다른 사람의 인권을 침해하는 행동입니다.

📝 서술형 평가　　　　　　　　　57쪽

1 (1) (나) (2) 예 사람들이 억울하게 벌을 받는 일을 줄이고자 노력하였다.

2 (1) 허균 (2) 예 신분 때문에 사람을 차별하면 안 된다. 누구나 능력을 발휘할 기회를 공평하게 보장받아야 한다.

3 (1) (가) (2) 예 나이를 이유로 차별할 수 없도록 하는 법을 만든다.

1 (1) 조선 시대에 사형과 같은 무거운 형벌을 내릴 때는 세 번의 재판을 거치도록 했는데, 이것을 삼복 제도라고 합니다.

---

(2) 조선 시대에도 인간을 존중하는 제도들이 있었습니다.

채점 기준	
'사람들이 억울하게 벌을 받는 일을 줄이고자 노력하였다.'라고 구체적으로 쓴 경우	8점
'인권 신장을 위해서'라고 간단하게 쓴 경우	4점

2 (1) 『홍길동전』을 쓴 사람은 허균입니다.

(2) 『홍길동전』에는 신분이 낮으면 차별받고 능력을 펼칠 수 없었던 사회 제도에 저항하는 의식이 담겨 있습니다.

채점 기준	
'신분 때문에 사람을 차별하면 안 된다.', '누구나 능력을 발휘할 기회를 공평하게 보장받아야 한다.'라고 바르게 쓴 경우	8점
'노비 신분이라고 무시하면 안 된다.'라고 간단하게 쓴 경우	4점

3 (1) (가)는 인권을 보장받지 못한 모습이고, (나)는 인권을 보장받으며 생활하는 모습입니다.

(2) 국가는 장애, 성별, 나이 등에 따라 불합리한 차별이 발생하지 않도록 법을 만들어 시행합니다.

채점 기준	
'나이를 이유로 차별할 수 없도록 하는 법을 만든다.'라고 바르게 쓴 경우	8점
'차별을 금지하는 법을 만든다.'라고 간단하게 쓴 경우	4점

---

2 인권 보장과 헌법

😊 개념 확인 문제　　　　　　　59쪽

1 헌법　　　**2** (1) × (2) ○　　　**3** 국민 투표
4 법　　　**5** 헌법 재판소

1 헌법은 국가를 운영하고 국민의 인권을 보장하는 근본 규범입니다.

2 (1) 헌법을 바탕으로 여러 법이 만들어지고, 그 법들은 헌법에 어긋나서는 안 됩니다.

3 국민 투표는 국가의 중요한 일을 국민이 최종적으로 투표해 결정하는 제도입니다.

4 헌법에 있는 내용은 법으로 구체화되고 이는 제도로 시행됩니다.

5 국가 권력이나 법률이 국민의 권리를 침해할 때는 헌법 재판소의 도움을 받아서 문제를 해결할 수 있습니다.

1 기본권　　**2** 사회권　　**3** 평등권

4 (1) ×　(2) ○　　**5** 법률

1 우리나라 국민이라면 누구나 누릴 수 있습니다.

2 우리 헌법은 평등권, 자유권, 참정권, 청구권, 사회권 등을 기본권으로 보장하고 있습니다.

3 우리 헌법 제11조 제1항에 '모든 국민은 법 앞에 평등하다.'라고 명시되어 있습니다.

4 (1)은 자유권을 보장받는 사례입니다.

5 기본권을 제한하는 경우에도 자유와 권리의 본질적인 내용을 침해해서는 안 됩니다.

1 의무　　**2** 교육　　**3** (2) ○　　**4** (1) ×　(2) ○　　**5** 조화

1 국민의 의무에는 교육의 의무, 근로의 의무, 납세의 의무, 국방의 의무, 환경 보전의 의무 등이 있습니다.

2 부모님께서 자녀를 학교에 보내 교육을 받게 하는 것은 교육의 의무를 실천하는 모습입니다.

3 (1) 국방의 의무를 실천하는 모습입니다.

4 (1) 헌법에 나타나 있지 않은 의무는 국민에게 함부로 부과할 수 없습니다.

5 국민의 권리와 의무가 서로 조화를 이룰 때 우리가 모두 함께 행복하게 살아갈 수 있습니다.

실력 문제　64~66쪽

핵심문장으로 시작하기　**1** 헌법　**2** 평등권　**3** 의무

4 ④　　**5** 예 국민의 인권을 보장하기 위해서이다.　　**6** ①

7 ④　　**8** 헌법 재판소　　**9** ④　　**10** ②　　**11** ②

12 ③　　**13** ④　　**14** ㉡, ㉢, ㉣　　**15** ③　　**16** ①

17 ⑤　　**18** ②　　**19** ⑤　　**20** 예 자유권과 환경 보전의 의무가 충돌하고 있다.

4 헌법은 국민의 인권을 보장하도록 구체적인 종류와 그 내용을 담고 있습니다.

5 국가는 국민의 인권을 보장할 의무가 있고, 국민의 인권을 함부로 침해해서는 안 됩니다.

채점 기준	
국민의 인권 보장과 관련지어 바르게 쓴 경우	5점
'국민이 존중받으며 살 수 있도록 하기 위해서' 등과 같이 인권이라는 핵심어가 없는 경우	3점

6 헌법의 내용을 새로 정하거나 바꾸고자 할 때는 국민 투표를 해야 합니다.

7 우리나라는 헌법에 기본적 인권을 정해 놓음으로써 국가 권력이 개인의 인권을 침해할 수 없도록 하고 있습니다.

8 헌법 재판소에서는 국가 권력이나 법률이 국민의 인권을 침해하는지 헌법을 기준으로 판단합니다.

9 헌법 재판소에서 법률이 인권을 침해한다고 결정을 하면 그 법률은 헌법에 근거하여 수정하거나 없앨 수 있습니다.

10 ② 국가는 필요한 경우 법률에 따라 기본권을 제한할 수 있습니다.

11 국가의 간섭을 받지 않고 자유롭게 생각하고 행동할 수 있는 권리는 자유권입니다.

12 헌법에 참정권을 보장하고 있어 국민은 대표를 뽑는 선거에서 투표를 하거나 후보로 출마하는 등 국가의 의사 결정에 참여할 수 있습니다.

13 청구권은 기본권이 침해되었거나 침해될 위험이 있을 때 국가에 기본권 보장을 요구할 수 있는 권리입니다.

14 국가의 안전을 보장해야 하거나 사회 질서 유지, 공동체의 이익을 위하여 필요하다면 법률에 따라 기본권을 제한할 수 있습니다.

15 헌법은 국민의 기본권과 의무를 모두 정해 놓았습니다.

16 부모님이 열심히 일을 하고 계시는 것은 근로의 의무를 실천하는 사례입니다.

17 나무를 심는 것은 환경 보전의 의무와 관련이 있습니다.

18 모든 국민은 정해진 법에 따라 세금을 낼 의무가 있는데, 이를 납세의 의무라고 합니다.

19 ⑤ 권리를 보장받으면서 의무를 실천하는 합리적인 해결 방안을 함께 찾아야 합니다.

20 □□ 씨는 재산을 자유롭게 행사하고 활용할 수 있는 권리인 자유권을 주장하고 있고, ○○군청은 환경 보전의 의무를 주장하고 있습니다.

채점 기준	
'자유권'과 '환경 보전의 의무'를 포함하여 바르게 쓴 경우	5점

1 (1) 헌법 (2) 예 국민의 인권을 보장하는 역할을 한다. 일상생활에서 일어날 수 있는 인권 문제를 판단하는 기준이 된다.
2 (1) ㉠ 자유권, ㉡ 청구권 (2) 예 학생들이 학교에서 공부를 함.
3 (1) 예 교육의 의무, 근로의 의무 등 (2) 예 어느 하나만을 강조하는 것이 아니라 권리와 의무의 조화를 이루어야 한다.

1 (1) 우리나라에서는 헌법으로 국민의 인권을 보장하고 있습니다.
(2) 헌법은 국민의 인권을 보장할 뿐만 아니라 일상생활에서 일어날 수 있는 인권 문제를 판단하는 기준이 됩니다.

채점 기준	
'국민의 인권을 보장하는 역할을 한다.', '인권 문제를 판단하는 기준이 된다.'라고 바르게 쓴 경우	8점
위 내용 중 일부만 쓴 경우	4점

2 (1) 자유권은 국가의 간섭을 받지 않고 자유롭게 생각하고 행동할 수 있는 권리입니다.
(2) 사회권에는 교육을 받을 권리, 근로의 권리, 쾌적한 환경에서 살 권리, 인간다운 생활을 할 권리 등이 있습니다.

채점 기준	
제시된 단어를 모두 사용하여 바르게 쓴 경우	8점
일부 단어만 사용하여 쓴 경우	4점

3 (1) 우리 헌법은 교육의 의무, 근로의 의무, 납세의 의무, 국방의 의무, 환경 보전의 의무, 공공복리에 적합한 재산권 행사의 의무를 국민의 의무로 정해 놓았습니다.
(2) 국민의 권리와 의무가 서로 조화를 이룰 때 우리가 모두 함께 행복하게 살아갈 수 있습니다.

채점 기준	
'어느 하나만을 강조하는 것이 아니라 권리와 의무의 조화를 이루어야 한다.'라고 바르게 쓴 경우	8점
'조화'라는 말을 넣어 간단하게 쓴 경우	4점

3 법의 의미와 역할

1 법　　**2** (1) – ㉠ (2) – ㉡　　**3** (2) ○
4 강제성　　**5** (1) × (2) ○

1 법은 공동체 생활을 하면서 반드시 지켜야 하는 강제성이 있는 사회 규범입니다.

2 양심에 따라 스스로 지키는 도덕과 달리 법은 국가 구성원이라면 누구나 지켜야 합니다.

3 (1) 도덕은 지키지 않아도 처벌을 받지 않지만 여럿이 사는 사회에서는 꼭 필요합니다.

4 법은 모든 사회 구성원이 반드시 따라야 하는 강제성이 있습니다.

5 (1) 법이 사회의 변화에 맞지 않을 때에는 법을 바꾸거나 다시 만들기도 합니다.

1 (1) ○ (2) ×　　**2** (1) – ㉡ (2) – ㉠　　**3** 안전
4 「저작권법」　　**5** 조사

1 (2) 가정, 학교, 사회 등 일상생활 속에서 법이 적용되고 있습니다.

2 급식을 먹을 때, 횡단보도를 건널 때에도 법이 함께하고 있습니다.

3 놀이터는 「어린이 놀이 시설 안전 관리법」에 따라 만들어집니다.

4 「저작권법」은 창작물에 대한 권리를 보호하려고 만든 법입니다.

5 일상생활과 관련법 법을 조사하는 방법에는 인터넷 검색하기, 법과 관련된 책 살펴보기 등이 있습니다.

1 (1) × (2) ○　　**2** 사회　　**3** 판사
4 (2) ○　　**5** 권리

1 (1) 법은 공정하고 객관적인 판단 기준이 되어 분쟁을 해결할 수 있게 해 줍니다.

2 법은 사회 질서를 유지하여 우리가 좋은 환경에서 살아갈 수 있게 해 줍니다.

3 판사는 재판을 진행하고, 법에 따라 판결을 내립니다.

4 (2) 음악을 불법으로 내려받기 하는 행동은 다른 사람의 권리를 침해하는 것입니다.

5 법을 잘 지키면 각 개인의 권리가 보장되고 사회 질서가 유지됩니다.

핵심문장으로 시작하기   **1** 강제성   **2** 법   **3** 권리

4 사회 규범   **5** ④   **6** ⑤   **7** ③   **8** 예 법은 사회의 변화에 따라 바뀌기도 하고 새롭게 만들어지기도 한다. **9** ①   **10** (나)   **11** ①   **12** ⑤   **13** ④ **14** ㉠, ㉡, ㉢   **15** ⑤   **16** ②   **17** 예 범죄로부터 사람들을 안전하게 지키고 사회 질서를 유지한다. **18** ④ **19** ③   **20** ②

4 사회 혼란을 막고 질서를 유지하려면 사회 구성원들이 일상생활에서 지켜야 할 사회 규범이 필요합니다.

5 ④ 개인의 양심에 따라 자율적으로 따르는 것은 도덕입니다.

6 법은 우리가 해야 하는 것과 하지 말아야 하는 것을 알려 주고 다툼이 생겼을 때 누가 잘못했는지 판단하는 기준이 됩니다.

7 ①, ②, ④, ⑤는 법을 어긴 상황입니다. 이처럼 법을 지키지 않으면 국가의 제재를 받게 됩니다.

8 법은 항상 고정된 것이 아니며 사회의 변화에 따라 변할 수 있습니다.

채점 기준	
'법은 사회의 변화에 따라 바뀌기도 하고 새롭게 만들어지기도 한다.'라고 바르게 쓴 경우	5점
'법을 바꿀 수 있다.'라고 간단하게 쓴 경우	3점

9 사람은 태어나면서부터 법의 보호를 받으며 살아갑니다.

10 「도로 교통법」은 도로에서 안전하게 다닐 수 있도록 하기 위해 만든 법입니다.

11 법은 가정, 학교 등 우리의 일상생활 곳곳에 적용되고 있고, 많은 일이 법에 따라 이루어지고 있습니다.

12 「어린이 놀이 시설 안전 관리법」은 어린이들이 안전하고 편안하게 놀이기구를 이용할 수 있도록 합니다.

13 인터넷을 검색하거나 법과 관련된 책자 등을 이용해 일상생활과 관련된 법과 사례를 조사합니다.

14 ㉣ 법은 침해당한 권리를 구제받을 방법을 알려 줍니다.

15 법은 개인의 권리를 보호하는 역할을 합니다.

16 판사는 검사와 변호인이 제시하는 증거를 토대로 법과 양심에 따라 공정하게 판결합니다.

17 법은 여러 가지 범죄나 사고로부터 국민을 보호하고 쾌적한 환경에서 살 수 있게 해 주어 사회 질서를 유지하는 역할을 합니다.

채점 기준	
'범죄로부터 사람들을 안전하게 지키고 사회 질서를 유지한다.'라고 바르게 쓴 경우	5점
'범죄로부터 국민을 보호한다.'라고 간단하게 쓴 경우	3점

18 법을 어기는 행동은 다른 사람의 권리를 침해하며 사회를 혼란스럽게 만들기도 합니다.

19 ①, ②, ④, ⑤는 모두 법을 어기는 행동입니다.

20 법에 관심을 가지고 법을 잘 지키고자 노력하는 태도가 중요합니다.

1 (1) (가) (2) 예 법은 강제성을 지니고 있어서 법을 지키지 않으면 제재를 받는다.
2 (1) 「학교 급식법」 (2) 예 학생들의 건강과 성장을 위해 안전한 음식 재료를 사용하도록 보장하기 위해서이다.
3 (1) 예 주변이 지저분해지고 집주인과 거리를 지나다니는 사람들이 쓰레기 때문에 힘들어할 것이다. (2) 예 개인의 권리를 보장하고 사회 질서를 유지하기 위해서이다. 법을 지키지 않으면 다른 사람에게 피해를 주기 때문이다.

1 (1) (가)와 같이 법을 지키지 않으면 제재를 받습니다.
(2) 도덕은 사람들이 양심에 따라 자율적으로 지키지만, 법은 강제성이 있습니다. 강제성이 있다는 것은 지키지 않았을 때 국가로부터 제재를 받는다는 뜻입니다.

채점 기준	
'법은 강제성을 지니고 있어서 법을 지키지 않으면 제재를 받는다.'라고 바르게 쓴 경우	8점
'어겼을 때 제재를 받는다.'라고 간단하게 쓴 경우	4점

2 (1) 학교 급식은 「학교 급식법」의 적용을 받고 있습니다.
(2) 「학교 급식법」은 학생들에게 질 높고 안전한 급식을 하기 위해 만든 법입니다.

채점 기준	
'학생들의 건강과 성장을 위해 안전한 음식 재료를 사용하도록 보장하기 위해서이다.'라고 구체적으로 쓴 경우	8점
'학생들의 건강을 위해서'라고 간단하게 쓴 경우	4점

3 (1) 제시된 그림은 남의 집 앞에 쓰레기를 몰래 버리는 모습입니다.

채점 기준	
'주변이 지저분해지고 집주인과 거리를 지나다니는 사람들이 쓰레기 때문에 힘들어 할 것이다.' 등과 같이 구체적으로 쓴 경우	8점
'불편한 일들이 생긴다.'라고 간단하게 쓴 경우	4점

(2) 서로의 권리를 보호하고 안정된 사회를 만들기 위해 누구나 법을 준수하는 태도가 필요합니다.

채점 기준	
'개인의 권리를 보장하고 사회 질서 유지를 위해서이다', '법을 지키지 않으면 다른 사람에게 피해를 주기 때문이다.' 등과 같이 바르게 쓴 경우	8점
'피해를 주지 않기 위해서'라고 간단하게 쓴 경우	4점

단원정리 2 인권 존중과 정의로운 사회 78~79쪽

❶ 인권 ❷ 인권 ❸ 헌법 ❹ 의무 ❺ 강제성
❻ 법

OX 1 × 2 ○ 3 ○ 4 × 5 ○ 6 × 7 ○
8 × 9 × 10 ○

1 인권은 다른 사람이 함부로 빼앗을 수 있습니다.
　　└ 헌법 재판소　　　　　　　　└ 없습니다.
4 국가 인권 위원회에서 법률이 국민의 인권을 침해한다고 결정하면, 그 법률은 개정되거나 폐지됩니다.
6 납세의 의무는 모두가 안전하도록 국가를 지킬 의무를 말합니다.　└ 국방의 의무
　　　　　└ 법
8 도덕은 모든 사회 구성원이 반드시 따라야 하는 강제성이 있습니다.
9 학생들에게 건강한 급식을 주려고 만든 법은 「소비자 기본법」입니다.
　　　　　　　　　　　└「학교 급식법」

💡 단원 평가 80~83쪽

1 ④　　**2** ②　　**3** ⓔ 인권 신장을 위해 노력한 사람들이다.
4 ①　　**5** 국가 인권 위원회　**6** ⑤　　**7** 헌법　**8** ④
9 ③　　**10** ⑤　　**11** ⓔ 법률에 따라 기본권을 제한할 수 있다.　**12** ⑤　　**13** ④　　**14** ②　　**15** ㉡, ㉣　**16** ④
17 ③　　**18** ④　　**19** ⓔ 사람들 간의 갈등과 분쟁을 해결한다. 개인의 권리를 보호한다. 사회 질서를 유지한다.　**20** ④

---

1 인권은 모든 사람이 인간다운 삶을 살아가기 위해 당연히 누려야 할 기본적인 권리입니다.

2 몸이 불편한 사람도 대중교통을 이용할 수 있도록 저상 버스를 운행합니다.

3 오늘날의 인권은 수많은 사람들이 끊임없이 노력하여 얻어 낸 것입니다.

채점 기준	
'인권 신장을 위해 노력한 사람들이다.'라고 바르게 쓴 경우	5점
'권리를 보장받지 못한 사람들을 위해 힘썼다.' 등과 같이 인권이라는 핵심어가 없는 경우	3점

4 ① 사형 같은 무거운 형벌을 내릴 때에는 신분과 관계없이 세 번의 재판을 거치도록 하여 억울하게 벌을 받는 사람이 없도록 하였습니다.

5 정부는 국가 인권 위원회와 같은 인권 보호 기관을 운영하여 국민의 인권 보호를 위해 노력하고 있습니다.

6 ⑤ 법을 만드는 곳은 국가입니다.

7 헌법에 국민의 권리를 제시한 것은 국가가 함부로 국민의 권리를 침해할 수 없도록 하기 위해서입니다.

8 헌법 재판소에서 법률이 국민의 인권을 침해한다고 결정하면, 그 법률은 개정되거나 폐지됩니다.

9 ①은 참정권, ②는 사회권, ④는 자유권, ⑤는 청구권에 대한 설명입니다.

10 사회권은 인간다운 삶을 국가에 요구할 수 있는 권리입니다.

11 기본권을 제한하는 경우에도 자유와 권리의 본질적인 내용을 침해해서는 안 됩니다.

채점 기준	
'법률에 따라 기본권을 제한할 수 있다.'라고 바르게 쓴 경우	5점
위 내용 중 일부만 쓴 경우	3점

12 권리와 의무는 긴밀하게 연결되어 있기 때문에 상황과 입장에 따라 충돌하는 경우도 있습니다.

13 모든 국민이 나와 가족, 우리 모두의 안전을 위해 나라를 지킬 의무를 국방의 의무라고 합니다.

14 법이 사회의 변화에 맞지 않거나 인권을 침해할 때는 법을 바꾸거나 다시 만들기도 합니다.

15 법은 강제성이 있어서 법을 지키지 않으면 제재를 받습니다.

16 「소비자 기본법」은 소비자의 권리와 이익을 보호해 줍니다.

17 제시된 방법은 인터넷을 검색하여 조사하는 것입니다.

18 「저작권법」은 음악, 영화 등 창작물을 만든 사람의 권리를 보호하기 위해 만들어졌습니다.

19 법은 개인의 권리를 보장하고 사회 질서를 유지하게 해 줍니다.

채점 기준	
법의 역할을 두 가지 모두 바르게 쓴 경우	5점
법의 역할을 한 가지만 쓴 경우	3점

20 법을 어기는 행동은 다른 사람에게 피해를 주고 다른 사람의 권리를 침해합니다.

수행 평가 2-1 인권을 존중하는 삶 84쪽

1 (가), (나), (라)

2 ❶ 이태영 ❷ 어린이날 ❸ 시각 장애인

3 예 모든 사람은 태어나면서부터 인간답게 살 권리인 인권을 가지고 있기 때문이다. 옛날에는 모든 사람이 인권을 동등하게 누리지 못하고, 신분이나 나이, 성별, 인종 등에 따라 차별적인 대우를 받았기 때문이다.

1 제시된 내용을 통해 (가)는 이태영, (나)는 방정환, (라)는 박두성이라는 것을 알 수 있습니다.

2 이태영, 방정환, 로자 파크스, 박두성은 모두 인권 신장을 위해 노력을 했습니다.

3 오늘날의 인권은 수많은 사람들이 끊임없이 노력하여 얻어 낸 것입니다.

채점 기준	
'모든 사람은 태어나면서부터 인간답게 살 권리인 인권을 가지고 있기 때문이다.' 등과 같이 바르게 쓴 경우	20점
'인권을 보장받지 못했기 때문'이라고 간단하게 쓴 경우	10점

수행 평가 2-1 인권을 존중하는 삶 85쪽

1 (1) (나), (바) (2) (가), (다), (라), (마)

2 (1) ○ (2) ○

3 예 인권을 존중하는 말을 사용한다. 인권 보호 캠페인에 참여한다. 인권 관련 기관에 인권 개선을 요구하는 편지를 써서 보낸다. 등

1 (가), (다), (라), (마)는 일상생활에서 인권을 보장받지 못하는 모습입니다.

2 고정 관념이나 편견에 따른 차별 등 다른 사람의 인권을 존중하지 않거나, 법이나 제도, 시설이 제대로 마련되지 않아서 인권 침해가 발생합니다.

3 자신의 인권이 중요한 만큼 다른 사람의 인권도 중요함을 알고 인권 보호를 실천할 때 더 나은 사회가 될 수 있습니다.

채점 기준	
인권 보호 실천 방법을 두 가지 이상 바르게 쓴 경우	20점
인권 보호 실천 방법을 한 가지만 쓴 경우	10점

수행 평가 2-2 인권 보장과 헌법 86쪽

1 헌법 재판소

2 ㉢, ㉣

3 예 헌법 재판소에서 헌법에 위반된다고 결정했기 때문에 '이 법'은 개정되거나 폐지된다.

1 국가 권력이나 법률이 국민의 권리를 침해할 때는 헌법 재판소의 도움을 받아서 문제를 해결할 수 있습니다.

2 헌법은 국민의 인권을 보장할 뿐만 아니라 일상생활에서 일어날 수 있는 인권 문제를 판단하는 기준이 됩니다.

3 헌법 재판소에서 법률이 국민의 인권을 침해한다고 결정하면, 그 법률은 개정되거나 폐지됩니다.

채점 기준	
'개정되거나 폐지된다.'라고 바르게 쓴 경우	20점
'개정' 또는 '폐지'만 쓴 경우	10점

사회

수행 평가 2-2 인권 보장과 헌법 87쪽

1 헌법

2 ❶ 교육 ❷ 근로 ❸ 예 세금을 내야 할 의무이다. ❹ 국방 ❺ 예 환경을 보전하기 위해 노력해야 할 의무이다.

1 헌법은 국민의 기본권을 보장하는 동시에 국민으로서 지켜야 할 의무도 정해 놓았습니다.

2 국민의 의무를 실천하는 것은 자신과 다른 사람의 기본권을 보호하는 바탕이 됩니다.

❸

채점 기준	
'세금을 내야 할 의무이다.'라고 바르게 쓴 경우	10점

❺

채점 기준	
'환경을 보전하기 위해 노력해야 할 의무이다.'라고 바르게 쓴 경우	10점
'환경을 위해 노력한다.'라고 간단하게 쓴 경우	5점

수행 평가 2-3 법의 의미와 역할 88쪽

1 (가), (다)

2 (나), (라)

3 예 강제성을 지니고 있어서 법을 지키지 않으면 제재를 받는다.

1 (가)는 도덕을 따르고 있는 모습이고, (다)는 도덕을 따르지 않는 모습입니다.

2 (나)는 가게의 물건을 몰래 가져가는 모습이고, (라)는 교통신호를 지키지 않아 경찰관에게 제재를 받는 모습입니다.

3 법은 국가가 만든 강제성이 있는 규범입니다.

채점 기준	
'강제성을 지니고 있어서 법을 지키지 않으면 제재를 받는다.'라고 바르게 쓴 경우	20점
'어겼을 때 제재를 받는다.'라고 간단하게 쓴 경우	10점

1 국토와 우리 생활

1 우리 국토의 위치와 영역

쪽지 시험 91쪽

1 국토	**2** 일본	**3** 태평양	**4** 영역	**5** 독도
6 동해안	**7** 휴전선	**8** 영남	**9** 행정 구역	**10** 6

3 우리나라는 도로나 철도를 이용하여 아시아와 유럽 등의 대륙으로 나아가기 유리하고, 삼면이 바다로 둘러싸여 있으므로 태평양으로 진출하기에도 좋은 위치에 있습니다.

6 서해안과 남해안은 해안선이 복잡하고 섬이 많아서 가장 바깥에 있는 섬들을 직선으로 이은 선을 기준으로 영해를 설정합니다.

7 북부 지방과 중부 지방은 휴전선을 기준으로 구분하며, 중부 지방과 남부 지방은 소백산맥과 금강 하류를 기준으로 구분합니다.

단원 평가 1회 92~93쪽

1 ② **2** 예 우리나라는 북위 33°~43°, 동경 124°~132°에 위치한다. **3** ⑤ **4** ④ **5** ③ **6** ⑤ **7** ④ **8** ⑤ **9** ⑤ **10** ④

1 적도를 기준으로 북쪽과 남쪽을 각각 90°로 나누어 지역의 위치를 나타내는 것은 위도입니다.

2 제시된 지도의 위도와 경도를 이용하여 우리나라의 위치를 표현하면 우리나라는 북위 33°~43°, 동경 124°~132°에 위치합니다.

채점 기준	
'우리나라는 북위 33°~43°, 동경 124°~132°에 위치한다.'라고 바르게 쓴 경우	5점
북위와 동경을 빼고 쓴 경우	3점

3 우리나라는 삼면이 바다로 둘러싸여 있기 때문에 바닷길을 통해 다른 나라와 교류하기 좋은 위치에 있습니다.

4 ㄹ 영토는 땅, 영해는 바다, 영공은 하늘에서의 영역입니다.

5 ① 영토는 한반도와 한반도에 속한 여러 섬으로 이루어집니다. ② 영토의 가장 동쪽은 독도입니다. ④, ⑤ 서해안과

남해안은 가장 바깥에 있는 섬들을 직선으로 연결한 선을 기준으로 영해를 정합니다. 동해안, 울릉도, 독도, 제주도는 썰물일 때의 해안선을 기준으로 영해를 정합니다.

6 비무장 지대에서 국토를 지키는 일은 군인들이 하거나 나중에 어른이 되면 군인이 되어 할 수 있는 일입니다. 우리는 군인이나 독도지킴이에게 감사 편지를 보냅니다.

7 ⓒ 우리나라는 전통적으로 산맥, 고개, 호수, 강, 바다 등을 기준으로 국토를 구분하였습니다.

8 관서 지방은 철령관의 서쪽 지역을 의미합니다.

9 ㉠은 경기도, ㉡은 충청남도, ㉢은 전라남도, ㉣은 경상북도, ㉤은 부산광역시입니다.

10 ④ 우리나라의 특별시에는 서울특별시 1곳이 있으며, 특별자치시에는 세종특별자치시 1곳이 있습니다.

---

7 산맥, 고개, 호수, 강, 바다 등을 기준으로 관서, 관북, 관동, 해서, 경기, 호서, 호남, 영남 지방으로 구분하였습니다.

채점 기준	
'우리나라는 전통적으로 산맥, 고개, 호수, 강, 바다 등을 기준으로 지역을 구분하였다.'라고 바르게 쓴 경우	5점
'자연환경을 기준으로 지역을 구분하였다.'라고 간단하게 쓴 경우	3점

8 강원도는 강릉과 원주의 앞 글자를 따서 정했습니다.

9 ㉠ 북한 지역을 제외하면 특별시 1곳, 특별자치시 1곳, 광역시 6곳, 도 6곳, 특별자치도 3곳으로 이루어져 있습니다. ㉡ 특별시, 특별자치시, 광역시에는 시청이 있고, 도와 특별자치도에는 도청이 있습니다.

10 ㉠은 춘천, ㉡은 홍성, ㉢은 안동, ㉣은 전주, ㉤은 창원입니다.

💡 **단원 평가 2회**   **94~95쪽**

1 ㉠ 적도 ㉡ 본초 자오선   **2** ③   **3** 준선   **4** ⑤   **5** ①
6 비무장 지대   **7** 예 우리나라는 전통적으로 산맥, 고개, 호수, 강, 바다 등을 기준으로 지역을 구분하였다.   **8** ②   **9** ②
10 ⑤

1 위도는 적도를 기준으로 남북으로 얼마나 떨어져 있는지를 나타내며, 경도는 본초 자오선을 기준으로 동서로 얼마나 떨어져 있는지를 나타냅니다.

2 우리나라는 아시아 대륙의 동쪽에 위치합니다.

3 우리나라는 삼면이 바다로 둘러싸여 있는 반도 국가로 대륙과 해양으로 나아가기에 유리하여 세계 여러 나라와 활발히 교류하고 있습니다.

4 그림은 영역을 나타낸 것으로 ㉠은 영공, ㉡은 영토, ㉢은 영해입니다. 영토는 영해와 영공을 정하는 기준이 됩니다. 영공은 오늘날 항공 교통이 발달하면서 중요성이 커지고 있습니다.

5 ㉡ 영공은 우리나라의 영토와 영해 위에 있는 하늘의 범위입니다. ㉢ 영해는 영토 주변의 바다로, 대체로 영해를 설정하는 기준선으로부터 12해리까지입니다.

6 비무장 지대는 분단의 상징인 동시에 생태계가 잘 보전되어 있는 생명의 상징으로 우리가 소중히 지키고 보호해야 합니다.

📋 **서술형 평가**   **96쪽**

1 (1) ㉠ 러시아 ㉡ 몽골 ㉢ 중국 ㉣ 일본 (2) 예 아시아 대륙의 동쪽에 위치하고, 태평양과 접하고 있다.
2 (1) 한반도와 한반도에 속한 여러 섬으로 이루어져 있다. (2) 영토 주변의 바다로, 대체로 영해를 설정하는 기준선으로부터 12해리까지이다. (3) 영토와 영해 위에 있는 하늘의 범위이다.
3 (1) 휴전선 (2) 예 소백산맥과 금강 하류를 기준으로 구분한다.
4 (1) ㉠ 강원특별자치도 ㉡ 광주광역시 (2) 예 우리나라는 특별시 1곳, 특별자치시 1곳, 광역시 6곳, 도 6곳, 특별자치도 3곳으로 이루어져 있다.

1 (1) 지도의 ㉠은 러시아, ㉡은 몽골, ㉢은 중국, ㉣은 일본입니다.
(2) 육지와 바다를 이용하여 우리나라의 위치를 표현하면 우리나라는 아시아 대륙의 동쪽에 위치하고, 태평양과 접하고 있습니다.

채점 기준	
'아시아 대륙의 동쪽에 위치하고, 태평양과 접하고 있다.'라고 바르게 쓴 경우	8점
'아시아 대륙과 태평양이 만나는 지역이다.'라고 간단하게 쓴 경우	4점

2 한 나라의 영역은 그 나라의 주권이 미치는 범위로 영토, 영해, 영공으로 이루어집니다. 영토는 땅, 영해는 바다, 영공은 하늘에서의 범위입니다.

3 (1) 북부 지방과 중부 지방은 휴전선을 기준으로 구분합니다.

(2) 중부 지방과 남부 지방은 소백산맥과 금강 하류를 기준으로 구분합니다.

4 (1) ㉠은 강원특별자치도, ㉡은 광주광역시입니다.

(2) 우리나라는 북한 지역을 제외하면 특별시 1곳, 특별자치시 1곳, 광역시 6곳, 도 6곳, 특별자치도 3곳으로 이루어져 있습니다.

2 우리 국토의 자연환경

✍️ 쪽지 시험
97쪽

1 지형 **2** 북동쪽, 남서쪽 **3** 동, 서 **4** 서해안
5 해안, 내륙 **6** 여름 **7** 자연재해 **8** 겨울 **9** 지진
10 태풍

3 우리나라 지형은 전체적으로 동쪽이 높고 서쪽이 낮은 모습입니다.

5 바다와 가까운 해안 지역은 바다에서 멀리 떨어진 내륙 지역보다 겨울에 따뜻합니다.

10 태풍이 발생하면 거센 바람에 유리창이 깨지지 않도록 창문을 창틀에 테이프로 단단하게 고정하여 대비해야 합니다.

💡 단원 평가 1회
98~99쪽

1 ③ **2** ② **3** ㉠ 서해안 ㉡ 동해안 ㉢ 남해안 **4** 예 여름에는 남쪽의 바다에서 덥고 습한 바람이 불어오고, 겨울에는 북서쪽의 대륙에서 차갑고 건조한 바람이 불어온다. **5** ③
6 ⑤ **7** ③, ④ **8** ㉠ 울릉도 ㉡ 서울 **9** ②, ③ **10** ①

1 우리나라에서 높은 산지는 주로 북쪽과 동쪽에 분포하며, 낮은 산지와 평야는 남서쪽에 분포합니다. 이처럼 산지가 국토 동쪽에 치우쳐 있어 큰 하천은 대부분 황해와 남해로 흐르며, 큰 하천 주변에는 평야가 발달해 있습니다.

2 사람들은 산지를 이용하여 지하자원과 삼림 자원 등을 얻는다.

3 서해안은 넓은 갯벌이 발달하였고, 동해안은 모래사장이 펼쳐진 곳이 많으며, 남해안은 크고 작은 섬이 많아 다도해라고 불린다.

4 여름에는 남쪽의 바다에서 덥고 습한 바람이 불어와 기온이 높고 비가 많이 내리며, 겨울에는 북서쪽의 대륙에서 차갑고 건조한 바람이 불어와 춥고 눈이 내립니다.

5 우리나라는 계절에 따라 기온의 차이가 크며 겨울의 기온 차이가 더 큽니다.

6 서해안은 겨울에 북서쪽에서 불어오는 차가운 바람의 영향을 그대로 받지만, 동해안은 태백산맥이 차가운 바람을 막아 주고 동해의 수심이 황해보다 깊기 때문에 동해안이 서해안보다 겨울에 따뜻합니다.

7 조상들은 여름에 바람이 잘 통하는 모시옷이나 삼베옷을 입고, 바람이 잘 통하는 대청마루에서 더위를 피했습니다.

8 우리나라는 여름에 장마와 태풍 등의 영향으로 연평균 강수량의 절반 이상이 내리기 때문에 서울은 여름과 겨울의 강수량 차이가 큽니다. 울릉도는 눈이 많이 내려 겨울 강수량이 많기 때문에 계절별 강수량의 차이가 작습니다.

9 여름에는 주로 폭염, 호우와 홍수가 발생하여 피해를 주기도 합니다.

10 지진이 발생하면 땅이 흔들리는 동안에는 책상 아래로 들어가 몸을 웅크리고, 책상 다리를 꼭 잡고 몸을 보호합니다.

단원 평가 2회 100~101쪽

1 (1) ㉠ 북(동) ㉡ 동(북) (2) ㉠ 동 ㉡ 서 (3) ㉠ 남(서) ㉡ 서(남)
2 ③ 3 ㉢ 4 ③ 5 예 우리나라의 전통 가옥에는 여름을 시원하게 보내기 위한 대청마루가 있으며, 겨울을 따뜻하게 보내기 위한 온돌이라는 난방 시설이 있다. 6 (가) 많은 (나) 여름
7 ⑤ 8 (1) ㉠, ㉤ (2) ㉡, ㉥ (3) ㉢, ㉣ 9 ② 10 ①

1 (1) 높고 험한 산은 대부분 북쪽과 동쪽에 있습니다. (2) 큰 하천은 대부분 동쪽에서 서쪽으로 흐릅니다. (3) 비교적 낮은 산지와 평탄한 평야는 남서쪽에 발달했습니다.

2 평야 지역에서는 논농사를 중심으로 농업이 발달하였으며, 교통이 편리하고 사람들이 모여 살기에 유리해 도시가 발달하였습니다.

3 남해안은 해안선이 복잡하고 크고 작은 섬이 많아 다도해라고 불립니다. 물이 깨끗하고 파도가 잔잔해서 굴, 김 등을 기르는 양식업이 발달하였습니다.

4 우리나라는 대체로 남쪽에서 북쪽으로 갈수록 기온이 낮습니다. 남쪽의 서귀포는 1월 평균 기온이 영상 6℃를 웃돌 정도로 포근하지만, 북쪽의 중강진은 1월 평균 기온이 영하 16℃ 정도로 내려갈 정도로 매우 춥습니다.

5 전통 가옥의 대청마루는 여름을 대비한 시설이고, 온돌은 겨울을 대비한 난방 시설입니다.

채점 기준

여름과 겨울에 대비한 전통 가옥 시설을 모두 바르게 쓴 경우	5점
여름 또는 겨울에 대비한 가옥 시설만 바르게 쓴 경우	3점

6 우리나라는 북부 지방에서 남부 지방으로 갈수록 연 강수량이 많은 편이며, 계절별로 보면 여름철 강수량이 많은 편입니다.

7 여름철 비가 많이 내리는 지역에서는 집에 물에 잠기는 것을 막으려고 주변보다 터를 높여 터돋움집을 만들었습니다.

8 자연재해 중에서 가뭄과 황사는 봄에 주로 발생하고, 폭염과 홍수는 여름에 주로 발생하며, 폭설과 한파는 겨울에 주로 발생합니다.

9 태풍은 적도 부근에서 발생해 이동하는 동안 많은 비가 내리고 강한 바람이 불기 때문에 큰 피해를 줍니다.

10 기상 특보는 자연재해가 예상될 때 미리 대처할 수 있도록 널리 알리는 것을 말합니다. 자연재해가 발생하였을 때는 방송 매체, 인터넷 등을 통해 실시간 기상 특보를 주의 깊게 살핍니다.

서술형 평가 102쪽

1 (1) 예 우리나라 국토는 약 70%가 산지로 이루어져 있다. 북쪽과 동쪽에는 대체로 높은 산지가 많고, 남쪽과 서쪽에는 비교적 낮은 산지가 많다. (2) 예 산지에서 지하자원과 삼림 자원을 얻는다. 산지에 스키장이나 휴양 시설을 만들기도 한다. 등
2 (가) 예 소금과 양념을 많이 넣어 김치를 짜고 맵게 담갔다. (나) 예 소금과 양념을 적게 넣어 김치를 싱겁게 담갔다.
3 (1) 예 겨울 강수량이 많은 것으로 보아 눈이 많이 내린다. (2) 예 울릉도에서는 눈이 많이 내렸을 때 생활 공간을 확보하기 위해 외벽인 우데기를 만들었으며, 눈에 빠지거나 미끄러지지 않도록 설피를 신기도 하였다.
4 (1) 한파 (2) 겨울 (3) 예 체온 유지를 위해 장갑이나 모자, 목도리 등을 착용한다.

1 (1) 우리나라는 산지가 동쪽에 치우쳐 발달하여 동쪽이 서쪽보다 높으며, 동쪽은 경사가 급하고 서쪽은 경사가 완만합니다.

채점 기준

대체로 산지로 이루어져 있으며, 북쪽과 동쪽에 비교적 높은 산지가 많고 남쪽과 서쪽에 비교적 낮은 산지가 많음을 모두 바르게 쓴 경우	8점
대체로 산지로 이루어져 있으며, 북쪽과 동쪽에 비교적 많은 산지가 있음을 바르게 쓴 경우	4점

(2) 산지 지역에는 임업이 발달했으며, 사람들이 여가 생활을 즐길 수 있도록 높은 산지에 스키장이나 휴양 시설을 만들기도 합니다.

채점 기준

산지에서 지하자원이나 삼림 자원을 얻는다고 쓰거나, 산지에 스키장이나 휴양 시설을 만들어 이용한다고 바르게 쓴 경우	4점
산지에서 자원을 얻는다고만 쓰거나 산지에 스키장을 만들어 이용한다고만 쓴 경우	2점

2 기온이 높은 남쪽 지역에서는 음식이 상하는 것을 막으려고 음식에 소금과 젓갈, 고춧가루 등을 많이 사용합니다. 기온이 낮은 북쪽 지역에서는 음식이 빨리 상하지 않아 음식에 소금이나 고춧가루 등을 적게 사용합니다.

채점 기준	
남쪽 지역과 북쪽 지역의 김치 담그는 방법을 모두 바르게 쓴 경우	8점
남쪽 지역 또는 북쪽 지역의 김치 담그는 방법만 바르게 쓴 경우	4점

3 (1) 울릉도는 겨울에 눈이 많이 내려 다른 지역보다 상대적으로 겨울 강수량이 많습니다.

채점 기준	
그래프를 분석하여 겨울철에 눈이 많이 내린다고 쓴 경우	6점
눈이 많이 내린다고만 쓴 경우	3점

(2) 울릉도에서는 우데기를 설치하여 눈과 바람을 막고, 설피를 신기도 하였습니다.

채점 기준	
울릉도, 우데기, 외벽, 설피 등을 언급하며 울릉도의 겨울철 생활 모습을 모두 바르게 쓴 경우	8점
우데기를 만들어 생활하였다고만 쓰거나, 설피를 신었다고만 쓴 경우	4점

4 (1) 한파는 기온이 갑자기 내려가면서 발생하는 추위를 말합니다.

(2) 한파는 주로 겨울에 발생합니다.

(3) 한파가 발생하면 체온이 떨어지지 않도록 외출할 때 장갑이나 모자, 목도리 등을 착용합니다.

채점 기준	
체온 유지를 위해 장갑이나 모자, 목도리 등을 착용한다고 바르게 쓴 경우	8점
체온이 떨어지지 않도록 한다고만 쓴 경우	4점

3 우리 국토의 인문환경

✏️ 쪽지 시험
103쪽

1 남서쪽　**2** 수도권　**3** 인구 구성　**4** 노년층　**5** 도시
6 신도시　　**7** 중화학 공업　　**8** 생활권　　**9** 가깝게
10 인문환경

2 오늘날 수도권에는 우리나라 인구의 약 절반이 모여 살고 있습니다.

6 서울 및 대도시에 인구가 집중되면서 생긴 문제점을 해결하기 위해 대도시 주변에 신도시를 건설하였습니다.

8 교통의 발달로 지역 간 이동이 빠르고 편리해지면서 사람들의 생활권은 더욱 넓어지고 있습니다.

☀️ 단원 평가 1회

1 ⑤　**2** 고은, 정현　**3** ④　**4** ⑩ 국토의 균형적인 발전을 위해 수도권에 집중되어 있던 공공 기관, 기업, 연구소 등을 지방으로 이전하였다.　**5** ③, ④　**6** ㉠ → ㉣ → ㉢ → ㉡
7 (1) 태백산 (2) 영남 내륙　**8** ④　**9** ㉠, ㉣　**10** ②

1 1960년대 이전 벼농사 중심의 농업 사회였던 우리나라는 농사짓기 알맞은 남서쪽 평야 지역의 인구 밀도가 높고, 북동쪽 산지 지역은 비교적 인구 밀도가 낮았습니다.

2 오늘날 수도권과 대도시를 중심으로 인구 밀도가 높아진 반면 농어촌 촌락 지역과 산지 지역의 인구 밀도는 낮아졌습니다.

3 새로 태어나는 아이의 수가 줄어들면서 유소년층 인구 비율은 점점 줄어든 반면, 평균 수명의 증가로 노년층 인구 비율은 갈수록 늘어나고 있습니다.

4 세종특별자치시에는 국토의 균형적인 발전을 위해 이전된 정부 청사와 공공 기관 등이 모여 있습니다.

채점 기준	
국토의 균형적인 발전을 위해서라는 까닭을 바르게 쓴 경우	5점
지방을 발전시키기 위해서라는 까닭을 쓴 경우	3점

5 남동쪽 해안 지역의 항구를 중심으로 포항, 여수, 울산, 창원 등 공업 도시가 새롭게 성장하여 도시 인구가 크게 늘어났습니다.

6 우리나라는 1960년대 초반부터 본격적으로 산업이 발달하기 시작하여 기술의 발전에 따라 다양한 산업이 성장하였습니다.

7 지역마다 자연환경과 기술, 노동력, 교통 시설 등 인문환경이 달라 다양한 산업이 발달하였습니다.

8 고속 철도가 개통되어 지역 간 이동 시간이 줄면서 사람들의 생활권이 더욱 넓어졌습니다.

9 ㉡ 교통이 발달로 지역 간 거리는 점점 가깝게 느껴지고 있습니다. ㉢ 항구와 공항의 수가 늘어나 물자와 사람들의 이동이 더욱 편리해졌습니다.

10 도시가 성장하면서 도시 인구가 늘어나고, 산업이 성장하면 도시의 일자리가 늘어나 도시로 인구가 집중됩니다. 교통이 발달하며 지역 간 사람과 물자의 이동이 늘어나며 도시 인구가 늘어나고 도시가 성장합니다.

1 ㉠ 서울 ㉡ 수도권   **2** ㈎   **3** ④   **4** (1) ○ (2) ×   **5** ⑤
6 ①   **7** 예 지역마다 나타나는 자연환경과 기술, 노동력, 교통 시설 등 인문환경이 다르기 때문에 이와 관련해 지역별로 다양한 산업이 발달한다.   **8** ㉢, ㉣   **9** ④   **10** 도시

1 서울, 인천, 경기도를 포함한 수도권에 우리나라 전체 인구의 약 절반 정도가 모여 살고 있습니다.

2 과거에는 출생률이 높아 전체 인구에서 유소년층 인구가 차지하는 비율이 높았습니다.

3 ④ 평균 수명이 늘어나면서 노년층 인구 비율이 높아져 고령 사회의 인구 구성 모습이 나타나고 있습니다.

4 (2) 2020년에는 수도권을 비롯해 대도시 주변, 남동쪽 해안 지역의 도시 수와 도시 인구가 크게 늘어났습니다.

5 서울을 비롯한 대도시에 인구와 기능이 집중하면서 주택 부족, 교통 혼잡, 환경 오염 등의 문제가 발생하였습니다. 이를 해결하기 위해 대도시 주변에 신도시를 건설해 인구와 기능을 분산하였습니다.

6 우리나라는 1960년대 이후부터 본격적으로 공업이 발달하기 시작하였으며, 1960년대에는 옷, 신발과 같이 가벼운 물건을 만드는 공업이 발달하였습니다.

7 우리나라는 각 지역의 특성에 따라 다양한 산업이 발달하였습니다.

채점 기준	
지역마다 자연환경과 인문환경이 다르기 때문이라는 까닭을 바르게 쓴 경우	5점
지역마다 가진 특성이 다르다는 내용을 쓴 경우	3점

8 ㉠ 산업 발달에 따라 일자리가 늘어나고 산업에 따라 사람들의 하는 일이 변화합니다. ㉡ 산업이 발달하며 물자와 인구의 이동이 늘어나면서 교통 시설이 늘어나고 교통이 편리해집니다.

9 과거에 비해 고속 국도의 길이가 늘어나고, 여러 지역을 연결하는 고속 국도가 많이 건설되었습니다.

10 인구와 도시, 산업, 교통 등 인문환경은 서로 영향을 주고받으면서 변화합니다.

1 (1) ㉠ (2) 예 1960년대 이전에는 농업 사회로 농사짓기 좋은 남서부 평야 지역에 인구 밀도가 높았다. 오늘날은 산업이 발달한 수도권과 대도시를 중심으로 인구 밀도가 높다.

2 (1) ㈏ (2) 예 서울로 인구와 기능이 집중되어 발생한 주택 부족 등의 문제를 해결하기 위해 계획적으로 만든 신도시이다.

3 (1) 남동 임해 공업 지역 (2) 예 시멘트의 주원료인 석회석이 풍부해 시멘트 산업이 발달하였다.

4 (1) 고속 철도 (2) 예 이동 시간이 줄면서 지역 간 거리는 점점 가깝게 느껴지고 있다. 지역 간 교류가 활발해지고, 사람들의 생활권이 넓어졌다. 등

1 (1) 평야가 발달한 남서쪽 지역의 인구 밀도가 산지가 많은 북동쪽 지역보다 더 높습니다.
(2) 1960년대 이후 산업이 발달하면서 일자리를 찾아 촌락 인구가 도시로 집중되면서 수도권과 대도시의 인구가 크게 증가하였습니다.

채점 기준	
두 자료의 인구 밀도와 관련되어 농업 사회의 인구 밀도 특징과 산업이 발달한 오늘날 인구 밀도의 특징을 모두 바르게 쓴 경우	8점
과거 농업 사회의 인구 밀도 특징과 산업이 발달한 오늘날 인구 밀도 특징 중 한 가지만 그 까닭을 바르게 쓴 경우	4점

2 (2) 서울 주변에 신도시를 건설해 서울의 인구와 기능을 분산하고자 하였습니다.

채점 기준	
서울에 인구가 집중되어 나타난 문제를 예를 들어 쓰고, 이를 해결하기 위해 신도시를 만들었다는 까닭을 바르게 쓴 경우	8점
단순히 서울에 인구가 집중되어 나타난 문제를 해결하기 위해서라고 쓴 경우	4점

3 (2) 자연환경이나 노동력, 기술, 교통의 편리성 등 인문환경과 같은 지역의 특성에 따라 다양한 산업이 발달하였습니다.

채점 기준	
시멘트의 주원료가 되는 석회석이 풍부하다는 지역 특징을 바르게 쓴 경우	8점
석회석이 풍부하다는 내용만 간단하게 쓴 경우	4점

4 (2) 오늘날에는 교통 발달로 지역 간의 이동 시간이 줄어들어 지역 간 교류가 활발해지고, 사람들의 생활권이 넓어졌습니다.

채점 기준

예시 답안과 같이 교통의 발달로 달라진 사람들의 모습을 바르게 쓴 경우	8점
다른 지역으로 이동이 편리해졌다 또는 이동 시간이 줄어 들었다 등 교통 발달의 모습을 간단하게 쓴 경우	4점

2 인권 존중과 정의로운 사회

1 인권을 존중하는 삶

📝 쪽지 시험
110쪽

1 인권 **2** 허균 **3** 어린이날 **4** 박두성 **5** 마틴 루서 킹 **6** 삼복 제도 **7** 신문고 **8** 보장받지 못하는 **9** 인권 교육 **10** 지방 자치 단체

2 허균은 『홍길동전』에서 신분에 따른 차별을 비판하였습니다.

5 에멀라인 팽크허스트는 여성의 참정권 획득을 위해 노력했습니다.

9 학교에서는 서로의 다양성을 존중하고 더불어 살아갈 수 있도록 인권 교육을 합니다.

10 시민 단체는 사람들의 인권을 보장하기 위해 다양한 지원과 캠페인 활동을 합니다.

💡 단원 평가 1회
111~112쪽

1 ③ **2** 『홍길동전』 **3** ① **4** ④ **5** ⑤ **6** ㉠, ㉡, ㉢ **7** ② **8** 예 자신과 다른 사람의 인권을 존중하는 태도를 기를 수 있도록 인권 교육을 한다. 인권을 보장하는 데 필요한 규칙을 만들어 생활한다. **9** ③ **10** ③

1 성별, 국적, 인종 등과 관계없이 인간이라면 누구나 당연히 인권을 누려야 합니다.

2 허균이 쓴 『홍길동전』에는 신분이 낮으면 차별받았던 사회 제도에 저항하는 의식이 담겨 있습니다.

3 옛날에는 신분이나 성별, 나이에 따른 차별이 있었습니다.

4 전태일은 노동자가 안전하게 일할 권리를 주장하였고, 로자 파크스는 흑인의 정당한 권리 보장을 위해 노력하였습니다.

5 조선 시대에는 사형에 해당하는 죄는 억울하게 처벌받지 않도록 세 번의 재판을 거치도록 하였습니다.

6 ㉢ 옛날에는 신분에 따른 차별이 있었습니다.

7 회사 직원이 할머니에게 나이가 많아서 취업이 안 된다고 말하고 있습니다. 이것은 나이가 많으면 일을 못할 것이라는 편견 때문에 일어난 일입니다.

8 그 밖에 휠체어를 타고도 자유롭게 출입할 수 있도록 교실의 문턱을 없애기도 합니다.

채점 기준

'자신과 다른 사람의 인권을 존중하는 태도를 기를 수 있도록 인권 교육을 한다.', '인권을 보장하는 데 필요한 규칙을 만들어 생활한다.'라고 바르게 쓴 경우	5점
'인권 교육을 한다.'라고 간단하게 쓴 경우	3점

9 어린이 보호 구역을 설치하여 교통사고 위험으로부터 어린이를 보호합니다.

10 ①, ②, ④, ⑤는 국가와 지방 자치 단체가 인권 보장을 위해 하는 노력입니다.

💡 단원 평가 2회
113~114쪽

1 인권 **2** ⑤ **3** ② **4** ① **5** ② **6** ③ **7** ② **8** ④ **9** ⑤ **10** 예 친구에게 존중하는 말을 사용하는 것도 인권 보호를 실천하는 방법이야. 인권 개선을 요구하는 편지를 쓸 수 있어. 인권 보호 캠페인 활동에 참여하자.

1 사람으로서 마땅히 누려야 할 기본적인 권리를 인권이라고 합니다.

2 ⑤ 친구의 인권을 존중하지 않는 모습입니다.

3 방정환은 어린이의 인권을 신장하는 데 평생을 힘썼습니다.

4 우리나라뿐만 아니라 다른 나라에서도 많은 사람이 인권 신장을 위해 노력해 왔습니다.

5 관청에 소속된 여종이 출산하면 그 여종과 남편에게 일정 기간 휴가를 주었습니다.

6 ③ 백성들은 억울한 일을 당했을 때 신문고를 치거나, 임금의 행차 때 징이나 꽹과리를 쳐서 억울함을 호소할 수도 있었습니다.

7 ②는 성별에 따라 역할을 나누는 인권 침해 모습입니다.

8 ④ 어려운 한자어인 '연주황'을 사용하는 것은 어린이에 대

사 회

한 차별이라는 학생들의 요구로 '살구색'으로 이름이 바뀌었습니다.

9 국가 인권 위원회에서는 인권 보장을 위한 정책을 제안하고 검토합니다.

10 생활 속에서 실천할 수 있는 인권 보호 활동은 다양합니다.

채점 기준	
인권을 존중하는 말 사용하기, 인권 개선 편지 쓰기, 인권 캠페인하기 등의 내용으로 바르게 쓴 경우	5점
이 외에 학생들이 실천할 수 있는 인권 보호 활동을 간단하게 쓴 경우	3점

📜 서술형 평가 115쪽

1 (1) 박두성 (2) 예 한글 점자인 '훈맹정음'을 만들었다. 한글 점자책을 만들어 배포했다. 한글 점자 투표를 시행할 수 있도록 노력했다.

2 (1) 삼복 제도 (2) 예 억울하게 벌을 받는 사람이 없도록 하기 위해서이다. 형벌을 내릴 때 신중하게 결정하기 위해서이다.

3 (1) 인권 (2) 예 계단을 이용하기 힘든 사람들을 위해 경사로, 승강기 등의 편의 시설을 설치한다.

4 (1) ⓒ (2) 예 피부색이나 가정 환경이 다르다는 이유로 차별하지 않는다.

1 박두성은 시각 장애인 교육에 힘쓰며 한글 점자책을 만들어 배포하는 등 시각 장애인의 인권 신장에 큰 도움을 주었습니다.

채점 기준	
'한글 점자인 '훈맹정음'을 만들었다.', '한글 점자책을 만들어 배포했다.', '한글 점자 투표를 시행할 수 있도록 노력했다.' 등과 같이 구체적으로 쓴 경우	8점
'한글 점자를 만들었다.'라고 간단하게 쓴 경우	4점

2 조선 시대에는 삼복 제도를 두어 백성이 억울하게 벌을 받는 일을 줄이고자 하였습니다.

채점 기준	
'억울하게 벌을 받는 사람이 없도록 하기 위해서이다.', '형벌을 내릴 때 신중하게 결정하기 위해서이다.' 등과 같이 쓴 경우	8점
'벌을 함부로 주지 않으려고' 등과 같이 간단하게 쓴 경우	4점

3 제도 개선, 법 제정, 시민 단체 활동 등 여러 가지 노력을 통해서 인권 보장은 조금씩 확대되고 있습니다.

채점 기준	
'계단을 이용하기 힘든 사람들을 위해 경사로, 승강기 등의 편의 시설을 설치한다.'라고 바르게 쓴 경우	8점
'경사로를 만든다.'라고 간단하게 쓴 경우	4점

4 우리는 인권이 무엇인지 알고 이를 지키고자 노력해야 합니다.

채점 기준	
'피부색이나 가정 환경이 다르다는 이유로 차별하지 않는다.'라고 바르게 쓴 경우	8점
'차별하지 않는다.'라고 간단하게 쓴 경우	4점

---

2 인권 보장과 헌법

✏️ 쪽지 시험 116쪽

1 헌법   **2** 국민 투표   **3** 헌법 재판소   **4** 기본권
5 자유권   **6** 참정권   **7** 법률   **8** 근로의 의무   **9** 환경 보전의 의무   **10** 조화

1 헌법에는 국민의 기본적 권리와 의무, 국가 기관을 조직하고 운영하는 원칙이 담겨 있습니다.

3 헌법 재판소는 헌법과 관련된 다툼을 다루는 특별 재판소입니다.

9 납세의 의무는 세금을 내는 것과 관련이 있습니다.

10 권리와 의무의 조화를 추구하는 자세가 필요합니다.

💡 단원 평가 1회 117~118쪽

1 ④   **2** 헌법   **3** ①   **4** ②, ⑤   **5** ③   **6** 사회권, 예 인간다운 삶을 국가에 요구할 수 있는 권리이다.   **7** ②
8 국방의 의무   **9** ④   **10** ①

1 국가는 국민의 인권을 보장할 의무가 있고, 국민의 인권을 함부로 침해해서는 안 됩니다.

2 헌법에 어긋나는 법을 만들어서는 안 됩니다.

3 우리나라의 최고법은 헌법입니다. 헌법의 내용을 새로 정하거나 바꾸고자 할 때는 국민 투표를 해야 합니다.

4 국가 권력이나 법률이 개인의 인권을 침해한다고 판단되면 국민 누구나 헌법 재판을 요청할 수 있습니다.

5 참정권은 국가의 정치 과정에 참여할 수 있는 권리입니다.

6 제시된 헌법 조항은 모두 사회권을 보장하는 내용입니다.

채점 기준	
사회권을 쓰고, 사회권의 의미를 바르게 쓴 경우	5점
종류와 의미 중 한 가지만 쓴 경우	3점

7 기본권은 누구에게도 침해될 수 없는 권리이지만, 국가의 안전 보장, 사회 질서 유지, 공동체의 이익 등을 위해 필요한 경우 법률에 따라 제한될 수 있습니다.

8 제시된 글은 국방의 의무에 대한 설명입니다.

9 교육의 의무는 자녀가 잘 성장할 수 있도록 교육을 받게 할 의무입니다.

10 제시된 사례에서는 자유권과 환경 보전의 의무가 충돌하고 있습니다.

단원 평가 2회
119~120쪽

1 ⑤ **2** ③ **3** ⑤ **4** ㉠ → ㉢ → ㉡ **5** ① **6** ③

7 ② **8** ④ **9** 예 자신과 다른 사람의 기본권을 보호하는 바탕이 되기 때문이다. 의무를 성실하게 지킬 때 나라가 건강하게 유지되고 발전할 수 있기 때문이다. **10** ③

1 ⑤ 모든 법과 제도는 헌법에 바탕을 두고, 헌법에 어긋나지 않게 만들어집니다.

2 헌법은 우리나라 모든 국민에게 인권이 있으며, 국가가 국민의 인권을 보장해야 한다는 내용을 분명하게 제시하고 있습니다.

3 우리나라는 헌법에 기본적 인권을 정해 놓음으로써 국가 권력이 개인의 인권을 침해할 수 없도록 하고 있습니다.

4 국가 권력이나 법률이 개인의 인권을 침해한다고 판단되면 국민 누구나 헌법 재판을 요청할 수 있습니다.

5 제시된 자료는 기본권 중에서 평등권에 대한 것입니다.

6 자유권은 국가의 간섭을 받지 않고 자유롭게 생각하고 행동할 수 있는 권리입니다.

7 국가의 안전을 보장해야 하거나 사회 질서 유지, 공동체의 이익을 위하여 필요하다면 법률에 따라 기본권을 제한할

수 있습니다.

8 국민의 의무에는 교육의 의무, 근로의 의무, 납세의 의무, 국방의 의무, 환경 보전의 의무, 공공복리에 적합한 재산권 행사의 의무가 있습니다.

9 책임감 있는 자세로 국민의 의무를 실천한다면 더불어 잘 사는 국가를 만들 수 있습니다.

채점 기준	
'자신과 다른 사람의 기본권을 보호하는 바탕이 되기 때문이다.' 또는 '나라가 건강하게 유지되고 발전할 수 있기 때문이다.'라고 바르게 쓴 경우	5점
위 내용 중 일부만 쓴 경우	3점

10 권리와 의무 중 어느 하나만을 강조하는 것이 아니라 권리와 의무의 조화를 추구하는 자세가 필요합니다.

서술형 평가
121쪽

1 (1) 헌법 (2) 예 모든 법과 제도는 헌법에 바탕을 두고 있다. 국가는 헌법의 인권 보장 내용을 다양한 법과 제도로 만들고 시행한다.

2 (1) 청구권 (2) 예 모든 국민이 차별받지 않고 동등하게 대우받을 권리를 말해.

3 (1) 환경 보전의 의무 (2) 예 주변 환경을 함부로 훼손하지 않는다. 쓰레기 분리배출을 철저히 한다. 일회용품 사용을 줄인다.

4 (1) 자유권 (2) 예 개인의 권리를 행사하면서 의무도 실천하는 조화로운 태도가 필요하다.

1 헌법에 제시된 국민의 권리가 일상생활에서 보장되려면 법이 필요합니다.

채점 기준	
'모든 법과 제도는 헌법에 바탕을 두고 있다.', '국가는 헌법의 인권 보장 내용을 다양한 법과 제도로 만들고 시행한다.' 등과 같이 쓴 경우	8점
위 내용 중 일부만 쓴 경우	4점

2 (1) 기본권은 크게 평등권, 자유권, 참정권, 청구권, 사회권 등으로 나눌 수 있습니다.
(2) 제시된 글의 ㉡은 참정권에 대한 설명입니다.

채점 기준	
'모든 국민이 차별받지 않고 동등하게 대우받을 권리를 말해.'라고 바르게 쓴 경우	8점
'차별받지 않을 권리'라고 간단하게 쓴 경우	4점

3 (1) 나무를 심는 것은 환경을 보전하기 위해 노력해야 할 의무를 실천하는 것입니다.

(2) 가정, 학교, 사회 등 곳곳에서 환경 보전의 의무를 실천할 수 있습니다.

채점 기준

주변 환경 보전, 쓰레기 분리수거 등 학생들이 실천할 수 있는 구체적인 방법을 두 가지 모두 바르게 쓴 경우	8점
실천 방법을 한 가지만 쓴 경우	4점

4 (1) 재산을 자유롭게 행사하고 활용할 수 있는 권리는 자유권과 관련이 있습니다.

(2) 국민의 권리와 의무가 서로 조화를 이룰 때 우리가 모두 함께 행복하게 살아갈 수 있습니다.

채점 기준

'개인의 권리를 행사하면서 의무도 실천하는 조화로운 태도가 필요하다.'라고 바르게 쓴 경우	8점
'조화'라는 말을 넣어 간단하게 쓴 경우	4점

3 법의 의미와 역할

✏️ 쪽지 시험　　　　　　　122쪽

1 도덕　**2** 법　**3** 받습니다　**4** 법　**5** 「도로 교통법」
6 「저작권법」　**7** 침해　**8** 사회 질서　**9** 판사　**10** 준수

3 법을 어기면 제재를 받습니다.

4 법은 학생들이 학교에서 건강하고 안전하게 생활할 수 있도록 도와줍니다.

5 「소비자 기본법」은 소비자의 권리와 이익을 보호하는 법입니다.

7 법은 개인의 권리를 보호하는 역할을 합니다.

💡 단원 평가 1회　　　　　123~124쪽

1 법　**2** ②　**3** 예 사람들 사이의 다툼을 해결하기 어려워진다. 범죄가 늘어나 사회가 혼란스러워질 것이다.　**4** ⑤　**5** ③
6 ②　**7** ⑤　**8** ③　**9** ④　**10** ⑤

1 공동체 생활을 하면서 반드시 지켜야 하는 강제성이 있는 규범을 법이라고 합니다.

2 ②는 법을 어긴 상황으로, 법을 지키지 않으면 국가의 제재를 받게 됩니다.

3 법은 우리가 해야 하는 것과 하지 말아야 하는 것을 알려주고 다툼이 생겼을 때 누가 잘못했는지 판단하는 기준이 됩니다.

채점 기준

법이 없을 때의 문제점을 두 가지 모두 바르게 쓴 경우	5점
법이 없을 때의 문제점을 한 가지만 쓴 경우	3점

4 법이 사회 변화에 맞지 않거나 사람들의 인권을 침해하는 상황이 발생하면 법을 바꾸거나 새롭게 만들 수 있습니다.

5 모든 국민이 일정한 나이가 되면 초등학교에 다니는 것은 「초·중등 교육법」에 적용을 받는 것입니다.

6 「폐기물 관리법」은 쓰레기를 잘 처리해 환경 보전과 국민 생활의 향상에 도움이 되게 하려고 만든 법입니다.

7 검색창에 찾고 싶은 내용에 알맞은 검색 낱말을 입력하여 조사합니다. 「어린이 식생활 안전 관리 특별법」은 어린이 식품 안전 보호 구역을 지정하여 학교 주변에서는 건강을 해치는 음식을 못 팔게 합니다.

8 법은 개인의 권리를 보호하는 역할을 합니다.

9 법은 여러 가지 범죄나 사고로부터 사람들의 안전을 지키고 사회 질서를 유지하는 역할을 합니다.

10 법을 준수하면 자신의 권리뿐만 아니라 다른 사람의 권리도 지킬 수 있습니다.

💡 단원 평가 2회　　　　　125~126쪽

1 ④　**2** ⑤　**3** ㉠, ㉣　**4** ②　**5** ③　**6** ⑤　**7** ④
8 ①　**9** 변호인　**10** 예 거리가 더러워지고 냄새가 날 수 있다.

1 도덕과 법은 사회 구성원들이 일상생활에서 지켜야 할 대표적인 사회 규범입니다.

2 ㈎는 도덕을 지키지 않은 상황이고, ㈏는 강제성을 지니고 있는 법을 어긴 상황입니다.

3 ㉡, ㉢은 도덕의 특징입니다.

4 ②는 도덕에 해당하는 사례입니다. 도덕은 지키지 않아도 처벌을 받지는 않지만, 여럿이 사는 사회에서는 꼭 필요합니다.

5 학교는 「학교 급식법」에 근거하여 안전하고 풍부한 급식을 학생들에게 제공합니다.

6 제시된 사례는 「감염병의 예방 및 관리에 관한 법률」을 적용받는 모습입니다.

7 인터넷을 검색하거나 법과 관련된 책자 등을 이용해 일상생활과 관련된 법과 사례를 조사합니다.

8 법은 개인의 권리 보호, 사회 질서 유지 등의 역할을 합니다.

9 변호인은 피고인이 처한 상황을 알리고 검사의 주장에 대해 피고인을 변호합니다.

10 법을 어기는 행동은 다른 사람에게 피해를 주고 다른 사람의 권리를 침해합니다.

채점 기준	
'거리가 더러워지고 냄새가 날 수 있다.'라고 구체적으로 쓴 경우	5점
'다른 사람에게 피해를 준다.'라고 간단하게 쓴 경우	3점

📋 서술형 평가

127쪽

1 (1) ㉠ 도덕, ㉡ 국가 (2) 예 사회 구성원들이 일상생활에서 지켜야 할 사회 규범이다.

2 (1) 「도로 교통법」 (2) 예 법이 사회의 변화에 맞지 않거나 사람들의 인권을 침해하는 상황이 발생할 때이다.

3 (1) 「저작권법」 (2) 예 우리의 일상생활에는 많은 법이 적용되고 있다.

4 (1) 가람 (2) 예 횡단보도를 건널 때 자전거에서 내려서 걸어간다.

---

1 (1) 사람으로서 마땅히 지켜야 할 도리를 도덕이라고 합니다.
(2) 도덕과 법은 대표적인 사회 규범입니다.

채점 기준	
'사회 구성원들이 일상생활에서 지켜야 할 사회 규범이다.'라고 바르게 쓴 경우	8점
'사회 규범이다.'라고 간단하게 쓴 경우	4점

2 (1) 「도로 교통법」은 도로에서 일어나는 교통사고의 위험으로부터 우리를 보호해 주는 법입니다.
(2) 법이 사회 변화에 맞지 않거나 인권을 침해할 때에는 법을 바꾸거나 다시 만들기도 합니다.

채점 기준	
'법이 사회의 변화에 맞지 않거나 사람들의 인권을 침해하는 상황이 발생할 때이다.'라고 바르게 쓴 경우	8점
위 내용 중 일부만 쓴 경우	4점

3 (1) 「저작권법」은 음악, 영화 등 창작물을 만든 사람의 권리를 보호하기 위한 법입니다.
(2) 법은 우리의 일상생활 곳곳에 적용되고 있고, 많은 일이 법에 따라 이루어지고 있습니다.

채점 기준	
'우리의 일상생활에는 많은 법이 적용되고 있다.'라고 바르게 쓴 경우	8점
'밀접하다.'라고 간단하게 쓴 경우	4점

4 (1) 가람이는 법을 어기는 행동을 했고, 나진이는 법을 잘 지켰습니다.
(2) 횡단보도를 건널 때 자전거를 타고 가면 다른 사람이 위험해질 수 있습니다.

채점 기준	
'횡단보도를 건널 때 자전거에서 내려서 걸어간다.'라고 바르게 쓴 경우	8점
'자전거에서 내린다.'라고 간단하게 쓴 경우	4점

과학 교과개념북

1 탐구 문제를 정하고 실험 계획 세우기

☺ 개념 확인 문제   6쪽

1 ㉢   **2** ⑤

1 탐구 문제를 정할 때는 실험을 통해 검증할 수 있는 문제인지 명확하게 해야 합니다.

2 실험을 바르게 했는지는 실험이 끝나고 난 뒤에 확인해야 할 일입니다.

2 실험을 한 후 결과를 정리하기

☺ 개념 확인 문제   7쪽

1 ①, ②   **2** 자료 변환   **3** 표

1 관찰 결과는 바로 기록하고 측정하려고 했던 내용은 빠짐없이 기록합니다. 또한 실험 결과는 있는 그대로 기록해야 합니다.

2 실험 결과를 표나 그래프 등으로 변환하면 탐구 결과를 잘 드러낼 수 있습니다.

3 많은 자료를 표로 정리하면 자료의 내용을 쉽게 파악할 수 있습니다.

3 실험 결과를 정리하고 결론 내리기

☺ 개념 확인 문제   8쪽

1 ①   **2** ㉣

1 표를 그래프로 바꾸어 보는 것은 자료 변환에 해당합니다.

2 문제 인식은 탐구할 문제를 명확하게 나타내는 것이고, 변인 통제는 실험에서 다르게 해야 할 조건과 같게 해야 할 조건을 확인하고 통제하는 것이며, 결론 도출은 실험 결과에서 결론을 이끌어 내는 과정입니다.

1 온도를 측정하는 까닭

☺ 개념 확인 문제   11쪽

1 ㉠ 온도 ㉡ ℃(섭씨도)   **2** 25 ℃   **3** ①, ③
4 ②

1 온도는 물체의 차갑거나 따뜻한 정도를 숫자로 나타낸 것입니다.

2 0 ℃보다 높은 온도는 '섭씨 ○○도'라고 읽습니다.

3 물체의 차갑거나 따뜻한 정도를 정확하게 알기 위해서는 온도계로 온도를 측정하여, 숫자로 된 온도로 표현합니다.

4 튀김 요리를 할 때, 아기 분유를 탈 때, 비닐 온실에서 배추를 재배할 때에는 정확한 온도를 측정해야 합니다.

2 여러 가지 장소나 물체의 온도 측정하기

☺ 개념 확인 문제   13쪽

1 ⑤   **2** ㉠, ㉣   **3** 다르다

1 귀 체온계는 귓속에 넣고 측정하며, 적외선 온도계는 측정 범위가 2~3 cm 정도 되는 거리에서 측정합니다. 알코올 온도계로 물의 온도를 측정할 때에는 액체샘을 비커 속 물에 넣고 재어야 합니다.

2 적외선 온도계는 고체, 알코올 온도계는 액체나 기체의 온도를 측정하는 데 적합합니다.

3 다른 물체라도 온도가 같은 경우가 있고, 같은 물체라도 온도가 다른 경우가 있습니다.

3 온도가 다른 두 물체가 접촉할 때 물체의 온도 변화

☺ 개념 확인 문제   15쪽

1 음료수 캔에 담긴 물   **2** ③   **3** 열
4 →

1 음료수 캔에 담긴 차가운 물의 온도는 점점 높아지고, 비커에 담긴 따뜻한 물의 온도는 점점 낮아집니다.

2 음료수 캔에 담긴 차가운 물은 온도가 높아지고, 비커에 담긴 따뜻한 물은 온도가 낮아져 결국 두 물의 온도는 같아집니다.

3 온도가 높은 물체에서 온도가 낮은 물체로 열이 이동합니다.

4 온도가 높은 갓 삶은 달걀에서 온도가 낮은 차가운 물로 열이 이동합니다.

💡 실력 문제   16~17쪽

1 ④   **2** ②   **3** ①, ②   **4** ②   **5** ㉡, ㉢   **6** ㉡
7 다르다   **8** ④, ⑤   **9** ㉡   **10** ②   **11** 열   **12** ←

1 물체의 차갑거나 따뜻한 정도를 온도라고 하며, 숫자로 표현하고 단위는 ℃(섭씨도)입니다.

2 온도의 단위는 ℃이며, g과 kg은 질량의 단위이고, cm는 길이, L는 부피의 단위입니다.

3 온도계로 온도를 측정하면 물체의 온도를 쉽고 정확하게 알 수 있어 편리합니다.

4 아기 분유를 탈 때, 비닐 온실에서 배추를 재배할 때, 냉장고 온도와 어항 속 물의 온도를 일정하게 유지시킬 때에는 정확한 온도 측정이 필요합니다.

5 고체의 온도를 잴 때에는 적외선 온도계를, 액체와 기체의 온도를 잴 때에는 알코올 온도계를 사용합니다. 또 귀 체온계는 체온을 잴 때 적합합니다.

6 알코올 온도계의 눈금을 읽을 때에는 빨간색 액체 기둥의 끝이 닿은 위치에 눈높이를 수평으로 맞춘 후 숫자를 읽습니다.

7 같은 물체라도 물체가 놓인 장소, 측정 시각, 햇빛의 양에 따라 온도가 다릅니다.

8 다른 물체라도 온도가 같을 수 있고, 같은 물체라도 온도가 다를 수 있기 때문에 온도계로 온도를 측정해야 합니다.

9 같은 물체라도 해가 비치면 해가 비치지 않는 곳보다 온도가 더 높습니다.

10 비커에 담긴 따뜻한 물의 온도는 점점 낮아지다가 더 이상 낮아지지 않습니다.

11 차가운 물체와 따뜻한 물체가 접촉하면 따뜻한 물체의 온도는 낮아지고, 차가운 물체의 온도는 높아지는데, 이러한 변화는 열이 이동하기 때문에 나타납니다.

12 생선에서 얼음으로 열이 이동하여 생선의 온도는 낮아지고, 얼음의 온도는 높아집니다.

4 고체에서 열의 이동

😊 개념 확인 문제   19쪽

1 ㉠   **2** 높, 낮   **3** 전도   **4** ④

1 가열한 부분에서 가까운 부분부터 열 변색 붙임딱지의 색깔이 변하기 시작하여 멀어지는 방향으로 변합니다.

2 고체의 한 부분을 가열하면 그 부분의 온도가 높아지고, 시간이 지남에 따라 주변의 온도가 낮았던 부분도 점점 온도가 높아집니다.

3 고체에서 열의 이동 방법을 전도라고 합니다.

4 뜨거운 국에서 국에 담겨져 있던 숟가락으로, 숟가락 아래쪽에서 숟가락 위쪽으로 열이 이동했기 때문입니다.

5 고체 물질의 종류에 따라 열이 이동하는 빠르기

😊 개념 확인 문제   21쪽

1 구리판   **2** ④   **3** ㉡   **4** ㉠

1 구리판, 철판, 유리판의 순서로 열 변색 붙임딱지의 색이 변합니다.

2 고체 물질의 종류에 따라 열이 이동하는 빠르기가 다르며, 유리나 나무보다 금속에서 열이 더 빠르게 이동합니다.

3 주전자 바닥은 열이 잘 전달되는 재질로 만듭니다.

4 주전자 손잡이는 열이 잘 전달되지 않는 물질로 만듭니다.

6 액체에서 열의 이동

😊 개념 확인 문제   23쪽

1 ㉡   **2** ⑤   **3** ③

1 가열되어 온도가 높아진 물은 위로 올라가고, 위에 있던 온도가 낮은 물은 아래로 밀려 내려갑니다

2 뜨거운 물에 의해 가열된 물이 위로 올라가고 윗부분에 있던 차가운 물이 아래로 밀려 내려옵니다.

3 가열되어 따뜻해진 물은 위로 올라가고 차가운 물은 아래로 내려오는 과정이 반복되어 시간이 지나면 물 전체가 따뜻해집니다.

7 기체에서 열의 이동

1 (1) ⓒ (2) ⊙ **2** 위로 **3** ④

4 높은

---

1 알코올램프에 불을 붙인 후 비눗방울을 불면 주변의 뜨거워진 공기가 위로 올라가기 때문에 비눗방울도 위로 올라갑니다.

2 뜨거워진 공기는 위로 올라가고, 차가운 공기는 아래로 내려갑니다.

3 따뜻한 공기는 위로 올라가고, 차가운 공기는 아래로 내려갑니다.

4 액체와 기체 모두 대류를 통해 열이 이동합니다. 대류는 주위보다 온도가 높은 물질이 직접 위로 올라가면서 열을 전달합니다.

💡 **실력 문제** 26~27쪽

1 ② **2** ⊙, ⓒ, ⓒ **3** ④ **4** ①, ③ **5** 구리판, 철판, 유리판 **6** ③ **7** ⓒ **8** ①, ④ **9** (1) ⓒ (2) ⊙ (3) ⊙ **10** ⊙ **11** ④ **12** ⊙

1 고체에서 열이 이동하는 모습을 알아보는 실험입니다.

2 가열한 부분에서 가까운 부분부터 열 변색 붙임딱지의 색깔이 변하기 시작하여 멀어지는 방향으로 변합니다.

3 고체 물체가 연결되어 있지 않다면 열은 이동하지 않습니다.

4 뜨거운 국의 열이 숟가락으로 이동하여 숟가락 손잡이가 뜨거워집니다.

5 구리판, 철판, 유리판의 순서로 열이 이동하는 빠르기가 빠릅니다.

6 두 물체 사이에서 열의 이동을 막는 것을 단열이라고 합니다. 고체 물체 사이를 막아 열이 매우 느리게 이동하게 하면 물체는 처음 온도를 오랫동안 유지할 수 있습니다.

7 액체의 한 부분을 가열하면 뜨거워진 액체가 직접 위로 올라갑니다.

8 온도가 높은 물이 위로 올라가면 윗부분의 온도가 낮은 물이 밀려 아래로 내려갑니다.

9 고체는 고체 물체를 따라 열이 전도되고, 액체와 기체는 물질이 직접 이동하여 열이 이동합니다.

---

10 에어컨을 켜면 차가운 공기가 나와 아래로 내려가고 아래에 있던 따뜻한 공기는 위로 올라가는 과정이 반복되면서 교실 전체 공기의 온도가 낮아집니다. ⓒ은 액체에서 열의 이동을, ⓒ은 고체에서 열의 이동을 이용한 것입니다.

11 기체에서는 주위보다 온도가 높은 부분이 직접 위로 올라가면서 열이 이동합니다.

12 난방 기구 주변의 따뜻해진 공기는 위로 올라갑니다.

단원 정리 **2** 온도와 열 28~29쪽

❶ 숫자 **❷** 정확하게 **❸** 고체
❹ 액체 **❺** 다릅니다 **❻** 높아지고
❼ 낮아집니다 **❽** 높은 **❾** 낮은
❿ 높은 **⓫** 낮은 **⓬** 전도
⓭ 빠르게 **⓮** 높은 **⓯** 위
⓰ 대류 **⓱** 높아진 **⓲** 낮은
⓳ 대류

OX **1** × **2** ○ **3** × **4** × **5** ○ **6** × **7** ○
8 × **9** ○ **10** ○

1 온도의 단위는 g중 입니다.
　　　　　　　　　↳℃

3 차가운 물과 따뜻한 물이 접촉할 때 열은 <u>차가운 물에서 따뜻한 물로</u> 이동합니다.
　　↳ 따뜻한 물에서 차가운 물

4 손으로 따뜻한 손난로를 잡고 있으면 손은 온도가 <u>낮아집니다.</u>
　　↳ 높아집니다

6 고기를 구울 때 열은 <u>고기에서 팬으로</u> 이동합니다.
　　　　　　　　↳ 팬에서 고기로

8 뜨거워진 액체는 <u>아래로</u> 이동합니다.
　　　　　　　↳ 위

💡 **단원 평가 1**회 30~32쪽

1 온도 **2** ② **3** ④ **4** 예 물체의 온도를 정확하게 측정할 수 있다. 물체의 온도를 쉽게 알 수 있다. **5** (1) ⓒ (2) ⊙ **6** ← **7** (가) 얼음물 (나) 손 (다) 차가운 물 **8** ④ **9** 물체를 따라 **10** 예 뜨거운 팬에서 고기로 열이 이동했기 때문이다. **11** 유리판 **12** ③, ⑤ **13** ④ **14** 단열 **15** ⊙ **16** ⓒ **17** ① **18** 예 온도가 높아진 물은 위로 올라가고 위에 있던 차가운 물이 아래로 밀려 내려오는 과정이 반복되면서 물이 전체적으로 따뜻해진다. **19** ①, ③ **20** ⊙

---

1 온도를 사용하면 물체의 차갑거나 따뜻한 정도를 정확하게 알 수 있어 편리하고, 통일된 기준으로 정보를 전달하므로 상대방과 의사소통도 잘 이뤄집니다.

2 냉장고 내부의 온도, 비닐 온실 안의 온도, 아기 분유를 탈 때, 튀김 요리를 할 때 온도를 정확하게 측정해야 합니다.

3 적외선 온도계는 고체의 온도를 측정하기에 적합하고, 액체의 온도는 알코올 온도계로 측정하는 것이 좋습니다

4 온도계를 사용하면 물체의 온도를 정확하게 측정할 수 있기 때문에 물체의 온도를 쉽게 알 수 있습니다.

채점 기준	
예시 답안과 같이 옳게 쓴 경우	5점
예시 답안과 의미는 비슷하지만 정확하게 쓰지 못한 경우	2점

5 음료수 캔에 담긴 물은 온도가 높아지고, 비커에 담긴 물의 온도는 낮아집니다. 충분한 시간이 지나면 두 물의 온도가 같아집니다.

6 온도가 높은 물체에서 온도가 낮은 물체로 열이 이동하고 시간이 지나면 두 물체의 온도가 같아집니다.

7 차가운 물체와 따뜻한 물체가 접촉하면 차가운 물체의 온도가 높아집니다.

8 구리판의 한 꼭짓점을 가열하면 그 부분부터 사방으로 멀어지는 방향으로 색깔이 변합니다.

9 고체는 고체 물체를 따라 열이 이동하고, 물질이 직접 이동하는 것은 액체와 기체에서의 열의 이동 방법입니다.

10 팬에서 불과 가까이 있는 부분에서 불에서 멀어지는 쪽으로 열이 이동합니다.

채점 기준	
예시 답안과 같이 옳게 쓴 경우	5점
예시 답안과 의미는 비슷하지만 정확하게 쓰지 못한 경우	2점

11 열 변색 붙임딱지는 구리판, 철판, 유리판의 순서로 색이 빨리 변합니다.

12 구리판이 철판보다 열의 이동이 빠르고, 고체 물질의 종류에 따라 열이 이동하는 빠르기가 다릅니다.

13 다리미의 아래쪽 판이나 냄비 용기는 열이 잘 전달되는 금속으로 만듭니다.

14 열의 이동을 막는 것을 단열이라고 하며, 단열이 잘되게 하기 위해 벽과 벽 사이에 단열재 등을 넣습니다.

15 ㉠은 고체에서 열이 이동하는 방법이고, 나머지는 액체에서 열이 이동하는 방법입니다.

16 뜨거운 물로 가열된 파란색 잉크는 위로 올라갑니다.

17 액체가 가열되면 주변보다 온도가 높아지고, 온도가 높아진 액체는 직접 위로 올라가 열을 전달합니다.

18 액체는 주변보다 온도가 높은 물질이 직접 위로 이동해 열을 전달합니다.

채점 기준	
예시 답안과 같이 옳게 쓴 경우	5점
예시 답안과 의미는 비슷하지만 정확하게 쓰지 못한 경우	2점

19 공기를 가열하면 온도가 높아진 공기는 위로 올라가므로 알코올램프에 불을 붙인 후에 비눗방울을 불면 비눗방울은 위로 올라갑니다.

20 차가운 공기는 아래로 내려오기 때문에 냉방 기구는 높은 곳에 설치해야 실내가 전체적으로 빨리 시원해집니다.

💡 단원 평가 2회　　　33~35쪽

1 ③　**2** ③　**3** 적외선 온도계　**4** ⑤　**5** ㉡　**6** 예 생선의 온도는 낮아지고, 얼음의 온도는 높아진다.　**7** ②　**8** ③　**9** (가) ㉠ (나) ㉠　**10** ②　**11** ④　**12** ㉠　**13** ㉠ 금속 ㉡ 플라스틱　**14** 구리판　**15** ㉠, ㉢　**16** ①, ④　**17** ㉡　**18** 예 액체의 한 부분을 가열하면 주변보다 온도가 높아지고, 온도가 높은 물질이 직접 위로 이동하면서 열을 전달한다.　**19** ㉠　**20** ㉢, 예 난방 기구 주변의 따뜻해진 공기(기체)는 위로 올라가므로 난방 기구는 교실의 낮은 곳에 설치하는 것이 좋다.

1 사람마다 느끼는 물체의 온도가 다르기 때문에 온도계로 온도를 정확히 측정해야 합니다.

2 아기 분유를 탈 때의 물의 온도, 어항 속 물의 온도, 튀김 요리를 할 때 기름의 온도는 정확하게 측정해야 합니다.

3 적외선 온도계는 물체에 접촉하지 않고도 온도를 측정할 수 있고, 주로 고체의 온도를 측정합니다. 물체의 온도를 빠르게 측정할 수 있고, 뜨거운 물체의 온도를 측정할 때 편리합니다.

4 액체샘을 손으로 만지면 안되고, 온도계에 충격을 주면 깨질 수 있습니다. 액체샘이 물에 잠긴 정도로 온도계를 넣고 액체 기둥이 눈금과 눈금 사이에 오면 중간 온도를 정확하게 읽습니다. 알코올 온도계로 온도를 측정할 때에는 액체 기둥의 끝이 닿은 위치에 눈높이를 맞추어 눈금을 읽습니다.

5 같은 물체라도 물체가 놓인 장소, 측정 시각, 햇빛의 양에 따라 온도가 다릅니다.

6 온도가 높은 생선에서 온도가 낮은 얼음으로 열이 이동하여 온도가 낮은 얼음은 온도가 높아지고, 온도가 높은 생선은 온도가 낮아집니다.

7 여름철에 밖에 둔 아이스크림은 열이 공기에서 아이스크림으로 이동하므로 아이스크림의 온도는 점점 높아집니다.

8 온도가 다른 두 물체가 접촉하면 온도가 낮은 물체는 온도가 높아지고, 온도가 높은 물체는 온도가 낮아지다가 시간이 지나면 온도가 같아집니다.

9 불이 가까이 있는 부분부터 붙임딱지의 색깔이 변합니다.

10 구리판에서 열이 이동하는 모습을 알아보기 위한 실험입니다.

11 고체에서 열은 온도가 높은 곳에서 낮은 곳으로 고체 물체를 따라 이동하며 고체 물체가 연결되어 있지 않다면 열은 잘 전도되지 않습니다.

12 다리미의 아래쪽 판은 옷과 닿는 부분으로, 열이 잘 이동하는 부분입니다.

13 다리미의 아래쪽 판은 열이 잘 이동하는 금속으로 되어 있습니다.

14 구리판의 버터가 가장 빨리 녹고, 철판의 버터, 유리판의 버터 순으로 녹습니다.

15 구리판, 철판, 유리판의 순서로 열이 빠르게 이동하며, 고체 물질의 종류에 따라 열이 이동하는 빠르기가 다릅니다.

16 물이 담긴 주전자를 가열하면 주전자 바닥에 있는 물의 온도가 높아져 위로 올라가고, 위에 있던 물은 아래로 밀려 내려옵니다. 이 과정이 반복되어 물 전체가 따뜻해집니다.

17 액체의 한 부분을 가열하면 주변보다 온도가 높아지고, 온도가 높은 물질이 직접 위로 이동합니다.

18 액체에서는 주변보다 온도가 높은 물질이 직접 위로 이동해 열을 전달합니다.

19 ㉠은 공기에서 열의 이동, ㉡은 물(액체)에서 열의 이동, ㉢은 고체에서 열의 이동의 예입니다.

20 따뜻한 공기는 위로, 차가운 공기는 아래로 내려가므로 난방 기구는 낮은 곳에 설치해야 실내 전체가 더 빨리 따뜻해집니다.

📝 서술형 익히기   36~37쪽

개념1 **1** ① 온도계 ② 쓰임새 　**2** 체온, 액체나 기체의 온도, 고체의 온도

3 적외선 온도계, ⑩ 책상과 접촉하지 않고 빠르고 편리하게 온도를 측정할 수 있기 때문입니다.

개념2 **4** ① 낮은, 높은 ② 같아집니다 　**5** 온도가 낮아지고, 온도가 높아집니다, 삶은 면에서 차가운 물로

6 ⑩ 온도가 다른 두 물체가 접촉했을 때 온도가 높은 물체에서 온도가 낮은 물체로 열이 이동하기 때문입니다.

개념3 **7** ① 위로 올라가고, 아래로 내려오게 ② 대류

8 차가운 공기가 아래로 내려오는, 따뜻한 공기가 위로 올라가는

9 ⑩ 따뜻한 공기는 위로 올라가므로, 천장에 설치된 난방기에서 나온 따뜻한 공기가 아래로 잘 내려오지 않아 발이 시립니다.

1 물체의 온도를 정확하게 알기 위해서, 다른 물체라도 온도가 같거나 같은 물체라도 온도가 다른 경우가 있기 때문에 물체의 온도는 온도계로 측정해야 합니다.

2 적외선 온도계는 고체, 알코올 온도계는 액체나 기체의 온도를 측정하는 데 적합합니다.

3 적외선 온도계는 측정하려는 물체와 접촉하지 않고 온도를 측정할 수 있고, 주로 고체의 온도를 측정할 때 사용합니다.

4 접촉한 두 물체의 온도가 변하는 까닭은 열이 이동하기 때문입니다.

5 온도가 다른 두 물체가 접촉하면 온도가 높은 물체는 온도가 낮아지고, 온도가 낮은 물체는 온도가 높아집니다.

6 온도가 높은 물체에서 온도가 낮은 물체로 열이 이동합니다.

7 기체에서는 주변보다 온도가 높아진 물질이 위로 이동하면서 열이 이동합니다.

8 냉방 기구에서 나오는 차가운 공기가 아래로 내려오고 아래에 있던 따뜻한 공기가 위로 올라와서 차가워지는 과정이 반복되어 실내 전체가 시원하게 됩니다. 난방 기구 주

변에 데워진 따뜻한 공기가 위로 올라가고 위에 있던 차가운 공기가 아래로 내려가는 과정이 반복되면서 실내 전체가 따뜻하게 됩니다.

9 난방 기구에서 나오는 따뜻한 공기가 위에 머물러 있기 때문에 실내 전체가 따뜻하게 데워지지 않습니다.

📖 서술형 평가

38~39쪽

1 (1) 승우 (2) 온도계 (3) 예 온도를 사용하면 정확한 온도를 알수 있다. **2** (1) ㉠ (2) 예 온도가 높은 물체에서 온도가 낮은 물체로 열이 이동하기 때문이다. **3** (1) ← (2) 예 얼음 위에 생선을 올려놓으면 생선의 온도는 낮아진다. 삶은 면을 차가운 물에 헹구면 면의 온도가 낮아진다. 열이 나는 이마에 얼음 주머니를 올려놓으면 이마의 온도가 낮아진다. 등 **4** (1) ㉠ (2) 예 구리판을 가열하는 부분에서부터 먼 부분으로 구리판을 따라 열이 이동한다. **5** (1) 주전자 바닥: 금속, 주전자 손잡이: 플라스틱이나 나무 (2) 예 주전자의 바닥은 열이 잘 전달되는 금속으로 만들어 물을 빨리 끓일 수 있고, 손잡이는 플라스틱이나 나무 등과 같이 열이 잘 전달되지 않는 물질로 만들어 손이 데이지 않는다. **6** (1) ↑ (2) 예 온도가 높아진 물은 위로 올라가기 때문이다. **7** (나), 예 알코올램프 주변의 뜨거워진 공기가 위로 올라가기 때문이다. **8** (1) ㉡ (2) 예 난방 기구에 의해 가열된 공기는 온도가 높아져 위로 올라가고 위에 있던 차가운 공기는 아래로 내려가는 과정이 반복되어 실내 전체가 따뜻해지기 때문이다.

---

1 같은 장소나 같은 물체이지만 차갑거나 따뜻한 정도를 다르게 느낄 수가 있으므로 온도계를 사용하면 정확한 온도를 측정할 수 있습니다.

채점 기준	
(1), (2), (3)을 모두 옳게 쓴 경우	12점
(1), (2)만 옳게 쓴 경우	각 2점
(3)만 옳게 쓴 경우	8점

2 온도가 다른 두 물체가 접촉할 때 온도가 높은 물체에서 온도가 낮은 물체로 열이 이동하므로 음료수 캔 속의 물은 온도가 높아지고, 비커 속의 물은 온도가 낮아집니다.

채점 기준	
(1), (2)를 모두 옳게 쓴 경우	12점
(1)만 옳게 쓴 경우	2점
(2)만 옳게 쓴 경우	10점

3 온도가 다른 두 물체가 접촉했을 때 온도가 높은 물체에서 온도가 낮은 물체로 열이 이동하므로, 상대적으로 온도가 높은 물체의 온도가 낮아집니다.

채점 기준	
(1), (2)를 모두 옳게 쓴 경우	12점
(1)만 옳게 쓴 경우	2점
(2)만 옳게 쓴 경우	10점

4 고체에서 한 부분을 가열하면 가열한 부분에서 가까운 부분부터 온도가 올라가고, 열은 온도가 높은 부분에서 온도가 낮은 부분으로 고체를 따라 이동합니다.

채점 기준	
(1), (2)를 모두 옳게 쓴 경우	12점
(1)만 옳게 쓴 경우	2점
(2)만 옳게 쓴 경우	10점

5 금속은 열이 잘 전달되는 물질이고, 플라스틱이나 나무는 열이 잘 전달되지 않는 물질입니다.

채점 기준	
(1), (2)를 모두 옳게 쓴 경우	12점
(1)만 옳게 쓴 경우	4점
(2)만 옳게 쓴 경우	8점

6 액체에서는 주변보다 온도가 높은 물질이 직접 위로 이동해 열을 전달합니다.

채점 기준	
(1), (2)를 모두 옳게 쓴 경우	12점
(1)만 옳게 쓴 경우	2점
(2)만 옳게 쓴 경우	10점

7 알코올램프에 불을 붙였을 때는 알코올램프 주변의 공기가 뜨거워져 위로 올라갑니다.

채점 기준	
기호와 까닭을 예시 답안과 같이 옳게 쓴 경우	8점
기호만 옳게 쓴 경우	3점

8 난방 기구를 아래쪽에 설치하면 가열된 공기가 직접 위로 올라가고 차가운 공기는 아래로 밀려 내려오므로 시간이 지나면 실내 전체에 열이 전달됩니다.

채점 기준	
(1), (2)를 모두 옳게 쓴 경우	12점
(1)만 옳게 쓴 경우	2점
(2)만 옳게 쓴 경우	10점

1 예 음료수 캔에 담긴 물의 온도는 높아지고, 비커에 담긴 물의 온도는 낮아지다가 충분히 시간이 지나면 두 물의 온도는 같아진다.　**2** 예 열은 온도가 높은 물체에서 온도가 낮은 물체로 이동한다.　**3** 해설 참조

1 온도가 다른 두 물체가 접촉하면 온도가 낮은 물체는 온도가 높아지고, 온도가 높은 물체는 온도가 낮아지다가 시간이 지나면 두 물체의 온도는 같아집니다.

2 온도가 다른 두 물체가 접촉할 때 온도가 높은 물체에서 온도가 낮은 물체로 열이 이동하고, 충분한 시간이 지나면 결국 두 물체의 온도는 같아집니다.

3 갓 삶은 달걀이 차가운 물보다 온도가 높고, 생선이 얼음보다 온도가 높습니다. 열은 온도가 높은 물체에서 낮은 물체로 이동합니다.

갓 삶은 달걀과 차가운 물	차가운 물	갓 삶은 달걀	갓 삶은 달걀에서 차가운 물로 이동한다.
생선과 얼음	얼음	생선	생선에서 얼음으로 이동한다.

1 해설 참조　**2** 예 온도가 높은 곳에서 낮은 곳으로 고체 물체를 따라 열이 이동한다.　**3** 예 주변보다 온도가 높은 액체가 직접 위로 올라가면서 열이 이동한다.　**4** 고체에서 열의 이동: 전도, 액체에서 열의 이동: 대류

1 구리판에서는 가열한 부분에서 멀어지는 방향으로 색이 변하고, 파란색 잉크는 위로 올라갑니다.

2 고체의 한 부분을 가열하면 그 부분의 온도가 높아지고, 시간이 지남에 따라 온도가 낮았던 부분도 점점 온도가 높아집니다.

3 액체의 한 부분을 가열하면 주변보다 온도가 높아지고, 온도가 높은 물질이 직접 위로 이동하면서 열을 전달합니다.

4 고체에서 열의 이동 방법을 전도, 액체에서 열의 이동 방법을 대류, 기체에서 열의 이동 방법도 대류라고 합니다.

1 열의 이동　**2** 나무 손잡이가 있는 프라이팬: 예 나무 손잡이가 뜨거운 프라이팬에서 손으로 열이 이동하는 것을 막는다. 주방 장갑: 예 뜨거운 물체를 만질 때 뜨거운 물체의 열이 손으로 이동하는 것을 막는다. 아이스박스: 예 아이스박스 안으로 들어오는 열의 이동을 막아 음료나 음식의 온도를 오랫동안 유지할 수 있다.　**3** 예 프라이팬을 가열할 때 손잡이가 너무 뜨거워서 화상을 입을 수 있다. 겨울에 집에 난방을 해도 집이 덜 따뜻할 수 있다. 등

1 두 물체 사이에서 열의 이동을 막는 것을 단열이라고 합니다.

2 단열을 이용하면 열의 이동을 막아 온도를 일정하게 유지할 수 있습니다. 단열을 위해 천, 나무, 스타이로폼과 같이 열의 이동이 느린 물질을 이용합니다.

3 일상생활에서 단열을 이용하면 편리한 생활을 할 수 있습니다.

3 태양계와 별

1 태양이 우리에게 미치는 영향

1 ②　　　　**2** (1) ○ (2) × (3) ○　　　**3** ④
4 ㉢

1 태양에서 나오는 빛에너지는 지구의 환경에 큰 영향을 미칩니다.

2 태양 빛은 식물이 양분을 만드는 데 도움을 줍니다.

3 태양이 없으면 식물이 자라지 못하고 동물도 살기 어려워집니다.

4 강한 햇빛으로 일사병이 걸리거나 피부병이 걸리는 것은 태양으로 인한 나쁜 영향입니다.

2 태양계 구성원

1 태양계　　**2** ②　　　**3** ③　　　**4** ②

1 태양계를 구성하는 것에는 태양과 지구와 같은 행성, 위성, 혜성, 소행성 등이 있습니다.

2 달은 지구 주위를 도는 위성입니다.

3 화성은 표면 상태가 고체이며, 붉은색을 띱니다.

4 수성과 금성은 위성이 없고, 나머지 행성은 위성이 있습니다. 행성은 모두 태양 주위를 돌며 스스로 빛을 내지 못합니다. 행성의 색깔은 다양합니다.

3 태양계 행성의 크기

1 (1) ○ (2) × (3) ○　　　**2** ㉠　　　**3** ②
4 ③

1 태양계 행성 중 가장 큰 행성은 목성입니다.

2 화성은 지구보다 크기가 작으며, 목성은 지구보다 약 11.2배 큽니다.

3 지구의 반지름을 1로 보았을 때 금성의 상대적인 크기는

0.9로 지구와 크기가 가장 비슷합니다.

4 목성은 지구보다 약 11.2배 크므로 목성을 축구공이나 배구공에 비유할 수 있습니다.

4 태양에서 행성까지의 거리

1 ④　　　　**2** 지구, 화성, 토성　　　**3** ①
4 멀어

1 태양에서 지구까지의 거리를 1로 보았을 때 태양에서 수성까지의 상대적인 거리는 0.4, 태양에서 해왕성까지의 상대적인 거리는 30.0입니다.

2 태양에서 가까운 순서는 수성 − 금성 − 지구 − 화성 − 목성 − 토성 − 천왕성 − 해왕성입니다.

3 태양과 지구 사이에는 수성과 금성이 있습니다.

4 태양에서 멀어질수록 행성 사이의 거리는 멀어집니다.

1 ③　**2** 태양　**3** ⑤　**4** 태양계　**5** ⑤　**6** ⑤　**7** ④
8 ①　**9** ㉡, ㉢, ㉣, ㉤　**10** ②　**11** ④　**12** ㉢

1 태양은 지구에서 매우 멀리 있습니다.

2 식물은 태양 빛이 있어야 양분을 만들어 살아갈 수 있으며, 염전에서는 태양 빛을 이용하여 물을 증발시켜 소금을 얻기도 합니다.

3 태양 빛에 의해 증발한 물이 구름이 되어 비가 내립니다.

4 태양계는 태양과 태양의 영향을 받는 천체들 그리고 그 공간을 말합니다.

5 태양도 태양계의 구성원입니다.

6 천왕성은 목성, 토성과 같이 기체(가스)로 이루어져 있으며, 희미한 고리가 있지만 눈에 잘 보이지 않습니다.

7 지구의 반지름이 6400 km이므로, 행성들의 실제 크기를 직접 비교하기가 어렵습니다. 따라서 지구를 기준으로 정해 지구의 크기를 1로 하고 행성을 상대적인 크기로 비교합니다.

8 상대적인 크기가 0.4인 수성이 가장 작으며, 상대적인 크기가 11.2인 목성이 가장 큽니다.

과학

9 금성, 화성은 지구보다 크기가 작습니다.

10 금성이 지구와의 상대적인 거리가 가장 가깝습니다.

11 지구와 크기가 비슷한 행성인 금성은 상대적으로 태양에서 가까운 곳에 있습니다.

12 화성은 태양에서 지구보다 먼 곳에 있습니다.

5 행성과 별의 차이점

😊 개념 확인 문제　　　　　　　　　　55쪽

1 (1) ✕ (2) ◯ (3) ◯　　**2** (1) ㉠ (2) ㉡　　**3** ㉡
4 밝고 또렷하게

1 행성은 별에 비해 지구로부터의 거리가 가깝기 때문에 주위의 별보다 밝고 또렷하게 보입니다.

2 별은 스스로 빛을 내고, 행성은 태양 빛을 반사하여 빛나 보입니다.

3 여러 날 동안 밤하늘을 관측하여 위치가 변하는 것은 행성입니다.

4 금성, 화성, 목성, 토성과 같은 행성은 주위의 별보다 더 밝고 또렷하게 보입니다.

6 별자리 찾기

😊 개념 확인 문제　　　　　　　　　　57쪽

1 별자리　　**2** 북두칠성　　**3** (1) ◯ (2) ✕ (3) ✕ (4) ◯
4 ㉢

1 별자리는 또렷하고 밝은 별들을 연결해 사람이나 동물 또는 물건의 모습으로 떠올린 것입니다.

2 북두칠성은 국자 모양입니다.

3 밤하늘의 별은 태양계 밖의 먼 우주에 있습니다. 별자리는 눈으로 보이는 밝은 별을 연결해 이름을 붙인 것입니다.

4 별은 주위가 어둡고 탁 트인 곳에서 잘 보입니다.

7 밤하늘에서 북극성 찾아보기

😊 개념 확인 문제　　　　　　　　　　59쪽

1 ②　　　**2** ②, ⑤　　　**3** ㉠　　　**4** 다섯(5)

1 북극성은 날짜와 시간에 관계없이 항상 북쪽에 있습니다.

2 북쪽 밤하늘에서 볼 수 있는 북두칠성, 카시오페이아자리를 이용하여 북극성을 찾을 수 있습니다.

3 카시오페이아자리의 바깥쪽 두 선을 연장해 만나는 점과 중앙의 별을 연결하고, 그 거리의 다섯 배만큼 떨어진 곳에서 북극성을 찾을 수 있습니다.

4 북두칠성의 국자 모양 끝부분의 두 별을 연결하고, 그 거리의 다섯 배만큼 떨어진 곳에서 북극성을 찾을 수 있습니다.

💡 실력 문제　　　　　　　　　　60~61쪽

1 별　　**2** 작은곰자리　　**3** ④　　**4** ③　　**5** ①　　**6** ㉢
7 ②　　**8** ⑤　　**9** 북두칠성　　**10** ⑤　　**11** 북극성　　**12** ④

1 스스로 빛을 내는 천체는 별입니다.

2 꼬리 끝에 북극성이 있는 작은곰자리입니다.

3 북두칠성, 작은곰자리, 카시오페이아자리는 북쪽 밤하늘에서 볼 수 있는 별자리입니다.

4 별자리의 모양과 이름은 지역과 시대에 따라 다릅니다.

5 큰곰자리의 꼬리 부분에 있는 북두칠성입니다. 별은 태양계 밖에 있는 천체이며, 스스로 빛을 냅니다.

6 여러 날 동안 같은 밤하늘을 관측하면 별은 움직이지 않는 것처럼 보이고, 행성은 위치가 변합니다.

7 별은 스스로 빛을 내고, 행성은 스스로 빛을 내지 않지만 태양 빛을 반사하여 밤하늘에서 빛나 보입니다.

8 행성은 스스로 빛을 내는 것이 아니고 태양 빛을 반사하여 빛을 내는 것처럼 보입니다.

9 북두칠성은 큰곰자리의 꼬리 부분에 해당하며, 일곱 개의 별이 국자 모양을 이루고 있습니다.

10 북극성은 북쪽에서 항상 볼 수 있기 때문에 방위를 찾는 데 이용합니다.

11 북두칠성과 카시오페이아자리를 이용하여 북극성을 찾을 수 있습니다.

12 북두칠성의 국자 모양 끝부분의 두 별을 연결하고, 그 거리의 다섯 배만큼 떨어진 곳에서 북극성을 찾을 수 있습니다.

❶ 태양　**❷** 양분　**❸** 행성　**❹** 기체　**❺** 수성　**❻** 목성
❼ 금성　**❽** 수성　**❾** 해왕성　**❿** 수성　**⓫** 금성　**⓬** 빛
⓭ 움직이지　　　**⓮** 위치　**⓯** 북극성　**⓰** 북두칠성
⓱ 카시오페이아자리

OX　1 ×　2 ○　3 ○　4 ×　5 ○　6 ×　7 ×
8 ○　9 ○　10 ×

1 태양이 없어도 생물은 에너지를 얻고 살아갈 수 있습니다.
　　└ 에너지를 얻을 수 없고 살아갈 수 없습니다.
4 수성, 금성, 지구는 상대적으로 크기가 큰 행성입니다.
　　　　　　　　　　　　　　　└ 작은
6 태양에서 멀어질수록 행성의 크기는 작아집니다.
　　　　　　　　　　　　　　　└ 커집니다.
7 태양계 행성 중 태양에서 가장 먼 행성은 목성입니다.
　　　　　　　　　　　　　　　　　└ 해왕성
10 북극성은 항상 남쪽 하늘에 있기 때문에 나침반의 역할을
합니다.　└ 북쪽

💡 **단원 평가 1회**　　　　　　64~66쪽

1 ㉡　**2** 예 식물이 양분을 만드는 데 도움을 준다. 태양 빛에
의해 증발한 물이 구름이 되어 비가 내린다. 밝은 낮에 활동할 수
있다. 염전에서 소금을 만든다. 빨래를 말린다. 일광욕을 즐긴다.
등　**3** ⑤　**4** 행성　**5** ③　**6** ②　**7** ①　**8** 예 지구의
반지름을 1이라고 본다.　**9** ②　**10** 목성, 토성, 천왕성, 화성,
수성　**11** ④　**12** 해왕성　**13** 철수　**14** ⑤　**15** ⑤　**16**
③　**17** ③　**18** ㉢, ㉣　**19** ③　**20** ④

1 ㉠은 태양 빛에 의해 증발한 물이 구름이 되어 비가 내립
니다. ㉡은 밝은 낮에 활동할 수 있고, ㉣은 식물이 태양
빛을 이용해 양분을 만듭니다. ㉤은 일광욕을 즐기고, ㉥
은 빨래를 말립니다. ㉦은 태양 빛으로 소금을 만드는 염
전입니다.

2 태양은 생물과 우리 생활에 미치는 영향이 다양합니다.

채점 기준

영향을 두 가지 모두 옳게 쓴 경우	5점
영향을 한 가지만 옳게 쓴 경우	2점

3 북극성은 태양계 밖에 있는 별입니다.

4 태양 주위를 도는 천체는 행성입니다.

5 표면이 기체로 되어 있는 행성은 목성, 토성, 천왕성, 해왕
성입니다.

6 화성은 붉은색을 띱니다.

7 수성은 태양계 행성 중에서 가장 작으며, 표면에 땅이 있
습니다.

8 행성의 상대적인 크기는 행성의 실제 크기가 아닌, 지구의
반지름을 1로 보았을 때 다른 행성들의 반지름의 비를 말
합니다.

채점 기준

예시 답안과 같이 옳게 쓴 경우	5점
예시 답안과 의미는 비슷하지만 정확하게 쓰지 못한 경우	2점

9 토성은 천왕성보다 크기가 큽니다.

10 행성의 크기가 큰 순서는 목성, 토성, 천왕성, 해왕성, 지
구, 금성, 화성, 수성입니다.

11 지구를 반지름이 1 cm인 구슬에 비유하면 목성은 축구공
이나 배구공에 비유할 수 있습니다.

12 해왕성은 태양에서 가장 멀리 있고, 지구에서도 가장 멀리
있는 행성입니다.

13 태양에서 거리가 멀어질수록 행성 사이의 거리는 멀어집
니다.

14 금성, 목성과 같은 행성은 별에 비해 지구로부터의 거리
가 가깝기 때문에 주위의 별보다 더 밝고 뚜렷하게 보입
니다.

15 태양을 제외한 별은 밤하늘에서 볼 수 있으며, 별자리는
옛날 사람들이 별을 서로 연결하여 사람, 동물, 물건의 모
습으로 떠올리고 이름을 붙인 것입니다. 별자리의 모습과
이름은 지역과 시대에 따라 다릅니다.

16 별자리는 어두운 곳에서 잘 보입니다.

17 북두칠성은 국자 모양을 하고 있습니다. ①은 작은곰자리,
②는 사자자리, ④는 카시오페이아자리입니다.

18 북극성은 북쪽 밤하늘에서 거의 움직이지 않고 있기 때문
에 방위를 알 수 있습니다

19 ㉠과 ㉡을 연결하고, 그 거리의 다섯 배만큼 떨어진 곳에
있는 별을 찾으면 북극성입니다.

20 북두칠성의 국자 모양 끝부분의 두 별을 연결하고, 그 거
리의 다섯 배만큼 떨어진 곳에 있는 별이 북극성입니다.

과학

1 태양 빛 **2** 기환 **3** ④ **4** ④, ⑤ **5** 토성 **6** 예 색깔은 청록색이다. 세로 방향의 희미한 고리가 있지만 눈에 잘 보이지 않는다. **7** ④ **8** ③ **9** ② **10** ② **11** ① **12** ③ **13** 예 거리가 너무 멀어 km로 표현하기 복잡하기 때문이다. 실제 거리로 나타내면 거리를 쉽게 비교하기 어렵기 때문이다. **14** ③ **15** ① **16** 별자리 **17** ⑤ **18** ① **19** (가) 북두칠성 (나) 카시오페이아자리 **20** ②, ④

1 우리가 살아가는 데 필요한 대부분의 에너지는 태양에서 얻습니다.

2 식물은 태양 빛이 있어야 양분을 만들어 살아갈 수 있으며, 일부 동물은 식물이 만든 양분을 먹고 살아가기도 합니다.

3 표면이 암석으로 되어 있는 행성도 있고, 기체로 되어 있는 행성도 있습니다.

4 수성, 금성, 지구, 화성은 고리가 없으며, 달처럼 행성 주위를 도는 천체를 위성이라고 합니다.

5 토성은 행성 중에서 가장 뚜렷한 고리를 보이며, 여러 개의 위성을 가지고 있습니다.

6 천왕성은 청록색을 띠고, 희미한 고리를 가지고 있습니다.

채점 기준	
색깔, 고리의 특징을 모두 옳게 쓴 경우	5점
색깔, 고리의 특징 중 한 가지만 옳게 쓴 경우	2점

7 목성, 토성, 천왕성, 해왕성은 표면이 기체로 이루어져 있고, 수성, 금성, 지구, 화성은 표면이 암석으로 이루어져 있습니다.

8 지구의 반지름을 1로 보았을 때 다른 행성의 상대적인 크기를 비교한 것입니다.

9 수성과 화성, 지구와 금성, 천왕성과 해왕성이 상대적인 크기가 서로 비슷합니다

10 행성의 크기는 다양하며, 지구는 화성보다 큽니다. 지구보다 작은 행성은 수성, 금성, 화성이며, 지구보다 큰 행성은 목성, 토성, 천왕성, 해왕성입니다.

11 지구와 가장 가까운 행성은 금성입니다.

12 지구에서 태양까지의 거리는 약 1억 5000만 km로 매우 멀기 때문에 비행기를 타고 가도 약 19년이 걸립니다.

13 태양에서 행성까지의 실제 거리는 매우 멀기 때문에 비교하기가 어렵습니다.

채점 기준	
예시 답안과 같이 한 가지를 옳게 쓴 경우	5점
예시 답안과 의미는 비슷하지만 정확하게 쓰지 못한 경우	2점

14 태양이 지고 밤이 되면 별, 달, 행성을 볼 수 있습니다.

15 행성은 스스로 빛을 내지 않고, 별은 스스로 빛을 냅니다. 금성, 화성, 목성, 토성과 같은 행성은 별에 비해 지구로부터 가깝기 때문에 주위의 별보다 밝고 또렷하게 보입니다.

16 밝게 보이는 별을 연결하여 이름을 붙여 별자리를 만듭니다.

17 M자나 W자 모양을 하고 있는 카시오페이아자리입니다. 카시오페이아는 그리스 신화에 나오는 에티오피아의 왕비 이름입니다.

18 북극성은 항상 북쪽 밤하늘에서 보이기 때문에 나침반 역할을 합니다.

19 북극성을 찾는 데 이용되는 별자리는 북두칠성과 카시오페이아자리입니다.

20 북두칠성의 국자 모양 끝부분의 두 별을 연결하고, 그 거리의 다섯 배만큼 떨어진 곳에서 북극성을 찾을 수 있습니다. 카시오페이아자리의 바깥쪽 두 선을 연장해 만나는 점과 중앙의 별을 연결하고, 그 거리의 다섯 배만큼 떨어진 곳에서 북극성을 찾을 수 있습니다.

📝 **서술형 익히기** 70~71쪽

개념1 **1** ① 태양, 행성 ② 목성, 토성, 천왕성, 해왕성 **2** 고체(암석), 수성, 금성, 화성, 기체, 목성, 토성, 천왕성, 해왕성 **3** 예 수성, 금성, 지구, 화성은 표면이 암석(고체)으로 되어 있고 고리가 없습니다. 목성, 토성, 천왕성, 해왕성은 표면이 기체로 되어 있고 고리가 있습니다.

개념2 **4** ① 작은, 큰 ② 가까운, 먼 **5** 크기가 작으며, 크기가 큽니다 **6** 예 수성, 금성, 지구, 화성은 목성, 토성, 천왕성, 해왕성에 비해 상대적으로 태양 가까이에 있습니다. 태양에서 거리가 멀어질수록 행성 사이의 거리도 멀어집니다.

개념3 **7** ① 북쪽 ② 북두칠성, 카시오페이아자리 **8** ㉢과 ㉤, 다섯 배 **9** 예 북두칠성의 ㉢과 ㉣을 연결하고, 그 거리의 다섯 배만큼 떨어진 곳에 있는 별을 찾습니다.

1 지구처럼 태양 주위를 도는 천체를 행성이라고 합니다

2 행성의 표면 물질이 암석인 것은 수성, 금성, 지구, 화성

이며, 행성의 표면 물질이 기체인 것은 목성, 토성, 천왕성, 해왕성입니다.

3 목성, 토성, 천왕성, 해왕성은 땅이 없으며 여러 개의 고리를 가지고 있습니다.

4 수성은 가장 작으며, 태양에서 가장 가까이에 있습니다. 목성은 가장 큰 행성이며, 해왕성은 태양에서 가장 멀리 있습니다.

5 태양계 행성 중에서 수성, 금성, 지구, 화성은 상대적으로 크기가 작고, 목성, 토성, 천왕성, 해왕성은 상대적으로 크기가 큽니다.

6 목성, 토성, 천왕성, 해왕성은 지구보다 태양에서 멀리 떨어져 있습니다.

7 북극성은 북쪽 밤하늘에 항상 있기 때문에 북극성을 찾으면 방위를 알 수 있습니다. 북두칠성이나 카시오페이아자리를 이용하면 북극성을 찾을 수 있습니다.

8 카시오페이아자리에서 바깥쪽 두 선을 연장해 만나는 점 ⓐ을 찾습니다. ⓐ과 ⓒ을 연결하고, 그 거리의 다섯 배만큼 떨어진 곳에 있는 별을 찾습니다.

9 북두칠성에서 국자 모양 끝부분의 별 ⓒ과 ⓔ을 찾습니다. 별 ⓒ과 ⓔ을 연결하고, 그 거리의 다섯 배만큼 떨어진 곳에 있는 별을 찾습니다.

📝 서술형 평가　72～73쪽

1 예 식물은 태양 빛이 있어야 양분을 만들어 살아갈 수 있으며, 일부 동물은 식물이 만든 양분을 먹고 살아가기 때문이다.　**2** (1) 천왕성 (2) 예 화성은 색깔이 붉은색이고, 표면에 땅이 있다. 천왕성은 색깔이 청록색이고, 표면이 가스(기체)로 이루어져 있다.　**3** (1) 목성, 토성, 천왕성, 해왕성, 지구, 금성, 화성, 수성 (2) 예 태양계 행성의 크기는 다양하다. 목성, 토성, 천왕성, 해왕성은 크기가 큰 행성에 속하고, 수성, 금성, 지구, 화성은 크기가 작은 행성에 속한다. 등　**4** (1) 행성 (2) 예 별은 스스로 빛을 내고, 행성은 태양 빛을 반사하여 빛난다. 여러 날 동안 밤하늘을 관측하면 별은 위치가 거의 변하지 않지만, 행성은 위치가 조금씩 변한다.　**5** 예 주변이 탁 트이고 밝지 않은 곳이 관측하기 적당하다.　**6** (1) ㉠ 북두칠성 ㉡ 작은곰자리 ㉢ 카시오페이아자리 (2) 예 북쪽 밤하늘에서 관찰할 수 있다. 스스로 빛을 낸다. 등　**7** (1) 북극성 (2) 예 북극성은 정확한 북쪽에 항상 있기 때문이다.　**8** 그림은 해설 참조 예 북두칠성의 국자 모양 끝부분에서 ①과 ②를 찾은 다음, ①과 ②를 연결하고 그 거리의 다섯 배 떨어진 곳에 있는 별을 찾는다.

---

1 태양이 없으면 식물이 자라지 못하고, 동물도 살지 못하며, 사람도 살기 어려울 것입니다.

채점 기준	
예시 답안과 같이 옳게 쓴 경우	8점
예시 답안과 의미는 비슷하지만 정확하게 쓰지 못한 경우	3점

2 (1) 천왕성은 세로 방향의 희미한 고리가 있습니다.
(2) 화성은 단단한 암석으로 되어 있는 땅이 있으며, 천왕성은 가스로 이루어져 있습니다.

채점 기준	
(1), (2)를 모두 옳게 쓴 경우	12점
(1)만 옳게 쓴 경우	2점
(2)만 옳게 쓴 경우	10점

3 태양계 행성의 크기는 다양합니다.

채점 기준	
(1), (2)를 모두 옳게 쓴 경우	12점
(1)만 옳게 쓴 경우	2점
(2)만 옳게 쓴 경우	10점

4 (1) 여러 날 동안 밤하늘을 관측했을 때 행성은 위치가 조금씩 변합니다.
(2) 별은 스스로 빛을 내고 행성은 스스로 빛을 내지 않습니다.

채점 기준	
(1), (2)를 모두 옳게 쓴 경우	12점
(1)만 옳게 쓴 경우	2점
(2)만 옳게 쓴 경우	10점

5 별자리는 해가 진 뒤 별이 보일 정도로 어두워지면 관측하기 좋습니다.

채점 기준	
예시 답안과 같이 옳게 쓴 경우	8점
예시 답안과 의미는 비슷하지만 정확하게 쓰지 못한 경우	3점

6 (1) 국자 모양을 한 북두칠성, 작은곰자리, W(M)자 모양을 한 카시오페이아자리입니다.
(2) 북쪽 밤하늘에서 볼 수 있는 별자리이며, 스스로 빛을 내는 여러 개의 별로 이루어져 있습니다.

채점 기준	
(1), (2)를 모두 옳게 쓴 경우	12점
(1)만 옳게 쓴 경우	3점
(2)만 옳게 쓴 경우	9점

7 북극성은 항상 북쪽에 있기 때문에 나침반의 역할을 하여 북극성을 찾으면 방위를 알 수 있습니다.

8 북두칠성의 국자 모양 끝부분에 있는 두 별 사이의 거리의 다섯 배 떨어진 곳에 있는 별이 북극성입니다.

수행 평가 74쪽

1 수성, 목성 **2** 수성-화성, 금성-지구, 천왕성-해왕성 **3 예** 지구보다 크기가 크다. **4 예** 수성은 앵두, 목성은 자몽, 토성은 사과, 해왕성은 귤에 비유할 수 있다. 목성이 가장 큰 행성이며, 토성은 목성보다 작고, 해왕성은 토성보다 작고, 수성이 가장 작은 행성이기 때문이다.

1 수성이 가장 작으며, 목성이 가장 큽니다.

2 상대적인 크기를 나타내는 숫자가 비슷한 것끼리 짝 지어 봅니다.

3 수성, 금성, 화성은 지구보다 크기가 작은 행성입니다.

4 지구를 지름이 1 cm 정도인 포도알에 비유하면 목성은 가장 큰 과일에, 수성은 가장 작은 과일에 비유할 수 있습니다.

수행 평가 75쪽

1 금성 − 0.7, 화성 − 1.5, 천왕성 − 19.1 **2** ㉠ 목성, ㉡ 토성, ㉢ 천왕성, ㉣ 해왕성 **3 예** 달이 태양보다 지구에서 가까이 있기 때문이다. 또는 태양이 달보다 지구에서 멀리 있기 때문이다.

1 두루마리 휴지 한 칸을 1 cm로 비유하면 됩니다.

2 지구보다 태양에서 멀리 떨어진 행성은 화성, 목성, 토성, 천왕성, 해왕성 순서입니다.

3 지구에서 달은 지구에서 태양보다 약 400배 정도 가까이 있기 때문에 지구에서 볼 때 태양과 달이 거의 비슷한 크기로 보입니다.

수행 평가 76쪽

1 ㉡ **2 예** 여러 날 동안 밤하늘을 관측하면 행성은 위치가 조금씩 변하기 때문이다. **3 예** 행성은 별들 사이에서 상대적인 위치가 변하지만, 별은 상대적인 위치가 변하지 않는다. **4 예** 별은 스스로 빛을 내므로 밝게 빛나 보인다. 행성은 태양 빛을 반사하여 빛을 내는 것처럼 보이기 때문이다.

1 별은 여러 날 동안 밤하늘을 관측할 때 상대적인 위치가 변하지 않습니다.

2 행성은 태양 주위를 돌며 별보다 지구에 가까이 있으므로 별들 사이로 이동하는 것을 관측할 수 있습니다.

3 여러 날 동안 같은 밤하늘을 관측하면 별들 사이에서 행성의 상대적인 위치가 변하는 것을 볼 수 있습니다.

4 별은 스스로 빛을 내지만, 행성은 스스로 빛을 내는 것이 아니라 태양 빛을 반사하여 우리 눈에 보입니다.

4 용해와 용액

1 용해와 용액

😊 개념 확인 문제   79쪽

1 ③   **2** 녹아, 없다   **3** ②   **4** ⑤

1 소금과 설탕, 코코아 가루, 분말주스 가루는 물에 녹아 뜨거나 가라앉는 것이 없습니다.

2 소금은 물에 잘 녹기 때문에 물에 뜨거나 가라앉는 것이 없습니다. 반면 물에 녹지 않는 물질을 물에 넣으면 물에 뜨거나 가라앉습니다.

3 소금이나 설탕처럼 녹는 물질을 용질이라고 하고, 물처럼 녹이는 물질을 용매라고 합니다.

4 소금물은 녹는 물질이 녹이는 물질에 골고루 섞여 있는 용액으로, 용액은 거름종이로 걸러도 걸러지는 것이 없습니다.

2 용질이 용해되기 전과 후의 무게 비교하기

😊 개념 확인 문제   81쪽

1 ③, ⑤   **2** 142   **3** ⑤

1 각설탕을 물에 넣으면 부스러지면서 크기가 작아집니다. 작아진 설탕은 더 작은 크기의 설탕으로 나뉘어 물에 골고루 섞이고, 완전히 용해되어 눈에 보이지 않게 됩니다.

2 용질이 물에 용해되면 없어지는 것이 아니라 물에 골고루 섞여 용액이 됩니다. 따라서 용질이 물에 용해되기 전과 용해된 후의 무게가 같습니다.

3 물에 용해된 설탕이 없어진 것이 아니라 매우 작게 변해 물속에 남아 있기 때문에 각설탕이 물에 용해되기 전과 용해된 후의 무게가 같습니다.

3 용질에 따라 물에 용해되는 양 비교하기

😊 개념 확인 문제   83쪽

1 ③   **2** 제빵 소다   **3** 설탕, 소금, 제빵 소다
4 ①

1 용매인 물에 녹이는 용질의 종류를 소금, 설탕, 제빵 소다로 다르게 하여 실험을 하였습니다.

2 소금은 여덟 숟가락을 넣었을 때 용해되지 않았고, 설탕은 여덟 숟가락을 넣어도 모두 용해되었습니다. 제빵 소다는 두 숟가락을 넣었을 때부터 용해되지 않았습니다.

3 실험 결과로 보아 설탕이 가장 많이 용해되었고, 제빵 소다가 가장 적게 용해되었습니다.

4 같은 양의 여러 가지 용질을 온도와 양이 같은 물에 넣고 저었을 때 어떤 용질은 모두 용해되고, 어떤 용질은 어느 정도 용해되면 더 이상 용해되지 않고 바닥에 남습니다. 이처럼 물의 온도와 양이 같아도 용질마다 물에 용해되는 양은 서로 다릅니다.

💡 **실력 문제**   84~85쪽

1 ③, ④   **2** ②   **3** ②   **4** ①   **5** ⑤   **6** ④
7 같다   **8** ④   **9** 용질의 종류   **10** 제빵 소다, 설탕
11 다르다   **12** 용질 (나)

1 소금, 설탕, 분말주스 가루는 물에 녹고, 미숫가루와 멸치 가루는 물에 녹지 않습니다. 물에 녹지 않는 물질을 물에 넣으면 물 위에 뜨거나 바닥에 가라앉습니다.

2 소금은 물에 잘 녹고, 멸치 가루는 물에 녹지 않습니다. 이처럼 물에 여러 가지 가루 물질을 넣으면 어떤 물질은 녹고, 어떤 물질은 녹지 않습니다.

3 설탕물이 만들어지는 과정에서 설탕은 용질, 물은 용매, 설탕물은 용액이고, 설탕이 물에 녹는 현상을 용해라고 합니다.

4 용액은 색깔이 있는 것도 있습니다. 예를 들어 분말주스 가루를 녹인 물도 용액이지만, 분말주스 가루와 같은 색깔을 띱니다.

5 각설탕을 물에 넣으면 부스러지면서 크기가 작아집니다.

6 각설탕을 물에 넣으면 부스러지면서 크기가 작아집니다. 작아진 설탕은 더 작은 크기의 설탕으로 나뉘어 물에 골고루 섞이고, 완전히 용해되어 눈에 보이지 않게 됩니다.

7 설탕이 물에 용해되어도 용해되기 전과 후의 무게는 변하지 않습니다.

8 설탕은 물에 용해되어도 무게가 변하지 않기 때문에 설탕 20 g을 물 50 g에 완전히 용해시킨 설탕물의 무게는 70 g입니다.

9 물에 넣는 용질의 종류를 소금, 설탕, 제빵 소다로 다르게 하였습니다.

10 온도와 양이 같은 물에 설탕이 가장 많이 녹고, 소금, 제빵 소다 순서로 많이 녹습니다.

11 같은 양의 여러 가지 용질을 온도와 양이 같은 물에 넣고 저었을 때 어떤 용질은 모두 용해되고, 어떤 용질은 어느 정도 용해되면 더 이상 용해되지 않고 바닥에 남습니다. 이처럼 물의 온도와 양이 같아도 용질마다 물에 용해되는 양은 서로 다릅니다.

12 물의 양을 두 배로 늘리면 용질 ㈎와 용질 ㈏가 용해되는 양도 두 배가 되지만, 용질 ㈎보다 용질 ㈏가 더 많이 용해되는 것은 변하지 않습니다.

4 물의 온도에 따라 용질이 용해되는 양 비교하기

😊 개념 확인 문제   87쪽

1 ④   **2** ㉡   **3** ①   **4** ④

1 멸치 가루는 물에 녹지 않기 때문에 물의 온도에 따라 용질이 물에 용해되는 양을 알아볼 때 필요하지 않습니다.

2 물의 온도에 따라 용질이 물에 용해되는 양을 알아보는 실험을 할 때, 물의 온도를 제외한 나머지 조건은 모두 같게 해야 합니다.

3 물의 양이 적고, 물의 온도가 낮을수록 백반이 적게 용해됩니다.

4 물의 온도가 높고 물의 양이 많을수록 소금이 물에 많이 용해됩니다. 따라서 물에 다 용해되지 못하고 바닥에 가라앉아 있는 소금을 용해시키기 위해서는 물의 양을 많게 하거나 물의 온도를 높여야 합니다.

5 용액의 진하기 비교하기

😊 개념 확인 문제   89쪽

1 ㉡   **2** ㉡   **3** ㉠

1 먹을 수 있는 용액의 경우 맛이 진할수록, 무게가 더 무거울수록, 비커에 담긴 용액의 높이가 더 높을수록 진한 용액입니다. 또한 방울토마토와 같은 물체를 용액에 넣었을 때 높이 떠오를수록 진한 용액입니다.

2 황설탕 용액의 경우 색깔이 진할수록 진한 용액입니다.

3 투명한 용액의 진하기는 용액에 어떤 물체를 넣었을 때 그 물체가 뜨고 가라앉는 정도로 비교할 수 있습니다. 용액이 진할수록 물체가 높이 떠오릅니다.

💡 실력 문제   90~91쪽

1 높을수록   **2** ①   **3** ②, ⑤   **4** ④   **5** ⑤   **6** ③, ④
7 ㉠   **8** ③, ⑤   **9** ⑤   **10** ⑤   **11** ④   **12** ㉡

1 물의 온도가 높을수록 백반이 많이 용해됩니다.

2 물의 온도가 낮을수록 백반이 적게 용해됩니다.

3 물의 온도가 높을수록 용질이 많이 용해되므로, 바닥에 남아 있는 코코아 가루를 더 많이 용해시키기 위해서는 물의 온도를 높여야 합니다.

4 따뜻한 물에서 모두 용해된 백반 용액이 든 비커를 얼음물에 넣으면 백반 알갱이가 다시 생겨 바닥에 가라앉습니다.

5 같은 양의 물에 설탕을 많이 녹일수록 용액이 진합니다.

6 황설탕 용액의 맛과 색깔이 진할수록, 물체가 높이 떠오를수록 용액이 진한 것입니다.

7 용액이 연할수록 방울토마토가 낮게 뜹니다. 같은 양의 물에 백설탕을 25숟가락 넣은 것보다 1숟가락 넣은 것이 더 연합니다.

8 백설탕을 물에 넣은 백설탕 용액은 색깔이 없으며, 단맛이 납니다.

9 방울토마토가 같은 높이로 뜨려면 용액의 진하기가 같아야 합니다.

10 물을 더 넣어 설탕 용액의 진하기를 묽게 만들면 위쪽에 떠 있는 방울토마토가 가라앉습니다.

11 모든 용액에서 도구가 끝까지 떠올랐으므로 도구를 더 무겁게 보완해야 합니다.

12 용액의 진하기가 진할수록 진하기를 비교할 수 있는 도구가 더 높이 떠오릅니다.

단원정리 4 용해와 용액   92~93쪽

❶ 용해   ❷ 용액   ❸ 같습니다
❹ 용해   ❺ 종류   ❻ 높을
❼ 높이면   ❽ 진할   ❾ 높이

○×   1 ×   2 ○   3 ○   4 ○   5 ×   6 ×   7 ○
8 ○   9 ○   10 ×

1 설탕물에서 설탕과 같이 녹는 물질을 <u>용액</u>이라고 합니다.
　　　　　　　　　　　　　　└ 용질

5 용질의 종류에 따라 물에 용해되는 양을 비교하기 위해서는 물의 <u>온도</u>를 다르게 해야 합니다.
　　└ 용질의 종류

6 물의 온도와 양이 같을 때 용질의 종류에 따라 물에 용해되는 양이 <u>같습니다</u>.
　　　　　　　　　　└ 다릅니다

10 용액이 진할수록 메추리알이 <u>낮게</u> 뜹니다.
　　　　　　　　　　　└ 높게

☀ 단원 평가 1회　　　　　　94～96쪽

1 ⓒ　**2** (1) 물 (2) 설탕 (3) 설탕물　**3** 예 소금을 국물에 녹여 음식의 간을 맞춘다. 분말주스 가루를 물에 녹여 주스를 만들어 마신다. 물에 가루약을 녹여 마신다. 등　**4** ④　**5** 용해
6 ⓛ, ⓙ, ⓒ　**7** 80　**8** ③　**9** ①, ②　**10** 다르다　**11** 석주　**12** ⑤　**13** ③　**14** 백반　**15** 예 우리나라의 물과 사해의 물의 진하기가 다르기 때문이다. 또는 사해의 물이 우리나라의 물보다 진하기 때문이다.　**16** ⓙ, ⓒ　**17** ②, ③
18 ⓙ　**19** ④　**20** ③

1 소금과 설탕은 물에 녹지만, 멸치 가루는 물에 녹지 않기 때문에 바닥에 가라앉거나 물에 뜹니다.

2 설탕물처럼 녹는 물질이 녹이는 물질에 골고루 섞여 있는 물질을 용액이라고 합니다. 이때 설탕처럼 녹는 물질을 용질이라고 하고, 물처럼 녹이는 물질을 용매라고 합니다.

3 소금과 설탕이 물에 녹는 것처럼 어떤 물질이 다른 물질에 녹아 골고루 섞이는 현상을 용해라고 합니다.

채점 기준

두 가지를 모두 옳게 쓴 경우	5점
한 가지만 옳게 쓴 경우	2점

4 용액에는 뜨고 가라앉는 물질이 없습니다. 미숫가루를 탄 물에는 미숫가루가 녹지 않아 가만히 두면 가라앉는 물질이 생깁니다. 따라서 미숫가루 물은 용액이 아닙니다.

5 각설탕은 물에 녹는 물질로, 물에 녹아 크기가 작아지며 완전히 용해되면 눈에 보이지 않게 됩니다.

6 설탕을 물에 녹이기 전 설탕과 물의 무게를 측정하고, 설탕을 녹인 후 설탕물의 무게와 비교합니다.

7 설탕을 물에 녹이기 전 설탕과 물의 무게를 합친 무게는 설탕물의 무게와 같습니다.

8 소금이 물에 용해되기 전과 용해된 후의 무게가 같은 것으로 보아 물에 용해된 소금이 없어진 것이 아니라 매우 작게 변해 물속에 남아 있다는 것을 알 수 있습니다.

9 제빵 소다는 두 숟가락을 넣었을 때부터 물에 녹지 않고 바닥에 가라앉습니다.

10 같은 양의 여러 가지 용질을 온도와 양이 같은 물에 넣었을 때 어떤 용질은 모두 용해되고, 어떤 용질은 모두 용해되지 않고 바닥에 남습니다. 이처럼 물의 온도와 양이 같아도 용질마다 물에 용해되는 양은 서로 다릅니다.

11 온도와 양이 같은 물에 소금과 분말주스 가루를 같은 양만큼 넣었을 때 소금은 바닥에 남았지만 분말주스 가루는 다 용해된 것으로 보아 물의 온도와 양이 같을 때 물질마다 용해되는 양이 다르다는 것을 알 수 있습니다.

12 물의 온도가 높을수록 용질이 많이 용해됩니다.

13 물의 온도에 따라 용질이 물에 용해되는 양이 달라집니다. 일반적으로 물의 온도가 높을수록 용질이 많이 용해됩니다. 따라서 용질이 다 용해되지 않고 남아 있을 때 물의 온도를 높이면 용해되지 않고 남아 있던 용질을 더 많이 용해할 수 있습니다.

14 따뜻한 물에 모두 용해된 백반 용액이 든 비커를 얼음물에 넣으면 백반 알갱이가 다시 생겨 바닥에 가라앉습니다.

15 사해의 물은 우리나라의 물보다 진하기 때문에 사람이 가만히 있어도 물에 뜹니다.

채점 기준

예시 답안과 같이 옳게 쓴 경우	5점
예시 답안과 의미는 비슷하지만 정확하게 쓰지 못한 경우	2점

16 색깔이 있는 용액의 경우 색깔로 진하기를 비교할 수 있지만, 백설탕 용액의 경우 색깔이 없기 때문에 방울토마토와 같은 물체를 넣어 뜨는 정도로 진하기를 비교합니다.

17 진한 황설탕은 더 달고, 색깔이 진하며, 방울토마토를 넣었을 때 더 높게 떠오릅니다.

18 색깔이나 맛으로 구별할 수 없는 투명한 용액의 진하기는 용액에 어떤 물체를 넣었을 때 그 물체가 뜨고 가라앉는 정도로 비교할 수 있습니다. 용액이 진할수록 물체가 높이 떠오릅니다.

19 메추리알을 더 높이 뜨게 하려면 용액을 진하게 해야 합니다. 따라서 백설탕 용액에 백설탕을 더 넣으면 됩니다.

20 용액의 진하기를 비교할 수 있는 도구는 용액이 진할수록 높이 떠오르는 것으로 진하기를 비교할 수 있습니다.

1 ④   **2** ㉢   **3** ④   **4** (1) ㉡ (2) ㉠ (3) ㉢   **5** 용해   **6** ⑤
7 105   **8** ③   **9** ④   **10** 예 설탕이 물에 용해되기 전과 용해된 후 무게는 같다.   **11** ③   **12** 제빵 소다   **13** ㉠   **14** ②
15 따뜻한 물   **16** 예 물의 온도가 높을수록 용질이 많이 용해된다.   **17** ⑤   **18** ③   **19** ㉡   **20** ②

1 설탕, 소금, 백반 가루, 코코아 가루는 물에 녹고, 미숫가루는 물에 녹지 않기 때문에 미숫가루를 물에 넣으면 물 위에 뜨거나 가라앉습니다.

2 멸치 가루는 물에 녹지 않기 때문에 물에 넣었을 때 뿌옇게 흐려지며, 시간이 지날수록 물과 분리되어 물 위에 뜨거나 바닥에 가라앉습니다.

3 물에 여러 가지 가루 물질을 넣으면 어떤 물질은 녹고, 어떤 물질은 녹지 않습니다.

4 소금물이나 설탕물처럼 녹는 물질이 녹이는 물질에 골고루 섞여 있는 물질을 용액이라고 합니다. 이때 소금이나 설탕처럼 녹는 물질을 용질이라고 하고, 물처럼 녹이는 물질을 용매라고 합니다.

5 소금이 물에 녹는 것처럼 어떤 물질이 다른 물질에 녹아 골고루 섞이는 현상을 용해라고 합니다.

6 각설탕을 물에 넣으면 부스러지면서 크기가 작아집니다. 작아진 설탕은 더 작은 크기의 설탕으로 나뉘어 물에 골고루 섞이고, 완전히 용해되어 눈에 보이지 않게 됩니다.

7 설탕이 물에 용해되기 전과 용해된 후의 무게는 같으므로 설탕물의 무게에서 설탕의 무게를 빼면 물의 무게가 됩니다.

8 설탕이 물에 용해되기 전과 용해된 후의 무게는 같기 때문에 설탕이 담긴 시약포지와 물이 담긴 비커의 무게의 합은 빈 시약포지와 설탕물이 담긴 비커의 무게의 합과 같습니다.

9 설탕이 담긴 시약포지와 물이 담긴 비커의 무게의 합은 200 g이므로, ㉡은 200 g입니다.

10 용질이 물에 용해되면 없어지는 것이 아니라 물에 골고루 섞여 용액이 됩니다. 따라서 용질이 물에 용해되기 전과 후의 무게는 같습니다.

채점 기준	
예시 답안과 같이 옳게 쓴 경우	5점
예시 답안과 의미는 비슷하지만 정확하게 쓰지 못한 경우	2점

11 물에 넣는 용질의 종류만 소금, 설탕, 제빵 소다로 다르게 해 주고, 다른 조건은 모두 같게 한 후 실험을 해야 합니다.

12 제빵 소다는 두 숟가락을 넣었을 때부터 물에 녹지 않았습니다.

13 같은 양의 여러 가지 용질을 온도와 양이 같은 물에 넣었을 때 어떤 용질은 모두 용해되고, 어떤 용질은 용해되지 않고 바닥에 남습니다. 이처럼 물의 온도와 양이 같아도 용질마다 물에 용해되는 양은 서로 다릅니다.

14 물의 온도를 다르게 하고 백반이 물에 용해되는 양을 비교해 보았습니다. 따라서 물의 온도에 따라 백반이 용해되는 양을 알아보는 실험입니다.

15 물의 온도에 따라 용질이 물에 용해되는 양이 달라집니다. 일반적으로 물의 온도가 높을수록 용질이 많이 용해됩니다.

16 물의 온도가 높을수록 용질이 많이 용해되기 때문에 용질이 다 용해되지 않고 남아 있을 때 물의 온도를 높이면 용해되지 않고 남아 있던 용질을 더 많이 용해할 수 있습니다.

채점 기준	
예시 답안과 같이 옳게 쓴 경우	5점
예시 답안과 의미는 비슷하지만 정확하게 쓰지 못한 경우	2점

17 따뜻한 물에서 모두 용해된 백반 용액을 차갑게 식히면 온도가 낮아져 다 용해되지 못한 백반이 가라앉습니다.

18 물에 황설탕을 많이 녹일수록 색깔이 진합니다. 백설탕을 녹인 설탕 용액은 투명하기 때문에 색깔로 진하기를 비교하기는 어렵습니다.

19 설탕물이나 소금물과 같이 색깔로 용액의 진하기를 비교할 수 없을 때에는 메추리알이나 방울토마토를 띄워서 용액의 진하기를 확인할 수 있습니다. 용액이 진할수록 물체가 높이 떠오릅니다.

20 용액의 진하기가 진할수록 물체가 높이 떠오릅니다.

서술형 익히기   100~101쪽

개념1 **1** ① 용질, 용매 ② 용해 ③ 용액   **2** 용매인 물에 용해되어 용액인 주스가 됩니다   **3** 용액이 아닙니다. 예 미숫가루를 탄 물은 가라앉는 물질이 있기 때문입니다.

개념2 **4** ① 용해 ② 무게   **5** ㉣, 예 용액의 어느 부분이나 녹아 있는 설탕의 양은 같습니다.   **6** 55 g, 예 그 까닭은 용질이 용매에 용해되기 전과 후의 무게는 변하지 않기 때문입니다.

개념3 **7** ① 온도 ② 높을수록   **8** 물의 온도를 높이면   **9** 예 물의 온도만 다르게 한 후 실험을 해야 합니다. 실험 결과 물의 온도가 높을수록 설탕이 많이 용해됩니다.

1 설탕물처럼 용질이 용매에 녹아 골고루 섞여 있는 물질을 용액이라고 합니다. 이때 설탕은 용질, 물은 용매에 해당합니다.

2 물에 녹아 들어가는 주스 가루는 용질, 녹이는 물은 용매, 주스 가루가 물에 녹는 현상은 용해, 주스는 용액에 해당합니다.

3 미숫가루를 탄 물은 물질이 고르게 섞여 있지 않고 가라앉는 물질이 있으므로 용액이 아닙니다.

4 용질이 용매에 용해되면 눈에 보이지 않게 되는데, 이때 용질은 없어진 것이 아니라 크기가 매우 작게 변하여 용매에 골고루 섞여 있는 것입니다.

5 용질이 물에 용해되면 없어지는 것이 아니라 매우 작아져 물과 골고루 섞입니다. 따라서 용액의 어느 부분이나 녹아 있는 용질의 양은 같습니다.

6 용질이 물에 용해되면 없어지는 것이 아니라 물과 골고루 섞여 용액이 됩니다. 따라서 용질이 물에 용해되기 전과 후의 무게는 같습니다.

7 물의 양이 같을 때 물의 온도에 따라 용질이 용해되는 양이 다릅니다. 일반적으로 물의 온도가 높을수록 용질이 더 많이 용해됩니다.

8 물의 온도가 높을수록 용질이 많이 용해되기 때문에 용질이 다 용해되지 않고 남아 있을 때 물의 온도를 높이면 용해되지 않고 남아 있던 용질을 더 많이 용해할 수 있습니다.

9 물의 온도에 따라 용질이 용해되는 양을 알아보기 위해서는 물의 온도만 다르게 하고 나머지 조건은 모두 같게 해야 합니다. 실험 결과 물의 온도가 높을수록 설탕이 많이 용해됩니다.

📝 서술형 평가

102~103쪽

1 예 용질인 설탕이 용매인 물에 용해되어 용액인 설탕물이 되었기 때문이다. **2** 예 멸치 가루가 물에 녹지 않고 시간이 지났을 때 물 위에 뜨거나 바닥에 가라앉기 때문이다. **3** (1) ⓒ, ⓛ, ⓟ (2) 예 물에 용해된 각설탕이 없어진 것이 아니라 매우 작게 변해 물속에 남아 있기 때문에 무게는 변하지 않는다. **4** 예 물의 온도와 양이 같을 때 용질마다 물에 용해되는 양이 다르다. **5** (1) 물의 온도 (2) 예 물의 온도가 높을수록 백반이 많이 용해된다. **6** 예 전자레인지에 넣고 데운다. 알코올램프로 가열하여 백반 용액의 온도를 높인다. 등 **7** (1) ⓛ (2) 예 백설탕을 더 넣어 용액을 진하게 한다. **8** 예 눈금 간격이 일정하지 않기 때문이다.

---

1 소금이나 설탕이 물에 녹는 것처럼 어떤 물질이 다른 물질에 녹아 골고루 섞이는 현상을 용해라고 하고, 소금물이나 설탕물처럼 녹는 물질이 녹이는 물질에 골고루 섞여 있는 물질을 용액이라고 합니다.

채점 기준	
예시 답안과 같이 옳게 쓴 경우	8점
예시 답안과 의미는 비슷하지만 정확하게 쓰지 못한 경우	3점

2 녹는 물질이 녹이는 물질에 골고루 섞여 있는 물질을 용액이라고 합니다. 멸치 가루는 물에 녹지 않고 시간이 지났을 때 물 위에 뜨거나 바닥에 가라앉으므로 멸치 가루를 넣은 물은 용액이 아닙니다.

채점 기준	
예시 답안과 같이 옳게 쓴 경우	8점
예시 답안과 의미는 비슷하지만 정확하게 쓰지 못한 경우	3점

3 (1) 각설탕을 물에 넣으면 부스러지면서 크기가 작아집니다. 작아진 설탕은 더 작은 크기의 설탕으로 나뉘어 물에 골고루 섞이고, 완전히 용해되어 눈에 보이지 않게 됩니다.
(2) 물에 용해된 각설탕이 매우 작게 변해 물속에 남아 있기 때문에 각설탕이 용해되기 전과 용해된 후 무게는 변하지 않습니다.

채점 기준	
(1), (2)를 모두 옳게 쓴 경우	12점
(1)만 옳게 쓴 경우	4점
(2)만 옳게 쓴 경우	8점

4 같은 양의 여러 가지 용질을 온도와 양이 같은 물에 넣고 저었을 때 어떤 용질은 모두 용해되고, 어떤 용질은 어느 정도 용해되면 더 이상 용해되지 않고 바닥에 남습니다. 이처럼 물의 온도와 양이 같아도 용질마다 물에 용해되는 양은 서로 다릅니다.

채점 기준	
예시 답안과 같이 옳게 쓴 경우	8점
예시 답안과 의미는 비슷하지만 정확하게 쓰지 못한 경우	3점

5 물의 온도에 따라 용질이 물에 용해되는 양이 달라집니다. 일반적으로 물의 온도가 높을수록 용질이 많이 용해됩니다.

채점 기준	
(1), (2)를 모두 옳게 쓴 경우	12점
(1)만 옳게 쓴 경우	2점
(2)만 옳게 쓴 경우	10점

6 물의 온도가 높을수록 용질이 많이 용해됩니다. 물을 데워

온도를 높이면 같은 양의 물에 용해될 수 있는 백반의 양이 많아져 물에 용해되지 않고 바닥에 있는 백반이 더 많이 용해됩니다.

채점 기준	
예시 답안과 같이 옳게 쓴 경우	8점
예시 답안과 의미는 비슷하지만 정확하게 쓰지 못한 경우	3점

7 용액이 진할수록 물체가 높이 떠오르기 때문에 ㉠의 비커에 백설탕을 더 용해시켜 용액을 진하게 하면 메추리알이 더 높이 뜹니다.

채점 기준	
(1), (2)를 모두 옳게 쓴 경우	12점
(1)만 옳게 쓴 경우	2점
(2)만 옳게 쓴 경우	10점

8 용액의 진하기를 비교하기 위한 도구에는 용액의 진하기를 쉽게 비교할 수 있도록 일정한 간격으로 눈금을 그려야 합니다.

채점 기준	
예시 답안과 같이 옳게 쓴 경우	8점
예시 답안과 의미는 비슷하지만 정확하게 쓰지 못한 경우	3점

😎 수행 평가 104쪽

1 1420 g　　**2** ⑩ 각설탕이 물에 용해되면 없어지는 것이 아니라 아주 작게 나뉘어 물과 고르게 섞이기 때문이다.
3 ⑩ 분말주스가 물에 용해되기 전과 용해된 후 무게는 같다.

1 각설탕이 물에 용해되기 전과 후의 무게가 같으므로 측정값은 같습니다.

2 용질이 용매에 용해되어도 용질이 없어지거나 용질의 양이 변하지 않습니다.

3 분말주스가 물에 용해되면 없어지는 것이 아니라 우리 눈에 보이지 않을 정도로 작아져서 물과 고르게 섞여 용액이 되므로 분말주스가 물에 용해되기 전의 무게와 용해된 후의 무게는 같습니다.

😎 수행 평가 105쪽

1 다르게 한 조건: 물의 온도, 같게 한 조건: 물의 양, 백반의 양 등 물의 온도 외의 모든 조건　　**2** 따뜻한 물: ⑩ 모두 용해된다., 차가운 물: ⑩ 어느 정도 용해되다가 용해되지 않은 백반이 바닥에 남아 있다., 알게 된 점: ⑩ 물의 온도가 높을수록 백반이 많이 용해된다.　　**3** ⑩ 코코아차를 전자레인지에 넣고 데워 코코아차의 온도를 높인다. 등

1 따뜻한 물과 차가운 물로 실험을 하였습니다.

2 물의 온도에 따라 용질이 물에 용해되는 양이 달라집니다.

3 물의 온도가 높을수록 용질이 많이 용해됩니다. 따라서 용질이 다 용해되지 않고 남아 있을 때 물의 온도를 높이면 용해되지 않고 남아 있던 용질을 더 많이 용해할 수 있습니다.

😎 수행 평가 106쪽

1 ⑩ 색깔로 비교할 수 있다. 맛으로 비교할 수 있다. 무게를 측정해 비교할 수 있다. 비커에 담긴 용액의 높이를 측정해 비교할 수 있다. 메추리알(방울토마토)이 뜨는 정도로 비교할 수 있다. 등　　**2** ⑩ 맛으로 비교할 수 있다. 무게를 측정해 비교할 수 있다. 비커에 담긴 용액의 높이를 측정해 비교할 수 있다. 메추리알(방울토마토)이 뜨는 정도로 비교할 수 있다. 등　　**3** ⑩ 색깔이 더 진하다. 맛이 더 진하다. 무게가 더 무겁다. 비커에 담긴 용액의 높이가 더 높다. 메추리알(방울토마토)이 더 높이 뜬다. 등　　**4** ⑩ 비커에 물을 넣어 용액을 묽게 만든다.

1 황설탕 용액은 물의 양이 같을 때 물에 포함된 용질의 양이 많을수록 색깔이 더 진합니다. 설탕 용액과 같이 맛을 볼 수 있는 경우 용액이 진할수록 맛이 더 진합니다. 이처럼 색깔이나 맛과 같은 겉보기 성질을 이용해 용액의 진하기를 비교할 수 있습니다.

2 백설탕 용액이나 소금 용액과 같이 색깔로 용액의 진하기를 비교할 수 없을 때에는 메추리알이나 방울토마토를 띄워서 용액의 진하기를 비교할 수 있습니다.

3 용액이 진할수록 물체가 더 높이 떠오릅니다.

4 용액의 진하기가 묽게 되면 물체가 가라앉습니다.

5 다양한 생물과 우리 생활

1 곰팡이와 버섯의 특징

1 (1) ㉠, ㉢ (2) ㉡ **2** ⑤ **3** 균류
4 (1) × (2) ○ (3) × (4) ○

---

1 버섯의 윗부분은 갈색이고, 아랫부분은 하얗습니다. 곰팡이는 가는 실 같은 것이 많고 거미줄처럼 서로 엉켜 있는 모양입니다.

2 ㉤은 초점 조절 나사로써 대상에 초점을 정확히 맞출 때 사용합니다.

3 균류는 몸 전체가 균사로 되어 있고 포자로 번식합니다.

4 균류는 햇빛을 좋아하지 않으며 줄기, 잎과 같은 모양이 없습니다.

2 짚신벌레와 해캄의 특징

1 ㉠ 짚신벌레 ㉡ 해캄 **2** ㉠-②, ㉡-①, ③
3 (1) ○ (2) × (3) ○

---

1 짚신벌레는 길쭉한 모양이고, 해캄은 여러 개의 가는 선이 보이며 크기가 작은 둥근 알갱이가 있습니다.

2 짚신벌레는 바깥쪽에 가는 털이 있으며, 해캄은 여러 가닥이 뭉쳐 있습니다.

3 원생생물은 동물이나 식물, 균류로 분류되지 않으며, 생김새가 단순한 생물입니다.

---

1 ⑤ **2** ② **3** 곰팡이 **4** ① **5** 은영 **6** ①, ③
7 ② **8** 대물렌즈 **9** ① **10** ③ **11** ① **12** ⑤

---

1 초록색의 작고 둥근 알갱이들이 있는 것은 해캄의 특징입니다.

2 버섯과 식물은 모두 번식을 하고, 양분을 흡수하여 성장하며 필요한 구조를 만듭니다.

3 빵에 곰팡이가 자란 모습입니다

4 곰팡이는 식물과 생김새가 다르고 꽃이 피지 않으며, 햇빛이 잘 들지 않는 곳에서 잘 자랍니다. 또한 매우 작아서 맨눈으로는 정확한 모습을 알 수 없습니다.

5 곰팡이와 같은 균류는 다른 생물이나 죽은 생물에 붙어서 양분을 얻습니다.

6 버섯, 곰팡이와 같이 균사로 이루어져 있는 생물을 균류라고 합니다.

7 버섯과 곰팡이는 포자로 번식하며, 줄기, 잎과 같은 모양이 없습니다. 또한 스스로 양분을 만들지 못하고 죽은 생물이나 다른 생물에서 양분을 얻습니다.

8 대물렌즈는 물체의 상을 확대해 주는 렌즈입니다. 실체 현미경으로 관찰할 때에는 관찰 대상에 대물렌즈를 최대한 가깝게 한 후 천천히 올리면서 초점을 맞추어 관찰합니다.

9 짚신벌레는 길쭉한 둥근 모양이며, 바깥쪽에 가는 털이 있습니다.

10 해캄은 동물, 식물, 균류에 속하지 않고 원생생물에 속합니다.

11 소금쟁이는 동물입니다.

12 ㉤은 미동 나사로, 관찰 대상의 초점을 정확히 맞출 때 사용하는 나사입니다.

3 세균의 특징

1 ③ **2** (1) ○ (2) × (3) ○ **3** ⑤
4 ⑤

---

1 세균에는 대장균, 콜레라균, 포도상 구균 등이 있습니다. 버섯과 곰팡이는 균류, 해캄은 원생생물입니다.

2 세균은 다른 생물에 비해 매우 작고 단순한 모양의 생물입니다.

3 세균은 다른 생물의 몸, 땅, 물, 물체 등 어느 곳에서나 삽니다.

4 세균은 살기에 알맞은 조건이 되면 짧은 시간 안에 많은 수로 늘어납니다.

4 다양한 생물이 우리 생활에 미치는 영향

개념 확인 문제 117쪽

1 (1) ㉢, ㉣ (2) ㉠, ㉡ **2** 질병 **3** ③

1 물건과 음식을 상하게 하고, 다른 생물에게 질병을 일으키는 것은 해로운 영향입니다.

2 어떤 생물은 다른 생물로 옮아가 질병을 일으키기도 합니다.

3 균류와 세균은 음식을 만드는 데 이용되기도 하고, 죽은 생물을 분해하여 지구 환경을 유지하는 데 도움을 줍니다. 벽에 곰팡이가 생겨 물건이 상하는 것은 해로운 영향입니다.

5 첨단 생명 과학의 활용

개념 확인 문제 119쪽

1 첨단 생명 과학 **2** ③

3 (1) ㉠ (2) ㉢ (3) ㉡

1 첨단 생명 과학은 최신의 생명 과학 기술이나 연구 결과를 활용하여 우리 생활의 다양한 문제를 해결하는 것입니다.

2 푸른곰팡이가 세균을 자라지 못하게 하는 특성을 활용하여 질병을 치료하거나 백신을 만드는 데 이용합니다.

3 해충에게만 질병을 일으키는 특성을 활용하여 생물 농약을 만들고, 오염된 물질을 분해하는 세균의 특성을 활용하여 오염된 물이나 토양을 깨끗하게 하는 데 이용합니다. 플라스틱의 원료를 가진 세균을 이용하여 플라스틱 제품을 생산하는 데 활용합니다.

실력 문제 120~121쪽

1 ③ **2** ③ **3** 가현 **4** ③, ④ **5** ⑤ **6** ④
7 분해 **8** ③ **9** ② **10** ④ **11** ① **12** ㉠

1 곰팡이는 균류입니다.

2 세균은 다른 생물에 비해 매우 단순한 모양의 생물입니다.

3 세균은 생물이 살고 있는 모든 장소, 우리 주변 어디에서나 삽니다. 또한 대부분의 생물이 살기 어려운 소금기가 매우 높은 곳, 온도가 매우 높은 곳, 매우 추운 곳에서도 삽니다.

4 어떤 세균과 곰팡이는 요구르트, 된장, 치즈, 김치 등을 만드는 데 도움을 줍니다.

5 해캄처럼 광합성을 하는 생물은 생물이 살아가는 데 필요한 산소를 만듭니다.

6 다른 생물에게 양분을 제공하는 것은 이로운 영향입니다.

7 균류와 세균은 죽은 생물을 썩게 하고 분해하여 자연으로 되돌려 줍니다.

8 첨단 생명 과학은 모든 생물에 대한 최신의 생명 과학 기술이나 연구 결과를 활용하여 우리 생활의 다양한 문제를 해결하는 것입니다.

9 오염된 물질을 분해하는 세균의 특성을 이용하여 오염된 하천이나 토양을 깨끗이 하고, 하수 처리 등에 활용할 수 있습니다.

10 생물 농약으로 활용하면 농작물의 피해를 줄일 수 있을 뿐만 아니라 환경 오염도 줄일 수 있습니다. 생물 농약은 과수원이나 농작물에 활용할 수 있습니다.

11 푸른곰팡이가 사람에게 해로운 세균을 자라지 못하게 하는 특성을 이용하여 질병을 치료하는 약을 만듭니다. 해캄과 같은 원생생물에 있는 기름 성분을 뽑아 친환경 연료를 만들고, 클로렐라로 건강식품을 만듭니다.

12 버섯을 이용해 음식을 만드는 것은 음식 조리 과정입니다.

단원정리 5 다양한 생물과 우리 생활 122~123쪽

❶ 균사 ❷ 양분 ❸ 짚신벌레
❹ 해캄 ❺ 원생생물 ❻ 세균
❼ 나선 ❽ 분해 ❾ 질병
❿ 첨단 생명 과학

○X **1** ○ **2** × **3** × **4** ○ **5** × **6** ○ **7** ×
8 ○ **9** ○ **10** ○

2 버섯과 곰팡이, 세균은 균류에 해당합니다.
  └ 세균은 균류가 아닙니다.

3 해캄은 보통 식물이 가지고 있는 뿌리, 줄기, 잎 등의 특징을 가지고 있습니다.
  └ 있지 않습니다

5 세균은 매우 작지만 대부분 맨눈으로 볼 수 있습니다.
  └ 없습니다

7 물속에 세균이 너무 많아지면 적조를 일으켜 물고기가 죽습니다.
  └ 원생생물

단원 평가 1회

124~126쪽

1 ② **2** ② **3** ①, ④ **4** 예 축축하고 따뜻한 환경에서 잘 자랍니다. **5** ③ **6** ③ **7** ㉡ **8** ㉢, ㉣, ㉠, ㉡, ㉤ **9** ①, ② **10** ⑤ **11** ① **12** ① **13** ② **14** ⑤ **15** ㉡ **16** ⑤ **17** ④ **18** ①, ② **19** ④ **20** 예 사람에게 해로운 영향을 주는 세균을 자라지 못하게 하는 특성을 이용하여 질병을 치료하는 약을 만든다.

1 곰팡이는 식물이 아니며, 뿌리, 줄기, 잎과 같은 것이 없습니다.

2 버섯의 촉감은 부드럽고 매끈합니다.

3 버섯은 포자로 번식하고, 스스로 양분을 만들지 못합니다. 버섯은 나무 등에서 자라기도 합니다.

4 버섯과 곰팡이는 습하고 따뜻한 환경에서 잘 자라며, 주로 여름철에 많이 볼 수 있습니다.

채점 기준	
예시 답안과 같이 옳게 쓴 경우	5점
예시 답안과 의미는 비슷하지만 정확하게 쓰지 못한 경우	2점

5 균류는 몸 전체가 균사로 이루어져 있고 포자로 번식합니다.

6 해캄은 식물로 구분되지 않으며, 초록색을 띕니다. 길쭉한 모양이며 겉에 털이 있는 것은 짚신벌레입니다.

7 대물렌즈는 관찰 대상의 모습을 확대해 주는 렌즈입니다. ㉠은 접안렌즈, ㉢은 재물대, ㉣은 회전판, ㉤은 초점 조절 나사입니다.

8 먼저 낮은 배율로 맞추어 놓고 관찰하고자 하는 대상을 재물대 위에 올려놓은 후, 초점을 맞추면서 대상을 관찰합니다.

9 짚신벌레는 길쭉한 모양이고 겉 표면에 가는 털이 있습니다. 벌레처럼 스스로 움직입니다.

10 표고버섯은 땅에서 사는 균류이고 나머지는 물에서 사는 원생생물입니다.

11 ㉠은 해캄, ㉡은 짚신벌레입니다. 두 생물 모두 식물, 동물로 구분되지 않는 생김새가 단순한 원생생물이며 고인 물이나 물살이 느린 곳에서 삽니다. 짚신벌레는 크기가 작아 맨눈으로 모습을 보기 어려우며, 해캄은 맨눈으로 모습을 볼 수 있습니다.

12 모두 생김새가 단순한 원생생물이며 크기가 작아 맨눈으로 관찰하기 어렵다.

13 재물대 위에 관찰 대상을 올려놓습니다. ㉠은 대물렌즈의 배율을 조절하는 나사인 회전판이며, ㉢은 빛을 관찰 대상에 비추는 조명입니다.

14 세균은 동물이나 식물로 분류되지 않지만 주변에서 영양분을 얻고 자라며 번식하는 생명 현상을 나타내는 생물입니다.

15 세균은 음식물이 썩는 것을 막아 주지 않으며, 오히려 음식을 상하게 합니다.

16 된장을 만드는 데에는 곰팡이가 이용되며, 두부는 세균과 상관없습니다. 적조를 일으키는 원생생물은 해로운 영향을 주는 것이며, 산소를 만드는 것은 해캄입니다.

17 균류와 세균이 죽은 생물을 분해하여 자연으로 되돌려 주어 지구 생태계가 유지됩니다.

18 질병을 일으키는 다양한 생물에게서 우리 몸을 건강하게 지키기 위해서는 외출한 뒤 돌아오면 손을 깨끗이 씻고, 우리 몸에 질병을 일으킬 수 있는 생물이 살지 않도록 항상 주변을 깨끗하게 청소해야 합니다.

19 해캄 등의 원생생물로 기름을 만들어 연료로 사용하거나 전기를 생산합니다.

20 사람에게 해로운 영향을 주는 세균을 죽이는 곰팡이를 이용하여 질병을 치료하거나 백신을 만드는 데 활용합니다.

채점 기준	
예시 답안과 같이 옳게 쓴 경우	5점
예시 답안과 의미는 비슷하지만 정확하게 쓰지 못한 경우	2점

단원 평가 2회

127~129쪽

1 ⑤ **2** ⑤ **3** ㉠, ㉡, ㉣ **4** 예 생물이다. 자라고 번식한다. 살아가는 데 물과 공기 등이 필요하다. **5** ④ **6** 가장 낮게 **7** ④ **8** ④ **9** ③, ④ **10** ④ **11** 원생생물 **12** ㉠, ㉢, ㉣, ㉡, ㉤ **13** ③ **14** 예 모양은 다양하며, 생김새에 따라 공 모양, 막대 모양, 나선 모양 등으로 구분한다. 크기가 매우 작아서 맨눈으로 관찰할 수 없다. **15** 신영 **16** ㉠, ㉣ **17** ③ **18** ④ **19** ② **20** ⑤

1 버섯과 곰팡이는 번식을 하고 자라는 생물이며, 몸이 가늘고 긴 균사로 되어 있습니다. 버섯과 곰팡이는 식물이나 동물로 구분되지 않는 균류입니다.

2 버섯과 곰팡이는 자라는 데 양분이 필요하며, 축축하고 따뜻한 환경에서 잘 자랍니다.

3 곰팡이는 식물로 구분되지 않으며, 균류입니다.

4 버섯도 식물처럼 양분을 흡수하여 자라고 번식합니다.

채점 기준	
예시 답안과 같이 공통점 두 가지를 모두 옳게 쓴 경우	5점
한 가지만 옳게 쓰거나 예시 답안과 의미는 비슷하지만 정확하게 쓰지 못한 경우	2점

5 곰팡이를 관찰할 때에는 직접 냄새를 맡거나 만지지 않습니다.

6 먼저 낮은 배율로 관찰해야 관찰 대상의 전체 모습을 쉽게 찾을 수 있습니다.

7 해캄은 식물로 구분되지 않으며, 뿌리, 줄기, 잎 등의 특징이 없습니다.

8 해캄은 스스로 양분을 만들며, 짚신벌레는 스스로 양분을 만들지 못합니다. 둘 다 단순한 생김새를 가진 원생생물입니다.

9 해캄과 짚신벌레는 물에서 사는 생물입니다.

10 짚신벌레는 스스로 움직이며 생김새는 단순합니다. 길쭉한 모양이며 바깥쪽에 가는 털이 있습니다.

11 모두 물에서 사는 원생생물입니다.

12 배율이 가장 낮은 대물렌즈로 먼저 맞추고, 재물대에 영구 표본을 올려놓은 후 조동나사로 조절하여 짚신벌레를 찾습니다. 미동 나사로 초점을 맞추어 관찰합니다.

13 현미경의 배율은 접안렌즈 배율×대물렌즈 배율입니다. 따라서 $10×4 = 40$배입니다.

14 세균은 생김새에 따라 공 모양, 막대 모양, 나선 모양 등으로 구분할 수 있으며, 크기가 매우 작아 맨눈으로 관찰할 수 없어 물체를 확대하여 볼 수 있는 현미경이 개발된 이후에 세균이 있다는 것을 알게 되었습니다.

채점 기준	
예시 답안과 같이 두 가지를 모두 옳게 쓴 경우	5점
한 가지만 옳게 쓰거나 예시 답안과 의미는 비슷하지만 정확하게 쓰지 못한 경우	2점

15 세균은 단순한 생김새이며, 식물로 구분되지 않는 생물입니다. 또한 땅이나 물, 다른 생물의 몸, 일상생활에서 사용하는 물체 등 우리 주변의 어디에서나 삽니다.

16 균류나 세균은 된장, 김치, 치즈, 요구르트 등의 음식을 만드는 데 이용됩니다.

17 일부 세균과 곰팡이는 음식을 상하게 하고 집, 가구와 같은 물건을 망가뜨립니다.

18 곰팡이나 세균이 없어지면 오염 물질이나 사체를 분해할 수 없기 때문에 새로운 질병이 생겨나게 됩니다.

19 질병 치료약은 푸른곰팡이, 생물 연료는 해캄이 활용됩니다. 플라스틱의 원료를 가진 세균은 제품 생산을 할 때, 물질을 분해하는 세균은 하수 처리나 오염된 토양 처리 및 청소를 하는 데 활용됩니다. 해충에게만 질병을 일으키는 세균, 곰팡이를 이용해 생물 농약을 만듭니다.

20 곰팡이가 생기지 않는 환경에서 물건을 보관하는 것은 첨단 생명 과학과 관련이 없습니다.

📖 서술형 익히기

130~131쪽

개념1 **1** ① 색깔 ② 선, 알갱이   **2** 가는 실 모양이 서로 엉켜 있고, 작고 둥근 알갱이가 있습니다

3 예 실체 현미경으로 곰팡이를 관찰하면 맨눈으로 관찰할 때보다 확대되어 더 자세하게 관찰할 수 있습니다.

개념2 **4** ① 실체, 광학 ② 높은   **5** ㉢, 맨눈으로 볼 수 없으며   **6** 예 식물과 동물에 비해 크기가 작고 생김새가 다양합니다. 자세히 관찰하기 위해서는 현미경 등의 도구가 필요합니다.

개념3 **7** ① 균류 ② 원생생물   **8** 예 다른 생물에게 질병을 일으키기도 합니다, 예 다른 생물이 살기 어려운 환경을 만들기도 합니다   **9** 예 곰팡이는 음식을 상하게 하고, 사람들에게 질병을 일으키는 해로운 영향을 주기도 하지만 된장과 같은 음식을 만들거나 죽은 생물을 분해하는 이로운 영향을 주기도 합니다.

1 곰팡이의 색깔이 다양한 것은 여러 종류의 곰팡이가 있기 때문이며, 돋보기를 사용하면 맨눈일 때보다 더 자세히 관찰할 수 있습니다.

2 실체 현미경으로 곰팡이를 관찰하면 머리카락 같은 가는 실 모양이 엉켜 있고, 실 모양 끝에는 작은 원 모양의 알갱이를 볼 수 있습니다.

3 실체 현미경으로 물체를 관찰하면 맨눈이나 돋보기로 볼 때보다 더 자세히 관찰할 수 있습니다.

4 세균은 균류와 원생생물보다 크기가 더 작아서 맨눈으로 볼 수 없고 배율이 높은 현미경을 사용해야만 관찰할 수 있습니다.

5 세균은 크기가 매우 작아서 맨눈이나 돋보기로 볼 수 없으며 배율이 높은 현미경을 이용해야 볼 수 있습니다.

6 균류, 원생생물, 세균은 모두 식물과 동물에 비해 크기가 작고, 균류와 일부 원생생물은 맨눈으로 볼 수 있지만 현미경을 이용해야 자세히 관찰할 수 있습니다. 세균은 맨눈이나 돋보기를 이용해 볼 수 없을 정도로 크기가 작습니다.

7 세균과 균류는 죽은 생물을 분해하고 원생생물은 다른 동물의 먹이가 되는 등 우리 생활에 이로운 영향을 줍니다.

8 다양한 생물은 우리 생활에 이로운 영향을 주기도 하지만 질병을 일으키고 적조를 일으키는 등 해로운 영향을 주기도 합니다.

9 세균, 곰팡이는 김치, 치즈, 요구르트 등의 음식을 만드는 데 이용하고, 세균, 균류는 죽은 생물을 분해합니다. 하지만 세균, 곰팡이 등은 생물에 질병을 일으키기도 하고 물건이나 음식을 상하게 합니다. 이처럼 세균, 곰팡이 등은 우리 생활에 긍정적인 영향과 부정적인 영향을 모두 줍니다.

📝 서술형 평가
132~133쪽

1 ⑩ 죽은 생물이나 다른 생물에서 양분을 얻는다.　**2** (1) 민들레 (2) ⑩ 버섯은 줄기, 잎과 같은 모양이 없으며 포자로 번식하고 죽은 생물이나 다른 생물에서 양분을 얻는다. 민들레는 뿌리, 줄기, 잎 등이 있으며 씨로 번식하고 광합성을 해 스스로 양분을 만든다. 등　**3** (1) ㉠ 해캄 ㉡ 짚신벌레 (2) ㉠ ⑩ 여러 개의 마디로 이루어져 있다. 여러 개의 가는 선 안에는 크기가 작은 초록색 알갱이가 있다. ㉡ ⑩ 길쭉한 모양이다. 바깥쪽에 가는 털이 있다.　**4** 논, 연못과 같이 물이 고인 곳이나 물살이 느린 도랑이나 하천에서 산다.　**5** ⑩ 땅이나 물, 다른 생물의 몸, 물체 등 우리 주변의 어디에서나 산다.　**6** ⑩ 곰팡이와 세균을 이용하여 만든 음식으로, 곰팡이와 세균은 우리에게 이로운 영향을 준다.　**7** (1) 산소 (2) ⑩ 기름을 만들어 생물 연료로 활용한다.　**8** ⑩ 물질을 분해하는 세균, 곰팡이, 원생생물의 특성을 활용하여 물을 깨끗하게 한다.

1 균류는 스스로 양분을 만들지 못하고 죽은 생물이나 다른 생물에서 양분을 얻습니다.

채점 기준	
예시 답안과 같이 옳게 쓴 경우	8점
예시 답안과 의미는 비슷하지만 정확하게 쓰지 못한 경우	3점

2 (1) 버섯은 균류입니다.
(2) 식물은 광합성을 해 스스로 양분을 만들지만 버섯은 스스로 양분을 만들지 못합니다. 버섯은 식물과 달리 뿌리, 잎, 줄기와 같은 기관이 없습니다.

채점 기준	
(1), (2)를 모두 옳게 쓴 경우	12점
(1)만 옳게 쓴 경우	2점
(2)를 두 가지 모두 옳게 쓴 경우	10점
(2) 중 한 가지만 옳게 쓴 경우	4점

3 (1) ㉠은 해캄, ㉡은 짚신벌레를 관찰한 그림입니다.
(2) 해캄은 여러 개의 가는 선이 있으며 그 안에 초록색 알갱이가 있습니다. 여러 가닥이 뭉쳐져 있습니다. 짚신벌레는 길쭉한 모양이고, 바깥쪽에 가는 털이 있으며 안쪽에 여러 가지 다른 모양이 보입니다.

채점 기준	
(1), (2)를 모두 옳게 쓴 경우	12점
(1)만 옳게 쓴 경우	4점
(1) 중 한 가지만 옳게 쓴 경우	2점
(2)만 옳게 쓴 경우	8점
(2) 중 한 가지만 옳게 쓴 경우	3점

4 해캄과 짚신벌레는 물이 고인 곳이나 물살이 느린 곳에서 삽니다.

채점 기준	
예시 답안과 같이 옳게 쓴 경우	8점
예시 답안과 의미는 비슷하지만 정확하게 쓰지 못한 경우	3점

5 세균은 우리 주변의 어디에서나 살고, 대부분의 생물이 살기 어려운 곳에서도 삽니다.

채점 기준	
예시 답안과 같이 옳게 쓴 경우	8점
예시 답안과 의미는 비슷하지만 정확하게 쓰지 못한 경우	3점

6 균류와 세균은 요구르트, 치즈, 된장, 간장 등 음식을 만드는 데 도움을 주어 우리 생활에 이로운 영향을 줍니다.

채점 기준	
예시 답안과 같이 옳게 쓴 경우	8점
예시 답안과 의미는 비슷하지만 정확하게 쓰지 못한 경우	3점

7 (1) 해캄은 광합성을 하여 생물이 사는 데 필요한 산소를 만듭니다.
(2) 세균이나 원생생물을 활용하여 가스나 기름을 만들어 생물 연료로 사용합니다.

채점 기준	
(1), (2)를 모두 옳게 쓴 경우	12점
(1)만 옳게 쓴 경우	2점
(2)만 옳게 쓴 경우	10점

8 곰팡이와 세균이 오염된 물질을 분해하는 특성을 활용하여 오염된 물이나 토양을 깨끗하게 합니다.

채점 기준	
예시 답안과 같이 옳게 쓴 경우	8점
예시 답안과 의미는 비슷하지만 정확하게 쓰지 못한 경우	3점

👓 수행 평가   134쪽

1 영구 표본   **2** 예 맨눈으로는 관찰하기 어려운 생물을 확대해서 자세히 볼 수 있게 해 준다.   **3** 예 초록색의 알갱이들이 있다. 원기둥 모양이다. 대나무와 같이 마디가 있다. 여러 개의 가는 선이 보인다. 크기가 작고 둥근 모양의 알갱이가 있다. 등   **4** 예 실체 현미경을 사용하여 천 원짜리 지폐를 관찰해 보았다. 정자에 선비가 앉아 있는 것이 보였다.

1 영구 표본은 생물을 오랫동안 보존하여 관찰할 수 있게 미리 만들어 놓은 표본이며, 영구 표본의 짚신벌레는 죽은 상태입니다.

2 광학 현미경은 생물이나 물체를 자세히 보기 위해서 사용하는 도구입니다.

3 해캄을 광학 현미경으로 자세히 관찰하면 여러 개의 가는 선이 보이고, 한 줄로 늘어선 초록색의 알갱이들이 보입니다. 이 알갱이 때문에 해캄이 초록색을 띱니다.

4 학교에서 사용하는 광학 현미경이나 실체 현미경으로 자유롭게 관찰 대상을 정하여 자세히 관찰해 봅니다.

👓 수행 평가   135쪽

1 (1) ㉠, ㉢, ㉤ (2) ㉡, ㉣, ㉥   **2** 예 분해하여 지구의 환경을 유지하는 데 예 아프거나 생명이 위험할 수 있다.   **3** 예 해충에게만 질병을 일으키는 특성을 활용하여 생물 농약을 만든다.   **4** 예 사람의 질병을 치료하는 데 문제가 생기고 지구 전체가 생물들의 시체 더미가 될 것이다. 질병이나 감염을 일으키는 나쁜 영향은 없어지게 되겠지만 음식을 만들거나 오염 물질을 분해하는 이로운 영향도 함께 없어져 지구 생태계에 큰 문제가 생길 것이다. 등

1 음식을 만들거나 죽은 생물을 분해하는 것은 이로운 영향입니다.

2 버섯은 죽은 생물을 분해하여 자연으로 되돌려 주는 이로운 영향을 주기도 하지만, 독버섯은 생명에 위험을 줄 수도 있습니다.

3 생물 농약은 해충에게만 질병을 일으키고 사람이나 주변 환경에는 나쁜 영향을 주지 않아 화학 물질로 만든 농약 대신 활용됩니다.

4 곰팡이와 세균은 우리 생활에 이로운 영향과 해로운 영향을 동시에 주고 있습니다. 만약 모두 사라진다면 나쁜 영향은 없어지지만 이로운 영향도 함께 사라지기 때문에 지구의 환경은 물론 우리 생활에도 예상치 못한 여러 가지 영향을 미칠 것입니다.

👓 수행 평가   136쪽

1 균류, 세균   **2** 예 해캄과 같은 원생생물을 이용해 기름을 만들고, 클로렐라와 같은 영양소가 풍부한 원생생물을 이용해 건강식품을 만든다.   **3** 예 사람에게 해로운 영향을 주는 세균이 자라지 못하게 하는 방법으로 질병 치료에 이용하고, 번식이 빠른 특징을 활용해 약의 대량 생산에 이용한다.

1 생물 농약은 세균이나 곰팡이가 해충만 없애는 특성을 활용합니다.

2 원생생물을 이용해 생물 연료, 건강식품 등을 만듭니다.

3 첨단 생명 과학에서 세균은 치료 물질을 만들고, 약의 대량 생산과 하수 처리 등을 하는 데 활용됩니다.

과학 평가대비북

2 온도와 열

쪽지 시험   139쪽

1 온도 **2** 적외선 온도계 **3** 높아진다. **4** → **5** 숟가락
6 구리판 **7** 열 **8** 대류 **9** 위쪽 **10** 난방 기구

단원 평가 1회   140~141쪽

1 온도 **2** ㉡ **3** ④ **4** ④ **5** ⑤ **6** ②, ⑤ **7** ②, ④
8 ㉠ → ㉡ → ㉢, 예 가열한 곳에서 가까운 부분부터 먼 부분으로 열이 이동하기 때문이다. **9** ① **10** 구리, 철, 유리 **11**
㉠, ㉢ **12** ⑤ **13** 거실의 위쪽, 예 냉방 기구는 차가운 공기가 나오므로 위쪽에 설치해야 차가운 공기가 아래로 내려가고 아래에 있던 따뜻한 공기가 위로 올라가면서 실내 전체가 시원해진다.

1 물체의 차갑거나 따뜻한 정도를 온도라고 합니다.

2 온도계의 빨간색 기둥이 더 이상 움직이지 않을 때 액체 기둥의 끝이 닿은 위치에 눈높이를 맞추어 눈금을 읽습니다.

3 온도계로는 뜨거운 물체, 차가운 물체의 온도를 정확히 잴 수 있습니다.

4 적외선 온도계로는 고체의 온도를 측정하고, 알코올 온도계로는 액체나 기체의 온도를 측정합니다.

5 음료수 캔 속 차가운 물의 온도는 높아지고, 비커 속 따뜻한 물의 온도는 낮아집니다.

6 온도가 높은 컵에서 온도가 낮은 손으로 열이 이동합니다.

7 온도가 다른 두 물체가 접촉하면 온도가 높은 물체에서 온도가 낮은 물체로 열이 이동하므로 온도가 높은 물체는 온도가 낮아지고, 온도가 낮은 물체는 온도가 높아집니다.

8 고체에서의 열은 가열한 곳에서 가까운 부분부터 먼 부분으로 고체 물체를 따라 이동합니다.

채점 기준	
변하는 순서 기호와 까닭을 예시 답안과 같이 옳게 쓴 경우	10점
변하는 순서 기호만 옳게 쓴 경우	3점

9 국에서 국에 담긴 숟가락 부분으로, 숟가락 전체로 열이 이동하기 때문에 뜨거운 국에 숟가락을 담가 두면 숟가락 전체가 뜨거워집니다.

10 구리판, 철판, 유리판의 순서로 열 변색 붙임딱지의 색이 변합니다.

11 액체에서 열의 이동 방법은 대류이며, 주변보다 온도가 높은 물질이 직접 위로 이동해 열을 전달합니다. 전도는 고체에서 열의 이동 방법입니다.

12 따뜻한 공기는 위로 올라가고, 차가운 공기는 아래로 내려가면서 전체적으로 열이 이동합니다.

13 뜨거운 공기는 위로 올라가고, 차가운 공기는 아래로 밀려 내려옵니다.

채점 기준	
위치와 까닭을 예시 답안과 같이 옳게 쓴 경우	10점
위치만 옳게 쓴 경우	3점

서술형 평가 1회   142쪽

1 (1) 적외선 온도계 (2) 예 ㉠은 그늘진 곳이고, ㉡은 햇빛이 비치는 곳이기 때문에 온도가 다르다. (3) 예 물체의 온도를 정확하게 알 수 있기 때문이다. 같은 물체라도 온도가 다를 수 있기 때문이다. 등 **2** 예 고체 물질의 종류에 따라 열이 이동하는 빠르기는 다르다. 구리, 철, 유리의 순서로 열이 빠르게 이동한다. **3** (1) 위쪽 (2) 예 온도가 높아진 물이 위로 올라가고, 위에 있던 온도가 낮은 물이 아래로 밀려 내려오는 과정이 반복되어 물이 전체적으로 따뜻해진다. **4** (1) ㉠ (2) 예 에어컨에서 나오는 차가운 공기는 아래로 내려가고 아래에 있던 따뜻한 공기는 위로 올라가서 차가워지는 과정이 반복되어 실내 전체가 시원해지기 때문이다.

1 물체의 온도는 물체가 놓인 장소, 측정 시각, 햇빛의 많고 적음에 따라 다르므로 온도계로 정확한 온도를 측정하는 것이 좋습니다.

채점 기준	
(1), (2), (3)을 모두 옳게 쓴 경우	12점
(1)만 옳게 쓴 경우	2점
(2), (3)만 옳게 쓴 경우	각 5점

2 고체 물질의 종류에 따라 열이 이동하는 빠르기가 다르며, 유리보다 금속에서 열이 더 빠르게 이동합니다.

채점 기준	
예시 답안과 같이 옳게 쓴 경우	8점
예시 답안과 의미는 비슷하지만 정확하게 쓰지 못한 경우	3점

3 주전자 속 물을 끓이면 불이 닿는 아랫부분의 물이 가열되어 위로 올라가고, 위에 있던 차가운 물이 아래로 밀려

내려가는 과정이 반복되면서 물이 전체적으로 따뜻해집니다.

채점 기준	
(1), (2)를 모두 옳게 쓴 경우	12점
(1)만 옳게 쓴 경우	2점
(2)만 옳게 쓴 경우	10점

4 주변보다 온도가 높은 공기는 위로, 온도가 낮은 공기는 아래로 이동합니다.

채점 기준	
(1), (2)를 모두 옳게 쓴 경우	12점
(1)만 옳게 쓴 경우	2점
(2)만 옳게 쓴 경우	10점

💡 단원 평가 2회   143～144쪽

1 ④   **2** 현지   **3** ①   **4** ②   **5** (1) ← (2) → (3) →
6 ③   **7** 해설 참조   **8** 주전자 바닥과 다리미 바닥에 ○표
9 예 고체에서는 고체 물체를 따라 열이 이동하기 때문에 가열하지 않은 부분도 뜨거워진다.   **10** ③   **11** ③   **12** 예 온도가 높은 물이 위로 올라가기 때문이다.   **13** ④

1 공기의 온도는 기온, 물의 온도는 수온, 몸의 온도는 체온이라고 합니다.

2 차갑다, 따뜻하다, 미지근하다라는 표현은 정도를 정확히 알 수 없으므로, 의사소통을 하는 데 불편합니다.

3 물체의 종류가 같아도 물체가 있는 장소, 측정 시각 등에 따라 온도가 다릅니다.

4 책상 위에 올려놓은 책은 책상과 온도가 서로 비슷합니다.

5 온도가 높은 물체에서 온도가 낮은 물체로 열이 이동합니다.

6 고체에서 열의 이동을 전도라고 하며, 열은 온도가 높은 곳에서 낮은 곳으로 이동합니다.

7 고체에서 열은 가열된 곳의 가까운 부분에서 먼 부분으로 이동하며, 고체 물체가 연결되어 있지 않다면 열은 전달되지 않습니다.

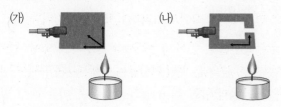

8 주전자의 바닥, 다리미의 아래쪽 판은 열이 잘 전달되는 금속으로 만들어졌고, 손잡이 부분은 열이 잘 전달되지 않는 플라스틱이나 나무로 만들어졌습니다.

9 고체 물체를 따라 열이 이동합니다.

채점 기준	
예시 답안과 같이 옳게 쓴 경우	10점
예시 답안과 의미는 비슷하지만 정확하게 쓰지 못한 경우	4점

10 구리판에서의 열의 이동이 가장 빠릅니다.

11 ①, ②, ④, ⑤는 전도를 통해 열이 이동하는 경우입니다.

12 액체에서 상대적으로 온도가 높은 물질이 직접 위로 이동하면서 열을 전달합니다.

채점 기준	
예시 답안과 같이 옳게 쓴 경우	10점
예시 답안과 의미는 비슷하지만 정확하게 쓰지 못한 경우	4점

13 주변보다 온도가 높은 공기가 위로 올라가면 위쪽에 있던 온도가 낮은 공기는 아래로 밀려 내려옵니다.

📄 서술형 평가 2회   145쪽

1 예 사람마다 차갑거나 따뜻한 것은 기준이 다르기 때문이다. 온도계를 사용하면 물의 온도를 정확하게 측정할 수 있다.   **2** ㉠,
예 알코올 온도계에 실을 매달아 실을 잡은 상태에서 측정한다.
3 (1) 해설 참조   (2) 예 온도가 높은 부분에서 낮은 부분으로 열이 점차 이동한다.   **4** (1) 해설 참조   (2) 예 주위보다 온도가 높은 뜨거운 물이 위로 이동하기 때문이다.

1 차갑거나 따뜻한 것은 사람마다 기준이 다를 수 있지만, 온도계를 사용하면 정확하게 물체의 온도를 측정할 수 있습니다.

채점 기준	
예시 답안과 같이 옳게 쓴 경우	8점
예시 답안과 의미는 비슷하지만 정확하게 쓰지 못한 경우	3점

2 공기의 온도를 측정할 때에는 알코올 온도계가 주위의 다른 물질과 닿지 않게 하여 측정합니다. 다른 물질과 직접 닿지 않는 벽걸이용 알코올 온도계를 사용하기도 합니다.

채점 기준	
기호와 예시 답안과 같이 옳게 고쳐 쓴 경우	8점
기호만 쓴 경우	3점

3 고체의 한 부분을 가열하면 그 부분의 온도가 올라갑니다. 시간이 지나면서 온도가 높은 부분에서 온도가 낮은 부분으로 열이 이동하여 다른 부분의 온도도 점차 높아집니다.

채점 기준	
(1), (2)를 모두 옳게 쓴 경우	12점
(1), (2) 중 하나만 옳게 쓴 경우	각 6점

4 액체에서는 주위보다 온도가 높은 액체가 직접 위로 올라가면서 열이 이동합니다.

채점 기준	
(1), (2)를 모두 옳게 쓴 경우	12점
(1)만 옳게 쓴 경우	5점
(2)만 예시 답안과 같이 옳게 쓴 경우	7점

3 태양계와 별

쪽지 시험
147쪽

1 태양　**2** 소금　**3** 태양계　**4** 행성　**5** 목성, 토성, 천왕성, 해왕성　**6** 금성　**7** 별자리　**8** 북극성　**9** 북두칠성, 카시오페이아자리　**10** 행성

단원 평가 1회
148~149쪽

1 ③　**2** ④　**3** ②　**4** ③　**5** ㉡, ㉣　**6** ④　**7** 예 지구보다 크기가 작은 행성과 지구보다 크기가 큰 행성으로 분류하였다.　**8** ②　**9** ③　**10** ⑤　**11** 국자 모양　**12** ⑤　**13** 예 여러 날 동안 별은 위치가 거의 변하지 않는 것처럼 보이지만, 행성은 위치가 조금씩 변한다.

1 태양이 없으면 지구가 차갑게 얼어붙어 식물이 자랄 수 없게 되고, 먹을 것이 없어진 동물이 살 수 없게 되고 사람도 살기 어렵게 될 것입니다.

2 태양은 식물이 양분을 만드는 데 도움을 줍니다.

3 태양계의 중심은 태양입니다.

4 위성이 없는 행성도 있으며, 고리가 없는 행성도 있습니다. 화성의 표면은 암석과 흙으로 이루어져 있으며, 태양에서 가장 멀리 떨어진 행성은 해왕성입니다.

5 천왕성은 청록색으로 보이며, 표면이 기체로 이루어져 있습니다.

6 태양계에서 태양이 가장 큽니다.

7 수성, 금성, 화성은 지구보다 작은 행성이며, 그 외 나머지 행성은 지구보다 큽니다.

채점 기준	
예시 답안과 같이 옳게 쓴 경우	10점
예시 답안과 의미는 비슷하지만 정확하게 쓰지 못한 경우	4점

8 태양에서 가까운 순서는 수성 – 금성 – 지구 – 화성 – 목성 – 토성 – 천왕성 – 해왕성입니다.

9 상대적으로 태양에서 멀리 떨어진 행성은 지구보다 크기가 큰 편이며 행성 사이의 거리가 대체로 멀어집니다.

10 ㉠은 북두칠성, ㉡은 작은곰자리, ㉢은 카시오페이아자리입니다. 별자리는 옛날 사람들이 별의 무리를 구분해 이름을 붙인 것입니다.

11 북극성은 북두칠성과 카시오페이아자리를 이용하여 찾을 수 있습니다.

12 북두칠성의 국자 모양 끝부분의 두 별을 연결하고, 그 거리의 다섯 배만큼 떨어진 곳에서 북극성을 찾을 수 있습니다.

13 행성은 별보다 지구에 가까이 있기 때문에 별자리 사이에서 서서히 위치가 변하는 것을 볼 수 있습니다.

채점 기준	
예시 답안과 같이 옳게 쓴 경우	10점
예시 답안과 의미는 비슷하지만 정확하게 쓰지 못한 경우	4점

📜 서술형 평가 1회
150쪽

1 (1) 천왕성 (2) 예 표면이 가스(기체)로 되어 있다. 얇은 고리가 있지만 눈에 잘 보이지 않는다.   **2** 태양에서 거리가 멀어질수록 행성 사이의 거리는 가까워진다. → 예 태양에서 거리가 멀어질수록 행성 사이의 거리는 멀어진다.   **3** (1) 북두칠성 (2) 예 밤하늘에 무리 지어 있는 별을 연결하여 사람이나 동물 또는 물건의 모습으로 떠올리고 이름을 붙였다.   **4** (1) 카시오페이아자리 (2) 예 카시오페이아자리의 바깥쪽 두 선을 연장해 만나는 점 ㉎을 찾아 ㉍과 ㉎을 연결하고, 그 거리의 다섯 배만큼 떨어진 곳에 있는 별을 찾는다.

1 (1) 수성, 금성, 화성은 지구보다 크기가 작습니다.
(2) 천왕성은 희미한 고리가 있습니다.

채점 기준	
(1), (2)를 모두 옳게 쓴 경우	12점
(1)만 옳게 쓴 경우	2점
(2)만 옳게 쓴 경우	10점

2 태양에서 멀어질수록 행성 사이의 거리는 멀어집니다.

채점 기준	
예시 답안과 같이 옳게 쓴 경우	8점
예시 답안과 의미는 비슷하지만 정확하게 쓰지 못한 경우	3점

3 (1) 국자 모양의 별자리는 북두칠성입니다.
(2) 밤하늘에 보이는 밝은 별을 연결하여 사람, 동물, 물건의 모습으로 떠올리고 이름을 붙인 것이 오늘날 별자리 이름으로 전해집니다.

채점 기준	
(1), (2)를 모두 옳게 쓴 경우	12점
(1)만 옳게 쓴 경우	2점
(2)만 옳게 쓴 경우	10점

---

4 (1) M자나 W자 모양인 별자리입니다.
(2) 먼저 카시오페이아자리의 바깥쪽 두 선을 연장해 만나는 점 ㉎을 찾습니다.

채점 기준	
(1), (2)를 모두 옳게 쓴 경우	12점
(1)만 옳게 쓴 경우	2점
(2)만 옳게 쓴 경우	10점

💡 단원 평가 2회
151~152쪽

1 ①   **2** ④   **3** 태양   **4** 예 토성의 색깔은 연노란색이고, 여러 개의 위성을 가지고 있으며, 커다란 고리가 있다.   **5** ④   **6** ③   **7** 목성, 토성, 천왕성, 해왕성, 지구, 금성, 화성, 수성   **8** ④   **9** ⑤   **10** 수성, 해왕성   **11** ①   **12** 예 북극성은 정확한 북쪽에 항상 있기 때문에 나침반의 역할을 하여 북극성을 찾으면 방위를 알 수 있기 때문이다.   **13** ③

1 태양 빛이 있으면 별을 볼 수 없고, 태양이 지고 난 뒤에 어두워지면 별을 볼 수 있습니다.

2 태양계 구성원 중에서 태양만 스스로 빛을 냅니다.

3 태양계의 행성은 태양을 중심으로 돌고 있습니다.

4 토성은 위성이 있으며 망원경으로 보면 눈으로 볼 수 있는 커다란 고리가 있습니다.

채점 기준	
색깔, 위성 고리에 대해 모두 옳게 쓴 경우	10점
색깔, 위성 고리에 대해 일부만 옳게 쓴 경우	4점

5 수성은 행성 중에서 가장 작으며, 태양에 가장 가까이 있습니다.

6 수성, 금성, 화성은 지구보다 작습니다.

7 수성이 가장 작으며, 목성이 가장 큽니다.

8 수성은 금성의 거의 절반 크기이며, 금성이 지구와 크기가 가장 비슷합니다. 지구는 상대적으로 크기가 작은 편에 속하며, 상대적인 크기는 실제 크기가 아니라 지구의 반지름을 1로 보았을 때 다른 행성들의 반지름의 비입니다. 즉, 천왕성의 상대적인 크기가 4.0이라는 것은 천왕성의 반지름이 지구 반지름의 약 4배라는 뜻입니다.

9 두루마리 휴지의 칸 수로 행성의 상대적인 거리를 비교합니다.

10 태양에서 가장 가까운 행성은 수성, 가장 먼 행성은 해왕성입니다.

11 모두 북쪽 밤하늘에서 볼 수 있는 별자리이며, 별은 스스로 빛을 냅니다. 각각의 별자리를 이루는 별의 개수는 다르며, 맨눈으로도 볼 수 있습니다.

12 북극성은 북쪽에서 항상 볼 수 있습니다.

채점 기준	
예시 답안과 같이 옳게 쓴 경우	10점
예시 답안과 의미는 비슷하지만 정확하게 쓰지 못한 경우	4점

13 밤하늘에서 별은 스스로 빛을 내므로 빛나 보이며, 행성은 태양 빛을 반사하여 빛나 보입니다.

📝 서술형 평가 2회   153쪽

1 예 (개) 행성들은 표면이 암석(고체)으로 되어 있고, (내) 행성들은 표면이 기체로 되어 있다.   **2** (1) 0.5 (2) 예 목성의 반지름은 지구의 반지름보다 약 11.2배 크다.   **3** 예 별보다 지구에 가까이 있기 때문이다.   **4** (1) 북극성 (2) 예 북극성을 찾아서 북극성을 바라보는 방향이 북쪽이고, 오른쪽이 동쪽, 왼쪽이 서쪽이다.

1 수성과 금성, 화성은 표면이 암석으로 되어 있지만, 목성과 토성, 천왕성은 표면이 기체로 되어 있습니다.

채점 기준	
예시 답안과 같이 옳게 쓴 경우	8점
예시 답안과 의미는 비슷하지만 정확하게 쓰지 못한 경우	3점

2 (1) 지구의 반지름을 1로 볼 때 화성은 0.5배 작습니다.
(2) 목성은 지구보다 약 11.2배 큽니다.

채점 기준	
(1), (2)를 모두 옳게 쓴 경우	12점
(1)만 옳게 쓴 경우	2점
(2)만 옳게 쓴 경우	10점

3 행성은 별보다 지구에 가까이 있기 때문에 별보다 더 밝고 또렷하게 보입니다.

채점 기준	
예시 답안과 같이 옳게 쓴 경우	8점
예시 답안과 의미는 비슷하지만 정확하게 쓰지 못한 경우	3점

4 북극성이 있는 방향이 북쪽이므로 북극성을 중심으로 오른쪽으로 가면 동쪽, 왼쪽으로 가면 서쪽입니다.

채점 기준	
(1), (2)를 모두 옳게 쓴 경우	12점
(1)만 옳게 쓴 경우	2점
(2)만 옳게 쓴 경우	10점

4 용해와 용액

✅ 쪽지 시험   155쪽

1 용해   **2** 용액   **3** 같다.   **4** 설탕   **5** 따뜻한 물
6 많아진다.   **7** 용액의 진하기   **8** 진하다.   **9** 더 무겁다.
10 더 높이 뜬다.

💡 단원 평가 1회   156~157쪽

1 용질, 용해, 용액   **2** ②   **3** ④   **4** 100   **5** 예 용질이 용매에 용해되기 전과 용해된 후의 무게는 같다.   **6** ⑤   **7** 예 물의 온도와 양이 같을 때 용질마다 물에 용해되는 양이 다르다.
8 ②, ⑤   **9** ②   **10** ㉠   **11** ①   **12** ㉠

1 소금이나 설탕이 물에 녹는 것처럼 어떤 물질이 다른 물질에 녹아 골고루 섞이는 현상을 용해라고 하고, 소금물이나 설탕물처럼 녹는 물질이 녹이는 물질에 골고루 섞여 있는 물질을 용액이라고 합니다.

2 소금과 설탕이 물에 녹는 것처럼 어떤 물질이 다른 물질에 녹아 골고루 섞이는 현상을 용해라고 합니다.

3 설탕이 물에 용해되어도 용해되기 전과 용해된 후의 무게는 같습니다.

4 용질이 물에 용해되기 전과 용해된 후의 무게가 같기 때문에 용해된 후의 무게에서 소금이 담긴 시약포지의 무게를 빼면 물이 담긴 비커의 무게가 됩니다.

5 용질이 물에 용해되면 없어지는 것이 아니라 물에 골고루 섞여 용액이 됩니다. 따라서 용질이 물에 용해되기 전과 용해된 후의 무게는 같습니다.

채점 기준	
예시 답안과 같이 옳게 쓴 경우	10점
예시 답안과 의미는 비슷하지만 정확하게 쓰지 못한 경우	4점

6 온도와 양이 같은 물에서 용질마다 용해되는 양이 서로 다릅니다. 용질의 양이 계속 많아지면 어느 정도 용해되다가 더 이상 용해되지 않습니다.

7 용질마다 같은 온도와 양의 물에 용해되는 양은 서로 다릅니다. 제빵 소다는 설탕에 비해 온도와 양이 같은 물에 용해되는 양이 적습니다.

8 따뜻한 물에서 용질이 모두 용해된 용액을 차갑게 하면 온도가 낮아져 다 용해되지 못한 용질이 바닥에 가라앉습니다.

9 더 연한 황설탕 용액은 용액의 높이가 더 낮고, 맛이 덜 달며, 색깔이 연하고, 방울토마토를 넣었을 때 더 낮게 뜹니다. 또한, 황설탕을 더 넣었을 때 황설탕이 더 많이 용해됩니다.

10 용액이 진할수록 메추리알이 높이 뜨고, 진한 용액에 설탕이 많이 녹아 있으므로 더 무겁습니다.

11 용액에 물을 더 넣어 진하기를 연하게 하면 물 위에 떠 있던 메추리알이 가라앉게 됩니다.

12 플라스틱 스포이트로 만든 용액의 진하기를 비교할 수 있는 도구는 진하기가 더 진한 용액에서 더 높이 떠오릅니다.

📜 서술형 평가 1회   158쪽

1 ㉠, ㉢, ㉔ 투명하기 때문이다. 물에 뜨거나 가라앉는 것이 없기 때문이다.   **2** (1) 설탕, 제빵 소다 (2) ㉔ 물의 온도와 양이 같을 때 용질의 종류에 따라 물에 용해되는 정도가 다르다.
3 (1) 물의 온도 (2) ㉔ 물의 온도가 높을수록 용질이 많이 용해된다.   **4** ㉔ 도구의 무게를 더 가볍게 고친다.

1 용액은 오래 두어도 떠 있거나 가라앉는 것이 없습니다. 따라서 설탕물과 구연산을 넣은 물은 용액이고, 가라앉는 것이 있는 분필 가루를 넣은 물과 녹말가루를 넣은 물은 용액이 아닙니다.

2 온도와 양이 같은 물에 용질이 용해되는 정도는 용질의 종류에 따라 다릅니다.

3 물의 온도에 따라 용질이 물에 용해되는 양이 달라집니다.

일반적으로 물의 온도가 높을수록 용질이 물에 많이 용해됩니다.

4 도구가 너무 무거워 진하기가 다른 용액에서 모두 가라앉으므로 조금 더 가볍게 만들어야 합니다.

💡 단원 평가 2회   159~160쪽

1 ①, ③   **2** ④   **3** ③, ⑤   **4** 30   **5** ③   **6** 다르다
7 ㉔ 물의 온도에 따라 백반(용질)이 용해되는 양을 알아보기 위한 실험이다.   **8** ②   **9** ③   **10** ②, ④   **11** ㉔ ㉠보다 ㉡에서 메추리알이 더 높이 떠오른다. 또는 ㉡보다 ㉠에서 메추리알이 더 낮게 떠오른다.   **12** ④

1 소금물이나 설탕물처럼 녹는 물질이 녹이는 물질에 골고루 섞여 있는 물질을 용액이라고 합니다. 흙탕물, 된장국, 미숫가루 물은 물에 뜨거나 가라앉는 것이 있으므로 용액이 아닙니다.

2 설탕은 용질, 물은 용매, 설탕물은 용액이고, 설탕이 물에 녹아 설탕물이 되는 과정을 용해라고 합니다.

3 각설탕을 물에 넣으면 부스러지면서 크기가 작아집니다. 작아진 설탕은 더 작은 크기의 설탕으로 나뉘어 물에 골고루 섞이고, 완전히 용해되면 눈에 보이지 않게 됩니다.

4 소금이 물에 용해되기 전과 용해된 후의 무게는 같습니다. 따라서 소금물 150 g이 되기 위해서 필요한 소금의 무게는 30 g입니다.

5 설탕물의 무게가 ③은 100 g이고, 나머지는 90 g입니다.

6 온도와 양이 같은 물에서 소금은 모두 용해되지 않았고 분말주스 가루는 모두 용해된 것으로, 물의 온도와 양이 같을 때 물질마다 용해되는 양이 다르다는 것을 알 수 있습니다.

7 물의 온도를 다르게 하고 백반이 용해되는 양을 알아보았습니다.

채점 기준	
예시 답안과 같이 옳게 쓴 경우	10점
예시 답안과 의미는 비슷하지만 정확하게 쓰지 못한 경우	4점

8 설탕을 차가운 물과 따뜻한 물에 녹이는 것은 물의 온도를 다르게 하여 용질을 녹이는 예입니다.

9 물의 온도가 높을수록 백반이 많이 녹고, 물의 온도가 낮을수록 백반이 적게 녹기 때문에 따뜻한 물에 백반을 모두 녹여 만든 진한 백반 용액을 얼음물에 담그면 백반 알갱이가 다시 생깁니다.

10 황설탕 용액은 색깔로 진하기를 비교할 수 있으며, 색깔이 진할수록 진한 용액입니다. 또한 용액이 진할수록 무게가 더 무겁습니다.

11 용액이 진할수록 메추리알이 높이 떠오릅니다.

채점 기준	
예시 답안과 같이 옳게 쓴 경우	10점
예시 답안과 의미는 비슷하지만 정확하게 쓰지 못한 경우	4점

12 장을 담글 때에는 소금물의 진하기를 맞추는 것이 중요합니다. 소금물의 진하기는 소금물에 달걀을 띄워 달걀이 떠오르는 정도로 확인할 수 있습니다.

📑 서술형 평가 2회

161쪽

1 예 용질인 설탕이 용매인 물에 용해되어 용액인 설탕물이 된다. **2** (1) 150 (2) 예 물에 완전히 용해된 각설탕은 눈에 보이지는 않지만, 없어진 것이 아니라 매우 작게 변하여 물속에 골고루 섞여 있다. **3** (1) 따뜻한 물 (2) 예 백반 알갱이가 다시 생겨 바닥에 가라앉는다. **4** (1) ㉠ (2) 예 용액이 진할수록 방울토마토가 높이 떠오르기 때문에 ㉡, ㉢, ㉠ 순으로 용액이 진하다.

1 소금과 설탕이 물에 녹는 것처럼 어떤 물질이 다른 물질에 녹아 골고루 섞이는 현상을 용해라고 하고, 소금물이나 설탕물처럼 녹는 물질이 녹이는 물질에 골고루 섞여 있는 물질을 용액이라고 합니다. 이때 소금이나 설탕처럼 녹는 물질을 용질이라고 하고, 물처럼 녹이는 물질을 용매라고 합니다.

채점 기준	
예시 답안과 같이 옳게 쓴 경우	8점
예시 답안과 의미는 비슷하지만 정확하게 쓰지 못한 경우	3점

2 각설탕이 물에 용해되기 전과 용해된 후의 무게는 같습니

다. 그 까닭은 물에 완전히 용해된 각설탕은 눈에 보이지는 않지만, 없어진 것이 아니라 매우 작게 변하여 물속에 골고루 섞여 있기 때문입니다. 이처럼 용질은 물에 용해되면 없어지는 것이 아니라 물과 골고루 섞여 용액이 됩니다.

채점 기준	
(1), (2)를 모두 옳게 쓴 경우	12점
(1)만 옳게 쓴 경우	2점
(2)만 옳게 쓴 경우	10점

3 물의 온도에 따라 용질이 물에 용해되는 양이 달라집니다. 일반적으로 물의 온도가 높을수록 용질이 많이 용해됩니다. 백반을 녹인 따뜻한 용액을 얼음이 담긴 비커에 넣으면 온도가 낮아져 다 용해되지 못한 백반이 바닥에 가라앉습니다.

채점 기준	
(1), (2)를 모두 옳게 쓴 경우	12점
(1)만 옳게 쓴 경우	2점
(2)만 옳게 쓴 경우	10점

4 용액이 진할수록 방울토마토와 같은 물체가 더 높이 떠오릅니다.

채점 기준	
(1), (2)를 모두 옳게 쓴 경우	12점
(1)만 옳게 쓴 경우	2점
(2)만 옳게 쓴 경우	10점

과학

쪽지 시험 163쪽

1 균류 **2** 곰팡이 **3** 따뜻하고, 축축한 **4** 원생생물 **5** 짚신벌레 **6** 해캄 **7** 세균 **8** 세균 **9** 첨단 생명 과학 **10** 해충

단원 평가 1회 164~165쪽

1 ③ **2** ③ **3** 예 죽은 생물이나 다른 생물에서 양분을 얻어 살아간다. **4** ④ **5** ① **6** ①, ④ **7** ⑤ **8** ㉠, 해캄 **9** ⑤ **10** ③ **11** 예 건강식품이나 우주인의 식량을 만드는 데 이용한다. **12** 생물 연료

1 곰팡이는 맨눈으로 관찰하기 어렵고, 실체 현미경으로 보면 가는 실 같은 것이 엉켜 있으며 크기가 작고 둥근 알갱이가 많이 보입니다.

2 버섯은 포자로 번식하고 꽃을 피우지 않습니다.

3 곰팡이와 버섯은 직접 양분을 만들지 못하고 죽은 생물이나 다른 생물 등에서 영양분을 얻습니다.

채점 기준	
예시 답안과 같이 옳게 쓴 경우	10점
예시 답안과 의미는 비슷하지만 정확하게 쓰지 못한 경우	4점

4 짚신벌레와 해캄과 같은 원생생물은 논, 연못, 도랑이나 하천 등 물이 고인 곳이나 천천히 흐르는 곳에서 삽니다.

5 실체 현미경의 대물렌즈는 관찰 대상을 확대해 주는 렌즈로 천천히 올리면서 관찰할 대상의 초점을 맞춥니다.

6 해캄과 짚신벌레는 동물, 식물, 균류로 분류되지 않는 원생생물입니다. 나사말은 물속에서 사는 식물입니다.

7 짚신벌레는 스스로 움직일 수 있지만, 스스로 양분을 만들 수는 없습니다.

8 해캄에 있는 선명한 초록색의 알갱이들 때문에 해캄이 초록색으로 보입니다.

9 세균은 생물이며 생김새가 단순하고, 스스로 양분을 만들지 못합니다. 우리에게 이로운 영향뿐만 아니라 질병을 일으키는 등 해로운 영향을 주기도 합니다.

10 세균과 균류는 죽은 생물을 분해하여 지구의 환경을 유지하는 데 이로운 영향을 줍니다.

11 클로렐라와 같은 원생생물의 다양한 영양소를 이용해 식품을 만드는 데 활용합니다.

채점 기준	
예시 답안과 같이 옳게 쓴 경우	10점
예시 답안과 의미는 비슷하지만 정확하게 쓰지 못한 경우	4점

12 해캄이나 세균을 활용하여 기름이나 가스를 만들어 연료로 사용합니다.

단원 평가 2회 166~167쪽

1 ② **2** ① **3** ④ **4** ⑤ **5** ㉢, 예 물살이 느리게 흐르는 곳 **6** 낮은 **7** ⑤ **8** 버섯, 짚신벌레, 콜레라균 **9** ②, ⑤ **10** ㉡, ㉢ **11** 이로운 영향: 예 죽은 생물을 분해하여 지구의 환경을 유지하는 데 도움을 준다. 또는 곰팡이와 같은 균류는 간장, 된장을 만드는 데 이용된다., 해로운 영향: 예 어떤 버섯은 먹으면 생명이 위험할 수 있다. 또는 식물에 병을 일으킨다. **12** ①

1 곰팡이는 너무 작아서 맨눈으로 정확한 모습을 알 수 없습니다.

2 버섯은 균사로 되어 있으며, 포자로 번식하는 균류입니다.

3 버섯과 곰팡이는 주로 여름철에 많이 볼 수 있으며, 따뜻하고 축축한 환경에서 잘 자랍니다.

4 균류는 줄기, 잎과 같은 기관이 없으며, 포자로 번식합니다. 햇빛을 좋아하지 않고 축축한 곳에서 잘 자랍니다.

5 해캄은 물이 고여 있거나 물살이 느린 도랑, 하천, 연못 등에서 삽니다.

채점 기준	
예시 답안과 같이 옳게 쓴 경우	10점
예시 답안과 의미는 비슷하지만 정확하게 쓰지 못한 경우	4점

6 먼저 낮은 배율로 관찰해야 관찰하는 대상의 전체 모습을 쉽게 찾을 수 있습니다.

7 짚신벌레는 맨눈으로 관찰하면 색깔이 있는 점이 보이지만 매우 작아 어떤 모양인지 관찰하기 어려워 현미경을 이용하여 관찰합니다.

8 버섯은 맨눈으로도 관찰할 수 있으며, 짚신벌레는 현미경으로 자세한 모습을 볼 수 있습니다. 콜레라균과 같은 세균은 높은 배율의 현미경으로 관찰할 수 있습니다.

9 세균은 단순한 생김새이고 우리 주변 어디에서나 삽니다.

죽은 생물을 분해하여 지구 환경을 유지하는 데 도움을 줍니다.

10 균류나 세균이 음식을 만들거나 죽은 생물을 분해하는 것은 이로운 영향입니다.

11 독이 있는 버섯과 같은 일부 균류는 먹으면 생명이 위험할 수 있습니다. 곰팡이와 같은 균류는 간장, 된장을 만들고, 식품으로 이용됩니다. 또는 버섯의 균사를 이용해 쉽게 분해되는 포장재를 만든다.

12 콩으로 두부를 만드는 것은 재료의 성질을 그대로 활용한 것으로 최신의 생명 과학 기술을 활용한 것은 아닙니다.

서술형 평가
168쪽

1 따뜻하고 축축한 환경, 여름철　**2** ㉡, ㉖ 생물로 구분된다.
3 (1) 세균　(2) ㉖ 죽은 생물이나 배설물을 분해하지 못하여 환경이 오염된다. 또는 지구의 생태계를 유지하지 못하게 된다.
4 (1) 된장, 치즈 등　(2) ㉖ 사람에게 해로운 영향을 주는 세균을 자라지 못하게 하는 특성을 이용하여 질병을 치료하는 약을 만든다.

1 곰팡이와 버섯은 따뜻하고 축축한 환경에서 잘 자라며 주로 여름철에 많이 볼 수 있습니다.

2 해캄과 짚신벌레와 같은 원생생물도 숨을 쉬고 영양분을 섭취하며 번식하는 생명 현상이 나타나기 때문에 생물이다.

3 (1) 포도상 구균, 대장균, 콜레라균은 세균입니다.
(2) 세균은 죽은 생물을 분해하여 자연으로 되돌려 보냅니다. 세균이 갑자기 줄어들면 발효 음식을 만들기 어려워집니다.

---

4 (1) 곰팡이는 간장이나 된장, 치즈, 요구르트 등의 음식을 만드는 데 도움을 줍니다.
(2) 푸른곰팡이의 세균을 자라지 못하게 하는 특성을 활용하여 질병을 치료하는 약을 만듭니다.

과학